BKI OBJEKTDATEN

Kosten abgerechneter Bauwerke

IR1
Innenräume

**BKI Objektdaten:
Kosten abgerechneter Bauwerke
IR1 Innenräume**

BKI Baukosteninformationszentrum (Hrsg.)
Stuttgart: BKI, 2015

Mitarbeit:
Hannes Spielbauer (Geschäftsführer)
Klaus-Peter Ruland (Prokurist)
Michael Blank
Anna Brokop
Heike Elsäßer
Sabine Egenberger
Brigitte Kleinmann
Wolfgang Mandl
Arnold Nehm
Steffen Pokel
Thomas Schmid
Sibylle Vogelmann
Jeannette Wähner

Layout, Satz:
Hans-Peter Freund
Thomas Fütterer

Fachliche Begleitung:
Beirat Baukosteninformationszentrum
Hans-Ulrich Ruf (Vorsitzender)
Wolfgang Fehrs (stellv. Vorsitzender)
Peter Esch
Oliver Heiss
Prof. Dr. Wolfdietrich Kalusche
Martin Müller
Prof. Walter Weiss
Prof. Sebastian Zoeppritz

Alle Rechte, auch das der Übersetzung vorbehalten. Ohne ausdrückliche Genehmigung des Herausgebers ist es auch nicht gestattet, dieses Buch oder Teile daraus auf fotomechanischem Wege (Fotokopie, Mikrokopie) zu vervielfältigen sowie die Einspeisung und Verarbeitung in elektronischen Systemen vorzunehmen. Zahlenangaben ohne Gewähr.

© Baukosteninformationszentrum Deutscher Architektenkammern GmbH

Anschrift:
Bahnhofstraße 1, 70372 Stuttgart; Telefon: (0711) 954 854-0, Telefax: (0711) 954 854-54; info@bki.de, www.bki.de

Für etwaige Fehler, Irrtümer usw. kann der Herausgeber keine Verantwortung übernehmen.

Titelabbildungen:
Innenausbau Vertriebsbüro (1300-0217) Arch.: studio lot, Architektur / Innenarchitektur; München
Hotel (6600-0017) Arch.: Steiner Weißenberger Architekten; Berlin
Bibliothek, Inneneinrichtung (9100-0110) Arch.: FRANKE Architektur I Innenarchitektur; Düren

Vorwort

Das Baukosteninformationszentrum BKI wurde 1996 von den Architektenkammern aller Bundesländer gegründet. Ziel des BKI ist die Bereitstellung aktueller Daten sowie die Entwicklung und Vermittlung zielführender Methoden. Kostenermittlungen sind meist nur so gut wie die angewendeten Methoden und Daten.

Wertvolle Daten und Erfahrungswerte liegen in Form von abgerechneten Bauleistungen oder Kostenfeststellungen vor. Oft fehlt im Büro-Alltag die Zeit, diese qualifiziert zu dokumentieren. Diese Dienstleistung erbringt BKI und unterstützt damit sowohl die Datenlieferanten als auch die Nutzer der BKI Datenbank.

Die Fachbuchreihe „BKI Objektdaten" wird kontinuierlich erweitert, um die neu erhobenen Objekte der BKI-Baukostendatenbank zu veröffentlichen. Die mit jedem weiteren Band wachsende Sammlung von Vergleichsobjekten leistet wertvolle Dienste bei Kostenermittlungen und trägt zu mehr Kostensicherheit bei allen am Bau Beteiligten bei. Die Reihe „BKI Objektdaten" gibt es mit diesem Fachbuch jetzt auch erstmals in der Ausgabe Innenräume (Band IR1), neben den bereits bestehenden Fachbuch-Reihen Neubau, Altbau, Freianlagen und Technische Gebäudeausrüstung.

In der vorliegenden Neuerscheinung gibt Univ.-Prof. Dr.-Ing. Wolfdietrich Kalusche in der Einleitung einen Überblick über die Anforderungen an die Kostenplanung von Innenräumen, mit den relevanten Bezügen zur Honorarermittlung und zur HOAI. Nachfolgend beinhaltet das Fachbuch Objektdaten und Kostenkennwerte von Innenräumen für die hauptsächlichen Zielgruppen Innenarchitekten und Architekten der Fachrichtung Hochbau. Insgesamt sind 40 bebilderte Innenraum-Objekte mit Kostenkennwerten nach DIN 276 und Leistungsbereichen abgebildet. Im letzten Kapitel finden Anwender über 7.000 aktuelle Baupreise aus 37 Leistungsbereichen für Ausbau- und Gebäudetechnik.
Abschließend wird auch die unterschiedliche regionale Baupreis-Entwicklung berücksichtigt.

Mit den integrierten BKI Regionalfaktoren können die Bundesdurchschnittswerte an den jeweiligen Stadt- bzw. Landkreis angepasst werden.

Der Dank des BKI gilt allen Architektur- und Innenarchitekturbüros, die Daten und Unterlagen zur Verfügung stellen. Sie profitieren von der Dokumentationsarbeit des BKI und unterstützen zusätzlich den eigenen Berufsstand. Die in Buchform veröffentlichten IR-Projekte bilden eine fundierte und anschauliche Dokumentation realisierter Innenarchitektur. Zudem ermöglichen sie eine kompetente Kostenermittlung von Folgeobjekten und eignen sich hervorragend zur Akquisition neuer Planungsaufgaben.

Zur Pflege der Baukostendatenbank sucht BKI weitere Innenraum-Objekte aus allen Bundesländern. Weitere Informationen dazu werden im Internet unter „Daten an BKI liefern" zur Verfügung gestellt. BKI berät gerne über alle Möglichkeiten, realisierte Projekte zu veröffentlichen. Datenlieferanten erhalten eine Vergütung und können weitere Vorteile nutzen.

Besonderer Dank gilt abschließend auch dem BKI-Beirat, der mit seinem Expertenwissen aus der Architektenpraxis, den Architekten- und Ingenieurkammern, Normausschüssen und Universitäten zum Gelingen der BKI-Fachinformationen beiträgt.

Wir wünschen allen Anwendern des Fachbuchs viel Erfolg in allen Phasen der Kostenplanung und vor allem eine große Übereinstimmung zwischen geplanten und realisierten Baukosten im Sinne zufriedener Bauherren. Anregungen und Kritik zur Verbesserung der BKI-Fachbücher sind uns jederzeit willkommen.

Hannes Spielbauer   *Klaus-Peter Ruland*
Geschäftsführer   *Prokurist*

Baukosteninformationszentrum
Deutscher Architektenkammern GmbH
Stuttgart im Dezember 2015

Inhalt

Benutzerhinweise

Einführung	8
Benutzerhinweise	9
Fotopräsentation der Objekte	12
Erläuterungen der Seitentypen	
Objektübersicht	20
Objektbeschreibung	22
Planungskennwerte für Flächen und Rauminhalte DIN 277 und Kostenkennwerte der 1.Ebene DIN 276	24
Kostenkennwerte für Leistungsbereiche nach StLB	26
Kostenkennwerte 3.Ebene DIN 276	28
Positionen	30
Fachartikel von Univ.-Prof. Dr.-Ing. Wolfdietrich Kalusche	32
„Kostenplanung von Innenräumen – Anforderungen, Koordination und Schnittstellen"	
Gliederung in Leistungsbereiche nach StLB-Bau	49
Abkürzungsverzeichnis	50

A Kosten abgerechneter Objekte

Büros

1300-0142	Scheunenumbau, Büroflächen	Umbau	3.Ebene	56
1300-0152	Wohn- und Geschäftshaus	Erweiterung	3.Ebene	68
1300-0217	Innenausbau, Vertriebsbüro		3.Ebene	80

Praxen

3100-0011	Gemeinschaftspraxis	Umbau	3.Ebene	90
3100-0014	Arztpraxis	Umbau	3.Ebene	100
3100-0015	Arztpraxis	Umbau	3.Ebene	110
3100-0018	Arztpraxis, Personalaufenthalt	Umbau	3.Ebene	120
3100-0019	Arztpraxis für Allgemeinmedizin (4 AP)	Umbau	3.Ebene	132

Bildung

4400-0165	Kinderkrippe (2 Gruppen, 24 Kinder)	Umbau	3.Ebene	142
4400-0178	Kindertagesstätte (4 Gruppen, 65 Kinder)	Umbau	3.Ebene	154
4500-0016	Seminargebäude	Modernisierung	3.Ebene	166
4500-0017	Bildungsinstitut, Seminarräume	Modernisierung	3.Ebene	180
5600-0004	Yogastudio	Umbau	3.Ebene	192

Wohnen

6100-0849	Doppelhaushälfte	Erweiterung	3.Ebene	204
6100-0932	Gutshaus, Wohnen im Alter (14 WE)	Modernisierung	3.Ebene	214
6100-0937	Einfamilienhaus, Umnutzung Scheune	Umbau	3.Ebene	228
6100-0946	Einfamilienhaus, Einzeldenkmal	Instandsetzung	3.Ebene	240
6100-0962	Einfamilienhaus, Einliegerwohnung	Umbau	3.Ebene	252
6100-0976	Einfamilienhaus	Erweiterung	3.Ebene	264
6100-1105	Reihenendhaus, Denkmalschutz	Modernisierung	3.Ebene	274
6100-1195	Mehrfamilienhaus, Dachgeschoss	Umbau	3.Ebene	290
6100-1197	Maisonettewohnung	Modernisierung	3.Ebene	302

Wohnen (Fortsetzung)
6100-1206	Einfamilienhaus, Badeinbau	Umbau	3.Ebene	312
6100-1210	Doppelhaushälfte, Gründerzeit	Instandsetzung	3.Ebene	322

Beherbergung
6400-0062	Jugendzentrum	Modernisierung	3.Ebene	338
6600-0015	Naturfreundehaus	Umbau	3.Ebene	352
6600-0016	Hotel (23 Betten)	Umbau	3.Ebene	370
6600-0017	Hotel (76 Betten)	Umbau	3.Ebene	382

Gewerbe
7200-0079	Atelier	Umbau	3.Ebene	396
7200-0086	Hörgeräteakustik, Meisterbetrieb	Umbau	3.Ebene	406
7200-0087	Frisörsalon	Umbau	3.Ebene	416

Kultur
9100-0080	Experimenteller Kinoraum	Umbau	3.Ebene	430
9100-0086	Museum, Ausstellungen	Umbau	3.Ebene	440
9100-0092	Evangelische Kirche, Gemeindesaal, Pfarramt	Umbau	3.Ebene	452
9100-0109	Stadtbibliothek, Möblierung		3.Ebene	468
9100-0110	Bibliothek, Inneneinrichtung		1.Ebene	476
9100-0119	Pfarrkirche	Umbau	3.Ebene	482
9100-0121	Bücherei, Möblierung		3.Ebene	496
9100-0122	Konzert- und Probesaal	Umbau	1.Ebene	504
9700-0019	Aussegnungshalle	Erweiterung	3.Ebene	510

B Kosten der 3.Ebene DIN 276

200 Herrichten und Erschließen
210	Herrichten	524
230	Nichtöffentliche Erschließung	525

300 Bauwerk – Baukonstruktion
310	Baugrube	526
320	Gründung	527
330	Außenwände	535
340	Innenwände	561
350	Decken	589
360	Dächer	610
370	Baukonstruktive Einbauten	627
390	Sonstige Maßnahmen für Baukonstruktionen	635

400 Bauwerk – Technische Anlagen
410	Abwasser-, Wasser-, Gasanlagen	649
420	Wärmeversorgungsanlagen	661
430	Lufttechnische Anlagen	672
440	Starkstromanlagen	676
450	Fernmelde- und informationstechnische Anlagen	689
460	Förderanlagen	699
470	Nutzungsspezifische Anlagen	700
480	Gebäudeautomation	702
490	Sonstige Maßnahmen für Technische Anlagen	703

500 Außenanlagen
510	Geländeflächen	705
520	Befestigte Flächen	706
530	Baukonstruktionen in Außenanlagen	709
540	Technische Anlagen in Außenanlagen	711
550	Einbauten in Außenanlagen	712
570	Pflanz- und Saatflächen	713
590	Sonstige Außenanlagen	715

600 Ausstattung und Kunstwerke
610	Ausstattung	716
620	Kunstwerke	723

C Kostenkennwerte für Positionen - Neubau
001	Gerüstarbeiten	726
012	Mauerarbeiten	728
014	Natur-, Betonwerksteinarbeiten	734
016	Zimmer- und Holzbauarbeiten	738
017	Stahlbauarbeiten	744
023	Putz- und Stuckarbeiten, Wärmedämmsysteme	748
024	Fliesen- und Plattenarbeiten	758
025	Estricharbeiten	770
027	Tischlerarbeiten	776
028	Parkett-, Holzpflasterarbeiten	784
029	Beschlagarbeiten	792
031	Metallbauarbeiten	796
032	Verglasungsarbeiten	800
034	Maler- und Lackierarbeiten - Beschichtungen	802
036	Bodenbelagarbeiten	810
037	Tapezierarbeiten	820
039	Trockenbauarbeiten	824
045	Gas-, Wasser- und Entwässerungsanlagen - Ausstattung, Elemente, Fertigbäder	840
054	Niederspannungsanlagen - Verteilersysteme und Einbaugeräte	844
058	Leuchten und Lampen	846

D Kostenkennwerte für Positionen - Altbau
312	Mauerarbeiten	850
313	Betonarbeiten	858
314	Natur-, Betonwerksteinarbeiten	868
316	Zimmer- und Holzbauarbeiten	872
323	Putz- und Stuckarbeiten, Wärmedämmsysteme	876
324	Fliesen- und Plattenarbeiten	880
325	Estricharbeiten	884
326	Fenster, Außentüren	890
327	Tischlerarbeiten	894
328	Parkett-, Holzpflasterarbeiten	898
329	Beschlagarbeiten	902
330	Rollladenarbeiten	906
331	Metallbauarbeiten	908
334	Maler- und Lackierarbeiten - Beschichtungen	910

D	Kostenkennwerte für Positionen - Altbau (Fortsetzung)	
336	Bodenbelagarbeiten	918
337	Tapezierarbeiten	924
339	Trockenbauarbeiten	926

Anhang

Verzeichnis der Architektur- und Planungsbüros	932
Regionalfaktoren	934

Einführung

In der Fachbuchreihe „BKI Objektdaten" werden für Kostenermittlungszwecke und Wirtschaftlichkeitsvergleiche bereits realisierte und vollständig abgerechnete Bauwerke aus allen Bundesländern veröffentlicht. Dieser Band enthält die Dokumentationen von 40 Innenraum-Objekten.

Die Kostenkennwerte der Objekte dienen dazu, die Kosten von Bauprojekten im Vergleich mit den Kosten bereits realisierter Objekte zu ermitteln bzw. Kostenermittlungen mit büroeigenen Daten oder den Daten Dritter zu überprüfen, solange Kostenanschläge auf der Grundlage von Ausschreibungsergebnissen noch nicht vorliegen.

Dieser Vergleich wird erleichtert durch die „Anpassung der Kostenkennwerte auf Bundesniveau". Die BKI Regionalfaktoren ermöglichen es, die Objekte auch hinsichtlich des Bauorts zu bewerten. Dadurch werden die Baupreise der Objekte so dargestellt, als ob diese in einer mit dem Bundesdurchschnitt identischen Region gebaut worden wären. Diese regionale Normierung vereinfacht die Bewertung der Kostenkennwerte für den Anwender erheblich.

Die Daten in „BKI Objektdaten Innenräume" unterstützen die Kostenermittlungen nach DIN 276 in allen Projektphasen.
Für überschlägige Kostenermittlungen wie z. B. das Aufstellen eines Kostenrahmens oder für Plausibilitätsprüfungen sind die im Buch angegebenen Kostenkennwerte bestens geeignet. Für differenziertere Kostenermittlungen auf der Ebene der Bauelemente oder Positionen bieten sich die Kosteninformationen im hinteren Buchteil an.

Darüber hinaus enthält das Buch Planungskennwerte, mit denen wertvolle Wirtschaftlichkeitsprüfungen anhand von Flächenvergleichen möglich sind.

Dieser Band enthält die neuen in der BKI-Baukostendatenbank erfassten Innenraum-Objekte. Die BKI Baukostendatenbank selbst umfasst einen wesentlich größeren Bestand an Altbau-, Neubau- und auch Freianlagen-Objekten. Zugriff auf alle Einzelobjekte bietet auch das EDV-Programm „BKI Kostenplaner".

Benutzerhinweise

1. Definitionen
Kostenkennwerte sind Werte, die das Verhältnis von Kosten bestimmter Kostengruppen nach DIN 276-1 : 2008-12 zu bestimmten Bezugseinheiten nach DIN 277-3 : 2005-02 darstellen. Planungskennwerte im Sinne dieser Veröffentlichung sind Werte, die das Verhältnis bestimmter Flächen und Rauminhalte zur Nutzfläche (NF) und Brutto-Grundfläche (BGF) darstellen, angegeben als Prozentsätze oder als Faktoren.

2. Kostenstand und Umsatzsteuer
Kostenstand aller Kennwerte ist das 3.Quartal 2015. Alle Kostendaten enthalten die Umsatzsteuer. Maßgeblich für die Fortschreibung ist der Baupreisindex für Wohnungsbau insgesamt, inkl. Umsatzsteuer des Statistischen Bundesamtes. Den vierteljährlich erscheinenden aktuellen Index können Sie im Internet beim Statistischen Bundesamt oder unter www.bki.de abrufen. Die Umrechnung von Kostendaten dieses Buches wird durch ein Beispiel erläutert:

Ein Kostenkennwert von € 500,-/m^2 BGF mit dem Kostenstand 3.Quartal 2015 soll auf den Kostenstand 3.Quartal 2010 umgerechnet werden. Verwendet wird die Brutto-Indexreihe mit dem Basisjahr 2015=100.

Index 3.Quartal 2015 (2015=100) = 111,4
Index 3.Quartal 2010 (2015=100) = 100,3

$$\frac{500,- €/m^2 \text{ BGF} \times 100,3}{111,4} = 450,18 €/m^2 \text{ BGF}$$

3. Datengrundlage
Grundlage der Tabellen sind die uns zur Verfügung gestellten Unterlagen von abgerechneten Bauwerken. Die Daten wurden mit größtmöglicher Sorgfalt daraus erhoben. Die vorliegenden Kosten- und Planungskennwerte dienen als Orientierungswerte für Projekte vergleichbarer Art. Sie sind dem Verwendungszweck entsprechend anzupassen unter Berücksichtigung der projektspezifisch unterschiedlichen Kosteneinflussgrößen. Für die Richtigkeit der im Rahmen einer Kostenermittlung eingesetzten Werte kann der Herausgeber keine Haftung übernehmen.

4. Blatt-Typ Objektübersicht: Kostenkennwerte
Die jeder Objektdokumentation vorangestellten Kostenkennwerte €/m^3 BRI, €/m^2 BGF und €/m^2 NF beziehen sich auf die Kosten des Bauwerks (DIN 276: Summe Kostengruppe 300+400).

5. Kosteneinflüsse
Kosteneinflussgrößen sind beim Bauen von besonderer Bedeutung, da umwelt-, standort-, nutzer- und besonders herstellungs- sowie objektbedingte Faktoren eine erhebliche Relevanz aufweisen. Aus diesen Gründen ist eine genaue Anpassung der Kosten- und Planungskennwerte an die projektspezifisch unterschiedlichen Kosteneinflussgrößen erforderlich. (s. dazu BKI Handbuch Kostenplanung im Hochbau 2.Auflage 4.1.2 Kosteneinflüsse, Stgt. 2008, S. 82f).

Die in der Fachbuch-Reihe „BKI Baukosten" angebotenen Kostenkennwerte sind dafür nur bedingt geeignet, da sie Mittelwerte, gebildet auf der Grundlage verschiedener Objekte, darstellen. Das vorliegende Buch „BKI Objektdaten Innenräume" bietet hingegen die Möglichkeit, einen Kostenwert durch eine Analyse der entsprechenden Eigenschaften des Objekts genau zu bewerten. Eine projektspezifische Anpassung bzw. die Auswahl eines passenden Kostenkennwerts ist damit differenzierter möglich.

6. Normierung der Daten
Grundlage der BKI Regionalfaktoren, die auch der Normierung der Baukosten der dokumentierten Objekte auf Bundesniveau zu Grunde liegen, sind Daten aus der amtlichen Bautätigkeitsstatistik der statistischen Landesämter. Zu allen deutschen Land- und Stadtkreisen sind Angaben aus der Bautätigkeitsstatistik der statistischen Landesämter zum Bauvolumen (m^3 BRI) und Angaben zu den veranschlagten Baukosten (in €) erhältlich. Diese Informationen stammen aus statistischen Meldebögen, die mit jedem Bauantrag vom Antragsteller abzugeben sind. Während die Angaben zum Brutto-Rauminhalt als sehr verlässlich eingestuft werden können, da in diesem Bereich kaum Änderungen während der Bauzeit zu erwarten sind, müssen die Angaben zu den Baukosten als Prognosen eingestuft werden. Schließlich stehen die Baukosten beim Einreichen des Bauantrags noch nicht fest.

Es ist jedoch davon auszugehen, dass durch die Vielzahl der Datensätze und gleiche Vorgehensweise bei der Baukostennennung brauchbare Durchschnittswerte entstehen. Zusätzlich wurden von BKI Verfahren entwickelt, um die Daten prüfen und Plausibilitätsprüfungen unterziehen zu können. Aus den Kosten- und Mengenangaben lassen sich durchschnittliche Herstellungskosten von Bauwerken pro Brutto-Rauminhalt und Land- oder Stadtkreis berechnen. Diese Berechnungen hat BKI durchgeführt und aus den Ergebnissen einen bundesdeutschen Mittelwert gebildet. Anhand des Mittelwerts lassen sich die einzelnen Land- und Stadtkreise prozentual einordnen (diese Prozentwerte wurden die Grundlage der BKI Deutschlandkarte mit „Regionalfaktoren für Deutschland und Europa").

Anhand dieser Daten lässt sich jedes Objekt der BKI Datenbank normieren, d.h. so berechnen, als ob es nicht an seinem speziellen Bauort gebaut worden wäre, sondern an einem Bauort der bezüglich seines Regionalfaktors genau dem Bundesdurchschnitt entspricht. Für den Anwender bedeutet die regionale Normierung der Daten auf einen Bundesdurchschnitt, dass einzelne Kostenkennwerte oder das Ergebnis einer Kostenermittlung mit dem Regionalfaktor des Standorts des geplanten Objekts multipliziert werden kann. Die landkreisbezogenen Regionalfaktoren finden sich im Anhang des Buchs.

7. Urheberrechte
Alle Entwürfe, Zeichnungen und Fotos der uns zur Verfügung gestellten Objekte sind urheberrechtlich geschützt. Die Urheberrechte liegen bei den jeweiligen Büros bzw. Personen.

Fotopräsentation der Objekte

Fotopräsentation der Objekte

1300-0142 Scheunenumbau, Büroflächen Seite 56
Umbau
FRANKE Architektur I Innenarchitektur
Düren

1300-0152 Wohn- und Geschäftshaus Seite 68
Erweiterung
Udo Richter, Freier Architekt
Heilbronn

1300-0217 Innenausbau Vertriebsbüro Seite 80

studio lot Architektur / Innenarchitektur
München

3100-0011 Gemeinschaftspraxis Seite 90
Umbau
FRANKE Architektur I Innenarchitektur
Düren

3100-0014 Arztpraxis Seite 100
Umbau
Paprota Architektur, Christoph Paprota
Würzburg

3100-0015 Arztpraxis Seite 110
Umbau
Paprota Architektur, Christoph Paprota
Würzburg

Fotopräsentation der Objekte

3100-0018 Arztpraxis, Personalaufenthalt   Seite 120
Umbau
null2elf, interior design
Düsseldorf

3100-0019 Arztpraxis f. Allgemeinmedizin (4 AP) Seite 132
Umbau
FRANKE Architektur I Innenarchitektur
Düren

4400-0165 Kinderkrippe (2 Gr., 24 Kinder)   Seite 142
Umbau
Firmhofer + Günther Architekten
München

4400-0178 Kindertagesstätte (4 Gr., 65 Kinder) Seite 154
Umbau
Architekturbüro Göbel
Mühlhausen

4500-0016 Seminargebäude   Seite 166
Modernisierung
Schwieger Architekten, Hansjochen Schwieger
Göttingen

4500-0017 Bildungsinstitut, Seminarräume   Seite 180
Modernisierung
KEGGENHOFF I PARTNER
Arnsberg-Neheim

Fotopräsentation der Objekte

5600-0004 Yogastudio Seite 192
Umbau
FRANKE Architektur I Innenarchitektur
Düren

6100-0849 Doppelhaushälfte Seite 204
Erweiterung
n3 architektur, Jutta Gerth
Dortmund

6100-0932 Gutshaus, Wohnen im Alter (14WE) Seite 214
Modernisierung
°pha design, Banniza, Hermann, Öchsner und Partner
Potsdam

6100-0937 Einfamilienhaus, Umnutzung Scheune Seite 228
Umbau
.rott .schirmer .partner
Großburgwedel

6100-0946 Einfamilienhaus, Einzeldenkmal Seite 240
Instandsetzung
qbatur Planungsbüro GmbH
Quedlinburg

6100-0962 Einfamilienhaus, Einliegerwohnung Seite 252
Umbau
FRANK ECKHARDT Architekt
Lübeck

Fotopräsentation der Objekte

6100-0976 Einfamilienhaus Seite 264
Erweiterung
⌂ STELLWERKSTATT architekturbüro
  Detmold

6100-1105 Reihenendhaus, Denkmalschutz Seite 274
Modernisierung
⌂ Schaugg Architekten, Diana Schaugg
  Stuttgart

6100-1195 Mehrfamilienhaus, Dachgeschoss Seite 290
Umbau
⌂ archikult, Martin Riker
  Mainz

6100-1197 Maisonettewohnung Seite 302
Modernisierung
⌂ Anne.Mehring Innenarchitekturbüro
  Darmstadt

6100-1206 Einfamilienhaus, Badeinbau Seite 312
Umbau
⌂ Raumkleid Anke Preywisch Interior Design
  Köln

6100-1210 Doppelhaushälfte, Gründerzeit Seite 322
Instandsetzung
⌂ Manderscheid Partnerschaft Freie Architekten
  Stuttgart

Fotopräsentation der Objekte

6400-0062 Jugendzentrum Seite 338
Modernisierung
⌂ Architekturbüro Bernd Pauker
  Dannenberg

6600-0015 Naturfreundehaus Seite 352
Umbau
⌂ Georg Beuchle, Freier Architekt
  Keltern

6600-0016 Hotel (23 Betten) Seite 370
Umbau
⌂ naumann.architektur
  Stuttgart

6600-0017 Hotel (76 Betten) Seite 382
Umbau
⌂ Steiner Weißenberger Architekten
  Berlin

7200-0079 Atelier Seite 396
Umbau
⌂ +studio moeve architekten
  Frankfurt am Main

7200-0086 Hörgeräteakustik, Meisterbetrieb Seite 406
Umbau
⌂ Architekturbüro Stephanie Schleffler
  Düsseldorf

Fotopräsentation der Objekte

7200-0087 Frisörsalon　　　　　　Seite 416
Umbau
　DAVID MEYER architektur und design
　Berlin

9100-0080 Experimenteller Kinoraum　　Seite 430
Umbau
　Maske Gehrmann Architekten
　Berlin

9100-0086 Museum, Ausstellungen　　Seite 440
Umbau
　torben pundt architekt
　Hamburg

9100-0092 Ev. Kirche, Gemeindesaal, Pfarramt　Seite 452
Umbau
　Architekturbüro Michael Dittmann
　Amberg

9100-0109 Stadtbibliothek, Möblierung　　Seite 468

　null2elf, interior design
　Düsseldorf

9100-0110 Bibliothek, Inneneinrichtung　　Seite 476

　FRANKE Architektur I Innenarchitektur
　Düren

Fotopräsentation der Objekte

9100-0119 Pfarrkirche Seite 482
Umbau
Nadler·Sperk·Reif, Landshut mit
Bischöfliches Ordinariat, Regensburg

9100-0121 Bücherei, Möblierung Seite 496

UKW Innenarchitekten
Krefeld

9100-0122 Konzert- und Probesaal Seite 504
Umbau
Professor Jörg Friedrich PFP Planungs GmbH
Hamburg

9700-0019 Aussegnungshalle Seite 510
Erweiterung
B19 ARCHITEKTEN BDA
Barchfeld-Immelborn

Erläuterungen

1300-0217
Innenausbau
Vertriebsbüro

Objektübersicht

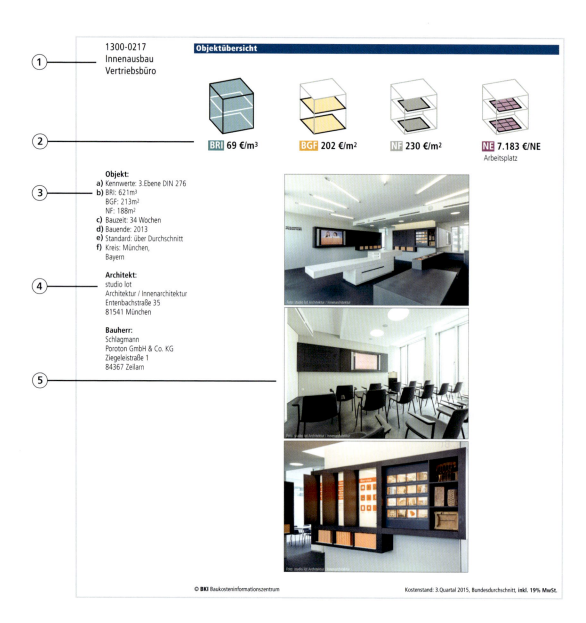

BRI 69 €/m³ BGF 202 €/m² NF 230 €/m² NE 7.183 €/NE Arbeitsplatz

Objekt:
a) Kennwerte: 3.Ebene DIN 276
b) BRI: 621m³
   BGF: 213m²
   NF: 188m²
c) Bauzeit: 34 Wochen
d) Bauende: 2013
e) Standard: über Durchschnitt
f) Kreis: München, Bayern

Architekt:
studio lot
Architektur / Innenarchitektur
Entenbachstraße 35
81541 München

Bauherr:
Schlagmann
Poroton GmbH & Co. KG
Ziegeleistraße 1
84367 Zeilarn

© BKI Baukosteninformationszentrum Kostenstand: 3.Quartal 2015, Bundesdurchschnitt, **inkl. 19% MwSt.**

Erläuterungen nebenstehender Tabellen und Abbildungen

Alle Kostenkennwerte enthalten die Mehrwertsteuer. Kostenstand 3.Quartal 2015.
Kosten und Kostenkennwerte umgerechnet auf den Bundesdurchschnitt.

Objektübersicht

①
BKI-Objektnummer und -bezeichnung.

②
Kostenkennwerte für Bauwerkskosten (Kostengruppe 300+400 nach DIN 276) bezogen auf:

- BRI: Brutto-Rauminhalt (DIN 277)
- BGF: Brutto-Grundfläche (DIN 277)
- NF: Nutzfläche (DIN 277)
- NE: Nutzeinheiten (z. B. Betten bei Heimen, Stellplätze bei Garagen)
  Wohnfläche nach der Wohnflächenverordnung WoFlV, nur bei Wohngebäuden

③
a) „Kennwerte" gibt die Kostengliederungstiefe nach DIN 276 an. Die BKI Objekte sind unterschiedlich detailliert dokumentiert: Eine Kurzdokumentation enthält Kosteninformationen bis zur 1.Ebene DIN 276, eine Grobdokumentation bis zur 2.Ebene DIN 276 und eine Langdokumentation bis zur 3.Ebene (teilweise darüber hinaus bis zu den Ausführungsarten einzelner Kostengruppen).
b) Angaben zu BRI, BGF und NF
c) Angaben zur Bauzeit
d) Angaben zum Bauenede
e) Angaben zum Standard
f) Angaben zum Kreis, Bundesland

④
Planendes und/oder ausführendes Architektur- oder Planungsbüro, sowie teilweise Angaben zum Bauherrn.

⑤
Abbildungen des Objekts

1300-0217
Innenausbau
Vertriebsbüro

Objektbeschreibung

Allgemeine Objektinformationen

Das neue Vertriebsbüro eines Ziegelherstellers ist eine Plattform für Kunden, Planer und Industrie. Gleichzeitig dient es der Präsentation der eigenen Produkte. Von einem offenen Empfangsbereich mit Schauraum und Arbeitsbereich geht ein Besprechungs- und Vortragsraum ab. Die Räume können mittels einer großen Schiebetür und einem Zugang zur Terrasse strukturiert, umgeformt und erweitert werden. Es können parallel Vorträge, Beratungen, Konferenzen und Schulungen stattfinden, während in den anschließenden Einzelbüros gearbeitet werden kann.

Nutzung

1 Obergeschoss
Schauraum, Empfang, Büros, Teeküche, WCs, Serverraum, Abstellraum

Besonderer Kosteneinfluss Nutzung:
Die baulichen Voraussetzungen und die Grundausstattung wurden vom Eigentümer des Gebäudes hergestellt.

Nutzeinheiten

Arbeitsplätze: 6

Markt

Hauptvergabezeit: 1.Quartal 2013
Baubeginn: 1.Quartal 2013
Bauende: 4.Quartal 2013
Konjunkturelle Gesamtlage: über Durchschnitt
Regionaler Baumarkt: über Durchschnitt

Baukonstruktion

Die Möblierung zieht sich wie ein funktionelles Wandband durch die Räume. In einer vorgesetzten Wandkonstruktion sind Medien, Steuerungen, Stauraum, Informationsmaterial und die Ziegel eingebettet. Dieses Wandmöbel lässt sich durch Klappen und Schübe öffnen und erweitern. Der Blick auf die Informationen dahinter oder darin kann Stück für Stück freigegeben werden. Hinter den Öffnungen des Wandmöbels liegende, beleuchtete Schaukästen erzeugen Spannung auf den zweiten Blick. Auf den beleuchteten Tafeln werden die aktuellen Produkte der Firma vorgestellt. Ein gesonderter Schaukasten zeigt die Geschichte des Ziegels, um die Bedeutung und Wichtigkeit des Materials Ton und des Ziegels zu untermauern. Die Geschichte wird eng mit den heute aktuell produzierten Ziegeln verknüpft.

Technische Anlagen

Die Präsentationsräume wurden mit Bild- und Tontechnik ausgestattet.

Sonstiges

Ein großer Tisch, der ähnlich einer Werkbank verschiedene Funktionen und Möglichkeiten beinhaltet, ist im Zentrum des Schauraums platziert. Man kann daran und damit arbeiten. Er kann verändert, verschoben und je nach Bedarf umgestellt werden. Die Hauptfarbe Schwarz für die Möblierung vermittelt den Eindruck eines großen Schaukastens. Die Materialien wurden passend zu den Farben des Unternehmens ausgewählt und in einer sehr reduzierten Weise ausformuliert, so dass das Material Ziegel eindeutig spürbar bleibt.

Erläuterungen nebenstehender Tabellen und Abbildungen

Alle Kostenkennwerte enthalten die Mehrwertsteuer. Kostenstand 3.Quartal 2015.
Kosten und Kostenkennwerte umgerechnet auf den Bundesdurchschnitt.

Objektbeschreibung

Objektbeschreibung mit:
- Allgemeine Objektinformationen
- Angaben zur Nutzung
- Nutzeinheiten
- Grundstück
- Markt
- Baukonstruktion
- Technische Anlagen
- Sonstiges

Planungskennwerte für Flächen und Rauminhalte nach DIN 277

1300-0217
Innenausbau
Vertriebsbüro

Flächen des Grundstücks

		Menge, Einheit	% an FBG
BF	Bebaute Fläche	– m²	–
UBF	Unbebaute Fläche	– m²	–
FBG	Fläche des Baugrundstücks	– m²	–

Grundflächen des Bauwerks

		Menge, Einheit	% an NF	% an BGF
NF	Nutzfläche	187,60 m²	100,0	88,1
TF	Technische Funktionsfläche	– m²	–	–
VF	Verkehrsfläche	– m²	–	–
NGF	Netto-Grundfläche	187,60 m²	100,0	88,1
KGF	Konstruktions-Grundfläche	25,40 m²	13,5	11,9
BGF	Brutto-Grundfläche	213,00 m²	113,5	100,0

Brutto-Rauminhalt des Bauwerks

		Menge, Einheit	BRI/NF (m)	BRI/BGF (m)
BRI	Brutto-Rauminhalt	620,50 m³	3,31	2,91

Lufttechnisch behandelte Flächen

	Menge, Einheit	% an NF	% an BGF
Entlüftete Fläche	– m²	–	–
Be- und entlüftete Fläche	– m²	–	–
Teilklimatisierte Fläche	– m²	–	–
Klimatisierte Fläche	– m²	–	–

KG	Kostengruppen (2.Ebene)	Menge, Einheit		Menge/NF	Menge/BGF
310	Baugrube	– m³	BGI	–	–
320	Gründung	– m²	GRF	–	–
330	Außenwände	– m²	AWF	–	–
340	Innenwände	71,10 m²	IWF	0,38	0,33
350	Decken	39,40 m²	DEF	0,21	0,18
360	Dächer	– m²	DAF	–	–

Kostenkennwerte für die Kostengruppen der 1.Ebene DIN 276

KG	Kostengruppen (1.Ebene)	Einheit	Kosten €	€/Einheit	€/m² BGF	€/m³ BRI	% 300+400
100	Grundstück	m² FBG	–	–	–	–	–
200	Herrichten und Erschließen	m² FBG	–	–	–	–	–
300	Bauwerk - Baukonstruktionen	m² BGF	24.404	114,57	114,57	39,33	56,6
400	Bauwerk - Technische Anlagen	m² BGF	18.694	87,76	87,76	30,13	43,4
	Bauwerk 300+400	**m² BGF**	**43.098**	**202,34**	**202,34**	**69,46**	**100,0**
500	Außenanlagen	m² AUF	–	–	–	–	–
600	Ausstattung und Kunstwerke	m² BGF	16.322	76,63	76,63	26,30	37,9
700	Baunebenkosten	m² BGF	–	–	–	–	–

© BKI Baukosteninformationszentrum

Kostenstand: 3.Quartal 2015, Bundesdurchschnitt, inkl. 19% MwSt.

Erläuterungen nebenstehender Planungskennwerte- und Baukostentabellen

Alle Kostenkennwerte enthalten die Mehrwertsteuer. Kostenstand 3.Quartal 2015.
Kosten und Kostenkennwerte umgerechnet auf den Bundesdurchschnitt.

Planungskennwerte für Flächen und Rauminhalte nach DIN 277

In Ergänzung der Kostenkennwerttabellen werden für jedes Objekt Planungskennwerte angegeben, die zur Überprüfung der Vergleichbarkeit des Objekts mit der geplanten Baumaßnahme dienen.
Ein Planungskennwert im Sinne dieser Veröffentlichung ist ein Wert, der das Verhältnis bestimmter Flächen und Rauminhalte zur Nutzfläche (NF) und Brutto-Grundfläche (BGF) darstellt, angegeben als Prozentwert oder als Faktor (Mengenverhältnis).

①

Bebaute und unbebaute Flächen des Grundstücks sowie deren Verhältnis in Prozent zur Fläche des Baugrundstücks (FBG).

②

Grundflächen im Verhältnis zur Nutzfläche (NF = 100%) und Brutto-Grundfläche (BGF = 100%) in Prozent.

③

Verhältnis von Brutto-Rauminhalt (BRI) zur Nutzfläche und Brutto-Grundfläche (BRI / BGF = mittlere Geschosshöhe), angegeben als Faktor (in Meter).

④

Verhältnis von lufttechnisch behandelten Flächen (nach BKI) zur Nutzfläche und Brutto-Grundfläche in Prozent.

⑤

Verhältnis der Mengen dieser Kostengruppen nach DIN 276 („Grobelemente") zur Nutzfläche und Brutto-Grundfläche, angegeben als Faktor. Wenn aus der Grundlagenermittlung die Nutz- oder Brutto-Grundfläche für ein Projekt bekannt ist, ein Vorentwurf als Grundlage für Mengenermittlungen aber noch nicht vorliegt, so können mit diesen Faktoren die Grobelementmengen überschlägig ermittelt werden.

Kostenkennwerte für die Kostengruppen der 1.Ebene DIN 276

⑥

Gesamtkosten, Kostenkennwerte in €/Einheit, €/m² BGF und €/m³ BRI für die Kostengruppen der 1.Ebene DIN 276. Anteil der jeweiligen Kostengruppe in Prozent an den Bauwerkskosten (Spalte: % 300+400). Die Bezugseinheiten der Kostenkennwerte entsprechen der DIN 277-3 : Mengen und Bezugseinheiten 2005-02.

Kostenkennwerte für Leistungsbereiche nach StLB (Kosten des Bauwerks nach DIN 276)

1300-0217
Innenausbau
Vertriebsbüro

LB	Leistungsbereiche	Kosten €	€/m² BGF	€/m³ BRI	% an 3+4
	Rohbau	–	–	–	–
023	Putz- und Stuckarbeiten, Wärmedämmsysteme	–	–	–	–
024	Fliesen- und Plattenarbeiten	–	–	–	–
025	Estricharbeiten	–	–	–	–
026	Fenster, Außentüren inkl. 029, 032	1.235	5,80	2,00	2,9
027	Tischlerarbeiten	21.811	102,40	35,20	50,6
028	Parkett-, Holzpflasterarbeiten	–	–	–	–
030	Rollladenarbeiten	–	–	–	–
031	Metallbauarbeiten inkl. 035	–	–	–	–
034	Maler- und Lackiererarbeiten inkl. 037	1.177	5,50	1,90	2,7
036	Bodenbelagsarbeiten	–	–	–	–
038	Vorgehängte hinterlüftete Fassaden	–	–	–	–
039	Trockenbauarbeiten	–	–	–	–
	Ausbau	**24.223**	**113,70**	**39,00**	**56,2**
040	Wärmeversorgungsanlagen, inkl. 041	–	–	–	–
042	Gas- und Wasseranlagen, Leitungen inkl. 043	–	–	–	–
044	Abwasseranlagen - Leitungen	–	–	–	–
045	Gas, Wasser, Entwässerung - Ausstattung inkl. 046	–	–	–	–
047	Dämmarbeiten an technischen Anlagen	–	–	–	–
049	Feuerlöschanlagen, Feuerlöschgeräte	–	–	–	–
050	Blitzschutz- und Erdungsanlagen	–	–	–	–
052	Mittelspannungsanlagen	–	–	–	–
053	Niederspannungsanlagen inkl. 054	182	0,85	0,29	0,4
055	Ersatzstromversorgungsanlagen	–	–	–	–
057	Gebäudesystemtechnik	–	–	–	–
058	Leuchten und Lampen, inkl. 059	440	2,10	0,71	1,0
060	Elektroakustische Anlagen	5.430	25,50	8,80	12,6
061	Kommunikationsnetze, inkl. 063	1.647	7,70	2,70	3,8
069	Aufzüge	–	–	–	–
070	Gebäudeautomation	–	–	–	–
075	Raumlufttechnische Anlagen	–	–	–	–
	Gebäudetechnik	**7.698**	**36,10**	**12,40**	**17,9**
	Sonstige Leistungsbereiche inkl. 008, 033, 051	**11.177**	**52,50**	**18,00**	**25,9**

© BKI Baukosteninformationszentrum

Kostenstand: 3.Quartal 2015, Bundesdurchschnitt, **inkl. 19% MwSt.**

Erläuterung nebenstehender Baukostentabelle

Alle Kostenkennwerte enthalten die Mehrwertsteuer. Kostenstand: 3.Quartal 2015.
Kosten und Kostenkennwerte umgerechnet auf den Bundesdurchschnitt.

Kostenkennwerte für Leistungsbereiche nach StLB

①
LB-Nummer nach Standardleistungsbuch (StLB).
Bezeichnung des Leistungsbereichs (zum Teil abgekürzt).

Kostenkennwerte für Bauwerkskosten (Kostengruppe 300+400 nach DIN 276) je Leistungsbereich in €/m² Brutto-Grundfläche (BGF nach DIN 277).
Anteil der jeweiligen Leistungsbereiche in Prozent an den Bauwerkskosten (100%).

②
Kostenkennwerte und Prozentanteile für „Leistungsbereichspakete" als Zusammenfassung bestimmter Leistungsbereiche. Leistungsbereiche mit relativ geringem Kostenanteil wurden in Einzelfällen mit anderen Leistungsbereichen zusammengefasst.
Beispiel:
LB 000 Baustelleneinrichtung zusammengefasst mit
LB 001 Gerüstarbeiten (Angabe: inkl. 001).

③
Ergänzende, den StLB-Leistungsbereichen nicht zuzuordnende Leistungsbereiche, zusammengefasst mit den LB-Nr. 008, 033, 051.

340 Innenwände

KG	Kostengruppe	Menge Einheit	Kosten €	€/Einheit	€/m² BGF
	6100-0932 Gutshaus, Wohnen im Alter (14 WE)				
	• Abbrechen (Kosten: 9,3%)	55,24 m²	3.223	**58,34**	2,37
	Abbruch von Mauerwerk, d=28-40cm, für Öffnungen (47m²), Mauerwerk, d=16-28cm (8m²); Entsorgung, Deponiegebühren				
	• Wiederherstellen (Kosten: 4,8%)	62,03 m²	1.666	**26,85**	1,22
	Überarbeiten von Mauerwerks in Bereichen mit schadhaftem Putz, Auswechseln von Steinen, reinigen der Flächen (62m²)				
	• Herstellen (Kosten: 85,9%)	206,16 m²	29.821	**144,65**	21,92
	KS-Mauerwerk, d=30cm (73m²), d=24cm (84m²), Stb-Balken, d=30cm (37m), Hlz-Mauerwerk, d=11,5-41cm, Öffnungen schließen (39m²), Betonschwellen C20/25, 24x50cm als Stützenauflager in bestehende MW-Wände einbauen (11St), Ziegelflächstürze (10St)				
	6100-0937 Einfamilienhaus, Umnutzung Scheune				
	• Herstellen (Kosten: 100,0%)	22,00 m²	2.560	**116,35**	12,40
	Fachwerkwände, KVH, NSi (1m³), aufstellen, abbinden (19m), Traglattung, OSB-Platten, d=12mm (22m²), Zellulosedämmung, d=80mm (4m³)				
	6100-0946 Einfamilienhaus, Einzeldenkmal				
	• Abbrechen (Kosten: 91,3%)	84,57 m²	4.748	**56,14**	16,61
	Abbruch von Fachwerkkonstruktion, Mauerwerk, bis 20cm (44m²), bis 30cm (40m²); Entsorgung, Deponiegebühren				
	• Herstellen (Kosten: 8,7%)	3,94 m²	450	**114,44**	1,58
	Hlz-Mauerwerk, d=17,5cm (3m²), KS-Mauerwerk, d=17,5cm (1m²)				
	6100-1195 Mehrfamilienhaus, Dachgeschoss				
	• Abbrechen (Kosten: 6,9%)	2,00 m²	287	**143,68**	1,77
	Abbruch von Mauerwerk für Türöffnung, d=24cm (2m²); Entsorgung, Deponiegebühren				
	• Herstellen (Kosten: 93,1%)	18,50 m²	3.904	**211,05**	24,07
	Holzständerwände, KVH 10x10cm, Holzfaserdämmung, d=100mm, GF-Bekleidung beidseitig, d=15mm (19m²), Abfangkonstruktion Mittelpfetten (psch)				
	6100-1210 Doppelhaushälfte, Gründerzeit				
	• Herstellen (Kosten: 100,0%)	1,86 m²	239	**128,45**	0,54
	Sturz einsetzen, Mauerwerk ausmörteln (1St)				

Erläuterung nebenstehender Baukostentabelle

Alle Kostenkennwerte enthalten die Mehrwertsteuer. Kostenstand: 3.Quartal 2015.
Kosten und Kostenkennwerte umgerechnet auf den Bundesdurchschnitt.

Kostenkennwerte für die Kostengruppen 300 und 400 der 3.Ebene nach DIN 276

(1)
Codierung und Bezeichnung der Ausführung zur Kostengruppe entsprechend der 3.Ebene nach DIN 276

(2)
Abgerechnete Leistungen zu im Teil 1 dokumentierten Objekten mit BKI Objektnummer, Menge, Einheit, Kosten, Kostenkennwert bezogen auf die Kostengruppeneinheit oder alternativ bezogen auf die m² BGF.

Bei den Mengen handelt es sich um ausgeführte Mengen.

LB 016	**Nr.**	**Kurztext** / Stichworte					Kostengruppe
Zimmer- und	▶	▷ ø netto €	◁	◀	[Einheit]	Ausf.-Dauer	Positionsnummer
Holzbauarbeiten	▶	▷ ø brutto €	◁	◀			

016

Kosten:
Stand 3.Quartal 2015
Bundesdurchschnitt

1 Schalung, Sperrholz, Innenbereich KG **364**
Schalung, Wand; Sperrholzplatte, Klasse 1; für tragende Zwecke, sichtbar/nicht sichtbar, Holzuntergrund; innen; befestigen mit Schrauben

19€	30€	**35€**	38€	50€	[m²]	⏱ 0,26 h/m²	016.000.010
23€	36€	**41€**	46€	59€			

2 Schalung Dachboden/Unterboden KG **363**
Schalung, Dachboden/Unterboden; Spanplatte P7, kunstharzgebunden; Dicke bis 25mm; tragend, NF-System

13€	19€	**21€**	35€	51€	[m²]	⏱ 0,20 h/m²	016.001.099
16€	23€	**25€**	41€	60€			

3 Bekleidung, Furnierschichtholzplatte KG **364**
Bekleidung, Wand; Furnierschichtholzplatte; Dicke 20/26mm; Sicht-/Nichtschichtqualität, Holzuntergrund; verschraubt/genagelt

26€	39€	**44€**	58€	85€	[m²]	⏱ 0,33 h/m²	016.000.063
31€	46€	**52€**	69€	101€			

4 Bekleidung, Massivholzplatte KG **335**
Bekleidung; Massivholzplatte; Dicke 20/26; Sicht-/Nichtsichtqualität; Wand, innen; genagelt/verschraubt

26€	47€	**54€**	57€	70€	[m²]	⏱ 0,38 h/m²	016.000.096
31€	55€	**64€**	68€	83€			

5 Blindboden, Nadelholz, einseitig gehobelt KG **352**
Schalung, Blindboden; Nadelholz, S10TS, einseitig gehobelt; Dicke 19mm, Breite 100mm; unten sichtbar; zwischen Deckenbalken

16€	21€	**24€**	26€	36€	[m²]	⏱ 0,40 h/m²	016.000.054
19€	25€	**28€**	31€	43€			

6 Bretterschalung, Nadelholz, zwischen Balken KG **351**
Bretterschalung; Nadelholz, S10, GKL 2; Dicke 24/48mm; zwischen bauseitigem Gebälk

18€	28€	**32€**	36€	45€	[m²]	⏱ 0,35 h/m²	016.000.030
22€	33€	**38€**	42€	53€			

7 Trockenestrich, TSD, Trennlage, Randstreifen KG **352**
Trockenestrich; Gipsplatte, WLG 035; Dicke 25/37,5mm; zweilagig F60/dreilagig F90; Holzbalkendecke; inkl. Trennlage, Ausgleichsschicht, Trittschalldämmung

17€	37€	**39€**	52€	72€	[m²]	⏱ 0,35 h/m²	016.000.012
20€	44€	**46€**	62€	86€			

8 Kanthölzer, S10TS, Nadelholz, scharfkantig, gehobelt KG **335**
Kantholz; Nadelholz, S10TS, scharfkantig; 60x120mm; egalisiert/gehobelt

3€	8€	**8€**	13€	22€	[m]	⏱ 0,10 h/m	016.000.013
4€	9€	**10€**	15€	26€			

▶ min
▷ von
ø Mittel
◁ bis
◀ max

© **BKI** Baukosteninformationszentrum   Kostenstand: 3.Quartal 2015, Bundesdurchschnitt

Erläuterung nebenstehender Tabelle

Alle Kostenkennwerte werden mit und ohne Mehrwertsteuer dargestellt.
Kostenstand: 3.Quartal 2015.
Kosten und Kostenkennwerte umgerechnet auf den Bundesdurchschnitt.

①
Leistungsbereichs-Nummer und -Titel

②
Kostengruppen nach DIN 276. Die Angaben sind bei der Anwendung zu prüfen, da diese teilweise auf Positionsebene nicht zweifelsfrei zugeordnet werden können.

③
Ordnungsziffer

④
Kurztext der Position

⑤
Stichworte aus dem Mustertext mit:
Gegenstand, Material, Dimension, Verarbeitung, Ort, Sonstige

⑥
Abrechnungseinheit der Leistungspositionen

⑦
Ausführungsdauer der Leistung pro Stunde für die Terminplanung

⑧
Positionsnummer als ID-Kennung für das Auffinden des Datensatzes in elektronischen Medien

Kostenplanung von Innenräumen – Anforderungen, Koordination und Schnittstellen

Ein Beitrag von
Univ.-Prof. Dr.-Ing. Wolfdietrich Kalusche,
Cottbus

Vorbemerkung

Das vorliegende Buch enthält Kostenkennwerte von Innenräumen. Es richtet sich vor allem an Innenarchitekten, aber auch an Architekten der Fachrichtung Hochbau, in den Begriffen der HOAI an „Objektplaner Innenräume" und „Objektplaner Gebäude".

Die Aufgaben der Innenarchitekten sind vielseitig. Sie reichen von der Innenraumplanung von Neubauten aller Nutzungsarten über das Bauen im Bestand bis zur Entwicklung von Produkten und künstlerischen Objekten unterschiedlichen Maßstabs. Im Rahmen einer von Wesnick durchgeführten Befragung zu den Aufgabenfeldern der Innenarchitekten wurde darüber hinaus angegeben:
– Messebau und Ausstellungen,
– Ausbau von Kreuzfahrtschiffen und Yachten,
– Beratung und Planung in Möbelhäusern.
(Wesnick, A.: Kostenkennwerte von Innenräumen […], Cottbus 2014, S. 22)

Berufsaufgaben und notwendige Grundkompetenzen der Innenarchitekten sind entsprechend dem „Leitfaden Berufsqualifikation der Innenarchitekten/innen", verfasst von der Projektgruppe Bachelor/Master der Bundesarchitektenkammer (BAK), folgende:
– „gestaltende […], technische […], wirtschaftliche […], soziale […], ökologische Planung von Innenräumen und der damit verbundenen baulichen Änderung von Gebäuden,
– Koordinierung, Betreuung der Planung und Durchführung von Innenräumen und der damit verbundenen baulichen Änderung von Gebäuden,
– Fachgutachten."
(BAK-Projektgruppe Bachelor/Master Innenarchitekten/innen […], 2007, S. 4)

Die Berufsaufgaben der Innenarchitekten sind also nicht grundsätzlich andere als die des Architekten. Die Gegenstände der Planung und die Herangehensweisen sind allerdings erfahrungsgemäß unterschiedlich. Das betrifft auch die Kostenplanung.

Während vom Architekten zu Beginn einer Planung vor allem funktionale, konstruktive, städtebauliche und öffentlich-rechtliche Zusammenhänge, Vorgaben und Bedingungen besonders zu beachten sind, kann der Innenarchitekt zur gleichen Zeit und aus einem anderen Blickwinkel in höherem Maße gestalterisch arbeiten. Dies erfolgt zudem in einem ganz anderem Maßstab: im Raum, dessen Technik und dessen Ausstattung.

Die Bedingungen der Innenarchitekten in Bezug auf ihre eigene Arbeit sind unterschiedlich, je nachdem ob sie an einem Neubau oder im Bestand arbeiten.

– Bei einem Neubau ist in der Regel gleichzeitig ein Architekt tätig. Der Innenarchitekt soll dann so früh wie möglich beginnen können, kommt aber häufig zeitversetzt zum Einsatz. Die Koordination der Planung, insbesondere der Kostenplanung, ist in diesem Fall regelungsbedürftig. Denn sowohl der Gegenstand der Planung als auch die dazu gehörende Kostenplanung sind aufzuteilen und eindeutig abzugrenzen. Damit stellen sich folgende Fragen: Wer macht was? Was ist für wen die Grundlage der anrechenbaren Kosten? Hierzu gibt es bislang wenig Fachliteratur. Deswegen soll das der Schwerpunkt dieses Beitrags sein.
– Beim Bauen im Bestand ist der Innenarchitekt in vielen Fällen mit der gesamten Umbauplanung und der Planung von Innenräumen befasst, ohne dass gleichzeitig ein Architekt am Projekt beteiligt ist. Auch hier ist vieles zu regeln. Dazu gehört vor allem die Festlegung der mitzuverarbeitenden Bausubstanz. Diesbezüglich unterscheiden sich die Bedingungen des Innenarchitekten von denen des Architekten nur wenig. Einschlägige Fachliteratur hierzu gibt es inzwischen an anderer Stelle (vgl. Lechner/Herke: Bauen im Bestand [...], S. 159–186).

Entwicklung der Berufstätigkeit von Architekten und der Regelwerke

Die Architektenschaft arbeitet heute mit Regelwerken, die sich über viele Jahrzehnte entwickelt haben. Ein erstes Leistungsbild für „architektonische Arbeiten" wurde bereits in den 1870er Jahren verfasst, bevor die der heutigen HOAI vorangehende Gebührenordnung für Architekten (GOA) im Jahr 1950 in Kraft trat.

Die erste Fassung der DIN 276 erschien unter der Bezeichnung „Kosten von Hochbauten und damit zusammenhängenden Leistungen" im Jahr 1934.

Das Bauen im 20. Jahrhundert war wesentlich durch den Neubau geprägt, abgesehen von wenigen Jahren des Wiederaufbaus der im Krieg beschädigter Gebäude. So kann man die HOAI und die DIN 276 kritisch als „Neubau-Regelungen" ansehen. Denn die heute überwiegenden Aufgaben beim Bauen im Bestand haben noch nicht im gleichen Maße Eingang in die geltenden Regelwerke gefunden.

Der Berufsstand der Innenarchitekten ist im Unterschied zu den Hochbauarchitekten noch relativ jung. Die Zahl der Innenarchitekten ist im Verhältnis zur Menge der Architekten gering. Insofern ist es nachvollziehbar, dass den besonderen Belangen der Innenarchitekten bei den Kostenkennwerten bisher noch nicht ausreichend Rechnung getragen wurde.

Auf der Grundlage der Anforderungen an die Kostenplanung im Allgemeinen werden Empfehlungen gegeben, wie das Leistungsbild Objektplanung Innenräume im Besonderen gestaltet werden kann. Dabei steht die Kostenplanung im Vordergrund. Auf die für die Kostenplanung von Innenräumen besonders geeigneten Produkte des Baukosteninformationszentrums Deutscher Architektenkammern (BKI) darf an dieser Stelle hingewiesen werden. Die Transparenz und die Kostensicherheit bei der Planung von Innenräumen können bei deren Verwendung erhöht werden.

Gleichzeitiger Einsatz von Innenarchitekt und Architekt

Kommen bei einem Bauvorhaben mehrere Architekten unterschiedlicher oder gleicher Fachbereiche zeitgleich zum Einsatz, z. B. Objektplaner Gebäude, Objektplaner Innenräume, vielleicht auch Objektplaner Freianlagen, sind vor dem Beginn der Zusammenarbeit für jeden Beteiligten zu klären:
– der Gegenstand der Planung,
– die Leistungsbilder mit den Schnittstellen einschließlich der Fachplanungen Tragwerk, Technische Ausrüstung sowie weiterer Fachbereiche und vor allem
– die Koordination der Planung insgesamt.

Die weiteren Überlegungen sind deshalb auf die Koordination der Leistungen des Innenarchitekten im Verhältnis zu denen des Architekten gerichtet. Der Schwerpunkt liegt dabei auf der Kostenplanung in den frühen Leistungsphasen. Voraussetzung hierfür ist die Erörterung des Leistungsbildes und der Arbeitsweise des Innenarchitekten sowie der Anforderungen an die Kostenplanung im Allgemeinen. Auf dieser Grundlage werden Empfehlungen für die Kostenplanung von Innenräumen im Besonderen gegeben.

Raumbildende Ausbauten – Innenräume

In der HOAI 2009 wurde der Begriff „raumbildende Ausbauten" definiert als „die innere Gestaltung oder Erstellung von Innenräumen ohne wesentliche Eingriffe in Bestand oder Konstruktion; sie können im Zusammenhang mit Leistungen nach den Nummern 3 bis 7 anfallen". (§ 2 Nummer 8 HOAI 2009)

Anmerkung: Nummer 3 bis 7 enthalten Begriffsbestimmungen zu Neubauten und Neuanlagen, Wiederaufbauten, Erweiterungsbauten, Umbauten sowie Modernisierungen.

In der HOAI 2013 ersetzt der Begriff „Innenräume" die bisherigen „raumbildenden Ausbauten". In Ermangelung einer Begriffsbestimmung für „Innenräume" in den Allgemeinen Vorschriften der HOAI 2013 können die Aufzählungen in der Objektliste Innenräume in Anlage 10.3 zur Abgrenzung von Innenräumen herangezogen werden.

„Objektliste Innenräume
[…]
Büro/Verwaltung/Staat/Kommune
– innere Verkehrsflächen,
– Post-, Kopier-, Putz- oder sonstige Nebenräume ohne baukonstruktive Einbauten,
– Büro-, Verwaltungs-, Aufenthaltsräume […], Treppenhäuser, Wartehalten, Teeküchen,
– Räume für sanitäre Anlagen, Werkräume, Wirtschaftsräume, Technikräume,
– Eingangshallen, Sitzungs- oder Besprechungsräume, Kantinen, Sozialräume,
– Kundenzentren, -ausstellungen, -präsentationen,
– Versammlungs-, Konferenzbereiche, Gerichtssäle, Arbeitsbereiche von Führungskräften mit individueller Gestaltung oder Einrichtung oder gehobener technischer Ausstattung, […]".
(Auszug aus Anlage 10 (zu § 34 Absatz 4, § 35 Absatz 7) HOAI 2013)

Anforderungen an die Kostenplanung im Hochbau, insbesondere von Innenräumen

Die für die Planungsleistungen im Hochbau anzuwendende Honorarordnung für Architekten und Ingenieure (HOAI) und die DIN 276-1:2008-12, Kosten im Bauwesen – Teil 1: Hochbau, enthalten Anforderungen an die Kostenplanung für mehrere Fachbereiche. Hierzu zählen unter anderem die Objektplanung Gebäude und Innenräume, die Tragwerksplanung sowie die Technische Ausrüstung mit mehreren Anlagegruppen. Es wird in den Leistungsbildern der HOAI auf die Regelungen in der DIN 276 verwiesen. Letzte benennt unter anderem die Grundlagen der Kostenermittlungen und der Kostenkontrolle.

Die DIN 276 enthält Anforderungen zur bauteilorientierten Gliederung nach Kostengruppen für jede Stufe der Kostenermittlung. Dabei wird die jeweilige Anforderung an die Gliederung mit dem Zusatz „mindestens" versehen. Alternativ wird die ausführungsorientierte Gliederung der Kosten nach dem Standardleistungsbuch für das Bauwesen (STLB-Bau) ausdrücklich erwähnt. Auch in der HOAI werden im Fachbereich Technische Ausrüstung Aussagen zur Gliederung der Kosten der Technischen Anlagen gemacht, welche sich von denen in der DIN 276 in Verbindung mit den Leistungsbildern der Objektplanung unterscheiden.

Da die Objektplanung der Gebäude und der Innenräume in einem HOAI-Leistungsbild zusammengefasst sind, unterscheiden sich zunächst einmal auch die Anforderungen an die Kostenplanung nicht. Da aber die Voraussetzungen der Planung von Gebäuden und Innenräumen einerseits und die Herangehensweise von Architekten und Innenarchitekten andererseits unterschiedlich sein können, sind Überlegungen zur Kostenplanung von Innenräumen im Besonderen erforderlich.

Es ist zunächst festzustellen, welche Anforderungen an die Kostenplanung im Hochbau die HOAI und die DIN 276 enthalten. Anschließend werden Empfehlungen gegeben, wie diese ausgelegt werden sollen, um

– den erforderlichen Aufwand der Kostenplanung von Innenräumen zu erkennen,
– die Kostensicherheit bei der Kostenplanung von Innenräumen zu erhöhen und

eine angemessene Vergütung für die Leistungen bei der Kostenplanung von Innenräumen zu begründen und auf dieser Grundlage durchzusetzen.

Es werden die Leistungsphasen nach HOAI, die Unterschiede von Leistungen der Objektplanung von Innenräumen und von Gebäuden sowie die fachlichen Beiträge der an der Planung Beteiligten im Zusammenhang mit der DIN 276 erörtert.

Leistungsphase 2 (Vorplanung) – Hochbau im Allgemeinen

Leistungsbild Objektplanung Gebäude – Grundleistungen
LPH 2 g) Kostenschätzung nach DIN 276, Vergleich mit den finanziellen Rahmenbedingungen
(Anlage 10 (zu § 34 Absatz 4, § 35 Absatz 7))

Als Rahmenbedingungen im Leistungsbild Objektplanung Gebäude und Innenräume LPH 2 d) werden beispielhaft die städtebaulichen, gestalterischen, funktionalen, technischen, wirtschaftlichen, ökologischen, bauphysikalischen, energiewirtschaftlichen, sozialen und öffentlich-rechtlichen Zusammenhänge angesprochen. Deren Klärung und schriftliche Dokumentation sind unverzichtbar als Grundlage für die Objektplanung als Ganzes und für die Kostenermittlungen im Besonderen. Nicht ohne Grund wird in der DIN 276 die Erläuterung einer Kostenermittlung gefordert.

Der Verweis auf die (jeweils gültige und derzeit aktuelle) DIN 276-1:2008-12 hat den großen Vorteil, dass schon im Preisrecht HOAI eine qualitative Anforderung an die Teilleistungen der Kostenplanung gestellt wird. Die Übernahme der Leistungsbilder der HOAI in die Architekten- und Ingenieurverträge erfolgt in der Praxis überwiegend. Diese Feststellungen treffen nicht nur für die Kostenschätzung, sondern auch für die weiteren Kostenermittlungen und die Kostenkontrolle zu. Es sind an dieser Stelle die Definitionen der Begriffe und die Grundsätze der Kostenplanung hervorzuheben. Letzte enthalten auch die Anforderungen unter anderem an die Stufen der Kostenermittlungen.

Oft werden Kostenermittlungen als Zahlenwerk oder Tabellen ohne Angabe der verwendeten Grundlagen und ohne weitere Erläuterungen angefertigt. Sie sind in dieser Form kaum prüfbar. In der Norm wird diesbezüglich gefordert: „In der Kostenschätzung werden insbesondere folgende Informationen zugrunde gelegt:

– Ergebnisse der Vorplanung, insbesondere Planungsunterlagen, zeichnerische Darstellungen;
– Berechnungen der Mengen von Bezugseinheiten der Kostengruppen, nach DIN 277;
– erläuternde Angaben zu den planerischen Zusammenhängen, Vorgängen und Bedingungen;
– Angaben zum Baugrundstück und zur Erschließung."
(DIN 276-1:2008-12)

Zur Gliederung heißt es in der Norm: „In der Kostenschätzung müssen die Gesamtkosten nach Kostengruppen mindestens bis zur 1. Ebene der Kostengliederung ermittelt werden."
(DIN 276-1:2008-12)

Leistungsbild Tragwerksplanung
LPH 2 e) Mitwirken bei der Kostenschätzung und bei der Terminplanung
(Anlage 14 (zu § 51 Absatz 6, § 52 Absatz 2))

Hierbei geht es vor allem um die Vorbemessung der Gründung und des Tragwerks beim Neubau und um den Nachweis der Standsicherheit des Tragwerks beim Bauen im Bestand mit den Auswirkungen auf die Kosten der Baukonstruktionen.

Leistungsbild Technische Ausrüstung
LPH 2 f) Kostenschätzung nach DIN 276 (2. Ebene) und Terminplanung
(Anlage 15 (zu § 55 Absatz 3, § 56 Absatz 3))

Die Gliederung der Kostenschätzung nach Kostengruppen bei der Technischen Ausrüstung mindestens bis zur 2. Ebene der Kostengliederung ist schon deshalb erforderlich, weil in der Regel die Planung der Technischen Ausrüstung nicht von einem, sondern von mehreren, jeweils auf eine oder wenige Anlagegruppen (vgl. § 53 (2) HOAI 2013) spezialisierten Fachplanern erbracht wird. Die Gliederung der Kostengruppe 400 Technische Anlagen nach DIN 276 wird der Unterscheidung der Leistungsbilder nach Anlagegruppen in der HOAI wie auch der in der Praxis zu schließenden Verträge gerecht.

Der Objektplaner Gebäude wie auch der Objektplaner Innenräume hat für Teilleistungen der Kostenplanung die Aufgabe der Koordination sowie der Integration der Beiträge der an der Planung fachlich Beteiligten. Das ergibt sich aus *LPH 2 e) Bereitstellen der Arbeitsergebnisse als Grundlage für die anderen an der Planung fachlich Beteiligten sowie Koordination und Integration von deren Leistungen.* (Anlage 10 (zu § 34 Absatz 4, § 35 Absatz 7))

Der Objektplaner ist dafür verantwortlich, dass im Ergebnis der Vorplanung dem Auftraggeber eine mindestens für die Bauwerkskosten (KG 300+400 nach DIN 276) vollständige Kostenschätzung vorgelegt werden kann. Diese muss den Zielvorstellungen (vgl. LPH 2 b)) und den oben genannten wesentlichen Zusammenhängen (vgl. LPH 2 d)) sowie den Anforderungen nach DIN 276 entsprechen.

Leistungsphase 2 (Vorplanung) – Innenräume im Besonderen

Die Kostenschätzung der Objektplanung Innenräume ist wesentlich differenzierter als eine Kostenermittlung nach Kostengruppen der 1. Ebene der Kostengliederung. (Abb. 1)

Leistungsphase 3 (Entwurfsplanung) – Hochbau im Allgemeinen

Leistungsbild Objektplanung Gebäude - Grundleistungen
LPH 3 e) Kostenberechnung nach DIN 276 und Vergleich mit der Kostenschätzung (Anlage 10 (zu § 34 Absatz 4, § 35 Absatz 7))

352.21.00 Estrich			
01 **Trennlage, Gussasphalt, d=25-30mm, Oberfläche glätten und mit Quarzsand abgerieben (4 Objekte)**	28,00	**38,00**	41,00
Einheit: m² Belegte Fläche			
025 Estricharbeiten			100,0%
02 **Schwimmender Anhydritfließestrich, d=45-80mm (8 Objekte)**	15,00	**21,00**	25,00
Einheit: m² Belegte Fläche			
025 Estricharbeiten			100,0%
352.81.00 Hartbeläge			
01 **Linoleumbelag, d=2,5-3,2mm, Ausfugen mit Schmelzdraht, Sockelleisten, Untergrundvorbereitung (5 Objekte)**	37,00	**52,00**	75,00
Einheit: m² Belegte Fläche			
036 Bodenbelagarbeiten			100,0%
352.82.00 Hartbeläge, Estrich			
01 **Kunststoffbeläge (PVC oder Linoleum) auf schwimmendem Estrich, Trittschalldämmung (6 Objekte)**	52,00	**64,00**	76,00
Einheit: m² Belegte Fläche			
025 Estricharbeiten			23,0%
036 Bodenbelagarbeiten			77,0%
352.97.00 Fußabstreifer			
01 **Sauberlaufmatte, Winkelprofilrahmen, verzinkt (8 Objekte)**	270,00	**380,00**	500,00
Einheit: m² Belegte Fläche			
014 Natur-, Betonwerksteinarbeiten			34,0%
031 Metallbauarbeiten			34,0%
036 Bodenbelagarbeiten			32,0%

Abb. 1: Auszüge aus Fachbuch BKI Baukosten Bauelemente 2015

Die für die Kostenschätzung getroffenen Aussagen gelten für die Kostenberechnung sinngemäß. Im Unterschied zur Vorplanung geht es in der Entwurfsplanung um das *"Bereitstellen der Arbeitsergebnisse als Grundlage für die anderen an der Planung fachlich Beteiligten sowie Koordination und Integration von deren Leistungen."* (LPH 3 b) HOAI 2013)
Das betrifft nicht nur die technische Planung, sondern vor allem auch die Kostenplanung.

Damit hat der Objektplaner anteilige Kostenermittlungen aus der Tragwerksplanung und aus mehreren Fachbereichen und Anlagegruppen der Technischen Ausrüstung zu koordinieren und in eine vollständige Kostenberechnung zu integrieren. Das betrifft die Kostenangaben mit Bezugseinheiten, Mengen und Kostenkennwerten gemäß der in der DIN 276 geforderten Erläuterungen: „z.B. Beschreibungen der Einzelheiten in der Systematik der Kostengliederung, die aus den Zeichnungen und den Berechnungsunterlagen nicht zu ersehen, aber für die Berechnung und die Beurteilung der Kosten für von Bedeutung sind."
(DIN 276-1:2008-12)

Vergleichbar der vorangegangenen Leistungsphase 2 müssen „in der Kostengliederung die Gesamtkosten nach Kostengruppen mindestens bis zur 2. Ebene der Kostengliederung ermittelt werden." (DIN 276-1:2008-12) Auch hier ist die Formulierung „mindestens" hervorzuheben. Nicht nur im Hinblick auf die Möglichkeiten der wirtschaftlichen Optimierung der Entwurfsplanung, sondern auch im Hinblick auf die Leistungsphase 6 (Vorbereitung der Vergabe) mit den Teilleistungen *„Ermitteln der Kosten auf der Grundlage vom Planer bepreister Leistungsverzeichnisse"* (LPH 6 d) HOAI 2013) und der *„Kostenkontrolle durch Vergleich der vom Planer bepreisten Leistungsverzeichnisse mit der Kostenberechnung"* (LPH 6 e) HOAI 2013) bietet sich neben der bauteilorientierten Gliederung der Kosten die Erweiterung der Kostenberechnung um ausführungsorientierte Strukturen an.

Hierfür kommen die Leistungsbereiche nach Standardleistungsbuch für das Bauwesen (STLB-Bau) und die Unterscheidung nicht nur der Bauwerkskosten (KG 300+400), sondern auch der Außenanlagen (KG 500) sowie der Ausstattung und Kunstwerke (KG 600) nach Vergabeeinheiten in Betracht. (www.gaeb.de)

Leistungsphase 3 (Entwurfsplanung) – Innenräume im Besonderen

Die Kostenberechnung der Objektplanung Innenräume ist wesentlich differenzierter als eine Kostenermittlung nach Kostengruppen der 2. Ebene der Kostengliederung. (Abb. 2)

Ermitteln der Kosten auf der Grundlage vom Planer bepreister Leistungsverzeichnisse

Das *Ermitteln der Kosten auf der Grundlage vom Planer bepreister Leistungsverzeichnisse* (LPH 6 d)) ist eine neue Grundleistung nach HOAI 2013. Der Aufwand der Bearbeitung ist für den Innenarchitekten geringer, da er bereits in den vorangegangenen Leistungsphasen Kostenermittlungen in höherer Gliederungstiefe, teilweise auf Positionsebene, angefertigt hat.

Koordination der Planung, insbesondere der Kostenplanung

Wie bereits festgestellt wurde, obliegt der Objektplanung das *Bereitstellen der Arbeitsergebnisse als Grundlage für die anderen an der Planung fachlich Beteiligten sowie Koordination und Integration von deren Leistungen* (LPH 2 e) in der Leistungsphase 2 (Vorplanung) und gleichen Wortlauts in den Leistungsphasen 3 (Entwurfsplanung) und 5 (Ausführungsplanung). Dies wird fortgesetzt in Leistungsphase 6 (Vorbereitung der Vergabe) mit dem *Abstimmen und Koordinieren der Schnittstellen zu den Leistungsbeschreibungen der an der Planung fachlich Beteiligten* (LPH 6 c)).

Hierzu zählt neben der technischen und terminlichen Koordination die wirtschaftliche Koordination insbesondere in Form der Kostenplanung sowie der Optimierung der Planung. Unter Koordination ist die Steuerung arbeitsteiliger Prozesse zu einem in sich abgestimmten und vollständigen Ergebnis zu verstehen.

Im Vergleich zur HOAI 2009 sind die Aufgaben der Koordination im Bereich der Grundleistungen umfangreicher geworden. Sie werden als eine Voraussetzung der bis dahin schon enthaltenen Integration verstanden.

Siemon bewertet die Koordination in diesem Zusammenhang als „aktives Handeln oder Zugehen auf die Planungsbeteiligten". (Siemon, K.: HOAI-Praxis, S. 175). Dazu gehört eine vorausschauende Planung einschließlich der Definition von Schnittstellen, so auch in Bezug auf die Kostenplanung. Eventuelle Leistungen einer Projektsteuerung werden hiervon nicht berührt.

Die Koordination der Kostenplanung hat das Ziel, eine aus mehreren anteiligen Kostenermittlungen bestehende abgestimmte und vollständige Ermittlung der Gesamtkosten zu erhalten.

Voraussetzungen hierfür sind:
– eine einheitliche Gliederung, z. B. die bauteilorientierte Kostengliederung in Kostengruppen nach der DIN 276 oder/in Verbindung damit die ausführungsorientierte Gliederung nach Leistungsbereichen gemäß dem Standardleistungsbuch für das Bauwesen (STLB-Bau),

Estricharbeiten						**Preise €**
Nr.	Positionen	Einheit	▶	▷ ø brutto € ø netto €	◁	◀
25	Trockenschüttung, bis 15mm	m²	2	3	**3**	4	5
			2	3	**3**	3	4
26	Trockenschüttung, bis 30mm	m²	6	–	**13**	–	26
			5		**11**		22
27	Trittschalldämmung MW 20-5mm 035 DES sh	m²	3	6	**7**	10	15
			3	5	**6**	8	12
28	Trittschalldämmung MW 30-5mm 035 DES sh	m²	4	7	**8**	10	18
			4	6	**7**	9	15
29	Trittschalldämmung EPS 20-2mm 045 DES sm	m²	2	3	**3**	4	6
			2	2	**3**	4	5
30	Trittschalldämmung EPS 30-3mm 045 DES sm	m²	2	3	**4**	4	7
			2	3	**3**	3	6
31	Wärmedämmung, Estrich EPS 40mm 040 DEO dm	m²	5	6	**7**	9	10
			4	5	**6**	8	9
32	Wärmedämmung, Estrich EPS 80mm 040 DEO dm	m²	6	9	**10**	12	13
			5	8	**9**	10	11

26   Trockenschüttung, bis 30mm   KG **352**
Ausgleichsschüttung auf Rohdecke, gebundene Form.
Funktion: Flächenausgleich
Nutzlast: ..... kN/m²
Dicke i.M.: 30 mm
Angeb. Fabrikat: .....

5€   –   **11**€   –   22€   [m²]   ⏱ 0,06 h/m²   325.000.004

27   Trittschalldämmung MW 20-5mm 035 DES sh   KG **352**
Trittschalldämmschicht aus Mineralwolle unter schwimmendem Estrich.
Untergrund: Rohdecke
Dämmstoff: MW-TSD
Brandverhalten: A1
Anwendungstyp: DES - sh
Wärmeleitfähigkeit: 0,035 W/(mK)
Dämmstoffdicke: 20-5 mm
Nutzlast: ..... kN/m²
Steifigkeitsgruppe: .....
Angeb. Fabrikat: .....

3€   5€   **6**€   8€   12€   [m²]   ⏱ 0,04 h/m²   325.000.049

Abb. 2: Auszüge aus Fachbuch BKI Baukosten Positionen 2015

- eine einheitliche und den besonderen Erfordernissen entsprechende Detaillierung der Kostenermittlung,
- die klare Zuständigkeit des Leistungsumfangs jedes an der Planung Beteiligten,
- vorzugsweise die Beauftragung oder Zuständigkeit des vollständigen Umfangs aller erforderlichen Leistungen, insbesondere die Ausstattung betreffend, z.B. betriebsfertiges Hotel,
- die Definition der Schnittstellen der Fachbereiche, z.B. Objektplanung Gebäude zu Objektplanung Innenräume,
- die Vollständigkeit der Kostenermittlung insgesamt, z.B. Gesamtkosten (KG 100-700 nach DIN 276), ein bestimmter Umfang der Kostenermittlung, z.B. Bauwerkskosten (KG 300+400 nach DIN 276) einschließlich der Angabe nicht enthaltener Kostenbestandteile, z.B. im Bereich der Ausstattung,
- die Erläuterung der Kostenermittlung in der entsprechenden Systematik.

Vorzugsweise werden im Rahmen der Projektvorbereitung die genannten Strukturen und Datenformate festgelegt und in den Architekten- und Ingenieurverträgen verbindlich geregelt.

Warum ist das so wichtig? Mit der Zahl der an der Planung Beteiligten nimmt der Grad der Zerteilung der Kostenplanung zu. Damit wächst die Gefahr der Unvollständigkeit wie auch der Überschneidung von Teilen der Gesamtkosten. Sind zudem die Strukturen der Kostenplanung nicht abgestimmt und werden die Beiträge zur Gesamtkostenermittlung terminlich nicht koordiniert, geht die Kostentransparenz und damit die Kostensicherheit verloren.

Das trifft bereits dann zu, wenn nur ein Objektplaner die Koordination der Kostenplanung zu leisten hat. Wie soll verfahren werden, wenn bei einem Projekt folgende Aufteilung vorliegt?

- ein Architekt (Gebäude),
- ein Landschaftsarchitekt (Freianlagen),
- ein Innenarchitekt (Innenräume), vielleicht sogar mehrere Innenarchitekten für unterschiedliche Bereiche,
- drei oder mehr Fachingenieure für die Technische Ausrüstung,
- ein Tragwerksplaner,
- die Abteilung Einkauf des Betreibers für die Beschaffung von Ausstattungen.

Jeder der an der Planung Beteiligten hat im Rahmen seines Auftrages Teile der Kostenplanung zu leisten. Der Einkauf beschafft Ausstattungen, welche einen nicht unerheblichen Teil der Gesamtkosten ausmachen.

In einem solchen Fall kommt der Koordination der Kostenplanung eine besondere Bedeutung und Verantwortung zu. Der Bauherr in seiner Eigenschaft als Investor und Auftraggeber der an der Planung Beteiligten soll entscheiden, welcher der am Projekt Beteiligten die Koordination der Kostenplanung übernimmt, damit die oben genannten Probleme nicht auftreten. (Abb. 3)

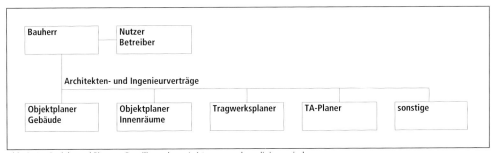

Abb. 3: Am Projekt und Planung Beteiligte, deren Leistungen zu koordinieren sind

Grundsätzlich kommen die folgenden Möglichkeiten in Betracht:

- der (fachkundige) Bauherr koordiniert die Kostenplanung des Objektplaners Gebäude und des Objektplaners Innenräume selbst, wobei diese wiederum die jeweils an der Planung fachlich Beteiligten koordinieren, oder
- er setzt einen Projektsteuerer ein, der ihm diese Aufgabe abnimmt, oder
- der Architekt übernimmt die Koordination (nicht nur) der Kostenplanung insgesamt, gegebenenfalls in der Funktion eines Generalplaners.

In jedem Fall sind die Schnittstellen zwischen den an der Planung Beteiligten und dem Einkauf zu definieren und zu überwachen.

Die hier beschriebenen Umstände sind bei Großprojekten praktisch immer anzutreffen, aber selbst wenn nur ein Architekt (Gebäude) und ein Innenarchitekt (Innenräume) an einem Projekt arbeiten, ist die Koordination der Planung, so auch der Kostenplanung, im Vorfeld zu regeln, um die Voraussetzungen für Kostentransparenz und Kostensicherheit zu schaffen.

Ausstattung und Kunstwerke (KG 600 nach DIN 276)

Die Objektplanung von Innenräumen umfasst in vielen Fällen auch wesentliche Teile der Ausstattung und Kunstwerke. Diese sind Gegenstand der KG 600 nach DIN 276. Der Inhalt und die Gliederung dieser Kostengruppe sind in Anbetracht der Vielzahl und Vielfalt in den meisten Fällen nicht ausreichend.

Zur Ausstattung (KG 610) zählen:

- Allgemeine Ausstattung (KG 611): Möbel und Geräte, zum Beispiel Sitz- und Liegemöbel, Schränke, Regale, Tische, Textilien, zum Beispiel Vorhänge, Wandbehänge, lose Teppiche, Wäsche, Hauswirtschafts-, Garten- und Reinigungsgeräte.
- Besondere Ausstattung (KG 612): Ausstattungsgegenstände, die der besonderen Zweckbestimmung eines Objekts dienen wie zum Beispiel wissenschaftliche, medizinische, technische Geräte.
- Ausstattungen, sonstige (KG 619): Schilder, Wegweiser, Orientierungstafeln, Werbeanlagen.

Unter Kunstwerke (KG 620) werden verschiedene Kunstobjekte (KG 621), künstlerisch gestaltete Bauteile des Bauwerks (KG 622) und der Außenanlagen (KG 623) genannt. Diese haben jedoch bei den meisten Projekten einen eher geringen Anteil an der Planung.

Im Einzelfall kann und soll die Gliederung der DIN 276 ab 3. Ebene der Kostengliederung durch den Objektplaner, vorzugsweise nach Abstimmung mit dem Auftraggeber und/oder dem Betreiber erfolgen. Betreiber von Immobilien verfügen erfahrungsgemäß über geeignete Gliederungen, z. B. aus dem Einkauf oder der Anlagenbuchhaltung, welche sich hierfür anbieten. (vgl. Kalusche, W.: Finish, furniture and equipment für ein Hotel […], 1996, S. 867-870)

Ein Beispiel für die Erweiterung der Kostengliederung der KG 600 nach DIN 276 enthält auch der BKI Bildkommentar DIN 276/277. (Abb. 4)

Bewertung der Kostenplanung von Gebäuden und Innenräumen

In den Leistungsbildern der HOAI werden die Leistungsphasen mit Vom-Hundert-Sätzen (v. H.) gewichtet. Eine weitere Unterteilung nach Teilleistungen erfolgt dort nicht. Schon für die vorangegangenen Fassungen der HOAI wurden so genannte Splitter-Tabellen aufgestellt. Einer der ersten Verfasser war Herbert Steinfort.
Diese Tabellen dienen der Bewertung von Teilleistungen der Leistungsphasen, wenn Grundleistungen abgebrochen oder Teilleistungen nicht erbracht werden (sollen). Sie können auch herangezogen werden, wenn Besondere Leistungen anstelle der Grundleistungen erbracht werden. Dann ist einzuschätzen, ob der Aufwand einer Besonderen Leistung als höher oder geringer im Vergleich zur entfallenen Grundleistung ist und wie dieser bewertet werden soll.

Die Splitter-Tabellen können auch für die Organisation der Planung hilfreich sein. Der Honoraranteil einer Teilleistung, dividiert durch den Stundenverrechnungssatz einer Produktivleistung, z.B. 70 €/Stunde (netto), ergibt den zulässigen Zeitaufwand für diese. Eine solche Ermittlung kann als einfache Orientierungshilfe für die Zeitplanung im Planungsbüro dienen. Wird eine Teilleistung durch eine Besondere Leistung mit einem höheren Zeitaufwand ersetzt, kann auf diesem Wege eine Angebotskalkulation für die Besondere Leistung nachvollziehbar aufgestellt und gegenüber dem Auftraggeber begründet werden.

DIN 276 Anmerkungen
Möbel, z. B. Sitz- und Liegemöbel, Schränke, Regale, Tische; Textilien, z. B. Vorhänge, Wandbehänge, lose Teppiche, Wäsche; Haus-, Wirtschafts-, Garten- und Reinigungsgeräte.

DIN 277 Mengen
Einheit: m²
Benennung: Brutto-Grundfläche
Ermittlung: Nach DIN 277-1 : 2005-02

Enthalten in dieser Kostengruppe

1. Ausstattung mit Hygienegerät wie Spiegel, Handtuchhalter und -spender, Händetrockner, ortsfester Haarföhn, Papierrollenhalter, Spiegelschrank, Duschabtrennung, -vorhang usw.
2. Sitzmöbel wie Stühle, Hocker, Sessel, Sitzcouch usw.
3. Liegemöbel wie Sofa, Schlafcouch, Betten einschl. Matratzen, Bettenumbau, Nachtkästchen usw.
4. Tische wie Schreib-, Ess-, Eck-, Beistell-, Arbeitstische, Stehpulte usw.
5. Kastenmöbel wie Truhen, Schränke, Sideboards, Buffets usw.
6. Regale, Ablagen
7. Garderobenständer mit Schirm- und Hutablagen
8. Sonstige Möbel wie Schließfächer, frei stellbare Wände für Ausstellungen, Großraumbüros, transportable Pflanzbehälter usw.
9. Fensterbehänge wie Dekorationen, Gardinen, Vorhänge, „Auf-Putz"-Vorhangschienen usw.
10. Wandbehänge wie Wandteppiche, Türvorhänge usw.
11. Bodenbeläge wie lose aufgelegte Teppiche, Brücken, Läufer usw.
12. Wäsche wie Tisch- und Bettwäsche usw.
13. Fahnen
14. Sonstige Textilien wie besondere Arbeits-, Anstaltskleidung usw.
15. Ausstattung mit Wirtschafts- und Hausgerät wie Abfallbehälter, Aschenbecher, Reinigungs- und Bodenpflegegerät, Gartenpflege- und Schneeräumgeräte, Küchengerät usw.
16. Ausstattung mit sonstigem Arbeitsgerät wie Geräte für Büroarbeit (Schreib-, Rechenmaschinen, Kopiergeräte, Zeichenmaschinen), für Werkstätten, Produktionsanlagen, spezielle Fördertechnik, Lehre und Information, Tierhaltung und Landwirtschaft, Verkauf und Vertrieb
17. Sonstige allgemeine Ausstattung
18. Unterkonstruktionen für Allgemeine Ausstattung wie Stand-, Hängegerüste, Wandkonsolen, Verankerungen für Ausstattungen
19. Versorgung Allgemeiner Ausstattung mit Starkstrom über nicht fest installierte Leitungen
20. Oberflächenbehandlung der Allgemeinen Ausstattung wie Anstrich, Korrosionsschutz u.ä.
21. Frei aufstellbare Möbel für den Außenanlagenbereich
22. Textilien für den Außenanlagenbereich

Abb. 4: Erweiterung der Gliederung KG 600 Ausstattung und Kunstwerke (Auszug)
(BKI (Hrsg.): BKI Bildkommentar DIN 276/277 [...], 2007, S. 336)

Besondere Leistungen, wie sie zum Beispiel im Leistungsbild Objektplanung Gebäude und Innenräume genannt werden, sind

– *Untersuchen alternativer Lösungsansätze nach verschiedenen Anforderungen, einschließlich Kostenbewertung* (LPH 2) oder
– *Aufstellen und Fortschreiben einer vertieften Kostenberechnung* (LPH 3).

Aber auch eine höhere Differenzierung der Kostenschätzung oder der Kostenberechnung soll Besonderen Leistung angemessen vergütet werden.

Ausgangswerte für die Angebotskalkulation vorgenannter Leistungen können die Vom-Hundert-Werte der nachfolgenden Übersicht (Abb. 5) sein. Diese enthält auszugsweise die Grundleistungen der Kostenplanung im Leistungsbild Objektplanung Gebäude und Innenräume. Die Bewertung der Grundleistungen erfolgte durch Siemon, der die Splitter-Tabellen für die HOAI 2013 fortgeschrieben hat.

Die Leistungsbilder der HOAI und somit auch die Splitter-Tabellen sind Grundlage unterschiedlicher Maßnahmen zum Beispiel in Bezug auf Nutzungsart, Größe und Planungsanforderungen. Die Bewertung der Teilleistungen wird mit Von-Bis-Werten angegeben. Im konkreten Fall ist der einzelne Wertansatz zu erörtern und zu begründen.

Teilleistungen der Kostenplanung (LPH, Ziffer)		von	bis	Anmerkungen
2 g)	Kostenschätzung nach DIN 276, Vergleich mit den finanziellen Rahmenbedingungen	0,75 %	1,50 %	
3 e)	Kostenberechnung nach DIN 276 und Vergleich mit der Kostenschätzung	1,00 %	2,00 %	
6 d)	Ermitteln der Kosten auf Grundlage vom Planer bepreister Leistungsverzeichnisse	1,00 %	2,00 %	
6 e)	Kostenkontrolle durch Vergleich der vom Planer bepreisten Leistungsverzeichnisse mit der Kostenberechnung			in d) enthalten
7 g)	Vergleichen der Ausschreibungsergebnisse mit den vom Planer bepreisten Leistungsverzeichnissen oder der Kostenberechnung	0,25 %	0,50 %	
8 h)	Vergleich der Ergebnisse der Rechnungsprüfungen mit den Auftragssummen einschließlich Nachträgen	1,00 %	1,50 %	
8 i)	Kostenkontrolle durch Überprüfen der Leistungsabrechnung der bauausführenden Unternehmen im Vergleich zu den Vertragspreisen			in h) enthalten
8 j)	Kostenfeststellung, zum Beispiel nach DIN 276	0,50 %	1,00 %	
Teilleistungen Kostenplanung (Grundleistungen)		4,50 %	8,50 %	Mittel 6,50 %

Abb. 5: Gebäude und Innenräume - Bewertung von Teilleistungen der Kostenplanung
(Siemon, K.: Teilleistungen und Bewertung. In: BKI Handbuch 2013, S. 187-196)

Das trifft auch auf die Bewertung von Teilleistungen der Kostenplanung beim Vergleich der Objektplanung Innenräume im Vergleich mit der Objektplanung Gebäude zu. Unterstellt man die Erfüllung der Mindestanforderungen an die Kostenplanung nach DIN 276, z.B. Kostengliederung die Gesamtkosten nach Kostengruppen mindestens bis zur 1. Ebene der Kostengliederung bei der Kostenschätzung, ist der Aufwand des Architekten gering und mit 0,75 % der Teilleistung hoch bewertet.

Im Vergleich dazu ist die Kostenschätzung des Innenarchitekten in der gleichen Leistungsphase wesentlich differenzierter und mit einem höheren Aufwand verbunden. Eine Bewertung mit 1,50 % trägt diesem zwar nicht Rechnung, kann aber dadurch gerechtfertigt werden, dass in späteren Leistungsphasen der Aufwand für Kostenermittlungen verringert wird, weil die höhere Differenzierung schon in den frühen Leistungsphasen erfolgt ist. Diese Argumentation hält aber nur dann, wenn alle Leistungsphasen, mindestens auch die LPH 6 (Vorbereitung der Vergabe), an denselben Innenarchitekten beauftragt werden.

Den Mehrkosten für den Auftraggeber aus Besonderen Leistungen der Kostenplanung stehen eine höhere Kostentransparenz und eine größere Kostensicherheit gegenüber. Diese Vorteile zählen mehr als ein vergleichsweise geringes zusätzliches Honorar.

Muster und Modelle

Besonders für Innenräume ist die Auflistung der besonderen Präsentationshilfen im Vergleich zur HOAI 2009 sehr detailliert aufgeführt worden. Die folgende Auflistung stellt eine Auswahl von Besonderen Leistungen der HOAI 2013 dar, welche vor allem für Innenarchitekten in Betracht kommen (Auswahl):

– Präsentationsmodelle,
– Perspektivische Darstellungen,
– Bewegte Darstellung/Animationen,
– Farb- und Material-Collagen,
– das digitale Geländemodell (mehr für das Objekt Gebäude),
– 3-D oder 4-D Gebäudemodellbearbeitung (Building Information Modeling – BIM),
– Raumbücher, die in der Leistungsphase 2 aufgestellt, in der Leistungsphase 3 fortgeschrieben und in der Leistungsphase 5 in detaillierter Form fortgeschrieben werden,
– Aufstellen von Ausrüstungs- und Inventarverzeichnissen und die Erstellung von Wartungs- und Pflegeanweisungen (Besondere Leistungen der Leistungsphase 9).

Die hier unter Muster und Modelle zusammengefassten Aufgaben zählen zu den Besonderen Leistungen. Kostenkennwerte lassen sich hierzu nicht ermitteln, da die üblichen Bezugseinheiten, z.B. m² BGF nicht verwendet werden können. Eine Kalkulation dieser Leistungen kann in erster Linie über den geschätzten Zeitaufwand erfolgen. Material- und Computereinsatz sind auch zu berücksichtigen. Soweit sie nicht als Planungshonorare unter die Architekten und Ingenieurleistungen (KG 730) fallen, können sie als Bemusterungskosten (KG 773: Modellversuche, Musterstücke, […]) erfasst werden.

Abgrenzung von Gebäude und Innenräumen - Schnittstellen

Es wird von folgender Anforderung ausgegangen: „Kostenermittlungen sind in der Systematik der Kostengliederung zu ordnen. Die Kosten sind vollständig zu erfassen und zu dokumentieren." (DIN 276-1:2008-12)

Im Einzelfall wird vom Auftragnehmer die Vollständigkeit der Kostenermittlung nicht verlangt, z.B. wenn der Auftraggeber

– erforderliche Informationen nicht bereitstellen will,
– die vollständige Kostenermittlung selbst aufstellt,
– bestimmte Kostenrisiken nicht auf den Auftragnehmer übertragen werden sollen,
– das Objekt nicht vollständig ausgebaut oder ausgestattet geplant oder ausgeführt werden soll.

Die Einschränkung der Vollständigkeit einer Kostenermittlung soll vor Beginn der Planung eindeutig bestimmt werden. Zu empfehlen ist eine Schnittstellendefinition über

– Betriebsbereichen oder Raum- und Funktionsprogramm,
– Ausstattungsprogramm,
– Kostengliederung nach DIN 276,
– Gliederung der Leistungsbereiche nach STLB-Bau,
– Termin- und Ablaufplanung.

Durch die Aufgabenteilung in Planung und Ausführung von Projekten sowie im Hinblick auf die Belange der Nutzung von Objekten entstehen Schnittstellen. Diese sind frühzeitig zu identifizieren. Schnittstellen treten z.B. auch dann auf, wenn ein Projekt in mindestens zwei Teilprojekte oder das spätere Objekt in Nutzungsbereiche aufgeteilt wird. Das ist der Fall, wenn das Objekt an eine Vielzahl unterschiedlicher Nutzer vermietet werden soll. Diese wollen in den meisten Fällen ihre Flächen nach eigenen Erfordernissen oder Wünschen ausbauen und ausstatten lassen.

Grundsätzlich ist auch die Übernahme von Flächen im Zustand als „erweiterter Rohbau" möglich, verbunden mit der Möglichkeit, diese selbst durch eigene Planer und ausführende Firmen fertigstellen zu lassen, z.B. eigenes Corporate Design. Die Flächen des „erweiterten Rohbaus" sind zu erläutern und abzugrenzen: Was ist enthalten und welche Qualität hat es? Was ist nicht enthalten? Die Erläuterungen sind eine wesentliche Grundlage für die Kostenermittlung und die Leistungsbeschreibung. Im Hinblick auf den Ausbau und die Ausstattung – gegebenenfalls durch Dritte – sind entsprechende Angaben ebenso für die Terminplanung notwendig. Die notwendigen Schnittstellen sind so früh und so genau wie möglich festzulegen.

Beispiel: Schnittstellen nach Betriebsbereichen in einem Hotel

Die folgende Abbildung zeigt eine Schnittstellendefinition für ein Hotel. Die Betriebsbereiche werden von mehreren Planern oder vom Betreiber bearbeitet oder ausgestattet. (Abb. 6)

Beispiel: Kostenberechnung – Schnittstellen Gebäude – Innenräume

Die folgende Abbildung zeigt ein Beispiel für Schnittstellen zwischen der Objektplanung Gebäude und Objektplanung Innenräume nach Siemon. Es wird nach Kostengruppen der 2. Ebene der Kostengliederung unterschieden und es werden einzelne Bauteile der jeweiligen Objektplanung zugeordnet. Nach derselben Systematik werden die Kosten aufgeteilt, welche als eine Grundlage für die Honorarermittlung benötigt werden. Das betrifft die Baukonstruktionen, welche entweder der Objektplanung Gebäude oder der Objektplanung Innenräume zuzuordnen sind. Das gilt genauso für die Technischen Anlagen, die „der Auftraggeber nicht fachlich plant oder deren Ausführung er nicht fachlich überwacht", aber nach § 33 (2) HOAI 2013 anrechnen kann. (Abb. 7)

Die hier gezeigte Aufteilung nach Bauteilen entspricht den Anforderungen der Gliederung einer Kostenberechnung nach DIN 276. Die Gesamtkosten sind nach Kostengruppen mindestens bis zur 2. Ebene der Kostengliederung ermittelt worden.

Betriebsbereiche in einem Hotel	Objektplaner		Fachplaner			Betreiber
	Gebäude	Innenräume	Küche	Wellness	Technische Ausrüstung	
Logis		x				x
Gastronomie						
- Restaurant-Zonen		x				x
- Funktionsräume			x			x
Infrastruktur (Lager, Wäscherei etc.)	x		x	x	x	x
Freizeit, Sport, Gesundheit, Schönheit		x		x	x	x
Verwaltung		x				x
Sozialbereich	x					x
Technik	x				x	
Garagen	x					x

Abb. 6: Schnittstellen für FF&E in unterschiedlichen Hotelbereichen
(Vusatiuk, N.: Immobilienprojektentwicklung […], S. 134)
Anmerkung: FF&E = Furniture (Möbel), Fixture (Einbauten) and Equipment (Geräte/Ausstattung)

Werden Gebäude und Innenräume von zwei (oder mehreren) Auftragnehmern geplant, soll eine Festlegung der Schnittstellen, zumindest die Bauteile betreffend, bereits zu Beginn der LPH 2 (Vorplanung) erfolgen.

Beispiel: Objektplanung Hotel/Einkauf – Schnittstellen Gebäude, FF&E und SOE

Hotels gehören zu den wenigen Bauprojekten, die betriebsfertig erstellt werden. Die Kostenermittlungen dafür sind entsprechend umfassend und dürfen in den meisten Fällen als vollständig (KG 100-700 nach DIN 276) bezeichnet werden. Dabei haben Ausstattung und Kunstwerke (KG 600) einen vergleichsweise großen Anteil an den Gesamtkosten. Gleichzeitig werden diese zum einen Teil vom Innenarchitekten geplant und überwacht und zum anderen Teil vom Betreiber beschafft. Hier ist eine Schnittstellendefinition erforderlich.

Die Abgrenzung unterscheidet in diesem Beispiel die Bauleistungen einerseits und den Einkauf von Möbeln, Geräten, Ausstattungen und Kleininventar andererseits. Für den Vertrag

KG	Objektplanung Gebäude		Objektplanung Innenräume	
300 Bauwerk-Baukonstruktionen				
310	Kosten:	170.000 €	Kosten:	- €
320	Kosten:	2.150.000 €	Kosten:	- €
330	Kosten:	3.800.000 €	Kosten:	375.000 €
340	Kosten:	1.700.000 €	Kosten:	245.000 €
	tragende und nichttragende Innenwände (z.B. Mauerwerk oder Gipskarton) ohne Putz		Putzarbeiten, Beschichtungen, Malerarbeiten, Wandbekleidungen (z.B. Fliesen, Gitter, Handläufe, Türen, fest eingebaute und bewegliche Verglasungen, Schiebewände, bewegliche nichttragende Innenwände, baukonstruktive Einbauten, Einbauschränke, Raumteiler)	
…				
400 Bauwerk-Technische Anlagen				
410	Kosten:	90.000 €	Kosten:	29.000 €
420	Kosten:	150.000 €	Kosten:	34.000 €
	Trassenführungen/Installationen in Wänden, Wanddurchführungen, Brandschutzmaßnahmen im Wandquerschnitt, Schaltschränke im Wandquerschnitt		Heizkörper, Beleuchtung, Aufwand-installationen, Bekleidungen von Austrittsöffnungen (Gitter […]), sichtbare Installationen und Armaturen bzw. Regler, Bedientableaus	
430	Kosten:	40.000 €	Kosten:	8.000 €
440	Kosten:	51.000 €	Kosten:	12.000 €
…				

Abb. 7: Kostenberechnung und Schnittstellen Gebäude – Innenräume (Ausschnitt)
(nach Siemon, K. D.: HOAI-Praxis bei Architektenleistungen, S. 18-19)

des Innenarchitekten ist zu klären, welche Teile er plant und überwacht (Grundleistungen der HOAI) und welche er gegebenenfalls bemustert (Besondere Leistungen der HOAI).

Die Kosten der Beschaffung von Möbeln, Geräten, Ausstattungen und Kleininventar durch den Einkauf des Betreibers sollen in die Kostenberechnung für das Hotelprojekt aufgenommen werden. Dadurch kann am einfachsten sichergestellt werden, dass die Hotelinvestition vollständig erfasst wird. Es soll nichts vergessen, doppelt geplant oder eingekauft werden.

Architektur und Innenausstattung gehören für viele Betreiber zum Markenkonzept. So hält zum Beispiel „Explorer Hotels" für Produkte und Materialien ein Markenhandbuch vor. Damit kann sichergestellt werden, dass Architektur und Ausstattung zusammenpassen. Für den Innenarchitekten sind entsprechende Vorgaben eine Grundlage für die Objektplanung, z. B. Einbauten (Fixture), und vor allem die (vollständige) Kostenermittlung und Leistungsbeschreibung. (Abb. 8)

Schnittstellendefinition Hotel: Gästezimmer	Bauwerk (KG 300+400)	FF&E und SOE			
		Furniture* (Möbel)	Fixture* (Einbauten)	Equipment* (Ausrüstung)	SOE*
Wand/Boden/Decke	x				
Badbox	x				
Bodenbelag (Fliesen/Teppich)	x				
Fenster/Türen	x				
Heizung	x				
Lüftung	x				
Starkstrom	x				
Schwachstrom	x				
Strukturierte Verkabelung	x				
Steckdosen/Deckel	x				
Leuchten-Montage	x				
Lose Möbel (Beistelltisch für PC)		x			
Einbaumöbel:		x			
- Betten inkl. Matratzen, Lattenroste		x			
- Fensterbank zum Sitzen		x			
- Polster		x			
- Ablagen und Leisten		x			
- Schrankelement		x			
- Spiegel		x			
Schließ- und Sicherheitstechnik			x		
Leuchten liefern			x		
Tapeten			x		
Vorhänge			x		
Brandschutz-Piktogramme			x		
TV-Geräte				x	
WLAN				x	
Einziehdecken/Matratzenhüllen					x
Kissen, Bettdecken, Bettwäsche					x
Housekeeping Artikel: Haarfön, Kleiderbügel, Mülleimer					x

Abb. 8: Schnittstellendefinition Explorer Hotels, Beispiel Gästezimmer
(Vusatiuk, N.: Interne Unterlage, Explorer Hotels EntwicklungsGmbH, 2015)
Anmerkung:
FF&E = Furniture (Möbel), Fixture (Einbauten) and Equipment (Geräte/Ausstattung)
SOE = Small Operating Equipment (Kleininventar, betriebliche Ausstattung/Kleingeräte)

Beispiel: Leistungsbereiche und Leistungsbilder Gebäude, Innenräume und Technische Ausrüstung

Die hier gezeigten Schnittstellenlisten (Abb. 9 und 10) wurden von Krüger ausgearbeitet. Sie können schon in den frühen Planungsphasen angewendet werden. Bei der Ausführungsvorbereitung (LPH 5 (Ausführungsplanung) und LPH 6 (Vorbereitung der Vergabe)) sind sie als unverzichtbar anzusehen.

Die hier verwendete Unterscheidung von Rohbau, Ausbau und Technischen Anlagen folgt der Systematik der BKI-Datenstruktur.

Die in den frühen Leistungsphasen definierten Schnittstellen zur Leistungsabgrenzung der Objektplanungen Gebäude, der Objektplanung Innenräume und der Technischen Ausrüstung sind konsequent in die Ausschreibung, die Vergabe und den Bauvertrag zu übernehmen.

LB-Nr.	Leistungsbereiche (LB) nach STLB-Bau für KG 300 Bauwerk - Baukonstruktionen	Gebäude	Innenräume	Technische Ausrüstung
000	Sicherheitseinrichtungen, Baustelleneinrichtung inkl. Gerüstarbeiten	x		
002	Erdarbeiten	x		
006	Spezialtiefbauarbeiten inkl. 005	x		
009	Abwasserkanalarbeiten inkl. 011	x		x
010	Drän- und Versickerungsarbeiten	x		
012	Mauerarbeiten	x		
013	Betonarbeiten	x		
014	Natur-, Betonwerksteinarbeiten	x		
016	Zimmer- und Holzbauarbeiten	x		
017	Stahlbauarbeiten	x		
018	Abdichtungsarbeiten, Bauwerkstrockenlegung	x		
020	Dachdeckungsarbeiten	x		
021	Dachabdichtungsarbeiten	x		
022	Klempnerarbeiten	x		
	Rohbau			
023	Putz- und Stuckarbeiten, Wärmedämm-systeme	x	x	
024	Fliesen- und Plattenarbeiten	x	x	
025	Estricharbeiten	x	x	
026	Fenster, Außentüren inkl. 029, 032	x	x	
027	Tischlerarbeiten		x	
028	Parkett-, Holzpflasterarbeiten		x	
030	Rollladenarbeiten	x	x	
031	Metallbauarbeiten inkl. 035	x	x	
034	Maler- und Lackierarbeiten – Beschichtungen inkl. 037		x	
036	Bodenbelagarbeiten		x	
038	Vorgehängte hinterlüftete Fassaden	x		
039	Trockenbauarbeiten	x	x	
	Ausbau			

Abb. 9: Abgrenzung Gebäude – Innenräume, KG 400 nach Leistungsbereichen
(nach Krüger, A. T.C.: Objektplanung Innenräume. In: BKI Handbuch HOAI 2013; S. 130, aktualisiert)
Erläuterungen zu den Leistungsbereichen (LB), inklusive:
LB 005 Brunnenbauarbeiten und Aufschlussbohrungen
LB 011 Abscheider- und Kleinkläranlagen
LB 029 Beschlagarbeiten
LB 032 Verglasungsarbeiten
LB 035 Korrosionsschutzarbeiten an Stahlbauten
LB 037 Tapezierarbeiten

Zusammenfassung

Die Aufgaben der an der Planung Beteiligten sind in jedem Fall eindeutig und umfassend zu beschreiben und gegeneinander abzugrenzen. Ihre Zusammenarbeit bedarf der umfassenden Koordination. Kommt nur ein Objektplaner zum Einsatz, sind die Aufgaben verhältnismäßig klar. Sind zwei Objektplaner mit einem Objekt befasst, zum Beispiel ein Innenarchitekt mit wenigstens noch einem Hochbau-Architekten, kommt der Koordination und damit auch der Schnittstellendefinition eine besondere Bedeutung zu. Der Erfolg eines so – im besten Sinne des Wortes – komplexen Projektes hängt dann ganz wesentlich davon ab, ob die Zusammenarbeit mehrerer Planer gut vorbereitet wurde und konsequent umgesetzt wird. Dieser Beitrag soll für die Arbeit des Innenarchitekten, insbesondere bei der Kostenplanung, hilfreich sein.

LB-Nr.	Leistungsbereiche (LB) nach STLB-Bau für KG 400 Bauwerk – Technische Anlagen	Gebäude	Innenräume	Technische Ausrüstung
040	Wärmeversorgungsanlagen – Betriebseinrichtungen inkl. 041	x	x	x
042	Gas- und Wasseranlagen – Leitungen, Armaturen inkl. 043	x	x	x
044	Abwasseranlagen – Leitungen, Abläufe, Armaturen	x	x	x
045	Gas-, Wasser- und Entwässerungsanlagen – Ausstattung, Elemente, Fertigbäder inkl. 046	x	x	x
047	Dämm- und Brandschutzarbeiten an technischen Anlagen	x		x
049	Feuerlöschanlagen, Feuerlöschgeräte	x		x
050	Blitzschutz- und Erdungsanlagen	x		x
052	Mittelspannungsanlagen	x		x
053	Niederspannungsanlagen – Kabel / Leitungen, Verlegesysteme, Installationsgeräte inkl. 054	x	x	x
055	Ersatzstromversorgungsanlagen	x		x
057	Gebäudesystemtechnik	x		x
058	Leuchten und Lampen inkl. 059	x	x	x
060	Elektroakustische Anlagen, Sprechanlagen, Personenrufanlagen	x	x	x
061	Kommunikationsnetze inkl. 062	x	x	x
063	Gefahrenmeldeanlagen	x		x
069	Aufzüge	x		x
070	Gebäudeautomation	x		x
075	Raumlufttechnische Anlagen	x	x	x
	Gebäudetechnik			
	Sonstige Leistungsbereiche inkl. 008, 033, 051	x	x	ggf.

Abb. 10: Abgrenzung Gebäude – Innenräume, KG 400 nach Leistungsbereichen
(nach Krüger, A. T.C.: Objektplanung Innenräume. In: BKI Handbuch HOAI 2013; S. 130, aktualisiert)
Erläuterungen zu den Leistungsbereichen (LB), inklusive:
LB 041 Wärmeversorgungsanlagen – Leitungen, Armaturen, Heizflächen
LB 043 Druckrohrleitungen für Gas, Wasser und Abwasser
LB 046 Gas-, Wasser- und Entwässerungsanlagen – Betriebseinrichtungen
LB 054 Niederspannungsanlagen – Verteilersysteme und Einbaugeräte
LB 059 Sicherheitsbeleuchtungsanlagen
LB 062 Kommunikationsanlagen
Sonstige Leistungsbereiche (LB):
LB 008 Wasserhaltungsarbeiten
LB 033 Baureinigungsarbeiten
LB 051 Kabelleitungstiefbauarbeiten

Literatur

Bundesarchitektenkammer – BAK (Hrsg.), BAK-Projektgruppe Bachelor/Master (Verfasser): Leitfaden Berufsqualifikation der Innenarchitekten/innen, Stand: 15.09.2007 (http://www.bak.de/architekten/ausbildung/leitfaeden-zur-berufsqualifikation/leitfaden-zur-berufsqualifikation-innenarchitekten-2.pdf, aufgerufen am 20.10.2015)

Baukosteninformationszentrum Deutscher Architektenkammern GmbH – BKI (Hrsg.): BKI Bildkommentar DIN 276/277, 3., überarbeitete Auflage Stuttgart 2007

BKI Baukosten Bauelemente Neubau 2015

BKI Baukosten Positionen Neubau 2015

BKI Baukosten Gebäude Altbau 2015

BKI Baukosten Positionen Altbau 2015

DIN 276-1:2008-12, Kosten von Bauwerken, Teil 1: Hochbau

HOAI 2009, Verordnung über die Honorare für Architekten- und Ingenieurleistungen

HOAI 2013, Verordnung über die Honorare für Architekten- und Ingenieurleistungen

Kalusche, Wolfdietrich (Hrsg.): BKI Handbuch HOAI 2013, BKI Stuttgart 2013

Kalusche, Wolfdietrich: Projektmanagement für Bauherren und Planer, 3. Auflage, Oldenbourg Verlag München 2011

Kalusche, Wolfdietrich: Finish, furniture and equipment für ein Hotel. In: Deutsches Architektenblatt 5/1996, S. 867-870

Krüger, Andreas T. C.: Objektplanung Innenräume. In: BKI Handbuch HOAI 2013, BKI Stuttgart 2013

Lechner, Hans; Herke, Sebastian: Bauen im Bestand, Grundlagen und Beispiele. In: BKI Handbuch HOAI 2013, BKI Stuttgart 2013

Möller, Dietrich Alexander; Kalusche, Wolfdietrich: Planungs- und Bauökonomie – Wirtschaftslehre für Bauherren und Architekten, 6. Auflage, Oldenbourg Verlag München 2013

Siemon, Klaus D.: Teilleistungen und Bewertung. In: BKI Handbuch HOAI 2013, BKI Stuttgart 2013

Siemon, Klaus D.: HOAI-Praxis bei Architektenleistungen. Die Anwendung der Honorarordnung für Architekten, 9. Auflage, Springer Vieweg Wiesbaden 2013

Standardleistungsbuch für das Bauwesen (STLB-Bau)

Vusatiuk, Nina: Immobilienprojektentwicklung in Osteuropa, untersucht am Beispiel von Hotels in Deutschland und der Ukraine, Dissertation am Lehrstuhl Planungs- und Bauökonomie, Fakultät Architektur, Bauingenieurwesen und Stadtplanung, Brandenburgische Technische Universität (BTU) Cottbus-Senftenberg, 2015

Vusatiuk, Nina: Schnittstellendefinition für Explorer Hotels. Interne Unterlage, Explorer-Hotels-Entwicklungs- GmbH, Oberstdorf/Allgäu, 2015

Wesnick, Annett: Kostenkennwerte von Innenräumen – am Beispiel Hotelbau, Masterarbeit am Lehrstuhl Planungs- und Bauökonomie, Fakultät Architektur, Bauingenieurwesen und Stadtplanung, Brandenburgische Technische Universität (BTU) Cottbus-Senftenberg, SS 2014

Vollständige Gliederung der Leistungsbereiche nach StLB-Bau

Als Beispiel für eine ausführungsorientierte Ergänzung der Kostengliederung werden im Folgenden die Leistungsbereiche des Standardleistungsbuches für das Bauwesen in einer Übersicht dargestellt.

- 000 Sicherheitseinrichtungen, Baustelleneinrichtungen
- 001 Gerüstarbeiten
- 002 Erdarbeiten
- 003 Landschaftsbauarbeiten
- 004 Landschaftsbauarbeiten -Pflanzen
- 005 Brunnenbauarbeiten und Aufschlussbohrungen
- 006 Spezialtiefbauarbeiten
- 007 Untertagebauarbeiten
- 008 Wasserhaltungsarbeiten
- 009 Entwässerungskanalarbeiten
- 010 Drän- und Versickerarbeiten
- 011 Abscheider- und Kleinkläranlagen
- 012 Mauerarbeiten
- 013 Betonarbeiten
- 014 Natur-, Betonwerksteinarbeiten
- 016 Zimmer- und Holzbauarbeiten
- 017 Stahlbauarbeiten
- 018 Abdichtungsarbeiten
- 020 Dachdeckungsarbeiten
- 021 Dachabdichtungsarbeiten
- 022 Klempnerarbeiten
- 023 Putz- und Stuckarbeiten, Wärmedämmsysteme
- 024 Fliesen- und Plattenarbeiten
- 025 Estricharbeiten
- 026 Fenster, Außentüren
- 027 Tischlerarbeiten
- 028 Parkett-, Holzpflasterarbeiten
- 029 Beschlagarbeiten
- 030 Rollladenarbeiten
- 031 Metallbauarbeiten
- 032 Verglasungsarbeiten
- 033 Baureinigungsarbeiten
- 034 Maler- und Lackierarbeiten - Beschichtungen
- 035 Korrosionsschutzarbeiten an Stahlbauten
- 036 Bodenbelagarbeiten
- 037 Tapezierarbeiten
- 038 Vorgehängte hinterlüftete Fassaden
- 039 Trockenbauarbeiten
- 040 Wärmeversorgungsanlagen - Betriebseinrichtungen
- 041 Wärmeversorgungsanlagen - Leitungen, Armaturen, Heizflächen
- 042 Gas- und Wasseranlagen - Leitungen, Armaturen
- 043 Druckrohrleitungen für Gas, Wasser und Abwasser
- 044 Abwasseranlagen - Leitungen, Abläufe, Armaturen
- 045 Gas-, Wasser- und Entwässerungsanlagen - Ausstattung, Elemente, Fertigbäder
- 046 Gas-, Wasser- und Entwässerungsanlagen - Betriebseinrichtungen
- 047 Dämm- und Brandschutzarbeiten an technischen Anlagen
- 049 Feuerlöschanlagen, Feuerlöschgeräte
- 050 Blitzschutz- / Erdungsanlagen, Überspannungsschutz
- 051 Kabelleitungstiefbauarbeiten
- 052 Mittelspannungsanlagen
- 053 Niederspannungsanlagen - Kabel/Leitungen, Verlegesysteme, Installationsgeräte
- 054 Niederspannungsanlagen - Verteilersysteme und Einbaugeräte
- 055 Ersatzstromversorgungsanlagen
- 057 Gebäudesystemtechnik
- 058 Leuchten und Lampen
- 059 Sicherheitsbeleuchtungsanlagen
- 060 Elektroakustische Anlagen, Sprechanlagen, Personenrufanlagen
- 061 Kommunikationsnetze
- 062 Kommunikationsanlagen
- 063 Gefahrenmeldeanlagen
- 064 Zutrittskontroll-, Zeiterfassungssysteme
- 069 Aufzüge
- 070 Gebäudeautomation
- 075 Raumlufttechnische Anlagen
- 078 Kälteanlagen für raumlufttechnische Anlagen
- 080 Straßen, Wege, Plätze
- 081 Betonerhaltungsarbeiten
- 082 Bekämpfender Holzschutz
- 083 Sanierungsarbeiten an schadstoffhaltigen Bauteilen
- 084 Abbruch- und Rückbauarbeiten
- 085 Rohrvortriebsarbeiten
- 087 Abfallentsorgung, Verwertung und Beseitigung
- 090 Baulogistik
- 091 Stundenlohnarbeiten
- 096 Bauarbeiten an Bahnübergängen
- 097 Bauarbeiten an Gleisen und Weichen
- 098 Witterungsschutzmaßnahmen

Die Nummern der Leistungsbereiche beim Altbau werden mit 3xx gekennzeichnet.

Abkürzungsverzeichnis

Abkürzung	Bezeichnung
AA	Ausführungsarten (BKI) mit zweistelliger BKI-Identnummer, Untergliederung der Ausführungsklassen
AK	Ausführungsklassen (BKI), Untergliederung der 3.Ebene DIN 276
AP	Arbeitsplätze
APP	Appartement
AUF	Außenanlagenfläche
AWF	Außenwandfläche
BF	Bebaute Fläche
BGF	Brutto-Grundfläche
BGI	Baugrubeninhalt
bis	oberer Grenzwert des Streubereichs um einen Mittelwert
BK	Bodenklasse (nach VOB Teil C, DIN 18300)
BRI	Brutto-Rauminhalt
BRI/BGF (m)	Verhältnis von Brutto-Rauminhalt zu Brutto-Grundfläche angegeben in Meter
BRI/NF (m)	Verhältnis von Brutto-Rauminhalt zur Nutzfläche angegeben in Meter
DAF	Dachfläche
DEF	Deckenfläche
DIN 276	Kosten im Bauwesen, Teil 1 Hochbau (Dezember 2008)
DIN 277	Grundflächen und Rauminhalte von Bauwerken im Hochbau (Februar/April 2005)
Einsp.	Einsparung
erz.	erzeugten
FBG	Fläche des Baugrundstücks
Fläche/BGF (%)	Anteil der angegebenen Fläche zur Brutto-Grundfläche in Prozent
Fläche/NF (%)	Anteil der angegebenen Fläche zur Nutzfläche in Prozent
GRF	Gründungsfläche
inkl.	inkusive
IWF	Innenwandfläche
KFZ	Kraftfahrzeug
KG	Kostengruppe
KG an 300	Kostenanteil der jeweiligen Kostengruppe in % an der Kostengruppe 300 Bauwerk-Baukonstruktionen
KG an 400	Kostenanteil der jeweiligen Kostengruppe in % an der Kostengruppe 400 Bauwerk-Technische Anlagen
KGF	Konstruktions-Grundfläche
KITA	Kindertagesstätte
LB	Leistungsbereich
LB an AA	Kostenanteil des Leistungsbereichs in % an der Ausführungsart
Menge/BGF	Menge der genannten Kostengruppen-Bezugsgröße bezogen auf die Menge der Brutto-Grundfläche
Menge/NF	Menge der genannten Kostengruppen-Bezugsgröße bezogen auf die Menge der Nutzfläche
NE	Nutzeinheit
NF	Nutzfläche
NGF	Netto-Grundfläche
Obj.-Nr.	Nummer des Objekts in der BKI-Baukostendatenbank
Spez.	Spezifischer
STP	Stellplatz
StLB	Standardleistungsbuch
TG	Tiefgarage
TF	Technische Funktionsfläche
UBF	Unbebaute Fläche
VF	Verkehrsfläche
von	unterer Grenzwert des Streubereichs um einen Mittelwert
WE	Wohneinheit

Abkürzungsverzeichnis (Fortsetzung)

Abkürzung	Bezeichnung
Ø	Mittelwert
300+400	Zusammenfassung der Kostengruppen Bauwerk-Baukonstruktionen und Bauwerk-Technische Anlagen
% an 300+400	Kostenanteil der jeweiligen Kostengruppe an den Kosten des Bauwerks
% an 300	Kostenanteil der jeweiligen Kostengruppe an der Kostengruppe Bauwerk-Baukonstruktion
% an 400	Kostenanteil der jeweiligen Kostengruppe an der Kostengruppe Bauwerk-Technische Anlagen

Kosten abgerechneter Objekte

Büros

1300-0142
Scheunenumbau
Büroflächen

Objektübersicht

Umbau

BRI 486 €/m³   BGF 1.696 €/m²   NF 2.794 €/m²   NE keine Angabe

Objekt:
Kennwerte: 3.Ebene DIN 276
BRI: 1.354m³
BGF: 388m²
NF: 236m²
Bauzeit: 52 Wochen
Bauende: 2007
Standard: Durchschnitt
Kreis: Düren,
Nordrhein-Westfalen

Architekt:
FRANKE
Architektur I Innenarchitektur
Monschauer Landstr. 2
52355 Düren

vorher

nachher

Zeichnungen

1300-0142
Scheunenumbau
Büroflächen

Umbau

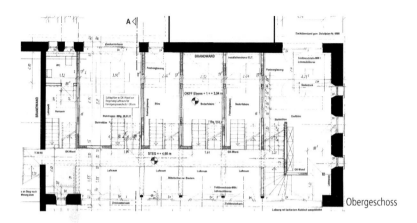

Obergeschoss

Schnitt

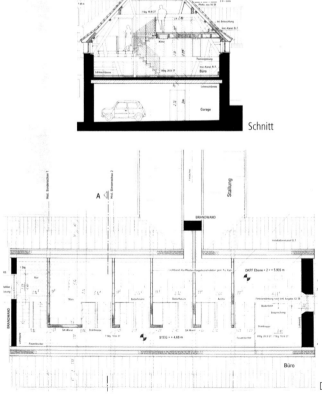

Dachgeschoss

1300-0142 Scheunenumbau Büroflächen

Umbau

Objektbeschreibung

Nutzung

1 Erdgeschoss
Garage (nicht ausgebaut)

1 Obergeschoss
Büros, WC

1 Dachgeschoss
Büros, Archiv, Besprechungsraum

Besonderer Kosteneinfluss Nutzung:
Denkmalgeschütztes Objekt

Grundstück

Bauraum: Freier Bauraum
Neigung: Ebenes Gelände
Bodenklasse: BK 1

Markt

Hauptvergabezeit: 3.Quartal 2006
Baubeginn: 4.Quartal 2006
Bauende: 4.Quartal 2007
Konjunkturelle Gesamtlage: Durchschnitt
Regionaler Baumarkt: Durchschnitt

Baubestand

Baujahr: 1778
Bauzustand: mittel
Aufwand: hoch
Grundrissänderungen: umfangreiche
Tragwerkseingriffe: umfangreiche
Nutzungsänderung: ja
Nutzung während der Bauzeit: nein

Baukonstruktion

Abbrechen: Abbruch Ziegelmauerwerk; KS-/Ziegelmauerwerk, d=24mm; Holzbalkendecke, Dämmung, Treppe einläufig; Sparrenlage, Lattung, Ziegeldeckung, Dachrinnen, Dachschalung, Faserzementbekleidung Ortgang und Giebel, Provisorische Planenabdeckung, Entsorgung
Wiederherstellen: Metallfenster schleifen, Neuanstrich, Holzverkleidung Garagentor instandsetzen, Neuanstrich; Außenputzflächen mit Dampfstrahlgerät reinigen, Putzfläche erneuern, Anstrich Mineralfarbe; Säubern des historischen Trag-Balkenwerks, Wachsbehandlung
Herstellen: Fensterelemente Aluminium, Ganzglas-Automatikschiebetür, Außenputzflächen ausbessern, beschichten; KS-Mauerwerk, Holzständerwände, GK-Wände, Trennwandverglasungen, Brandschutztüren, Aluminiumtüren; Stb-Decke, Deckenbalken KVH, Laufsteg, Stahltreppen, Estrich, Textilbelag, Geländer; Holzdachkonstruktion, Dachflächenfensterelement, Ziegeldeckung, Dachentwässerung; Einbaumöbel

Technische Anlagen

Herstellen: Abwasserleitungen, Kalt-und Warmwasserleitungen, Rohrdämmung, Sanitärobjekte; Niedertemperatur-Gas-Heizkessel, Heizleitungen, Kompaktheizkörper; Abluftventilator, Klimaanlage; Elektroinstallation, Beleuchtung, Brandmeldeanlage, EDV-Verkabelung

1300-0142
Scheunenumbau
Büroflächen

Umbau

Planungskennwerte für Flächen und Rauminhalte nach DIN 277

	Flächen des Grundstücks	Menge, Einheit	% an FBG	
BF	Bebaute Fläche	– m²	–	
UBF	Unbebaute Fläche	– m²	–	
FBG	Fläche des Baugrundstücks	– m²	–	

	Grundflächen des Bauwerks	Menge, Einheit	% an NF	% an BGF
NF	Nutzfläche	235,51 m²	100,0	60,7
TF	Technische Funktionsfläche	4,50 m²	1,9	1,2
VF	Verkehrsfläche	63,33 m²	26,9	16,3
NGF	Netto-Grundfläche	303,34 m²	128,8	78,2
KGF	Konstruktions-Grundfläche	84,66 m²	36,0	21,8
BGF	Brutto-Grundfläche	388,00 m²	164,8	100,0

	Brutto-Rauminhalt des Bauwerks	Menge, Einheit	BRI/NF (m)	BRI/BGF (m)
BRI	Brutto-Rauminhalt	1.354,00 m³	5,75	3,49

Lufttechnisch behandelte Flächen	Menge, Einheit	% an NF	% an BGF
Entlüftete Fläche	– m²	–	–
Be- und entlüftete Fläche	– m²	–	–
Teilklimatisierte Fläche	– m²	–	–
Klimatisierte Fläche	– m²	–	–

KG	Kostengruppen (2.Ebene)	Menge, Einheit		Menge/NF	Menge/BGF
310	Baugrube	– m³	BGI	–	–
320	Gründung	– m²	GRF	–	–
330	Außenwände	220,00 m²	AWF	0,93	0,57
340	Innenwände	243,79 m²	IWF	1,04	0,63
350	Decken	388,00 m²	DEF	1,65	1,00
360	Dächer	346,00 m²	DAF	1,47	0,89

Kostenkennwerte für die Kostengruppen der 1.Ebene DIN 276

KG	Kostengruppen (1.Ebene)	Einheit	Kosten €	€/Einheit	€/m² BGF	€/m³ BRI	% 300+400
100	Grundstück	m² FBG	–	–	–	–	–
200	Herrichten und Erschließen	m² FBG	–	–	–	–	–
300	Bauwerk - Baukonstruktionen	m² BGF	511.816	1.319,11	1.319,11	378,00	77,8
400	Bauwerk - Technische Anlagen	m² BGF	146.121	376,60	376,60	107,92	22,2
	Bauwerk 300+400	**m² BGF**	**657.936**	**1.695,71**	**1.695,71**	**485,92**	**100,0**
500	Außenanlagen	m² AUF	–	–	–	–	–
600	Ausstattung und Kunstwerke	m² BGF	20.171	51,99	51,99	14,90	3,1
700	Baunebenkosten	m² BGF	–	–	–	–	–

© BKI Baukosteninformationszentrum   Kostenstand: 3.Quartal 2015, Bundesdurchschnitt, **inkl.** 19% MwSt.

1300-0142
Scheunenumbau
Büroflächen

Umbau

Kostenkennwerte für die Kostengruppen der 1.Ebene DIN 276

KG	Kostengruppe	Menge Einheit	Kosten €	€/Einheit	%
3+4	**Bauwerk**				**100,0**
300	**Bauwerk - Baukonstruktionen**	388,00 m² BGF	511.816	**1.319,11**	77,8

- Abbrechen (Kosten: 9,9%) — 50.630
  Abbruch Ziegelmauerwerk; KS-/Ziegelmauerwerk, d=24mm; Holzbalkendecke, Dämmung, Treppe einläufig; Sparrenlage, Lattung, Ziegeldeckung, Dachrinnen, Dachschalung, Faserzementbekleidung Ortgang und Giebel, Provisorische Planenabdeckung, Entsorgung

- Wiederherstellen (Kosten: 2,9%) — 14.927
  Metallfenster schleifen, Neuanstrich, Holzverkleidung Garagentor instandsetzen, Neuanstrich; Außenputzflächen mit Dampfstrahlgerät reinigen, Putzfläche erneuern, Anstrich Mineralfarbe; Säubern des historischen Trag-Balkenwerks, Wachsbehandlung

- Herstellen (Kosten: 87,2%) — 446.259
  Fensterelemente Aluminium, Ganzglas-Automatikschiebetür, Außenputzflächen ausbessern, beschichten; KS-Mauerwerk, Holzständerwände, GK-Wände, Trennwandverglasungen, Brandschutztüren, Aluminiumtüren; Stb-Decke, Deckenbalken KVH, Laufsteg, Stahltreppen, Estrich, Textilbelag, Geländer; Holzdachkonstruktion, Dachflächenfensterelement, Ziegeldeckung, Dachentwässerung; Einbaumöbel

400	**Bauwerk - Technische Anlagen**	388,00 m² BGF	146.121	**376,60**	22,2

- Herstellen (Kosten: 100,0%) — 146.121
  Abwasserleitungen, Kalt-und Warmwasserleitungen, Rohrdämmung, Sanitärobjekte; Niedertemperatur-Gas-Heizkessel, Heizleitungen, Kompaktheizkörper; Abluftventilator, Klimaanlage; Elektroinstallation, Beleuchtung, Brandmeldeanlage, EDV-Verkabelung

600	**Ausstattung und Kunstwerke**	388,00 m² BGF	20.171	**51,99**	3,1

- Herstellen (Kosten: 100,0%) — 20.171
  Schreibtische (8St)

1300-0142
Scheunenumbau
Büroflächen

Umbau

Kostenkennwerte für die Kostengruppen der 2.Ebene DIN 276

KG	Kostengruppe	Menge Einheit	Kosten €	€/Einheit	%
300	**Bauwerk - Baukonstruktionen**				100,0
330	**Außenwände**	220,00 m² AWF	58.600	**266,36**	11,4

- Abbrechen (Kosten: 4,0%) — 2.319
  Abbruch Ziegelmauerwerk, Entsorgung

- Wiederherstellen (Kosten: 19,6%) — 11.490
  Metallfenster schleifen, Neuanstrich, Holzverkleidung Garagentor instandsetzen, Neuanstrich (8m²) * Außenputzflächen mit Dampfstrahlgerät reinigen, Putzfläche erneuern, Anstrich Mineralfarbe (166m²)

- Herstellen (Kosten: 76,4%) — 44.791
  Auflagetaschen herstellen (6m²), Ortgänge beimauern (8m²), Kernbohrung (1St) * Fensterelemente Aluminium, hochwärmegedämmt, Öffnungsflügel, Motoren (25m²), Fensterbänke Naturstein (8m²), Ganzglas-Automatikschiebetür (2m²) * Außenputzflächen ausbessern, grundieren, beschichten (166m²) * Wandfliesen (5m²)

KG	Kostengruppe	Menge Einheit	Kosten €	€/Einheit	%
340	**Innenwände**	243,79 m² IWF	73.070	**299,72**	14,3

- Abbrechen (Kosten: 5,3%) — 3.872
  Abbruch KS-/Ziegelmauerwerk, d=24mm, Entsorgung

- Herstellen (Kosten: 94,7%) — 69.198
  KS-Mauerwerk, d=24cm (7m²) * Holzständerwand, Beplankung OSB-Platten, Dämmung (114m²), Metallständerwand, beidseitig beplankt, GK- und Holzwerkstoffplatten (16m²), GK-Vorsatzschale (7m²), Trennwandverglasungen (39m²) * Stahlstützen (3St) * Brandschutztüren T30, Aluminium (5m²), Türelemente Aluminium (9m²) * Wandfliesen (5m²), Blechverkleidung (20m²)

KG	Kostengruppe	Menge Einheit	Kosten €	€/Einheit	%
350	**Decken**	388,00 m² DEF	183.817	**473,76**	35,9

- Abbrechen (Kosten: 2,5%) — 4.580
  Holzbalkendecke, Dämmung, Treppe einläufig, Entsorgung

- Herstellen (Kosten: 97,5%) — 179.237
  Stb-Decke, d=0 16cm (150m²), Deckenbalken KVH 100/240 (132m²), Stahlträger HEB 200, Treppenumbau, Laufsteg (20m²), Stahltreppen (26m²) * Zementestrich (146m²), Trockenestrich (75m²), Holzwerkstoff-Bodenverlegeplatten (145m²), Fliesenbelag (3m²), Textilbelag (380m²) * Anstrich Silikatfarbe (445m²), Blechverkleidung Treppenuntersicht (10m²) * Geländer Flachstahl, Handlauf Edelstahl (55m²), Brüstungsgitter, verzinkt (3m²)

© BKI Baukosteninformationszentrum — Kostenstand: 3.Quartal 2015, Bundesdurchschnitt, inkl. 19% MwSt.

1300-0142
Scheunenumbau Büroflächen

Umbau

KG	Kostengruppe	Menge Einheit	Kosten €	€/Einheit	%
360	**Dächer**	346,00 m² DAF	157.261	**454,51**	30,7

- Abbrechen (Kosten: 23,7%) — 37.322
Sparrenlage abnehmen, Abbruch Traufe * Lattung, Ziegeldeckung (287m²), Dachrinnen (38m), Dachschalung (144m²), Faserzementbekleidung Ortgang und Giebel (8m²), Entsorgung

- Wiederherstellen (Kosten: 2,2%) — 3.437
Säubern des historischen Trag-Balkenwerks, Wachsbehandlung

- Herstellen (Kosten: 74,1%) — 116.502
Sparren, KVH (346m²), Aufschieblinge (47St), Gratsparren (4m), Zugstäbe (10St) * Dachflächenfenster (2m²), Dachflächenfensterelement, Aluminium (25m²) * Dachschalung, Dampfbremse, Dachbeplankung HWF, Konterlattung, Lattung, Zellulosedämmung WLG 040, Ziegeldeckung, Dachrinnen * Untersichtverkleidung 3-Schichtplatte (25m²), Laibung Dachfenster GK (14m²), Dachbekleidung GK * Laufanlage Aluguss (17m)

370	**Baukonstruktive Einbauten**	388,00 m² BGF	34.657	**89,32**	6,8

- Herstellen (Kosten: 100,0%) — 34.657
Einbau-Sideboards (10St), Einbauregale (5St), Teeküche (1St)

390	**Sonstige Baukonstruktionen**	388,00 m² BGF	4.412	**11,37**	0,9

- Abbrechen (Kosten: 57,5%) — 2.537
Provisorische Planenabdeckung

- Herstellen (Kosten: 42,5%) — 1.875
Baustellentoilette (1St) * Fassadengerüst * provisorische Planenabdeckung der Dachfläche (287m²)

400	**Bauwerk - Technische Anlagen**				**100,0**
410	**Abwasser-, Wasser-, Gasanlagen**	388,00 m² BGF	17.878	**46,08**	12,2

- Herstellen (Kosten: 100,0%) — 17.878
Abwasserleitungen HT, DN50-100, Regenfallrohre (13m) * Kalt-und Warmwasserleitungen, Kupferrohr (350m), Rohrdämmung, Sanitärobjekte, Waschtisch (1St), WC-Becken (1St), Urinal (1St), Duscharmatur (1St), Küchenarmatur (1St), Papierspender (1St), Spiegel (1St) * Installationsblöcke für Sanitäreinrichtungsgegenstände (2St)

420	**Wärmeversorgungsanlagen**	388,00 m² BGF	16.839	**43,40**	11,5

- Herstellen (Kosten: 100,0%) — 16.839
Gasanschluss herstellen, Niedertemperatur-Gas-Heizkessel * Heizleitungen, Umwälzpumpen, Dämmung * Kompaktheizkörper (17St) * Alu-Abgasrohr, DN 150

430	**Lufttechnische Anlagen**	388,00 m² BGF	46.770	**120,54**	32,0

- Herstellen (Kosten: 100,0%) — 46.770
Abluftventilator, flexibles Aluminiumrohr, DN100 * Klimaanlage, 1 Außeneinheit, 5 Inneneinheiten, 1 Split-Truhengerät

KG	Kostengruppe	Menge Einheit	Kosten €	€/Einheit	%
440	**Starkstromanlagen**	388,00 m² BGF	48.658	**125,41**	33,3

- Herstellen (Kosten: 100,0%)   48.658
  Mantelleitungen NYM, Schalter und Steckdosen, Unterverteilung, Sicherungen * Rasterleuchten (17St), Lichtbandprofil in Setzstufen (6St), Leuchten mit Opalabdeckung (2St), Stegbeleuchtung, Einbaustrahler (10St), Bodeneinbaustrahler (4St), Sicherheitsbeleuchtung * Ableitungen (39m)

KG	Kostengruppe	Menge Einheit	Kosten €	€/Einheit	%
450	**Fernmelde-, informationstechn. Anlagen**	388,00 m² BGF	15.977	**41,18**	10,9

- Herstellen (Kosten: 100,0%)   15.977
  Fernmeldeleitungsnetz, Anschlussdosen (26St) * Brandmeldeanlage * EDV-Verkabelung Cat6, Anschlussdosen RJ45 (27St)

KG	Kostengruppe	Menge Einheit	Kosten €	€/Einheit	%
600	**Ausstattung und Kunstwerke**				**100,0**
610	**Ausstattung**	388,00 m² BGF	20.171	**51,99**	100,0

- Herstellen (Kosten: 100,0%)   20.171
  Schreibtische (8St)

1300-0142
Scheunenumbau
Büroflächen

Umbau

1300-0142 Scheunenumbau Büroflächen

Umbau

Kostenkennwerte für die Kostengruppen der 3.Ebene DIN 276 (Übersicht)

KG	Kostengruppe	Menge Einheit	€/Einheit	Kosten €	% 300+400
300	**Bauwerk - Baukonstruktionen**	388,00 m² BGF	1.319,11	511.815,62	77,8
310	Baugrube	–	–	–	–
320	Gründung	–	–	–	–
330	**Außenwände**	220,00 m² AWF	266,36	58.599,85	8,9
331	Tragende Außenwände	14,00 m²	466,13	6.525,89	1,0
	Abbrechen	11,24 m²	206,30	2.318,82	0,4
	Herstellen	14,00 m²	300,50	4.207,06	0,6
332	Nichttragende Außenwände	–	–	–	–
333	Außenstützen	–	–	–	–
334	Außentüren und -fenster	35,00 m²	1.035,30	36.235,34	5,5
	Wiederherstellen	8,00 m²	332,44	2.659,49	0,4
	Herstellen	35,00 m²	959,31	33.575,85	5,1
335	Außenwandbekleidungen außen	166,11 m²	91,80	15.248,53	2,3
	Wiederherstellen	166,11 m²	53,16	8.830,64	1,3
	Herstellen	166,11 m²	38,64	6.417,90	1,0
336	Außenwandbekleidungen innen	4,56 m²	129,40	590,08	0,1
337	Elementierte Außenwände	–	–	–	–
338	Sonnenschutz	–	–	–	–
339	Außenwände, sonstiges	–	–	–	–
340	**Innenwände**	243,79 m² IWF	299,72	73.069,84	11,1
341	Tragende Innenwände	7,00 m²	776,33	5.434,34	0,8
	Abbrechen	5,89 m²	657,44	3.872,31	0,6
	Herstellen	7,00 m²	223,15	1.562,04	0,2
342	Nichttragende Innenwände	176,00 m²	231,68	40.775,27	6,2
343	Innenstützen	9,00 m	702,84	6.325,58	1,0
344	Innentüren und -fenster	13,79 m²	1.163,92	16.050,49	2,4
345	Innenwandbekleidungen	41,00 m²	109,37	4.484,17	0,7
346	Elementierte Innenwände	–	–	–	–
349	Innenwände, sonstiges	–	–	–	–
350	**Decken**	388,00 m² DEF	473,76	183.817,06	27,9
351	Deckenkonstruktionen	328,00 m²	190,32	62.425,92	9,5
	Abbrechen	57,85 m²	79,17	4.579,88	0,7
	Herstellen	328,00 m²	176,36	57.846,03	8,8
352	Deckenbeläge	383,00 m²	178,53	68.377,84	10,4
353	Deckenbekleidungen	455,00 m²	26,87	12.226,43	1,9
359	Decken, sonstiges	388,00 m²	105,12	40.786,87	6,2
360	**Dächer**	346,00 m² DAF	454,51	157.260,65	23,9
361	Dachkonstruktionen	346,00 m²	109,34	37.830,57	5,7
	Abbrechen	298,41 m²	68,20	20.350,29	3,1
	Wiederherstellen	298,41 m²	11,52	3.436,59	0,5
	Herstellen	346,00 m²	40,59	14.043,69	2,1
362	Dachfenster, Dachöffnungen	27,00 m²	1.147,92	30.993,85	4,7
363	Dachbeläge	287,25 m²	271,66	78.033,58	11,9
	Abbrechen	439,00 m²	38,66	16.971,76	2,6
	Herstellen	287,25 m²	212,57	61.061,84	9,3
364	Dachbekleidungen	287,28 m²	27,12	7.792,47	1,2
369	Dächer, sonstiges	346,00 m²	7,54	2.610,18	0,4
370	**Baukonstruktive Einbauten**	388,00 m² BGF	89,32	34.656,52	5,3
371	Allgemeine Einbauten	388,00 m² BGF	89,32	34.656,52	5,3

KG	Kostengruppe	Menge Einheit	€/Einheit	Kosten €	% 300+400
372	Besondere Einbauten	–	–	–	–
379	Baukonstruktive Einbauten, sonstiges	–	–	–	–
390	**Sonst. Maßnahmen Baukonstruktionen**	**388,00 m² BGF**	**11,37**	**4.411,71**	**0,7**
391	Baustelleneinrichtung	388,00 m² BGF	0,57	220,77	< 0,1
392	Gerüste	388,00 m² BGF	4,26	1.654,07	0,3
393	Sicherungsmaßnahmen	–	–	–	–
394	Abbruchmaßnahmen	–	–	–	–
395	Instandsetzungen	–	–	–	–
396	Materialentsorgung	–	–	–	–
397	Zusätzliche Maßnahmen	388,00 m² BGF	6,54	2.536,87	0,4
	Abbrechen	388,00 m² BGF	6,54	2.536,87	0,4
398	Provisorische Baukonstruktionen	–	–	–	–
399	Sonst. Maßnahmen für Baukonstruktionen, sonst.	–	–	–	–
400	**Bauwerk - Technische Anlagen**	**388,00 m² BGF**	**376,60**	**146.120,72**	**22,2**
410	**Abwasser-, Wasser-, Gasanlagen**	**388,00 m² BGF**	**46,08**	**17.877,50**	**2,7**
411	Abwasseranlagen	388,00 m² BGF	6,63	2.570,89	0,4
412	Wasseranlagen	388,00 m² BGF	38,55	14.959,26	2,3
413	Gasanlagen	–	–	–	–
419	Abwasser-, Wasser-, Gasanlagen, sonstiges	388,00 m² BGF	0,90	347,35	0,1
420	**Wärmeversorgungsanlagen**	**388,00 m² BGF**	**43,40**	**16.838,54**	**2,6**
421	Wärmeerzeugungsanlagen	388,00 m² BGF	25,06	9.723,99	1,5
422	Wärmeverteilnetze	388,00 m² BGF	4,64	1.799,98	0,3
423	Raumheizflächen	388,00 m² BGF	12,86	4.990,78	0,8
429	Wärmeversorgungsanlagen, sonstiges	388,00 m² BGF	0,83	323,79	< 0,1
430	**Lufttechnische Anlagen**	**388,00 m² BGF**	**120,54**	**46.769,58**	**7,1**
431	Lüftungsanlagen	388,00 m² BGF	3,78	1.465,89	0,2
432	Teilklimaanlagen	–	–	–	–
433	Klimaanlagen	388,00 m² BGF	116,76	45.303,69	6,9
434	Kälteanlagen	–	–	–	–
439	Lufttechnische Anlagen, sonstiges	–	–	–	–
440	**Starkstromanlagen**	**388,00 m² BGF**	**125,41**	**48.658,07**	**7,4**
441	Hoch- und Mittelspannungsanlagen	–	–	–	–
442	Eigenstromversorgungsanlagen	–	–	–	–
443	Niederspannungsschaltanlagen	–	–	–	–
444	Niederspannungsinstallationsanlagen	388,00 m² BGF	38,92	15.101,63	2,3
445	Beleuchtungsanlagen	388,00 m² BGF	86,25	33.464,61	5,1
446	Blitzschutz- und Erdungsanlagen	388,00 m² BGF	0,24	91,84	< 0,1
449	Starkstromanlagen, sonstiges	–	–	–	–
450	**Fernmelde- und informationstechn. Anl.**	**388,00 m² BGF**	**41,18**	**15.977,02**	**2,4**
451	Telekommunikationsanlagen	388,00 m² BGF	3,62	1.406,44	0,2
452	Such- und Signalanlagen	–	–	–	–
453	Zeitdienstanlagen	–	–	–	–
454	Elektroakustische Anlagen	–	–	–	–
455	Fernseh- und Antennenanlagen	–	–	–	–
456	Gefahrenmelde- und Alarmanlagen	388,00 m² BGF	20,00	7.761,00	1,2
457	Übertragungsnetze	388,00 m² BGF	17,55	6.809,58	1,0
459	Fernmelde- und informationstechn. Anl., sonst.	–	–	–	–
460	**Förderanlagen**	–	–	–	–
470	**Nutzungsspezifische Anlagen**	–	–	–	–
480	**Gebäudeautomation**	–	–	–	–
490	**Sonst. Maßnahmen für Techn. Anlagen**	–	–	–	–

© **BKI** Baukosteninformationszentrum   Kostenstand: 3.Quartal 2015, Bundesdurchschnitt, **inkl. 19% MwSt.**

1300-0142
Scheunenumbau
Büroflächen

Umbau

Kostenkennwerte für Leistungsbereiche nach StLB (Kosten des Bauwerks nach DIN 276)

LB	Leistungsbereiche	Kosten €	€/m² BGF	€/m³ BRI	% an 3+4
000	Sicherheits-, Baustelleneinrichtungen inkl. 001	1.875	4,80	1,40	0,3
002	Erdarbeiten	–	–	–	–
006	Spezialtiefbauarbeiten inkl. 005	–	–	–	–
009	Entwässerungskanalarbeiten inkl. 011	–	–	–	–
010	Dränarbeiten				
012	Mauerarbeiten	5.136	13,20	3,80	0,8
013	Betonarbeiten	27.692	71,40	20,50	4,2
014	Natur-, Betonwerksteinarbeiten	3.748	9,70	2,80	0,6
016	Zimmer- und Holzbauarbeiten	49.763	128,30	36,80	7,6
017	Stahlbauarbeiten	30.748	79,20	22,70	4,7
018	Abdichtungsarbeiten	–	–	–	–
020	Dachdeckungsarbeiten	59.857	154,30	44,20	9,1
021	Dachabdichtungsarbeiten	–	–	–	–
022	Klempnerarbeiten	3.648	9,40	2,70	0,6
	Rohbau	**182.467**	**470,30**	**134,80**	**27,7**
023	Putz- und Stuckarbeiten, Wärmedämmsysteme	61	0,16	< 0,1	–
024	Fliesen- und Plattenarbeiten	1.741	4,50	1,30	0,3
025	Estricharbeiten	8.906	23,00	6,60	1,4
026	Fenster, Außentüren inkl. 029, 032	74.740	192,60	55,20	11,4
027	Tischlerarbeiten	52.247	134,70	38,60	7,9
028	Parkett-, Holzpflasterarbeiten	–	–	–	–
030	Rollladenarbeiten				
031	Metallbauarbeiten inkl. 035	61.098	157,50	45,10	9,3
034	Maler- und Lackiererarbeiten inkl. 037	32.614	84,10	24,10	5,0
036	Bodenbelagsarbeiten	42.574	109,70	31,40	6,5
038	Vorgehängte hinterlüftete Fassaden				
039	Trockenbauarbeiten	5.165	13,30	3,80	0,8
	Ausbau	**279.148**	**719,50**	**206,20**	**42,4**
040	Wärmeversorgungsanlagen, inkl. 041	14.498	37,40	10,70	2,2
042	Gas- und Wasseranlagen, Leitungen inkl. 043	10.135	26,10	7,50	1,5
044	Abwasseranlagen - Leitungen	1.774	4,60	1,30	0,3
045	Gas, Wasser, Entwässerung - Ausstattung inkl. 046	6.004	15,50	4,40	0,9
047	Dämmarbeiten an technischen Anlagen	1.877	4,80	1,40	0,3
049	Feuerlöschanlagen, Feuerlöschgeräte	–	–	–	–
050	Blitzschutz- und Erdungsanlagen	92	0,24	< 0,1	–
052	Mittelspannungsanlagen				
053	Niederspannungsanlagen inkl. 054	15.165	39,10	11,20	2,3
055	Ersatzstromversorgungsanlagen	–	–	–	–
057	Gebäudesystemtechnik				
058	Leuchten und Lampen, inkl. 059	33.465	86,20	24,70	5,1
060	Elektroakustische Anlagen	–	–	–	–
061	Kommunikationsnetze, inkl. 063	15.913	41,00	11,80	2,4
069	Aufzüge				
070	Gebäudeautomation				
075	Raumlufttechnische Anlagen	46.770	120,50	34,50	7,1
	Gebäudetechnik	**145.691**	**375,50**	**107,60**	**22,1**
084	Abbruch- und Rückbauarbeiten	50.630	130,50	37,40	7,7
	Sonstige Leistungsbereiche inkl. 008, 033, 051	–	–	–	–

Objekte

1300-0152
Wohn- und
Geschäftshaus

Objektübersicht

Erweiterung

 602 €/m³

 1.473 €/m²

 1.874 €/m²

 keine Angabe

Objekt:
Kennwerte: 3.Ebene DIN 276
BRI: 956m³
BGF: 391m²
NF: 307m²
Bauzeit: 39 Wochen
Bauende: 2007
Standard: über Durchschnitt
Kreis: Augsburg,
Bayern

Architekt:
Architektur Udo Richter
Dipl.-Ing. Freier Architekt
Neckargartacher Str. 94
74080 Heilbronn

Zeichnungen

1300-0152
Wohn- und Geschäftshaus

Erweiterung

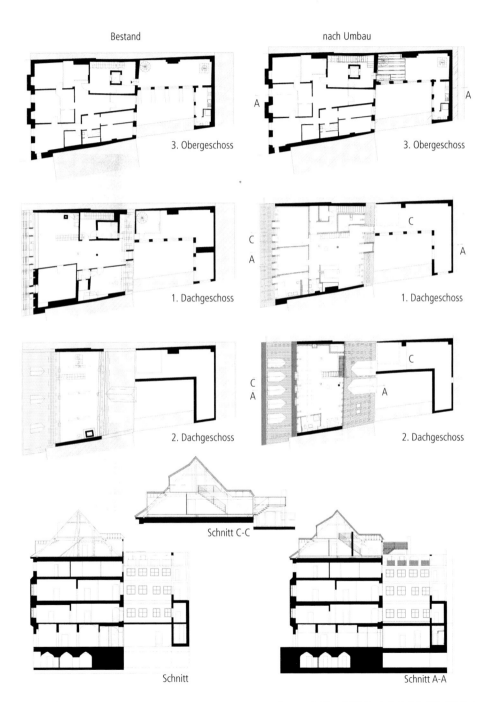

1300-0152
Wohn- und
Geschäftshaus

Erweiterung

Objektbeschreibung

Nutzung

1 Untergeschoss
Kellerräume

1 Erdgeschoss
Geschäfte

3 Obergeschosse
Büroräume, Praxis, Wohnung 2.OG und 3.OG

2 Dachgeschosse
Wohnungen

Besonderer Kosteneinfluss Nutzung:
Das Dach steht unter Denkmalschutz.

Nutzeinheiten

Wohnfläche: 173m²

Grundstück

Bauraum: Baulücke
Neigung: Ebenes Gelände
Bodenklasse: BK 3

Besonderer Kosteneinfluss Grundstück:
Das Gebäude steht in einer Fußgängerzone.

Markt

Hauptvergabezeit: 2.Quartal 2006
Baubeginn: 3.Quartal 2006
Bauende: 2.Quartal 2007
Konjunkturelle Gesamtlage: Durchschnitt
Regionaler Baumarkt: über Durchschnitt

Baubestand

Baujahr: 16.Jh
Bauzustand: mittel
Aufwand: hoch
Grundrissänderungen: umfangreiche
Tragwerkseingriffe: einige
Nutzungsänderung: ja
Nutzung während der Bauzeit: ja

Baukonstruktion

Abbrechen: Abbruch von Stahlbalkongeländerelementen, Holzsichtschutzwänden; Mauerwerk* Holzwänden mit Nut- und Federverkleidung, Dämmung, Holztüren, Stahltüren, Holzverkleidungen, Heraklithplatten; Stb-Decke, Holztreppe, Bodenbelägen, Holzdielenboden; Dachziegel, Lattungen, Blechverwahrungen, Dachrinnen; Entsorgung, Deponiegebühren
Wiederherstellen: Holzfenster reinigen, lose Farbschichten entfernen, Fehlstellen spachteln, Grund-, Zwischen-, Schlussanstrich; Holztreppengeländer, reinigen, Untergrundschäden, ausbessern, lackieren; Sparren ausbessern, freigelegtes altes Holzwerk, abwaschen, Nägel entfernen, Mörtel- und Putzreste, abbürsten, Stahlverbindungsteile abwaschen, Anstrich
Herstellen: Giebel aufmauern, Holzfenster, Putz, Anstrich, Tapete, Anstrich, Putz, Geländer, Stahltreppe; GK-Ständerwände, GK-Vorsatzschalen, Holztüren, Tapete, Anstrich, Putz, Fliesen, Systemwände; Stahltreppe, Holztreppe, Unterboden, OSB-Platten, Fertigparkett, Fliesen, Teppich, Laminat, Anstrich, GK-Decken, Geländer; Denkmalgeschützter Holzdachstuhl, Sparren auffüttern, neue Gauben, Holzfenster, Dachflächenfenster, RWA, Schalung, Dämmung, Biberschwanzziegel, Stehfalzdeckung Kupfer, Dämmung, Abdichtung, Platten, Regenrinnen, Anstrich, GK-Decke

Technische Anlagen

Abbrechen: Abbruch von Duschzelle; Heizungsrohren, Heizkörper, gemauertem Kamin; Mantelleitungen, Schalter, Steckdosen, Zählerkasten; Entsorgung, Deponiegebühren
Herstellen: Druckerhöhungsanlage, Abwasserleitungen, Warm- und Kaltwasserleitungen, Sanitärobjekte; Heizungsrohre, Heizkörper; Einzelraumlüfter; Elektroinstallation, Beleuchtungskörper, Fernmeldeleitungen, Türsprechanlage erweitern, Antennenkabel, RWA-Anlage; Personenaufzug

1300-0152
Wohn- und
Geschäftshaus

Erweiterung

Planungskennwerte für Flächen und Rauminhalte nach DIN 277

Flächen des Grundstücks		Menge, Einheit	% an FBG	
BF	Bebaute Fläche	– m²	–	
UBF	Unbebaute Fläche	– m²	–	
FBG	Fläche des Baugrundstücks	– m²	–	

Grundflächen des Bauwerks		Menge, Einheit	% an NF	% an BGF
NF	Nutzfläche	306,94 m²	100,0	78,6
TF	Technische Funktionsfläche	2,32 m²	0,8	0,6
VF	Verkehrsfläche	27,29 m²	8,9	7,0
NGF	Netto-Grundfläche	336,55 m²	109,7	86,2
KGF	Konstruktions-Grundfläche	53,97 m²	17,6	13,8
BGF	Brutto-Grundfläche	390,52 m²	127,2	100,0

Brutto-Rauminhalt des Bauwerks		Menge, Einheit	BRI/NF (m)	BRI/BGF (m)
BRI	Brutto-Rauminhalt	956,20 m³	3,12	2,45

Lufttechnisch behandelte Flächen	Menge, Einheit	% an NF	% an BGF
Entlüftete Fläche	– m²	–	–
Be- und entlüftete Fläche	– m²	–	–
Teilklimatisierte Fläche	– m²	–	–
Klimatisierte Fläche	– m²	–	–

KG	Kostengruppen (2.Ebene)	Menge, Einheit		Menge/NF	Menge/BGF
310	Baugrube	– m³	BGI	–	–
320	Gründung	– m²	GRF	–	–
330	Außenwände	560,04 m²	AWF	1,82	1,43
340	Innenwände	312,98 m²	IWF	1,02	0,80
350	Decken	328,52 m²	DEF	1,07	0,84
360	Dächer	394,96 m²	DAF	1,29	1,01

Kostenkennwerte für die Kostengruppen der 1.Ebene DIN 276

KG	Kostengruppen (1.Ebene)	Einheit	Kosten €	€/Einheit	€/m² BGF	€/m³ BRI	% 300+400
100	Grundstück	m² FBG	–	–	–	–	
200	Herrichten und Erschließen	m² FBG	–	–	–	–	
300	Bauwerk - Baukonstruktionen	m² BGF	438.537	1.122,96	1.122,96	458,62	76,2
400	Bauwerk - Technische Anlagen	m² BGF	136.635	349,88	349,88	142,89	23,8
	Bauwerk 300+400	**m² BGF**	**575.172**	**1.472,84**	**1.472,84**	**601,52**	**100,0**
500	Außenanlagen	m² AUF	–	–	–	–	
600	Ausstattung und Kunstwerke	m² BGF	–	–	–	–	
700	Baunebenkosten	m² BGF	–	–	–	–	

© BKI Baukosteninformationszentrum   Kostenstand: 3.Quartal 2015, Bundesdurchschnitt, inkl. 19% MwSt.

1300-0152
Wohn- und
Geschäftshaus

Erweiterung

Kostenkennwerte für die Kostengruppen der 1.Ebene DIN 276

KG	Kostengruppe	Menge Einheit	Kosten €	€/Einheit	%
3+4	**Bauwerk**				100,0
300	**Bauwerk - Baukonstruktionen**	390,52 m² BGF	438.537	**1.122,96**	76,2

- Abbrechen (Kosten: 6,4%) — 28.138
  Abbruch von Stahlbalkongeländerelementen, Holzsichtschutzwänden; Mauerwerk*
  Holzwänden mit Nut- und Federverkleidung, Dämmung, Holztüren, Stahltüren, Holzverkleidungen, Heraklithplatten; Stb-Decke, Holztreppe, Bodenbelägen, Holzdielenboden; Dachziegel, Lattungen, Blechverwahrungen, Dachrinnen; Entsorgung, Deponiegebühren

- Wiederherstellen (Kosten: 1,4%) — 5.939
  Holzfenster reinigen, lose Farbschichten entfernen, Fehlstellen spachteln, Grund-, Zwischen-, Schlussanstrich; Holztreppengeländer, reinigen, Untergrundschäden, ausbessern, lackieren; Sparren ausbessern, freigelegtes altes Holzwerk, abwaschen, Nägel entfernen, Mörtel- und Putzreste, abbürsten, Stahlverbindungsteile abwaschen, Anstrich

- Herstellen (Kosten: 92,2%) — 404.461
  Giebel aufmauern, Holzfenster, Putz, Anstrich, Tapete, Anstrich, Putz, Geländer, Stahltreppe; GK-Ständerwände, GK-Vorsatzschalen, Holztüren, Tapete, Anstrich, Putz, Fliesen, Systemwände; Stahltreppe, Holztreppe, Unterboden, OSB-Platten, Fertigparkett, Fliesen, Teppich, Laminat, Anstrich, GK-Decken, Geländer; Denkmalgeschützter Holzdachstuhl, Sparren auffüttern, neue Gauben, Holzfenster, Dachflächenfenster, RWA, Schalung, Dämmung, Biberschwanzziegel, Stehfalzdeckung Kupfer, Dämmung, Abdichtung, Platten, Regenrinnen, Anstrich, GK-Decke

400	**Bauwerk - Technische Anlagen**	390,52 m² BGF	136.635	**349,88**	23,8

- Abbrechen (Kosten: 2,0%) — 2.677
  Abbruch von Duschzelle; Heizungsrohren, Heizkörper, gemauertem Kamin; Mantelleitungen, Schalter, Steckdosen, Zählerkasten; Entsorgung, Deponiegebühren

- Herstellen (Kosten: 98,0%) — 133.959
  Druckerhöhungsanlage, Abwasserleitungen, Warm- und Kaltwasserleitungen, Sanitärobjekte; Heizungsrohre, Heizkörper; Einzelraumlüfter; Elektroinstallation, Beleuchtungskörper; Fernmeldeleitungen, Türsprechanlage erweitern, Antennenkabel, RWA-Anlage; Personenaufzug

Kostenkennwerte für die Kostengruppen der 2.Ebene DIN 276

1300-0152
Wohn- und
Geschäftshaus

Erweiterung

KG	Kostengruppe	Menge Einheit	Kosten €	€/Einheit	%
300	**Bauwerk - Baukonstruktionen**				100,0
330	**Außenwände**	560,04 m² AWF	56.234	**100,41**	12,8

- Abbrechen (Kosten: 3,7%) — 2.057
  Abbruch von Stahlbalkongeländerelementen (13m²), Holzsichtschutzwänden (9m²); Entsorgung, Deponiegebühren

- Wiederherstellen (Kosten: 4,3%) — 2.434
  Holzfenster reinigen, lose Farbschichten entfernen, Fehlstellen spachteln, Grund-, Zwischen-, Schlussanstrich (44m²)

- Herstellen (Kosten: 92,0%) — 51.743
  Deckenumlaufziegel (7m²), Giebel aufmauern, Hlz-Mauerwerk, d=11,5-17,5cm (6m²) * Holzfenster, Isolierverglasung, Fenstersims (30m²) * Reinigung Außenwände, Streichfüller (517m²), Putz, Anstrich (78m²), Fassadenanstrich (405m²) * Tapete, Anstrich (130m²), Giebelwände abgleichen, verputzen (48m²), Latexanstrich Treppenhaus (100m²) * Stahlbalkongeländer (8St), Stahl-Außentreppe, gerade (1St)

340	**Innenwände**	312,98 m² IWF	66.797	**213,42**	15,2

- Abbrechen (Kosten: 5,5%) — 3.641
  Abbruch von Mauerwerk, d=24cm * Holzwänden mit Nut- und Federverkleidung, Dämmung (72m²) * Holztüren (6m²), Stahltüren (4m²) * Holzverkleidungen (52m²), Heraklithplatten (25m²); Entsorgung, Deponiegebühren

- Herstellen (Kosten: 94,5%) — 63.156
  Metallständerwände, d=10-20,5cm, GK-Bekleidung (185m²), GK-Installationswand, d=22cm (6m²), GK-Vorsatzschalen (45m²), GK-Installationsschacht (7m²) * Holzinnentüren (12m²), Wohnungseingangstür (2m²), Tür T30 (2m²) * Tapete, Anstrich (175m²), Wandfliesen (33m²), Putz ergänzen (48m²), Anstrich (495m²), Anstrich, Treppenhaus Bestand (310m²) * Systemkellerwände, h=1,80m (23m²) * Holzhandlauf (2m)

350	**Decken**	328,52 m² DEF	95.172	**289,70**	21,7

- Abbrechen (Kosten: 8,6%) — 8.176
  Abbruch von Stb-Decke (10m²), Holztreppe * Bodenbelägen (263m²), Holzdielenboden (164m²), Sockelleisten (37m), Perlitschüttungen (22m²) * Holzverkleidungen, Dämmmaterial (36m²), Heraklithplatten (8m²); Entsorgung, Deponiegebühren

- Wiederherstellen (Kosten: 0,2%) — 160
  Holztreppengeländer, reinigen, Untergrundschäden, ausbessern, lackieren (2m²)

- Herstellen (Kosten: 91,2%) — 86.835
  Stahl-Zweiholmtreppe, Holzstufen (1St), Einviertel-Podest-Holztreppe (1St), Unterzug (12m), Holzbalkendecke, Bretter (12m²) * Unterkonstruktion Boden, BSH-Binder (118m), Kanthölzer 10/14cm (60m), OSB-Platten (249m²), Fertigparkett (190m²), Bodenfliesen (21m²), Nadelvlies (22m²), Laminat, 2.+3.OG (72m²) * GK-Decken (15m²), Anstrich (65m²), Anstrich im Bestand (130m²) * Stahlgeländer (9m), Stahlsäule (1St)

1300-0152
Wohn- und Geschäftshaus

Erweiterung

KG	Kostengruppe	Menge Einheit	Kosten €	€/Einheit	%
360	**Dächer**	394,96 m² DAF	183.706	**465,13**	41,9

- Abbrechen (Kosten: 6,8%) — 12.405
  Abbruch von Dachziegel, Lattungen, Blechverwahrungen, Dachrinnen (352m²) * Holzverkleidungen, Dämmmaterial (32m²); Entsorgung, Deponiegebühren

- Wiederherstellen (Kosten: 1,8%) — 3.344
  Sparren ausbessern, freigelegtes altes Holzwerk, abwaschen, Nägel entfernen, Mörtel- und Putzreste, abbürsten, Stahlverbindungsteile abwaschen, Anstrich (338m²)

- Herstellen (Kosten: 91,4%) — 167.957
  Bauholz Gauben (224m), Sparren auffüttern (286m), Pfette (12m), Treppenloch zubetonieren (2m²) * Rundbogen-Holzfenster (4m²), Holz-Fenstertüre (1m²), Dachflächenfenster, Rollladen (2m²), Dachflächenfenster, RWA-Anlage (1m²) * Dachschalung, sichtbar, Aufsparrendämmung, Biberschwanzdoppeldeckung (363m²), Stehfalzdeckung, Kupfer (78m²), Dämmung, Abdichtung, Platten (60m²), Regenrinnen (28m) * Anstrich (343m²), GK-Decke (20m²) * Geländer (10m), Schneefanggitter (24m)

KG	Kostengruppe	Menge Einheit	Kosten €	€/Einheit	%
390	**Sonstige Baukonstruktionen**	390,52 m² BGF	36.627	**93,79**	8,4

- Abbrechen (Kosten: 5,1%) — 1.858
  Abbruch von Holzschränken, Entrümpeln von Holzschränke, Asbestplatten (3St), Asbestblumenkästen (3St), Holzkisten, Wandschrank mit Schreibtisch; Entsorgung, Deponiegebühren

- Herstellen (Kosten: 94,9%) — 34.769
  Baugüteraufzug (1St), Baustelleneinrichtung, Toilette, Bauzaun, Beleuchtung, Straßenbeschilderung, Baustromzählerkasten (1St), Bauschuttabfuhr * Fassadengerüst (410m²), Gerüstbekleidung (310m²), Dachfanggerüst (23m), Arbeits-, und Schutzgerüst, Innenhof * Witterungsschutz Dach, Plane (318m²), Reinigen Wohneinheit DG, Baustufen, Schutzverpackung Treppe

KG	Kostengruppe	Menge Einheit	Kosten €	€/Einheit	%
400	**Bauwerk - Technische Anlagen**				**100,0**
410	**Abwasser-, Wasser-, Gasanlagen**	390,52 m² BGF	31.900	**81,68**	23,3

- Abbrechen (Kosten: 0,6%) — 193
  Ausbauen von Duschzelle (1St), Entsorgung, Deponiegebühren

- Herstellen (Kosten: 99,4%) — 31.707
  Abwasserleitungen * Druckerhöhungsanlage, Kalt- und Warmwasserleitungen, Durchlauferhitzer (1St), Wasserzähler (1St), Waschbecken (4St), Badewanne (1St), Duschwanne Stahl (1St), Duschwanne, Acryl (1St), Bidet (1St), WC, wandhängend (3St), Spiegel (3St), Papierhalter (3St), Seifenhalter (4St), Handtuchhalter (2St)

KG	Kostengruppe	Menge Einheit	Kosten €	€/Einheit	%
420	**Wärmeversorgungsanlagen**	390,52 m² BGF	13.538	**34,67**	9,9

- Abbrechen (Kosten: 14,4%) — 1.950
  Abbruch von Heizungsrohren (18m) * Heizkörper * gemauertem Kamin (4m³); Entsorgung, Deponiegebühren

- Herstellen (Kosten: 85,6%) — 11.588
  Erweiterung der Heizungsanlage; Heizungsrohre, Wärmemengenzähler * Heizkörper (14St), Handtuchtrockner mit Elektropatrone (1St) * bestehender Kamin, Anstrich (10m²)

KG	Kostengruppe	Menge Einheit	Kosten €	€/Einheit	%
430	**Lufttechnische Anlagen**	390,52 m² BGF	2.143	**5,49**	1,6

- Herstellen (Kosten: 100,0%) — 2.143
  Einzelraumlüfter (3St), Lüftungsrohre 80-100mm (30m), Brandschutzdeckenschotts (2St)

KG	Kostengruppe	Menge Einheit	Kosten €	€/Einheit	%
440	**Starkstromanlagen**	390,52 m² BGF	28.288	**72,44**	20,7

- Abbrechen (Kosten: 1,9%) — 534
  Abbruch von Mantelleitungen, Schalter, Steckdosen, Zählerkasten, Entsorgung, Deponiegebühren

- Herstellen (Kosten: 98,1%) — 27.754
  Zählerschrank, Unterverteilung, Sicherungen (2St), FI-Schutzschalter (4St), Mantelleitungen (536m), Steckdosen (76St), Schalter (31St), Bewegungsmelder (1St), Treppenlichtzeitschalter (1St), Elektroinstallation in Kellerräumen (psch) * Bodeneinbaustrahler (1St), Aufbau-Downlight (10St), Deckenleuchten (7St), Wandleuchten (4St), Sensorleuchten (3St)

KG	Kostengruppe	Menge Einheit	Kosten €	€/Einheit	%
450	**Fernmelde-, informationstechn. Anlagen**	390,52 m² BGF	7.161	**18,34**	5,2

- Herstellen (Kosten: 100,0%) — 7.161
  Fernmeldeleitungen (103m), TAE-Steckdosen (4St) * Erweiterung bestehende Haussprechanlage um eine Klingel- und Türsprechanlage (1St) * Koaxialkabel (124m), Antennensteckdosen (5St), Antennenkabel Dachterrasse (psch) * RWA-Anlage für Dachfenster anschließen (1St), Leitungen (93m)

KG	Kostengruppe	Menge Einheit	Kosten €	€/Einheit	%
460	**Förderanlagen**	390,52 m² BGF	53.606	**137,27**	39,2

- Herstellen (Kosten: 100,0%) — 53.606
  Maschinenraumloser Personenaufzug, h=16m, 4 Haltestellen (1St)

1300-0152
Wohn- und Geschäftshaus

Erweiterung

1300-0152
Wohn- und
Geschäftshaus

Erweiterung

Kostenkennwerte für die Kostengruppen der 3.Ebene DIN 276 (Übersicht)

KG	Kostengruppe	Menge Einheit	€/Einheit	Kosten €	% 300+400
300	**Bauwerk - Baukonstruktionen**	390,52 m² BGF	1.122,96	438.536,90	76,2
310	Baugrube	–	–	–	–
320	Gründung	–	–	–	–
330	**Außenwände**	560,04 m² AWF	100,41	56.234,26	9,8
331	Tragende Außenwände	9,34 m²	261,87	2.445,88	0,4
332	Nichttragende Außenwände	–	–	–	–
333	Außenstützen	–	–	–	–
334	Außentüren und -fenster	73,26 m²	281,43	20.617,57	3,6
	Wiederherstellen	43,61 m²	55,82	2.434,50	0,4
	Herstellen	29,65 m²	613,26	18.183,07	3,2
335	Außenwandbekleidungen außen	516,88 m²	33,12	17.118,44	3,0
336	Außenwandbekleidungen innen	277,63 m²	24,43	6.781,75	1,2
337	Elementierte Außenwände	–	–	–	–
338	Sonnenschutz	–	–	–	–
339	Außenwände, sonstiges	560,04 m²	16,55	9.270,61	1,6
	Abbrechen	22,19 m²	92,70	2.056,96	0,4
	Herstellen	516,88 m²	13,96	7.213,65	1,3
340	**Innenwände**	312,98 m² IWF	213,42	66.797,23	11,6
341	Tragende Innenwände	255,76 m²	3,21	821,93	0,1
	Abbrechen	20,55 m²	40,00	821,93	0,1
342	Nichttragende Innenwände	255,76 m²	128,35	32.826,54	5,7
	Abbrechen	71,98 m²	16,25	1.169,40	0,2
	Herstellen	255,76 m²	123,78	31.657,13	5,5
343	Innenstützen	–	–	–	–
344	Innentüren und -fenster	15,82 m²	268,90	4.254,00	0,7
	Abbrechen	9,97 m²	33,67	335,69	0,1
	Herstellen	15,82 m²	247,68	3.918,31	0,7
345	Innenwandbekleidungen	1.038,27 m²	24,95	25.909,59	4,5
	Abbrechen	76,42 m²	17,20	1.314,38	0,2
	Herstellen	1.038,27 m²	23,69	24.595,22	4,3
346	Elementierte Innenwände	41,40 m²	55,62	2.302,66	0,4
349	Innenwände, sonstiges	312,98 m²	2,18	682,51	0,1
350	**Decken**	328,52 m² DEF	289,70	95.171,89	16,5
351	Deckenkonstruktionen	20,46 m²	1.379,17	28.217,81	4,9
	Abbrechen	14,64 m²	56,61	828,77	0,1
	Herstellen	20,46 m²	1.338,66	27.389,05	4,8
352	Deckenbeläge	328,52 m²	175,91	57.788,31	10,0
	Abbrechen	427,00 m²	15,28	6.523,77	1,1
	Herstellen	328,52 m²	156,05	51.264,56	8,9
353	Deckenbekleidungen	194,50 m²	22,32	4.341,47	0,8
	Abbrechen	44,39 m²	18,14	805,26	0,1
	Herstellen	194,50 m²	18,18	3.536,21	0,6
359	Decken, sonstiges	328,52 m²	14,68	4.824,29	0,8
	Abbrechen	427,00 m²	< 0,1	18,58	< 0,1
	Wiederherstellen	2,49 m²	64,28	160,05	< 0,1
	Herstellen	328,52 m²	14,14	4.645,66	0,8

© **BKI** Baukosteninformationszentrum   Kostenstand: 3.Quartal 2015, Bundesdurchschnitt, inkl. 19% MwSt.

1300-0152 Wohn- und Geschäftshaus

Erweiterung

KG	Kostengruppe	Menge Einheit	€/Einheit	Kosten €	% 300+400
360	**Dächer**	**394,96 m² DAF**	**465,13**	**183.706,36**	**31,9**
361	Dachkonstruktionen	384,30 m²	50,86	19.545,90	3,4
	Wiederherstellen	377,80 m²	8,85	3.344,12	0,6
	Herstellen	384,30 m²	42,16	16.201,77	2,8
362	Dachfenster, Dachöffnungen	10,66 m²	2.286,71	24.376,33	4,2
363	Dachbeläge	429,18 m²	292,54	125.554,19	21,8
	Abbrechen	352,40 m²	33,60	11.839,38	2,1
	Herstellen	429,18 m²	264,96	113.714,81	19,8
364	Dachbekleidungen	363,20 m²	22,60	8.209,02	1,4
	Abbrechen	32,45 m²	17,43	565,51	0,1
	Herstellen	363,20 m²	21,04	7.643,50	1,3
369	Dächer, sonstiges	394,96 m²	15,24	6.020,94	1,0
370	**Baukonstruktive Einbauten**	–	–	–	–
390	**Sonst. Maßnahmen Baukonstruktionen**	**390,52 m² BGF**	**93,79**	**36.627,16**	**6,4**
391	Baustelleneinrichtung	390,52 m² BGF	21,75	8.493,88	1,5
392	Gerüste	390,52 m² BGF	54,94	21.454,50	3,7
393	Sicherungsmaßnahmen	–	–	–	–
394	Abbruchmaßnahmen	390,52 m² BGF	4,76	1.857,91	0,3
	Abbrechen	390,52 m² BGF	4,76	1.857,91	0,3
395	Instandsetzungen	–	–	–	–
396	Materialentsorgung	–	–	–	–
397	Zusätzliche Maßnahmen	390,52 m² BGF	12,34	4.820,87	0,8
398	Provisorische Baukonstruktionen	–	–	–	–
399	Sonst. Maßnahmen für Baukonstruktionen, sonst.	–	–	–	–
400	**Bauwerk - Technische Anlagen**	**390,52 m² BGF**	**349,88**	**136.635,26**	**23,8**
410	**Abwasser-, Wasser-, Gasanlagen**	**390,52 m² BGF**	**81,68**	**31.899,54**	**5,5**
411	Abwasseranlagen	390,52 m² BGF	8,05	3.142,58	0,5
412	Wasseranlagen	390,52 m² BGF	73,64	28.756,96	5,0
	Abbrechen	390,52 m² BGF	0,49	192,84	< 0,1
	Herstellen	390,52 m² BGF	73,14	28.564,12	5,0
413	Gasanlagen	–	–	–	–
419	Abwasser-, Wasser-, Gasanlagen, sonstiges	–	–	–	–
420	**Wärmeversorgungsanlagen**	**390,52 m² BGF**	**34,67**	**13.537,73**	**2,4**
421	Wärmeerzeugungsanlagen	–	–	–	–
422	Wärmeverteilnetze	390,52 m² BGF	13,13	5.128,12	0,9
	Abbrechen	390,52 m² BGF	0,66	257,11	< 0,1
	Herstellen	390,52 m² BGF	12,47	4.871,00	0,8
423	Raumheizflächen	390,52 m² BGF	19,08	7.449,84	1,3
	Abbrechen	390,52 m² BGF	2,14	834,70	0,1
	Herstellen	390,52 m² BGF	16,94	6.615,12	1,2
429	Wärmeversorgungsanlagen, sonstiges	390,52 m² BGF	2,46	959,77	0,2
	Abbrechen	390,52 m² BGF	2,20	857,78	0,1
	Herstellen	390,52 m² BGF	0,26	101,99	< 0,1
430	**Lufttechnische Anlagen**	**390,52 m² BGF**	**5,49**	**2.143,26**	**0,4**
431	Lüftungsanlagen	390,52 m² BGF	5,49	2.143,26	0,4
432	Teilklimaanlagen	–	–	–	–
433	Klimaanlagen	–	–	–	–
434	Kälteanlagen	–	–	–	–
439	Lufttechnische Anlagen, sonstiges	–	–	–	–

1300-0152
Wohn- und Geschäftshaus

Erweiterung

KG	Kostengruppe	Menge Einheit	€/Einheit	Kosten €	% 300+400
440	**Starkstromanlagen**	390,52 m² BGF	72,44	28.287,76	4,9
441	Hoch- und Mittelspannungsanlagen	–	–	–	–
442	Eigenstromversorgungsanlagen	–	–	–	–
443	Niederspannungsschaltanlagen	–	–	–	–
444	Niederspannungsinstallationsanlagen	390,52 m² BGF	66,67	26.037,81	4,5
	Abbrechen	390,52 m² BGF	1,37	534,24	0,1
	Herstellen	390,52 m² BGF	65,31	25.503,56	4,4
445	Beleuchtungsanlagen	390,52 m² BGF	5,51	2.151,19	0,4
446	Blitzschutz- und Erdungsanlagen	390,52 m² BGF	0,25	98,76	< 0,1
449	Starkstromanlagen, sonstiges	–	–	–	–
450	**Fernm.- und informationstechn. Anlagen**	390,52 m² BGF	18,34	7.161,26	1,2
451	Telekommunikationsanlagen	390,52 m² BGF	1,24	485,64	0,1
452	Such- und Signalanlagen	390,52 m² BGF	5,19	2.027,17	0,4
453	Zeitdienstanlagen	–	–	–	–
454	Elektroakustische Anlagen	–	–	–	–
455	Fernseh- und Antennenanlagen	390,52 m² BGF	3,07	1.198,04	0,2
456	Gefahrenmelde- und Alarmanlagen	390,52 m² BGF	8,84	3.450,41	0,6
457	Übertragungsnetze	–	–	–	–
459	Fernmelde- und informationstechn. Anl., sonst.	–	–	–	–
460	**Förderanlagen**	390,52 m² BGF	137,27	53.605,72	9,3
461	Aufzugsanlagen	390,52 m² BGF	137,27	53.605,72	9,3
462	Fahrtreppen, Fahrsteige	–	–	–	–
463	Befahranlagen	–	–	–	–
464	Transportanlagen	–	–	–	–
465	Krananlagen	–	–	–	–
469	Förderanlagen, sonstiges	–	–	–	–
470	**Nutzungsspezifische Anlagen**	–	–	–	–
480	**Gebäudeautomation**	–	–	–	–
490	**Sonst. Maßnahmen für Techn. Anlagen**	–	–	–	–

Kostenkennwerte für Leistungsbereiche nach StLB (Kosten des Bauwerks nach DIN 276)

1300-0152 Wohn- und Geschäftshaus

Erweiterung

LB	Leistungsbereiche	Kosten €	€/m² BGF	€/m³ BRI	% an 3+4
000	Sicherheits-, Baustelleneinrichtungen inkl. 001	29.948	76,70	31,30	5,2
002	Erdarbeiten	–	–	–	–
006	Spezialtiefbauarbeiten inkl. 005	–	–	–	–
009	Entwässerungskanalarbeiten inkl. 011	–	–	–	–
010	Dränarbeiten				
012	Mauerarbeiten	3.351	8,60	3,50	0,6
013	Betonarbeiten	378	0,97	0,40	0,1
014	Natur-, Betonwerksteinarbeiten	–	–	–	–
016	Zimmer- und Holzbauarbeiten	94.452	241,90	98,80	16,4
017	Stahlbauarbeiten	–	–	–	–
018	Abdichtungsarbeiten	–	–	–	–
020	Dachdeckungsarbeiten	32.635	83,60	34,10	5,7
021	Dachabdichtungsarbeiten	29.520	75,60	30,90	5,1
022	Klempnerarbeiten	21.338	54,60	22,30	3,7
	Rohbau	**211.623**	**541,90**	**221,30**	**36,8**
023	Putz- und Stuckarbeiten, Wärmedämmsysteme	9.979	25,60	10,40	1,7
024	Fliesen- und Plattenarbeiten	6.271	16,10	6,60	1,1
025	Estricharbeiten	22	< 0,1	< 0,1	–
026	Fenster, Außentüren inkl. 029, 032	29.868	76,50	31,20	5,2
027	Tischlerarbeiten	17.854	45,70	18,70	3,1
028	Parkett-, Holzpflasterarbeiten	18.437	47,20	19,30	3,2
030	Rollladenarbeiten	3.500	9,00	3,70	0,6
031	Metallbauarbeiten inkl. 035	21.356	54,70	22,30	3,7
034	Maler- und Lackiererarbeiten inkl. 037	50.919	130,40	53,30	8,9
036	Bodenbelagsarbeiten	5.245	13,40	5,50	0,9
038	Vorgehängte hinterlüftete Fassaden				
039	Trockenbauarbeiten	33.699	86,30	35,20	5,9
	Ausbau	**197.149**	**504,80**	**206,20**	**34,3**
040	Wärmeversorgungsanlagen, inkl. 041	11.486	29,40	12,00	2,0
042	Gas- und Wasseranlagen, Leitungen inkl. 043	23.242	59,50	24,30	4,0
044	Abwasseranlagen - Leitungen	94	0,24	0,10	–
045	Gas, Wasser, Entwässerung - Ausstattung inkl. 046	8.351	21,40	8,70	1,5
047	Dämmarbeiten an technischen Anlagen	114	0,29	0,12	–
049	Feuerlöschanlagen, Feuerlöschgeräte	–	–	–	–
050	Blitzschutz- und Erdungsanlagen	99	0,25	0,10	–
052	Mittelspannungsanlagen	–	–	–	–
053	Niederspannungsanlagen inkl. 054	27.676	70,90	28,90	4,8
055	Ersatzstromversorgungsanlagen	–	–	–	–
057	Gebäudesystemtechnik	–	–	–	–
058	Leuchten und Lampen, inkl. 059	2.151	5,50	2,20	0,4
060	Elektroakustische Anlagen	–	–	–	–
061	Kommunikationsnetze, inkl. 063	5.455	14,00	5,70	0,9
069	Aufzüge	53.606	137,30	56,10	9,3
070	Gebäudeautomation	–	–	–	–
075	Raumlufttechnische Anlagen	2.006	5,10	2,10	0,3
	Gebäudetechnik	**134.279**	**343,80**	**140,40**	**23,3**
084	Abbruch- und Rückbauarbeiten	30.814	78,90	32,20	5,4
	Sonstige Leistungsbereiche inkl. 008, 033, 051	**1.308**	**3,30**	**1,40**	**0,2**

1300-0217
Innenausbau
Vertriebsbüro

Objektübersicht

BRI 69 €/m³   BGF 202 €/m²   NF 230 €/m²   NE 7.183 €/NE Arbeitsplatz

Objekt:
Kennwerte: 3.Ebene DIN 276
BRI: 621m³
BGF: 213m²
NF: 188m²
Bauzeit: 34 Wochen
Bauende: 2013
Standard: über Durchschnitt
Kreis: München,
Bayern

Architekt:
studio lot
Architektur / Innenarchitektur
Entenbachstraße 35
81541 München

Bauherr:
Schlagmann
Poroton GmbH & Co. KG
Ziegeleistraße 1
84367 Zeilarn

Zeichnungen

1300-0217
Innenausbau
Vertriebsbüro

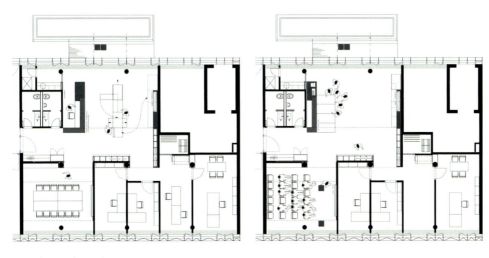

Grundriss 2. Obergeschoss
Variante Kundenbesprechung, Schulung, Konferenz

Variante Vortragsveranstaltung

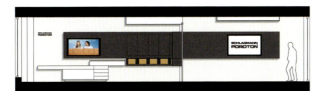

Wandabwicklung Präsentationswand 01, Besprechungsraum Flatscreen

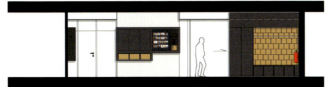

Wandabwicklung Präsentationswand 02

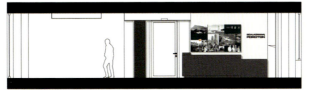

Wandabwicklung Empfangstresen

Objektbeschreibung

Allgemeine Objektinformationen

Das neue Vertriebsbüro eines Ziegelherstellers ist eine Plattform für Kunden, Planer und Industrie. Gleichzeitig dient es der Präsentation der eigenen Produkte. Von einem offenen Empfangsbereich mit Schauraum und Arbeitsbereich geht ein Besprechungs- und Vortragsraum ab. Die Räume können mittels einer großen Schiebetür und einem Zugang zur Terrasse strukturiert, umgeformt und erweitert werden. Es können parallel Vorträge, Beratungen, Konferenzen und Schulungen stattfinden, während in den anschließenden Einzelbüros gearbeitet werden kann.

Nutzung

1 Obergeschoss
Schauraum, Empfang, Büros, Teeküche, WCs, Serverraum, Abstellraum

Besonderer Kosteneinfluss Nutzung:
Die baulichen Voraussetzungen und die Grundausstattung wurden vom Eigentümer des Gebäudes hergestellt.

Nutzeinheiten

Arbeitsplätze: 6

Markt

Hauptvergabezeit: 1.Quartal 2013
Baubeginn: 1.Quartal 2013
Bauende: 4.Quartal 2013
Konjunkturelle Gesamtlage: über Durchschnitt
Regionaler Baumarkt: über Durchschnitt

Baukonstruktion

Die Möblierung zieht sich wie ein funktionelles Wandband durch die Räume. In einer vorgesetzten Wandkonstruktion sind Medien, Steuerungen, Stauraum, Informationsmaterial und die Ziegel eingebettet. Dieses Wandmöbel lässt sich durch Klappen und Schübe öffnen und erweitern. Der Blick auf die Informationen dahinter oder darin kann Stück für Stück freigegeben werden. Hinter den Öffnungen des Wandmöbels liegende, beleuchtete Schaukästen erzeugen Spannung auf den zweiten Blick. Auf den beleuchteten Tafeln werden die aktuellen Produkte der Firma vorgestellt. Ein gesonderter Schaukasten zeigt die Geschichte des Ziegels, um die Bedeutung und Wichtigkeit des Materials Ton und des Ziegels zu untermauern. Die Geschichte wird eng mit den heute aktuell produzierten Ziegeln verknüpft.

Technische Anlagen

Die Präsentationsräume wurden mit Bild- und Tontechnik ausgestattet.

Sonstiges

Ein großer Tisch, der ähnlich einer Werkbank verschiedene Funktionen und Möglichkeiten beinhaltet, ist im Zentrum des Schauraums platziert. Man kann daran und damit arbeiten. Er kann verändert, verschoben und je nach Bedarf umgestellt werden. Die Hauptfarbe Schwarz für die Möblierung vermittelt den Eindruck eines großen Schaukastens. Die Materialien wurden passend zu den Farben des Unternehmens ausgewählt und in einer sehr reduzierten Weise ausformuliert, so dass das Material Ziegel eindeutig spürbar bleibt.

Planungskennwerte für Flächen und Rauminhalte nach DIN 277

1300-0217
Innenausbau
Vertriebsbüro

Flächen des Grundstücks

		Menge, Einheit	% an FBG
BF	Bebaute Fläche	– m²	–
UBF	Unbebaute Fläche	– m²	–
FBG	Fläche des Baugrundstücks	– m²	–

Grundflächen des Bauwerks

		Menge, Einheit	% an NF	% an BGF
NF	Nutzfläche	187,60 m²	100,0	88,1
TF	Technische Funktionsfläche	– m²	–	–
VF	Verkehrsfläche	– m²	–	–
NGF	Netto-Grundfläche	187,60 m²	100,0	88,1
KGF	Konstruktions-Grundfläche	25,40 m²	13,5	11,9
BGF	Brutto-Grundfläche	213,00 m²	113,5	100,0

Brutto-Rauminhalt des Bauwerks

		Menge, Einheit	BRI/NF (m)	BRI/BGF (m)
BRI	Brutto-Rauminhalt	620,50 m³	3,31	2,91

Lufttechnisch behandelte Flächen

	Menge, Einheit	% an NF	% an BGF
Entlüftete Fläche	– m²	–	–
Be- und entlüftete Fläche	– m²	–	–
Teilklimatisierte Fläche	– m²	–	–
Klimatisierte Fläche	– m²	–	–

Kostengruppen (2.Ebene)

KG		Menge, Einheit	Menge/NF	Menge/BGF
310	Baugrube	– m³ BGI	–	–
320	Gründung	– m² GRF	–	–
330	Außenwände	– m² AWF	–	–
340	Innenwände	71,10 m² IWF	0,38	0,33
350	Decken	39,40 m² DEF	0,21	0,18
360	Dächer	– m² DAF	–	–

Kostenkennwerte für die Kostengruppen der 1.Ebene DIN 276

KG	Kostengruppen (1.Ebene)	Einheit	Kosten €	€/Einheit	€/m² BGF	€/m³ BRI	% 300+400
100	Grundstück	m² FBG	–	–	–	–	–
200	Herrichten und Erschließen	m² FBG	–	–	–	–	–
300	Bauwerk - Baukonstruktionen	m² BGF	24.404	114,57	114,57	39,33	56,6
400	Bauwerk - Technische Anlagen	m² BGF	18.694	87,76	87,76	30,13	43,4
	Bauwerk 300+400	**m² BGF**	**43.098**	**202,34**	**202,34**	**69,46**	**100,0**
500	Außenanlagen	m² AUF	–	–	–	–	–
600	Ausstattung und Kunstwerke	m² BGF	16.322	76,63	76,63	26,30	37,9
700	Baunebenkosten	m² BGF	–	–	–	–	–

© BKI Baukosteninformationszentrum   Kostenstand: 3.Quartal 2015, Bundesdurchschnitt, inkl. 19% MwSt.

1300-0217
Innenausbau
Vertriebsbüro

Kostenkennwerte für die Kostengruppen der 1.Ebene DIN 276

KG	Kostengruppe	Menge Einheit	Kosten €	€/Einheit	%
3+4	**Bauwerk**				100,0
300	**Bauwerk - Baukonstruktionen**	213,00 m² BGF	24.404	**114,57**	56,6
	Anstrich; Einbaumöbel				
400	**Bauwerk - Technische Anlagen**	213,00 m² BGF	18.694	**87,76**	43,4
	Stehleuchte; Monitore, Lautsprecher, Mischer, Verstärker, PCs				
600	**Ausstattung und Kunstwerke**	213,00 m² BGF	16.322	**76,63**	37,9
	Präsentationsmöbel, Hocker, Stehtische, Stühle, Podest, Leuchtkasten, Digitaldrucke, Wandbildrahmen, Lichtwerbeanlage, Echtglasfolien, Logos, Klingelschlild				

Kostenkennwerte für die Kostengruppen der 2.Ebene DIN 276

1300-0217
Innenausbau
Vertriebsbüro

KG	Kostengruppe	Menge Einheit	Kosten €	€/Einheit	%
300	**Bauwerk - Baukonstruktionen**				100,0
340	**Innenwände**	71,10 m² IWF	757	**10,65**	3,1
	Dispersionsanstrich (71m²)				
350	**Decken**	39,40 m² DEF	420	**10,65**	1,7
	Dispersionsanstrich (39m²)				
370	**Baukonstruktive Einbauten**	213,00 m² BGF	23.227	**109,05**	95,2
	Teeküche, Geschirrspüler, Kochfeld, Spüle, Durchlauferhitzer, Dunstabzug, Mülleimer (1St), Einbaumöbel aus MDF-Platten, schwarz, geölt: Empfangstresen, zweiteilig, mit Beleuchtung (1St), Präsentationswände, Drehschiebetüren, Plexiglasscheiben, hinterleuchtet, Regalfächer, Ausschnitt für Flatscreen (2St), Präsentationswand mit Ausschnitt für Flatscreen (1St), Garderobenelement, dreiseitig gemauerte Nische, Schrank, Unterschrank, Garderobenstange, Schirmständer (1St), Einbauregal (1St), Präsentationsplatten für Tresen, Acrylglas, Digitaldruck, hinterleuchtet (10St), Folienbeklebungen, Digitaldruck (10St), Lagerregal (1St)				
400	**Bauwerk - Technische Anlagen**				100,0
440	**Starkstromanlagen**	213,00 m² BGF	440	**2,06**	2,4
	Stehleuchte (1St)				
470	**Nutzungsspezifische Anlagen**	213,00 m² BGF	18.254	**85,70**	97,6
	70"-LCD-Touch-Monitore (2St), Interface-Boards (2St), Lautsprecherpaare (2St), Deckeneinbaulautsprecher (10St), Multizonen-Mischer (1St), Endverstärker (1St), PCs (2St), Fernbedienungen (2St), HDMI-Umschalter (2St), Multimedia-Anschlüsse (8St), USB-Kabel (2St)				
600	**Ausstattung und Kunstwerke**				100,0
610	**Ausstattung**	213,00 m² BGF	16.322	**76,63**	100,0
	Präsentationsmöbel (1St), Hocker (4St), Stehtische (2St), Armstühle (24St), Podest (4m²), Leuchtkasten (1St), Digitaldrucke (2St), Wandbildrahmen (1St) * Lichtwerbeanlage, Einzelbuchstaben als Rückleuchter (1St), Echtglasfolien (4St), Logos, Acrylglas (2St), Klingelschild (1St)				

© BKI Baukosteninformationszentrum   Kostenstand: 3.Quartal 2015, Bundesdurchschnitt, **inkl. 19% MwSt.**

1300-0217
Innenausbau
Vertriebsbüro

Kostenkennwerte für die Kostengruppen der 3.Ebene DIN 276 (Übersicht)

KG	Kostengruppe	Menge Einheit	€/Einheit	Kosten €	% 300+400
300	Bauwerk - Baukonstruktionen	213,00 m² BGF	114,57	24.404,28	56,6
310	Baugrube	–	–	–	–
320	Gründung	–	–	–	–
330	Außenwände	–	–	–	–
340	Innenwände	71,10 m² IWF	10,65	757,45	1,8
341	Tragende Innenwände	–	–	–	–
342	Nichttragende Innenwände	–	–	–	–
343	Innenstützen	–	–	–	–
344	Innentüren und -fenster	–	–	–	–
345	Innenwandbekleidungen	110,50 m²	6,85	757,45	1,8
346	Elementierte Innenwände	–	–	–	–
349	Innenwände, sonstiges	–	–	–	–
350	Decken	39,40 m² DEF	10,65	419,74	1,0
351	Deckenkonstruktionen	–	–	–	–
352	Deckenbeläge	–	–	–	–
353	Deckenbekleidungen	39,40 m²	10,65	419,74	1,0
359	Decken, sonstiges	–	–	–	–
360	Dächer	–	–	–	–
370	Baukonstruktive Einbauten	213,00 m² BGF	109,05	23.227,09	53,9
371	Allgemeine Einbauten	213,00 m² BGF	109,05	23.227,09	53,9
372	Besondere Einbauten	–	–	–	–
379	Baukonstruktive Einbauten, sonstiges	–	–	–	–
390	Sonst. Maßnahmen Baukonstruktionen	–	–	–	–
400	Bauwerk - Technische Anlagen	213,00 m² BGF	87,76	18.693,65	43,4
410	Abwasser-, Wasser-, Gasanlagen	–	–	–	–
420	Wärmeversorgungsanlagen	–	–	–	–
430	Lufttechnische Anlagen	–	–	–	–
440	Starkstromanlagen	213,00 m² BGF	2,06	439,82	1,0
441	Hoch- und Mittelspannungsanlagen	–	–	–	–
442	Eigenstromversorgungsanlagen	–	–	–	–
443	Niederspannungsschaltanlagen	–	–	–	–
444	Niederspannungsinstallationsanlagen	–	–	–	–
445	Beleuchtungsanlagen	213,00 m² BGF	2,06	439,82	1,0
446	Blitzschutz- und Erdungsanlagen	–	–	–	–
449	Starkstromanlagen, sonstiges	–	–	–	–
450	Fernm.- und informationstechn. Anlagen	–	–	–	–
460	Förderanlagen	–	–	–	–
470	Nutzungsspezifische Anlagen	213,00 m² BGF	85,70	18.253,84	42,4
471	Küchentechnische Anlagen	–	–	–	–
472	Wäscherei- und Reinigungsanlagen	–	–	–	–
473	Medienversorgungsanlagen	–	–	–	–
474	Medizin- u. labortechnische Anlagen	–	–	–	–
475	Feuerlöschanlagen	–	–	–	–
476	Badetechnische Anlagen	–	–	–	–
477	Prozesswärme-,-kälte-,-luftanlagen	–	–	–	–
478	Entsorgungsanlagen	–	–	–	–
479	Nutzungsspezifische Anlagen, sonstiges	213,00 m² BGF	85,70	18.253,84	42,4
480	Gebäudeautomation	–	–	–	–
490	Sonst. Maßnahmen für Techn. Anlagen	–	–	–	–

© **BKI** Baukosteninformationszentrum   Kostenstand: 3.Quartal 2015, Bundesdurchschnitt, **inkl.** 19% MwSt.

Kostenkennwerte für Leistungsbereiche nach StLB (Kosten des Bauwerks nach DIN 276)

1300-0217
Innenausbau
Vertriebsbüro

LB	Leistungsbereiche	Kosten €	€/m² BGF	€/m³ BRI	% an 3+4
	Rohbau	–	–	–	–
023	Putz- und Stuckarbeiten, Wärmedämmsysteme	–	–	–	–
024	Fliesen- und Plattenarbeiten	–	–	–	–
025	Estricharbeiten	–	–	–	–
026	Fenster, Außentüren inkl. 029, 032	1.235	5,80	2,00	2,9
027	Tischlerarbeiten	21.811	102,40	35,20	50,6
028	Parkett-, Holzpflasterarbeiten	–	–	–	–
030	Rollladenarbeiten	–	–	–	–
031	Metallbauarbeiten inkl. 035	–	–	–	–
034	Maler- und Lackiererarbeiten inkl. 037	1.177	5,50	1,90	2,7
036	Bodenbelagsarbeiten	–	–	–	–
038	Vorgehängte hinterlüftete Fassaden	–	–	–	–
039	Trockenbauarbeiten	–	–	–	–
	Ausbau	**24.223**	**113,70**	**39,00**	**56,2**
040	Wärmeversorgungsanlagen, inkl. 041	–	–	–	–
042	Gas- und Wasseranlagen, Leitungen inkl. 043	–	–	–	–
044	Abwasseranlagen - Leitungen	–	–	–	–
045	Gas, Wasser, Entwässerung - Ausstattung inkl. 046	–	–	–	–
047	Dämmarbeiten an technischen Anlagen	–	–	–	–
049	Feuerlöschanlagen, Feuerlöschgeräte	–	–	–	–
050	Blitzschutz- und Erdungsanlagen	–	–	–	–
052	Mittelspannungsanlagen	–	–	–	–
053	Niederspannungsanlagen inkl. 054	182	0,85	0,29	0,4
055	Ersatzstromversorgungsanlagen	–	–	–	–
057	Gebäudesystemtechnik	–	–	–	–
058	Leuchten und Lampen, inkl. 059	440	2,10	0,71	1,0
060	Elektroakustische Anlagen	5.430	25,50	8,80	12,6
061	Kommunikationsnetze, inkl. 063	1.647	7,70	2,70	3,8
069	Aufzüge	–	–	–	–
070	Gebäudeautomation	–	–	–	–
075	Raumlufttechnische Anlagen	–	–	–	–
	Gebäudetechnik	**7.698**	**36,10**	**12,40**	**17,9**
	Sonstige Leistungsbereiche inkl. 008, 033, 051	**11.177**	**52,50**	**18,00**	**25,9**

© BKI Baukosteninformationszentrum   Kostenstand: 3.Quartal 2015, Bundesdurchschnitt, inkl. 19% MwSt.

Praxen

3100-0011
Gemeinschaftspraxis

Objektübersicht

BRI 190 €/m³   BGF 523 €/m²   NF 673 €/m²   NE keine Angabe

Umbau

Objekt:
Kennwerte: 3.Ebene DIN 276
BRI: 395m³
BGF: 144m²
NF: 112m²
Bauzeit: 4 Wochen
Bauende: 2011
Standard: Durchschnitt
Kreis: Düren,
Nordrhein-Westfalen

Architekt:
FRANKE
Architektur I Innenarchitektur
Monschauer Landstr. 2
52355 Düren

Bauherr:
Drs. A. Macherey /
Chr. Lyncker
Küchengasse 14
52391 Vettweiss

vorher   nachher

Zeichnungen

3100-0011
Gemeinschaftspraxis

Umbau

Erdgeschoss

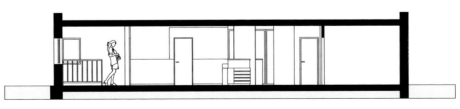

Querschnitt

Längsschnitt

3100-0011
Gemeinschaftspraxis

Umbau

Objektbeschreibung

Allgemeine Objektinformationen

Die Gemeinschaftspraxisräume aus den 80er/90er Jahren wurden durch den Umbau und die Modernisierung mit einer zeitgemäßen Innenarchitektur ausgestattet. Die Praxisräume befinden sich im Erdgeschoss eines unterkellerten Gebäudes.

Nutzung

1 Erdgeschoss
Allgemeinmedizinische Gemeinschaftspraxis

Grundstück

Bauraum: Freier Bauraum
Neigung: Ebenes Gelände

Markt

Hauptvergabezeit: 4.Quartal 2011
Baubeginn: 4.Quartal 2011
Bauende: 4.Quartal 2011
Konjunkturelle Gesamtlage: Durchschnitt
Regionaler Baumarkt: Durchschnitt

Baubestand

Baujahr: 1980
Bauzustand: mittel
Aufwand: mittel
Grundrissänderungen: wenige
Tragwerkseingriffe: keine
Nutzungsänderung: nein
Nutzung während der Bauzeit: ja

Baukonstruktion

Im Zuge der Baumaßnahme wurde die Inneneinrichtung erneuert. Teilweise wurden durch das Abändern der Bestandseinrichtung bestehende Schrankfronten durch neue Fronten aufgewertet. Die Innenräume wurden mit einer abgehängten Decke versehen. Die Böden wurden neu belegt, die Wände überarbeitet.

Technische Anlagen

Die gesamte Elektroanlage inklusive der Beleuchtung wurden modernisiert.

3100-0011
Gemeinschaftspraxis

Umbau

Planungskennwerte für Flächen und Rauminhalte nach DIN 277

Flächen des Grundstücks		Menge, Einheit	% an FBG	
BF	Bebaute Fläche	– m²	–	
UBF	Unbebaute Fläche	– m²	–	
FBG	Fläche des Baugrundstücks	– m²	–	

Grundflächen des Bauwerks		Menge, Einheit	% an NF	% an BGF
NF	Nutzfläche	111,72 m²	100,0	77,7
TF	Technische Funktionsfläche	– m²	–	–
VF	Verkehrsfläche	8,56 m²	7,7	6,0
NGF	Netto-Grundfläche	120,28 m²	107,7	83,6
KGF	Konstruktions-Grundfläche	23,52 m²	21,1	16,4
BGF	Brutto-Grundfläche	143,80 m²	128,7	100,0

Brutto-Rauminhalt des Bauwerks		Menge, Einheit	BRI/NF (m)	BRI/BGF (m)
BRI	Brutto-Rauminhalt	395,45 m³	3,54	2,75

Lufttechnisch behandelte Flächen	Menge, Einheit	% an NF	% an BGF
Entlüftete Fläche	– m²	–	–
Be- und entlüftete Fläche	– m²	–	–
Teilklimatisierte Fläche	– m²	–	–
Klimatisierte Fläche	– m²	–	–

KG	Kostengruppen (2.Ebene)	Menge, Einheit		Menge/NF	Menge/BGF
310	Baugrube	– m³	BGI	–	–
320	Gründung	– m²	GRF	–	–
330	Außenwände	83,01 m²	AWF	0,74	0,58
340	Innenwände	264,96 m²	IWF	2,37	1,84
350	Decken	124,36 m²	DEF	1,11	0,86
360	Dächer	– m²	DAF	–	–

Kostenkennwerte für die Kostengruppen der 1.Ebene DIN 276

KG	Kostengruppen (1.Ebene)	Einheit	Kosten €	€/Einheit	€/m² BGF	€/m³ BRI	% 300+400
100	Grundstück	m² FBG	–	–	–	–	–
200	Herrichten und Erschließen	m² FBG	–	–	–	–	–
300	Bauwerk - Baukonstruktionen	m² BGF	58.968	410,07	410,07	149,12	78,4
400	Bauwerk - Technische Anlagen	m² BGF	16.219	112,79	112,79	41,01	21,6
	Bauwerk 300+400	**m² BGF**	**75.187**	**522,86**	**522,86**	**190,13**	**100,0**
500	Außenanlagen	m² AUF	–	–	–	–	–
600	Ausstattung und Kunstwerke	m² BGF	760	5,29	5,29	1,92	1,0
700	Baunebenkosten	m² BGF	–	–	–	–	–

© BKI Baukosteninformationszentrum   Kostenstand: 3.Quartal 2015, Bundesdurchschnitt, **inkl. 19% MwSt.**

3100-0011
Gemeinschaftspraxis

Umbau

Kostenkennwerte für die Kostengruppen der 1.Ebene DIN 276

KG	Kostengruppe	Menge Einheit	Kosten €	€/Einheit	%
3+4	**Bauwerk**				100,0
300	**Bauwerk - Baukonstruktionen**	143,80 m² BGF	58.968	**410,07**	78,4

- Abbrechen (Kosten: 6,6%) — 3.880
  Abbruch von Tapeten; Teppichboden, Mineralfaserdecke; Arbeitsplatte; Entsorgung, Deponiegebühren

- Wiederherstellen (Kosten: 8,7%) — 5.125
  Untergründe ausbessern; Stahlzargen überarbeiten; Stahlwendeltreppe überarbeiten, Estrichrisse verschließen; Topfbänder erneuern

- Herstellen (Kosten: 84,7%) — 49.963
  Raufasertapete, Vliestapete, Glasgewebetapete, Dispersionsanstrich; Lasuranstrich; Vinylbelag, Holzsockel, GK-Decken; Empfangstheke, Highboard, Einbauschrank, Regalelement, Sitzbank, Schrankfronten

KG	Kostengruppe	Menge Einheit	Kosten €	€/Einheit	%
400	**Bauwerk - Technische Anlagen**	143,80 m² BGF	16.219	**112,79**	21,6

- Abbrechen (Kosten: 4,5%) — 736
  Abbruch von Elektroinstallation; Entsorgung, Deponiegebühren

- Wiederherstellen (Kosten: 12,2%) — 1.983
  Schalter- und Steckdosen demontieren, wieder setzen

- Herstellen (Kosten: 83,2%) — 13.500
  Elektroinstallation, Beleuchtung

KG	Kostengruppe	Menge Einheit	Kosten €	€/Einheit	%
600	**Ausstattung und Kunstwerke**	143,80 m² BGF	760	**5,29**	1,0

- Herstellen (Kosten: 100,0%) — 760
  Effektfolie

Kostenkennwerte für die Kostengruppen der 2.Ebene DIN 276

3100-0011
Gemeinschaftspraxis

Umbau

KG	Kostengruppe	Menge Einheit	Kosten €	€/Einheit	%
300	**Bauwerk - Baukonstruktionen**				100,0
330	**Außenwände**	83,01 m² AWF	1.874	**22,58**	3,2

- Abbrechen (Kosten: 15,9%) 298
  Abbruch von Tapeten (72m²); Entsorgung, Deponiegebühren

- Wiederherstellen (Kosten: 5,1%) 96
  Untergründe ausbessern (83m²)

- Herstellen (Kosten: 79,0%) 1.480
  Untergrund spachteln, grundieren (83m²), Raufasertapete (44m²), Vliestapete (25m²), Glasgewebetapete (14m²), Dispersionsanstrich (70m²)

340	**Innenwände**	264,96 m² IWF	7.021	**26,50**	11,9

- Abbrechen (Kosten: 12,7%) 893
  Abbruch von Tapeten (215m²); Entsorgung, Deponiegebühren

- Wiederherstellen (Kosten: 12,7%) 893
  Bestehende Stahlzargen schleifen, lackieren, verfugen (16m²) * Untergründe ausbessern (249m²)

- Herstellen (Kosten: 74,6%) 5.235
  Untergrund spachteln, grundieren (249m²), Raufasertapete (131m²), Vliestapete (75m²), Glasgewebetapete (43m²), Dispersionsanstrich (190m²), Lasuranstrich (22m²), Fliesenfugen streichen (13m²)

350	**Decken**	124,36 m² DEF	20.387	**163,94**	34,6

- Abbrechen (Kosten: 12,5%) 2.548
  Abbruch von Teppichboden (123m²), Teppichboden auf Treppenstufen (15St) * Mineralfaserdecke (40m²); Entsorgung, Deponiegebühren

- Wiederherstellen (Kosten: 15,9%) 3.232
  Bestehende Stahlwendeltreppe abschleifen, lackieren (2m²) * Estrichrisse auffräsen, armieren, verschließen (15m), Untergrund spachteln, von Kleberesten befreien (123m²) * Untergründe ausbessern (115m²)

- Herstellen (Kosten: 71,6%) 14.607
  Vinylbelag (123m²), Vinylbelag auf Treppenstufen, Alu-Treppenkantenprofil (15St), Holzsockel (95m) * Dispersionsanstrich (115m²), GK-Decke, Abhängehöhe 25cm (40m²), GK-Decke, UK Holzlattung (8m²)

3100-0011
Gemeinschaftspraxis

Umbau

KG	Kostengruppe	Menge Einheit	Kosten €	€/Einheit	%
370	**Baukonstruktive Einbauten**	143,80 m² BGF	29.530	**205,36**	50,1

- Abbrechen (Kosten: 0,5%) — 141
  Abbruch von Arbeitsplatte mit Waschbecken, Trennwand; Entsorgung, Deponiegebühren

- Wiederherstellen (Kosten: 3,1%) — 904
  Topfbänder mit Kreuzplatten an Schranktüren austauschen (112St)

- Herstellen (Kosten: 96,5%) — 28.485
  Empfangstheke, zweigeteilt durch Glas-Raumtrennelement, Schreibfläche mit Leder-Inlay, Taschenablage Glas (1St), Highboard (1St), Einbauschrank (1St), Regalelement (1St), Sitzbank (1St), Ablagen (2St), Schrank- und Schubladenfronten erneuern (47St)

| 390 | **Sonstige Baukonstruktionen** | 143,80 m² BGF | 156 | **1,08** | 0,3 |

- Herstellen (Kosten: 100,0%) — 156
  Schutzfolie (120m²)

| 400 | **Bauwerk - Technische Anlagen** | | | | 100,0 |
| 440 | **Starkstromanlagen** | 143,80 m² BGF | 16.219 | **112,79** | 100,0 |

- Abbrechen (Kosten: 4,5%) — 736
  Abbruch von Steckdosen, Blinddosen, Deckenlampen; Entsorgung, Deponiegebühren

- Wiederherstellen (Kosten: 12,2%) — 1.983
  Schalter- und Steckdosen demontieren, an anderer Stelle wieder setzen

- Herstellen (Kosten: 83,2%) — 13.500
  Mantelleitungen NYM (104m), Geräteeinbaukanal (6m), Geräteeinbaudosen (17St), Steckdosen (16St), Schalter, Taster (14St) * Deckenleuchten (32St), Pendelleuchten, Glaszylinder (3St), Langfeld-Pendelleuchten (3St), Langfeld-Aufbauleuchten (9St)

| 600 | **Ausstattung und Kunstwerke** | | | | 100,0 |
| 610 | **Ausstattung** | 143,80 m² BGF | 760 | **5,29** | 100,0 |

- Herstellen (Kosten: 100,0%) — 760
  Effektfolie, sandgestrahlt, Schriftzug (7m²)

Kostenkennwerte für die Kostengruppen der 3.Ebene DIN 276 (Übersicht)

KG	Kostengruppe	Menge Einheit	€/Einheit	Kosten €	% 300+400
300	**Bauwerk - Baukonstruktionen**	143,80 m² BGF	410,07	58.967,92	78,4
310	Baugrube	–	–	–	–
320	Gründung	–	–	–	–
330	Außenwände	83,01 m² AWF	22,58	1.874,32	2,5
331	Tragende Außenwände	–	–	–	–
332	Nichttragende Außenwände	–	–	–	–
333	Außenstützen	–	–	–	–
334	Außentüren und -fenster	–	–	–	–
335	Außenwandbekleidungen außen	–	–	–	–
336	Außenwandbekleidungen innen	83,01 m²	22,58	1.874,32	2,5
	Abbrechen	71,76 m²	4,15	298,02	0,4
	Wiederherstellen	83,01 m²	1,16	96,04	0,1
	Herstellen	83,01 m²	17,83	1.480,25	2,0
337	Elementierte Außenwände	–	–	–	–
338	Sonnenschutz	–	–	–	–
339	Außenwände, sonstiges	–	–	–	–
340	Innenwände	264,96 m² IWF	26,50	7.020,55	9,3
341	Tragende Innenwände	–	–	–	–
342	Nichttragende Innenwände	–	–	–	–
343	Innenstützen	–	–	–	–
344	Innentüren und -fenster	15,93 m²	43,99	700,83	0,9
	Wiederherstellen	15,93 m²	43,99	700,83	0,9
345	Innenwandbekleidungen	249,03 m²	25,38	6.319,71	8,4
	Abbrechen	214,92 m²	4,15	892,58	1,2
	Wiederherstellen	249,03 m²	0,77	192,09	0,3
	Herstellen	249,03 m²	21,02	5.235,04	7,0
346	Elementierte Innenwände	–	–	–	–
349	Innenwände, sonstiges	–	–	–	–
350	Decken	124,36 m² DEF	163,94	20.387,00	27,1
351	Deckenkonstruktionen	1,63 m²	461,80	752,74	1,0
	Wiederherstellen	1,63 m²	461,80	752,74	1,0
352	Deckenbeläge	122,73 m²	119,95	14.721,04	19,6
	Abbrechen	122,73 m²	12,69	1.556,84	2,1
	Wiederherstellen	122,73 m²	19,42	2.383,26	3,2
	Herstellen	122,73 m²	87,84	10.780,94	14,3
353	Deckenbekleidungen	114,63 m²	42,86	4.913,21	6,5
	Abbrechen	39,80 m²	24,90	991,09	1,3
	Wiederherstellen	114,63 m²	0,84	96,04	0,1
	Herstellen	114,63 m²	33,38	3.826,09	5,1
359	Decken, sonstiges	–	–	–	–
360	Dächer	–	–	–	–
370	**Baukonstruktive Einbauten**	143,80 m² BGF	205,36	29.530,31	39,3
371	Allgemeine Einbauten	143,80 m² BGF	205,36	29.530,31	39,3
	Abbrechen	143,80 m² BGF	0,98	141,46	0,2
	Wiederherstellen	143,80 m² BGF	6,28	903,56	1,2
	Herstellen	143,80 m² BGF	198,09	28.485,28	37,9
372	Besondere Einbauten	–	–	–	–
379	Baukonstruktive Einbauten, sonstiges	–	–	–	–

Kostenstand: 3.Quartal 2015, Bundesdurchschnitt, **inkl. 19% MwSt.**

3100-0011
Gemeinschaftspraxis
Umbau

KG	Kostengruppe	Menge Einheit	€/Einheit	Kosten €	% 300+400
390	**Sonst. Maßnahmen Baukonstruktionen**	143,80 m² BGF	1,08	155,73	0,2
391	Baustelleneinrichtung	–	–	–	–
392	Gerüste	–	–	–	–
393	Sicherungsmaßnahmen	–	–	–	–
394	Abbruchmaßnahmen	–	–	–	–
395	Instandsetzungen	–	–	–	–
396	Materialentsorgung	–	–	–	–
397	Zusätzliche Maßnahmen	143,80 m² BGF	1,08	155,73	0,2
398	Provisorische Baukonstruktionen	–	–	–	–
399	Sonst. Maßnahmen für Baukonstruktionen, sonst.	–	–	–	–
400	**Bauwerk - Technische Anlagen**	**143,80 m² BGF**	**112,79**	**16.219,08**	**21,6**
410	Abwasser-, Wasser-, Gasanlagen	–	–	–	–
420	Wärmeversorgungsanlagen	–	–	–	–
430	Lufttechnische Anlagen	–	–	–	–
440	Starkstromanlagen	143,80 m² BGF	112,79	16.219,08	21,6
441	Hoch- und Mittelspannungsanlagen	–	–	–	–
442	Eigenstromversorgungsanlagen	–	–	–	–
443	Niederspannungsschaltanlagen	–	–	–	–
444	Niederspannungsinstallationsanlagen	143,80 m² BGF	39,77	5.718,80	7,6
	Abbrechen	143,80 m² BGF	2,56	367,93	0,5
	Wiederherstellen	143,80 m² BGF	13,79	1.982,77	2,6
	Herstellen	143,80 m² BGF	23,42	3.368,09	4,5
445	Beleuchtungsanlagen	143,80 m² BGF	73,02	10.500,28	14,0
	Abbrechen	143,80 m² BGF	2,56	367,93	0,5
	Herstellen	143,80 m² BGF	70,46	10.132,33	13,5
446	Blitzschutz- und Erdungsanlagen	–	–	–	–
449	Starkstromanlagen, sonstiges	–	–	–	–
450	**Fernm.- und informationstechn. Anlagen**	–	–	–	–
460	**Förderanlagen**	–	–	–	–
470	**Nutzungsspezifische Anlagen**	–	–	–	–
480	**Gebäudeautomation**	–	–	–	–
490	**Sonst. Maßnahmen für Techn. Anlagen**	–	–	–	–

Kostenkennwerte für Leistungsbereiche nach StLB (Kosten des Bauwerks nach DIN 276)

3100-0011
Gemeinschaftspraxis

Umbau

LB	Leistungsbereiche	Kosten €	€/m² BGF	€/m³ BRI	% an 3+4
	Rohbau	–	–	–	–
023	Putz- und Stuckarbeiten, Wärmedämmsysteme	–	–	–	–
024	Fliesen- und Plattenarbeiten	–	–	–	–
025	Estricharbeiten	–	–	–	–
026	Fenster, Außentüren inkl. 029, 032	–	–	–	–
027	Tischlerarbeiten	29.389	204,40	74,30	39,1
028	Parkett-, Holzpflasterarbeiten	–	–	–	–
030	Rollladenarbeiten	–	–	–	–
031	Metallbauarbeiten inkl. 035	–	–	–	–
034	Maler- und Lackiererarbeiten inkl. 037	9.491	66,00	24,00	12,6
036	Bodenbelagsarbeiten	13.228	92,00	33,50	17,6
038	Vorgehängte hinterlüftete Fassaden	–	–	–	–
039	Trockenbauarbeiten	2.980	20,70	7,50	4,0
	Ausbau	55.088	383,10	139,30	73,3
040	Wärmeversorgungsanlagen, inkl. 041	–	–	–	–
042	Gas- und Wasseranlagen, Leitungen inkl. 043	–	–	–	–
044	Abwasseranlagen - Leitungen	–	–	–	–
045	Gas, Wasser, Entwässerung - Ausstattung inkl. 046	–	–	–	–
047	Dämmarbeiten an technischen Anlagen	–	–	–	–
049	Feuerlöschanlagen, Feuerlöschgeräte	–	–	–	–
050	Blitzschutz- und Erdungsanlagen	–	–	–	–
052	Mittelspannungsanlagen	–	–	–	–
053	Niederspannungsanlagen inkl. 054	5.351	37,20	13,50	7,1
055	Ersatzstromversorgungsanlagen	–	–	–	–
057	Gebäudesystemtechnik	–	–	–	–
058	Leuchten und Lampen, inkl. 059	10.132	70,50	25,60	13,5
060	Elektroakustische Anlagen	–	–	–	–
061	Kommunikationsnetze, inkl. 063	–	–	–	–
069	Aufzüge	–	–	–	–
070	Gebäudeautomation	–	–	–	–
075	Raumlufttechnische Anlagen	–	–	–	–
	Gebäudetechnik	15.483	107,70	39,20	20,6
084	Abbruch- und Rückbauarbeiten	4.616	32,10	11,70	6,1
	Sonstige Leistungsbereiche inkl. 008, 033, 051	–	–	–	–

3100-0014
Arztpraxis

Objektübersicht

Umbau

BRI 164 €/m³   BGF 624 €/m²   NF 941 €/m²   NE keine Angabe

Objekt:
Kennwerte: 3.Ebene DIN 276
BRI: 665m³
BGF: 175m²
NF: 116m²
Bauzeit: 12 Wochen
Bauende: 2009
Standard: Durchschnitt
Kreis: Kitzingen,
Bayern

Architekt:
Paprota Architektur
Christoph Paprota
Kartause 9
97070 Würzburg

Zeichnungen

3100-0014
Arztpraxis

Umbau

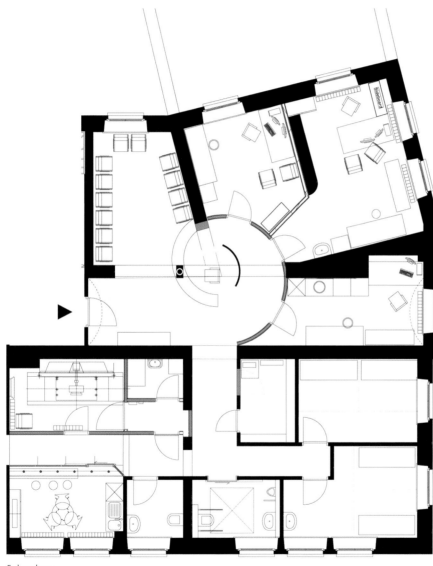

Erdgeschoss

Arztpraxis

3100-0014

Umbau

Objektbeschreibung

Allgemeine Objektinformationen

In einem ehemaligen Krankenhaus, einem denkmalgeschützten Gebäude, wurde eine vorhandene Arztpraxis umgebaut und modernisiert. Es fanden teilweise Eingriffe in die tragende Substanz statt. Die Flächen und Kennwerte dieser Baumaßnahme beziehen sich auf die Arztpraxis.

Nutzung

Besonderer Kosteneinfluss Nutzung:
Denkmalschutz, Brandschutz

Nutzeinheiten

Arbeitsplätze: 7

Grundstück

Bauraum: Beengter Bauraum
Neigung: Ebenes Gelände

Markt

Hauptvergabezeit: 4.Quartal 2008
Baubeginn: 4.Quartal 2008
Bauende: 1.Quartal 2009
Konjunkturelle Gesamtlage: Durchschnitt
Regionaler Baumarkt: Durchschnitt

Baubestand

Baujahr: 1908
Bauzustand: mittel
Aufwand: mittel
Grundrissänderungen: einige
Tragwerkseingriffe: einige
Nutzungsänderung: nein
Nutzung während der Bauzeit: ja

Baukonstruktion

Bedingt durch die Arbeitsabläufe in einer modernen Arztpraxis mussten tragende Wände innerhalb des Gebäudes abgefangen und entfernt werden. Die Decken wurden durch Stahlträger und Stahlstützen abgefangen. Die vorhandenen Außenwände des Gebäudes bestehen aus massiven 40cm starken Ziegeln. Neue tragende Wandabschnitte werden aus Hlz-Mauerwerk errichtet. Die Unterzüge sind F90 beplankte Stahlträger. Die vorhandenen Trennwände sind 24cm starke Mauerwerkswände. In den Trennwänden sind T30 Türen, dicht und selbstschließend.

Technische Anlagen

Die Praxis wird über das vorhandene Heizsystem des Gebäudes (Gas) mit Wärme versorgt.

Sonstiges

Sämtliche Eingriffe wurden in enger Abstimmung mit dem Denkmalschutz sowie der Statik geplant und realisiert.

3100-0014
Arztpraxis

Umbau

Planungskennwerte für Flächen und Rauminhalte nach DIN 277

Flächen des Grundstücks		Menge, Einheit	% an FBG	
BF	Bebaute Fläche	– m²	–	
UBF	Unbebaute Fläche	– m²	–	
FBG	Fläche des Baugrundstücks	– m²	–	

Grundflächen des Bauwerks		Menge, Einheit	% an NF	% an BGF
NF	Nutzfläche	116,00 m²	100,0	66,3
TF	Technische Funktionsfläche	– m²	–	–
VF	Verkehrsfläche	42,00 m²	36,2	24,0
NGF	Netto-Grundfläche	158,00 m²	136,2	90,3
KGF	Konstruktions-Grundfläche	17,00 m²	14,7	9,7
BGF	Brutto-Grundfläche	175,00 m²	150,9	100,0

Brutto-Rauminhalt des Bauwerks		Menge, Einheit	BRI/NF (m)	BRI/BGF (m)
BRI	Brutto-Rauminhalt	665,00 m³	5,73	3,80

Lufttechnisch behandelte Flächen	Menge, Einheit	% an NF	% an BGF
Entlüftete Fläche	– m²	–	–
Be- und entlüftete Fläche	– m²	–	–
Teilklimatisierte Fläche	– m²	–	–
Klimatisierte Fläche	– m²	–	–

KG	Kostengruppen (2.Ebene)	Menge, Einheit		Menge/NF	Menge/BGF
310	Baugrube	– m³	BGI	–	–
320	Gründung	– m²	GRF	–	–
330	Außenwände	156,00 m²	AWF	1,34	0,89
340	Innenwände	144,03 m²	IWF	1,24	0,82
350	Decken	165,75 m²	DEF	1,43	0,95
360	Dächer	– m²	DAF	–	–

Kostenkennwerte für die Kostengruppen der 1.Ebene DIN 276

KG	Kostengruppen (1.Ebene)	Einheit	Kosten €	€/Einheit	€/m² BGF	€/m³ BRI	% 300+400
100	Grundstück	m² FBG	–	–	–	–	–
200	Herrichten und Erschließen	m² FBG	–	–	–	–	–
300	Bauwerk - Baukonstruktionen	m² BGF	81.236	464,21	464,21	122,16	74,4
400	Bauwerk - Technische Anlagen	m² BGF	27.953	159,73	159,73	42,03	25,6
	Bauwerk 300+400	**m² BGF**	**109.189**	**623,94**	**623,94**	**164,19**	**100,0**
500	Außenanlagen	m² AUF	–	–	–	–	–
600	Ausstattung und Kunstwerke	m² BGF	12.265	70,09	70,09	18,44	11,2
700	Baunebenkosten	m² BGF	–	–	–	–	–

© BKI Baukosteninformationszentrum   Kostenstand: 3.Quartal 2015, Bundesdurchschnitt, **inkl.** 19% MwSt.

3100-0014
Arztpraxis

Umbau

Kostenkennwerte für die Kostengruppen der 1.Ebene DIN 276

KG	Kostengruppe	Menge Einheit	Kosten €	€/Einheit	%
3+4	**Bauwerk**				100,0
300	**Bauwerk - Baukonstruktionen**	175,00 m² BGF	81.236	**464,21**	74,4

- Abbrechen (Kosten: 7,6%) — 6.192
  Abbruch von Vollziegelmauerwerk, GK-Wänden, Innentüren, Wandfliesen; Textilbelägen, Sockelleisten, abgehängten Decken; Entsorgung, Deponiegebühren

- Wiederherstellen (Kosten: 0,2%) — 201
  Wandfliesen reinigen, mit Haftbrücke vorspachteln, Übergang Fliese/Wandputz mit Hartschaumplatte ausgleichen, Aussparung für WC mit Hartschaumplatte ausgleichen, Bekleidung von WC-Kasten richten

- Herstellen (Kosten: 92,1%) — 74.842
  GK-Wände, Strahlenschutz mit Bleiplatten, Rundstütze, KSV-Pfeiler, Holztüren, Schall-schutztüren, Schiebetür, Strahlenschutztür, Oberlichter, F90-Bekleidung, Tapete, Anstrich, Wandfliesen, Glaswand mit Schiebetür; Deckenöffnungen schließen, Abfangträger, PVC-Bodenbelag, Podest als Stufenbekleidung, F90-Bekleidung, abgehängte GK-Decke, Tapete, Anstrich; Thekenanlage, Schrankanlage, mit Spülbecken

400	**Bauwerk - Technische Anlagen**	175,00 m² BGF	27.953	**159,73**	25,6

- Abbrechen (Kosten: 0,7%) — 201
  Abbruch von Waschtischen, WC-Becken, Urinal, Durchlauferhitzer, Elektroboiler; Kabelka-nälen, Schaltern, Entsorgung, Deponiegebühren

- Herstellen (Kosten: 99,3%) — 27.751
  Abwasserleitungen, Kalt- und Warmwasserleitungen, Waschtische, WC-Becken, Urinal, Stützklappgriffe, Warmwasserspeicher; Rohrdämmung, Ventilgehäuse, Stopfen, Rücklauf-verschraubung, Ventilheizkörper; Mantelleitungen NYM, Stromstoßschalter, Steckdosen, Taster/Schalter, Beleuchtungskörper; Telefonleitungen, Datenkabel Cat7, Datendosen

600	**Ausstattung und Kunstwerke**	175,00 m² BGF	12.265	**70,09**	11,2

- Abbrechen (Kosten: 0,1%) — 15
  Abbruch von Paneel, Entsorgung, Deponiegebühren

- Herstellen (Kosten: 99,9%) — 12.251
  Garderobenschrank, Sideboards, Schreibtische, Container, Modulschränke, Wandgarderobe mit Schiebetür

Kostenkennwerte für die Kostengruppen der 2.Ebene DIN 276

KG	Kostengruppe	Menge Einheit	Kosten €	€/Einheit	%
300	**Bauwerk - Baukonstruktionen**				100,0
330	**Außenwände**	156,00 m² AWF	2.932	**18,80**	3,6

- Herstellen (Kosten: 100,0%) — 2.932
  Glasgewebetapete, Dispersionsanstrich, Latexanstrich (150m²), Wandfliesen (6m²)

340	**Innenwände**	144,03 m² IWF	43.943	**305,09**	54,1

- Abbrechen (Kosten: 12,3%) — 5.410
  Abbruch von Vollziegelmauerwerk, d=43cm (18m²), d=30cm (2m²) * GK-Wänden (13m²) * Innentüren (12m²) * Wandfliesen (2m²); Entsorgung, Deponiegebühren

- Wiederherstellen (Kosten: 0,5%) — 201
  Wandfliesen reinigen, mit Haftbrücke vorspachteln, Übergang Fliese/Wandputz mit Hartschaumplatte ausgleichen, Aussparung für WC mit Hartschaumplatte ausgleichen, Bekleidung von WC-Kasten richten (4m²)

- Herstellen (Kosten: 87,2%) — 38.331
  GK-Wände (81m²), Strahlenschutz mit Bleiplatten (13m²) * Rundstütze, D=139mm (3m), KSV-Pfeiler (3m) * Holztüren (11m²), Schallschutztüren (6m²), Schiebetür (2m²), Strahlenschutztür (2m²), Oberlichter (18m²) * F90-Bekleidung (17m²), Spachtelung, Grundierung (81m²), Tapete, Anstrich (531m²), Wandfliesen (19m²) * Glaswand mit Schiebetür (12m²)

350	**Decken**	165,75 m² DEF	26.109	**157,52**	32,1

- Abbrechen (Kosten: 3,0%) — 782
  Abbruch von Textilbelägen, Sockelleisten (95m²) * abgehängten Decken (9m²); Entsorgung, Deponiegebühren

- Herstellen (Kosten: 97,0%) — 25.327
  Deckenöffnungen schließen (4m²), Abfangträger (19St) * Grundierung, Nivelliermasse, PVC-Bodenbelag, Sockelleisten (157m²), Podest als Stufenbekleidung (1m²) * F90-Bekleidung (11m²), abgehängte GK-Decke (7m²), Tapete (127m²), Anstrich (166m²)

370	**Baukonstruktive Einbauten**	175,00 m² BGF	7.278	**41,59**	9,0

- Herstellen (Kosten: 100,0%) — 7.278
  Thekenanlage, D=3,20m, h=1,10m (1St), Schrankanlage, mit Spülbecken (1St)

390	**Sonstige Baukonstruktionen**	175,00 m² BGF	974	**5,57**	1,2

- Herstellen (Kosten: 100,0%) — 974
  Baustelleneinrichtung * Grundreinigung (101m²)

3100-0014
Arztpraxis

Umbau

KG	Kostengruppe	Menge Einheit	Kosten €	€/Einheit	%
400	**Bauwerk - Technische Anlagen**				**100,0**
410	**Abwasser-, Wasser-, Gasanlagen**	175,00 m² BGF	5.630	**32,17**	20,1

- Abbrechen (Kosten: 1,9%) — 110
  Abbruch von Waschtischen (5St), WC-Becken (1St), Urinal (1St), Durchlauferhitzer (1St), Elektroboiler (1St); Entsorgung, Deponiegebühren

- Herstellen (Kosten: 98,1%) — 5.521
  Abwasserleitungen, Formstücke (10m) * Kalt- und Warmwasserleitungen, Formstücke (6m), Waschtische (2St), behindertengerecht (1St), WC-Becken (2St), Urinal (1St), Stützklappgriffe (2St), Warmwasserspeicher (5St) * Installationselemente (6St)

420	**Wärmeversorgungsanlagen**	175,00 m² BGF	5.456	**31,18**	19,5

- Herstellen (Kosten: 100,0%) — 5.456
  Rohrdämmung (7m), Ventilgehäuse (1St), Stopfen (6St), Rücklaufverschraubung (1St) * Ventilheizkörper (1St)

440	**Starkstromanlagen**	175,00 m² BGF	10.811	**61,77**	38,7

- Abbrechen (Kosten: 0,8%) — 92
  Abbruch von Kabelkanälen, Schaltern; Entsorgung, Deponiegebühren

- Herstellen (Kosten: 99,2%) — 10.719
  Kabelkanal (8m), Mantelleitungen NYM (177m), Hohlwanddosen (61St), Abzweigkästen (3St), Schütz (1St), Stromstoßschalter (1St), Steckdosen (25St), Taster/Schalter (19St) * Rastereinzelhängeleuchten (3St), Lichtleisten (13St), Leuchten (34St), Leuchtstofflampen (28St), Halogenlampen (6St), Möbelleuchten (6St), Lichtbandkupplung (1St)

450	**Fernmelde-, informationstechn. Anlagen**	175,00 m² BGF	6.056	**34,60**	21,7

- Herstellen (Kosten: 100,0%) — 6.056
  Telefonleitungen (75m) * Leerrohre, Datenkabel Cat7 (660m), Datendosen (14St)

600	**Ausstattung und Kunstwerke**				**100,0**
610	**Ausstattung**	175,00 m² BGF	12.265	**70,09**	100,0

- Abbrechen (Kosten: 0,1%) — 15
  Abbruch von Paneel (1St); Entsorgung, Deponiegebühren

- Herstellen (Kosten: 99,9%) — 12.251
  Garderobenschrank (1St), Sideboards (5St), Schreibtische (3St), Container (3St), Modulschränke (2St), Wandgarderobe mit Schiebetür (1St)

Kostenkennwerte für die Kostengruppen der 3.Ebene DIN 276 (Übersicht)

3100-0014 Arztpraxis

Umbau

KG	Kostengruppe	Menge Einheit	€/Einheit	Kosten €	% 300+400
300	Bauwerk - Baukonstruktionen	175,00 m² BGF	464,21	81.236,26	74,4
310	Baugrube	–	–	–	–
320	Gründung	–	–	–	–
330	Außenwände	156,00 m² AWF	18,80	2.932,11	2,7
331	Tragende Außenwände	–	–	–	–
332	Nichttragende Außenwände	–	–	–	–
333	Außenstützen	–	–	–	–
334	Außentüren und -fenster	–	–	–	–
335	Außenwandbekleidungen außen	–	–	–	–
336	Außenwandbekleidungen innen	156,00 m²	18,80	2.932,11	2,7
337	Elementierte Außenwände	–	–	–	–
338	Sonnenschutz	–	–	–	–
339	Außenwände, sonstiges	–	–	–	–
340	Innenwände	144,03 m² IWF	305,09	43.942,74	40,2
341	Tragende Innenwände		–	4.145,90	3,8
	Abbrechen	20,48 m²	202,40	4.145,90	3,8
342	Nichttragende Innenwände	93,75 m²	99,26	9.306,07	8,5
	Abbrechen	12,50 m²	84,65	1.058,16	1,0
	Herstellen	93,75 m²	87,98	8.247,91	7,6
343	Innenstützen	6,32 m	283,07	1.789,03	1,6
344	Innentüren und -fenster	38,38 m²	302,00	11.591,47	10,6
	Abbrechen	12,45 m²	11,67	145,31	0,1
	Herstellen	38,38 m²	298,22	11.446,14	10,5
345	Innenwandbekleidungen	549,65 m²	22,47	12.352,57	11,3
	Abbrechen	2,00 m²	30,53	61,05	0,1
	Wiederherstellen	3,50 m²	57,55	201,43	0,2
	Herstellen	549,65 m²	22,00	12.090,07	11,1
346	Elementierte Innenwände	11,90 m²	399,81	4.757,72	4,4
349	Innenwände, sonstiges	–	–	–	–
350	Decken	165,75 m² DEF	157,52	26.109,06	23,9
351	Deckenkonstruktionen	46,08 m²	189,62	8.737,54	8,0
352	Deckenbeläge	157,44 m²	82,66	13.014,77	11,9
	Abbrechen	95,32 m²	6,92	659,86	0,6
	Herstellen	157,44 m²	78,47	12.354,90	11,3
353	Deckenbekleidungen	165,75 m²	26,29	4.356,77	4,0
	Abbrechen	9,00 m²	13,57	122,12	0,1
	Herstellen	165,75 m²	25,55	4.234,65	3,9
359	Decken, sonstiges	–	–	–	–
360	Dächer	–	–	–	–
370	Baukonstruktive Einbauten	175,00 m² BGF	41,59	7.278,22	6,7
371	Allgemeine Einbauten	175,00 m² BGF	41,59	7.278,22	6,7
372	Besondere Einbauten	–	–	–	–
379	Baukonstruktive Einbauten, sonstiges	–	–	–	–
390	Sonst. Maßnahmen Baukonstruktionen	175,00 m² BGF	5,57	974,12	0,9
391	Baustelleneinrichtung	175,00 m² BGF	2,62	457,94	0,4
392	Gerüste	–	–	–	–
393	Sicherungsmaßnahmen	–	–	–	–
394	Abbruchmaßnahmen	–	–	–	–
395	Instandsetzungen	–	–	–	–

© BKI Baukosteninformationszentrum   Kostenstand: 3.Quartal 2015, Bundesdurchschnitt, **inkl. 19% MwSt.**

3100-0014
Arztpraxis

Umbau

KG	Kostengruppe	Menge Einheit	€/Einheit	Kosten €	% 300+400
396	Materialentsorgung	–	–	–	–
397	Zusätzliche Maßnahmen	175,00 m² BGF	2,95	516,18	0,5
398	Provisorische Baukonstruktionen	–	–	–	–
399	Sonst. Maßnahmen für Baukonstruktionen, sonst.	–	–	–	–
400	**Bauwerk - Technische Anlagen**	**175,00 m² BGF**	**159,73**	**27.952,60**	**25,6**
410	**Abwasser-, Wasser-, Gasanlagen**	**175,00 m² BGF**	**32,17**	**5.630,27**	**5,2**
411	Abwasseranlagen	175,00 m² BGF	2,60	454,32	0,4
412	Wasseranlagen	175,00 m² BGF	22,82	3.993,73	3,7
	Abbrechen	175,00 m² BGF	0,63	109,53	0,1
	Herstellen	175,00 m² BGF	22,20	3.884,19	3,6
413	Gasanlagen	–	–	–	–
419	Abwasser-, Wasser-, Gasanlagen, sonstiges	175,00 m² BGF	6,76	1.182,21	1,1
420	**Wärmeversorgungsanlagen**	**175,00 m² BGF**	**31,18**	**5.456,00**	**5,0**
421	Wärmeerzeugungsanlagen	–	–	–	–
422	Wärmeverteilnetze	175,00 m² BGF	20,99	3.672,88	3,4
423	Raumheizflächen	175,00 m² BGF	10,19	1.783,11	1,6
429	Wärmeversorgungsanlagen, sonstiges	–	–	–	–
430	**Lufttechnische Anlagen**	–	–	–	–
440	**Starkstromanlagen**	**175,00 m² BGF**	**61,77**	**10.810,57**	**9,9**
441	Hoch- und Mittelspannungsanlagen	–	–	–	–
442	Eigenstromversorgungsanlagen	–	–	–	–
443	Niederspannungsschaltanlagen	–	–	–	–
444	Niederspannungsinstallationsanlagen	175,00 m² BGF	22,29	3.900,42	3,6
	Abbrechen	175,00 m² BGF	0,52	91,58	0,1
	Herstellen	175,00 m² BGF	21,76	3.808,83	3,5
445	Beleuchtungsanlagen	175,00 m² BGF	39,49	6.910,14	6,3
446	Blitzschutz- und Erdungsanlagen	–	–	–	–
449	Starkstromanlagen, sonstiges	–	–	–	–
450	**Fernm.- und informationstechn. Anlagen**	**175,00 m² BGF**	**34,60**	**6.055,77**	**5,5**
451	Telekommunikationsanlagen	175,00 m² BGF	6,48	1.134,65	1,0
452	Such- und Signalanlagen	–	–	–	–
453	Zeitdienstanlagen	–	–	–	–
454	Elektroakustische Anlagen	–	–	–	–
455	Fernseh- und Antennenanlagen	–	–	–	–
456	Gefahrenmelde- und Alarmanlagen	–	–	–	–
457	Übertragungsnetze	175,00 m² BGF	28,12	4.921,12	4,5
459	Fernmelde- und informationstechn. Anl., sonst.	–	–	–	–
460	**Förderanlagen**	–	–	–	–
470	**Nutzungsspezifische Anlagen**	–	–	–	–
480	**Gebäudeautomation**	–	–	–	–
490	**Sonst. Maßnahmen für Techn. Anlagen**	–	–	–	–

Kostenkennwerte für Leistungsbereiche nach StLB (Kosten des Bauwerks nach DIN 276)

3100-0014
Arztpraxis

Umbau

LB	Leistungsbereiche	Kosten €	€/m² BGF	€/m³ BRI	% an 3+4
000	Sicherheits-, Baustelleneinrichtungen inkl. 001	458	2,60	0,69	0,4
002	Erdarbeiten	–	–	–	–
006	Spezialtiefbauarbeiten inkl. 005	–	–	–	–
009	Entwässerungskanalarbeiten inkl. 011	–	–	–	–
010	Dränarbeiten	–	–	–	–
012	Mauerarbeiten	568	3,20	0,85	0,5
013	Betonarbeiten	9.959	56,90	15,00	9,1
014	Natur-, Betonwerksteinarbeiten	–	–	–	–
016	Zimmer- und Holzbauarbeiten	–	–	–	–
017	Stahlbauarbeiten	–	–	–	–
018	Abdichtungsarbeiten	–	–	–	–
020	Dachdeckungsarbeiten	–	–	–	–
021	Dachabdichtungsarbeiten	–	–	–	–
022	Klempnerarbeiten	–	–	–	–
	Rohbau	**10.984**	**62,80**	**16,50**	**10,1**
023	Putz- und Stuckarbeiten, Wärmedämmsysteme	1.094	6,30	1,60	1,0
024	Fliesen- und Plattenarbeiten	1.591	9,10	2,40	1,5
025	Estricharbeiten	–	–	–	–
026	Fenster, Außentüren inkl. 029, 032	905	5,20	1,40	0,8
027	Tischlerarbeiten	22.394	128,00	33,70	20,5
028	Parkett-, Holzpflasterarbeiten	–	–	–	–
030	Rollladenarbeiten	–	–	–	–
031	Metallbauarbeiten inkl. 035	–	–	–	–
034	Maler- und Lackiererarbeiten inkl. 037	14.961	85,50	22,50	13,7
036	Bodenbelagsarbeiten	12.172	69,60	18,30	11,1
038	Vorgehängte hinterlüftete Fassaden	–	–	–	–
039	Trockenbauarbeiten	10.494	60,00	15,80	9,6
	Ausbau	**63.610**	**363,50**	**95,70**	**58,3**
040	Wärmeversorgungsanlagen, inkl. 041	5.344	30,50	8,00	4,9
042	Gas- und Wasseranlagen, Leitungen inkl. 043	207	1,20	0,31	0,2
044	Abwasseranlagen - Leitungen	454	2,60	0,68	0,4
045	Gas, Wasser, Entwässerung - Ausstattung inkl. 046	4.860	27,80	7,30	4,5
047	Dämmarbeiten an technischen Anlagen	112	0,64	0,17	0,1
049	Feuerlöschanlagen, Feuerlöschgeräte	–	–	–	–
050	Blitzschutz- und Erdungsanlagen	–	–	–	–
052	Mittelspannungsanlagen	–	–	–	–
053	Niederspannungsanlagen inkl. 054	3.742	21,40	5,60	3,4
055	Ersatzstromversorgungsanlagen	–	–	–	–
057	Gebäudesystemtechnik	–	–	–	–
058	Leuchten und Lampen, inkl. 059	6.910	39,50	10,40	6,3
060	Elektroakustische Anlagen	–	–	–	–
061	Kommunikationsnetze, inkl. 063	6.056	34,60	9,10	5,5
069	Aufzüge	–	–	–	–
070	Gebäudeautomation	–	–	–	–
075	Raumlufttechnische Anlagen	–	–	–	–
	Gebäudetechnik	**27.684**	**158,20**	**41,60**	**25,4**
084	Abbruch- und Rückbauarbeiten	6.393	36,50	9,60	5,9
	Sonstige Leistungsbereiche inkl. 008, 033, 051	**516**	**2,90**	**0,78**	**0,5**

© BKI Baukosteninformationszentrum Kostenstand: 3.Quartal 2015, Bundesdurchschnitt, **inkl.** 19% MwSt.

3100-0015
Arztpraxis

Objektübersicht

 162 €/m³

 618 €/m²

 992 €/m²

 keine Angabe

Umbau

Objekt:
Kennwerte: 3.Ebene DIN 276
BRI: 544m³
BGF: 143m²
NF: 89m²
Bauzeit: 12 Wochen
Bauende: 2009
Standard: Durchschnitt
Kreis: Kitzingen,
Bayern

Architekt:
Paprota Architektur
Christoph Paprota
Kartause 9
97070 Würzburg

Zeichnungen

3100-0015
Arztpraxis

Umbau

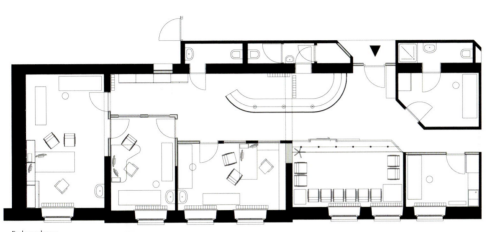

Erdgeschoss

Perspektive "Aquarium"

Perspektive Behandlung 1

Perspektive Eingang

3100-0015 Arztpraxis

Umbau

Objektbeschreibung

Allgemeine Objektinformationen

Innerhalb eines denkmalgeschützten Gebäudes wurde eine vorhandene Arztpraxis modernisiert und teilweise umgebaut. Dabei musste an bestimmten Stellen in die tragende Struktur eingegriffen werden. Die Flächen und Kennwerte dieser Baumaßnahme beziehen sich auf die Arztpraxis.

Nutzung

Besonderer Kosteneinfluss Nutzung:
Denkmalschutz, Brandschutz

Nutzeinheiten

Arbeitsplätze: 7

Grundstück

Bauraum: Beengter Bauraum
Neigung: Ebenes Gelände

Markt

Hauptvergabezeit: 4.Quartal 2008
Baubeginn: 4.Quartal 2008
Bauende: 1.Quartal 2009
Konjunkturelle Gesamtlage: Durchschnitt
Regionaler Baumarkt: Durchschnitt

Baubestand

Baujahr: 1908
Bauzustand: mittel
Aufwand: mittel
Grundrissänderungen: einige
Tragwerkseingriffe: einige
Nutzungsänderung: nein
Nutzung während der Bauzeit: ja

Baukonstruktion

Tragende Wände innerhalb des Gebäudes wurden abgefangen und entfernt. Eine Abfangung der Decken findet durch Stahlträger und Stahlstützen statt. Die bestehenden Außenwände sind 40cm starke Mauerwerkswände. Tragende neue Wandabschnitte werden in Hlz-Mauerwerk ausgeführt. Vorhandene Trennwände sind 24cm starke Mauerwerkswände.

Technische Anlagen

Das vorhandene Heizsystem des Gebäudes (Gas) versorgt die Praxis mit Wärme.

Sonstiges

Es fand während des gesamten Bauvorhabens eine enge Abstimmung mit dem Denkmalamt sowie dem Tragwerksplaner statt.

Planungskennwerte für Flächen und Rauminhalte nach DIN 277

3100-0015
Arztpraxis

Umbau

Flächen des Grundstücks		Menge, Einheit	% an FBG
BF	Bebaute Fläche	– m²	–
UBF	Unbebaute Fläche	– m²	–
FBG	Fläche des Baugrundstücks	– m²	–

Grundflächen des Bauwerks		Menge, Einheit	% an NF	% an BGF
NF	Nutzfläche	89,00 m²	100,0	62,2
TF	Technische Funktionsfläche	– m²	–	–
VF	Verkehrsfläche	41,00 m²	46,1	28,7
NGF	Netto-Grundfläche	130,00 m²	146,1	90,9
KGF	Konstruktions-Grundfläche	13,00 m²	14,6	9,1
BGF	Brutto-Grundfläche	143,00 m²	160,7	100,0

Brutto-Rauminhalt des Bauwerks		Menge, Einheit	BRI/NF (m)	BRI/BGF (m)
BRI	Brutto-Rauminhalt	544,00 m³	6,11	3,80

Lufttechnisch behandelte Flächen	Menge, Einheit	% an NF	% an BGF
Entlüftete Fläche	– m²	–	–
Be- und entlüftete Fläche	– m²	–	–
Teilklimatisierte Fläche	– m²	–	–
Klimatisierte Fläche	– m²	–	–

KG	Kostengruppen (2.Ebene)	Menge, Einheit	Menge/NF	Menge/BGF
310	Baugrube	– m³ BGI	–	–
320	Gründung	– m² GRF	–	–
330	Außenwände	50,00 m² AWF	0,56	0,35
340	Innenwände	409,84 m² IWF	4,60	2,87
350	Decken	134,24 m² DEF	1,51	0,94
360	Dächer	– m² DAF	–	–

Kostenkennwerte für die Kostengruppen der 1.Ebene DIN 276

KG	Kostengruppen (1.Ebene)	Einheit	Kosten €	€/Einheit	€/m² BGF	€/m³ BRI	% 300+400
100	Grundstück	m² FBG	–	–	–	–	–
200	Herrichten und Erschließen	m² FBG	–	–	–	–	–
300	Bauwerk - Baukonstruktionen	m² BGF	55.085	385,21	385,21	101,26	62,4
400	Bauwerk - Technische Anlagen	m² BGF	33.227	232,36	232,36	61,08	37,6
	Bauwerk 300+400	**m² BGF**	**88.312**	**617,57**	**617,57**	**162,34**	**100,0**
500	Außenanlagen	m² AUF	–	–	–	–	–
600	Ausstattung und Kunstwerke	m² BGF	8.841	61,83	61,83	16,25	10,0
700	Baunebenkosten	m² BGF	–	–	–	–	–

© **BKI** Baukosteninformationszentrum   Kostenstand: 3.Quartal 2015, Bundesdurchschnitt, **inkl.** 19% MwSt.

3100-0015
Arztpraxis

Umbau

Kostenkennwerte für die Kostengruppen der 1.Ebene DIN 276

KG	Kostengruppe	Menge Einheit	Kosten €	€/Einheit	%
3+4	**Bauwerk**				100,0
300	**Bauwerk - Baukonstruktionen**	143,00 m² BGF	55.085	**385,21**	62,4

- Abbrechen (Kosten: 9,0%) — 4.935
  Abbruch von Mauerwerk, GK-Wänden, Innentüren, Tapete; Textilbelägen, Sockelleisten, Tapete, abgehängten GK-Decken; Entsorgung, Deponiegebühren

- Wiederherstellen (Kosten: 0,5%) — 281
  Innentüren schleifen, reinigen, lackieren

- Herstellen (Kosten: 90,5%) — 49.869
  GK-Wände, Öffnung zumauern, Holztüren, Schallschutztüren, Oberlichter, Putz, GK-Bekleidung, Tapete, Anstrich; Abfangträger, PVC-Bodenbelag, F90-Bekleidung, abgehängte GK-Decke, Tapete, Anstrich; Thekenanlage

400	**Bauwerk - Technische Anlagen**	143,00 m² BGF	33.227	**232,36**	37,6

- Abbrechen (Kosten: 0,2%) — 54
  Abbruch von Waschtischen, WC-Becken, Urinal, Durchlauferhitzer; Entsorgung, Deponiegebühren

- Wiederherstellen (Kosten: 4,0%) — 1.317
  Kabel verlegen/verlängern, Schalterdosen einbauen, Stromkreise überprüfen, nicht mehr benötigte Leitungen abbauen, Steckdosen reparieren, auf Funktion überprüfen, Leitungen aussuchen, beschriften, Steckdosen überprüfen/ausbauen, Kabelkanal, nicht mehr benötigte Hohlwanddosen demontieren, Schalter, Steckdosen ausbauen, Leitungen überprüfen, abklemmen, Stromkreise überprüfen; Datenleitungen Cat7 abklemmen, verlegen, auf Patchfeld auflegen, Funktion überprüfen

- Herstellen (Kosten: 95,9%) — 31.856
  Abwasserleitungen, Kalt- und Warmwasserleitungen, Waschtische, Warmwasserspeicher; Rohrdämmung, Ventilgehäuse, Rücklaufverschraubung, Thermostatkopf; Klimaanlage, Kältemittelleitungen; Mantelleitungen NYM, Funk-Wandsender, Steckdosen, Taster/Schalter, Beleuchtungskörper; Antennensteckdose, Datenkabel Cat7, Datendosen

600	**Ausstattung und Kunstwerke**	143,00 m² BGF	8.841	**61,83**	10,0

- Herstellen (Kosten: 100,0%) — 8.841
  Stahlrohrgarderobe, Vitrine, EDV-Schrank, EDV-Aufsatzschrank, EDV-Stehpult, Kleiderschrank, Modulschränke, Sideboards, Schreibtische, Container

Kostenkennwerte für die Kostengruppen der 2.Ebene DIN 276

KG	Kostengruppe	Menge Einheit	Kosten €	€/Einheit	%
300	**Bauwerk - Baukonstruktionen**				**100,0**
330	**Außenwände**	50,00 m² AWF	1.178	**23,57**	2,1

- Abbrechen (Kosten: 10,4%) — 122
  Abbruch von Tapete (50m²); Entsorgung, Deponiegebühren

- Herstellen (Kosten: 89,6%) — 1.056
  Glasgewebetapete, Dispersionsanstrich, Latexanstrich (50m²)

KG	Kostengruppe	Menge Einheit	Kosten €	€/Einheit	%
340	**Innenwände**	409,84 m² IWF	25.553	**62,35**	46,4

- Abbrechen (Kosten: 12,9%) — 3.289
  Abbruch von Mauerwerk (11m²) * GK-Wänden (83m²) * Innentüren (17m²) * Tapete (239m²); Entsorgung, Deponiegebühren

- Wiederherstellen (Kosten: 1,1%) — 281
  Innentüren schleifen, reinigen, lackieren (2m²)

- Herstellen (Kosten: 86,0%) — 21.983
  GK-Wände (51m²), Öffnung zumauern (2m²) * Holztüren (6m²), Schallschutztüren (9m²), Oberlichter (2m²) * Putz (14m²), GK-Bekleidung (42m²), Glasgewebetapete (353m²), Dispersionsanstrich, Latexanstrich (410m²)

KG	Kostengruppe	Menge Einheit	Kosten €	€/Einheit	%
350	**Decken**	134,24 m² DEF	19.640	**146,31**	35,7

- Abbrechen (Kosten: 7,8%) — 1.524
  Abbruch von Textilbelägen, Sockelleisten (122m²) * Tapete (74m²), abgehängten GK-Decken (29m²); Entsorgung, Deponiegebühren

- Herstellen (Kosten: 92,2%) — 18.116
  Abfangträger (250kg) * Grundierung, Nivelliermasse, PVC-Bodenbelag, Sockelleisten (131m²) * F90-Bekleidung (8m²), abgehängte GK-Decke (60m²), Tapete (127m²), Dispersionsanstrich (134m²)

KG	Kostengruppe	Menge Einheit	Kosten €	€/Einheit	%
370	**Baukonstruktive Einbauten**	143,00 m² BGF	8.640	**60,42**	15,7

- Herstellen (Kosten: 100,0%) — 8.640
  Thekenanlage, zweifach abgerundet, Sockelpodest (1St)

KG	Kostengruppe	Menge Einheit	Kosten €	€/Einheit	%
390	**Sonstige Baukonstruktionen**	143,00 m² BGF	73	**0,51**	0,1

- Herstellen (Kosten: 100,0%) — 73
  PE-Folie, staubdicht

KG	Kostengruppe	Menge Einheit	Kosten €	€/Einheit	%
400	**Bauwerk - Technische Anlagen**				**100,0**
410	**Abwasser-, Wasser-, Gasanlagen**	143,00 m² BGF	1.655	**11,57**	5,0

- Abbrechen (Kosten: 3,2%) — 54
  Abbruch von Waschtischen (5St), WC-Becken (1St), Urinal (1St), Durchlauferhitzer (1St); Entsorgung, Deponiegebühren

- Herstellen (Kosten: 96,8%) — 1.601
  Abwasserleitungen, Formstücke (9m) * Kalt- und Warmwasserleitungen, Formstücke (12m), Waschtische (3St), Warmwasserspeicher (4St)

Arztpraxis — Umbau

KG	Kostengruppe	Menge Einheit	Kosten €	€/Einheit	%
420	**Wärmeversorgungsanlagen**	143,00 m² BGF	2.676	**18,71**	8,1

- Herstellen (Kosten: 100,0%) — 2.676
  Rohrdämmung (8m), Ventilgehäuse (1St), Rücklaufverschraubung (1St) * Thermostatkopf (1St)

KG	Kostengruppe	Menge Einheit	Kosten €	€/Einheit	%
430	**Lufttechnische Anlagen**	143,00 m² BGF	11.823	**82,68**	35,6

- Herstellen (Kosten: 100,0%) — 11.823
  Klimaanlage, Außengerät 14kW (1St), Innengeräte 3,6kW (4St), Mantelleitungen (28m), Kältemittelleitungen (18m), Kondensatleitungen (16m)

KG	Kostengruppe	Menge Einheit	Kosten €	€/Einheit	%
440	**Starkstromanlagen**	143,00 m² BGF	13.765	**96,26**	41,4

- Wiederherstellen (Kosten: 8,7%) — 1.200
  Kabel verlegen/verlängern, Schalterdosen einbauen, Stromkreise überprüfen, nicht mehr benötigte Leitungen abbauen, Steckdosen reparieren, auf Funktion überprüfen (19h), Leitungen aussuchen, beschriften, Steckdosen überprüfen/ausbauen, Kabelkanal, nicht mehr benötigte Hohlwanddosen demontieren (9h), Schalter, Steckdosen ausbauen, Leitungen überprüfen, abklemmen, Stromkreise überprüfen (2,5h)

- Herstellen (Kosten: 91,3%) — 12.565
  Leerrohre (56m), Mantelleitungen NYM (485m), Hohlwanddosen (23St), Anschlusskästen (2St), Abzweigschalterdosen (20St), Funk-Wandsender (1St), Steckdosen (76St), Taster/Schalter (39St) * Rastereinzelhängeleuchten (4St), Downlights (13St), Leuchten (7St), Leuchtstofflampen (30St), Pendelleuchten (3St), Lichtbandkupplung (1St)

KG	Kostengruppe	Menge Einheit	Kosten €	€/Einheit	%
450	**Fernmelde-, informationstechn. Anlagen**	143,00 m² BGF	3.309	**23,14**	10,0

- Wiederherstellen (Kosten: 3,5%) — 117
  Datenleitungen Cat7 abklemmen, verlegen, auf Patchfeld auflegen, Funktion überprüfen (3h)

- Herstellen (Kosten: 96,5%) — 3.191
  Antennensteckdose (1St) * Datenkabel Cat7 (750m), Datendosen (24St)

KG	Kostengruppe	Menge Einheit	Kosten €	€/Einheit	%
600	**Ausstattung und Kunstwerke**				**100,0**
610	**Ausstattung**	143,00 m² BGF	8.841	**61,83**	100,0

- Herstellen (Kosten: 100,0%) — 8.841
  Stahlrohrgarderobe (1St), Vitrine (1St), EDV-Schrank (1St), EDV-Aufsatzschrank (1St), EDV-Stehpult (1St), Kleiderschrank (1St), Modulschränke (3St), Sideboards (2St), Schreibtische (3St), Container (5St)

Kostenkennwerte für die Kostengruppen der 3.Ebene DIN 276 (Übersicht)

3100-0015
Arztpraxis

Umbau

KG	Kostengruppe	Menge Einheit	€/Einheit	Kosten €	% 300+400
300	**Bauwerk - Baukonstruktionen**	143,00 m² BGF	385,21	55.084,65	62,4
310	Baugrube	–	–	–	–
320	Gründung	–	–	–	–
330	Außenwände	50,00 m² AWF	23,57	1.178,44	1,3
331	Tragende Außenwände	–	–	–	–
332	Nichttragende Außenwände	–	–	–	–
333	Außenstützen	–	–	–	–
334	Außentüren und -fenster	–	–	–	–
335	Außenwandbekleidungen außen	–	–	–	–
336	Außenwandbekleidungen innen	50,00 m²	23,57	1.178,44	1,3
	Abbrechen	50,00 m²	2,44	122,12	0,1
	Herstellen	50,00 m²	21,13	1.056,32	1,2
337	Elementierte Außenwände	–	–	–	–
338	Sonnenschutz	–	–	–	–
339	Außenwände, sonstiges	–	–	–	–
340	**Innenwände**	409,84 m² IWF	62,35	25.552,83	28,9
341	Tragende Innenwände	–	–	335,13	0,4
	Abbrechen	11,34 m²	29,55	335,13	0,4
342	Nichttragende Innenwände	52,64 m²	120,71	6.354,29	7,2
	Abbrechen	83,00 m²	23,81	1.976,25	2,2
	Herstellen	52,64 m²	83,17	4.378,05	5,0
343	Innenstützen	–	–	–	–
344	Innentüren und -fenster	18,64 m²	475,05	8.856,79	10,0
	Abbrechen	17,29 m²	22,82	394,45	0,4
	Wiederherstellen	1,53 m²	183,81	280,87	0,3
	Herstellen	17,12 m²	478,00	8.181,47	9,3
345	Innenwandbekleidungen	409,84 m²	24,42	10.006,61	11,3
	Abbrechen	238,61 m²	2,44	582,77	0,7
	Herstellen	409,84 m²	22,99	9.423,84	10,7
346	Elementierte Innenwände	–	–	–	–
349	Innenwände, sonstiges	–	–	–	–
350	**Decken**	134,24 m² DEF	146,31	19.640,27	22,2
351	Deckenkonstruktionen	14,70 m²	221,01	3.248,92	3,7
352	Deckenbeläge	131,23 m²	75,27	9.878,21	11,2
	Abbrechen	121,85 m²	5,13	624,96	0,7
	Herstellen	131,23 m²	70,51	9.253,25	10,5
353	Deckenbekleidungen	134,24 m²	48,52	6.513,16	7,4
	Abbrechen	103,00 m²	8,73	899,45	1,0
	Herstellen	134,24 m²	41,82	5.613,71	6,4
359	Decken, sonstiges	–	–	–	–
360	**Dächer**				
370	**Baukonstruktive Einbauten**	143,00 m² BGF	60,42	8.639,84	9,8
371	Allgemeine Einbauten	143,00 m² BGF	60,42	8.639,84	9,8
372	Besondere Einbauten	–	–	–	–
379	Baukonstruktive Einbauten, sonstiges	–	–	–	–
390	**Sonst. Maßnahmen Baukonstruktionen**	143,00 m² BGF	0,51	73,27	0,1
391	Baustelleneinrichtung	–	–	–	–
392	Gerüste	–	–	–	–
393	Sicherungsmaßnahmen	–	–	–	–

© **BKI** Baukosteninformationszentrum

Kostenstand: 3.Quartal 2015, Bundesdurchschnitt, **inkl.** 19% MwSt.

3100-0015 Arztpraxis

Umbau

KG	Kostengruppe	Menge Einheit	€/Einheit	Kosten €	% 300+400
394	Abbruchmaßnahmen	–	–	–	–
395	Instandsetzungen	–	–	–	–
396	Materialentsorgung	–	–	–	–
397	Zusätzliche Maßnahmen	143,00 m² BGF	0,51	73,27	0,1
398	Provisorische Baukonstruktionen	–	–	–	–
399	Sonst. Maßnahmen für Baukonstruktionen, sonst.	–	–	–	–
400	**Bauwerk - Technische Anlagen**	**143,00 m² BGF**	**232,36**	**33.227,32**	**37,6**
410	**Abwasser-, Wasser-, Gasanlagen**	**143,00 m² BGF**	**11,57**	**1.654,79**	**1,9**
411	Abwasseranlagen	143,00 m² BGF	1,83	262,31	0,3
412	Wasseranlagen	143,00 m² BGF	9,74	1.392,49	1,6
	Abbrechen	143,00 m² BGF	0,38	53,67	0,1
	Herstellen	143,00 m² BGF	9,36	1.338,82	1,5
413	Gasanlagen	–	–	–	–
419	Abwasser-, Wasser-, Gas anlagen, sonstiges	–	–	–	–
420	**Wärmeversorgungsanlagen**	**143,00 m² BGF**	**18,71**	**2.676,22**	**3,0**
421	Wärmeerzeugungsanlagen	–	–	–	–
422	Wärmeverteilnetze	143,00 m² BGF	18,23	2.606,54	3,0
423	Raumheizflächen	143,00 m² BGF	0,49	69,68	0,1
429	Wärmeversorgungsanlagen, sonstiges	–	–	–	–
430	**Lufttechnische Anlagen**	**143,00 m² BGF**	**82,68**	**11.823,02**	**13,4**
431	Lüftungsanlagen	–	–	–	–
432	Teilklimaanlagen	–	–	–	–
433	Klimaanlagen	143,00 m² BGF	82,68	11.823,02	13,4
434	Kälteanlagen	–	–	–	–
439	Lufttechnische Anlagen, sonstiges	–	–	–	–
440	**Starkstromanlagen**	**143,00 m² BGF**	**96,26**	**13.764,74**	**15,6**
441	Hoch- und Mittelspannungsanlagen	–	–	–	–
442	Eigenstromversorgungsanlagen	–	–	–	–
443	Niederspannungsschaltanlagen	–	–	–	–
444	Niederspannungsinstallationsanlagen	143,00 m² BGF	44,38	6.346,95	7,2
	Wiederherstellen	143,00 m² BGF	8,39	1.199,98	1,4
	Herstellen	143,00 m² BGF	35,99	5.146,97	5,8
445	Beleuchtungsanlagen	143,00 m² BGF	51,87	7.417,79	8,4
446	Blitzschutz- und Erdungsanlagen	–	–	–	–
449	Starkstromanlagen, sonstiges	–	–	–	–
450	**Fernm.- und informationstechn. Anlagen**	**143,00 m² BGF**	**23,14**	**3.308,55**	**3,7**
451	Telekommunikationsanlagen	–	–	–	–
452	Such- und Signalanlagen	–	–	–	–
453	Zeitdienstanlagen	–	–	–	–
454	Elektroakustische Anlagen	–	–	–	–
455	Fernseh- und Antennenanlagen	143,00 m² BGF	1,18	169,07	0,2
456	Gefahrenmelde- und Alarmanlagen	–	–	–	–
457	Übertragungsnetze	143,00 m² BGF	21,95	3.139,47	3,6
	Wiederherstellen	143,00 m² BGF	0,82	117,24	0,1
	Herstellen	143,00 m² BGF	21,13	3.022,23	3,4
459	Fernmelde- und informationstechn. Anl., sonst.	–	–	–	–
460	**Förderanlagen**	–	–	–	–
470	**Nutzungsspezifische Anlagen**	–	–	–	–
480	**Gebäudeautomation**	–	–	–	–
490	**Sonst. Maßnahmen für Techn. Anlagen**	–	–	–	–

Kostenkennwerte für Leistungsbereiche nach StLB (Kosten des Bauwerks nach DIN 276)

3100-0015
Arztpraxis

Umbau

LB	Leistungsbereiche	Kosten €	€/m² BGF	€/m³ BRI	% an 3+4
000	Sicherheits-, Baustelleneinrichtungen inkl. 001	73	0,51	0,13	0,1
002	Erdarbeiten	–	–	–	–
006	Spezialtiefbauarbeiten inkl. 005	–	–	–	–
009	Entwässerungskanalarbeiten inkl. 011	–	–	–	–
010	Dränarbeiten	–	–	–	–
012	Mauerarbeiten	702	4,90	1,30	0,8
013	Betonarbeiten	3.249	22,70	6,00	3,7
014	Natur-, Betonwerksteinarbeiten	–	–	–	–
016	Zimmer- und Holzbauarbeiten	–	–	–	–
017	Stahlbauarbeiten	–	–	–	–
018	Abdichtungsarbeiten	–	–	–	–
020	Dachdeckungsarbeiten	–	–	–	–
021	Dachabdichtungsarbeiten	–	–	–	–
022	Klempnerarbeiten	–	–	–	–
	Rohbau	**4.024**	**28,10**	**7,40**	**4,6**
023	Putz- und Stuckarbeiten, Wärmedämmsysteme	–	–	–	–
024	Fliesen- und Plattenarbeiten	–	–	–	–
025	Estricharbeiten	–	–	–	–
026	Fenster, Außentüren inkl. 029, 032	286	2,00	0,53	0,3
027	Tischlerarbeiten	16.293	113,90	30,00	18,4
028	Parkett-, Holzpflasterarbeiten	–	–	–	–
030	Rollladenarbeiten	–	–	–	–
031	Metallbauarbeiten inkl. 035	–	–	–	–
034	Maler- und Lackiererarbeiten inkl. 037	11.762	82,30	21,60	13,3
036	Bodenbelagsarbeiten	9.226	64,50	17,00	10,4
038	Vorgehängte hinterlüftete Fassaden	–	–	–	–
039	Trockenbauarbeiten	8.557	59,80	15,70	9,7
	Ausbau	**46.125**	**322,60**	**84,80**	**52,2**
040	Wärmeversorgungsanlagen, inkl. 041	2.669	18,70	4,90	3,0
042	Gas- und Wasseranlagen, Leitungen inkl. 043	265	1,90	0,49	0,3
044	Abwasseranlagen - Leitungen	262	1,80	0,48	0,3
045	Gas, Wasser, Entwässerung - Ausstattung inkl. 046	1.085	7,60	2,00	1,2
047	Dämmarbeiten an technischen Anlagen	7	< 0,1	< 0,1	–
049	Feuerlöschanlagen, Feuerlöschgeräte	–	–	–	–
050	Blitzschutz- und Erdungsanlagen	–	–	–	–
052	Mittelspannungsanlagen	–	–	–	–
053	Niederspannungsanlagen inkl. 054	6.336	44,30	11,60	7,2
055	Ersatzstromversorgungsanlagen	–	–	–	–
057	Gebäudesystemtechnik	–	–	–	–
058	Leuchten und Lampen, inkl. 059	7.418	51,90	13,60	8,4
060	Elektroakustische Anlagen	–	–	–	–
061	Kommunikationsnetze, inkl. 063	3.309	23,10	6,10	3,7
069	Aufzüge	–	–	–	–
070	Gebäudeautomation	–	–	–	–
075	Raumlufttechnische Anlagen	11.823	82,70	21,70	13,4
	Gebäudetechnik	**33.174**	**232,00**	**61,00**	**37,6**
084	Abbruch- und Rückbauarbeiten	4.989	34,90	9,20	5,6
	Sonstige Leistungsbereiche inkl. 008, 033, 051	–	–	–	–

© BKI Baukosteninformationszentrum   Kostenstand: 3.Quartal 2015, Bundesdurchschnitt, **inkl.** 19% MwSt.

3100-0018
Arztpraxis
Personalaufenthalt

Objektübersicht

Umbau

BRI keine Angabe **BGF** 805 €/m² **NF** 1.085 €/m² **NE** keine Angabe

Objekt:
Kennwerte: 3.Ebene DIN 276
BRI: –
BGF: 118m²
NF: 87m²
Bauzeit: 17 Wochen
Bauende: 2013
Standard: Durchschnitt
Kreis: Duisburg,
Nordrhein-Westfalen

Innenarchitekt:
null2elf
interior design
Duisburger Straße 44
40477 Düsseldorf

Bauherr:
Gerinnungszentrum
Rhein-Ruhr
Dr. med. Hannelore Rott
Königstraße 13
47051 Duisburg

Zeichnungen

3100-0018
Arztpraxis
Personalaufenthalt

Umbau

Grundriss

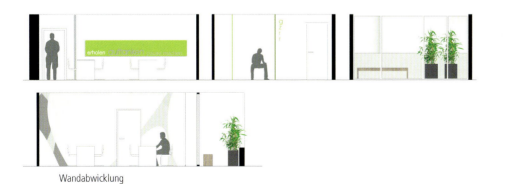

Wandabwicklung

3100-0018
Arztpraxis
Personalaufenthalt

Umbau

Objektbeschreibung

Allgemeine Objektinformationen

Die bestehende Praxis für Gerinnungsmedizin im vierten und fünften Obergeschoss des Gebäudes wurde durch den Umbau einer ehemaligen Hausmeisterwohnung um weitere Räumlichkeiten im zweiten Obergeschoss erweitert. Diese umfassen einen auch für Schulungszwecke geeigneten Aufenthaltsraum mit angrenzender Küche, einen Umkleidebereich mit sanitären Anlagen sowie einen Lagerraum.

Nutzung

1 Obergeschoss
Personalaufenthalt, Schulungen, Umkleidebereich, Küche

Nutzeinheiten

Arbeitsplätze: 10

Markt

Hauptvergabezeit: 2.Quartal 2013
Baubeginn: 2.Quartal 2013
Bauende: 4.Quartal 2013
Konjunkturelle Gesamtlage: Durchschnitt
Regionaler Baumarkt: Durchschnitt

Baubestand

Baujahr: 1971
Bauzustand: mittel
Aufwand: mittel
Grundrissänderungen: wenige
Tragwerkseingriffe: keine
Nutzungsänderung: ja
Nutzung während der Bauzeit: ja

Baukonstruktion

Die gesamten Oberflächen wurden gestalterisch an das bestehende Konzept der Arztpraxis angepasst. Im Aufenthaltsraum wurde ein PVC-Boden in Holzoptik eingebaut. Durch diverse Schreinereinbauten wurden die Räumlichkeiten individuell ausgestattet. Alle Heizkörper besitzen eine Heizkörperverkleidung aus Holz. Die Garderobe und das Infoboard im Eingangsbereich wurden nach den Entwürfen der Innenarchitekten ebenfalls vom Schreiner umgesetzt. Eine lose Möblierung lässt die Möglichkeit verschiedener Nutzung zu: der Aufenthaltsraum kann als Pausenraum und auch als Vortragsraum genutzt werden.

Technische Anlagen

In allen technischen Bereichen wurde die Fläche an die bereits bestehenden Systeme von Lüftung und Klima, Brandmeldeanlage, Sicherheitsbeleuchtung und Heizung angeschlossen bzw. erweitert.

3100-0018
Arztpraxis
Personalaufenthalt

Umbau

Planungskennwerte für Flächen und Rauminhalte nach DIN 277

Flächen des Grundstücks		Menge, Einheit	% an FBG
BF	Bebaute Fläche	— m²	—
UBF	Unbebaute Fläche	— m²	—
FBG	Fläche des Baugrundstücks	— m²	—

Grundflächen des Bauwerks		Menge, Einheit	% an NF	% an BGF
NF	Nutzfläche	87,10 m²	100,0	74,1
TF	Technische Funktionsfläche	— m²	—	—
VF	Verkehrsfläche	14,00 m²	16,1	11,9
NGF	Netto-Grundfläche	101,10 m²	116,1	86,0
KGF	Konstruktions-Grundfläche	16,40 m²	18,8	14,0
BGF	Brutto-Grundfläche	117,50 m²	134,9	100,0

Brutto-Rauminhalt des Bauwerks		Menge, Einheit	BRI/NF (m)	BRI/BGF (m)
BRI	Brutto-Rauminhalt	— m³	—	—

Lufttechnisch behandelte Flächen	Menge, Einheit	% an NF	% an BGF
Entlüftete Fläche	— m²	—	—
Be- und entlüftete Fläche	— m²	—	—
Teilklimatisierte Fläche	— m²	—	—
Klimatisierte Fläche	— m²	—	—

KG	Kostengruppen (2.Ebene)	Menge, Einheit		Menge/NF	Menge/BGF
310	Baugrube	— m³	BGI	—	—
320	Gründung	— m²	GRF	—	—
330	Außenwände	9,25 m²	AWF	0,11	< 0,1
340	Innenwände	114,26 m²	IWF	1,31	0,97
350	Decken	105,50 m²	DEF	1,21	0,90
360	Dächer	— m²	DAF	—	—

Kostenkennwerte für die Kostengruppen der 1.Ebene DIN 276

KG	Kostengruppen (1.Ebene)	Einheit	Kosten €	€/Einheit	€/m² BGF	€/m³ BRI	% 300+400
100	Grundstück	m² FBG	—	—	—	—	—
200	Herrichten und Erschließen	m² FBG	—	—	—	—	—
300	Bauwerk - Baukonstruktionen	m² BGF	59.780	508,76	508,76	—	63,2
400	Bauwerk - Technische Anlagen	m² BGF	34.767	295,89	295,89	—	36,8
	Bauwerk 300+400	**m² BGF**	**94.547**	**804,65**	**804,65**	**—**	**100,0**
500	Außenanlagen	m² AUF	—	—	—	—	—
600	Ausstattung und Kunstwerke	m² BGF	2.834	24,12	24,12	—	3,0
700	Baunebenkosten	m² BGF	—	—	—	—	—

© BKI Baukosteninformationszentrum   Kostenstand: 3.Quartal 2015, Bundesdurchschnitt, inkl. 19% MwSt.

3100-0018
Arztpraxis
Personalaufenthalt

Umbau

Kostenkennwerte für die Kostengruppen der 1.Ebene DIN 276

KG	Kostengruppe	Menge Einheit	Kosten €	€/Einheit	%
3+4	**Bauwerk**				100,0
300	**Bauwerk - Baukonstruktionen**	117,50 m² BGF	59.780	**508,76**	63,2

- Abbrechen (Kosten: 8,6%)   5.131
  Abbruch von Mauerwerkswänden, GK-Wand, Türen, Raufasertapeten, Wandfliesen; PVC-Belag, Bodenfliesen, Teppichbelag, GK-Decken, Metall-Paneeldecken; Entsorgung, Deponiegebühren

- Wiederherstellen (Kosten: 1,7%)   1.017
  Wandflächen von Balkon reinigen, Putz ausbessern, streichen; vorhandene Türen und Zargen neu lackieren; Deckenflächen von Balkon reinigen, Putz ausbessern, streichen; Balkongeländer neu lackieren

- Herstellen (Kosten: 89,7%)   53.632
  GK-Metallständerwände, Holztüren, Stahlzargen, Innenputz, Dispersionsanstrich, Latexanstrich, Wandfliesen, GK-Trockenputz, Vorsatzschalen; PVC-Beläge, Sauberlauf-Teppichbelag, Bodenfliesen, GK-Decken; Einbauschrank, Küchenzeilen, Infoboard, Wandboard, Heizkörperverkleidungen, Spiegel

400	**Bauwerk - Technische Anlagen**	117,50 m² BGF	34.767	**295,89**	36,8

- Abbrechen (Kosten: 0,2%)   76
  Abbruch von Abluftventilator

- Herstellen (Kosten: 99,8%)   34.691
  Abwasserleitungen, Kalt- und Warmwasserleitungen, Sanitärgegenstände; Änderungen an Heizungsanlage, Heizkörper; Abluftanlage, Wickelfalzrohre, Klimagerät; Elektroinstallation, Beleuchtung, Fernmeldeleitung, Antennensteckdose; Elektrogeräte für Küche

600	**Ausstattung und Kunstwerke**	117,50 m² BGF	2.834	**24,12**	3,0

- Herstellen (Kosten: 100,0%)   2.834
  Duschwand, Sanitäreinrichtung

3100-0018
Arztpraxis
Personalaufenthalt

Umbau

Kostenkennwerte für die Kostengruppen der 2.Ebene DIN 276

KG	Kostengruppe	Menge Einheit	Kosten €	€/Einheit	%
300	**Bauwerk - Baukonstruktionen**				100,0
330	**Außenwände**	9,25 m² AWF	257	**27,84**	0,4

- Wiederherstellen (Kosten: 100,0%) — 257
  Wandflächen von Balkon reinigen, Putz ausbessern, grundieren, streichen (9m²)

340	**Innenwände**	114,26 m² IWF	22.067	**193,13**	36,9

- Abbrechen (Kosten: 16,1%) — 3.563
  Abbruch von Mauerwerkswänden, d=15cm (32m²), GK-Wand, d=12,5cm (9m²) * Türen mit Zargen (5St) * Raufasertapeten (53m²), Wandfliesen (34m²); Entsorgung, Deponiegebühren

- Wiederherstellen (Kosten: 2,0%) — 437
  Vorhandene Türen und Zargen neu lackieren (3St)

- Herstellen (Kosten: 81,9%) — 18.068
  GK-Metallständerwand, doppelt beplankt, d=12,5cm (10m²), d=20cm (5m²), d=10cm, einfach beplankt (5m²), d=23,5cm, als Schiebetürtasche (6m²), GK-Installationswand, d=25cm (6m²), GK-Lüftungsschacht (5m²) * Holztüren mit Stahlzarge, lackiert (6m²), Schiebetür lackieren (1St), Beschläge (5St) * Innenputz (36m²), Malervlies (184m²), Dispersionsanstrich (134m²), Latexanstrich (51m²), Wandfliesen (22m²), GK-Trockenputz (21m²), GK-Vorsatzschalen, d=20cm (17m²)

350	**Decken**	105,50 m² DEF	19.999	**189,56**	33,5

- Abbrechen (Kosten: 7,8%) — 1.568
  Abbruch von PVC-Belag (74m²), Bodenfliesen (11m²), Teppichbelag (15m²), Sockelleisten (105m) * GK-Decken (40m²), Metall-Paneeldecken (15m²); Entsorgung, Deponiegebühren

- Wiederherstellen (Kosten: 1,6%) — 323
  Deckenflächen von Balkon reinigen, Putz ausbessern, grundieren, mit Fassadenfarbe streichen (9m²) * Balkongeländer entrosten, schleifen, lackieren (5m)

- Herstellen (Kosten: 90,5%) — 18.107
  Estrich ausgleichen (24m²), Grundierung, Glätt- und Nivelliermasse (90m²), PVC-Belag, als Planke (66m²), als Bahnenware (18m²), Sauberlauf-Teppichbelag (6m²), Bodenfliesen (5m²), Mosaikfliesen (1m²), Sockelleisten, Holz (91m) * GK-Decken, abgehängt (53m²), Malervlies (97m²), Dispersionsanstrich (74m²), Latexanstrich (23m²)

370	**Baukonstruktive Einbauten**	117,50 m² BGF	17.414	**148,20**	29,1

- Herstellen (Kosten: 100,0%) — 17.414
  Garderoben-Einbauschrank 180x278x60cm, dreiteilig, zwei Drehtüren, ein offenes Garderobenelement (1St), Küchenzeile 300x207x60cm, drei Oberschränke, fünf Unterschränke (psch), Fronten, Arbeitsplatte und Rückwand von Küchenzeile erneuern, Zeilenlänge 160cm (psch), Bügelgriffe (28St), Infoboard 120x182x4cm, magnetisch (1St), Wandboard 400x60cm, Beleuchtung, drei Schriftzüge (1St), Heizkörperverkleidung 253x81x30cm (1St), 342x53x17-32cm (1St), Schriftzug, h=80cm (1St), Spiegel 1950x930x4mm (1St)

3100-0018
Arztpraxis
Personalaufenthalt

Umbau

KG	Kostengruppe	Menge Einheit	Kosten €	€/Einheit	%
390	**Sonstige Baukonstruktionen**	117,50 m² BGF	43	**0,37**	0,1
	• Herstellen (Kosten: 100,0%) Entsorgen von Baumischabfällen (78kg)		43		
400	**Bauwerk - Technische Anlagen**				**100,0**
410	**Abwasser-, Wasser-, Gasanlagen**	117,50 m² BGF	8.331	**70,90**	24,0
	• Herstellen (Kosten: 100,0%) Duschrinne mit Designrost für bodengleiche Dusche (1St), Siphons (2St), Abwasserleitungen (psch) * Handwaschbecken, opto-elektronische Armatur (1St), Wand-Tiefspül-WC (1St), Hartschaum-Duschsystem mit Gefälle, (1St), Duscharmatur (1St), Spülenanschluss (1St), Kalt- und Warmwasserleitungen (psch) * Montageelemente (2St)		8.331		
420	**Wärmeversorgungsanlagen**	117,50 m² BGF	1.804	**15,35**	5,2
	• Herstellen (Kosten: 100,0%) Änderungen an Heizungsanlage (psch) * Heizwand (1St), Flachheizkörper (1St), Profil-Kompaktheizkörper (1St)		1.804		
430	**Lufttechnische Anlagen**	117,50 m² BGF	10.611	**90,30**	30,5
	• Abbrechen (Kosten: 0,7%) Abbruch von Abluftventilator (1St); Entsorgung, Deponiegebühren		76		
	• Herstellen (Kosten: 99,3%) Radial-Rohrventilatoren (2St), Telefonieschalldämpfer (2St), Volumenstromregler (1St), Tellerventile (6St), Elektro-Heizregister (1St), Wickelfalzrohre (psch) * Außeneinheit für Klimagerät (1St), Inneneinheiten, Wandgeräte (2St), Fernbedienungen (2St), Dachdurchführung (psch)		10.535		
440	**Starkstromanlagen**	117,50 m² BGF	10.541	**89,71**	30,3
	• Herstellen (Kosten: 100,0%) Feldverteiler (1St), Leitungsschutzschalter (19St), FI-Schutzschalter (3St), Ausschalter (1St), Mantelleitungen (376m), Fernmeldeleitung (10m), Schalter (10St), Steckdosen (33St), Herdanschluss (1St), Jalousieschalter (1St) * Raster-Einbauleuchten (14St), Opalglas-Anbauleuchte (1St), LED-Notleuchten (4St)		10.541		
450	**Fernmelde-, informationstechn. Anlagen**	117,50 m² BGF	178	**1,51**	0,5
	• Herstellen (Kosten: 100,0%) Fernmeldeleitung (8m), Anschlussdose (1St) * Antennensteckdose (1St)		178		
470	**Nutzungsspezifische Anlagen**	117,50 m² BGF	3.303	**28,11**	9,5
	• Herstellen (Kosten: 100,0%) Küchenspüle (1St), Geschirrspüler (1St), Einbaukühlschrank (1St), Induktionsherd (1St), Mikrowelle (1St), Dunstabzug (1St)		3.303		
600	**Ausstattung und Kunstwerke**				**100,0**
610	**Ausstattung**	117,50 m² BGF	2.834	**24,12**	100,0
	• Herstellen (Kosten: 100,0%) Duschwand 150x200cm, ESG 8mm, Pendeltür mit zwei festen Seitenteilen (1St), WC-Papierhalter (1St), WC-Bürstengarnitur (1St)		2.834		

Kostenkennwerte für die Kostengruppen der 3.Ebene DIN 276 (Übersicht)

KG	Kostengruppe	Menge Einheit	€/Einheit	Kosten €	% 300+400
300	**Bauwerk - Baukonstruktionen**	117,50 m² BGF	508,76	59.779,81	63,2
310	Baugrube	–	–	–	–
320	Gründung	–	–	–	–
330	Außenwände	9,25 m² AWF	27,84	257,48	0,3
331	Tragende Außenwände	–	–	–	–
332	Nichttragende Außenwände	–	–	–	–
333	Außenstützen	–	–	–	–
334	Außentüren und -fenster	–	–	–	–
335	Außenwandbekleidungen außen	9,25 m²	27,84	257,48	0,3
	Wiederherstellen	9,25 m²	27,84	257,48	0,3
336	Außenwandbekleidungen innen	–	–	–	–
337	Elementierte Außenwände	–	–	–	–
338	Sonnenschutz	–	–	–	–
339	Außenwände, sonstiges	–	–	–	–
340	Innenwände	114,26 m² IWF	193,13	22.066,81	23,3
341	Tragende Innenwände	–	–	–	–
342	Nichttragende Innenwände	36,16 m²	141,71	5.124,40	5,4
	Abbrechen	41,41 m²	47,15	1.952,46	2,1
	Herstellen	36,16 m²	87,72	3.171,94	3,4
343	Innenstützen	–	–	–	–
344	Innentüren und -fenster	11,25 m²	272,89	3.069,99	3,2
	Abbrechen	8,85 m²	48,43	428,60	0,5
	Wiederherstellen	5,31 m²	82,21	436,51	0,5
	Herstellen	5,94 m²	371,50	2.204,88	2,3
345	Innenwandbekleidungen	206,02 m²	67,34	13.872,42	14,7
	Abbrechen	86,79 m²	13,62	1.181,67	1,2
	Herstellen	206,02 m²	61,60	12.690,74	13,4
346	Elementierte Innenwände	–	–	–	–
349	Innenwände, sonstiges	–	–	–	–
350	**Decken**	105,50 m² DEF	189,56	19.998,51	21,2
351	Deckenkonstruktionen	–	–	–	–
352	Deckenbeläge	96,51 m²	143,92	13.889,29	14,7
	Abbrechen	99,84 m²	9,70	968,34	1,0
	Herstellen	96,51 m²	133,88	12.920,94	13,7
353	Deckenbekleidungen	105,50 m²	57,19	6.033,91	6,4
	Abbrechen	54,37 m²	11,03	599,64	0,6
	Wiederherstellen	8,91 m²	27,84	248,02	0,3
	Herstellen	96,59 m²	53,69	5.186,26	5,5
359	Decken, sonstiges	105,50 m²	0,71	75,31	0,1
	Wiederherstellen	8,91 m²	8,45	75,31	0,1
360	**Dächer**	–	–	–	–
370	**Baukonstruktive Einbauten**	117,50 m² BGF	148,20	17.413,71	18,4
371	Allgemeine Einbauten	117,50 m² BGF	148,20	17.413,71	18,4
372	Besondere Einbauten	–	–	–	–
379	Baukonstruktive Einbauten, sonstiges	–	–	–	–

3100-0018
Arztpraxis
Personalaufenthalt

Umbau

© BKI Baukosteninformationszentrum   Kostenstand: 3.Quartal 2015, Bundesdurchschnitt, **inkl. 19% MwSt.**

3100-0018
Arztpraxis
Personalaufenthalt

Umbau

KG	Kostengruppe	Menge Einheit	€/Einheit	Kosten €	% 300+400
390	Sonst. Maßnahmen Baukonstruktionen	117,50 m² BGF	0,37	43,31	< 0,1
391	Baustelleneinrichtung	–	–	–	–
392	Gerüste	–	–	–	–
393	Sicherungsmaßnahmen	–	–	–	–
394	Abbruchmaßnahmen	–	–	–	–
395	Instandsetzungen	–	–	–	–
396	Materialentsorgung	117,50 m² BGF	0,37	43,31	< 0,1
397	Zusätzliche Maßnahmen	–	–	–	–
398	Provisorische Baukonstruktionen	–	–	–	–
399	Sonst. Maßnahmen für Baukonstruktionen, sonst.	–	–	–	–
400	**Bauwerk - Technische Anlagen**	**117,50 m² BGF**	**295,89**	**34.766,93**	**36,8**
410	Abwasser-, Wasser-, Gasanlagen	117,50 m² BGF	70,90	8.331,11	8,8
411	Abwasseranlagen	117,50 m² BGF	25,65	3.013,98	3,2
412	Wasseranlagen	117,50 m² BGF	41,27	4.849,36	5,1
413	Gasanlagen	–	–	–	–
419	Abwasser-, Wasser-, Gasanlagen, sonstiges	117,50 m² BGF	3,98	467,78	0,5
420	Wärmeversorgungsanlagen	117,50 m² BGF	15,35	1.803,57	1,9
421	Wärmeerzeugungsanlagen	117,50 m² BGF	3,31	389,07	0,4
422	Wärmeverteilnetze	–	–	–	–
423	Raumheizflächen	117,50 m² BGF	12,04	1.414,49	1,5
429	Wärmeversorgungsanlagen, sonstiges	–	–	–	–
430	Lufttechnische Anlagen	117,50 m² BGF	90,30	10.610,59	11,2
431	Lüftungsanlagen	117,50 m² BGF	21,85	2.567,57	2,7
	Abbrechen	117,50 m² BGF	0,65	75,92	0,1
	Herstellen	117,50 m² BGF	21,21	2.491,66	2,6
432	Teilklimaanlagen	117,50 m² BGF	68,45	8.043,02	8,5
433	Klimaanlagen	–	–	–	–
434	Kälteanlagen	–	–	–	–
439	Lufttechnische Anlagen, sonstiges	–	–	–	–
440	Starkstromanlagen	117,50 m² BGF	89,71	10.541,34	11,1
441	Hoch- und Mittelspannungsanlagen	–	–	–	–
442	Eigenstromversorgungsanlagen	–	–	–	–
443	Niederspannungsschaltanlagen	–	–	–	–
444	Niederspannungsinstallationsanlagen	117,50 m² BGF	54,46	6.399,22	6,8
445	Beleuchtungsanlagen	117,50 m² BGF	35,25	4.142,12	4,4
446	Blitzschutz- und Erdungsanlagen	–	–	–	–
449	Starkstromanlagen, sonstiges	–	–	–	–
450	Fernm.- und informationstechn. Anlagen	117,50 m² BGF	1,51	177,55	0,2
451	Telekommunikationsanlagen	117,50 m² BGF	1,40	164,69	0,2
452	Such- und Signalanlagen	–	–	–	–
453	Zeitdienstanlagen	–	–	–	–
454	Elektroakustische Anlagen	–	–	–	–
455	Fernseh- und Antennenanlagen	117,50 m² BGF	0,11	12,86	< 0,1
456	Gefahrenmelde- und Alarmanlagen	–	–	–	–
457	Übertragungsnetze	–	–	–	–
459	Fernmelde- und informationstechn. Anl., sonst.	–	–	–	–
460	Förderanlagen	–	–	–	–

3100-0018
Arztpraxis
Personalaufenthalt

Umbau

KG	Kostengruppe	Menge Einheit	€/Einheit	Kosten €	% 300+400
470	**Nutzungsspezifische Anlagen**	**117,50 m² BGF**	**28,11**	**3.302,76**	**3,5**
471	Küchentechnische Anlagen	117,50 m² BGF	28,11	3.302,76	3,5
472	Wäscherei- und Reinigungsanlagen	–	–	–	–
473	Medienversorgungsanlagen	–	–	–	–
474	Medizin- u. labortechnische Anlagen	–	–	–	–
475	Feuerlöschanlagen	–	–	–	–
476	Badetechnische Anlagen	–	–	–	–
477	Prozesswärme-,-kälte-,-luftanlagen	–	–	–	–
478	Entsorgungsanlagen	–	–	–	–
479	Nutzungsspezifische Anlagen, sonstiges	–	–	–	–
480	**Gebäudeautomation**	–	–	–	–
490	**Sonst. Maßnahmen für Techn. Anlagen**	–	–	–	–

3100-0018
Arztpraxis
Personalaufenthalt

Umbau

Kostenkennwerte für Leistungsbereiche nach StLB (Kosten des Bauwerks nach DIN 276)

LB	Leistungsbereiche	Kosten €	€/m² BGF	€/m³ BRI	% an 3+4
	Rohbau	–	–	–	–
023	Putz- und Stuckarbeiten, Wärmedämmsysteme	655	5,60	–	0,7
024	Fliesen- und Plattenarbeiten	7.457	63,50	–	7,9
025	Estricharbeiten	–	–	–	–
026	Fenster, Außentüren inkl. 029, 032	418	3,60	–	0,4
027	Tischlerarbeiten	17.334	147,50	–	18,3
028	Parkett-, Holzpflasterarbeiten	–	–	–	–
030	Rollladenarbeiten	–	–	–	–
031	Metallbauarbeiten inkl. 035	–	–	–	–
034	Maler- und Lackiererarbeiten inkl. 037	7.636	65,00	–	8,1
036	Bodenbelagsarbeiten	11.307	96,20	–	12,0
038	Vorgehängte hinterlüftete Fassaden	–	–	–	–
039	Trockenbauarbeiten	9.966	84,80	–	10,5
	Ausbau	**54.774**	**466,20**	**–**	**57,9**
040	Wärmeversorgungsanlagen, inkl. 041	1.804	15,30	–	1,9
042	Gas- und Wasseranlagen, Leitungen inkl. 043	2.614	22,20	–	2,8
044	Abwasseranlagen - Leitungen	2.990	25,40	–	3,2
045	Gas, Wasser, Entwässerung - Ausstattung inkl. 046	2.727	23,20	–	2,9
047	Dämmarbeiten an technischen Anlagen	–	–	–	–
049	Feuerlöschanlagen, Feuerlöschgeräte	–	–	–	–
050	Blitzschutz- und Erdungsanlagen	–	–	–	–
052	Mittelspannungsanlagen	–	–	–	–
053	Niederspannungsanlagen inkl. 054	6.399	54,50	–	6,8
055	Ersatzstromversorgungsanlagen	–	–	–	–
057	Gebäudesystemtechnik	–	–	–	–
058	Leuchten und Lampen, inkl. 059	4.142	35,30	–	4,4
060	Elektroakustische Anlagen	–	–	–	–
061	Kommunikationsnetze, inkl. 063	178	1,50	–	0,2
069	Aufzüge	–	–	–	–
070	Gebäudeautomation	–	–	–	–
075	Raumlufttechnische Anlagen	10.535	89,70	–	11,1
	Gebäudetechnik	**31.388**	**267,10**	**–**	**33,2**
084	Abbruch- und Rückbauarbeiten	5.207	44,30	–	5,5
	Sonstige Leistungsbereiche inkl. 008, 033, 051	**3.178**	**27,00**	**–**	**3,4**

Objekte

3100-0019
Arztpraxis für Allgemeinmedizin
(4 AP)

Objektübersicht

Umbau

 BRI 103 €/m³   BGF 285 €/m²   NF 454 €/m²   NE keine Angabe

Objekt:
Kennwerte: 3.Ebene DIN 276
BRI: 379m³
BGF: 137m²
NF: 86m²
Bauzeit: 4 Wochen
Bauende: 2013
Standard: Durchschnitt
Kreis: Düren,
Nordrhein-Westfalen

Architekt:
FRANKE
Architektur I Innenarchitektur
Monschauer Landstraße 2
52355 Düren

Bauherr:
Dr. Sylvia Reul-Freudenstein
52351 Düren

Zeichnungen

3100-0019
Arztpraxis für
Allgemeinmedizin
(4 AP)

Umbau

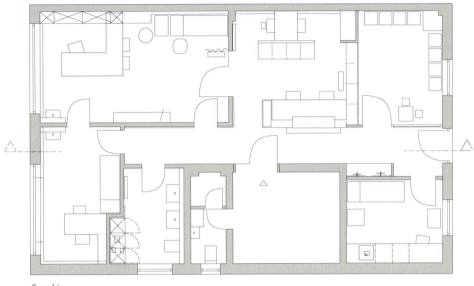

Grundriss

Längsschnitt

Ansicht Schrankwand Behandlungszimmer

3100-0019
Arztpraxis für
Allgemeinmedizin
(4 AP)

Umbau

Objektbeschreibung

Allgemeine Objektinformationen

Auf Wunsch der Bauherrschaft sollten die bestehenden Wohnflächen in eine Praxis mit Nebenräumen umgestaltet werden. Unter Berücksichtigung der räumlichen Gegebenheiten wurde ein innenarchitektonisches Konzept maßgeschneidert entwickelt, welches neben einem großzügigen Empfangsbereich mit direktem Sichtkontakt ins Wartezimmer zwei Behandlungsräumen, einem Personalraum sowie einem Labor Platz bietet. Die folgende Dokumentation beschreibt die raumbildenden Ausbauten und Einbaumöbel sowie damit verbundene Elektroarbeiten.

Nutzung

1 Obergeschoss
Arztpraxis mit Nebenräumen

Nutzeinheiten

Arbeitsplätze: 4

Markt

Hauptvergabezeit: 4.Quartal 2013
Baubeginn: 4.Quartal 2013
Bauende: 4.Quartal 2013
Konjunkturelle Gesamtlage: Durchschnitt
Regionaler Baumarkt: Durchschnitt

Baubestand

Baujahr: 1977
Bauzustand: mittel
Aufwand: mittel
Grundrissänderungen: wenige
Tragwerkseingriffe: keine
Nutzungsänderung: ja
Nutzung während der Bauzeit: nein

Baukonstruktion

Zu Installationszwecken wurde ein Brüstungskanal montiert, welcher auch Nachinstallationen ermöglicht. Bei Ausführung der raumbildenden Ausbauten und der Schränke musste dieser berücksichtigt werden. Das komplette Plattenmaterial ist kratz-und scheuerbeständig, in den Farben Graubeige, Schwarzrot, Graubraun und Umbra-Weiß dreifach lackiert. Die oberste Lackschicht wurde besonders robust als klare, seidenmatte Finish-Lackierung ausgeführt. Die Schubladen und Türelemente der Schränke sind mit Aluminium-Griffleisten versehen.

3100-0019
Arztpraxis für Allgemeinmedizin (4 AP)

Umbau

Planungskennwerte für Flächen und Rauminhalte nach DIN 277

Flächen des Grundstücks		Menge, Einheit	% an FBG
BF	Bebaute Fläche	– m²	–
UBF	Unbebaute Fläche	– m²	–
FBG	Fläche des Baugrundstücks	– m²	–

Grundflächen des Bauwerks		Menge, Einheit	% an NF	% an BGF
NF	Nutzfläche	86,20 m²	100,0	62,8
TF	Technische Funktionsfläche	1,40 m²	1,6	1,0
VF	Verkehrsfläche	28,20 m²	32,7	20,5
NGF	Netto-Grundfläche	115,80 m²	134,3	84,3
KGF	Konstruktions-Grundfläche	21,52 m²	25,0	15,7
BGF	Brutto-Grundfläche	137,32 m²	159,3	100,0

Brutto-Rauminhalt des Bauwerks		Menge, Einheit	BRI/NF (m)	BRI/BGF (m)
BRI	Brutto-Rauminhalt	379,00 m³	4,40	2,76

Lufttechnisch behandelte Flächen	Menge, Einheit	% an NF	% an BGF
Entlüftete Fläche	– m²	–	–
Be- und entlüftete Fläche	– m²	–	–
Teilklimatisierte Fläche	– m²	–	–
Klimatisierte Fläche	– m²	–	–

KG	Kostengruppen (2.Ebene)	Menge, Einheit	Menge/NF	Menge/BGF
310	Baugrube	– m³ BGI	–	–
320	Gründung	– m² GRF	–	–
330	Außenwände	– m² AWF	–	–
340	Innenwände	12,35 m² IWF	0,14	< 0,1
350	Decken	– m² DEF	–	–
360	Dächer	– m² DAF	–	–

Kostenkennwerte für die Kostengruppen der 1.Ebene DIN 276

KG	Kostengruppen (1.Ebene)	Einheit	Kosten €	€/Einheit	€/m² BGF	€/m³ BRI	% 300+400
100	Grundstück	m² FBG	–	–	–	–	–
200	Herrichten und Erschließen	m² FBG	–	–	–	–	–
300	Bauwerk - Baukonstruktionen	m² BGF	31.244	227,53	227,53	82,44	79,9
400	Bauwerk - Technische Anlagen	m² BGF	7.848	57,15	57,15	20,71	20,1
	Bauwerk 300+400	**m² BGF**	**39.092**	**284,68**	**284,68**	**103,14**	**100,0**
500	Außenanlagen	m² AUF	–	–	–	–	–
600	Ausstattung und Kunstwerke	m² BGF	503	3,66	3,66	1,33	1,3
700	Baunebenkosten	m² BGF	–	–	–	–	–

Kostenstand: 3.Quartal 2015, Bundesdurchschnitt, inkl. 19% MwSt.

© BKI Baukosteninformationszentrum

3100-0019
Arztpraxis für
Allgemeinmedizin
(4 AP)

Umbau

Kostenkennwerte für die Kostengruppen der 1.Ebene DIN 276

KG	Kostengruppe	Menge Einheit	Kosten €	€/Einheit	%
3+4	**Bauwerk**				**100,0**
300	**Bauwerk - Baukonstruktionen**	137,32 m² BGF	31.244	**227,53**	79,9
	• Herstellen (Kosten: 100,0%)		31.244		
	Bekleidung für Vorwandinstallationen, Wandpaneele, Glastrennwand mit Glastür; Empfangstresen, Wandscheibe, Sideboards, Tisch, Teeküche, Schallschutzverglasung, Garderobe, Laborzeile, Personalschrank, Schreibtische, Schrankwand				
400	**Bauwerk - Technische Anlagen**	137,32 m² BGF	7.848	**57,15**	20,1
	• Herstellen (Kosten: 100,0%)		7.848		
	Elektroinstallation, Beleuchtung				
600	**Ausstattung und Kunstwerke**	137,32 m² BGF	503	**3,66**	1,3
	• Herstellen (Kosten: 100,0%)		503		
	Folien auf Fenstern und Verglasungen				

Kostenkennwerte für die Kostengruppen der 2.Ebene DIN 276

3100-0019
Arztpraxis für
Allgemeinmedizin
(4 AP)

Umbau

KG	Kostengruppe	Menge Einheit	Kosten €	€/Einheit	%
300	**Bauwerk - Baukonstruktionen**				100,0
340	**Innenwände**	12,35 m² IWF	6.896	**558,19**	22,1

- Herstellen (Kosten: 100,0%) 6.896
Bekleidung für Vorwandinstallation, MDF, Oberfläche lackiert, Unterkonstruktion (2St), Wandpaneele für Flurbereich, h=40cm, eine Außenecke, MDF, Oberfläche lackiert, Befestigung nicht sichtbar (5m) * Glastrennwand, Rahmenkonstruktion umlaufend, seitliches breites Paneel, Oberfläche lackiert, Glastürelement, feststehende Verglasung (8m²)

370	**Baukonstruktive Einbauten**	137,32 m² BGF	24.348	**177,31**	77,9

- Herstellen (Kosten: 100,0%) 24.348
Raumbildende Einbauten und Schränke aus MDF-Plattenmaterial, Oberflächen dreifach lackiert, nach RAL, Alu-Griffleisten an Schubläden und Schranktüren. Empfangstresen 297x94x112cm: Tresenkorpuselement mit Winkelablage, Schreibtisch mit Linoleum-Schreibfläche, Taschenablage ESG-Glas (1St), Wandscheibe 210x245x8cm mit Sideboard 210x55x75cm und Tisch 100x80cm: Wand mit Glimmereffekt, Tisch auf Winkelleisten aufgelagert, Sideboard mit vier Drehtüren (1St), Teeküche 100x55x112cm (1St), Sideboard 280x42x112cm (1St), Schallschutzverglasung 280x133cm (1St), Garderobe 157x43,5x245cm: seitlicher Stollen, Sitzbank und Hutablage (1St), Laborzeile 338,5x65cm: drei Unterschränke, Arbeitsplatte und Waschbecken (1St), Personalschrank 156x55x245cm: drei Drehtüren, Wandpaneel, Garderobenhaken (1St), Schreibtisch mit Seitenwangen, Winkelform, Schenkellänge 220cm (1St), Schreibtisch 120x80x75cm, mit Sideboard 170x30x75cm, rechtwinklig angeordnet (1St), Schrankwand 295x40x245cm mit Drehtüren und Regalfächern, Ablageschrank 100x40x112cm mit Schubladen und Drehtüren (1St)

400	**Bauwerk - Technische Anlagen**				100,0
440	**Starkstromanlagen**	137,32 m² BGF	7.848	**57,15**	100,0

- Herstellen (Kosten: 100,0%) 7.848
Mantelleitungen (49m), Schalter, Taster (5St), Steckdosen (14St), Auslassdosen (3St), Hohlwandschalterdosen (31St), bestehende Kabel verlegen oder verlängern, vorhandene Schalter und Steckdosen wieder verwenden * Deckenaufbau-Langleuchten (10St), Deckeneinbaustrahler (5St), Decken-/ Wandleuchte (1St)

600	**Ausstattung und Kunstwerke**				100,0
610	**Ausstattung**	137,32 m² BGF	503	**3,66**	100,0

- Herstellen (Kosten: 100,0%) 503
Sandstrahleffektfolie, h=60cm, mit Streifendekor (8St), mit Streifendekor, Beschriftung und Logo (4St), Sandstrahleffektfolie, h=6cm, als Streifen (6m)

3100-0019
Arztpraxis für
Allgemeinmedizin
(4 AP)

Umbau

Kostenkennwerte für die Kostengruppen der 3.Ebene DIN 276 (Übersicht)

KG	Kostengruppe	Menge Einheit	€/Einheit	Kosten €	% 300+400
300	**Bauwerk - Baukonstruktionen**	137,32 m² BGF	227,53	31.244,06	79,9
310	Baugrube	–	–	–	–
320	Gründung	–	–	–	–
330	Außenwände	–	–	–	–
340	Innenwände	12,35 m² IWF	558,19	6.895,85	17,6
341	Tragende Innenwände	–	–	–	–
342	Nichttragende Innenwände	–	–	–	–
343	Innenstützen	–	–	–	–
344	Innentüren und -fenster	–	–	–	–
345	Innenwandbekleidungen	4,07 m²	866,50	3.529,27	9,0
346	Elementierte Innenwände	8,28 m²	406,54	3.366,58	8,6
349	Innenwände, sonstiges	–	–	–	–
350	Decken	–	–	–	–
360	Dächer	–	–	–	–
370	Baukonstruktive Einbauten	137,32 m² BGF	177,31	24.348,21	62,3
371	Allgemeine Einbauten	–	–	–	–
372	Besondere Einbauten	137,32 m² BGF	177,31	24.348,21	62,3
379	Baukonstruktive Einbauten, sonstiges	–	–	–	–
390	Sonst. Maßnahmen Baukonstruktionen	–	–	–	–
400	**Bauwerk - Technische Anlagen**	137,32 m² BGF	57,15	7.847,75	20,1
410	Abwasser-, Wasser-, Gasanlagen	–	–	–	–
420	Wärmeversorgungsanlagen	–	–	–	–
430	Lufttechnische Anlagen	–	–	–	–
440	Starkstromanlagen	137,32 m² BGF	57,15	7.847,75	20,1
441	Hoch- und Mittelspannungsanlagen	–	–	–	–
442	Eigenstromversorgungsanlagen	–	–	–	–
443	Niederspannungsschaltanlagen	–	–	–	–
444	Niederspannungsinstallationsanlagen	137,32 m² BGF	12,46	1.710,45	4,4
445	Beleuchtungsanlagen	137,32 m² BGF	44,69	6.137,31	15,7
446	Blitzschutz- und Erdungsanlagen	–	–	–	–
449	Starkstromanlagen, sonstiges	–	–	–	–
450	Fernm.- und informationstechn. Anlagen	–	–	–	–
460	Förderanlagen	–	–	–	–
470	Nutzungsspezifische Anlagen	–	–	–	–
480	Gebäudeautomation	–	–	–	–
490	Sonst. Maßnahmen für Techn. Anlagen	–	–	–	–

Kostenkennwerte für Leistungsbereiche nach StLB (Kosten des Bauwerks nach DIN 276)

3100-0019
Arztpraxis für Allgemeinmedizin
(4 AP)

Umbau

LB	Leistungsbereiche	Kosten €	€/m² BGF	€/m³ BRI	% an 3+4
	Rohbau	–	–	–	–
023	Putz- und Stuckarbeiten, Wärmedämmsysteme	–	–	–	–
024	Fliesen- und Plattenarbeiten	–	–	–	–
025	Estricharbeiten	–	–	–	–
026	Fenster, Außentüren inkl. 029, 032	–	–	–	–
027	Tischlerarbeiten	30.268	220,40	79,90	77,4
028	Parkett-, Holzpflasterarbeiten	–	–	–	–
030	Rollladenarbeiten	–	–	–	–
031	Metallbauarbeiten inkl. 035	–	–	–	–
034	Maler- und Lackiererarbeiten inkl. 037	976	7,10	2,60	2,5
036	Bodenbelagsarbeiten	–	–	–	–
038	Vorgehängte hinterlüftete Fassaden	–	–	–	–
039	Trockenbauarbeiten	–	–	–	–
	Ausbau	31.244	227,50	82,40	79,9
040	Wärmeversorgungsanlagen, inkl. 041	–	–	–	–
042	Gas- und Wasseranlagen, Leitungen inkl. 043	–	–	–	–
044	Abwasseranlagen - Leitungen	–	–	–	–
045	Gas, Wasser, Entwässerung - Ausstattung inkl. 046	–	–	–	–
047	Dämmarbeiten an technischen Anlagen	–	–	–	–
049	Feuerlöschanlagen, Feuerlöschgeräte	–	–	–	–
050	Blitzschutz- und Erdungsanlagen	–	–	–	–
052	Mittelspannungsanlagen	–	–	–	–
053	Niederspannungsanlagen inkl. 054	1.710	12,50	4,50	4,4
055	Ersatzstromversorgungsanlagen	–	–	–	–
057	Gebäudesystemtechnik	–	–	–	–
058	Leuchten und Lampen, inkl. 059	6.137	44,70	16,20	15,7
060	Elektroakustische Anlagen	–	–	–	–
061	Kommunikationsnetze, inkl. 063	–	–	–	–
069	Aufzüge	–	–	–	–
070	Gebäudeautomation	–	–	–	–
075	Raumlufttechnische Anlagen	–	–	–	–
	Gebäudetechnik	7.848	57,10	20,70	20,1
	Sonstige Leistungsbereiche inkl. 008, 033, 051	–	–	–	–

Bildung

4400-0165
Kinderkrippe
(2 Gruppen)
(24 Kinder)

Objektübersicht

BRI 226 €/m³   BGF 802 €/m²   NF 887 €/m²   NE 9.625 €/NE Kind

Umbau

Objekt:
Kennwerte: 3.Ebene DIN 276
BRI: 1.023m³
BGF: 288m²
NF: 261m²
Bauzeit: 13 Wochen
Bauende: 2010
Standard: über Durchschnitt
Kreis: München, Bayern

Architekt:
Firmhofer + Günther
Architekten
Konradinstraße 16
81543 München

Bauherr:
Nicola Höpfner

nachher

vorher

Zeichnungen

4400-0165
Kinderkrippe
(2 Gruppen)
(24 Kinder)

Umbau

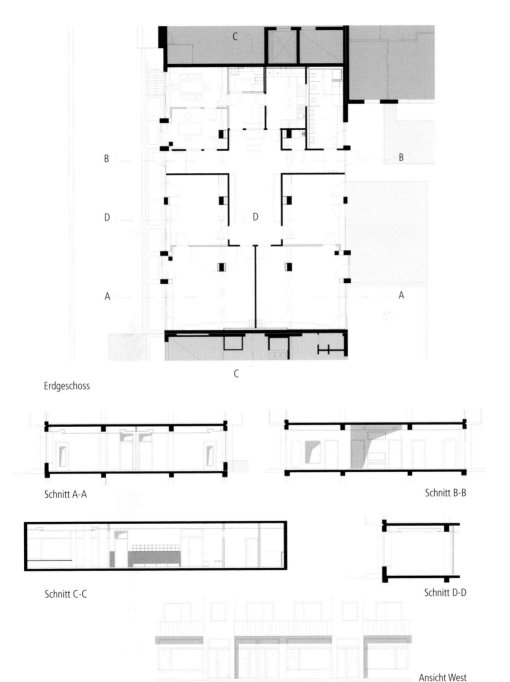

Erdgeschoss

Schnitt A-A

Schnitt B-B

Schnitt C-C

Schnitt D-D

Ansicht West

4400-0165
Kinderkrippe
(2 Gruppen)
(24 Kinder)

Umbau

Objektbeschreibung

Allgemeine Objektinformationen

Diese Baumaßnahme umfasst die Nutzungsänderung einer gewerblich genutzten Fläche zu einer Kinderkrippe mit zwei Gruppen. Die geplante Kinderkrippe liegt durch ihre Nebenstraßenlage in einer äußerst verkehrsarmen und ruhigen Gegend. Die Räumlichkeiten befinden sich im Erdgeschoss eines 6-stöckigen Wohnhauses, das 1968 in solider Massivbauweise errichtet wurde. Im Laufe der Zeit wurden regelmäßig Renovierungsarbeiten durchgeführt. Zuletzt wurde das komplette Dachgeschoss im Jahr 2007 ausgebaut und auf den neuesten Stand gebracht.

Nutzung

1 Untergeschoss
Lager

1 Erdgeschoss
Kommunikationsfläche, Garderobe, Gruppenräume, Ruheräume, Sanitärraum, Küche, Umkleideraum, Putzraum, Personalraum, Büro

Nutzeinheiten

Gruppen: 2
Kinder: 24

Grundstück

Bauraum: Beengter Bauraum
Neigung: Ebenes Gelände

Markt

Hauptvergabezeit: 3.Quartal 2010
Baubeginn: 3.Quartal 2010
Bauende: 4.Quartal 2010
Konjunkturelle Gesamtlage: über Durchschnitt
Regionaler Baumarkt: über Durchschnitt

Baubestand

Baujahr: 1968
Bauzustand: mittel
Aufwand: mittel
Grundrissänderungen: umfangreiche
Tragwerkseingriffe: keine
Nutzungsänderung: ja
Nutzung während der Bauzeit: nein

Baukonstruktion

Die Fensterbrüstungen auf der Westseite wurden abgebrochen, auf der Ostseite wurden Fensteröffnungen ergänzt. Die neu eingesetzten Fenster besitzen eine hochwertige Verglasung. Der bestehende Bodenaufbau wurde im Zuge des Einbaus der Fußbodenheizung durch einen modernen Aufbau mit Wärme- und Trittschall gedämmten Aufbau ersetzt. Dieser wurde mit Parkett belegt.

Technische Anlagen

Im Rahmen der Umbaumaßnahmen wurden die vorhandenen Heizkörper ersetzt, bzw. um den benötigten Bedarf zu decken in Teilen ergänzt. Vertikale Flächenheizkörper wurden mit Fußbodenheizungen in den Räumen kombiniert. Die elektrotechnischen Anlagen wurden komplett neu installiert. Um dem Schallschutz gerecht zu werden und Geräusche zu minimieren, wurden eine neue Akustikdecke und Akustikpaneele eingebracht.

Sonstiges

Der Grundriss ist klar gegliedert: Die Gruppenräume öffnen sich zum Innenhof und zur Straße, die Nutz- und Nebenräume sind im nördlichen Teil des Gebäudes angeordnet. Die Erschließung der Kinderkrippe erfolgt barrierefrei. Durch die Umbaumaßnahmen sind die Räume offener und heller geworden. Der Flur wurde so erweitert, dass er auch als Spielflur genutzt werden kann.

**4400-0165
Kinderkrippe
(2 Gruppen)
(24 Kinder)**

Umbau

Planungskennwerte für Flächen und Rauminhalte nach DIN 277

Flächen des Grundstücks		Menge, Einheit	% an FBG
BF	Bebaute Fläche	288,11 m²	45,9
UBF	Unbebaute Fläche	339,56 m²	54,1
FBG	Fläche des Baugrundstücks	627,67 m²	100,0

Grundflächen des Bauwerks		Menge, Einheit	% an NF	% an BGF
NF	Nutzfläche	260,56 m²	100,0	90,4
TF	Technische Funktionsfläche	— m²	—	—
VF	Verkehrsfläche	— m²	—	—
NGF	Netto-Grundfläche	260,56 m²	100,0	90,4
KGF	Konstruktions-Grundfläche	27,55 m²	10,6	9,6
BGF	Brutto-Grundfläche	288,11 m²	110,6	100,0

Brutto-Rauminhalt des Bauwerks		Menge, Einheit	BRI/NF (m)	BRI/BGF (m)
BRI	Brutto-Rauminhalt	1.022,79 m³	3,93	3,55

Lufttechnisch behandelte Flächen	Menge, Einheit	% an NF	% an BGF
Entlüftete Fläche	— m²	—	—
Be- und entlüftete Fläche	— m²	—	—
Teilklimatisierte Fläche	— m²	—	—
Klimatisierte Fläche	— m²	—	—

KG	Kostengruppen (2.Ebene)	Menge, Einheit	Menge/NF	Menge/BGF
310	Baugrube	— m³ BGI	—	—
320	Gründung	275,54 m² GRF	1,06	0,96
330	Außenwände	388,11 m² AWF	1,49	1,35
340	Innenwände	314,09 m² IWF	1,21	1,09
350	Decken	281,76 m² DEF	1,08	0,98
360	Dächer	18,33 m² DAF	< 0,1	< 0,1

Kostenkennwerte für die Kostengruppen der 1.Ebene DIN 276

KG	Kostengruppen (1.Ebene)	Einheit	Kosten €	€/Einheit	€/m² BGF	€/m³ BRI	% 300+400
100	Grundstück	m² FBG	—	—	—	—	—
200	Herrichten und Erschließen	m² FBG	—	—	—	—	—
300	Bauwerk - Baukonstruktionen	m² BGF	179.932	624,53	624,53	175,92	77,9
400	Bauwerk - Technische Anlagen	m² BGF	51.067	177,25	177,25	49,93	22,1
	Bauwerk 300+400	**m² BGF**	**230.999**	**801,77**	**801,77**	**225,85**	**100,0**
500	Außenanlagen	m² AUF	—	—	—	—	—
600	Ausstattung und Kunstwerke	m² BGF	3.724	12,93	12,93	3,64	1,6
700	Baunebenkosten	m² BGF	—	—	—	—	—

© BKI Baukosteninformationszentrum   Kostenstand: 3.Quartal 2015, Bundesdurchschnitt, **inkl. 19% MwSt.**

4400-0165
Kinderkrippe
(2 Gruppen)
(24 Kinder)

Umbau

Kostenkennwerte für die Kostengruppen der 1.Ebene DIN 276

KG	Kostengruppe	Menge Einheit	Kosten €	€/Einheit	%
3+4	**Bauwerk**				**100,0**
300	**Bauwerk - Baukonstruktionen**	288,11 m² BGF	179.932	**624,53**	77,9

- Abbrechen (Kosten: 6,9%)   12.472
  Abbruch von Teppichböden, Bodenfliesen, Estrich; Mauerwerk, Alu-Glasfassadenelementen; GK-Vorsatzschalen, raumhoch, Korkisolierungen, Bodenfliesen, Wandfliesen; Entsorgung, Deponiegebühren

- Herstellen (Kosten: 93,1%)   167.460
  Estrich, Bodenfliesen, Parkett; Brüstungsmauerwerk, Holzfenster; Metallständerwände, Holztüren, Wandfliesen, GK-Platten, Anstrich, mobile Trennwand; abgehängte GK-Decke; Einbauschränke, Kindergarderoben, Sitzbänke, Wandregal, Spielebene

400	**Bauwerk - Technische Anlagen**	288,11 m² BGF	51.067	**177,25**	22,1

- Abbrechen (Kosten: 1,4%)   699
  Abbruch von Kalt- und Warmwasserleitungen; Heizkörpern; Unterverteilung, Leitungen, Schaltern, Steckdosen; Entsorgung, Deponiegebühren

- Herstellen (Kosten: 98,6%)   50.368
  Abwasserleitungen, Kalt- und Warmwasserleitungen, Sanitärobjekte; Heizungsrohre, Heizkörper; Einzelraumlüfter; Elektroinstallation, Beleuchtungskörper, Blitzschutzanlage; Telefonleitungen, Steckdosen, Antennenleitungen, Steckdosen

600	**Ausstattung und Kunstwerke**	288,11 m² BGF	3.724	**12,93**	1,6

- Herstellen (Kosten: 100,0%)   3.724
  Kindertische, Spiegel, Vorhangstangen

Kostenkennwerte für die Kostengruppen der 2.Ebene DIN 276

4400-0165
Kinderkrippe
(2 Gruppen)
(24 Kinder)

Umbau

KG	Kostengruppe	Menge Einheit	Kosten €	€/Einheit	%
300	**Bauwerk - Baukonstruktionen**				100,0
320	**Gründung**	275,54 m² GRF	35.674	**129,47**	19,8

- Abbrechen (Kosten: 13,1%) — 4.691
  Abbruch von Teppichböden, Bodenfliesen, Estrich, Entsorgung, Deponiegebühren (263m²)

- Herstellen (Kosten: 86,9%) — 30.983
  Abdichtung, Bodenfliesen (33m²), Sockelfliesen (22m), Perlite-Schüttung, d=0-25mm, Wärmedämmung, d=23mm, Gussasphaltestrich, d=35mm, Industrieparkett, Erstpflege (230m²), Holzsockelleisten (141m), Sauberlaufzonen (9m²)

330	**Außenwände**	388,11 m² AWF	37.637	**96,98**	20,9

- Abbrechen (Kosten: 8,9%) — 3.332
  Abbruch von Mauerwerk, d=24cm, Außentür (3m²) * Brüstungsmauerwerk, d=24cm (14m²) * Alu-Glasoberlichter (10m²) * Fliesen (3m²) * Innenputz (42m²) * Alu-Glasfassadenelementen (46m²) * Marmor-Sitzbänken, d=40mm, an der Fassade (6St); Entsorgung, Deponiegebühren

- Herstellen (Kosten: 91,1%) — 34.305
  Brüstungsmauerwerk, d=30cm (1m²), d=17,5cm, Estrichbeton an der Oberseite, Schalung (4m²), Mauerdurchbruch zumauern * Holzfenster (100m²) * Außenwandputz, mehrlagig, d=30mm (3m²), Laibungsputz (101m²), Silikatanstrich (62m²) * Kalkgipsputz (13m²), Dispersionsanstrich (283m²)

340	**Innenwände**	314,09 m² IWF	42.980	**136,84**	23,9

- Abbrechen (Kosten: 4,4%) — 1.872
  Abbruch von Mauerwerk, d=10-15cm, GK-Vorsatzschalen, raumhoch (41m²) * Putz (2m²), Fliesen (18m²), Korkisolierungen, teergetränkt (52m²); Entsorgung, Deponiegebühren

- Herstellen (Kosten: 95,6%) — 41.108
  Metallständerwände, GK-Bekleidungen F30, 2x12,5mm (264m²) * Holztüren, Holzzargen (31m²), Klemmschutz (12St) * Wandfliesen (31m²), GK-Platten (71m²), Vorsatzschalen (89m²), Dispersionsanstrich (385m²) * mobile Trennwand, Faltwand, Alu-Laufschiene, Tür

350	**Decken**	281,76 m² DEF	18.505	**65,68**	10,3

- Abbrechen (Kosten: 8,5%) — 1.581
  Abbruch von abgehängten GK-Decke, Holzunterkonstruktion, Entsorgung, Deponiegebühren (219m²)

- Herstellen (Kosten: 91,5%) — 16.924
  Abgehängte GK-Decke (282m²), Dispersionsanstrich (63m²)

4400-0165
Kinderkrippe
(2 Gruppen)
(24 Kinder)

Umbau

KG	Kostengruppe	Menge Einheit	Kosten €	€/Einheit	%
360	**Dächer**	18,33 m² DAF	3.710	**202,43**	2,1

- Abbrechen (Kosten: 15,2%) — 565
  Abbruch von Schutzestrich, Entsorgung, Deponiegebühren (10m²)

- Herstellen (Kosten: 84,8%) — 3.146
  Bitumenanstrich, Bautenschutzmatte, Dämmung, d=40mm, Flachdachfolie, wurzelfest (18m²), Abschlussbleche (1m²)

370	**Baukonstruktive Einbauten**	288,11 m² BGF	39.183	**136,00**	21,8

- Herstellen (Kosten: 100,0%) — 39.183
  Einbauschränke (4St), Kindergarderoben (2St), Schließfachschrank (1St), Sitzbänke (7St), Wandregal (1St), Garderobenhaken (32St) * Spielebene 1.880x3.300mm (1St), Wickel- und Waschtischkommode 1.890x900x870mm (1St), Tischplatte 1.000x2.000mm (1St)

390	**Sonstige Baukonstruktionen**	288,11 m² BGF	2.242	**7,78**	1,2

- Abbrechen (Kosten: 19,2%) — 431
  Abbruch von Bodenfliesen (9m²), Wandfliesen (13m²), WC-Becken (1St), Waschbecken (1St), GK-Vorsatzschale (3m²); Entsorgung, Deponiegebühren

- Herstellen (Kosten: 80,8%) — 1.811
  Baustelleinrichtung

400	**Bauwerk - Technische Anlagen**				**100,0**
410	**Abwasser-, Wasser-, Gasanlagen**	288,11 m² BGF	10.610	**36,83**	20,8

- Abbrechen (Kosten: 1,0%) — 105
  Abbruch von Kalt- und Warmwasserleitungen, Entsorgung, Deponiegebühren

- Herstellen (Kosten: 99,0%) — 10.505
  HT-Abwasserleitungen, Formstücke (37m) * Kalt- und Warmwasserleitungen, Formstücke, Dämmung (48m), WC-Becken (4St), Waschbecken (5St), Duschwanne (1St), Behinderten-WC (1St) * Montageelemente (10St)

420	**Wärmeversorgungsanlagen**	288,11 m² BGF	19.523	**67,76**	38,2

- Abbrechen (Kosten: 2,5%) — 497
  Abbruch von Heizkörpern, Entsorgung, Deponiegebühren

- Herstellen (Kosten: 97,5%) — 19.026
  Heizungsrohre, Formstücke, Dämmung (164m) * Flachheizkörper (15St)

430	**Lufttechnische Anlagen**	288,11 m² BGF	1.879	**6,52**	3,7

- Herstellen (Kosten: 100,0%) — 1.879
  Einzelraumlüfter (2St), Wickelfalzrohre (41m)

4400-0165
Kinderkrippe
(2 Gruppen)
(24 Kinder)

Umbau

KG	Kostengruppe	Menge Einheit	Kosten €	€/Einheit	%
440	**Starkstromanlagen**	288,11 m² BGF	18.857	**65,45**	36,9

- Abbrechen (Kosten: 0,5%) — 96
  Abbruch von Unterverteilung, Leitungen, Schaltern, Steckdosen; Entsorgung, Deponiegebühren

- Herstellen (Kosten: 99,5%) — 18.761
  Unterverteilung, Sicherungen (29St), FI-Schutzschalter (3St), Mantelleitungen (1.254m), Schalter (30St), Steckdosen (68St) * Beleuchtungskörper (55St) * Blitzschutzanlage, Fangstangen, Ableitungen, Erdeinführungen

450	**Fernmelde-, informationstechn. Anlagen**	288,11 m² BGF	197	**0,68**	0,4

- Herstellen (Kosten: 100,0%) — 197
  Telefonleitungen (80m), TAE-Steckdosen (2St) * Antennenleitungen (124m), Steckdosen (2St)

600	**Ausstattung und Kunstwerke**				**100,0**
610	**Ausstattung**	288,11 m² BGF	3.724	**12,93**	100,0

- Herstellen (Kosten: 100,0%) — 3.724
  Kindertische 1.200x500x600mm (6St), Spiegel (3St), Vorhangstangen, Stahlrohre 26,9x2mm (52m)

4400-0165
Kinderkrippe
(2 Gruppen)
(24 Kinder)

Umbau

Kostenkennwerte für die Kostengruppen der 3.Ebene DIN 276 (Übersicht)

KG	Kostengruppe	Menge Einheit	€/Einheit	Kosten €	% 300+400
300	**Bauwerk - Baukonstruktionen**	288,11 m² BGF	624,53	179.932,33	77,9
310	Baugrube	–	–	–	–
320	Gründung	275,54 m² GRF	129,47	35.674,43	15,4
321	Baugrundverbesserung	–	–	–	–
322	Flachgründungen	–	–	–	–
323	Tiefgründungen	–	–	–	–
324	Unterböden und Bodenplatten	–	–	–	–
325	Bodenbeläge	275,54 m²	129,47	35.674,43	15,4
	Abbrechen	262,71 m²	17,86	4.691,14	2,0
	Herstellen	275,54 m²	112,45	30.983,29	13,4
326	Bauwerksabdichtungen	–	–	–	–
327	Dränagen	–	–	–	–
329	Gründung, sonstiges	–	–	–	–
330	**Außenwände**	388,11 m² AWF	96,98	37.637,26	16,3
331	Tragende Außenwände	–	–	103,51	< 0,1
	Abbrechen	2,85 m²	36,32	103,51	< 0,1
332	Nichttragende Außenwände	4,93 m²	377,97	1.864,54	0,8
	Abbrechen	14,40 m²	23,39	336,80	0,1
	Herstellen	4,93 m²	309,70	1.527,74	0,7
333	Außenstützen	–	–	–	–
334	Außentüren und -fenster	99,95 m²	281,34	28.119,78	12,2
	Abbrechen	9,57 m²	58,64	561,17	0,2
	Herstellen	99,95 m²	275,72	27.558,61	11,9
335	Außenwandbekleidungen außen	165,31 m²	21,38	3.534,00	1,5
	Abbrechen	2,52 m²	15,97	40,24	< 0,1
	Herstellen	165,31 m²	21,13	3.493,75	1,5
336	Außenwandbekleidungen innen	283,23 m²	7,51	2.127,48	0,9
	Abbrechen	42,29 m²	9,52	402,51	0,1
	Herstellen	283,23 m²	6,09	1.724,97	0,7
337	Elementierte Außenwände	–	–	1.552,54	0,7
	Abbrechen	45,54 m²	34,09	1.552,54	0,7
338	Sonnenschutz	–	–	–	–
339	Außenwände, sonstiges	388,11 m²	0,86	335,43	0,1
	Abbrechen	72,54 m²	4,62	335,43	0,1
340	**Innenwände**	314,09 m² IWF	136,84	42.979,90	18,6
341	Tragende Innenwände	–	–	–	–
342	Nichttragende Innenwände	263,86 m²	52,47	13.845,24	6,0
	Abbrechen	41,24 m²	21,73	896,06	0,4
	Herstellen	263,86 m²	49,08	12.949,17	5,6
343	Innenstützen	–	–	–	–
344	Innentüren und -fenster	30,86 m²	415,70	12.828,58	5,6
345	Innenwandbekleidungen	416,18 m²	20,25	8.426,73	3,6
	Abbrechen	62,26 m²	15,67	975,80	0,4
	Herstellen	416,18 m²	17,90	7.450,93	3,2
346	Elementierte Innenwände	19,37 m²	406,78	7.879,36	3,4
349	Innenwände, sonstiges	–	–	–	–

KG	Kostengruppe	Menge Einheit	€/Einheit	Kosten €	% 300+400
350	**Decken**	281,76 m² DEF	65,68	18.505,03	8,0
351	Deckenkonstruktionen	–	–	–	–
352	Deckenbeläge	–	–	–	–
353	Deckenbekleidungen	281,76 m²	65,25	18.385,23	8,0
	Abbrechen	219,40 m²	7,21	1.581,29	0,7
	Herstellen	281,76 m²	59,64	16.803,94	7,3
359	Decken, sonstiges	281,76 m²	0,43	119,79	0,1
360	**Dächer**	18,33 m² DAF	202,43	3.710,47	1,6
361	Dachkonstruktionen	–	–	–	–
362	Dachfenster, Dachöffnungen	–	–	–	–
363	Dachbeläge	18,33 m²	202,43	3.710,47	1,6
	Abbrechen	10,34 m²	54,60	564,56	0,2
	Herstellen	18,33 m²	171,63	3.145,91	1,4
364	Dachbekleidungen	–	–	–	–
369	Dächer, sonstiges	–	–	–	–
370	**Baukonstruktive Einbauten**	288,11 m² BGF	136,00	39.183,10	17,0
371	Allgemeine Einbauten	288,11 m² BGF	93,76	27.014,20	11,7
372	Besondere Einbauten	288,11 m² BGF	42,24	12.168,90	5,3
379	Baukonstruktive Einbauten, sonstiges	–	–	–	–
390	**Sonst. Maßnahmen Baukonstruktionen**	288,11 m² BGF	7,78	2.242,12	1,0
391	Baustelleneinrichtung	288,11 m² BGF	6,29	1.810,87	0,8
392	Gerüste	–	–	–	–
393	Sicherungsmaßnahmen	–	–	–	–
394	Abbruchmaßnahmen	288,11 m² BGF	1,50	431,25	0,2
	Abbrechen	288,11 m² BGF	1,50	431,25	0,2
395	Instandsetzungen	–	–	–	–
396	Materialentsorgung	–	–	–	–
397	Zusätzliche Maßnahmen	–	–	–	–
398	Provisorische Baukonstruktionen	–	–	–	–
399	Sonst. Maßnahmen für Baukonstruktionen, sonst.	–	–	–	–
400	**Bauwerk - Technische Anlagen**	288,11 m² BGF	177,25	51.066,57	22,1
410	**Abwasser-, Wasser-, Gasanlagen**	288,11 m² BGF	36,83	10.610,13	4,6
411	Abwasseranlagen	288,11 m² BGF	2,93	845,57	0,4
412	Wasseranlagen	288,11 m² BGF	26,18	7.543,28	3,3
	Abbrechen	288,11 m² BGF	0,37	105,42	< 0,1
	Herstellen	288,11 m² BGF	25,82	7.437,86	3,2
413	Gasanlagen	–	–	–	–
419	Abwasser-, Wasser-, Gasanlagen, sonstiges	288,11 m² BGF	7,71	2.221,29	1,0
420	**Wärmeversorgungsanlagen**	288,11 m² BGF	67,76	19.523,24	8,5
421	Wärmeerzeugungsanlagen	–	–	–	–
422	Wärmeverteilnetze	288,11 m² BGF	12,19	3.511,34	1,5
423	Raumheizflächen	288,11 m² BGF	55,58	16.011,89	6,9
	Abbrechen	288,11 m² BGF	1,73	497,38	0,2
	Herstellen	288,11 m² BGF	53,85	15.514,51	6,7
429	Wärmeversorgungsanlagen, sonstiges	–	–	–	–
430	**Lufttechnische Anlagen**	288,11 m² BGF	6,52	1.879,17	0,8
431	Lüftungsanlagen	288,11 m² BGF	6,52	1.879,17	0,8
432	Teilklimaanlagen	–	–	–	–
433	Klimaanlagen	–	–	–	–
434	Kälteanlagen	–	–	–	–
439	Lufttechnische Anlagen, sonstiges	–	–	–	–

© **BKI** Baukosteninformationszentrum   Kostenstand: 3.Quartal 2015, Bundesdurchschnitt, **inkl. 19% MwSt.**

4400-0165
Kinderkrippe
(2 Gruppen)
(24 Kinder)

Umbau

KG	Kostengruppe	Menge	Einheit	€/Einheit	Kosten €	% 300+400
440	**Starkstromanlagen**	**288,11**	**m² BGF**	**65,45**	**18.856,99**	**8,2**
441	Hoch- und Mittelspannungsanlagen	–		–	–	–
442	Eigenstromversorgungsanlagen	–		–	–	–
443	Niederspannungsschaltanlagen	–		–	–	–
444	Niederspannungsinstallationsanlagen	288,11	m² BGF	23,41	6.745,01	2,9
	Abbrechen	288,11	m² BGF	0,33	95,83	< 0,1
	Herstellen	288,11	m² BGF	23,08	6.649,18	2,9
445	Beleuchtungsanlagen	288,11	m² BGF	20,07	5.783,72	2,5
446	Blitzschutz- und Erdungsanlagen	288,11	m² BGF	21,96	6.328,26	2,7
449	Starkstromanlagen, sonstiges	–		–	–	–
450	**Fernm.- und informationstechn. Anlagen**	**288,11**	**m² BGF**	**0,68**	**197,05**	**0,1**
451	Telekommunikationsanlagen	288,11	m² BGF	0,11	31,43	< 0,1
452	Such- und Signalanlagen	–		–	–	–
453	Zeitdienstanlagen	–		–	–	–
454	Elektroakustische Anlagen	–		–	–	–
455	Fernseh- und Antennenanlagen	288,11	m² BGF	0,57	165,62	0,1
456	Gefahrenmelde- und Alarmanlagen	–		–	–	–
457	Übertragungsnetze	–		–	–	–
459	Fernmelde- und informationstechn. Anl., sonst.	–		–	–	–
460	**Förderanlagen**	–		–	–	–
470	**Nutzungsspezifische Anlagen**	–		–	–	–
480	**Gebäudeautomation**	–		–	–	–
490	**Sonst. Maßnahmen für Techn. Anlagen**	–		–	–	–

Kostenkennwerte für Leistungsbereiche nach StLB (Kosten des Bauwerks nach DIN 276)

4400-0165
Kinderkrippe
(2 Gruppen)
(24 Kinder)

Umbau

LB	Leistungsbereiche	Kosten €	€/m² BGF	€/m³ BRI	% an 3+4
000	Sicherheits-, Baustelleneinrichtungen inkl. 001	1.859	6,50	1,80	0,8
002	Erdarbeiten	–	–	–	–
006	Spezialtiefbauarbeiten inkl. 005	–	–	–	–
009	Entwässerungskanalarbeiten inkl. 011	–	–	–	–
010	Dränarbeiten	–	–	–	–
012	Mauerarbeiten	1.528	5,30	1,50	0,7
013	Betonarbeiten	–	–	–	–
014	Natur-, Betonwerksteinarbeiten	–	–	–	–
016	Zimmer- und Holzbauarbeiten	–	–	–	–
017	Stahlbauarbeiten	–	–	–	–
018	Abdichtungsarbeiten	–	–	–	–
020	Dachdeckungsarbeiten	–	–	–	–
021	Dachabdichtungsarbeiten	2.636	9,10	2,60	1,1
022	Klempnerarbeiten	510	1,80	0,50	0,2
	Rohbau	**6.532**	**22,70**	**6,40**	**2,8**
023	Putz- und Stuckarbeiten, Wärmedämmsysteme	3.552	12,30	3,50	1,5
024	Fliesen- und Plattenarbeiten	4.862	16,90	4,80	2,1
025	Estricharbeiten	10.901	37,80	10,70	4,7
026	Fenster, Außentüren inkl. 029, 032	27.559	95,70	26,90	11,9
027	Tischlerarbeiten	51.925	180,20	50,80	22,5
028	Parkett-, Holzpflasterarbeiten	16.062	55,70	15,70	7,0
030	Rollladenarbeiten	–	–	–	–
031	Metallbauarbeiten inkl. 035	120	0,42	0,12	0,1
034	Maler- und Lackiererarbeiten inkl. 037	3.810	13,20	3,70	1,6
036	Bodenbelagsarbeiten	–	–	–	–
038	Vorgehängte hinterlüftete Fassaden	–	–	–	–
039	Trockenbauarbeiten	42.185	146,40	41,20	18,3
	Ausbau	**160.976**	**558,70**	**157,40**	**69,7**
040	Wärmeversorgungsanlagen, inkl. 041	17.937	62,30	17,50	7,8
042	Gas- und Wasseranlagen, Leitungen inkl. 043	2.965	10,30	2,90	1,3
044	Abwasseranlagen - Leitungen	846	2,90	0,83	0,4
045	Gas, Wasser, Entwässerung - Ausstattung inkl. 046	6.445	22,40	6,30	2,8
047	Dämmarbeiten an technischen Anlagen	1.290	4,50	1,30	0,6
049	Feuerlöschanlagen, Feuerlöschgeräte	–	–	–	–
050	Blitzschutz- und Erdungsanlagen	6.328	22,00	6,20	2,7
052	Mittelspannungsanlagen	–	–	–	–
053	Niederspannungsanlagen inkl. 054	6.649	23,10	6,50	2,9
055	Ersatzstromversorgungsanlagen	–	–	–	–
057	Gebäudesystemtechnik	–	–	–	–
058	Leuchten und Lampen, inkl. 059	5.784	20,10	5,70	2,5
060	Elektroakustische Anlagen	–	–	–	–
061	Kommunikationsnetze, inkl. 063	197	0,68	0,19	0,1
069	Aufzüge	–	–	–	–
070	Gebäudeautomation	–	–	–	–
075	Raumlufttechnische Anlagen	1.879	6,50	1,80	0,8
	Gebäudetechnik	**50.320**	**174,70**	**49,20**	**21,8**
084	Abbruch- und Rückbauarbeiten	13.171	45,70	12,90	5,7
	Sonstige Leistungsbereiche inkl. 008, 033, 051	–	–	–	–

© BKI Baukosteninformationszentrum   Kostenstand: 3.Quartal 2015, Bundesdurchschnitt, inkl. 19% MwSt.

4400-0178
Kindertagesstätte
(4 Gruppen)
(65 Kinder)

Objektübersicht

BRI 60 €/m³   **BGF** 234 €/m²   **NF** 331 €/m²   **NE** 5.031 €/NE
Kind

Umbau

Objekt:
Kennwerte: 3.Ebene DIN 276
BRI: 5.440m³
BGF: 1.398m²
NF: 987m²
Bauzeit: 30 Wochen
Bauende: 2010
Standard: Durchschnitt
Kreis: Unstrut-Hainich, Thüringen

Architekt:
Architekturbüro Göbel
Kettengasse 32
99974 Mühlhausen

Bauherr:
Gemeinde Katharinenberg
Brückenstraße 3
99988 Katharinenberg

© BKI Baukosteninformationszentrum   Kostenstand: 3.Quartal 2015, Bundesdurchschnitt, inkl. 19% MwSt.

Zeichnungen

4400-0178
Kindertagesstätte
(4 Gruppen)
(65 Kinder)

Umbau

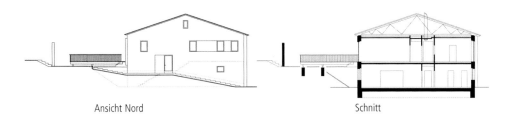

Ansicht Nord   Schnitt

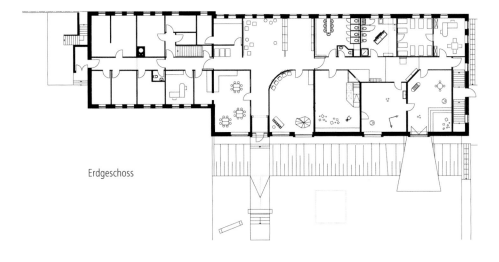

Erdgeschoss

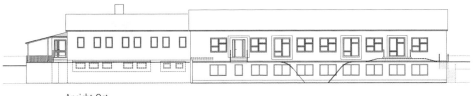

Ansicht Ost

Ansicht West

© BKI Baukosteninformationszentrum   Kostenstand: 3.Quartal 2015, Bundesdurchschnitt, inkl. 19% MwSt.

4400-0178
Kindertagesstätte
(4 Gruppen)
(65 Kinder)

Umbau

Objektbeschreibung

Allgemeine Objektinformationen

Die Kindertagesstätte „Wichtelnest" wurde im Jahr 1980 errichtet. Sie beinhaltete neben einer Kinderkrippe auch einen Kindergarten. Seit den 90er Jahren wurde nur noch das Erdgeschoss als Kindertagesstätte genutzt. Die vorhandene starre Gebäudestruktur entsprach nicht der heutigen pädagogischen Arbeitsweise, die sich durch Flexibilität und Offenheit auszeichnet. In den einzelnen Räumen des Gebäudes bestand ein großer Sanierungsbedarf.

Nutzung

1 Erdgeschoss
Funktionsräume, Schlafraum, Krippenraum, Sanitärräume, Eingangsbereich, Garderobe, Elterntreff, Küche, Büro, Abstellräume

Nutzeinheiten

Gruppen: 4
Kinder: 65

Grundstück

Bauraum: Beengter Bauraum
Neigung: Geneigtes Gelände
Bodenklasse: BK 3 bis BK 5

Markt

Hauptvergabezeit: 4.Quartal 2009
Baubeginn: 4.Quartal 2009
Bauende: 2.Quartal 2010
Konjunkturelle Gesamtlage: unter Durchschnitt
Regionaler Baumarkt: unter Durchschnitt

Baubestand

Baujahr: 1980
Bauzustand: mittel
Aufwand: mittel
Grundrissänderungen: einige
Tragwerkseingriffe: wenige
Nutzungsänderung: nein
Nutzung während der Bauzeit: nein

Baukonstruktion

Bezüglich der Gebäudestabilität wurden keine statisch relevanten Eingriffe vorgenommen. Die Grundrisse der Sanitärräume, des Eingangsbereichs und der Gruppenräume wurden leicht abgeändert. Der Eingangsbereich wurde geöffnet und direkt mit der Garderobe und dem Elterntreff verbunden. Sämtliche Fenster wurden erneuert, die Bodenbeläge wurden ausgetauscht. Eine Verbesserung des Schallschutzes wurde durch das Einbringen von Schallschutzdecken erreicht. Auf die Außenwände wurde ein Wärmedämmverbundsystem aufgebracht. Die brandschutztechnischen Anforderungen wurden durch den Einbau von T30-RS-Türen im Flurbereich des Erdgeschosses erfüllt. Im Kellergeschoss sind T30-Türen vorhanden.

Technische Anlagen

Sowohl das Heizsystem als auch die gesamte Elektroinstallation einschließlich der Beleuchtung wurden erneuert.

Sonstiges

Das Kellergeschoss wurde aus den Umbaumaßnahmen weitestgehend ausgeklammert. Die angebaute Terrasse dient den Kleinkindern als Spielbereich.

4400-0178
Kindertagesstätte
(4 Gruppen)
(65 Kinder)

Umbau

Planungskennwerte für Flächen und Rauminhalte nach DIN 277

	Flächen des Grundstücks	Menge, Einheit	% an FBG
BF	Bebaute Fläche	689,00 m²	22,2
UBF	Unbebaute Fläche	2.421,00 m²	77,9
FBG	Fläche des Baugrundstücks	3.110,00 m²	100,0

	Grundflächen des Bauwerks	Menge, Einheit	% an NF	% an BGF
NF	Nutzfläche	987,00 m²	100,0	70,6
TF	Technische Funktionsfläche	34,00 m²	3,4	2,4
VF	Verkehrsfläche	115,00 m²	11,7	8,2
NGF	Netto-Grundfläche	1.136,00 m²	115,1	81,3
KGF	Konstruktions-Grundfläche	262,00 m²	26,6	18,7
BGF	Brutto-Grundfläche	1.398,00 m²	141,6	100,0

	Brutto-Rauminhalt des Bauwerks	Menge, Einheit	BRI/NF (m)	BRI/BGF (m)
BRI	Brutto-Rauminhalt	5.440,00 m³	5,51	3,89

Lufttechnisch behandelte Flächen	Menge, Einheit	% an NF	% an BGF
Entlüftete Fläche	– m²	–	–
Be- und entlüftete Fläche	– m²	–	–
Teilklimatisierte Fläche	– m²	–	–
Klimatisierte Fläche	– m²	–	–

KG	Kostengruppen (2.Ebene)	Menge, Einheit		Menge/NF	Menge/BGF
310	Baugrube	– m³	BGI	–	–
320	Gründung	– m²	GRF	–	–
330	Außenwände	733,12 m²	AWF	0,74	0,52
340	Innenwände	567,21 m²	IWF	0,57	0,41
350	Decken	410,17 m²	DEF	0,42	0,29
360	Dächer	457,50 m²	DAF	0,46	0,33

Kostenkennwerte für die Kostengruppen der 1.Ebene DIN 276

KG	Kostengruppen (1.Ebene)	Einheit	Kosten €	€/Einheit	€/m² BGF	€/m³ BRI	% 300+400
100	Grundstück	m² FBG	–	–	–	–	–
200	Herrichten und Erschließen	m² FBG	–	–	–	–	–
300	Bauwerk - Baukonstruktionen	m² BGF	234.506	167,74	167,74	43,11	71,7
400	Bauwerk - Technische Anlagen	m² BGF	92.506	66,17	66,17	17,00	28,3
	Bauwerk 300+400	**m² BGF**	**327.013**	**233,91**	**233,91**	**60,11**	**100,0**
500	Außenanlagen	m² AUF	–	–	–	–	–
600	Ausstattung und Kunstwerke	m² BGF	8.766	6,27	6,27	1,61	2,7
700	Baunebenkosten	m² BGF	–	–	–	–	–

© BKI Baukosteninformationszentrum   Kostenstand: 3.Quartal 2015, Bundesdurchschnitt, **inkl. 19% MwSt.**

4400-0178
Kindertagesstätte
(4 Gruppen)
(65 Kinder)

Umbau

Kostenkennwerte für die Kostengruppen der 1.Ebene DIN 276

KG	Kostengruppe	Menge Einheit	Kosten €	€/Einheit	%
3+4	**Bauwerk**				**100,0**
300	**Bauwerk - Baukonstruktionen**	1.398,00 m² BGF	234.506	**167,74**	71,7

- Abbrechen (Kosten: 5,9%) — 13.763
  Abbruch von Mauerwerk, Holzfenstern, Anstrich; Türen, Fenstern, Putz, Fliesen; Estrich, Dämmung; Entsorgung, Deponiegebühren

- Wiederherstellen (Kosten: 4,3%) — 10.094
  Putzflächen reinigen, Flächen auf Tragfähigkeit prüfen, Fliesen ausstemmen, neue Fliesen einsetzen; Türen schleifen, grundieren, lackieren, Faltwand ausbauen, lagern, wieder einbauen; Risse im bestehenden Estrich ausgießen; Schlitze in Decke schließen

- Herstellen (Kosten: 89,8%) — 210.650
  Fenster, WDVS, Gipsputz, Raufasertapete, Anstrich, Wandfliesen, Riffelbohlen, Geländer; Mauerwerk, Stürze, Ständerwände, Türen, Innenfenster, WC-Trennwände; Heizestrich, Zementestrich, Linoleum, Bodenfliesen; Tageslichtspots, Akustikdecke, GK-Decke; Spielhaus, Podestlandschaft

400	**Bauwerk - Technische Anlagen**	1.398,00 m² BGF	92.506	**66,17**	28,3

- Abbrechen (Kosten: 4,0%) — 3.717
  Abbruch von Armaturen, Wasserleitungen; Warmwasserspeicher, Entlüftungsleitungen, Heizkörpern; Unterverteilungen, Elektroleitungen, Steckdosen, Schaltern, Beleuchtung; Entsorgung, Deponiegebühren

- Wiederherstellen (Kosten: 1,5%) — 1.421
  Füllventile in Spülkästen erneuern; Sicherheitsgruppe erneuern; Zählerschrank überprüfen, Hauptverteiler instandsetzen, Schlüsselschalter ausbauen, flächenbündig wieder einbauen, Wandleuchten ausbauen, lagern, wieder einbauen, Ableitungen ausbauen, wieder einbauen

- Herstellen (Kosten: 94,4%) — 87.368
  HT-Rohre, Anpassen bestehende Entwässerung, Warm- und Kaltwasserleitungen, Sanitärobjekte, Anpassen bestehende Leitungen; Warmwasserspeicher, Heizungsleitungen, Fußbodenheizung, Heizkörper; Kleinraumlüfter; Elektroinstallation, Beleuchtung; Türsprechanlage, Brandmeldeanlage

600	**Ausstattung und Kunstwerke**	1.398,00 m² BGF	8.766	**6,27**	2,7

- Herstellen (Kosten: 100,0%) — 8.766
  Liegepolster-Bettzeug-Schränke, Wickelplatz, Schrank, Garderobenbänke, Raumteiler, Sanitärausstattung

Kostenkennwerte für die Kostengruppen der 2.Ebene DIN 276

4400-0178
Kindertagesstätte
(4 Gruppen)
(65 Kinder)

Umbau

KG	Kostengruppe	Menge Einheit	Kosten €	€/Einheit	%
300	**Bauwerk - Baukonstruktionen**				100,0
330	**Außenwände**	733,12 m² AWF	83.679	**114,14**	35,7

- Abbrechen (Kosten: 3,3%) — 2.756
  Abbruch von Brüstungsmauerwerk mit Fensterbänken (14m²) * Holzfenstern (59m²) * Farbanstrichen (16m²); Entsorgung, Deponiegebühren

- Wiederherstellen (Kosten: 6,1%) — 5.092
  Putzflächen reinigen (673m²), Flächen auf Tragfähigkeit prüfen (294m²) * Fliesen ausstemmen, neue Fliesen einsetzen, Jollyschiene setzen (2m²)

- Herstellen (Kosten: 90,6%) — 75.831
  Kunststofffenster (77m²), Fensterbänke (63m) * Dämmplatten, Armierung, Leichtputz, Oberputz (282m²), Farbanstrich (654m²) * Gipsputz, Raufaser, Dispersionsanstrich (178m²), Wandfliesen (6m²), Laibungen (114m) * Tragkonstruktion Terrasse, Riffelbohlen (40m²), Holzgeländer, Handlauf (19m)

340	**Innenwände**	567,21 m² IWF	66.285	**116,86**	28,3

- Abbrechen (Kosten: 9,6%) — 6.382
  Abbruch von Hlz-Mauerwerk (230m²) * Innentüren (10m²), Innenfenstern (2m²) * Farbanstrichen (67m²), Putz (55m²), Wandfliesen (13m²); Entsorgung, Deponiegebühren

- Wiederherstellen (Kosten: 5,2%) — 3.454
  Türen schleifen, grundieren, lackieren (49m²) * Faltwand, Zarge, U-Schiene ausbauen, lagern, wieder einbauen (9m²)

- Herstellen (Kosten: 85,2%) — 56.450
  Hlz-Mauerwerk (6m²), Stb-Stürze (4m) * Hlz-Mauerwerk (65m²), Metallständerwände (42m²), Vorsatzschalen (29m²) * Holztüren (26m²), Rauchschutztüren (5m²), Feuerschutz- türen (6m²), Lichtausschnitte (11St), Innenfenster (5m²), Festverglasungen F30 (1m²) * Dispersionsanstrich (886m²), Raufasertapete (270m²), Gipsputz (30m²), Wandfliesen (29m²), Spiegel (1m²) * WC-Trennwände (8m²)

350	**Decken**	410,17 m² DEF	29.952	**73,02**	12,8

- Abbrechen (Kosten: 14,3%) — 4.295
  Abbruch von Estrich, Dämmung (258m²), Bodenfliesen (3m²); Entsorgung, Deponiegebühren

- Wiederherstellen (Kosten: 1,9%) — 566
  Risse im bestehenden Estrich ausgießen (34m)

- Herstellen (Kosten: 83,8%) — 25.091
  Zement-Heizestrich (250m²), EPS-Dämmung, Zementestrich, bewehrt (23m²), Linoleum (391m²), Bodenfliesen (19m²), Sockelleisten (299m)

© BKI Baukosteninformationszentrum   Kostenstand: 3.Quartal 2015, Bundesdurchschnitt, **inkl. 19% MwSt.**

4400-0178
Kindertagesstätte
(4 Gruppen)
(65 Kinder)

Umbau

KG	Kostengruppe	Menge Einheit	Kosten €	€/Einheit	%
360	**Dächer**	457,50 m² DAF	38.966	**85,17**	16,6

- Abbrechen (Kosten: 0,8%) — 330
  Abbruch von Farbanstrichen (33m²); Entsorgung, Deponiegebühren

- Wiederherstellen (Kosten: 2,5%) — 982
  Schlitze in bestehender Decke schließen (17m)

- Herstellen (Kosten: 96,6%) — 37.654
  Tageslichtspots, Beleuchtungszusatz, Lüftungsadapter (2St) * Dispersionsanstrich (454m²), Akustikdecke, abgehängt (192m²), GK-Decke, abgehängt (129m²), GK-Decke F60-F90 (30m²), Akustik-Deckensegel (23m²), Wärmedämmung (362m²)

KG	Kostengruppe	Menge Einheit	Kosten €	€/Einheit	%
370	**Baukonstruktive Einbauten**	1.398,00 m² BGF	7.755	**5,55**	3,3

- Herstellen (Kosten: 100,0%) — 7.755
  Spielhaus, zwei Ebenen, Massivholz, Holzwerkstoffplatten, Teppich 240x160x135cm (1St), Podestlandschaft 300x200x80cm (1St)

KG	Kostengruppe	Menge Einheit	Kosten €	€/Einheit	%
390	**Sonstige Baukonstruktionen**	1.398,00 m² BGF	7.868	**5,63**	3,4

- Herstellen (Kosten: 100,0%) — 7.868
  Baustelleneinrichtung * Fassadengerüst, Gruppe 2 (892m²) * Schutzfolien

KG	Kostengruppe	Menge Einheit	Kosten €	€/Einheit	%
400	**Bauwerk - Technische Anlagen**				**100,0**
410	**Abwasser-, Wasser-, Gasanlagen**	1.398,00 m² BGF	19.074	**13,64**	20,6

- Abbrechen (Kosten: 6,3%) — 1.209
  Abbruch von Armaturen (2St), Wasserleitungen; Entsorgung, Deponiegebühren

- Wiederherstellen (Kosten: 0,5%) — 104
  Füllventile in Spülkästen erneuern (2St)

- Herstellen (Kosten: 93,1%) — 17.762
  HT-Rohre (13m), Aluminiumrohr (5m), Anpassen der bestehenden Entwässerungsleitungen * Verbundrohre (138m), Druckausdehnungsgefäß (1St), Tiefspül-WCs (5St), Fäkalienbecken (1St), Waschtische (2St), Spiel- und Waschlandschaft (1St), Waschrinne (1St), Duschwanne (1St), Ausgussbecken (1St), Anpassen der bestehenden Warm- und Kaltwasserleitungen * Montageelemente (5St)

KG	Kostengruppe	Menge Einheit	Kosten €	€/Einheit	%
420	**Wärmeversorgungsanlagen**	1.398,00 m² BGF	29.625	**21,19**	32,0

- Abbrechen (Kosten: 5,3%) — 1.556
  Abbruch von Warmwasserspeicher (1St) * Entlüftungsleitungen (49m) * Heizkörpern (18St); Entsorgung, Deponiegebühren

- Wiederherstellen (Kosten: 0,9%) — 252
  Sicherheitsgruppe mit Druckminderer erneuern (1St)

- Herstellen (Kosten: 93,9%) — 27.818
  Warmwasserspeicher (1St), Rückspülfilter (1St), Ventile (21St) * Heizungsleitungen (92m), Anschluss Leitungen an Warmwasserspeicher (2St) * Fußbodenheizung (349m²), Plattenheizkörper (8St)

KG	Kostengruppe	Menge Einheit	Kosten €	€/Einheit	%
430	**Lufttechnische Anlagen**	1.398,00 m² BGF	309	**0,22**	0,3
	• Herstellen (Kosten: 100,0%) Kleinraumlüfter mit Nachlauf (2St)		309		
440	**Starkstromanlagen**	1.398,00 m² BGF	34.546	**24,71**	37,3
	• Abbrechen (Kosten: 2,8%) Abbruch von Unterverteilungen (2St) * Elektroleitungen, Kabelkanälen, Steckdosen, Schaltern * Deckenleuchten (50St), Wandleuchten (10St); Entsorgung, Deponiegebühren		953		
	• Wiederherstellen (Kosten: 3,1%) Zählerschrank überprüfen, Hauptverteiler instandsetzen * Schlüsselschalter ausbauen, flächenbündig wieder einbauen (1St) * Wandleuchten ausbauen, lagern, wieder einbauen (2St) * Ableitungen ausbauen, wieder einbauen, unter Dämmung (5St)		1.065		
	• Herstellen (Kosten: 94,2%) Unterverteilung, Zwischenzähler, Sicherungsautomaten, FI-Schutzschalter, Anschluss an Hauptverteiler * Elektrokabel, Hauptzuleitungen, Schalter, Steckdosen, Bewegungsmelder * Downlights (46St), Wandleuchten (12St), Anbauleuchten (14St), Rettungszeichenleuchten (7St)		32.528		
450	**Fernmelde-, informationstechn. Anlagen**	1.398,00 m² BGF	8.951	**6,40**	9,7
	• Herstellen (Kosten: 100,0%) Türsprechanlage, zwei Gegensprechstellen (1St) * Brandmeldeanlage		8.951		
600	**Ausstattung und Kunstwerke**				**100,0**
610	**Ausstattung**	1.398,00 m² BGF	8.766	**6,27**	100,0
	• Herstellen (Kosten: 100,0%) Liegepolster-Bettzeug-Schränke (2St), Wickelplatz (1St), Schrank (1St), Garderobenbänke (6St), Raumteiler (1St), Seifenspender (5St), WC-Bürstengarnituren (2St), WC-Papierrollenhalter (2St), Hakenleiste (1St)		8.766		

4400-0178
Kindertagesstätte
(4 Gruppen)
(65 Kinder)

Umbau

Kostenkennwerte für die Kostengruppen der 3.Ebene DIN 276 (Übersicht)

KG	Kostengruppe	Menge Einheit	€/Einheit	Kosten €	% 300+400
300	**Bauwerk - Baukonstruktionen**	**1.398,00 m² BGF**	**167,74**	**234.506,46**	**71,7**
310	Baugrube	–	–	–	–
320	Gründung	–	–	–	–
330	Außenwände	733,12 m² AWF	114,14	83.678,93	25,6
331	Tragende Außenwände	–	–	1.493,27	0,5
	Abbrechen	14,12 m²	105,76	1.493,27	0,5
332	Nichttragende Außenwände	–	–	–	–
333	Außenstützen	–	–	–	–
334	Außentüren und -fenster	79,22 m²	341,73	27.072,18	8,3
	Abbrechen	58,67 m²	19,41	1.138,76	0,3
	Herstellen	79,22 m²	327,36	25.933,40	7,9
335	Außenwandbekleidungen außen	672,68 m²	55,89	37.593,85	11,5
	Wiederherstellen	672,68 m²	7,09	4.769,96	1,5
	Herstellen	653,90 m²	50,20	32.823,89	10,0
336	Außenwandbekleidungen innen	186,22 m²	55,43	10.322,97	3,2
	Abbrechen	16,37 m²	7,58	123,99	< 0,1
	Wiederherstellen	2,00 m²	160,83	321,65	0,1
	Herstellen	184,22 m²	53,62	9.877,33	3,0
337	Elementierte Außenwände	–	–	–	–
338	Sonnenschutz	–	–	–	–
339	Außenwände, sonstiges	733,12 m²	9,82	7.196,66	2,2
340	**Innenwände**	**567,21 m² IWF**	**116,86**	**66.285,34**	**20,3**
341	Tragende Innenwände	5,63 m²	205,01	1.154,18	0,4
	Abbrechen	6,54 m²	44,50	290,87	0,1
	Herstellen	5,63 m²	153,34	863,31	0,3
342	Nichttragende Innenwände	135,00 m²	110,60	14.930,67	4,6
	Abbrechen	222,90 m²	21,10	4.702,35	1,4
	Herstellen	135,00 m²	75,76	10.228,32	3,1
343	Innenstützen	–	–	–	–
344	Innentüren und -fenster	92,50 m²	333,70	30.866,80	9,4
	Abbrechen	12,43 m²	12,19	151,55	< 0,1
	Wiederherstellen	49,42 m²	59,43	2.936,90	0,9
	Herstellen	43,08 m²	644,81	27.778,35	8,5
345	Innenwandbekleidungen	915,97 m²	17,57	16.095,94	4,9
	Abbrechen	135,08 m²	9,16	1.237,11	0,4
	Herstellen	915,97 m²	16,22	14.858,83	4,5
346	Elementierte Innenwände	16,72 m²	193,65	3.237,75	1,0
	Wiederherstellen	8,82 m²	58,62	517,01	0,2
	Herstellen	7,90 m²	344,40	2.720,73	0,8
349	Innenwände, sonstiges	–	–	–	–
350	**Decken**	**410,17 m² DEF**	**73,02**	**29.952,21**	**9,2**
351	Deckenkonstruktionen	–	–	–	–
352	Deckenbeläge	410,17 m²	73,02	29.952,21	9,2
	Abbrechen	260,56 m²	16,48	4.294,77	1,3
	Wiederherstellen	137,57 m²	4,12	566,21	0,2
	Herstellen	410,17 m²	61,17	25.091,24	7,7
353	Deckenbekleidungen	–	–	–	–
359	Decken, sonstiges	–	–	–	–

4400-0178 Kindertagesstätte (4 Gruppen) (65 Kinder)

Umbau

KG	Kostengruppe	Menge Einheit	€/Einheit	Kosten €	% 300+400
360	**Dächer**	457,50 m² DAF	85,17	38.966,45	11,9
361	Dachkonstruktionen	–	–	–	–
362	Dachfenster, Dachöffnungen	0,44 m²	9.484,82	4.173,32	1,3
363	Dachbeläge	–	–	–	–
364	Dachbekleidungen	457,50 m²	76,05	34.793,13	10,6
	Abbrechen	32,73 m²	10,10	330,45	0,1
	Wiederherstellen	457,50 m²	2,15	981,80	0,3
	Herstellen	454,36 m²	73,69	33.480,88	10,2
369	Dächer, sonstiges	–	–	–	–
370	**Baukonstruktive Einbauten**	1.398,00 m² BGF	5,55	7.755,27	2,4
371	Allgemeine Einbauten	–	–	–	–
372	Besondere Einbauten	1.398,00 m² BGF	5,55	7.755,27	2,4
379	Baukonstruktive Einbauten, sonstiges	–	–	–	–
390	**Son. Maßnahmen Baukonstruktionen**	1.398,00 m² BGF	5,63	7.868,25	2,4
391	Baustelleneinrichtung	1.398,00 m² BGF	0,94	1.307,40	0,4
392	Gerüste	1.398,00 m² BGF	3,84	5.372,30	1,6
393	Sicherungsmaßnahmen	–	–	–	–
394	Abbruchmaßnahmen	–	–	–	–
395	Instandsetzungen	–	–	–	–
396	Materialentsorgung	–	–	–	–
397	Zusätzliche Maßnahmen	1.398,00 m² BGF	0,85	1.188,54	0,4
398	Provisorische Baukonstruktionen	–	–	–	–
399	Sonst. Maßnahmen für Baukonstruktionen, sonst.	–	–	–	–
400	**Bauwerk - Technische Anlagen**	1.398,00 m² BGF	66,17	92.506,14	28,3
410	**Abwasser-, Wasser-, Gasanlagen**	1.398,00 m² BGF	13,64	19.074,23	5,8
411	Abwasseranlagen	1.398,00 m² BGF	0,68	947,64	0,3
412	Wasseranlagen	1.398,00 m² BGF	12,42	17.367,86	5,3
	Abbrechen	1.398,00 m² BGF	0,86	1.208,63	0,4
	Wiederherstellen	1.398,00 m² BGF	< 0,1	103,85	< 0,1
	Herstellen	1.398,00 m² BGF	11,48	16.055,38	4,9
413	Gasanlagen	–	–	–	–
419	Abwasser-, Wasser-, Gasanlagen, sonstiges	1.398,00 m² BGF	0,54	758,74	0,2
420	**Wärmeversorgungsanlagen**	1.398,00 m² BGF	21,19	29.625,21	9,1
421	Wärmeerzeugungsanlagen	1.398,00 m² BGF	1,63	2.284,70	0,7
	Abbrechen	1.398,00 m² BGF	< 0,1	115,88	< 0,1
	Wiederherstellen	1.398,00 m² BGF	0,18	251,90	0,1
	Herstellen	1.398,00 m² BGF	1,37	1.916,91	0,6
422	Wärmeverteilnetze	1.398,00 m² BGF	2,71	3.795,04	1,2
	Abbrechen	1.398,00 m² BGF	0,10	142,81	< 0,1
	Herstellen	1.398,00 m² BGF	2,61	3.652,23	1,1
423	Raumheizflächen	1.398,00 m² BGF	16,84	23.545,48	7,2
	Abbrechen	1.398,00 m² BGF	0,93	1.297,00	0,4
	Herstellen	1.398,00 m² BGF	15,91	22.248,47	6,8
429	Wärmeversorgungsanlagen, sonstiges	–	–	–	–
430	**Lufttechnische Anlagen**	1.398,00 m² BGF	0,22	309,22	0,1
431	Lüftungsanlagen	1.398,00 m² BGF	0,22	309,22	0,1
432	Teilklimaanlagen	–	–	–	–
433	Klimaanlagen	–	–	–	–
434	Kälteanlagen	–	–	–	–
439	Lufttechnische Anlagen, sonstiges	–	–	–	–

© BKI Baukosteninformationszentrum   Kostenstand: 3.Quartal 2015, Bundesdurchschnitt, **inkl. 19% MwSt.**

4400-0178
Kindertagesstätte
(4 Gruppen)
(65 Kinder)

Umbau

KG	Kostengruppe	Menge Einheit	€/Einheit	Kosten €	% 300+400
440	**Starkstromanlagen**	1.398,00 m² BGF	24,71	34.546,19	10,6
441	Hoch- und Mittelspannungsanlagen	–	–	–	–
442	Eigenstromversorgungsanlagen	–	–	–	–
443	Niederspannungsschaltanlagen	1.398,00 m² BGF	1,74	2.427,24	0,7
	Abbrechen	1.398,00 m² BGF	0,28	384,64	0,1
	Wiederherstellen	1.398,00 m² BGF	0,14	192,62	0,1
	Herstellen	1.398,00 m² BGF	1,32	1.849,98	0,6
444	Niederspannungsinstallationsanlagen	1.398,00 m² BGF	9,18	12.837,03	3,9
	Abbrechen	1.398,00 m² BGF	0,24	329,52	0,1
	Wiederherstellen	1.398,00 m² BGF	< 0,1	85,58	< 0,1
	Herstellen	1.398,00 m² BGF	8,89	12.421,93	3,8
445	Beleuchtungsanlagen	1.398,00 m² BGF	13,28	18.560,02	5,7
	Abbrechen	1.398,00 m² BGF	0,17	238,91	0,1
	Wiederherstellen	1.398,00 m² BGF	< 0,1	64,92	< 0,1
445	Herstellen	1.398,00 m² BGF	13,06	18.256,19	5,6
446	Blitzschutz- und Erdungsanlagen	1.398,00 m² BGF	0,52	721,90	0,2
	Wiederherstellen	1.398,00 m² BGF	0,52	721,90	0,2
449	Starkstromanlagen, sonstiges	–	–	–	–
450	**Fernm.- und informationstechn. Anlagen**	1.398,00 m² BGF	6,40	8.951,27	2,7
451	Telekommunikationsanlagen	–	–	–	–
452	Such- und Signalanlagen	1.398,00 m² BGF	1,57	2.200,92	0,7
453	Zeitdienstanlagen	–	–	–	–
454	Elektroakustische Anlagen	–	–	–	–
455	Fernseh- und Antennenanlagen	–	–	–	–
456	Gefahrenmelde- und Alarmanlagen	1.398,00 m² BGF	4,83	6.750,36	2,1
457	Übertragungsnetze	–	–	–	–
459	Fernmelde- und informationstechn. Anl., sonst.	–	–	–	–
460	**Förderanlagen**	–	–	–	–
470	**Nutzungsspezifische Anlagen**	–	–	–	–
480	**Gebäudeautomation**	–	–	–	–
490	**Sonst. Maßnahmen für Techn. Anlagen**	–	–	–	–

Kostenkennwerte für Leistungsbereiche nach StLB (Kosten des Bauwerks nach DIN 276)

4400-0178
Kindertagesstätte
(4 Gruppen)
(65 Kinder)

Umbau

LB	Leistungsbereiche	Kosten €	€/m² BGF	€/m³ BRI	% an 3+4
000	Sicherheits-, Baustelleneinrichtungen inkl. 001	7.868	5,60	1,40	2,4
002	Erdarbeiten	–	–	–	–
006	Spezialtiefbauarbeiten inkl. 005	–	–	–	–
009	Entwässerungskanalarbeiten inkl. 011	–	–	–	–
010	Dränarbeiten	–	–	–	–
012	Mauerarbeiten	7.245	5,20	1,30	2,2
013	Betonarbeiten	–	–	–	–
014	Natur-, Betonwerksteinarbeiten	–	–	–	–
016	Zimmer- und Holzbauarbeiten	7.197	5,10	1,30	2,2
017	Stahlbauarbeiten	–	–	–	–
018	Abdichtungsarbeiten	–	–	–	–
020	Dachdeckungsarbeiten	–	–	–	–
021	Dachabdichtungsarbeiten	–	–	–	–
022	Klempnerarbeiten	–	–	–	–
	Rohbau	**22.310**	**16,00**	**4,10**	**6,8**
023	Putz- und Stuckarbeiten, Wärmedämmsysteme	44.604	31,90	8,20	13,6
024	Fliesen- und Plattenarbeiten	4.076	2,90	0,75	1,2
025	Estricharbeiten	5.565	4,00	1,00	1,7
026	Fenster, Außentüren inkl. 029, 032	29.116	20,80	5,40	8,9
027	Tischlerarbeiten	19.156	13,70	3,50	5,9
028	Parkett-, Holzpflasterarbeiten	–	–	–	–
030	Rollladenarbeiten	–	–	–	–
031	Metallbauarbeiten inkl. 035	5.440	3,90	1,00	1,7
034	Maler- und Lackiererarbeiten inkl. 037	22.808	16,30	4,20	7,0
036	Bodenbelagsarbeiten	18.392	13,20	3,40	5,6
038	Vorgehängte hinterlüftete Fassaden	–	–	–	–
039	Trockenbauarbeiten	41.396	29,60	7,60	12,7
	Ausbau	**190.553**	**136,30**	**35,00**	**58,3**
040	Wärmeversorgungsanlagen, inkl. 041	27.303	19,50	5,00	8,3
042	Gas- und Wasseranlagen, Leitungen inkl. 043	5.450	3,90	1,00	1,7
044	Abwasseranlagen - Leitungen	948	0,68	0,17	0,3
045	Gas, Wasser, Entwässerung - Ausstattung inkl. 046	10.511	7,50	1,90	3,2
047	Dämmarbeiten an technischen Anlagen	2.073	1,50	0,38	0,6
049	Feuerlöschanlagen, Feuerlöschgeräte	–	–	–	–
050	Blitzschutz- und Erdungsanlagen	722	0,52	0,13	0,2
052	Mittelspannungsanlagen	–	–	–	–
053	Niederspannungsanlagen inkl. 054	14.327	10,20	2,60	4,4
055	Ersatzstromversorgungsanlagen	–	–	–	–
057	Gebäudesystemtechnik	–	–	–	–
058	Leuchten und Lampen, inkl. 059	18.321	13,10	3,40	5,6
060	Elektroakustische Anlagen	2.201	1,60	0,40	0,7
061	Kommunikationsnetze, inkl. 063	6.750	4,80	1,20	2,1
069	Aufzüge	–	–	–	–
070	Gebäudeautomation	–	–	–	–
075	Raumlufttechnische Anlagen	309	0,22	< 0,1	0,1
	Gebäudetechnik	**88.914**	**63,60**	**16,30**	**27,2**
084	Abbruch- und Rückbauarbeiten	17.480	12,50	3,20	5,3
	Sonstige Leistungsbereiche inkl. 008, 033, 051	**7.755**	**5,50**	**1,40**	**2,4**

© BKI Baukosteninformationszentrum   Kostenstand: 3.Quartal 2015, Bundesdurchschnitt, **inkl. 19% MwSt.**

4500-0016
Seminargebäude

Objektübersicht

Modernisierung BRI 393 €/m³   BGF 1.232 €/m²   NF 1.920 €/m²   NE keine Angabe

Objekt:
Kennwerte: 3.Ebene DIN 276
BRI: 1.631m³
BGF: 520m²
NF: 334m²
Bauzeit: 21 Wochen
Bauende: 2013
Standard: Durchschnitt
Kreis: Göttingen, Niedersachsen

Architekt:
Schwiger Architekten
Hansjochen Schwieger
Eichweg 10 A
37077 Göttingen

Bauherr:
Evangelische Kirche
in Deutschland
Herrenhäuser Straße 12
30419 Hannover

vorher

nachher

© BKI Baukosteninformationszentrum   Kostenstand: 3.Quartal 2015, Bundesdurchschnitt, **inkl. 19% MwSt.**

Zeichnungen

4500-0016
Seminargebäude

Modernisierung

Ansicht Nord

Ansicht Ost

Erdgeschoss

1. Obergeschoss

Schnitt

Dachgeschoss

Ansicht Süd

Ansicht West

4500-0016
Seminargebäude

Modernisierung

Objektbeschreibung

Allgemeine Objektinformationen

Das ca. 1895 erbaute, nicht unter Denkmalschutz stehende, Gebäude wurde wie ein Denkmal saniert und energetisch ertüchtigt. Es entspricht nach den Baumaßnahmen den Anforderungen eines modernen Büro-/ Seminargebäudes. Einige Wände wurden zugunsten einer neuen Grundrissaufteilung abgebrochen, einige Wände wurden ergänzt. Es wurden ein Behinderten-WC und ein Treppenlift eingebaut.

Nutzung

1 Untergeschoss
Archiv

1 Erdgeschoss
Seminarraum, Bibliothek, Büro, Teeküche, Behinderten-WC, WC

1 Obergeschoss
Büros, Sekretariat, Aktenraum, WC

1 Dachgeschoss
Büros, Küche, Putzraum, WC

Nutzeinheiten

Arbeitsplätze: 12

Grundstück

Bauraum: Freier Bauraum
Neigung: Ebenes Gelände
Bodenklasse: BK 1 bis BK 4

Markt

Hauptvergabezeit: 3.Quartal 2012
Baubeginn: 3.Quartal 2012
Bauende: 1.Quartal 2013
Konjunkturelle Gesamtlage: Durchschnitt
Regionaler Baumarkt: Durchschnitt

Baubestand

Baujahr: 1895
Bauzustand: mittel
Aufwand: mittel
Grundrissänderungen: einige
Tragwerkseingriffe: wenige
Nutzungsänderung: nein
Nutzung während der Bauzeit: nein

Baukonstruktion

Die vorhandenen 40cm starken Ziegelmauerwerksaußenwände sind teilweise verputzt, teilweise als Sichtmauerwerkswände ausgeführt. Die Holzfenster besitzen nur teilweise eine Isolierverglasung. Im Kellergeschoss wurde eine neue 11,5cm starke Mauerwerkswand eingezogen. Vorhandene Türöffnungen wurden geschlossen. Die Außenwände wurden mit einer 80mm starken Innendämmung energetisch ertüchtigt. Gleichzeitig wurden die Kellerdecke und das Dach gedämmt. Zur Aufnahme der haustechnischen Installation wurden in Trockenbauweise Metallständerwände, zweilagig mit Gipsfaserbauplatten beplankt, eingebaut. Neue Holzfenster in historischer Gliederung mit Wärmeschutzverglasung kamen zur Ausführung. Im Dachgeschoss kam eine Holz-Glas-Wand zum Einbau.

Technische Anlagen

Die bestehenden Gaseinzelöfen und die Gasleitung wurden demontiert. Es wurden Leitungen neu verlegt und eine Gas-Brennwerttherme installiert. Abgas wird über ein Luft-Abgas-System durch den bestehenden Schornstein geführt. Die Räume wurden mit neuen Heizkörpern ausgestattet. Das Warmwasser in den Teeküchen und dem Behinderten-WC wird über Durchlauferhitzer bereitgestellt. Das Abwasser für die Teeküchen und die Toilette wird an den bestehenden Grundleitungsanschluss im Erdgeschoss angeschlossen.

4500-0016
Seminargebäude

Modernisierung

Planungskennwerte für Flächen und Rauminhalte nach DIN 277

Flächen des Grundstücks		Menge, Einheit	% an FBG
BF	Bebaute Fläche	129,50 m²	20,7
UBF	Unbebaute Fläche	497,50 m²	79,4
FBG	Fläche des Baugrundstücks	627,00 m²	100,0

Grundflächen des Bauwerks		Menge, Einheit	% an NF	% an BGF
NF	Nutzfläche	333,60 m²	100,0	64,2
TF	Technische Funktionsfläche	– m²	–	–
VF	Verkehrsfläche	61,70 m²	18,5	11,9
NGF	Netto-Grundfläche	395,30 m²	118,5	76,1
KGF	Konstruktions-Grundfläche	124,40 m²	37,3	23,9
BGF	Brutto-Grundfläche	519,70 m²	155,8	100,0

Brutto-Rauminhalt des Bauwerks		Menge, Einheit	BRI/NF (m)	BRI/BGF (m)
BRI	Brutto-Rauminhalt	1.630,60 m³	4,89	3,14

Lufttechnisch behandelte Flächen	Menge, Einheit	% an NF	% an BGF
Entlüftete Fläche	– m²	–	–
Be- und entlüftete Fläche	– m²	–	–
Teilklimatisierte Fläche	– m²	–	–
Klimatisierte Fläche	– m²	–	–

KG	Kostengruppen (2.Ebene)	Menge, Einheit		Menge/NF	Menge/BGF
310	Baugrube	– m³	BGI	–	–
320	Gründung	102,49 m²	GRF	0,31	0,20
330	Außenwände	505,85 m²	AWF	1,52	0,97
340	Innenwände	430,73 m²	IWF	1,29	0,83
350	Decken	320,47 m²	DEF	0,96	0,62
360	Dächer	221,14 m²	DAF	0,66	0,43

Kostenkennwerte für die Kostengruppen der 1.Ebene DIN 276

KG	Kostengruppen (1.Ebene)	Einheit	Kosten €	€/Einheit	€/m² BGF	€/m³ BRI	% 300+400
100	Grundstück	m² FBG	–	–	–	–	–
200	Herrichten und Erschließen	m² FBG	–	–	–	–	–
300	Bauwerk - Baukonstruktionen	m² BGF	505.493	972,66	972,66	310,00	78,9
400	Bauwerk - Technische Anlagen	m² BGF	134.979	259,72	259,72	82,78	21,1
	Bauwerk 300+400	**m² BGF**	**640.471**	**1.232,39**	**1.232,39**	**392,78**	**100,0**
500	Außenanlagen	m² AUF	11.301	52,70	21,75	6,93	1,8
600	Ausstattung und Kunstwerke	m² BGF	3.412	6,57	6,57	2,09	0,5
700	Baunebenkosten	m² BGF	–	–	–	–	–

© BKI Baukosteninformationszentrum   Kostenstand: 3.Quartal 2015, Bundesdurchschnitt, inkl. 19% MwSt.

4500-0016
Seminargebäude

Modernisierung

Kostenkennwerte für die Kostengruppen der 1.Ebene DIN 276

KG	Kostengruppe	Menge Einheit	Kosten €	€/Einheit	%
3+4	**Bauwerk**				**100,0**
300	**Bauwerk - Baukonstruktionen**	519,70 m² BGF	505.493	**972,66**	78,9

- Abbrechen (Kosten: 8,3%) — 42.118
  Abbruch von Holzfenstern, Gaubenwandbekleidung, Kalkzementputz; Mauerwerk, GK-Wänden, Holztüren, Zargen, Tapeten, Anstrich, Lehmputz, GK-Bekleidung, Wandfliesen; Spanplattenboden, Bodenbelägen, Treppenbelägen; Pfosten und Riegel, Lattung, Hohlziegeln, Dämmung, Dachrinnen; Entsorgung, Deponiegebühren

- Wiederherstellen (Kosten: 19,2%) — 97.040
  Haustüranlage mit Wärmeschutzverglasung neu verglasen, Klinkermauerwerk mit Zierbändern, Ecklisenen und Fensterlaibungen reinigen, ausbessern, Abdeckgesims aus Sandstein erneuern, Sockelmauerwerk aus Sandstein, Putzfaschen reinigen, ausbessern; Mauerwerksöffnung höher setzen, Holztürblätter aufarbeiten, Türblätter und Zargen lackieren, neue Türschlösser und Drückergarnituren einbauen, Holz-Glas-Türelemente neu verglasen, lackieren; Holztreppenstufen und -podeste, Treppengeländer aufarbeiten; Giebelkreuz erneuern, Traufschalung, Sparrenköpfe aufarbeiten

- Herstellen (Kosten: 72,5%) — 366.335
  Bodenanstrich; Holzfensterelemente, Putz, Mineraldämmplatten, Plissees; Mauerwerk, GK-Wände, Brandschutzelemente, Holztüren, Schiebetür; Putz, Malervlies, Anstrich, Wandfliesen; Linoleum, Bodenfliesen, Kautschuk, Anstrich, Holzwolle-Mehrschichtplatten; Holzpfosten, Unterzüge, Dachflächenfenster, Sparrenaufdoppelung, Dämmung, Hohlfalzziegel, Dachrinnen, Einschubtreppe; Teeküchen

400	**Bauwerk - Technische Anlagen**	519,70 m² BGF	134.979	**259,72**	21,1

- Abbrechen (Kosten: 2,5%) — 3.424
  Demontage von Abwasserleitungen, Fallrohren, Kalt- und Warmwasserleitungen, Sanitärobjekten, Warmwasserbereiter; Gasleitungen, Gaseinzelöfen; Leuchtstoffröhren; Entsorgung, Deponiegebühren

- Herstellen (Kosten: 97,5%) — 131.555
  Gebäudeentwässerung, Kalt-und Warmwasserleitungen, Sanitärobjekte; Gas-Brennwertkessel, Heizungsrohre, Heizkörper; Unterputz-Lüftungsgerät; Elektroinstallation, Beleuchtung, Blitzschutzanlage; Telefonanlage, Behindertenrufanlage, Türsprechanlage, Rauchmeldeanlage, RWA-Anlage, EDV-Verkabelung; Plattformlift

500	**Außenanlagen**	214,46 m² AUF	11.301	**52,70**	1,8

- Abbrechen (Kosten: 4,8%) — 539
  Abbruch von Gehwegplatten, Betonrasenkante; Entsorgung, Deponiegebühren

- Herstellen (Kosten: 95,2%) — 10.762
  Bodenaushub; Planum, Betonsteinpflaster, Betonrasenbord, Traufstreifen; Briefkastenanlage; Oberboden andecken, Buchenhecke, Planum, Rasenansaat, Granitfindling

KG	Kostengruppe	Menge Einheit	Kosten €	€/Einheit	%
600	**Ausstattung und Kunstwerke**	519,70 m² BGF	3.412	**6,57**	0,5

- Abbrechen (Kosten: 15,1%)   516
  Demontage von Gardinen mit Zubehör; Entsorgung, Deponiegebühren

- Herstellen (Kosten: 84,9%)   2.896
  Sanitärausstattung, Raumbezeichnungsschilder

4500-0016
Seminargebäude

Modernisierung

4500-0016
Seminargebäude

Modernisierung

Kostenkennwerte für die Kostengruppen der 2.Ebene DIN 276

KG	Kostengruppe	Menge Einheit	Kosten €	€/Einheit	%
300	**Bauwerk - Baukonstruktionen**				100,0
320	**Gründung**	102,49 m² GRF	1.655	**16,15**	0,3

- Herstellen (Kosten: 100,0%)   1.655
  Betonboden spachteln, grundieren, streichen (102m²)

330	**Außenwände**	505,85 m² AWF	197.472	**390,38**	39,1

- Abbrechen (Kosten: 3,3%)   6.462
  Abbruch von Holzfenstern (72m²) * Gaubenwandbekleidung (4m²) * Tapeten (363m²), Kalkzementputz (26m²); Entsorgung, Deponiegebühren

- Wiederherstellen (Kosten: 30,1%)   59.509
  Haustüranlage entglasen, Neuverglasung mit Wärmeschutzverglasung (1m²) * Klinkermauerwerk reinigen, Fugen auskratzen, neu verfugen (197m²), Zierbänder (14m), Ecklisenen (47m), Fensterlaibungen (74m), Klinkersteine ausstemmen, ersetzen (36St), Sockelmauerwerk aus Sandstein reinigen, schadhafte und lose Teile entfernen, ausbessern, Fugen auskratzen, neu verfugen (69m²), Abdeckgesims aus Sandstein erneuern (5m), Putzfaschen reinigen, lose Teile entfernen, neu verputzen (30m²)

- Herstellen (Kosten: 66,6%)   131.501
  Holzfensterelemente (71m²), RWA (1m²), Rundfenster (0,30m²) * Oberputz (226m²), Gaubenwandbekleidung, Titanzink, Dämmung (5m²) * Mineraldämmplatten (348m²), Putz, Malervlies, Silikatanstrich (381m²), Sanier-Zementputz (26m²), Wandfliesen (18m²) * Plisseeanlagen als innenliegender Sonnenschutz (19m²)

340	**Innenwände**	430,73 m² IWF	143.131	**332,30**	28,3

- Abbrechen (Kosten: 11,7%)   16.804
  Abbruch von Mauerwerk, d=15cm (16m²), für Türöffnungen, d=18cm (4m²), für Sturzauflager (6St) * Mauerwerk, d=15cm (34m²), für Türöffnungen (4m²), GK-Wänden (20m²) * Holztüren, Zargen (18m²) * Tapeten (708m²), Anstrich (382m²), Lehmputz (112m²), GK-Bekleidung (34m²), Wandfliesen (25m²); Entsorgung, Deponiegebühren

- Wiederherstellen (Kosten: 19,0%)   27.156
  Sturz von Mauerwerksöffnung höher setzen (1St) * Holztürblätter ausbauen, verlängern, Schlosskästen ausbauen, Löcher mit Massivholz verleimen, Fehlstellen ausbessern, schleifen, wieder einbauen (34m²), Türblätter und Zargen lackieren (38m²), neue Türschlösser und Drückergarnituren einbauen (19St), Holz-Glas-Türelemente entglasen, neu verglasen, lackieren (13m²); Entsorgung, Deponiegebühren

- Herstellen (Kosten: 69,3%)   99.171
  Wanddurchbrüche, Öffnungen schließen (2m²) * Hlz-Mauerwerk, d=11,5cm (13m²), KS-Mauerwerk, d=11,5cm (5m²), Wanddurchbrüche schließen (33St), GK-Schallschutzwände, d=12,5cm (27m²), F90 (22m²) * Brandschutztüren (4m²), Brandschutzelemente (7m²), Holztür (2m²), Schiebetür (2m²) * Putz (144m²), Malervlies, Silikatanstrich (710m²), Wandfliesen (18m²)

KG	Kostengruppe	Menge Einheit	Kosten €	€/Einheit	%
350	**Decken**	320,47 m² DEF	69.466	**216,76**	13,7

- Abbrechen (Kosten: 19,6%)   13.642
  Abbruch von Spanplattenboden (118m²), Bodenbelag (314m²), PVC-Belag und Gummikanten auf Tritt- und Setzstufen (14m²), Sockelleisten (126m) * Anstrich (322m²); Entsorgung, Deponiegebühren

- Wiederherstellen (Kosten: 10,1%)   7.035
  Holztreppenstufen und -podeste schleifen, grundieren, lackieren (24m²) * Treppengeländer, Holz, schleifen, Fehlstellen ausbessern, lackieren (14m)

- Herstellen (Kosten: 70,2%)   48.788
  Dielenboden schleifen, Füllgrundierung, Ausgleichsmasse, Linoleum (269m²), Bodenfliesen (4m²), Sockelleisten, Anstrich (248m), Trockenestrich, Kautschuk (6m²) * Spachtelung, Malervlies, Silikatanstrich (235m²), Holzwolle-Mehrschichtplatten (86m²), GK-Bekleidung (3m²)

KG	Kostengruppe	Menge Einheit	Kosten €	€/Einheit	%
360	**Dächer**	221,14 m² DAF	62.721	**283,63**	12,4

- Abbrechen (Kosten: 8,3%)   5.210
  Abbruch von Pfosten und Riegel (1St) * Lattung, Hohlziegeln (218m²), Dämmung (314m²), Dachrinnen (32m) * Tapeten (148m²); Entsorgung, Deponiegebühren

- Wiederherstellen (Kosten: 5,3%)   3.340
  Giebelkreuz ausbauen, erneuern (1St) * Traufschalung, Sparrenköpfe, schleifen, grundieren, lackieren (63m²)

- Herstellen (Kosten: 86,4%)   54.172
  Holzpfosten (4St), Unterzüge, BSH (9m), KVH (11m) * Dachflächenfenster (0,90m²), RWA (1,50m²), Dachausstieg (0,49m²) * Dämmung (169m²), Sparrenaufdoppelung (205m²), Hohlfalzziegel (218m²), Titanzink-Bekleidung (88m), Dachrinnen, Titanzink (34m) * Silikatanstrich (148m²), GF-Bekleidung (13m²) * Einschubtreppe (1St)

KG	Kostengruppe	Menge Einheit	Kosten €	€/Einheit	%
370	**Baukonstruktive Einbauten**	519,70 m² BGF	5.626	**10,83**	1,1

- Herstellen (Kosten: 100,0%)   5.626
  Teeküchen mit Einbauspülen, Kühlschränken (2St), Geschirrspüler (1St)

KG	Kostengruppe	Menge Einheit	Kosten €	€/Einheit	%
390	**Sonstige Baukonstruktionen**	519,70 m² BGF	25.421	**48,92**	5,0

- Herstellen (Kosten: 100,0%)   25.421
  Baustellen-WC mit Waschgelegenheit, Bauschild, Bauwasser- und Baustromanschluss (1St), Autokran (8h), Wannenleuchten (6St) * Fassadengerüst (852m²), Dachdeckerfanggerüst (32m) * Schuttentsorgung (4m³) * Schutzabdeckungen (psch), Heizgebläse (1St), Bauendreinigung (psch)

4500-0016
Seminargebäude

Modernisierung

4500-0016
Seminargebäude

Modernisierung

KG	Kostengruppe	Menge Einheit	Kosten €	€/Einheit	%
400	**Bauwerk - Technische Anlagen**				**100,0**
410	**Abwasser-, Wasser-, Gasanlagen**	519,70 m² BGF	14.502	**27,91**	10,7

- Abbrechen (Kosten: 12,5%) 1.809
Demontage von Abwasserleitungen DN50-125 (35m), Fallrohren (27m) * Kalt- und Warmwasserleitungen bis DN40 (85m), WC-Anlagen (3St), Waschtischen (4St), Warmwasserbereiter 30l (1St); Entsorgung, Deponiegebühren

- Herstellen (Kosten: 87,5%) 12.693
Abwasserleitungen (23m), Regenfallrohre (28m), Standrohre (3St) * Kalt- und Warmwasserleitungen (25m), Feinfilter (1St), Tiefspül-WCs (4St), Waschtische (4St), Stützklappgriffe (2St), Warmwasserspeicher 5l (3St) * Montageelemente (7St)

420	**Wärmeversorgungsanlagen**	519,70 m² BGF	25.023	**48,15**	18,5

- Abbrechen (Kosten: 6,2%) 1.558
Demontage von Gasleitungen DN50 (72m), Gaseinzelöfen (18St); Entsorgung, Deponiegebühren

- Herstellen (Kosten: 93,8%) 23.465
Gas-Brennwertkessel 19kW (1St), Membrandruckausdehnungsgefäß 35l (1St) * Stahl-Heizungsrohre (213m) * Konvektoren (22St), Röhrenradiatoren (3St), Thermostatventile (25St) * PPS-Abgasrohr, d=60mm (15m), Schornstein-Einfassung (1St)

430	**Lufttechnische Anlagen**	519,70 m² BGF	629	**1,21**	0,5

- Herstellen (Kosten: 100,0%) 629
Unterputz-Lüftungsgerät (1St), Wickelfalzrohre DN100 (16m)

440	**Starkstromanlagen**	519,70 m² BGF	61.369	**118,08**	45,5

- Abbrechen (Kosten: 0,1%) 56
Demontage von Leuchtstoffröhren (42St); Entsorgung, Deponiegebühren

- Herstellen (Kosten: 99,9%) 61.313
Mantelleitungen (1.714m), Zählerschrank (1St), Verteiler (7St), Schalter (44St), Steckdosen (154St), Bewegungsmelder (4St) * Rasterleuchten (32St), Feuchtraum-Wannenleuchten (9St), Akku-Notleuchten (7St), Anbauleuchten (21St), Ovalleuchten (2St) * Fangleitungen (138m), Erdleitungen (29m), Potenzialausgleichsschienen (2St), Erdfahnen (3St)

450	**Fernmelde-, informationstechn. Anlagen**	519,70 m² BGF	19.976	**38,44**	14,8

- Herstellen (Kosten: 100,0%) 19.976
Fernmeldeleitungen (260m), Patchpanel 19" (1St) * Behindertenrufanlage (1St), Türsprechanlage, Haustelefon (1St) * Rauchmeldezentrale (1St), Rauchmelder (27St), Signalgeber (4St), RWA-Steuerungen (2St), Fernmeldeleitungen (380m), Brandmeldekabel (51m), Sicherheitskabel (28m) * Datenkabel (827m), Steckdosen, HDMI (2St), Datendosen, zweifach (32St), einfach (1St), Patchpanel 19" (2St)

460	**Förderanlagen**	519,70 m² BGF	13.479	**25,94**	10,0

- Herstellen (Kosten: 100,0%) 13.479
Plattformlift 86x65cm, Tragkraft 325kg, Förderhöhe 1,20m (1St)

KG	Kostengruppe	Menge Einheit	Kosten €	€/Einheit	%
500	**Außenanlagen**				**100,0**
510	**Geländeflächen**	46,53 m²	1.466	**31,50**	13,0

- Herstellen (Kosten: 100,0%) — 1.466
  Boden ausheben, laden, abfahren, entsorgen, Deponiegebühren (24m³)

520	**Befestigte Flächen**	46,56 m²	6.054	**130,02**	53,6

- Abbrechen (Kosten: 8,9%) — 539
  Abbruch von Gehwegplatten (35m²), Betonrasenkante (27m); Entsorgung, Deponiegebühren

- Herstellen (Kosten: 91,1%) — 5.515
  Planum (46m²), Basaltschotter 0/32mm, Betonsteinpflaster 20x10cm (45m²), 50x50cm (2m²), Betonrasenbord (29m), Fußabstreiferrost (1St) * Traufstreifen, Kies 13/32mm, d=15cm, b=40cm (32m), Beton-Läuferstein 20x10cm (30m), Noppenbahn (30m)

550	**Einbauten in Außenanlagen**	214,46 m² AUF	2.239	**10,44**	19,8

- Herstellen (Kosten: 100,0%) — 2.239
  Briefkastenanlage, Betonfundament (1St)

570	**Pflanz- und Saatflächen**	167,90 m²	1.334	**7,94**	11,8

- Herstellen (Kosten: 100,0%) — 1.334
  Oberboden andecken * Buchenhecke (3m) * Planum, Rasenansaat (168m²) * Granitfindling (1St)

590	**Sonstige Außenanlagen**	214,46 m² AUF	208	**0,97**	1,8

- Herstellen (Kosten: 100,0%) — 208
  Baustelleneinrichtung (1St)

600	**Ausstattung und Kunstwerke**				**100,0**
610	**Ausstattung**	519,70 m² BGF	3.412	**6,57**	100,0

- Abbrechen (Kosten: 15,1%) — 516
  Demontage von Gardinen mit Zubehör (27m²); Entsorgung, Deponiegebühren

- Herstellen (Kosten: 84,9%) — 2.896
  WC-Bürstengarnituren, Handtuchspender, Abfallkörbe, Spiegel (4St), WC-Papierhalter, Seifenspender (3St) * Raumbezeichnungsschilder (21St)

4500-0016
Seminargebäude

Modernisierung

Kostenkennwerte für die Kostengruppen der 3.Ebene DIN 276 (Übersicht)

Seminargebäude — Modernisierung

KG	Kostengruppe	Menge Einheit	€/Einheit	Kosten €	% 300+400
300	**Bauwerk - Baukonstruktionen**	519,70 m² BGF	972,66	505.492,94	78,9
310	**Baugrube**	–	–	–	–
320	**Gründung**	102,49 m² GRF	16,15	1.654,99	0,3
321	Baugrundverbesserung	–	–	–	–
322	Flachgründungen	–	–	–	–
323	Tiefgründungen	–	–	–	–
324	Unterböden und Bodenplatten	–	–	–	–
325	Bodenbeläge	102,49 m²	16,15	1.654,99	0,3
326	Bauwerksabdichtungen	–	–	–	–
327	Dränagen	–	–	–	–
329	Gründung, sonstiges	–	–	–	–
330	**Außenwände**	505,85 m² AWF	390,38	197.471,99	30,8
331	Tragende Außenwände	–	–	–	–
332	Nichttragende Außenwände	–	–	–	–
333	Außenstützen	–	–	–	–
334	Außentüren und -fenster	73,24 m²	634,70	46.482,92	7,3
	Abbrechen	72,05 m²	50,18	3.615,91	0,6
	Wiederherstellen	1,18 m²	1.354,68	1.603,94	0,3
	Herstellen	72,05 m²	572,68	41.263,06	6,4
335	Außenwandbekleidungen außen	526,93 m²	154,32	81.313,74	12,7
	Abbrechen	4,20 m²	47,58	199,82	< 0,1
	Wiederherstellen	295,57 m²	195,91	57.905,44	9,0
	Herstellen	231,36 m²	100,31	23.208,48	3,6
336	Außenwandbekleidungen innen	432,62 m²	153,56	66.431,42	10,4
	Abbrechen	429,41 m²	6,16	2.645,83	0,4
	Herstellen	432,62 m²	147,44	63.785,59	10,0
337	Elementierte Außenwände	–	–	–	–
338	Sonnenschutz	18,92 m²	171,49	3.243,93	0,5
339	Außenwände, sonstiges	–	–	–	–
340	**Innenwände**	430,73 m² IWF	332,30	143.131,49	22,3
341	Tragende Innenwände	4,63 m²	2.476,16	11.452,22	1,8
	Abbrechen	20,43 m²	60,28	1.231,44	0,2
	Wiederherstellen	2,16 m²	66,79	143,99	< 0,1
	Herstellen	2,47 m²	4.081,33	10.076,80	1,6
342	Nichttragende Innenwände	67,66 m²	270,86	18.326,34	2,9
	Abbrechen	55,98 m²	60,96	3.412,50	0,5
	Herstellen	67,66 m²	220,43	14.913,85	2,3
343	Innenstützen	–	–	–	–
344	Innentüren und -fenster	65,67 m²	924,19	60.695,00	9,5
	Abbrechen	18,32 m²	19,97	365,89	0,1
	Wiederherstellen	50,67 m²	533,07	27.011,64	4,2
	Herstellen	15,00 m²	2.220,87	33.317,47	5,2
345	Innenwandbekleidungen	725,80 m²	72,55	52.657,91	8,2
	Abbrechen	655,32 m²	18,00	11.794,64	1,8
	Herstellen	725,80 m²	56,30	40.863,27	6,4
346	Elementierte Innenwände	–	–	–	–
349	Innenwände, sonstiges	–	–	–	–

KG	Kostengruppe	Menge Einheit	€/Einheit	Kosten €	% 300+400
350	**Decken**	320,47 m² DEF	216,76	69.465,65	10,8
351	Deckenkonstruktionen	–	–	–	–
352	Deckenbeläge	303,50 m²	166,05	50.396,41	7,9
	Abbrechen	328,38 m²	37,55	12.329,55	1,9
	Wiederherstellen	24,13 m²	101,00	2.437,38	0,4
	Herstellen	279,37 m²	127,54	35.629,49	5,6
353	Deckenbekleidungen	320,47 m²	45,16	14.471,63	2,3
	Abbrechen	322,48 m²	4,07	1.312,76	0,2
	Herstellen	320,47 m²	41,06	13.158,88	2,1
359	Decken, sonstiges	320,47 m²	14,35	4.597,61	0,7
	Wiederherstellen	24,13 m²	190,52	4.597,61	0,7
360	**Dächer**	221,14 m² DAF	283,63	62.721,09	9,8
361	Dachkonstruktionen	43,35 m²	84,00	3.641,22	0,6
	Abbrechen	43,35 m²	3,09	133,82	< 0,1
	Wiederherstellen	–	–	746,01	0,1
	Herstellen	43,35 m²	63,70	2.761,39	0,4
362	Dachfenster, Dachöffnungen	2,89 m²	1.665,51	4.813,33	0,8
363	Dachbeläge	218,25 m²	204,90	44.720,37	7,0
	Abbrechen	218,25 m²	20,31	4.433,11	0,7
	Herstellen	218,25 m²	184,59	40.287,27	6,3
364	Dachbekleidungen	210,82 m²	40,98	8.638,79	1,3
	Abbrechen	148,00 m²	4,34	642,66	0,1
	Wiederherstellen	62,82 m²	41,29	2.593,79	0,4
	Herstellen	148,00 m²	36,50	5.402,34	0,8
369	Dächer, sonstiges	221,14 m²	4,10	907,38	0,1
370	**Baukonstruktive Einbauten**	519,70 m² BGF	10,83	5.626,40	0,9
371	Allgemeine Einbauten	519,70 m² BGF	10,83	5.626,40	0,9
372	Besondere Einbauten	–	–	–	–
379	Baukonstruktive Einbauten, sonstiges	–	–	–	–
390	**Son. Maßnahmen Baukonstruktionen**	519,70 m² BGF	48,92	25.421,32	4,0
391	Baustelleneinrichtung	519,70 m² BGF	10,38	5.396,78	0,8
392	Gerüste	519,70 m² BGF	20,16	10.475,07	1,6
393	Sicherungsmaßnahmen	–	–	–	–
394	Abbruchmaßnahmen	–	–	–	–
395	Instandsetzungen	–	–	–	–
396	Materialentsorgung	519,70 m² BGF	1,23	639,13	0,1
397	Zusätzliche Maßnahmen	519,70 m² BGF	17,14	8.910,15	1,4
398	Provisorische Baukonstruktionen	–	–	–	–
399	Sonst. Maßnahmen für Baukonstruktionen, sonst.	–	–	–	–
400	**Bauwerk - Technische Anlagen**	519,70 m² BGF	259,72	134.978,50	21,1
410	**Abwasser-, Wasser-, Gasanlagen**	519,70 m² BGF	27,91	14.502,50	2,3
411	Abwasseranlagen	519,70 m² BGF	7,19	3.738,16	0,6
	Abbrechen	519,70 m² BGF	1,80	933,74	0,1
	Herstellen	519,70 m² BGF	5,40	2.804,41	0,4
412	Wasseranlagen	519,70 m² BGF	17,89	9.297,31	1,5
	Abbrechen	519,70 m² BGF	1,69	875,74	0,1
	Herstellen	519,70 m² BGF	16,20	8.421,56	1,3
413	Gasanlagen	–	–	–	–
419	Abwasser-, Wasser-, Gasanlagen, sonstiges	519,70 m² BGF	2,82	1.467,03	0,2

4500-0016
Seminargebäude

Modernisierung

KG	Kostengruppe	Menge Einheit	€/Einheit	Kosten €	% 300+400
420	**Wärmeversorgungsanlagen**	**519,70 m² BGF**	**48,15**	**25.023,14**	**3,9**
421	Wärmeerzeugungsanlagen	519,70 m² BGF	8,62	4.482,25	0,7
	Abbrechen	519,70 m² BGF	0,81	422,47	0,1
	Herstellen	519,70 m² BGF	7,81	4.059,77	0,6
422	Wärmeverteilnetze	519,70 m² BGF	15,16	7.877,89	1,2
423	Raumheizflächen	519,70 m² BGF	22,07	11.471,94	1,8
	Abbrechen	519,70 m² BGF	2,19	1.135,79	0,2
	Herstellen	519,70 m² BGF	19,89	10.336,15	1,6
429	Wärmeversorgungsanlagen, sonstiges	519,70 m² BGF	2,29	1.191,07	0,2
430	**Lufttechnische Anlagen**	**519,70 m² BGF**	**1,21**	**629,25**	**0,1**
431	Lüftungsanlagen	519,70 m² BGF	1,21	629,25	0,1
432	Teilklimaanlagen	–	–	–	–
433	Klimaanlagen	–	–	–	–
434	Kälteanlagen	–	–	–	–
439	Lufttechnische Anlagen, sonstiges	–	–	–	–
440	**Starkstromanlagen**	**519,70 m² BGF**	**118,08**	**61.368,74**	**9,6**
441	Hoch- und Mittelspannungsanlagen	–	–	–	–
442	Eigenstromversorgungsanlagen	–	–	–	–
443	Niederspannungsschaltanlagen	–	–	–	–
444	Niederspannungsinstallationsanlagen	519,70 m² BGF	67,05	34.844,86	5,4
445	Beleuchtungsanlagen	519,70 m² BGF	43,56	22.637,83	3,5
	Abbrechen	519,70 m² BGF	0,11	55,86	< 0,1
	Herstellen	519,70 m² BGF	43,45	22.581,99	3,5
446	Blitzschutz- und Erdungsanlagen	519,70 m² BGF	7,48	3.886,04	0,6
449	Starkstromanlagen, sonstiges	–	–	–	–
450	**Fernm.- und informationstechn. Anlagen**	**519,70 m² BGF**	**38,44**	**19.976,12**	**3,1**
451	Telekommunikationsanlagen	519,70 m² BGF	2,26	1.176,17	0,2
452	Such- und Signalanlagen	519,70 m² BGF	2,57	1.336,19	0,2
453	Zeitdienstanlagen	–	–	–	–
454	Elektroakustische Anlagen	–	–	–	–
455	Fernseh- und Antennenanlagen	–	–	–	–
456	Gefahrenmelde- und Alarmanlagen	519,70 m² BGF	18,68	9.707,24	1,5
457	Übertragungsnetze	519,70 m² BGF	14,92	7.756,52	1,2
459	Fernmelde- und informationstechn. Anl., sonst.	–	–	–	–
460	**Förderanlagen**	**519,70 m² BGF**	**25,94**	**13.478,75**	**2,1**
461	Aufzugsanlagen	519,70 m² BGF	25,94	13.478,75	2,1
462	Fahrtreppen, Fahrsteige	–	–	–	–
463	Befahranlagen	–	–	–	–
464	Transportanlagen	–	–	–	–
465	Krananlagen	–	–	–	–
469	Förderanlagen, sonstiges	–	–	–	–
470	**Nutzungsspezifische Anlagen**	–	–	–	–
480	**Gebäudeautomation**	–	–	–	–
490	**Sonst. Maßnahmen für Techn. Anlagen**	–	–	–	–

Kostenkennwerte für Leistungsbereiche nach StLB (Kosten des Bauwerks nach DIN 276)

4500-0016 Seminargebäude

Modernisierung

LB	Leistungsbereiche	Kosten €	€/m² BGF	€/m³ BRI	% an 3+4
000	Sicherheits-, Baustelleneinrichtungen inkl. 001	19.130	36,80	11,70	3,0
002	Erdarbeiten	468	0,90	0,29	0,1
006	Spezialtiefbauarbeiten inkl. 005	–	–	–	–
009	Entwässerungskanalarbeiten inkl. 011	–	–	–	–
010	Dränarbeiten	–	–	–	–
012	Mauerarbeiten	55.545	106,90	34,10	8,7
013	Betonarbeiten	–	–	–	–
014	Natur-, Betonwerksteinarbeiten	23.345	44,90	14,30	3,6
016	Zimmer- und Holzbauarbeiten	3.507	6,70	2,20	0,5
017	Stahlbauarbeiten	–	–	–	–
018	Abdichtungsarbeiten	–	–	–	–
020	Dachdeckungsarbeiten	39.235	75,50	24,10	6,1
021	Dachabdichtungsarbeiten	–	–	–	–
022	Klempnerarbeiten	9.318	17,90	5,70	1,5
	Rohbau	**150.548**	**289,70**	**92,30**	**23,5**
023	Putz- und Stuckarbeiten, Wärmedämmsysteme	91.059	175,20	55,80	14,2
024	Fliesen- und Plattenarbeiten	4.792	9,20	2,90	0,7
025	Estricharbeiten	–	–	–	–
026	Fenster, Außentüren inkl. 029, 032	46.048	88,60	28,20	7,2
027	Tischlerarbeiten	56.208	108,20	34,50	8,8
028	Parkett-, Holzpflasterarbeiten	–	–	–	–
030	Rollladenarbeiten	3.244	6,20	2,00	0,5
031	Metallbauarbeiten inkl. 035	3.165	6,10	1,90	0,5
034	Maler- und Lackiererarbeiten inkl. 037	52.565	101,10	32,20	8,2
036	Bodenbelagsarbeiten	33.804	65,00	20,70	5,3
038	Vorgehängte hinterlüftete Fassaden	–	–	–	–
039	Trockenbauarbeiten	17.385	33,50	10,70	2,7
	Ausbau	**308.269**	**593,20**	**189,10**	**48,1**
040	Wärmeversorgungsanlagen, inkl. 041	21.453	41,30	13,20	3,3
042	Gas- und Wasseranlagen, Leitungen inkl. 043	1.770	3,40	1,10	0,3
044	Abwasseranlagen - Leitungen	1.002	1,90	0,61	0,2
045	Gas, Wasser, Entwässerung - Ausstattung inkl. 046	5.985	11,50	3,70	0,9
047	Dämmarbeiten an technischen Anlagen	4.658	9,00	2,90	0,7
049	Feuerlöschanlagen, Feuerlöschgeräte	–	–	–	–
050	Blitzschutz- und Erdungsanlagen	3.418	6,60	2,10	0,5
052	Mittelspannungsanlagen	–	–	–	–
053	Niederspannungsanlagen inkl. 054	34.891	67,10	21,40	5,4
055	Ersatzstromversorgungsanlagen	–	–	–	–
057	Gebäudesystemtechnik	–	–	–	–
058	Leuchten und Lampen, inkl. 059	22.582	43,50	13,80	3,5
060	Elektroakustische Anlagen	1.336	2,60	0,82	0,2
061	Kommunikationsnetze, inkl. 063	18.640	35,90	11,40	2,9
069	Aufzüge	13.479	25,90	8,30	2,1
070	Gebäudeautomation	–	–	–	–
075	Raumlufttechnische Anlagen	609	1,20	0,37	0,1
	Gebäudetechnik	**129.821**	**249,80**	**79,60**	**20,3**
084	Abbruch- und Rückbauarbeiten	45.542	87,60	27,90	7,1
	Sonstige Leistungsbereiche inkl. 008, 033, 051	**6.292**	**12,10**	**3,90**	**1,0**

Kostenstand: 3.Quartal 2015, Bundesdurchschnitt, **inkl. 19% MwSt.**

4500-0017
Bildungsinstitut
Seminarräume

Objektübersicht

Modernisierung **BRI** 681 €/m³   **BGF** 2.646 €/m²   **NF** 3.662 €/m²   **NE** keine Angabe

Objekt:
Kennwerte: 3.Ebene DIN 276
BRI: 1.339m³
BGF: 345m²
NF: 249m²
Bauzeit: 8 Wochen
Bauende: 2013
Standard: über Durchschnitt
Kreis: Hochsauerland, Nordrhein-Westfalen

Architekt:
KEGGENHOFF I PARTNER
Karlstraße 10
59755 Arnsberg-Neheim

Bauherr:
IHK Arnsberg
VWA - Verwaltungs- und Wirtschaftsakademie
59821 Arnsberg

vorher   nachher

4500-0017
Bildungsinstitut
Seminarräume

Modernisierung

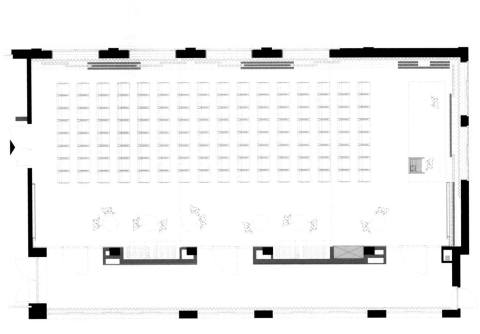

Grundriss Seminarraum / Diverse Teilungsoptionen

4500-0017 Bildungsinstitut Seminarräume

Modernisierung

Objektbeschreibung

Allgemeine Objektinformationen

Vorhandene Seminarräume eines Bildungsinstituts im Erdgeschoss sowie der zugehörige Flur-/Verteilerbereich wurden in gestalterisch zeitgemäße, multifunktionale, flexible und repräsentative Räumlichkeiten für Seminare und Schulungen, Präsentationen, Vorträge und Empfänge modernisiert. Kurzfristige räumliche Nutzungsänderungen sollen ermöglicht werden.

Nutzung

1 Erdgeschoss
Seminare / Schulungen / Vorträge

Markt

Hauptvergabezeit: 3.Quartal 2013
Baubeginn: 3.Quartal 2013
Bauende: 3.Quartal 2013
Konjunkturelle Gesamtlage: über Durchschnitt
Regionaler Baumarkt: Durchschnitt

Baubestand

Baujahr: 1992
Bauzustand: gut
Aufwand: hoch
Grundrissänderungen: wenige
Tragwerkseingriffe: keine
Nutzungsänderung: nein
Nutzung während der Bauzeit: nein

Baukonstruktion

Die tragende Baukonstruktion aus Stahlbeton und Mauerwerk wurde unverändert belassen. Akustisch wirksame, mehrfarbig zonierte Metallkassettendecken mit integrierter Technik wurden vollumfänglich erneuert.

Technische Anlagen

Es kam eine automatisch geregelte Lüftungs- und Kälteanlage zum Einbau. Die Funktionsbeleuchtung ist dimmbar, die programmierbare Eventbeleuchtung ist mit LED / RGB-Lichtszenen ausgeführt. Eine Lautsprecheranlage, ein Beamer sowie die Steuerung der Elemente mittels eines BUS-Systems komplettieren die technischen Anlagen.

Sonstiges

Zwischen den Seminarräumen sind mobile Trennwände integriert. Beschreibbare und magnethaftende Projektionswände sind je nach Raumnutzung verfahrbar und anzupassen.

**4500-0017
Bildungsinstitut
Seminarräume**

Modernisierung

Planungskennwerte für Flächen und Rauminhalte nach DIN 277

Flächen des Grundstücks

		Menge, Einheit	% an FBG
BF	Bebaute Fläche	– m²	–
UBF	Unbebaute Fläche	– m²	–
FBG	Fläche des Baugrundstücks	– m²	–

Grundflächen des Bauwerks

		Menge, Einheit	% an NF	% an BGF
NF	Nutzfläche	248,92 m²	100,0	72,3
TF	Technische Funktionsfläche	– m²	–	–
VF	Verkehrsfläche	58,92 m²	23,7	17,1
NGF	Netto-Grundfläche	307,84 m²	123,7	89,4
KGF	Konstruktions-Grundfläche	36,69 m²	14,7	10,7
BGF	Brutto-Grundfläche	344,53 m²	138,4	100,0

Brutto-Rauminhalt des Bauwerks

		Menge, Einheit	BRI/NF (m)	BRI/BGF (m)
BRI	Brutto-Rauminhalt	1.338,65 m³	5,38	3,89

Lufttechnisch behandelte Flächen

	Menge, Einheit	% an NF	% an BGF
Entlüftete Fläche	– m²	–	–
Be- und entlüftete Fläche	– m²	–	–
Teilklimatisierte Fläche	– m²	–	–
Klimatisierte Fläche	– m²	–	–

KG	Kostengruppen (2.Ebene)	Menge, Einheit		Menge/NF	Menge/BGF
310	Baugrube	– m³	BGI	–	–
320	Gründung	– m²	GRF	–	–
330	Außenwände	79,60 m²	AWF	0,32	0,23
340	Innenwände	484,00 m²	IWF	1,94	1,40
350	Decken	307,84 m²	DEF	1,24	0,89
360	Dächer	– m²	DAF	–	–

Kostenkennwerte für die Kostengruppen der 1.Ebene DIN 276

KG	Kostengruppen (1.Ebene)	Einheit	Kosten €	€/Einheit	€/m² BGF	€/m³ BRI	% 300+400
100	Grundstück	m² FBG	–	–	–	–	–
200	Herrichten und Erschließen	m² FBG	–	–	–	–	–
300	Bauwerk - Baukonstruktionen	m² BGF	569.655	1.653,43	1.653,43	425,54	62,5
400	Bauwerk - Technische Anlagen	m² BGF	341.802	992,08	992,08	255,33	37,5
	Bauwerk 300+400	**m² BGF**	**911.457**	**2.645,51**	**2.645,51**	**680,88**	**100,0**
500	Außenanlagen	m² AUF	–	–	–	–	–
600	Ausstattung und Kunstwerke	m² BGF	63.528	184,39	184,39	47,46	7,0
700	Baunebenkosten	m² BGF	–	–	–	–	–

© BKI Baukosteninformationszentrum   Kostenstand: 3.Quartal 2015, Bundesdurchschnitt, **inkl. 19% MwSt.**

4500-0017
Bildungsinstitut
Seminarräume

Modernisierung

Kostenkennwerte für die Kostengruppen der 1.Ebene DIN 276

KG	Kostengruppe	Menge Einheit	Kosten €	€/Einheit	%
3+4	**Bauwerk**				**100,0**
300	**Bauwerk - Baukonstruktionen**	344,53 m² BGF	569.655	**1.653,43**	62,5

- Abbrechen (Kosten: 3,0%) — 17.373
  Abbruch von schwimmendem Estrich, Parkettboden, Holzsockel, abgehängten Decken, Holzdecken, Deckenfriesen, eingebauter Beleuchtung, Luftauslässen; Türanlagen mit seitlichen Wandpaneelen, verglasten Oberlichtern, Wandpaneelen; eingebauter Schrankwand; Entsorgung, Deponiegebühren

- Wiederherstellen (Kosten: 5,6%) — 32.116
  Latexanstrich auf bereits gestrichene Flächen, Bekleidung von zwei bauseitigen Trennwandanlagen demontieren, entsorgen, mit neuen Deckplatten belegen, Oberfläche HPL, vierzehn Vollwandelemente, zwei Teleskopelemente

- Herstellen (Kosten: 91,3%) — 520.167
  Innentüren T30RS, Holzwerkstoff HPL-Vorsatzschalen, Wandbekleidung aus Stahlrechteckprofilen, GK-Vorsatzschalen, Tapeten, Anstrich, Schiebe-Projektionswände, Schiebeelemente HPL; Gussasphaltestrich, Vinylteppichboden, Metallkassetten-Decken mit dimmbarer Funktionsbeleuchtung, Deckenfriese Holzwerkstoff HPL, GK-Decken; Einbauschrank, Multimediaprojektoren, mobile Podestanlage, Rednerpult

400	**Bauwerk - Technische Anlagen**	344,53 m² BGF	341.802	**992,08**	37,5

- Abbrechen (Kosten: 0,2%) — 624
  Abbruch von Lüftungstechnik; Entsorgung, Deponiegebühren

- Herstellen (Kosten: 99,8%) — 341.177
  Bodenkanalheizung; Lüftungsanlage, Kälteanlage; Elektroinstallation, Fluchtwegbeleuchtung; Lautsprecheranlage, Mikrofonanlage; Eventbeleuchtung; Raumautomation

600	**Ausstattung und Kunstwerke**	344,53 m² BGF	63.528	**184,39**	7,0

- Abbrechen (Kosten: 0,3%) — 216
  Abbruch von Vorhanganlagen; Entsorgung, Deponiegebühren

- Wiederherstellen (Kosten: 13,6%) — 8.647
  Möbelfilzgleiter durch Kunststoffgleiter ersetzen

- Herstellen (Kosten: 86,0%) — 54.665
  Klapptische, Vorhanganlagen, Whiteboards, Beschriftungen, Piktogramme

Kostenkennwerte für die Kostengruppen der 2.Ebene DIN 276

4500-0017
Bildungsinstitut
Seminarräume

Modernisierung

KG	Kostengruppe	Menge Einheit	Kosten €	€/Einheit	%
300	**Bauwerk - Baukonstruktionen**				100,0
330	**Außenwände**	79,60 m² AWF	3.402	**42,74**	0,6

- Herstellen (Kosten: 100,0%) — 3.402
Spachtelung, Grundierung (80m²), Glasgewebetapete, Dispersionsanstrich (60m²), Laibungen (54m), Glattvlies, Anstrich (20m²), Laibungen (26m)

340	**Innenwände**	484,00 m² IWF	242.265	**500,55**	42,5

- Abbrechen (Kosten: 0,6%) — 1.492
Abbruch von Türen mit seitlichen Wandpaneele, zweiflügligen Türen, Holzblockzargen, verglasten Oberlichtern (39m²) * Wandpaneelen, hinterlegt mit Akustiklochblech, kaschierter Mineralwolle (4m²); Entsorgung, Deponiegebühren

- Wiederherstellen (Kosten: 12,9%) — 31.144
Latexanstrich auf bereits gestrichene Flächen (229m²) * Bekleidung auf bestehenden Trennwandanlagen erneuern, 32 alte Deckplatten und seitliche Anschlüsse demontieren, entsorgen, mit neuen Deckplatten belegen, mit Schallschutzmatten, Oberfläche HPL, vierzehn Vollwandelemente, zwei Teleskopelemente (69m²)

- Herstellen (Kosten: 86,5%) — 209.628
Wandscheibe, d=15cm, Oberfläche HPL Hochglanz (10m²) * Innentür T30RS, zweiflüglig, Oberfläche HPL (8m²), Innentüren T30RS, feststehende Blende, Oberfläche HPL (13m²) * Vorsatzschalen, Oberfläche HPL (60m²), Wandfries (3m³), Wandbekleidung, senkrecht stehende Stahl-Rechteckprofile, pulverbeschichtet (48m²), GK-Vorsatzschale, F90 (23m²), Spachtelung (57m²), Tapeten, Anstrich (77m²) * Schiebe-Projektionswände, beschreibbar, Oberfläche HPL, magnethaftend (118m²), Laufschienen (90m), Schiebeelemente, d=25cm, Oberfläche HPL (26m²)

350	**Decken**	307,84 m² DEF	248.299	**806,59**	43,6

- Abbrechen (Kosten: 6,4%) — 15.785
Abbruch von Dämmung, Trennschicht, Estrich, Parkettboden, Holzsockel, Viertelstab (292m²) * GK-Decken, Holzdecken, Deckenfriesen, eingebauter Beleuchtung und Luftauslässen (291m²); Entsorgung, Deponiegebühren

- Wiederherstellen (Kosten: 0,4%) — 972
Anstrich auf bereits gestrichene Flächen (80m²)

- Herstellen (Kosten: 93,3%) — 231.543
Trockenschüttung, Holzfaserdämmung, Gussasphaltestrich (290m²), Vinyl-Teppichboden (287m²), Sockelleisten (61m), Estrich, Granitfliesen (2m²) * Metallkassettendecken, weiß und schwarz, Akustikauflage (177m²), Abschlussprofile (15m²), Deckeneinbaustrahler (83St), Linienbeleuchtungen (58St), Deckenfries (52m), Deckenfries, Holzwerkstoff, HPL chrom, Einbaustrahler (10m²), GK-Decke F30, abgehängt (49m²), Glattvlies, Anstrich (60m²)

© BKI Baukosteninformationszentrum — Kostenstand: 3.Quartal 2015, Bundesdurchschnitt, inkl. 19% MwSt.

4500-0017
Bildungsinstitut
Seminarräume

Modernisierung

KG	Kostengruppe	Menge Einheit	Kosten €	€/Einheit	%
360	**Dächer**	– DAF	761	–	0,1

- Herstellen (Kosten: 100,0%) — 761
  Sanitärentlüfter, Alu-Dachaufsatz eindichten (1St)

370	**Baukonstruktive Einbauten**	344,53 m² BGF	53.128	**154,20**	9,3

- Abbrechen (Kosten: 0,2%) — 95
  Abbruch von Einbauschrankwand (1St); Entsorgung, Deponiegebühren

- Herstellen (Kosten: 99,8%) — 53.032
  Einbauschrank, zweitürig, seitliches Blindelement, Holzwerkstoff, Oberfläche HPL, Mittelwand, Fachböden, Garderobenstangen (1St) * LCD-Projektor (1St), Multimediaprojektoren (5St), Projektorlift (1St), Anschlussdosen, Verkabelung, HDMI-Kabel, Cross-Konverter (psch), Fernseher, Kamera, Zubehör (psch), mobile modulare Podestanlage, HPL schwarz (10m²), Einzelstufen (2St), Sichtschutzbekleidungen, aufhängbar, HPL, d=8mm, h=72-95cm (9m²), Rednerpult, motorisch höhenverstellbar, Holzwerkstoff, Oberfläche HPL, Beleuchtung, Hubtransporter (1St)

390	**Sonstige Baukonstruktionen**	344,53 m² BGF	21.801	**63,28**	3,8

- Herstellen (Kosten: 100,0%) — 21.801
  Baustelleneinrichtung (psch), Sanitärcontainer (1St), Bauzaun (35m), Kranstellung (1Tag), Lastenlift (5Tage) * Treppenturm, freistehend (4m), Übergang zu Gebäude (1St), fahrbare Arbeitsbühnen (3St), Rollgerüst (40Tage) * Staubschutzwand (34m²) * Entsorgung alte Tapeten (1St) * Bodenabdeckung (290m²), Wandschutzbekleidung, OSB-Platten, h=60cm (40m), Abdeckvlies für Metallflächen (50m²)

400	**Bauwerk - Technische Anlagen**				**100,0**
420	**Wärmeversorgungsanlagen**	344,53 m² BGF	10.069	**29,23**	2,9

- Herstellen (Kosten: 100,0%) — 10.069
  Kupfer-Heizungsrohre (15m) * Bodenkanalheizung, Alu-Rollroste, Heizungsventile (6St), thermoelektrische Stellantriebe (6St)

430	**Lufttechnische Anlagen**	344,53 m² BGF	153.048	**444,22**	44,8

- Abbrechen (Kosten: 0,4%) — 624
  Abbruch von Lüftungstechnik (psch); Entsorgung, Deponiegebühren

- Herstellen (Kosten: 99,6%) — 152.424
  Kulissenschalldämpfer (24St), Telefonieschalldämpfer (6St), Decken-Impulsauslässe (6St), Brandschutzkästen (6St), Brandschutzklappen (18St), Luftauslässe (30St), Volumenstromregler (6St), Luftkanäle, Dämmung (350m²), Formstücke (90m²), Alu-Flexrohre (10St), Wickelfalzrohre (54m) * Außengerät 22,4kW (1St), Kanaleinbaugeräte, Kühlleistung 7,1kW (3St), Zentralfernbedienung (1St), Kühlschrankrohre (190m), Kondensatleitungen, PVC-Rohre (40m)

440	**Starkstromanlagen**	344,53 m² BGF	30.486	**88,49**	8,9

- Herstellen (Kosten: 100,0%) — 30.486
  Einzelstandverteiler (1St), FI-Schutzschalter (1St), Schaltschütze (3St), Leitungsschutzschalter (61St), Sicherungen (30St), Versorgungseinheiten (6St), Bodentanks (6St), Kunststoffisolierrohre (200m), Steckdosen (40St), Mantelleitungen (1.720m) * Fluchtwegbeleuchtung (psch)

KG	Kostengruppe	Menge Einheit	Kosten €	€/Einheit	%
450	**Fernmelde-, informationstechn. Anlagen**	344,53 m² BGF	55.573	**161,30**	16,3

- Herstellen (Kosten: 100,0%)   55.573
Einbaulautsprecher, Backboxen (18St), Audioprozessor (1St), Schwanenhalsmikrofone (2St), Funkmikrofonsets (6St), Rundstrahlantennen (2St), Antennensplitter (2St), Leitungen (832m), Ethernetkabel (6St), Aufholverstärker (10St), Bodentankeinsätze erweitern (6St) * Datendosen (10St), Datenkabel Cat7 (1.000m)

470	**Nutzungsspezifische Anlagen**	344,53 m² BGF	23.021	**66,82**	6,7

- Herstellen (Kosten: 100,0%)   23.021
Eventbeleuchtung, Moving Heads, 50 LED-Spots (3St), Lichtkontroller DMX-Steuerpult (1St), Steuerung für Beleuchtungsprojekte, Umrüstung von DALI-Schnittstelle auf DMX (psch), DMX-Kabel (3St), Leuchten mit Verkabelung, Einbaustrahler, RGB, LED, RGBW (psch)

480	**Gebäudeautomation**	344,53 m² BGF	69.604	**202,02**	20,4

- Herstellen (Kosten: 100,0%)   69.604
Betriebsmanagement-Software (1St), Programmierung (psch), Spannungsversorgung (1St), Facilityserver (1St), Binäreingang, sechsfach (1St), EIB/KNX Gateway (4St), EIB/KNX Wetterstation (1St), EIB/KNX Kombisensor (1St), Schalttaktoren (3St), Dimmaktoren (4St), Sensoren (4St), Präsenzmelder (6St), Stellantriebe (6St), KNX-Schnittstelle (1St), HDMI-Splitter (1St), iPads (4St), motorisierte Dockingstationen für iPad, Glasblende, Wandeinbau (3St), Busleitungen (700m), Mediensteuerung (1St)

600	**Ausstattung und Kunstwerke**				**100,0**
610	**Ausstattung**	344,53 m² BGF	63.528	**184,39**	100,0

- Abbrechen (Kosten: 0,3%)   216
Abbruch von Vorhanganlagen mit Aufhängungen und Leisten (6St); Entsorgung, Deponiegebühren

- Wiederherstellen (Kosten: 13,6%)   8.647
Möbelfilzgleiter entfernen, Kunststoffgleiter anbringen (psch)

- Herstellen (Kosten: 86,0%)   54.665
Klapptische 150x75cm, HPL, Gestell verchromt (56St), Vorhanganlagen, Schleuderzugsystem, Deckenschienen, Vorhangstoff, Schallabsorption aw=0,60, schwerentflammbar (181m²), Whiteboards (3St), Haftmagnete (100St), Kunststoffgleiter liefern (200St) * Magnetfolien 850x300mm, im Digitaldruck beschriftet (5St), Schriftzüge auf Türen (5St), Piktogramme (8St), IHK-Logo (1St)

4500-0017
Bildungsinstitut
Seminarräume

Modernisierung

4500-0017
Bildungsinstitut
Seminarräume

Modernisierung

Kostenkennwerte für die Kostengruppen der 3.Ebene DIN 276 (Übersicht)

KG	Kostengruppe	Menge Einheit	€/Einheit	Kosten €	% 300+400
300	**Bauwerk - Baukonstruktionen**	344,53 m² BGF	1.653,43	569.655,21	62,5
310	Baugrube	–	–	–	–
320	Gründung	–	–	–	–
330	**Außenwände**	79,60 m² AWF	42,74	3.401,72	0,4
331	Tragende Außenwände	–	–	–	–
332	Nichttragende Außenwände	–	–	–	–
333	Außenstützen	–	–	–	–
334	Außentüren und -fenster	–	–	–	–
335	Außenwandbekleidungen außen	–	–	–	–
336	Außenwandbekleidungen innen	79,60 m²	42,74	3.401,72	0,4
337	Elementierte Außenwände	–	–	–	–
338	Sonnenschutz	–	–	–	–
339	Außenwände, sonstiges	–	–	–	–
340	**Innenwände**	484,00 m² IWF	500,55	242.264,97	26,6
341	Tragende Innenwände	–	–	–	–
342	Nichttragende Innenwände	10,20 m²	532,04	5.426,76	0,6
343	Innenstützen	–	–	–	–
344	Innentüren und -fenster	21,07 m²	2.042,32	43.029,57	4,7
	Abbrechen	39,41 m²	33,36	1.314,66	0,1
	Herstellen	21,07 m²	1.979,92	41.714,91	4,6
345	Innenwandbekleidungen	416,80 m²	140,28	58.467,79	6,4
	Abbrechen	4,20 m²	42,33	177,77	< 0,1
	Wiederherstellen	229,14 m²	7,82	1.791,74	0,2
	Herstellen	187,66 m²	301,07	56.498,28	6,2
346	Elementierte Innenwände	212,98 m²	635,47	135.340,86	14,8
	Wiederherstellen	69,40 m²	422,95	29.352,47	3,2
	Herstellen	143,58 m²	738,20	105.988,38	11,6
349	Innenwände, sonstiges	–	–	–	–
350	**Decken**	307,84 m² DEF	806,59	248.299,43	27,2
351	Deckenkonstruktionen	–	–	–	–
352	Deckenbeläge	291,86 m²	206,35	60.226,71	6,6
	Abbrechen	291,90 m²	28,32	8.265,55	0,9
	Herstellen	291,86 m²	178,03	51.961,14	5,7
353	Deckenbekleidungen	307,84 m²	610,94	188.072,72	20,6
	Abbrechen	291,34 m²	25,81	7.519,38	0,8
	Wiederherstellen	80,03 m²	12,14	971,60	0,1
	Herstellen	227,81 m²	788,30	179.581,75	19,7
359	Decken, sonstiges	–	–	–	–
360	**Dächer**	–	–	760,55	0,1
361	Dachkonstruktionen	–	–	–	–
362	Dachfenster, Dachöffnungen	–	–	–	–
363	Dachbeläge	–	–	760,55	0,1
364	Dachbekleidungen	–	–	–	–
369	Dächer, sonstiges	–	–	–	–
370	**Baukonstruktive Einbauten**	344,53 m² BGF	154,20	53.127,55	5,8
371	Allgemeine Einbauten	344,53 m² BGF	11,91	4.103,40	0,5
	Abbrechen	344,53 m² BGF	0,28	95,37	< 0,1
	Herstellen	344,53 m² BGF	11,63	4.008,03	0,4
372	Besondere Einbauten	344,53 m² BGF	142,29	49.024,15	5,4
379	Baukonstruktive Einbauten, sonst.	–	–	–	–

© **BKI** Baukosteninformationszentrum   Kostenstand: 3.Quartal 2015, Bundesdurchschnitt, inkl. 19% MwSt.

KG	Kostengruppe	Menge Einheit	€/Einheit	Kosten €	% 300+400
390	**Sonst. Maßnahmen Baukonstruktionen**	344,53 m² BGF	63,28	21.801,00	2,4
391	Baustelleneinrichtung	344,53 m² BGF	24,36	8.391,48	0,9
392	Gerüste	344,53 m² BGF	11,84	4.077,93	0,4
393	Sicherungsmaßnahmen	–	–	–	–
394	Abbruchmaßnahmen	344,53 m² BGF	2,10	722,48	0,1
395	Instandsetzungen	–	–	–	–
396	Materialentsorgung	344,53 m² BGF	0,24	82,65	< 0,1
397	Zusätzliche Maßnahmen	344,53 m² BGF	24,75	8.526,47	0,9
398	Provisorische Baukonstruktionen	–	–	–	–
399	Sonst. Maßnahmen für Baukonstruktionen, sonst.	–	–	–	–
400	**Bauwerk – Technische Anlagen**	344,53 m² BGF	992,08	341.801,70	37,5
410	**Abwasser-, Wasser-, Gasanlagen**	–	–	–	–
420	**Wärmeversorgungsanlagen**	344,53 m² BGF	29,23	10.069,23	1,1
421	Wärmeerzeugungsanlagen	–	–	–	–
422	Wärmeverteilnetze	344,53 m² BGF	8,01	2.759,83	0,3
423	Raumheizflächen	344,53 m² BGF	21,22	7.309,40	0,8
429	Wärmeversorgungsanlagen, sonstiges	–	–	–	–
430	**Lufttechnische Anlagen**	344,53 m² BGF	444,22	153.048,25	16,8
431	Lüftungsanlagen	344,53 m² BGF	342,43	117.977,41	12,9
	Abbrechen	344,53 m² BGF	1,81	624,46	0,1
	Herstellen	344,53 m² BGF	340,62	117.352,92	12,9
432	Teilklimaanlagen	–	–	–	–
433	Klimaanlagen	–	–	–	–
434	Kälteanlagen	344,53 m² BGF	101,79	35.070,86	3,8
439	Lufttechnische Anlagen, sonstiges	–	–	–	–
440	**Starkstromanlagen**	344,53 m² BGF	88,49	30.486,48	3,3
441	Hoch- und Mittelspannungsanlagen	–	–	–	–
442	Eigenstromversorgungsanlagen	–	–	–	–
443	Niederspannungsschaltanlagen	–	–	–	–
444	Niederspannungsinstallationsanlagen	344,53 m² BGF	82,70	28.491,06	3,1
445	Beleuchtungsanlagen	344,53 m² BGF	5,79	1.995,43	0,2
446	Blitzschutz- und Erdungsanlagen	–	–	–	–
449	Starkstromanlagen, sonstiges	–	–	–	–
450	**Fernm.- und informationstechn. Anlagen**	344,53 m² BGF	161,30	55.573,04	6,1
451	Telekommunikationsanlagen	–	–	–	–
452	Such- und Signalanlagen	–	–	–	–
453	Zeitdienstanlagen	–	–	–	–
454	Elektroakustische Anlagen	344,53 m² BGF	155,98	53.740,47	5,9
455	Fernseh- und Antennenanlagen	–	–	–	–
456	Gefahrenmelde- und Alarmanlagen	–	–	–	–
457	Übertragungsnetze	344,53 m² BGF	5,32	1.832,56	0,2
459	Fernmelde- und informationstechn. Anl., sonst.	–	–	–	–
460	**Förderanlagen**	–	–	–	–
470	**Nutzungsspezifische Anlagen**	344,53 m² BGF	66,82	23.021,04	2,5
471	Küchentechnische Anlagen	–	–	–	–
472	Wäscherei- und Reinigungsanlagen	–	–	–	–
473	Medienversorgungsanlagen	–	–	–	–
474	Medizin- u. labortechnische Anlagen	–	–	–	–
475	Feuerlöschanlagen	–	–	–	–
476	Badetechnische Anlagen	–	–	–	–

4500-0017
Bildungsinstitut
Seminarräume

Modernisierung

© BKI Baukosteninformationszentrum   Kostenstand: 3. Quartal 2015, Bundesdurchschnitt, **inkl. 19% MwSt.**

4500-0017
Bildungsinstitut
Seminarräume

Modernisierung

KG	Kostengruppe	Menge Einheit	€/Einheit	Kosten €	% 300+400
477	Prozesswärme-,-kälte-,-luftanlagen	–	–	–	–
478	Entsorgungsanlagen	–	–	–	–
479	Nutzungsspezifische Anlagen, sonstiges	344,53 m² BGF	66,82	23.021,04	2,5
480	**Gebäudeautomation**	**344,53 m² BGF**	**202,02**	**69.603,66**	**7,6**
481	Automationssysteme	–	–	–	–
482	Schaltschränke	–	–	–	–
483	Management- und Bedieneinrichtungen	–	–	–	–
484	Raumautomationssysteme	344,53 m² BGF	202,02	69.603,66	7,6
485	Übertragungsnetze	–	–	–	–
489	Gebäudeautomation, sonstiges	–	–	–	–
490	**Sonst. Maßnahmen für Techn. Anlagen**	–	–	–	–

Kostenkennwerte für Leistungsbereiche nach StLB (Kosten des Bauwerks nach DIN 276)

4500-0017
Bildungsinstitut
Seminarräume

Modernisierung

LB	Leistungsbereiche	Kosten €	€/m² BGF	€/m³ BRI	% an 3+4
000	Sicherheits-, Baustelleneinrichtungen inkl. 001	12.469	36,20	9,30	1,4
002	Erdarbeiten	–	–	–	–
006	Spezialtiefbauarbeiten inkl. 005	–	–	–	–
009	Entwässerungskanalarbeiten inkl. 011	–	–	–	–
010	Dränarbeiten	–	–	–	–
012	Mauerarbeiten	–	–	–	–
013	Betonarbeiten	–	–	–	–
014	Natur-, Betonwerksteinarbeiten	1.062	3,10	0,79	0,1
016	Zimmer- und Holzbauarbeiten	–	–	–	–
017	Stahlbauarbeiten	–	–	–	–
018	Abdichtungsarbeiten	–	–	–	–
020	Dachdeckungsarbeiten	–	–	–	–
021	Dachabdichtungsarbeiten	761	2,20	0,57	0,1
022	Klempnerarbeiten	–	–	–	–
	Rohbau	**14.292**	**41,50**	**10,70**	**1,6**
023	Putz- und Stuckarbeiten, Wärmedämmsysteme	–	–	–	–
024	Fliesen- und Plattenarbeiten	–	–	–	–
025	Estricharbeiten	29.488	85,60	22,00	3,2
026	Fenster, Außentüren inkl. 029, 032	2.269	6,60	1,70	0,2
027	Tischlerarbeiten	263.110	763,70	196,50	28,9
028	Parkett-, Holzpflasterarbeiten	–	–	–	–
030	Rollladenarbeiten	–	–	–	–
031	Metallbauarbeiten inkl. 035	15.856	46,00	11,80	1,7
034	Maler- und Lackiererarbeiten inkl. 037	19.090	55,40	14,30	2,1
036	Bodenbelagsarbeiten	18.758	54,40	14,00	2,1
038	Vorgehängte hinterlüftete Fassaden	–	–	–	–
039	Trockenbauarbeiten	42.567	123,60	31,80	4,7
	Ausbau	**391.138**	**1.135,30**	**292,20**	**42,9**
040	Wärmeversorgungsanlagen, inkl. 041	9.927	28,80	7,40	1,1
042	Gas- und Wasseranlagen, Leitungen inkl. 043	–	–	–	–
044	Abwasseranlagen - Leitungen	–	–	–	–
045	Gas, Wasser, Entwässerung - Ausstattung inkl. 046	–	–	–	–
047	Dämmarbeiten an technischen Anlagen	17.508	50,80	13,10	1,9
049	Feuerlöschanlagen, Feuerlöschgeräte	–	–	–	–
050	Blitzschutz- und Erdungsanlagen	–	–	–	–
052	Mittelspannungsanlagen	–	–	–	–
053	Niederspannungsanlagen inkl. 054	28.491	82,70	21,30	3,1
055	Ersatzstromversorgungsanlagen	–	–	–	–
057	Gebäudesystemtechnik	69.604	202,00	52,00	7,6
058	Leuchten und Lampen, inkl. 059	139.071	403,70	103,90	15,3
060	Elektroakustische Anlagen	53.740	156,00	40,10	5,9
061	Kommunikationsnetze, inkl. 063	3.535	10,30	2,60	0,4
069	Aufzüge	–	–	–	–
070	Gebäudeautomation	–	–	–	–
075	Raumlufttechnische Anlagen	135.027	391,90	100,90	14,8
	Gebäudetechnik	**456.902**	**1.326,20**	**341,30**	**50,1**
084	Abbruch- und Rückbauarbeiten	17.997	52,20	13,40	2,0
	Sonstige Leistungsbereiche inkl. 008, 033, 051	**31.128**	**90,30**	**23,30**	**3,4**

© BKI Baukosteninformationszentrum Kostenstand: 3.Quartal 2015, Bundesdurchschnitt, **inkl.** 19% MwSt.

5600-0004
Yogastudio

Objektübersicht

 BRI 64 €/m³

 BGF 180 €/m²

 NF 222 €/m²

 NE keine Angabe

Umbau

Objekt:
Kennwerte: 3.Ebene DIN 276
BRI: 414m³
BGF: 146m²
NF: 119m²
Bauzeit: 13 Wochen
Bauende: 2010
Standard: Durchschnitt
Kreis: Düren,
Nordrhein-Westfalen

Architekt:
FRANKE
Architektur I Innenarchitektur
Monschauer Landstr. 2
52355 Düren

Bauherr:
YOGA-Studio
Angelika Fraikin
Hauptstraße 7-9
52372 Kreuzau

Zeichnungen

5600-0004
Yogastudio

Umbau

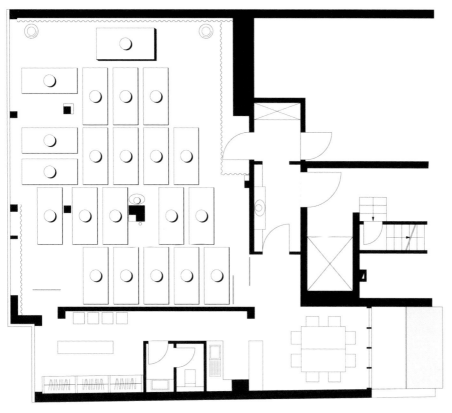

Grundriss Yoga-Studio

5600-0004
Yogastudio

Umbau

Objektbeschreibung

Allgemeine Objektinformationen

Ziel dieser Baumaßnahme war es, das bestehende Yoga-Studio im 3. Obergeschoss des Gebäudes zu vergrößern und umzugestalten. Es sollte ein Ort der Ruhe, Entspannung und Meditation entstehen.

Nutzung

1 Obergeschoss
Yogastudio, Garderobe, Umkleide, Teeküche, Aufenthaltsraum, Lager

Grundstück

Bauraum: Baulücke
Neigung: Ebenes Gelände

Markt

Hauptvergabezeit: 3.Quartal 2010
Baubeginn: 3.Quartal 2010
Bauende: 4.Quartal 2010
Konjunkturelle Gesamtlage: Durchschnitt
Regionaler Baumarkt: unter Durchschnitt

Baubestand

Bauzustand: mittel
Aufwand: mittel
Grundrissänderungen: wenige
Tragwerkseingriffe: keine
Nutzungsänderung: nein
Nutzung während der Bauzeit: ja

Baukonstruktion

Eine raumbildende, freistehende Wandscheibe trennt den Yoga-Raum von den Nebenräumen. Die Wandscheibe besitzt eine integrierte Beleuchtung und paneelartige Filzelemente.

Technische Anlagen

Durch moderne LED-Lichttechnik können verschiedene Lichtstimmungen gesteuert und in den verschiedenen Bereichen variiert werden.

Sonstiges

An der Gebäudehülle wurden keine Veränderungen vorgenommen.

5600-0004
Yogastudio

Umbau

Planungskennwerte für Flächen und Rauminhalte nach DIN 277

Flächen des Grundstücks

		Menge, Einheit	% an FBG
BF	Bebaute Fläche	– m²	–
UBF	Unbebaute Fläche	– m²	–
FBG	Fläche des Baugrundstücks	– m²	–

Grundflächen des Bauwerks

		Menge, Einheit	% an NF	% an BGF
NF	Nutzfläche	118,80 m²	100,0	81,2
TF	Technische Funktionsfläche	– m²	–	–
VF	Verkehrsfläche	8,20 m²	6,9	5,6
NGF	Netto-Grundfläche	127,00 m²	106,9	86,8
KGF	Konstruktions-Grundfläche	19,30 m²	16,3	13,2
BGF	Brutto-Grundfläche	146,30 m²	123,2	100,0

Brutto-Rauminhalt des Bauwerks

		Menge, Einheit	BRI/NF (m)	BRI/BGF (m)
BRI	Brutto-Rauminhalt	414,03 m³	3,49	2,83

Lufttechnisch behandelte Flächen

	Menge, Einheit	% an NF	% an BGF
Entlüftete Fläche	– m²	–	–
Be- und entlüftete Fläche	– m²	–	–
Teilklimatisierte Fläche	– m²	–	–
Klimatisierte Fläche	– m²	–	–

KG	Kostengruppen (2.Ebene)	Menge, Einheit		Menge/NF	Menge/BGF
310	Baugrube	– m³	BGI	–	–
320	Gründung	– m²	GRF	–	–
330	Außenwände	– m²	AWF	–	–
340	Innenwände	268,59 m²	IWF	2,26	1,84
350	Decken	127,00 m²	DEF	1,07	0,87
360	Dächer	– m²	DAF	–	–

Kostenkennwerte für die Kostengruppen der 1.Ebene DIN 276

KG	Kostengruppen (1.Ebene)	Einheit	Kosten €	€/Einheit	€/m² BGF	€/m³ BRI	% 300+400
100	Grundstück	m² FBG	–	–	–	–	–
200	Herrichten und Erschließen	m² FBG	–	–	–	–	–
300	Bauwerk - Baukonstruktionen	m² BGF	20.552	140,48	140,48	49,64	77,8
400	Bauwerk - Technische Anlagen	m² BGF	5.850	39,98	39,98	14,13	22,2
	Bauwerk 300+400	**m² BGF**	**26.402**	**180,46**	**180,46**	**63,77**	**100,0**
500	Außenanlagen	m² AUF	–	–	–	–	–
600	Ausstattung und Kunstwerke	m² BGF	733	5,01	5,01	1,77	2,8
700	Baunebenkosten	m² BGF	–	–	–	–	–

5600-0004
Yogastudio

Umbau

Kostenkennwerte für die Kostengruppen der 1.Ebene DIN 276

KG	Kostengruppe	Menge Einheit	Kosten €	€/Einheit	%
3+4	**Bauwerk**				**100,0**
300	**Bauwerk - Baukonstruktionen**	146,30 m² BGF	20.552	**140,48**	77,8

- Wiederherstellen (Kosten: 24,4%) — 5.023
Stahlzargen aufarbeiten, Putzschäden ausbessern, Dispersionsfarbanstrich, Silikat-Streichfüller

- Herstellen (Kosten: 75,6%) — 15.529
Farbanstrich, Effektpigmente, Filz-Paneelelemente; Sockelleisten; Garderobe, Schuhregal, Waschtisch-Unterschrank, Wandpaneel, Spiegel, Küchenzeilen

400	**Bauwerk - Technische Anlagen**	146,30 m² BGF	5.850	**39,98**	22,2

- Herstellen (Kosten: 100,0%) — 5.850
Aufsatzwaschtisch; Mantelleitungen, Steckdosen, Schalter, Taster, LED-Lichtbänder, Strahler; Fernmeldekabel, Lautsprecherleitung

600	**Ausstattung und Kunstwerke**	146,30 m² BGF	733	**5,01**	2,8

- Herstellen (Kosten: 100,0%) — 733
Ablage- und Sitzregal, Schutzmatten

Kostenkennwerte für die Kostengruppen der 2.Ebene DIN 276

KG	Kostengruppe	Menge Einheit	Kosten €	€/Einheit	%
300	**Bauwerk - Baukonstruktionen**				100,0
340	**Innenwände**	268,59 m² IWF	6.728	**25,05**	32,7

- Wiederherstellen (Kosten: 52,3%) 3.518
  Stahlzargen schleifen, grundieren, lackieren (7St) * Wandflächen reinigen, Putzschäden ausbessern, Dispersionsfarbanstrich (194m²), Silikat-Streichfüller (33m²), Wände schleifen, spachteln, Malervlies, Dispersionsfarbanstrich (29m²)

- Herstellen (Kosten: 47,7%) 3.209
  Silikat-Farbanstrich (33m²), Effektpigmente auf Dekorwandflächen (29m²), Verkofferung (1St) * Paneelelemente, Filz, 100x240cm, zwischen Decke und Boden verspannt (3St)

KG	Kostengruppe	Menge Einheit	Kosten €	€/Einheit	%
350	**Decken**	127,00 m² DEF	3.377	**26,59**	16,4

- Wiederherstellen (Kosten: 44,6%) 1.504
  Deckenflächen reinigen, Putzschäden ausbessern, Dispersionsfarbanstrich aufbringen (127m²)

- Herstellen (Kosten: 55,4%) 1.872
  Sockelleisten, Holz, lackiert, h=100mm, Oberkante als Viertelkreis (50m), Silikonfugen (50m)

KG	Kostengruppe	Menge Einheit	Kosten €	€/Einheit	%
370	**Baukonstruktive Einbauten**	146,30 m² BGF	10.046	**68,67**	48,9

- Herstellen (Kosten: 100,0%) 10.046
  Garderobe mit Ablagefächern, Spanplatte, HPL-Beschichtung (1St), Schuhregal (1St), Waschtisch-Unterschrank (1St), Wandpaneel (1St), Spiegel (1St), Küchenzeilen (2St)

KG	Kostengruppe	Menge Einheit	Kosten €	€/Einheit	%
390	**Sonstige Baukonstruktionen**	146,30 m² BGF	401	**2,74**	2,0

- Herstellen (Kosten: 100,0%) 401
  Schutzfolie (136m²)

KG	Kostengruppe	Menge Einheit	Kosten €	€/Einheit	%
400	**Bauwerk - Technische Anlagen**				100,0
410	**Abwasser-, Wasser-, Gasanlagen**	146,30 m² BGF	1.249	**8,54**	21,3

- Herstellen (Kosten: 100,0%) 1.249
  Aufsatzwaschtisch, Armatur (1St)

KG	Kostengruppe	Menge Einheit	Kosten €	€/Einheit	%
440	**Starkstromanlagen**	146,30 m² BGF	4.411	**30,15**	75,4

- Herstellen (Kosten: 100,0%) 4.411
  Mantelleitungen NYM (101m), Leerrohre (30m), Steckdosen (3St), Schalter, Taster (12St) * LED-Lichtbänder, Flexstrip, Funksteuerung, Sender, Netzteile (15m), Strahler, Leuchtmittel 35W (1St)

KG	Kostengruppe	Menge Einheit	Kosten €	€/Einheit	%
450	**Fernmelde-, informationstechn. Anlagen**	146,30 m² BGF	172	**1,17**	2,9

- Herstellen (Kosten: 100,0%) 172
  Fernmeldekabel J-Y(ST)Y (35m) * Lautsprecherleitung (65m)

5600-0004 Yogastudio

Umbau

KG	Kostengruppe	Menge Einheit	Kosten €	€/Einheit	%
490	**Sonstige Technische Anlagen**	146,30 m² BGF	18	**0,12**	0,3
	• Herstellen (Kosten: 100,0%) Baufassungen, Leuchtmittel (3St)		18		
600	**Ausstattung und Kunstwerke**				**100,0**
610	**Ausstattung**	146,30 m² BGF	733	**5,01**	100,0
	• Herstellen (Kosten: 100,0%) Ablage- und Sitzregal 200x45x45cm (1St), Schutzmatten (3m²)		733		

Kostenkennwerte für die Kostengruppen der 3.Ebene DIN 276 (Übersicht)

5600-0004 Yogastudio

Umbau

KG	Kostengruppe	Menge Einheit	€/Einheit	Kosten €	% 300+400
300	Bauwerk - Baukonstruktionen	146,30 m² BGF	140,48	20.551,92	77,8
310	Baugrube	–	–	–	–
320	Gründung	–	–	–	–
330	Außenwände	–	–	–	–
340	Innenwände	268,59 m² IWF	25,05	6.727,76	25,5
341	Tragende Innenwände	–	–	–	–
342	Nichttragende Innenwände	–	–	–	–
343	Innenstützen	–	–	–	–
344	Innentüren und -fenster	12,39 m²	20,78	257,43	1,0
	Wiederherstellen	12,39 m²	20,78	257,43	1,0
345	Innenwandbekleidungen	256,20 m²	17,39	4.456,32	16,9
	Wiederherstellen	256,20 m²	12,73	3.260,89	12,4
	Herstellen	61,99 m²	19,28	1.195,44	4,5
346	Elementierte Innenwände	7,20 m²	279,72	2.014,01	7,6
349	Innenwände, sonstiges	–	–	–	–
350	Decken	127,00 m² DEF	26,59	3.376,66	12,8
351	Deckenkonstruktionen	–	–	–	–
352	Deckenbeläge	127,00 m²	14,74	1.872,24	7,1
353	Deckenbekleidungen	127,00 m²	11,85	1.504,42	5,7
	Wiederherstellen	127,00 m²	11,85	1.504,42	5,7
359	Decken, sonstiges	–	–	–	–
360	Dächer	–	–	–	–
370	Baukonstruktive Einbauten	146,30 m² BGF	68,67	10.046,35	38,1
371	Allgemeine Einbauten	146,30 m² BGF	68,67	10.046,35	38,1
372	Besondere Einbauten	–	–	–	–
379	Baukonstruktive Einbauten, sonstiges	–	–	–	–
390	Sonst. Maßnahmen Baukonstruktionen	146,30 m² BGF	2,74	401,15	1,5
391	Baustelleneinrichtung	–	–	–	–
392	Gerüste	–	–	–	–
393	Sicherungsmaßnahmen	–	–	–	–
394	Abbruchmaßnahmen	–	–	–	–
395	Instandsetzungen	–	–	–	–
396	Materialentsorgung	–	–	–	–
397	Zusätzliche Maßnahmen	146,30 m² BGF	2,74	401,15	1,5
398	Provisorische Baukonstruktionen	–	–	–	–
399	Sonst. Maßnahmen für Baukonstruktionen, sonst.	–	–	–	–
400	Bauwerk - Technische Anlagen	146,30 m² BGF	39,98	5.849,60	22,2
410	Abwasser-, Wasser-, Gasanlagen	146,30 m² BGF	8,54	1.248,73	4,7
411	Abwasseranlagen	–	–	–	–
412	Wasseranlagen	146,30 m² BGF	8,54	1.248,73	4,7
413	Gasanlagen	–	–	–	–
419	Abwasser-, Wasser-, Gasanlagen, sonstiges	–	–	–	–
420	Wärmeversorgungsanlagen	–	–	–	–
430	Lufttechnische Anlagen	–	–	–	–

© BKI Baukosteninformationszentrum — Kostenstand: 3.Quartal 2015, Bundesdurchschnitt, **inkl. 19% MwSt.**

5600-0004 Yogastudio

Umbau

KG	Kostengruppe	Menge Einheit	€/Einheit	Kosten €	% 300+400
440	**Starkstromanlagen**	146,30 m² BGF	30,15	4.410,98	16,7
441	Hoch- und Mittelspannungsanlagen	–	–	–	–
442	Eigenstromversorgungsanlagen	–	–	–	–
443	Niederspannungsschaltanlagen	–	–	–	–
444	Niederspannungsinstallationsanlagen	146,30 m² BGF	16,82	2.461,46	9,3
445	Beleuchtungsanlagen	146,30 m² BGF	13,33	1.949,51	7,4
446	Blitzschutz- und Erdungsanlagen	–	–	–	–
449	Starkstromanlagen, sonstiges	–	–	–	–
450	**Fernm.- und informationstechn. Anlagen**	146,30 m² BGF	1,17	171,84	0,7
451	Telekommunikationsanlagen	146,30 m² BGF	0,22	32,76	0,1
452	Such- und Signalanlagen	–	–	–	–
453	Zeitdienstanlagen	–	–	–	–
454	Elektroakustische Anlagen	146,30 m² BGF	0,95	139,09	0,5
455	Fernseh- und Antennenanlagen	–	–	–	–
456	Gefahrenmelde- und Alarmanlagen	–	–	–	–
457	Übertragungsnetze	–	–	–	–
459	Fernmelde- und informationstechn. Anl., sonst.	–	–	–	–
460	**Förderanlagen**	–	–	–	–
470	**Nutzungsspezifische Anlagen**	–	–	–	–
480	**Gebäudeautomation**	–	–	–	–
490	**Sonst. Maßnahmen für Techn. Anlagen**	146,30 m² BGF	0,12	18,05	0,1
491	Baustelleneinrichtung	146,30 m² BGF	0,12	18,05	0,1
492	Gerüste	–	–	–	–
493	Sicherungsmaßnahmen	–	–	–	–
494	Abbruchmaßnahmen	–	–	–	–
495	Instandsetzungen	–	–	–	–
496	Materialentsorgung	–	–	–	–
497	Zusätzliche Maßnahmen	–	–	–	–
498	Provisorische Technische Anlagen	–	–	–	–
499	Sonst. Maßnahmen Techn. Anlagen, sonstiges	–	–	–	–

Kostenkennwerte für Leistungsbereiche nach StLB (Kosten des Bauwerks nach DIN 276)

5600-0004
Yogastudio

Umbau

LB	Leistungsbereiche	Kosten €	€/m² BGF	€/m³ BRI	% an 3+4
000	Sicherheits-, Baustelleneinrichtungen inkl. 001	18	0,12	< 0,1	0,1
002	Erdarbeiten	–	–	–	–
006	Spezialtiefbauarbeiten inkl. 005	–	–	–	–
009	Entwässerungskanalarbeiten inkl. 011	–	–	–	–
010	Dränarbeiten	–	–	–	–
012	Mauerarbeiten	–	–	–	–
013	Betonarbeiten	–	–	–	–
014	Natur-, Betonwerksteinarbeiten	–	–	–	–
016	Zimmer- und Holzbauarbeiten	–	–	–	–
017	Stahlbauarbeiten	–	–	–	–
018	Abdichtungsarbeiten	–	–	–	–
020	Dachdeckungsarbeiten	–	–	–	–
021	Dachabdichtungsarbeiten	–	–	–	–
022	Klempnerarbeiten	–	–	–	–
	Rohbau	**18**	**0,12**	**< 0,1**	**0,1**
023	Putz- und Stuckarbeiten, Wärmedämmsysteme	–	–	–	–
024	Fliesen- und Plattenarbeiten	–	–	–	–
025	Estricharbeiten	–	–	–	–
026	Fenster, Außentüren inkl. 029, 032	–	–	–	–
027	Tischlerarbeiten	12.266	83,80	29,60	46,5
028	Parkett-, Holzpflasterarbeiten	–	–	–	–
030	Rollladenarbeiten	–	–	–	–
031	Metallbauarbeiten inkl. 035	–	–	–	–
034	Maler- und Lackiererarbeiten inkl. 037	6.782	46,40	16,40	25,7
036	Bodenbelagsarbeiten	1.504	10,30	3,60	5,7
038	Vorgehängte hinterlüftete Fassaden	–	–	–	–
039	Trockenbauarbeiten	–	–	–	–
	Ausbau	**20.552**	**140,50**	**49,60**	**77,8**
040	Wärmeversorgungsanlagen, inkl. 041	–	–	–	–
042	Gas- und Wasseranlagen, Leitungen inkl. 043	–	–	–	–
044	Abwasseranlagen - Leitungen	–	–	–	–
045	Gas, Wasser, Entwässerung - Ausstattung inkl. 046	1.249	8,50	3,00	4,7
047	Dämmarbeiten an technischen Anlagen	–	–	–	–
049	Feuerlöschanlagen, Feuerlöschgeräte	–	–	–	–
050	Blitzschutz- und Erdungsanlagen	–	–	–	–
052	Mittelspannungsanlagen	–	–	–	–
053	Niederspannungsanlagen inkl. 054	2.461	16,80	5,90	9,3
055	Ersatzstromversorgungsanlagen	–	–	–	–
057	Gebäudesystemtechnik	–	–	–	–
058	Leuchten und Lampen, inkl. 059	1.950	13,30	4,70	7,4
060	Elektroakustische Anlagen	139	0,95	0,34	0,5
061	Kommunikationsnetze, inkl. 063	33	0,22	< 0,1	0,1
069	Aufzüge	–	–	–	–
070	Gebäudeautomation	–	–	–	–
075	Raumlufttechnische Anlagen	–	–	–	–
	Gebäudetechnik	**5.832**	**39,90**	**14,10**	**22,1**
	Sonstige Leistungsbereiche inkl. 008, 033, 051	–	–	–	–

Wohnen

6100-0849
Doppelhaushälfte

Objektübersicht

Erweiterung

BRI 388 €/m³   BGF 1.120 €/m²   NF 1.385 €/m²   NE keine Angabe

Objekt:
Kennwerte: 3.Ebene DIN 276
BRI: 280m³
BGF: 97m²
NF: 79m²
Bauzeit: 13 Wochen
Bauende: 2010
Standard: Durchschnitt
Kreis: Unna,
Nordrhein-Westfalen

Architekt:
n3 architektur
Dipl. Ing. Jutta Gerth
Schulstraße 9
44289 Dortmund

Zeichnungen

6100-0849
Doppelhaushälfte

Erweiterung

Ansicht Nord

Ansicht Ost

Untergeschoss

Erdgeschoss

Obergeschoss

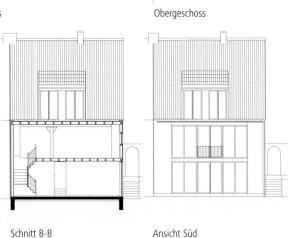

Schnitt A-A

Schnitt B-B

Ansicht Süd

6100-0849
Doppelhaushälfte

Erweiterung

Objektbeschreibung

Allgemeine Objektinformationen

Die Doppelhaushälfte von 1953 hatte im Garten einen Wintergarten, der im Jahre 1990 zweigeschossig aus Holzelementen ausgebildet war. Diese Konstruktion war nicht mehr tragfähig und musste erneuert werden. An gleicher Stelle entstand ein Anbau, der eine bessere Nutzung ermöglicht. Die Bodenplatte und die Zwischendecke blieben aus Kostengründen erhalten, die Wände auf allen drei Seiten sowie das Dach wurden abgebrochen und ersetzt.

Nutzung

1 Untergeschoss
Wohnbereich mit Gartenzugang

1 Erdgeschoss
Wohn- und Esszimmer

Besonderer Kosteneinfluss Nutzung:
Die ausgewiesenen Mengen BGF und BRI beziehen sich auf den erneuerten Wintergarten und das angrenzende Zimmer im EG des Bestandsgebäudes.

Grundstück

Bauraum: Beengter Bauraum

Markt

Hauptvergabezeit: 2.Quartal 2010
Baubeginn: 2.Quartal 2010
Bauende: 3.Quartal 2010
Konjunkturelle Gesamtlage: Durchschnitt
Regionaler Baumarkt: Durchschnitt

Baubestand

Baujahr: 1953
Bauzustand: schlecht
Aufwand: mittel
Grundrissänderungen: keine
Tragwerkseingriffe: wenige
Nutzungsänderung: nein
Nutzung während der Bauzeit: nein

Baukonstruktion

Der Anbau wurde in Holzbauweise errichtet. Der Ausblick wird durch großzügige Glasflächen erhalten. Das Dach wird als gedämmte Holzkonstruktion mit zwei Wohndachraumfenstern, die elektronisch bedienbar sind, ausgeführt. Es kamen Holzaluminiumfenster, teils als Festverglasung, zum Einbau. Die feststehenden Fensterteile im Obergeschoss dienen gleichzeitig als Absturzsicherung. Im Obergeschoss ist eine Senkrechtmarkise ausgeführt.

Technische Anlagen

Die bestehende Konvektorheizung wurde abgerissen und durch eine neue ersetzt. Ein elektronisch betriebener Wind- und Regenwächter wurde eingebaut.

Sonstiges

Ein vorhandener Luftraum über dem neuen Nebeneingang wurde mit Gitterrosten geschlossen.

6100-0849
Doppelhaushälfte

Planungskennwerte für Flächen und Rauminhalte nach DIN 277

Flächen des Grundstücks		Menge, Einheit	% an FBG	
BF	Bebaute Fläche	– m²	–	
UBF	Unbebaute Fläche	– m²	–	
FBG	Fläche des Baugrundstücks	– m²	–	

Grundflächen des Bauwerks		Menge, Einheit	% an NF	% an BGF
NF	Nutzfläche	78,50 m²	100,0	80,8
TF	Technische Funktionsfläche	– m²	–	–
VF	Verkehrsfläche	3,60 m²	4,6	3,7
NGF	Netto-Grundfläche	82,10 m²	104,6	84,6
KGF	Konstruktions-Grundfläche	15,00 m²	19,1	15,5
BGF	Brutto-Grundfläche	97,10 m²	123,7	100,0

Brutto-Rauminhalt des Bauwerks		Menge, Einheit	BRI/NF (m)	BRI/BGF (m)
BRI	Brutto-Rauminhalt	280,00 m³	3,57	2,88

Lufttechnisch behandelte Flächen	Menge, Einheit	% an NF	% an BGF
Entlüftete Fläche	– m²	–	–
Be- und entlüftete Fläche	– m²	–	–
Teilklimatisierte Fläche	– m²	–	–
Klimatisierte Fläche	– m²	–	–

KG	Kostengruppen (2.Ebene)	Menge, Einheit		Menge/NF	Menge/BGF
310	Baugrube	– m³	BGI	–	–
320	Gründung	5,86 m²	GRF	< 0,1	< 0,1
330	Außenwände	94,31 m²	AWF	1,20	0,97
340	Innenwände	55,27 m²	IWF	0,70	0,57
350	Decken	57,89 m²	DEF	0,74	0,60
360	Dächer	35,00 m²	DAF	0,45	0,36

Kostenkennwerte für die Kostengruppen der 1.Ebene DIN 276

KG	Kostengruppen (1.Ebene)	Einheit	Kosten €	€/Einheit	€/m² BGF	€/m³ BRI	% 300+400
100	Grundstück	m² FBG	–	–	–	–	–
200	Herrichten und Erschließen	m² FBG	–	–	–	–	–
300	Bauwerk - Baukonstruktionen	m² BGF	98.892	1.018,46	1.018,46	353,19	90,9
400	Bauwerk - Technische Anlagen	m² BGF	9.847	101,41	101,41	35,17	9,1
	Bauwerk 300+400	**m² BGF**	**108.739**	**1.119,87**	**1.119,87**	**388,35**	**100,0**
500	Außenanlagen	m² AUF	–	–	–	–	–
600	Ausstattung und Kunstwerke	m² BGF	–	–	–	–	–
700	Baunebenkosten	m² BGF	–	–	–	–	–

Erweiterung

6100-0849
Doppelhaushälfte

Erweiterung

Kostenkennwerte für die Kostengruppen der 1.Ebene DIN 276

KG	Kostengruppe	Menge Einheit	Kosten €	€/Einheit	%
3+4	**Bauwerk**				100,0
300	**Bauwerk - Baukonstruktionen**	97,10 m² BGF	98.892	**1.018,46**	90,9

- Abbrechen (Kosten: 9,7%) — 9.556
  Abbruch von Wintergartenfassade, Holz-Glaskonstruktion; Wintergartendach, Holz-Glaskonstruktion; Entsorgung, Deponiegebühren

- Wiederherstellen (Kosten: 8,9%) — 8.818
  Beschädigte Bodenfliesen durch neue ersetzen, Fugen erneuern; Fundamente dämmen; Tür aufarbeiten; Podesttreppe, Parkett, aufarbeiten

- Herstellen (Kosten: 81,4%) — 80.518
  Holzrahmenwände, Holz-Alu-Fenster, Putz, Anstrich, Klinker-Riemchen, Markise, Absturzsicherung; Gitterroste, Anstrich; Pultdach, Lichtkuppeln, Dachbegrünung, Anstrich

KG	Kostengruppe	Menge Einheit	Kosten €	€/Einheit	%
400	**Bauwerk - Technische Anlagen**	97,10 m² BGF	9.847	**101,41**	9,1

- Abbrechen (Kosten: 10,3%) — 1.010
  Demontage von Fallrohr; Heizkörpern; Elektroleitungen; Entsorgung, Deponiegebühren

- Herstellen (Kosten: 89,7%) — 8.837
  Regenfallrohr, Entwässerungsrinne; Heizkörper; Mantelleitungen, Schalter, Steckdosen, Einbauleuchten

Kostenkennwerte für die Kostengruppen der 2.Ebene DIN 276

6100-0849
Doppelhaushälfte

Erweiterung

KG	Kostengruppe	Menge Einheit	Kosten €	€/Einheit	%
300	**Bauwerk - Baukonstruktionen**				**100,0**
320	**Gründung**	5,86 m² GRF	2.139	**364,96**	2,2

- Wiederherstellen (Kosten: 100,0%) — 2.139
  Beschädigte Bodenfliesen ausstemmen, alte Heizungsschächte auffüllen, neue Bodenfliesen verlegen, verfugen (6m²), alte Fugen ausschneiden, neu verfugen (2m)

330	**Außenwände**	94,31 m² AWF	54.001	**572,61**	54,6

- Abbrechen (Kosten: 9,5%) — 5.119
  Abbruch von Wintergartenfassade, Holz-Glaskonstruktion, Schiebetüren, Öffnungsflügeln (70m²); Entsorgung, Deponiegebühren

- Wiederherstellen (Kosten: 2,5%) — 1.343
  Fundamente freilegen, Isolierplatten anbringen, Abdichtung (12m²)

- Herstellen (Kosten: 88,0%) — 47.539
  Holzrahmenkonstruktion, d=20cm, Mineralwolle WLG 040, OSB-Platten (48m²) *
  Holz-Alu-Fenster (34m²), Fensterbänke (8m) * Oberputz (53m²) * Spachtelung (28m²),
  Anstrich, Schutzanstrich auf Anstrich (61m²), Verblendung, Klinker-Riemchen (21m²) *
  Senkrechtmarkise, Motorantrieb (16m²) * Absturzsicherung (1St)

340	**Innenwände**	55,27 m² IWF	2.128	**38,50**	2,2

- Wiederherstellen (Kosten: 43,9%) — 934
  Kellertür schleifen, lackieren (2m²) * Putz entfernen, beiputzen (22m²)

- Herstellen (Kosten: 56,1%) — 1.194
  Anstrich, Schutzanstrich auf Anstrich (53m²)

350	**Decken**	57,89 m² DEF	6.236	**107,71**	6,3

- Wiederherstellen (Kosten: 70,6%) — 4.402
  Podesttreppe schleifen, lackieren (4m²), Parkett, Sockelleisten, schleifen, beizen, grundieren, versiegeln (50m²)

- Herstellen (Kosten: 29,4%) — 1.834
  Gitterroste, feuerverzinkt (4m²) * Anstrich (47m²)

360	**Dächer**	35,00 m² DAF	33.343	**952,66**	33,7

- Abbrechen (Kosten: 13,3%) — 4.437
  Abbruch von Wintergartendach, Holz-Glaskonstruktion (32m²) * Dachflächenfenstern (3m²) * Dachrinne (8m), Anschlussblechen (14m); Entsorgung, Deponiegebühren

- Herstellen (Kosten: 86,7%) — 28.906
  Pultdach, Brettschicht- und Konstruktionsvollholz, Zwischensparrendämmung,
  OSB-Schalung (32m²) * Lichtkuppeln, Isolierverglasung (3m²) * Abdichtung, Wurzelschutzfolie, Dachbegrünung (32m²), Dachaufkantungen (8m), Hängerinne (8m) *
  GKF-Platten, d=15mm, Anstrich (27m²)

6100-0849
Doppelhaushälfte

Erweiterung

KG	Kostengruppe	Menge Einheit	Kosten €	€/Einheit	%
390	**Sonstige Baukonstruktionen**	97,10 m² BGF	1.046	**10,77**	1,1
	• Herstellen (Kosten: 100,0%) Baustelleneinrichtung * Gerüst		1.046		
400	**Bauwerk - Technische Anlagen**				**100,0**
410	**Abwasser-, Wasser-, Gasanlagen**	97,10 m² BGF	3.168	**32,63**	32,2
	• Abbrechen (Kosten: 17,5%) Demontage von Fallrohr (6m); Entsorgung, Deponiegebühren		556		
	• Herstellen (Kosten: 82,5%) Regenfallrohr (6m), Entwässerungsrinne		2.612		
420	**Wärmeversorgungsanlagen**	97,10 m² BGF	2.222	**22,89**	22,6
	• Abbrechen (Kosten: 12,3%) Demontage von Heizkörpern; Entsorgung, Deponiegebühren		274		
	• Herstellen (Kosten: 87,7%) Heizkörper, Thermostate, Ventile		1.948		
440	**Starkstromanlagen**	97,10 m² BGF	4.456	**45,89**	45,3
	• Abbrechen (Kosten: 4,0%) Demontage von Elektroleitungen; Entsorgung, Deponiegebühren		180		
	• Herstellen (Kosten: 96,0%) Mantelleitungen (72m), Schalter, Steckdosen * Einbauleuchten (10St)		4.276		

Kostenkennwerte für die Kostengruppen der 3.Ebene DIN 276 (Übersicht)

6100-0849
Doppelhaushälfte

Erweiterung

KG	Kostengruppe	Menge Einheit	€/Einheit	Kosten €	% 300+400
300	**Bauwerk - Baukonstruktionen**	97,10 m² BGF	1.018,46	98.892,16	90,9
310	**Baugrube**	–	–	–	–
320	**Gründung**	5,86 m² GRF	364,96	2.138,66	2,0
321	Baugrundverbesserung	–	–	–	–
322	Flachgründungen	–	–	–	–
323	Tiefgründungen	–	–	–	–
324	Unterböden und Bodenplatten	–	–	–	–
325	Bodenbeläge	5,86 m²	364,96	2.138,66	2,0
	Wiederherstellen	5,86 m²	364,96	2.138,66	2,0
326	Bauwerksabdichtungen	–	–	–	–
327	Dränagen	–	–	–	–
329	Gründung, sonstiges	–	–	–	–
330	**Außenwände**	94,31 m² AWF	572,61	54.001,22	49,7
331	Tragende Außenwände	48,35 m²	298,63	14.438,61	13,3
332	Nichttragende Außenwände	–	–	–	–
333	Außenstützen	–	–	–	–
334	Außentüren und -fenster	33,56 m²	635,59	21.328,58	19,6
335	Außenwandbekleidungen außen	64,97 m²	64,94	4.219,18	3,9
	Wiederherstellen	12,40 m²	108,33	1.343,23	1,2
	Herstellen	52,57 m²	54,71	2.875,95	2,6
336	Außenwandbekleidungen innen	81,78 m²	40,86	3.341,48	3,1
337	Elementierte Außenwände	–	–	5.119,36	4,7
	Abbrechen	69,50 m²	73,66	5.119,36	4,7
338	Sonnenschutz	16,05 m²	243,74	3.912,00	3,6
339	Außenwände, sonstiges	94,31 m²	17,41	1.642,02	1,5
340	**Innenwände**	55,27 m² IWF	38,50	2.127,61	2,0
341	Tragende Innenwände	–	–	–	–
342	Nichttragende Innenwände	–	–	–	–
343	Innenstützen	–	–	–	–
344	Innentüren und -fenster	1,80 m²	52,92	95,25	0,1
	Wiederherstellen	1,80 m²	52,92	95,25	0,1
345	Innenwandbekleidungen	53,47 m²	38,01	2.032,35	1,9
	Wiederherstellen	21,85 m²	38,39	838,83	0,8
	Herstellen	53,47 m²	22,32	1.193,52	1,1
346	Elementierte Innenwände	–	–	–	–
349	Innenwände, sonstiges	–	–	–	–
350	**Decken**	57,89 m² DEF	107,71	6.235,77	5,7
351	Deckenkonstruktionen	–	–	–	–
352	Deckenbeläge	57,89 m²	89,41	5.176,15	4,8
	Wiederherstellen	53,77 m²	81,86	4.401,88	4,0
	Herstellen	4,12 m²	187,84	774,28	0,7
353	Deckenbekleidungen	47,25 m²	22,43	1.059,61	1,0
359	Decken, sonstiges	–	–	–	–
360	**Dächer**	35,00 m² DAF	952,66	33.343,11	30,7
361	Dachkonstruktionen	32,00 m²	310,43	9.933,60	9,1
	Abbrechen	32,00 m²	105,80	3.385,49	3,1
	Herstellen	32,00 m²	204,63	6.548,10	6,0

© BKI Baukosteninformationszentrum Kostenstand: 3.Quartal 2015, Bundesdurchschnitt, **inkl. 19% MwSt.**

6100-0849
Doppelhaushälfte

Erweiterung

KG	Kostengruppe	Menge Einheit	€/Einheit	Kosten €	% 300+400
362	Dachfenster, Dachöffnungen	3,00 m²	1.693,75	5.081,25	4,7
	Abbrechen	3,20 m²	165,85	530,71	0,5
	Herstellen	3,00 m²	1.516,85	4.550,54	4,2
363	Dachbeläge	32,00 m²	513,58	16.434,62	15,1
	Abbrechen	32,00 m²	16,28	520,85	0,5
	Herstellen	32,00 m²	497,31	15.913,77	14,6
364	Dachbekleidungen	26,77 m²	70,74	1.893,64	1,7
369	Dächer, sonstiges	–	–	–	–
370	**Baukonstruktive Einbauten**	–	–	–	–
390	**Sonst. Maßnahmen Baukonstruktionen**	97,10 m² BGF	10,77	1.045,79	**1,0**
391	Baustelleneinrichtung	97,10 m² BGF	0,96	93,20	0,1
392	Gerüste	97,10 m² BGF	9,81	952,59	0,9
393	Sicherungsmaßnahmen	–	–	–	–
394	Abbruchmaßnahmen	–	–	–	–
395	Instandsetzungen	–	–	–	–
396	Materialentsorgung	–	–	–	–
397	Zusätzliche Maßnahmen	–	–	–	–
398	Provisorische Baukonstruktionen	–	–	–	–
399	Sonst. Maßnahmen für Baukonstruktionen, sonst.	–	–	–	–
400	**Bauwerk - Technische Anlagen**	97,10 m² BGF	101,41	9.846,89	**9,1**
410	**Abwasser-, Wasser-, Gasanlagen**	97,10 m² BGF	32,63	3.168,25	**2,9**
411	Abwasseranlagen	97,10 m² BGF	32,63	3.168,25	2,9
	Abbrechen	97,10 m² BGF	5,72	555,79	0,5
	Herstellen	97,10 m² BGF	26,90	2.612,46	2,4
412	Wasseranlagen	–	–	–	–
413	Gasanlagen	–	–	–	–
419	Abwasser-, Wasser-, Gasanlagen, sonstiges	–	–	–	–
420	**Wärmeversorgungsanlagen**	97,10 m² BGF	22,89	**2.222,31**	**2,0**
421	Wärmeerzeugungsanlagen	–	–	–	–
422	Wärmeverteilnetze	–	–	–	–
423	Raumheizflächen	97,10 m² BGF	22,89	2.222,31	2,0
	Abbrechen	97,10 m² BGF	2,82	274,13	0,3
	Herstellen	97,10 m² BGF	20,06	1.948,18	1,8
429	Wärmeversorgungsanlagen, sonstiges	–	–	–	–
430	**Lufttechnische Anlagen**	–	–	–	–
440	**Starkstromanlagen**	97,10 m² BGF	45,89	4.456,33	**4,1**
441	Hoch- und Mittelspannungsanlagen	–	–	–	–
442	Eigenstromversorgungsanlagen	–	–	–	–
443	Niederspannungsschaltanlagen	–	–	–	–
444	Niederspannungsinstallationsanlagen	97,10 m² BGF	7,89	765,76	0,7
	Abbrechen	97,10 m² BGF	1,86	180,41	0,2
	Herstellen	97,10 m² BGF	6,03	585,35	0,5
445	Beleuchtungsanlagen	97,10 m² BGF	38,01	3.690,58	3,4
446	Blitzschutz- und Erdungsanlagen	–	–	–	–
449	Starkstromanlagen, sonstiges	–	–	–	–
450	**Fernm.- und informationstechn. Anlagen**	–	–	–	–
460	**Förderanlagen**	–	–	–	–
470	**Nutzungsspezifische Anlagen**	–	–	–	–
480	**Gebäudeautomation**	–	–	–	–
490	**Sonst. Maßnahmen für Techn. Anlagen**	–	–	–	–

Kostenkennwerte für Leistungsbereiche nach StLB (Kosten des Bauwerks nach DIN 276)

6100-0849
Doppelhaushälfte

Erweiterung

LB	Leistungsbereiche	Kosten €	€/m² BGF	€/m³ BRI	% an 3+4
000	Sicherheits-, Baustelleneinrichtungen inkl. 001	1.046	10,80	3,70	1,0
002	Erdarbeiten	–	–	–	–
006	Spezialtiefbauarbeiten inkl. 005	–	–	–	–
009	Entwässerungskanalarbeiten inkl. 011	–	–	–	–
010	Dränarbeiten	–	–	–	–
012	Mauerarbeiten	–	–	–	–
013	Betonarbeiten	–	–	–	–
014	Natur-, Betonwerksteinarbeiten	–	–	–	–
016	Zimmer- und Holzbauarbeiten	20.987	216,10	75,00	19,3
017	Stahlbauarbeiten	–	–	–	–
018	Abdichtungsarbeiten	1.343	13,80	4,80	1,2
020	Dachdeckungsarbeiten	–	–	–	–
021	Dachabdichtungsarbeiten	17.604	181,30	62,90	16,2
022	Klempnerarbeiten	4.908	50,50	17,50	4,5
	Rohbau	**45.888**	**472,60**	**163,90**	**42,2**
023	Putz- und Stuckarbeiten, Wärmedämmsysteme	3.715	38,30	13,30	3,4
024	Fliesen- und Plattenarbeiten	4.262	43,90	15,20	3,9
025	Estricharbeiten	–	–	–	–
026	Fenster, Außentüren inkl. 029, 032	20.631	212,50	73,70	19,0
027	Tischlerarbeiten	–	–	–	–
028	Parkett-, Holzpflasterarbeiten	3.717	38,30	13,30	3,4
030	Rollladenarbeiten	2.608	26,90	9,30	2,4
031	Metallbauarbeiten inkl. 035	2.416	24,90	8,60	2,2
034	Maler- und Lackiererarbeiten inkl. 037	5.081	52,30	18,10	4,7
036	Bodenbelagsarbeiten	–	–	–	–
038	Vorgehängte hinterlüftete Fassaden	–	–	–	–
039	Trockenbauarbeiten	1.165	12,00	4,20	1,1
	Ausbau	**43.594**	**449,00**	**155,70**	**40,1**
040	Wärmeversorgungsanlagen, inkl. 041	1.948	20,10	7,00	1,8
042	Gas- und Wasseranlagen, Leitungen inkl. 043	–	–	–	–
044	Abwasseranlagen - Leitungen	2.056	21,20	7,30	1,9
045	Gas, Wasser, Entwässerung - Ausstattung inkl. 046	–	–	–	–
047	Dämmarbeiten an technischen Anlagen	–	–	–	–
049	Feuerlöschanlagen, Feuerlöschgeräte	–	–	–	–
050	Blitzschutz- und Erdungsanlagen	–	–	–	–
052	Mittelspannungsanlagen	–	–	–	–
053	Niederspannungsanlagen inkl. 054	995	10,30	3,60	0,9
055	Ersatzstromversorgungsanlagen	–	–	–	–
057	Gebäudesystemtechnik	–	–	–	–
058	Leuchten und Lampen, inkl. 059	3.691	38,00	13,20	3,4
060	Elektroakustische Anlagen	–	–	–	–
061	Kommunikationsnetze, inkl. 063	–	–	–	–
069	Aufzüge	–	–	–	–
070	Gebäudeautomation	–	–	–	–
075	Raumlufttechnische Anlagen	–	–	–	–
	Gebäudetechnik	**8.690**	**89,50**	**31,00**	**8,0**
084	Abbruch- und Rückbauarbeiten	10.567	108,80	37,70	9,7
	Sonstige Leistungsbereiche inkl. 008, 033, 051	–	–	–	–

6100-0932
Gutshaus
Wohnen im Alter
(14 WE)

Objektübersicht

Modernisierung

BRI 279 €/m³   BGF 783 €/m²   NF 1.287 €/m²   NE 1.545 €/NE
m² Wohnfläche

Objekt:
Kennwerte: 3.Ebene DIN 276
BRI: 3.821m³
BGF: 1.360m²
NF: 828m²
Bauzeit: 43 Wochen
Bauende: 2010
Standard: Durchschnitt
Kreis: Havelland, Brandenburg

Architekt:
°pha design
Banniza, Hermann,
Öchsner und Partner
Holzmarktstraße 11
14467 Potsdam

Bauherr:
Burkhard u. Matthias Kunkel
14641 Paulinenaue

Zeichnungen

6100-0932
Gutshaus
Wohnen im Alter
(14 WE)

Modernisierung

Ansicht Nord

Ansicht Ost

Schnitt

Erdgeschoss

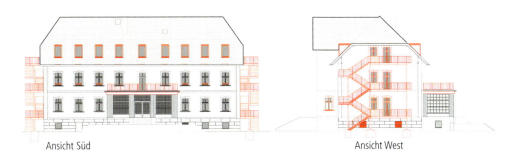

Ansicht Süd

Ansicht West

© BKI Baukosteninformationszentrum Kostenstand: 3.Quartal 2015, Bundesdurchschnitt, **inkl. 19% MwSt.**

**6100-0932
Gutshaus
Wohnen im Alter
(14 WE)**

Modernisierung

Objektbeschreibung

Allgemeine Objektinformationen

Ein Gutshaus aus dem Jahr 1900 wurde umgebaut, um eine altersgerechte Nutzung zu ermöglichen. Während der Bauzeit war das Gebäude nicht bewohnt. Zahlreiche Grundrissänderungen gingen mit der Umbaumaßnahme einher. Nach der Modernisierung verteilen sich 690m² auf 14 Wohneinheiten.

Nutzung

1 Untergeschoss
Lagerräume, Waschküche, Eingang, Hausmeister

1 Erdgeschoss
Wohnen, Eingangshalle, Wintergarten

1 Obergeschoss
Wohnen, Gemeinschaftsterrasse

1 Dachgeschoss
Wohnen

Nutzeinheiten

Wohneinheiten: 14
Wohnfläche: 690m²

Grundstück

Bauraum: Freier Bauraum
Neigung: Ebenes Gelände
Bodenklasse: BK 1 bis BK 3

Markt

Hauptvergabezeit: 2.Quartal 2009
Baubeginn: 2.Quartal 2009
Bauende: 1.Quartal 2010
Konjunkturelle Gesamtlage: unter Durchschnitt
Regionaler Baumarkt: unter Durchschnitt

Baubestand

Baujahr: 1900
Bauzustand: mittel
Aufwand: mittel
Grundrissänderungen: umfangreiche
Tragwerkseingriffe: einige
Nutzungsänderung: nein
Nutzung während der Bauzeit: nein

Baukonstruktion

Für die Aufzugsunterfahrt wurden eine Stahlbetonbodenplatte und -wände hergestellt. In den bestehenden Außenwänden wurde Mauerwerk für neue Fensteröffnungen abgebrochen. Bestehende Holzfenster und -türen wurden abgebrochen, entsorgt und neue eingebaut. Notwendige Überarbeitungen des Mauerwerks wurden vorgenommen, defekter Putz wurde ausgebessert. Ein neuer Putz mit Fassadenanstrich wurde hergestellt. Eine Fluchttreppenanlage kam zur Ausführung. Für die Grundrissänderungen wurden bestehende Innenwände abgebrochen, verändert und teilweise neue Mauerwerks- bzw. Metallständerwände erstellt. Brandwände und Rauchschutztürelemente kamen ebenfalls zur Ausführung. Eine neue Stahlwangentreppe mit Massivholzstufen wurde eingebaut. Die Zwischendecken wurden gedämmt. Die Mittelpfette des Dachs wie auch die Sparren wurden verstärkt. Die Dachlatten und die Ziegel wurden erneuert. Das Dach wurde um mehrere Gauben erweitert und erhielt eine Zwischensparrendämmung.

Technische Anlagen

Die defekte Heizungsumwälzpumpe wurde erneuert. Ein Holzstückgutkessel kam zur Ausführung. Ab der vorhandenen Fernwärmestation wurde eine neue Heizzentrale eingebaut. Ein 500 Liter fassender Wassererwärmer mit Speicheranschluss kam zur Ausführung. Die Räume sind mit Heizkörpern, die Sanitärräume mit Handtuchheizkörpern ausgestattet und besitzen Einzelraumlüfter. Ein behindertengerechter Personenaufzug mit vier Haltestellen ist ebenfalls vorhanden.

Sonstiges

Im 1. Obergeschoss des Hauses gibt es eine Gemeinschaftsterrasse.

**6100-0932
Gutshaus
Wohnen im Alter
(14 WE)**

Modernisierung

Planungskennwerte für Flächen und Rauminhalte nach DIN 277

Flächen des Grundstücks		Menge, Einheit		% an FBG
BF	Bebaute Fläche	365,90 m²		6,8
UBF	Unbebaute Fläche	5.034,10 m²		93,2
FBG	Fläche des Baugrundstücks	5.400,00 m²		100,0

Grundflächen des Bauwerks		Menge, Einheit	% an NF	% an BGF
NF	Nutzfläche	828,20 m²	100,0	60,9
TF	Technische Funktionsfläche	21,80 m²	2,6	1,6
VF	Verkehrsfläche	250,00 m²	30,2	18,4
NGF	Netto-Grundfläche	1.100,00 m²	132,8	80,9
KGF	Konstruktions-Grundfläche	260,30 m²	31,4	19,1
BGF	Brutto-Grundfläche	1.360,30 m²	164,3	100,0

Brutto-Rauminhalt des Bauwerks		Menge, Einheit	BRI/NF (m)	BRI/BGF (m)
BRI	Brutto-Rauminhalt	3.820,70 m³	4,61	2,81

Lufttechnisch behandelte Flächen	Menge, Einheit	% an NF	% an BGF
Entlüftete Fläche	– m²	–	–
Be- und entlüftete Fläche	– m²	–	–
Teilklimatisierte Fläche	– m²	–	–
Klimatisierte Fläche	– m²	–	–

KG	Kostengruppen (2.Ebene)	Menge, Einheit		Menge/NF	Menge/BGF
310	Baugrube	– m³	BGI	–	–
320	Gründung	43,89 m²	GRF	< 0,1	< 0,1
330	Außenwände	1.082,07 m²	AWF	1,31	0,80
340	Innenwände	726,98 m²	IWF	0,88	0,53
350	Decken	767,16 m²	DEF	0,93	0,56
360	Dächer	630,00 m²	DAF	0,76	0,46

Kostenkennwerte für die Kostengruppen der 1.Ebene DIN 276

KG	Kostengruppen (1.Ebene)	Einheit	Kosten €	€/Einheit	€/m² BGF	€/m³ BRI	% 300+400
100	Grundstück	m² FBG	–	–	–	–	–
200	Herrichten und Erschließen	m² FBG	–	–	–	–	–
300	Bauwerk - Baukonstruktionen	m² BGF	833.578	612,79	612,79	218,17	78,2
400	Bauwerk - Technische Anlagen	m² BGF	231.969	170,53	170,53	60,71	21,8
	Bauwerk 300+400	**m² BGF**	**1.065.546**	**783,32**	**783,32**	**278,89**	**100,0**
500	Außenanlagen	m² AUF	19.256	3,83	14,16	5,04	1,8
600	Ausstattung und Kunstwerke	m² BGF	18.714	13,76	13,76	4,90	1,8
700	Baunebenkosten	m² BGF	–	–	–	–	–

© **BKI** Baukosteninformationszentrum Kostenstand: 3.Quartal 2015, Bundesdurchschnitt, **inkl. 19% MwSt.**

6100-0932
Gutshaus
Wohnen im Alter
(14 WE)

Modernisierung

Kostenkennwerte für die Kostengruppen der 1.Ebene DIN 276

KG	Kostengruppe	Menge Einheit	Kosten €	€/Einheit	%
3+4	**Bauwerk**				**100,0**
300	**Bauwerk - Baukonstruktionen**	1.360,30 m² BGF	833.578	**612,79**	78,2

- Abbrechen (Kosten: 3,8%) — 31.341
  Abbruch von Estrich; Mauerwerk, Holzfenstern und -türen, Fassadenputz, Fassadenfarbe; Innenmauerwerk; Holzwangentreppe, Holzbalkendecken mit Bodenaufbau und Unterdecke, Kappendecke mit Bodenaufbau; Streben, Zangen, Stielen, Sparren, Gaube, Dachziegeln, Dachlattung, Dachrinnen

- Wiederherstellen (Kosten: 10,4%) — 86.446
  Horizontalsperren Mauerwerk, Traufgesims erneuern, Putzbänder, Fensterumrahmungen, Fensterbänke, Putz überarbeiten, Mauerwerkssteine auswechseln, lose Putzflächen erneuern; Bestandstüren neu lackieren, Türen kürzen, Klarglasscheiben erneuern; Dielenbelag erneuern, Verstärkung Deckenbalken, Treppe und Brüstung auf neues Niveau anheben, überarbeiten, Gussasphaltestrich schleifen, Brandschutzbeschichtung Holzgeländer

- Herstellen (Kosten: 85,9%) — 715.791
  Stb-Bodenplatte; Holzfenster, Holzfenstertüren, Zierleisten, Putz, Fassadenanstrich, Innendämmung, Anstrich, Fluchttreppenanlagen; Mauerwerk, Metallständerwände, Holztüren, T30-Türen, Putz, Anstrich, Fliesen, GK-Vorwände; Stahlwangentreppen, Kehlbalken, Deckendämmung, Stb-Decke, Estrich, Linoleum, Terrazzoestrich, Fliesen, GK-Decken; Gauben, Dachziegel, Dämmung, Flachdachabdichtung, Betonplatten, Dachrinnen

KG	Kostengruppe	Menge Einheit	Kosten €	€/Einheit	%
400	**Bauwerk - Technische Anlagen**	1.360,30 m² BGF	231.969	**170,53**	21,8

- Wiederherstellen (Kosten: 1,2%) — 2.672
  Verlegen des Hauswasseranschlusses; defekte Heizungsumwälzpumpe erneuern

- Herstellen (Kosten: 98,8%) — 229.297
  Gebäudeentwässerung, Sanitärinstallation, Sanitärobjekte; Holzstückgutkessel, Schornstein, Pufferspeicher, neue Heizzentrale ab vorhandener Fernwärmestation, Heizungsrohre, Heizkörper, Schornstein; Einzelraumlüfter; Elektroinstallation; Personenaufzug

KG	Kostengruppe	Menge Einheit	Kosten €	€/Einheit	%
500	**Außenanlagen**	5.034,10 m² AUF	19.256	**3,83**	1,8

- Abbrechen (Kosten: 1,9%) — 361
  Abbruch von Betonpodest, gemauerten Treppenwangen; Entsorgung, Deponiegebühren

- Wiederherstellen (Kosten: 39,4%) — 7.588
  Historische Eisengeländer demontieren, überarbeiten, wieder montieren (2St), Granitblockstufen aufnehmen, lagern, wieder verlegen (48m)

- Herstellen (Kosten: 58,7%) — 11.307
  Treppenwangen aus KS-Mauerwerk, Betonpodeste für Treppen und Rampen, Beton-Mauerwerksabdeckung, Titanzinkabdeckungen, Handläufe

KG	Kostengruppe	Menge Einheit	Kosten €	€/Einheit	%
600	**Ausstattung und Kunstwerke**	1.360,30 m² BGF	18.714	**13,76**	1,8

- Herstellen (Kosten: 100,0%) — 18.714
  Sanitärausstattung

© **BKI** Baukosteninformationszentrum   Kostenstand: 3.Quartal 2015, Bundesdurchschnitt, **inkl. 19% MwSt.**

Kostenkennwerte für die Kostengruppen der 2.Ebene DIN 276

KG	Kostengruppe	Menge Einheit	Kosten €	€/Einheit	%
300	**Bauwerk - Baukonstruktionen**				100,0
320	**Gründung**	43,89 m² GRF	10.916	**248,71**	1,3

- Abbrechen (Kosten: 12,7%) — 1.386
  Abbruch von Bodenbelag, Estrich, Ziegelboden, Bodenaushub Aufzugsunterfahrt (11m³), Werksteinstufen (2St); Entsorgung, Deponiegebühren

- Herstellen (Kosten: 87,3%) — 9.530
  Aufzugsunterfahrt, Stb-Bodenplatte C20/25, WU, d=30cm, Stb-Wände C25/30, WU, d=30cm (1St), Stb-Bodenplatte, d=12cm, umlaufende Aufkantung (38m²) * Unterbau, Gussasphalt-Verbundestrich als Terrazzo-Schleifestrich, d=4cm (22m²), Abdichtung, Bodenfliesen (5m²) * Sauberkeitsschicht (38m²), Bitumenschweißbahnen, seitliche Aufkantungen, h=0,40-1,10m (61m²), PS-Hartschaumplatten WLG 040, d=60mm, PE-Folie (38m²)

KG	Kostengruppe	Menge Einheit	Kosten €	€/Einheit	%
330	**Außenwände**	1.082,07 m² AWF	365.058	**337,37**	43,8

- Abbrechen (Kosten: 3,7%) — 13.554
  Abbruch von Mauerwerk, d=30cm, für Fensteröffnungen (11m²) * Mauerwerksbrüstungen, verputzt (2m²) * Holzfenstern und Holzfenstertüren (136m²), Holz-Haustüren (6m²) * Fassadenputz (317m²), Farbe entfernen (181m²); Entsorgung, Deponiegebühren

- Wiederherstellen (Kosten: 10,6%) — 38.609
  Horizontalsperren Ziegelmauerwerk (153m) * Traufgesims abbrechen, erneuern (20m), Putzbänder überarbeiten (197m), Fensterumrahmungen überarbeiten (22St), Fensterbänke, überarbeiten (54m), Mauerwerk, defekter Putz, überarbeiten (362m²) * Mauerwerk überarbeiten, Steine auswechseln (62m²), lose Putzflächen erneuern (43m²), Laibungen, lose Putzflächen erneuern (115m)

- Herstellen (Kosten: 85,7%) — 312.894
  Holzfenster (72m²), Gaubenverglasungen (63m²), Holzfenstertüren (31m²), Holzsprossenfenster (27m²), Hauseingangstüren (6m²), Zierleisten (49St), Fensterbänke (149m) * Putz (554m²), Sockelputz (152m²), Laibungen, Putz (336m), Fassadenanstrich (877m²), profilierte Umrahmungen (27St) * Mineraldämmplatten, d=50mm, Putz, Anstrich (454m²), Laibungsdämmung (235m), GK-Vorsatzschalen (52m²) * Fluchttreppenanlagen (123m²)

6100-0932
Gutshaus
Wohnen im Alter
(14 WE)

Modernisierung

KG	Kostengruppe	Menge Einheit	Kosten €	€/Einheit	%
340	**Innenwände**	726,98 m² IWF	154.320	**212,28**	18,5

- Abbrechen (Kosten: 2,2%)   3.444
  Abbruch von Mauerwerk, d=28-40cm, für Öffnungen (47m²), Mauerwerk, d=16-28cm (8m²) * Mauerwerk, d=15-28cm (12m²); Entsorgung, Deponiegebühren

- Wiederherstellen (Kosten: 4,4%)   6.746
  Mauerwerk ausbessern (1m³) * Bestandstüren, teilweise mit Sprossen, nicht tragfähigen Lack entfernen, Risse und Löcher spachteln, lackieren (36m²), Türen kürzen, Kantenriegel versetzen (4St), Klarglasscheiben erneuern (3m²), ovale Fenster mit Kreuzsprosse, Klarglas erneuern (2St)

- Herstellen (Kosten: 93,4%)   144.131
  KS-Mauerwerk, d=24-30cm (157m²), Stb-Balken, d=30cm (37m), Hlz-Mauerwerk, d=11,5-41cm (39m²), Stürze (10St) * Metallständerwände (425m²), Brandwand, Metallständerwand (6m²) * Holztüren (47m²), Wohnungseingangstüren (29m²), Rauchschutztürelemente T30 (7m²), Stahltüren T30 (5m²), Stahlzargen (16St) * Putz (270m²), Putzergänzungen (156m²), Anstrich (1.625m²), Malervlies in Spachtelung (643m²), Spachtelung (782m²), Wandfliesen (90m²), GK-Vorsatzschalen (104m²), GK-Abkofferungen (31m²)

KG	Kostengruppe	Menge Einheit	Kosten €	€/Einheit	%
350	**Decken**	767,16 m² DEF	171.811	**223,96**	20,6

- Abbrechen (Kosten: 2,9%)   5.000
  Abbruch von gestemmter Holzwangentreppe, dreifach gewendelt, 20 Stg (1St), Holzbalkendecken mit Bodenaufbau, Unterdecke, Einbau von Wechseln (30m²), Kappendecke mit Bodenaufbau (10m²); Entsorgung, Deponiegebühren

- Wiederherstellen (Kosten: 15,6%)   26.805
  Dielenbelag abbrechen, Balken freilegen (61m²), Holzverstärkung Deckenbalken, 6x16-10x26cm (24m), Stahlverstärkung, 2xU180 (5m), Grobspanplatten (62m²), Treppe und Brüstung UG-EG, Treppenkonstruktion lösen, auf neues Niveau anheben, überarbeiten, Treppe EG-OG abbrechen (10m²) * Gussasphaltestrich schleifen, spachteln, terrazzoähnliche Oberfläche (68m²) * Brandschutzbeschichtung Holzgeländer (40m²)

- Herstellen (Kosten: 81,5%)   140.007
  Stahlwangentreppen, Massivholzstufen, Tischlerplatten als Brüstungen, F90-Beschichtung (15m²), Kehlbalken (15St), Zwischendeckendämmung (185m²), Stb-Decken, d=16-23cm (27m²), Holzbalkendecke (5m²) * Dämmung, Zementestrich (534m²), Absperrschicht, Epoxidharz (150m²), Dämmung, Gussasphaltestrich (198m²), Terrazzo-Schleifestrich (146m²), Linoleum (541m²), Fliesen (80m²) * GK-Decken F60 (485m²), Anstrich (572m²) * Einschubtreppe (1St)

KG	Kostengruppe	Menge Einheit	Kosten €	€/Einheit	%
360	**Dächer**	630,00 m² DAF	116.700	**185,24**	14,0

- Abbrechen (Kosten: 6,8%) — 7.957
  Abbruch von Streben, Zangen und Stielen (19St), Sparren für Gaubeneinbau (16St), komplette Gaube, Dach, Fenster, Verblechungen (2m²) * Dachziegeln, Dachlattung (560m²), Dachrinnen (78m), Kehlblechen (24m); Entsorgung, Deponiegebühren

- Wiederherstellen (Kosten: 12,2%) — 14.287
  Verstärkung Mittelpfetten, Stahlprofile U220 (26m), Holzverstärkung 4x14cm, an Sparren (30m), Stützenaufdopplung 6x14cm (25m), Holzstütze verschieben (1St), Flugsparren abbrechen, neue Flugsparren 14x14cm (8m), Ortgang, beschädigte Streichbretter austauschen (42m) * nicht tragfähige Lackschichten an Dachuntersicht entfernen, Risse, Löcher spachteln, lackieren (109m²), Sparrenköpfe überarbeiten (84St)

- Herstellen (Kosten: 80,9%) — 94.457
  Gauben, Konstruktionsholzrahmen, OSB-Unterdachschale, Dämmung (30m²), Teilsparren (57m), Stahlrohrstütze (1St), Aussteifungswinkel U80 (12St) * Unterspannbahn, Dachlattung, Dachziegel (560m²), Zwischensparrendämmung (107m²), Randeinfassung Gauben (15St), Kunststofffolie (30m²), Gefälleestrich, Notabdichtung, Dämmung, Flachdachabdichtung, Betonplatten (40m²), Dachrinnen (78m), Ortgangverblechung (28m) * GK-Bekleidung F60 (387m²), Anstrich (397m²) * Geländer (18m)

KG	Kostengruppe	Menge Einheit	Kosten €	€/Einheit	%
390	**Sonstige Baukonstruktionen**	1.360,30 m² BGF	14.772	**10,86**	1,8

- Herstellen (Kosten: 100,0%) — 14.772
  Baustelleneinrichtung, Bauschild * Fassadengerüst (1St), Rollgerüst (1St) * Unterfangen von Fundamenten im Fahrstuhlbereich, Aushub, Unterfangung C25/30 (4m³), Abfangung am Dach (1St), Abfangung Decke und Stahlkonstruktion (2m²) * Containerstellung (1St), Entsorgung Gussasphalt- und Schleifstaub (1t)

KG	Kostengruppe	Menge Einheit	Kosten €	€/Einheit	%
400	**Bauwerk - Technische Anlagen**				100,0
410	**Abwasser-, Wasser-, Gasanlagen**	1.360,30 m² BGF	62.990	**46,31**	27,2

- Wiederherstellen (Kosten: 2,8%) — 1.764
  Verlegen des vorhandenen Wasser-Hausanschlusses (psch)

- Herstellen (Kosten: 97,2%) — 61.226
  Abwasserinstallation für Bäder und Küchen, 14 Wohnungen (psch), Schmutzwasserleitungen anschließen (psch), Bodenabläufe (13St), Schmutzwasserhebeanlage (1St), Regenfallrohre (44m) * Trinkwasserinstallationen für Bäder und Küchen, 14 Wohnungen (psch), Hauswasserstation (1St), Wasserzähler (14St), Waschtische (13St), Waschbecken (1St), WC-Becken (14St), Dusche (1St), Ausgussbecken (1St), Warmwasserzähler (14St), Kaltwasserzähler (14St) * Montageelemente WC (14St)

6100-0932
Gutshaus
Wohnen im Alter
(14 WE)

Modernisierung

6100-0932
Gutshaus
Wohnen im Alter
(14 WE)

Modernisierung

KG	Kostengruppe	Menge Einheit	Kosten €	€/Einheit	%
420	**Wärmeversorgungsanlagen**	1.360,30 m² BGF	68.179	**50,12**	29,4

- Wiederherstellen (Kosten: 1,3%) — 908
  Defekte Heizungsumwälzpumpe erneuern

- Herstellen (Kosten: 98,7%) — 67.271
  Holzstückgutkessel, Schornstein, Pufferspeicher (psch), Heizzentrale ab vorhandener Fernwärmestation, komplette Einrichtung, Speicher-Wassererwärmer 500l mit Speicheranschluss, Weichenmodul, Ausdehnungsgefäß, Pumpe, Montageteile (psch) * Heizungsleitungen (psch), Wärmemengenzähler (14St) * Heizkörper (45St), Handtuchheizkörper (13St) * Schornstein, Fundament, Schornsteinkopf aus Klinker (1St)

| 430 | **Lufttechnische Anlagen** | 1.360,30 m² BGF | 1.302 | **0,96** | 0,6 |

- Herstellen (Kosten: 100,0%) — 1.302
  Einzelraumlüfter, Rohre, Formstücke (1St)

| 440 | **Starkstromanlagen** | 1.360,30 m² BGF | 56.942 | **41,86** | 24,5 |

- Herstellen (Kosten: 100,0%) — 56.942
  Elektroinstallation, Verteiler, Sicherungen, Elektroleitungen, Steckdosen, Schalter (psch)

| 460 | **Förderanlagen** | 1.360,30 m² BGF | 42.556 | **31,28** | 18,3 |

- Herstellen (Kosten: 100,0%) — 42.556
  Personenaufzug, behindertengerecht, Tragkraft 630kg, vier Haltestellen (1St), Terrazzo-Schleifestrichplatte, in Fahrstuhlwanne verlegt (2m²)

| **500** | **Außenanlagen** | | | | **100,0** |
| 530 | **Baukonstruktionen in Außenanlagen** | 5.034,10 m² AUF | 19.256 | **3,83** | 100,0 |

- Abbrechen (Kosten: 1,9%) — 361
  Abbruch von Betonpodest, d=16cm (11m²), gemauerten Treppenwangen mit Abdeckplatten (3m³); Entsorgung, Deponiegebühren

- Wiederherstellen (Kosten: 39,4%) — 7.588
  Historische Eisengeländer demontieren, Altanstrich entfernen, reinigen, Schadstellen ausbessern, verzinken, streichen, wieder montieren (2St), Granitblockstufen 14x30cm, aufnehmen, lagern, wieder verlegen (48m)

- Herstellen (Kosten: 58,7%) — 11.307
  Mauerabdeckung, Titanzink (8m) * Treppenwangen, KS-Mauerwerk, d=36,5cm, Abdichtung (20m²), Betonpodeste, Treppe und Rampen (36m²), Beton-Mauerwerksabdeckung 10x50cm (13m), Titanzinkabdeckungen (psch), Handläufe an Rampen, beidseitig (37m)

| **600** | **Ausstattung und Kunstwerke** | | | | **100,0** |
| 610 | **Ausstattung** | 1.360,30 m² BGF | 18.714 | **13,76** | 100,0 |

- Herstellen (Kosten: 100,0%) — 18.714
  Haltegriffe (13St), Stützklappgriffe (13St), Wandstützgriffe (13St), Vorhangstangen Duschen (14St)

Kostenkennwerte für die Kostengruppen der 3.Ebene DIN 276 (Übersicht)

6100-0932
Gutshaus
Wohnen im Alter
(14 WE)

Modernisierung

KG	Kostengruppe	Menge Einheit	€/Einheit	Kosten €	% 300+400
300	**Bauwerk - Baukonstruktionen**	1.360,30 m² BGF	612,79	833.577,79	78,2
310	**Baugrube**	–	–	–	–
320	**Gründung**	43,89 m² GRF	248,71	10.916,08	1,0
321	Baugrundverbesserung	–	–	–	–
322	Flachgründungen	–	–	–	–
323	Tiefgründungen	–	–	–	–
324	Unterböden und Bodenplatten	43,89 m²	129,50	5.683,82	0,5
	Abbrechen	7,37 m²	188,12	1.386,47	0,1
	Herstellen	43,89 m²	97,91	4.297,35	0,4
325	Bodenbeläge	27,28 m²	123,15	3.359,58	0,3
326	Bauwerksabdichtungen	43,89 m²	42,67	1.872,68	0,2
327	Dränagen	–	–	–	–
329	Gründung, sonstiges	–	–	–	–
330	**Außenwände**	1.082,07 m² AWF	337,37	365.057,81	34,3
331	Tragende Außenwände	12,35 m²	1.991,47	24.588,74	2,3
	Abbrechen	11,25 m²	131,40	1.478,25	0,1
	Wiederherstellen	–	–	19.605,52	1,8
	Herstellen	12,35 m²	283,87	3.504,97	0,3
332	Nichttragende Außenwände	4,14 m²	222,10	919,28	0,1
	Abbrechen	2,32 m²	51,44	119,34	< 0,1
	Herstellen	4,14 m²	193,27	799,96	0,1
333	Außenstützen	–	–	–	–
334	Außentüren und -fenster	205,56 m²	522,61	107.427,54	10,1
	Abbrechen	142,26 m²	39,51	5.620,72	0,5
	Herstellen	205,56 m²	495,27	101.806,83	9,6
335	Außenwandbekleidungen außen	876,51 m²	92,66	81.220,96	7,6
	Abbrechen	498,45 m²	12,71	6.335,96	0,6
	Wiederherstellen	446,22 m²	38,94	17.376,27	1,6
	Herstellen	876,51 m²	65,61	57.508,47	5,4
336	Außenwandbekleidungen innen	532,52 m²	93,88	49.991,49	4,7
	Wiederherstellen	43,00 m²	37,84	1.627,30	0,2
	Herstellen	532,52 m²	90,82	48.364,18	4,5
337	Elementierte Außenwände	–	–	–	–
338	Sonnenschutz	–	–	–	–
339	Außenwände, sonstiges	1.082,07 m²	93,26	100.910,04	9,5
340	**Innenwände**	726,98 m² IWF	212,28	154.320,20	14,5
341	Tragende Innenwände	206,16 m²	168,36	34.709,55	3,3
	Abbrechen	55,24 m²	58,34	3.222,60	0,3
	Wiederherstellen	62,03 m²	26,85	1.665,81	0,2
	Herstellen	206,16 m²	144,65	29.821,15	2,8
342	Nichttragende Innenwände	433,26 m²	67,63	29.300,39	2,7
	Abbrechen	11,62 m²	19,02	221,02	< 0,1
	Herstellen	433,26 m²	67,12	29.079,37	2,7
343	Innenstützen	–	–	–	–
344	Innentüren und -fenster	87,56 m²	499,12	43.702,57	4,1
	Wiederherstellen	40,28 m²	126,11	5.079,81	0,5
	Herstellen	87,56 m²	441,10	38.622,76	3,6
345	Innenwandbekleidungen	1.714,79 m²	27,18	46.607,69	4,4
346	Elementierte Innenwände	–	–	–	–
349	Innenwände, sonstiges	–	–	–	–

© BKI Baukosteninformationszentrum   Kostenstand: 3.Quartal 2015, Bundesdurchschnitt, **inkl.** 19% MwSt.

6100-0932
Gutshaus
Wohnen im Alter
(14 WE)

Modernisierung

KG	Kostengruppe	Menge Einheit	€/Einheit	Kosten €	% 300+400
350	**Decken**	**767,16 m² DEF**	**223,96**	**171.811,36**	**16,1**
351	Deckenkonstruktionen	232,07 m²	311,30	72.243,83	6,8
	Abbrechen	48,21 m²	103,70	4.999,61	0,5
	Wiederherstellen	71,86 m²	292,49	21.018,18	2,0
	Herstellen	232,07 m²	199,19	46.226,03	4,3
352	Deckenbeläge	767,16 m²	95,94	73.604,23	6,9
	Wiederherstellen	68,40 m²	56,19	3.843,58	0,4
	Herstellen	767,16 m²	90,93	69.760,67	6,5
353	Deckenbekleidungen	572,34 m²	40,45	23.150,94	2,2
359	Decken, sonstiges	767,16 m²	3,67	2.812,37	0,3
	Wiederherstellen	140,26 m²	13,85	1.943,25	0,2
	Herstellen	767,16 m²	1,13	869,12	0,1
360	**Dächer**	**630,00 m² DAF**	**185,24**	**116.699,94**	**11,0**
361	Dachkonstruktionen	560,00 m²	42,16	23.609,66	2,2
	Abbrechen	560,00 m²	3,33	1.865,59	0,2
	Wiederherstellen	560,00 m²	16,61	9.302,48	0,9
	Herstellen	560,00 m²	22,22	12.441,60	1,2
362	Dachfenster, Dachöffnungen	–	–	–	–
363	Dachbeläge	630,00 m²	90,65	57.107,24	5,4
	Abbrechen	560,00 m²	10,88	6.090,97	0,6
	Wiederherstellen	9,00 m²	241,42	2.172,77	0,2
	Herstellen	630,00 m²	77,53	48.843,51	4,6
364	Dachbekleidungen	412,50 m²	70,86	29.230,38	2,7
	Wiederherstellen	121,46 m²	23,15	2.811,52	0,3
	Herstellen	412,50 m²	64,05	26.418,86	2,5
369	Dächer, sonstiges	630,00 m²	10,72	6.752,64	0,6
370	**Baukonstruktive Einbauten**	–	–	–	–
390	**Sonst. Maßnahmen Baukonstruktionen**	**1.360,30 m² BGF**	**10,86**	**14.772,39**	**1,4**
391	Baustelleneinrichtung	1.360,30 m² BGF	1,96	2.659,78	0,2
392	Gerüste	1.360,30 m² BGF	6,91	9.397,74	0,9
393	Sicherungsmaßnahmen	1.360,30 m² BGF	1,78	2.415,20	0,2
394	Abbruchmaßnahmen	–	–	–	–
395	Instandsetzungen	–	–	–	–
396	Materialentsorgung	1.360,30 m² BGF	0,22	299,70	< 0,1
397	Zusätzliche Maßnahmen	–	–	–	–
398	Provisorische Baukonstruktionen	–	–	–	–
399	Sonst. Maßnahmen für Baukonstruktionen, sonst.	–	–	–	–
400	**Bauwerk - Technische Anlagen**	**1.360,30 m² BGF**	**170,53**	**231.968,56**	**21,8**
410	**Abwasser-, Wasser-, Gasanlagen**	**1.360,30 m² BGF**	**46,31**	**62.989,79**	**5,9**
411	Abwasseranlagen	1.360,30 m² BGF	14,88	20.241,51	1,9
412	Wasseranlagen	1.360,30 m² BGF	29,11	39.604,02	3,7
	Wiederherstellen	1.360,30 m² BGF	1,30	1.763,94	0,2
	Herstellen	1.360,30 m² BGF	27,82	37.840,08	3,6
413	Gasanlagen	–	–	–	–
419	Abwasser-, Wasser-, Gasanlagen, sonstiges	1.360,30 m² BGF	2,31	3.144,26	0,3

KG	Kostengruppe	Menge Einheit	€/Einheit	Kosten €	% 300+400
420	**Wärmeversorgungsanlagen**	**1.360,30 m² BGF**	**50,12**	**68.178,99**	**6,4**
421	Wärmeerzeugungsanlagen	1.360,30 m² BGF	19,79	26.922,36	2,5
422	Wärmeverteilnetze	1.360,30 m² BGF	14,68	19.962,47	1,9
	Wiederherstellen	1.360,30 m² BGF	0,67	907,99	0,1
	Herstellen	1.360,30 m² BGF	14,01	19.054,48	1,8
423	Raumheizflächen	1.360,30 m² BGF	12,36	16.815,26	1,6
429	Wärmeversorgungsanlagen, sonstiges	1.360,30 m² BGF	3,29	4.478,92	0,4
430	**Lufttechnische Anlagen**	**1.360,30 m² BGF**	**0,96**	**1.302,17**	**0,1**
431	Lüftungsanlagen	1.360,30 m² BGF	0,96	1.302,17	0,1
432	Teilklimaanlagen	–	–	–	–
433	Klimaanlagen	–	–	–	–
434	Kälteanlagen	–	–	–	–
439	Lufttechnische Anlagen, sonstiges	–	–	–	–
440	**Starkstromanlagen**	**1.360,30 m² BGF**	**41,86**	**56.941,74**	**5,3**
441	Hoch- und Mittelspannungsanlagen	–	–	–	–
442	Eigenstromversorgungsanlagen	–	–	–	–
443	Niederspannungsschaltanlagen	–	–	–	–
444	Niederspannungsinstallationsanlagen	1.360,30 m² BGF	41,86	56.941,74	5,3
445	Beleuchtungsanlagen	–	–	–	–
446	Blitzschutz- und Erdungsanlagen	–	–	–	–
449	Starkstromanlagen, sonstiges	–	–	–	–
450	**Fernm.- und informationstechn. Anlagen**	–	–	–	–
460	**Förderanlagen**	**1.360,30 m² BGF**	**31,28**	**42.555,87**	**4,0**
461	Aufzugsanlagen	1.360,30 m² BGF	31,28	42.555,87	4,0
462	Fahrtreppen, Fahrsteige	–	–	–	–
463	Befahranlagen	–	–	–	–
464	Transportanlagen	–	–	–	–
465	Krananlagen	–	–	–	–
469	Förderanlagen, sonstiges	–	–	–	–
470	**Nutzungsspezifische Anlagen**	–	–	–	–
480	**Gebäudeautomation**	–	–	–	–
490	**Sonst. Maßnahmen für Techn. Anlagen**	–	–	–	–

6100-0932
Gutshaus
Wohnen im Alter
(14 WE)

Modernisierung

6100-0932
Gutshaus
Wohnen im Alter
(14 WE)

Modernisierung

Kostenkennwerte für Leistungsbereiche nach StLB (Kosten des Bauwerks nach DIN 276)

LB	Leistungsbereiche	Kosten €	€/m² BGF	€/m³ BRI	% an 3+4
000	Sicherheits-, Baustelleneinrichtungen inkl. 001	12.058	8,90	3,20	1,1
002	Erdarbeiten	959	0,71	0,25	0,1
006	Spezialtiefbauarbeiten inkl. 005	–	–	–	–
009	Entwässerungskanalarbeiten inkl. 011	–	–	–	–
010	Dränarbeiten	–	–	–	–
012	Mauerarbeiten	35.688	26,20	9,30	3,3
013	Betonarbeiten	19.179	14,10	5,00	1,8
014	Natur-, Betonwerksteinarbeiten	–	–	–	–
016	Zimmer- und Holzbauarbeiten	40.062	29,50	10,50	3,8
017	Stahlbauarbeiten	91.673	67,40	24,00	8,6
018	Abdichtungsarbeiten	21.169	15,60	5,50	2,0
020	Dachdeckungsarbeiten	35.696	26,20	9,30	3,4
021	Dachabdichtungsarbeiten	8.952	6,60	2,30	0,8
022	Klempnerarbeiten	12.132	8,90	3,20	1,1
	Rohbau	**277.568**	**204,00**	**72,60**	**26,0**
023	Putz- und Stuckarbeiten, Wärmedämmsysteme	119.232	87,70	31,20	11,2
024	Fliesen- und Plattenarbeiten	27.140	20,00	7,10	2,5
025	Estricharbeiten	36.371	26,70	9,50	3,4
026	Fenster, Außentüren inkl. 029, 032	100.878	74,20	26,40	9,5
027	Tischlerarbeiten	61.504	45,20	16,10	5,8
028	Parkett-, Holzpflasterarbeiten	–	–	–	–
030	Rollladenarbeiten	–	–	–	–
031	Metallbauarbeiten inkl. 035	29.249	21,50	7,70	2,7
034	Maler- und Lackiererarbeiten inkl. 037	46.233	34,00	12,10	4,3
036	Bodenbelagsarbeiten	23.561	17,30	6,20	2,2
038	Vorgehängte hinterlüftete Fassaden	–	–	–	–
039	Trockenbauarbeiten	86.144	63,30	22,50	8,1
	Ausbau	**530.311**	**389,80**	**138,80**	**49,8**
040	Wärmeversorgungsanlagen, inkl. 041	64.082	47,10	16,80	6,0
042	Gas- und Wasseranlagen, Leitungen inkl. 043	26.213	19,30	6,90	2,5
044	Abwasseranlagen - Leitungen	17.680	13,00	4,60	1,7
045	Gas, Wasser, Entwässerung - Ausstattung inkl. 046	17.476	12,80	4,60	1,6
047	Dämmarbeiten an technischen Anlagen	–	–	–	–
049	Feuerlöschanlagen, Feuerlöschgeräte	–	–	–	–
050	Blitzschutz- und Erdungsanlagen	–	–	–	–
052	Mittelspannungsanlagen	–	–	–	–
053	Niederspannungsanlagen inkl. 054	56.942	41,90	14,90	5,3
055	Ersatzstromversorgungsanlagen	–	–	–	–
057	Gebäudesystemtechnik	–	–	–	–
058	Leuchten und Lampen, inkl. 059	–	–	–	–
060	Elektroakustische Anlagen	–	–	–	–
061	Kommunikationsnetze, inkl. 063	–	–	–	–
069	Aufzüge	42.332	31,10	11,10	4,0
070	Gebäudeautomation	–	–	–	–
075	Raumlufttechnische Anlagen	1.302	0,96	0,34	0,1
	Gebäudetechnik	**226.026**	**166,20**	**59,20**	**21,2**
084	Abbruch- und Rückbauarbeiten	31.340	23,00	8,20	2,9
	Sonstige Leistungsbereiche inkl. 008, 033, 051	**300**	**0,22**	**< 0,1**	**–**

© BKI Baukosteninformationszentrum   Kostenstand: 3.Quartal 2015, Bundesdurchschnitt, inkl. 19% MwSt.

Objekte

3. Ebene

Positionen Neubau

Positionen Altbau

6100-0937
Einfamilienhaus
Umnutzung
Scheune

Objektübersicht

BRI 274 €/m³   **BGF** 1.126 €/m²   **NF** 1.637 €/m²   **NE** 2.174 €/NE
m² Wohnfläche

Umbau

Objekt:
Kennwerte: 3.Ebene DIN 276
BRI: 848m³
BGF: 206m²
NF: 142m²
Bauzeit: 52 Wochen
Bauende: 2010
Standard: unter Durchschnitt
Kreis: Hannover, Niedersachsen

Architekt:
.rott .schirmer .partner
Heinrich-Wöhler-Str. 1
30938 Großburgwedel

Zeichnungen

6100-0937
Einfamilienhaus
Umnutzung
Scheune

Umbau

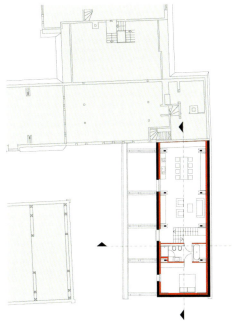

Ansicht Nord

Ansicht Ost

Erdgeschoss

Obergeschoss

Querschnitt

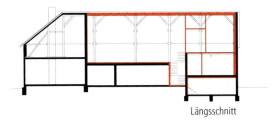

Längsschnitt

6100-0937 Einfamilienhaus Umnutzung Scheune

Umbau

Objektbeschreibung

Allgemeine Objektinformationen

Diese Baumaßnahme umfasst die Umnutzung eines Stall- und Lagergebäudes aus dem Jahr 1927 zu einer Wohnung. Im Zuge der Umnutzungsmaßnahme gab es einige Grundrissveränderungen.

Nutzung

1 Untergeschoss
Teilunterkellerung: Lagerräume

1 Erdgeschoss
Gästezimmer, Bad, Waschraum, Hobbyraum

1 Obergeschoss
Wohnräume

Nutzeinheiten

Wohneinheiten: 1
Wohnfläche: 107m^2

Grundstück

Bauraum: Beengter Bauraum
Neigung: Ebenes Gelände

Markt

Hauptvergabezeit: 3.Quartal 2009
Baubeginn: 3.Quartal 2009
Bauende: 3.Quartal 2010
Konjunkturelle Gesamtlage: Durchschnitt
Regionaler Baumarkt: Durchschnitt

Baubestand

Baujahr: 1927
Bauzustand: gut
Aufwand: hoch
Grundrissänderungen: einige
Tragwerkseingriffe: wenige
Nutzungsänderung: ja
Nutzung während der Bauzeit: nein

Baukonstruktion

Die Außenwände bestehen aus Ziegel-Sichtmauerwerk, teilweise aus Fachwerk. Sie wurden mit Cellulose-Einblasdämmung in der Vorsatzschale versehen, mit OSB-Platten und Gipskartonplatten beplankt. Neue Innenwände wurden in Trockenbauweise erstellt. In das Gebäude wurde eine neue, mit Holzstufen belegte Stahltreppe eingebaut. Die Hohlkörpersteindecke des Kellers wurde unterseitig mit Mineralschaumplatten gedämmt. Sämtliche Fenster und Türen wurden erneuert. Die neuen Holzfenster sind dreifach verglast. Die Außentüre ist eine Massivholztüre aus Eichenholz. Das Dach wurde als Pfettendach konstruiert. Die Sparren wurden aufgedoppelt und erhielten eine Cellulose-Einblasdämmung. Das Dach wurde mit Hohlfalzziegeln, sog. Denkmalschutzziegeln, gedeckt.

Technische Anlagen

Es kam eine Gas-Brennwertheizung mit Solaranlage zur Brauchwassererwärmung und Heizungsunterstützung zum Einbau. Die Wärme wird über Fußbodenheizung und einzelne Heizkörper verteilt. Es wurde zudem eine Lüftungsanlage mit Wärmerückgewinnung und (Warmwasser-) Nachheizregister eingebaut. Die gesamte Sanitärinstallation wurde erneuert und an die bestehenden Grundleitungen angeschlossen.

Sonstiges

Die Baumaßnahmen mussten entsprechend den Denkmalschutzauflagen ausgeführt werden.

6100-0937 Einfamilienhaus Umnutzung Scheune

Umbau

Planungskennwerte für Flächen und Rauminhalte nach DIN 277

Flächen des Grundstücks		Menge, Einheit	% an FBG
BF	Bebaute Fläche	– m²	–
UBF	Unbebaute Fläche	– m²	–
FBG	Fläche des Baugrundstücks	– m²	–

Grundflächen des Bauwerks		Menge, Einheit	% an NF	% an BGF
NF	Nutzfläche	141,95 m²	100,0	68,8
TF	Technische Funktionsfläche	2,00 m²	1,4	1,0
VF	Verkehrsfläche	14,80 m²	10,4	7,2
NGF	Netto-Grundfläche	158,75 m²	111,8	76,9
KGF	Konstruktions-Grundfläche	47,63 m²	33,6	23,1
BGF	Brutto-Grundfläche	206,38 m²	145,4	100,0

Brutto-Rauminhalt des Bauwerks		Menge, Einheit	BRI/NF (m)	BRI/BGF (m)
BRI	Brutto-Rauminhalt	847,58 m³	5,97	4,11

Lufttechnisch behandelte Flächen	Menge, Einheit	% an NF	% an BGF
Entlüftete Fläche	– m²	–	–
Be- und entlüftete Fläche	– m²	–	–
Teilklimatisierte Fläche	– m²	–	–
Klimatisierte Fläche	– m²	–	–

KG	Kostengruppen (2.Ebene)	Menge, Einheit	Menge/NF	Menge/BGF
310	Baugrube	– m³ BGI		
320	Gründung	21,00 m² GRF	0,15	0,10
330	Außenwände	192,56 m² AWF	1,36	0,93
340	Innenwände	154,28 m² IWF	1,09	0,75
350	Decken	93,33 m² DEF	0,66	0,45
360	Dächer	289,18 m² DAF	2,04	1,40

Kostenkennwerte für die Kostengruppen der 1.Ebene DIN 276

KG	Kostengruppen (1.Ebene)	Einheit	Kosten €	€/Einheit	€/m² BGF	€/m³ BRI	% 300+400
100	Grundstück	m² FBG	–	–	–	–	–
200	Herrichten und Erschließen	m² FBG	2.066	–	10,01	2,44	0,9
300	Bauwerk - Baukonstruktionen	m² BGF	166.770	808,07	808,07	196,76	71,8
400	Bauwerk - Technische Anlagen	m² BGF	65.635	318,03	318,03	77,44	28,2
	Bauwerk 300+400	**m² BGF**	**232.405**	**1.126,10**	**1.126,10**	**274,20**	**100,0**
500	Außenanlagen	m² AUF	–	–	–	–	–
600	Ausstattung und Kunstwerke	m² BGF	–	–	–	–	–
700	Baunebenkosten	m² BGF	–	–	–	–	–

© BKI Baukosteninformationszentrum   Kostenstand: 3.Quartal 2015, Bundesdurchschnitt, **inkl. 19% MwSt.**

6100-0937 Einfamilienhaus Umnutzung Scheune

Umbau

Kostenkennwerte für die Kostengruppen der 1.Ebene DIN 276

KG	Kostengruppe	Menge Einheit	Kosten €	€/Einheit	%
200	**Herrichten und Erschließen**	– FBG	2.066	–	0,9

- Herstellen (Kosten: 100,0%) — 2.066
  Rohrgrabenaushub BK 1-3, PE-Rohre DN100, verfüllen, Kopfsteinpflaster ausbauen, wieder einbauen

KG	Kostengruppe	Menge Einheit	Kosten €	€/Einheit	%
3+4	**Bauwerk**				**100,0**
300	**Bauwerk - Baukonstruktionen**	206,38 m² BGF	166.770	**808,07**	71,8

- Abbrechen (Kosten: 3,5%) — 5.840
  Abbruch von Stahlfenster; Holzständerwänden; Decken aus Hohlkörpersteinen, Holzdielenbelägen; Dacheindeckungen, Mörtelfirst, Dachrinnen; Entsorgung, Deponiegebühren

- Wiederherstellen (Kosten: 1,0%) — 1.657
  Dünnschichtigen Wandputz abschlagen, Ziegelmauerwerk reinigen, verfugen, Wandflächen mit Anstrich, reinigen, aufrauen, lose Farbteile abstoßen, Oberfläche verfestigenden, grundieren

- Herstellen (Kosten: 95,5%) — 159.272
  Bodenplatte austauschen, Dämmung, Estrich, Teppichboden; Fenster vergrößern, Türöffnungen, Fenster, Eingangstüre, Sichtmauerwerk; Holzständerwerk beplankt, Wandfliesen, Anstrich, Holzständerwände, Holzinnentüren; Holzbalkendecken beplankt, Einblasdämmungen, Balken auffüttern, Dielen, Douglasie, Roteiche, Treppen, Mineraldämmplatten; Sparren auffüttern, Dämmung, Dachflächenfenster, Hohlfalzziegel, Unterdach, Lattung, Rinnen, GK-Platten, Anstrich

KG	Kostengruppe	Menge Einheit	Kosten €	€/Einheit	%
400	**Bauwerk - Technische Anlagen**	206,38 m² BGF	65.635	**318,03**	28,2

- Abbrechen (Kosten: 1,0%) — 666
  Abbruch von Schornstein, Entsorgung, Deponiegebühren

- Herstellen (Kosten: 99,0%) — 64.970
  Abwasserleitungen, Regenfallrohre, Kalt- und Warmwasserleitungen, WC-Becken, Waschbecken, Duschwannen, Duschabtrennungen, Badewanne, Gasleitung für Herdanschluss; Solarkollektoren, Gas-Brennwert-Kessel, Wärmemengenzähler, Heizkörper, Fußbodenheizung; Lüftungsanlage, Elektroinstallation; Telefonleitungen, Klingelanlage, Antennenleitungen, Anschlussdosen, EDV-Leitungen

Kostenkennwerte für die Kostengruppen der 2.Ebene DIN 276

KG	Kostengruppe	Menge Einheit	Kosten €	€/Einheit	%
200	**Herrichten und Erschließen**				100,0
230	**Nichtöffentliche Erschließung**	— FBG	2.066	—	100,0

- Herstellen (Kosten: 100,0%) — 2.066
  Rohrgrabenaushub BK 1-3 (2m³), PE-Rohre DN100 (2m), verfüllen (2m³), Kopfsteinpflaster ausbauen, wieder einbauen

KG	Kostengruppe	Menge Einheit	Kosten €	€/Einheit	%
300	**Bauwerk - Baukonstruktionen**				100,0
320	**Gründung**	21,00 m² GRF	3.609	**171,88**	2,2

- Herstellen (Kosten: 100,0%) — 3.609
  Abbruch, Betonplatte, unbewehrt, d=20cm, Einbau, Stb-Bodenplatte, d=16cm (11m²) * Dämmung, EPS, d=40mm, WLG 035, PE-Folie, Anhydritestrich (6m²), Teppichboden (17m²)

330	**Außenwände**	192,56 m² AWF	36.329	**188,66**	21,8

- Abbrechen (Kosten: 0,7%) — 242
  Abbruch von Stahlfenster, einfach verglast (1m²), Holzfenster (0,4m²); Entsorgung, Deponiegebühren

- Herstellen (Kosten: 99,3%) — 36.087
  Fenster vergrößern (2m²), Türöffnungen herstellen (4m²) * Holzfenster (7m²), Holzeingangstüre (2m²) * Sichtmauerwerk auf vorhandene Altziegel, d=12cm (15m²) * Holzständerwerk 60x80mm, OSB-Platten, d=12mm, GK-Platten (193m²), Zellulosedämmung, d=250mm (51m³), Abdichtung (1m²), Wandfliesen (2m²), Silikatanstrich (160m²)

340	**Innenwände**	154,28 m² IWF	21.531	**139,56**	12,9

- Abbrechen (Kosten: 1,7%) — 363
  Abbruch einer Holzständerwand, d=15cm, Holzbekleidungen, Mineralwollfüllungen, Entsorgung, Deponiegebühren (12m²)

- Wiederherstellen (Kosten: 7,7%) — 1.657
  Dünnschichtigen Wandputz abschlagen, Ziegelmauerwerk reinigen, verfugen (20m²), Wandflächen mit Anstrich, reinigen, aufrauen, lose Farbteile abstoßen, Oberfläche verfestigenden, grundieren (42m²)

- Herstellen (Kosten: 90,6%) — 19.511
  Fachwerkwände, KVH, NSi (1m³), aufstellen, abbinden (19m), Traglattung, OSB-Platten, d=12mm (22m²), Zellulosedämmung, d=80mm (4m³) * Holzständerwände, KVH 60x80mm, Beplankung, beidseitig, OSB-Platten, d=12mm, GK-Platten, d=9,5mm (47m²), Vorsatzschalen (10m²) * Brandschutztür T30 (2m²), Kellertür, Stichbogen (2m²), Holztüren (9m²) * Trockenputz, GK-Platten (21m²), GK-Verbundplatten (19m²), Dämmplatten, d=120mm (11m²), Abdichtung (10m²), Wandfliesen (15m²), Anstrich (51m²)

6100-0937
Einfamilienhaus
Umnutzung
Scheune

Umbau

6100-0937
Einfamilienhaus
Umnutzung
Scheune

Umbau

KG	Kostengruppe	Menge Einheit	Kosten €	€/Einheit	%
350	**Decken**	93,33 m² DEF	41.412	**443,71**	24,8

- Abbrechen (Kosten: 3,2%) — 1.316
  Abbruch von Decken aus Hohlkörpersteinen, Betonverguss, Fußbodenkonstruktion, d=20cm (9m²), Blindboden aus unbewehrtem Beton (2m²) * Holzdielenbelägen, d=20mm (30m²); Entsorgung, Deponiegebühren

- Herstellen (Kosten: 96,8%) — 40.096
  Holzbalkendecken, KVH, OSB-Platten, GK-Platten (12m²), Zellulosedämmung, d=140mm (2m³), auffüttern, Ausgleichshöhe 0-5cm, Hobeldielen, Douglasie, d=22,5mm (30m²), Podesttreppe, Stahlwangen, Holzstufen, Stahlgeländer (9m²), Holztreppe (2m²) * 3-Schicht-Dielen, Roteiche, schleifen, versiegeln (74m²), Sockelleisten (92m), Dämmung, EPS, d=40mm, WLG 035, Anhydritestrich (29m²), Teppichboden (19m²) * Mineraldämmplatten, d=120mm (31m²), Anstrich (8m²) * Einschubtreppe 60x140cm (1St)

KG	Kostengruppe	Menge Einheit	Kosten €	€/Einheit	%
360	**Dächer**	289,18 m² DAF	59.735	**206,57**	35,8

- Abbrechen (Kosten: 6,6%) — 3.919
  Abbruch von Dacheindeckungen (289m²), Mörtelfirst (31m), Dachrinnen (51m); Entsorgung, Deponiegebühren

- Herstellen (Kosten: 93,4%) — 55.816
  Auffüttern, Sparren (141m), Einblasdämmung, Zellulose, d=300mm, WLG 040 (38m³), Mineralfaserdämmung, d=120mm, WLG 035 (64m²) * Dachflächenfenster (10m²), Markise (1St), Faltstore (1St) * Lattung, Hohlfalzziegel (289m²), Unterdach, d=22mm, WLG 050 (216m²), Dichtungsbahn (64m²), Regenrinnen, Titanzink (42m), Traufe (25m), Ortgang (4m) * Dichtungsbahn, Traglattung, GK-Platten, d=12,5mm (113m²), Anstrich (113m²)

KG	Kostengruppe	Menge Einheit	Kosten €	€/Einheit	%
370	**Baukonstruktive Einbauten**	206,38 m² BGF	1.558	**7,55**	0,9

- Herstellen (Kosten: 100,0%) — 1.558
  Badewannenpodest h=0,5m, Unterkonstruktion, 3-Schicht-Dielen, Roteiche (1m²)

KG	Kostengruppe	Menge Einheit	Kosten €	€/Einheit	%
390	**Sonstige Baukonstruktionen**	206,38 m² BGF	2.595	**12,57**	1,6

- Herstellen (Kosten: 100,0%) — 2.595
  Baustelleneinrichtung * Standgerüst (230m²) * Abdeckfolien

KG	Kostengruppe	Menge Einheit	Kosten €	€/Einheit	%
400	**Bauwerk - Technische Anlagen**				**100,0**
410	**Abwasser-, Wasser-, Gasanlagen**	206,38 m² BGF	17.958	**87,01**	27,4

- Herstellen (Kosten: 100,0%) — 17.958
  Abwasserleitungen, PE-Schallschutzrohre, Regenfallrohre DN120 (9m) * Kalt- und Warmwasserleitungen, Kupfer, Rohrdämmung, WC-Becken (2St), UP-Spülkästen (2St), Waschbecken (2St), Duschwannen, Duschabtrennungen (2St), Badewanne (1St) * Gasleitung, Herdanschluss

KG	Kostengruppe	Menge Einheit	Kosten €	€/Einheit	%
420	**Wärmeversorgungsanlagen**	206,38 m² BGF	31.132	**150,85**	47,4

- Abbrechen (Kosten: 2,1%) — 666
  Abbruch von Schornstein, d=35cm, Entsorgung, Deponiegebühren (5m)

- Herstellen (Kosten: 97,9%) — 30.466
  Solarkollektoren, Regelung, Solarkreispumpe (5m²), Heizungsanlage, Gas-Brennwert-Kessel (1St) * Wärmemengenzähler (3St), Heizkreisverteiler (1St), Verteilerschrank (1St) * Planheizkörper (5St), Handtuchwärmekörper (2St), Fußbodenheizung (52m²), Raumthermostate (7St)

KG	Kostengruppe	Menge Einheit	Kosten €	€/Einheit	%
430	**Lufttechnische Anlagen**	206,38 m² BGF	10.564	**51,19**	16,1

- Herstellen (Kosten: 100,0%) — 10.564
  Lüftungsanlage mit Wärmerückgewinnung, Luftförderung bis 200m³/h, Wickelfalzrohre, Warmwasser-Nachheizregister

KG	Kostengruppe	Menge Einheit	Kosten €	€/Einheit	%
440	**Starkstromanlagen**	206,38 m² BGF	5.282	**25,59**	8,0

- Herstellen (Kosten: 100,0%) — 5.282
  Zählerschrank, Sicherungen (1St), Elektroleitungen, Schalter, Steckdose (1St), Anschlüsse (7St)

KG	Kostengruppe	Menge Einheit	Kosten €	€/Einheit	%
450	**Fernmelde-, informationstechn. Anlagen**	206,38 m² BGF	699	**3,39**	1,1

- Herstellen (Kosten: 100,0%) — 699
  Telefonleitungen, Steckdose * Klingelanlage * Antennenleitungen, Steckdose * Datenleitungen, Steckdose

6100-0937
Einfamilienhaus
Umnutzung
Scheune

Umbau

Kostenkennwerte für die Kostengruppen der 3.Ebene DIN 276 (Übersicht)

KG	Kostengruppe	Menge Einheit	€/Einheit	Kosten €	% 300+400
300	**Bauwerk - Baukonstruktionen**	206,38 m² BGF	808,07	166.769,91	71,8
310	Baugrube	–	–	–	–
320	**Gründung**	21,00 m² GRF	171,88	3.609,44	1,6
321	Baugrundverbesserung	–	–	–	–
322	Flachgründungen	–	–	–	–
323	Tiefgründungen	–	–	–	–
324	Unterböden und Bodenplatten	11,00 m²	128,59	1.414,54	0,6
325	Bodenbeläge	21,00 m²	104,52	2.194,89	0,9
326	Bauwerksabdichtungen	–	–	–	–
327	Dränagen	–	–	–	–
329	Gründung, sonstiges	–	–	–	–
330	**Außenwände**	192,56 m² AWF	188,66	36.329,04	15,6
331	Tragende Außenwände	5,84 m²	634,49	3.703,54	1,6
332	Nichttragende Außenwände	–	–	–	–
333	Außenstützen	–	–	–	–
334	Außentüren und -fenster	9,56 m²	1.294,25	12.373,05	5,3
	Abbrechen	1,46 m²	166,37	242,06	0,1
	Herstellen	9,56 m²	1.268,93	12.130,99	5,2
335	Außenwandbekleidungen außen	15,00 m²	113,47	1.702,00	0,7
336	Außenwandbekleidungen innen	192,56 m²	96,34	18.550,47	8,0
337	Elementierte Außenwände	–	–	–	–
338	Sonnenschutz	–	–	–	–
339	Außenwände, sonstiges	–	–	–	–
340	**Innenwände**	154,28 m² IWF	139,56	21.531,47	9,3
341	Tragende Innenwände	22,00 m²	116,35	2.559,65	1,1
342	Nichttragende Innenwände	57,36 m²	113,82	6.528,78	2,8
	Abbrechen	12,00 m²	30,26	363,09	0,2
	Herstellen	57,36 m²	107,49	6.165,69	2,7
343	Innenstützen	–	–	–	–
344	Innentüren und -fenster	12,92 m²	364,87	4.714,14	2,0
345	Innenwandbekleidungen	128,21 m²	60,28	7.728,90	3,3
	Wiederherstellen	62,00 m²	26,73	1.657,06	0,7
	Herstellen	66,21 m²	91,71	6.071,84	2,6
346	Elementierte Innenwände	–	–	–	–
349	Innenwände, sonstiges	–	–	–	–
350	**Decken**	93,33 m² DEF	443,71	41.411,70	17,8
351	Deckenkonstruktionen	53,99 m²	296,35	15.998,93	6,9
	Abbrechen	12,20 m²	82,54	1.006,97	0,4
	Herstellen	53,99 m²	277,70	14.991,95	6,5
352	Deckenbeläge	93,33 m²	237,46	22.161,83	9,5
	Abbrechen	30,40 m²	10,17	309,06	0,1
	Herstellen	93,33 m²	234,15	21.852,76	9,4
353	Deckenbekleidungen	39,10 m²	67,09	2.623,10	1,1
359	Decken, sonstiges	93,33 m²	6,73	627,84	0,3

…

KG	Kostengruppe	Menge Einheit	€/Einheit	Kosten €	% 300+400
360	**Dächer**	289,18 m² DAF	206,57	59.735,41	25,7
361	Dachkonstruktionen	189,51 m²	42,14	7.985,90	3,4
362	Dachfenster, Dachöffnungen	10,17 m²	1.560,28	15.868,05	6,8
363	Dachbeläge	289,18 m²	105,58	30.531,65	13,1
	Abbrechen	289,18 m²	13,55	3.919,18	1,7
	Herstellen	289,18 m²	92,03	26.612,48	11,5
364	Dachbekleidungen	113,38 m²	47,18	5.349,80	2,3
369	Dächer, sonstiges	–	–	–	–
370	**Baukonstruktive Einbauten**	206,38 m² BGF	7,55	1.558,27	0,7
371	Allgemeine Einbauten	206,38 m² BGF	7,55	1.558,27	0,7
372	Besondere Einbauten	–	–	–	–
379	Baukonstruktive Einbauten, sonstiges	–	–	–	–
390	**Sonst. Maßnahmen Baukonstruktionen**	206,38 m² BGF	12,57	2.594,60	1,1
391	Baustelleneinrichtung	206,38 m² BGF	1,10	226,93	0,1
392	Gerüste	206,38 m² BGF	10,12	2.087,78	0,9
393	Sicherungsmaßnahmen	–	–	–	–
394	Abbruchmaßnahmen	–	–	–	–
395	Instandsetzungen	–	–	–	–
396	Materialentsorgung	–	–	–	–
397	Zusätzliche Maßnahmen	206,38 m² BGF	1,36	279,88	0,1
398	Provisorische Baukonstruktionen	–	–	–	–
399	Sonst. Maßnahmen für Baukonstruktionen, sonst.	–	–	–	–
400	**Bauwerk - Technische Anlagen**	206,38 m² BGF	318,03	65.635,43	28,2
410	**Abwasser-, Wasser-, Gasanlagen**	206,38 m² BGF	87,01	17.958,00	7,7
411	Abwasseranlagen	206,38 m² BGF	8,73	1.801,71	0,8
412	Wasseranlagen	206,38 m² BGF	69,18	14.278,08	6,1
413	Gasanlagen	206,38 m² BGF	9,10	1.878,21	0,8
419	Abwasser-, Wasser-, Gasanlagen, sonstiges	–	–	–	–
420	**Wärmeversorgungsanlagen**	206,38 m² BGF	150,85	31.131,94	13,4
421	Wärmeerzeugungsanlagen	206,38 m² BGF	83,62	17.258,46	7,4
422	Wärmeverteilnetze	206,38 m² BGF	11,46	2.364,85	1,0
423	Raumheizflächen	206,38 m² BGF	52,54	10.842,95	4,7
429	Wärmeversorgungsanlagen, sonstiges	206,38 m² BGF	3,23	665,67	0,3
	Abbrechen	206,38 m² BGF	3,23	665,67	0,3
430	**Lufttechnische Anlagen**	206,38 m² BGF	51,19	10.563,95	4,5
431	Lüftungsanlagen	206,38 m² BGF	51,19	10.563,95	4,5
432	Teilklimaanlagen	–	–	–	–
433	Klimaanlagen	–	–	–	–
434	Kälteanlagen	–	–	–	–
439	Lufttechnische Anlagen, sonstiges	–	–	–	–
440	**Starkstromanlagen**	206,38 m² BGF	25,59	5.282,21	2,3
441	Hoch- und Mittelspannungsanlagen	–	–	–	–
442	Eigenstromversorgungsanlagen	–	–	–	–
443	Niederspannungsschaltanlagen	–	–	–	–
444	Niederspannungsinstallationsanlagen	206,38 m² BGF	25,59	5.282,21	2,3
445	Beleuchtungsanlagen	–	–	–	–
446	Blitzschutz- und Erdungsanlagen	–	–	–	–
449	Starkstromanlagen, sonstiges	–	–	–	–

6100-0937
Einfamilienhaus
Umnutzung
Scheune

Umbau

KG	Kostengruppe	Menge Einheit	€/Einheit	Kosten €	% 300+400
450	**Fernm.- und informationstechn. Anlagen**	**206,38 m² BGF**	**3,39**	**699,33**	**0,3**
451	Telekommunikationsanlagen	206,38 m² BGF	0,81	166,43	0,1
452	Such- und Signalanlagen	206,38 m² BGF	0,46	95,69	< 0,1
453	Zeitdienstanlagen	–	–	–	–
454	Elektroakustische Anlagen	–	–	–	–
455	Fernseh- und Antennenanlagen	206,38 m² BGF	0,82	169,43	0,1
456	Gefahrenmelde- und Alarmanlagen	–	–	–	–
457	Übertragungsnetze	206,38 m² BGF	1,30	267,78	0,1
459	Fernmelde- und informationstechn. Anl., sonst.	–	–	–	–
460	**Förderanlagen**	–	–	–	–
470	**Nutzungsspezifische Anlagen**	–	–	–	–
480	**Gebäudeautomation**	–	–	–	–
490	**Sonst. Maßnahmen für Techn. Anlagen**	–	–	–	–

Kostenkennwerte für Leistungsbereiche nach StLB (Kosten des Bauwerks nach DIN 276)

6100-0937 Einfamilienhaus Umnutzung Scheune

Umbau

LB	Leistungsbereiche	Kosten €	€/m² BGF	€/m³ BRI	% an 3+4
000	Sicherheits-, Baustelleneinrichtungen inkl. 001	2.595	12,60	3,10	1,1
002	Erdarbeiten	–	–	–	–
006	Spezialtiefbauarbeiten inkl. 005	–	–	–	–
009	Entwässerungskanalarbeiten inkl. 011	–	–	–	–
010	Dränarbeiten	–	–	–	–
012	Mauerarbeiten	6.657	32,30	7,90	2,9
013	Betonarbeiten	1.415	6,90	1,70	0,6
014	Natur-, Betonwerksteinarbeiten	–	–	–	–
016	Zimmer- und Holzbauarbeiten	36.180	175,30	42,70	15,6
017	Stahlbauarbeiten	3.782	18,30	4,50	1,6
018	Abdichtungsarbeiten	–	–	–	–
020	Dachdeckungsarbeiten	37.380	181,10	44,10	16,1
021	Dachabdichtungsarbeiten	–	–	–	–
022	Klempnerarbeiten	4.663	22,60	5,50	2,0
	Rohbau	**92.670**	**449,00**	**109,30**	**39,9**
023	Putz- und Stuckarbeiten, Wärmedämmsysteme	–	–	–	–
024	Fliesen- und Plattenarbeiten	3.238	15,70	3,80	1,4
025	Estricharbeiten	1.493	7,20	1,80	0,6
026	Fenster, Außentüren inkl. 029, 032	12.593	61,00	14,90	5,4
027	Tischlerarbeiten	5.845	28,30	6,90	2,5
028	Parkett-, Holzpflasterarbeiten	24.951	120,90	29,40	10,7
030	Rollladenarbeiten	1.679	8,10	2,00	0,7
031	Metallbauarbeiten inkl. 035	643	3,10	0,76	0,3
034	Maler- und Lackiererarbeiten inkl. 037	4.001	19,40	4,70	1,7
036	Bodenbelagsarbeiten	2.573	12,50	3,00	1,1
038	Vorgehängte hinterlüftete Fassaden	–	–	–	–
039	Trockenbauarbeiten	11.383	55,20	13,40	4,9
	Ausbau	**68.400**	**331,40**	**80,70**	**29,4**
040	Wärmeversorgungsanlagen, inkl. 041	31.434	152,30	37,10	13,5
042	Gas- und Wasseranlagen, Leitungen inkl. 043	4.870	23,60	5,70	2,1
044	Abwasseranlagen - Leitungen	1.452	7,00	1,70	0,6
045	Gas, Wasser, Entwässerung - Ausstattung inkl. 046	11.287	54,70	13,30	4,9
047	Dämmarbeiten an technischen Anlagen	–	–	–	–
049	Feuerlöschanlagen, Feuerlöschgeräte	–	–	–	–
050	Blitzschutz- und Erdungsanlagen	–	–	–	–
052	Mittelspannungsanlagen	–	–	–	–
053	Niederspannungsanlagen inkl. 054	5.491	26,60	6,50	2,4
055	Ersatzstromversorgungsanlagen	–	–	–	–
057	Gebäudesystemtechnik	–	–	–	–
058	Leuchten und Lampen, inkl. 059	–	–	–	–
060	Elektroakustische Anlagen	96	0,46	0,11	–
061	Kommunikationsnetze, inkl. 063	604	2,90	0,71	0,3
069	Aufzüge	–	–	–	–
070	Gebäudeautomation	–	–	–	–
075	Raumlufttechnische Anlagen	9.597	46,50	11,30	4,1
	Gebäudetechnik	**64.829**	**314,10**	**76,50**	**27,9**
084	Abbruch- und Rückbauarbeiten	6.506	31,50	7,70	2,8
	Sonstige Leistungsbereiche inkl. 008, 033, 051	–	–	–	–

© BKI Baukosteninformationszentrum Kostenstand: 3.Quartal 2015, Bundesdurchschnitt, **inkl. 19% MwSt.**

6100-0946
Einfamilienhaus
Einzeldenkmal

Objektübersicht

Instandsetzung   BRI 355 €/m³   BGF 1.045 €/m²   NF 1.710 €/m²   NE 1.902 €/NE
m² Wohnfläche

Objekt:
Kennwerte: 3.Ebene DIN 276
BRI: 842m³
BGF: 286m²
NF: 175m²
Bauzeit: 43 Wochen
Bauende: 2010
Standard: Durchschnitt
Kreis: Aschersleben, Sachsen-Anhalt

Architekt:
qbatur Planungsbüro GmbH
Hölle 11
06484 Quedlinburg

Zeichnungen

6100-0946
Einfamilienhaus
Einzeldenkmal

Instandsetzung

6100-0946
Einfamilienhaus
Einzeldenkmal

Instandsetzung

Objektbeschreibung

Allgemeine Objektinformationen

Die gotische Stadtkirche St. Stephani im historischen Stadtzentrum von Aschersleben/Sachsen-Anhalt wird von einem idyllisch gelegenen Kirchhof mit geschlossener historischer Platzrandbebauung eingefasst. Als eines der letzten unsanierten Häuser wartete hier das Fachwerkhaus auf seine Wiederherstellung. Das als Einzeldenkmal ausgewiesene kleine Fachwerkhäuschen wurde um 1680 errichtet und weist an der Straßenseite zeittypische Zierformen wie Rauten und Pyramidenbalkenköpfe auf. Im Zuge der Sanierung bekam das Haus einen hofseitigen geschossübergreifenden Anbau, der als Wintergarten genutzt wird.

Nutzung

1 Untergeschoss
Gewölbekeller

1 Erdgeschoss
Kochen/Essen, WC

1 Obergeschoss
Wohnzimmer, Schlafzimmer, Bad

1 Dachgeschoss
Zimmer, Bad, Technikraum

Nutzeinheiten

Wohneinheiten: 1
Wohnfläche: 157m²

Grundstück

Bauraum: Beengter Bauraum
Neigung: Ebenes Gelände

Markt

Hauptvergabezeit: 1.Quartal 2010
Baubeginn: 1.Quartal 2010
Bauende: 4.Quartal 2010
Konjunkturelle Gesamtlage: Durchschnitt
Regionaler Baumarkt: Durchschnitt

Baubestand

Baujahr: 1680
Bauzustand: schlecht
Aufwand: hoch
Grundrissänderungen: umfangreiche
Tragwerkseingriffe: einige
Nutzungsänderung: nein
Nutzung während der Bauzeit: nein

Baukonstruktion

Aufgrund des ruinösen Gesamtzustandes vor der Sanierung waren erhebliche bauliche Eingriffe unvermeidbar. Die Außenhülle mit dem Fachwerk wurde komplett instandgesetzt. Die Wände wurden von innen mit einer Dämmung versehen. Das Dach, die Türen, die Fenster sowie das Innere des Gebäudes wurden komplett erneuert.

Technische Anlagen

Das Gebäude ist mit einer Gasbrennwerttherme ausgestattet. Es kamen eine Fußbodenheizung und Wandheizflächen zur Ausführung. Die Abbrucharbeiten der alten Haustechnik sind im Zuge der Abbrucharbeiten der Rohbauarbeiten erfolgt und deshalb kostenmäßig nicht separat aufgeführt.

Sonstiges

Ziel der Sanierungsmaßnahme war die umfassende Instandsetzung sämtlicher Gebäudeteile sowie die energetische Ertüchtigung, unter Berücksichtigung der EnEV 2009. Die Ausführung erfolgte entsprechend den Empfehlungen „Fachwerkinstandsetzung nach WTA" (Wissenschaftlich-Technische Arbeitsgemeinschaft, Fraunhofer IRB-Verlag 2002). Im Ergebnis steht eine interessante Synthese von historischen Strukturen und modernen Elementen. Das Haus wird als Wohnhaus durch die Eigentümer genutzt.

6100-0946
Einfamilienhaus
Einzeldenkmal

Instandsetzung

Planungskennwerte für Flächen und Rauminhalte nach DIN 277

Flächen des Grundstücks		Menge, Einheit	% an FBG
BF	Bebaute Fläche	84,22 m²	53,6
UBF	Unbebaute Fläche	72,78 m²	46,4
FBG	Fläche des Baugrundstücks	157,00 m²	100,0

Grundflächen des Bauwerks		Menge, Einheit	% an NF	% an BGF
NF	Nutzfläche	174,66 m²	100,0	61,1
TF	Technische Funktionsfläche	5,21 m²	3,0	1,8
VF	Verkehrsfläche	21,45 m²	12,3	7,5
NGF	Netto-Grundfläche	201,32 m²	115,3	70,5
KGF	Konstruktions-Grundfläche	84,46 m²	48,4	29,6
BGF	Brutto-Grundfläche	285,78 m²	163,6	100,0

Brutto-Rauminhalt des Bauwerks		Menge, Einheit	BRI/NF (m)	BRI/BGF (m)
BRI	Brutto-Rauminhalt	841,69 m³	4,82	2,95

Lufttechnisch behandelte Flächen	Menge, Einheit	% an NF	% an BGF
Entlüftete Fläche	— m²	—	—
Be- und entlüftete Fläche	— m²	—	—
Teilklimatisierte Fläche	— m²	—	—
Klimatisierte Fläche	— m²	—	—

KG	Kostengruppen (2.Ebene)	Menge, Einheit		Menge/NF	Menge/BGF
310	Baugrube	— m³	BGI	—	—
320	Gründung	68,64 m²	GRF	0,39	0,24
330	Außenwände	233,64 m²	AWF	1,34	0,82
340	Innenwände	124,06 m²	IWF	0,71	0,43
350	Decken	122,09 m²	DEF	0,70	0,43
360	Dächer	143,85 m²	DAF	0,82	0,50

Kostenkennwerte für die Kostengruppen der 1.Ebene DIN 276

KG	Kostengruppen (1.Ebene)	Einheit	Kosten €	€/Einheit	€/m² BGF	€/m³ BRI	% 300+400
100	Grundstück	m² FBG	—	—	—	—	—
200	Herrichten und Erschließen	m² FBG	—	—	—	—	—
300	Bauwerk - Baukonstruktionen	m² BGF	245.469	858,94	858,94	291,64	82,2
400	Bauwerk - Technische Anlagen	m² BGF	53.114	185,86	185,86	63,10	17,8
	Bauwerk 300+400	**m² BGF**	**298.583**	**1.044,80**	**1.044,80**	**354,74**	**100,0**
500	Außenanlagen	m² AUF	—	—	—	—	—
600	Ausstattung und Kunstwerke	m² BGF	3.397	11,89	11,89	4,04	1,1
700	Baunebenkosten	m² BGF	—	—	—	—	—

© BKI Baukosteninformationszentrum   Kostenstand: 3.Quartal 2015, Bundesdurchschnitt, **inkl. 19% MwSt.**

6100-0946
Einfamilienhaus
Einzeldenkmal

Instandsetzung

Kostenkennwerte für die Kostengruppen der 1.Ebene DIN 276

KG	Kostengruppe	Menge Einheit	Kosten €	€/Einheit	%
3+4	**Bauwerk**				100,0
300	**Bauwerk - Baukonstruktionen**	285,78 m² BGF	245.469	**858,94**	82,2

- Abbrechen (Kosten: 7,3%) — 18.012
  Abbruch von Estrich; Mauerwerk, Fachwerkkonstruktion, Ausfachungen, Fenstern, Türen, Putz; Stahlträgern, Treppen, Dielenboden mit Unterkonstruktion, abgehängten Decken; Flachdach, Dacheindeckung, Unterkonstruktion; Entsorgung, Deponiegebühren

- Wiederherstellen (Kosten: 6,5%) — 15.870
  Holzdielen ausbessern; Fachwerkkonstruktion reparieren, Holztor aufarbeiten, Traufbohle nach historischer Vorlage nacharbeiten; Holztürblätter aufarbeiten; Deckenbalken und Sparren zurückschneiden, mit Altholz ergänzen

- Herstellen (Kosten: 86,2%) — 211.587
  Heizestrich, Sandsteinstufen, Betonpflaster; Hlz-Mauerwerk, Ausfachungen Altziegel, Holzständerkonstruktion, Holztüren, Holzfenster, Festverglasungen, Schlemmputz, Fachwerkholz ölen, Dämmung, Putz, Anstrich, Wandfliesen; GF-Metallständerwand; Stahltreppen, Brettschalung, Holzestrich, Linoleum, Bodenfliesen, Feuerschutzdecke; Holzdachkonstruktionen, Sattel- und Flachdach, Dämmung, Dachausstiegsfenster, Brettschalung, Biberschwanz-Eindeckung Altziegel, Dachentwässerung; Rauspundschalung, Sichtdecke, Deckenabhängung, GK-Bekleidung

KG	Kostengruppe	Menge Einheit	Kosten €	€/Einheit	%
400	**Bauwerk - Technische Anlagen**	285,78 m² BGF	53.114	**185,86**	17,8

- Abbrechen (Kosten: 2,1%) — 1.117
  Demontage von Schornstein; Dachantenne; Entsorgung, Deponiegebühren

- Herstellen (Kosten: 97,9%) — 51.998
  Gebäudeentwässerung, Kalt- und Warmwasserleitungen, Sanitärobjekte; Gas-Brennwertkessel, Brauchwassererwärmung, Fußbodenheizung, Wandheizung, Heizkörper, Leichtbauschornstein; Zählerschrank, Elektroinstallation, Beleuchtungskörper, Blitzschutzanlage; Fernmeldeanschluss, Klingelanlage, Sat-Antenne, Rauchmelder, Datenleitungen

KG	Kostengruppe	Menge Einheit	Kosten €	€/Einheit	%
600	**Ausstattung und Kunstwerke**	285,78 m² BGF	3.397	**11,89**	1,1

- Herstellen (Kosten: 100,0%) — 3.397
  Duschabtrennungen, Ablagen

Kostenkennwerte für die Kostengruppen der 2.Ebene DIN 276

6100-0946
Einfamilienhaus
Einzeldenkmal

Instandsetzung

KG	Kostengruppe	Menge Einheit	Kosten €	€/Einheit	%
300	**Bauwerk - Baukonstruktionen**				100,0
320	**Gründung**	68,64 m² GRF	11.991	**174,69**	4,9

- Abbrechen (Kosten: 10,3%) 1.240
  Abbruch von Estrich, d=10-20cm (31m²), Eingangsstufen (2m); Entsorgung, Deponiegebühren

- Wiederherstellen (Kosten: 16,6%) 1.987
  Holzdielen aufnehmen, lagern, wiedereinsetzen, Aufbau aufnehmen, entsorgen (16m²), Dielen schleifen, ausbessern (32m²)

- Herstellen (Kosten: 73,1%) 8.764
  Stb-Fundamente C20/25 (5m³) * Heizestrich (50m²), Linoleum (2m²), Eichenschwelle (1St), Schwelle, Sandstein (1St), Eingangsstufen, Sandstein (2St), Betonpflaster (19m²) * Kiesfilterschicht 16/32 (6m²), Sauberkeitsschicht C15/20, d=50mm (57m²)

330	**Außenwände**	233,64 m² AWF	95.631	**409,31**	39,0

- Abbrechen (Kosten: 5,7%) 5.467
  Abbruch von Mauerwerk (17m²), Fachwerkkonstruktion (18m²) * Ausfachungen (37m²) * Fenstern (10m²), Stahltüren (7m²) * Außenputz (75m²) * Innenputz (18m²), WDVS (5m²); Entsorgung, Deponiegebühren

- Wiederherstellen (Kosten: 8,7%) 8.324
  Fachwerkkonstruktion reparieren, mit Altholz ergänzen, ausspanen, ersetzen (37m²) * Holztor aufarbeiten, Oberlicht (7m²) * Traufbohle nach historischer Vorlage nacharbeiten (4m²)

- Herstellen (Kosten: 85,6%) 81.840
  Hlz-Mauerwerk, d=24cm (20m²), Holzständerkonstruktion, Alu-Abdeckprofile (66m²) * Ausfachungen, Sichtmauerwerk, Altziegel (15m²) * Holztüren (4m²), Holzfenster (13m²), Holz-Fenstertür, zweiflüglig (5m²), Festverglasungen (39m²), Fensterbänke, Alu (8m), Sandstein (3m) * Putz (88m²), Schlemmputz Ausfachungen (31m²), Anstriche (148m²), Fachwerkholz ölen (39m²), Zierverkleidung Balkenköpfe (9St) * Dämmung, Putz, Silikatanstrich (75m²), Wandfliesen (2m²), Holzlasur (24m²)

340	**Innenwände**	124,06 m² IWF	35.120	**283,10**	14,3

- Abbrechen (Kosten: 18,1%) 6.366
  Abbruch von Fachwerkkonstruktion, Mauerwerk, d=20-30cm (84m²) * Ausfachungen, d bis 10cm (20m²) * Holztüren (2m²) * Innenputz (65m²); Entsorgung, Deponiegebühren

- Wiederherstellen (Kosten: 4,3%) 1.497
  Holztürblätter ausbauen, lagern, aufarbeiten (3m²)

- Herstellen (Kosten: 77,6%) 27.258
  Hlz-Mauerwerk, d=17,5cm (3m²), KS-Mauerwerk, d=17,5cm (1m²) * Hlz-Mauerwerk, d=11,5cm, Brandwand (19m²), Ausfachungen (62m²), GF-Metallständerwand, d=100mm (29m²) * Holztüren, Massivholz (8m²) * Dämmung, Schallentkopplung (46m²), Lehmputz (84m²), Kalkputz (46m²), Silikatanstrich (205m²), Öl-Kasein-Lasur (10m²), GF-Vorsatzschalen (30m²), Wandfliesen (23m²)

6100-0946
Einfamilienhaus Einzeldenkmal

Instandsetzung

KG	Kostengruppe	Menge Einheit	Kosten €	€/Einheit	%
350	**Decken**	122,09 m² DEF	53.263	**436,26**	21,7

- Abbrechen (Kosten: 5,5%) — 2.929
Abbruch von Stahlträgern (11m), Holztreppen (5m²) * Dielenboden mit Unterkonstruktion (49m²), Bretterlage (29m²), Deckenaufbau (9m²) * abgehängten Decken (22m²), Putz (31m²); Entsorgung, Deponiegebühren

- Wiederherstellen (Kosten: 4,3%) — 2.281
Deckenbalken zurückschneiden, mit Altholz ergänzen (36m) * Holzdielen aufnehmen, lagern, Aufbau aufnehmen, entsorgen (18m²)

- Herstellen (Kosten: 90,2%) — 48.054
Stahltreppen (8m²) * Brettschalung, d=28mm (126m²), Holzestrich, d=60mm (100m²), Linoleum (101m²), Sockelleisten (58m), Eichenschwelle (3m), Bodenfliesen (5m²), Bekleidung Deckenstirnseite, Stahlblech (9m) * Feuerschutzdecke (100m²), HWL-Platten (14m²), Lehmputz (54m²), Anstrich, Öl-Kasein-Lasur Balken (103m²), Deckenabhängung, Anstrich (19m²) * Treppengeländer (32m)

KG	Kostengruppe	Menge Einheit	Kosten €	€/Einheit	%
360	**Dächer**	143,85 m² DAF	42.040	**292,25**	17,1

- Abbrechen (Kosten: 4,8%) — 2.010
Abbruch von Flachdach (14m²) * Dacheindeckung mit Unterkonstruktion (117m²); Entsorgung, Deponiegebühren

- Wiederherstellen (Kosten: 4,2%) — 1.782
Schadhafte Kehlbalken/Sparren zurückschneiden, Sichtkonstruktion mit Altholz ergänzen (83m)

- Herstellen (Kosten: 91,0%) — 38.249
Holzdachkonstruktionen, Satteldach, Abbund auf bestehende Dachkonstruktion, Dämmung (127m³), Flachdach, Dämmung (16m²) * Dachausstiegsfenster (1m²) * Brettschalung, Unterspannbahn, Konter- und Dachlattung, Biberschwanz-Eindeckung, Altziegel (119m²), Hängerinne (15m), OSB-Schalung, Flachdachabdichtung (13m²), Kastenrinne (11m) * Raupundbekleidung, Sichtdecke, Feuerschutzdecke, Dampfsperre (130m²), Deckenabhängung, Anstrich (15m²) * Sicherheitsdachhaken (7St), Schneefanggitter (9m)

KG	Kostengruppe	Menge Einheit	Kosten €	€/Einheit	%
390	**Sonstige Baukonstruktionen**	285,78 m² BGF	7.422	**25,97**	3,0

- Herstellen (Kosten: 100,0%) — 7.422
Bauzaun, h=2m (14m²), Bautreppen (1St), Baustellen-WC (1St), Absturzsicherung (3m) * Fassadengerüst (150m²), Konsolenverbreiterung, Dachdeckerfang (16m), Gerüstplane (60m²), Fußgängertunnel (9m) * Abstützungen (91m²) * Baustellenabfälle, mineralisch (8m³) * Schutzabdeckungen, Folie (45m²), Plane (117m²), Abdeckpapier (217m²)

KG	Kostengruppe	Menge Einheit	Kosten €	€/Einheit	%
400	**Bauwerk - Technische Anlagen**				**100,0**
410	**Abwasser-, Wasser-, Gasanlagen**	285,78 m² BGF	16.641	**58,23**	31,3

- Herstellen (Kosten: 100,0%) — 16.641
KG-Rohre DN100 (9m), HT-Abwasserrohre DN40-100 (35m), Duschrinne (1St), Fallrohre (15m) * Kalt- und Warmwasserleitungen (93m), Waschtische (3St), WC-Becken (3St), Duschwanne (1St), Badewanne (1St), Geräteanschlüsse (3St), Elektro-Durchlauferhitzer (1St)

KG	Kostengruppe	Menge Einheit	Kosten €	€/Einheit	%
420	**Wärmeversorgungsanlagen**	285,78 m² BGF	29.591	**103,54**	55,7
	• Abbrechen (Kosten: 3,7%) Demontage von Schornstein (6m); Entsorgung, Deponiegebühren		1.102		
	• Herstellen (Kosten: 96,3%) Gas-Brennwertkessel 24kW, Gasanschluss, Brauchwassererwärmung, Druckausdehnungsgefäß, Außentemperatursteuerung (1St), Gasleitungen (21m), Mehrwegemischverteiler (1St) * Heizkreisverteiler (2St), Heizungsrohre, Rohrdämmung (87m) * Fußbodenheizung (120m²), Wandheizung (14m²), Raumtemperaturregler (12St), Raumthermostate (9St), Badheizkörper (2St), Röhrenradiator (1St) * Leichtbauschornstein (1St), Bekleidung, Haube, Edelstahl (1St)		28.489		
440	**Starkstromanlagen**	285,78 m² BGF	5.173	**18,10**	9,7
	• Herstellen (Kosten: 100,0%) Zählerschrank (1St), Schalter (44St), Steckdosen (69St), Bewegungsmelder (2St), Geräteanschlüsse (2St), Anschluss Beschattung (1St), Mantelleitungen NYM (psch) * Anbaustrahler (2St) * Potenzialausgleichsanlage (1St)		5.173		
450	**Fernmelde-, informationstechn. Anlagen**	285,78 m² BGF	1.709	**5,98**	3,2
	• Abbrechen (Kosten: 0,9%) Demontage von Dachantenne (1St); Entsorgung, Deponiegebühren		15		
	• Herstellen (Kosten: 99,1%) Telefon-Verteilerkasten (1St) * Klingelanlage, zwei Klingeln (1St) * Sat-Antenne (1St), Koaxialkabel (150m) * Rauchmelder, Funknetzteile (4St), Brandmeldekabel * Datendosen zweifach (5St), Patchfeld (1St), Datenleitungen Cat7		1.694		
600	**Ausstattung und Kunstwerke**				**100,0**
610	**Ausstattung**	285,78 m² BGF	3.397	**11,89**	100,0
	• Herstellen (Kosten: 100,0%) Duschabtrennungen, Eckeinstieg (2St), Ablagen, Naturstein (2St)		3.397		

6100-0946
Einfamilienhaus
Einzeldenkmal

Instandsetzung

6100-0946
Einfamilienhaus
Einzeldenkmal

Instandsetzung

Kostenkennwerte für die Kostengruppen der 3.Ebene DIN 276 (Übersicht)

KG	Kostengruppe	Menge Einheit	€/Einheit	Kosten €	% 300+400
300	**Bauwerk - Baukonstruktionen**	**285,78 m² BGF**	**858,94**	**245.468,64**	**82,2**
310	**Baugrube**	–	–	–	–
320	**Gründung**	**68,64 m² GRF**	**174,69**	**11.990,92**	**4,0**
321	Baugrundverbesserung	–	–	–	–
322	Flachgründungen	13,28 m²	219,21	2.911,17	1,0
323	Tiefgründungen	–	–	–	–
324	Unterböden und Bodenplatten	–	–	–	–
325	Bodenbeläge	68,64 m²	113,98	7.823,80	2,6
	Abbrechen	31,44 m²	39,43	1.239,77	0,4
	Wiederherstellen	47,96 m²	41,42	1.986,68	0,7
	Herstellen	68,64 m²	66,98	4.597,37	1,5
326	Bauwerksabdichtungen	68,64 m²	18,30	1.255,93	0,4
327	Dränagen	–	–	–	–
329	Gründung, sonstiges	–	–	–	–
330	**Außenwände**	**233,64 m² AWF**	**409,31**	**95.631,44**	**32,0**
331	Tragende Außenwände	123,18 m²	176,59	21.752,66	7,3
	Abbrechen	35,00 m²	52,66	1.843,20	0,6
	Wiederherstellen	37,00 m²	125,15	4.630,39	1,6
	Herstellen	86,18 m²	177,29	15.279,06	5,1
332	Nichttragende Außenwände	16,94 m²	320,65	5.431,83	1,8
	Abbrechen	36,75 m²	38,05	1.398,36	0,5
	Herstellen	16,94 m²	238,10	4.033,47	1,4
333	Außenstützen	3,40 m	34,72	118,06	< 0,1
334	Außentüren und -fenster	71,44 m²	491,83	35.136,24	11,8
	Abbrechen	16,14 m²	37,15	599,58	0,2
	Wiederherstellen	7,04 m²	404,01	2.844,21	1,0
	Herstellen	64,40 m²	492,12	31.692,46	10,6
335	Außenwandbekleidungen außen	129,05 m²	126,06	16.267,86	5,4
	Abbrechen	74,78 m²	16,49	1.233,24	0,4
	Wiederherstellen	3,85 m²	220,82	849,71	0,3
	Herstellen	125,20 m²	113,30	14.184,89	4,8
336	Außenwandbekleidungen innen	100,14 m²	169,01	16.924,80	5,7
	Abbrechen	23,00 m²	17,09	392,97	0,1
	Herstellen	100,14 m²	165,09	16.531,81	5,5
337	Elementierte Außenwände	–	–	–	–
338	Sonnenschutz	–	–	–	–
339	Außenwände, sonstiges	–	–	–	–
340	**Innenwände**	**124,06 m² IWF**	**283,10**	**35.120,32**	**11,8**
341	Tragende Innenwände	3,94 m²	1.320,95	5.197,92	1,7
	Abbrechen	84,57 m²	56,14	4.747,63	1,6
	Herstellen	3,94 m²	114,44	450,32	0,2
342	Nichttragende Innenwände	109,52 m²	75,31	8.247,36	2,8
	Abbrechen	19,64 m²	29,48	578,83	0,2
	Herstellen	109,52 m²	70,02	7.668,53	2,6
343	Innenstützen	–	–	–	–
344	Innentüren und -fenster	10,61 m²	486,85	5.163,08	1,7
	Abbrechen	1,60 m²	28,55	45,68	< 0,1
	Wiederherstellen	3,06 m²	488,74	1.496,52	0,5
	Herstellen	7,54 m²	480,03	3.620,88	1,2

© BKI Baukosteninformationszentrum Kostenstand: 3.Quartal 2015, Bundesdurchschnitt, inkl. 19% MwSt.

6100-0946 Einfamilienhaus Einzeldenkmal

Instandsetzung

KG	Kostengruppe	Menge Einheit	€/Einheit	Kosten €	% 300+400
345	Innenwandbekleidungen	237,76 m²	69,45	16.511,96	5,5
	Abbrechen	65,25 m²	15,23	993,69	0,3
	Herstellen	237,76 m²	65,27	15.518,27	5,2
346	Elementierte Innenwände	–	–	–	–
349	Innenwände, sonstiges	–	–	–	–
350	**Decken**	**122,09 m² DEF**	**436,26**	**53.263,40**	**17,8**
351	Deckenkonstruktionen	8,33 m²	1.453,34	12.099,08	4,1
	Abbrechen	78,00 m²	11,23	875,67	0,3
	Wiederherstellen	73,00 m²	23,52	1.716,71	0,6
	Herstellen	8,33 m²	1.141,95	9.506,73	3,2
352	Deckenbeläge	114,10 m²	195,70	22.329,32	7,5
	Abbrechen	86,48 m²	13,73	1.187,57	0,4
	Wiederherstellen	11,57 m²	48,73	563,84	0,2
	Herstellen	114,10 m²	180,35	20.577,91	6,9
353	Deckenbekleidungen	122,09 m²	115,27	14.072,94	4,7
	Abbrechen	52,55 m²	16,48	865,93	0,3
	Herstellen	122,09 m²	108,17	13.207,00	4,4
359	Decken, sonstiges	122,09 m²	39,00	4.762,04	1,6
360	**Dächer**	**143,85 m² DAF**	**292,25**	**42.040,48**	**14,1**
361	Dachkonstruktionen	143,07 m²	85,25	12.197,40	4,1
	Abbrechen	13,71 m²	44,96	616,26	0,2
	Wiederherstellen	83,16 m²	21,43	1.782,14	0,6
	Herstellen	143,07 m²	68,49	9.799,00	3,3
362	Dachfenster, Dachöffnungen	0,78 m²	1.016,57	791,91	0,3
363	Dachbeläge	132,43 m²	134,16	17.766,75	6,0
	Abbrechen	117,30 m²	11,88	1.393,35	0,5
	Herstellen	132,43 m²	123,64	16.373,40	5,5
364	Dachbekleidungen	129,88 m²	83,78	10.880,55	3,6
369	Dächer, sonstiges	143,85 m²	2,81	403,87	0,1
370	**Baukonstruktive Einbauten**	–	–	–	–
390	**Sonst. Maßnahmen Baukonstruktionen**	**285,78 m² BGF**	**25,97**	**7.422,09**	**2,5**
391	Baustelleneinrichtung	285,78 m² BGF	9,48	2.708,78	0,9
392	Gerüste	285,78 m² BGF	7,84	2.239,50	0,8
393	Sicherungsmaßnahmen	285,78 m² BGF	1,84	525,54	0,2
394	Abbruchmaßnahmen	–	–	–	–
395	Instandsetzungen	–	–	–	–
396	Materialentsorgung	285,78 m² BGF	3,35	956,66	0,3
397	Zusätzliche Maßnahmen	285,78 m² BGF	3,47	991,60	0,3
398	Provisorische Baukonstruktionen	–	–	–	–
399	Sonst. Maßnahmen für Baukonstruktionen, sonst.	–	–	–	–
400	**Bauwerk - Technische Anlagen**	**285,78 m² BGF**	**185,86**	**53.114,37**	**17,8**
410	**Abwasser-, Wasser-, Gasanlagen**	**285,78 m² BGF**	**58,23**	**16.640,94**	**5,6**
411	Abwasseranlagen	285,78 m² BGF	10,78	3.080,72	1,0
412	Wasseranlagen	285,78 m² BGF	47,45	13.560,22	4,5
413	Gasanlagen	–	–	–	–
419	Abwasser-, Wasser-, Gasanlagen, sonstiges	–	–	–	–

© BKI Baukosteninformationszentrum   Kostenstand: 3.Quartal 2015, Bundesdurchschnitt, inkl. 19% MwSt.

6100-0946
Einfamilienhaus Einzeldenkmal

Instandsetzung

KG	Kostengruppe	Menge Einheit	€/Einheit	Kosten €	% 300+400
420	**Wärmeversorgungsanlagen**	**285,78 m² BGF**	**103,54**	**29.591,05**	**9,9**
421	Wärmeerzeugungsanlagen	285,78 m² BGF	36,07	10.308,75	3,5
422	Wärmeverteilnetze	285,78 m² BGF	6,52	1.862,02	0,6
423	Raumheizflächen	285,78 m² BGF	42,31	12.091,60	4,0
429	Wärmeversorgungsanlagen, sonstiges	285,78 m² BGF	18,65	5.328,68	1,8
	Abbrechen	285,78 m² BGF	3,85	1.101,61	0,4
	Herstellen	285,78 m² BGF	14,79	4.227,07	1,4
430	**Lufttechnische Anlagen**	–	–	–	–
440	**Starkstromanlagen**	**285,78 m² BGF**	**18,10**	**5.173,14**	**1,7**
441	Hoch- und Mittelspannungsanlagen	–	–	–	–
442	Eigenstromversorgungsanlagen	–	–	–	–
443	Niederspannungsschaltanlagen	–	–	–	–
444	Niederspannungsinstallationsanlagen	285,78 m² BGF	16,04	4.584,40	1,5
445	Beleuchtungsanlagen	285,78 m² BGF	1,57	447,45	0,1
446	Blitzschutz- und Erdungsanlagen	285,78 m² BGF	0,49	141,29	< 0,1
449	Starkstromanlagen, sonstiges	–	–	–	–
450	**Fernm.- und informationstechn. Anlagen**	**285,78 m² BGF**	**5,98**	**1.709,26**	**0,6**
451	Telekommunikationsanlagen	285,78 m² BGF	0,19	54,96	< 0,1
452	Such- und Signalanlagen	285,78 m² BGF	0,33	94,21	< 0,1
453	Zeitdienstanlagen	–	–	–	–
454	Elektroakustische Anlagen	–	–	–	–
455	Fernseh- und Antennenanlagen	285,78 m² BGF	2,64	753,14	0,3
	Abbrechen	285,78 m² BGF	< 0,1	15,23	< 0,1
	Herstellen	285,78 m² BGF	2,58	737,90	0,2
456	Gefahrenmelde- und Alarmanlagen	285,78 m² BGF	1,34	383,08	0,1
457	Übertragungsnetze	285,78 m² BGF	1,48	423,90	0,1
459	Fernmelde- und informationstechn. Anl., sonst.	–	–	–	–
460	**Förderanlagen**	–	–	–	–
470	**Nutzungsspezifische Anlagen**	–	–	–	–
480	**Gebäudeautomation**	–	–	–	–
490	**Sonst. Maßnahmen für Techn. Anlagen**	–	–	–	–

Kostenkennwerte für Leistungsbereiche nach StLB (Kosten des Bauwerks nach DIN 276)

6100-0946
Einfamilienhaus
Einzeldenkmal

Instandsetzung

LB	Leistungsbereiche	Kosten €	€/m² BGF	€/m³ BRI	% an 3+4
000	Sicherheits-, Baustelleneinrichtungen inkl. 001	6.465	22,60	7,70	2,2
002	Erdarbeiten	1.354	4,70	1,60	0,5
006	Spezialtiefbauarbeiten inkl. 005	–	–	–	–
009	Entwässerungskanalarbeiten inkl. 011	–	–	–	–
010	Dränarbeiten	–	–	–	–
012	Mauerarbeiten	13.091	45,80	15,60	4,4
013	Betonarbeiten	3.095	10,80	3,70	1,0
014	Natur-, Betonwerksteinarbeiten	2.826	9,90	3,40	0,9
016	Zimmer- und Holzbauarbeiten	39.299	137,50	46,70	13,2
017	Stahlbauarbeiten	–	–	–	–
018	Abdichtungsarbeiten	272	0,95	0,32	0,1
020	Dachdeckungsarbeiten	17.118	59,90	20,30	5,7
021	Dachabdichtungsarbeiten	735	2,60	0,87	0,2
022	Klempnerarbeiten	5.401	18,90	6,40	1,8
	Rohbau	**89.656**	**313,70**	**106,50**	**30,0**
023	Putz- und Stuckarbeiten, Wärmedämmsysteme	32.599	114,10	38,70	10,9
024	Fliesen- und Plattenarbeiten	4.648	16,30	5,50	1,6
025	Estricharbeiten	6.160	21,60	7,30	2,1
026	Fenster, Außentüren inkl. 029, 032	34.179	119,60	40,60	11,4
027	Tischlerarbeiten	5.197	18,20	6,20	1,7
028	Parkett-, Holzpflasterarbeiten	3.776	13,20	4,50	1,3
030	Rollladenarbeiten	–	–	–	–
031	Metallbauarbeiten inkl. 035	24.589	86,00	29,20	8,2
034	Maler- und Lackiererarbeiten inkl. 037	15.295	53,50	18,20	5,1
036	Bodenbelagsarbeiten	6.315	22,10	7,50	2,1
038	Vorgehängte hinterlüftete Fassaden	–	–	–	–
039	Trockenbauarbeiten	4.928	17,20	5,90	1,7
	Ausbau	**137.686**	**481,80**	**163,60**	**46,1**
040	Wärmeversorgungsanlagen, inkl. 041	27.316	95,60	32,50	9,1
042	Gas- und Wasseranlagen, Leitungen inkl. 043	2.044	7,20	2,40	0,7
044	Abwasseranlagen - Leitungen	2.507	8,80	3,00	0,8
045	Gas, Wasser, Entwässerung - Ausstattung inkl. 046	11.165	39,10	13,30	3,7
047	Dämmarbeiten an technischen Anlagen	1.258	4,40	1,50	0,4
049	Feuerlöschanlagen, Feuerlöschgeräte	–	–	–	–
050	Blitzschutz- und Erdungsanlagen	141	0,49	0,17	–
052	Mittelspannungsanlagen	–	–	–	–
053	Niederspannungsanlagen inkl. 054	4.584	16,00	5,40	1,5
055	Ersatzstromversorgungsanlagen	–	–	–	–
057	Gebäudesystemtechnik	–	–	–	–
058	Leuchten und Lampen, inkl. 059	447	1,60	0,53	0,1
060	Elektroakustische Anlagen	94	0,33	0,11	–
061	Kommunikationsnetze, inkl. 063	1.600	5,60	1,90	0,5
069	Aufzüge	–	–	–	–
070	Gebäudeautomation	–	–	–	–
075	Raumlufttechnische Anlagen	–	–	–	–
	Gebäudetechnik	**51.156**	**179,00**	**60,80**	**17,1**
084	Abbruch- und Rückbauarbeiten	19.129	66,90	22,70	6,4
	Sonstige Leistungsbereiche inkl. 008, 033, 051	**957**	**3,30**	**1,10**	**0,3**

© BKI Baukosteninformationszentrum Kostenstand: 3.Quartal 2015, Bundesdurchschnitt, **inkl. 19% MwSt.**

6100-0962
Einfamilienhaus
Einliegerwohnung

Objektübersicht

Umbau   BRI 760 €/m³   BGF 3.033 €/m²   NF 3.415 €/m²   NE 3.415 €/NE

m² Wohnfläche

Objekt:
Kennwerte: 3.Ebene DIN 276
BRI: 255m³
BGF: 64m²
NF: 57m²
Bauzeit: 30 Wochen
Bauende: 2010
Standard: über Durchschnitt
Kreis: Hansestadt Lübeck,
Schleswig-Holstein

Architekt:
FRANK ECKHARDT
Architekt
Charlottenstraße 24
23560 Lübeck

vorher

nachher

252   © BKI Baukosteninformationszentrum   Kostenstand: 3.Quartal 2015, Bundesdurchschnitt, inkl. 19% MwSt.

Zeichnungen

6100-0962
Einfamilienhaus
Einliegerwohnung

Umbau

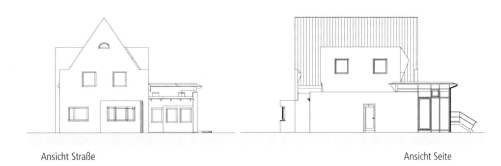

Ansicht Straße

Ansicht Seite

Erdgeschoss

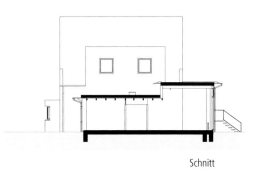

Schnitt

Ansicht Garten

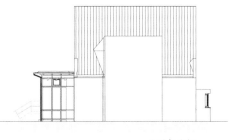

Ansicht Seite

6100-0962
Einfamilienhaus Einliegerwohnung

Umbau

Objektbeschreibung

Allgemeine Objektinformationen

In einem Villenviertel wurde ein aus den 80er Jahren stammender Anbau umgebaut, um eine Einliegerwohnung einzurichten. Die Flächen und Kennwerte dieser Baumaßnahme beziehen sich auf den Anbau.

Nutzung

1 Erdgeschoss
Wohnen/Kochen/Essen, Bad, Schlafzimmer

Nutzeinheiten

Wohnfläche: 57m^2

Grundstück

Bauraum: Beengter Bauraum
Neigung: Ebenes Gelände
Bodenklasse: BK 1

Markt

Hauptvergabezeit: 4.Quartal 2009
Baubeginn: 4.Quartal 2009
Bauende: 2.Quartal 2010
Konjunkturelle Gesamtlage: Durchschnitt
Regionaler Baumarkt: Durchschnitt

Baubestand

Baujahr: 1980
Bauzustand: mittel
Aufwand: hoch
Grundrissänderungen: umfangreiche
Tragwerkseingriffe: einige
Nutzungsänderung: nein
Nutzung während der Bauzeit: nein

Baukonstruktion

Aus Kostengründen sollten die bestehenden Außenwände nicht abgerissen werden. Die bestehende Außenwand wurde geringfügig verlängert, so dass diese nun wie eine Scheibe wirkt, die Wand wurde rot geschlämmt. Alle Decken und Wände wurden gedämmt. Die vorhandene marode Gartenverglasung wurde durch eine Stahl-Glas-Konstruktion mit einer Dreifachverglasung ersetzt. Dank einer speziellen Sonnenschutzverglasung sind die Temperaturen im Inneren auch im Sommer angenehm. Die beiden Dachflächen sind als Gründach mit einer Aufsparrendämmung ausgeführt. Für Bad und Flur wurden zwei Glasoberlichter angeordnet. Die Deckenschalung und die neuen Holzbalken sind holzsichtig weiß lasiert. Aufgrund der unterschiedlichen Geschossebenen im Altbau und im Anbau ist ein Teil des Wohnraums ca. 3,50m hoch. Der einfache Grundriss wird durch das kleine Bad gegliedert. Die Dusche schiebt sich als Halbzylinder in den Raum. Das Bad erscheint als „Einbaumöbel", da es über eine Glasfuge von der Decke getrennt ist. Der neue Holzdielenfußboden wurde mit weiß pigmentiertem Öl behandelt. Die Wandoberflächen des Altbaus wurden, wenn möglich, sichtbar gelassen oder weiß geschlämmt.

Technische Anlagen

Eine Gastherme im angrenzenden Keller versorgt die Wohnung mit Wärme und Warmwasser.

Sonstiges

Für das Planungsgebiet gilt eine Erhaltungssatzung, d. h. die geplanten Maßnahmen mussten mit den Behörden sehr genau abgestimmt werden. Eine Erweiterung über den Bestand hinaus war nur geringfügig möglich, da die gartenseitige Flucht nicht überschritten werden durfte.

Planungskennwerte für Flächen und Rauminhalte nach DIN 277

6100-0962
Einfamilienhaus
Einliegerwohnung

Umbau

Flächen des Grundstücks

		Menge, Einheit	% an FBG
BF	Bebaute Fläche	154,00 m²	16,5
UBF	Unbebaute Fläche	779,00 m²	83,5
FBG	Fläche des Baugrundstücks	933,00 m²	100,0

Grundflächen des Bauwerks

		Menge, Einheit	% an NF	% an BGF
NF	Nutzfläche	56,65 m²	100,0	88,8
TF	Technische Funktionsfläche	– m²	–	–
VF	Verkehrsfläche	– m²	–	–
NGF	Netto-Grundfläche	56,65 m²	100,0	88,8
KGF	Konstruktions-Grundfläche	7,15 m²	12,6	11,2
BGF	Brutto-Grundfläche	63,80 m²	112,6	100,0

Brutto-Rauminhalt des Bauwerks

		Menge, Einheit	BRI/NF (m)	BRI/BGF (m)
BRI	Brutto-Rauminhalt	254,65 m³	4,50	3,99

Lufttechnisch behandelte Flächen

	Menge, Einheit	% an NF	% an BGF
Entlüftete Fläche	– m²	–	–
Be- und entlüftete Fläche	– m²	–	–
Teilklimatisierte Fläche	– m²	–	–
Klimatisierte Fläche	– m²	–	–

Kostengruppen (2. Ebene)

KG	Kostengruppen (2.Ebene)	Menge, Einheit	Menge/NF	Menge/BGF
310	Baugrube	8,20 m² BGI	0,14	0,13
320	Gründung	51,45 m² GRF	0,91	0,81
330	Außenwände	79,03 m² AWF	1,40	1,24
340	Innenwände	102,32 m² IWF	1,81	1,60
350	Decken	2,35 m² DEF	< 0,1	< 0,1
360	Dächer	88,16 m² DAF	1,56	1,38

Kostenkennwerte für die Kostengruppen der 1.Ebene DIN 276

KG	Kostengruppen (1.Ebene)	Einheit	Kosten €	€/Einheit	€/m² BGF	€/m³ BRI	% 300+400
100	Grundstück	m² FBG	–	–	–	–	–
200	Herrichten und Erschließen	m² FBG	–	–	–	–	–
300	Bauwerk - Baukonstruktionen	m² BGF	160.789	2.520,20	2.520,20	631,41	83,1
400	Bauwerk - Technische Anlagen	m² BGF	32.693	512,42	512,42	128,38	16,9
	Bauwerk 300+400	**m² BGF**	**193.482**	**3.032,63**	**3.032,63**	**759,79**	**100,0**
500	Außenanlagen	m² AUF	18.381	23,60	288,11	72,18	9,5
600	Ausstattung und Kunstwerke	m² BGF	2.441	38,26	38,26	9,59	1,3
700	Baunebenkosten	m² BGF	–	–	–	–	–

6100-0962
Einfamilienhaus
Einliegerwohnung

Umbau

Kostenkennwerte für die Kostengruppen der 1.Ebene DIN 276

KG	Kostengruppe	Menge Einheit	Kosten €	€/Einheit	%
3+4	**Bauwerk**				100,0
300	**Bauwerk - Baukonstruktionen**	63,80 m² BGF	160.789	**2.520,20**	83,1

- Abbrechen (Kosten: 5,7%) — 9.105
  Abbruch von Aufmauerung, Fensterbekleidung, Fensterbank, Stahlkonstruktion, Verglasung; Wandfliesen, GK-Bekleidung; Massivtreppe; Flachdachkonstruktion, Balkenlage, Stb-Unterzug, Lichtkuppeln, Bitumenabdichtung, Gefälledämmung, Rauspundschalung, GK-Bekleidung, Dämmung, Trennlagen; Entsorgung, Deponiegebühren

- Wiederherstellen (Kosten: 0,3%) — 470
  Bereich über Sturz neu aufmauern, vorhandenen Schmuckverband abbrechen, neu als Längsverband aufmauern, Handlauf von Außenkellertreppe demontieren, ändern, wieder montieren

- Herstellen (Kosten: 94,0%) — 151.214
  Stb-Bodenplatte, Unterkonstruktion, Dämmschüttung, Hobeldielen, Estrich, Bodenfliesen; Holzrahmenwand, Verblendmauerwerk, Aufmauerung, Eingangstür, Dichtschlämme, Dämmung, Anstrich, Glasspiegel, Pfosten-Riegel-Fassade, Sandwichelemente; GK-Wohnungstrennwand, KS-Mauerwerk, Pfeiler, Holztüren, Dichtschlämme, Anstrich, Wandfliesen, Abdeckung, Holz; Flachdach, Holzkonstruktion, Stichbalken, Dämmung, Wurzelschutz, Extensivbegrünung, Dachstauden, Rundkies, Zinkdeckung, Regenrinnen, Sichtschalung, Glattkantbretter, Anstrich

KG	Kostengruppe	Menge Einheit	Kosten €	€/Einheit	%
400	**Bauwerk - Technische Anlagen**	63,80 m² BGF	32.693	**512,42**	16,9

- Wiederherstellen (Kosten: 0,2%) — 64
  Elektroschaltung ändern, Kleinmaterial

- Herstellen (Kosten: 99,8%) — 32.629
  Grund- und Abwasserleitungen, Regenfallrohre, Kalt- und Warmwasserleitungen, Waschtisch, WC-Becken, Dusche; Gas-Brennwertkessel, Heizungsrohre, Heizkörper, Fußbodenheizung; Zählerschrank, Stromkreisverteiler, Hauptschalter, FI-Schutzschalter, Sicherungen, Mantelleitungen, Steckdosen, Taster/Schalter, Zeitschalter, Bewegungsmelder, Decken-, Wand- und Bodenleuchten

KG	Kostengruppe	Menge Einheit	Kosten €	€/Einheit	%
500	**Außenanlagen**	779,00 m² AUF	18.381	**23,60**	9,5

- Abbrechen (Kosten: 2,0%) — 370
  Abbruch von Beton, Holz; Entsorgung, Deponiegebühren

- Herstellen (Kosten: 98,0%) — 18.011
  Oberboden aufnehmen, laden, entsorgen; Tragschicht, RC-Schotter, Betonplatten, Granitstreifen, Bordsteine; Stahlzaun mit Tor, Stahltreppe, Handläufe, Sichtbetonstufen; Oberboden liefern, andecken, Feinplanum, Rasenansaat

KG	Kostengruppe	Menge Einheit	Kosten €	€/Einheit	%
600	**Ausstattung und Kunstwerke**	63,80 m² BGF	2.441	**38,26**	1,3

- Herstellen (Kosten: 100,0%) — 2.441
  Pendeltür, ESG klar, Waschtischunterschrank

Kostenkennwerte für die Kostengruppen der 2.Ebene DIN 276

6100-0962
Einfamilienhaus
Einliegerwohnung

Umbau

KG	Kostengruppe	Menge Einheit	Kosten €	€/Einheit	%
300	**Bauwerk - Baukonstruktionen**				100,0
310	**Baugrube**	8,20 m³ BGI	349	**42,62**	0,2

- Herstellen (Kosten: 100,0%) — 349
  Bodenaushub in Handschachtung abtragen, seitlich lagern (2m³), Abtransport, Deponiegebühren (7m³)

| 320 | **Gründung** | 51,45 m² GRF | 11.297 | **219,57** | 7,0 |

- Herstellen (Kosten: 100,0%) — 11.297
  Fundamentaushub, Stb-Streifenfundamente C25/30 (5m³) * Stb-Bodenplatte, d=12cm (6m²) * Unterkonstruktion, Dämmschüttung aus Blähton, Hobeldielen, Sockelleisten (48m²), Estrich, Abdichtung, Bodenfliesen (3m²) * Sauberkeitsschicht (8m²)

| 330 | **Außenwände** | 79,03 m² AWF | 84.436 | **1.068,44** | 52,5 |

- Abbrechen (Kosten: 1,9%) — 1.593
  Abbruch von Aufmauerung (1m²) * Fensterbekleidung, dreiseitig, Fensterbank, Holz (1m²) * Stahlkonstruktion, Verglasung (55m²); Entsorgung, Deponiegebühren

- Wiederherstellen (Kosten: 0,6%) — 470
  Bereich über Sturz neu aufmauern, vorhandenen Schmuckverband abbrechen, neu als Längsverband aufmauern, bxh=100x95cm (1St) * Handlauf von Außenkellertreppe demontieren, ändern, wieder montieren (1St)

- Herstellen (Kosten: 97,6%) — 82.374
  Holzrahmenwand (4m²), Verblendmauerwerk (2m²), Aufmauerung (2m²) * Eingangstür, Holz (3m²), Fensterbänke, Holz (4m) * Dichtschlämme, Dämmung (9m²), Lasuranstrich, Silikatanstrich (10m²) * GK-Platten (3m²), Dichtschlämme, Grundierung, Anstrich (22m²), Glasspiegel (2m²) * Pfosten-Riegel-Fassade (56m²), Fenstertüren (3St), Oberlichter (3St), Sandwichelemente (9m²)

| 340 | **Innenwände** | 102,32 m² IWF | 13.515 | **132,09** | 8,4 |

- Abbrechen (Kosten: 8,6%) — 1.163
  Abbruch von Wandfliesen, GK-Bekleidung (43m²); Entsorgung, Deponiegebühren

- Herstellen (Kosten: 91,4%) — 12.352
  GK-Wohnungstrennwand, doppelt beplankt (12m²), KS-Mauerwerk (13m²) * Pfeiler im Verbund (3m) * Holztüren, Holzzargen (4m²), Oberlicht (1m²) * GK-Bekleidung (16m²), Dichtschlämme, Grundierung, Anstrich (87m²), Abdichtung, Wandfliesen (15m²), Abdeckung, Holz (1m²)

| 350 | **Decken** | 2,35 m² DEF | 1.224 | **520,83** | 0,8 |

- Abbrechen (Kosten: 100,0%) — 1.224
  Abbruch von Massivtreppe (2m²); Entsorgung, Deponiegebühren

© BKI Baukosteninformationszentrum   Kostenstand: 3.Quartal 2015, Bundesdurchschnitt, inkl. 19% MwSt.

6100-0962
Einfamilienhaus
Einliegerwohnung

Umbau

KG	Kostengruppe	Menge Einheit	Kosten €	€/Einheit	%
360	**Dächer**	88,16 m² DAF	49.078	**556,69**	30,5

- Abbrechen (Kosten: 10,4%) — 5.125
  Abbruch von Flachdachkonstruktion, Balkenlage (33m²), Stb-Unterzug (1St) * Lichtkuppeln (1m²) * Bitumenabdichtung, Gefälledämmung, Rauspundschalung (33m²) * GK-Bekleidung, Dämmung, Trennlagen (32m²); Entsorgung, Deponiegebühren

- Herstellen (Kosten: 89,6%) — 43.952
  Flachdach, Holzkonstruktion, KSV S10 (2m³), Abbund (105m), Stichbalken (6St), Auflager (1St), Träger (2St) * Dampfsperre, Dämmung, Bitumenbahn, Wurzelschutz-Abdichtungsbahn, Extensivbegrünung (65m²), Dachstauden (2m²), Sicherheitsstreifen, Rundkies (31m²), Zinkdeckung (23m²), Regenrinnen (37m) * Unterkonstruktion, Dampfsperre, Dämmung, GK-Bekleidung (3m²), Sichtschalung, Faserdielen (71m²), Glattkantbretter, Lärche (36m), Lasuranstrich (86m²)

| 390 | **Sonstige Baukonstruktionen** | 63,80 m² BGF | 889 | **13,94** | 0,6 |

- Herstellen (Kosten: 100,0%) — 889
  Baustelleneinrichtung, Baustellentür * Abplanung von Dachfläche (35m²) * provisorisches Schließen von Bestandstüren im bewohnten Teil mit OSB-Platten, Dämmung, Fugen mit Klebeband winddicht abkleben, nach Bauarbeiten ausbauen, entsorgen

| 400 | **Bauwerk - Technische Anlagen** | | | | **100,0** |
| 410 | **Abwasser-, Wasser-, Gasanlagen** | 63,80 m² BGF | 9.735 | **152,59** | 29,8 |

- Herstellen (Kosten: 100,0%) — 9.735
  Rohrgrabenaushub, Grund- und Abwasserleitungen, Formstücke, Rohrdämmung (34m), Regenfallrohre (12m), Guss-Standrohre (6St) * Kalt- und Warmwasserleitungen, Formstücke, Rohrdämmung (psch), Waschtisch (1St), WC-Becken (1St), Dusche, bodengleich (1St), Küchen- und Waschmaschinenanschlüsse (2St) * Installationselement für WC-Becken (1St)

| 420 | **Wärmeversorgungsanlagen** | 63,80 m² BGF | 15.290 | **239,65** | 46,8 |

- Herstellen (Kosten: 100,0%) — 15.290
  Gas-Brennwertkessel, Regelung, Zubehör (1St), Kugelhähne (3St), Heizungsrohre, Formstücke, Rohrdämmung (psch), Heizkörper (3St), Fußbodenheizung (3m²)

| 440 | **Starkstromanlagen** | 63,80 m² BGF | 7.668 | **120,19** | 23,5 |

- Wiederherstellen (Kosten: 0,8%) — 64
  Elektroschaltung ändern, Kleinmaterial (1St)

- Herstellen (Kosten: 99,2%) — 7.604
  Zählerschrank (1St), Stromkreisverteiler (1St), Hauptschalter (1St), FI-Schutzschalter (2St), Sicherungen (13St), Mantelleitungen, Steckdosen (37St), Taster/Schalter (12St), Zeitschalter (1St), Bewegungsmelder (1St) * Decken-, Wand- und Bodenleuchten

| 500 | **Außenanlagen** | | | | **100,0** |
| 510 | **Geländeflächen** | 42,74 m² | 1.246 | **29,14** | 6,8 |

- Herstellen (Kosten: 100,0%) — 1.246
  Oberboden aufnehmen, t=30cm, laden, entsorgen (43m²)

6100-0962
Einfamilienhaus
Einliegerwohnung

Umbau

KG	Kostengruppe	Menge Einheit	Kosten €	€/Einheit	%
520	**Befestigte Flächen**	37,55 m²	5.562	**148,12**	30,3
	• Herstellen (Kosten: 100,0%) Tragschicht, RC-Schotter 0/45mm (423m²), Betonplatten (38m²), Granitstreifen (47m), Bordsteine (10m)		5.562		
530	**Baukonstruktionen in Außenanlagen**	779,00 m² AUF	10.622	**13,64**	57,8
	• Herstellen (Kosten: 100,0%) Stahlzaun mit Tor, zweiflüglig, h=1m (7m²) * Stahltreppe, Handläufe, Edelstahlrohr, D=42mm (3m²), Sichtbetonstufen (1m²)		10.622		
570	**Pflanz- und Saatflächen**	13,30 m²	582	**43,75**	3,2
	• Herstellen (Kosten: 100,0%) Oberboden, d=15cm, liefern, andecken (13m²) * Feinplanum, Rasenansaat (13m²)		582		
590	**Sonstige Außenanlagen**	779,00 m² AUF	370	**0,47**	2,0
	• Abbrechen (Kosten: 100,0%) Abbruch von Beton (1m³), Holz (0,25m³); Entsorgung, Deponiegebühren		370		
600	**Ausstattung und Kunstwerke**				**100,0**
610	**Ausstattung**	63,80 m² BGF	2.441	**38,26**	100,0
	• Herstellen (Kosten: 100,0%) Pendeltür, ESG klar (1St), Waschtischunterschrank (1St)		2.441		

6100-0962
Einfamilienhaus
Einliegerwohnung

Umbau

Kostenkennwerte für die Kostengruppen der 3.Ebene DIN 276 (Übersicht)

KG	Kostengruppe	Menge Einheit	€/Einheit	Kosten €	% 300+400
300	**Bauwerk - Baukonstruktionen**	**63,80 m² BGF**	**2.520,20**	**160.789,00**	**83,1**
310	**Baugrube**	**8,20 m³ BGI**	**42,62**	**349,48**	**0,2**
311	Baugrubenherstellung	8,20 m³	42,62	349,48	0,2
312	Baugrubenumschließung	–	–	–	–
313	Wasserhaltung	–	–	–	–
319	Baugrube, sonstiges	–	–	–	–
320	**Gründung**	**51,45 m² GRF**	**219,57**	**11.296,67**	**5,8**
321	Baugrundverbesserung	–	–	–	–
322	Flachgründungen	5,70 m²	372,98	2.126,01	1,1
323	Tiefgründungen	–	–	–	–
324	Unterböden und Bodenplatten	5,70 m²	36,07	205,58	0,1
325	Bodenbeläge	51,45 m²	173,56	8.929,59	4,6
326	Bauwerksabdichtungen	51,45 m²	0,69	35,49	< 0,1
327	Dränagen	–	–	–	–
329	Gründung, sonstiges	–	–	–	–
330	**Außenwände**	**79,03 m² AWF**	**1.068,44**	**84.436,44**	**43,6**
331	Tragende Außenwände	–	–	–	–
332	Nichttragende Außenwände	8,50 m²	234,34	1.991,45	1,0
	Abbrechen	1,13 m²	130,05	146,69	0,1
	Wiederherstellen	0,95 m²	139,50	132,52	0,1
	Herstellen	7,55 m²	226,85	1.712,23	0,9
333	Außenstützen	–	–	–	–
334	Außentüren und -fenster	6,34 m²	406,79	2.580,27	1,3
	Abbrechen	1,30 m²	227,33	295,53	0,2
	Herstellen	6,34 m²	360,20	2.284,74	1,2
335	Außenwandbekleidungen außen	10,20 m²	32,71	333,64	0,2
336	Außenwandbekleidungen innen	23,56 m²	77,60	1.828,20	0,9
337	Elementierte Außenwände	65,14 m²	1.184,34	77.144,65	39,9
	Abbrechen	55,25 m²	20,82	1.150,50	0,6
	Herstellen	65,14 m²	1.166,68	75.994,15	39,3
338	Sonnenschutz	–	–	–	–
339	Außenwände, sonstiges	79,03 m²	7,06	558,22	0,3
	Wiederherstellen	0,95 m²	355,11	337,36	0,2
	Herstellen	79,03 m²	2,79	220,87	0,1
340	**Innenwände**	**102,32 m² IWF**	**132,09**	**13.515,13**	**7,0**
341	Tragende Innenwände	–	–	–	–
342	Nichttragende Innenwände	25,10 m²	175,90	4.415,13	2,3
343	Innenstützen	3,36 m	138,09	463,97	0,2
344	Innentüren und -fenster	5,06 m²	477,47	2.413,60	1,2
345	Innenwandbekleidungen	102,32 m²	60,81	6.222,42	3,2
	Abbrechen	43,00 m²	27,04	1.162,89	0,6
	Herstellen	102,32 m²	49,45	5.059,54	2,6
346	Elementierte Innenwände	–	–	–	–
349	Innenwände, sonstiges	–	–	–	–
350	**Decken**	**2,35 m² DEF**	**520,83**	**1.223,96**	**0,6**
351	Deckenkonstruktionen	2,35 m²	520,83	1.223,96	0,6
	Abbrechen	2,35 m²	520,83	1.223,96	0,6
352	Deckenbeläge	–	–	–	–
353	Deckenbekleidungen	–	–	–	–
359	Decken, sonstiges	–	–	–	–

© BKI Baukosteninformationszentrum   Kostenstand: 3.Quartal 2015, Bundesdurchschnitt, inkl. 19% MwSt.

6100-0962 Einfamilienhaus Einliegerwohnung

Umbau

KG	Kostengruppe	Menge Einheit	€/Einheit	Kosten €	% 300+400
360	**Dächer**	**88,16 m² DAF**	**556,69**	**49.077,92**	**25,4**
361	Dachkonstruktionen	88,16 m²	153,59	13.540,37	7,0
	Abbrechen	33,00 m²	58,45	1.928,96	1,0
	Herstellen	88,16 m²	131,71	11.611,41	6,0
362	Dachfenster, Dachöffnungen	–	–	74,05	< 0,1
	Abbrechen	1,00 m²	74,05	74,05	< 0,1
363	Dachbeläge	88,16 m²	281,74	24.838,28	12,8
	Abbrechen	33,00 m²	60,36	1.992,01	1,0
	Herstellen	88,16 m²	259,15	22.846,27	11,8
364	Dachbekleidungen	86,00 m²	123,55	10.625,21	5,5
	Abbrechen	32,00 m²	35,33	1.130,47	0,6
	Herstellen	86,00 m²	110,40	9.494,76	4,9
369	Dächer, sonstiges	–	–	–	–
370	**Baukonstruktive Einbauten**	–	–	–	–
390	**Sonst. Maßnahmen Baukonstruktionen**	**63,80 m² BGF**	**13,94**	**889,41**	**0,5**
391	Baustelleneinrichtung	63,80 m² BGF	4,30	274,28	0,1
392	Gerüste	–	–	–	–
393	Sicherungsmaßnahmen	–	–	–	–
394	Abbruchmaßnahmen	–	–	–	–
395	Instandsetzungen	–	–	–	–
396	Materialentsorgung	–	–	–	–
397	Zusätzliche Maßnahmen	63,80 m² BGF	3,72	237,59	0,1
398	Provisorische Baukonstruktionen	63,80 m² BGF	5,92	377,54	0,2
399	Sonst. Maßnahmen für Baukonstruktionen, sonst.	–	–	–	–
400	**Bauwerk - Technische Anlagen**	**63,80 m² BGF**	**512,42**	**32.692,64**	**16,9**
410	**Abwasser-, Wasser-, Gasanlagen**	**63,80 m² BGF**	**152,59**	**9.735,22**	**5,0**
411	Abwasseranlagen	63,80 m² BGF	62,70	4.000,25	2,1
412	Wasseranlagen	63,80 m² BGF	83,93	5.354,95	2,8
413	Gasanlagen	–	–	–	–
419	Abwasser-, Wasser-, Gasanlagen, sonstiges	63,80 m² BGF	5,96	380,01	0,2
420	**Wärmeversorgungsanlagen**	**63,80 m² BGF**	**239,65**	**15.289,51**	**7,9**
430	**Lufttechnische Anlagen**	–	–	–	–
440	**Starkstromanlagen**	**63,80 m² BGF**	**120,19**	**7.667,92**	**4,0**
441	Hoch- und Mittelspannungsanlagen	–	–	–	–
442	Eigenstromversorgungsanlagen	–	–	–	–
443	Niederspannungsschaltanlagen	–	–	–	–
444	Niederspannungsinstallationsanlagen	63,80 m² BGF	96,61	6.163,91	3,2
	Wiederherstellen	63,80 m² BGF	1,00	63,63	< 0,1
	Herstellen	63,80 m² BGF	95,62	6.100,28	3,2
445	Beleuchtungsanlagen	63,80 m² BGF	23,57	1.504,01	0,8
446	Blitzschutz- und Erdungsanlagen	–	–	–	–
449	Starkstromanlagen, sonstiges	–	–	–	–
450	**Fernm.- und informationstechn. Anlagen**	–	–	–	–
460	**Förderanlagen**	–	–	–	–
470	**Nutzungsspezifische Anlagen**	–	–	–	–
480	**Gebäudeautomation**	–	–	–	–
490	**Sonst. Maßnahmen für Techn. Anlagen**	–	–	–	–

6100-0962
Einfamilienhaus
Einliegerwohnung

Umbau

Kostenkennwerte für Leistungsbereiche nach StLB (Kosten des Bauwerks nach DIN 276)

LB	Leistungsbereiche	Kosten €	€/m² BGF	€/m³ BRI	% an 3+4
000	Sicherheits-, Baustelleneinrichtungen inkl. 001	889	13,90	3,50	0,5
002	Erdarbeiten	1.606	25,20	6,30	0,8
006	Spezialtiefbauarbeiten inkl. 005	–	–	–	–
009	Entwässerungskanalarbeiten inkl. 011	1.058	16,60	4,20	0,5
010	Dränarbeiten	–	–	–	–
012	Mauerarbeiten	6.250	98,00	24,50	3,2
013	Betonarbeiten	1.458	22,90	5,70	0,8
014	Natur-, Betonwerksteinarbeiten	–	–	–	–
016	Zimmer- und Holzbauarbeiten	18.601	291,60	73,00	9,6
017	Stahlbauarbeiten	–	–	–	–
018	Abdichtungsarbeiten	–	–	–	–
020	Dachdeckungsarbeiten	–	–	–	–
021	Dachabdichtungsarbeiten	16.150	253,10	63,40	8,3
022	Klempnerarbeiten	7.475	117,20	29,40	3,9
	Rohbau	**53.487**	**838,30**	**210,00**	**27,6**
023	Putz- und Stuckarbeiten, Wärmedämmsysteme	–	–	–	–
024	Fliesen- und Plattenarbeiten	1.728	27,10	6,80	0,9
025	Estricharbeiten	303	4,80	1,20	0,2
026	Fenster, Außentüren inkl. 029, 032	–	–	–	–
027	Tischlerarbeiten	5.302	83,10	20,80	2,7
028	Parkett-, Holzpflasterarbeiten	–	–	–	–
030	Rollladenarbeiten	–	–	–	–
031	Metallbauarbeiten inkl. 035	82.670	1.295,80	324,60	42,7
034	Maler- und Lackiererarbeiten inkl. 037	5.871	92,00	23,10	3,0
036	Bodenbelagsarbeiten	–	–	–	–
038	Vorgehängte hinterlüftete Fassaden	–	–	–	–
039	Trockenbauarbeiten	4.159	65,20	16,30	2,1
	Ausbau	**100.034**	**1.567,90**	**392,80**	**51,7**
040	Wärmeversorgungsanlagen, inkl. 041	15.290	239,60	60,00	7,9
042	Gas- und Wasseranlagen, Leitungen inkl. 043	3.230	50,60	12,70	1,7
044	Abwasseranlagen - Leitungen	2.164	33,90	8,50	1,1
045	Gas, Wasser, Entwässerung - Ausstattung inkl. 046	2.505	39,30	9,80	1,3
047	Dämmarbeiten an technischen Anlagen	–	–	–	–
049	Feuerlöschanlagen, Feuerlöschgeräte	–	–	–	–
050	Blitzschutz- und Erdungsanlagen	–	–	–	–
052	Mittelspannungsanlagen	–	–	–	–
053	Niederspannungsanlagen inkl. 054	6.164	96,60	24,20	3,2
055	Ersatzstromversorgungsanlagen	–	–	–	–
057	Gebäudesystemtechnik	–	–	–	–
058	Leuchten und Lampen, inkl. 059	1.504	23,60	5,90	0,8
060	Elektroakustische Anlagen	–	–	–	–
061	Kommunikationsnetze, inkl. 063	–	–	–	–
069	Aufzüge	–	–	–	–
070	Gebäudeautomation	–	–	–	–
075	Raumlufttechnische Anlagen	–	–	–	–
	Gebäudetechnik	**30.856**	**483,60**	**121,20**	**15,9**
084	Abbruch- und Rückbauarbeiten	9.105	142,70	35,80	4,7
	Sonstige Leistungsbereiche inkl. 008, 033, 051	–	–	–	–

Objekte

6100-0976
Einfamilienhaus

Objektübersicht

Erweiterung

BRI 424 €/m³   BGF 1.483 €/m²   NF 1.669 €/m²   NE 1.907 €/NE
m² Wohnfläche

Objekt:
Kennwerte: 3.Ebene DIN 276
BRI: 315m³
BGF: 90m²
NF: 80m²
Bauzeit: 30 Wochen
Bauende: 2010
Standard: über Durchschnitt
Kreis: Paderborn,
Nordrhein-Westfalen

Architekt:
STELLWERKSTATT
architekturbüro
Rosenstraße 2
32756 Detmold

Zeichnungen

6100-0976
Einfamilienhaus

Erweiterung

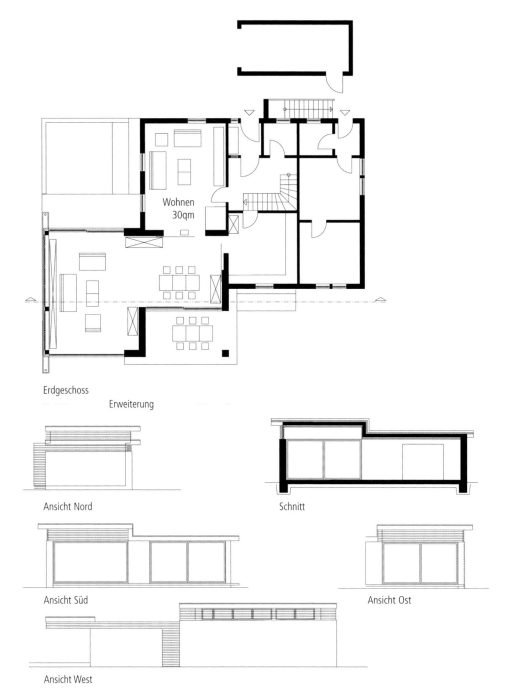

6100-0976 Einfamilienhaus

Erweiterung

Objektbeschreibung

Allgemeine Objektinformationen

Im Südwesten des Einfamilienhauses wurde ein Anbau zur Solarthermiegewinnung errichtet. Dieser Anbau schließt die vorhandene Terrasse des Gebäudes und ergänzt das Gebäude um einen Wintergarten mit hohem Glasanteil zur Gewinnung von solarer Wärmeenergie. Des Weiteren ist angedacht, die zusätzlichen Flachdachflächen des Anbaus zu einem späteren Zeitpunkt mit Kollektor- oder Photovoltaikflächen zu ergänzen. Die Flächen und Kennwerte dieser Baumaßnahme beziehen sich auf die Erweiterung.

Nutzung

1 Erdgeschoss
Wintergarten, Terrasse

Besonderer Kosteneinfluss Nutzung:
Einbau von geplanter Filigrandecke war aufgrund beengter Baugrundstückszufahrt nicht möglich.

Nutzeinheiten

Wohnfläche: 70m²

Grundstück

Bauraum: Beengter Bauraum
Neigung: Ebenes Gelände
Bodenklasse: BK 1 bis BK 4

Markt

Hauptvergabezeit: 2.Quartal 2010
Baubeginn: 2.Quartal 2010
Bauende: 4.Quartal 2010
Konjunkturelle Gesamtlage: Durchschnitt
Regionaler Baumarkt: Durchschnitt

Baubestand

Baujahr: 1984
Bauzustand: gut
Aufwand: mittel
Grundrissänderungen: wenige
Tragwerkseingriffe: einige
Nutzungsänderung: nein
Nutzung während der Bauzeit: ja

Baukonstruktion

Der Wintergarten ist in massiver Bauweise aus Mauerwerk und Betonfertigteilen errichtet und verputzt worden. In die Wände wurden feste und bewegliche Fensterelemente und Schiebetüren aus Aluminiumholzrahmen eingebaut. Die Anlage wird durch eine Sichtschutzmauer im Nordwesten ergänzt.

Technische Anlagen

Der Anbau und das bestehende Wohnzimmer werden mittels Fußbodenheizung beheizt.

Sonstiges

Im Zuge der Baumaßnahmen wurde auch der Bodenbelag im angrenzenden Wohnzimmer erneuert, die Kosten sind mit ca. 3,8% in der KG 300 enthalten, die Angaben von BRI, BGF, NF und WFL wurden in dieser Dokumentation nicht berücksichtigt.

Planungskennwerte für Flächen und Rauminhalte nach DIN 277

6100-0976
Einfamilienhaus

Erweiterung

	Flächen des Grundstücks	Menge, Einheit	% an FBG
BF	Bebaute Fläche	244,10 m²	24,5
UBF	Unbebaute Fläche	750,90 m²	75,5
FBG	Fläche des Baugrundstücks	995,00 m²	100,0

	Grundflächen des Bauwerks	Menge, Einheit	% an NF	% an BGF
NF	Nutzfläche	80,00 m²	100,0	88,9
TF	Technische Funktionsfläche	– m²	–	–
VF	Verkehrsfläche	– m²	–	–
NGF	Netto-Grundfläche	80,00 m²	100,0	88,9
KGF	Konstruktions-Grundfläche	10,00 m²	12,5	11,1
BGF	Brutto-Grundfläche	90,00 m²	112,5	100,0

	Brutto-Rauminhalt des Bauwerks	Menge, Einheit	BRI/NF (m)	BRI/BGF (m)
BRI	Brutto-Rauminhalt	315,00 m³	3,94	3,50

Lufttechnisch behandelte Flächen	Menge, Einheit	% an NF	% an BGF
Entlüftete Fläche	– m²	–	–
Be- und entlüftete Fläche	– m²	–	–
Teilklimatisierte Fläche	– m²	–	–
Klimatisierte Fläche	– m²	–	–

KG	Kostengruppen (2.Ebene)	Menge, Einheit		Menge/NF	Menge/BGF
310	Baugrube	41,25 m³	BGI	0,52	0,46
320	Gründung	85,00 m²	GRF	1,06	0,94
330	Außenwände	106,46 m²	AWF	1,33	1,18
340	Innenwände	36,16 m²	IWF	0,45	0,40
350	Decken	32,20 m²	DEF	0,40	0,36
360	Dächer	81,00 m²	DAF	1,01	0,90

Kostenkennwerte für die Kostengruppen der 1.Ebene DIN 276

KG	Kostengruppen (1.Ebene)	Einheit	Kosten €	€/Einheit	€/m² BGF	€/m³ BRI	% 300+400
100	Grundstück	m² FBG	–	–	–	–	–
200	Herrichten und Erschließen	m² FBG	–	–	–	–	–
300	Bauwerk - Baukonstruktionen	m² BGF	125.394	1.393,26	1.393,26	398,08	93,9
400	Bauwerk - Technische Anlagen	m² BGF	8.088	89,87	89,87	25,68	6,1
	Bauwerk 300+400	**m² BGF**	**133.482**	**1.483,13**	**1.483,13**	**423,75**	**100,0**
500	Außenanlagen	m² AUF	3.459	4,61	38,43	10,98	2,6
600	Ausstattung und Kunstwerke	m² BGF	–	–	–	–	–
700	Baunebenkosten	m² BGF	–	–	–	–	–

© BKI Baukosteninformationszentrum   Kostenstand: 3.Quartal 2015, Bundesdurchschnitt, inkl. 19% MwSt.

6100-0976
Einfamilienhaus

Erweiterung

Kostenkennwerte für die Kostengruppen der 1.Ebene DIN 276

KG	Kostengruppe	Menge Einheit	Kosten €	€/Einheit	%
3+4	**Bauwerk**				100,0
300	**Bauwerk - Baukonstruktionen**	90,00 m² BGF	125.394	**1.393,26**	93,9

- Abbrechen (Kosten: 2,2%)   2.731
Abbruch von Holzständerwand, Holzstützen, Holztüren; Holzständerwänden; Heizestrich; Dachvorsprung, Sparren, Fußpfette, Dachdeckung, Regenrinne, Holzbretter-Bekleidung; Entsorgung, Deponiegebühren

- Herstellen (Kosten: 97,8%)   122.663
Stb-Bodenplatten, Dämmung, Estrich, Fertigparkett, Terrassenplatten, Beton; KS-Mauerwerk, Stb-Stützen, Stahlstützen, Alu-Schiebetüren, Alu-Fenster, Dämmung, Noppenbahn, WDVS, Edelkratzputz, Trockenputz, Tapete, Anstrich, Raffstores, Mauerabdeckung, Zink; Flachdach aus Gitterträgerplatten, Dämmung, Abdichtung, Hängerinne, abgehängte Decke, Tapete, Anstrich, Edelkratzputz

400	**Bauwerk - Technische Anlagen**	90,00 m² BGF	8.088	**89,87**	6,1

- Abbrechen (Kosten: 3,9%)   318
Demontage von Fußbodenheizung; Entsorgung, Deponiegebühren

- Herstellen (Kosten: 96,1%)   7.770
Rohrgrabenaushub, Filterkies, RW-Leitung, Formstücke, Anschlüsse zu KG-Grundleitung, Regenfallrohre; Fußbodenheizungsverteiler, Fußbodenheizung; Erdung mit Anschlussfahnen

500	**Außenanlagen**	750,90 m² AUF	3.459	**4,61**	2,6

- Abbrechen (Kosten: 6,7%)   231
Abbruch von Pflanzbehältern mit Erde, Bepflanzung; Entsorgung, Deponiegebühren

- Herstellen (Kosten: 93,3%)   3.228
Bodenaushub für Gartenteich lösen, entfernen; Stb-Stützwände für abgestufte Garten- und Wiesenflächen

Kostenkennwerte für die Kostengruppen der 2.Ebene DIN 276

KG	Kostengruppe	Menge Einheit	Kosten €	€/Einheit	%
300	**Bauwerk - Baukonstruktionen**				**100,0**
310	Baugrube	41,25 m³ BGI	551	**13,36**	0,4

- Herstellen (Kosten: 100,0%) — 551
  Oberboden, d=25cm, abtragen, seitlich lagern, wieder einbauen (41m³)

320	Gründung	85,00 m² GRF	22.260	**261,89**	17,8

- Herstellen (Kosten: 100,0%) — 22.260
  Stb-Einzel- und -Streifenfundamente (16m³) * Stb-Bodenplatten C25/30, d=16cm (85m²) * Dämmung, Estrich, Fertigparkett (61m²), Terrassenplatten, Beton (20m²) * Planum (140m²), Sauberkeitsschicht C12/15, d=5cm, PE-Folie (94m²)

330	Außenwände	106,46 m² AWF	52.814	**496,10**	42,1

- Abbrechen (Kosten: 0,6%) — 342
  Abbruch von Holzständerwand, d=15cm (2m²) * Holzstützen 10x10cm (7m) * Holztüren (6m²); Entsorgung, Deponiegebühren

- Herstellen (Kosten: 99,4%) — 52.472
  KS-Mauerwerk, d=24cm (57m²) * KS-Mauerwerk, d=11,5cm, h=48cm (10m²) * Stb-Stützen C25/30 (6St), Quadratrohrstützen (2St), Stahlrundstütze (1St), Stahlstützen (4St) * Alu-Schiebetüren (22m²), Alu-Fenster (5m²), festverglast (12m²) * Abdichtung, Dämmung, Noppenbahn (39m²), WDVS, Edelkratzputz (105m²) * Trockenputz (20m²), Tapete, Anstrich (82m²) * Raffstores (35m²) * Mauerabdeckung, Zink (50m)

340	Innenwände	36,16 m² IWF	4.449	**123,02**	3,5

- Abbrechen (Kosten: 28,9%) — 1.283
  Abbruch von Holzständerwänden, d=11,5cm (15m²); Entsorgung, Deponiegebühren

- Herstellen (Kosten: 71,1%) — 3.165
  Vorsatzschalen, GK-Beplankung 12,5mm, Tapete, Anstrich (36m²)

350	Decken	32,20 m² DEF	4.771	**148,16**	3,8

- Abbrechen (Kosten: 7,7%) — 367
  Abbruch von Heizestrich (31m²); Entsorgung, Deponiegebühren

- Herstellen (Kosten: 92,3%) — 4.404
  Dämmung, PE-Folie, Estrich, Fertigparkett, Sockelleisten (32m²)

360	Dächer	81,00 m² DAF	34.267	**423,05**	27,3

- Abbrechen (Kosten: 2,2%) — 738
  Abbruch von Dachvorsprung, Sparren (7St), Fußpfette (6m) * Dachdeckung (7m²), Regenrinne DN100, Zink (8m) * Holzbretter-Bekleidung (18m²); Entsorgung, Deponiegebühren

- Herstellen (Kosten: 97,8%) — 33.529
  Flachdach aus Gitterträgerplatten C25/30, d=20cm, Dämmung (81m²), Abfangträger IPE 300 (1St), Stb-Unterzüge (3St) * Dampfsperre, Gefälledämmung, Polymerbitumen-Schweißbahn (89m²), Hängerinne (1m), Kragen-Gully, zweiteilig (1St), Ablauf (1St), Speier (1St) * abgehängte Decke, Unterkonstruktion, GK-Bekleidung (57m²), Tapete, Anstrich (60m²), Edelkratzputz, außen (35m²)

6100-0976
Einfamilienhaus

Erweiterung

KG	Kostengruppe	Menge Einheit	Kosten €	€/Einheit	%
390	**Sonstige Baukonstruktionen**	90,00 m² BGF	6.282	**69,80**	5,0

- Herstellen (Kosten: 100,0%)   6.282
  Baustelleneinrichtung (psch), WC-Container (1St), Baustromanschluss (psch) * Fassadengerüst, Lastklasse 3 (130m²), Unterfangung (psch) * Schutzabdeckung aus PE-Folie (10m²)

KG	Kostengruppe	Menge Einheit	Kosten €	€/Einheit	%
400	**Bauwerk - Technische Anlagen**				**100,0**
410	**Abwasser-, Wasser-, Gasanlagen**	90,00 m² BGF	2.312	**25,69**	28,6

- Herstellen (Kosten: 100,0%)   2.312
  Rohrgrabenaushub, Filterkies 16/32mm, RW-Leitung, Formstücke (4m), Anschlüsse zu KG-Grundleitung (2St), Regenfallrohre DN100 (7m)

KG	Kostengruppe	Menge Einheit	Kosten €	€/Einheit	%
420	**Wärmeversorgungsanlagen**	90,00 m² BGF	5.454	**60,60**	67,4

- Abbrechen (Kosten: 5,8%)   318
  Demontage von Fußbodenheizung (31m²); Entsorgung, Deponiegebühren

- Herstellen (Kosten: 94,2%)   5.136
  Fußbodenheizungsverteiler, acht Gruppen, Regelung, Zubehör (1St) * Fußbodenheizung (90m²)

KG	Kostengruppe	Menge Einheit	Kosten €	€/Einheit	%
440	**Starkstromanlagen**	90,00 m² BGF	321	**3,57**	4,0

- Herstellen (Kosten: 100,0%)   321
  Erdung mit Anschlussfahnen (39m)

Kostenkennwerte für die Kostengruppen der 3.Ebene DIN 276 (Übersicht)

KG	Kostengruppe	Menge Einheit	€/Einheit	Kosten €	% 300+400
300	**Bauwerk - Baukonstruktionen**	90,00 m² BGF	1.393,26	125.393,74	93,9
310	**Baugrube**	41,25 m³ BGI	13,36	550,96	0,4
311	Baugrubenherstellung	41,25 m³	13,36	550,96	0,4
312	Baugrubenumschließung	–	–	–	–
313	Wasserhaltung	–	–	–	–
319	Baugrube sonstiges	–	–	–	–
320	**Gründung**	85,00 m² GRF	261,89	22.260,28	16,7
321	Baugrundverbesserung	–	–	–	–
322	Flachgründungen	85,00 m²	78,88	6.704,48	5,0
323	Tiefgründungen	–	–	–	–
324	Unterböden und Bodenplatten	85,00 m²	62,20	5.287,01	4,0
325	Bodenbeläge	81,30 m²	112,21	9.123,03	6,8
326	Bauwerksabdichtungen	85,00 m²	13,48	1.145,75	0,9
327	Dränagen	–	–	–	–
329	Gründung, sonstiges	–	–	–	–
330	**Außenwände**	106,46 m² AWF	496,10	52.814,13	39,6
331	Tragende Außenwände	57,00 m²	109,87	6.262,60	4,7
	Abbrechen	1,50 m²	73,73	110,60	0,1
	Herstellen	57,00 m²	107,93	6.151,99	4,6
332	Nichttragende Außenwände	10,00 m²	52,87	528,70	0,4
333	Außenstützen	28,98 m	88,39	2.561,43	1,9
	Abbrechen	7,20 m	15,27	109,92	0,1
	Herstellen	28,98 m	84,59	2.451,51	1,8
334	Außentüren und -fenster	39,46 m²	495,98	19.571,00	14,7
	Abbrechen	6,00 m²	20,29	121,75	0,1
	Herstellen	39,46 m²	492,90	19.449,26	14,6
335	Außenwandbekleidungen außen	105,00 m²	133,66	14.033,95	10,5
336	Außenwandbekleidungen innen	82,00 m²	23,46	1.923,78	1,4
337	Elementierte Außenwände	–	–	–	–
338	Sonnenschutz	34,87 m²	152,31	5.311,13	4,0
339	Außenwände, sonstiges	106,46 m²	24,62	2.621,54	2,0
340	**Innenwände**	36,16 m² IWF	123,02	4.448,51	3,3
341	Tragende Innenwände	–	–	–	–
342	Nichttragende Innenwände	15,00 m²	85,57	1.283,49	1,0
	Abbrechen	15,00 m²	85,57	1.283,49	1,0
343	Innenstützen	–	–	–	–
344	Innentüren und -fenster	–	–	–	–
345	Innenwandbekleidungen	36,16 m²	87,53	3.165,02	2,4
346	Elementierte Innenwände	–	–	–	–
349	Innenwände, sonstiges	–	–	–	–
350	**Decken**	32,20 m² DEF	148,16	4.770,82	3,6
351	Deckenkonstruktionen	–	–	–	–
352	Deckenbeläge	32,20 m²	148,16	4.770,82	3,6
	Abbrechen	30,50 m²	12,03	366,97	0,3
	Herstellen	32,20 m²	136,77	4.403,86	3,3
353	Deckenbekleidungen	–	–	–	–
359	Decken, sonstiges	–	–	–	–

© BKI Baukosteninformationszentrum   Kostenstand: 3.Quartal 2015, Bundesdurchschnitt, inkl. 19% MwSt.

6100-0976 Einfamilienhaus

Erweiterung

KG	Kostengruppe	Menge Einheit	€/Einheit	Kosten €	% 300+400
360	**Dächer**	81,00 m² DAF	423,05	34.267,22	25,7
361	Dachkonstruktionen	81,00 m²	153,34	12.420,87	9,3
	Abbrechen	6,50 m²	49,98	324,88	0,2
	Herstellen	81,00 m²	149,33	12.095,99	9,1
362	Dachfenster, Dachöffnungen	–	–	–	–
363	Dachbeläge	89,20 m²	179,48	16.009,97	12,0
	Abbrechen	6,50 m²	23,54	153,04	0,1
	Herstellen	89,20 m²	177,77	15.856,93	11,9
364	Dachbekleidungen	95,00 m²	61,44	5.836,38	4,4
	Abbrechen	18,00 m²	14,45	260,17	0,2
	Herstellen	95,00 m²	58,70	5.576,20	4,2
369	Dächer, sonstiges	–	–	–	–
370	**Baukonstruktive Einbauten**	–	–	–	–
390	**Sonst. Maßnahmen Baukonstruktionen**	90,00 m² BGF	69,80	6.281,80	4,7
391	Baustelleneinrichtung	90,00 m² BGF	52,56	4.730,48	3,5
392	Gerüste	90,00 m² BGF	14,92	1.342,63	1,0
393	Sicherungsmaßnahmen	–	–	–	–
394	Abbruchmaßnahmen	–	–	–	–
395	Instandsetzungen	–	–	–	–
396	Materialentsorgung	–	–	–	–
397	Zusätzliche Maßnahmen	90,00 m² BGF	2,32	208,69	0,2
398	Provisorische Baukonstruktionen	–	–	–	–
399	Sonst. Maßnahmen für Baukonstruktionen, sonst.	–	–	–	–
400	**Bauwerk - Technische Anlagen**	90,00 m² BGF	89,87	8.087,96	6,1
410	**Abwasser-, Wasser-, Gasanlagen**	90,00 m² BGF	25,69	2.312,15	1,7
411	Abwasseranlagen	90,00 m² BGF	25,69	2.312,15	1,7
412	Wasseranlagen	–	–	–	–
413	Gasanlagen	–	–	–	–
419	Abwasser-, Wasser-, Gasanlagen, sonstiges	–	–	–	–
420	**Wärmeversorgungsanlagen**	90,00 m² BGF	60,60	5.454,41	4,1
421	Wärmeerzeugungsanlagen	90,00 m² BGF	18,49	1.664,14	1,2
422	Wärmeverteilnetze	–	–	–	–
423	Raumheizflächen	90,00 m² BGF	42,11	3.790,27	2,8
	Abbrechen	90,00 m² BGF	3,54	318,27	0,2
	Herstellen	90,00 m² BGF	38,58	3.472,00	2,6
429	Wärmeversorgungsanlagen, sonstiges	–	–	–	–
430	**Lufttechnische Anlagen**	–	–	–	–
440	**Starkstromanlagen**	90,00 m² BGF	3,57	321,40	0,2
441	Hoch- und Mittelspannungsanlagen	–	–	–	–
442	Eigenstromversorgungsanlagen	–	–	–	–
443	Niederspannungsschaltanlagen	–	–	–	–
444	Niederspannungsinstallationsanlagen	–	–	–	–
445	Beleuchtungsanlagen	–	–	–	–
446	Blitzschutz- und Erdungsanlagen	90,00 m² BGF	3,57	321,40	0,2
449	Starkstromanlagen, sonstiges	–	–	–	–
450	**Fernm.- und informationstechn. Anlagen**	–	–	–	–
460	**Förderanlagen**	–	–	–	–
470	**Nutzungsspezifische Anlagen**	–	–	–	–
480	**Gebäudeautomation**	–	–	–	–
490	**Sonst. Maßnahmen für Techn. Anlagen**	–	–	–	–

Kostenkennwerte für Leistungsbereiche nach StLB (Kosten des Bauwerks nach DIN 276)

6100-0976
Einfamilienhaus

Erweiterung

LB	Leistungsbereiche	Kosten €	€/m² BGF	€/m³ BRI	% an 3+4
000	Sicherheits-, Baustelleneinrichtungen inkl. 001	6.282	69,80	19,90	4,7
002	Erdarbeiten	2.169	24,10	6,90	1,6
006	Spezialtiefbauarbeiten inkl. 005	–	–	–	–
009	Entwässerungskanalarbeiten inkl. 011	1.180	13,10	3,70	0,9
010	Dränarbeiten	–	–	–	–
012	Mauerarbeiten	4.713	52,40	15,00	3,5
013	Betonarbeiten	25.966	288,50	82,40	19,5
014	Natur-, Betonwerksteinarbeiten	390	4,30	1,20	0,3
016	Zimmer- und Holzbauarbeiten	429	4,80	1,40	0,3
017	Stahlbauarbeiten	3.147	35,00	10,00	2,4
018	Abdichtungsarbeiten	548	6,10	1,70	0,4
020	Dachdeckungsarbeiten	–	–	–	–
021	Dachabdichtungsarbeiten	15.249	169,40	48,40	11,4
022	Klempnerarbeiten	4.728	52,50	15,00	3,5
	Rohbau	**64.801**	**720,00**	**205,70**	**48,5**
023	Putz- und Stuckarbeiten, Wärmedämmsysteme	14.201	157,80	45,10	10,6
024	Fliesen- und Plattenarbeiten	–	–	–	–
025	Estricharbeiten	5.501	61,10	17,50	4,1
026	Fenster, Außentüren inkl. 029, 032	19.449	216,10	61,70	14,6
027	Tischlerarbeiten	–	–	–	–
028	Parkett-, Holzpflasterarbeiten	7.428	82,50	23,60	5,6
030	Rollladenarbeiten	4.147	46,10	13,20	3,1
031	Metallbauarbeiten inkl. 035	–	–	–	–
034	Maler- und Lackiererarbeiten inkl. 037	1.735	19,30	5,50	1,3
036	Bodenbelagsarbeiten	–	–	–	–
038	Vorgehängte hinterlüftete Fassaden	–	–	–	–
039	Trockenbauarbeiten	7.714	85,70	24,50	5,8
	Ausbau	**60.174**	**668,60**	**191,00**	**45,1**
040	Wärmeversorgungsanlagen, inkl. 041	5.128	57,00	16,30	3,8
042	Gas- und Wasseranlagen, Leitungen inkl. 043	–	–	–	–
044	Abwasseranlagen - Leitungen	–	–	–	–
045	Gas, Wasser, Entwässerung - Ausstattung inkl. 046	–	–	–	–
047	Dämmarbeiten an technischen Anlagen	8	< 0,1	< 0,1	–
049	Feuerlöschanlagen, Feuerlöschgeräte	–	–	–	–
050	Blitzschutz- und Erdungsanlagen	321	3,60	1,00	0,2
052	Mittelspannungsanlagen	–	–	–	–
053	Niederspannungsanlagen inkl. 054	–	–	–	–
055	Ersatzstromversorgungsanlagen	–	–	–	–
057	Gebäudesystemtechnik	–	–	–	–
058	Leuchten und Lampen, inkl. 059	–	–	–	–
060	Elektroakustische Anlagen	–	–	–	–
061	Kommunikationsnetze, inkl. 063	–	–	–	–
069	Aufzüge	–	–	–	–
070	Gebäudeautomation	–	–	–	–
075	Raumlufttechnische Anlagen	–	–	–	–
	Gebäudetechnik	**5.458**	**60,60**	**17,30**	**4,1**
084	Abbruch- und Rückbauarbeiten	3.049	33,90	9,70	2,3
	Sonstige Leistungsbereiche inkl. 008, 033, 051	–	–	–	–

© BKI Baukosteninformationszentrum   Kostenstand: 3.Quartal 2015, Bundesdurchschnitt, inkl. 19% MwSt.

6100-1105
Reihenendhaus
Denkmalschutz

Objektübersicht

Modernisierung

 BRI 283 €/m³

 BGF 805 €/m²

 NF 1.205 €/m²

 NE keine Angabe

Objekt:
Kennwerte: 3.Ebene DIN 276
BRI: 881m³
BGF: 310m²
NF: 207m²
Bauzeit: 26 Wochen
Bauende: 2012
Standard: über Durchschnitt
Kreis: Stuttgart, Baden-Württemberg

Architekt:
Schaugg Architekten
Diana Schaugg
Lindenspürstraße 22
70176 Stuttgart

vorher — nachher

Zeichnungen

6100-1105
Reihenendhaus
Denkmalschutz

Modernisierung

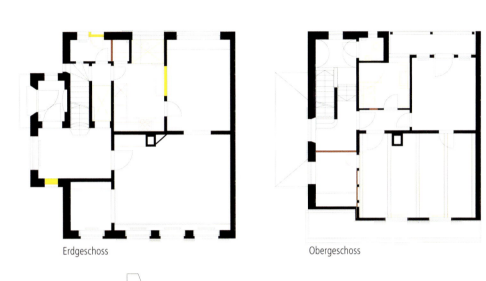

Erdgeschoss

Obergeschoss

Schnitt

Dachgeschoss

6100-1105 Reihenendhaus Denkmalschutz

Modernisierung

Objektbeschreibung

Allgemeine Objektinformationen

Die Baumaßnahme an dem denkmalgeschützten Wohngebäude umfasst die Modernisierung und die haustechnische Ertüchtigung aller Geschosse, sowie den Ausbau des Dachgeschosses zu Wohnzwecken. Das Gebäudeinnere wurde veränderten, zeitgemäßen Wohnbedürfnissen angepasst. Die Gebäudehülle, die Grundrissstruktur und die noch vorhandenen bauzeitlichen Bauteile wie Türen, Treppen, Deckenbekleidungen und -ornamente wurden unter Beachtung der denkmalschutzrechtlichen Vorgaben erhalten.

Nutzung

1 Untergeschoss
Nebeneingang, Gartenzimmer, Abstellraum, Technik

1 Erdgeschoss
Haupteingang, Windfang, Flur, Wohnzimmer, Esszimmer, Küche, Speisekammer

1 Obergeschoss
Schlafzimmer, Büro mit Loggia, Bad, WC

1 Dachgeschoss
Studio, Gästebereich

Nutzeinheiten

Wohneinheiten: 1

Grundstück

Bauraum: Beengter Bauraum
Neigung: Hanglage
Bodenklasse: BK 1 bis BK 4

Besonderer Kosteneinfluss Grundstück:
Aufgrund der Hanglage in Verbindung mit der verkehrlichen Situation konnte kein Baukran gestellt werden. Sämtliche Geräte und Baumaterialien mussten von Hand transportiert werden.

Markt

Hauptvergabezeit: 4.Quartal 2011
Baubeginn: 4.Quartal 2011
Bauende: 2.Quartal 2012
Konjunkturelle Gesamtlage: Durchschnitt
Regionaler Baumarkt: Durchschnitt

Baubestand

Baujahr: 1926
Bauzustand: mittel
Aufwand: hoch
Grundrissänderungen: wenige
Tragwerkseingriffe: wenige
Nutzungsänderung: nein
Nutzung während der Bauzeit: nein

Baukonstruktion

Die Konstruktion des Gebäudes entspricht der Bauweise von 1926. Die Außenwände sind als Mauerwerkswände mit Vorsatzschale aus unverputzten und behauenen Sandsteinquadern erstellt. Die Innenwände sind ausgemauerte Fachwerkwände. Die Decke des Untergeschosses ist als Massivdecke ausgebildet, die Erdgeschoss- und Obergeschossdecken sind Holzbalkendecken. Der Dachstuhl des Sparrendachs ist mit Schleppgauben versehen. Wände bzw. Wandteile wurden abge- bzw. durchbrochen. Die Wandoberflächen wurden geschliffen und gefräst, gespachtelt und mit Malervlies belegt. Die Bodenbeläge wurden rückgebaut. Die Bodenflächen werden gespachtelt und neu gefliest. In den Aufenthaltsräumen kam Parkettbelag zur Ausführung. Aufgrund der denkmalschutzrechtlichen Auflagen, die eine Veränderung der Fassade ausschlossen, blieb eine generelle energetische Sanierung der Gebäudehülle aus. Die Dachsanierung konnte jedoch unter Einhaltung der EnEV 2009 erfolgen. Die Biberschwanzdeckung wurde teilweise wiederverwendet.

Technische Anlagen

Die haustechnische Ertüchtigung umfasste eine neue Heizungsanlage, sowie erforderliche Ergänzungen und Änderungen der Sanitär- und Heizungsinstallationen im Zuge der Modernisierung. Im Erd- und Obergeschoss wurden einzelne Heizkörper ersetzt. Im Dachgeschoss wurden neue Heizkörper eingebaut.

Sonstiges

Das sanierte Objekt kann als Reihenendhaus einer dreigeteilten Gebäudeeinheit betrachtet werden. Im Jahr 1926 wurde es vom Architekten W. L. Aldinger für private Bauherren errichtet. Das Wohngebäude besitzt typische Merkmale der Stuttgarter Schule. Unverputzter Steinquader, ein hohes Satteldach mit Aufschiebling und langer Schleppgaube, Klappläden und vertäfeltes Fachwerk aus Holz.

Planungskennwerte für Flächen und Rauminhalte nach DIN 277

6100-1105
Reihenendhaus
Denkmalschutz

Modernisierung

Flächen des Grundstücks		Menge, Einheit	% an FBG
BF	Bebaute Fläche	132,00 m²	21,0
UBF	Unbebaute Fläche	498,00 m²	79,1
FBG	Fläche des Baugrundstücks	630,00 m²	100,0

Grundflächen des Bauwerks		Menge, Einheit	% an NF	% an BGF
NF	Nutzfläche	207,10 m²	100,0	66,8
TF	Technische Funktionsfläche	4,00 m²	1,9	1,3
VF	Verkehrsfläche	58,40 m²	28,2	18,8
NGF	Netto-Grundfläche	269,50 m²	130,1	86,9
KGF	Konstruktions-Grundfläche	40,50 m²	19,6	13,1
BGF	Brutto-Grundfläche	310,00 m²	149,7	100,0

Brutto-Rauminhalt des Bauwerks		Menge, Einheit	BRI/NF (m)	BRI/BGF (m)
BRI	Brutto-Rauminhalt	881,23 m³	4,26	2,84

Lufttechnisch behandelte Flächen	Menge, Einheit	% an NF	% an BGF
Entlüftete Fläche	– m²	–	–
Be- und entlüftete Fläche	– m²	–	–
Teilklimatisierte Fläche	– m²	–	–
Klimatisierte Fläche	– m²	–	–

KG	Kostengruppen (2.Ebene)	Menge, Einheit		Menge/NF	Menge/BGF
310	Baugrube	– m³	BGI	–	–
320	Gründung	31,50 m²	GRF	0,15	0,10
330	Außenwände	228,14 m²	AWF	1,10	0,74
340	Innenwände	255,98 m²	IWF	1,24	0,83
350	Decken	206,89 m²	DEF	1,00	0,67
360	Dächer	141,84 m²	DAF	0,68	0,46

Kostenkennwerte für die Kostengruppen der 1.Ebene DIN 276

KG	Kostengruppen (1.Ebene)	Einheit	Kosten €	€/Einheit	€/m² BGF	€/m³ BRI	% 300+400
100	Grundstück	m² FBG	–	–	–	–	–
200	Herrichten und Erschließen	m² FBG	–	–	–	–	–
300	Bauwerk - Baukonstruktionen	m² BGF	193.215	623,27	623,27	219,26	77,4
400	Bauwerk - Technische Anlagen	m² BGF	56.434	182,05	182,05	64,04	22,6
	Bauwerk 300+400	**m² BGF**	**249.649**	**805,32**	**805,32**	**283,30**	**100,0**
500	Außenanlagen	m² AUF	3.983	8,00	12,85	4,52	1,6
600	Ausstattung und Kunstwerke	m² BGF	2.805	9,05	9,05	3,18	1,1
700	Baunebenkosten	m² BGF	–	–	–	–	–

© BKI Baukosteninformationszentrum Kostenstand: 3.Quartal 2015, Bundesdurchschnitt, inkl. 19% MwSt.

6100-1105
Reihenendhaus
Denkmalschutz

Modernisierung

Kostenkennwerte für die Kostengruppen der 1.Ebene DIN 276

KG	Kostengruppe	Menge Einheit	Kosten €	€/Einheit	%
3+4	**Bauwerk**				100,0
300	**Bauwerk - Baukonstruktionen**	310,00 m² BGF	193.215	**623,27**	77,4

- Abbrechen (Kosten: 11,7%) 22.659
 Abbruch von Bodenfliesen, Estrich; Mauerwerk für Tür- und Fensteröffnungen, Brüstungsmauerwerk und Gefachen, Holzfenstern, Deckleistenschalung, Tapete, Farbanstrichen, Innenputz; Fachwerkwänden, Vormauerungen; Teppichbelag, GK-Decken; Entsorgung, Deponiegebühren

- Wiederherstellen (Kosten: 24,4%) 47.167
 Sandsteinlaibungen instandsetzen, Holzfenster und -eingangstür aufarbeiten, Beschläge zum Teil erneuern, Holzbauteile außen instandsetzen, Ergänzung von Putzflächen, Holzklappläden und Metallvordach aufarbeiten; Mauerdurchbrüche schließen, Wandunebenheiten ausgleichen, Holztüren mit Holz- und Glasfüllungen aufarbeiten, Schlösser tauschen, Drücker erneuern, Anstrich Stahltür erneuern, Handläufe aufarbeiten; Holzboden schleifen, einlassen, Holz- und Steintreppen, Deckenfries und -ornament, Holzbekleidungen aufarbeiten; historische Einlauftöpfe instandsetzen, Dachrinnen, Ortgänge und Traufen aufarbeiten; Neuanstrich auf Heizkörperbekleidungen und Einbauschrank

- Herstellen (Kosten: 63,9%) 123.388
 Zweischichtparkett, Bodenfliesen; Holzfenster, Deckleistenschalung, GK-Trockenputz; GK-Wand, Schiebetür, Tapetentüren, Innenputz, Installationswände, Wandfliesen, Anstrich; Massivdielen, GK-Decke, Geländer; KVH, Dachfenster, Biberschwanzdeckung, Dachrinnen, Dampfbremse, Dämmung, GK-Bekleidung, Alkydharzlasur, Anstrich Weinregale

| 400 | **Bauwerk - Technische Anlagen** | 310,00 m² BGF | 56.434 | **182,05** | 22,6 |

- Abbrechen (Kosten: 2,5%) 1.421
 Abbruch von Fallrohren, Sanitärobjekten; Heizkessel, Heizkörpern; Dachantenne; Entsorgung, Deponiegebühren

- Wiederherstellen (Kosten: 5,7%) 3.218
 Fallrohre reinigen, anschleifen, lackieren, Grundleitung freilegen, defekte Leitung erneuern, Übergang auf Steinzeug herstellen, Bodenöffnung ausbetonieren, bestehende Duscharmatur versetzen; Erneuern von Heizkörperventilen, vorhandene Heizkörper wieder montieren, Kamintür anschleifen, lackieren; Verteilerkasten lackieren, Kurzschluss reparieren, Leuchte lackieren; Klingeltaster reparieren

- Herstellen (Kosten: 91,8%) 51.796
 Fallrohre, Sanitärobjekte mit Roh- und Fertiginstallation, Gasleitung, Gassteckdose; Gas-Brennwerttherme, Heizleitungen erweitern oder umlegen, Heizkörper; Elektroinstallation erweitern, Steckdosen und Schalter komplett neu, Beleuchtung; TAE-Anschlussdose, Funkgong, Sat-Anlage, Anschlussdosen, TV-Verkabelung

| 500 | **Außenanlagen** | 498,00 m² AUF | 3.983 | **8,00** | 1,6 |

- Herstellen (Kosten: 100,0%) 3.983
 Erdkabel, LED-Strahler, Pollerleuchten, Minilichtleisten

| 600 | **Ausstattung und Kunstwerke** | 310,00 m² BGF | 2.805 | **9,05** | 1,1 |

- Herstellen (Kosten: 100,0%) 2.805
 Duschabtrennung, Sanitärzubehör

Kostenkennwerte für die Kostengruppen der 2.Ebene DIN 276

6100-1105
Reihenendhaus
Denkmalschutz

Modernisierung

KG	Kostengruppe	Menge Einheit	Kosten €	€/Einheit	%
300	**Bauwerk - Baukonstruktionen**				100,0
320	**Gründung**	31,50 m² GRF	6.733	**213,75**	3,5

- Abbrechen (Kosten: 16,9%) — 1.136
  Abbruch von Bodenfliesen (32m²), Abfräsen von Estrich (2m²); Entsorgung, Deponiegebühren

- Herstellen (Kosten: 83,1%) — 5.598
  Zweischichtparkett, verkleben, nachölen (17m²), Estrich spachteln, Bodenfliesen, imprägnieren (12m²), Zementestrich, Eingangsmatte, Kokos (2m²), Holzsockel (33m), Sockelfliesen (4m)

KG	Kostengruppe	Menge Einheit	Kosten €	€/Einheit	%
330	**Außenwände**	228,14 m² AWF	33.954	**148,83**	17,6

- Abbrechen (Kosten: 14,4%) — 4.890
  Abbruch von Mauerwerk für Tür- und Fensteröffnungen (2m²), Abspitzen von Mauerwerk an Fensteröffnung (3h) * Brüstungsmauerwerk und Gefachen (35m²) * Holzfenstern (9m²) * Deckleistenschalung (9m²) * Tapete (65m²), Farbanstrichen (25m²), Innenputz (5h); Entsorgung, Deponiegebühren

- Wiederherstellen (Kosten: 37,5%) — 12.729
  Laibungen mit vorhandenen Sandsteinen instandsetzen, neue Steine richten und versetzen (9m²), Wand- und Oberflächentrocknung (10m²) * Fensterinnenseiten aufarbeiten (19m²), Fensteraußenseite aufarbeiten (3St), Anstrich von Fensterbänken erneuern (20m), Fensterbeschläge warten (25St), Fenstergriffe erneuern (12St), Eingangstür, Holz, aufarbeiten (2m²), Naturstein-Fensterbank ausspitzen, neu anfertigen und versetzen (1St) * Gaubenschalung anschleifen, grundieren, lackieren (17m²) * Laibungen aufarbeiten, Holz (30m), Ergänzung von Putzflächen (10m²) * Klappläden, Holz, in Werkstatt aufarbeiten, Stahlteile entrosten (17m²) * Metallvordach anschleifen, Korrosionsschutz (8m²)

- Herstellen (Kosten: 48,1%) — 16.335
  Mineralwolldämmung, d=120mm, zwischen Fachwerk von Dachgauben (11m²) * Holzfenster, einflüglig, Wärmeschutzverglasung (2m²), zwei- bis dreiflüglig, Wiener Sprosse (6m²), Fenstertür, Wiener Sprosse (2m²), Schließanlage anteilig * Mineralwolldämmung, d=140mm, Deckleistenschalung, an Dachgauben (9m²) * Untergründe spachteln (274m²), Dispersionsanstrich (166m²), GK-Trockenputz, Spachtelung Q3 (14m²)

© **BKI** Baukosteninformationszentrum   Kostenstand: 3.Quartal 2015, Bundesdurchschnitt, **inkl. 19% MwSt.**

6100-1105
Reihenendhaus
Denkmalschutz

Modernisierung

KG	Kostengruppe	Menge Einheit	Kosten €	€/Einheit	%
340	**Innenwände**	255,98 m² IWF	45.573	**178,03**	23,6

- Abbrechen (Kosten: 7,9%)   3.613
  Abbruch von Fachwerkwänden (30m²), Mauerwerk für Wandöffnung (0,5m²) * Tapete (150m²), Farbanstrichen (35m²), Vormauerungen (7m²), Innenputz (3m²) * Abflexen von Stahlkonsolen (1h); Entsorgung, Deponiegebühren

- Wiederherstellen (Kosten: 40,2%)   18.317
  Mauerdurchbrüche schließen, Unebenheiten ausgleichen (9h), Wand- und Oberflächentrocknung (11m²) * Holzrahmentüren mit Holz- und Glasfüllungen aufarbeiten, Untergrund prüfen, nicht tragfähige Teile entfernen, ablaugen, spachteln, Fehlstellen schließen, schleifen, Grund-, Zwischen- und Schlussanstrich (29m²), Türen einhängen, gangbar machen, Schlösser tauschen, Drücker erneuern (19St), Stahltür schleifen, Anstrich erneuern (2m²) * Ergänzung von Putzflächen (11m²), Armierung von Einzelrissen (10m) * Holzhandläufe aufarbeiten (6m), Stahlgeländer aufarbeiten (4m), Geländerhalter lackieren (13St)

- Herstellen (Kosten: 51,9%)   23.643
  GK-Metallständerwand, d=10cm, doppelt beplankt, Q3 (5m²), Öffnung für Schiebetür, BSH, KVH (10m²), Öffnung für Durchreiche, BSH (2m²) * Schiebetür, Holz (3m²), Tapetentüren (3m²) * Untergründe spachteln (307m²), Innenputz, Q3 (22m²), GK-Trockenputz, Q3 (20m²), Dispersionsanstrich (410m²), Laibungen (86m), GK-Installationswände (18m²), Wandfliesen (12m²), Glasvlies (59m²) * Handlauf, Rundholz (3m)

| 350 | **Decken** | 206,89 m² DEF | 43.934 | **212,36** | 22,7 |

- Abbrechen (Kosten: 11,5%)   5.070
  Abbruch von Teppichbelag (125m²), Bodenfliesen (78m²), Türschwellen (3St) * GK-Decken (42m²); Entsorgung, Deponiegebühren

- Wiederherstellen (Kosten: 25,3%)   11.134
  Holzboden schleifen, mit Hartwachsöl einlassen (60m²), Holztreppe ins OG aufarbeiten, Spachtelmasse entfernen, Deckschicht Eiche, einarbeiten, Tritte schleifen, mit Hartwachsöl einlassen (4m²), Treppenwangen aufarbeiten (17m), Setzstufen aufarbeiten (17St), Holztreppe ins DG schleifen, einlassen (4m²), Steintreppe ins EG aufarbeiten, neu verfugen (3m²) * Deckenbekleidung, Holz, aufarbeiten (4m²), Deckenfries spachteln, streichen (66m), Deckenornament, aufarbeiten (1St) * Wandscheibe zwischen Treppenläufen, brüstungshoch, mit beidseitiger Bretterschalung und Simsabdeckung, aufarbeiten (4m²)

- Herstellen (Kosten: 63,1%)   27.731
  Estrich spachteln (59m²), schleifen (89m²), Massivdielen, ölen (41m²), Zweischichtparkett, ölen (48m²), Bodenfliesen (31m²), Holzsockel (123m), Sockelfliesen (4m) * Strukturputz spachteln (73m²), GK-Decke, Abhanghöhe 5cm, Spachtelung Q3 (22m²), Abhanghöhe 10cm (2m²), Abhanghöhe 20-70cm (2m²), Dispersionsanstrich (137m²) * Flachstahlgeländer mit Leiter, pulverbeschichtet (2St)

6100-1105
Reihenendhaus
Denkmalschutz

Modernisierung

KG	Kostengruppe	Menge Einheit	Kosten €	€/Einheit	%
360	**Dächer**	141,84 m² DAF	54.213	**382,21**	28,1

- Abbrechen (Kosten: 14,7%)   7.950
  Abbruch von Dämmung (71m²), Holzbohlen auf Kehlgebälk (10m²), Schlackefüllung und Steine zwischen Kehlgebälk (10m²) * Dachluke, Stahl (1St) * Biberschwanzziegeln, davon ca. 70m² intakte Ziegel seitlich lagern (139m²), Dachrinnen (23m), Trauf- und Brustblechen (23m), Trauf- und Ortgangbrettern (25m) * Putz, Strohmatten, Lattung (6m²); Entsorgung, Deponiegebühren

- Wiederherstellen (Kosten: 7,3%)   3.977
  Historische Einlauftöpfe demontieren, unteren bogenförmigen Anschluss ersetzen, Töpfe anschleifen, außen mit Kunstharzlack lackieren, innen Korrosionsschutz aufbringen, wieder einbauen, an Dachrinne anschließen (2St), Dachrinnen reinigen, anschleifen, außen mit Kunstharzlack lackieren, innen Korrosionsschutz aufbringen (26m) * Ortgänge und Traufen anschleifen, grundieren, Anstrich mit Kunstharzlack (61m)

- Herstellen (Kosten: 78,0%)   42.286
  KVH zur Sparrenverstärkung, Dachfensteröffnung (2m³), Mineralwolldämmung, d=140mm (120m²) * Dachflächenfenster, Holz (1St), Metalldachfenster (1St) * Unterspannbahn, Biberschwanzdeckung (139m²), Anschlussbleche (85m), Ortgangbrett (25m), Dachrinnen (24m) * Auflaschung Sparreninnenseite, Dämmstreifen (100m²), Dampfbremse, Mineralwolldämmung, d=24mm, GK-Bekleidung, Q3, Anstrich (82m²), Mineralwolldämmung, d=140mm (21m²), Brandschutzbekleidung, Gebäudetrennwand (15m), Alkydharzlasur, Holzbauteile (35m²) * Gitterrost-Trittfläche (1St)

KG	Kostengruppe	Menge Einheit	Kosten €	€/Einheit	%
370	**Baukonstruktive Einbauten**	310,00 m² BGF	2.102	**6,78**	1,1

- Wiederherstellen (Kosten: 48,1%)   1.010
  Heizkörperverkleidungen, Holz, aufarbeiten, nicht tragfähige Teile entfernen, schleifen, Fehlstellen schließen, glätten, Gesamtfläche schleifen, lackieren (3St), Einbauschrank 305x46x55cm, oberer Abschluss mit Fensterbank 305x25-46cm, aufarbeiten (1St)

- Herstellen (Kosten: 51,9%)   1.092
  Holzrahmen 79x84x15cm, lackiert, in Wandaussparung (1St), Anstrich auf vorhandene Weinregale (4St), Aluminiumprofil 55x60x130mm, l=2.200mm, für Blenden (2St), Abdeckblende für Leuchte, 83x26,5x2,5cm, Oberfläche Schichtstoff (1St)

KG	Kostengruppe	Menge Einheit	Kosten €	€/Einheit	%
390	**Sonstige Baukonstruktionen**	310,00 m² BGF	6.704	**21,63**	3,5

- Herstellen (Kosten: 100,0%)   6.704
  Baustelleneinrichtung (1St) * Fassadengerüst (230m²), Konsolverbreiterung (65m), Dachfanggerüst (20m), Gerüstüberbrückung (8m) * Boden-Abdeckvlies (38m²), Maler-Abdeckvlies, Folien (psch), Öffnungen provisorisch schließen (2m²), Zwischenreinigung, Endreinigung

© **BKI** Baukosteninformationszentrum   Kostenstand: 3.Quartal 2015, Bundesdurchschnitt, **inkl. 19% MwSt.**

6100-1105
Reihenendhaus
Denkmalschutz

Modernisierung

KG	Kostengruppe	Menge Einheit	Kosten €	€/Einheit	%
400	**Bauwerk - Technische Anlagen**				**100,0**
410	**Abwasser-, Wasser-, Gasanlagen**	310,00 m² BGF	18.518	**59,73**	32,8

- Abbrechen (Kosten: 2,0%) — 369
  Abbruch von Fallrohren (17m) * Sanitärobjekten (6St); Entsorgung, Deponiegebühren

- Wiederherstellen (Kosten: 5,1%) — 941
  Fallrohre reinigen, anschleifen, zweimal mit Kunstharzlack lackieren (37m), Grundleitung freilegen, defekte Leitung mit PVC-Rohr und Formstücken erneuern, Übergang auf Steinzeug herstellen, Bodenöffnung ausbetonieren (psch) * bestehende Duscharmatur versetzen (1St)

- Herstellen (Kosten: 92,9%) — 17.208
  Fallrohre, Titanzink (19m), Abflussrohre DN50 (5m), Reinigungsöffnung in Ablauf einbauen (1St), Sifons einbauen (3St) * PE-Xc-Rohre DN16 (21m), Kupferrohre DN15 (4m), Waschtisch (1St), Handwaschbecken (2St), Tiefspül-WCs (3St), Bidet (1St), Duschwanne, Regenbrause (1St) * Kupferrohre DN15 (50m), Edelstahlrohr DN15 (1m), Gassteckdose (1St) * Montageelemente (5St), Elemente für höhenverstellbare Sanitärobjekte (2St)

420	**Wärmeversorgungsanlagen**	310,00 m² BGF	19.046	**61,44**	33,7

- Abbrechen (Kosten: 5,4%) — 1.035
  Abbruch von Heizkessel (1St) * Heizkörpern (5St); Entsorgung, Deponiegebühren

- Wiederherstellen (Kosten: 9,4%) — 1.792
  Erneuern von Heizkörperventilen (14St), vorhandene Heizkörper wieder montieren, Anschlusszubehör (7St) * Kamintür reinigen, anschleifen, lackieren (1St)

- Herstellen (Kosten: 85,2%) — 16.220
  Gas-Brennwerttherme 22kW (1St), Gaszählerkugelhähne (2St), hydraulischer Abgleich (1St) * Heizleitungen erweitern oder umlegen (36m) * Ventilheizkörper (2St), Röhrenradiatoren (2St), Badheizkörper (1St), Dünnbett-Heizmatte (1St) * Abgasleitung (11m)

440	**Starkstromanlagen**	310,00 m² BGF	15.717	**50,70**	27,8

- Wiederherstellen (Kosten: 1,8%) — 281
  Verteilerkasten lackieren (1St), Kurzschluss reparieren (1St) * Leuchte lackieren (1St)

- Herstellen (Kosten: 98,2%) — 15.435
  Unterverteilung erweitern mit FI-Schutzschalter (1St), LS-Schalter (2St), Steckdosen (84St), Schalter, Taster, Wippen (98St), Tastdimmer (3St), Drehdimmer (1St), Bewegungsmelder (1St) * Steckkontaktleuchten (7St), Einbauleuchten, Niedervolt (2St), Leuchtstofflampe (1St), Minilichtleiste (1St) * Potenzialausgleichsschiene (1St)

450	**Fernmelde-, informationstechn. Anlagen**	310,00 m² BGF	3.153	**10,17**	5,6

- Abbrechen (Kosten: 0,5%) — 17
  Abbruch von Dachantenne (1St); Entsorgung, Deponiegebühren

- Wiederherstellen (Kosten: 6,5%) — 204
  Klingeltaster reparieren

- Herstellen (Kosten: 93,0%) — 2.933
  TAE-Anschlussdose (1St) * Funkgong, zwei Funktaster (1St), Klingeltaster (2St) * Sat-Anlage, D=90cm (1St), Multischalter (1St), Speisesystem (1St), Anschlussdosen (5St), Koaxialkabel (156m), Mantelleitung (30m)

KG	Kostengruppe	Menge Einheit	Kosten €	€/Einheit	%
500	**Außenanlagen**				**100,0**
540	**Technische Anlagen in Außenanlagen**	498,00 m² AUF	3.983	**8,00**	100,0

- Herstellen (Kosten: 100,0%)   3.983
 Erdkabel (10m), LED-Strahler (5St), Pollerleuchten (2St), Minilichtleisten (2St), Bewegungsmelder (1St), Funkhandsender (1St)

KG	Kostengruppe	Menge Einheit	Kosten €	€/Einheit	%
600	**Ausstattung und Kunstwerke**				**100,0**
610	**Ausstattung**	310,00 m² BGF	2.805	**9,05**	100,0

- Herstellen (Kosten: 100,0%)   2.805
 Ganzglas-Duschabtrennung, Senk- und Hebemechanismus (1St), Handtuchhaken (2St), Handtuchhalter (1St), Papierhalter (1St)

6100-1105
Reihenendhaus
Denkmalschutz

Modernisierung

6100-1105
Reihenendhaus
Denkmalschutz

Modernisierung

Kostenkennwerte für die Kostengruppen der 3.Ebene DIN 276 (Übersicht)

KG	Kostengruppe	Menge Einheit	€/Einheit	Kosten €	% 300+400
300	**Bauwerk - Baukonstruktionen**	310,00 m² BGF	623,27	193.214,54	77,4
310	Baugrube	–	–	–	–
320	Gründung	31,50 m² GRF	213,75	6.733,24	2,7
321	Baugrundverbesserung	–	–	–	–
322	Flachgründungen	–	–	–	–
323	Tiefgründungen	–	–	–	–
324	Unterböden und Bodenplatten	–	–	–	–
325	Bodenbeläge	31,50 m²	213,75	6.733,24	2,7
	Abbrechen	34,30 m²	33,11	1.135,54	0,5
	Herstellen	31,50 m²	177,70	5.597,70	2,2
326	Bauwerksabdichtungen	–	–	–	–
327	Dränagen	–	–	–	–
329	Gründung, sonstiges	–	–	–	–
330	**Außenwände**	228,14 m² AWF	148,83	33.954,31	13,6
331	Tragende Außenwände	19,19 m²	112,77	2.163,57	0,9
	Abbrechen	1,90 m²	343,96	654,56	0,3
	Wiederherstellen	19,19 m²	78,66	1.509,00	0,6
332	Nichttragende Außenwände	11,40 m²	158,74	1.809,67	0,7
	Abbrechen	34,68 m²	46,31	1.606,16	0,6
	Herstellen	11,40 m²	17,85	203,51	0,1
333	Außenstützen	–	–	–	–
334	Außentüren und -fenster	32,47 m²	447,24	14.519,52	5,8
	Abbrechen	9,19 m²	132,68	1.218,64	0,5
	Wiederherstellen	23,28 m²	151,74	3.532,45	1,4
	Herstellen	9,19 m²	1.063,52	9.768,43	3,9
335	Außenwandbekleidungen außen	26,00 m²	67,00	1.741,99	0,7
	Abbrechen	9,00 m²	19,37	174,30	0,1
	Wiederherstellen	17,00 m²	48,84	830,33	0,3
	Herstellen	9,00 m²	81,93	737,34	0,3
336	Außenwandbekleidungen innen	195,67 m²	41,71	8.160,43	3,3
	Abbrechen	90,00 m²	13,74	1.236,75	0,5
	Wiederherstellen	29,28 m²	44,33	1.298,00	0,5
	Herstellen	166,39 m²	33,81	5.625,67	2,3
337	Elementierte Außenwände	–	–	–	–
338	Sonnenschutz	17,04 m²	315,12	5.369,70	2,2
	Wiederherstellen	17,04 m²	315,12	5.369,70	2,2
339	Außenwände, sonstiges	228,14 m²	0,83	189,44	0,1
	Wiederherstellen	52,56 m²	3,60	189,44	0,1
340	**Innenwände**	255,98 m² IWF	178,03	45.573,23	18,3
341	Tragende Innenwände	–	–	–	–
342	Nichttragende Innenwände	27,93 m²	202,84	5.665,70	2,3
	Abbrechen	30,32 m²	52,41	1.589,10	0,6
	Wiederherstellen	11,00 m²	87,17	958,84	0,4
	Herstellen	16,93 m²	184,13	3.117,76	1,2
343	Innenstützen	–	–	–	–
344	Innentüren und -fenster	36,33 m²	490,83	17.832,39	7,1
	Wiederherstellen	30,30 m²	499,41	15.132,17	6,1
	Herstellen	6,03 m²	447,72	2.700,23	1,1

6100-1105 Reihenendhaus Denkmalschutz

Modernisierung

KG	Kostengruppe	Menge Einheit	€/Einheit	Kosten €	% 300+400
345	Innenwandbekleidungen	439,30 m²	48,65	21.373,52	8,6
	Abbrechen	194,93 m²	10,05	1.959,89	0,8
	Wiederherstellen	18,01 m²	107,85	1.942,35	0,8
	Herstellen	421,29 m²	41,47	17.471,28	7,0
346	Elementierte Innenwände	–	–	–	–
349	Innenwände, sonstiges	255,98 m²	2,74	701,60	0,3
	Abbrechen	97,47 m²	0,66	64,34	< 0,1
	Wiederherstellen	39,30 m²	7,22	283,60	0,1
	Herstellen	216,68 m²	1,63	353,66	0,1
350	**Decken**	**206,89 m² DEF**	**212,36**	**43.934,34**	**17,6**
351	Deckenkonstruktionen	–	–	–	–
352	Deckenbeläge	190,23 m²	175,45	33.376,29	13,4
	Abbrechen	203,00 m²	18,55	3.765,12	1,5
	Wiederherstellen	70,21 m²	135,30	9.499,76	3,8
	Herstellen	120,02 m²	167,57	20.111,40	8,1
353	Deckenbekleidungen	188,88 m²	42,59	8.043,52	3,2
	Abbrechen	42,00 m²	31,06	1.304,64	0,5
	Wiederherstellen	52,20 m²	28,52	1.488,50	0,6
	Herstellen	136,68 m²	38,41	5.250,39	2,1
359	Decken, sonstiges	206,89 m²	12,15	2.514,53	1,0
	Wiederherstellen	70,21 m²	2,07	145,51	0,1
	Herstellen	136,68 m²	17,33	2.369,03	0,9
360	**Dächer**	**141,84 m² DAF**	**382,21**	**54.213,00**	**21,7**
361	Dachkonstruktionen	138,50 m²	60,80	8.421,37	3,4
	Abbrechen	80,80 m²	15,82	1.278,26	0,5
	Herstellen	138,50 m²	51,57	7.143,11	2,9
362	Dachfenster, Dachöffnungen	3,34 m²	928,86	3.102,39	1,2
	Abbrechen	0,50 m²	56,15	28,08	< 0,1
	Herstellen	3,34 m²	920,46	3.074,33	1,2
363	Dachbeläge	138,50 m²	192,71	26.690,69	10,7
	Abbrechen	138,50 m²	46,41	6.427,56	2,6
	Wiederherstellen	138,50 m²	16,72	2.315,61	0,9
	Herstellen	138,50 m²	129,58	17.947,51	7,2
364	Dachbekleidungen	102,95 m²	148,93	15.331,92	6,1
	Abbrechen	5,50 m²	39,30	216,13	0,1
	Wiederherstellen	–	–	1.661,47	0,7
	Herstellen	102,95 m²	130,69	13.454,31	5,4
369	Dächer, sonstiges	141,84 m²	4,70	666,64	0,3
370	**Baukonstruktive Einbauten**	**310,00 m² BGF**	**6,78**	**2.102,02**	**0,8**
371	Allgemeine Einbauten	310,00 m² BGF	6,78	2.102,02	0,8
	Wiederherstellen	310,00 m² BGF	3,26	1.010,48	0,4
	Herstellen	310,00 m² BGF	3,52	1.091,54	0,4
372	Besondere Einbauten	–	–	–	–
379	Baukonstruktive Einbauten, sonstiges	–	–	–	–
390	**Sonst. Maßnahmen Baukonstruktionen**	**310,00 m² BGF**	**21,63**	**6.704,38**	**2,7**
391	Baustelleneinrichtung	310,00 m² BGF	2,97	920,66	0,4
392	Gerüste	310,00 m² BGF	10,14	3.143,20	1,3
393	Sicherungsmaßnahmen	–	–	–	–
394	Abbruchmaßnahmen	–	–	–	–
395	Instandsetzungen	–	–	–	–
396	Materialentsorgung	–	–	–	–

© BKI Baukosteninformationszentrum   Kostenstand: 3.Quartal 2015, Bundesdurchschnitt, **inkl. 19% MwSt.**

6100-1105 Reihenendhaus Denkmalschutz

Modernisierung

KG	Kostengruppe	Menge Einheit	€/Einheit	Kosten €	% 300+400
397	Zusätzliche Maßnahmen	310,00 m² BGF	8,52	2.640,52	1,1
398	Provisorische Baukonstruktionen	–	–	–	–
399	Sonst. Maßnahmen für Baukonstruktionen, sonst.	–	–	–	–
400	**Bauwerk - Technische Anlagen**	**310,00 m² BGF**	**182,05**	**56.434,20**	**22,6**
410	**Abwasser-, Wasser-, Gasanlagen**	**310,00 m² BGF**	**59,73**	**18.517,72**	**7,4**
411	Abwasseranlagen	310,00 m² BGF	19,94	6.180,29	2,5
	Abbrechen	310,00 m² BGF	0,24	75,78	< 0,1
	Wiederherstellen	310,00 m² BGF	2,76	854,06	0,3
	Herstellen	310,00 m² BGF	16,94	5.250,46	2,1
412	Wasseranlagen	310,00 m² BGF	33,11	10.262,92	4,1
	Abbrechen	310,00 m² BGF	0,95	293,04	0,1
	Wiederherstellen	310,00 m² BGF	0,28	86,74	< 0,1
	Herstellen	310,00 m² BGF	31,88	9.883,14	4,0
413	Gasanlagen	310,00 m² BGF	1,16	361,03	0,1
419	Abwasser-, Wasser-, Gasanlagen, sonstiges	310,00 m² BGF	5,53	1.713,49	0,7
420	**Wärmeversorgungsanlagen**	**310,00 m² BGF**	**61,44**	**19.046,44**	**7,6**
421	Wärmeerzeugungsanlagen	310,00 m² BGF	25,35	7.857,29	3,1
	Abbrechen	310,00 m² BGF	2,63	815,12	0,3
	Herstellen	310,00 m² BGF	22,72	7.042,17	2,8
422	Wärmeverteilnetze	310,00 m² BGF	12,25	3.797,84	1,5
423	Raumheizflächen	310,00 m² BGF	20,45	6.338,73	2,5
	Abbrechen	310,00 m² BGF	0,71	220,06	0,1
	Wiederherstellen	310,00 m² BGF	5,62	1.741,17	0,7
	Herstellen	310,00 m² BGF	14,12	4.377,50	1,8
429	Wärmeversorgungsanlagen, sonstiges	310,00 m² BGF	3,40	1.052,58	0,4
	Wiederherstellen	310,00 m² BGF	0,16	50,52	< 0,1
	Herstellen	310,00 m² BGF	3,23	1.002,06	0,4
430	**Lufttechnische Anlagen**	–	–	–	–
440	**Starkstromanlagen**	**310,00 m² BGF**	**50,70**	**15.716,53**	**6,3**
441	Hoch- und Mittelspannungsanlagen	–	–	–	–
442	Eigenstromversorgungsanlagen	–	–	–	–
443	Niederspannungsschaltanlagen	–	–	–	–
444	Niederspannungsinstallationsanlagen	310,00 m² BGF	42,50	13.174,68	5,3
	Wiederherstellen	310,00 m² BGF	0,58	180,43	0,1
	Herstellen	310,00 m² BGF	41,92	12.994,25	5,2
445	Beleuchtungsanlagen	310,00 m² BGF	8,14	2.522,94	1,0
	Wiederherstellen	310,00 m² BGF	0,33	101,04	< 0,1
	Herstellen	310,00 m² BGF	7,81	2.421,90	1,0
446	Blitzschutz- und Erdungsanlagen	310,00 m² BGF	< 0,1	18,93	< 0,1
449	Starkstromanlagen, sonstiges	–	–	–	–
450	**Fernm.- und informationstechn. Anlagen**	**310,00 m² BGF**	**10,17**	**3.153,49**	**1,3**
451	Telekommunikationsanlagen	310,00 m² BGF	< 0,1	12,59	< 0,1
452	Such- und Signalanlagen	310,00 m² BGF	2,35	729,51	0,3
	Wiederherstellen	310,00 m² BGF	0,66	203,89	0,1
	Herstellen	310,00 m² BGF	1,70	525,62	0,2
453	Zeitdienstanlagen	–	–	–	–
454	Elektroakustische Anlagen	–	–	–	–
455	Fernseh- und Antennenanlagen	310,00 m² BGF	7,78	2.411,40	1,0
	Abbrechen	310,00 m² BGF	< 0,1	16,84	< 0,1
	Herstellen	310,00 m² BGF	7,72	2.394,56	1,0

© BKI Baukosteninformationszentrum   Kostenstand: 3.Quartal 2015, Bundesdurchschnitt, inkl. 19% MwSt.

KG	Kostengruppe	Menge Einheit	€/Einheit	Kosten €	% 300+400
456	Gefahrenmelde- und Alarmanlagen	–	–	–	–
457	Übertragungsnetze	–	–	–	–
459	Fernmelde- und informationstechn. Anl., sonst.	–	–	–	–
460	**Förderanlagen**	–	–	–	–
470	**Nutzungsspezifische Anlagen**	–	–	–	–
480	**Gebäudeautomation**	–	–	–	–
490	**Sonst. Maßnahmen für Techn. Anlagen**	–	–	–	–

6100-1105
Reihenendhaus
Denkmalschutz

Modernisierung

6100-1105
Reihenendhaus
Denkmalschutz

Modernisierung

Kostenkennwerte für Leistungsbereiche nach StLB (Kosten des Bauwerks nach DIN 276)

LB	Leistungsbereiche	Kosten €	€/m² BGF	€/m³ BRI	% an 3+4
000	Sicherheits-, Baustelleneinrichtungen inkl. 001	4.232	13,70	4,80	1,7
002	Erdarbeiten	–	–	–	–
006	Spezialtiefbauarbeiten inkl. 005	–	–	–	–
009	Entwässerungskanalarbeiten inkl. 011	1.169	3,80	1,30	0,5
010	Dränarbeiten	–	–	–	–
012	Mauerarbeiten	1.914	6,20	2,20	0,8
013	Betonarbeiten	–	–	–	–
014	Natur-, Betonwerksteinarbeiten	2.348	7,60	2,70	0,9
016	Zimmer- und Holzbauarbeiten	15.859	51,20	18,00	6,4
017	Stahlbauarbeiten	943	3,00	1,10	0,4
018	Abdichtungsarbeiten	–	–	–	–
020	Dachdeckungsarbeiten	14.626	47,20	16,60	5,9
021	Dachabdichtungsarbeiten	–	–	–	–
022	Klempnerarbeiten	7.006	22,60	8,00	2,8
	Rohbau	**48.097**	**155,20**	**54,60**	**19,3**
023	Putz- und Stuckarbeiten, Wärmedämmsysteme	1.170	3,80	1,30	0,5
024	Fliesen- und Plattenarbeiten	14.369	46,40	16,30	5,8
025	Estricharbeiten	194	0,62	0,22	0,1
026	Fenster, Außentüren inkl. 029, 032	12.133	39,10	13,80	4,9
027	Tischlerarbeiten	12.911	41,60	14,70	5,2
028	Parkett-, Holzpflasterarbeiten	19.551	63,10	22,20	7,8
030	Rollladenarbeiten	1.864	6,00	2,10	0,7
031	Metallbauarbeiten inkl. 035	2.769	8,90	3,10	1,1
034	Maler- und Lackiererarbeiten inkl. 037	39.150	126,30	44,40	15,7
036	Bodenbelagsarbeiten	–	–	–	–
038	Vorgehängte hinterlüftete Fassaden	–	–	–	–
039	Trockenbauarbeiten	20.663	66,70	23,40	8,3
	Ausbau	**124.774**	**402,50**	**141,60**	**50,0**
040	Wärmeversorgungsanlagen, inkl. 041	17.564	56,70	19,90	7,0
042	Gas- und Wasseranlagen, Leitungen inkl. 043	1.979	6,40	2,20	0,8
044	Abwasseranlagen - Leitungen	3.080	9,90	3,50	1,2
045	Gas, Wasser, Entwässerung - Ausstattung inkl. 046	10.240	33,00	11,60	4,1
047	Dämmarbeiten an technischen Anlagen	–	–	–	–
049	Feuerlöschanlagen, Feuerlöschgeräte	–	–	–	–
050	Blitzschutz- und Erdungsanlagen	19	< 0,1	< 0,1	–
052	Mittelspannungsanlagen	–	–	–	–
053	Niederspannungsanlagen inkl. 054	13.381	43,20	15,20	5,4
055	Ersatzstromversorgungsanlagen	–	–	–	–
057	Gebäudesystemtechnik	–	–	–	–
058	Leuchten und Lampen, inkl. 059	2.422	7,80	2,70	1,0
060	Elektroakustische Anlagen	212	0,69	0,24	0,1
061	Kommunikationsnetze, inkl. 063	2.924	9,40	3,30	1,2
069	Aufzüge	–	–	–	–
070	Gebäudeautomation	–	–	–	–
075	Raumlufttechnische Anlagen	–	–	–	–
	Gebäudetechnik	**51.822**	**167,20**	**58,80**	**20,8**
084	Abbruch- und Rückbauarbeiten	24.080	77,70	27,30	9,6
	Sonstige Leistungsbereiche inkl. 008, 033, 051	**876**	**2,80**	**0,99**	**0,4**

© BKI Baukosteninformationszentrum   Kostenstand: 3.Quartal 2015, Bundesdurchschnitt, **inkl. 19% MwSt.**

Objekte

6100-1195
Mehrfamilienhaus
Dachgeschoss

Objektübersicht

Umbau

BRI 574 €/m³   **BGF** 1.790 €/m²   **NF** 2.162 €/m²   **NE** 2.583 €/NE
m² Wohnfläche

Objekt:
Kennwerte: 3.Ebene DIN 276
BRI: 506m³
BGF: 162m²
NF: 134m²
Bauzeit: 26 Wochen
Bauende: 2014
Standard: über Durchschnitt
Kreis: Mainz,
Rheinland-Pfalz

Architekt:
archikult
Martin Riker
Layenhofstraße 17a
55126 Mainz

Bauherr:
Frau Dr. rer. nat. Julia Gentz
55131 Mainz

vorher

nachher

Zeichnungen

6100-1195
Mehrfamilienhaus
Dachgeschoss

Umbau

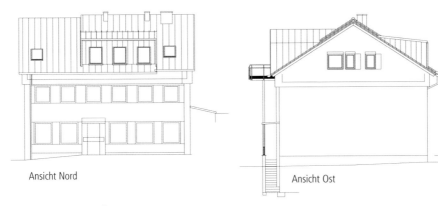

Ansicht Nord

Ansicht Ost

Dachgeschoss

Schnitt A-A

Schnitt B-B

Ansicht Süd

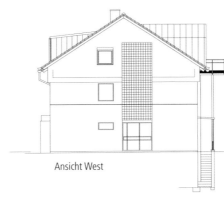

Ansicht West

6100-1195
Mehrfamilienhaus
Dachgeschoss

Umbau

Objektbeschreibung

Allgemeine Objektinformationen

Die ehemalige Arztpraxis im Dachgeschoss eines Mehrparteienhauses sollte für die Inhaberin der Apotheke im Erdgeschoss zu Wohnraum für sich und Ihre Familie umgebaut werden. Der bestehende Grundriss wurde komplett erneuert, eine energetische Sanierung nach KfW-Vorgaben für Einzelmaßnahmen wurde realisiert.

Nutzung

1 Dachgeschoss
Wohnen

Nutzeinheiten

Wohneinheiten: 1
Wohnfläche: 112m^2

Grundstück

Bauraum: Freier Bauraum
Neigung: Ebenes Gelände

Markt

Hauptvergabezeit: 1.Quartal 2014
Baubeginn: 1.Quartal 2014
Bauende: 3.Quartal 2014
Konjunkturelle Gesamtlage: über Durchschnitt
Regionaler Baumarkt: Durchschnitt

Baubestand

Baujahr: 1963
Bauzustand: mittel
Aufwand: hoch
Grundrissänderungen: umfangreiche
Tragwerkseingriffe: einige
Nutzungsänderung: ja
Nutzung während der Bauzeit: ja

Baukonstruktion

Der Dachstuhl aus Holz wurde belassen, jedoch verstärkt. Die neuen Gauben inklusive deren Trennwände wurden der Konstruktion angepasst und sind in Holzbauweise hergestellt. Die restlichen nichttragenden Trennwände wurden in Leichtbauweise errichtet.

Technische Anlagen

Die bestehende Öl-Heizungsanlage, die alle Wohneinheiten im Haus mit Wärme versorgt, wurde im Zuge der Umbaumaßnahme erneuert. Die Kosten sind in dieser Dokumentation nicht enthalten. Enthalten sind die Kosten für die Erneuerung der zur Wohnung gehörenden Heizungsrohre und Heizkörper. Elektro- und Sanitärinstallationen wurden ebenfalls erneuert bzw. erweitert. Es kamen dezentrale Lüftungsgeräte zur Ausführung. Außerdem wurde ein hochwertiges Heimkino-System eingebaut.

Sonstiges

Zur Erweiterung des Wohnraums wurde ein großer Balkon an die gartenseitige Gaube angeschlossen. Wegen Fluglärm wurde ein erhöhter Schallschutz für alle Bauteile gewählt. Das Lüftungskonzept besteht aus gesteuerten Abluftventilen in den Nassräumen und schallgedämmten Zulüftern in den Wänden.

6100-1195
Mehrfamilienhaus
Dachgeschoss

Umbau

Planungskennwerte für Flächen und Rauminhalte nach DIN 277

	Flächen des Grundstücks	Menge, Einheit		% an FBG
BF	Bebaute Fläche	154,03 m²		22,2
UBF	Unbebaute Fläche	538,51 m²		77,8
FBG	Fläche des Baugrundstücks	692,54 m²		100,0

	Grundflächen des Bauwerks	Menge, Einheit	% an NF	% an BGF
NF	Nutzfläche	134,35 m²	100,0	82,8
TF	Technische Funktionsfläche	– m²	–	–
VF	Verkehrsfläche	10,20 m²	7,6	6,3
NGF	Netto-Grundfläche	144,55 m²	107,6	89,1
KGF	Konstruktions-Grundfläche	17,68 m²	13,2	10,9
BGF	Brutto-Grundfläche	162,23 m²	120,8	100,0

	Brutto-Rauminhalt des Bauwerks	Menge, Einheit	BRI/NF (m)	BRI/BGF (m)
BRI	Brutto-Rauminhalt	505,90 m³	3,77	3,12

Lufttechnisch behandelte Flächen	Menge, Einheit	% an NF	% an BGF
Entlüftete Fläche	– m²	–	–
Be- und entlüftete Fläche	– m²	–	–
Teilklimatisierte Fläche	– m²	–	–
Klimatisierte Fläche	– m²	–	–

KG	Kostengruppen (2.Ebene)	Menge, Einheit		Menge/NF	Menge/BGF
310	Baugrube	– m³	BGI	–	–
320	Gründung	– m²	GRF	–	–
330	Außenwände	61,71 m²	AWF	0,46	0,38
340	Innenwände	122,13 m²	IWF	0,91	0,75
350	Decken	130,06 m²	DEF	0,97	0,80
360	Dächer	272,22 m²	DAF	2,03	1,68

Kostenkennwerte für die Kostengruppen der 1.Ebene DIN 276

KG	Kostengruppen (1.Ebene)	Einheit	Kosten €	€/Einheit	€/m² BGF	€/m³ BRI	% 300+400
100	Grundstück	m² FBG	–	–	–	–	–
200	Herrichten und Erschließen	m² FBG	–	–	–	–	–
300	Bauwerk - Baukonstruktionen	m² BGF	221.445	1.365,01	1.365,01	437,72	76,2
400	Bauwerk - Technische Anlagen	m² BGF	69.020	425,45	425,45	136,43	23,8
	Bauwerk 300+400	**m² BGF**	**290.465**	**1.790,45**	**1.790,45**	**574,16**	**100,0**
500	Außenanlagen	m² AUF	–	–	–	–	–
600	Ausstattung und Kunstwerke	m² BGF	7.222	44,51	44,51	14,27	2,5
700	Baunebenkosten	m² BGF	–	–	–	–	–

© BKI Baukosteninformationszentrum — Kostenstand: 3.Quartal 2015, Bundesdurchschnitt, inkl. 19% MwSt.

6100-1195
Mehrfamilienhaus
Dachgeschoss

Umbau

Kostenkennwerte für die Kostengruppen der 1.Ebene DIN 276

KG	Kostengruppe	Menge Einheit	Kosten €	€/Einheit	%
3+4	**Bauwerk**				100,0
300	**Bauwerk - Baukonstruktionen**	162,23 m² BGF	221.445	**1.365,01**	76,2

- Abbrechen (Kosten: 7,7%)   16.972
  Abbruch von Mauerwerk, Holzfenstern; Leichtbauwänden, Holztüren, Tapete, Wandfliesen, Putz; Estrich; Holzwolle-Leichtbauplatten, Dachfenster, Dachdeckung, Dachrinnen, Bohlenbelag, Glaswolle zwischen Deckenbalken, Stahl-Überdachung der Kelleraußentreppe; Entsorgung, Deponiegebühren

- Wiederherstellen (Kosten: 0,6%)   1.384
  Fugen im Estrich verharzen; Beschichtung von Dachschalung und Sparren überarbeiten

- Herstellen (Kosten: 91,7%)   203.089
  KS-Mauerwerk, Holzfenster, Hebeschiebetür, Trockenputz, Anstrich, Wandfliesen, Rollläden; Holzständerwände, GK-Wände, Holztüren, Gipsputz; Stahlbalkon, Holzdielenbelag, Estrich, Bodenfliesen; Dachgauben, Sparrenaufdopplung, Dämmung, Dachfenster, Dachdeckung, Stehfalzdeckung, GK-Decke, Einschubtreppe; Einbauküche, Kleiderschränke

400	**Bauwerk - Technische Anlagen**	162,23 m² BGF	69.020	**425,45**	23,8

- Abbrechen (Kosten: 0,8%)   557
  Abbruch von Fallrohren, Sanitärelementen; Heizungsrohren, Heizkörpern, Teil-Schornstein; Entsorgung, Deponiegebühren

- Herstellen (Kosten: 99,2%)   68.463
  Dachgeschossentwässerung, Kalt- und Warmwasserleitungen, Sanitärobjekte; Heizungsrohre, Heizkörper, Schornstein; dezentrale Abluftgeräte; Elektroinstallation; Telefonanschluss, Heimkino-System, Rauchmelder, EDV-Verkabelung; Einbauherd

600	**Ausstattung und Kunstwerke**	162,23 m² BGF	7.222	**44,51**	2,5

- Herstellen (Kosten: 100,0%)   7.222
  Duschtüren, Sanitärausstattung

Kostenkennwerte für die Kostengruppen der 2.Ebene DIN 276

6100-1195
Mehrfamilienhaus
Dachgeschoss

Umbau

KG	Kostengruppe	Menge Einheit	Kosten €	€/Einheit	%
300	**Bauwerk - Baukonstruktionen**				100,0
330	**Außenwände**	61,71 m² AWF	20.827	**337,52**	9,4

- Abbrechen (Kosten: 2,9%) — 603
  Abbruch von Mauerwerk der Gaubenbrüstungen (3m²) * Holzfenstern (5m²), Fensterbänken außen, Alu (6m), innen, Holz, mit Heizkörperverblendungen (10m); Entsorgung, Deponiegebühren

- Herstellen (Kosten: 97,1%) — 20.224
  KS-Mauerwerk, d=30cm, zum Schließen von Fensteröffnungen (1m²) * Holzfenster, Dreifachverglasung (10m²), Holz-Glaselement als Hebeschiebetür (9m²) * GK-Trockenputz (24m²), GK-Vorsatzschalen (16m²), Malervlies, Silikatanstrich (40m²), Wandfliesen (3m²) * Rollladen-Vorbauelemente, Motorantrieb (18m²)

KG	Kostengruppe	Menge Einheit	Kosten €	€/Einheit	%
340	**Innenwände**	122,13 m² IWF	33.787	**276,65**	15,3

- Abbrechen (Kosten: 14,9%) — 5.051
  Abbruch von Mauerwerk für Türöffnung (2m²) * Mauerwerk, d=11,5cm (104m²), Leichtbauwänden, d=12,5 (41m²) * Holztüren mit Stahlzargen (20m²) * Wandbekleidungen (67m²), Tapeten (36m²), Wandfliesen (12m²), Putz (14m²); Entsorgung, Deponiegebühren

- Herstellen (Kosten: 85,1%) — 28.736
  Holzständerwände, d=100mm, GF-Bekleidung (19m²), Abfangkonstruktion Mittelpfetten (psch) * GK-Wände F30, d=12,5cm (44m²), d=17,5cm (9m²), KS-Mauerwerk, d=17,5cm (4m²) * Holztüren (8m²), Ganzglastür (2m²), Holz-Schiebetür (2m²), Brandschutztüren T30 (4m²) * GK-Trockenputz (82m²), GK-Vorsatzschalen (6m²), Malervlies, Silikatanstrich (185m²), Wandfliesen (27m²), Gipsputz (14m²)

KG	Kostengruppe	Menge Einheit	Kosten €	€/Einheit	%
350	**Decken**	130,06 m² DEF	27.945	**214,86**	12,6

- Abbrechen (Kosten: 1,2%) — 347
  Abbruch von Betonüberständen an Decke (4m) * Silikatestrich (7m²); Entsorgung, Deponiegebühren

- Wiederherstellen (Kosten: 2,8%) — 795
  Fugen im Estrich einschneiden oder verbreitern,
  Estrichklammern einbauen und verharzen (36m)

- Herstellen (Kosten: 95,9%) — 26.803
  Stahlkonstruktion für Balkon mit Haupt- und Längsträgern, Nebenträgern, Stützen, Balkonboden-Flachpressplatte (10m²) * Holzdielenbelag (95m²), Trittschalldämmung, Zementestrich, d=40mm, Entkopplungsplatte, Bodenfliesen (18m²), Abdichtung, Bodenfliesen (7m²), Balkon-Austrittstufen, zwei Steigungen (1St) * Balkongeländer, Edelstahl-Rundrohrpfosten, Füllungen aus Rechteck-Rohrrahmen mit Aluwelle und VSG (9m²)

© **BKI** Baukosteninformationszentrum — Kostenstand: 3.Quartal 2015, Bundesdurchschnitt, **inkl. 19% MwSt.**

6100-1195
Mehrfamilienhaus
Dachgeschoss

Umbau

KG	Kostengruppe	Menge Einheit	Kosten €	€/Einheit	%
360	**Dächer**	272,22 m² DAF	101.967	**374,58**	46,0

- Abbrechen (Kosten: 7,2%) — 7.307
Abbruch von Holzwolle-Leichtbauplatten, d=50mm (119m²) * Dachflächenfenster (0,5m²) * Dacheindeckung (219m²), Dachrinnen (29m) * Bohlenbelag, Glaswolle zwischen Deckenbalken (58m²), Innenputz (52m²), Tapeten (30m²) * Überdachung der Kelleraußentreppe, Stahlkonstruktion (13m); Entsorgung, Deponiegebühren

- Wiederherstellen (Kosten: 0,6%) — 589
Beschichtung auf Schalung von Dachüberständen reinigen, nicht tragfähige Stellen entfernen, Altanstrich anschleifen, beschichten (18m²), Beschichtung Sparren überarbeiten (16m)

- Herstellen (Kosten: 92,3%) — 94.072
Holzkonstruktion für Dachgauben (2St), Sparrenaufdopplung (244m), Zwischensparrendämmung, d=120-200mm (236m²) * Dachfenster, Elektrorollladen (3St), Jalousette (1St) * Dachdeckung (228m²), Holzfaserdämmung, d=120mm (151m²), Stehfalzdeckung (36m²), Trauf- und Ortgangblenden (63m), Hängedachrinne (28m) * Holzfaserdämmung, d=100mm (92m²), GF-Bekleidung (86m²), GK-Decke F30 (76m²), GK-Trockenputz (62m²), Silikatanstrich (166m²), OSB-Schalung, Dämmung (58m²) * Schneefangstützen (22m), Laufroste (6St), Einschubtreppe (1St)

370	**Baukonstruktive Einbauten**	162,23 m² BGF	22.806	**140,58**	10,3

- Herstellen (Kosten: 100,0%) — 22.806
Einbauküche, Korpus Dreischichtplatte, Fronten Stäbchenplatte, Eiche furniert, Arbeitsplatte HPL, Griffe Edelstahl (1St), Kleiderschrank, fünf Drehtüren (1St), drei Drehtüren (1St)

390	**Sonstige Baukonstruktionen**	162,23 m² BGF	14.113	**86,99**	6,4

- Abbrechen (Kosten: 26,0%) — 3.665
Abbruch von Dachgauben mit tragenden Holzkonstruktionen, Bekleidungen, Dachanschlüssen, sonstigen Bauteilen, bxh 5,20x2,24m und 4,87x2,22m (2St); Entsorgung, Deponiegebühren

- Herstellen (Kosten: 74,0%) — 10.448
Baustelleneinrichtung (1St), Baustellen-WC (1St), Container (1St), Baustrom * Fassadengerüst (326m²) * Ersatzfliesen (2m²)

400	**Bauwerk - Technische Anlagen**				100,0
410	**Abwasser-, Wasser-, Gasanlagen**	162,23 m² BGF	26.354	**162,45**	38,2

- Abbrechen (Kosten: 0,4%) — 105
Abbruch von Fallrohren (13m) * Sanitärelementen mit Leitungen (8St); Entsorgung, Deponiegebühren

- Herstellen (Kosten: 99,6%) — 26.249
HT-Rohre DN50-100 (50m), Kunststoff-Schallschutzrohre DN56-90 (5m), Fallrohre DN100 (19m) * Metallverbundrohre DN16-26, Rohrdämmung (141m), Schrägsitzventile (4St), Regulierventile (2St), Waschtische (2St), Tiefspül-WCs (2St), Duschwannen (2St), Badewanne (1St) * Montageelemente (5St)

KG	Kostengruppe	Menge Einheit	Kosten €	€/Einheit	%
420	**Wärmeversorgungsanlagen**	162,23 m² BGF	15.513	**95,62**	22,5

- Abbrechen (Kosten: 2,9%) 452
  Abbruch von Heizungsrohren (36m) * Stahlrippenheizkörpern (11St) * Teil-Schornstein (psch); Entsorgung, Deponiegebühren

- Herstellen (Kosten: 97,1%) 15.061
  C-Stahl-Rohre DN15-28, verzinkt, Rohrdämmung (51m) * Plan-Ventilheizkörper (6St), Flachheizkörper (2St), Badheizkörper (1St) * Schornstein DN125 für Kaminofen, h=5,30m (1St)

KG	Kostengruppe	Menge Einheit	Kosten €	€/Einheit	%
430	**Lufttechnische Anlagen**	162,23 m² BGF	6.029	**37,16**	8,7

- Herstellen (Kosten: 100,0%) 6.029
  Dezentrale Abluftgeräte, Wandeinbau (3St), Wickelfalzrohre (11m), Alu-Flexrohr (1m)

KG	Kostengruppe	Menge Einheit	Kosten €	€/Einheit	%
440	**Starkstromanlagen**	162,23 m² BGF	6.524	**40,21**	9,5

- Herstellen (Kosten: 100,0%) 6.524
  Unterverteilung, komplett bestückt (1St), Steckdosen (77St), Geräteanschlussdose (1St), Ausschaltungen (8St), Wechselschaltungen (6St), Kreuzschaltungen (3St), Serienschaltung (1St), Mantelleitungen NYM * Erweiterung des bestehenden Potenzialausgleichs

KG	Kostengruppe	Menge Einheit	Kosten €	€/Einheit	%
450	**Fernmelde-, informationstechn. Anlagen**	162,23 m² BGF	10.721	**66,09**	15,5

- Herstellen (Kosten: 100,0%) 10.721
  TAE-Anschlussdose (1St), Telefonleitung * Heimkino-System mit Leinwand, Spiegelprojektionssystem, Lautsprechern, Subwoofer, Receiver, HDMI-Kabel (10m), Lautsprecherkabel (106m) * Rauchmelder (5St) * Netzwerkdose (1St), Datendosen (10St), Datenleitungen

KG	Kostengruppe	Menge Einheit	Kosten €	€/Einheit	%
470	**Nutzungsspezifische Anlagen**	162,23 m² BGF	3.879	**23,91**	5,6

- Herstellen (Kosten: 100,0%) 3.879
  Einbaubackofen (1St), Kochfeld (1St)

KG	Kostengruppe	Menge Einheit	Kosten €	€/Einheit	%
600	**Ausstattung und Kunstwerke**				**100,0**
610	Ausstattung	162,23 m² BGF	7.222	**44,51**	100,0

- Herstellen (Kosten: 100,0%) 7.222
  Duschtüren, ESG klar (2St), Glasabzieher (2St), Badetuchhalter (2St), Handtuchhalter (2St), Handtuchhaken (4St), Wandspiegel (1St), keramische Ablage (1St), WC-Bürstengarnituren (2St), WC-Papierrollenhalter (2St)

6100-1195
Mehrfamilienhaus
Dachgeschoss

Umbau

6100-1195
Mehrfamilienhaus
Dachgeschoss

Umbau

Kostenkennwerte für die Kostengruppen der 3.Ebene DIN 276 (Übersicht)

KG	Kostengruppe	Menge Einheit	€/Einheit	Kosten €	% 300+400
300	**Bauwerk - Baukonstruktionen**	162,23 m² BGF	1.365,01	221.444,92	76,2
310	Baugrube	–	–	–	–
320	Gründung	–	–	–	–
330	**Außenwände**	61,71 m² AWF	337,52	20.826,79	7,2
331	Tragende Außenwände	1,20 m²	273,94	328,73	0,1
332	Nichttragende Außenwände	–	–	165,82	0,1
	Abbrechen	2,54 m²	65,28	165,82	0,1
333	Außenstützen	–	–	–	–
334	Außentüren und -fenster	19,07 m²	618,81	11.798,15	4,1
	Abbrechen	5,38 m²	81,23	436,78	0,2
	Herstellen	19,07 m²	595,90	11.361,36	3,9
335	Außenwandbekleidungen außen	–	–	–	–
336	Außenwandbekleidungen innen	42,64 m²	55,52	2.367,32	0,8
337	Elementierte Außenwände	–	–	–	–
338	Sonnenschutz	18,11 m²	340,48	6.166,74	2,1
339	Außenwände, sonstiges	–	–	–	–
340	**Innenwände**	122,13 m² IWF	276,65	33.787,09	11,6
341	Tragende Innenwände	18,50 m²	226,58	4.191,71	1,4
	Abbrechen	2,00 m²	143,68	287,35	0,1
	Herstellen	18,50 m²	211,05	3.904,36	1,3
342	Nichttragende Innenwände	57,26 m²	132,52	7.587,84	2,6
	Abbrechen	145,00 m²	21,80	3.161,71	1,1
	Herstellen	57,26 m²	77,30	4.426,14	1,5
343	Innenstützen	–	–	–	–
344	Innentüren und -fenster	16,11 m²	511,74	8.244,68	2,8
	Abbrechen	20,00 m²	9,77	195,40	0,1
	Herstellen	16,11 m²	499,61	8.049,28	2,8
345	Innenwandbekleidungen	212,04 m²	64,91	13.762,84	4,7
	Abbrechen	128,60 m²	10,94	1.406,47	0,5
	Herstellen	212,04 m²	58,27	12.356,38	4,3
346	Elementierte Innenwände	–	–	–	–
349	Innenwände, sonstiges	–	–	–	–
350	**Decken**	130,06 m² DEF	214,86	27.944,78	9,6
351	Deckenkonstruktionen	10,29 m²	732,69	7.539,41	2,6
	Abbrechen	–	–	168,12	0,1
	Herstellen	10,29 m²	716,35	7.371,29	2,5
352	Deckenbeläge	119,77 m²	134,44	16.101,63	5,5
	Abbrechen	6,77 m²	26,37	178,56	0,1
	Wiederherstellen	119,77 m²	6,64	795,19	0,3
	Herstellen	119,77 m²	126,31	15.127,89	5,2
353	Deckenbekleidungen	–	–	–	–
359	Decken, sonstiges	130,06 m²	33,09	4.303,73	1,5
360	**Dächer**	272,22 m² DAF	374,58	101.967,19	35,1
361	Dachkonstruktionen	235,50 m²	85,64	20.168,96	6,9
	Abbrechen	119,00 m²	8,07	959,90	0,3
	Herstellen	235,50 m²	81,57	19.209,06	6,6
362	Dachfenster, Dachöffnungen	8,42 m²	1.268,66	10.678,30	3,7
	Abbrechen	0,44 m²	65,32	28,74	< 0,1
	Herstellen	8,42 m²	1.265,24	10.649,55	3,7

6100-1195 Mehrfamilienhaus Dachgeschoss

Umbau

KG	Kostengruppe	Menge Einheit	€/Einheit	Kosten €	% 300+400
363	Dachbeläge	263,80 m²	147,70	38.962,01	13,4
	Abbrechen	219,00 m²	14,98	3.281,67	1,1
	Herstellen	263,80 m²	135,26	35.680,36	12,3
364	Dachbekleidungen	276,53 m²	104,37	28.861,86	9,9
	Abbrechen	109,63 m²	19,35	2.121,63	0,7
	Wiederherstellen	17,80 m²	33,06	588,50	0,2
	Herstellen	258,73 m²	101,08	26.151,71	9,0
369	Dächer, sonstiges	272,22 m²	12,11	3.296,07	1,1
	Abbrechen	219,44 m²	4,17	914,90	0,3
	Herstellen	272,22 m²	8,75	2.381,17	0,8
370	**Baukonstruktive Einbauten**	**162,23 m² BGF**	**140,58**	**22.806,02**	**7,9**
371	Allgemeine Einbauten	162,23 m² BGF	140,58	22.806,02	7,9
372	Besondere Einbauten	–	–	–	–
379	Baukonstruktive Einbauten, sonstiges	–	–	–	–
390	**Sonst. Maßnahmen Baukonstruktionen**	**162,23 m² BGF**	**86,99**	**14.113,06**	**4,9**
391	Baustelleneinrichtung	162,23 m² BGF	27,91	4.527,99	1,6
392	Gerüste	162,23 m² BGF	34,83	5.650,68	1,9
393	Sicherungsmaßnahmen	–	–	–	–
394	Abbruchmaßnahmen	162,23 m² BGF	22,59	3.665,33	1,3
	Abbrechen	162,23 m² BGF	22,59	3.665,33	1,3
395	Instandsetzungen	–	–	–	–
396	Materialentsorgung	–	–	–	–
397	Zusätzliche Maßnahmen	162,23 m² BGF	1,66	269,05	0,1
398	Provisorische Baukonstruktionen	–	–	–	–
399	Sonst. Maßnahmen für Baukonstruktionen, sonst.	–	–	–	–
400	**Bauwerk - Technische Anlagen**	**162,23 m² BGF**	**425,45**	**69.020,27**	**23,8**
410	**Abwasser-, Wasser-, Gasanlagen**	**162,23 m² BGF**	**162,45**	**26.354,37**	**9,1**
411	Abwasseranlagen	162,23 m² BGF	29,02	4.707,85	1,6
	Abbrechen	162,23 m² BGF	0,19	31,58	< 0,1
	Herstellen	162,23 m² BGF	28,82	4.676,27	1,6
412	Wasseranlagen	162,23 m² BGF	122,60	19.890,00	6,8
	Abbrechen	162,23 m² BGF	0,45	73,55	< 0,1
	Herstellen	162,23 m² BGF	122,15	19.816,43	6,8
413	Gasanlagen	–	–	–	–
419	Abwasser-, Wasser-, Gasanlagen, sonstiges	162,23 m² BGF	10,83	1.756,51	0,6
420	**Wärmeversorgungsanlagen**	**162,23 m² BGF**	**95,62**	**15.513,14**	**5,3**
421	Wärmeerzeugungsanlagen	–	–	–	–
422	Wärmeverteilnetze	162,23 m² BGF	16,54	2.682,96	0,9
	Abbrechen	162,23 m² BGF	1,02	165,52	0,1
	Herstellen	162,23 m² BGF	15,52	2.517,43	0,9
423	Raumheizflächen	162,23 m² BGF	58,45	9.482,78	3,3
	Abbrechen	162,23 m² BGF	0,70	113,80	< 0,1
	Herstellen	162,23 m² BGF	57,75	9.368,98	3,2
429	Wärmeversorgungsanlagen, sonstiges	162,23 m² BGF	20,63	3.347,40	1,2
	Abbrechen	162,23 m² BGF	1,06	172,41	0,1
	Herstellen	162,23 m² BGF	19,57	3.175,00	1,1

6100-1195
Mehrfamilienhaus
Dachgeschoss

Umbau

KG	Kostengruppe	Menge Einheit	€/Einheit	Kosten €	% 300+400
430	**Lufttechnische Anlagen**	162,23 m² BGF	37,16	6.028,71	2,1
431	Lüftungsanlagen	162,23 m² BGF	37,16	6.028,71	2,1
432	Teilklimaanlagen	–	–	–	–
433	Klimaanlagen	–	–	–	–
434	Kälteanlagen	–	–	–	–
439	Lufttechnische Anlagen, sonstiges	–	–	–	–
440	**Starkstromanlagen**	162,23 m² BGF	40,21	6.523,69	2,2
441	Hoch- und Mittelspannungsanlagen	–	–	–	–
442	Eigenstromversorgungsanlagen	–	–	–	–
443	Niederspannungsschaltanlagen	–	–	–	–
444	Niederspannungsinstallationsanlagen	162,23 m² BGF	40,09	6.504,48	2,2
445	Beleuchtungsanlagen	–	–	–	–
446	Blitzschutz- und Erdungsanlagen	162,23 m² BGF	0,12	19,21	< 0,1
449	Starkstromanlagen, sonstiges	–	–	–	–
450	**Fernm.- und informationstechn. Anlagen**	162,23 m² BGF	66,09	10.721,02	3,7
451	Telekommunikationsanlagen	162,23 m² BGF	0,42	68,18	< 0,1
452	Such- und Signalanlagen	–	–	–	–
453	Zeitdienstanlagen	–	–	–	–
454	Elektroakustische Anlagen	162,23 m² BGF	55,46	8.997,97	3,1
455	Fernseh- und Antennenanlagen	–	–	–	–
456	Gefahrenmelde- und Alarmanlagen	162,23 m² BGF	1,97	319,08	0,1
457	Übertragungsnetze	162,23 m² BGF	8,23	1.335,77	0,5
459	Fernmelde- und informationstechn. Anl., sonst.	–	–	–	–
460	**Förderanlagen**	–	–	–	–
470	**Nutzungsspezifische Anlagen**	162,23 m² BGF	23,91	3.879,36	1,3
471	Küchentechnische Anlagen	162,23 m² BGF	23,91	3.879,36	1,3
472	Wäscherei- und Reinigungsanlagen	–	–	–	–
473	Medienversorgungsanlagen	–	–	–	–
474	Medizin- u. labortechnische Anlagen	–	–	–	–
475	Feuerlöschanlagen	–	–	–	–
476	Badetechnische Anlagen	–	–	–	–
477	Prozesswärme-,-kälte-,-luftanlagen	–	–	–	–
478	Entsorgungsanlagen	–	–	–	–
479	Nutzungsspezifische Anlagen, sonstiges	–	–	–	–
480	**Gebäudeautomation**	–	–	–	–
490	**Sonst. Maßnahmen für Techn. Anlagen**	–	–	–	–

Kostenkennwerte für Leistungsbereiche nach StLB (Kosten des Bauwerks nach DIN 276)

6100-1195
Mehrfamilienhaus
Dachgeschoss

Umbau

LB	Leistungsbereiche	Kosten €	€/m² BGF	€/m³ BRI	% an 3+4
000	Sicherheits-, Baustelleneinrichtungen inkl. 001	10.234	63,10	20,20	3,5
002	Erdarbeiten	–	–	–	–
006	Spezialtiefbauarbeiten inkl. 005	–	–	–	–
009	Entwässerungskanalarbeiten inkl. 011	–	–	–	–
010	Dränarbeiten	–	–	–	–
012	Mauerarbeiten	820	5,10	1,60	0,3
013	Betonarbeiten	–	–	–	–
014	Natur-, Betonwerksteinarbeiten	–	–	–	–
016	Zimmer- und Holzbauarbeiten	18.130	111,80	35,80	6,2
017	Stahlbauarbeiten	–	–	–	–
018	Abdichtungsarbeiten	–	–	–	–
020	Dachdeckungsarbeiten	43.236	266,50	85,50	14,9
021	Dachabdichtungsarbeiten	–	–	–	–
022	Klempnerarbeiten	10.557	65,10	20,90	3,6
	Rohbau	**82.977**	**511,50**	**164,00**	**28,6**
023	Putz- und Stuckarbeiten, Wärmedämmsysteme	1.321	8,10	2,60	0,5
024	Fliesen- und Plattenarbeiten	8.034	49,50	15,90	2,8
025	Estricharbeiten	1.331	8,20	2,60	0,5
026	Fenster, Außentüren inkl. 029, 032	11.522	71,00	22,80	4,0
027	Tischlerarbeiten	35.048	216,00	69,30	12,1
028	Parkett-, Holzpflasterarbeiten	–	–	–	–
030	Rollladenarbeiten	9.241	57,00	18,30	3,2
031	Metallbauarbeiten inkl. 035	11.675	72,00	23,10	4,0
034	Maler- und Lackiererarbeiten inkl. 037	8.023	49,50	15,90	2,8
036	Bodenbelagsarbeiten	10.394	64,10	20,50	3,6
038	Vorgehängte hinterlüftete Fassaden	–	–	–	–
039	Trockenbauarbeiten	29.534	182,10	58,40	10,2
	Ausbau	**126.125**	**777,40**	**249,30**	**43,4**
040	Wärmeversorgungsanlagen, inkl. 041	14.758	91,00	29,20	5,1
042	Gas- und Wasseranlagen, Leitungen inkl. 043	9.784	60,30	19,30	3,4
044	Abwasseranlagen - Leitungen	3.982	24,50	7,90	1,4
045	Gas, Wasser, Entwässerung - Ausstattung inkl. 046	10.240	63,10	20,20	3,5
047	Dämmarbeiten an technischen Anlagen	5.163	31,80	10,20	1,8
049	Feuerlöschanlagen, Feuerlöschgeräte	–	–	–	–
050	Blitzschutz- und Erdungsanlagen	19	0,12	< 0,1	–
052	Mittelspannungsanlagen	–	–	–	–
053	Niederspannungsanlagen inkl. 054	6.504	40,10	12,90	2,2
055	Ersatzstromversorgungsanlagen	–	–	–	–
057	Gebäudesystemtechnik	–	–	–	–
058	Leuchten und Lampen, inkl. 059	–	–	–	–
060	Elektroakustische Anlagen	8.998	55,50	17,80	3,1
061	Kommunikationsnetze, inkl. 063	1.723	10,60	3,40	0,6
069	Aufzüge	–	–	–	–
070	Gebäudeautomation	–	–	–	–
075	Raumlufttechnische Anlagen	2.663	16,40	5,30	0,9
	Gebäudetechnik	**63.834**	**393,50**	**126,20**	**22,0**
084	Abbruch- und Rückbauarbeiten	17.529	108,10	34,60	6,0
	Sonstige Leistungsbereiche inkl. 008, 033, 051	–	–	–	–

© BKI Baukosteninformationszentrum   Kostenstand: 3.Quartal 2015, Bundesdurchschnitt, **inkl. 19% MwSt.**

6100-1197
Maisonettewohnung

Objektübersicht

Modernisierung

 BRI 284 €/m³

 BGF 669 €/m²

 NF 770 €/m²

 NE 651 €/NE
m² Wohnfläche

Objekt:
Kennwerte: 3.Ebene DIN 276
BRI: 252m³
BGF: 107m²
NF: 93m²
Bauzeit: 13 Wochen
Bauende: 2014
Standard: über Durchschnitt
Kreis: Main-Taunus, Hofheim, Hessen

Architekt:
Anne.Mehring
Innenarchitekturbüro
Landwehrstraße 1
64293 Darmstadt

Bauherr:
Richard Gresek
61462 Königstein

vorher   nachher

Zeichnungen

6100-1197
Maisonettewohnung

Modernisierung

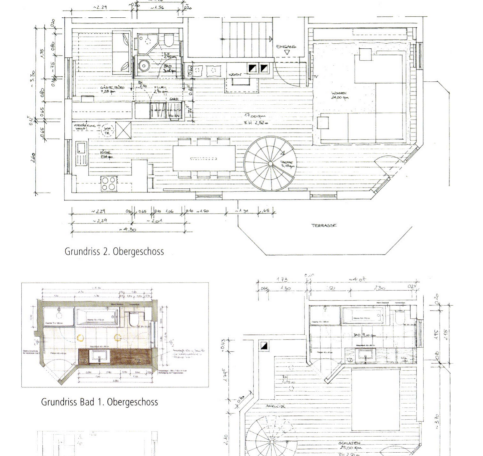

Grundriss 2. Obergeschoss

Grundriss Bad 1. Obergeschoss

Ansicht Dusche, Badewanne

Grundriss 1. Obergeschoss

6100-1197 Maisonettewohnung

Modernisierung

Objektbeschreibung

Allgemeine Objektinformationen

Der Bauherr hat die 100m² große Maisonettewohnung in einem Vierparteienhaus gekauft und plant die Vermietung der Wohnung mit hochwertigem Ausbaustandard. Hierfür wurden umfangreiche Sanierungsmaßnahmen notwendig, da die vorhandene Bausubstanz dem Standard der 80er Jahre entsprach.

Nutzung

2 Obergeschosse
Maisonette im 1. und 2.OG:
Wohnzimmer, Schlafzimmer, Küche, Bäder, Gästezimmer

Nutzeinheiten

Wohneinheiten: 1
Wohnfläche: 110m²

Markt

Hauptvergabezeit: 3.Quartal 2014
Baubeginn: 3.Quartal 2014
Bauende: 4.Quartal 2014
Konjunkturelle Gesamtlage: Durchschnitt
Regionaler Baumarkt: Durchschnitt

Baubestand

Baujahr: 1989
Bauzustand: mittel
Aufwand: hoch
Grundrissänderungen: einige
Tragwerkseingriffe: wenige
Nutzungsänderung: nein
Nutzung während der Bauzeit: nein

Baukonstruktion

Die Bäder und auch die Küche wurden entkernt und neu gestaltet. Alle Wände, Decken und Bodenbeläge der gesamten Wohnung wurden kernsaniert. Durch den Abbruch einiger nichttragender Wände und die Neuorganisation mit Trockenbauwänden und Glas-Schiebetüren konnte das Gästebad vergrößert und ein separater Gästebereich geschaffen werden. Auch das Hauptbad wurde komplett modernisiert und mit einer großen begehbaren Dusche sowie Badewanne ausgestattet. Das bestehende Fertigparkett wurde entfernt und durch einen handgehobelten, geölten Dielenboden ersetzt. Alle Wände und Decken wurden mit feinem Malervlies und Anstrich versehen. Abschließend wurde eine neue Küche eingebaut.

Technische Anlagen

Der vorhandene Kamin mitsamt seiner Funktion wurde erhalten, er wurde aber äußerlich umgestaltet. Die Ziegel des Kamins wurden mit feuerfesten Trockenbauplatten verblendet und teilweise verputzt. Eine Sitzbank mit einer Natursteinauflage wurde ergänzt.

6100-1197
Maisonettewohnung

Modernisierung

Planungskennwerte für Flächen und Rauminhalte nach DIN 277

Flächen des Grundstücks		Menge, Einheit	% an FBG
BF	Bebaute Fläche	– m²	–
UBF	Unbebaute Fläche	– m²	–
FBG	Fläche des Baugrundstücks	– m²	–

Grundflächen des Bauwerks		Menge, Einheit	% an NF	% an BGF
NF	Nutzfläche	92,90 m²	100,0	86,8
TF	Technische Funktionsfläche	– m²	–	–
VF	Verkehrsfläche	6,05 m²	6,5	5,7
NGF	Netto-Grundfläche	98,95 m²	106,5	92,5
KGF	Konstruktions-Grundfläche	8,05 m²	8,7	7,5
BGF	Brutto-Grundfläche	107,00 m²	115,2	100,0

Brutto-Rauminhalt des Bauwerks		Menge, Einheit	BRI/NF (m)	BRI/BGF (m)
BRI	Brutto-Rauminhalt	252,00 m³	2,71	2,36

Lufttechnisch behandelte Flächen	Menge, Einheit	% an NF	% an BGF
Entlüftete Fläche	– m²	–	–
Be- und entlüftete Fläche	– m²	–	–
Teilklimatisierte Fläche	– m²	–	–
Klimatisierte Fläche	– m²	–	–

KG	Kostengruppen (2.Ebene)	Menge, Einheit		Menge/NF	Menge/BGF
310	Baugrube	– m³	BGI	–	–
320	Gründung	– m²	GRF	–	–
330	Außenwände	68,57 m²	AWF	0,74	0,64
340	Innenwände	90,03 m²	IWF	0,97	0,84
350	Decken	101,22 m²	DEF	1,09	0,95
360	Dächer	– m²	DAF	–	–

Kostenkennwerte für die Kostengruppen der 1.Ebene DIN 276

KG	Kostengruppen (1.Ebene)	Einheit	Kosten €	€/Einheit	€/m² BGF	€/m³ BRI	% 300+400
100	Grundstück	m² FBG	–	–	–	–	–
200	Herrichten und Erschließen	m² FBG	–	–	–	–	–
300	Bauwerk - Baukonstruktionen	m² BGF	50.228	469,42	469,42	199,32	70,2
400	Bauwerk - Technische Anlagen	m² BGF	21.333	199,37	199,37	84,65	29,8
	Bauwerk 300+400	**m² BGF**	**71.561**	**668,80**	**668,80**	**283,97**	**100,0**
500	Außenanlagen	m² AUF	–	–	–	–	–
600	Ausstattung und Kunstwerke	m² BGF	6.000	56,08	56,08	23,81	8,4
700	Baunebenkosten	m² BGF	–	–	–	–	–

© BKI Baukosteninformationszentrum   Kostenstand: 3.Quartal 2015, Bundesdurchschnitt, inkl. 19% MwSt.

6100-1197
Maisonettewohnung

Modernisierung

Kostenkennwerte für die Kostengruppen der 1.Ebene DIN 276

KG	Kostengruppe	Menge Einheit	Kosten €	€/Einheit	%
3+4	**Bauwerk**				100,0
300	**Bauwerk - Baukonstruktionen**	107,00 m² BGF	50.228	**469,42**	70,2

- Abbrechen (Kosten: 12,5%) — 6.287
  Abbruch von Mauerwerk, Trennwänden, Innentüren, Wand- und Bodenfliesen, Parkett, Tapeten, Sanitärobjekten, Gardinenschienen; Entsorgung, Deponiegebühren

- Wiederherstellen (Kosten: 1,1%) — 575
  Fensterrahmen neu lackieren; Wand begradigen; Estrichschlitze schließen, Risse verharzen, Treppenstufen und Podest tiefer setzen, Kunststoffblende im Treppenauge demontieren, Sperrholzblende montieren

- Herstellen (Kosten: 86,3%) — 43.367
  Metallständerwände, Glasschiebetüren, Holztür, Malervlies, Dispersionsanstrich, Wandfliesen, GK-Bekleidungen; Fertigparkett, Bodenfliesen, GK-Decke; Kaminabdeckplatte, Sitzbankplatte, Einbau-Waschtischkonsole

KG	Kostengruppe	Menge Einheit	Kosten €	€/Einheit	%
400	**Bauwerk - Technische Anlagen**	107,00 m² BGF	21.333	**199,37**	29,8

- Abbrechen (Kosten: 6,2%) — 1.314
  Abbruch von Sanitärobjekten mit Zubehör; Elektroleitungen; Entsorgung, Deponiegebühren

- Wiederherstellen (Kosten: 18,7%) — 3.980
  Heizkörper, demontieren, wieder montieren, Konvektoren neu lackieren; Deckel Raumentlüfter erneuern; Unterverteilung erneuern, Schalter und Abdeckungen erneuern; TV-Anschluss verlegen

- Herstellen (Kosten: 75,2%) — 16.040
  Entwässerungsleitungen, Sanitärobjekte; Handtuchheizkörper; Elektroinstallation, Beleuchtung

KG	Kostengruppe	Menge Einheit	Kosten €	€/Einheit	%
600	**Ausstattung und Kunstwerke**	107,00 m² BGF	6.000	**56,08**	8,4

- Herstellen (Kosten: 100,0%) — 6.000
  Duschtrennwände, Spiegel, Sanitäreinrichtungen

Kostenkennwerte für die Kostengruppen der 2.Ebene DIN 276

6100-1197
Maisonettewohnung

Modernisierung

KG	Kostengruppe	Menge Einheit	Kosten €	€/Einheit	%
300	Bauwerk - Baukonstruktionen				100,0
330	Außenwände	68,57 m² AWF	2.288	**33,37**	4,6

- Wiederherstellen (Kosten: 5,6%) — 129
  Fensterrahmen reinigen, anschleifen, neu lackieren (1m²)

- Herstellen (Kosten: 94,4%) — 2.159
  Wände spachteln, schleifen, grundieren, Malervlies, Dispersionsanstrich (69m²), GK-Bekleidung für Installationsschacht (2m²), Revisionsklappe (1St)

340	Innenwände	90,03 m² IWF	16.851	**187,17**	33,5

- Herstellen (Kosten: 100,0%) — 16.851
  GK-Metallständerwände, doppelt beplankt, d=12,5cm, zwei Schiebetür-Unterkonstruktionen (23m²), d=10cm (7m²) * Glasschiebetüren, Griffmuscheln (4m²), Holztür, weiß lackiert, Umfassungszarge (2m²) * Untergrund spachteln, schleifen (96m²), Malervlies, Dispersionsanstrich (154m²), Putz, Wandfliesen (15m²), Vorwandinstallationen (6m²), Feuerschutzbekleidung an Kaminhaube (4m²)

350	Decken	101,22 m² DEF	20.843	**205,92**	41,5

- Wiederherstellen (Kosten: 2,1%) — 446
  Estrichschlitze schließen (6m), Kabelkanal und Risse im Estrich aufweiten, verharzen (1h), Treppenstufen und Podest tiefer setzen (3m²) * Kunststoffblende im Treppenauge demontieren, Sperrholzblende montieren (1St)

- Herstellen (Kosten: 97,9%) — 20.397
  Grundierung (84m²), Landhausdielen, Eiche, verklebt, Oberfläche gebürstet, geölt, Zweischicht-Fertigparkett, (65m²), Dreischicht-Fertigparkett (27m²), Funkenschutzscheibe 130x30cm (1St), Sockelleisten, weiß foliert (66m), Bodenfliesen 40x40cm (11m²), Sockelfliesen (11m) * Decke spachteln, grundieren, Malervlies, Dispersionsanstrich (101m²), abgehängte GK-Decke (7m²)

370	Baukonstruktive Einbauten	107,00 m² BGF	2.737	**25,58**	5,4

- Herstellen (Kosten: 100,0%) — 2.737
  Kaminabdeckplatte, Sitzbankplatte, Granit (2m²), Waschtischkonsole 2.750x40x620mm, d=38mm, Oberfläche HPL, zwei Handtuchkonsolen (2m²), Holzablagen, Oberfläche HPL, 810x130mm und 710x210mm (1m²)

390	Sonstige Baukonstruktionen	107,00 m² BGF	7.510	**70,18**	15,0

- Abbrechen (Kosten: 83,7%) — 6.287
  Abbruch von Mauerwerk, Trennwänden, Innentüren, Wand- und Bodenfliesen, Parkett, Sockelleisten, Tapeten, Sanitärobjekten, Gardinenschienen; Entsorgung, Deponiegebühren

- Herstellen (Kosten: 16,3%) — 1.223
  Baustelleneinrichtung (psch), Baustellen-WC (7Wo), Baustrom * Schutzfolien (24m²)

© BKI Baukosteninformationszentrum   Kostenstand: 3.Quartal 2015, Bundesdurchschnitt, **inkl. 19% MwSt.**

6100-1197
Maisonettewohnung

Modernisierung

KG	Kostengruppe	Menge Einheit	Kosten €	€/Einheit	%
400	**Bauwerk - Technische Anlagen**				100,0
410	**Abwasser-, Wasser-, Gasanlagen**	107,00 m² BGF	12.772	**119,37**	59,9

- Abbrechen (Kosten: 8,4%) — 1.078
  Abbruch von Sanitärobjekten mit Zubehör (23h); Entsorgung, Deponiegebühren

- Herstellen (Kosten: 91,6%) — 11.694
  HT-Rohre DN50-100 (psch) * Möbelwaschtisch 50x47cm, Schrankunterbau, Auszug (1St), Stahlduschwanne 120x75cm, Armaturen (1St), Stahl-Fünfeck Brausewanne 80x80cm, Armaturen (1St), Badewanne 170x75cm, Wannenblende, Armaturen (1St), Tiefspül-WCs (2St), Waschtisch 80x50cm (1St)

420	**Wärmeversorgungsanlagen**	107,00 m² BGF	2.408	**22,50**	11,3

- Wiederherstellen (Kosten: 77,6%) — 1.868
  Heizkörper entleeren, demontieren, lagern, wieder montieren, füllen (12h), Konvektoren neu lackieren (6St), defekten Heizkörperthermostat austauschen (1St)

- Herstellen (Kosten: 22,4%) — 540
  Handtuchheizkörper (1St)

430	**Lufttechnische Anlagen**	107,00 m² BGF	46	**0,43**	0,2

- Wiederherstellen (Kosten: 100,0%) — 46
  Lüfterdeckel für bauseitigen Raumentlüfter erneuern (1St), Ersatzfilter (1St)

440	**Starkstromanlagen**	107,00 m² BGF	5.849	**54,66**	27,4

- Abbrechen (Kosten: 4,0%) — 236
  Abbruch von Elektroleitungen (psch); Entsorgung, Deponiegebühren

- Wiederherstellen (Kosten: 33,8%) — 1.976
  Unterverteilung erneuern (1St), Schalter und Abdeckungen erneuern (psch)

- Herstellen (Kosten: 62,2%) — 3.637
  Bestandsleitungsnetz prüfen, Änderungen und Ergänzungen vornehmen (psch), Elektroinstallation für Bäder (psch), Schalter, Steckdosen (psch) * Einbau-Downlights (8St), Decken-Aufbauleuchten (2St), Wandleuchte (1St)

450	**Fernmelde-, informationstechn. Anlagen**	107,00 m² BGF	258	**2,41**	1,2

- Wiederherstellen (Kosten: 34,8%) — 90
  Verlegung TV-Anschluss (1St)

- Herstellen (Kosten: 65,2%) — 168
  Rauchmelder (3St)

600	**Ausstattung und Kunstwerke**				100,0
610	**Ausstattung**	107,00 m² BGF	6.000	**56,08**	100,0

- Herstellen (Kosten: 100,0%) — 6.000
  Glas-Duschtrennwand, Tür und Seitenteil, h=2,00m (3m²), Glas-Duschtrennwand, Tür und zwei Seitenteile, h=2,00m (3m²), Spiegel 79x121,5cm (1St), 80x115cm (1St), WC-Papierhalter (2St), WC-Bürstengarnituren (2St)

Kostenkennwerte für die Kostengruppen der 3.Ebene DIN 276 (Übersicht)

6100-1197
Maisonettewohnung

Modernisierung

KG	Kostengruppe	Menge Einheit	€/Einheit	Kosten €	% 300+400
300	Bauwerk - Baukonstruktionen	107,00 m² BGF	469,42	50.228,36	70,2
310	Baugrube	–	–	–	–
320	Gründung	–	–	–	–
330	Außenwände	68,57 m² AWF	33,37	2.287,90	3,2
331	Tragende Außenwände	–	–	–	–
332	Nichttragende Außenwände	–	–	–	–
333	Außenstützen	–	–	–	–
334	Außentüren und -fenster	1,20 m²	107,59	129,11	0,2
	Wiederherstellen	1,20 m²	107,59	129,11	0,2
335	Außenwandbekleidungen außen	–	–	–	–
336	Außenwandbekleidungen innen	68,57 m²	31,48	2.158,80	3,0
337	Elementierte Außenwände	–	–	–	–
338	Sonnenschutz	–	–	–	–
339	Außenwände, sonstiges	–	–	–	–
340	Innenwände	90,03 m² IWF	187,17	16.850,60	23,5
341	Tragende Innenwände	–	–	–	–
342	Nichttragende Innenwände	30,00 m²	120,27	3.608,17	5,0
343	Innenstützen	–	–	–	–
344	Innentüren und -fenster	5,53 m²	870,44	4.813,54	6,7
345	Innenwandbekleidungen	169,00 m²	49,88	8.428,90	11,8
346	Elementierte Innenwände	–	–	–	–
349	Innenwände, sonstiges	–	–	–	–
350	Decken	101,22 m² DEF	205,92	20.843,09	29,1
351	Deckenkonstruktionen	–	–	–	–
352	Deckenbeläge	94,92 m²	176,34	16.738,21	23,4
	Wiederherstellen	–	–	307,10	0,4
	Herstellen	94,92 m²	173,10	16.431,11	23,0
353	Deckenbekleidungen	101,22 m²	39,18	3.966,26	5,5
359	Decken, sonstiges	101,22 m²	1,37	138,62	0,2
	Wiederherstellen	4,00 m²	34,66	138,62	0,2
360	Dächer	–	–	–	–
370	Baukonstruktive Einbauten	107,00 m² BGF	25,58	2.737,09	3,8
371	Allgemeine Einbauten	107,00 m² BGF	25,58	2.737,09	3,8
372	Besondere Einbauten	–	–	–	–
379	Baukonstruktive Einbauten, sonstiges	–	–	–	–
390	Sonst. Maßnahmen Baukonstruktionen	107,00 m² BGF	70,18	7.509,67	10,5
391	Baustelleneinrichtung	107,00 m² BGF	10,69	1.143,74	1,6
392	Gerüste	–	–	–	–
393	Sicherungsmaßnahmen	–	–	–	–
394	Abbruchmaßnahmen	107,00 m² BGF	58,76	6.287,00	8,8
	Abbrechen	107,00 m² BGF	58,76	6.287,00	8,8
395	Instandsetzungen	–	–	–	–
396	Materialentsorgung	–	–	–	–
397	Zusätzliche Maßnahmen	107,00 m² BGF	0,74	78,94	0,1
398	Provisorische Baukonstruktionen	–	–	–	–
399	Sonst. Maßnahmen für Baukonstruktionen, sonst.	–	–	–	–

© BKI Baukosteninformationszentrum Kostenstand: 3.Quartal 2015, Bundesdurchschnitt, **inkl. 19% MwSt.**

6100-1197 Maisonettewohnung

Modernisierung

KG	Kostengruppe	Menge Einheit	€/Einheit	Kosten €	% 300+400
400	**Bauwerk - Technische Anlagen**	**107,00 m² BGF**	**199,37**	**21.333,06**	**29,8**
410	**Abwasser-, Wasser-, Gasanlagen**	**107,00 m² BGF**	**119,37**	**12.772,31**	**17,8**
411	Abwasseranlagen	107,00 m² BGF	11,58	1.238,88	1,7
412	Wasseranlagen	107,00 m² BGF	107,79	11.533,43	16,1
	Abbrechen	107,00 m² BGF	10,08	1.078,06	1,5
	Herstellen	107,00 m² BGF	97,71	10.455,38	14,6
413	Gasanlagen	–	–	–	–
419	Abwasser-, Wasser-, Gasanlagen, sonstiges	–	–	–	–
420	**Wärmeversorgungsanlagen**	**107,00 m² BGF**	**22,50**	**2.407,57**	**3,4**
421	Wärmeerzeugungsanlagen	–	–	–	–
422	Wärmeverteilnetze	–	–	–	–
423	Raumheizflächen	107,00 m² BGF	22,50	2.407,57	3,4
	Wiederherstellen	107,00 m² BGF	17,46	1.868,02	2,6
	Herstellen	107,00 m² BGF	5,04	539,55	0,8
429	Wärmeversorgungsanlagen, sonstiges	–	–	–	–
430	**Lufttechnische Anlagen**	**107,00 m² BGF**	**0,43**	**45,81**	**0,1**
431	Lüftungsanlagen	107,00 m² BGF	0,43	45,81	0,1
	Wiederherstellen	107,00 m² BGF	0,43	45,81	0,1
432	Teilklimaanlagen	–	–	–	–
433	Klimaanlagen	–	–	–	–
434	Kälteanlagen	–	–	–	–
439	Lufttechnische Anlagen, sonstiges	–	–	–	–
440	**Starkstromanlagen**	**107,00 m² BGF**	**54,66**	**5.849,15**	**8,2**
441	Hoch- und Mittelspannungsanlagen	–	–	–	–
442	Eigenstromversorgungsanlagen	–	–	–	–
443	Niederspannungsschaltanlagen	–	–	–	–
444	Niederspannungsinstallationsanlagen	107,00 m² BGF	46,74	5.001,52	7,0
	Abbrechen	107,00 m² BGF	2,20	235,76	0,3
	Wiederherstellen	107,00 m² BGF	18,47	1.975,91	2,8
	Herstellen	107,00 m² BGF	26,07	2.789,86	3,9
445	Beleuchtungsanlagen	107,00 m² BGF	7,92	847,62	1,2
446	Blitzschutz- und Erdungsanlagen	–	–	–	–
449	Starkstromanlagen, sonstiges	–	–	–	–
450	**Fernm.- und informationstechn. Anlagen**	**107,00 m² BGF**	**2,41**	**258,22**	**0,4**
451	Telekommunikationsanlagen	–	–	–	–
452	Such- und Signalanlagen	–	–	–	–
453	Zeitdienstanlagen	–	–	–	–
454	Elektroakustische Anlagen	–	–	–	–
455	Fernseh- und Antennenanlagen	107,00 m² BGF	0,84	89,81	0,1
	Wiederherstellen	107,00 m² BGF	0,84	89,81	0,1
456	Gefahrenmelde- und Alarmanlagen	107,00 m² BGF	1,57	168,40	0,2
457	Übertragungsnetze	–	–	–	–
459	Fernmelde- und informationstechn. Anl., sonst.	–	–	–	–
460	**Förderanlagen**	–	–	–	–
470	**Nutzungsspezifische Anlagen**	–	–	–	–
480	**Gebäudeautomation**	–	–	–	–
490	**Sonst. Maßnahmen für Techn. Anlagen**	–	–	–	–

Kostenkennwerte für Leistungsbereiche nach StLB (Kosten des Bauwerks nach DIN 276)

6100-1197
Maisonettewohnung

Modernisierung

LB	Leistungsbereiche	Kosten €	€/m² BGF	€/m³ BRI	% an 3+4
000	Sicherheits-, Baustelleneinrichtungen inkl. 001	1.144	10,70	4,50	1,6
002	Erdarbeiten	–	–	–	–
006	Spezialtiefbauarbeiten inkl. 005	–	–	–	–
009	Entwässerungskanalarbeiten inkl. 011	–	–	–	–
010	Dränarbeiten	–	–	–	–
012	Mauerarbeiten	–	–	–	–
013	Betonarbeiten	–	–	–	–
014	Natur-, Betonwerksteinarbeiten	1.459	13,60	5,80	2,0
016	Zimmer- und Holzbauarbeiten	–	–	–	–
017	Stahlbauarbeiten	–	–	–	–
018	Abdichtungsarbeiten	–	–	–	–
020	Dachdeckungsarbeiten	–	–	–	–
021	Dachabdichtungsarbeiten	–	–	–	–
022	Klempnerarbeiten	–	–	–	–
	Rohbau	**2.603**	**24,30**	**10,30**	**3,6**
023	Putz- und Stuckarbeiten, Wärmedämmsysteme	3.945	36,90	15,70	5,5
024	Fliesen- und Plattenarbeiten	4.464	41,70	17,70	6,2
025	Estricharbeiten	131	1,20	0,52	0,2
026	Fenster, Außentüren inkl. 029, 032	4.223	39,50	16,80	5,9
027	Tischlerarbeiten	2.519	23,50	10,00	3,5
028	Parkett-, Holzpflasterarbeiten	14.549	136,00	57,70	20,3
030	Rollladenarbeiten	–	–	–	–
031	Metallbauarbeiten inkl. 035	–	–	–	–
034	Maler- und Lackiererarbeiten inkl. 037	5.698	53,30	22,60	8,0
036	Bodenbelagsarbeiten	–	–	–	–
038	Vorgehängte hinterlüftete Fassaden	–	–	–	–
039	Trockenbauarbeiten	6.930	64,80	27,50	9,7
	Ausbau	**42.460**	**396,80**	**168,50**	**59,3**
040	Wärmeversorgungsanlagen, inkl. 041	1.768	16,50	7,00	2,5
042	Gas- und Wasseranlagen, Leitungen inkl. 043	2.354	22,00	9,30	3,3
044	Abwasseranlagen - Leitungen	1.239	11,60	4,90	1,7
045	Gas, Wasser, Entwässerung - Ausstattung inkl. 046	7.619	71,20	30,20	10,6
047	Dämmarbeiten an technischen Anlagen	–	–	–	–
049	Feuerlöschanlagen, Feuerlöschgeräte	–	–	–	–
050	Blitzschutz- und Erdungsanlagen	–	–	–	–
052	Mittelspannungsanlagen	–	–	–	–
053	Niederspannungsanlagen inkl. 054	4.766	44,50	18,90	6,7
055	Ersatzstromversorgungsanlagen	–	–	–	–
057	Gebäudesystemtechnik	–	–	–	–
058	Leuchten und Lampen, inkl. 059	848	7,90	3,40	1,2
060	Elektroakustische Anlagen	–	–	–	–
061	Kommunikationsnetze, inkl. 063	258	2,40	1,00	0,4
069	Aufzüge	–	–	–	–
070	Gebäudeautomation	–	–	–	–
075	Raumlufttechnische Anlagen	46	0,43	0,18	0,1
	Gebäudetechnik	**18.898**	**176,60**	**75,00**	**26,4**
084	Abbruch- und Rückbauarbeiten	7.601	71,00	30,20	10,6
	Sonstige Leistungsbereiche inkl. 008, 033, 051	–	–	–	–

© BKI Baukosteninformationszentrum Kostenstand: 3.Quartal 2015, Bundesdurchschnitt, inkl. 19% MwSt.

6100-1206
Einfamilienhaus
Badeinbau

Objektübersicht

Umbau

 BRI 1.917 €/m³   **BGF** 5.234 €/m²   **NF** 9.362 €/m²   **NE** keine Angabe

Objekt:
Kennwerte: 3.Ebene DIN 276
BRI: 18m³
BGF: 7m²
NF: 4m²
Bauzeit: 8 Wochen
Bauende: 2012
Standard: über Durchschnitt
Kreis: Köln,
Nordrhein-Westfalen

Architekt:
Raumkleid Anke Preywisch
Interior Design
Oskar-Jäger-Str. 137
50825 Köln

Zeichnungen

6100-1206
Einfamilienhaus
Badeinbau

Umbau

Ansicht Dusche

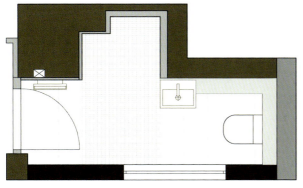

Grundriss

Ansicht Toilette

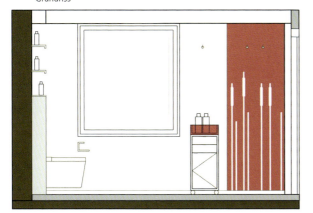

Wandansicht

6100-1206 Einfamilienhaus Badeinbau

Umbau

Objektbeschreibung

Allgemeine Objektinformationen

Die Auflage, einen illegalen Anbau des Vorbesitzers abzubrechen, bot den Bauherren die Chance einer Neustrukturierung im Kellergeschoss. Ein knapp vier Quadratmeter kleiner Raum wurde zu einem Duschbad umgebaut.

Nutzung

1 Untergeschoss
Duschbad

Markt

Hauptvergabezeit: 3.Quartal 2011
Baubeginn: 1.Quartal 2012
Bauende: 1.Quartal 2012
Konjunkturelle Gesamtlage: Durchschnitt
Regionaler Baumarkt: über Durchschnitt

Baubestand

Baujahr: 1928
Bauzustand: schlecht
Aufwand: mittel
Grundrissänderungen: wenige
Tragwerkseingriffe: wenige
Nutzungsänderung: nein
Nutzung während der Bauzeit: ja

Baukonstruktion

Die Materialwahl fiel auf sehr helles Feinsteigzeug, das Tageslicht reflektiert. Dadurch wirkt der Raum wesentlich geräumiger. Eine große Spiegelfläche über dem Waschtisch verstärkt diesen Effekt. Der Eingangsbereich wird durch einen mohnroten Farbrahmen betont. Zentral im Raum liegt die Duschzone. Ein Bodenbelagswechsel zu kleinformatigen Mosaikfliesen markiert diesen Bereich. Durch die Aufstellung der Glastüren wird der seitliche Spritzschutz gewährleistet. Die Kunstlichtverteilung setzt Akzente am Waschtisch, der Nische und dem Farbrahmen.

6100-1206 Einfamilienhaus Badeinbau

Umbau

Planungskennwerte für Flächen und Rauminhalte nach DIN 277

Flächen des Grundstücks		Menge, Einheit		% an FBG
BF	Bebaute Fläche	– m²		–
UBF	Unbebaute Fläche	– m²		–
FBG	Fläche des Baugrundstücks	– m²		–

Grundflächen des Bauwerks		Menge, Einheit	% an NF	% an BGF
NF	Nutzfläche	3,70 m²	100,0	55,9
TF	Technische Funktionsfläche	– m²	–	–
VF	Verkehrsfläche	– m²	–	–
NGF	Netto-Grundfläche	3,70 m²	100,0	55,9
KGF	Konstruktions-Grundfläche	2,92 m²	78,9	44,1
BGF	Brutto-Grundfläche	6,62 m²	178,9	100,0

Brutto-Rauminhalt des Bauwerks		Menge, Einheit	BRI/NF (m)	BRI/BGF (m)
BRI	Brutto-Rauminhalt	18,07 m³	4,88	2,73

Lufttechnisch behandelte Flächen	Menge, Einheit	% an NF	% an BGF
Entlüftete Fläche	– m²	–	–
Be- und entlüftete Fläche	– m²	–	–
Teilklimatisierte Fläche	– m²	–	–
Klimatisierte Fläche	– m²	–	–

KG	Kostengruppen (2.Ebene)	Menge, Einheit		Menge/NF	Menge/BGF
310	Baugrube	– m³	BGI	–	–
320	Gründung	3,70 m²	GRF	1,00	0,56
330	Außenwände	7,63 m²	AWF	2,06	1,15
340	Innenwände	15,66 m²	IWF	4,23	2,37
350	Decken	3,95 m²	DEF	1,07	0,60
360	Dächer	– m²	DAF	–	–

Kostenkennwerte für die Kostengruppen der 1.Ebene DIN 276

KG	Kostengruppen (1.Ebene)	Einheit	Kosten €	€/Einheit	€/m² BGF	€/m³ BRI	% 300+400
100	Grundstück	m² FBG	–	–	–	–	–
200	Herrichten und Erschließen	m² FBG	–	–	–	–	–
300	Bauwerk - Baukonstruktionen	m² BGF	23.323	3.523,67	3.523,67	1.290,71	67,3
400	Bauwerk - Technische Anlagen	m² BGF	11.318	1.709,86	1.709,86	626,32	32,7
	Bauwerk 300+400	**m² BGF**	**34.641**	**5.233,53**	**5.233,53**	**1.917,03**	**100,0**
500	Außenanlagen	m² AUF	–	–	–	–	–
600	Ausstattung und Kunstwerke	m² BGF	2.573	388,67	388,67	142,37	7,4
700	Baunebenkosten	m² BGF	–	–	–	–	–

© BKI Baukosteninformationszentrum

Kostenstand: 3.Quartal 2015, Bundesdurchschnitt, inkl. 19% MwSt.

6100-1206
Einfamilienhaus
Badeinbau

Umbau

Kostenkennwerte für die Kostengruppen der 1.Ebene DIN 276

KG	Kostengruppe	Menge Einheit	Kosten €	€/Einheit	%
3+4	**Bauwerk**				100,0
300	**Bauwerk - Baukonstruktionen**	6,62 m² BGF	23.323	**3.523,67**	67,3

- Abbrechen (Kosten: 8,6%)   2.007
  Abbruch von Mauerwerk für Öffnung; Anbau; Entsorgung, Deponiegebühren

- Wiederherstellen (Kosten: 2,9%)   674
  Betonbodenplatte ergänzen

- Herstellen (Kosten: 88,5%)   20.642
  Abdichtung, Estrich, Fliesen; Holzständerwand, innenseitig GKF-Platten, außenseitig Putzträgerplatten, Fenster, Putz; Holztür, OSB-Platten, GK-Bekleidung, GK-Vorsatzschalen, Spachtelung, GK-Verkofferung, Fliesen, Anstrich

KG	Kostengruppe	Menge Einheit	Kosten €	€/Einheit	%
400	**Bauwerk - Technische Anlagen**	6,62 m² BGF	11.318	**1.709,86**	32,7

- Herstellen (Kosten: 100,0%)   11.318
  Abwasserleitungen, Kalt- und Warmwasserleitungen, Sanitärobjekte; Heizkörper; Elektroinstallation, Beleuchtung

KG	Kostengruppe	Menge Einheit	Kosten €	€/Einheit	%
600	**Ausstattung und Kunstwerke**	6,62 m² BGF	2.573	**388,67**	7,4

- Herstellen (Kosten: 100,0%)   2.573
  Sanitärausstattung

Kostenkennwerte für die Kostengruppen der 2.Ebene DIN 276

6100-1206
Einfamilienhaus
Badeinbau

Umbau

KG	Kostengruppe	Menge Einheit	Kosten €	€/Einheit	%
300	**Bauwerk - Baukonstruktionen**				100,0
320	**Gründung**	3,70 m² GRF	4.869	**1.315,92**	20,9

- Wiederherstellen (Kosten: 13,8%) — 674
  Betonbodenplatte ergänzen (1m²)

- Herstellen (Kosten: 86,2%) — 4.195
  Bitumenschweißbahnen, Betonestrich, Nivelliermasse, Grundierung (4m²), Abdichtung, Fliesen (4m²)

330	**Außenwände**	7,63 m² AWF	5.869	**769,17**	25,2

- Herstellen (Kosten: 100,0%) — 5.869
  Holzständerwand, Mineralwolldämmung WLG 035, innenseitig GK-Feuerschutzplatten, außenseitig Putzträgerplatten (8m²) * Fenster, Zweifachverglasung (2m²) * Hartschaum-dämmung, Oberputz (8m²) * Spachtelung, Anstrich (6m²)

340	**Innenwände**	15,66 m² IWF	9.969	**636,40**	42,7

- Abbrechen (Kosten: 6,6%) — 662
  Abbruch von Mauerwerk für Öffnung (2m²); Entsorgung, Deponiegebühren

- Herstellen (Kosten: 93,4%) — 9.307
  Holztür (2m²) * OSB-Platten (9m²), GK-Bekleidung (11m²), GK-Vorsatzschalen (2m²), Spachtelung (14m²), GK-Verkofferung (2m), Abdichtung, Fliesen (12m²), Anstrich (3m²)

350	**Decken**	3,95 m² DEF	994	**251,85**	4,3

- Herstellen (Kosten: 100,0%) — 994
  OSB-Platten, GK-Verkofferung (3m), GK-Bekleidung, Spachtelung, Anstrich (4m²)

390	**Sonstige Baukonstruktionen**	6,62 m² BGF	1.623	**245,26**	7,0

- Abbrechen (Kosten: 82,9%) — 1.345
  Abbruch von Anbau (psch); Entsorgung, Deponiegebühren

- Herstellen (Kosten: 17,1%) — 278
  Baustelleneinrichtung (psch)

400	**Bauwerk - Technische Anlagen**				100,0
410	**Abwasser-, Wasser-, Gasanlagen**	6,62 m² BGF	8.646	**1.306,28**	76,4

- Herstellen (Kosten: 100,0%) — 8.646
  Abwasserleitungen (psch), Bodenablauf DN50 (1St), Design-Sifon (1St) * Kalt- und Warmwasserleitungen (psch), WC-Becken (1St), Waschtisch (1St), Trägerelement für bodengleiche Dusche (1St) * Montageelement (1St)

420	**Wärmeversorgungsanlagen**	6,62 m² BGF	820	**123,89**	7,2

- Herstellen (Kosten: 100,0%) — 820
  Badheizkörper (1St)

© BKI Baukosteninformationszentrum Kostenstand: 3.Quartal 2015, Bundesdurchschnitt, inkl. 19% MwSt.

6100-1206
Einfamilienhaus
Badeinbau

Umbau

KG	Kostengruppe	Menge Einheit	Kosten €	€/Einheit	%
440	**Starkstromanlagen**	6,62 m² BGF	1.851	**279,69**	16,4

- Herstellen (Kosten: 100,0%)   1.851
  Mantelleitungen (20m), Steckdosen (3St), Schalter (2St) * Deckeneinbauleuchte (1St), Wandeinbauleuchte (1St), Spiegelleuchte (1St)

KG	Kostengruppe	Menge Einheit	Kosten €	€/Einheit	%
600	**Ausstattung und Kunstwerke**				**100,0**
610	**Ausstattung**	6,62 m² BGF	2.573	**388,67**	100,0

- Herstellen (Kosten: 100,0%)   2.573
  Duschtür, zweiflüglig (1St), Glas-Regalböden (2St), Glasabdeckungen (2St), Spiegel (1St)

Kostenkennwerte für die Kostengruppen der 3.Ebene DIN 276 (Übersicht)

6100-1206
Einfamilienhaus
Badeinbau

Umbau

KG	Kostengruppe	Menge Einheit	€/Einheit	Kosten €	% 300+400
300	**Bauwerk - Baukonstruktionen**	6,62 m² BGF	3.523,67	23.323,18	67,3
310	**Baugrube**	–	–	–	–
320	**Gründung**	3,70 m² GRF	1.315,92	4.868,92	14,1
321	Baugrundverbesserung	–	–	–	–
322	Flachgründungen	–	–	–	–
323	Tiefgründungen	–	–	–	–
324	Unterböden und Bodenplatten	1,25 m²	539,26	674,08	1,9
	Wiederherstellen	1,25 m²	539,26	674,08	1,9
325	Bodenbeläge	3,70 m²	1.133,74	4.194,84	12,1
326	Bauwerksabdichtungen	–	–	–	–
327	Dränagen	–	–	–	–
329	Gründung, sonstiges	–	–	–	–
330	**Außenwände**	7,63 m² AWF	769,17	5.868,75	16,9
331	Tragende Außenwände	–	–	–	–
332	Nichttragende Außenwände	7,63 m²	318,37	2.429,47	7,0
333	Außenstützen	–	–	–	–
334	Außentüren und -fenster	1,78 m²	605,13	1.077,14	3,1
335	Außenwandbekleidungen außen	7,63 m²	138,97	1.060,46	3,1
336	Außenwandbekleidungen innen	5,85 m²	222,47	1.301,69	3,8
337	Elementierte Außenwände	–	–	–	–
338	Sonnenschutz	–	–	–	–
339	Außenwände, sonstiges	–	–	–	–
340	**Innenwände**	15,66 m² IWF	636,40	9.968,63	28,8
341	Tragende Innenwände	–	–	–	–
342	Nichttragende Innenwände	1,58 m²	420,05	661,58	1,9
	Abbrechen	1,58 m²	420,05	661,58	1,9
343	Innenstützen	–	–	–	–
344	Innentüren und -fenster	1,58 m²	385,63	607,36	1,8
345	Innenwandbekleidungen	14,09 m²	617,48	8.699,69	25,1
346	Elementierte Innenwände	–	–	–	–
349	Innenwände, sonstiges	–	–	–	–
350	**Decken**	3,95 m² DEF	251,85	993,53	2,9
351	Deckenkonstruktionen	–	–	–	–
352	Deckenbeläge	–	–	–	–
353	Deckenbekleidungen	3,95 m²	251,85	993,53	2,9
359	Decken, sonstiges	–	–	–	–
360	**Dächer**	–	–	–	–
370	**Baukonstruktive Einbauten**	–	–	–	–
390	**Sonst. Maßnahmen Baukonstruktionen**	6,62 m² BGF	245,26	1.623,35	4,7
391	Baustelleneinrichtung	6,62 m² BGF	42,00	277,98	0,8
392	Gerüste	–	–	–	–
393	Sicherungsmaßnahmen	–	–	–	–
394	Abbruchmaßnahmen	6,62 m² BGF	203,26	1.345,38	3,9
	Abbrechen	6,62 m² BGF	203,26	1.345,38	3,9
395	Instandsetzungen	–	–	–	–
396	Materialentsorgung	–	–	–	–
397	Zusätzliche Maßnahmen	–	–	–	–
398	Provisorische Baukonstruktionen	–	–	–	–
399	Sonst. Maßnahmen für Baukonstruktionen, sonst.	–	–	–	–

© **BKI** Baukosteninformationszentrum   Kostenstand: 3.Quartal 2015, Bundesdurchschnitt, inkl. 19% MwSt.

6100-1206
Einfamilienhaus
Badeinbau

Umbau

KG	Kostengruppe	Menge Einheit	€/Einheit	Kosten €	% 300+400
400	**Bauwerk - Technische Anlagen**	**6,62 m² BGF**	**1.709,86**	**11.317,57**	**32,7**
410	**Abwasser-, Wasser-, Gasanlagen**	**6,62 m² BGF**	**1.306,28**	**8.646,29**	**25,0**
411	Abwasseranlagen	6,62 m² BGF	200,42	1.326,60	3,8
412	Wasseranlagen	6,62 m² BGF	965,17	6.388,48	18,4
413	Gasanlagen	–	–	–	–
419	Abwasser-, Wasser-, Gasanlagen, sonstiges	6,62 m² BGF	140,69	931,20	2,7
420	**Wärmeversorgungsanlagen**	**6,62 m² BGF**	**123,89**	**820,02**	**2,4**
421	Wärmeerzeugungsanlagen	–	–	–	–
422	Wärmeverteilnetze	–	–	–	–
423	Raumheizflächen	6,62 m² BGF	123,89	820,02	2,4
429	Wärmeversorgungsanlagen, sonstiges	–	–	–	–
430	**Lufttechnische Anlagen**	–	–	–	–
440	**Starkstromanlagen**	**6,62 m² BGF**	**279,69**	**1.851,28**	**5,3**
441	Hoch- und Mittelspannungsanlagen	–	–	–	–
442	Eigenstromversorgungsanlagen	–	–	–	–
443	Niederspannungsschaltanlagen	–	–	–	–
444	Niederspannungsinstallationsanlagen	6,62 m² BGF	105,62	699,09	2,0
445	Beleuchtungsanlagen	6,62 m² BGF	174,07	1.152,19	3,3
446	Blitzschutz- und Erdungsanlagen	–	–	–	–
449	Starkstromanlagen, sonstiges	–	–	–	–
450	**Fernm.- und informationstechn. Anlagen**	–	–	–	–
460	**Förderanlagen**	–	–	–	–
470	**Nutzungsspezifische Anlagen**	–	–	–	–
480	**Gebäudeautomation**	–	–	–	–
490	**Sonst. Maßnahmen für Techn. Anlagen**	–	–	–	–

Kostenkennwerte für Leistungsbereiche nach StLB (Kosten des Bauwerks nach DIN 276)

6100-1206
Einfamilienhaus
Badeinbau

Umbau

LB	Leistungsbereiche	Kosten €	€/m² BGF	€/m³ BRI	% an 3+4
000	Sicherheits-, Baustelleneinrichtungen inkl. 001	278	42,00	15,40	0,8
002	Erdarbeiten	–	–	–	–
006	Spezialtiefbauarbeiten inkl. 005	–	–	–	–
009	Entwässerungskanalarbeiten inkl. 011	–	–	–	–
010	Dränarbeiten	–	–	–	–
012	Mauerarbeiten	–	–	–	–
013	Betonarbeiten	–	–	–	–
014	Natur-, Betonwerksteinarbeiten	–	–	–	–
016	Zimmer- und Holzbauarbeiten	4.019	607,30	222,40	11,6
017	Stahlbauarbeiten	–	–	–	–
018	Abdichtungsarbeiten	–	–	–	–
020	Dachdeckungsarbeiten	–	–	–	–
021	Dachabdichtungsarbeiten	–	–	–	–
022	Klempnerarbeiten	–	–	–	–
	Rohbau	**4.297**	**649,30**	**237,80**	**12,4**
023	Putz- und Stuckarbeiten, Wärmedämmsysteme	165	25,00	9,20	0,5
024	Fliesen- und Plattenarbeiten	7.320	1.106,00	405,10	21,1
025	Estricharbeiten	2.557	386,40	141,50	7,4
026	Fenster, Außentüren inkl. 029, 032	1.167	176,40	64,60	3,4
027	Tischlerarbeiten	517	78,10	28,60	1,5
028	Parkett-, Holzpflasterarbeiten	–	–	–	–
030	Rollladenarbeiten	–	–	–	–
031	Metallbauarbeiten inkl. 035	–	–	–	–
034	Maler- und Lackiererarbeiten inkl. 037	363	54,80	20,10	1,0
036	Bodenbelagsarbeiten	–	–	–	–
038	Vorgehängte hinterlüftete Fassaden	–	–	–	–
039	Trockenbauarbeiten	4.463	674,20	247,00	12,9
	Ausbau	**16.553**	**2.500,90**	**916,10**	**47,8**
040	Wärmeversorgungsanlagen, inkl. 041	820	123,90	45,40	2,4
042	Gas- und Wasseranlagen, Leitungen inkl. 043	1.094	165,30	60,50	3,2
044	Abwasseranlagen - Leitungen	1.220	184,30	67,50	3,5
045	Gas, Wasser, Entwässerung - Ausstattung inkl. 046	6.798	1.027,10	376,20	19,6
047	Dämmarbeiten an technischen Anlagen	–	–	–	–
049	Feuerlöschanlagen, Feuerlöschgeräte	–	–	–	–
050	Blitzschutz- und Erdungsanlagen	–	–	–	–
052	Mittelspannungsanlagen	–	–	–	–
053	Niederspannungsanlagen inkl. 054	699	105,60	38,70	2,0
055	Ersatzstromversorgungsanlagen	–	–	–	–
057	Gebäudesystemtechnik	–	–	–	–
058	Leuchten und Lampen, inkl. 059	1.152	174,10	63,80	3,3
060	Elektroakustische Anlagen	–	–	–	–
061	Kommunikationsnetze, inkl. 063	–	–	–	–
069	Aufzüge	–	–	–	–
070	Gebäudeautomation	–	–	–	–
075	Raumlufttechnische Anlagen	–	–	–	–
	Gebäudetechnik	**11.783**	**1.780,20**	**652,10**	**34,0**
084	Abbruch- und Rückbauarbeiten	2.007	303,20	111,10	5,8
	Sonstige Leistungsbereiche inkl. 008, 033, 051	–	–	–	–

© BKI Baukosteninformationszentrum   Kostenstand: 3.Quartal 2015, Bundesdurchschnitt, **inkl. 19% MwSt.**

6100-1210
Doppelhaushälfte
Gründerzeit

Objektübersicht

Instandsetzung

 113 €/m³

BGF 346 €/m²

NF 547 €/m²

NE 732 €/NE
m² Wohnfläche

Objekt:
Kennwerte: 3.Ebene DIN 276
BRI: 1.345m³
BGF: 438m²
NF: 277m²
Bauzeit: 126 Wochen
Bauende: 2014
Standard: Durchschnitt
Kreis: Stuttgart,
Baden-Württemberg

Architekt:
Manderscheid Partnerschaft
Freie Architekten
Quellenstraße 7
70376 Stuttgart

vorher

nachher

© **BKI** Baukosteninformationszentrum

Kostenstand: 3.Quartal 2015, Bundesdurchschnitt, inkl. **19% MwSt.**

Zeichnungen

6100-1210
Doppelhaushälfte
Gründerzeit

Instandsetzung

Ansicht Nord

Ansicht Süd

Erdgeschoss

1. Obergeschoss

2. Obergeschoss

Schnitt

Ansicht West

6100-1210 Doppelhaushälfte Gründerzeit

Instandsetzung

Objektbeschreibung

Allgemeine Objektinformationen

Die Bauherren der Gründerzeitdoppelhaushälfte wollten vor Einzug im Wesentlichen die Innenräume instandsetzen und einige Grundrisskorrekturen vornehmen. Die undichte Dachterrasse wurde im Zuge der Baumaßnahme mitsaniert.

Nutzung

1 Untergeschoss
Neben- und Lagerräume

1 Erdgeschoss
Wohnräume, Küche, WC, Erschließung

1 Obergeschoss
Kinderzimmer, Bad

2 Dachgeschosse
1.DG: Schlafzimmer, Bad
2.DG: Speicher

Nutzeinheiten

Wohneinheiten: 1
Wohnfläche: 207m²

Grundstück

Bauraum: Beengter Bauraum
Neigung: Hanglage
Bodenklasse: BK 1

Markt

Hauptvergabezeit: 2.Quartal 2012
Baubeginn: 2.Quartal 2012
Bauende: 3.Quartal 2014
Regionaler Baumarkt: Durchschnitt
Besonderer Kosteneinfluss Markt:
1. Bauabschnitt: 04.2012 bis 08.2012
2. Bauabschnitt: 09.2014 (Brandschutzertüchtigung)

Baubestand

Baujahr: 1908
Bauzustand: mittel
Aufwand: mittel
Grundrissänderungen: einige
Tragwerkseingriffe: einige
Nutzungsänderung: nein
Nutzung während der Bauzeit: ja

Baukonstruktion

In Abstimmung mit der Tragwerksplanung wurde ein Durchbruch vom Esszimmer in die Küche ausgeführt. In OG und DG wurden die Flurbereiche umgebaut und vergrößert, ein WC wurde abgebrochen. In den Bädern und den Toiletten wurden sämtliche Einrichtungen und Fliesen abgebrochen. Die Wände wurden gestrichen, im unmittelbaren Spritzbereich wurden, passend zu den Bodenfliesen, Fliesen angebracht. Vorhandener Parkett wurde erhalten und aufwändig aufgearbeitet. Neuer Parkett wurde eingebracht. Alttapeten an den Wänden wurden entfernt, bei groben Unebenheiten wurden die Wandflächen gespachtelt. Neue Innenwände wurden in Form von doppelseitig beplankten GK-Wänden ausgeführt. Die bestehenden Putzdecken wurden ergänzt. Die vorhandenen Holztreppenstufen wurden instandgesetzt. Arbeiten an den vorhandenen Fenstern waren nur in geringem Umfang nötig. Die Rollläden wurden ersatzlos ausgebaut, die Rollladenkästen wurden gedämmt. Auf der Dachterrasse wurde die defekte Abdichtung abgebrochen, sie wurde neu gedämmt, abgedichtet und mit Betonplatten belegt.

Technische Anlagen

Die alte Heizung, der alte Öltank, ein Durchlauferhitzer, ein Überlaufgefäß und Sicherungskästen wurden abgebrochen und entsorgt. Es kam ein neuer Gas-Brennwertkessel zum Einbau. Für die Heizung kamen Hocheffizienzpumpen zur Ausführung. In die Sanitärräume wurden Abluftgeräte eingebaut, die auch für längere Laufzeiten geeignet sind, um eine Grundlüftung zu sichern.

Sonstiges

Die Maßnahme fand in zwei Bauabschnitten statt. Dabei wurden im ersten Abschnitt die Instandsetzungsmaßnahmen, im zweiten Abschnitt die Brandschutzertüchtigung durchgeführt. Bezüglich dem Schallschutz wurde das Haus gegenüber dem Bestand nicht verbessert.

Planungskennwerte für Flächen und Rauminhalte nach DIN 277

6100-1210
Doppelhaushälfte
Gründerzeit

Instandsetzung

Flächen des Grundstücks		Menge, Einheit	% an FBG
BF	Bebaute Fläche	97,00 m²	21,8
UBF	Unbebaute Fläche	349,00 m²	78,3
FBG	Fläche des Baugrundstücks	446,00 m²	100,0

Grundflächen des Bauwerks		Menge, Einheit	% an NF	% an BGF
NF	Nutzfläche	277,45 m²	100,0	63,3
TF	Technische Funktionsfläche	14,00 m²	5,1	3,2
VF	Verkehrsfläche	56,50 m²	20,4	12,9
NGF	Netto-Grundfläche	347,95 m²	125,4	79,4
KGF	Konstruktions-Grundfläche	90,46 m²	32,6	20,6
BGF	Brutto-Grundfläche	438,41 m²	158,0	100,0

Brutto-Rauminhalt des Bauwerks		Menge, Einheit	BRI/NF (m)	BRI/BGF (m)
BRI	Brutto-Rauminhalt	1.345,00 m³	4,85	3,07

Lufttechnisch behandelte Flächen	Menge, Einheit	% an NF	% an BGF
Entlüftete Fläche	– m²	–	–
Be- und entlüftete Fläche	– m²	–	–
Teilklimatisierte Fläche	– m²	–	–
Klimatisierte Fläche	– m²	–	–

KG	Kostengruppen (2.Ebene)	Menge, Einheit	Menge/NF	Menge/BGF
310	Baugrube	– m³ BGI	–	–
320	Gründung	16,50 m² GRF	< 0,1	< 0,1
330	Außenwände	243,54 m² AWF	0,88	0,56
340	Innenwände	349,78 m² IWF	1,26	0,80
350	Decken	358,90 m² DEF	1,29	0,82
360	Dächer	11,85 m² DAF	< 0,1	< 0,1

Kostenkennwerte für die Kostengruppen der 1.Ebene DIN 276

KG	Kostengruppen (1.Ebene)	Einheit	Kosten €	€/Einheit	€/m² BGF	€/m³ BRI	% 300+400
100	Grundstück	m² FBG	–	–	–	–	–
200	Herrichten und Erschließen	m² FBG	–	–	–	–	–
300	Bauwerk - Baukonstruktionen	m² BGF	112.076	255,64	255,64	83,33	73,8
400	Bauwerk - Technische Anlagen	m² BGF	39.732	90,63	90,63	29,54	26,2
	Bauwerk 300+400	**m² BGF**	**151.808**	**346,27**	**346,27**	**112,87**	**100,0**
500	Außenanlagen	m² AUF	–	–	–	–	–
600	Ausstattung und Kunstwerke	m² BGF	1.393	3,18	3,18	1,04	0,9
700	Baunebenkosten	m² BGF	–	–	–	–	–

6100-1210
Doppelhaushälfte
Gründerzeit

Instandsetzung

Kostenkennwerte für die Kostengruppen der 1.Ebene DIN 276

KG	Kostengruppe	Menge Einheit	Kosten €	€/Einheit	%
3+4	**Bauwerk**				100,0
300	**Bauwerk - Baukonstruktionen**	438,41 m² BGF	112.076	**255,64**	73,8

- Abbrechen (Kosten: 16,1%) — 18.051
  Abbruch von Innenwänden, Gefachausmauerungen, Tapeten, Wandputz; Deckenputz; Teppichboden, PVC, Terrazzobelag, Fliesen, Bekleidungen, Schlackenfüllung, Küche, Rollläden, Öltank, Kaminköpfen, Sanitärobjekten, Leitungen, Beleuchtung, Aufbau Dachterrasse, Anschlussbleche, Lattenverschlägen; Entsorgung, Deponiegebühren

- Wiederherstellen (Kosten: 32,0%) — 35.814
  Bodenlöcher ausbetonieren; Überholungsbeschichtung auf Holzfenstern, Haustür, Holztäfer, Fenstern, Holzfensterbänke erneuern, Fenster warten und reparieren, Fensterflügel austauschen, Kellerfenster erneuern, beschädigten Wandputz erneuern, Abdeckplatten von Rollladenkästen ersetzen; Wandausbrüche ausmauern, Beschichtung auf Holztüren erneuern, Einbau von Dichtungsleisten, Holzzarge ergänzen, Türen neu einstellen, Türschloss austauschen, Hohlstellen im Putz ausbessern, Risse beiputzen; Terrazzo- und Holzböden aufarbeiten, Teppich auf Treppenstufen ausbauen, Eichestufen aufarbeiten, Holzsockel neu beschichten, Deckenputz in Kleinflächen erneuern; Dachziegel tauschen, Dachablauf erneuern, Balkongeländer in Werkstatt aufarbeiten und anpassen

- Herstellen (Kosten: 51,9%) — 58.211
  Rollladennischen zumauern und dämmen, Malervlies, Silikatanstrich, Innenputz, Nischen zumauern, Schlitze beiputzen; Sturz, GK-Wände, Innenstützen, Brandschutztür, Holz-Sprossentür, Wandfliesen, GK-Trockenputz, Stützenbekleidungen; Deckenunterfangungen, Holzdielen, Parkett, Bodenfliesen, GK-Decken, Kellerdeckendämmung; Dämmung, Abdichtung, Betonplatten, Attikaabdeckung, Dachfeld ergänzen

KG	Kostengruppe	Menge Einheit	Kosten €	€/Einheit	%
400	**Bauwerk - Technische Anlagen**	438,41 m² BGF	39.732	**90,63**	26,2

- Abbrechen (Kosten: 4,1%) — 1.621
  Abbruch von Sanitärobjekten, Wasserleitungen; Öl-Heizanlage, Heizleitungen, Heizkörpern; Elektroinstallationen; Entsorgung, Deponiegebühren

- Wiederherstellen (Kosten: 6,0%) — 2.386
  Grundleitung reinigen, Hauptwasserleitung zurückbauen, neuen Verteiler montieren, Zuleitung Kaltwasser neu verlegen; Beschichtung auf Stahl-Heizungsrohren erneuern, Rohrhülsen und Türen aus Kamin ausbrechen, Öffnungen zumauern; Installationen überprüfen, alte Elektroleitungen abklemmen, neue Leitungen verlegen, Deckenlampen verlegen, defekte Außenleuchte reparieren; Telefonleitungen erneuern, Dosen setzen, Klingelanlage überprüfen, neue Klingelleitung verlegen

- Herstellen (Kosten: 89,9%) — 35.725
  Abwasserrohre, Kalt- und Warmwasserleitungen, Sanitärobjekte, Küchenanschluss Gas; Gas-Brennwerttherme, Solarleitung, Kupferrohre, Heizkörper, Abgasanlage; Abluftgeräte; Kleinverteiler, Mantelleitungen, Schalter, Steckdosen

KG	Kostengruppe	Menge Einheit	Kosten €	€/Einheit	%
600	**Ausstattung und Kunstwerke**	438,41 m² BGF	1.393	**3,18**	0,9

- Herstellen (Kosten: 100,0%) — 1.393
  Duschabtrennung, Wandspiegel

Kostenkennwerte für die Kostengruppen der 2.Ebene DIN 276

KG	Kostengruppe	Menge Einheit	Kosten €	€/Einheit	%
300	**Bauwerk - Baukonstruktionen**				100,0
320	**Gründung**	16,50 m² GRF	80	**4,83**	0,1

- Wiederherstellen (Kosten: 100,0%) — 80
  Bodenlöcher der Lattenfüße von demontierten Verschlägen im Kellerraum ausbetonieren (2h)

330	**Außenwände**	243,54 m² AWF	11.059	**45,41**	9,9

- Abbrechen (Kosten: 8,8%) — 978
  Abbruch von Tapetenschichten auf Altputz, Ausbessern von Beschädigungen (176m²); Entsorgung, Deponiegebühren

- Wiederherstellen (Kosten: 61,9%) — 6.842
  Überholungsbeschichtung auf Holzfenstern innen und außen, auf Haustür innen, deckend (28m²), Holztäfer und Fenster innen anschleifen, rohe Stellen grundieren, vor- und fertiglackieren (17m²), Balkontür DG beidseitig aufarbeiten (2m²), Holzfensterbänke erneuern (5m), Fenster warten und reparieren (37h), Dichtungen ersetzen (34m), Rechteckleiste zwischen Fensterbank und -rahmen ergänzen (4m), Fensterflügel austauschen, Holz (1m²), Kellerfenster, verzinkt, erneuern (1St), Haustür neu einstellen (1St) * beschädigten Wandputz erneuern, Oberfläche an Bestand anpassen (13m²), Abdeckplatten der ehemaligen Rollladenkästen ersetzen, abdichten (2St)

- Herstellen (Kosten: 29,3%) — 3.238
  Fenstersims betonieren (1St) * Rollladennischen zumauern, mit Mineralplatten dämmen (3m²) * Silikatanstrich (88m²), Untergrund spachteln, Malervlies aufbringen (40m²), Heizkörpernische dämmen, Kalkputz (1m²), Wandnischen zumauern (4h), Elektroschlitze beiputzen (24m)

6100-1210
Doppelhaushälfte
Gründerzeit

Instandsetzung

6100-1210
Doppelhaushälfte
Gründerzeit

Instandsetzung

KG	Kostengruppe	Menge Einheit	Kosten €	€/Einheit	%
340	**Innenwände**	349,78 m² IWF	32.035	**91,59**	28,6

- Abbrechen (Kosten: 4,5%)   1.429
Ausbau von Türgriffen (6St), Abschneiden von Bändern (2St) * Abbruch von Tapetenschichten auf Altputz, Ausbessern von Beschädigungen (176m²), Innenputz in Kleinflächen (19m²); Entsorgung, Deponiegebühren

- Wiederherstellen (Kosten: 25,7%)   8.224
Wandausbrüche ausmauern (8h) * Beschichtung auf Holztüren und -zargen erneuern (38m²), Einbau von Dichtungsleisten für verzogene Türen, mit Kompriband (15m), Holzzarge ergänzen mit Passleisten, Fehlstelle 5x1,5x2,5cm ausfüttern (psch), vorhandene Türen überprüfen, Bänder einstellen, Schließblech anpassen, auf neue Höhenlage Fußboden anpassen, lose Bänder befestigen, Schlösser ölen (5St), Türschloss austauschen (1St), Tür überarbeiten, Oberlicht ausbauen, mit Platten schließen (1St), verschlossene Tür öffnen, gangbar machen, Ausbau von aufgesetzter Abdeckplatte (1St) * beschädigten Wandputz erneuern, Oberfläche an vorhandene Putzfläche anpassen (50m²), Hohlstellen im Putz ausbessern (3m²), Putzrisse beiputzen (19m)

- Herstellen (Kosten: 69,9%)   22.382
Sturz (1St) * GK-Wand, d=100mm, doppelt beplankt, Dämmung (14m²), Nischen zumauern (2St) * KS-Stütze (3m), Stahlstützen (6m), Holzstütze (3m) * Brandschutztür T30-RS, Eckzarge, Sturz, Bodenschlitz betonieren (2m²), Holz-Sprossentür, zweiflüglig (4m²) * Silikatanstrich (528m²), Wandfliesen (10m²), Malervlies (20m²), Installationswände (18m²), GK-Trockenputz (5m²), GK-F30-Stützenbekleidung (21m), GK-Stützenbekleidung (6m), Dusch- und Badewanne einmauern (2m²), Schlitze beiputzen (50m)

KG	Kostengruppe	Menge Einheit	Kosten €	€/Einheit	%
350	**Decken**	358,90 m² DEF	39.409	**109,81**	35,2

- Abbrechen (Kosten: 2,3%)   901
Abbruch von Tapeten (158m²), Deckenputz in Kleinflächen (2m²); Entsorgung, Deponiegebühren

- Wiederherstellen (Kosten: 41,7%)   16.420
Holzbalken freilegen, austauschen (1St), Deckenbalken verlängern * Terrazzoboden schleifen, imprägnieren, Risse mit farblich angepasster Terrazzomasse füllen (18m²), Parkett- und Dielenböden schleifen, teilweise Dielen ersetzen oder auf anderem Untergrund neue Dielen verlegen, Oberfläche versiegeln (95m²), offene Holzbalkendecken mit Mineralwolle auffüllen (5m²), Teppich auf Treppenstufen ausbauen, Eichestufen abschleifen, Fehlstellen ausbessern, versiegeln (15m²), Kunstharzbeschichtung auf Holzsockeln erneuern (69m) * beschädigten Deckenputz in Kleinflächen erneuern, Oberfläche anpassen (9m²), Öffnungen in Trockendecke schließen und überspachteln (6St)

- Herstellen (Kosten: 56,0%)   22.088
Deckenunterfangungen, U120-180-Profile, l=3480 bis 3750mm (22m) * Holzdielen (33m²), Mosaikparkett (22m²), Holzsockel (134m), Spachtelung, Entkopplungsplatte, Abdichtung, Bodenfliesen (9m²), Sockelfliesen (13m) * Silikatanstrich (158m²), Malervlies (24m²), GK-Deckenbekleidung F30 (12m²), 1.BA: EPS-Kellerdeckendämmung, d=120mm (73m²), 2.BA: EPS-Dämmung in Streifen entfernen, Brandschutzplatten, d=15mm, in Streifen an einzelne Bauteile der Kellerdecke anbringen, b=24cm (18m²), GK-Bekleidung für Stahlunterfangungen (13m) * Geländererhöhung Rundstahl (1St)

KG	Kostengruppe	Menge Einheit	Kosten €	€/Einheit	%
360	**Dächer**	11,85 m² DAF	7.797	**657,80**	7,0

- Wiederherstellen (Kosten: 54,5%)   4.247
  Beschädigte Dachziegel austauschen, Dachkehle und -rinne säubern (4h), Erneuerung des vorhandenen Dachablaufs, Anschluss an Abdichtung (1St) * Balkongeländer demontieren, in drei Abschnitte teilen, in Werkstatt nehmen, auseinanderbauen, Geländer auf Fehlstellen durchsehen, richten, feuerverzinken, lackieren und mit neuen Halterungen wieder montieren (10m²)

- Herstellen (Kosten: 45,5%)   3.550
  Dampfsperre, Gefälledämmung WLS 027-29, d=i.M. 130mm, Bitumenabdichtung, auch als behelfsmäßige Notabdichtung, Bitumenschweißbahn, wurzelfest, beschiefert, Schutzmatte, Betonplatten 40x40cm, in Kiesbett (11m²), Rand- und Wandanschlüsse (15m), Notüberlauf (1St), Attikaabdeckung (11m), offenes Dachfeld nach Abbruch Kaminkopf ergänzen, dämmen, nach Installation Abgasrohr schließen, Gratpfannen einmörteln (1m²), Sanitärentlüfter einbauen (1St)

KG	Kostengruppe	Menge Einheit	Kosten €	€/Einheit	%
370	**Baukonstruktive Einbauten**	438,41 m² BGF	291	**0,66**	0,3

- Herstellen (Kosten: 100,0%)   291
  Türöffnung mit Dreischichtplatte schließen, in alte Zarge einpassen, mit Kompriband abdichten (1St), Pfosten von Holzregal kürzen, mit Winkelblechen an Wand befestigen (1St)

KG	Kostengruppe	Menge Einheit	Kosten €	€/Einheit	%
390	**Sonstige Baukonstruktionen**	438,41 m² BGF	21.405	**48,82**	19,1

- Abbrechen (Kosten: 68,9%)   14.742
  Abbruch von Innenwänden, Gefachausmauerungen, Teppichboden, PVC, Terrazzobelag, Fliesen, Bekleidungen, Schlackenfüllung, Innenputz, Küche, Rollläden, Öltank, Kaminköpfen, Sanitärobjekten, Leitungen, Beleuchtung, Waschbetonplatten mit Unterbau Dachterrasse, Attika- und Wandanschlussbleche, Lattenverschläge (291h) * Bereitstellen von Mulden für Bauschutt; Entsorgung, Deponiegebühren

- Herstellen (Kosten: 31,1%)   6.662
  Baustelleneinrichtung (1St), Baustellen-WC (1St), Baustellenbeleuchtungen (2St), Bauzylinder (1St), Schlüssel (10St) * Fassadengerüst (134m²), Arbeits- und Schutzgerüste (4St) * Abdeckvlies (160m²), Schutzfolien (46St), Reservefliesen (2m²), Endreinigung

6100-1210
Doppelhaushälfte
Gründerzeit

Instandsetzung

6100-1210
Doppelhaushälfte
Gründerzeit

Instandsetzung

KG	Kostengruppe	Menge Einheit	Kosten €	€/Einheit	%
400	**Bauwerk - Technische Anlagen**				**100,0**
410	**Abwasser-, Wasser-, Gasanlagen**	438,41 m² BGF	15.457	**35,26**	38,9

- Abbrechen (Kosten: 4,2%) — 649
  Abbruch von Waschtisch (1St), WC (1St), Wasserleitungen; Entsorgung, Deponiegebühren

- Wiederherstellen (Kosten: 5,3%) — 814
  Grundleitung reinigen, mit Hochdruck spülen, mit TV-Kamera überprüfen, DVD und Protokoll erstellen * Hauptwasserleitung abstellen, bis zum Zähler zurückbauen, neuen Verteiler montieren, Zuleitung Kaltwasser neu verlegen

- Herstellen (Kosten: 90,5%) — 13.994
  Abwasserrohre DN100 (19m), Geruchsverschlüsse DN32 (5St) * Kalt- und Warmwasser-Verbundrohre DN32 (47m), PP-Anschlussleitungen DN15 (20m), Zirkulationsleitung DN20 (31m), Kompaktverteiler (1St), Hauswasserstation (1St), Brauchwasserpumpe (1St), Waschtische (3St), Wand-Tiefspül-WCs (2St), Bidet (1St), Duschwanne (1St), Badewanne (1St) * Gaszähler, Gasleitung und Gassteckdose, Gasherd anschließen (1St) * Montageelemente (4St)

420	**Wärmeversorgungsanlagen**	438,41 m² BGF	15.881	**36,22**	40,0

- Abbrechen (Kosten: 3,3%) — 524
  Abbruch von Öl-Heizanlage * Heizleitungen * Heizkörpern; Entsorgung, Deponiegebühren

- Wiederherstellen (Kosten: 2,5%) — 392
  Beschichtung erneuern auf Stahl-Heizungsrohren, Untergrund reinigen, entrosten, Kunstharzbeschichtung aufbringen (26m) * Rohrhülsen von Rauchrohreinmündung und Türen aus Kamin ausbrechen, Öffnungen zumauern (3St)

- Herstellen (Kosten: 94,2%) — 14.965
  Gas-Brennwerttherme, Ausdehnungsgefäß, Regelung, Wärmetauscher, Hocheffizienzpumpe (1St), Solarleitung DN22, Kupfer (24m) * Kupferrohre DN15-22 (57m), Druckausdehnungsgefäß (1St) * Röhrenheizkörper (3St), Plattenheizkörper (1St), Badheizkörper (1St) * Abgasanlage (1St)

430	**Lufttechnische Anlagen**	438,41 m² BGF	916	**2,09**	2,3

- Herstellen (Kosten: 100,0%) — 916
  Einzelraum-Abluftgeräte (3St)

6100-1210
Doppelhaushälfte
Gründerzeit

Instandsetzung

KG	Kostengruppe	Menge Einheit	Kosten €	€/Einheit	%
440	**Starkstromanlagen**	438,41 m² BGF	6.830	**15,58**	17,2

- Abbrechen (Kosten: 6,5%) — 447
  Abbruch von Elektroinstallationen; Entsorgung, Deponiegebühren

- Wiederherstellen (Kosten: 7,8%) — 532
  Installationen überprüfen, alte Elektroleitungen abklemmen, neue Leitungen verlegen * Deckenlampen demontieren, Leitungen teilweise verlängern, wieder anschließen, defekte Außenleuchte reparieren (1St)

- Herstellen (Kosten: 85,7%) — 5.850
  UP-Kleinverteiler (2St), Sicherungen (6St), FI-Schutzschalter (2St), Stromstoßschalter (3St), Mantelleitungen (153m), Stegleitung (7m), Schalterdosen (20St), Schalter, Steckdosen

450	**Fernmelde-, informationstechn. Anlagen**	438,41 m² BGF	648	**1,48**	1,6

- Wiederherstellen (Kosten: 100,0%) — 648
  Alte Telefonleitungen entfernen, neue verlegen, Dosen setzen (5m) * Funktion der Klingelanlage überprüfen, Fehler lokalisieren, neue Klingelleitung verlegen (8m)

600	**Ausstattung und Kunstwerke**				**100,0**
610	**Ausstattung**	438,41 m² BGF	1.393	**3,18**	100,0

- Herstellen (Kosten: 100,0%) — 1.393
  Duschabtrennung ESG klar, Seitenwand und Schwenktür (1St), Wandspiegel (2St)

6100-1210
Doppelhaushälfte
Gründerzeit

Instandsetzung

Kostenkennwerte für die Kostengruppen der 3.Ebene DIN 276 (Übersicht)

KG	Kostengruppe	Menge Einheit	€/Einheit	Kosten €	% 300+400
300	**Bauwerk - Baukonstruktionen**	438,41 m² BGF	255,64	112.075,60	73,8
310	**Baugrube**	–	–	–	–
320	**Gründung**	16,50 m² GRF	4,83	79,64	0,1
321	Baugrundverbesserung	–	–	–	–
322	Flachgründungen	–	–	–	–
323	Tiefgründungen	–	–	–	–
324	Unterböden und Bodenplatten	–	–	–	–
325	Bodenbeläge	16,50 m²	4,83	79,64	0,1
	Wiederherstellen	16,50 m²	4,83	79,64	0,1
326	Bauwerksabdichtungen	–	–	–	–
327	Dränagen	–	–	–	–
329	Gründung, sonstiges	–	–	–	–
330	**Außenwände**	243,54 m² AWF	45,41	11.059,09	7,3
331	Tragende Außenwände	–	–	–	–
332	Nichttragende Außenwände	–	–	–	–
333	Außenstützen	–	–	–	–
334	Außentüren und -fenster	54,54 m²	106,32	5.798,11	3,8
	Wiederherstellen	54,54 m²	97,16	5.298,80	3,5
	Herstellen	–	–	499,31	0,3
335	Außenwandbekleidungen außen	3,28 m²	174,21	570,70	0,4
336	Außenwandbekleidungen innen	189,00 m²	24,82	4.690,28	3,1
	Abbrechen	176,12 m²	5,56	978,46	0,6
	Wiederherstellen	12,88 m²	119,83	1.543,43	1,0
	Herstellen	176,12 m²	12,31	2.168,40	1,4
337	Elementierte Außenwände	–	–	–	–
338	Sonnenschutz	–	–	–	–
339	Außenwände, sonstiges	–	–	–	–
340	**Innenwände**	349,78 m² IWF	91,59	32.035,16	21,1
341	Tragende Innenwände	1,86 m²	128,45	238,91	0,2
342	Nichttragende Innenwände	15,34 m²	99,83	1.531,43	1,0
	Wiederherstellen	–	–	340,84	0,2
	Herstellen	15,34 m²	77,61	1.190,60	0,8
343	Innenstützen	12,85 m	67,45	866,70	0,6
344	Innentüren und -fenster	27,13 m²	470,81	12.773,09	8,4
	Abbrechen	16,00 m²	8,69	138,97	0,1
	Wiederherstellen	19,04 m²	260,91	4.967,72	3,3
	Herstellen	8,09 m²	947,64	7.666,41	5,1
345	Innenwandbekleidungen	591,89 m²	28,09	16.625,01	11,0
	Abbrechen	195,23 m²	6,61	1.289,78	0,8
	Wiederherstellen	53,41 m²	54,59	2.915,89	1,9
	Herstellen	538,47 m²	23,06	12.419,34	8,2
346	Elementierte Innenwände	–	–	–	–
349	Innenwände, sonstiges	–	–	–	–

6100-1210
Doppelhaushälfte
Gründerzeit

Instandsetzung

KG	Kostengruppe	Menge Einheit	€/Einheit	Kosten €	% 300+400
350	**Decken**	**358,90 m² DEF**	**109,81**	**39.409,37**	**26,0**
351	Deckenkonstruktionen	–	–	2.460,29	1,6
	Wiederherstellen	–	–	121,69	0,1
	Herstellen	–	–	2.338,59	1,5
352	Deckenbeläge	191,95 m²	123,66	23.736,93	15,6
	Wiederherstellen	128,27 m²	117,26	15.040,99	9,9
	Herstellen	63,68 m²	136,56	8.695,92	5,7
353	Deckenbekleidungen	239,16 m²	54,97	13.147,15	8,7
	Abbrechen	159,63 m²	5,65	901,20	0,6
	Wiederherstellen	8,53 m²	147,33	1.257,31	0,8
	Herstellen	230,63 m²	47,65	10.988,64	7,2
359	Decken, sonstiges	358,90 m²	0,18	64,99	< 0,1
360	**Dächer**	**11,85 m² DAF**	**657,80**	**7.796,93**	**5,1**
361	Dachkonstruktionen	–	–	–	–
362	Dachfenster, Dachöffnungen	–	–	–	–
363	Dachbeläge	11,85 m²	333,00	3.947,04	2,6
	Wiederherstellen	–	–	397,41	0,3
	Herstellen	11,85 m²	299,47	3.549,62	2,3
364	Dachbekleidungen	–	–	–	–
369	Dächer, sonstiges	11,85 m²	324,80	3.849,90	2,5
	Wiederherstellen	–	–	3.849,90	2,5
370	**Baukonstruktive Einbauten**	**438,41 m² BGF**	**0,66**	**290,87**	**0,2**
371	Allgemeine Einbauten	438,41 m² BGF	0,66	290,87	0,2
372	Besondere Einbauten	–	–	–	–
379	Baukonstr. Einbauten, sonstiges	–	–	–	–
390	**Sonst. Maßnahmen Baukonstruktionen**	**438,41 m² BGF**	**48,82**	**21.404,54**	**14,1**
391	Baustelleneinrichtung	438,41 m² BGF	3,01	1.321,42	0,9
392	Gerüste	438,41 m² BGF	8,56	3.754,43	2,5
393	Sicherungsmaßnahmen	–	–	–	–
394	Abbruchmaßnahmen	438,41 m² BGF	29,56	12.960,51	8,5
	Abbrechen	438,41 m² BGF	29,56	12.960,51	8,5
395	Instandsetzungen	–	–	–	–
396	Materialentsorgung	438,41 m² BGF	4,06	1.781,92	1,2
	Abbrechen	438,41 m² BGF	4,06	1.781,92	1,2
397	Zusätzliche Maßnahmen	438,41 m² BGF	3,62	1.586,25	1,0
398	Provisorische Baukonstruktionen	–	–	–	–
399	Sonst. Maßnahmen für Baukonstruktionen, sonst.	–	–	–	–
400	**Bauwerk - Technische Anlagen**	**438,41 m² BGF**	**90,63**	**39.732,04**	**26,2**
410	**Abwasser-, Wasser-, Gasanlagen**	**438,41 m² BGF**	**35,26**	**15.457,45**	**10,2**
411	Abwasseranlagen	438,41 m² BGF	6,17	2.703,14	1,8
	Wiederherstellen	438,41 m² BGF	1,01	442,45	0,3
	Herstellen	438,41 m² BGF	5,16	2.260,69	1,5
412	Wasseranlagen	438,41 m² BGF	25,43	11.148,34	7,3
	Abbrechen	438,41 m² BGF	1,48	649,41	0,4
	Wiederherstellen	438,41 m² BGF	0,85	371,53	0,2
	Herstellen	438,41 m² BGF	23,10	10.127,39	6,7
413	Gasanlagen	438,41 m² BGF	1,50	657,92	0,4
419	Abwasser-, Wasser-, Gasanlagen, sonstiges	438,41 m² BGF	2,16	948,04	0,6

© BKI Baukosteninformationszentrum   Kostenstand: 3.Quartal 2015, Bundesdurchschnitt, **inkl. 19% MwSt.**

6100-1210
Doppelhaushälfte
Gründerzeit

Instandsetzung

KG	Kostengruppe	Menge Einheit	€/Einheit	Kosten €	% 300+400
420	**Wärmeversorgungsanlagen**	438,41 m² BGF	36,22	15.881,38	10,5
421	Wärmeerzeugungsanlagen	438,41 m² BGF	17,78	7.792,88	5,1
	Abbrechen	438,41 m² BGF	0,50	218,54	0,1
	Herstellen	438,41 m² BGF	17,28	7.574,35	5,0
422	Wärmeverteilnetze	438,41 m² BGF	7,55	3.311,62	2,2
	Abbrechen	438,41 m² BGF	0,20	87,41	0,1
	Wiederherstellen	438,41 m² BGF	0,14	61,19	< 0,1
	Herstellen	438,41 m² BGF	7,21	3.163,02	2,1
423	Raumheizflächen	438,41 m² BGF	6,81	2.985,90	2,0
	Abbrechen	438,41 m² BGF	0,50	218,54	0,1
	Herstellen	438,41 m² BGF	6,31	2.767,37	1,8
429	Wärmeversorgungsanlagen, sonstiges	438,41 m² BGF	4,09	1.790,96	1,2
	Wiederherstellen	438,41 m² BGF	0,75	330,74	0,2
	Herstellen	438,41 m² BGF	3,33	1.460,21	1,0
430	**Lufttechnische Anlagen**	438,41 m² BGF	2,09	915,62	0,6
431	Lüftungsanlagen	438,41 m² BGF	2,09	915,62	0,6
432	Teilklimaanlagen	–	–	–	–
433	Klimaanlagen	–	–	–	–
434	Kälteanlagen	–	–	–	–
439	Lufttechnische Anlagen, sonstiges	–	–	–	–
440	**Starkstromanlagen**	438,41 m² BGF	15,58	6.829,79	4,5
441	Hoch- und Mittelspannungsanlagen	–	–	–	–
442	Eigenstromversorgungsanlagen	–	–	–	–
443	Niederspannungsschaltanlagen	–	–	–	–
444	Niederspannungsinstallationsanlagen	438,41 m² BGF	15,24	6.680,74	4,4
	Abbrechen	438,41 m² BGF	1,02	447,16	0,3
444	Wiederherstellen	438,41 m² BGF	0,87	383,29	0,3
	Herstellen	438,41 m² BGF	13,34	5.850,29	3,9
445	Beleuchtungsanlagen	438,41 m² BGF	0,34	149,06	0,1
	Wiederherstellen	438,41 m² BGF	0,34	149,06	0,1
446	Blitzschutz- und Erdungsanlagen	–	–	–	–
449	Starkstromanlagen, sonstiges	–	–	–	–
450	**Fernm.- und informationstechn. Anlagen**	438,41 m² BGF	1,48	647,81	0,4
451	Telekommunikationsanlagen	438,41 m² BGF	0,98	428,23	0,3
	Wiederherstellen	438,41 m² BGF	0,98	428,23	0,3
452	Such- und Signalanlagen	438,41 m² BGF	0,50	219,58	0,1
	Wiederherstellen	438,41 m² BGF	0,50	219,58	0,1
453	Zeitdienstanlagen	–	–	–	–
454	Elektroakustische Anlagen	–	–	–	–
455	Fernseh- und Antennenanlagen	–	–	–	–
456	Gefahrenmelde- und Alarmanlagen	–	–	–	–
457	Übertragungsnetze	–	–	–	–
459	Fernmelde- und informationstechn. Anl., sonst.	–	–	–	–
460	**Förderanlagen**	–	–	–	–
470	**Nutzungsspezifische Anlagen**	–	–	–	–
480	**Gebäudeautomation**	–	–	–	–
490	**Sonst. Maßnahmen für Techn. Anlagen**	–	–	–	–

Kostenkennwerte für Leistungsbereiche nach StLB (Kosten des Bauwerks nach DIN 276)

6100-1210
Doppelhaushälfte
Gründerzeit

Instandsetzung

LB	Leistungsbereiche	Kosten €	€/m² BGF	€/m³ BRI	% an 3+4
000	Sicherheits-, Baustelleneinrichtungen inkl. 001	5.033	11,50	3,70	3,3
002	Erdarbeiten	–	–	–	–
006	Spezialtiefbauarbeiten inkl. 005	–	–	–	–
009	Entwässerungskanalarbeiten inkl. 011	442	1,00	0,33	0,3
010	Dränarbeiten	–	–	–	–
012	Mauerarbeiten	2.805	6,40	2,10	1,8
013	Betonarbeiten	119	0,27	< 0,1	0,1
014	Natur-, Betonwerksteinarbeiten	2.682	6,10	2,00	1,8
016	Zimmer- und Holzbauarbeiten	812	1,90	0,60	0,5
017	Stahlbauarbeiten	2.680	6,10	2,00	1,8
018	Abdichtungsarbeiten	–	–	–	–
020	Dachdeckungsarbeiten	675	1,50	0,50	0,4
021	Dachabdichtungsarbeiten	2.361	5,40	1,80	1,6
022	Klempnerarbeiten	524	1,20	0,39	0,3
	Rohbau	**18.134**	**41,40**	**13,50**	**11,9**
023	Putz- und Stuckarbeiten, Wärmedämmsysteme	6.007	13,70	4,50	4,0
024	Fliesen- und Plattenarbeiten	2.970	6,80	2,20	2,0
025	Estricharbeiten	80	0,18	< 0,1	0,1
026	Fenster, Außentüren inkl. 029, 032	2.681	6,10	2,00	1,8
027	Tischlerarbeiten	9.749	22,20	7,20	6,4
028	Parkett-, Holzpflasterarbeiten	18.210	41,50	13,50	12,0
030	Rollladenarbeiten	767	1,70	0,57	0,5
031	Metallbauarbeiten inkl. 035	5.892	13,40	4,40	3,9
034	Maler- und Lackiererarbeiten inkl. 037	10.424	23,80	7,70	6,9
036	Bodenbelagsarbeiten	268	0,61	0,20	0,2
038	Vorgehängte hinterlüftete Fassaden	–	–	–	–
039	Trockenbauarbeiten	14.615	33,30	10,90	9,6
	Ausbau	**71.663**	**163,50**	**53,30**	**47,2**
040	Wärmeversorgungsanlagen, inkl. 041	13.989	31,90	10,40	9,2
042	Gas- und Wasseranlagen, Leitungen inkl. 043	6.369	14,50	4,70	4,2
044	Abwasseranlagen - Leitungen	2.178	5,00	1,60	1,4
045	Gas, Wasser, Entwässerung - Ausstattung inkl. 046	10.160	23,20	7,60	6,7
047	Dämmarbeiten an technischen Anlagen	737	1,70	0,55	0,5
049	Feuerlöschanlagen, Feuerlöschgeräte	–	–	–	–
050	Blitzschutz- und Erdungsanlagen	–	–	–	–
052	Mittelspannungsanlagen	–	–	–	–
053	Niederspannungsanlagen inkl. 054	6.234	14,20	4,60	4,1
055	Ersatzstromversorgungsanlagen	–	–	–	–
057	Gebäudesystemtechnik	–	–	–	–
058	Leuchten und Lampen, inkl. 059	149	0,34	0,11	0,1
060	Elektroakustische Anlagen	220	0,50	0,16	0,1
061	Kommunikationsnetze, inkl. 063	428	0,98	0,32	0,3
069	Aufzüge	–	–	–	–
070	Gebäudeautomation	–	–	–	–
075	Raumlufttechnische Anlagen	916	2,10	0,68	0,6
	Gebäudetechnik	**41.379**	**94,40**	**30,80**	**27,3**
084	Abbruch- und Rückbauarbeiten	19.672	44,90	14,60	13,0
	Sonstige Leistungsbereiche inkl. 008, 033, 051	**960**	**2,20**	**0,71**	**0,6**

Beherbergung

6400-0062
Jugendzentrum

Objektübersicht

Modernisierung

BRI 209 €/m³   BGF 867 €/m²   NF 1.240 €/m²   NE keine Angabe

Objekt:
Kennwerte: 3.Ebene DIN 276
BRI: 4.734m³
BGF: 1.141m²
NF: 798m²
Bauzeit: 43 Wochen
Bauende: 2010
Standard: Durchschnitt
Kreis: Lüchow-Dannenberg, Niedersachsen

Architekt:
Architekturbüro
Bernd Pauker
Rehfeldstr. 1
29451 Dannenberg

Zeichnungen

6400-0062
Jugendzentrum

Modernisierung

Ansicht Nord | Ansicht Ost

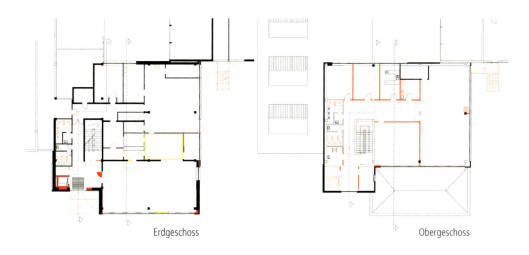

Erdgeschoss | Obergeschoss

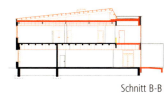

Schnitt A-A | Schnitt B-B

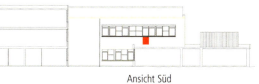
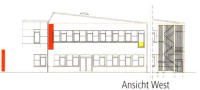

Ansicht Süd | Ansicht West

6400-0062 Jugendzentrum

Modernisierung

Objektbeschreibung

Allgemeine Objektinformationen

Das Jugendzentrum wurde im Zusammenhang mit einem Schulzentrum Anfang der 70er Jahre erbaut. Die hier beschriebene Maßnahme umfasst den Umbau sowie die energetische Sanierung des Gebäudes. Ziel der Baumaßnahme ist die Erfüllung des heutigen Energiestandards.

Nutzung

1 Erdgeschoss
Jugendzentrum, Werkraum, Zeichenraum, PC-Raum, Druckerraum, Gruppenraum, Sanitärräume, Büro, Fotolabor, Teeküche

1 Obergeschoss
Gruppenräume, Besprechungszimmer, Zeichenraum, Sanitärräume, Teeküche

Besonderer Kosteneinfluss Nutzung:
Umbau und energetische Sanierung eines Jugendzentrums

Grundstück

Bauraum: Beengter Bauraum
Neigung: Ebenes Gelände

Markt

Hauptvergabezeit: 1.Quartal 2009
Baubeginn: 1.Quartal 2009
Bauende: 1.Quartal 2010
Konjunkturelle Gesamtlage: Durchschnitt
Regionaler Baumarkt: unter Durchschnitt

Baubestand

Baujahr: 1974
Bauzustand: schlecht
Aufwand: mittel
Grundrissänderungen: einige
Tragwerkseingriffe: wenige
Nutzungsänderung: nein
Nutzung während der Bauzeit: ja

Baukonstruktion

Das massive Gebäude besitzt ein Tragwerk aus Stahlbetonstützen, Unterzügen und Decken. Die Fassaden sind teilweise zweischalig gemauert und besitzen eine vorgehängte Stahlbetonwandscheibe mit einer Oberfläche aus Kieselsteinen. Die Flachdächer sind mit Unterzügen aus Stahl ausgeführt. Das vorhandene Flachdach erhält im Zuge der Sanierung eine neue Konstruktion aus Brettschichtholzbindern mit einer 22cm starken Wärmedämmung aus Mineralwolle. Es wird mit Metallprofilen eingedeckt. Die Fassaden erhalten eine hinterlüftete, vorgehängte Bekleidung, die mit 14cm starker Mineralwolle gedämmt und mit farbigen Fassadenpanelplatten versehen ist. Es werden Holzfenster mit einem K-Wert von 1,1 W/m^2K eingesetzt. Sämtliche sanitären Einrichtungen wurden erneuert, die Fußbodenbeläge im Gebäude wie auch die Wände und Decken wurden neu gestaltet.

Technische Anlagen

Sämtliche Versorgungseinrichtungen sind vorhanden.

Sonstiges

Um eine behindertengerechte, barrierefreie Ausgestaltung des Schulzentrums zu erlangen, wurden im Eingangsbereich ein Aufzug und eine behindertengerechte Toilette eingebaut.

6400-0062
Jugendzentrum

Modernisierung

Planungskennwerte für Flächen und Rauminhalte nach DIN 277

Flächen des Grundstücks		Menge, Einheit	% an FBG	
BF	Bebaute Fläche	– m²	–	
UBF	Unbebaute Fläche	– m²	–	
FBG	Fläche des Baugrundstücks	– m²	–	

Grundflächen des Bauwerks		Menge, Einheit	% an NF	% an BGF
NF	Nutzfläche	798,08 m²	100,0	70,0
TF	Technische Funktionsfläche	28,67 m²	3,6	2,5
VF	Verkehrsfläche	174,12 m²	21,8	15,3
NGF	Netto-Grundfläche	1.000,87 m²	125,4	87,7
KGF	Konstruktions-Grundfläche	139,92 m²	17,5	12,3
BGF	Brutto-Grundfläche	1.140,79 m²	142,9	100,0

Brutto-Rauminhalt des Bauwerks		Menge, Einheit	BRI/NF (m)	BRI/BGF (m)
BRI	Brutto-Rauminhalt	4.733,93 m³	5,93	4,15

Lufttechnisch behandelte Flächen	Menge, Einheit	% an NF	% an BGF
Entlüftete Fläche	– m²	–	–
Be- und entlüftete Fläche	– m²	–	–
Teilklimatisierte Fläche	– m²	–	–
Klimatisierte Fläche	– m²	–	–

KG	Kostengruppen (2.Ebene)	Menge, Einheit	Menge/NF	Menge/BGF
310	Baugrube	11,50 m³ BGI	< 0,1	< 0,1
320	Gründung	528,80 m² GRF	0,66	0,46
330	Außenwände	776,55 m² AWF	0,97	0,68
340	Innenwände	600,36 m² IWF	0,75	0,53
350	Decken	943,88 m² DEF	1,18	0,83
360	Dächer	571,93 m² DAF	0,72	0,50

Kostenkennwerte für die Kostengruppen der 1.Ebene DIN 276

KG	Kostengruppen (1.Ebene)	Einheit	Kosten €	€/Einheit	€/m² BGF	€/m³ BRI	% 300+400
100	Grundstück	m² FBG	–	–	–	–	–
200	Herrichten und Erschließen	m² FBG	–	–	–	–	–
300	Bauwerk - Baukonstruktionen	m² BGF	793.885	695,91	695,91	167,70	80,3
400	Bauwerk - Technische Anlagen	m² BGF	195.341	171,23	171,23	41,26	19,7
	Bauwerk 300+400	**m² BGF**	**989.225**	**867,14**	**867,14**	**208,96**	**100,0**
500	Außenanlagen	m² AUF	12.402	–	10,87	2,62	1,3
600	Ausstattung und Kunstwerke	m² BGF	23.046	20,20	20,20	4,87	2,3
700	Baunebenkosten	m² BGF	–	–	–	–	–

© BKI Baukosteninformationszentrum   Kostenstand: 3.Quartal 2015, Bundesdurchschnitt, inkl. 19% MwSt.

6400-0062 Jugendzentrum

Modernisierung

Kostenkennwerte für die Kostengruppen der 1.Ebene DIN 276

KG	Kostengruppe	Menge Einheit	Kosten €	€/Einheit	%
3+4	**Bauwerk**				**100,0**
300	**Bauwerk - Baukonstruktionen**	1.140,79 m² BGF	793.885	**695,91**	80,3

- Abbrechen (Kosten: 4,6%) — 36.564
 Abbruch von Gussasphaltestrich; Eingangsmatten, Eingangstüren, Holz-Alu-Fenster, F achwerkwänden, Ausfachung mit Klinkersteinen, Metallständerwände; Metalltüren, Holztüren, Holzvertäfelungen; Mineralfaserplatten, Metalldecken, Holzdecken; Lichtkuppeln, Dämmungen, Bitumenabdichtungen, Kiesschüttung; Entsorgung, Deponiegebühren

- Wiederherstellen (Kosten: 0,6%) — 4.511
 Stahlzargendichtungen erneuern, Einbau von Lüftungsgitter, Holztüren reinigen, lackieren, Stahlzargen schleifen, Acryllackanstrich, Bänder erneuern; Entfernen von Verunreinigungen, losen Altanstriche, Dispersionsanstrich

- Herstellen (Kosten: 94,8%) — 752.810
 Linoleum, Bodenfliesen; Holzbohlen, Holz-Fensterelemente, Alu-Türelement, WDVS, Paneele, Anstrich, Vorsatzschalen, Fliesen; Mauerwerk, Metallständerwände, Stahlrahmentüren, Holztürblätter, Stahlzargen, Vorsatzschalen, Putz, Vlies, Anstrich, Fliesen, Trennwand; Stb-Decke, Abdichtung, Dämmung, Linoleum, Fliesen, Teppich, Akustikdecken, GK-Decken, Anstrich; Holzdachkonstruktion, Stb-Flachdach, Lichtkuppel, Stehfalzdeckung, Dämmung, Dachabdichtung, Rinnen, Akustikdecke, GK-Decke, Anstrich

KG	Kostengruppe	Menge Einheit	Kosten €	€/Einheit	%
400	**Bauwerk - Technische Anlagen**	1.140,79 m² BGF	195.341	**171,23**	19,7

- Abbrechen (Kosten: 0,1%) — 126
 Abbruch von Blitzschutzleitungen, Entsorgung, Deponiegebühren

- Herstellen (Kosten: 99,9%) — 195.215
 Dachentwässerung; Elektroinstallation, Beleuchtung, Blitzschutz; Rufanlage Behinderten-WC, Einbruchmeldezentrale, Hausalarm-Brandmeldezentrale, Präsenzmelder, EDV-Verkabelung; Personenaufzug

KG	Kostengruppe	Menge Einheit	Kosten €	€/Einheit	%
500	**Außenanlagen**	– AUF	12.402	–	1,3

- Abbrechen (Kosten: 1,3%) — 159
 Abbruch von Gehwegplatten, Hochbordsteinen; Entsorgung, Deponiegebühren

- Herstellen (Kosten: 98,7%) — 12.243
 Zugang, Stb-Rampe, Waschbeton-Gehwegplatten; Grundleitungen, Betonschacht

KG	Kostengruppe	Menge Einheit	Kosten €	€/Einheit	%
600	**Ausstattung und Kunstwerke**	1.140,79 m² BGF	23.046	**20,20**	2,3

- Abbrechen (Kosten: 0,1%) — 28
 Abbruch von einer Heizkörperverkleidung, Unterkonstruktion, Entsorgung, Deponiegebühren

- Herstellen (Kosten: 99,9%) — 23.018
 Taktiler Übersichtsplan, Blindenschrift, Edelstahl-Untergestell, Aufmerksamkeitsfeld, taktiler Spezialkunststoff, Türschilder

Kostenkennwerte für die Kostengruppen der 2.Ebene DIN 276

6400-0062
Jugendzentrum

Modernisierung

KG	Kostengruppe	Menge Einheit	Kosten €	€/Einheit	%
300	**Bauwerk - Baukonstruktionen**				100,0
310	**Baugrube**	11,50 m³ BGI	352	**30,60**	< 0,1

- Herstellen (Kosten: 100,0%) — 352
Erdaushub im Sockelbereich für Perimeterdämmung (64m)

320	**Gründung**	528,80 m² GRF	34.672	**65,57**	4,4

- Abbrechen (Kosten: 7,0%) — 2.428
Abbruch von Gussasphaltestrich (49m²), Eingangsmatten (11m²); Entsorgung, Deponiegebühren

- Herstellen (Kosten: 93,0%) — 32.244
Stb-Bodenplatte C20/25, d=20cm, unter Aufzug (7m²) * Reinigung, Voranstrich, Spachtelung, Linoleum (486m²), Spachtelung, Abdichtung, Bodenfliesen (32m²), Perlite, Dämmplatte, d=8mm, Trittschalldämmung, d=12mm, Gussasphaltestrich, d=30mm (44m²), Bitumenbahn (7m²), Eingangsmatte (4m²) * Sauberkeitsschicht, d=5cm (7m²)

330	**Außenwände**	776,55 m² AWF	223.699	**288,07**	28,2

- Abbrechen (Kosten: 2,8%) — 6.186
Abbruch von Stb-Brüstungen, d=20cm (7m²) * Eingangstüren (13m²), Holz-Alu-Fenstern (174m²) * Holzverkleidungen, Dämmung (52m²), Entfernen von Anstrichen durch abkratzen, abwaschen (155m²)

- Wiederherstellen (Kosten: 0,1%) — 249
Türrahmen geleimt, gespachtelt, lackiert (3m²)

- Herstellen (Kosten: 97,1%) — 217.264
Bohlen, Aufstockung Außenwand (712m), Mauerwerk, d=24cm (81m²) * KS-Mauerwerk, d=24cm (16m²) * Holz-Fensterbänder, Isolierverglasung, Terrassentüren (230m²), Alu-Türelement (6m²), Fensterbänke (83m) * WDVS, Steinwolledämmung, d=120-200mm, Oberputz, Fassadenfarbe (400m²), hinterlüftete Fassade, Dämmung, d=160mm, Fassadenpaneele (123m²), Perimeterdämmung, Putz, Anstrich (15m²) * Vlies, Anstrich (155m²), GK-Vorsatzschalen (95m²), Wandfliesen (37m²) * Raffstore (25m²)

6400-0062 Jugendzentrum

Modernisierung

KG	Kostengruppe	Menge Einheit	Kosten €	€/Einheit	%
340	**Innenwände**	600,36 m² IWF	209.151	**348,38**	26,3

- Abbrechen (Kosten: 3,8%)   7.986
  Abbruch von Fachwerkwänden, Ausfachung mit Klinkersteinen (140m²) * Metallständerwänden, d=10cm, aus Spanplatten, d=19mm, GK-Bekleidungen, d=10mm (236m²) * Metalltüren mit Oberlichter (20m²), Holztüren (11m²), Drückergarnituren (20St) * Fliesen (5m²), Holzvertäfelungen, Unterkonstruktionen (120m²), Entfernen von Anstrichen (624m²) * Holz-Handläufe mit Konsolen (9m); Entsorgung, Deponiegebühren

- Wiederherstellen (Kosten: 1,8%)   3.799
  Stahlzargendichtungen erneuern (7St), Einbau von Lüftungsgitter (3St), Holztüren, reinigen, lackieren (14m²), Stahlzargen, schleifen, Acryllackanstrich (35m²), Bänder erneuern (4St) * Überholungsbeschichtung, Zwischenbeschichtung aus Dispersionsfarbe, Schlussbeschichtung aus Kunstharz-Latex-Farbe (361m²)

- Herstellen (Kosten: 94,4%)   197.366
  KS-Mauerwerk, d=24cm (81m²), Porenbetonmauerwerk (51m²), Stb-Ringbalken (6St), Stb-Stürze (2St) * Metallständerwände F90, d=14,5cm (264m²), KS-Mauerwerk, d=11,5cm (10m²) * Stahlrahmentüren (18m²), Alu-Türelement (6m²), Holztüre (4m²), Holztürblätter (36m²), Holztürblätter T30 (10m²), Stahlzargen (14St) * GK-Vorsatzschalen (278m²), Putz (254m²), Vlies (1.257m²), Anstrich (1.556m²), Wandfliesen (151m²) * Trennwandanlage (23m²), Sanitärtrennwände (41m²) * Handlauf (19m)

KG	Kostengruppe	Menge Einheit	Kosten €	€/Einheit	%
350	**Decken**	943,88 m² DEF	111.073	**117,68**	14,0

- Abbrechen (Kosten: 5,3%)   5.930
  Abbruch von Stb-Decke als Ausschnitt für Aufzugsschacht (6m²), Trapezbleche auf Stahlträgern (5m²) * Mineralfaserplatten, Unterkonstruktion (612m²), Metalldecken (77m²), Holzdecken (46m²) * Treppengeländer, Holzhandlauf; Entsorgung, Deponiegebühren

- Wiederherstellen (Kosten: 0,4%)   463
  Entfernen von Verunreinigungen, losen Altanstrichen, Dispersionsanstrich (19m²) * Gitterroste reinigen, lackieren, Gesamtlänge der einzelnen Stäbe 26m

- Herstellen (Kosten: 94,2%)   104.680
  Stb-Decke C20/25, d=20cm (35m²), Stahlträger (9m) * Bitumenschweißbahn, Steinwolldämmung, d=200mm (477m²), Voranstrich Estrich (387m²), Spachtelung (405m²), Linoleum (358m²), Nadelvlies (28m²), Bodenfliesen (47m²), schwimmender Gussasphaltestrich (28m²), vorhandene Treppe mit Linoleum belegen (10m²) * Akustikdecke (359m²), GK-Brandschutzunterdecke (390m²), GK-Decke (211m²), Spachtelung, Vlies (560m²), Anstrich, Latex (639m²) * Stahltreppengeländer (9m)

KG	Kostengruppe	Menge Einheit	Kosten €	€/Einheit	%
360	**Dächer**	571,93 m² DAF	129.190	**225,88**	16,3

- Abbrechen (Kosten: 10,9%)   14.034
  Abbruch von Lichtkuppeln, Öffnungen verschließen (6m²), Rauchabzug (2m²) * Dämmungen, d=60mm, Bitumenabdichtungen, Kiesschüttung (643m²), Dacheinläufe (4St), Dachhautentlüfter, D=60mm (23St), Dachrandabschlüsse (116m) * Rasterdecke, Unterkonstruktion (17m²); Entsorgung, Deponiegebühren

- Herstellen (Kosten: 89,1%)   115.156
  Holzdachkonstruktion (975m), Stb-Flachdach, d=20cm (39m²) * RWA-Lichtkuppel (1St), Dachausstieg (1St) * Alu-Stehfalzdeckung (530m²), Bitumenschweißbahn (153m²), PS-Gefälledämmplatten, Flachdachabdichtung (196m²), Randbohle, Aluminiumabdeckung (50m), Kastenrinne (47m) * Akustikdecke (135m²), GK-Decke, Anstrich (28m²) * Sekurant (1St), Dachleiter (1St)

KG	Kostengruppe	Menge Einheit	Kosten €	€/Einheit	%
370	**Baukonstruktive Einbauten**	1.140,79 m² BGF	852	**0,75**	0,1

- Herstellen (Kosten: 100,0%)   852
  Küchenarbeitsplatte

KG	Kostengruppe	Menge Einheit	Kosten €	€/Einheit	%
390	**Sonstige Baukonstruktionen**	1.140,79 m² BGF	84.896	**74,42**	10,7

- Herstellen (Kosten: 100,0%)   84.896
  Baustelleneinrichtung, Bauzaun (96m), Müllentsorgung (5t) * Standgerüst (868m²), Stahlgerüst (136m²) * Asbestsanierung, Vier-Kammer-Personenschleuse, Zwei-Kammer-Materialschleuse, Abluftgerät (psch), Ausbauen und verpacken von Spachtelmasse Böden (828m²), Asbestplatten (286m²), Mineralwollisolierung (785m²), Deckenplatten (762m²), Mineralwolle in Wänden (362m²), Reinigen der Arbeitsräume (785m²), Luftmessung * Baureinigung * Montagewände

KG	Kostengruppe	Menge Einheit	Kosten €	€/Einheit	%
400	**Bauwerk - Technische Anlagen**				100,0
410	**Abwasser-, Wasser-, Gasanlagen**	1.140,79 m² BGF	1.986	**1,74**	1,0

- Herstellen (Kosten: 100,0%)   1.986
  Regenfallrohre, Quadratrohr, Titanzink (26m), Standrohre (3St), Dachgully, Edelstahl (3St), Bodenabläufe mit Beton schließen (4St)

KG	Kostengruppe	Menge Einheit	Kosten €	€/Einheit	%
440	**Starkstromanlagen**	1.140,79 m² BGF	120.885	**105,97**	61,9

- Abbrechen (Kosten: 0,1%)   126
  Abbruch von Blitzschutzleitungen, Entsorgung, Deponiegebühren (180m)

- Herstellen (Kosten: 99,9%)   120.759
  Zählerschrank, Unterverteilungen, Sicherungen, FI-Schutzschalter, Mantelleitungen (2.500m), Schalter, Steckdosen, Abzweigdosen (160St), Kabelkanäle, Leerrohre, Brüstungskanäle * Anbauleuchten (78St), Deckenanbauleuchten, rund (31St), Decken-einbauleuchten (369St), Außenwandleuchten (5St), Rettungs- und Sicherheitsleuchten (8St) * Fundamenterder (105m), Potenzialausgleichsschienen (6St), Mantelleitungen (180m), Erdungsbandschellen (12St)

6400-0062 Jugendzentrum

Modernisierung

6400-0062
Jugendzentrum

Modernisierung

KG	Kostengruppe	Menge Einheit	Kosten €	€/Einheit	%
450	**Fernmelde-, informationstechn. Anl.**	1.140,79 m² BGF	27.169	**23,82**	13,9

- Herstellen (Kosten: 100,0%)   27.169
  Rufanlage, Behinderten-WC (1St) * Einbruchmeldezentrale (1St), Bewegungsmelder (13St), Magnetkontakte (10St), Riegelkontakte (80St), Hausalarm-Brandmeldezentrale (1St), Ringbus, Handfeuermelder (1St), Rauchmelder (4St), Bleiakku (2St), Präsenzmelder (15St) * EDV-Verkabelung Cat7, Steckdosen, Patchfelder, 19" Schrank

KG	Kostengruppe	Menge Einheit	Kosten €	€/Einheit	%
460	**Förderanlagen**	1.140,79 m² BGF	45.300	**39,71**	23,2

- Herstellen (Kosten: 100,0%)   45.300
  Personenaufzug, Tragkraft 630kg, h=4m, 2 Haltestellen, Seilaufzug ohne Maschinenraum (1St)

KG	Kostengruppe	Menge Einheit	Kosten €	€/Einheit	%
500	**Außenanlagen**				**100,0**
520	**Befestigte Flächen**	36,16 m²	5.948	**164,50**	48,0

- Abbrechen (Kosten: 2,7%)   159
  Abbruch von Gehwegplatten (3m²) * Hochbordsteinen (16m²); Entsorgung, Deponiegebühren

- Herstellen (Kosten: 97,3%)   5.789
  Stb-Rampe, Zugang, d=25cm, Schalung, Bewehrung (21m²), Platten aufnehmen, zum Wiedereinbau lagern (178m), Vorhandene Waschbeton-Gehwegplatten verlegen (48m), Waschbetonaufkantung (1St)

KG	Kostengruppe	Menge Einheit	Kosten €	€/Einheit	%
540	**Technische Anlagen in Außenanlagen**	– AUF	6.453	–	52,0

- Herstellen (Kosten: 100,0%)   6.453
  Rohrgrabenaushub (77m), KG-Rohre DN150 (52m), DN 200 (40m), Betonschacht (1St)

KG	Kostengruppe	Menge Einheit	Kosten €	€/Einheit	%
600	**Ausstattung und Kunstwerke**				**100,0**
610	**Ausstattung**	1.140,79 m² BGF	23.046	**20,20**	100,0

- Abbrechen (Kosten: 0,1%)   28
  Abbruch von einer Heizkörperverkleidung, Unterkonstruktion, Entsorgung, Deponiegebühren (4m)

- Herstellen (Kosten: 99,9%)   23.018
  Taktiler Übersichtsplan, 600x1.000mm, gegossen, Blindenschrift, Antigraffitibeschichtung, Edelstahl-Untergestell (1St), Aufmerksamkeitsfeld, taktiler Spezialkunststoff (1St), Türschilder (32St)

Kostenkennwerte für die Kostengruppen der 3.Ebene DIN 276 (Übersicht)

6400-0062
Jugendzentrum

Modernisierung

KG	Kostengruppe	Menge Einheit	€/Einheit	Kosten €	% 300+400
300	**Bauwerk - Baukonstruktionen**	1.140,79 m² BGF	695,91	793.884,76	80,3
310	**Baugrube**	11,50 m³ BGI	30,60	351,95	< 0,1
311	Baugrubenherstellung	11,50 m³	30,60	351,95	< 0,1
312	Baugrubenumschließung	–	–	–	–
313	Wasserhaltung	–	–	–	–
319	Baugrube sonstiges	–	–	–	–
320	**Gründung**	528,80 m² GRF	65,57	34.671,53	3,5
321	Baugrundverbesserung	–	–	–	–
322	Flachgründungen	–	–	–	–
323	Tiefgründungen	–	–	–	–
324	Unterböden und Bodenplatten	7,25 m²	45,25	328,05	< 0,1
325	Bodenbeläge	528,80 m²	64,85	34.294,89	3,5
	Abbrechen	59,59 m²	40,74	2.427,95	0,2
	Herstellen	528,80 m²	60,26	31.866,94	3,2
326	Bauwerksabdichtungen	528,80 m²	< 0,1	48,59	< 0,1
327	Dränagen	–	–	–	–
329	Gründung, sonstiges	–	–	–	–
330	**Außenwände**	776,55 m² AWF	288,07	223.699,09	22,6
331	Tragende Außenwände	115,23 m²	163,88	18.883,90	1,9
332	Nichttragende Außenwände	15,80 m²	205,33	3.244,23	0,3
	Abbrechen	7,24 m²	144,67	1.047,42	0,1
	Herstellen	15,80 m²	139,04	2.196,81	0,2
333	Außenstützen	–	–	–	–
334	Außentüren und -fenster	238,79 m²	355,50	84.887,97	8,6
	Abbrechen	187,35 m²	24,11	4.517,13	0,5
	Wiederherstellen	3,15 m²	79,09	249,12	< 0,1
	Herstellen	235,64 m²	340,02	80.121,73	8,1
335	Außenwandbekleidungen außen	537,76 m²	181,36	97.530,11	9,9
336	Außenwandbekleidungen innen	191,95 m²	56,98	10.937,00	1,1
	Abbrechen	206,92 m²	3,00	621,22	0,1
	Herstellen	191,95 m²	53,74	10.315,79	1,0
337	Elementierte Außenwände	–	–	–	–
338	Sonnenschutz	25,41 m²	318,14	8.084,03	0,8
339	Außenwände, sonstiges	776,55 m²	0,17	131,84	< 0,1
340	**Innenwände**	600,36 m² IWF	348,38	209.151,21	21,1
341	Tragende Innenwände	138,92 m²	137,89	19.155,75	1,9
	Abbrechen	139,83 m²	10,88	1.521,26	0,2
	Herstellen	138,92 m²	126,94	17.634,49	1,8
342	Nichttragende Innenwände	273,30 m²	81,97	22.401,58	2,3
	Abbrechen	235,95 m²	12,08	2.851,20	0,3
	Herstellen	273,30 m²	71,53	19.550,38	2,0
343	Innenstützen	–	–	–	–
344	Innentüren und -fenster	123,56 m²	556,30	68.733,88	6,9
	Abbrechen	31,21 m²	22,93	715,57	0,1
	Wiederherstellen	49,38 m²	51,90	2.562,41	0,3
	Herstellen	74,18 m²	882,39	65.455,88	6,6

© **BKI** Baukosteninformationszentrum   Kostenstand: 3.Quartal 2015, Bundesdurchschnitt, **inkl. 19% MwSt.**

6400-0062 Jugendzentrum

Modernisierung

KG	Kostengruppe	Menge	Einheit	€/Einheit	Kosten €	% 300+400
345	Innenwandbekleidungen	2.089,86	m²	35,23	73.635,32	7,4
	Abbrechen	748,70	m²	3,55	2.660,85	0,3
	Wiederherstellen	361,30	m²	3,42	1.236,22	0,1
	Herstellen	1.708,56	m²	40,82	69.738,24	7,0
346	Elementierte Innenwände	64,96	m²	352,79	22.917,53	2,3
349	Innenwände, sonstiges	600,36	m²	3,84	2.307,16	0,2
	Abbrechen	406,99	m²	0,58	237,42	< 0,1
	Herstellen	551,36	m²	3,75	2.069,75	0,2
350	**Decken**	**943,88**	**m² DEF**	**117,68**	**111.072,53**	**11,2**
351	Deckenkonstruktionen	34,87	m²	241,96	8.437,17	0,9
	Abbrechen	10,50	m²	182,54	1.916,65	0,2
	Herstellen	34,87	m²	186,99	6.520,51	0,7
352	Deckenbeläge	925,32	m²	45,45	42.057,67	4,3
353	Deckenbekleidungen	1.016,14	m²	56,11	57.017,86	5,8
	Abbrechen	737,30	m²	5,36	3.949,08	0,4
	Wiederherstellen	18,56	m²	8,38	155,53	< 0,1
	Herstellen	997,58	m²	53,04	52.913,27	5,3
359	Decken, sonstiges	943,88	m²	3,77	3.559,85	0,4
	Abbrechen	747,80	m²	< 0,1	64,24	< 0,1
	Wiederherstellen	18,56	m²	16,55	307,24	< 0,1
	Herstellen	925,32	m²	3,45	3.188,36	0,3
360	**Dächer**	**571,93**	**m² DAF**	**225,88**	**129.190,24**	**13,1**
361	Dachkonstruktionen	568,72	m²	54,68	31.099,63	3,1
362	Dachfenster, Dachöffnungen	3,21	m²	1.997,40	6.411,64	0,6
	Abbrechen	7,71	m²	18,84	145,24	< 0,1
	Herstellen	3,21	m²	1.952,15	6.266,39	0,6
363	Dachbeläge	738,13	m²	112,91	83.338,38	8,4
	Abbrechen	643,25	m²	21,43	13.782,94	1,4
	Herstellen	738,13	m²	94,23	69.555,42	7,0
364	Dachbekleidungen	163,30	m²	47,26	7.717,73	0,8
	Abbrechen	16,62	m²	6,37	105,84	< 0,1
	Herstellen	163,30	m²	46,61	7.611,89	0,8
369	Dächer, sonstiges	571,93	m²	1,09	622,87	0,1
370	**Baukonstruktive Einbauten**	**1.140,79**	**m² BGF**	**0,75**	**851,91**	**0,1**
371	Allgemeine Einbauten	1.140,79	m² BGF	0,75	851,91	0,1
372	Besondere Einbauten	–		–	–	–
379	Baukonstruktive Einbauten, sonstiges	–		–	–	–
390	**Sonst. Maßnahmen Baukonstruktionen**	**1.140,79**	**m² BGF**	**74,42**	**84.896,28**	**8,6**
391	Baustelleneinrichtung	1.140,79	m² BGF	7,60	8.670,35	0,9
392	Gerüste	1.140,79	m² BGF	12,75	14.547,63	1,5
393	Sicherungsmaßnahmen	–		–	–	–
394	Abbruchmaßnahmen	1.140,79	m² BGF	48,66	55.506,46	5,6
395	Instandsetzungen	–		–	–	–
396	Materialentsorgung	1.140,79	m² BGF	< 0,1	44,70	< 0,1
397	Zusätzliche Maßnahmen	1.140,79	m² BGF	3,83	4.374,02	0,4
398	Provisorische Baukonstruktionen	1.140,79	m² BGF	1,54	1.753,13	0,2
399	Sonst. Maßnahmen für Baukonstruktionen, sonst.	–		–	–	–

6400-0062
Jugendzentrum

Modernisierung

KG	Kostengruppe	Menge Einheit	€/Einheit	Kosten €	% 300+400
400	**Bauwerk - Technische Anlagen**	**1.140,79 m² BGF**	**171,23**	**195.340,56**	**19,7**
410	**Abwasser-, Wasser-, Gasanlagen**	**1.140,79 m² BGF**	**1,74**	**1.986,06**	**0,2**
411	Abwasseranlagen	1.140,79 m² BGF	1,74	1.986,06	0,2
412	Wasseranlagen	–	–	–	–
413	Gasanlagen	–	–	–	–
419	Abwasser-, Wasser-, Gasanlagen, sonstiges	–	–	–	–
420	**Wärmeversorgungsanlagen**	–	–	–	–
430	**Lufttechnische Anlagen**	–	–	–	–
440	**Starkstromanlagen**	**1.140,79 m² BGF**	**105,97**	**120.885,09**	**12,2**
441	Hoch- und Mittelspannungsanlagen	–	–	–	–
442	Eigenstromversorgungsanlagen	–	–	–	–
443	Niederspannungsschaltanlagen	–	–	–	–
444	Niederspannungsinstallationsanlagen	1.140,79 m² BGF	71,84	81.956,84	8,3
445	Beleuchtungsanlagen	1.140,79 m² BGF	32,71	37.317,70	3,8
446	Blitzschutz- und Erdungsanlagen	1.140,79 m² BGF	1,41	1.610,55	0,2
	Abbrechen	1.140,79 m² BGF	0,11	125,68	< 0,1
	Herstellen	1.140,79 m² BGF	1,30	1.484,86	0,2
449	Starkstromanlagen, sonstiges	–	–	–	–
450	**Fernm.- und informationstechn. Anlagen**	**1.140,79 m² BGF**	**23,82**	**27.168,92**	**2,7**
451	Telekommunikationsanlagen	–	–	–	–
452	Such- und Signalanlagen	1.140,79 m² BGF	0,25	288,79	< 0,1
453	Zeitdienstanlagen	–	–	–	–
454	Elektroakustische Anlagen	–	–	–	–
455	Fernseh- und Antennenanlagen	–	–	–	–
456	Gefahrenmelde- und Alarmanlagen	1.140,79 m² BGF	12,10	13.805,08	1,4
457	Übertragungsnetze	1.140,79 m² BGF	11,46	13.075,08	1,3
459	Fernmelde- und informationstechn. Anl., sonst.	–	–	–	–
460	**Förderanlagen**	**1.140,79 m² BGF**	**39,71**	**45.300,48**	**4,6**
461	Aufzugsanlagen	1.140,79 m² BGF	39,71	45.300,48	4,6
462	Fahrtreppen, Fahrsteige	–	–	–	–
463	Befahranlagen	–	–	–	–
464	Transportanlagen	–	–	–	–
465	Krananlagen	–	–	–	–
469	Förderanlagen, sonstiges	–	–	–	–
470	**Nutzungsspezifische Anlagen**	–	–	–	–
480	**Gebäudeautomation**	–	–	–	–
490	**Sonst. Maßnahmen für Techn. Anlagen**	–	–	–	–

6400-0062 Jugendzentrum

Modernisierung

Kostenkennwerte für Leistungsbereiche nach StLB (Kosten des Bauwerks nach DIN 276)

LB	Leistungsbereiche	Kosten €	€/m² BGF	€/m³ BRI	% an 3+4
000	Sicherheits-, Baustelleneinrichtungen inkl. 001	23.218	20,40	4,90	2,3
002	Erdarbeiten	352	0,31	< 0,1	–
006	Spezialtiefbauarbeiten inkl. 005	–	–	–	–
009	Entwässerungskanalarbeiten inkl. 011	–	–	–	–
010	Dränarbeiten	–	–	–	–
012	Mauerarbeiten	30.589	26,80	6,50	3,1
013	Betonarbeiten	16.704	14,60	3,50	1,7
014	Natur-, Betonwerksteinarbeiten	426	0,37	< 0,1	–
016	Zimmer- und Holzbauarbeiten	39.380	34,50	8,30	4,0
017	Stahlbauarbeiten	484	0,42	0,10	–
018	Abdichtungsarbeiten	–	–	–	–
020	Dachdeckungsarbeiten	–	–	–	–
021	Dachabdichtungsarbeiten	32.056	28,10	6,80	3,2
022	Klempnerarbeiten	63.757	55,90	13,50	6,4
	Rohbau	**206.966**	**181,40**	**43,70**	**20,9**
023	Putz- und Stuckarbeiten, Wärmedämmsysteme	60.776	53,30	12,80	6,1
024	Fliesen- und Plattenarbeiten	22.725	19,90	4,80	2,3
025	Estricharbeiten	8.699	7,60	1,80	0,9
026	Fenster, Außentüren inkl. 029, 032	90.603	79,40	19,10	9,2
027	Tischlerarbeiten	17.617	15,40	3,70	1,8
028	Parkett-, Holzpflasterarbeiten	–	–	–	–
030	Rollladenarbeiten	6.195	5,40	1,30	0,6
031	Metallbauarbeiten inkl. 035	37.366	32,80	7,90	3,8
034	Maler- und Lackiererarbeiten inkl. 037	58.580	51,40	12,40	5,9
036	Bodenbelagsarbeiten	39.540	34,70	8,40	4,0
038	Vorgehängte hinterlüftete Fassaden	43.851	38,40	9,30	4,4
039	Trockenbauarbeiten	104.951	92,00	22,20	10,6
	Ausbau	**490.903**	**430,30**	**103,70**	**49,6**
040	Wärmeversorgungsanlagen, inkl. 041	–	–	–	–
042	Gas- und Wasseranlagen, Leitungen inkl. 043	–	–	–	–
044	Abwasseranlagen - Leitungen	–	–	–	–
045	Gas, Wasser, Entwässerung - Ausstattung inkl. 046	–	–	–	–
047	Dämmarbeiten an technischen Anlagen	–	–	–	–
049	Feuerlöschanlagen, Feuerlöschgeräte	–	–	–	–
050	Blitzschutz- und Erdungsanlagen	1.485	1,30	0,31	0,2
052	Mittelspannungsanlagen	–	–	–	–
053	Niederspannungsanlagen inkl. 054	83.846	73,50	17,70	8,5
055	Ersatzstromversorgungsanlagen	–	–	–	–
057	Gebäudesystemtechnik	–	–	–	–
058	Leuchten und Lampen, inkl. 059	37.318	32,70	7,90	3,8
060	Elektroakustische Anlagen	289	0,25	< 0,1	–
061	Kommunikationsnetze, inkl. 063	26.880	23,60	5,70	2,7
069	Aufzüge	45.300	39,70	9,60	4,6
070	Gebäudeautomation	–	–	–	–
075	Raumlufttechnische Anlagen	–	–	–	–
	Gebäudetechnik	**195.118**	**171,00**	**41,20**	**19,7**
084	Abbruch- und Rückbauarbeiten	36.690	32,20	7,80	3,7
	Sonstige Leistungsbereiche inkl. 008, 033, 051	**59.549**	**52,20**	**12,60**	**6,0**

Objekte

6600-0015
Naturfreundehaus

Objektübersicht

Umbau

BRI 467 €/m³ **BGF** 1.445 €/m² **NF** 2.398 €/m² **NE** 61.247 €/NE Bett

Objekt:
Kennwerte: 3.Ebene DIN 276
BRI: 6.034m³
BGF: 1.950m²
NF: 1.175m²
Bauzeit: 39 Wochen
Bauende: 2008
Standard: Durchschnitt
Kreis: Konstanz,
Baden-Württemberg

Architekt:
Georg Beuchle
Dipl.-Ing. FH Freier Architekt
Am Pfarrgarten 1
75210 Keltern

Bauherr:
"Die Naturfreunde"
Landesverband Baden e.V.
Radolfzellerstraße 1
78315 Radolfzell

352 © BKI Baukosteninformationszentrum Kostenstand: 3.Quartal 2015, Bundesdurchschnitt, **inkl. 19% MwSt.**

Zeichnungen

6600-0015
Naturfreundehaus

Ansicht Nord   Ansicht Süd

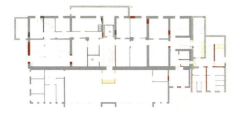

Untergeschoss

Schnitt A-A

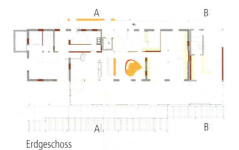

Erdgeschoss

Ansicht West

1. Obergeschoss

Schnitt B-B

Dachgeschoss   Ansicht Ost

© BKI Baukosteninformationszentrum   Kostenstand: 3.Quartal 2015, Bundesdurchschnitt, inkl. 19% MwSt.

6600-0015 Naturfreundehaus

Umbau

Objektbeschreibung

Allgemeine Objektinformationen

Im Zuge der Modernisierungsmaßnahme wurde das Naturfreundehaus bis auf die Außenmauern des Erdgeschosses und Obergeschoss entkernt. Das Dachgeschoss wurde neu erstellt, im Erdgeschoss wurde die vorhandene Terrasse als Gastraum überbaut. An der Zugangseite wurde über alle Geschosse angebaut. Das Gebäude wird durch die zurückgesetzten Geschosse horizontal gegliedert und fügt sich so in die zum See hin leicht abfallende Uferlandschaft ein. Der Gastraum und alle Zimmer sind zum See hin ausgerichtet. Die Erschließung des Gebäudes erfolgt von der See abgewandten Seite.

Nutzung

1 Untergeschoss
Anlieferung, Kühlräume, Lager- und Abstellräume, Personalräume, Sanitärräume, Technik

1 Erdgeschoss
Speiseraum (90 Sitzplätze innen, 70 Sitzplätze außen), Gastronomieküche, Ausschank, Seminarraum, Kinderspielbereich, Empfang, Büro

1 Obergeschoss
Gästezimmer, Bettenlager, Wohnbereich Betriebsleiter

1 Dachgeschoss
Gästezimmer, Bettenlager, Wohnbereich Betriebsleiter

Besonderer Kosteneinfluss Nutzung:
Das Naturfreundehaus befindet sich im Naturschutzgebiet in direkter Uferlage des Bodensees.

Nutzeinheiten

Betten: 46
Sitzplätze: 160
Wohneinheiten: 1

Grundstück

Bauraum: Freier Bauraum
Neigung: Geneigtes Gelände
Bodenklasse: BK 1 bis BK 4

Markt

Hauptvergabezeit: 1.Quartal 2008
Baubeginn: 4.Quartal 2007
Bauende: 3.Quartal 2008
Konjunkturelle Gesamtlage: über Durchschnitt
Regionaler Baumarkt: unter Durchschnitt

Baubestand

Baujahr: 19.Jh
Bauzustand: schlecht
Aufwand: hoch
Grundrissänderungen: umfangreiche
Tragwerkseingriffe: einige
Nutzungsänderung: nein
Nutzung während der Bauzeit: nein

Baukonstruktion

Im Außenbereich wurde Lärchenholz in unterschiedlicher Weise eingesetzt, als Stülpschalung und feingliedrige Leisten differenziert es die Fassade. Die Möbel im Innenbereich bestehen aus Ahorn, Birke und Buche. Benötigte Akustikelemente sind aus Weißtanne gefertigt.

Technische Anlagen

Die technischen Anlagen wurden größtenteils zurückgebaut. Nur die Heizverteilung im Technikraum ist erhalten geblieben.

Sonstiges

Besonderer Wert wurde auf den verantwortungsvollen Umgang mit allen benötigten Ressourcen gelegt, so kamen größtenteils ökologische Materialien zum Einsatz.

6600-0015
Naturfreundehaus

Umbau

Planungskennwerte für Flächen und Rauminhalte nach DIN 277

	Flächen des Grundstücks	Menge, Einheit	% an FBG	
BF	Bebaute Fläche	705,00 m²	3,5	
UBF	Unbebaute Fläche	19.295,00 m²	96,5	
FBG	Fläche des Baugrundstücks	20.000,00 m²	100,0	

	Grundflächen des Bauwerks	Menge, Einheit	% an NF	% an BGF
NF	Nutzfläche	1.175,00 m²	100,0	60,3
TF	Technische Funktionsfläche	28,00 m²	2,4	1,4
VF	Verkehrsfläche	381,00 m²	32,4	19,5
NGF	Netto-Grundfläche	1.584,00 m²	134,8	81,2
KGF	Konstruktions-Grundfläche	366,00 m²	31,2	18,8
BGF	Brutto-Grundfläche	1.950,00 m²	166,0	100,0

	Brutto-Rauminhalt des Bauwerks	Menge, Einheit	BRI/NF (m)	BRI/BGF (m)
BRI	Brutto-Rauminhalt	6.034,20 m³	5,14	3,09

Lufttechnisch behandelte Flächen	Menge, Einheit	% an NF	% an BGF
Entlüftete Fläche	– m²	–	–
Be- und entlüftete Fläche	– m²	–	–
Teilklimatisierte Fläche	– m²	–	–
Klimatisierte Fläche	– m²	–	–

KG	Kostengruppen (2.Ebene)	Menge, Einheit	Menge/NF	Menge/BGF
310	Baugrube	372,05 m³ BGI	0,32	0,19
320	Gründung	255,77 m² GRF	0,22	0,13
330	Außenwände	1.411,16 m² AWF	1,20	0,72
340	Innenwände	2.687,50 m² IWF	2,29	1,38
350	Decken	1.041,54 m² DEF	0,89	0,53
360	Dächer	770,58 m² DAF	0,66	0,40

Kostenkennwerte für die Kostengruppen der 1.Ebene DIN 276

KG	Kostengruppen (1.Ebene)	Einheit	Kosten €	€/Einheit	€/m² BGF	€/m³ BRI	% 300+400
100	Grundstück	m² FBG	–	–	–	–	–
200	Herrichten und Erschließen	m² FBG	–	–	–	–	–
300	Bauwerk - Baukonstruktionen	m² BGF	1.860.267	953,98	953,98	308,29	66,0
400	Bauwerk - Technische Anlagen	m² BGF	957.102	490,82	490,82	158,61	34,0
	Bauwerk 300+400	**m² BGF**	**2.817.369**	**1.444,80**	**1.444,80**	**466,90**	**100,0**
500	Außenanlagen	m² AUF	–	–	–	–	–
600	Ausstattung und Kunstwerke	m² BGF	143.608	73,65	73,65	23,80	5,1
700	Baunebenkosten	m² BGF	–	–	–	–	–

© BKI Baukosteninformationszentrum   Kostenstand: 3.Quartal 2015, Bundesdurchschnitt, inkl. 19% MwSt.

Naturfreundehaus

Umbau

Kostenkennwerte für die Kostengruppen der 1. Ebene DIN 276

KG	Kostengruppe	Menge Einheit	Kosten €	€/Einheit	%
3+4	**Bauwerk**				100,0
300	**Bauwerk - Baukonstruktionen**	1.950,00 m² BGF	1.860.267	**953,98**	66,0

- Abbrechen (Kosten: 5,2%) — 96.261
  Abbruch von Fundamenten, Stb-Bodenplatten, Noppenbelag, Ziegelboden; Mauerwerk, Holzständerwänden, Fenstern, Terrassenverglasung, Außenputz, Fensterläden; Türen, Innenputz, Trennwänden; Decken, Teppichboden, Parkett, Estrich, Bretterboden, Nut- und Feder-Decke, abgehängter Decke; Dachstuhlkonstruktionen, Dachdeckung; Entsorgung, Deponiegebühren

- Wiederherstellen (Kosten: 0,7%) — 12.856
  Untergrund reinigen, prüfen, Unebenheiten ausgleichen; Türen kürzen, Türen versetzen, Türe drehen; schadhafte Holzbalken ersetzen, Dielenfußboden für Trockenestrich vorbereiten

- Herstellen (Kosten: 94,1%) — 1.751.149
  Fundamente, Bodenplatte, Estrich, Fliesen, Epoxidharz; Stb-Wände, Holzwände, Mauerwerk, Fenster, Putz, Holzschalung, GK-Platten, Anstrich, Fliesen, Pfosten-Riegel-Konstruktion, Balkonüberdachung, Stahlrampe; Metallständerwände, Türen, Lasur, Holzpaneele, WC-Trennwände; Decken, Treppen, Linoleum, Parkett, Akustikdecke; Pultdach, Flachdach, Dachbegrünung, Holzbohlenbelag, Betonplatten; Einbaumöbel; Unterfangungen

KG	Kostengruppe	Menge Einheit	Kosten €	€/Einheit	%
400	**Bauwerk - Technische Anlagen**	1.950,00 m² BGF	957.102	**490,82**	34,0

- Abbrechen (Kosten: 0,4%) — 3.991
  Rückbau von fast allen technischen Anlagen, ausgenommen der Heizverteilung im Technikraum; Entsorgung, Deponiegebühren

- Wiederherstellen (Kosten: 1,0%) — 9.344
  Druckkessel versetzen, Wärmepumpe ersetzen; Demontage alte Verteilungen, Montage neue Verteilungen und Zähler, Einbau EVU Wandler, Sicherungsverteiler wieder montieren, neue Zähler einbauen, Umbau vorhandener Verteiler; Wiedereinbau von eingelagerter Profispülmaschine

- Herstellen (Kosten: 98,6%) — 943.766
  Gebäudeentwässerung, Kalt- und Warmwasserleitungen, Sanitärobjekte; Erweiterung Gas-Brennwert-Heizanlage, Solaranlage, Fußbodenheizung, Heizkörper; Zuluftgerät, Abluftgerät, Einraumlüfter; Fotovoltaikanlage, Elektroinstallation, Beleuchtung, Blitzschutzanlage; Fernmeldeleitungen, Telefonanlage, Türsprechanlage, Sat-Anlage, Brandmeldeanlage, EDV-Verkabelung; Aufzug; Ausstattung Gastronomieküche

KG	Kostengruppe	Menge Einheit	Kosten €	€/Einheit	%
500	**Außenanlagen**	19.295,00 m² AUF	9.003	**0,47**	

- Abbrechen (Kosten: 0,0%)   9.003
  Abbruch von Asphalt, Betonsteinpflaster, Betonrandsteinen; Stützwänden, Treppen; Entsorgung, Deponiegebühren

- Wiederherstellen (Kosten: 0,0%)   2.675
  Betonplatten ausbauen, wieder verlegen, Sandsteinplatten säubern, wieder verlegen, Rindenmulch ausbauen, auf Gelände verteilen, neuen Holzhäcksel-Fallschutz einbauen; vorhandene Rundpalisaden versetzen, vorhandene Winkelstufe neu setzen, Stufenplatten abbauen, wieder einbauen; Schächte höhersetzen

- Herstellen (Kosten: 0,0%)   137.492
  Wurzelstöcke entfernen, Erdarbeiten; Kalkstein-Sandgemisch, Pflasterbelag, Terrasse, Holzbohlenbelag; Zaun, Geländer, Stufen, Terrassenüberdachung; Oberflächenentwässerung; Spielrasen

KG	Kostengruppe	Menge Einheit	Kosten €	€/Einheit	%
600	**Ausstattung und Kunstwerke**	1.950,00 m² BGF	143.608	**73,65**	5,1

- Herstellen (Kosten: 100,0%)   143.608
  Tische, Stühle, Betten, Kleiderschränke, Sanitärausstattungen * Zimmerschilder, Hinweisschilder

6600-0015
Naturfreundehaus

Umbau

6600-0015
Naturfreundehaus

Umbau

Kostenkennwerte für die Kostengruppen der 2.Ebene DIN 276

KG	Kostengruppe	Menge Einheit	Kosten €	€/Einheit	%
300	**Bauwerk - Baukonstruktionen**				100,0
310	**Baugrube**	372,05 m³ BGI	7.834	**21,06**	0,4

- Herstellen (Kosten: 100,0%)   7.834
Baugrubenaushub BK 3-5 (340m³), Baugrubenaushub BK 3-5, seitlich lagern (32m³), Arbeitsräume verfüllen (97m³), Aushub abfahren (138m³)

320	**Gründung**	255,77 m² GRF	67.509	**263,94**	3,6

- Abbrechen (Kosten: 14,7%)   9.930
Abbruch von Fundamenten (4m³), Betonsockeln (16m) * Stb-Bodenplatten (140m²) * Noppenbelag (34m²), Ziegelboden (27m²); Entsorgung, Deponiegebühren

- Herstellen (Kosten: 85,3%)   57.580
Stb-Streifenfundamente (15m²), Köcher (12St) * Stb-Bodenplatte, WU-Beton (150m²), Aufzugsunterfahrt (6m²) * Abdichtung, Wärmedämmung, Zementestrich (251m²), Fliesen (193m²), Epoxidharzbeschichtung (54m²), Verbundestrich, Versiegelung (8m²) * Sauberkeitsschicht, Kiesfilter, PE-Folie (111m²) * Dränageleitungen, Kiesfilter, Filtervlies (70m)

330	**Außenwände**	1.411,16 m² AWF	530.757	**376,11**	28,5

- Abbrechen (Kosten: 2,3%)   12.204
Abbruch von Mauerwerk (86m²), Gaubenwänden (102m²) * Holzständerwänden (55m²) * Holzfenstern (85m²), Holztüre (2m²), Terrassenverglasung (70m²), Fensterbänken (68St), Kellerfenstern (8St) * Außenputz (85m²) * Fensterläden (85m²); Entsorgung, Deponiegebühren

- Wiederherstellen (Kosten: 0,0%)   193
Untergrund reinigen, auf Festigkeit und Tragfähigkeit prüfen, Unebenheiten ausgleichen (640m²)

- Herstellen (Kosten: 97,7%)   518.359
Stb-Wände (200m²), Holzrahmenwände (612m²), Hlz-Mauerwerk (76m²) * Stahlstützen (16m) * Holzfenster und -türen (117m²), Holz-Alu-Fenster (6m²), Alufenster (6m²) * Sockelputz (78m²), Stülpschalung (462m²), Putz (244m²), Leistenschalung (161m²) * GK-Platten (355m²), Kalkputz (414m²), Kalkzementputz (102m²), Silikatanstrich (640m²), Streichputz (429m²), Fliesen (102m²) * Pfosten-Riegel-Konstruktion (105m²) * Balkonüberdachung, Stahl, Glas (47m²) * Stahlgeländer, Spannseile (15m²), Stahlrampe, Gitterrostbelag (16m²), Insektenschutzelemente (111m²)

KG	Kostengruppe	Menge Einheit	Kosten €	€/Einheit	%
340	**Innenwände**	2.687,50 m² IWF	430.338	**160,13**	23,1

- Abbrechen (Kosten: 5,4%) — 23.352
  Abbruch von Mauerwerk (156m²), Holzständerwänden (75m²), Entkernen von Holzständerwänden (550m²) * Mauerwerk (140m²), Holzständerwänden (157m²) * Innentüren (83St) * Innenputz (660m²) * WC-Trennwänden (39m²); Entsorgung, Deponiegebühren

- Wiederherstellen (Kosten: 0,5%) — 2.187
  Türen mit Zargen kürzen (3St), Türen versetzen, entstandene Öffnungen schließen (2St), Tür ausbauen, drehen, wieder einbauen (1St) * Untergrund reinigen, auf Festigkeit und Tragfähigkeit prüfen, Unebenheiten ausgleichen (2.770m²)

- Herstellen (Kosten: 94,1%) — 404.799
  Stb-Wände (154m²), KS-Mauerwerk (56m²), Hlz-Mauerwerk (38m²), Einblasdämmung (475m²) * Holzrahmenwände (469m²), Metallständerwände (366m²), Hlz-Mauerwerk (68m²) * Stahlstützen (53m) * Holztüren, Stahlzargen, (128m²), Schiebetüren (6m²), Brandschutzelemente (22m²), Holztüren (9m²), Stahltüren (15m²), Glastüren (7m²) * Innenputz (2.238m²), Trockenputz (1.244m²), Silikatanstrich (2.831m²), Silikat-Streichputz (1.538m²), Wandfliesen (389m²), Sichtbetonlasur (81m²), Holzpaneele (11m²), Epoxidharzbeschichtung (16m²) * WC-Trennwände (37m²), Holzrahmen-Glaselemente (18m²) * Handläufe (53m)

KG	Kostengruppe	Menge Einheit	Kosten €	€/Einheit	%
350	**Decken**	1.041,54 m² DEF	382.672	**367,41**	20,6

- Abbrechen (Kosten: 8,1%) — 31.080
  Abbruch von Stb-Decken (460m²), Hohlkörperdecken (5m²), Betontreppen (25m²) * Teppichboden (938m²), Noppenbelag (143m²), Parkettboden (66m²), Estrich (302m²), Dämmung (219m²), Bretterboden (320m²), Streifboden, Schüttung (234m²) * Nut- und Feder-Decke (264m²), Putz mit Putzträger (46m²), abgehängte Decke (18m²); Entsorgung, Deponiegebühren

- Wiederherstellen (Kosten: 2,7%) — 10.477
  Schadhafte Holzbalken ersetzen (58St) * Dielenfußboden für Trockenestrich vorbereiten (510m²), Deckenbalken, Deckenblenden demontieren, teilweise neu zuschneiden, Unterkonstruktionen neu montieren (119m²)

- Herstellen (Kosten: 89,1%) — 341.116
  Stb-Decken (227m²), Holzbalkendecken (39m²), Galerieböden (57m²), Betontreppen (41m²), Holztreppen (23m²) * Estrich (1.054m²), Linoleum (460m²), Parkett (389m²), Fliesen (91m²), Epoxidharz (82m²) * GK-Platten-Decken (734m²), Akustikdecke (111m²), Silikatanstrich (895m²), Holzlasur (93m²), Oberputz (31m²), 3S-Platten (18m²) * Stahlgeländer, Holzfüllungen, Spannseile, Füllstäbe (28m²)

6600-0015
Naturfreundehaus

Umbau

6600-0015
Naturfreundehaus

Umbau

KG	Kostengruppe	Menge Einheit	Kosten €	€/Einheit	%
360	**Dächer**	770,58 m² DAF	325.287	**422,13**	17,5

- Abbrechen (Kosten: 5,2%) — 16.832
  Abbruch von Dachstuhlkonstruktionen (557m²) * Gaubenfenstern (29m²), Dachflächenfenstern (12m²) * Biberschwanzdachdeckung (331m²), Traufschalung (55m²), Kupferblechdeckung (60m²), Betonsteinpflaster (152m²), Regenrinnen (100m) * Putz mit Putzträger (222m²), Mineralwolledämmung (134m²); Entsorgung, Deponiegebühren

- Herstellen (Kosten: 94,8%) — 308.455
  Pultdach, KVH, Dämmung (354m²), Flachdach, KVH, Dämmung (169m²) * Lichtkuppeln (3St) * Dachschalung, Unterspannbahn, Lüfterrahmen, Schalung, Abdichtung, Aufbau Dachbegrünung (561m²), Holzbohlenbelag (72m²), Betonplatten (109m²) * Gipsfaserplatten, Farbanstrich (361m²), 3S-Platten, Holzlasur (172m²), Akustikdecke (112m²) * Stahlgeländer, Leistenschalung (104m²), Handläufe (85m), Balkonpodest (9m²)

KG	Kostengruppe	Menge Einheit	Kosten €	€/Einheit	%
370	**Baukonstruktive Einbauten**	1.950,00 m² BGF	72.785	**37,33**	3,9

- Herstellen (Kosten: 100,0%) — 72.785
  Holzrahmenelement, Theke, Multiplex furniert, Verglasung, Glasschiebeelemente (10m²), Wandpaneele (15m²), Regale (4St), Schränke (8St), Sitzbänke, Rollkästen (2St), Galeriebrüstungen aus Regalen, Türe, Füllelement (8St), Küchenzeilen (2St), Tische, Massivholz (8m), Duschabtrennungen (10St)

KG	Kostengruppe	Menge Einheit	Kosten €	€/Einheit	%
390	**Sonstige Baukonstruktionen**	1.950,00 m² BGF	43.085	**22,09**	2,3

- Abbrechen (Kosten: 6,6%) — 2.863
  Baugelände freiräumen von Steinen, Mauerresten, Zäunen, Toren und Müll; Entsorgung, Deponiegebühren

- Herstellen (Kosten: 93,4%) — 40.222
  Baustelleneinrichtungen (3St), Baustellen-WC (1St), Bauzaun (66m) * Fassadengerüst (1.248m²), Dachfanggerüst (116m²), Gerüstverbreiterung (194m) * Stb-Unterfangungen (2m³) * Bauschutt, mineralisch (95t), Bauschutt, gemischt (14t) * Plane (765m²), Schutzfolie (1.575m²), Gasöfen vorhalten (208h), Endreinigung * Provisorische Regenfallrohre (16m), Türen (2St), Trittstufen (24St)

KG	Kostengruppe	Menge Einheit	Kosten €	€/Einheit	%
400	**Bauwerk - Technische Anlagen**				**100,0**
410	**Abwasser-, Wasser-, Gasanlagen**	1.950,00 m² BGF	221.431	**113,55**	23,1

- Abbrechen (Kosten: 1,0%) — 2.106
  Abbruch von Stb-Revisionsschacht (1St), Fettabscheider (1St) * Wasserleitungen (582m), Sanitärgegenständen (100St); Entsorgung, Deponiegebühren

- Herstellen (Kosten: 99,0%) — 219.325
  KG-Grundleitungen (295m), Regenfallrohre (82m), SML-Rohre (126m), PE-Rohre (130m), Rohrbelüfterstationen (12St) * Kalt- und Warmwasserleitungen, Edelstahl (666m), Hart-PVC-Rohre (400m), Verbundrohre (451m), Polyrohre (122m), Enthärtungsanlage (1St), Waschtische (26St), Wand-WCs (26St), Urinale (3St), Duschwannen (15St), Badewannen (2St), Ausgussbecken (5St) * Montageelemente (48St)

KG	Kostengruppe	Menge Einheit	Kosten €	€/Einheit	%
420	**Wärmeversorgungsanlagen**	1.950,00 m² BGF	125.104	**64,16**	13,1

- Abbrechen (Kosten: 1,4%)   1.761
  Abbruch von Wärme- und Zirkulationspumpen (4St), Kachelöfen (2St) * Schornsteinen (2St); Entsorgung, Deponiegebühren

- Wiederherstellen (Kosten: 1,1%)   1.404
  Druckkessel versetzen (1St), Wärmepumpen ausbauen, neue Pumpe einbauen (1St)

- Herstellen (Kosten: 97,5%)   121.938
  Erweiterung Gas-Brennwert-Heizanlage (1St), Solaranlage (36m²), Pufferspeicher (2St), Schichtenspeicher (1St) * Mehrschicht-Verbundrohre (740m), Gewinderohre (283m), C-Stahlrohre (518m), Rohrdämmung (757m) * Fußbodenheizung (120m²), Röhrenradiatoren (59St), Handtuchheizkörper (14St), Konvektor (1St), Bodenkanalheizungen (5St), Stellantriebe (29St), Thermostatventile

KG	Kostengruppe	Menge Einheit	Kosten €	€/Einheit	%
430	**Lufttechnische Anlagen**	1.950,00 m² BGF	52.803	**27,08**	5,5

- Abbrechen (Kosten: 0,2%)   124
  Abbruch von Wickelfalzrohren (6m), Lüftungsgittern (8St); Entsorgung, Deponiegebühren

- Herstellen (Kosten: 99,8%)   52.678
  Zuluftgerät 4000m³/h (1St), Abluftgerät 4500m³/h (1St), Regelgerät (1St), Abgasrohre DN500 (8m), Rechteckkanal (156m²), Jalousieklappe, luftdicht (1St), Luftgitter (16St), Einraumlüfter 100m³/h (23St), Wickelfalzrohre DN100 (114m), Aluflexrohre DN80 (31m), Abluftventilatoren (3St)

KG	Kostengruppe	Menge Einheit	Kosten €	€/Einheit	%
440	**Starkstromanlagen**	1.950,00 m² BGF	175.790	**90,15**	18,4

- Wiederherstellen (Kosten: 4,3%)   7.616
  Demontage alte Verteilungen, Montage neue Verteilungen und Zähler, Einbau EVU Wandler * Sicherungsverteiler wieder montieren, neue Zähler einbauen, sieben Plätze (7St), Muffen für Erdkabel erneuern (2St), Umbau vorhandener Verteiler, Bestandsleitungen prüfen (St)

- Herstellen (Kosten: 95,7%)   168.174
  Fotovoltaikanlage, Großanzeige (1St) * Hauptverteilung (1St) * Verteiler (5St), Erdkabel (790m), Mantelleitungen NYM (7.600m), Steckdosen (393St), Gerätedosen (24St), Schalter (174St), Bewegungsmelder (39St) * Wandleuchten (168St), Hängeleuchten (34St), Downlights (25St), Deckenleuchten (13St), Einzelbatterieleuchten (6St) * Erdungsband (41m), Potenzialausgleichsschienen (2St), Runddraht (172m)

KG	Kostengruppe	Menge Einheit	Kosten €	€/Einheit	%
450	**Fernmelde-, informationstechn. Anlagen**	1.950,00 m² BGF	27.915	**14,32**	2,9

- Herstellen (Kosten: 100,0%)   27.915
  Fernmeldeleitungen (3.457m), Erdkabel (50m), TAE-Steckdosen (6St), Telefonanlage (1St), Telefone (7St) * Türsprechanlagen (5St), Aufzugsteuerung (2St) * Koaxialkabel (375m), Antennensteckdosen (10St), Sat-Antennenanlage (1St) * Brandmeldekabel (275m), Rauchmelder (35St), Öffnungs- und Verschlussüberwachung (31St) * Datenleitungen (1.659m), Datensteckdosen (8St)

KG	Kostengruppe	Menge Einheit	Kosten €	€/Einheit	%
460	**Förderanlagen**	1.950,00 m² BGF	44.041	**22,59**	4,6

- Herstellen (Kosten: 100,0%)   44.041
  Personenaufzug, Tragkraft 675kg, vier Haltestellen, behindertengerecht (1St)

6600-0015
Naturfreundehaus

Umbau

6600-0015
Naturfreundehaus

Umbau

KG	Kostengruppe	Menge Einheit	Kosten €	€/Einheit	%
470	**Nutzungsspezifische Anlagen**	1.950,00 m² BGF	302.723	**155,24**	31,6

- Wiederherstellen (Kosten: 0,1%) — 324
  Wiedereinbau von eingelagerter Profispülmaschine, Anschlüsse (1St)

- Herstellen (Kosten: 99,9%) — 302.399
  Kühlzellen, Kippbratpfanne, Gasherd, Griddleplatte, Friteusen, Bain Marie, Warm-/Kalttheke, Saladette, Eiswürfelmaschine, Wärmetischaufsatzborde, Wärmeschrank, Kühltisch, Gläserspülmaschine, Theke, Schankanlage, Fasskühler, Granit-Arbeitsplatte, Handwaschbecken, Arbeits-/Spültische, Küchenschränke, Abzugshauben, Tablett-Abräumwagen, Abfall-Rollis, Kühlschränke

KG	Kostengruppe	Menge Einheit	Kosten €	€/Einheit	%
480	**Gebäudeautomation**	1.950,00 m² BGF	3.525	**1,81**	0,4

- Herstellen (Kosten: 100,0%) — 3.525
  BUS-Leitung (26m), Anschlussdosen (9St), Bedientableau zur Lichtsteuerung, 400x300mm, 30 Taster, beleuchtet (1St), 300x200mm, 12 Taster (2St)

KG	Kostengruppe	Menge Einheit	Kosten €	€/Einheit	%
490	**Sonstige Technische Anlagen**	1.950,00 m² BGF	3.770	**1,93**	0,4

- Herstellen (Kosten: 100,0%) — 3.770
  Baustelleneinrichtungen (3St), Baustellenhauptverteiler (1St), Stockwerksverteiler (4St), Baubeleuchtung * Fahrbares Gerüst (1St) * Defekte Leitung von Wärmepumpe reparieren * Provisorische Inbetriebnahme WCs, Thekenanlage, provisorische Stromversorgung

KG	Kostengruppe	Menge Einheit	Kosten €	€/Einheit	%
500	**Außenanlagen**				100,0
510	**Geländeflächen**	333,45 m²	7.477	**22,42**	

- Herstellen (Kosten: 100,0%) — 7.477
  Wurzelstöcke entfernen, Stammdurchmesser 10-30cm (51St), Durchmesser 50cm (6St), Durchmesser 100cm (1St) * Bodenaushub, t=30cm, abfahren (51m³), Bodenaushub, wieder einbauen, verdichten (48m³), lagernden Boden aufnehmen, transportieren, einbauen (175m²), Auffüllmaterial (86m³)

KG	Kostengruppe	Menge Einheit	Kosten €	€/Einheit	%
520	**Befestigte Flächen**	669,16 m²	69.943	**104,52**	

- Abbrechen (Kosten: 9,9%) — 6.892
  Abbruch von Asphaltbelag (440m²), Betonsteinpflaster (77m²), Betonrandsteinen (81m); Entsorgung, Deponiegebühren

- Wiederherstellen (Kosten: 1,6%) — 1.103
  Betonplatten ausbauen, Kiesel aus Rinne entfernen, Platten wieder verlegen (27m), Sandsteinplatten säubern, wieder in Beton setzen (7m²) * Rindenmulch ausbauen, auf Gelände verteilen, neuen Holzhäcksel-Fallschutz einbauen (15m²)

- Herstellen (Kosten: 88,6%) — 61.948
  Bodenaushub, Abfuhr, Planum, Kalkschotterpackung, d=40cm, Filtervlies (125m²), Frostschutzschicht, Brechsand-Splitt-Schotter, d=30cm (551m²), Kalkstein-Sandgemisch, d=2,5cm (467m²), Pflasterbelag (34m²), Beton-Kantensteine (196m) * Terrassenkonstruktion aus Stahlrahmen, feuerverzinkt (65m), Querträger (146m), Rundstützen (16St), Holzbohlenbelag (136m²) * Traufstreifen (66m²)

KG	Kostengruppe	Menge Einheit	Kosten €	€/Einheit	%
530	**Baukonstruktionen in Außenanlagen**	19.295,00 m² AUF	52.399	**2,72**	

- Abbrechen (Kosten: 4,0%)   2.111
  Abbruch von Stb-Stützwänden (7m²) * Betontreppe (4m²), Natursteintreppe (4m²); Entsorgung, Deponiegebühren

- Wiederherstellen (Kosten: 1,9%)   1.004
  Bauseits vorhandene Rundpalisaden versetzen, Aushub, Spitzarbeiten (19St) * vorhandene Winkelstufe neu setzen (1St), Stufenplatten abbauen, lagern, wieder einbauen (3m²)

- Herstellen (Kosten: 94,1%)   49.285
  Maschendrahtzaun, Zaunpfosten, Rundholz (63m) * Terrassengeländer, Pfosten, Glasfüllungen, L-Winkel, Beschichtung (42m²), Handlauf (47m) * Antrittstufen (4St), Betonwinkelstufe (1St), Stufenplatte (1St) * Terrassenüberdachung als Stahlkonstruktion (136m²), Teildeckung Holzbohlen, gehobelt (86m²)

540	**Technische Anlagen in Außenanlagen**	19.295,00 m² AUF	7.095	**0,37**	

- Wiederherstellen (Kosten: 8,0%)   568
  Kontrollschächte erhöhen (2m), Schachtabdeckungen schräg setzen (3St), PVC-Schächte erhöhen (4St)

- Herstellen (Kosten: 92,0%)   6.526
  Rohrgrabenaushub (24m³), KG-Rohre DN100 (26m), PVC-Teilsickerrohre (27m), Dränagerohre, Kiespackung (22m) Entwässerungsrinne DN200 (7m), Straßenabläufe (5St)

570	**Pflanz- und Saatflächen**	1.073,18 m²	12.256	**11,42**	

- Herstellen (Kosten: 100,0%)   12.256
  Oberboden seitlich lagern, auftragen (976m²), Oberboden liefern, andecken (108m²), Grobplanum herstellen (1.073m²) * Feinplanum fräsen, düngen (101m²) * Feinplanum, Spielrasen-Ansaat, einwalzen (972m²)

600	**Ausstattung und Kunstwerke**				**100,0**
610	**Ausstattung**	1.950,00 m² BGF	143.608	**73,65**	100,0

- Herstellen (Kosten: 100,0%)   143.608
  Holztische (39St), Stühle (110St), Einzelbetten (26St), Stockbetten (8St), Stapelbetten (12St), Kleiderschränke (49St), Spiegel (24St), WC-Papierhalter (28St), WC-Bürstengarnituren (25St), Seifenspender (7St), Seifenkörbe (16St), Handtuchspender (7St), Papierkörbe (28St), Hygienebeutelspender (21St), Handtuchhaken (130St) * Zimmerschilder (14St), Hinweisschilder (5St)

6600-0015
Naturfreundehaus

Umbau

6600-0015
Naturfreundehaus

Umbau

Kostenkennwerte für die Kostengruppen der 3.Ebene DIN 276 (Übersicht)

KG	Kostengruppe	Menge Einheit	€/Einheit	Kosten €	% 300+400
300	**Bauwerk - Baukonstruktionen**	1.950,00 m² BGF	953,98	1.860.266,83	66,0
310	**Baugrube**	372,05 m³ BGI	21,06	7.833,58	0,3
311	Baugrubenherstellung	372,05 m³	21,06	7.833,58	0,3
312	Baugrubenumschließung	–	–	–	–
313	Wasserhaltung	–	–	–	–
319	Baugrube sonstiges	–	–	–	–
320	**Gründung**	255,77 m² GRF	263,94	67.509,09	2,4
321	Baugrundverbesserung	–	–	–	–
322	Flachgründungen	155,79 m²	28,97	4.513,49	0,2
	Abbrechen	17,18 m²	101,76	1.748,23	0,1
	Herstellen	155,79 m²	17,75	2.765,26	0,1
323	Tiefgründungen	–	–	–	–
324	Unterböden und Bodenplatten	155,79 m²	145,38	22.649,37	0,8
	Abbrechen	140,49 m²	49,98	7.021,16	0,2
	Herstellen	155,79 m²	100,32	15.628,23	0,6
325	Bodenbeläge	255,77 m²	145,62	37.244,68	1,3
	Abbrechen	60,47 m²	19,19	1.160,17	< 0,1
	Herstellen	255,77 m²	141,08	36.084,51	1,3
326	Bauwerksabdichtungen	255,77 m²	6,38	1.632,38	0,1
327	Dränagen	255,77 m²	5,74	1.469,16	0,1
329	Gründung, sonstiges	–	–	–	–
330	**Außenwände**	1.411,16 m² AWF	376,11	530.756,59	18,8
331	Tragende Außenwände	887,55 m²	142,49	126.465,94	4,5
	Abbrechen	190,42 m²	46,13	8.784,51	0,3
	Herstellen	887,55 m²	132,59	117.681,42	4,2
332	Nichttragende Außenwände	–	–	342,33	< 0,1
	Abbrechen	55,00 m²	6,22	342,33	< 0,1
333	Außenstützen	16,10 m	89,09	1.434,35	0,1
334	Außentüren und -fenster	136,47 m²	443,84	60.570,98	2,1
	Abbrechen	160,44 m²	12,61	2.023,93	0,1
	Herstellen	136,47 m²	429,01	58.547,06	2,1
335	Außenwandbekleidungen außen	1.063,21 m²	144,20	153.310,81	5,4
	Abbrechen	85,41 m²	8,83	754,55	< 0,1
	Herstellen	1.063,21 m²	143,49	152.556,26	5,4
336	Außenwandbekleidungen innen	1.169,66 m²	39,67	46.403,78	1,6
	Wiederherstellen	639,81 m²	0,30	193,02	< 0,1
	Herstellen	1.169,66 m²	39,51	46.210,75	1,6
337	Elementierte Außenwände	105,03 m²	728,05	76.466,59	2,7
338	Sonnenschutz	47,10 m²	601,19	28.315,82	1,0
	Abbrechen	85,00 m²	3,51	298,76	< 0,1
	Herstellen	47,10 m²	594,84	28.017,06	1,0
339	Außenwände, sonstiges	1.411,16 m²	26,54	37.445,99	1,3

6600-0015 Naturfreundehaus

Umbau

KG	Kostengruppe	Menge Einheit	€/Einheit	Kosten €	% 300+400
340	**Innenwände**	**2.687,50 m² IWF**	**160,13**	**430.338,12**	**15,3**
341	Tragende Innenwände	722,77 m²	73,41	53.055,15	1,9
	Abbrechen	780,37 m²	17,03	13.290,00	0,5
	Herstellen	722,77 m²	55,02	39.765,15	1,4
342	Nichttragende Innenwände	1.102,27 m²	96,73	106.619,01	3,8
	Abbrechen	296,13 m²	16,89	5.001,12	0,2
	Herstellen	1.102,27 m²	92,19	101.617,89	3,6
343	Innenstützen	53,32 m	57,98	3.091,33	0,1
344	Innentüren und -fenster	199,81 m²	508,67	101.638,04	3,6
	Abbrechen	147,74 m²	6,38	941,91	< 0,1
	Wiederherstellen	12,46 m²	108,01	1.345,82	< 0,1
	Herstellen	187,35 m²	530,29	99.350,30	3,5
345	Innenwandbekleidungen	4.865,03 m²	28,90	140.586,33	5,0
	Abbrechen	688,17 m²	5,28	3.631,01	0,1
	Wiederherstellen	2.769,52 m²	0,30	840,69	< 0,1
	Herstellen	4.865,03 m²	27,98	136.114,64	4,8
346	Elementierte Innenwände	55,17 m²	373,17	20.587,60	0,7
	Abbrechen	39,21 m²	12,45	488,09	< 0,1
	Herstellen	55,17 m²	364,32	20.099,49	0,7
349	Innenwände, sonstiges	2.687,50 m²	1,77	4.760,68	0,2
350	**Decken**	**1.041,54 m² DEF**	**367,41**	**382.672,25**	**13,6**
351	Deckenkonstruktionen	467,10 m²	258,06	120.537,84	4,3
	Abbrechen	490,06 m²	21,20	10.386,89	0,4
	Wiederherstellen	52,78 m²	127,02	6.704,33	0,2
	Herstellen	414,32 m²	249,68	103.446,63	3,7
352	Deckenbeläge	1.041,54 m²	166,69	173.612,14	6,2
	Abbrechen	1.147,12 m²	14,65	16.803,10	0,6
	Wiederherstellen	629,22 m²	6,00	3.772,59	0,1
	Herstellen	1.041,54 m²	146,93	153.036,45	5,4
353	Deckenbekleidungen	1.036,72 m²	69,50	72.048,02	2,6
	Abbrechen	358,32 m²	10,86	3.889,61	0,1
	Herstellen	1.036,72 m²	65,74	68.158,42	2,4
359	Decken, sonstiges	1.041,54 m²	15,82	16.474,24	0,6
360	**Dächer**	**770,58 m² DAF**	**422,13**	**325.286,89**	**11,5**
361	Dachkonstruktionen	580,17 m²	90,42	52.460,49	1,9
	Abbrechen	557,00 m²	9,20	5.125,61	0,2
	Herstellen	580,17 m²	81,59	47.334,89	1,7
362	Dachfenster, Dachöffnungen	3,00 m²	1.364,51	4.093,52	0,1
	Abbrechen	41,10 m²	23,62	970,96	< 0,1
	Herstellen	3,00 m²	1.040,85	3.122,56	0,1
363	Dachbeläge	742,38 m²	225,65	167.518,07	5,9
	Abbrechen	597,50 m²	13,80	8.246,12	0,3
	Herstellen	742,38 m²	214,54	159.271,95	5,7
364	Dachbekleidungen	767,58 m²	79,78	61.239,56	2,2
	Abbrechen	221,84 m²	11,22	2.489,64	0,1
	Herstellen	767,58 m²	76,54	58.749,92	2,1
369	Dächer, sonstiges	770,58 m²	51,88	39.975,25	1,4
370	**Baukonstruktive Einbauten**	**1.950,00 m² BGF**	**37,33**	**72.785,12**	**2,6**
371	Allgemeine Einbauten	1.950,00 m² BGF	37,33	72.785,12	2,6
372	Besondere Einbauten	–	–	–	–
379	Baukonstruktive Einbauten, sonstiges	–	–	–	–

© BKI Baukosteninformationszentrum Kostenstand: 3.Quartal 2015, Bundesdurchschnitt, inkl. 19% MwSt.

KG	Kostengruppe	Menge Einheit	€/Einheit	Kosten €	% 300+400
390	**Sonst. Maßnahmen Baukonstruktionen**	1.950,00 m² BGF	22,09	43.085,20	1,5
391	Baustelleneinrichtung	1.950,00 m² BGF	4,79	9.345,03	0,3
392	Gerüste	1.950,00 m² BGF	6,90	13.453,13	0,5
393	Sicherungsmaßnahmen	1.950,00 m² BGF	0,31	600,26	< 0,1
394	Abbruchmaßnahmen	–	–	–	–
395	Instandsetzungen	–	–	–	–
396	Materialentsorgung	1.950,00 m² BGF	4,01	7.816,62	0,3
	Abbrechen	1.950,00 m² BGF	1,47	2.863,37	0,1
	Herstellen	1.950,00 m² BGF	2,54	4.953,25	0,2
397	Zusätzliche Maßnahmen	1.950,00 m² BGF	5,57	10.854,74	0,4
398	Provisorische Baukonstruktionen	1.950,00 m² BGF	0,52	1.015,42	< 0,1
399	Sonst. Maßnahmen für Baukonstruktionen, sonst.	–	–	–	–
400	**Bauwerk - Technische Anlagen**	1.950,00 m² BGF	490,82	957.102,02	34,0
410	**Abwasser-, Wasser-, Gasanlagen**	1.950,00 m² BGF	113,55	221.430,64	7,9
411	Abwasseranlagen	1.950,00 m² BGF	35,54	69.297,38	2,5
	Abbrechen	1.950,00 m² BGF	0,26	497,93	< 0,1
	Herstellen	1.950,00 m² BGF	35,28	68.799,44	2,4
412	Wasseranlagen	1.950,00 m² BGF	74,00	144.305,04	5,1
	Abbrechen	1.950,00 m² BGF	0,82	1.607,57	0,1
	Herstellen	1.950,00 m² BGF	73,18	142.697,46	5,1
413	Gasanlagen	–	–	–	–
419	Abwasser-, Wasser-, Gasanlagen, sonstiges	1.950,00 m² BGF	4,01	7.828,24	0,3
420	**Wärmeversorgungsanlagen**	1.950,00 m² BGF	64,16	125.104,07	4,4
421	Wärmeerzeugungsanlagen	1.950,00 m² BGF	27,34	53.318,34	1,9
	Abbrechen	1.950,00 m² BGF	0,33	641,09	< 0,1
	Wiederherstellen	1.950,00 m² BGF	0,72	1.404,49	< 0,1
	Herstellen	1.950,00 m² BGF	26,29	51.272,75	1,8
422	Wärmeverteilnetze	1.950,00 m² BGF	17,54	34.195,75	1,2
423	Raumheizflächen	1.950,00 m² BGF	18,70	36.469,64	1,3
429	Wärmeversorgungsanlagen, sonstiges	1.950,00 m² BGF	0,57	1.120,35	< 0,1
	Abbrechen	1.950,00 m² BGF	0,57	1.120,35	< 0,1
430	**Lufttechnische Anlagen**	1.950,00 m² BGF	27,08	52.802,67	1,9
431	Lüftungsanlagen	1.950,00 m² BGF	27,08	52.802,67	1,9
	Abbrechen	1.950,00 m² BGF	< 0,1	124,48	< 0,1
	Herstellen	1.950,00 m² BGF	27,01	52.678,18	1,9
432	Teilklimaanlagen	–	–	–	–
433	Klimaanlagen	–	–	–	–
434	Kälteanlagen	–	–	–	–
439	Lufttechnische Anlagen, sonstiges	–	–	–	–
440	**Starkstromanlagen**	1.950,00 m² BGF	90,15	175.790,47	6,2
441	Hoch- und Mittelspannungsanlagen	–	–	–	–
442	Eigenstromversorgungsanlagen	1.950,00 m² BGF	19,13	37.303,99	1,3
443	Niederspannungsschaltanlagen	1.950,00 m² BGF	3,39	6.609,30	0,2
	Wiederherstellen	1.950,00 m² BGF	0,76	1.489,61	0,1
	Herstellen	1.950,00 m² BGF	2,63	5.119,69	0,2
444	Niederspannungsinstallationsanlagen	1.950,00 m² BGF	47,53	92.692,04	3,3
	Wiederherstellen	1.950,00 m² BGF	3,14	6.126,37	0,2
	Herstellen	1.950,00 m² BGF	44,39	86.565,67	3,1
445	Beleuchtungsanlagen	1.950,00 m² BGF	15,00	29.259,40	1,0
446	Blitzschutz- und Erdungsanlagen	1.950,00 m² BGF	5,09	9.925,72	0,4
449	Starkstromanlagen, sonstiges				

6600-0015
Naturfreundehaus

Umbau

KG	Kostengruppe	Menge Einheit	€/Einheit	Kosten €	% 300+400
450	**Fernm.- und informationstechn. Anlagen**	**1.950,00 m² BGF**	**14,32**	**27.915,11**	**1,0**
451	Telekommunikationsanlagen	1.950,00 m² BGF	5,04	9.837,51	0,3
452	Such- und Signalanlagen	1.950,00 m² BGF	0,99	1.936,34	0,1
453	Zeitdienstanlagen	–	–	–	–
454	Elektroakustische Anlagen	–	–	–	–
455	Fernseh- und Antennenanlagen	1.950,00 m² BGF	1,20	2.348,20	0,1
456	Gefahrenmelde- und Alarmanlagen	1.950,00 m² BGF	4,59	8.950,39	0,3
457	Übertragungsnetze	1.950,00 m² BGF	2,48	4.842,66	0,2
459	Fernmelde- und informationstechn. Anl., sonst.				
460	**Förderanlagen**	**1.950,00 m² BGF**	**22,59**	**44.040,94**	**1,6**
461	Aufzugsanlagen	1.950,00 m² BGF	22,59	44.040,94	1,6
462	Fahrtreppen, Fahrsteige	–	–	–	–
463	Befahranlagen	–	–	–	–
464	Transportanlagen	–	–	–	–
465	Krananlagen	–	–	–	–
469	Förderanlagen, sonstiges	–	–	–	–
470	**Nutzungsspezifische Anlagen**	**1.950,00 m² BGF**	**155,24**	**302.723,20**	**10,7**
471	Küchentechnische Anlagen	1.950,00 m² BGF	155,24	302.723,20	10,7
	Wiederherstellen	1.950,00 m² BGF	0,17	323,91	< 0,1
	Herstellen	1.950,00 m² BGF	155,08	302.399,29	10,7
472	Wäscherei- und Reinigungsanlagen	–	–	–	–
473	Medienversorgungsanlagen	–	–	–	–
474	Medizin- u. labortechnische Anlagen	–	–	–	–
475	Feuerlöschanlagen	–	–	–	–
476	Badetechnische Anlagen	–	–	–	–
477	Prozesswärme-,-kälte-,-luftanlagen	–	–	–	–
478	Entsorgungsanlagen	–	–	–	–
479	Nutzungsspezifische Anlagen, sonstiges	–	–	–	–
480	**Gebäudeautomation**	**1.950,00 m² BGF**	**1,81**	**3.525,01**	**0,1**
481	Automationssysteme	–	–	–	–
482	Schaltschränke	–	–	–	–
483	Management- und Bedieneinrichtungen	–	–	–	–
484	Raumautomationssysteme	1.950,00 m² BGF	1,81	3.525,01	0,1
485	Übertragungsnetze	–	–	–	–
489	Gebäudeautomation, sonstiges	–	–	–	–
490	**Sonst. Maßnahmen für Techn. Anlagen**	**1.950,00 m² BGF**	**1,93**	**3.769,90**	**0,1**
491	Baustelleneinrichtung	1.950,00 m² BGF	1,27	2.479,19	0,1
492	Gerüste	1.950,00 m² BGF	0,10	186,72	< 0,1
493	Sicherungsmaßnahmen	–	–	–	–
494	Abbruchmaßnahmen	–	–	–	–
495	Instandsetzungen	1.950,00 m² BGF	0,35	690,85	< 0,1
496	Materialentsorgung	–	–	–	–
497	Zusätzliche Maßnahmen	–	–	–	–
498	Provisorische Technische Anlagen	1.950,00 m² BGF	0,21	413,15	< 0,1
499	Sonst. Maßnahmen Techn. Anlagen, sonstiges	–	–	–	–

6600-0015
Naturfreundehaus

Umbau

Kostenkennwerte für Leistungsbereiche nach StLB (Kosten des Bauwerks nach DIN 276)

LB	Leistungsbereiche	Kosten €	€/m² BGF	€/m³ BRI	% an 3+4
000	Sicherheits-, Baustelleneinrichtungen inkl. 001	26.833	13,80	4,40	1,0
002	Erdarbeiten	15.586	8,00	2,60	0,6
006	Spezialtiefbauarbeiten inkl. 005	–	–	–	–
009	Entwässerungskanalarbeiten inkl. 011	17.394	8,90	2,90	0,6
010	Dränarbeiten	2.216	1,10	0,37	0,1
012	Mauerarbeiten	34.612	17,70	5,70	1,2
013	Betonarbeiten	105.675	54,20	17,50	3,8
014	Natur-, Betonwerksteinarbeiten	7.197	3,70	1,20	0,3
016	Zimmer- und Holzbauarbeiten	337.338	173,00	55,90	12,0
017	Stahlbauarbeiten	26.315	13,50	4,40	0,9
018	Abdichtungsarbeiten	11.762	6,00	1,90	0,4
020	Dachdeckungsarbeiten	–	–	–	–
021	Dachabdichtungsarbeiten	63.292	32,50	10,50	2,2
022	Klempnerarbeiten	24.811	12,70	4,10	0,9
	Rohbau	**673.031**	**345,10**	**111,50**	**23,9**
023	Putz- und Stuckarbeiten, Wärmedämmsysteme	140.762	72,20	23,30	5,0
024	Fliesen- und Plattenarbeiten	64.395	33,00	10,70	2,3
025	Estricharbeiten	28.327	14,50	4,70	1,0
026	Fenster, Außentüren inkl. 029, 032	153.354	78,60	25,40	5,4
027	Tischlerarbeiten	249.454	127,90	41,30	8,9
028	Parkett-, Holzpflasterarbeiten	25.504	13,10	4,20	0,9
030	Rollladenarbeiten	–	–	–	–
031	Metallbauarbeiten inkl. 035	118.213	60,60	19,60	4,2
034	Maler- und Lackiererarbeiten inkl. 037	49.574	25,40	8,20	1,8
036	Bodenbelagsarbeiten	41.214	21,10	6,80	1,5
038	Vorgehängte hinterlüftete Fassaden	–	–	–	–
039	Trockenbauarbeiten	244.011	125,10	40,40	8,7
	Ausbau	**1.114.807**	**571,70**	**184,70**	**39,6**
040	Wärmeversorgungsanlagen, inkl. 041	116.098	59,50	19,20	4,1
042	Gas- und Wasseranlagen, Leitungen inkl. 043	81.813	42,00	13,60	2,9
044	Abwasseranlagen - Leitungen	34.623	17,80	5,70	1,2
045	Gas, Wasser, Entwässerung - Ausstattung inkl. 046	56.695	29,10	9,40	2,0
047	Dämmarbeiten an technischen Anlagen	23.690	12,10	3,90	0,8
049	Feuerlöschanlagen, Feuerlöschgeräte	–	–	–	–
050	Blitzschutz- und Erdungsanlagen	9.198	4,70	1,50	0,3
052	Mittelspannungsanlagen	–	–	–	–
053	Niederspannungsanlagen inkl. 054	105.278	54,00	17,40	3,7
055	Ersatzstromversorgungsanlagen	37.304	19,10	6,20	1,3
057	Gebäudesystemtechnik	–	–	–	–
058	Leuchten und Lampen, inkl. 059	29.259	15,00	4,80	1,0
060	Elektroakustische Anlagen	1.936	0,99	0,32	0,1
061	Kommunikationsnetze, inkl. 063	17.206	8,80	2,90	0,6
069	Aufzüge	43.800	22,50	7,30	1,6
070	Gebäudeautomation	3.525	1,80	0,58	0,1
075	Raumlufttechnische Anlagen	52.678	27,00	8,70	1,9
	Gebäudetechnik	**613.102**	**314,40**	**101,60**	**21,8**
084	Abbruch- und Rückbauarbeiten	100.253	51,40	16,60	3,6
	Sonstige Leistungsbereiche inkl. 008, 033, 051	**316.176**	**162,10**	**52,40**	**11,2**

Objekte

6600-0016
Hotel
(23 Betten)

Objektübersicht

Umbau

BRI 235 €/m³ **BGF** 743 €/m² **NF** 1.452 €/m² **NE** 15.629 €/NE
Bett

Objekt:
Kennwerte: 3.Ebene DIN 276
BRI: 1.527m³
BGF: 484m²
NF: 248m²
Bauzeit: 8 Wochen
Bauende: 2010
Standard: Durchschnitt
Kreis: Donnersberg, Rheinland-Pfalz

Architekt:
naumann.architektur
Robert Mayer Straße 77
70191 Stuttgart

Zeichnungen

6600-0016
Hotel
(23 Betten)

Umbau

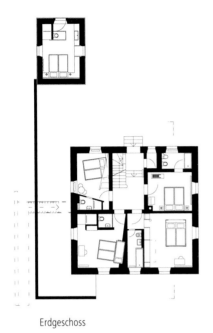

Erdgeschoss

Obergeschoss

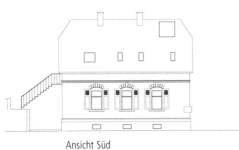

Ansicht Nord

Schnitt

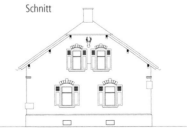

Ansicht West

Ansicht Süd

6600-0016
Hotel
(23 Betten)

Umbau

Objektbeschreibung

Allgemeine Objektinformationen

Das freistehende, unterkellerte Gebäude aus dem Jahr 1894 wurde Jahrzehnte als Forsthaus genutzt und 1965 bereits schon einmal modernisiert. Im Zuge dieser erneuten Modernisierung wurde es zum Hotel umgebaut. In seiner Grundsubstanz wurde das Gebäude kaum angegriffen. Einzig für die notwendigen, gestiegenen Anforderungen im Brandschutz mussten kleine Eingriffe in die Substanz vorgenommen werden. Im Forsthaus selbst entstanden acht Gästezimmer, die sich weitgehend in die Grundstruktur des Bestands einfügen. Ein weiteres Zimmer befindet sich im ehemaligen Waschhaus. Hinter dem Garten wurde der ehemalige Nutzgarten reaktiviert.

Nutzung

1 Untergeschoss
Abstellräume, Technik

1 Erdgeschoss
Hotelzimmer

1 Obergeschoss
Hotelzimmer

Nutzeinheiten

Betten: 23

Markt

Hauptvergabezeit: 1.Quartal 2010
Baubeginn: 2.Quartal 2010
Bauende: 2.Quartal 2010
Konjunkturelle Gesamtlage: unter Durchschnitt
Regionaler Baumarkt: unter Durchschnitt

Baubestand

Baujahr: 1894
Bauzustand: schlecht
Aufwand: mittel
Grundrissänderungen: wenige
Tragwerkseingriffe: keine
Nutzungsänderung: ja
Nutzung während der Bauzeit: nein

Baukonstruktion

Das Forsthaus wie auch die Waschküche gründen auf Streifenfundamenten. Die Keller- und die Umfassungswände sind in Bruchsteinmauerwerk ausgeführt. Die tragenden und nichttragenden Innenwände sind aus Mauerwerk. Das Dach des Forsthauses ist ein als Krüppelwalmdach ausgebildetes Pfettendach. Das Dach der Waschküche ist ein Stahlbetonflachdach. Garage und Stall befinden sich ebenfalls auf dem Grundstück. Die Schlagläden, der Dachrand und die Fenster wurden neu gestrichen

Technische Anlagen

Die bestehende Ölzentralheizung wurde abgebrochen. Das Gebäude wird nun durch einen Holzpelletkessel mit Wärme versorgt.

6600-0016
Hotel
(23 Betten)

Umbau

Planungskennwerte für Flächen und Rauminhalte nach DIN 277

Flächen des Grundstücks		Menge, Einheit	% an FBG
BF	Bebaute Fläche	170,00 m²	20,6
UBF	Unbebaute Fläche	655,00 m²	79,4
FBG	Fläche des Baugrundstücks	825,00 m²	100,0

Grundflächen des Bauwerks		Menge, Einheit	% an NF	% an BGF
NF	Nutzfläche	247,50 m²	100,0	51,2
TF	Technische Funktionsfläche	41,00 m²	16,6	8,5
VF	Verkehrsfläche	59,00 m²	23,8	12,2
NGF	Netto-Grundfläche	347,50 m²	140,4	71,9
KGF	Konstruktions-Grundfläche	136,02 m²	55,0	28,1
BGF	Brutto-Grundfläche	483,52 m²	195,4	100,0

Brutto-Rauminhalt des Bauwerks		Menge, Einheit	BRI/NF (m)	BRI/BGF (m)
BRI	Brutto-Rauminhalt	1.527,00 m³	6,17	3,16

Lufttechnisch behandelte Flächen	Menge, Einheit	% an NF	% an BGF
Entlüftete Fläche	– m²	–	–
Be- und entlüftete Fläche	– m²	–	–
Teilklimatisierte Fläche	– m²	–	–
Klimatisierte Fläche	– m²	–	–

KG	Kostengruppen (2.Ebene)	Menge, Einheit		Menge/NF	Menge/BGF
310	Baugrube	– m³	BGI	–	
320	Gründung	143,96 m²	GRF	0,58	0,30
330	Außenwände	429,86 m²	AWF	1,74	0,89
340	Innenwände	324,89 m²	IWF	1,31	0,67
350	Decken	317,19 m²	DEF	1,28	0,66
360	Dächer	223,08 m²	DAF	0,90	0,46

Kostenkennwerte für die Kostengruppen der 1.Ebene DIN 276

KG	Kostengruppen (1.Ebene)	Einheit	Kosten €	€/Einheit	€/m² BGF	€/m³ BRI	% 300+400
100	Grundstück	m² FBG	–	–	–	–	–
200	Herrichten und Erschließen	m² FBG	–	–	–	–	–
300	Bauwerk - Baukonstruktionen	m² BGF	253.569	524,42	524,42	166,06	70,5
400	Bauwerk - Technische Anlagen	m² BGF	105.893	219,00	219,00	69,35	29,5
	Bauwerk 300+400	**m² BGF**	**359.462**	**743,43**	**743,43**	**235,40**	**100,0**
500	Außenanlagen	m² AUF	–	–	–	–	–
600	Ausstattung und Kunstwerke	m² BGF	30.422	62,92	62,92	19,92	8,5
700	Baunebenkosten	m² BGF	–	–	–	–	–

© BKI Baukosteninformationszentrum Kostenstand: 3.Quartal 2015, Bundesdurchschnitt, inkl. 19% MwSt.

6600-0016
Hotel
(23 Betten)

Umbau

Kostenkennwerte für die Kostengruppen der 1.Ebene DIN 276

KG	Kostengruppe	Menge Einheit	Kosten €	€/Einheit	%
3+4	**Bauwerk**				**100,0**
300	**Bauwerk - Baukonstruktionen**	483,52 m² BGF	253.569	**524,42**	70,5

- Abbrechen (Kosten: 3,4%)   8.509
  Abbruch von Mauerwerk, Fenstern; PVC-Belag; Sparren, Firstpfette, Abbundholz, Dachflächenfenstern, Dachausstiegsfenster, Dachziegeln, Dachlattung, Traufbohlen, GK-Platten und Profilbrettern unter schadhaften Sparren; Entsorgung, Deponiegebühren

- Wiederherstellen (Kosten: 3,4%)   8.715
  Dränageleitung durchspülen, Klappläden neu streichen; Zimmertüröffnung umarbeiten, Tür in neuer Öffnungsrichtung einbauen, Türen aufarbeiten, lackieren, Anschlagrichtung ändern; lose Fliesen entfernen, Bodenfläche spachteln; schadhafte Pfette mit Borsalzlösung behandeln, Dachziegel abnehmen, lagern, Teilfläche neu einlatten, Dachziegel wieder eindecken

- Herstellen (Kosten: 93,2%)   236.344
  Holzfenster, Holztüren, Wandfliesen, Saniervlies, Anstrich, Stahlfluchttreppe; KS-Mauerwerk, Metallständerwände, Feuerschutztüren, Stahltüren, Holztüren, Glastür, GK-Vorsatzschalen; Eichendielen, Fliesen, Dreischichtplattenbelag, Teppichboden, Dämmung, GK-Decken; Holz-Krüppelwalmdach, Dachfenster, Dachdämmung, Dachziegel, Dachentwässerung, GK-Bekleidung; Einbaumöbel

KG	Kostengruppe	Menge Einheit	Kosten €	€/Einheit	%
400	**Bauwerk - Technische Anlagen**	483,52 m² BGF	105.893	**219,00**	29,5

- Abbrechen (Kosten: 2,5%)   2.654
  Abbruch von Dachrinnen, Fallrohren; Öltanks, Blitzschutzanlage; Entsorgung, Deponiegebühren

- Herstellen (Kosten: 97,5%)   103.239
  Gebäudeentwässerung ab Grundleitung, Kalt- und Warmwasserleitungen ab Hausanschluss, Sanitärobjekte; Holzpelletkessel, Pelletsilos, Warmwasserspeicher, Heizkörper; Entlüftungsgerät; Elektroinstallation, Beleuchtung, Blitzschutzanlage; Sat-Anlage, Brandmeldeanlage, Telefon- und Internetanschlüsse

KG	Kostengruppe	Menge Einheit	Kosten €	€/Einheit	%
600	**Ausstattung und Kunstwerke**	483,52 m² BGF	30.422	**62,92**	8,5

- Herstellen (Kosten: 100,0%)   30.422
  Möbel, Vorhänge, Sanitäreinrichtungen, Leuchten, Dekorationsartikel, Schilder

Kostenkennwerte für die Kostengruppen der 2.Ebene DIN 276

6600-0016
Hotel
(23 Betten)

Umbau

KG	Kostengruppe	Menge Einheit	Kosten €	€/Einheit	%
300	**Bauwerk - Baukonstruktionen**				100,0
320	**Gründung**	143,96 m² GRF	185	**1,29**	0,1

- Wiederherstellen (Kosten: 100,0%) 185
  Dränageleitung überprüfen und durchspülen

330	**Außenwände**	429,86 m² AWF	54.223	**126,14**	21,4

- Abbrechen (Kosten: 2,8%) 1.500
  Abbruch von Mauerwerk, schneiden einer Fensterbrüstung (1m²), Kernbohrungen D=100-200mm (2m) * Fenstern (20m²); Entsorgung, Deponiegebühren

- Wiederherstellen (Kosten: 3,9%) 2.123
  Klappläden, schleifen, spachteln, streichen (27m²)

- Herstellen (Kosten: 93,3%) 50.600
  Holzfenster, Isolierverglasung Ug=1,1W/m²K (27m²), Holz-Fluchttüre, Isolierverglasung Ug=1,1W/m²K (3m²), Eingangstüren (5m²), Fenster, Türen lackieren (32m²), Fensterbänke, Vorderkanten aufdoppeln (6St) * Abdichtung, Wandfliesen (17m²), Haftputz, Armiergewebe (46m²), GK-Vorsatzschale (14m²), Saniervlies (252m²), Anstrich (354m²) * Stahlfluchttreppe, verzinkt, 12 Steigungen 19/26cm, b=1,60m, Geländer (6m²)

340	**Innenwände**	324,89 m² IWF	49.336	**151,85**	19,5

- Wiederherstellen (Kosten: 11,3%) 5.595
  Zimmertüröffnung auf Normgröße umarbeiten (1St) * Tür ausbauen, in neuer Öffnungsrichtung einbauen (5h), Türen aufarbeiten, lackieren, neue Beschläge (5m²), Tür einseitig aufdoppeln, lackieren (2m²), Türelement, Anschlagrichtung ändern (1St), Kellertüren lackieren (8m²)

- Herstellen (Kosten: 88,7%) 43.741
  KS-Mauerwerk, d=11,5-17,5cm (26m²), Metallständerwände, d=10cm (55m²) * Holz-Feuerschutztür T30, Lichtausschnitt, Feststellanlage (2m²), Stahltüren T30 (7m²), Holz-Schiebetüren, lackiert (3m²), Glasschiebetür (2m²), Holztüren, lackiert (7m²), Holztür, Glasausschnitt, Seitenlicht (2m²), Schließanlage * Abdichtung, Wandfliesen (75m²), GK-Vorsatzschalen (28m²), GK-Wandbekleidung (24m²), Saniervlies (432m²), Anstrich (498m²)

350	**Decken**	317,19 m² DEF	34.980	**110,28**	13,8

- Abbrechen (Kosten: 0,6%) 218
  Abbruch von PVC-Belag, Rückstände abschleifen (13m²); Entsorgung, Deponiegebühren

- Wiederherstellen (Kosten: 0,6%) 218
  Lose Fliesen entfernen, Bodenfläche grundieren, spachteln (11m²)

- Herstellen (Kosten: 98,8%) 34.544
  Eichedielen, massiv (73m²), Fliesen (25m²), Douglasie-Dreischichtplatten (12m²), Fliesen und Spanplatten überspachteln (29m²), Teppichboden (33m²), Estrich (12m²) * Kellerdeckendämmung, Mineralwolle WLG 035, d=100-120mm (118m²), GK-Deckenbekleidung (10m²), Saniervlies (171m²), Anstrich (289m²)

© BKI Baukosteninformationszentrum   Kostenstand: 3.Quartal 2015, Bundesdurchschnitt, inkl. 19% MwSt.

6600-0016
Hotel
(23 Betten)

Umbau

KG	Kostengruppe	Menge Einheit	Kosten €	€/Einheit	%
360	**Dächer**	223,08 m² DAF	69.301	**310,66**	27,3

- Abbrechen (Kosten: 9,8%) — 6.791
  Abbruch von Sparren, Firstpfette, Abbundholz (210m²) * Dachflächenfenstern (2m²), Dachausstiegsfenster (2m²) * Dachziegeln, Dachlattung (214m²), Traufbohlen (34m), Kamineinfassungen (2St) * GK-Platten und Profilbrettern unter schadhaften Sparren (95m²); Entsorgung, Deponiegebühren

- Wiederherstellen (Kosten: 0,9%) — 593
  Schadhafte Pfette mit Borsalzlösung behandeln, Bohrverfahren (psch) * Dachziegel abnehmen, lagern, Lattung zurückschneiden, Teilfläche einlatten, Dachziegel wieder eindecken (4m²), Dachrinne richten (2m)

- Herstellen (Kosten: 89,3%) — 61.916
  Krüppelwalmdach, vom Bestand aufnehmen, abbinden, aufschlagen (370m) * Dachflächenfenster (8St), RWA-Fenster (1St) * Dampfsperre, Mineralwolle, d=180+50mm (167m²), Aufsparrendämmung, Holzfaserdämmung, d=60mm (176m²), Unterspannbahn, Lattung, Dachziegel (219m²), Trauf-/Ortgangschalung (50m²), Dachrinnen (34m) * GK-Bekleidung, Anstrich (56m²), GK-Bekleidung, Unterkonstruktion an DFF, Anstrich (16m²), Dämmung auf oberster Geschossdecke (16m²), Deckengewölbe spachteln, Anstrich (18m²), Gesims lackieren (87m²) * Schneefanggitter (27m)

KG	Kostengruppe	Menge Einheit	Kosten €	€/Einheit	%
370	**Baukonstruktive Einbauten**	483,52 m² BGF	33.431	**69,14**	13,2

- Herstellen (Kosten: 100,0%) — 33.431
  Bett mit Hochbett Überkopfquerlieger, Eiche (1St), Schrank als Wandelement, Douglasie (1St), Einbauschrank, Fachböden linoleumbekleidet (1St), Komplettmöbel, Betten mit angebauten Nachttischen, Ablagebrettern (5St), Schrankmöbel mit darüber liegendem Hochbett (1St), Einbauschreibtische (5St), ESG-Duschkabine mit Drehtür, h=230cm (1St)

KG	Kostengruppe	Menge Einheit	Kosten €	€/Einheit	%
390	**Sonstige Baukonstruktionen**	483,52 m² BGF	12.112	**25,05**	4,8

- Herstellen (Kosten: 100,0%) — 12.112
  Baustelleneinrichtung * Fassadengerüst, Lastklasse 2 (400m²), Dachfanggerüst (30m), Arbeitsgerüst (6m²) * Entsorgung Mischmüll (8t), Bauschutt (5m³), Abbruchabfälle (8m³), Absetzmulden (3St), Container (1St) * Witterungsschutz, Plane zum Abdecken offener Flächen, Dachdeckungsarbeiten (214m²), Baureinigung, Aufräumarbeiten, Hausmeisterarbeiten (404h)

KG	Kostengruppe	Menge Einheit	Kosten €	€/Einheit	%
400	**Bauwerk - Technische Anlagen**				100,0
410	**Abwasser-, Wasser-, Gasanlagen**	483,52 m² BGF	39.160	**80,99**	37,0

- Abbrechen (Kosten: 0,5%) — 207
  Abbruch von Dachrinnen und Fallrohren (35m); Entsorgung, Deponiegebühren

- Herstellen (Kosten: 99,5%) — 38.953
  Abwasserinstallation ab Grundleitungen, Fallleitungen als schalldämmende Kunststoffrohre, Anschlussleitungen HT-Rohre (psch), Fallrohre (18m), Standrohre (2St) * Wasserleitungen ab Hausanschluss, Zählerplatz, Druckminderer-Filterkombination, Verteiler, Anschluss Warmwasserspeicher, Gartenleitung (psch), Druckerhöhungsanlage (psch), Durchlauferhitzer (1St), Waschtische (6St), Handwaschbecken (3St), WCs (9St), Badewannen (3St), Duschwannen (6St) * Montageelemente mit Tragsystem und Systembeplankung (32m²)

KG	Kostengruppe	Menge Einheit	Kosten €	€/Einheit	%
420	**Wärmeversorgungsanlagen**	483,52 m² BGF	33.610	**69,51**	31,7

- Abbrechen (Kosten: 3,7%)   1.260
Abbruch von Öltank 6.400l, leeren, reinigen, heraustrennen (psch); Entsorgung, Deponiegebühren

- Herstellen (Kosten: 96,2%)   32.349
Holzpelletkessel 5-25kW (1St), Heizkreisstation (1St), Pelletsacksilos, Stahlgestell mit Gewebe, Inhalt 4,5-5,0t (2St), Befüllset, Entnahmeschnecke (1St), Warmwasserspeicher 750l (1St) * Heizungsleitungen (psch), Rohrdämmungen (37m), Heizungsrohre lackieren (psch) * Ventilheizkörper (18St), Konvektor (1St), Flachheizkörper (1St), Wandheizung (4m²) * Schornstein überprüfen

KG	Kostengruppe	Menge Einheit	Kosten €	€/Einheit	%
430	**Lufttechnische Anlagen**	483,52 m² BGF	4.343	**8,98**	4,1

- Herstellen (Kosten: 100,0%)   4.343
Entlüftungsgerät (1St), Brandschutzventile (3St) Telefonieschalldämpfer (4St), Wickelfalzrohre DN100-125 (12m), Alu-Flexrohre (4m), Einzelraumlüftung, WC/Dusche (psch)

KG	Kostengruppe	Menge Einheit	Kosten €	€/Einheit	%
440	**Starkstromanlagen**	483,52 m² BGF	19.189	**39,69**	18,1

- Abbrechen (Kosten: 1,0%)   192
Abbruch von Blitzschutzanlage (psch); Entsorgung, Deponiegebühren

- Herstellen (Kosten: 99,0%)   18.997
Hauptverteilung umbauen (1St), Unterverteilungen (3St), Sicherungen (32St), FI-Schutzschalter (19St), Steckdosen (54St), Schalter (34St), Bewegungsmelder (7St), Zeitschaltung Außenbeleuchtung (1St), Erdkabel (27m), Mantelleitungen * Einzelbatterieleuchten LED (4St), Pendelleuchten (13St), Wandleuchten LED (37St), Deckenleuchten LED (14St), Leuchten (6St), Spots (3St), Leuchtstofflampe (1St) * Blitzschutzanlage

KG	Kostengruppe	Menge Einheit	Kosten €	€/Einheit	%
450	**Fernmelde-, informationstechn. Anlagen**	483,52 m² BGF	8.596	**17,78**	8,1

- Herstellen (Kosten: 100,0%)   8.596
Sat-Dosen (9St), Sat-Antenne (1St), zwölffach-Multischalter (1St), Koaxialkabel, Zubehör * Brandmeldezentrale (1St), Wählgerät für BMA (1St), Mehrsensormelder (14St), akustischer Alarmgeber (1St), optisch/akustischer Alarmgeber (1St), Brandmeldekabel * Steckdosen 2xRJ45 (9St), Wandschrank 19" (1St), Patchfeld 24-fach (1St), Datenleitungen Cat7

KG	Kostengruppe	Menge Einheit	Kosten €	€/Einheit	%
490	**Sonstige Technische Anlagen**	483,52 m² BGF	995	**2,06**	0,9

- Abbrechen (Kosten: 100,0%)   995
Abbruch- und Stemmarbeiten (23h); Entsorgung, Deponiegebühren

KG	Kostengruppe	Menge Einheit	Kosten €	€/Einheit	%
600	**Ausstattung und Kunstwerke**				**100,0**
610	**Ausstattung**	483,52 m² BGF	30.422	**62,92**	100,0

- Herstellen (Kosten: 100,0%)   30.422
Himmelbett (1St), Bettgestelle (2St), Bank (1St), Nachttische (2St), Regal (1St), Schreibtisch (1St), Stühle (8St), Hocker (2St), Tische (2St), Stores, Vorhänge (17St), Spiegel (9m²), Duschvorhänge (7St), Handtuchhalter (18St), WC-Bürstengarnituren, Hygieneeimer (9St), Stehleuchten (12St), Tischleuchten (6St), LED-Leisten (12St), Dekorationsartikel * Eckschilder, Stahlblech (7St), Digitaldrucke auf Alu (10St)

6600-0016
Hotel
(23 Betten)

Umbau

6600-0016
Hotel
(23 Betten)

Umbau

Kostenkennwerte für die Kostengruppen der 3.Ebene DIN 276 (Übersicht)

KG	Kostengruppe	Menge Einheit	€/Einheit	Kosten €	% 300+400
300	**Bauwerk - Baukonstruktionen**	483,52 m² BGF	524,42	253.568,63	70,5
310	Baugrube	–	–	–	–
320	Gründung	143,96 m² GRF	1,29	185,08	0,1
321	Baugrundverbesserung	–	–	–	–
322	Flachgründungen	–	–	–	–
323	Tiefgründungen	–	–	–	–
324	Unterböden und Bodenplatten	–	–	–	–
325	Bodenbeläge	–	–	–	–
326	Bauwerksabdichtungen	–	–	–	–
327	Dränagen	143,96 m²	1,29	185,08	0,1
	Wiederherstellen	143,96 m²	1,29	185,08	0,1
329	Gründung, sonstiges	–	–	–	–
330	**Außenwände**	429,86 m² AWF	126,14	54.222,51	15,1
331	Tragende Außenwände	–	–	743,26	0,2
	Abbrechen	1,23 m²	604,28	743,26	0,2
332	Nichttragende Außenwände	–	–	–	–
333	Außenstützen	–	–	–	–
334	Außentüren und -fenster	31,38 m²	810,67	25.438,76	7,1
	Abbrechen	20,37 m²	37,15	756,70	0,2
	Herstellen	31,38 m²	786,55	24.682,05	6,9
335	Außenwandbekleidungen außen	–	–	–	–
336	Außenwandbekleidungen innen	371,36 m²	32,02	11.891,03	3,3
337	Elementierte Außenwände	–	–	–	–
338	Sonnenschutz	27,12 m²	78,27	2.122,71	0,6
	Wiederherstellen	27,12 m²	78,27	2.122,71	0,6
339	Außenwände, sonstiges	429,86 m²	32,63	14.026,74	3,9
340	**Innenwände**	324,89 m² IWF	151,85	49.336,12	13,7
341	Tragende Innenwände	–	–	–	–
342	Nichttragende Innenwände	80,86 m²	68,99	5.578,64	1,6
343	Innenstützen	–	–	–	–
344	Innentüren und -fenster	37,96 m²	526,64	19.991,31	5,6
	Wiederherstellen	15,80 m²	354,13	5.595,32	1,6
	Herstellen	22,16 m²	649,64	14.395,98	4,0
345	Innenwandbekleidungen	573,86 m²	41,41	23.766,17	6,6
346	Elementierte Innenwände	–	–	–	–
349	Innenwände, sonstiges	–	–	–	–
350	**Decken**	317,19 m² DEF	110,28	34.979,89	9,7
351	Deckenkonstruktionen	–	–	–	–
352	Deckenbeläge	170,09 m²	142,26	24.196,69	6,7
	Abbrechen	12,94 m²	16,85	218,03	0,1
	Wiederherstellen	10,89 m²	20,03	218,16	0,1
	Herstellen	159,20 m²	149,25	23.760,50	6,6
353	Deckenbekleidungen	306,30 m²	35,20	10.783,19	3,0
359	Decken, sonstiges	–	–	–	–

© **BKI** Baukosteninformationszentrum Kostenstand: 3.Quartal 2015, Bundesdurchschnitt, **inkl. 19% MwSt.**

6600-0016
Hotel
(23 Betten)

Umbau

KG	Kostengruppe	Menge Einheit	€/Einheit	Kosten €	% 300+400
360	**Dächer**	**223,08 m² DAF**	**310,66**	**69.301,30**	**19,3**
361	Dachkonstruktionen	210,00 m²	61,55	12.926,42	3,6
	Abbrechen	210,00 m²	7,77	1.632,69	0,5
	Wiederherstellen	–	–	251,19	0,1
	Herstellen	210,00 m²	52,58	11.042,55	3,1
362	Dachfenster, Dachöffnungen	9,08 m²	1.244,40	11.297,89	3,1
	Abbrechen	4,29 m²	113,49	486,89	0,1
	Herstellen	9,08 m²	1.190,77	10.811,00	3,0
363	Dachbeläge	223,30 m²	148,96	33.263,03	9,3
	Abbrechen	214,11 m²	13,06	2.796,95	0,8
	Wiederherstellen	4,00 m²	85,57	342,28	0,1
	Herstellen	219,30 m²	137,36	30.123,80	8,4
364	Dachbekleidungen	159,91 m²	68,96	11.027,01	3,1
	Abbrechen	95,00 m²	19,74	1.874,90	0,5
	Herstellen	159,91 m²	57,23	9.152,11	2,5
369	Dächer, sonstiges	223,08 m²	3,53	786,97	0,2
370	**Baukonstruktive Einbauten**	**483,52 m² BGF**	**69,14**	**33.431,25**	**9,3**
371	Allgemeine Einbauten	483,52 m² BGF	69,14	33.431,25	9,3
372	Besondere Einbauten	–	–	–	–
379	Baukonstruktive Einbauten, sonstiges	–	–	–	–
390	**Sonst. Maßnahmen Baukonstruktionen**	**483,52 m² BGF**	**25,05**	**12.112,50**	**3,4**
391	Baustelleneinrichtung	483,52 m² BGF	0,68	330,35	0,1
392	Gerüste	483,52 m² BGF	6,23	3.012,93	0,8
393	Sicherungsmaßnahmen	–	–	–	–
394	Abbruchmaßnahmen	–	–	–	–
395	Instandsetzungen	–	–	–	–
396	Materialentsorgung	483,52 m² BGF	7,02	3.392,17	0,9
397	Zusätzliche Maßnahmen	483,52 m² BGF	11,12	5.377,06	1,5
398	Provisorische Baukonstruktionen	–	–	–	–
399	Sonst. Maßnahmen für Baukonstruktionen, sonst.	–	–	–	–
400	**Bauwerk - Technische Anlagen**	**483,52 m² BGF**	**219,00**	**105.893,02**	**29,5**
410	**Abwasser-, Wasser-, Gasanlagen**	**483,52 m² BGF**	**80,99**	**39.159,59**	**10,9**
411	Abwasseranlagen	483,52 m² BGF	6,58	3.183,41	0,9
	Abbrechen	483,52 m² BGF	0,43	206,69	0,1
	Herstellen	483,52 m² BGF	6,16	2.976,72	0,8
412	Wasseranlagen	483,52 m² BGF	58,13	28.108,88	7,8
413	Gasanlagen	–	–	–	–
419	Abwasser-, Wasser-, Gasanlagen, sonstiges	483,52 m² BGF	16,27	7.867,30	2,2
420	**Wärmeversorgungsanlagen**	**483,52 m² BGF**	**69,51**	**33.609,62**	**9,3**
421	Wärmeerzeugungsanlagen	483,52 m² BGF	48,94	23.663,29	6,6
	Abbrechen	483,52 m² BGF	2,61	1.260,36	0,4
	Herstellen	483,52 m² BGF	46,33	22.402,92	6,2
422	Wärmeverteilnetze	483,52 m² BGF	5,48	2.648,84	0,7
423	Raumheizflächen	483,52 m² BGF	14,95	7.230,51	2,0
429	Wärmeversorgungsanlagen, sonstiges	483,52 m² BGF	0,14	67,00	< 0,1
430	**Lufttechnische Anlagen**	**483,52 m² BGF**	**8,98**	**4.342,94**	**1,2**
431	Lüftungsanlagen	483,52 m² BGF	8,98	4.342,94	1,2
432	Teilklimaanlagen	–	–	–	–
433	Klimaanlagen	–	–	–	–
434	Kälteanlagen	–	–	–	–
439	Lufttechnische Anlagen, sonstiges	–	–	–	–

© BKI Baukosteninformationszentrum Kostenstand: 3.Quartal 2015, Bundesdurchschnitt, **inkl. 19% MwSt.**

6600-0016
Hotel
(23 Betten)

Umbau

KG	Kostengruppe	Menge Einheit	€/Einheit	Kosten €	% 300+400
440	**Starkstromanlagen**	483,52 m² BGF	39,69	19.189,45	5,3
441	Hoch- und Mittelspannungsanlagen	–	–	–	–
442	Eigenstromversorgungsanlagen	–	–	–	–
443	Niederspannungsschaltanlagen	–	–	–	–
444	Niederspannungsinstallationsanlagen	483,52 m² BGF	20,89	10.102,93	2,8
445	Beleuchtungsanlagen	483,52 m² BGF	14,39	6.957,16	1,9
446	Blitzschutz- und Erdungsanlagen	483,52 m² BGF	4,40	2.129,36	0,6
	Abbrechen	483,52 m² BGF	0,40	192,38	0,1
	Herstellen	483,52 m² BGF	4,01	1.936,98	0,5
449	Starkstromanlagen, sonstiges	–	–	–	–
450	**Fernm.- und informationstechn. Anlagen**	483,52 m² BGF	17,78	8.596,41	2,4
451	Telekommunikationsanlagen	–	–	–	–
452	Such- und Signalanlagen	–	–	–	–
453	Zeitdienstanlagen	–	–	–	–
454	Elektroakustische Anlagen	–	–	–	–
455	Fernseh- und Antennenanlagen	483,52 m² BGF	2,84	1.374,62	0,4
456	Gefahrenmelde- und Alarmanlagen	483,52 m² BGF	11,66	5.639,77	1,6
457	Übertragungsnetze	483,52 m² BGF	3,27	1.582,00	0,4
459	Fernmelde- und informationstechn. Anl., sonst.	–	–	–	–
460	**Förderanlagen**	–	–	–	–
470	**Nutzungsspezifische Anlagen**	–	–	–	–
480	**Gebäudeautomation**	–	–	–	–
490	**Sonst. Maßnahmen für Techn. Anlagen**	483,52 m² BGF	2,06	995,03	0,3
491	Baustelleneinrichtung	–	–	–	–
492	Gerüste	–	–	–	–
493	Sicherungsmaßnahmen	–	–	–	–
494	Abbruchmaßnahmen	483,52 m² BGF	2,06	995,03	0,3
	Abbrechen	483,52 m² BGF	2,06	995,03	0,3
495	Instandsetzungen	–	–	–	–
496	Materialentsorgung	–	–	–	–
497	Zusätzliche Maßnahmen	–	–	–	–
498	Provisorische Technische Anlagen	–	–	–	–
499	Sonst. Maßnahmen Techn. Anlagen, sonstiges	–	–	–	–

Kostenkennwerte für Leistungsbereiche nach StLB (Kosten des Bauwerks nach DIN 276)

6600-0016
Hotel
(23 Betten)

Umbau

LB	Leistungsbereiche	Kosten €	€/m² BGF	€/m³ BRI	% an 3+4
000	Sicherheits-, Baustelleneinrichtungen inkl. 001	3.343	6,90	2,20	0,9
002	Erdarbeiten	–	–	–	–
006	Spezialtiefbauarbeiten inkl. 005	–	–	–	–
009	Entwässerungskanalarbeiten inkl. 011	–	–	–	–
010	Dränarbeiten	185	0,38	0,12	0,1
012	Mauerarbeiten	1.431	3,00	0,94	0,4
013	Betonarbeiten	–	–	–	–
014	Natur-, Betonwerksteinarbeiten	–	–	–	–
016	Zimmer- und Holzbauarbeiten	12.039	24,90	7,90	3,3
017	Stahlbauarbeiten	–	–	–	–
018	Abdichtungsarbeiten	–	–	–	–
020	Dachdeckungsarbeiten	39.279	81,20	25,70	10,9
021	Dachabdichtungsarbeiten	–	–	–	–
022	Klempnerarbeiten	2.547	5,30	1,70	0,7
	Rohbau	**58.824**	**121,70**	**38,50**	**16,4**
023	Putz- und Stuckarbeiten, Wärmedämmsysteme	6.989	14,50	4,60	1,9
024	Fliesen- und Plattenarbeiten	15.552	32,20	10,20	4,3
025	Estricharbeiten	1.637	3,40	1,10	0,5
026	Fenster, Außentüren inkl. 029, 032	19.706	40,80	12,90	5,5
027	Tischlerarbeiten	55.066	113,90	36,10	15,3
028	Parkett-, Holzpflasterarbeiten	11.172	23,10	7,30	3,1
030	Rollladenarbeiten	928	1,90	0,61	0,3
031	Metallbauarbeiten inkl. 035	15.800	32,70	10,30	4,4
034	Maler- und Lackiererarbeiten inkl. 037	33.434	69,10	21,90	9,3
036	Bodenbelagsarbeiten	5.464	11,30	3,60	1,5
038	Vorgehängte hinterlüftete Fassaden	–	–	–	–
039	Trockenbauarbeiten	13.405	27,70	8,80	3,7
	Ausbau	**179.154**	**370,50**	**117,30**	**49,8**
040	Wärmeversorgungsanlagen, inkl. 041	31.137	64,40	20,40	8,7
042	Gas- und Wasseranlagen, Leitungen inkl. 043	12.599	26,10	8,30	3,5
044	Abwasseranlagen - Leitungen	2.482	5,10	1,60	0,7
045	Gas, Wasser, Entwässerung - Ausstattung inkl. 046	22.807	47,20	14,90	6,3
047	Dämmarbeiten an technischen Anlagen	1.270	2,60	0,83	0,4
049	Feuerlöschanlagen, Feuerlöschgeräte	–	–	–	–
050	Blitzschutz- und Erdungsanlagen	1.937	4,00	1,30	0,5
052	Mittelspannungsanlagen	–	–	–	–
053	Niederspannungsanlagen inkl. 054	10.103	20,90	6,60	2,8
055	Ersatzstromversorgungsanlagen	–	–	–	–
057	Gebäudesystemtechnik	–	–	–	–
058	Leuchten und Lampen, inkl. 059	6.957	14,40	4,60	1,9
060	Elektroakustische Anlagen	–	–	–	–
061	Kommunikationsnetze, inkl. 063	8.596	17,80	5,60	2,4
069	Aufzüge	–	–	–	–
070	Gebäudeautomation	–	–	–	–
075	Raumlufttechnische Anlagen	4.343	9,00	2,80	1,2
	Gebäudetechnik	**102.231**	**211,40**	**66,90**	**28,4**
084	Abbruch- und Rückbauarbeiten	11.164	23,10	7,30	3,1
	Sonstige Leistungsbereiche inkl. 008, 033, 051	**8.088**	**16,70**	**5,30**	**2,3**

© BKI Baukosteninformationszentrum · Kostenstand: 3.Quartal 2015, Bundesdurchschnitt, **inkl. 19% MwSt.**

6600-0017
Hotel
(76 Betten)

Objektübersicht

BRI 287 €/m³   BGF 924 €/m²   NF 1.559 €/m²   NE 40.218 €/NE Bett

Umbau

Objekt:
Kennwerte: 3.Ebene DIN 276
BRI: 10.653m³
BGF: 3.310m²
NF: 1.961m²
Bauzeit: 47 Wochen
Bauende: 2010
Standard: Durchschnitt
Kreis: Berlin,
Berlin

Architekt:
Steiner Weißenberger
Architekten
Hagelberger Str. 53-54
10965 Berlin

vorher

nachher

382   © **BKI** Baukosteninformationszentrum   Kostenstand: 3.Quartal 2015, Bundesdurchschnitt, **inkl. 19% MwSt.**

Zeichnungen

6600-0017
Hotel
(76 Betten)

Umbau

Erdgeschoss

Ansicht Süd

Ansicht Pavillon

1. Obergeschoss

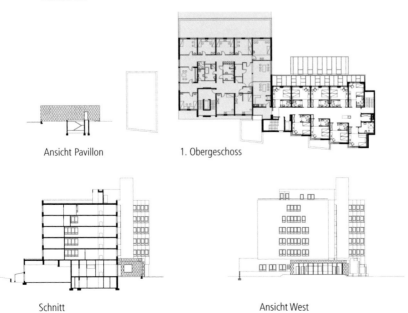

Schnitt

Ansicht West

6600-0017 Hotel (76 Betten)

Umbau

Objektbeschreibung

Allgemeine Objektinformationen

Ein bestehendes Altenheim in Berlin-Mitte wurde zu einem Hotel mit Restaurant und Bistro umgebaut. In die vorhandene Raumstruktur der Obergeschosse wurden Hotelzimmer integriert. Die Erdgeschossbereiche wurden organisatorisch komplett umstrukturiert, um aus den ehemaligen Aufenthaltsbereichen Rezeption, Foyer, Restaurant und Küche zu machen. Für Restaurant und Rezeption wurden neue Eingangsbauten, für das Bistro ein separates Bauwerk errichtet.

Nutzung

1 Untergeschoss
Lagerräume, Waschküche, Kühlräume, Heizungs- und Hausanschlussräume

1 Erdgeschoss
Rezeption, Foyer, Restaurant, Küche, Büffet

6 Obergeschosse
Hotelzimmer, Wäscheräume

1 Dachgeschoss
Hotelzimmer, Wäscheräume

Nutzeinheiten

Betten: 76
Stellplätze: 10

Grundstück

Bauraum: Beengter Bauraum
Neigung: Ebenes Gelände
Bodenklasse: BK 1 bis BK 3

Markt

Hauptvergabezeit: 3.Quartal 2009
Baubeginn: 3.Quartal 2009
Bauende: 2.Quartal 2010
Konjunkturelle Gesamtlage: Durchschnitt
Regionaler Baumarkt: über Durchschnitt

Baubestand

Baujahr: 1978
Bauzustand: mittel
Aufwand: mittel
Grundrissänderungen: wenige
Tragwerkseingriffe: wenige
Nutzungsänderung: ja
Nutzung während der Bauzeit: nein

Baukonstruktion

Sämtliche Boden-, Wand- und Deckenbeläge wurden abgebrochen. Nichttragende Innenwände wurden teilweise und vorhandene Badeinrichtungen vollständig abgebrochen. Sämtliche Innentüren wurden entfernt. Im Erdgeschoss wurde die tragende Konstruktion mittels Sägeschnitten für die Herstellung neuer Eingänge bearbeitet. Bestehende Putzflächen, alle Boden- und Deckenbeläge wurden wiederhergestellt. Alle Bäder wurden oberflächenerneuert und mit neuen Sanitärobjekten ausgestattet. Im gesamten Hotel wurden Möbeleinbauten ausgeführt. Neue Holzmassivwände wurden errichtet. Diese sind mit einer Vorhangfassade aus Kupferverblechung versehen. Das neu errichtete Dach ist als Warmdachkonstruktion ausgeführt.

Technische Anlagen

Die komplette Trinkwasserinstallation, alle Sanitärobjekte, die Abwasser- und Lüftungsinstallationen sowie die komplette Elektroinstallation wurden abgebrochen. Alle haustechnischen Leitungen für Sanitär und Lüftung wurden wiederhergestellt und brandschutztechnisch ertüchtigt. Für die Eingangsbauten und das Bistro wurde die Elektrik komplett erneuert.

Sonstiges

Das typische 70er-Jahre-Gebäude ist über Betonstützen aufgeständert und springt im Zick-Zack an der Straßenkante entlang. Es erzeugte dabei undefinierte Flächen im Erdgeschoss. Diese wurden durch neue, an die Straßenkante gebaute Eingänge für Hotel und Restaurant genutzt bzw. durch kleine Mauern zu Vorgärten gefasst. Zur einen Straßenseite hin ist ein Bistro mit Café für die Mauergedenkstätte entstanden.

6600-0017
Hotel
(76 Betten)

Umbau

Planungskennwerte für Flächen und Rauminhalte nach DIN 277

Flächen des Grundstücks

		Menge, Einheit	% an FBG
BF	Bebaute Fläche	1.246,40 m²	26,2
UBF	Unbebaute Fläche	3.514,60 m²	73,8
FBG	Fläche des Baugrundstücks	4.761,00 m²	100,0

Grundflächen des Bauwerks

		Menge, Einheit	% an NF	% an BGF
NF	Nutzfläche	1.961,10 m²	100,0	59,3
TF	Technische Funktionsfläche	112,30 m²	5,7	3,4
VF	Verkehrsfläche	663,80 m²	33,9	20,1
NGF	Netto-Grundfläche	2.737,20 m²	139,6	82,7
KGF	Konstruktions-Grundfläche	572,60 m²	29,2	17,3
BGF	Brutto-Grundfläche	3.309,80 m²	168,8	100,0

Brutto-Rauminhalt des Bauwerks

		Menge, Einheit	BRI/NF (m)	BRI/BGF (m)
BRI	Brutto-Rauminhalt	10.652,90 m³	5,43	3,22

Lufttechnisch behandelte Flächen

	Menge, Einheit	% an NF	% an BGF
Entlüftete Fläche	– m²	–	–
Be- und entlüftete Fläche	– m²	–	–
Teilklimatisierte Fläche	– m²	–	–
Klimatisierte Fläche	– m²	–	–

KG	Kostengruppen (2.Ebene)	Menge, Einheit	Menge/NF	Menge/BGF
310	Baugrube	280,00 m³ BGI	0,14	< 0,1
320	Gründung	211,20 m² GRF	0,11	< 0,1
330	Außenwände	1.251,12 m² AWF	0,64	0,38
340	Innenwände	2.108,17 m² IWF	1,07	0,64
350	Decken	2.020,10 m² DEF	1,03	0,61
360	Dächer	236,51 m² DAF	0,12	< 0,1

Kostenkennwerte für die Kostengruppen der 1.Ebene DIN 276

KG	Kostengruppen (1.Ebene)	Einheit	Kosten €	€/Einheit	€/m² BGF	€/m³ BRI	% 300+400
100	Grundstück	m² FBG	–	–	–	–	–
200	Herrichten und Erschließen	m² FBG	–	–	–	–	–
300	Bauwerk - Baukonstruktionen	m² BGF	1.639.822	495,44	495,44	153,93	53,6
400	Bauwerk - Technische Anlagen	m² BGF	1.416.783	428,06	428,06	133,00	46,4
	Bauwerk 300+400	**m² BGF**	**3.056.605**	**923,50**	**923,50**	**286,93**	**100,0**
500	Außenanlagen	m² AUF	–	–	–	–	–
600	Ausstattung und Kunstwerke	m² BGF	131.925	39,86	39,86	12,38	4,3
700	Baunebenkosten	m² BGF	–	–	–	–	–

© BKI Baukosteninformationszentrum Kostenstand: 3.Quartal 2015, Bundesdurchschnitt, **inkl. 19% MwSt.**

6600-0017
Hotel
(76 Betten)

Umbau

Kostenkennwerte für die Kostengruppen der 1.Ebene DIN 276

KG	Kostengruppe	Menge Einheit	Kosten €	€/Einheit	%
3+4	**Bauwerk**				100,0
300	**Bauwerk - Baukonstruktionen**	3.309,80 m² BGF	1.639.822	495,44	53,6

- Abbrechen (Kosten: 1,2%)   20.201
  Abbruch von Stb-Wand, Stb-Auskragungen, Stb-Überzügen; Mauerwerk, Eingangsbereich, Türausschnitten in Stb-Wänden, Lichtschächten; Holztüren; Entsorgung, Deponiegebühren

- Herstellen (Kosten: 98,8%)   1.619.621
  Stb-Streifenfundamente, Stb-Bodenplatte, Stb-Rampe, Metalltreppe; Alufenster, vorgehängte Kupferfassade, Betonfertigteile, Sichtbeton; Holzwände, Metallständerwände, Holztüren, Brandschutztüren, Putz, Wandfliesen, Anstrich; Holzdecken, Estrich, Bodenfliesen, PVC-Beläge, abgehängte GK-Decken; Abdichtungen, Dämmung, Kiesschüttung, Gehwegplatten, Dachentwässerung; Hoteleinbauten

400	**Bauwerk - Technische Anlagen**	3.309,80 m² BGF	1.416.783	428,06	46,4

- Abbrechen (Kosten: 4,7%)   67.152
  Abbruch von Abwasserleitungen, Wasserleitungen, Sanitärobjekten; Unterverteilungen, Leitungen, Schaltern, Steckdosen; Entsorgung, Deponiegebühren

- Herstellen (Kosten: 95,3%)   1.349.632
  Gebäudeentwässerung, Kalt- und Warmwasserleitungen, Sanitärobjekte; Erweiterung der Heizungsanlage, Heizungsrohre, neue Heizkörper, Austausch aller Thermostate; Be- und Entlüftungsgeräte, Kanäle, Wickelfalzrohre; Elektroinstallation, Beleuchtungskörper, Sicherheitsbeleuchtung; Telefonleitungen, Brandmeldeanlage, EDV-Verkabelung; Kücheneinrichtungen

600	**Ausstattung und Kunstwerke**	3.309,80 m² BGF	131.925	39,86	4,3

- Herstellen (Kosten: 100,0%)   131.925
  Doppelbetten, Einzelbetten, Schreibtische, Sitzbänke im Flur, Sideboard, Aktenschränke, Sitzgruppen, Sessel, Holzstühle, Vitrine, Spiegel, Werbeanlage, Beschilderung

Kostenkennwerte für die Kostengruppen der 2.Ebene DIN 276

6600-0017
Hotel
(76 Betten)

Umbau

KG	Kostengruppe	Menge Einheit	Kosten €	€/Einheit	%
300	**Bauwerk - Baukonstruktionen**				**100,0**
310	**Baugrube**	280,00 m³ BGI	17.320	**61,86**	1,1

- Herstellen (Kosten: 100,0%)   17.320
  Bodenaushub BK 3-4, Abtransport (280m³), davon Handschachtung (32m³), Füllboden liefern, verdichten (180m³)

320	**Gründung**	211,20 m² GRF	95.626	**452,77**	5,8

- Abbrechen (Kosten: 0,8%)   778
  Abbruch von Stb-Rampe; Entsorgung, Deponiegebühren

- Herstellen (Kosten: 99,2%)   94.847
  Stb-Streifenfundamente C20/25 (69m³) * Stb-Bodenplatte C20/25, d=20cm (110m²) * Bitumenbahnen, Wärmedämmung, d=120-160mm, Estrich, Bodenfliesen (43m²), Anstrich (76m²), PVC-Beläge (92m²) * Magerbetonauffüllung als Sauberkeitsschicht, d=25cm (110m²) * Stb-Rampe, Seitenwände, Metalltreppe, Gitterroststufen, Geländer

330	**Außenwände**	1.251,12 m² AWF	310.932	**248,52**	19,0

- Abbrechen (Kosten: 5,9%)   18.478
  Abbruch von Stb-Wand (2m²), Stb-Auskragungen (8m²), Stb-Überzüge (16m²) * Mauerwerk, d=30cm (6m²) * Eingangsbereich (53m²), Türausschnitten in Stb-Wänden (5m²) * Lichtschächten (3St); Entsorgung, Deponiegebühren

- Herstellen (Kosten: 94,1%)   292.454
  Alufenster (19m²), Fenstertüren (27m²), Eingangstür (3m²), Fenstergriffe (109St) * vorgehängte Kupferfassade, Dämmung (405m²), Attikaabdeckungen (115m), Laibungen (116m), Perimeterdämmung (94m²), Betonfertigteile C20/25, Sichtbeton (76m²), Anstrich (249m²), Innenputz, Wandfliesen (112m²) * Alu-Pfosten-Riegel-Konstruktion (125m²), Türen (36m²), Automatikschiebetüren (17m²)

340	**Innenwände**	2.108,17 m² IWF	536.094	**254,29**	32,7

- Abbrechen (Kosten: 0,2%)   945
  Abbruch von Holztüren (14m²); Entsorgung, Deponiegebühren

- Herstellen (Kosten: 99,8%)   535.149
  Holzwände, d=22cm (56m²), KS-Wände, d=24cm (60m²) * Holzwände, d=12,5cm (221m²), KS-Wände, d=11,5cm (32m²), Metallständerwände, GK-Beplankungen (549m²), F90 (256m²), Vorsatzschalen (611m²) * Stahlstützen (38m) * Holztüren (154m²), Schallschutztüren (77m²), Brandschutztüren (28m²), Transponder (2St), Transponderkarten (100St), Lesegeräte (37St) * Putz, Wandfliesen (808m²), Trockenputz (426m²), Anstrich (1.898m²), GK-Vorsatzschalen (74m²) * WC-Trennwände (20m²), Festverglasungen (21m²), Stegplatten (22m²)

© **BKI** Baukosteninformationszentrum   Kostenstand: 3.Quartal 2015, Bundesdurchschnitt, inkl. 19% MwSt.

6600-0017
Hotel
(76 Betten)

Umbau

KG	Kostengruppe	Menge Einheit	Kosten €	€/Einheit	%
350	**Decken**	2.020,10 m² DEF	329.936	**163,33**	20,1

- Herstellen (Kosten: 100,0%) — 329.936
Holzdecken, d=12,5cm (183m²), Schließen von Deckendurchbrüchen in Stb-Decken, d=20cm (56St) * Estrich, Dämmung, Bodenfliesen (238m²), bodengleiche Duschtassen (46m²), Fußbodenanstrich (76m²), PVC-Beläge (1.659m²) * abgehängte GK-Decken (897m²), Anstrich (566m²) * Metall-Brüstungsgeländer (38m), Geländer mit Wellengitter (15m), Gitterrostweg (16m²), Schachtabdeckung

KG	Kostengruppe	Menge Einheit	Kosten €	€/Einheit	%
360	**Dächer**	236,51 m² DAF	75.805	**320,51**	4,6

- Herstellen (Kosten: 100,0%) — 75.805
Lichtkuppeln, rechteckig, dreischalig, Motorantrieb (3m²) * Bitumenvoranstrich, Bitumenbahnen, Dampfsperre, Gefälledämmung, d=120-330mm, Schweißbahnen, Kiesschüttung (225m²), Gehwegplatten (67m²), Abdeckungen, Zinkblech (9m²), Dachentwässerung * abgehängte GK-Decken (233m²)

KG	Kostengruppe	Menge Einheit	Kosten €	€/Einheit	%
370	**Baukonstruktive Einbauten**	3.309,80 m² BGF	201.084	**60,75**	12,3

- Herstellen (Kosten: 100,0%) — 201.084
Tresore (34St), Waschtischunterbauten (31St), Sitzbänke im Flur (4St), Rezeptionstresen (1St), Ausgabetresen (1St), Computerterminal (1St), Lichtdecken (2St), Bartresen (1St), Sitzgruppen (2St), Frühstücksbuffet (1St), Tische (11St), Tischplatten (50St), Vitrine

KG	Kostengruppe	Menge Einheit	Kosten €	€/Einheit	%
390	**Sonstige Baukonstruktionen**	3.309,80 m² BGF	73.026	**22,06**	4,5

- Herstellen (Kosten: 100,0%) — 73.026
Baustelleneinrichtung, Bauschild, Baukran, Schuttentsorgung (809m³) * Rollgerüst (30Tage) * Bauheizung, Rauchschutzwände, Türen (5St), provisorische Regenentwässerung

KG	Kostengruppe	Menge Einheit	Kosten €	€/Einheit	%
400	**Bauwerk - Technische Anlagen**				**100,0**
410	**Abwasser-, Wasser-, Gasanlagen**	3.309,80 m² BGF	423.924	**128,08**	29,9

- Abbrechen (Kosten: 9,6%) — 40.723
Abbruch von Abwasserleitungen * Wasserleitungen, Sanitärobjekten; Entsorgung, Deponiegebühren

- Herstellen (Kosten: 90,4%) — 383.202
Rohrgrabenaushub, Grundleitungen, Abwasserleitungen, Fettabscheider, Regenfallrohre * Kalt- und Warmwasserleitungen, Rohrdämmung, Sanitärobjekte

KG	Kostengruppe	Menge Einheit	Kosten €	€/Einheit	%
420	**Wärmeversorgungsanlagen**	3.309,80 m² BGF	98.228	**29,68**	6,9

- Herstellen (Kosten: 100,0%) — 98.228
Erweiterung der Heizungsanlage * Heizungsrohre, Rohrdämmung * neue Heizkörper, Austausch aller Thermostate

KG	Kostengruppe	Menge Einheit	Kosten €	€/Einheit	%
430	**Lufttechnische Anlagen**	3.309,80 m² BGF	180.613	**54,57**	12,7

- Herstellen (Kosten: 100,0%) — 180.613
Be- und Entlüftungsgeräte, Kanäle, Wickelfalzrohre * Klimagerät für EDV-Raum

KG	Kostengruppe	Menge Einheit	Kosten €	€/Einheit	%
440	**Starkstromanlagen**	3.309,80 m² BGF	357.594	**108,04**	25,2

- Abbrechen (Kosten: 7,4%) — 26.429
  Abbruch von Unterverteilungen, Leitungen, Schaltern, Steckdosen; Entsorgung, Deponiegebühren

- Herstellen (Kosten: 92,6%) — 331.165
  Zählerschrank, Unterverteilungen, Sicherungen, FI-Schutzschalter, Mantelleitungen NYM, Schalter, Steckdosen * Beleuchtungskörper, Sicherheitsbeleuchtungsanlage * Blitzschutz-anlage, Fundamenterder, Erdungen, Erdbandschellen, Leitungen

KG	Kostengruppe	Menge Einheit	Kosten €	€/Einheit	%
450	**Fernmelde-, informationstechn. Anlagen**	3.309,80 m² BGF	160.525	**48,50**	11,3

- Herstellen (Kosten: 100,0%) — 160.525
  Leerrohre, Telefonleitungen, TAE-Steckdosen * Klingelleitungen, Sprechanlage * Leitungen, Mikrofone, Lautsprecher, Lautsprechersteckdosen * Brandmeldeanlage, Rauchmelder, Druckknopfmelder * EDV-Verkabelung, Steckdosen RJ45, Datenschrank

KG	Kostengruppe	Menge Einheit	Kosten €	€/Einheit	%
460	**Förderanlagen**	3.309,80 m² BGF	7.429	**2,24**	0,5

- Herstellen (Kosten: 100,0%) — 7.429
  Nachrüstung einer Brandfallsteuerung für Aufzug

KG	Kostengruppe	Menge Einheit	Kosten €	€/Einheit	%
470	**Nutzungsspezifische Anlagen**	3.309,80 m² BGF	188.470	**56,94**	13,3

- Herstellen (Kosten: 100,0%) — 188.470
  Kücheneinrichtungen, Kühlschränke, Ausgabetheke, Kühlvitrine, loses Küchenzubehör, Gefrierschrank, Multifunktionskochgeräte, Herde, Kombidämpfer, Spülmaschinen, Eisbereiter, Kaffeemaschine, Unterschränke, Arbeitsplatten, Schränke

KG	Kostengruppe	Menge Einheit	Kosten €	€/Einheit	%
600	**Ausstattung und Kunstwerke**				100,0
610	**Ausstattung**	3.309,80 m² BGF	131.925	**39,86**	100,0

- Herstellen (Kosten: 100,0%) — 131.925
  Doppelbetten (25St), Einzelbetten (26St), Schreibtische (38St), Sitzbänke im Flur (4St), Sidebord (1St), Aktenschränke (2St), Sitzgruppen (2St), Sessel (41St), Holzstühle (98St), Vitrine, Spiegel (12St) * Werbeanlage, Beschilderung

6600-0017
Hotel
(76 Betten)

Umbau

6600-0017
Hotel
(76 Betten)

Umbau

Kostenkennwerte für die Kostengruppen der 3.Ebene DIN 276 (Übersicht)

KG	Kostengruppe	Menge Einheit	€/Einheit	Kosten €	% 300+400
300	**Bauwerk - Baukonstruktionen**	**3.309,80 m² BGF**	**495,44**	**1.639.821,85**	**53,6**
310	**Baugrube**	**280,00 m³ BGI**	**61,86**	**17.320,29**	**0,6**
311	Baugrubenherstellung	280,00 m³	61,86	17.320,29	0,6
312	Baugrubenumschließung	–	–	–	–
313	Wasserhaltung	–	–	–	–
319	Baugrube sonstiges	–	–	–	–
320	**Gründung**	**211,20 m² GRF**	**452,77**	**95.625,51**	**3,1**
321	Baugrundverbesserung	–	–	–	–
322	Flachgründungen	110,00 m²	267,12	29.383,70	1,0
323	Tiefgründungen	–	–	–	–
324	Unterböden und Bodenplatten	110,00 m²	75,35	8.288,20	0,3
325	Bodenbeläge	211,20 m²	170,26	35.958,36	1,2
326	Bauwerksabdichtungen	211,20 m²	29,78	6.288,89	0,2
327	Dränagen	211,20 m²	2,24	473,45	< 0,1
329	Gründung, sonstiges	211,20 m²	72,13	15.232,91	0,5
	Abbrechen	–	–	778,13	< 0,1
	Herstellen	211,20 m²	68,44	14.454,78	0,5
330	**Außenwände**	**1.251,12 m² AWF**	**248,52**	**310.932,36**	**10,2**
331	Tragende Außenwände	–	–	6.474,76	0,2
	Abbrechen	26,06 m²	248,46	6.474,76	0,2
332	Nichttragende Außenwände	–	–	643,35	< 0,1
	Abbrechen	6,00 m²	107,22	643,35	< 0,1
333	Außenstützen	–	–	–	–
334	Außentüren und -fenster	49,27 m²	650,31	32.040,82	1,0
	Abbrechen	57,85 m²	132,44	7.661,59	0,3
	Herstellen	49,27 m²	494,81	24.379,22	0,8
335	Außenwandbekleidungen außen	956,46 m²	133,10	127.302,11	4,2
336	Außenwandbekleidungen innen	1.215,12 m²	35,54	43.181,67	1,4
337	Elementierte Außenwände	172,95 m²	562,49	97.282,16	3,2
338	Sonnenschutz	–	–	–	–
339	Außenwände, sonstiges	1.251,12 m²	3,20	4.007,49	0,1
	Abbrechen	–	–	3.698,60	0,1
	Herstellen	1.251,12 m²	0,25	308,89	< 0,1
340	**Innenwände**	**2.108,17 m² IWF**	**254,29**	**536.093,71**	**17,5**
341	Tragende Innenwände	116,13 m²	234,78	27.265,08	0,9
342	Nichttragende Innenwände	1.669,48 m²	94,82	158.291,83	5,2
343	Innenstützen	37,88 m	186,78	7.075,17	0,2
344	Innentüren und -fenster	258,82 m²	639,17	165.429,65	5,4
	Abbrechen	14,00 m²	67,48	944,68	< 0,1
	Herstellen	258,82 m²	635,52	164.484,96	5,4
345	Innenwandbekleidungen	2.780,62 m²	59,59	165.710,17	5,4
346	Elementierte Innenwände	63,74 m²	193,31	12.321,81	0,4
349	Innenwände, sonstiges	–	–	–	–
350	**Decken**	**2.020,10 m² DEF**	**163,33**	**329.936,04**	**10,8**
351	Deckenkonstruktionen	266,60 m²	157,88	42.091,44	1,4
352	Deckenbeläge	2.020,10 m²	105,94	214.002,84	7,0
353	Deckenbekleidungen	1.463,40 m²	38,35	56.123,38	1,8
359	Decken, sonstiges	2.020,10 m²	8,77	17.718,38	0,6

6600-0017
Hotel
(76 Betten)

Umbau

KG	Kostengruppe	Menge Einheit	€/Einheit	Kosten €	% 300+400
360	**Dächer**	236,51 m² DAF	320,51	75.804,58	2,5
361	Dachkonstruktionen	–	–	–	–
362	Dachfenster, Dachöffnungen	2,56 m²	2.777,09	7.109,35	0,2
363	Dachbeläge	233,95 m²	230,73	53.979,85	1,8
364	Dachbekleidungen	233,00 m²	63,16	14.715,39	0,5
369	Dächer, sonstiges	–	–	–	–
370	**Baukonstruktive Einbauten**	3.309,80 m² BGF	60,75	201.083,61	6,6
371	Allgemeine Einbauten	3.309,80 m² BGF	60,75	201.083,61	6,6
372	Besondere Einbauten	–	–	–	–
379	Baukonstruktive Einbauten, sonstiges	–	–	–	–
390	**Sonst. Maßnahmen Baukonstruktionen**	3.309,80 m² BGF	22,06	73.025,73	2,4
391	Baustelleneinrichtung	3.309,80 m² BGF	19,33	63.976,34	2,1
392	Gerüste	3.309,80 m² BGF	1,05	3.463,08	0,1
393	Sicherungsmaßnahmen	–	–	–	–
394	Abbruchmaßnahmen	–	–	–	–
395	Instandsetzungen	–	–	–	–
396	Materialentsorgung	–	–	–	–
397	Zusätzliche Maßnahmen	3.309,80 m² BGF	1,69	5.586,32	0,2
398	Provisorische Baukonstruktionen	–	–	–	–
399	Sonst. Maßnahmen für Baukonstruktionen, sonst.	–	–	–	–
400	**Bauwerk - Technische Anlagen**	3.309,80 m² BGF	428,06	1.416.783,48	46,4
410	**Abwasser-, Wasser-, Gasanlagen**	3.309,80 m² BGF	128,08	423.924,45	13,9
411	Abwasseranlagen	3.309,80 m² BGF	31,74	105.062,49	3,4
	Abbrechen	3.309,80 m² BGF	3,02	10.009,10	0,3
	Herstellen	3.309,80 m² BGF	28,72	95.053,38	3,1
412	Wasseranlagen	3.309,80 m² BGF	96,34	318.861,96	10,4
	Abbrechen	3.309,80 m² BGF	9,28	30.713,72	1,0
	Herstellen	3.309,80 m² BGF	87,06	288.148,25	9,4
413	Gasanlagen	–	–	–	–
419	Abwasser-, Wasser-, Gasanlagen, sonstiges	–	–	–	–
420	**Wärmeversorgungsanlagen**	3.309,80 m² BGF	29,68	98.227,95	3,2
421	Wärmeerzeugungsanlagen	3.309,80 m² BGF	5,47	18.104,62	0,6
422	Wärmeverteilnetze	3.309,80 m² BGF	13,40	44.354,53	1,5
423	Raumheizflächen	3.309,80 m² BGF	10,81	35.768,80	1,2
429	Wärmeversorgungsanlagen, sonstiges	–	–	–	–
430	**Lufttechnische Anlagen**	3.309,80 m² BGF	54,57	180.612,74	5,9
431	Lüftungsanlagen	3.309,80 m² BGF	52,62	174.156,15	5,7
432	Teilklimaanlagen	–	–	–	–
433	Klimaanlagen	3.309,80 m² BGF	1,95	6.456,59	0,2
434	Kälteanlagen	–	–	–	–
439	Lufttechnische Anlagen, sonstiges	–	–	–	–
440	**Starkstromanlagen**	3.309,80 m² BGF	108,04	357.594,26	11,7
441	Hoch- und Mittelspannungsanlagen	–	–	–	–
442	Eigenstromversorgungsanlagen	–	–	–	–
443	Niederspannungsschaltanlagen	–	–	–	–
444	Niederspannungsinstallationsanlagen	3.309,80 m² BGF	52,41	173.455,61	5,7
	Abbrechen	3.309,80 m² BGF	7,99	26.429,10	0,9
	Herstellen	3.309,80 m² BGF	44,42	147.026,53	4,8
445	Beleuchtungsanlagen	3.309,80 m² BGF	50,26	166.357,11	5,4
446	Blitzschutz- und Erdungsanlagen	3.309,80 m² BGF	5,37	17.781,54	0,6
449	Starkstromanlagen, sonstiges	–	–	–	–

© **BKI** Baukosteninformationszentrum · Kostenstand: 3.Quartal 2015, Bundesdurchschnitt, **inkl. 19% MwSt.**

6600-0017
Hotel
(76 Betten)

Umbau

KG	Kostengruppe	Menge Einheit	€/Einheit	Kosten €	% 300+400
450	**Fernm.- und informationstechn. Anlagen**	**3.309,80 m² BGF**	**48,50**	**160.525,00**	**5,3**
451	Telekommunikationsanlagen	3.309,80 m² BGF	9,34	30.914,56	1,0
452	Such- und Signalanlagen	3.309,80 m² BGF	1,72	5.682,30	0,2
453	Zeitdienstanlagen	–	–	–	–
454	Elektroakustische Anlagen	3.309,80 m² BGF	12,02	39.776,10	1,3
455	Fernseh- und Antennenanlagen	–	–	–	–
456	Gefahrenmelde- und Alarmanlagen	3.309,80 m² BGF	21,46	71.028,76	2,3
457	Übertragungsnetze	3.309,80 m² BGF	3,96	13.123,27	0,4
459	Fernmelde- und informationstechn. Anl., sonst.	–	–	–	–
460	**Förderanlagen**	**3.309,80 m² BGF**	**2,24**	**7.429,32**	**0,2**
461	Aufzugsanlagen	3.309,80 m² BGF	2,24	7.429,32	0,2
462	Fahrtreppen, Fahrsteige	–	–	–	–
463	Befahranlagen	–	–	–	–
464	Transportanlagen	–	–	–	–
465	Krananlagen	–	–	–	–
469	Förderanlagen, sonstiges	–	–	–	–
470	**Nutzungsspezifische Anlagen**	**3.309,80 m² BGF**	**56,94**	**188.469,75**	**6,2**
471	Küchentechnische Anlagen	3.309,80 m² BGF	56,94	188.469,75	6,2
472	Wäscherei- und Reinigungsanlagen	–	–	–	–
473	Medienversorgungsanlagen	–	–	–	–
474	Medizin- u. labortechnische Anlagen	–	–	–	–
475	Feuerlöschanlagen	–	–	–	–
476	Badetechnische Anlagen	–	–	–	–
477	Prozesswärme-,-kälte-,-luftanlagen	–	–	–	–
478	Entsorgungsanlagen	–	–	–	–
479	Nutzungsspezifische Anlagen, sonst.	–	–	–	–
480	**Gebäudeautomation**	–	–	–	–
490	**Sonst. Maßnahmen für Techn. Anlagen**	–	–	–	–

Kostenkennwerte für Leistungsbereiche nach StLB (Kosten des Bauwerks nach DIN 276)

6600-0017
Hotel
(76 Betten)

Umbau

LB	Leistungsbereiche	Kosten €	€/m² BGF	€/m³ BRI	% an 3+4
000	Sicherheits-, Baustelleneinrichtungen inkl. 001	29.432	8,90	2,80	1,0
002	Erdarbeiten	20.150	6,10	1,90	0,7
006	Spezialtiefbauarbeiten inkl. 005	–	–	–	–
009	Entwässerungskanalarbeiten inkl. 011	14.154	4,30	1,30	0,5
010	Dränarbeiten	–	–	–	–
012	Mauerarbeiten	16.349	4,90	1,50	0,5
013	Betonarbeiten	81.611	24,70	7,70	2,7
014	Natur-, Betonwerksteinarbeiten	5.566	1,70	0,52	0,2
016	Zimmer- und Holzbauarbeiten	105.131	31,80	9,90	3,4
017	Stahlbauarbeiten	7.075	2,10	0,66	0,2
018	Abdichtungsarbeiten	21.310	6,40	2,00	0,7
020	Dachdeckungsarbeiten	–	–	–	–
021	Dachabdichtungsarbeiten	52.679	15,90	4,90	1,7
022	Klempnerarbeiten	3.706	1,10	0,35	0,1
	Rohbau	**357.163**	**107,90**	**33,50**	**11,7**
023	Putz- und Stuckarbeiten, Wärmedämmsysteme	70.723	21,40	6,60	2,3
024	Fliesen- und Plattenarbeiten	162.102	49,00	15,20	5,3
025	Estricharbeiten	38.761	11,70	3,60	1,3
026	Fenster, Außentüren inkl. 029, 032	136.141	41,10	12,80	4,5
027	Tischlerarbeiten	518.527	156,70	48,70	17,0
028	Parkett-, Holzpflasterarbeiten	–	–	–	–
030	Rollladenarbeiten	–	–	–	–
031	Metallbauarbeiten inkl. 035	42.320	12,80	4,00	1,4
034	Maler- und Lackiererarbeiten inkl. 037	32.452	9,80	3,00	1,1
036	Bodenbelagsarbeiten	125.819	38,00	11,80	4,1
038	Vorgehängte hinterlüftete Fassaden	95.979	29,00	9,00	3,1
039	Trockenbauarbeiten	203.443	61,50	19,10	6,7
	Ausbau	**1.426.267**	**430,90**	**133,90**	**46,9**
040	Wärmeversorgungsanlagen, inkl. 041	94.421	28,50	8,90	3,1
042	Gas- und Wasseranlagen, Leitungen inkl. 043	130.982	39,60	12,30	4,3
044	Abwasseranlagen - Leitungen	74.613	22,50	7,00	2,4
045	Gas, Wasser, Entwässerung - Ausstattung inkl. 046	151.805	45,90	14,30	5,0
047	Dämmarbeiten an technischen Anlagen	12.928	3,90	1,20	0,4
049	Feuerlöschanlagen, Feuerlöschgeräte	–	–	–	–
050	Blitzschutz- und Erdungsanlagen	17.782	5,40	1,70	0,6
052	Mittelspannungsanlagen	–	–	–	–
053	Niederspannungsanlagen inkl. 054	147.027	44,40	13,80	4,8
055	Ersatzstromversorgungsanlagen	–	–	–	–
057	Gebäudesystemtechnik	–	–	–	–
058	Leuchten und Lampen, inkl. 059	166.357	50,30	15,60	5,4
060	Elektroakustische Anlagen	45.458	13,70	4,30	1,5
061	Kommunikationsnetze, inkl. 063	115.067	34,80	10,80	3,8
069	Aufzüge	7.429	2,20	0,70	0,2
070	Gebäudeautomation	–	–	–	–
075	Raumlufttechnische Anlagen	176.853	53,40	16,60	5,8
	Gebäudetechnik	**1.140.721**	**344,60**	**107,10**	**37,3**
084	Abbruch- und Rückbauarbeiten	87.353	26,40	8,20	2,9
	Sonstige Leistungsbereiche inkl. 008, 033, 051	**45.102**	**13,60**	**4,20**	**1,5**

© BKI Baukosteninformationszentrum   Kostenstand: 3.Quartal 2015, Bundesdurchschnitt, **inkl.** 19% MwSt.

Gewerbe

7200-0079
Atelier

Objektübersicht

Umbau BRI 316 €/m³   BGF 1.185 €/m²   NF 1.296 €/m²   NE keine Angabe

Objekt:
Kennwerte: 3.Ebene DIN 276
BRI: 132m³
BGF: 35m²
NF: 32m²
Bauzeit: 17 Wochen
Bauende: 2009
Standard: Durchschnitt
Kreis: Rheingau-Taunus, Hessen

Architekt:
+studio moeve architekten
Westhafenplatz 1
60327 Frankfurt am Main

Bauherr:
Michael Apitz
Taunusstr. 8
65388 Hausen v. d. H.

Zeichnungen

7200-0079
Atelier

Umbau

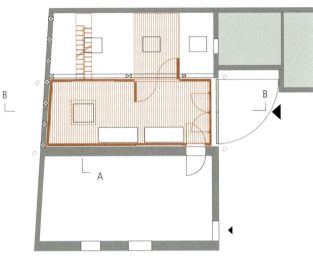

Erdgeschoss

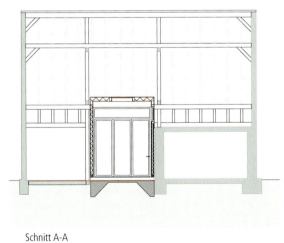

Schnitt A-A

Schnitt B-B

7200-0079
Atelier

Umbau

Objektbeschreibung

Allgemeine Objektinformationen

Der Innenausbau dieser denkmalgeschützten Scheune greift durch das ausgeführte 'Haus in Haus'-Prinzip die bestehende Konstruktion nicht an.

Nutzung

1 Erdgeschoss
Atelier

Besonderer Kosteneinfluss Nutzung:
Die Gestaltung des Innenausbaus findet mit der 'Haus in Haus'-Konstruktion einen angemessenen Umgang mit der denkmalgeschützten Scheune. Durch die losgelöste Innenhaut gibt es keinen Kollisionspunkt mit dem Bestand.

Grundstück

Bodenklasse: BK 3

Markt

Hauptvergabezeit: 3.Quartal 2009
Baubeginn: 3.Quartal 2009
Bauende: 4.Quartal 2009
Konjunkturelle Gesamtlage: Durchschnitt
Regionaler Baumarkt: unter Durchschnitt

Baubestand

Bauzustand: mittel
Aufwand: niedrig
Grundrissänderungen: wenige
Tragwerkseingriffe: keine
Nutzungsänderung: ja
Nutzung während der Bauzeit: nein

Baukonstruktion

Die Tragkonstruktion, das Dach und große Teile der Außenfassade bleiben unverändert. Im Gefach über dem Tor der Nordostfassade wird ein Oberlicht eingebaut. Die Südwestfassade erhält im Bereich des Kniestocks im Gefach ebenfalls ein Oberlicht. Es wird eine großflächige Isolierverglasung mit Holzrahmen eingebracht. Die Wände sind als Leichtbauwände aus OSB-Platten konstruiert.

Planungskennwerte für Flächen und Rauminhalte nach DIN 277

7200-0079
Atelier

Umbau

Flächen des Grundstücks		Menge, Einheit	% an FBG
BF	Bebaute Fläche	240,00 m²	60,0
UBF	Unbebaute Fläche	160,00 m²	40,0
FBG	Fläche des Baugrundstücks	400,00 m²	100,0

Grundflächen des Bauwerks		Menge, Einheit	% an NF	% an BGF
NF	Nutzfläche	32,19 m²	100,0	91,4
TF	Technische Funktionsfläche	– m²	–	–
VF	Verkehrsfläche	– m²	–	–
NGF	Netto-Grundfläche	32,19 m²	100,0	91,4
KGF	Konstruktions-Grundfläche	3,02 m²	9,4	8,6
BGF	Brutto-Grundfläche	35,21 m²	109,4	100,0

Brutto-Rauminhalt des Bauwerks		Menge, Einheit	BRI/NF (m)	BRI/BGF (m)
BRI	Brutto-Rauminhalt	132,00 m³	4,10	3,75

Lufttechnisch behandelte Flächen	Menge, Einheit	% an NF	% an BGF
Entlüftete Fläche	– m²	–	–
Be- und entlüftete Fläche	– m²	–	–
Teilklimatisierte Fläche	– m²	–	–
Klimatisierte Fläche	– m²	–	–

KG	Kostengruppen (2.Ebene)	Menge, Einheit	Menge/NF	Menge/BGF
310	Baugrube	12,00 m³ BGI	0,37	0,34
320	Gründung	28,25 m² GRF	0,88	0,80
330	Außenwände	162,80 m² AWF	5,06	4,62
340	Innenwände	– m² IWF	–	–
350	Decken	– m² DEF	–	–
360	Dächer	55,36 m² DAF	1,72	1,57

Kostenkennwerte für die Kostengruppen der 1.Ebene DIN 276

KG	Kostengruppen (1.Ebene)	Einheit	Kosten €	€/Einheit	€/m² BGF	€/m³ BRI	% 300+400
100	Grundstück	m² FBG	–	–	–	–	–
200	Herrichten und Erschließen	m² FBG	–	–	–	–	–
300	Bauwerk - Baukonstruktionen	m² BGF	36.839	1.046,25	1.046,25	279,08	88,3
400	Bauwerk - Technische Anlagen	m² BGF	4.882	138,67	138,67	36,99	11,7
	Bauwerk 300+400	**m² BGF**	**41.721**	**1.184,92**	**1.184,92**	**316,07**	**100,0**
500	Außenanlagen	m² AUF	–	–	–	–	–
600	Ausstattung und Kunstwerke	m² BGF	–	–	–	–	–
700	Baunebenkosten	m² BGF	–	–	–	–	–

© BKI Baukosteninformationszentrum

Kostenstand: 3.Quartal 2015, Bundesdurchschnitt, inkl. 19% MwSt.

7200-0079
Atelier

Umbau

Kostenkennwerte für die Kostengruppen der 1.Ebene DIN 276

KG	Kostengruppe	Menge Einheit	Kosten €	€/Einheit	%
3+4	**Bauwerk**				100,0
300	**Bauwerk - Baukonstruktionen**	35,21 m² BGF	36.839	**1.046,25**	88,3

Stb-Bodenplatte, Dämmung, OSB-Platten, versiegelt, Kiesfilterschicht, Perimeterdämmung; Dreischichtplatten DHF-Platten, OSB-Platten, Wärmedämmung, GK-Bekleidungen, Anstrich; Dachfenster, Holzdecke, Wärmedämmung, OSB-Platten, GK-Platten, DHF Bauplatten

400	**Bauwerk - Technische Anlagen**	35,21 m² BGF	4.882	**138,67**	11,7

Heizungsleitungen, Kupferrohre, Formstücke, Dämmung; Elektro-Heizkörper; Unterverteilung, Sicherungen, FI-Schutzschalter, Schalter, Steckdosen

Kostenkennwerte für die Kostengruppen der 2.Ebene DIN 276

KG	Kostengruppe	Menge Einheit	Kosten €	€/Einheit	%
300	**Bauwerk - Baukonstruktionen**				100,0
310	**Baugrube**	12,00 m³ BGI	746	**62,15**	2,0

Baugrubenaushub, Handschachtung (12m³)

320	**Gründung**	28,25 m² GRF	5.464	**193,41**	14,8

Stb-Bodenplatte C20/25, d=15cm, Schalung, Bewehrung (29m²) * Dämmung, OSB-Platten, versiegelt, Fußholzleisten (24m²) * Kiesfilterschicht, d=20cm, Perimeterdämmung, d=50mm (25m²)

330	**Außenwände**	162,80 m² AWF	19.861	**121,99**	53,9

Faltschiebeanlagen als Eingangstüren (16m²), Holzfenster (3m²) * Verkleidung aus lackierten Dreischichtplatten (86m²), DHF-Platten (57m²) * OSB-Platten, Wärmedämmung, d=100mm (55m²), GK-Bekleidungen, d=12,5mm, Silikatanstrich (52m²), GK-Fenster- und Türlaibungen (22m)

360	**Dächer**	55,36 m² DAF	10.388	**187,64**	28,2

Dachfenster 40*60cm (3St) * Holzdecke, Bauschnittholz, Wärmedämmung, d=300mm (55m²) * OSB-Platten, GK-Platten (26m²), DHF Bauplatten (26m²), dauerelastische Acrylfugen (64m)

390	**Sonstige Baukonstruktionen**	35,21 m² BGF	381	**10,81**	1,0

Baustelleneinrichtung * Abbruch einer Toranlage, Entsorgung, Deponiegebühren (5m²)

400	**Bauwerk - Technische Anlagen**				100,0
420	**Wärmeversorgungsanlagen**	35,21 m² BGF	1.965	**55,81**	40,3

Heizungsleitungen, Kupferrohre, Formstücke, Dämmung (11m) * Elektro-Heizkörper

440	**Starkstromanlagen**	35,21 m² BGF	2.917	**82,85**	59,7

Unterverteilung, Sicherungen, FI-Schutzschalter, Schalter, Steckdosen

Kostenkennwerte für die Kostengruppen der 3.Ebene DIN 276 (Übersicht)

KG	Kostengruppe	Menge Einheit	€/Einheit	Kosten €	% 300+400
300	Bauwerk - Baukonstruktionen	35,21 m² BGF	1.046,25	36.838,58	88,3
310	Baugrube	12,00 m³ BGI	62,15	745,80	1,8
311	Baugrubenherstellung	12,00 m³	62,15	745,80	1,8
312	Baugrubenumschließung	–	–	–	–
313	Wasserhaltung	–	–	–	–
319	Baugrube sonstiges	–	–	–	–
320	Gründung	28,25 m² GRF	193,41	5.463,71	13,1
321	Baugrundverbesserung	–	–	–	–
322	Flachgründungen	–	–	–	–
323	Tiefgründungen	–	–	–	–
324	Unterböden und Bodenplatten	28,25 m²	88,80	2.508,56	6,0
325	Bodenbeläge	24,03 m²	81,58	1.960,40	4,7
326	Bauwerksabdichtungen	28,25 m²	35,21	994,78	2,4
327	Dränagen	–	–	–	–
329	Gründung, sonstiges	–	–	–	–
330	Außenwände	162,80 m² AWF	121,99	19.860,58	47,6
331	Tragende Außenwände	–	–	–	–
332	Nichttragende Außenwände	–	–	–	–
333	Außenstützen	–	–	–	–
334	Außentüren und -fenster	19,36 m²	617,49	11.954,53	28,7
335	Außenwandbekleidungen außen	143,44 m²	12,41	1.779,66	4,3
336	Außenwandbekleidungen innen	106,85 m²	57,34	6.126,39	14,7
337	Elementierte Außenwände	–	–	–	–
338	Sonnenschutz	–	–	–	–
339	Außenwände, sonstiges	–	–	–	–
340	Innenwände	–	–	–	–
350	Decken	–	–	–	–
360	Dächer	55,36 m² DAF	187,64	10.387,98	24,9
361	Dachkonstruktionen	–	–	–	–
362	Dachfenster, Dachöffnungen	0,72 m²	1.073,06	772,60	1,9
363	Dachbeläge	–	–	–	–
364	Dachbekleidungen	54,64 m²	175,98	9.615,39	23,0
369	Dächer, sonstiges	–	–	–	–
370	Baukonstruktive Einbauten	–	–	–	–
390	Sonst. Maßnahmen Baukonstruktionen	35,21 m² BGF	10,81	380,50	0,9
391	Baustelleneinrichtung	35,21 m² BGF	7,20	253,67	0,6
392	Gerüste	–	–	–	–
393	Sicherungsmaßnahmen	–	–	–	–
394	Abbruchmaßnahmen	35,21 m² BGF	3,60	126,84	0,3
395	Instandsetzungen	–	–	–	–
396	Materialentsorgung	–	–	–	–
397	Zusätzliche Maßnahmen	–	–	–	–
398	Provisorische Baukonstruktionen	–	–	–	–
399	Sonst. Maßnahmen für Baukonstruktionen, sonst.	–	–	–	–

7200-0079 Atelier

Umbau

© BKI Baukosteninformationszentrum Kostenstand: 3.Quartal 2015, Bundesdurchschnitt, inkl. 19% MwSt.

KG	Kostengruppe	Menge Einheit	€/Einheit	Kosten €	% 300+400
400	**Bauwerk - Technische Anlagen**	35,21 m² BGF	138,67	4.882,42	11,7
410	Abwasser-, Wasser-, Gasanlagen	–	–	–	–
420	**Wärmeversorgungsanlagen**	35,21 m² BGF	55,81	1.965,20	4,7
421	Wärmeerzeugungsanlagen	–	–	–	–
422	Wärmeverteilnetze	35,21 m² BGF	22,67	798,31	1,9
423	Raumheizflächen	35,21 m² BGF	33,14	1.166,89	2,8
429	Wärmeversorgungsanlagen, sonstiges	–	–	–	–
430	**Lufttechnische Anlagen**				
440	**Starkstromanlagen**	35,21 m² BGF	82,85	2.917,22	7,0
441	Hoch- und Mittelspannungsanlagen	–	–	–	–
442	Eigenstromversorgungsanlagen				
443	Niederspannungsschaltanlagen	–	–	–	–
444	Niederspannungsinstallationsanlagen	35,21 m² BGF	82,85	2.917,22	7,0
445	Beleuchtungsanlagen	–	–	–	–
446	Blitzschutz- und Erdungsanlagen	–	–	–	–
449	Starkstromanlagen, sonstiges	–	–	–	–
450	**Fernm.- und informationstechn. Anlagen**	–	–	–	–
460	**Förderanlagen**	–	–	–	–
470	**Nutzungsspezifische Anlagen**	–	–	–	–
480	**Gebäudeautomation**	–	–	–	–
490	**Sonst. Maßnahmen für Techn. Anlagen**	–	–	–	–

7200-0079
Atelier

Umbau

Kostenkennwerte für Leistungsbereiche nach StLB (Kosten des Bauwerks nach DIN 276)

LB	Leistungsbereiche	Kosten €	€/m² BGF	€/m³ BRI	% an 3+4
000	Sicherheits-, Baustelleneinrichtungen inkl. 001	254	7,20	1,90	0,6
002	Erdarbeiten	746	21,20	5,60	1,8
006	Spezialtiefbauarbeiten inkl. 005	–	–	–	–
009	Entwässerungskanalarbeiten inkl. 011	–	–	–	–
010	Dränarbeiten				
012	Mauerarbeiten	995	28,30	7,50	2,4
013	Betonarbeiten	2.509	71,20	19,00	6,0
014	Natur-, Betonwerksteinarbeiten	–	–	–	–
016	Zimmer- und Holzbauarbeiten	15.767	447,80	119,40	37,8
017	Stahlbauarbeiten	–	–	–	–
018	Abdichtungsarbeiten	–	–	–	–
020	Dachdeckungsarbeiten	–	–	–	–
021	Dachabdichtungsarbeiten	–	–	–	–
022	Klempnerarbeiten	–	–	–	–
	Rohbau	**20.270**	**575,70**	**153,60**	**48,6**
023	Putz- und Stuckarbeiten, Wärmedämmsysteme	–	–	–	–
024	Fliesen- und Plattenarbeiten	–	–	–	–
025	Estricharbeiten	–	–	–	–
026	Fenster, Außentüren inkl. 029, 032	11.882	337,50	90,00	28,5
027	Tischlerarbeiten	73	2,10	0,55	0,2
028	Parkett-, Holzpflasterarbeiten	–	–	–	–
030	Rollladenarbeiten	–	–	–	–
031	Metallbauarbeiten inkl. 035	–	–	–	–
034	Maler- und Lackiererarbeiten inkl. 037	761	21,60	5,80	1,8
036	Bodenbelagsarbeiten	–	–	–	–
038	Vorgehängte hinterlüftete Fassaden	–	–	–	–
039	Trockenbauarbeiten	3.726	105,80	28,20	8,9
	Ausbau	**16.442**	**467,00**	**124,60**	**39,4**
040	Wärmeversorgungsanlagen, inkl. 041	1.894	53,80	14,40	4,5
042	Gas- und Wasseranlagen, Leitungen inkl. 043	–	–	–	–
044	Abwasseranlagen - Leitungen	–	–	–	–
045	Gas, Wasser, Entwässerung - Ausstattung inkl. 046	–	–	–	–
047	Dämmarbeiten an technischen Anlagen	71	2,00	0,54	0,2
049	Feuerlöschanlagen, Feuerlöschgeräte	–	–	–	–
050	Blitzschutz- und Erdungsanlagen	–	–	–	–
052	Mittelspannungsanlagen	–	–	–	–
053	Niederspannungsanlagen inkl. 054	2.917	82,90	22,10	7,0
055	Ersatzstromversorgungsanlagen	–	–	–	–
057	Gebäudesystemtechnik	–	–	–	–
058	Leuchten und Lampen, inkl. 059	–	–	–	–
060	Elektroakustische Anlagen	–	–	–	–
061	Kommunikationsnetze, inkl. 063	–	–	–	–
069	Aufzüge	–	–	–	–
070	Gebäudeautomation	–	–	–	–
075	Raumlufttechnische Anlagen	–	–	–	–
	Gebäudetechnik	**4.882**	**138,70**	**37,00**	**11,7**
084	Abbruch- und Rückbauarbeiten	127	3,60	0,96	0,3
	Sonstige Leistungsbereiche inkl. 008, 033, 051	–	–	–	–

Objekte

7200-0086
Hörgeräteakustik
Meisterbetrieb

Objektübersicht

BRI 219 €/m³　　**BGF** 492 €/m²　　**NF** 837 €/m²　　**NE** keine Angabe

Umbau

Objekt:
Kennwerte: 3.Ebene DIN 276
BRI: 331m³
BGF: 147m²
NF: 87m²
Bauzeit: 8 Wochen
Bauende: 2015
Standard: über Durchschnitt
Kreis: Düsseldorf, Nordrhein-Westfalen

Architekt:
Architekturbüro
Stephanie Schleffler
Keldenichstr. 66
40625 Düsseldorf

Bauherr:
Nina Wippermann
40625 Düsseldorf

Zeichnungen

7200-0086
Hörgeräteakustik
Meisterbetrieb

Umbau

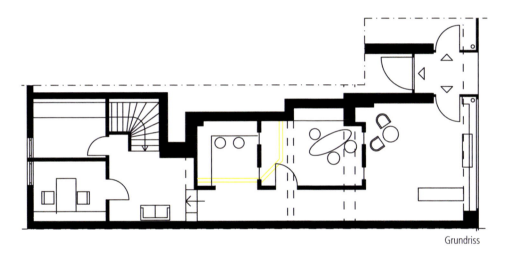

Grundriss

7200-0086
Hörgeräteakustik
Meisterbetrieb

Umbau

Objektbeschreibung

Allgemeine Objektinformationen

Zur Neugründung ihres Geschäftes lies sich die Bauherrin ein Ladenlokal in einen Hörgeräteakustikbetrieb umbauen. Die Ladengestaltung wurde hell und reduziert ausgeführt. Das Kernstück, einer der Anpassungsräume, ist als Kubus in den Verkaufsraum eingeschoben. Ein Rückzugsort, der Durchblicke zulässt.

Nutzung

1 Erdgeschoss
Verkauf, Anpassräume, Küche, Büro

Besonderer Kosteneinfluss Nutzung:
Brand- und Schallschutzanforderungen

Nutzeinheiten

Arbeitsplätze: 3

Markt

Hauptvergabezeit: 4.Quartal 2014
Baubeginn: 4.Quartal 2014
Bauende: 1.Quartal 2015
Konjunkturelle Gesamtlage: über Durchschnitt
Regionaler Baumarkt: über Durchschnitt

Baubestand

Baujahr: 1950
Bauzustand: mittel
Aufwand: hoch
Grundrissänderungen: einige
Tragwerkseingriffe: keine
Nutzungsänderung: ja
Nutzung während der Bauzeit: nein

Baukonstruktion

Die Ausstattung mit hochwertigen Akustikelementen gewährleistet ein optimales Hörerlebnis. Eine besondere Herausforderung waren die schallschutztechnischen Vorgaben für die Integration der Anpassungsräume in den Bestand, die Anforderungen an den Brandschutz, sowie die Realisierung in einem knappen Zeitrahmen.

Technische Anlagen

Hochwertige Tontechnik wurde integriert.

Sonstiges

Der Hörgeräteakustikbetrieb wurde mit hochwertigen Verkaufs-, Präsentations- und Büromöbeln ausgestattet.

Planungskennwerte für Flächen und Rauminhalte nach DIN 277

Flächen des Grundstücks		Menge, Einheit	% an FBG	
BF	Bebaute Fläche	– m²	–	
UBF	Unbebaute Fläche	– m²	–	
FBG	Fläche des Baugrundstücks	– m²	–	

Grundflächen des Bauwerks		Menge, Einheit	% an NF	% an BGF
NF	Nutzfläche	86,52 m²	100,0	58,7
TF	Technische Funktionsfläche	0,50 m²	0,6	0,3
VF	Verkehrsfläche	24,22 m²	28,0	16,4
NGF	Netto-Grundfläche	111,24 m²	128,6	75,5
KGF	Konstruktions-Grundfläche	36,12 m²	41,8	24,5
BGF	Brutto-Grundfläche	147,36 m²	170,3	100,0

Brutto-Rauminhalt des Bauwerks		Menge, Einheit	BRI/NF (m)	BRI/BGF (m)
BRI	Brutto-Rauminhalt	330,89 m³	3,82	2,25

Lufttechnisch behandelte Flächen	Menge, Einheit	% an NF	% an BGF
Entlüftete Fläche	– m²	–	–
Be- und entlüftete Fläche	– m²	–	–
Teilklimatisierte Fläche	– m²	–	–
Klimatisierte Fläche	– m²	–	–

KG	Kostengruppen (2.Ebene)	Menge, Einheit		Menge/NF	Menge/BGF
310	Baugrube	– m³	BGI	–	–
320	Gründung	– m²	GRF	–	–
330	Außenwände	11,21 m²	AWF	0,13	< 0,1
340	Innenwände	261,81 m²	IWF	3,03	1,78
350	Decken	110,00 m²	DEF	1,27	0,75
360	Dächer	– m²	DAF	–	–

Kostenkennwerte für die Kostengruppen der 1.Ebene DIN 276

KG	Kostengruppen (1.Ebene)	Einheit	Kosten €	€/Einheit	€/m² BGF	€/m³ BRI	% 300+400
100	Grundstück	m² FBG	–	–	–	–	–
200	Herrichten und Erschließen	m² FBG	–	–	–	–	–
300	Bauwerk - Baukonstruktionen	m² BGF	62.754	425,85	425,85	189,65	86,6
400	Bauwerk - Technische Anlagen	m² BGF	9.699	65,82	65,82	29,31	13,4
	Bauwerk 300+400	**m² BGF**	**72.452**	**491,67**	**491,67**	**218,96**	**100,0**
500	Außenanlagen	m² AUF	–	–	–	–	–
600	Ausstattung und Kunstwerke	m² BGF	213	1,45	1,45	0,64	0,3
700	Baunebenkosten	m² BGF	–	–	–	–	–

7200-0086
Hörgeräteakustik
Meisterbetrieb

Umbau

7200-0086
Hörgeräteakustik
Meisterbetrieb

Umbau

Kostenkennwerte für die Kostengruppen der 1.Ebene DIN 276

KG	Kostengruppe	Menge Einheit	Kosten €	€/Einheit	%
3+4	**Bauwerk**				**100,0**
300	**Bauwerk - Baukonstruktionen**	147,36 m² BGF	62.754	**425,85**	86,6
	• Abbrechen (Kosten: 4,0%)		2.520		
	Abbruch von Parkettstreifen; abgehängten Decken; Entsorgung, Deponiegebühren				
	• Wiederherstellen (Kosten: 1,4%)		895		
	Treppe schleifen, lackieren				
	• Herstellen (Kosten: 94,6%)		59.339		
	Metallständerwände, Alu-Fertigfenster, vorhandene Türen einbauen, Akustikwandbekleidung, Akustiktapete, Spanplatten-Bekleidung, Putz, Anstrich; Teppichboden, Sauberlaufmatte, GKF-Decken, Akustikdecke; Einbaumöbel				
400	**Bauwerk - Technische Anlagen**	147,36 m² BGF	9.699	**65,82**	13,4
	• Herstellen (Kosten: 100,0%)		9.699		
	Kleinraumventilator; Elektroinstallation, Beleuchtung; Telefonleitungen				
600	**Ausstattung und Kunstwerke**	147,36 m² BGF	213	**1,45**	0,3
	• Herstellen (Kosten: 100,0%)		213		
	Vorhangschiene				

Kostenkennwerte für die Kostengruppen der 2.Ebene DIN 276

7200-0086
Hörgeräteakustik
Meisterbetrieb

Umbau

KG	Kostengruppe	Menge Einheit	Kosten €	€/Einheit	%
300	**Bauwerk - Baukonstruktionen**				100,0
330	Außenwände	11,21 m² AWF	277	24,76	0,4

- Herstellen (Kosten: 100,0%) — 277
  Dünnputz, Anstrich (11m²)

340	Innenwände	261,81 m² IWF	22.249	84,98	35,5

- Herstellen (Kosten: 100,0%) — 22.249
  Metallständerwände, d=15cm, Rw=67dB (31m²) * Alu-Fertigfenster, Rw=46dB (2m²), vorhandene Türen einbauen, Schallschutzklasse 3 (4m²) * Akustikwandbekleidung, Aluprofile, Silikonschaum, Oberfläche Textil (17m²), Akustiktapete (6m²), Spanplatten-Bekleidung, HPL-Beschichtung, als Drehtürkonstruktion (3m²), F90-Verkofferung (1m²)

350	Decken	110,00 m² DEF	23.364	212,40	37,2

- Abbrechen (Kosten: 9,4%) — 2.194
  Abbruch von Parkettstreifen für Schallschutzwand (10m); abgehängten Decken (84m²); Entsorgung, Deponiegebühren

- Wiederherstellen (Kosten: 3,8%) — 895
  Holztreppe schleifen, lackieren (14St)

- Herstellen (Kosten: 86,8%) — 20.275
  Teppichboden (18m²), Sauberlaufmatte (1m²), Sockelleisten (71m) * Lattung aufdoppeln, Mineralwolldämmung, GKF-Decke, abgehängt (79m²), GK-Akustikdecke, abgehängt (19m²), F90-Verkofferungen, Gipsplatten (22m), Dünnputz (65m²), Dispersionsanstrich (110m²)

370	Baukonstruktive Einbauten	147,36 m² BGF	16.032	108,80	25,5

- Herstellen (Kosten: 100,0%) — 16.032
  Theke (1St), Sideboards (3St), Regalböden (4St), Schreibtische (2St)

390	Sonstige Baukonstruktionen	147,36 m² BGF	831	5,64	1,3

- Abbrechen (Kosten: 39,2%) — 326
  Schuttcontainer (1St)

- Herstellen (Kosten: 60,8%) — 505
  Baustelleneinrichtung (psch)

400	**Bauwerk - Technische Anlagen**				100,0
430	Lufttechnische Anlagen	147,36 m² BGF	1.130	7,67	11,7

- Herstellen (Kosten: 100,0%) — 1.130
  Kleinraumventilator, Rohrdurchführung (1St)

440	Starkstromanlagen	147,36 m² BGF	8.057	54,68	83,1

- Herstellen (Kosten: 100,0%) — 8.057
  Mantelleitungen, Schalter, Steckdosen (psch) * LED-Downlights (22St), Wandanbauleuchten (4St), Rasterleuchten (3St), Wandeinbau-Stufenleuchte (1St)

© **BKI** Baukosteninformationszentrum   Kostenstand: 3.Quartal 2015, Bundesdurchschnitt, **inkl. 19% MwSt.**

7200-0086
Hörgeräteakustik
Meisterbetrieb

Umbau

KG	Kostengruppe	Menge Einheit	Kosten €	€/Einheit	%
450	**Fernmelde-, informationstechn. Anlagen**	147,36 m² BGF	511	**3,47**	5,3
	• Herstellen (Kosten: 100,0%) Telefonleitungen (psch)		511		
600	**Ausstattung und Kunstwerke**				**100,0**
610	**Ausstattung**	147,36 m² BGF	213	**1,45**	100,0
	• Herstellen (Kosten: 100,0%) Vorhangschiene (5m)		213		

Kostenkennwerte für die Kostengruppen der 3.Ebene DIN 276 (Übersicht)

7200-0086
Hörgeräteakustik Meisterbetrieb

Umbau

KG	Kostengruppe	Menge Einheit	€/Einheit	Kosten €	% 300+400
300	**Bauwerk - Baukonstruktionen**	147,36 m² BGF	425,85	62.753,68	86,6
310	Baugrube	–	–	–	–
320	Gründung	–	–	–	–
330	**Außenwände**	11,21 m² AWF	24,76	277,43	0,4
331	Tragende Außenwände	–	–	–	–
332	Nichttragende Außenwände	–	–	–	–
333	Außenstützen	–	–	–	–
334	Außentüren und -fenster	–	–	–	–
335	Außenwandbekleidungen außen	–	–	–	–
336	Außenwandbekleidungen innen	11,21 m²	24,76	277,43	0,4
337	Elementierte Außenwände	–	–	–	–
338	Sonnenschutz	–	–	–	–
339	Außenwände, sonstiges	–	–	–	–
340	**Innenwände**	261,81 m² IWF	84,98	22.248,90	30,7
341	Tragende Innenwände	–	–	–	–
342	Nichttragende Innenwände	31,00 m²	144,99	4.494,63	6,2
343	Innenstützen	–	–	–	–
344	Innentüren und -fenster	5,85 m²	581,77	3.405,11	4,7
345	Innenwandbekleidungen	255,96 m²	56,06	14.349,17	19,8
346	Elementierte Innenwände	–	–	–	–
349	Innenwände, sonstiges	–	–	–	–
350	**Decken**	110,00 m² DEF	212,40	23.363,94	32,2
351	Deckenkonstruktionen	–	–	–	–
352	Deckenbeläge	70,58 m²	61,99	4.375,14	6,0
	Abbrechen	1,50 m²	102,28	153,43	0,2
	Wiederherstellen	3,77 m²	237,34	895,01	1,2
	Herstellen	70,58 m²	47,14	3.326,69	4,6
353	Deckenbekleidungen	110,00 m²	172,63	18.988,80	26,2
	Abbrechen	84,00 m²	24,29	2.040,63	2,8
	Herstellen	110,00 m²	154,07	16.948,16	23,4
359	Decken, sonstiges	–	–	–	–
360	**Dächer**	–	–	–	–
370	**Baukonstruktive Einbauten**	147,36 m² BGF	108,80	16.032,32	22,1
371	Allgemeine Einbauten	147,36 m² BGF	108,80	16.032,32	22,1
372	Besondere Einbauten	–	–	–	–
379	Baukonstruktive Einbauten, sonstiges	–	–	–	–
390	**Son. Maßnahmen Baukonstruktionen**	147,36 m² BGF	5,64	831,09	1,1
391	Baustelleneinrichtung	147,36 m² BGF	3,43	505,04	0,7
392	Gerüste	–	–	–	–
393	Sicherungsmaßnahmen	–	–	–	–
394	Abbruchmaßnahmen	–	–	–	–
395	Instandsetzungen	–	–	–	–
396	Materialentsorgung	147,36 m² BGF	2,21	326,05	0,5
	Abbrechen	147,36 m² BGF	2,21	326,05	0,5
397	Zusätzliche Maßnahmen	–	–	–	–
398	Provisorische Baukonstruktionen	–	–	–	–
399	Sonst. Maßnahmen für Baukonstruktionen, sonst.	–	–	–	–

© BKI Baukosteninformationszentrum Kostenstand: 3.Quartal 2015, Bundesdurchschnitt, inkl. 19% MwSt.

7200-0086
Hörgeräteakustik
Meisterbetrieb

Umbau

KG	Kostengruppe	Menge Einheit	€/Einheit	Kosten €	% 300+400
400	**Bauwerk - Technische Anlagen**	**147,36 m² BGF**	**65,82**	**9.698,67**	**13,4**
410	Abwasser-, Wasser-, Gasanlagen	–	–	–	–
420	Wärmeversorgungsanlagen				
430	**Lufttechnische Anlagen**	**147,36 m² BGF**	**7,67**	**1.130,16**	**1,6**
431	Lüftungsanlagen	147,36 m² BGF	7,67	1.130,16	1,6
432	Teilklimaanlagen	–	–	–	–
433	Klimaanlagen				
434	Kälteanlagen	–	–	–	–
439	Lufttechnische Anlagen, sonstiges	–	–	–	–
440	**Starkstromanlagen**	**147,36 m² BGF**	**54,68**	**8.057,07**	**11,1**
441	Hoch- und Mittelspannungsanlagen	–	–	–	–
442	Eigenstromversorgungsanlagen				
443	Niederspannungsschaltanlagen	–	–	–	–
444	Niederspannungsinstallationsanlagen	147,36 m² BGF	15,62	2.301,46	3,2
445	Beleuchtungsanlagen	147,36 m² BGF	39,06	5.755,61	7,9
446	Blitzschutz- und Erdungsanlagen	–	–	–	–
449	Starkstromanlagen, sonstiges	–	–	–	–
450	**Fernm.- und informationstechn. Anlagen**	**147,36 m² BGF**	**3,47**	**511,44**	**0,7**
451	Telekommunikationsanlagen	147,36 m² BGF	3,47	511,44	0,7
452	Such- und Signalanlagen	–	–	–	–
453	Zeitdienstanlagen	–	–	–	–
454	Elektroakustische Anlagen	–	–	–	–
455	Fernseh- und Antennenanlagen	–	–	–	–
456	Gefahrenmelde- und Alarmanlagen	–	–	–	–
457	Übertragungsnetze	–	–	–	–
459	Fernmelde- und informationstechn. Anl., sonst.	–	–	–	–
460	**Förderanlagen**				
470	**Nutzungsspezifische Anlagen**	–	–	–	–
480	**Gebäudeautomation**				
490	**Sonst. Maßnahmen für Techn. Anlagen**	–	–	–	–

Kostenkennwerte für Leistungsbereiche nach StLB (Kosten des Bauwerks nach DIN 276)

7200-0086
Hörgeräteakustik
Meisterbetrieb

Umbau

LB	Leistungsbereiche	Kosten €	€/m² BGF	€/m³ BRI	% an 3+4
000	Sicherheits-, Baustelleneinrichtungen inkl. 001	505	3,40	1,50	0,7
002	Erdarbeiten	–	–	–	–
006	Spezialtiefbauarbeiten inkl. 005	–	–	–	–
009	Entwässerungskanalarbeiten inkl. 011	–	–	–	–
010	Dränarbeiten	–	–	–	–
012	Mauerarbeiten	–	–	–	–
013	Betonarbeiten	–	–	–	–
014	Natur-, Betonwerksteinarbeiten	–	–	–	–
016	Zimmer- und Holzbauarbeiten	–	–	–	–
017	Stahlbauarbeiten	–	–	–	–
018	Abdichtungsarbeiten	–	–	–	–
020	Dachdeckungsarbeiten	–	–	–	–
021	Dachabdichtungsarbeiten	–	–	–	–
022	Klempnerarbeiten	–	–	–	–
	Rohbau	**505**	**3,40**	**1,50**	**0,7**
023	Putz- und Stuckarbeiten, Wärmedämmsysteme	–	–	–	–
024	Fliesen- und Plattenarbeiten	–	–	–	–
025	Estricharbeiten	–	–	–	–
026	Fenster, Außentüren inkl. 029, 032	–	–	–	–
027	Tischlerarbeiten	17.760	120,50	53,70	24,5
028	Parkett-, Holzpflasterarbeiten	–	–	–	–
030	Rollladenarbeiten	–	–	–	–
031	Metallbauarbeiten inkl. 035	–	–	–	–
034	Maler- und Lackiererarbeiten inkl. 037	9.345	63,40	28,20	12,9
036	Bodenbelagsarbeiten	3.327	22,60	10,10	4,6
038	Vorgehängte hinterlüftete Fassaden	–	–	–	–
039	Trockenbauarbeiten	29.592	200,80	89,40	40,8
	Ausbau	**60.023**	**407,30**	**181,40**	**82,8**
040	Wärmeversorgungsanlagen, inkl. 041	–	–	–	–
042	Gas- und Wasseranlagen, Leitungen inkl. 043	–	–	–	–
044	Abwasseranlagen - Leitungen	–	–	–	–
045	Gas, Wasser, Entwässerung - Ausstattung inkl. 046	–	–	–	–
047	Dämmarbeiten an technischen Anlagen	–	–	–	–
049	Feuerlöschanlagen, Feuerlöschgeräte	–	–	–	–
050	Blitzschutz- und Erdungsanlagen	–	–	–	–
052	Mittelspannungsanlagen	–	–	–	–
053	Niederspannungsanlagen inkl. 054	2.301	15,60	7,00	3,2
055	Ersatzstromversorgungsanlagen	–	–	–	–
057	Gebäudesystemtechnik	–	–	–	–
058	Leuchten und Lampen, inkl. 059	5.756	39,10	17,40	7,9
060	Elektroakustische Anlagen	–	–	–	–
061	Kommunikationsnetze, inkl. 063	511	3,50	1,50	0,7
069	Aufzüge	–	–	–	–
070	Gebäudeautomation	–	–	–	–
075	Raumlufttechnische Anlagen	836	5,70	2,50	1,2
	Gebäudetechnik	**9.405**	**63,80**	**28,40**	**13,0**
084	Abbruch- und Rückbauarbeiten	2.520	17,10	7,60	3,5
	Sonstige Leistungsbereiche inkl. 008, 033, 051	–	–	–	–

© BKI Baukosteninformationszentrum   Kostenstand: 3.Quartal 2015, Bundesdurchschnitt, **inkl. 19% MwSt.**

7200-0087
Frisörsalon

Objektübersicht

BRI 169 €/m³   BGF 643 €/m²   NF 945 €/m²   NE keine Angabe

Umbau

Objekt:
Kennwerte: 3.Ebene DIN 276
BRI: 451m³
BGF: 119m²
NF: 81m²
Bauzeit: 4 Wochen
Bauende: 2011
Standard: Durchschnitt
Kreis: Berlin,
Berlin

Architekt:
DAVID MEYER
architektur und design
Karl-Marx-Allee 81
10243 Berlin

Bauherr:
Ayfer Durur

Zeichnungen

7200-0087
Frisörsalon

Umbau

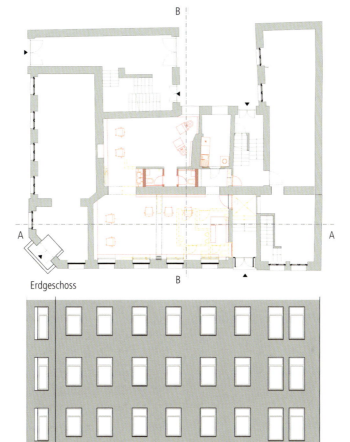
Erdgeschoss

Ansicht Eingangsfront

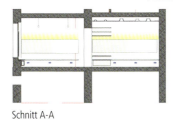
Schnitt A-A

Schnitt B-B

7200-0087 Frisörsalon

Umbau

Objektbeschreibung

Allgemeine Objektinformationen

Aus Teilbereichen einer ehemaligen Gaststätte entstand durch diese Umbaumaßnahme ein Frisörgeschäft. Die Räumlichkeiten wurden strukturell an die neue Nutzung angepasst und in einen Empfangsbereich, einen Schneide- und Farbraum, einen Personalraum mit Teeküche, einen Flur und Sanitärräume unterteilt. Die Lagerräume befinden sich im Keller.

Nutzung

1 Untergeschoss
Lagerräume

1 Erdgeschoss
Empfang, Schneiden, Waschen, Personalraum, WCs, Flur

Besonderer Kosteneinfluss Nutzung:
Brandschutz, Schallschutz, Denkmalschutz, Wiederverwendung der Bestandsausstattung des Bauherrn

Nutzeinheiten

Arbeitsplätze: 7

Markt

Hauptvergabezeit: 1.Quartal 2011
Baubeginn: 1.Quartal 2011
Bauende: 1.Quartal 2011
Konjunkturelle Gesamtlage: Durchschnitt
Regionaler Baumarkt: über Durchschnitt

Baubestand

Baujahr: 1910
Bauzustand: mittel
Aufwand: mittel
Grundrissänderungen: einige
Tragwerkseingriffe: einige
Nutzungsänderung: ja
Nutzung während der Bauzeit: nein

Baukonstruktion

Die Treppe im Foyer wurde um zwei Stufen gekürzt und um ein neues Treppenpodest ergänzt. Fenster- und Türöffnungen wurden vergrößert bzw. neu hergestellt, teilweise wurden dabei Stahlunterzüge ergänzt. Gipskartonwände mit Türen wurden ausgeführt, um sowohl die Damen- als auch die Herrentoiletten abzutrennen. Teile der nicht tragenden bestehenden Wände wie auch die vorhandenen Toilettenräume wurden abgerissen. Die neu errichteten Wände wurden verputzt, gespachtelt und gestrichen. Fußleisten kamen nicht zur Ausführung. Die Bestandsdecken wurden mit Gipskartonabhangdecken bekleidet. Auch diese wurden gespachtelt und gestrichen. Auf den Böden wurde ein Linoleumbelag aufgebracht.

Technische Anlagen

Die Küche und die Farbabteilung erhielten je eine Spüle. Die zwei Toiletten wurden wandhängend ausgeführt.

Sonstiges

Aus dem ehemaligen Frisörsalon der Bauherrin wurden Möbel weiter genutzt und entsprechend den neuen Räumlichkeiten angepasst.

Planungskennwerte für Flächen und Rauminhalte nach DIN 277

7200-0087
Frisörsalon

Umbau

Flächen des Grundstücks		Menge, Einheit	% an FBG	
BF	Bebaute Fläche	– m²	–	
UBF	Unbebaute Fläche	– m²	–	
FBG	Fläche des Baugrundstücks	– m²	–	

Grundflächen des Bauwerks		Menge, Einheit	% an NF	% an BGF
NF	Nutzfläche	80,75 m²	100,0	68,0
TF	Technische Funktionsfläche	0,50 m²	0,6	0,4
VF	Verkehrsfläche	11,12 m²	13,8	9,4
NGF	Netto-Grundfläche	92,37 m²	114,4	77,8
KGF	Konstruktions-Grundfläche	26,36 m²	32,6	22,2
BGF	Brutto-Grundfläche	118,73 m²	147,0	100,0

Brutto-Rauminhalt des Bauwerks		Menge, Einheit	BRI/NF (m)	BRI/BGF (m)
BRI	Brutto-Rauminhalt	451,19 m³	5,59	3,80

Lufttechnisch behandelte Flächen	Menge, Einheit	% an NF	% an BGF
Entlüftete Fläche	– m²	–	–
Be- und entlüftete Fläche	– m²	–	–
Teilklimatisierte Fläche	– m²	–	–
Klimatisierte Fläche	– m²	–	–

KG	Kostengruppen (2.Ebene)	Menge, Einheit		Menge/NF	Menge/BGF
310	Baugrube	– m³	BGI	–	–
320	Gründung	– m²	GRF	–	–
330	Außenwände	50,71 m²	AWF	0,63	0,43
340	Innenwände	135,60 m²	IWF	1,68	1,14
350	Decken	111,06 m²	DEF	1,38	0,94
360	Dächer	– m²	DAF	–	–

Kostenkennwerte für die Kostengruppen der 1.Ebene DIN 276

KG	Kostengruppen (1.Ebene)	Einheit	Kosten €	€/Einheit	€/m² BGF	€/m³ BRI	% 300+400
100	Grundstück	m² FBG	–	–	–	–	–
200	Herrichten und Erschließen	m² FBG	–	–	–	–	–
300	Bauwerk - Baukonstruktionen	m² BGF	58.198	490,17	490,17	128,99	76,3
400	Bauwerk - Technische Anlagen	m² BGF	18.106	152,50	152,50	40,13	23,7
	Bauwerk 300+400	**m² BGF**	**76.305**	**642,67**	**642,67**	**169,12**	**100,0**
500	Außenanlagen	m² AUF	–	–	–	–	–
600	Ausstattung und Kunstwerke	m² BGF	54	0,46	0,46	0,12	0,1
700	Baunebenkosten	m² BGF	–	–	–	–	–

© BKI Baukosteninformationszentrum   Kostenstand: 3.Quartal 2015, Bundesdurchschnitt, inkl. 19% MwSt.

7200-0087
Frisörsalon

Umbau

Kostenkennwerte für die Kostengruppen der 1.Ebene DIN 276

KG	Kostengruppe	Menge Einheit	Kosten €	€/Einheit	%
3+4	**Bauwerk**				100,0
300	**Bauwerk - Baukonstruktionen**	118,73 m² BGF	58.198	**490,17**	76,3

- Abbrechen (Kosten: 8,2%) — 4.791
Abbruch von Mauerwerk, GK-Vorsatzschalen, Putz; Treppenpodest, Bodenbelägen; Entsorgung, Deponiegebühren

- Wiederherstellen (Kosten: 23,2%) — 13.529
Holzfenster lackieren, Hauseingangstür instandsetzen, lackieren, Schloss anpassen, Fensterscheiben erneuern; Wandflächen reinigen, Putz ausbessern, Fliesenbelag prüfen, abschlagen, Höhendifferenzen mit GK-Platten ausgleichen, GK-Bekleidung erneuern, Spachtelung, Anstrich

- Herstellen (Kosten: 68,5%) — 39.879
Anstrich; KS-Mauerwerk, Türöffnungen schließen, Türöffnungen in Mauerwerkswänden vergrößern, herstellen, GK-Metallständerwände, Holztüren, Alutür, Alufenster, Stahlblechtüren, F90-Bekleidung, GK-Verkofferungen, Stahlhandläufe; Stb-Treppenpodest, Stahlträger, Ausgleichsmasse, Spachtelung, Linoleum, GK-Decken, Anstrich; Einbaumöbel

KG	Kostengruppe	Menge Einheit	Kosten €	€/Einheit	%
400	**Bauwerk - Technische Anlagen**	118,73 m² BGF	18.106	**152,50**	23,7

- Abbrechen (Kosten: 1,6%) — 284
Abbruch von Abwasserleitungen, Sanitäreinrichtung; Entsorgung, Deponiegebühren

- Wiederherstellen (Kosten: 2,4%) — 428
Heizleitungen neu lackieren

- Herstellen (Kosten: 96,1%) — 17.394
Abwasserleitungen, Kalt- und Warmwasserleitungen, Sanitäreinrichtung; WC-Lüfter anschließen, Elektroinstallation, Beleuchtung; Telefonleitungen, Lautsprecher

KG	Kostengruppe	Menge Einheit	Kosten €	€/Einheit	%
600	**Ausstattung und Kunstwerke**	118,73 m² BGF	54	**0,46**	0,1

- Herstellen (Kosten: 100,0%) — 54
Handtuchhaken

Kostenkennwerte für die Kostengruppen der 2.Ebene DIN 276

KG	Kostengruppe	Menge Einheit	Kosten €	€/Einheit	%
300	**Bauwerk - Baukonstruktionen**				100,0
330	**Außenwände**	50,71 m² AWF	4.258	**83,98**	7,3

- Wiederherstellen (Kosten: 85,2%) — 3.630
  Holzfenster innenseitig lackieren (17m²), zweiflügige Hauseingangstür instandsetzen, Schloss ausbauen, Sperrholzplatten außenseitig aufkleben, lackieren, Schloss anpassen (4m²), Fensterscheiben erneuern (3m²), Dichtung erneuern (15m) * Wandflächen säubern, Spachtelung, Dispersionsanstrich (26m²)

- Herstellen (Kosten: 14,8%) — 629
  Absperranstrich, mehrfarbig (35m²)

KG	Kostengruppe	Menge Einheit	Kosten €	€/Einheit	%
340	**Innenwände**	135,60 m² IWF	30.633	**225,91**	52,6

- Abbrechen (Kosten: 6,5%) — 1.994
  Abbruch von Mauerwerk für Fensterbank, Brüstung ausstemmen, bxhxt=125x19x17cm (4St), für neue Stufe (psch); Mauerwerk, d=15cm (57m²) * GK-Vorsatzschalen (6m²), Putz abschlagen, Stahlträger freilegen (2m²); Entsorgung, Deponiegebühren

- Wiederherstellen (Kosten: 29,4%) — 9.020
  Wandflächen reinigen (140m²), Putz prüfen, Fehlstellen abschlagen, neu verputzen (108m²), Fliesenbelag prüfen, lose Fliesen abschlagen, Fläche aufrauen (36m²), Höhendifferenzen mit GK-Platten ausgleichen (13m²), GK-Bekleidung abnehmen, OSB-Platten, GK-Platten, anbringen (13m²), Eckschutzschienen anbringen (50m), Haftgrund, Spachtelung (179m²), Dispersionsanstrich (241m²)

- Herstellen (Kosten: 64,0%) — 19.619
  KS-Mauerwerk, Türöffnungen schließen (9m²), Schornstein mit Beton verfüllen (psch), Türöffnungen vergrößern, Mauerwerk, d=29-56cm, Auflager herstellen, Stahlträger (18m²), Türöffnungen in Mauerwerkswand herstellen (5m²) * GK-Metallständerwände, d=10cm (20m²), als Installationswände, d=20-25cm (8m²), Türöffnungen schließen, GK-Metallständerwände (6m²) * Holztüren (5m²), Alutür (3m²), Alufenster T30 (3m²), Stahlblechtüren T30 (3m²), Schließanlage * F90-Bekleidung (6m²), GK-Verkofferungen (6m²) * Stahlhandläufe (2St)

KG	Kostengruppe	Menge Einheit	Kosten €	€/Einheit	%
350	**Decken**	111,06 m² DEF	12.712	**114,46**	21,8

- Abbrechen (Kosten: 6,4%) — 819
  Abbruch von Treppenpodest, Betonhohldielen, d=45cm (3m²) * Teppichbelag (24m²), Bodenfliesen (7m²), Terrazzo-Sockelplatten (25m), Klebstoffschicht von Fliesenbelag abschleifen (86m²); Entsorgung, Deponiegebühren

- Herstellen (Kosten: 93,6%) — 11.893
  Stb-Treppenpodest, d=20cm (3m²), Stahlträger HEA 100 (1St) * Ausgleichsmasse, Voranstrich auf vorhandenen Fliesenbelag, Spachtelung (86m²), Linoleum, PU-Versiegelung (92m²) * GK-Decken, abgehängt (56m²), vorhandene GK-Leuchtenelemente einbauen (14St), Spachtelung (20m²), Dispersionsanstrich (111m²)

7200-0087
Frisörsalon

Umbau

© BKI Baukosteninformationszentrum — Kostenstand: 3.Quartal 2015, Bundesdurchschnitt, inkl. 19% MwSt.

7200-0087
Frisörsalon

Umbau

KG	Kostengruppe	Menge Einheit	Kosten €	€/Einheit	%
370	**Baukonstruktive Einbauten**	118,73 m² BGF	6.685	**56,30**	11,5

- Wiederherstellen (Kosten: 13,2%) — 879
  Tresen säubern, schleifen, lackieren, zwei Klappen ändern, Sockel ändern, Lautsprecheröffnung ändern (psch)

- Herstellen (Kosten: 86,8%) — 5.806
  Wandregale, zwei bis vier Böden (8St), sechs Böden (1St), 134x35-120x15cm (3St), Spülenunterschrank (1St), Kleiderstange (1St), Hutablage (1St), Fensterbanksitzmöbel, Leimholzplatte, drei Regale (1St), Arbeitsplatte (1St), Küche aufbauen (4h)

390	**Sonstige Baukonstruktionen**	118,73 m² BGF	3.909	**32,93**	6,7

- Abbrechen (Kosten: 50,6%) — 1.977
  Schuttcontainer (15m³); Abfuhr, Deponiegebühren

- Herstellen (Kosten: 49,4%) — 1.932
  Baustelleneinrichtungen (5St), Baustrom- und -wasseranschluss (psch), Anschluss Baustellen-WC an Bestandsleitung (psch) * Schutzabdeckungen Boden, Folie (91m²), Spanplatten (20m²), Türöffnung provisorisch schließen, OSB-Platte (psch)

400	**Bauwerk - Technische Anlagen**				**100,0**
410	**Abwasser-, Wasser-, Gasanlagen**	118,73 m² BGF	5.764	**48,54**	31,8

- Abbrechen (Kosten: 4,9%) — 284
  Abbruch von Abwasserleitungen (psch) * Wasserleitungen (psch), WC-Becken (2St), Urinalen (2St), Handwaschbecken (2St); Entsorgung, Deponiegebühren

- Herstellen (Kosten: 95,1%) — 5.480
  HT-Rohre DN50-100, Formstücke (15m), Brandschutzmatten (2St) * Kupferrohre DN15-22, Formstücke (57m), Brandschutzmatten (6St), Anschließen von bauseitigen Sanitärobjekten: Wachtischanlagen (2St), WC-Anlagen (2St), Spülbecken (2St), Haarwaschbecken (2St), Spülmaschine (1St), Armaturen * Montageelemente für WC-Becken (2St)

420	**Wärmeversorgungsanlagen**	118,73 m² BGF	428	**3,61**	2,4

- Wiederherstellen (Kosten: 100,0%) — 428
  Heizleitungen neu lackieren (80m)

430	**Lufttechnische Anlagen**	118,73 m² BGF	598	**5,03**	3,3

- Herstellen (Kosten: 100,0%) — 598
  WC-Lüfter anschließen (2St)

440	**Starkstromanlagen**	118,73 m² BGF	10.817	**91,10**	59,7

- Herstellen (Kosten: 100,0%) — 10.817
  Unterverteiler (1St), Mantelleitungen (88m), Steckdosen (56St), Schalter (8St), Steckdosenleiste (1St) * Lichtleisten (43St), vorhandene Leuchten einbauen (6St), Einbaudownlights (2St), Kompaktleuchtstofflampen (22St)

KG	Kostengruppe	Menge Einheit	Kosten €	€/Einheit	%
450	**Fernmelde-, informationstechn. Anlagen**	118,73 m² BGF	406	**3,42**	2,2
	• Herstellen (Kosten: 100,0%)		406		
	TAE-Anschlussdosen (2St), Fernmeldeleitungen (55m) * Deckeneinbaulautsprecher (2St)				
490	**Sonstige Technische Anlagen**	118,73 m² BGF	94	**0,79**	0,5
	• Herstellen (Kosten: 100,0%)		94		
	Baustelleneinrichtungen (2St)				
600	**Ausstattung und Kunstwerke**				**100,0**
610	**Ausstattung**	118,73 m² BGF	54	**0,46**	100,0
	• Herstellen (Kosten: 100,0%)		54		
	Handtuchhaken (2St)				

7200-0087
Frisörsalon

Umbau

7200-0087
Frisörsalon

Umbau

Kostenkennwerte für die Kostengruppen der 3.Ebene DIN 276 (Übersicht)

KG	Kostengruppe	Menge Einheit	€/Einheit	Kosten €	% 300+400
300	**Bauwerk - Baukonstruktionen**	118,73 m² BGF	490,17	58.198,10	76,3
310	Baugrube	–	–	–	–
320	Gründung				
330	Außenwände	50,71 m² AWF	83,98	4.258,42	5,6
331	Tragende Außenwände	–	–	–	–
332	Nichttragende Außenwände	–	–	–	–
333	Außenstützen	–	–	–	–
334	Außentüren und -fenster	24,55 m²	121,20	2.976,05	3,9
	Wiederherstellen	24,55 m²	121,20	2.976,05	3,9
335	Außenwandbekleidungen außen	34,50 m²	18,22	628,70	0,8
336	Außenwandbekleidungen innen	26,15 m²	25,00	653,67	0,9
	Wiederherstellen	26,15 m²	25,00	653,67	0,9
337	Elementierte Außenwände	–	–	–	–
338	Sonnenschutz	–	–	–	–
339	Außenwände, sonstiges	–	–	–	–
340	**Innenwände**	135,60 m² IWF	225,91	30.633,03	40,1
341	Tragende Innenwände	31,76 m²	161,98	5.144,83	6,7
	Abbrechen	0,85 m²	547,40	465,29	0,6
	Herstellen	31,76 m²	147,33	4.679,54	6,1
342	Nichttragende Innenwände	33,99 m²	144,24	4.902,55	6,4
	Abbrechen	57,20 m²	25,02	1.431,30	1,9
	Herstellen	33,99 m²	102,13	3.471,26	4,5
343	Innenstützen	–	–	–	–
344	Innentüren und -fenster	13,85 m²	739,27	10.236,64	13,4
345	Innenwandbekleidungen	241,50 m²	40,85	9.864,78	12,9
	Abbrechen	7,57 m²	12,93	97,89	0,1
	Wiederherstellen	241,50 m²	37,35	9.019,67	11,8
	Herstellen	12,57 m²	59,44	747,21	1,0
346	Elementierte Innenwände	–	–	–	–
349	Innenwände, sonstiges	135,60 m²	3,57	484,22	0,6
350	**Decken**	111,06 m² DEF	114,46	12.712,35	16,7
351	Deckenkonstruktionen	3,26 m²	452,48	1.475,08	1,9
	Abbrechen	2,89 m²	88,55	255,75	0,3
	Herstellen	3,26 m²	374,03	1.219,33	1,6
352	Deckenbeläge	94,16 m²	68,18	6.419,99	8,4
	Abbrechen	93,26 m²	6,04	563,30	0,7
	Herstellen	94,16 m²	62,20	5.856,69	7,7
353	Deckenbekleidungen	111,06 m²	43,38	4.817,29	6,3
359	Decken, sonstiges	–	–	–	–
360	**Dächer**	–	–	–	–
370	**Baukonstruktive Einbauten**	118,73 m² BGF	56,30	6.684,83	8,8
371	Allgemeine Einbauten	118,73 m² BGF	56,30	6.684,83	8,8
	Wiederherstellen	118,73 m² BGF	7,40	879,18	1,2
	Herstellen	118,73 m² BGF	48,90	5.805,66	7,6
372	Besondere Einbauten	–	–	–	–
379	Baukonstruktive Einbauten, sonst.	–	–	–	–

© BKI Baukosteninformationszentrum

Kostenstand: 3.Quartal 2015, Bundesdurchschnitt, inkl. 19% MwSt.

KG	Kostengruppe	Menge Einheit	€/Einheit	Kosten €	% 300+400
390	**Sonst. Maßnahmen Baukonstruktionen**	118,73 m² BGF	32,93	3.909,46	5,1
391	Baustelleneinrichtung	118,73 m² BGF	12,03	1.428,27	1,9
392	Gerüste	–	–	–	–
393	Sicherungsmaßnahmen	–	–	–	–
394	Abbruchmaßnahmen	–	–	–	–
395	Instandsetzungen	–	–	–	–
396	Materialentsorgung	118,73 m² BGF	16,65	1.977,03	2,6
	Abbrechen	118,73 m² BGF	16,65	1.977,03	2,6
397	Zusätzliche Maßnahmen	118,73 m² BGF	4,25	504,16	0,7
398	Provisorische Baukonstruktionen	–	–	–	–
399	Sonst. Maßnahmen für Baukonstruktionen, sonst.	–	–	–	–
400	**Bauwerk - Technische Anlagen**	118,73 m² BGF	152,50	18.106,45	23,7
410	**Abwasser-, Wasser-, Gasanlagen**	118,73 m² BGF	48,54	5.763,61	7,6
411	Abwasseranlagen	118,73 m² BGF	9,72	1.153,47	1,5
	Abbrechen	118,73 m² BGF	0,79	93,36	0,1
	Herstellen	118,73 m² BGF	8,93	1.060,12	1,4
412	Wasseranlagen	118,73 m² BGF	34,23	4.063,68	5,3
	Abbrechen	118,73 m² BGF	1,61	190,73	0,2
	Herstellen	118,73 m² BGF	32,62	3.872,95	5,1
413	Gasanlagen	–	–	–	–
419	Abwasser-, Wasser-, Gasanlagen, sonstiges	118,73 m² BGF	4,60	546,47	0,7
420	**Wärmeversorgungsanlagen**	118,73 m² BGF	3,61	428,36	0,6
421	Wärmeerzeugungsanlagen	–	–	–	–
422	Wärmeverteilnetze	118,73 m² BGF	3,61	428,36	0,6
	Wiederherstellen	118,73 m² BGF	3,61	428,36	0,6
423	Raumheizflächen	–	–	–	–
429	Wärmeversorgungsanlagen, sonstiges	–	–	–	–
430	**Lufttechnische Anlagen**	118,73 m² BGF	5,03	597,64	0,8
431	Lüftungsanlagen	118,73 m² BGF	5,03	597,64	0,8
432	Teilklimaanlagen	–	–	–	–
433	Klimaanlagen	–	–	–	–
434	Kälteanlagen	–	–	–	–
439	Lufttechnische Anlagen, sonstiges	–	–	–	–
440	**Starkstromanlagen**	118,73 m² BGF	91,10	10.816,64	14,2
441	Hoch- und Mittelspannungsanlagen	–	–	–	–
442	Eigenstromversorgungsanlagen	–	–	–	–
443	Niederspannungsschaltanlagen	–	–	–	–
444	Niederspannungsinstallationsanlagen	118,73 m² BGF	71,12	8.444,05	11,1
445	Beleuchtungsanlagen	118,73 m² BGF	19,98	2.372,59	3,1
446	Blitzschutz- und Erdungsanlagen	–	–	–	–
449	Starkstromanlagen, sonstiges	–	–	–	–
450	**Fernm.- und informationstechn. Anlagen**	118,73 m² BGF	3,42	406,47	0,5
451	Telekommunikationsanlagen	118,73 m² BGF	0,59	69,95	0,1
452	Such- und Signalanlagen	–	–	–	–
453	Zeitdienstanlagen	–	–	–	–
454	Elektroakustische Anlagen	118,73 m² BGF	2,83	336,52	0,4
455	Fernseh- und Antennenanlagen	–	–	–	–
456	Gefahrenmelde- und Alarmanlagen	–	–	–	–
457	Übertragungsnetze	–	–	–	–
459	Fernmelde- und informationstechn. Anl., sonst.	–	–	–	–

7200-0087
Frisörsalon

Umbau

KG	Kostengruppe	Menge Einheit	€/Einheit	Kosten €	% 300+400
460	**Förderanlagen**	–	–	–	–
470	**Nutzungsspezifische Anlagen**	–	–	–	–
480	**Gebäudeautomation**	–	–	–	–
490	**Sonst. Maßnahmen für Techn. Anlagen**	**118,73 m² BGF**	**0,79**	**93,72**	**0,1**
491	Baustelleneinrichtung	118,73 m² BGF	0,79	93,72	0,1
492	Gerüste	–	–	–	–
493	Sicherungsmaßnahmen	–	–	–	–
494	Abbruchmaßnahmen	–	–	–	–
495	Instandsetzungen	–	–	–	–
496	Materialentsorgung	–	–	–	–
497	Zusätzliche Maßnahmen	–	–	–	–
498	Provisorische Technische Anlagen	–	–	–	–
499	Sonst. Maßnahmen Techn. Anlagen, sonstiges	–	–	–	–

© **BKI** Baukosteninformationszentrum   Kostenstand: 3.Quartal 2015, Bundesdurchschnitt, **inkl. 19% MwSt.**

Kostenkennwerte für Leistungsbereiche nach StLB (Kosten des Bauwerks nach DIN 276)

7200-0087 Frisörsalon

Umbau

LB	Leistungsbereiche	Kosten €	€/m² BGF	€/m³ BRI	% an 3+4
000	Sicherheits-, Baustelleneinrichtungen inkl. 001	1.706	14,40	3,80	2,2
002	Erdarbeiten	–	–	–	–
006	Spezialtiefbauarbeiten inkl. 005	–	–	–	–
009	Entwässerungskanalarbeiten inkl. 011	–	–	–	–
010	Dränarbeiten	–	–	–	–
012	Mauerarbeiten	4.428	37,30	9,80	5,8
013	Betonarbeiten	1.471	12,40	3,30	1,9
014	Natur-, Betonwerksteinarbeiten	–	–	–	–
016	Zimmer- und Holzbauarbeiten	–	–	–	–
017	Stahlbauarbeiten	–	–	–	–
018	Abdichtungsarbeiten	–	–	–	–
020	Dachdeckungsarbeiten	–	–	–	–
021	Dachabdichtungsarbeiten	–	–	–	–
022	Klempnerarbeiten	–	–	–	–
	Rohbau	**7.605**	**64,10**	**16,90**	**10,0**
023	Putz- und Stuckarbeiten, Wärmedämmsysteme	4.221	35,60	9,40	5,5
024	Fliesen- und Plattenarbeiten	712	6,00	1,60	0,9
025	Estricharbeiten	173	1,50	0,38	0,2
026	Fenster, Außentüren inkl. 029, 032	1.522	12,80	3,40	2,0
027	Tischlerarbeiten	7.906	66,60	17,50	10,4
028	Parkett-, Holzpflasterarbeiten	–	–	–	–
030	Rollladenarbeiten	–	–	–	–
031	Metallbauarbeiten inkl. 035	8.337	70,20	18,50	10,9
034	Maler- und Lackiererarbeiten inkl. 037	9.079	76,50	20,10	11,9
036	Bodenbelagsarbeiten	5.684	47,90	12,60	7,4
038	Vorgehängte hinterlüftete Fassaden	–	–	–	–
039	Trockenbauarbeiten	8.690	73,20	19,30	11,4
	Ausbau	**46.325**	**390,20**	**102,70**	**60,7**
040	Wärmeversorgungsanlagen, inkl. 041	–	–	–	–
042	Gas- und Wasseranlagen, Leitungen inkl. 043	2.722	22,90	6,00	3,6
044	Abwasseranlagen - Leitungen	654	5,50	1,50	0,9
045	Gas, Wasser, Entwässerung - Ausstattung inkl. 046	1.482	12,50	3,30	1,9
047	Dämmarbeiten an technischen Anlagen	622	5,20	1,40	0,8
049	Feuerlöschanlagen, Feuerlöschgeräte	–	–	–	–
050	Blitzschutz- und Erdungsanlagen	–	–	–	–
052	Mittelspannungsanlagen	–	–	–	–
053	Niederspannungsanlagen inkl. 054	8.444	71,10	18,70	11,1
055	Ersatzstromversorgungsanlagen	–	–	–	–
057	Gebäudesystemtechnik	–	–	–	–
058	Leuchten und Lampen, inkl. 059	2.373	20,00	5,30	3,1
060	Elektroakustische Anlagen	337	2,80	0,75	0,4
061	Kommunikationsnetze, inkl. 063	70	0,59	0,16	0,1
069	Aufzüge	–	–	–	–
070	Gebäudeautomation	–	–	–	–
075	Raumlufttechnische Anlagen	598	5,00	1,30	0,8
	Gebäudetechnik	**17.300**	**145,70**	**38,30**	**22,7**
084	Abbruch- und Rückbauarbeiten	5.075	42,70	11,20	6,7
	Sonstige Leistungsbereiche inkl. 008, 033, 051	–	–	–	–

© BKI Baukosteninformationszentrum

Kultur

9100-0080
Experimenteller
Kinoraum

Objektübersicht

 BRI 323 €/m³

 BGF 1.162 €/m²

 NF 3.658 €/m²

 NE keine Angabe

Umbau

Objekt:
Kennwerte: 3.Ebene DIN 276
BRI: 835m³
BGF: 232m²
NF: 74m²
Bauzeit: 60 Wochen
Bauende: 2009
Standard: über Durchschnitt
Kreis: Berlin,
Berlin

Architekt:
Maske Gehrmann
Architekten
Bundesallee 133
12161 Berlin

Bauherr:
Fraunhofer-Gesellschaft e.V.
Hansastraße 27c
80686 München

Zeichnungen

9100-0080
Experimenteller
Kinoraum

Umbau

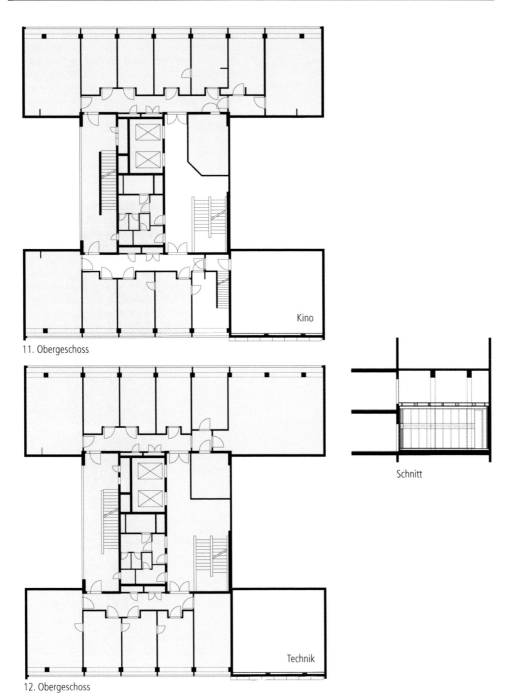

11. Obergeschoss

12. Obergeschoss

Schnitt

9100-0080 Experimenteller Kinoraum

Umbau

Objektbeschreibung

Allgemeine Objektinformationen

Innerhalb eines 13-geschossigen Institutsgebäudes wurde im 11. Obergeschoss ein experimenteller Kinovorführraum errichtet. In diesem Raum werden zu verschiedenen Anlässen, vorrangig für Besucher, Präsentationen durchgeführt. Maximal können an einer Präsentation bis zu 20 Personen teilnehmen. Im darüberliegenden Raum wurde die Technik untergebracht, diese ist aber vom Kinoraum selber aus zu bedienen.

Nutzung

1 Untergeschoss
Technik

1 Erdgeschoss
Empfang

15 Obergeschosse
Forschung
Die Baumaßnahme wurde im 11. und 12.OG durchgeführt.

Markt

Hauptvergabezeit: 4.Quartal 2008
Baubeginn: 4.Quartal 2008
Bauende: 4.Quartal 2009
Konjunkturelle Gesamtlage: Durchschnitt
Regionaler Baumarkt: über Durchschnitt

Baubestand

Baujahr: 1968
Bauzustand: mittel
Aufwand: mittel
Grundrissänderungen: einige
Tragwerkseingriffe: wenige
Nutzungsänderung: ja
Nutzung während der Bauzeit: ja

Baukonstruktion

Der bisher zweigeschossige Raum wurde durch eine Zwischendecke in der Höhe geteilt. Der durch die Abtrennung neu entstandene Raum wird über das 12. Obergeschoss erschlossen. Die 20cm starken Stahlbetonwände des Raumes sind fensterlos. Auf die Bestandsdecke wurde ein schwimmender Estrich aufgebracht. Aus lüftungstechnischen Gründen wird auf den Estrich ein aufnehmbarer Doppelboden eingebaut, mit Bodenauslässen für die Zuluft und Bodentanks für die Elektro- und Datenversorgung. Der Belag besteht aus Nadelvlies. Die Wände wurden mit freistehenden GK-Vorsatzschalen mit Metallunterkonstruktion versehen, hierbei ist der Untergrund durch ein Trennwandfilz entkoppelt. Die Konstruktion ist mit 4cm starker Mineralwolle ausgefacht. Zur Verbesserung der Raumakustik wurden die GK-Vorsatzschalen zusätzlich mit Gipskarton-Akustikplatten mit durchlaufender Lochung bekleidet. Die Decken sind mit GK-Plattendecken mit Metallunterkonstruktion versehen und mit zwei Gipskarton-Bauplatte bekleidet. Sie besitzen zudem eine 5cm starke Mineralwollauflage. Zur Verbesserung der Raumakustik sind die Decken mit Akustik-Plattendecken auf einer Metallunterkonstruktion versehen, diese sind mit Gipskarton-Akustikplatten mit durchlaufender Lochung versehen und mit einer Mineralwollauflage von 5cm ausgestattet.

Planungskennwerte für Flächen und Rauminhalte nach DIN 277

9100-0080
Experimenteller Kinoraum

Umbau

Flächen des Grundstücks		Menge, Einheit	% an FBG	
BF	Bebaute Fläche	– m²	–	
UBF	Unbebaute Fläche	– m²	–	
FBG	Fläche des Baugrundstücks	– m²	–	

Grundflächen des Bauwerks		Menge, Einheit	% an NF	% an BGF
NF	Nutzfläche	73,66 m²	100,0	31,8
TF	Technische Funktionsfläche	59,30 m²	80,5	25,6
VF	Verkehrsfläche	55,19 m²	74,9	23,8
NGF	Netto-Grundfläche	188,15 m²	255,4	81,2
KGF	Konstruktions-Grundfläche	43,68 m²	59,3	18,8
BGF	Brutto-Grundfläche	231,83 m²	314,7	100,0

Brutto-Rauminhalt des Bauwerks		Menge, Einheit	BRI/NF (m)	BRI/BGF (m)
BRI	Brutto-Rauminhalt	834,58 m³	11,33	3,60

Lufttechnisch behandelte Flächen	Menge, Einheit	% an NF	% an BGF
Entlüftete Fläche	– m²	–	–
Be- und entlüftete Fläche	– m²	–	–
Teilklimatisierte Fläche	– m²	–	–
Klimatisierte Fläche	– m²	–	–

KG	Kostengruppen (2.Ebene)	Menge, Einheit		Menge/NF	Menge/BGF
310	Baugrube	– m³	BGI	–	–
320	Gründung	– m²	GRF	–	–
330	Außenwände	134,36 m²	AWF	1,82	0,58
340	Innenwände	234,25 m²	IWF	3,18	1,01
350	Decken	168,23 m²	DEF	2,28	0,73
360	Dächer	– m²	DAF	–	–

Kostenkennwerte für die Kostengruppen der 1.Ebene DIN 276

KG	Kostengruppen (1.Ebene)	Einheit	Kosten €	€/Einheit	€/m² BGF	€/m³ BRI	% 300+400
100	Grundstück	m² FBG	–	–	–	–	–
200	Herrichten und Erschließen	m² FBG	–	–	–	–	–
300	Bauwerk - Baukonstruktionen	m² BGF	257.922	1.112,55	1.112,55	309,04	95,7
400	Bauwerk - Technische Anlagen	m² BGF	11.529	49,73	49,73	13,81	4,3
	Bauwerk 300+400	**m² BGF**	**269.451**	**1.162,28**	**1.162,28**	**322,86**	**100,0**
500	Außenanlagen	m² AUF	–	–	–	–	–
600	Ausstattung und Kunstwerke	m² BGF	–	–	–	–	–
700	Baunebenkosten	m² BGF	–	–	–	–	–

© BKI Baukosteninformationszentrum Kostenstand: 3.Quartal 2015, Bundesdurchschnitt, inkl. 19% MwSt.

9100-0080
Experimenteller
Kinoraum

Umbau

Kostenkennwerte für die Kostengruppen der 1.Ebene DIN 276

KG	Kostengruppe	Menge Einheit	Kosten €	€/Einheit	%
3+4	**Bauwerk**				**100,0**
300	**Bauwerk - Baukonstruktionen**	231,83 m² BGF	257.922	**1.112,55**	95,7

- Abbrechen (Kosten: 14,0%) — 36.224
Abbruch von Rabitz-Wandbekleidung, Wandbelägen aus verlötetem Kupferblech, Anstrich; Stb-Wand für Durchbrüche, Mauerwerk, Türe; Stb-Treppe, Teppich, Linoleum, Dickbeschichtung, Rabitz-Deckenverkleidung, System-Deckenelementen; Schrank, Leinwand; Entsorgung, Deponiegebühren

- Wiederherstellen (Kosten: 0,1%) — 194
Deckenelemente ausbauen, Eisenteile entrosten

- Herstellen (Kosten: 85,9%) — 221.505
Akustikpaneele, Anstrich; Vorsatzschalen, Mauerwerk, Türen, Putz, Handlauf; Stahlträgerdecke, Estrich, Doppelboden, Nadelfilz, Linoleum, GK-Decke, Akustikdecke, Klemmkassetten; Wandbespannung, Schallschutzvorhang; Baustelleneinrichtungen, Gerüste

400	**Bauwerk - Technische Anlagen**	231,83 m² BGF	11.529	**49,73**	4,3

- Abbrechen (Kosten: 52,3%) — 6.031
Abbruch von Lüftungsanlagen, Luftkanälen; Elektrokabeln, Verteilerschrank; Entsorgung, Deponiegebühren

- Herstellen (Kosten: 47,7%) — 5.498
Brandabschottungen, Befestigungen für Wandleuchten

Kostenkennwerte für die Kostengruppen der 2.Ebene DIN 276

9100-0080
Experimenteller Kinoraum

Umbau

KG	Kostengruppe	Menge Einheit	Kosten €	€/Einheit	%
300	**Bauwerk - Baukonstruktionen**				**100,0**
330	**Außenwände**	134,36 m² AWF	23.866	**177,63**	9,3

- Abbrechen (Kosten: 10,2%)   2.433
  Abbruch von Rabitz-Wandbekleidung, einseitig beplankt (52m²), Wandbelägen aus verlötetem Kupferblech, Dispersionsanstrich (195m²); Entsorgung, Deponiegebühren

- Herstellen (Kosten: 89,8%)   21.433
  Akustikpaneele, Korpus Holzwerkstoffplatte, d=22mm, Moltontuchbespannung, Dämmeinlage Mineralwolle, d=200mm (18St), Dispersionsanstrich (57m²), Vollton-Farbanstrich (58m²) * Verdunkelungsrollos (2St)

340	**Innenwände**	234,25 m² IWF	62.363	**266,22**	24,2

- Abbrechen (Kosten: 28,0%)   17.434
  Abbruch von Stb-Wand für Durchbrüche (4m²) * Mauerwerk mit Belägen (83m²), Stb-Wand für Durchbrüche (4m²), Kernbohrungen (18St) * Türe (3m²) * Wandbelägen aus verlötetem Kupferblech (58m²), Abkofferungen (10m); Entsorgung, Deponiegebühren

- Herstellen (Kosten: 72,0%)   44.929
  Türstürze (2St) * GK-Vorsatzschale, doppelt beplankt, Trennwandfilz, Dämmung (110m²), GK-Vorsatzschale, Akustikplatten (64m²), Porenbeton-Mauerwerk (49m²) * Brandschutztür T30-RS (2m²), T90-RS (2m²), Stahltür (2m²) * Akustikpaneele, Korpus Holzwerkstoffplatte, Moltontuchbespannung, Mineralwolledämmung (12St), Dispersionsanstrich (144m²), Gipsputz (39m²) * Handlauf (10m)

350	**Decken**	168,23 m² DEF	120.428	**715,85**	46,7

- Abbrechen (Kosten: 5,5%)   6.612
  Abbruch von Stb-Treppe (5m²), Deckenöffnung vergrößern * Teppichboden (96m²), Linoleum, Dickbeschichtung (59m²) * Rabitz-Deckenverkleidung (93m²), Deckenbelag aus verlötetem Kupferblech (59m²), System-Deckenelementen (26m²); Entsorgung, Deponiegebühren

- Wiederherstellen (Kosten: 0,2%)   194
  Deckenelemente ausbauen, zwischenlagern, Eisenteile in Decke entrosten, Rostschutzfarbe aufbringen (13m²)

- Herstellen (Kosten: 94,3%)   113.622
  Stahlträgerdecke, Sperrholzplatten (60m²), Deckenöffnungen schließen (8St) * Akustikplatten, HWF-Platten, Zementestrich, Doppelboden (58m²), Nadelfilz (95m²), Linoleum (60m²) * GK-Decke, Dämmung, Dispersionsanstrich (75m²), GK-Akustikdecke, Dämmung, Anstrich (53m²), Klemmkassetten (26m²), Gipsputz (37m²) * Podestrampe (1St), Absturzsicherung (14m), RWA-Klappen (3St)

9100-0080 Experimenteller Kinoraum

Umbau

KG	Kostengruppe	Menge Einheit	Kosten €	€/Einheit	%
370	**Baukonstruktive Einbauten**	231,83 m² BGF	19.578	**84,45**	7,6
	• Abbrechen (Kosten: 3,2%) Abbruch von Schrank 400x285x40cm (1St) * Leinwand, Holzkonstruktion (32m²); Entsorgung, Deponiegebühren		636		
	• Herstellen (Kosten: 96,8%) Wandbespannung, Molton, Alu-Schienen (64m²), Bühnensamt als Schallschutzvorhang, Unterkonstruktion (62m²)		18.942		
390	**Sonstige Baukonstruktionen**	231,83 m² BGF	31.687	**136,68**	12,3
	• Abbrechen (Kosten: 28,7%) Abbrucharbeiten; Entsorgung, Deponiegebühren		9.108		
	• Herstellen (Kosten: 71,3%) Baustelleneinrichtungen (5St) * Raumgerüste (558m³) * Schutzfolien (370m²), Malervlies, Hartfaserplatten (459m²), Staubwand (9m²) * Provisorische Treppe, drei Stufen (1St)		22.579		
400	**Bauwerk - Technische Anlagen**				**100,0**
430	**Lufttechnische Anlagen**	231,83 m² BGF	4.410	**19,02**	38,3
	• Abbrechen (Kosten: 100,0%) Abbruch von Lüftungsanlagen (2St), Blechkanälen (37m), Kunststoffkanälen (22m); Entsorgung, Deponiegebühren		4.410		
440	**Starkstromanlagen**	231,83 m² BGF	7.119	**30,71**	61,7
	• Abbrechen (Kosten: 22,8%) Abbruch von Elektrokabeln (25m), Blechkanälen (76m), Verteilerschrank (1St); Entsorgung, Deponiegebühren		1.621		
	• Herstellen (Kosten: 77,2%) Brandabschottungen für Rohre und Kabel * Flachstahl-Befestigungen für Wandleuchten (24St)		5.498		

Kostenkennwerte für die Kostengruppen der 3.Ebene DIN 276 (Übersicht)

9100-0080
Experimenteller Kinoraum

Umbau

KG	Kostengruppe	Menge Einheit	€/Einheit	Kosten €	% 300+400
300	Bauwerk - Baukonstruktionen	231,83 m² BGF	1.112,55	257.922,33	95,7
310	Baugrube	–	–	–	–
320	Gründung	–	–	–	–
330	**Außenwände**	134,36 m² AWF	177,63	23.865,89	8,9
331	Tragende Außenwände	–	–	–	–
332	Nichttragende Außenwände	–	–	–	–
333	Außenstützen	–	–	–	–
334	Außentüren und -fenster	–	–	–	–
335	Außenwandbekleidungen außen	–	–	–	–
336	Außenwandbekleidungen innen	134,36 m²	172,58	23.187,44	8,6
	Abbrechen	246,92 m²	9,85	2.433,06	0,9
	Herstellen	134,36 m²	154,47	20.754,38	7,7
337	Elementierte Außenwände	–	–	–	–
338	Sonnenschutz	–	–	678,45	0,3
339	Außenwände, sonstiges	–	–	–	–
340	**Innenwände**	234,25 m² IWF	266,22	62.363,03	23,1
341	Tragende Innenwände	4,24 m²	2.723,43	11.547,32	4,3
	Abbrechen	3,74 m²	3.053,40	11.419,72	4,2
	Herstellen	4,24 m²	30,09	127,60	< 0,1
342	Nichttragende Innenwände	223,97 m²	100,55	22.520,69	8,4
	Abbrechen	87,63 m²	58,82	5.154,66	1,9
	Herstellen	223,97 m²	77,54	17.366,03	6,4
343	Innenstützen	–	–	–	–
344	Innentüren und -fenster	6,04 m²	1.292,00	7.803,71	2,9
	Abbrechen	2,66 m²	45,16	120,12	< 0,1
	Herstellen	6,04 m²	1.272,11	7.683,57	2,9
345	Innenwandbekleidungen	156,21 m²	109,66	17.129,98	6,4
	Abbrechen	58,27 m²	12,70	739,83	0,3
	Herstellen	156,21 m²	104,93	16.390,14	6,1
346	Elementierte Innenwände	–	–	–	–
349	Innenwände, sonstiges	234,25 m²	14,35	3.361,33	1,2
350	**Decken**	168,23 m² DEF	715,85	120.428,27	44,7
351	Deckenkonstruktionen	59,50 m²	982,63	58.466,54	21,7
	Abbrechen	4,95 m²	351,03	1.737,59	0,6
	Herstellen	59,50 m²	953,43	56.728,93	21,1
352	Deckenbeläge	155,60 m²	182,46	28.391,54	10,5
	Abbrechen	96,09 m²	26,39	2.536,13	0,9
	Herstellen	155,60 m²	166,17	25.855,42	9,6
353	Deckenbekleidungen	166,19 m²	122,25	20.317,38	7,5
	Abbrechen	119,17 m²	19,62	2.338,33	0,9
	Wiederherstellen	12,63 m²	15,35	193,87	0,1
	Herstellen	153,56 m²	115,82	17.785,17	6,6
359	Decken, sonstiges	168,23 m²	78,78	13.252,80	4,9
360	Dächer	–	–	–	–

© BKI Baukosteninformationszentrum Kostenstand: 3.Quartal 2015, Bundesdurchschnitt, inkl. 19% MwSt.

9100-0080 Experimenteller Kinoraum

Umbau

KG	Kostengruppe	Menge Einheit	€/Einheit	Kosten €	% 300+400
370	**Baukonstruktive Einbauten**	**231,83 m² BGF**	**84,45**	**19.578,06**	**7,3**
371	Allgemeine Einbauten	231,83 m² BGF	0,87	202,06	0,1
	Abbrechen	231,83 m² BGF	0,87	202,06	0,1
372	Besondere Einbauten	231,83 m² BGF	83,58	19.376,00	7,2
	Abbrechen	231,83 m² BGF	1,87	433,88	0,2
	Herstellen	231,83 m² BGF	81,71	18.942,14	7,0
379	Baukonstruktive Einbauten, sonstiges	–	–	–	–
390	**Sonst. Maßnahmen Baukonstruktionen**	**231,83 m² BGF**	**136,68**	**31.687,08**	**11,8**
391	Baustelleneinrichtung	231,83 m² BGF	16,27	3.773,02	1,4
392	Gerüste	231,83 m² BGF	49,57	11.490,73	4,3
393	Sicherungsmaßnahmen	–	–	–	–
394	Abbruchmaßnahmen	231,83 m² BGF	39,29	9.108,42	3,4
	Abbrechen	231,83 m² BGF	39,29	9.108,42	3,4
395	Instandsetzungen	–	–	–	–
396	Materialentsorgung	–	–	–	–
397	Zusätzliche Maßnahmen	231,83 m² BGF	29,16	6.760,24	2,5
398	Provisorische Baukonstruktionen	231,83 m² BGF	2,39	554,68	0,2
399	Sonst. Maßnahmen für Baukonstruktionen, sonst.	–	–	–	–
400	**Bauwerk - Technische Anlagen**	**231,83 m² BGF**	**49,73**	**11.528,74**	**4,3**
410	Abwasser-, Wasser-, Gasanlagen	–	–	–	–
420	Wärmeversorgungsanlagen	–	–	–	–
430	**Lufttechnische Anlagen**	**231,83 m² BGF**	**19,02**	**4.410,21**	**1,6**
431	Lüftungsanlagen	231,83 m² BGF	19,02	4.410,21	1,6
431	Abbrechen	231,83 m² BGF	19,02	4.410,21	1,6
432	Teilklimaanlagen	–	–	–	–
433	Klimaanlagen	–	–	–	–
434	Kälteanlagen	–	–	–	–
439	Lufttechnische Anlagen, sonstiges	–	–	–	–
440	**Starkstromanlagen**	**231,83 m² BGF**	**30,71**	**7.118,53**	**2,6**
441	Hoch- und Mittelspannungsanlagen	–	–	–	–
442	Eigenstromversorgungsanlagen	–	–	–	–
443	Niederspannungsschaltanlagen	–	–	–	–
444	Niederspannungsinstallationsanlagen	231,83 m² BGF	21,53	4.991,68	1,9
	Abbrechen	231,83 m² BGF	6,99	1.620,79	0,6
	Herstellen	231,83 m² BGF	14,54	3.370,90	1,3
445	Beleuchtungsanlagen	231,83 m² BGF	9,17	2.126,84	0,8
446	Blitzschutz- und Erdungsanlagen	–	–	–	–
449	Starkstromanlagen, sonstiges	–	–	–	–
450	**Fernm.- und informationstechn. Anlagen**	–	–	–	–
460	**Förderanlagen**	–	–	–	–
470	**Nutzungsspezifische Anlagen**	–	–	–	–
480	**Gebäudeautomation**	–	–	–	–
490	**Sonst. Maßnahmen für Techn. Anlagen**	–	–	–	–

Kostenkennwerte für Leistungsbereiche nach StLB (Kosten des Bauwerks nach DIN 276)

9100-0080 Experimenteller Kinoraum

Umbau

LB	Leistungsbereiche	Kosten €	€/m² BGF	€/m³ BRI	% an 3+4
000	Sicherheits-, Baustelleneinrichtungen inkl. 001	21.152	91,20	25,30	7,9
002	Erdarbeiten	–	–	–	–
006	Spezialtiefbauarbeiten inkl. 005	–	–	–	–
009	Entwässerungskanalarbeiten inkl. 011	–	–	–	–
010	Dränarbeiten	–	–	–	–
012	Mauerarbeiten	6.939	29,90	8,30	2,6
013	Betonarbeiten	3.833	16,50	4,60	1,4
014	Natur-, Betonwerksteinarbeiten	–	–	–	–
016	Zimmer- und Holzbauarbeiten	17.567	75,80	21,00	6,5
017	Stahlbauarbeiten	35.610	153,60	42,70	13,2
018	Abdichtungsarbeiten	–	–	–	–
020	Dachdeckungsarbeiten	–	–	–	–
021	Dachabdichtungsarbeiten	–	–	–	–
022	Klempnerarbeiten	–	–	–	–
	Rohbau	**85.100**	**367,10**	**102,00**	**31,6**
023	Putz- und Stuckarbeiten, Wärmedämmsysteme	2.571	11,10	3,10	1,0
024	Fliesen- und Plattenarbeiten	–	–	–	–
025	Estricharbeiten	6.780	29,20	8,10	2,5
026	Fenster, Außentüren inkl. 029, 032	262	1,10	0,31	0,1
027	Tischlerarbeiten	57.970	250,10	69,50	21,5
028	Parkett-, Holzpflasterarbeiten	–	–	–	–
030	Rollladenarbeiten	678	2,90	0,81	0,3
031	Metallbauarbeiten inkl. 035	17.619	76,00	21,10	6,5
034	Maler- und Lackiererarbeiten inkl. 037	5.811	25,10	7,00	2,2
036	Bodenbelagsarbeiten	19.664	84,80	23,60	7,3
038	Vorgehängte hinterlüftete Fassaden	–	–	–	–
039	Trockenbauarbeiten	27.369	118,10	32,80	10,2
	Ausbau	**138.725**	**598,40**	**166,20**	**51,5**
040	Wärmeversorgungsanlagen, inkl. 041	–	–	–	–
042	Gas- und Wasseranlagen, Leitungen inkl. 043	–	–	–	–
044	Abwasseranlagen - Leitungen	–	–	–	–
045	Gas, Wasser, Entwässerung - Ausstattung inkl. 046	–	–	–	–
047	Dämmarbeiten an technischen Anlagen	3.371	14,50	4,00	1,3
049	Feuerlöschanlagen, Feuerlöschgeräte	–	–	–	–
050	Blitzschutz- und Erdungsanlagen	–	–	–	–
052	Mittelspannungsanlagen	–	–	–	–
053	Niederspannungsanlagen inkl. 054	–	–	–	–
055	Ersatzstromversorgungsanlagen	–	–	–	–
057	Gebäudesystemtechnik	–	–	–	–
058	Leuchten und Lampen, inkl. 059	–	–	–	–
060	Elektroakustische Anlagen	–	–	–	–
061	Kommunikationsnetze, inkl. 063	–	–	–	–
069	Aufzüge	–	–	–	–
070	Gebäudeautomation	–	–	–	–
075	Raumlufttechnische Anlagen	–	–	–	–
	Gebäudetechnik	**3.371**	**14,50**	**4,00**	**1,3**
084	Abbruch- und Rückbauarbeiten	42.255	182,30	50,60	15,7
	Sonstige Leistungsbereiche inkl. 008, 033, 051	–	–	–	–

9100-0086
Museum
Ausstellungen

Objektübersicht

Umbau

 BRI 99 €/m³   **BGF** 512 €/m²   **NF** 576 €/m²   **NE** keine Angabe

Objekt:
Kennwerte: 3.Ebene DIN 276
BRI: 2.366m³
BGF: 455m²
NF: 405m²
Bauzeit: 17 Wochen
Bauende: 2012
Standard: Durchschnitt
Kreis: Hansestadt Hamburg, Hamburg

Architekt:
torben pundt architekt
Eidelstedter Weg 1
20255 Hamburg

Bauherr:
Museum für Kunst und Gewerbe
Steintorplatz
20099 Hamburg

vorher   nachher

440   © **BKI** Baukosteninformationszentrum   Kostenstand: 3.Quartal 2015, Bundesdurchschnitt, **inkl. 19% MwSt.**

Zeichnungen

9100-0086
Museum
Ausstellungen

Umbau

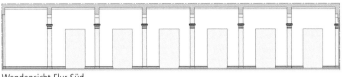
Wandansicht Flur Süd

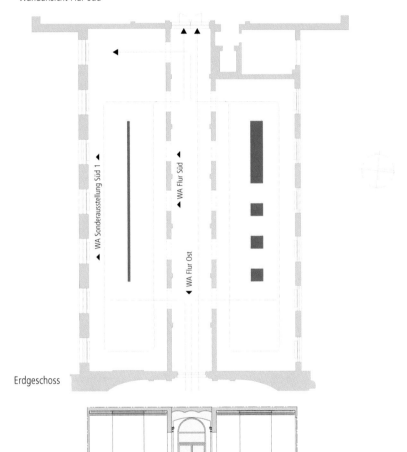
Erdgeschoss

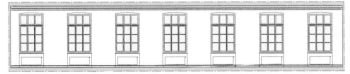
Wandansicht Flur Ost

Wandansicht Sonderausstellung 1 Süd

Museum Ausstellungen

9100-0086

Umbau

Objektbeschreibung

Allgemeine Objektinformationen

Das Museum für Kunst und Gewerbe verbindet Traditionsverbundenheit mit Zukunftsoffenheit und erfüllt seinen Gründungsauftrag als publikumsorientierte Bildungseinrichtung. Seit seinen Anfängen agiert das MKG in der Gegenwart und nimmt Stellung zu Fragen der zeitgenössischen Gestaltung. Ein wichtiges Instrument ist seit 1879 die Messe für Kunst und Handwerk, auf der das Publikum mit Kunsthandwerkern und Produktdesignern in einen direkten Dialog treten kann. In dieser Tradition werden die bereits vorhandenen Sonderausstellungs- und -nutzungsflächen im Obergeschoss mit der Baumaßnahme erweitert. Die Umlegung der bisherigen Antiken-Ausstellung an einen anderen Standort im Hause und ein der Umnutzung entsprechender Umbau des Mittelflügels bieten zukünftig neue Möglichkeiten mit einem größeren Raumangebot.

Nutzung

2 Untergeschosse
Kinderbereich, Bibliothek, Personalräume, Verwaltung, Archiv, Lager, Technik, Werkstätten

1 Erdgeschoss
Eingänge, Büchershop, Ausstellung, Justus-Brinckmann-Gesellschaft, Spiegelsaal

2 Obergeschosse
Ausstellung, Bistro, Büro

1 Dachgeschoss
Lager, Büro, Werkstätten

Grundstück

Bauraum: Beengter Bauraum
Neigung: Ebenes Gelände

Markt

Hauptvergabezeit: 4.Quartal 2011
Baubeginn: 4.Quartal 2011
Bauende: 1.Quartal 2012
Konjunkturelle Gesamtlage: Durchschnitt
Regionaler Baumarkt: über Durchschnitt

Baubestand

Baujahr: 1877
Bauzustand: mittel
Aufwand: mittel
Grundrissänderungen: wenige
Tragwerkseingriffe: wenige
Nutzungsänderung: ja
Nutzung während der Bauzeit: ja

Baukonstruktion

Die Vollziegelwände in den Fluren erhalten zusätzliche 1,60m breite und 3,10m hohe Durchbrüche. Diese Öffnungen können in Anlehnung an individuelle Ausstellungskonzepte mit Stellwänden oder Trockenbaukonstruktionen verschlossen werden oder offen bleiben. Die Querwände in den Ausstellungsräumen zu beiden Seiten des Flures werden im Sinne von großen, zusammenhängenden und frei gestaltbaren Räumen entfernt. Die Stuckaturen im Deckenrandbereich werden dem Restbestand entsprechend wieder vervollständigt. Sich von der Wand lösende Altputzflächen werden erneuert. Im Sinne des Masterplanes für die bauliche Umstrukturierung des Museums erhalten Wände und Decken einen weißen Anstrich und nach Abbruch der unterschiedlichen textilen und hölzernen Bodenbeläge die Bodenflächen ein Eichenparkett im Schiffsbodenformat.

Technische Anlagen

Die vorhandenen Altheizkörper in den Fensternischen werden durch neue Planheizkörper ersetzt. Diese Maßnahme bringt den Vorteil einer freieren Ausstellunggestaltung im Bereich der Wände, da die Heizflächen in den Nischen zurückstehen und die Außenwände temporär und vollflächig glatt bespielt werden können. Im Altbestand fehlende Absperrventile verursachten einen erhöhten Aufwand, da nur durch Abschaltung der Heizungsanlage und das Einfrieren der Steigestränge eine Montage möglich war. Die Elektroinstallationsarbeiten umfassen den Neueinbau und die Ausrichtung der Schalter und Steckdosen insgesamt. Hauptmaßnahme ist jedoch die Einrichtung einer neuen Ausstellungbeleuchtung mit Zumtobel Supersystem, einem abgehängten Lichtschienensystem mit indirekter Deckengrundbeleuchtung und einer 3-Phasen-Stromschiene für variable Ausstellungsbeleuchtungen. In den Fluren werden auf den Pilasterkapitelen zusätzlich vom Haus im Vorfeld eigens mit dem Hersteller entwickelte Kapitelleuchten eingebaut. Sie leuchten nach oben und illuminiert den Raum indirekt durch Reflektion auf den Gurtbögen.

Objektbeschreibung

Sonstiges

Der Umbau wurde zeitgleich mit anderen baulichen, vorwiegend Sanierungsmaßnahmen im Museum durchgeführt. Die besondere Lage der Baustellen zwischen den beiden Haupttreppenhäusern im ersten Obergeschoss erforderte eine staubsichere Abschottung der Baustelle zu weiter genutzten Ausstellungsbereichen und eine Erschließung über die Fassade. Die Mitbenutzung des Gerüsts und des Lastenaufzugs aus der Sanierungsmaßnahme in einem Innenhof war im Bauablauf zu berücksichtigen.

9100-0086
Museum
Ausstellungen

Umbau

9100-0086
Museum
Ausstellungen

Umbau

Planungskennwerte für Flächen und Rauminhalte nach DIN 277

Flächen des Grundstücks		Menge, Einheit	% an FBG	
BF	Bebaute Fläche	– m²	–	
UBF	Unbebaute Fläche	– m²	–	
FBG	Fläche des Baugrundstücks	– m²	–	

Grundflächen des Bauwerks		Menge, Einheit	% an NF	% an BGF
NF	Nutzfläche	404,84 m²	100,0	89,0
TF	Technische Funktionsfläche	– m²	–	–
VF	Verkehrsfläche	– m²	–	–
NGF	Netto-Grundfläche	404,84 m²	100,0	89,0
KGF	Konstruktions-Grundfläche	50,16 m²	12,4	11,0
BGF	Brutto-Grundfläche	455,00 m²	112,4	100,0

Brutto-Rauminhalt des Bauwerks		Menge, Einheit	BRI/NF (m)	BRI/BGF (m)
BRI	Brutto-Rauminhalt	2.366,00 m³	5,84	5,20

Lufttechnisch behandelte Flächen	Menge, Einheit	% an NF	% an BGF
Entlüftete Fläche	– m²	–	–
Be- und entlüftete Fläche	– m²	–	–
Teilklimatisierte Fläche	– m²	–	–
Klimatisierte Fläche	– m²	–	–

KG	Kostengruppen (2.Ebene)	Menge, Einheit		Menge/NF	Menge/BGF
310	Baugrube	– m³	BGI	–	–
320	Gründung	– m²	GRF	–	–
330	Außenwände	618,96 m²	AWF	1,53	1,36
340	Innenwände	184,20 m²	IWF	0,45	0,40
350	Decken	404,84 m²	DEF	1,00	0,89
360	Dächer	– m²	DAF	–	–

Kostenkennwerte für die Kostengruppen der 1.Ebene DIN 276

KG	Kostengruppen (1.Ebene)	Einheit	Kosten €	€/Einheit	€/m² BGF	€/m³ BRI	% 300+400
100	Grundstück	m² FBG	–	–	–	–	–
200	Herrichten und Erschließen	m² FBG	–	–	–	–	–
300	Bauwerk - Baukonstruktionen	m² BGF	169.778	373,14	373,14	71,76	72,8
400	Bauwerk - Technische Anlagen	m² BGF	63.396	139,33	139,33	26,79	27,2
	Bauwerk 300+400	**m² BGF**	**233.174**	**512,47**	**512,47**	**98,55**	**100,0**
500	Außenanlagen	m² AUF	–	–	–	–	–
600	Ausstattung und Kunstwerke	m² BGF	–	–	–	–	–
700	Baunebenkosten	m² BGF	–	–	–	–	–

Kostenkennwerte für die Kostengruppen der 1.Ebene DIN 276

KG	Kostengruppe	Menge Einheit	Kosten €	€/Einheit	%
3+4	**Bauwerk**				100,0
300	**Bauwerk - Baukonstruktionen**	455,00 m² BGF	169.778	373,14	72,8

- Abbrechen (Kosten: 21,3%) — 36.235
  Abbruch von Mauerwerkswänden; Leichtbauwänden, Holzumfassungszargen, Abschlagen von Putz; MDF-Platten; Gemäldeschienen, Großvitrinen; Entsorgung, Deponiegebühren

- Wiederherstellen (Kosten: 7,1%) — 12.073
  Bauseitig eingelagertes Fenster einbauen, gang- und schließbar machen, entfernen loser Lackteile, spachteln, schleifen, Beschichtung, Alkydharzlackfarbe, Acrylfugen, Abschlagen von Putz, Laibungen mit bauseitig vorhandenen Vollziegeln beimauern; Nischen ausmauern

- Herstellen (Kosten: 71,5%) — 121.471
  Zierleisten, profilieren, Gesimsprofile, Hohlkehle, mehrfach konvex-konkav an Bestand angleichen, Silikatanstrich; Löcher in Wänden schließen, Nischen-Mauerwerk, Metallständerwände, Putz, Wände spachteln, Anstrich; Spanplatten, Parkett, Stuckprofile, Deckenanstrich

KG	Kostengruppe	Menge Einheit	Kosten €	€/Einheit	%
400	**Bauwerk - Technische Anlagen**	455,00 m² BGF	63.396	139,33	27,2

- Abbrechen (Kosten: 3,0%) — 1.884
  Abbruch von Wasserleitungen; Beleuchtungsschienen, Leuchten, Mantelleitungen, Schalter; Entsorgung, Deponiegebühren

- Wiederherstellen (Kosten: 5,6%) — 3.519
  Rohrbruch in der Heizungsanlage reparieren, Heizungsleitungen entleeren, nach Fertigstellung der Arbeiten, füllen, auf Dichtheit prüfen, Gussheizkörper demontieren, bauseits lagern, nach Fertigstellung der Arbeiten Heizkörper wieder montieren; Umbau und Reparatur von Brandmeldern

- Herstellen (Kosten: 91,5%) — 57.993
  Heizkörper, Wandschlitze; Mantelleitungen, Steckdosen Lichtschienensysteme, Sicherheitsleuchten, Kapitalleuchten; Einbau von Lautsprecher für die Gefahrenmeldeanlage, Erweiterung der EDV-Anlage; Dimmaktoren, Tastsensoren, Busankoppler EIB-Busleitungen

9100-0086
Museum
Ausstellungen

Umbau

Kostenkennwerte für die Kostengruppen der 2.Ebene DIN 276

KG	Kostengruppe	Menge Einheit	Kosten €	€/Einheit	%
300	**Bauwerk - Baukonstruktionen**				100,0
330	**Außenwände**	618,96 m² AWF	35.231	**56,92**	20,8

- Abbrechen (Kosten: 9,8%) — 3.461
Abschlagen von Putz (187m²), Putz auf Hohlstellen prüfen, lose Stellen abschlagen bis zum tragfähigen Untergrund (371m²); Entsorgung, Deponiegebühren

- Wiederherstellen (Kosten: 14,4%) — 5.074
Bauseitig eingelagertes Fenster einbauen, gang- und schließbar machen (5m²), entfernen loser Lackteile, spachteln, schleifen, Grund-, Zwischen- und Schlussbeschichtung, Alkydharzlackfarbe (37m²), Acrylfugen (160m) * Abschlagen von Putz, Laibungen mit bauseitig vorhandenen Vollziegeln beimauern bis 50cm (5m), neue Steine (7m)

- Herstellen (Kosten: 75,8%) — 26.697
Zierleisten profilieren (39m), Gesimsprofile, Hohlkehle, mehrfach konvex-konkav an Bestand angleichen (120m), Silikatanstrich (117m²) * spachteln, Grund- und Schlussanstrich (571m²), Malervlies (113m²)

340	**Innenwände**	184,20 m² IWF	56.064	**304,36**	33,0

- Abbrechen (Kosten: 32,2%) — 18.074
Abbruch von Mauerwerkswänden, d=17,5-50cm, (100m²) * Leichtbauwänden, d=17,5cm (154m²) * Holzumfassungszargen (57m) * Abschlagen von Putz (312m²); Entsorgung, Deponiegebühren

- Wiederherstellen (Kosten: 12,5%) — 6.999
Vollziegel säubern, mit dem Bestand verzahnen (13m²), Putz abschlagen, Nischen ausmauern mit bauseitigen Vollziegel (23m²) * Vollziegel säubern, mit dem Bestand verzahnten (23m²), Putz abschlagen, Laibungen mit bauseitigen Vollziegeln beimauern (2m²), neue Steine (7m)

- Herstellen (Kosten: 55,3%) — 30.991
Löcher in Wänden schließen, 15x15x40cm (79St), Türstürze, Profilstahl HEA 100, S235 (0,4t), mit Mauerziegel ausmauern (20m²) * Nischen-Mauerwerk (10m²), Metallständerwände, GK-Beplankung F90 (20m²), Löcher in Wänden schließen, 15x15x15cm (15St) * Gipskalkputz (325m²), Wände spachteln, Grund- und Schlussanstrich (252m²), Malervlies (124m²)

350	**Decken**	404,84 m² DEF	59.860	**147,86**	35,3

- Abbrechen (Kosten: 7,6%) — 4.529
Abbruch von verschraubten MDF-Platten, d=10mm (236m²), Linoleum (25m²) * Abschlagen von Putz (125m²); Entsorgung, Deponiegebühren

- Herstellen (Kosten: 92,4%) — 55.331
Spanplatten als Unterboden, Fertigparkett, Eiche, geölt, Erstpflege (405m²), Fußleisten (146m) * Deckenputz (39m²), Stuckprofile (60m), mehrfach konvex-konkav, am Bestand angleichen, Zierleisten (58m), Decke spachteln, Grund- und Schlussanstrich (407m²), Malervlies (47m²), Deckengesims

KG	Kostengruppe	Menge	Einheit	Kosten €	€/Einheit	%
370	**Baukonstruktive Einbauten**	455,00	m² BGF	10.171	**22,35**	6,0
	• Abbrechen (Kosten: 100,0%) Abbruch von Gemäldeschienen (229m), Großvitrinen, zerkleinern, Transport mit Rollboxen, über Außenlift zum LKW; Entsorgung, Deponiegebühren			10.171		
390	**Sonstige Baukonstruktionen**	455,00	m² BGF	8.453	**18,58**	5,0
	• Herstellen (Kosten: 100,0%) Baustelleneinrichtung, Beleuchtung, WC-Container, Bautür * Innengerüst (117m²), fahrbare Gerüste, Arbeitshöhe 4m (4St)			8.453		
400	**Bauwerk - Technische Anlagen**					**100,0**
410	**Abwasser-, Wasser-, Gasanlagen**	455,00	m² BGF	656	**1,44**	1,0
	• Abbrechen (Kosten: 30,2%) Abbruch von Wasserleitungen, Entsorgung, Deponiegebühren			198		
	• Herstellen (Kosten: 69,8%) Rückbau von Wasserleitungen			458		
420	**Wärmeversorgungsanlagen**	455,00	m² BGF	12.169	**26,74**	19,2
	• Wiederherstellen (Kosten: 15,2%) Rohrbruch in der Heizungsanlage reparieren * Heizungsleitungen entleeren, nach Fertigstellung der Arbeiten, füllen, auf Dichtheit prüfen * Gussheizkörper demontieren, bauseits lagern, nach Fertigstellung der Arbeiten Heizkörper wieder montieren			1.852		
	• Herstellen (Kosten: 84,8%) Heizkörper, Wandschlitze für Vor- und Rücklaufleitungen, Leitungen anpassen (13St)			10.317		
440	**Starkstromanlagen**	455,00	m² BGF	42.207	**92,76**	66,6
	• Abbrechen (Kosten: 4,0%) Abbruch von Beleuchtungsschienen, Leuchten, Mantelleitungen, Schalter; Entsorgung, Deponiegebühren			1.686		
	• Herstellen (Kosten: 96,0%) Mantelleitungen NYM (703m), Steckdosen (66St), Fußbodensteckdosen mit Klappdeckel (4St) * Lichtschienensysteme (614m), Sicherheitsleuchten (6St), Kapitalleuchten (12St), Wandleuchten			40.521		
450	**Fernmelde-, informationstechn. Anlagen**	455,00	m² BGF	3.842	**8,44**	6,1
	• Wiederherstellen (Kosten: 43,4%) Umbau und Reparatur von Brandmeldern			1.668		
	• Herstellen (Kosten: 56,6%) Einbau von Lautsprecher für die Gefahrenmeldeanlage * Erweiterung der EDV-Anlage, LWL-Leitungen, Steckdose			2.175		
480	**Gebäudeautomation**	455,00	m² BGF	4.523	**9,94**	7,1
	• Herstellen (Kosten: 100,0%) EIB-Dimmaktoren 2-fach (8St), Tastsensoren 2-fach, Busankoppler (7St), EIB-Busleitungen 2x2x0,8mm² (180m)			4.523		

Museum Ausstellungen

Umbau

Kostenkennwerte für die Kostengruppen der 3.Ebene DIN 276 (Übersicht)

KG	Kostengruppe	Menge Einheit	€/Einheit	Kosten €	% 300+400
300	**Bauwerk - Baukonstruktionen**	455,00 m² BGF	373,14	169.778,31	72,8
310	Baugrube	–	–	–	–
320	Gründung	–	–	–	–
330	**Außenwände**	618,96 m² AWF	56,92	35.231,47	15,1
331	Tragende Außenwände	–	–	–	–
332	Nichttragende Außenwände	–	–	–	–
333	Außenstützen	–	–	–	–
334	Außentüren und -fenster	42,60 m²	84,86	3.615,09	1,6
	Wiederherstellen	42,60 m²	84,86	3.615,09	1,6
335	Außenwandbekleidungen außen	116,52 m²	76,14	8.872,11	3,8
336	Außenwandbekleidungen innen	576,36 m²	39,46	22.744,27	9,8
	Abbrechen	558,54 m²	6,20	3.460,83	1,5
	Wiederherstellen	5,16 m²	282,73	1.458,91	0,6
	Herstellen	571,20 m²	31,21	17.824,53	7,6
337	Elementierte Außenwände	–	–	–	–
338	Sonnenschutz	–	–	–	–
339	Außenwände, sonstiges	–	–	–	–
340	**Innenwände**	184,20 m² IWF	304,36	56.063,59	24,0
341	Tragende Innenwände	57,98 m²	343,17	19.896,73	8,5
	Abbrechen	99,86 m²	72,06	7.195,74	3,1
	Wiederherstellen	36,21 m²	125,46	4.542,88	1,9
	Herstellen	21,77 m²	374,74	8.158,11	3,5
342	Nichttragende Innenwände	56,11 m²	181,64	10.191,76	4,4
	Abbrechen	154,23 m²	33,56	5.176,05	2,2
	Wiederherstellen	26,22 m²	93,67	2.455,91	1,1
	Herstellen	29,89 m²	85,64	2.559,79	1,1
343	Innenstützen	–	–	–	–
344	Innentüren und -fenster	19,06 m²	75,52	1.439,50	0,6
	Abbrechen	19,06 m²	75,52	1.439,50	0,6
345	Innenwandbekleidungen	324,54 m²	75,60	24.535,60	10,5
	Abbrechen	312,02 m²	13,66	4.262,69	1,8
	Herstellen	324,54 m²	62,47	20.272,91	8,7
346	Elementierte Innenwände	–	–	–	–
349	Innenwände, sonstiges	–	–	–	–
350	**Decken**	404,84 m² DEF	147,86	59.859,53	25,7
351	Deckenkonstruktionen	–	–	–	–
352	Deckenbeläge	404,84 m²	103,23	41.793,61	17,9
	Abbrechen	236,00 m²	11,96	2.823,61	1,2
	Herstellen	404,84 m²	96,26	38.970,01	16,7
353	Deckenbekleidungen	407,44 m²	44,34	18.065,92	7,7
	Abbrechen	124,82 m²	13,66	1.705,22	0,7
	Herstellen	407,44 m²	40,15	16.360,70	7,0
359	Decken, sonstiges	–	–	–	–
360	**Dächer**	–	–	–	–
370	**Baukonstruktive Einbauten**	455,00 m² BGF	22,35	10.171,09	4,4
371	Allgemeine Einbauten	–	–	–	–
372	Besondere Einbauten	455,00 m² BGF	22,35	10.171,09	4,4
	Abbrechen	455,00 m² BGF	22,35	10.171,09	4,4
379	Baukonstruktive Einbauten, sonstiges	–	–	–	–

© BKI Baukosteninformationszentrum Kostenstand: 3.Quartal 2015, Bundesdurchschnitt, inkl. 19% MwSt.

9100-0086
Museum
Ausstellungen

Umbau

KG	Kostengruppe	Menge Einheit	€/Einheit	Kosten €	% 300+400
390	**Sonst. Maßnahmen Baukonstruktionen**	455,00 m² BGF	18,58	8.452,63	3,6
391	Baustelleneinrichtung	455,00 m² BGF	7,91	3.599,00	1,5
392	Gerüste	455,00 m² BGF	10,67	4.853,62	2,1
393	Sicherungsmaßnahmen	–	–	–	–
394	Abbruchmaßnahmen	–	–	–	–
395	Instandsetzungen	–	–	–	–
396	Materialentsorgung	–	–	–	–
397	Zusätzliche Maßnahmen	–	–	–	–
398	Provisorische Baukonstruktionen	–	–	–	–
399	Sonst. Maßnahmen für Baukonstruktionen, sonst.	–	–	–	–
400	**Bauwerk - Technische Anlagen**	455,00 m² BGF	139,33	63.396,15	27,2
410	**Abwasser-, Wasser-, Gasanlagen**	455,00 m² BGF	1,44	655,81	0,3
411	Abwasseranlagen	–	–	–	–
412	Wasseranlagen	455,00 m² BGF	1,44	655,81	0,3
	Abbrechen	455,00 m² BGF	0,43	197,74	0,1
	Herstellen	455,00 m² BGF	1,01	458,07	0,2
413	Gasanlagen	–	–	–	–
419	Abwasser-, Wasser-, Gasanlagen, sonstiges	–	–	–	–
420	**Wärmeversorgungsanlagen**	455,00 m² BGF	26,74	12.168,65	5,2
421	Wärmeerzeugungsanlagen	455,00 m² BGF	1,85	842,89	0,4
	Wiederherstellen	455,00 m² BGF	1,85	842,89	0,4
422	Wärmeverteilnetze	455,00 m² BGF	0,24	110,25	< 0,1
	Wiederherstellen	455,00 m² BGF	0,24	110,25	< 0,1
423	Raumheizflächen	455,00 m² BGF	24,65	11.215,50	4,8
	Wiederherstellen	455,00 m² BGF	1,98	898,78	0,4
	Herstellen	455,00 m² BGF	22,67	10.316,72	4,4
429	Wärmeversorgungsanlagen, sonstiges	–	–	–	–
430	**Lufttechnische Anlagen**	–	–	–	–
440	**Starkstromanlagen**	455,00 m² BGF	92,76	42.206,79	18,1
441	Hoch- und Mittelspannungsanlagen	–	–	–	–
442	Eigenstromversorgungsanlagen	–	–	–	–
443	Niederspannungsschaltanlagen	–	–	–	–
444	Niederspannungsinstallationsanlagen	455,00 m² BGF	9,61	4.371,86	1,9
445	Beleuchtungsanlagen	455,00 m² BGF	83,15	37.834,93	16,2
	Abbrechen	455,00 m² BGF	3,71	1.686,12	0,7
	Herstellen	455,00 m² BGF	79,45	36.148,80	15,5
446	Blitzschutz- und Erdungsanlagen	–	–	–	–
449	Starkstromanlagen, sonstiges	–	–	–	–
450	**Fernm.- und informationstechn. Anlagen**	455,00 m² BGF	8,44	3.842,29	1,6
451	Telekommunikationsanlagen	–	–	–	–
452	Such- und Signalanlagen	–	–	–	–
453	Zeitdienstanlagen	–	–	–	–
454	Elektroakustische Anlagen	–	–	–	–
455	Fernseh- und Antennenanlagen	–	–	–	–
456	Gefahrenmelde- und Alarmanlagen	455,00 m² BGF	8,13	3.699,20	1,6
	Wiederherstellen	455,00 m² BGF	3,66	1.667,56	0,7
	Herstellen	455,00 m² BGF	4,47	2.031,64	0,9
457	Übertragungsnetze	455,00 m² BGF	0,31	143,09	0,1
459	Fernmelde- und informationstechn. Anl., sonst.	–	–	–	–

© BKI Baukosteninformationszentrum   Kostenstand: 3.Quartal 2015, Bundesdurchschnitt, **inkl. 19% MwSt.**

9100-0086
Museum
Ausstellungen

Umbau

KG	Kostengruppe	Menge Einheit	€/Einheit	Kosten €	% 300+400
460	Förderanlagen	–	–	–	–
470	Nutzungsspezifische Anlagen	–	–	–	–
480	**Gebäudeautomation**	**455,00 m² BGF**	**9,94**	**4.522,60**	**1,9**
481	Automationssysteme	455,00 m² BGF	9,94	4.522,60	1,9
482	Schaltschränke	–	–	–	–
483	Management- und Bedieneinrichtungen	–	–	–	–
484	Raumautomationssysteme	–	–	–	–
485	Übertragungsnetze	–	–	–	–
489	Gebäudeautomation, sonstiges	–	–	–	–
490	**Sonst. Maßnahmen für Techn. Anlagen**	**–**	**–**	**–**	**–**

Kostenkennwerte für Leistungsbereiche nach StLB (Kosten des Bauwerks nach DIN 276)

9100-0086
Museum
Ausstellungen

Umbau

LB	Leistungsbereiche	Kosten €	€/m² BGF	€/m³ BRI	% an 3+4
000	Sicherheits-, Baustelleneinrichtungen inkl. 001	8.453	18,60	3,60	3,6
002	Erdarbeiten	–	–	–	–
006	Spezialtiefbauarbeiten inkl. 005	–	–	–	–
009	Entwässerungskanalarbeiten inkl. 011	–	–	–	–
010	Dränarbeiten	–	–	–	–
012	Mauerarbeiten	15.254	33,50	6,40	6,5
013	Betonarbeiten	–	–	–	–
014	Natur-, Betonwerksteinarbeiten	–	–	–	–
016	Zimmer- und Holzbauarbeiten	–	–	–	–
017	Stahlbauarbeiten	2.613	5,70	1,10	1,1
018	Abdichtungsarbeiten	–	–	–	–
020	Dachdeckungsarbeiten	–	–	–	–
021	Dachabdichtungsarbeiten	–	–	–	–
022	Klempnerarbeiten	–	–	–	–
	Rohbau	**26.320**	**57,80**	**11,10**	**11,3**
023	Putz- und Stuckarbeiten, Wärmedämmsysteme	27.537	60,50	11,60	11,8
024	Fliesen- und Plattenarbeiten	–	–	–	–
025	Estricharbeiten	–	–	–	–
026	Fenster, Außentüren inkl. 029, 032	1.552	3,40	0,66	0,7
027	Tischlerarbeiten	–	–	–	–
028	Parkett-, Holzpflasterarbeiten	38.066	83,70	16,10	16,3
030	Rollladenarbeiten	–	–	–	–
031	Metallbauarbeiten inkl. 035	–	–	–	–
034	Maler- und Lackiererarbeiten inkl. 037	36.566	80,40	15,50	15,7
036	Bodenbelagsarbeiten	–	–	–	–
038	Vorgehängte hinterlüftete Fassaden	–	–	–	–
039	Trockenbauarbeiten	3.503	7,70	1,50	1,5
	Ausbau	**107.224**	**235,70**	**45,30**	**46,0**
040	Wärmeversorgungsanlagen, inkl. 041	12.169	26,70	5,10	5,2
042	Gas- und Wasseranlagen, Leitungen inkl. 043	458	1,00	0,19	0,2
044	Abwasseranlagen - Leitungen	–	–	–	–
045	Gas, Wasser, Entwässerung - Ausstattung inkl. 046	–	–	–	–
047	Dämmarbeiten an technischen Anlagen	–	–	–	–
049	Feuerlöschanlagen, Feuerlöschgeräte	–	–	–	–
050	Blitzschutz- und Erdungsanlagen	–	–	–	–
052	Mittelspannungsanlagen	–	–	–	–
053	Niederspannungsanlagen inkl. 054	4.372	9,60	1,80	1,9
055	Ersatzstromversorgungsanlagen	–	–	–	–
057	Gebäudesystemtechnik	–	–	–	–
058	Leuchten und Lampen, inkl. 059	36.149	79,40	15,30	15,5
060	Elektroakustische Anlagen	–	–	–	–
061	Kommunikationsnetze, inkl. 063	3.842	8,40	1,60	1,6
069	Aufzüge	–	–	–	–
070	Gebäudeautomation	4.523	9,90	1,90	1,9
075	Raumlufttechnische Anlagen	–	–	–	–
	Gebäudetechnik	**61.512**	**135,20**	**26,00**	**26,4**
084	Abbruch- und Rückbauarbeiten	38.119	83,80	16,10	16,3
	Sonstige Leistungsbereiche inkl. 008, 033, 051	–	–	–	–

© BKI Baukosteninformationszentrum   Kostenstand: 3.Quartal 2015, Bundesdurchschnitt, **inkl. 19% MwSt.**

9100-0092
Evangelische Kirche
Gemeindesaal
Pfarramt

Objektübersicht

Umbau

BRI 270 €/m³   **BGF** 1.375 €/m²   **NF** 2.145 €/m²   **NE** keine Angabe

Objekt:
Kennwerte: 3.Ebene DIN 276
BRI: 4.461m³
BGF: 878m²
NF: 563m²
Bauzeit: 130 Wochen
Bauende: 2011
Standard: Durchschnitt
Kreis: Schwandorf, Bayern

Architekt:
Architekturbüro
Michael Dittmann
Regierungsstraße 7
92224 Amberg

Bauherr:
Evang.-Luth.
Kirchengemeinde
Bahnhofstraße 1
92421 Schwandorf

vorher

nachher

Zeichnungen

9100-0092
Evangelische Kirche
Gemeindesaal
Pfarramt

Umbau

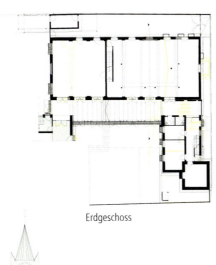

Erdgeschoss

Obergeschoss

Ansicht Nord-Ost

Ansicht Süd-Ost

Schnitt

Ansicht Süd-West

9100-0092 Evangelische Kirche Gemeindesaal Pfarramt

Umbau

Objektbeschreibung

Allgemeine Objektinformationen

Der Umbau der Kirche ist Teil einer Gesamtmaßnahme, die zwei weitere Objekte umfasst: 9100-0091 Kirchturm, 9100-0093 Gemeindehaus. In dieser Dokumentation sind die Um- und Anbaumaßnahmen der Kirche, des Pfarramtes, sowie die Innensanierung der Räume im Erdgeschoss und Obergeschoss des Kirchturms enthalten. Der Kirchenraum der Erlöserkirche wurde neu geordnet, ein Teil wurde abgetrennt und wird nun als Gemeindesaal genutzt. Das Pfarramt mit Gemeinderäumen wurde renoviert und energetisch saniert. Kirche, Gemeindehaus und Pfarramt wurden durch ein neu erstelltes verglastes Foyer miteinander verbunden.

Nutzung

1 Untergeschoss
Lager, Haustechnik

1 Erdgeschoss
Kirche, Gemeindesaal, Sekretariat, Sakristei, Foyer, WCs

1 Obergeschoss
Empore, Besprechung, Gruppenraum, Flur

1 Dachgeschoss
Dachboden

Nutzeinheiten

Arbeitsplätze: 2
Sitzplätze: 215

Grundstück

Bauraum: Beengter Bauraum
Neigung: Ebenes Gelände

Markt

Hauptvergabezeit: 2.Quartal 2009
Baubeginn: 2.Quartal 2009
Bauende: 4.Quartal 2011
Konjunkturelle Gesamtlage: Durchschnitt
Regionaler Baumarkt: Durchschnitt

Baubestand

Bauzustand: mittel
Aufwand: mittel
Grundrissänderungen: einige
Tragwerkseingriffe: einige
Nutzungsänderung: ja

Baukonstruktion

Das Foyer wurde als verglaste Stahlkonstruktion erstellt. Der Gemeindesaal erhielt eine Innendämmung, das Dachtragwerk der Kirche wurde verstärkt. Die alte Empore wurde abgebrochen, an dieser Stelle wurde eine neue Empore in Sichtbeton erstellt. Die Fensteröffnungen der Kirche wurden an das neue Raumkonzept angepasst. Der Bereich des Pfarramtes erhielt ein Wärmedämmverbundsystem mit Anstrich, neue Fenster und ein neues Dach.

Technische Anlagen

Aufgrund der energetischen Sanierung konnte der Heizkessel im Untergeschoss des Pfarramtes ersatzlos ausgebaut werden, die vorhandene Gasheizung des Gemeindehauses erzeugt die Wärme für das gesamte Gemeindezentrum. Kirche, Saal und Foyer erhielten eine Fußbodenheizung, im Pfarramt und in den Gemeinderäumen wurden Radiatoren eingebaut. Die Warmwasserbereitung des Pfarramtes erfolgt dezentral. Die Orgel wurde saniert. Für das Gebäudeensemble wurde eine Blitzschutzanlage installiert, die jeweils zu einem Drittel in die Kosten einfließt.

9100-0092
Evangelische Kirche
Gemeindesaal
Pfarramt

Umbau

Planungskennwerte für Flächen und Rauminhalte nach DIN 277

Flächen des Grundstücks

		Menge, Einheit	% an FBG
BF	Bebaute Fläche	652,51 m²	42,3
UBF	Unbebaute Fläche	890,08 m²	57,7
FBG	Fläche des Baugrundstücks	1.542,59 m²	100,0

Grundflächen des Bauwerks

		Menge, Einheit	% an NF	% an BGF
NF	Nutzfläche	562,61 m²	100,0	64,1
TF	Technische Funktionsfläche	4,31 m²	0,8	0,5
VF	Verkehrsfläche	180,05 m²	32,0	20,5
NGF	Netto-Grundfläche	746,97 m²	132,8	85,1
KGF	Konstruktions-Grundfläche	130,84 m²	23,3	14,9
BGF	Brutto-Grundfläche	877,81 m²	156,0	100,0

Brutto-Rauminhalt des Bauwerks

		Menge, Einheit	BRI/NF (m)	BRI/BGF (m)
BRI	Brutto-Rauminhalt	4.460,90 m³	7,93	5,08

Lufttechnisch behandelte Flächen

	Menge, Einheit	% an NF	% an BGF
Entlüftete Fläche	– m²	–	–
Be- und entlüftete Fläche	– m²	–	–
Teilklimatisierte Fläche	– m²	–	–
Klimatisierte Fläche	– m²	–	–

Kostengruppen (2.Ebene)

KG	Kostengruppen (2.Ebene)	Menge, Einheit		Menge/NF	Menge/BGF
310	Baugrube	41,56 m³	BGI	< 0,1	< 0,1
320	Gründung	275,90 m²	GRF	0,49	0,31
330	Außenwände	759,11 m²	AWF	1,35	0,86
340	Innenwände	419,55 m²	IWF	0,75	0,48
350	Decken	645,98 m²	DEF	1,15	0,74
360	Dächer	584,88 m²	DAF	1,04	0,67

Kostenkennwerte für die Kostengruppen der 1.Ebene DIN 276

KG	Kostengruppen (1.Ebene)	Einheit	Kosten €	€/Einheit	€/m² BGF	€/m³ BRI	% 300+400
100	Grundstück	m² FBG	–	–	–	–	–
200	Herrichten und Erschließen	m² FBG	6.961	4,51	7,93	1,56	0,6
300	Bauwerk - Baukonstruktionen	m² BGF	1.012.013	1.152,88	1.152,88	226,86	83,9
400	Bauwerk - Technische Anlagen	m² BGF	194.582	221,67	221,67	43,62	16,1
	Bauwerk 300+400	**m² BGF**	**1.206.595**	**1.374,55**	**1.374,55**	**270,48**	**100,0**
500	Außenanlagen	m² AUF	51.507	52,55	58,68	11,55	4,3
600	Ausstattung und Kunstwerke	m² BGF	12.175	13,87	13,87	2,73	1,0
700	Baunebenkosten	m² BGF	–	–	–	–	–

9100-0092
Evangelische Kirche
Gemeindesaal
Pfarramt

Umbau

Kostenkennwerte für die Kostengruppen der 1.Ebene DIN 276

KG	Kostengruppe	Menge Einheit	Kosten €	€/Einheit	%
200	Herrichten und Erschließen	1.542,59 m² FBG	6.961	**4,51**	0,6

- Abbrechen (Kosten: 97,3%) — 6.771
  Abbruch von Betonfundamenten; Erdtank; Entsorgung, Deponiegebühren

- Herstellen (Kosten: 2,7%) — 189
  Roden von Sträuchern, Grüngut entsorgen

3+4	**Bauwerk**				**100,0**
300	Bauwerk - Baukonstruktionen	877,81 m² BGF	1.012.013	**1.152,88**	83,9

- Abbrechen (Kosten: 6,9%) — 69.677
  Abbruch von Betonbodenplatte, Natursteinbelag, Kiesauffüllung; Mauerwerk, Fenstern, Türen, Putz, Eingangspodest; Holztüren, Wandfliesen, Putz, Farbschicht; Stb-Treppen, Stb-Deckenplatte, Stb-Stütze, Holzdielen, Linoleum, Laminat, PVC-Böden, Estrich, Brettern, Balken, Heraklithplatten, Styroporplatten; Biberschwanzziegeln, Blechteilen; Entsorgung, Deponiegebühren

- Wiederherstellen (Kosten: 14,4%) — 145.549
  Kirchenfenster ausbessern, Verglasungen erneuern, Putz erneuern, Gesimse ausbilden, Farbschicht, Tapeten entfernen, Renovierputz, Anstrich aufbringen; Holzdecke anschleifen, streichen; schadhafte Holzkonstruktion auswechseln, chemische Insektenbekämpfung, Dachtragwerk ergänzen, Aufschieblinge, Sparrenausgleich, Kupferdeckung überarbeiten; Liedertafeln reinigen, neu lackieren, Scharniere umbauen

- Herstellen (Kosten: 78,7%) — 796.787
  Stb-Fundamente, Stb-Bodenplatte, Leichtbeton; Hlz-Mauerwerk, Stahl-Glas-Elemente, Fenster, Dämmung, Edelputz, Anstrich, Pfosten-Riegel-Fassade; Porenbeton-Mauerwerk, Stb-Stützen, Stahl-Glas-Türelemente, Glastüren; Holztüren, Dämmung, Putz, Wandfliesen, Anstrich; Stb-Decken, Stb-Treppen, Estrich, Bodenfliesen, Holzdielen, Linoleum, Akustikpaneele, Stb-Brüstungen, Geländer; Holzdachkonstruktion, Dämmung, Pfosten-Riegel-Konstruktion, Ziegel, Kupferdeckung, GK-Bekleidung; Kirchenausstattung

400	Bauwerk - Technische Anlagen	877,81 m² BGF	194.582	**221,67**	16,1

- Abbrechen (Kosten: 2,0%) — 3.918
  Abbruch von Gussrohren, Hebeanlage, Stahlrohren, Sanitärobjekten; Heizkessel, Heizleitungen, Heizkörpern; Elektroleitungen, Schaltern, Steckdosen, Verteilern, Glühlampen; Entsorgung, Deponiegebühren

- Wiederherstellen (Kosten: 11,9%) — 23.074
  Lufterhitzer reparieren; Kirchenorgel sanieren

- Herstellen (Kosten: 86,1%) — 167.590
  Gebäudeentwässerung, Kalt- und Warmwasserleitungen, Warmwasserspeicher, Sanitärobjekte; Heizungsrohre, Fußbodenheizung, Radiatoren; Einzelraumlüfter, Luftentfeuchtungsgeräte; Elektroinstallation, Beleuchtung, Blitzschutzanlage, Gesamtrechnung für Dokumentation 9100-0091 bis 9100-0093, anteilig 1/3; Fernmeldeleitungen, Verstärkeranlage, Schwerhörigenanlage, EDV-Verkabelung; Gebäudeautomation

KG	Kostengruppe	Menge Einheit	Kosten €	€/Einheit	%
500	**Außenanlagen**	980,08 m² AUF	51.507	**52,55**	4,3
	• Abbrechen (Kosten: 6,2%)		3.189		
	Abbruch von Gehwegplatten; Betonmauer; Entsorgung, Deponiegebühren				
	• Herstellen (Kosten: 93,8%)		48.318		
	Wassergebundene Decke, Betonplatten, Betonkantensteine, Traufstreifen; Einfahrtstor, Beton-Blockstufen; Boden-Einbauscheinwerfer; Fahnenmast; Schirmplatanen				
600	**Ausstattung und Kunstwerke**	877,81 m² BGF	12.175	**13,87**	1,0
	• Abbrechen (Kosten: 0,1%)		14		
	Abbruch von Sanitärausstattung; Entsorgung, Deponiegebühren				
	• Herstellen (Kosten: 99,9%)		12.160		
	Schrankwände, Kommode, Sanitärausstattung; künstlerische Bearbeitung von Türen und Fenster				

9100-0092
Evangelische Kirche
Gemeindesaal
Pfarramt

Umbau

9100-0092
Evangelische Kirche
Gemeindesaal
Pfarramt

Umbau

Kostenkennwerte für die Kostengruppen der 2.Ebene DIN 276

KG	Kostengruppe	Menge Einheit	Kosten €	€/Einheit	%
200	**Herrichten und Erschließen**				100,0
210	**Herrichten**	1.542,59 m² FBG	6.961	**4,51**	100,0

- Abbrechen (Kosten: 97,3%)   6.771
  Abbruch von Betonfundamenten (4m²) * Erdtank (1St); Entsorgung, Deponiegebühren

- Herstellen (Kosten: 2,7%)   189
  Roden von Sträuchern, Grüngut entsorgen (8St)

KG	Kostengruppe	Menge Einheit	Kosten €	€/Einheit	%
300	**Bauwerk - Baukonstruktionen**				100,0
310	**Baugrube**	41,56 m³ BGI	4.604	**110,77**	0,5

- Herstellen (Kosten: 100,0%)   4.604
  Baugrubenaushub BK 3, Abfuhr (41m³), Hinterfüllung mit Abraumsand (42m³)

KG	Kostengruppe	Menge Einheit	Kosten €	€/Einheit	%
320	**Gründung**	275,90 m² GRF	94.675	**343,15**	9,4

- Abbrechen (Kosten: 7,8%)   7.424
  Abbruch von Beton-Bodenplatte, Natursteinbelag (128m²) * Kiesauffüllung, lagern (47m²), abfahren (39m²) * Holzdielen, Lagerhölzern (172m²); Entsorgung, Deponiegebühren

- Herstellen (Kosten: 92,2%)   87.250
  Stb-Streifenfundamente (13m²), Stb-Einzelfundamente (4m²) * Stb-Bodenplatte (274m²), Differenzstufen (11m) * Bitumenbahn (180m²), Leichtbeton, d=30cm (51m²), Dämmung, Zementstrich (274m²), Ausgleichsspachtelung (90m²), Bodenfliesen (274m²), Differenzstufen (11m) * Planum (277m²), Sauberkeitsschicht (165m²), Perimeterdämmung (98m²) * Dränleitungen (16m)

KG	Kostengruppe	Menge Einheit	Kosten €	€/Einheit	%
330	**Außenwände**	759,11 m² AWF	274.173	**361,18**	27,1

- Abbrechen (Kosten: 5,0%)   13.660
  Abbruch von Mauerwerk für Öffnungen, d=55cm (31m²) * Fenstern, Türen (92m²) * Putz (160m²) * Eingangspodest, Natursteinbelag, Fundamenten (10m³); Entsorgung, Deponiegebühren

- Wiederherstellen (Kosten: 23,4%)   64.045
  Kirchenfenster mit Segmentbögen reparieren, neu lackieren, teilweise umbauen (23m²), Lüftungsflügel einbauen (2St), Verglasungen erneuern (5m²) * Putz reinigen (366m²), Fehlstellen schließen (74m²), Putz (392m²), Gesimse ausbilden (78m), Silikatanstrich (446m²) * Farbschicht entfernen (351m²), Tapeten entfernen (37m²), Aufbrennsperre (112m²), Renovierputz (274m²), Lasuranstrich (388m²)

- Herstellen (Kosten: 71,7%)   196.469
  Hlz-Mauerwerk (45m²), Stb-Sockel (10m²) * Ausmauerungen von Sparrenfeldern (9m²) * Stahl-Glas-Türelemente (16m²), Stahl-Glas-Fensterelemente (13m²), Stahlfenster (12m²), Holz-Alu-Fenster (10m²), Kunststofffenster (2m²) * Perimeterdämmung (18m²), Dämmung, d=140mm, Putz, Silikatanstrich (177m²) * Mineraldämmplatten, d=120mm (138m²), Putz (166m²), Altarwand, gemauert, im Bogen, Putz Q4 (18m²), Silikatanstrich (180m²) * Pfosten-Riegel-Fassade, Stahl (58m²) * Gitterroste (15m²)

KG	Kostengruppe	Menge Einheit	Kosten €	€/Einheit	%
340	**Innenwände**	419,55 m² IWF	124.367	**296,43**	12,3

- Abbrechen (Kosten: 11,0%) — 13.642
  Abbruch von Mauerwerk, d=15-30cm (17m²), für Türöffnungen, d=55cm (28m²) * Stb-Stütze, D=24cm (6m) * Holztüren (11m²) * Wandfliesen (29m²), Putz (28m²), Farbschicht entfernen (134m²); Entsorgung, Deponiegebühren

- Wiederherstellen (Kosten: 15,6%) — 19.433
  Farbschicht entfernen (414m²), Tapeten entfernen (37m²), Aufbrennsperre (94m²), Armierungsgewebe, Renovierputz (401m²), Spachtelung (111m²), Anstrich (470m²)

- Herstellen (Kosten: 73,4%) — 91.292
  Porenbeton-Mauerwerk, d=24cm (60m²), Hlz-Mauerwerk, d=17,5cm (17m²) * Hlz-Mauerwerk, d=11,5cm (41m²) * Stb-Stütze, D=20cm (20m) * Stahl-Glas-Türelemente (28m²), Glastüren (15m²), Holztüren (9m²), T30, rauchdicht (23m²), Schließanlage anteilig * Mineraldämmplatten, d=120mm (26m²), Putz (225m²), Wandfliesen (23m²), Sililatanstrich (200m²), GK-Vorsatzschalen (4m²)

KG	Kostengruppe	Menge Einheit	Kosten €	€/Einheit	%
350	**Decken**	645,98 m² DEF	181.089	**280,33**	17,9

- Abbrechen (Kosten: 17,4%) — 31.491
  Abbruch von Stb-Treppenläufen mit Natursteinbelag (14m²), Stb-Deckenplatte, d=20-37cm (63m²), Überzügen * Holzbohlen (252m²), Holzdielen, Lagerhölzern (111m³), Linoleum (111m²), Laminat, PVC-Böden (76m²), Natursteinbelag, Mörtelbett (29m²), Bodenbelag, Mörtelbett, Estrich (27m²) * Brettern, Balken, Heraklithplatten (9m²), Styroporplatten (20m²)* Brüstungsmauerwerk (12m²); Entsorgung, Deponiegebühren

- Wiederherstellen (Kosten: 4,5%) — 8.086
  Farbschicht entfernen (193m²), Tapeten entfernen (37m²), Armierungsgewebe, Renovierputz (54m²), Silikatanstrich (58m²), Holzdecke anschleifen, Anstrich (221m²)

- Herstellen (Kosten: 78,1%) — 141.511
  Stb-Decken, d=18-22cm (131m²), Stb-Treppenläufe (8m²), Stb-Unterzüge (5m) * Dämmung, d=20-80mm (139m²), d=180mm (182m²), Zementestrich (133m²), Bodenfliesen (127m²), Bretterboden (331m²), Holzdielen (97m²), Linoleum (91m²) * Dämmung, d=120mm (45m²), Akustik-Paneeldecke (94m²), Putz, Silikatanstrich (27m²) * Stb-Brüstungen, d=15cm (26m²), Geländer (25m), Stabgeländer (17m), Absturzsicherungen, Glas (4m²), Handläufe (7m), Bodenscherentreppe (1St)

9100-0092
Evangelische Kirche
Gemeindesaal
Pfarramt

Umbau

9100-0092
Evangelische Kirche
Gemeindesaal
Pfarramt

Umbau

KG	Kostengruppe	Menge Einheit	Kosten €	€/Einheit	%
360	**Dächer**	584,88 m² DAF	173.508	**296,66**	17,1

- Abbrechen (Kosten: 2,0%)　　　　　　　　　　　　　　　　　3.460
  Abbruch von Biberschwanzziegeln (402m²), Blechteilen (108m²) * Brettschalung, Putz (50m); Entsorgung, Deponiegebühren

- Wiederherstellen (Kosten: 30,9%)　　　　　　　　　　　　　53.612
  Schadhafte Sparren, Pfetten, Stuhlsäulen, Schwellen, Deckenbalken ausbauen, entsorgen, durch neue ersetzen (344m), chemische Insektenbekämpfung (550m²), Walzprofil-Aufhängekonstruktionen einbauen aus HEA 140 (71m), mit Zugstäben M24 (128m), Aufschieblinge (63St), Sparrenausgleich auf Oberseite (407m) * Kupferdeckung überarbeiten, Gesimsabdeckung ergänzen (psch)

- Herstellen (Kosten: 67,1%)　　　　　　　　　　　　　　　116.436
  Holzdachkonstruktion, Pultdach, Zwischensparrendämmung, d=180mm (120m²), Pfosten-Riegel-Konstruktion, Stahl, Festverglasungen (62m²) * Dachausstiege (1m²) * Brettschalung, Bitumendachbahn (531m²), Biberschwanzziegel (402m²), Kupferdeckung (118m²), Hängedachrinnen (62m) * Klemmfilz, d=60mm, GK-Bekleidung F30, Silikatanstrich (63m²) * Schneefangrohre (66m)

370	**Baukonstruktive Einbauten**	877,81 m² BGF	101.610	**115,75**	10,0

- Wiederherstellen (Kosten: 0,4%)　　　　　　　　　　　　　　　373
  Liedertafeln reinigen, neu lackieren, Scharniere umbauen (2St)

- Herstellen (Kosten: 99,6%)　　　　　　　　　　　　　　　101.237
  Kirchenbänke, Holz (80m), Haken (70St) * Osterleuchter (1St), Altar (1St), Ambo (1St), Wandkreuz (1St) * Schaukastenanlage mit Briefkasten, freistehend (1St)

390	**Sonstige Baukonstruktionen**	877,81 m² BGF	57.989	**66,06**	5,7

- Herstellen (Kosten: 100,0%)　　　　　　　　　　　　　　　57.989
  Baustelleneinrichtungen (8St), Baustrom, Bauwasser, Baustellen-WC (1St), Bauschild (1St), Bauzaun (59m), Bautüren (2St) * Fassadengerüst (705m²), Konsolen (78m), Dachfanggerüst (58m), Überbrückungen (10St), Treppen (8m), Staubnetze (164m²), Arbeitsgerüst, innen (261m²), Stahlrohrstützen (38St) * Bauschutt entsorgen * Witterungsschutz (931m²), Folienabdeckungen (330m²), Verbundkarton-Abdeckungen (401m²), Baureinigung (91m²)

400	**Bauwerk - Technische Anlagen**				**100,0**
410	**Abwasser-, Wasser-, Gasanlagen**	877,81 m² BGF	24.805	**28,26**	12,7

- Abbrechen (Kosten: 3,4%)　　　　　　　　　　　　　　　　　836
  Abbruch von Gussrohren (44m), Hebeanlage (1St) * Stahlrohren (66m), Waschtischen (2St), Stand-WCs (2St); Entsorgung, Deponiegebühren

- Herstellen (Kosten: 96,6%)　　　　　　　　　　　　　　　23.969
  Rohrgrabenaushub (136m³), PVC-Rohre (134m), SML-Rohre (20m), HT-Rohre (8m), Regenfallrohre (23m), Regenrohrsandfänge (3St), Tauchpumpe (1St), Bodenablauf (1St), Schacht (1St), Entwässerungsrinne (16m) * Edelstahlrohre (90m), Warmwasserspeicher (1St), Waschtische (4St), Tiefspül-WCs (2St) * Montageelemente (2St)

KG	Kostengruppe	Menge Einheit	Kosten €	€/Einheit	%
420	**Wärmeversorgungsanlagen**	877,81 m² BGF	47.746	**54,39**	24,5

- Abbrechen (Kosten: 4,4%) — 2.104
  Abbruch von Heizkessel (psch) * Heizleitungen (109m) * Heizkörpern (12St); Entsorgung, Deponiegebühren

- Wiederherstellen (Kosten: 1,3%) — 641
  Lufterhitzer reparieren, anschließen (2St)

- Herstellen (Kosten: 94,3%) — 45.002
  Nassläuferpumpen (4St), Wärmezähler (3St), Bi-Metall-Zeigerthermometer (6St) * Kupferrohre (517m), Gewinderohre (36m), Entlüftungsstationen (5St) * Fußbodenheizung, Trägerplatte, d=30mm (332m²), Anbindeleitungen (48m), Wandheizung (20m²), Heizgruppenverteiler (4St), Verteilerschrank (1St), Röhrenradiatoren (13St)

| 430 | **Lufttechnische Anlagen** | 877,81 m² BGF | 1.354 | **1,54** | 0,7 |

- Herstellen (Kosten: 100,0%) — 1.354
  Einzelraumlüfter (2St), Spiralfalzrohre DN100 (6m), Alu-Flexrohre DN80-100 (2m) * Luftentfeuchtungsgeräte (2St)

| 440 | **Starkstromanlagen** | 877,81 m² BGF | 63.891 | **72,78** | 32,8 |

- Abbrechen (Kosten: 1,5%) — 978
  Abbruch von Elektroleitungen (423m), Leerrohren (15m), Schaltern, Steckdosen (46St), Verteilern (2St) * Glühlampen (7St); Entsorgung, Deponiegebühren

- Herstellen (Kosten: 98,5%) — 62.912
  Zählerschrank (1St), Verteiler (4St), Verbrauchszähler (1St), Mantelleitungen (2.719m), Erdkabel (188m), Telefonkabel (128m), Steuerleitungen (193m), Schalter (22St), Steckdosen (75St), CEE-Dosen (2St), Bewegungswächter (3St), Dämmerungsschalter (1St) * Leuchten (106St) * Erdungsband (53m), Ableiter (3St), Anschlussfahne (1St), Potenzialausgleichsschienen (2St), Blitzschutzanlage, Gesamtrechnung für Dokumentation 9100-0091 bis 9100-0093, anteilig 1/3

| 450 | **Fernmelde-, informationstechn. Anlagen** | 877,81 m² BGF | 24.838 | **28,30** | 12,8 |

- Herstellen (Kosten: 100,0%) — 24.838
  Fernmeldeleitungen (78m) * Läutewerk, Taster, Trafo (1St), Gongs (2St) * Digitale Steuereinheit (1St), Bedienteil (1St), Doppel-Endstufe (1St), MP3-Player/Recorder (1St), 8-Kanal-Automatik-Mischer (1St), Lautsprecher (2St), Mikrofone (5St), Mikrofondosen (9St), Schwerhörigenanlage (1St), Mikrofonkabel (208m), Datenkabel (147m), PVC-Aderleitungen (65m) * Rauchmelder (12St) * Netzwerkschrank (1St), Verteiler (2St), Datenkabel (1.122m), Steckdosen RJ45 (18St)

| 470 | **Nutzungsspezifische Anlagen** | 877,81 m² BGF | 22.433 | **25,56** | 11,5 |

- Wiederherstellen (Kosten: 100,0%) — 22.433
  Kirchenorgel abbauen, sanieren, wieder aufbauen

| 480 | **Gebäudeautomation** | 877,81 m² BGF | 9.432 | **10,75** | 4,8 |

- Herstellen (Kosten: 100,0%) — 9.432
  Melde- und Bedientableaus, LCD (2St), USB-Schnittstelle (1St), BUS-Ankoppler (2St), Schaltaktoren (3St), Dimmaktoren (5St), Tastsensoren (2St) * Busleitungen (127m)

9100-0092
Evangelische Kirche
Gemeindesaal
Pfarramt

Umbau

9100-0092
Evangelische Kirche Gemeindesaal Pfarramt

Umbau

KG	Kostengruppe	Menge Einheit	Kosten €	€/Einheit	%
490	Sonstige Technische Anlagen	877,81 m² BGF	82	< 0,1	< 0,1

- Herstellen (Kosten: 100,0%)   82
  Gerüst, fahrbar, h=6,00m (psch)

500	**Außenanlagen**				**100,0**
520	Befestigte Flächen	207,82 m²	21.663	**104,24**	42,1

- Abbrechen (Kosten: 5,2%)   1.130
  Abbruch von Gehwegplatten, seitlich lagern (128m²)

- Herstellen (Kosten: 94,8%)   20.534
  Frostschutzschicht (208m²), wassergebundene Decke, d=10cm (91m²), Betonplatten, d=8cm (117m²), Betonkantensteine (96m) * Traufstreifen, Granitschotter (54m)

530	Baukonstruktionen in Außenanlagen	980,08 m² AUF	18.730	**19,11**	36,4

- Abbrechen (Kosten: 11,0%)   2.060
  Abbruch von Betonmauer (24m²); Entsorgung, Deponiegebühren

- Herstellen (Kosten: 89,0%)   16.670
  Einfahrtstor, zweiflüglig (3m²) * Fundamentaushub, Beton-Fundamente (11m³), Beton-Blockstufen (48m)

540	Technische Anlagen in Außenanlagen	980,08 m² AUF	1.835	**1,87**	3,6

- Herstellen (Kosten: 100,0%)   1.835
  Boden-Einbauscheinwerfer (4St)

550	Einbauten in Außenanlagen	980,08 m² AUF	1.758	**1,79**	3,4

- Herstellen (Kosten: 100,0%)   1.758
  Fahnenmast, h=10,00m (1St)

570	Pflanz- und Saatflächen	5,76 m²	7.521	**1.305,70**	14,6

- Herstellen (Kosten: 100,0%)   7.521
  Schirmplatanen, Stammhöhe 2,50m (4St)

600	**Ausstattung und Kunstwerke**				**100,0**
610	Ausstattung	877,81 m² BGF	5.328	**6,07**	43,8

- Abbrechen (Kosten: 0,3%)   14
  Abbruch von Spiegeln (2St), Papierrollenhaltern (2St); Entsorgung, Deponiegebühren

- Herstellen (Kosten: 99,7%)   5.313
  Schrankwände (12m²), Kommode (1St), Spiegel (3St), WC-Papierhalter (2St), WC-Ersatzrollenhalter (2St), Seifenspender (3St), Papiertuchspender (3St), Papierkörbe (2St), Hygienebehälter (1St), Hygienebeutelspender (1St)

620	Kunstwerke	877,81 m² BGF	6.847	**7,80**	56,2

- Herstellen (Kosten: 100,0%)   6.847
  Glastüren durch Einstrahlen von Text veredeln (6St), Floatglasscheibe mit Spritztechniken bearbeiten (1St)

Kostenkennwerte für die Kostengruppen der 3.Ebene DIN 276 (Übersicht)

9100-0092
Evangelische Kirche
Gemeindesaal
Pfarramt

Umbau

KG	Kostengruppe	Menge Einheit	€/Einheit	Kosten €	% 300+400
300	**Bauwerk - Baukonstruktionen**	877,81 m² BGF	1.152,88	1.012.013,36	83,9
310	**Baugrube**	41,56 m³ BGI	110,77	4.603,75	0,4
311	Baugrubenherstellung	41,56 m³	110,77	4.603,75	0,4
312	Baugrubenumschließung	–	–	–	–
313	Wasserhaltung	–	–	–	–
319	Baugrube sonstiges	–	–	–	–
320	**Gründung**	275,90 m² GRF	343,15	94.674,71	7,8
321	Baugrundverbesserung	–	–	–	–
322	Flachgründungen	275,90 m²	57,69	15.917,13	1,3
323	Tiefgründungen	–	–	–	–
324	Unterböden und Bodenplatten	275,90 m²	77,67	21.429,32	1,8
	Abbrechen	128,46 m²	21,88	2.811,25	0,2
	Herstellen	275,90 m²	67,48	18.618,07	1,5
325	Bodenbeläge	274,11 m²	175,10	47.995,44	4,0
	Abbrechen	171,53 m²	9,55	1.637,97	0,1
	Herstellen	274,11 m²	169,12	46.357,47	3,8
326	Bauwerksabdichtungen	275,90 m²	33,73	9.307,46	0,8
	Abbrechen	128,46 m²	23,16	2.975,21	0,2
	Herstellen	275,90 m²	22,95	6.332,25	0,5
327	Dränagen	275,90 m²	< 0,1	25,35	< 0,1
329	Gründung, sonstiges	–	–	–	–
330	**Außenwände**	759,11 m² AWF	361,18	274.172,94	22,7
331	Tragende Außenwände	54,27 m²	324,13	17.589,08	1,5
	Abbrechen	31,27 m²	175,47	5.486,74	0,5
	Herstellen	54,27 m²	223,02	12.102,34	1,0
332	Nichttragende Außenwände	8,74 m²	133,08	1.163,03	0,1
333	Außenstützen	–	–	–	–
334	Außentüren und -fenster	75,11 m²	1.037,19	77.906,53	6,5
	Abbrechen	92,85 m²	57,11	5.303,05	0,4
	Wiederherstellen	22,66 m²	732,45	16.598,74	1,4
	Herstellen	52,45 m²	1.067,75	56.004,74	4,6
335	Außenwandbekleidungen außen	623,27 m²	93,99	58.580,13	4,9
	Wiederherstellen	445,92 m²	74,81	33.360,70	2,8
	Herstellen	177,35 m²	142,20	25.219,43	2,1
336	Außenwandbekleidungen innen	567,38 m²	70,02	39.728,89	3,3
	Abbrechen	159,60 m²	6,32	1.008,21	0,1
	Wiederherstellen	387,65 m²	36,33	14.085,28	1,2
	Herstellen	179,73 m²	137,07	24.635,41	2,0
337	Elementierte Außenwände	58,35 m²	1.196,08	69.794,60	5,8
338	Sonnenschutz	–	–	–	–
339	Außenwände, sonstiges	759,11 m²	12,40	9.410,68	0,8
	Abbrechen	252,45 m²	7,37	1.861,67	0,2
	Herstellen	290,53 m²	25,98	7.549,00	0,6

© BKI Baukosteninformationszentrum — Kostenstand: 3.Quartal 2015, Bundesdurchschnitt, inkl. 19% MwSt.

9100-0092
Evangelische Kirche
Gemeindesaal
Pfarramt

Umbau

KG	Kostengruppe	Menge Einheit	€/Einheit	Kosten €	% 300+400
340	**Innenwände**	**419,55 m² IWF**	**296,43**	**124.366,60**	**10,3**
341	Tragende Innenwände	76,77 m²	301,40	23.138,94	1,9
	Abbrechen	44,44 m²	272,30	12.101,67	1,0
	Herstellen	76,77 m²	143,77	11.037,28	0,9
342	Nichttragende Innenwände	41,20 m²	56,67	2.334,98	0,2
343	Innenstützen	19,66 m	73,25	1.440,08	0,1
	Abbrechen	5,50 m	19,37	106,55	< 0,1
	Herstellen	19,66 m	67,83	1.333,53	0,1
344	Innentüren und -fenster	73,46 m²	882,28	64.812,53	5,4
	Abbrechen	11,10 m²	26,30	291,93	< 0,1
	Herstellen	73,46 m²	878,31	64.520,60	5,3
345	Innenwandbekleidungen	692,18 m²	47,16	32.640,07	2,7
	Abbrechen	191,31 m²	5,97	1.141,46	0,1
	Wiederherstellen	469,98 m²	41,35	19.433,48	1,6
	Herstellen	222,20 m²	54,30	12.065,12	1,0
346	Elementierte Innenwände	–	–	–	–
349	Innenwände, sonstiges	–	–	–	–
350	**Decken**	**645,98 m² DEF**	**280,33**	**181.088,66**	**15,0**
351	Deckenkonstruktionen	128,35 m²	530,82	68.132,46	5,6
	Abbrechen	76,44 m²	310,18	23.710,39	2,0
	Herstellen	128,35 m²	346,09	44.422,08	3,7
352	Deckenbeläge	645,98 m²	106,13	68.559,99	5,7
	Abbrechen	607,27 m²	11,36	6.900,99	0,6
	Herstellen	645,98 m²	95,45	61.658,99	5,1
353	Deckenbekleidungen	444,53 m²	52,28	23.240,00	1,9
	Abbrechen	28,94 m²	3,80	109,84	< 0,1
	Wiederherstellen	278,37 m²	29,05	8.086,23	0,7
	Herstellen	166,16 m²	90,54	15.043,92	1,2
359	Decken, sonstiges	645,98 m²	32,75	21.156,22	1,8
	Abbrechen	607,27 m²	1,27	770,07	0,1
	Herstellen	645,98 m²	31,56	20.386,15	1,7
360	**Dächer**	**584,88 m² DAF**	**296,66**	**173.507,80**	**14,4**
361	Dachkonstruktionen	584,11 m²	163,84	95.700,59	7,9
	Wiederherstellen	401,98 m²	116,58	46.862,35	3,9
	Herstellen	182,13 m²	268,15	48.838,25	4,0
362	Dachfenster, Dachöffnungen	0,77 m²	9.619,30	7.406,86	0,6
363	Dachbeläge	519,66 m²	98,73	51.305,27	4,3
	Abbrechen	401,98 m²	6,36	2.558,30	0,2
	Herstellen	519,66 m²	93,81	48.746,98	4,0
364	Dachbekleidungen	75,62 m²	94,70	7.161,57	0,6
	Abbrechen	49,63 m²	18,16	901,51	0,1
	Herstellen	75,62 m²	82,78	6.260,06	0,5
369	Dächer, sonstiges	584,88 m²	20,40	11.933,50	1,0
	Wiederherstellen	401,98 m²	16,79	6.749,50	0,6
	Herstellen	520,43 m²	9,96	5.184,00	0,4

9100-0092
Evangelische Kirche
Gemeindesaal
Pfarramt

Umbau

KG	Kostengruppe	Menge Einheit	€/Einheit	Kosten €	% 300+400
370	**Baukonstruktive Einbauten**	**877,81 m² BGF**	**115,75**	**101.609,87**	**8,4**
371	Allgemeine Einbauten	877,81 m² BGF	60,36	52.988,94	4,4
372	Besondere Einbauten	877,81 m² BGF	51,08	44.838,52	3,7
	Wiederherstellen	877,81 m² BGF	0,42	373,02	< 0,1
	Herstellen	877,81 m² BGF	50,66	44.465,50	3,7
379	Baukonstruktive Einbauten, sonstiges	877,81 m² BGF	4,31	3.782,40	0,3
390	**Sonst. Maßnahmen Baukonstruktionen**	**877,81 m² BGF**	**66,06**	**57.989,04**	**4,8**
391	Baustelleneinrichtung	877,81 m² BGF	20,76	18.225,90	1,5
392	Gerüste	877,81 m² BGF	24,29	21.324,71	1,8
393	Sicherungsmaßnahmen	–	–	–	–
394	Abbruchmaßnahmen	–	–	–	–
395	Instandsetzungen	–	–	–	–
396	Materialentsorgung	877,81 m² BGF	0,76	670,40	0,1
397	Zusätzliche Maßnahmen	877,81 m² BGF	20,24	17.768,03	1,5
398	Provisorische Baukonstruktionen	–	–	–	–
399	Sonst. Maßnahmen für Baukonstruktionen, sonst.	–	–	–	–
400	**Bauwerk - Technische Anlagen**	**877,81 m² BGF**	**221,67**	**194.581,72**	**16,1**
410	**Abwasser-, Wasser-, Gasanlagen**	**877,81 m² BGF**	**28,26**	**24.805,42**	**2,1**
411	Abwasseranlagen	877,81 m² BGF	18,35	16.106,54	1,3
	Abbrechen	877,81 m² BGF	0,59	516,56	< 0,1
	Herstellen	877,81 m² BGF	17,76	15.589,99	1,3
412	Wasseranlagen	877,81 m² BGF	9,31	8.174,40	0,7
	Abbrechen	877,81 m² BGF	0,36	319,45	< 0,1
	Herstellen	877,81 m² BGF	8,95	7.854,95	0,7
413	Gasanlagen	–	–	–	–
419	Abwasser-, Wasser-, Gasanlagen, sonstiges	877,81 m² BGF	0,60	524,47	< 0,1
420	**Wärmeversorgungsanlagen**	**877,81 m² BGF**	**54,39**	**47.746,45**	**4,0**
421	Wärmeerzeugungsanlagen	877,81 m² BGF	4,96	4.354,36	0,4
	Abbrechen	877,81 m² BGF	0,77	672,39	0,1
	Herstellen	877,81 m² BGF	4,19	3.681,96	0,3
422	Wärmeverteilnetze	877,81 m² BGF	27,56	24.190,69	2,0
	Abbrechen	877,81 m² BGF	1,28	1.123,19	0,1
	Herstellen	877,81 m² BGF	26,28	23.067,50	1,9
423	Raumheizflächen	877,81 m² BGF	21,87	19.201,40	1,6
	Abbrechen	877,81 m² BGF	0,35	308,14	< 0,1
	Wiederherstellen	877,81 m² BGF	0,73	640,76	0,1
	Herstellen	877,81 m² BGF	20,79	18.252,49	1,5
429	Wärmeversorgungsanlagen, sonstiges	–	–	–	–
430	**Lufttechnische Anlagen**	**877,81 m² BGF**	**1,54**	**1.353,68**	**0,1**
431	Lüftungsanlagen	877,81 m² BGF	0,95	831,99	0,1
432	Teilklimaanlagen	–	–	–	–
433	Klimaanlagen	877,81 m² BGF	0,59	521,70	< 0,1
434	Kälteanlagen	–	–	–	–
439	Lufttechnische Anlagen, sonstiges	–	–	–	–

9100-0092
Evangelische Kirche
Gemeindesaal
Pfarramt

Umbau

KG	Kostengruppe	Menge Einheit	€/Einheit	Kosten €	% 300+400
440	**Starkstromanlagen**	**877,81 m² BGF**	**72,78**	**63.890,80**	**5,3**
441	Hoch- und Mittelspannungsanlagen	–	–	–	–
442	Eigenstromversorgungsanlagen	–	–	–	–
443	Niederspannungsschaltanlagen	–	–	–	–
444	Niederspannungsinstallationsanlagen	877,81 m² BGF	36,03	31.625,47	2,6
	Abbrechen	877,81 m² BGF	1,10	964,27	0,1
	Herstellen	877,81 m² BGF	34,93	30.661,19	2,5
445	Beleuchtungsanlagen	877,81 m² BGF	29,50	25.896,00	2,1
	Abbrechen	877,81 m² BGF	< 0,1	14,19	< 0,1
	Herstellen	877,81 m² BGF	29,48	25.881,81	2,1
446	Blitzschutz- und Erdungsanlagen	877,81 m² BGF	7,26	6.369,33	0,5
449	Starkstromanlagen, sonstiges	–	–	–	–
450	**Fernm.- und informationstechn. Anlagen**	**877,81 m² BGF**	**28,30**	**24.838,29**	**2,1**
451	Telekommunikationsanlagen	877,81 m² BGF	0,20	178,67	< 0,1
452	Such- und Signalanlagen	877,81 m² BGF	0,21	185,18	< 0,1
453	Zeitdienstanlagen	–	–	–	–
454	Elektroakustische Anlagen	877,81 m² BGF	21,94	19.256,71	1,6
455	Fernseh- und Antennenanlagen	–	–	–	–
456	Gefahrenmelde- und Alarmanlagen	877,81 m² BGF	0,67	586,74	< 0,1
457	Übertragungsnetze	877,81 m² BGF	5,28	4.631,01	0,4
459	Fernmelde- und informationstechn. Anl., sonst.	–	–	–	–
460	**Förderanlagen**	–	–	–	–
470	**Nutzungsspezifische Anlagen**	**877,81 m² BGF**	**25,56**	**22.432,78**	**1,9**
471	Küchentechnische Anlagen	–	–	–	–
472	Wäscherei- und Reinigungsanlagen	–	–	–	–
473	Medienversorgungsanlagen	–	–	–	–
474	Medizin- u. labortechnische Anlagen	–	–	–	–
475	Feuerlöschanlagen	–	–	–	–
476	Badetechnische Anlagen	–	–	–	–
477	Prozesswärme-,-kälte-,-luftanlagen	–	–	–	–
478	Entsorgungsanlagen	–	–	–	–
479	Nutzungsspezifische Anlagen, sonstiges	877,81 m² BGF	25,56	22.432,78	1,9
	Wiederherstellen	877,81 m² BGF	25,56	22.432,78	1,9
480	**Gebäudeautomation**	**877,81 m² BGF**	**10,75**	**9.432,36**	**0,8**
481	Automationssysteme	877,81 m² BGF	10,16	8.919,71	0,7
482	Schaltschränke	–	–	–	–
483	Management- und Bedieneinrichtungen	–	–	–	–
484	Raumautomationssysteme	–	–	–	–
485	Übertragungsnetze	877,81 m² BGF	0,58	512,66	< 0,1
489	Gebäudeautomation, sonstiges	–	–	–	–
490	**Sonst. Maßnahmen für Techn. Anlagen**	**877,81 m² BGF**	**< 0,1**	**81,93**	**< 0,1**
491	Baustelleneinrichtung	–	–	–	–
492	Gerüste	877,81 m² BGF	< 0,1	81,93	< 0,1
493	Sicherungsmaßnahmen	–	–	–	–
494	Abbruchmaßnahmen	–	–	–	–
495	Instandsetzungen	–	–	–	–
496	Materialentsorgung	–	–	–	–
497	Zusätzliche Maßnahmen	–	–	–	–
498	Provisorische Technische Anlagen	–	–	–	–
499	Sonst. Maßnahmen Techn. Anlagen, sonstiges	–	–	–	–

Kostenkennwerte für Leistungsbereiche nach StLB (Kosten des Bauwerks nach DIN 276)

9100-0092
Evangelische Kirche Gemeindesaal Pfarramt

Umbau

LB	Leistungsbereiche	Kosten €	€/m² BGF	€/m³ BRI	% an 3+4
000	Sicherheits-, Baustelleneinrichtungen inkl. 001	54.676	62,30	12,30	4,5
002	Erdarbeiten	14.376	16,40	3,20	1,2
006	Spezialtiefbauarbeiten inkl. 005	–	–	–	–
009	Entwässerungskanalarbeiten inkl. 011	8.032	9,10	1,80	0,7
010	Dränarbeiten	25	< 0,1	< 0,1	–
012	Mauerarbeiten	26.322	30,00	5,90	2,2
013	Betonarbeiten	89.037	101,40	20,00	7,4
014	Natur-, Betonwerksteinarbeiten	149	0,17	< 0,1	–
016	Zimmer- und Holzbauarbeiten	61.815	70,40	13,90	5,1
017	Stahlbauarbeiten	21.098	24,00	4,70	1,7
018	Abdichtungsarbeiten	339	0,39	< 0,1	–
020	Dachdeckungsarbeiten	24.080	27,40	5,40	2,0
021	Dachabdichtungsarbeiten	–	–	–	–
022	Klempnerarbeiten	25.379	28,90	5,70	2,1
	Rohbau	**325.326**	**370,60**	**72,90**	**27,0**
023	Putz- und Stuckarbeiten, Wärmedämmsysteme	108.409	123,50	24,30	9,0
024	Fliesen- und Plattenarbeiten	39.178	44,60	8,80	3,2
025	Estricharbeiten	27.852	31,70	6,20	2,3
026	Fenster, Außentüren inkl. 029, 032	229.202	261,10	51,40	19,0
027	Tischlerarbeiten	77.998	88,90	17,50	6,5
028	Parkett-, Holzpflasterarbeiten	24.779	28,20	5,60	2,1
030	Rollladenarbeiten	–	–	–	–
031	Metallbauarbeiten inkl. 035	23.732	27,00	5,30	2,0
034	Maler- und Lackiererarbeiten inkl. 037	24.697	28,10	5,50	2,0
036	Bodenbelagsarbeiten	6.608	7,50	1,50	0,5
038	Vorgehängte hinterlüftete Fassaden	–	–	–	–
039	Trockenbauarbeiten	20.502	23,40	4,60	1,7
	Ausbau	**582.957**	**664,10**	**130,70**	**48,3**
040	Wärmeversorgungsanlagen, inkl. 041	39.714	45,20	8,90	3,3
042	Gas- und Wasseranlagen, Leitungen inkl. 043	3.953	4,50	0,89	0,3
044	Abwasseranlagen - Leitungen	3.464	3,90	0,78	0,3
045	Gas, Wasser, Entwässerung - Ausstattung inkl. 046	3.175	3,60	0,71	0,3
047	Dämmarbeiten an technischen Anlagen	7.718	8,80	1,70	0,6
049	Feuerlöschanlagen, Feuerlöschgeräte	–	–	–	–
050	Blitzschutz- und Erdungsanlagen	5.977	6,80	1,30	0,5
052	Mittelspannungsanlagen	–	–	–	–
053	Niederspannungsanlagen inkl. 054	30.279	34,50	6,80	2,5
055	Ersatzstromversorgungsanlagen	–	–	–	–
057	Gebäudesystemtechnik	–	–	–	–
058	Leuchten und Lampen, inkl. 059	22.791	26,00	5,10	1,9
060	Elektroakustische Anlagen	19.442	22,10	4,40	1,6
061	Kommunikationsnetze, inkl. 063	5.620	6,40	1,30	0,5
069	Aufzüge	–	–	–	–
070	Gebäudeautomation	9.209	10,50	2,10	0,8
075	Raumlufttechnische Anlagen	1.238	1,40	0,28	0,1
	Gebäudetechnik	**152.580**	**173,80**	**34,20**	**12,6**
084	Abbruch- und Rückbauarbeiten	74.409	84,80	16,70	6,2
	Sonstige Leistungsbereiche inkl. 008, 033, 051	**71.324**	**81,30**	**16,00**	**5,9**

© BKI Baukosteninformationszentrum   Kostenstand: 3.Quartal 2015, Bundesdurchschnitt, **inkl.** 19% MwSt.

9100-0109
Stadtbibliothek
Möblierung

Objektübersicht

BRI 27 €/m³ **BGF** 76 €/m² **NF** 90 €/m² **NE** keine Angabe

Objekt:
Kennwerte: 3.Ebene DIN 276
BRI: 3.654m³
BGF: 1.325m²
NF: 1.112m²
Bauzeit: 34 Wochen
Bauende: 2010
Standard: Durchschnitt
Kreis: Rhein-Kreis Neuss,
Nordrhein-Westfalen

Architekt:
null2elf
interior design
Duisburger Straße 44
40477 Düsseldorf

Bauherr:
Stadt Meerbusch
Service Immobilien
40668 Meerbusch

Zeichnungen

9100-0109
Stadtbibliothek
Möblierung

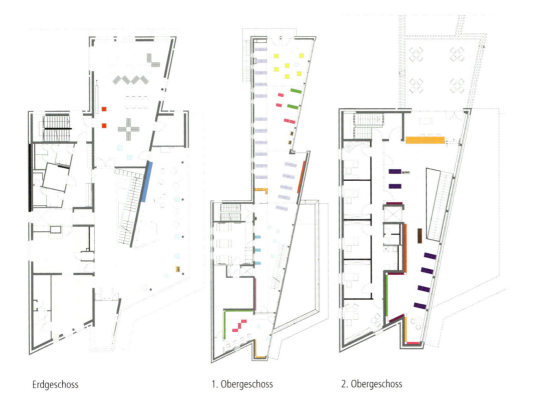

Erdgeschoss   1. Obergeschoss   2. Obergeschoss

Objektbeschreibung

Allgemeine Objektinformationen

Für den Neubau der Stadtbibliothek wurde ein individuelles Möbelkonzept entwickelt und umgesetzt. Alle Möbel sind individuell geplante Lösungen, die in Zusammenarbeit mit einem Schreiner realisiert wurden.

Nutzung

1 Erdgeschoss
Bibliothek

1 Obergeschoss
Bibliothek

1 Dachgeschoss
Bibliothek

Markt

Hauptvergabezeit: 1.Quartal 2010
Baubeginn: 1.Quartal 2010
Bauende: 3.Quartal 2010
Konjunkturelle Gesamtlage: Durchschnitt
Regionaler Baumarkt: Durchschnitt

Baukonstruktion

Einbaumöbel aus direktbeschichteten Spanplatten mit orangefarbenen Rahmen, anthrazitfarbenen Sockeln und satinierten Plexiglasscheiben: Zeitschriftenmöbel, Thekenelemente, PC-Tische, Kaffeebar, Garderobe, Wartebank, Buchrückgabe, Regale, mobile Treppe, Wegweiser-Stelen

Sonstiges

Das auf die C.I. (Colour Index) Farben abgestimmte Möbelkonzept besteht aus drei wesentlichen Elementen: Ein orangefarbener Rahmen, ein anthrazitfarbener Sockel und eine satinierte Plexiglasscheibe, die an eine umgeschlagene Buchseite erinnert. Das System reagiert auf komplexe Anforderungen und bietet Variationen, die das Unterbringen unterschiedlichster Medien und Themenbereiche ermöglicht.

9100-0109 Stadtbibliothek Möblierung

Planungskennwerte für Flächen und Rauminhalte nach DIN 277

	Flächen des Grundstücks	Menge, Einheit		% an FBG
BF	Bebaute Fläche	– m²		–
UBF	Unbebaute Fläche	– m²		–
FBG	Fläche des Baugrundstücks	– m²		–

	Grundflächen des Bauwerks	Menge, Einheit	% an NF	% an BGF
NF	Nutzfläche	1.112,00 m²	100,0	83,9
TF	Technische Funktionsfläche	– m²	–	–
VF	Verkehrsfläche	– m²	–	–
NGF	Netto-Grundfläche	1.112,00 m²	100,0	83,9
KGF	Konstruktions-Grundfläche	213,00 m²	19,2	16,1
BGF	Brutto-Grundfläche	1.325,00 m²	119,2	100,0

	Brutto-Rauminhalt des Bauwerks	Menge, Einheit	BRI/NF (m)	BRI/BGF (m)
BRI	Brutto-Rauminhalt	3.654,00 m³	3,29	2,76

	Lufttechnisch behandelte Flächen	Menge, Einheit	% an NF	% an BGF
	Entlüftete Fläche	– m²	–	–
	Be- und entlüftete Fläche	– m²	–	–
	Teilklimatisierte Fläche	– m²	–	–
	Klimatisierte Fläche	– m²	–	–

KG	Kostengruppen (2.Ebene)	Menge, Einheit		Menge/NF	Menge/BGF
310	Baugrube	– m³	BGI	–	–
320	Gründung	– m²	GRF	–	–
330	Außenwände	– m²	AWF	–	–
340	Innenwände	– m²	IWF	–	–
350	Decken	– m²	DEF	–	–
360	Dächer	– m²	DAF	–	–

Kostenkennwerte für die Kostengruppen der 1.Ebene DIN 276

KG	Kostengruppen (1.Ebene)	Einheit	Kosten €	€/Einheit	€/m² BGF	€/m³ BRI	% 300+400
100	Grundstück	m² FBG	–	–	–	–	–
200	Herrichten und Erschließen	m² FBG	–	–	–	–	–
300	Bauwerk - Baukonstruktionen	m² BGF	100.315	75,71	75,71	27,45	100,0
400	Bauwerk - Technische Anlagen	m² BGF	–	–	–	–	–
	Bauwerk 300+400	**m² BGF**	**100.315**	**75,71**	**75,71**	**27,45**	**100,0**
500	Außenanlagen	m² AUF	–	–	–	–	–
600	Ausstattung und Kunstwerke	m² BGF	46.772	35,30	35,30	12,80	46,6
700	Baunebenkosten	m² BGF	–	–	–	–	–

Kostenstand: 3.Quartal 2015, Bundesdurchschnitt, inkl. 19% MwSt.

9100-0109 Stadtbibliothek Möblierung

Kostenkennwerte für die Kostengruppen der 1.Ebene DIN 276

KG	Kostengruppe	Menge Einheit	Kosten €	€/Einheit	%
3+4	**Bauwerk**				**100,0**
300	**Bauwerk - Baukonstruktionen**	1.325,00 m² BGF	100.315	**75,71**	100,0

Einbaumöbel aus direktbeschichteten Spanplatten mit orangefarbenen Rahmen, anthrazitfarbenen Sockeln und satinierten Plexiglasscheiben: Zeitschriftenmöbel, Thekenelemente, PC-Tische, Kaffeebar, Garderobe, Wartebank, Buchrückgabe, Regale, mobile Treppe, Wegweiser-Stelen

600	**Ausstattung und Kunstwerke**	1.325,00 m² BGF	46.772	**35,30**	46,6

Möbel aus direktbeschichteten Spanplatten mit orangefarbenen Rahmen, anthrazitfarben Sockeln und satinierten Plexiglasscheiben: Präsentationstürme, Minithekständer, OPACs, Regale, Vitrinen, Bilderbuch- und Comictröge, Bücherwagen, Kindertische, Folien-Beschriftungen für Möbel und Einbaumöbel, Fassaden-Schriftzug, Hausnummer

Kostenkennwerte für die Kostengruppen der 2.Ebene DIN 276

9100-0109
Stadtbibliothek
Möblierung

KG	Kostengruppe	Menge Einheit	Kosten €	€/Einheit	%
300	Bauwerk - Baukonstruktionen				100,0
370	Baukonstruktive Einbauten	1.325,00 m² BGF	100.315	**75,71**	100,0

Einbaumöbel aus direktbeschichteten Spanplatten mit orangefarbenen Rahmen, anthrazitfarbenen Sockeln und satinierten Plexiglasscheiben: Zeitschriftenmöbel, vierreihig, Frontalpräsentation (1St), Thekenelemente (2St), PC-Tische, ein bis vier Plätze (5St), Kaffeebar (1St), Garderobe (1St), Buchrückgabe (1St), Regalelemente (26St), Wandregale (11St), mobile Treppe (1St), Wartebank (1St), Wegweiser-Stelen (3St), Pinnwand (1St)

KG	Kostengruppe	Menge Einheit	Kosten €	€/Einheit	%
600	Ausstattung und Kunstwerke				100,0
610	Ausstattung	1.325,00 m² BGF	46.772	**35,30**	100,0

Möbel aus direktbeschichteten Spanplatten mit orangefarbenen Rahmen, anthrazitfarbenen Sockeln und satinierten Plexiglasscheiben: Präsentationstürme (12St), Minithekständer, zweiteilig, oberer Teil mit Drehscheibe (2St), OPACs, öffentlich zugängliche Online-Kataloge (2St), Regalelemente (19St), Vitrinen mit Glasregalböden (2St), Bilderbuch- und Comictröge (7St), Bücherwagen (1St), Kindertische (2St) * Textblöcke, Folie, h=20mm, einzeilig (104St), zweizeilig (38St), drei- bis sechszeilig (30St), h=68mm, einzeilig (80St), h=1400mm (7St), Buchstaben, h=150mm (22St), Logo 970x890mm, Acryl, unterfüttert mit PVC (1St), Fassaden-Schriftzug, Acryl, h=200mm (1St), Hausnummer, h=150mm (1St)

Stadtbibliothek Möblierung

Kostenkennwerte für die Kostengruppen der 3.Ebene DIN 276 (Übersicht)

KG	Kostengruppe	Menge Einheit	€/Einheit	Kosten €	% 300+400
300	Bauwerk - Baukonstruktionen	1.325,00 m² BGF	75,71	100.314,74	100,0
310	Baugrube	–	–	–	–
320	Gründung	–	–	–	–
330	Außenwände	–	–	–	–
340	Innenwände	–	–	–	–
350	Decken	–	–	–	–
360	Dächer	–	–	–	–
370	Baukonstruktive Einbauten	1.325,00 m² BGF	75,71	100.314,74	100,0
371	Allgemeine Einbauten	–	–	–	–
372	Besondere Einbauten	1.325,00 m² BGF	75,71	100.314,74	100,0
379	Baukonstruktive Einbauten, sonstiges	–	–	–	–
390	Sonst. Maßnahmen Baukonstruktionen				
400	Bauwerk - Technische Anlagen	–	–	–	–
410	Abwasser-, Wasser-, Gasanlagen	–	–	–	–
420	Wärmeversorgungsanlagen	–	–	–	–
430	Lufttechnische Anlagen	–	–	–	–
440	Starkstromanlagen	–	–	–	–
450	Fernm.- und informationstechn. Anlagen	–	–	–	–
460	Förderanlagen	–	–	–	–
470	Nutzungsspezifische Anlagen	–	–	–	–
480	Gebäudeautomation	–	–	–	–
490	Sonst. Maßnahmen für Techn. Anlagen	–	–	–	–

Kostenkennwerte für Leistungsbereiche nach StLB (Kosten des Bauwerks nach DIN 276)

9100-0109
Stadtbibliothek
Möblierung

LB	Leistungsbereiche	Kosten €	€/m² BGF	€/m³ BRI	% an 3+4
	Rohbau	–	–	–	–
023	Putz- und Stuckarbeiten, Wärmedämmsysteme	–	–	–	–
024	Fliesen- und Plattenarbeiten	–	–	–	–
025	Estricharbeiten	–	–	–	–
026	Fenster, Außentüren inkl. 029, 032	–	–	–	–
027	Tischlerarbeiten	100.315	75,70	27,50	100,0
028	Parkett-, Holzpflasterarbeiten	–	–	–	–
030	Rollladenarbeiten	–	–	–	–
031	Metallbauarbeiten inkl. 035	–	–	–	–
034	Maler- und Lackiererarbeiten inkl. 037	–	–	–	–
036	Bodenbelagsarbeiten	–	–	–	–
038	Vorgehängte hinterlüftete Fassaden	–	–	–	–
039	Trockenbauarbeiten	–	–	–	–
	Ausbau	100.315	75,70	27,50	100,0
	Gebäudetechnik	–	–	–	–
	Sonstige Leistungsbereiche inkl. 008, 033, 051	–	–	–	–

9100-0110
Bibliothek
Inneneinrichtung

Objektübersicht

BRI keine Angabe   **BGF** 386 €/m²   **NF** 485 €/m²   **NE** keine Angabe

Objekt:
Kennwerte: 1.Ebene DIN 276
BRI: –
BGF: 355m²
NF: 282m²
Bauzeit: 25 Wochen
Bauende: 2013
Standard: über Durchschnitt
Kreis: Stadt Köln,
Nordrhein-Westfalen

Architekt:
FRANKE
Architektur I Innenarchitektur
Monschauer Landstr. 2
52355 Düren

vorher

nachher

9100-0110
Bibliothek
Inneneinrichtung

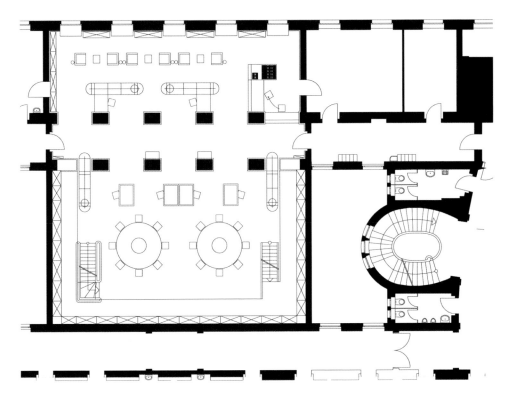

Grundriss

9100-0110 Bibliothek Inneneinrichtung

Objektbeschreibung

Allgemeine Objektinformationen

Bereits vor Ausführung dieser Maßnahme wurden das Glasdach der historischen Bibliothek im denkmalgeschützten Gebäude des Oberlandesgerichts Köln am Reichenspergerplatz über dem großen Lesesaal durch eine moderne Stahl-Glas-Konstruktion ersetzt und der Fußboden erneuert. Im Zuge dieser Umbaumaßnahme sollte ein Konzept zur Integration von neuen Möbelelementen in eine denkmalgeschützte Umgebung entwickelt und umgesetzt werden. Die Bibliothek verfügt über zwei Räume, die durch eine Flurzone unterbrochen werden. Die hinzugefügten raumbildenden Ausbauten verbinden den Glaskuppelsaal über den Flur hinweg mit dem neuen Lese-Loungebereich und der Empfangszone. Side- und Highbordelemente bieten zusätzlichen Stauraum für Bücher, schaffen Übergänge und gliedern verschiedene Funktionsbereiche, die dem Nutzer unterschiedliche Aufenthalts- und Arbeitsqualitäten bieten. Die Side- und Highbords haben eine 8mm Glasauflage, die unterseitig blickdicht ablackiert sind. Inspiriert durch historische Lese- und Arbeitstische mit Linoleumschreibeinlage wurde sowohl im Empfangstresenbereich als auch in den Fronten des Zeitschriftenregals mit Linoleum gearbeitet.

Nutzung

1 Erdgeschoss
Bibliothek

Nutzeinheiten

Arbeitsplätze: 3

Markt

Hauptvergabezeit: 3.Quartal 2012
Baubeginn: 3.Quartal 2012
Bauende: 1.Quartal 2013
Konjunkturelle Gesamtlage: über Durchschnitt
Regionaler Baumarkt: Durchschnitt

Baubestand

Baujahr: 1911
Bauzustand: gut
Aufwand: hoch
Grundrissänderungen: wenig
Tragwerkseingriffe: Nein
Nutzungsänderung: Nein
Nutzung während der Bauzeit: Ja

Technische Anlagen

Eine variable LED Lichttechnik in den Sockelbereichen der Möbel nimmt den Elementen jede Schwere. Die Lichttechnik ist steuerbar und kann je nach Nutzung variiert werden.

Sonstiges

Die neue Inneneinrichtung bietet insgesamt 28 Bibliotheksarbeitsplätze.

**9100-0110
Bibliothek
Inneneinrichtung**

Planungskennwerte für Flächen und Rauminhalte nach DIN 277

Flächen des Grundstücks		Menge, Einheit	% an FBG
BF	Bebaute Fläche	– m²	–
UBF	Unbebaute Fläche	– m²	–
FBG	Fläche des Baugrundstücks	– m²	–

Grundflächen des Bauwerks		Menge, Einheit	% an NF	% an BGF
NF	Nutzfläche	282,00 m²	100,0	79,4
TF	Technische Funktionsfläche	– m²	–	–
VF	Verkehrsfläche	– m²	–	–
NGF	Netto-Grundfläche	282,00 m²	100,0	79,4
KGF	Konstruktions-Grundfläche	73,00 m²	25,9	20,6
BGF	Brutto-Grundfläche	355,00 m²	125,9	100,0

Brutto-Rauminhalt des Bauwerks		Menge, Einheit	BRI/NF (m)	BRI/BGF (m)
BRI	Brutto-Rauminhalt	– m³	–	–

Lufttechnisch behandelte Flächen	Menge, Einheit	% an NF	% an BGF
Entlüftete Fläche	– m²	–	–
Be- und entlüftete Fläche	– m²	–	–
Teilklimatisierte Fläche	– m²	–	–
Klimatisierte Fläche	– m²	–	–

KG	Kostengruppen (2.Ebene)	Menge, Einheit		Menge/NF	Menge/BGF
310	Baugrube	– m³	BGI	–	–
320	Gründung	– m²	GRF	–	–
330	Außenwände	– m²	AWF	–	–
340	Innenwände	– m²	IWF	–	–
350	Decken	– m²	DEF	–	–
360	Dächer	– m²	DAF	–	–

Kostenkennwerte für die Kostengruppen der 1.Ebene DIN 276

KG	Kostengruppen (1.Ebene)	Einheit	Kosten €	€/Einheit	€/m² BGF	€/m³ BRI	% 300+400
100	Grundstück	m² FBG	–	–	–	–	–
200	Herrichten und Erschließen	m² FBG	–	–	–	–	–
300	Bauwerk - Baukonstruktionen	m² BGF	130.048	366,33	366,33	–	95,0
400	Bauwerk - Technische Anlagen	m² BGF	6.847	19,29	19,29	–	5,0
	Bauwerk 300+400	**m² BGF**	**136.896**	**385,62**	**385,62**	–	**100,0**
500	Außenanlagen	m² AUF	–	–	–	–	–
600	Ausstattung und Kunstwerke	m² BGF	6.421	18,09	18,09	–	4,7
700	Baunebenkosten	m² BGF	–	–	–	–	–

© BKI Baukosteninformationszentrum   Kostenstand: 3.Quartal 2015, Bundesdurchschnitt, inkl. 19% MwSt.

9100-0110
Bibliothek
Inneneinrichtung

Kostenkennwerte für die Kostengruppen der 1.Ebene DIN 276

KG	Kostengruppe	Menge Einheit	Kosten €	€/Einheit	%
3+4	**Bauwerk**				100,0
300	**Bauwerk - Baukonstruktionen**	355,00 m² BGF	130.048	**366,33**	95,0

Anpassarbeiten bestehende Wandvertäfelung; Empfangstheke mit Linoleumoberfläche, Materialstärke 30mm, HPL-Beschichtung, Massivanleimer, Glasablage, Sidebords mit Glasauflage, unterseitig lackiert, Materialstärke 30mm, HPL-Beschichtung, Massivanleimer (2St), Zeitschriftenschrank- und Regalelement mit Linoleumoberflächen, Materialstärke 30mm, HPL-Beschichtung, Massivanleimer (1St), Stehpulte (2St), Wandpaneele aus Glas für Schließfächer und Garderobe, Materialstärke 20mm, HPL-Beschichtung, Glaspaneel, ESG, 8mm (2St)

400	**Bauwerk - Technische Anlagen**	355,00 m² BGF	6.847	**19,29**	5,0

Änderungen an bestehenden Steckdosen und Schaltern, LED-Beleuchtung im Sockelbereich der neuen Möblierung, Verkabelung, Steuerpult im Empfangstresen, Kugelleuchten

600	**Ausstattung und Kunstwerke**	355,00 m² BGF	6.421	**18,09**	4,7

Möblierung Loungebereich, Tischleuchten

Objekte

3. Ebene

Positionen Neubau

Positionen Altbau

9100-0119
Pfarrkirche

Objektübersicht

BRI 71 €/m³ BGF 405 €/m² NF 499 €/m² NE keine Angabe

Umbau

Objekt:
Kennwerte: 3.Ebene DIN 276
BRI: 6.459m³
BGF: 1.129m²
NF: 915m²
Bauzeit: 56 Wochen
Bauende: 2014
Standard: über Durchschnitt
Kreis: Landshut,
Bayern

Architekt:
Nadler·Sperk·Reif
Architektenpartnerschaft BDA
Altstadt 18
84028 Landshut
mit
Bischöfliches Ordinariat
Regensburg - Baureferat

vorher

nachher

Zeichnungen

9100-0119
Pfarrkirche

Umbau

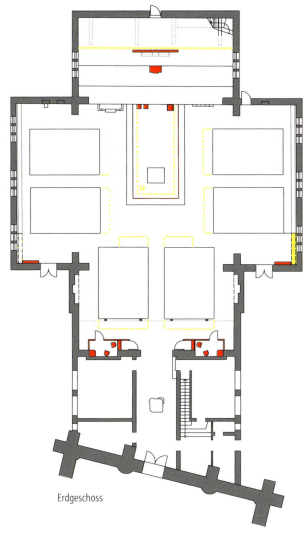

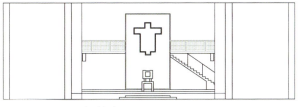

Ansicht Innenraum

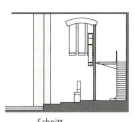

Schnitt

9100-0119 Pfarrkirche

Umbau

Objektbeschreibung

Allgemeine Objektinformationen

Der Neubau von St. Nikola ist der erste Zentralbau und gleichzeitig der letzte Kirchenbau, den Architekt Hans Döllgast (1891 – 1974) im Alter von 73 Jahren entworfen hat. Es ist ein Zentralbau auf dem Grundriss eines griechischen Kreuzes mit einem mittig angeordneten Altar. Döllgast hatte seinen Bau nicht fertiggestellt und zog sich 1965 bald nach Beginn der Arbeiten wegen Unstimmigkeiten mit der Bauherrschaft zurück. Der aktuelle Auftrag für das Architekturbüro war, über funktionale, liturgische und optische Verbesserungen nachzudenken und gleichzeitig den ursprünglich angedachten Zentralraum im Döllgastschen Sinne zu stärken und dem Kirchenraum die nötige Klarheit zurückzugeben.

Nutzung

1 Erdgeschoss
Kirchenraum, Sakristei

1 Obergeschoss
Emporen

Besonderer Kosteneinfluss Nutzung:
Gestaltungssatzung, Einbindung des Urheberrechtsinhabers, der Denkmalpflege und der Kommission für Kirchliche Kunst

Nutzeinheiten

Sitzplätze: 374

Markt

Hauptvergabezeit: 2.Quartal 2013
Baubeginn: 1.Quartal 2013
Bauende: 2.Quartal 2014
Konjunkturelle Gesamtlage: über Durchschnitt
Regionaler Baumarkt: Durchschnitt

Baubestand

Baujahr: 1965
Bauzustand: mittel
Aufwand: mittel
Grundrissänderungen: einige
Tragwerkseingriffe: wenige
Nutzungsänderung: nein
Nutzung während der Bauzeit: nein

Baukonstruktion

Zur Stärkung des liturgischen Zentrums und gleichzeitig der räumlichen Mitte wurden die Altarinsel verbreitert und die ersten Bankreihen um den Altar dreiseitig entfernt. Zur Öffnung des Chorraums vom Altarbereich aus wurden die Chormauer und die Gipskartonverkleidung der Empore entfernt und die Ambonen als frei im Raum stehende Skulpturen beidseitig zur Raumachse hin nach innen gerückt. Um den vierten Grundrissarm wieder in das liturgische Geschehen einzubeziehen, wurde der Tabernakel als Ort des Allerheiligsten zentral an sein Ende gesetzt. Die stärkste Intervention bedeutete die vergoldete Rückwand. Die lebendige, fast textil wirkende Verarbeitung des Blattgolds lässt jede Veränderung des Tageslichts spürbar werden. Selbst bei trübem Wetter vermittelt das Gold einen Hauch von Sonnenlicht. Davor scheint die Kreuzigungsgruppe nun frei zu schweben. Eine Vielzahl von Einbauleuchten in der Decke ermöglicht für jeden Anlass die richtige Lichtstimmung. Die alten Beichtstühle wurden entfernt und zwei neue Beichtzimmer für Beichtgespräch und anonyme Beichte unter der Orgelempore integriert. Der vorhandene Kreuzweg aus bemalten Keramiktafeln wurde neu geordnet.

Technische Anlagen

Die Sicherheitstechnik sowie die Beschallungsanlage inklusive der Hörschleife im Gestühlsblock wurden erneuert. Sämtliche Elektroinstallationen inklusive des Rückbaus der Deckenleuchten und Realisierung von Einbaustrahlern in LED-Technik erfolgten in der abgehängten Decke.

Planungskennwerte für Flächen und Rauminhalte nach DIN 277

9100-0119
Pfarrkirche

Umbau

Flächen des Grundstücks

		Menge, Einheit	% an FBG
BF	Bebaute Fläche	– m²	–
UBF	Unbebaute Fläche	– m²	–
FBG	Fläche des Baugrundstücks	– m²	–

Grundflächen des Bauwerks

		Menge, Einheit	% an NF	% an BGF
NF	Nutzfläche	915,10 m²	100,0	81,1
TF	Technische Funktionsfläche	– m²	–	–
VF	Verkehrsfläche	64,20 m²	7,0	5,7
NGF	Netto-Grundfläche	979,30 m²	107,0	86,8
KGF	Konstruktions-Grundfläche	149,60 m²	16,4	13,3
BGF	Brutto-Grundfläche	1.128,90 m²	123,4	100,0

Brutto-Rauminhalt des Bauwerks

		Menge, Einheit	BRI/NF (m)	BRI/BGF (m)
BRI	Brutto-Rauminhalt	6.459,00 m³	7,06	5,72

Lufttechnisch behandelte Flächen

	Menge, Einheit	% an NF	% an BGF
Entlüftete Fläche	– m²	–	–
Be- und entlüftete Fläche	– m²	–	–
Teilklimatisierte Fläche	– m²	–	–
Klimatisierte Fläche	– m²	–	–

KG	Kostengruppen (2.Ebene)	Menge, Einheit	Menge/NF	Menge/BGF
310	Baugrube	– m³ BGI	–	–
320	Gründung	363,51 m² GRF	0,40	0,32
330	Außenwände	1.110,72 m² AWF	1,21	0,98
340	Innenwände	398,74 m² IWF	0,44	0,35
350	Decken	827,88 m² DEF	0,90	0,73
360	Dächer	– m² DAF	–	–

Kostenkennwerte für die Kostengruppen der 1.Ebene DIN 276

KG	Kostengruppen (1.Ebene)	Einheit	Kosten €	€/Einheit	€/m² BGF	€/m³ BRI	% 300+400
100	Grundstück	m² FBG	–	–	–	–	–
200	Herrichten und Erschließen	m² FBG	–	–	–	–	–
300	Bauwerk - Baukonstruktionen	m² BGF	331.645	293,78	293,78	51,35	72,6
400	Bauwerk - Technische Anlagen	m² BGF	125.076	110,80	110,80	19,36	27,4
	Bauwerk 300+400	**m² BGF**	**456.721**	**404,57**	**404,57**	**70,71**	**100,0**
500	Außenanlagen	m² AUF	–	–	–	–	–
600	Ausstattung und Kunstwerke	m² BGF	36.024	31,91	31,91	5,58	7,9
700	Baunebenkosten	m² BGF	–	–	–	–	–

Kostenkennwerte für die Kostengruppen der 1.Ebene DIN 276

KG	Kostengruppe	Menge Einheit	Kosten €	€/Einheit	%
3+4	**Bauwerk**				100,0
300	**Bauwerk - Baukonstruktionen**	1.128,90 m² BGF	331.645	**293,78**	72,6

- Abbrechen (Kosten: 3,9%) — 12.885
  Abbruch von Gitterrost, Natursteinblockstufen, Natursteinplatten; Kalkanstrichen; Brüstungsmauerwerk; PVC-Belägen, Holzwolleleichtbauplatten; Kirchenbänken, Kniebänken, Stb-Podesten, Beichtstühlen; Entsorgung, Deponiegebühren

- Wiederherstellen (Kosten: 21,1%) — 69.970
  Natursteinbelag instandsetzen, ausbessern, abschleifen, Dielenbelag abbrechen, Abschlussleisten anbringen, Holzdielen abschleifen, streichen; Fenster instandsetzen, Wetterschenkel einbauen, Holzeingangstür schleifen, lasieren, Holzfenster schleifen, lasieren, Wasserauffangrinnen schleifen, lackieren, Fenstereisen entrosten, lackieren, Putz ausbessern, Schimmelpilz entfernen, Lüftungsgitter ausbessern, lackieren; Stahlstützen kürzen, Türen instandsetzen; Wechsel in Decken einbauen, Holzpaneele reinigen, Wasserflecken retuschieren, Randfries aus Einzeltafeln überarbeiten, Einzeltafeln ersetzen, Holzgeländer überarbeiten, Geländerbretter erneuern, Geländerverstärkung; Armauflagen schleifen, lackieren, Kirchenbänke kürzen, zwischenlagern von Sedilien, Ambo, Lesungsambo, Tabernakel

- Herstellen (Kosten: 75,0%) — 248.789
  Unterbeton, Natursteinplatten, Natursteinblockstufen, Gitterroste; Putz, Kalktünche, Anstrich, Türstopper; Schließzylinder, Türschloss; Parkett, Einbaugehäuse für Leuchten, Treppengeländer, Absturzsicherung; Ablagefächer an Kirchenbänken, Sitzbankauflagen, Schubladenauszug, Betonpodest, Tabernakelunterbau, Beichtzimmer, Schriftenstände, Sedilien, Priestersitz, Lesepult für Ambo, Evangeliar, Kredenz

KG	Kostengruppe	Menge Einheit	Kosten €	€/Einheit	%
400	**Bauwerk - Technische Anlagen**	1.128,90 m² BGF	125.076	**110,80**	27,4

- Abbrechen (Kosten: 1,9%) — 2.399
  Abbruch von Elektroinstallation, Leuchten; Entsorgung, Deponiegebühren

- Wiederherstellen (Kosten: 17,1%) — 21.404
  Verteiler erweitern, Lageplantableau ändern; Kirchenorgel reinigen, überarbeiten und stimmen, Schimmelbefall beseitigen

- Herstellen (Kosten: 81,0%) — 101.273
  Rippenheizrohre, Steuerungen; Anschlüsse Beichtzimmer, Elektroinstallation, Beleuchtung; Fernmeldeleitungen, Mikrofonkabel, Lautsprecherdosen, Erweiterung Brandmeldezentrale, Rauchansaugsystem, Multisensormelder, Meldersockelheizungen; LED-Liedtafeln; Lichtsteueranlage

KG	Kostengruppe	Menge Einheit	Kosten €	€/Einheit	%
600	**Ausstattung und Kunstwerke**	1.128,90 m² BGF	36.024	**31,91**	7,9

- Abbrechen (Kosten: 2,1%)   771
  Ölgemälde abnehmen, einlagern, ornamentalen Schriftzug abnehmen

- Wiederherstellen (Kosten: 10,0%)   3.593
  Kreuzigungsgruppe, Kreuzwegtafeln, Apostelleuchter, Glockenhalterung abnehmen, restaurieren, anbringen

- Herstellen (Kosten: 87,9%)   31.660
  Türschilder; Wandscheibe, Holzständerkonstruktion, Vorderseite: Blattgoldauflage, Rückseite: Anstrich, Abschlusszarge, Befestigung Kreuzigungsgruppe

Pfarrkirche

Umbau

Kostenkennwerte für die Kostengruppen der 2.Ebene DIN 276

KG	Kostengruppe	Menge Einheit	Kosten €	€/Einheit	%
300	**Bauwerk - Baukonstruktionen**				**100,0**
320	**Gründung**	363,51 m² GRF	27.013	**74,31**	8,1

- Abbrechen (Kosten: 7,6%) — 2.054
Abbruch von Gitterrost, entsorgen (3m²), Ausbau von Natursteinblockstufen, reinigen, lagern (20m), Natursteinplatten, reinigen, lagern (20St)

- Wiederherstellen (Kosten: 23,9%) — 6.449
Natursteinbelag ausbauen, wieder einbauen (3m²), verfärbte Bodenplatten überschleifen (60m²), Natursteinbelag ausbessern (5m²), Überzähne abschleifen (5m²), Holzdielen kürzen, Lagerhölzer abbrechen, Abschlussleisten anbringen, farblich anpassen (69m²), Holzdielen abschleifen, streichen (169m²)

- Herstellen (Kosten: 68,5%) — 18.510
Stb-Unterbeton (3m³), Natursteinbelag (48m²), Natursteinblockstufen (23m), Natursteinsockel (23m), Gitterroste, Messing (2m²)

330	**Außenwände**	1.110,72 m² AWF	39.547	**35,61**	11,9

- Abbrechen (Kosten: 0,2%) — 75
Abbruch von nicht tragfähigen Kalkanstrichen (17m²); Entsorgung, Deponiegebühren

- Wiederherstellen (Kosten: 25,7%) — 10.163
Fenster ausbauen, lackieren, neu verglasen, wieder einbauen (4St), Lüftungsflügel gangbar machen, Seilzüge erneuern (4St), Wetterschenkel einbauen (4St), Holzeingangstür schleifen, lasieren (14m²), Holzfenster schleifen, lasieren (15m²), Wasserauffangrinnen schleifen, lackieren (21m), Fensterreisen entrosten, lackieren (416m) * Putzrisse schließen (psch), Schimmelpilz entfernen, Putz sanieren (67m²), Fehlstellen im Putz ausbessern (27h) * Lüftungsgitter schleifen, ausbessern, lackieren (2St), Abstandhalter für Taubenschutzgitter erneuern (2St)

- Herstellen (Kosten: 74,1%) — 29.310
Kalkputz (16m²), Installationsschlitze schließen (24m²), Hochdruckreinigung, Spachtelung, Kalktünche (951m²), Kalktünche auf Laibungen (77m²), Mineralfarbanstrich (38m²) * Türstopper, Bronze (2St)

340	**Innenwände**	398,74 m² IWF	12.203	**30,60**	3,7

- Abbrechen (Kosten: 20,8%) — 2.534
Abbruch von Brüstungsmauerwerk, Ziegel, verputzt, d=32cm (17m²); Entsorgung, Deponiegebühren

- Wiederherstellen (Kosten: 41,6%) — 5.080
Stahlstützen 140x140x6mm, mit Betonfüllung, 105cm kürzen (4St) * Türen und Lüftungsgitter reinigen, schleifen, lackieren (34m²)

- Herstellen (Kosten: 37,6%) — 4.588
Schließzylinder (2St), Türschloss (1St) * Hochdruckreinigung, Spachtelung, Kalktünche (126m²), Silikatanstrich (221m²), Stützen lackieren (11m²)

KG	Kostengruppe	Menge Einheit	Kosten €	€/Einheit	%
350	**Decken**	827,88 m² DEF	72.145	**87,14**	21,8

- Abbrechen (Kosten: 1,3%) — 946
  Abbruch von PVC-Belägen, Holzwolleleichtbauplatten (69m²); Entsorgung, Deponiegebühren

- Wiederherstellen (Kosten: 53,3%) — 38.437
  Einbau von Wechseln (6m²) * Holzpaneele händisch reinigen (631m²), Wasserflecken retuschieren (19h), Randfries aus Einzeltafeln 30x10cm, sichern, verschrauben, Beschichtung mit Goldbronze (540St), Einzeltafeln ersetzen (101St) * Holzgeländer überarbeiten, Geländerfelder demontieren, Pfosten mit Stahllaschen verstärken, Geländerfelder mit neuen Stahlbauteilen wieder anbringen, Geländerbretter erneuern, Geländer streichen (27m²), Geländerverstärkung, L-Profile (29m)

- Herstellen (Kosten: 45,4%) — 32.762
  Verlegeplatte als Unterboden, Parkett (69m²), Sockelleisten (29m) * Hochdruckreinigung (218m²), Silikatanstrich (110m²), Spachtelung, Kalktünche (124m²), Treppenlauf streichen (5m³), GK-Einbaugehäuse für Einbauleuchten (78St) * Stahl-Treppengeländer (6m), Absturzsicherung, Stahl, Stahlblech (6m)

KG	Kostengruppe	Menge Einheit	Kosten €	€/Einheit	%
370	**Baukonstruktive Einbauten**	1.128,90 m² BGF	105.076	**93,08**	31,7

- Abbrechen (Kosten: 6,9%) — 7.277
  Abbruch von Kirchenbänken, Holz (37m), Kniebänken (12h) * Stb-Podesten (5m³), Beichtstühlen 2,70x1,00x2,40m, Holz (3St); Entsorgung, Deponiegebühren

- Wiederherstellen (Kosten: 9,4%) — 9.840
  Armauflagen schleifen, neu lackieren (212m), Kirchenbänke kürzen, wieder einbauen (2St) * ausbauen, zwischenlagern und wieder einbauen von Sedilien, Kalkstein (3St), Ambo (1St), Lesungsambo (1St), Tabernakel (1St)

- Herstellen (Kosten: 83,7%) — 87.959
  Ablagefächer an Kirchenbänken anbringen, Holz (2St), Sitzbankauflagen, l=4,18-4,70m (42St), Schubladenauszug mit Drehteller (1St) * Betonpodest (1m²), Tabernakelunterbau, dreiteilig, Naturstein (1St), Stahlkonstruktion zur Lastabtragung Tabernakel (psch), Beichtzimmer 3,95x1,60x2,41m, Holzständer, Mineralwolldämmung, MDF-Schlitzplattenbekleidung, Dielenboden, Dickholzdecke, MDF-Schlitzplatten, abgehängt, Mittelwand mit Beichtgitter, Kniebank, Einbautisch, Lüftungsgerät, Fußleistenkonvektor, Lichtleisten, Steckdosen, Schalter (2St), Schriftenstände, Holz, Geldkassetten (2St), Sedilien, Mehrschichtplatten (6St), Priestersitz, Mehrschichtplatten (1St), Lesepult für Ambo, Baubronze (1St), Evangeliar, Baubronze (1St), Kredenz, Baubronze (1St)

KG	Kostengruppe	Menge Einheit	Kosten €	€/Einheit	%
390	**Sonstige Baukonstruktionen**	1.128,90 m² BGF	75.660	**67,02**	22,8

- Herstellen (Kosten: 100,0%) — 75.660
  Baustellen-WC (1St), Bauzaun (53m), Tür (1St), Baustrom (psch) * Arbeitsgerüst (1.336m²), Flächengerüst (627m²), Traggerüst (89m²), Gitterträger (13m), Gerüsttreppen (2St) * Bauschutt (21m³), Baumischabfall (5t) * Staubschutzwand (14m²), Schutzabdeckungen für Bodenbeläge (434m²), Stufen (89m), Treppe (psch), Einhausungen für Einbauten (5St), Folienabdeckungen, Kirchenbänke (6St), Türschutz (2St), Endreinigung

9100-0119
Pfarrkirche

Umbau

9100-0119 Pfarrkirche

Umbau

KG	Kostengruppe	Menge Einheit	Kosten €	€/Einheit	%
400	**Bauwerk - Technische Anlagen**				**100,0**
420	Wärmeversorgungsanlagen	1.128,90 m² BGF	1.279	**1,13**	1,0

- Herstellen (Kosten: 100,0%) 1.279
  Rippenheizrohre, l=50cm, Steuerungen (2St)

440	**Starkstromanlagen**	1.128,90 m² BGF	67.445	**59,74**	53,9

- Abbrechen (Kosten: 3,6%) 2.399
  Abbruch von Verteilern (20St), Sicherungen (15St), Elektroleitungen (1.010m), Installationsgeräten (25St); Entsorgung, Deponiegebühren * Ausbau von Pendelleuchten, lagern (8St), Anbauleuchten, lagern (10St)

- Wiederherstellen (Kosten: 1,2%) 816
  Verteiler umbauen, erweitern (1St), Lageplantableau ändern für Touch-PC (1St)

- Herstellen (Kosten: 95,2%) 64.230
  Anschlüsse Beichtzimmer (2St), Anwesenheitsschalter (2St), Mantelleitungen NYM (2.439m), Leerrohre (775m), Kabelkanäle (112m), Schalter (16St), Steckdosen (24St), Fußbodensteckdosen (20St), Bewegungsmelder (1St), Brandschotts (6St), Geräteanschlüsse (30St), Anschlussdosen (2St) * LED-Einbauleuchten (48St), Einbau-Richtstrahler, Dimmer (21St), LED-Anbauleuchten (13St), LED-Wandfluter-Einbauleuchten (3St), Lichtleisten (2St), Anbauleuchten (4St)

450	**Fernmelde-, informationstechn. Anl.**	1.128,90 m² BGF	17.947	**15,90**	14,3

- Herstellen (Kosten: 100,0%) 17.947
  Fernmeldeleitungen J-Y(ST)Y (220m) * Mikrofonkabel (780m), Lautsprecherdoppeldosen (10St) * Erweiterung Brandmeldezentrale (psch), Rauchansaugsystem, Koppler, Netzgerät (1St), Rauchansaugrohrsystem (75m), Multisensormelder (3St), Meldersockelheizungen (7St), Netzgerät (1St)

470	**Nutzungsspezifische Anlagen**	1.128,90 m² BGF	26.115	**23,13**	20,9

- Wiederherstellen (Kosten: 78,8%) 20.589
  Kirchorgel reinigen, überarbeiten, stimmen, Schimmelbefall beseitigen (psch)

- Herstellen (Kosten: 21,2%) 5.526
  LED-Liedtafeln 365x365x22mm, Ziffernhöhe 119mm (2St), 245x245x22mm, Ziffernhöhe 71mm (2St), Bediengerät, Funkempfänger, Funksender (1St)

480	**Gebäudeautomation**	1.128,90 m² BGF	12.291	**10,89**	9,8

- Herstellen (Kosten: 100,0%) 12.291
  Lichtsteueranlage: Relaismodul (1St), Universaldimmer (2St), Repeater (8St), Touchpanel (1St), Netzgeräte (2St), Bedienelemente (3St), Tastensteuergerät (1St), Bildschirmseiten (4St), Datenpunkte (60St)

600	**Ausstattung und Kunstwerke**				**100,0**
610	**Ausstattung**	1.128,90 m² BGF	177	**0,16**	0,5

- Herstellen (Kosten: 100,0%) 177
  Türschilder (2St)

KG	Kostengruppe	Menge Einheit	Kosten €	€/Einheit	%
620	**Kunstwerke**	1.128,90 m² BGF	35.847	**31,75**	99,5

- Abbrechen (Kosten: 2,2%)   771
  Ölgemälde abnehmen, einhausen, einlagern (2St), ornamentalen Schriftzug abnehmen (psch)

- Wiederherstellen (Kosten: 10,0%)   3.593
  Kreuzigungsgruppe 3,01x2,66m, abnehmen, einlagern (psch), Kreuzigungsgruppe restaurieren (19h), Kreuzwegtafeln 40x40cm, Ton, abnehmen, einlagern, restaurieren, wieder anbringen (14St), Apostelleuchter abnehmen, einlagern, restaurieren, Vergoldung erneuern, anbringen (12St), Glockenhalterung abnehmen, restaurieren, anbringen (1St)

- Herstellen (Kosten: 87,8%)   31.482
  Wandscheibe 7,05x4,30m, d=19,5cm, Holzständer, GK-Bekleidung, Vorderseite: Spachtelung, Lackierung, Blattgoldauflage 22 1/2 Karat, Rückseite: Silikatanstrich (30m²), Abschlusszarge, Flachstahl (18m), Befestigung Kreuzigungsgruppe (psch)

9100-0119
Pfarrkirche

Umbau

9100-0119
Pfarrkirche

Umbau

Kostenkennwerte für die Kostengruppen der 3.Ebene DIN 276 (Übersicht)

KG	Kostengruppe	Menge Einheit	€/Einheit	Kosten €	% 300+400
300	**Bauwerk - Baukonstruktionen**	1.128,90 m² BGF	293,78	331.644,54	72,6
310	Baugrube	–	–	–	–
320	Gründung	363,51 m² GRF	74,31	27.013,33	5,9
321	Baugrundverbesserung	–	–	–	–
322	Flachgründungen	–	–	–	–
323	Tiefgründungen	–	–	–	–
324	Unterböden und Bodenplatten	–	–	–	–
325	Bodenbeläge	363,51 m²	74,31	27.013,33	5,9
	Abbrechen	15,12 m²	135,86	2.054,21	0,4
	Wiederherstellen	308,02 m²	20,94	6.449,35	1,4
	Herstellen	55,48 m²	333,62	18.509,77	4,1
326	Bauwerksabdichtungen	–	–	–	–
327	Dränagen	–	–	–	–
329	Gründung, sonstiges	–	–	–	–
330	**Außenwände**	1.110,72 m² AWF	35,61	39.547,06	8,7
331	Tragende Außenwände	–	–	–	–
332	Nichttragende Außenwände	–	–	–	–
333	Außenstützen	–	–	–	–
334	Außentüren und -fenster	55,09 m²	124,99	6.885,10	1,5
	Wiederherstellen	55,09 m²	124,99	6.885,10	1,5
335	Außenwandbekleidungen außen	–	–	–	–
336	Außenwandbekleidungen innen	1.055,63 m²	29,90	31.560,43	6,9
	Abbrechen	17,28 m²	4,31	74,53	< 0,1
	Wiederherstellen	66,85 m²	36,78	2.458,92	0,5
	Herstellen	988,78 m²	29,36	29.026,98	6,4
337	Elementierte Außenwände	–	–	–	–
338	Sonnenschutz	–	–	–	–
339	Außenwände, sonstiges	1.110,72 m²	0,99	1.101,54	0,2
	Wiederherstellen	121,94 m²	6,72	818,81	0,2
	Herstellen	988,78 m²	0,29	282,73	0,1
340	**Innenwände**	398,74 m² IWF	30,60	12.202,82	2,7
341	Tragende Innenwände	–	–	–	–
342	Nichttragende Innenwände	40,21 m²	63,03	2.533,92	0,6
	Abbrechen	17,21 m²	147,21	2.533,92	0,6
343	Innenstützen	–	–	789,53	0,2
	Wiederherstellen	–	–	789,53	0,2
344	Innentüren und -fenster	40,21 m²	112,86	4.537,43	1,0
	Wiederherstellen	40,21 m²	106,73	4.290,90	0,9
	Herstellen	–	–	246,53	0,1
345	Innenwandbekleidungen	262,25 m²	16,56	4.341,94	1,0
346	Elementierte Innenwände	–	–	–	–
349	Innenwände, sonstiges	–	–	–	–
350	**Decken**	827,88 m² DEF	87,14	72.145,18	15,8
351	Deckenkonstruktionen	6,00 m²	272,09	1.632,53	0,4
	Wiederherstellen	6,00 m²	272,09	1.632,53	0,4
352	Deckenbeläge	69,00 m²	185,90	12.826,98	2,8
	Abbrechen	69,00 m²	13,71	946,05	0,2
	Herstellen	69,00 m²	172,19	11.880,93	2,6

© BKI Baukosteninformationszentrum Kostenstand: 3.Quartal 2015, Bundesdurchschnitt, **inkl. 19% MwSt.**

KG	Kostengruppe	Menge Einheit	€/Einheit	Kosten €	% 300+400
353	Deckenbekleidungen	827,88 m²	31,13	25.768,90	5,6
	Wiederherstellen	631,10 m²	26,63	16.805,59	3,7
	Herstellen	196,78 m²	45,55	8.963,30	2,0
359	Decken, sonstiges	827,88 m²	38,55	31.916,79	7,0
	Wiederherstellen	631,10 m²	31,69	19.999,25	4,4
	Herstellen	196,78 m²	60,56	11.917,53	2,6
360	**Dächer**	–	–	–	–
370	**Baukonstruktive Einbauten**	1.128,90 m² BGF	93,08	105.075,97	23,0
371	Allgemeine Einbauten	1.128,90 m² BGF	18,51	20.891,40	4,6
	Abbrechen	1.128,90 m² BGF	1,28	1.444,40	0,3
	Wiederherstellen	1.128,90 m² BGF	6,46	7.296,88	1,6
	Herstellen	1.128,90 m² BGF	10,76	12.150,10	2,7
372	Besondere Einbauten	1.128,90 m² BGF	74,57	84.184,58	18,4
	Abbrechen	1.128,90 m² BGF	5,17	5.832,36	1,3
	Wiederherstellen	1.128,90 m² BGF	2,25	2.543,40	0,6
	Herstellen	1.128,90 m² BGF	67,15	75.808,82	16,6
379	Baukonstruktive Einbauten, sonst.	–	–	–	–
390	**Sonst. Maßnahmen Baukonstruktionen**	1.128,90 m² BGF	67,02	75.660,17	16,6
391	Baustelleneinrichtung	1.128,90 m² BGF	2,82	3.184,27	0,7
392	Gerüste	1.128,90 m² BGF	45,36	51.206,89	11,2
393	Sicherungsmaßnahmen	–	–	–	–
394	Abbruchmaßnahmen	–	–	–	–
395	Instandsetzungen	–	–	–	–
396	Materialentsorgung	1.128,90 m² BGF	0,88	993,76	0,2
397	Zusätzliche Maßnahmen	1.128,90 m² BGF	17,96	20.275,25	4,4
398	Provisorische Baukonstruktionen	–	–	–	–
399	Sonst. Maßnahmen für Baukonstruktionen, sonst.	–	–	–	–
400	**Bauwerk - Technische Anlagen**	1.128,90 m² BGF	110,80	125.076,49	27,4
410	**Abwasser-, Wasser-, Gasanlagen**	–	–	–	–
420	**Wärmeversorgungsanlagen**	1.128,90 m² BGF	1,13	1.279,11	0,3
421	Wärmeerzeugungsanlagen	–	–	–	–
422	Wärmeverteilnetze	–	–	–	–
423	Raumheizflächen	1.128,90 m² BGF	1,13	1.279,11	0,3
429	Wärmeversorgungsanlagen, sonstiges	–	–	–	–
430	**Lufttechnische Anlagen**	–	–	–	–
440	**Starkstromanlagen**	1.128,90 m² BGF	59,74	67.444,68	14,8
441	Hoch- und Mittelspannungsanlagen	–	–	–	–
442	Eigenstromversorgungsanlagen	–	–	–	–
443	Niederspannungsschaltanlagen	–	–	–	–
444	Niederspannungsinstallationsanlagen	1.128,90 m² BGF	28,14	31.767,93	7,0
	Abbrechen	1.128,90 m² BGF	1,28	1.439,83	0,3
	Wiederherstellen	1.128,90 m² BGF	0,72	815,52	0,2
	Herstellen	1.128,90 m² BGF	26,14	29.512,58	6,5
445	Beleuchtungsanlagen	1.128,90 m² BGF	31,60	35.676,75	7,8
	Abbrechen	1.128,90 m² BGF	0,85	959,08	0,2
	Herstellen	1.128,90 m² BGF	30,75	34.717,67	7,6
446	Blitzschutz- und Erdungsanlagen	–	–	–	–
449	Starkstromanlagen, sonstiges	–	–	–	–

9100-0119
Pfarrkirche

Umbau

KG	Kostengruppe	Menge Einheit	€/Einheit	Kosten €	% 300+400
450	**Fernm.- und informationstechn. Anlagen**	1.128,90 m² BGF	15,90	17.947,22	3,9
451	Telekommunikationsanlagen	1.128,90 m² BGF	0,41	459,64	0,1
452	Such- und Signalanlagen	–	–	–	–
453	Zeitdienstanlagen				
454	Elektroakustische Anlagen	1.128,90 m² BGF	2,12	2.390,90	0,5
455	Fernseh- und Antennenanlagen	–	–	–	–
456	Gefahrenmelde- und Alarmanlagen	1.128,90 m² BGF	13,37	15.096,68	3,3
457	Übertragungsnetze	–	–	–	–
459	Fernmelde- und informationstechn. Anl., sonst.				
460	**Förderanlagen**	–	–	–	–
470	**Nutzungsspezifische Anlagen**	1.128,90 m² BGF	23,13	26.114,53	5,7
471	Küchentechnische Anlagen	–	–	–	–
472	Wäscherei- und Reinigungsanlagen	–	–	–	–
473	Medienversorgungsanlagen	–	–	–	–
474	Medizin- u. labortechnische Anlagen	–	–	–	–
475	Feuerlöschanlagen	–	–	–	–
476	Badetechnische Anlagen	–	–	–	–
477	Prozesswärme-,-kälte-,-luftanlagen	–	–	–	–
478	Entsorgungsanlagen	–	–	–	–
479	Nutzungsspezifische Anlagen, sonstiges	1.128,90 m² BGF	23,13	26.114,53	5,7
	Wiederherstellen	1.128,90 m² BGF	18,24	20.588,81	4,5
	Herstellen	1.128,90 m² BGF	4,89	5.525,72	1,2
480	**Gebäudeautomation**	1.128,90 m² BGF	10,89	12.290,95	2,7
481	Automationssysteme	1.128,90 m² BGF	10,89	12.290,95	2,7
482	Schaltschränke	–	–	–	–
483	Management- und Bedieneinrichtungen				
484	Raumautomationssysteme				
485	Übertragungsnetze				
489	Gebäudeautomation, sonstiges				
490	**Sonst. Maßnahmen für Techn. Anlagen**	–	–	–	–

Kostenkennwerte für Leistungsbereiche nach StLB (Kosten des Bauwerks nach DIN 276)

9100-0119 Pfarrkirche

Umbau

LB	Leistungsbereiche	Kosten €	€/m² BGF	€/m³ BRI	% an 3+4
000	Sicherheits-, Baustelleneinrichtungen inkl. 001	69.638	61,70	10,80	15,2
002	Erdarbeiten	–	–	–	–
006	Spezialtiefbauarbeiten inkl. 005	–	–	–	–
009	Entwässerungskanalarbeiten inkl. 011	–	–	–	–
010	Dränarbeiten	–	–	–	–
012	Mauerarbeiten	632	0,56	0,10	0,1
013	Betonarbeiten	1.622	1,40	0,25	0,4
014	Natur-, Betonwerksteinarbeiten	19.197	17,00	3,00	4,2
016	Zimmer- und Holzbauarbeiten	1.633	1,40	0,25	0,4
017	Stahlbauarbeiten	–	–	–	–
018	Abdichtungsarbeiten	–	–	–	–
020	Dachdeckungsarbeiten	–	–	–	–
021	Dachabdichtungsarbeiten	–	–	–	–
022	Klempnerarbeiten	–	–	–	–
	Rohbau	**92.722**	**82,10**	**14,40**	**20,3**
023	Putz- und Stuckarbeiten, Wärmedämmsysteme	13.422	11,90	2,10	2,9
024	Fliesen- und Plattenarbeiten	–	–	–	–
025	Estricharbeiten	–	–	–	–
026	Fenster, Außentüren inkl. 029, 032	958	0,85	0,15	0,2
027	Tischlerarbeiten	80.508	71,30	12,50	17,6
028	Parkett-, Holzpflasterarbeiten	–	–	–	–
030	Rollladenarbeiten	–	–	–	–
031	Metallbauarbeiten inkl. 035	52.877	46,80	8,20	11,6
034	Maler- und Lackiererarbeiten inkl. 037	63.062	55,90	9,80	13,8
036	Bodenbelagsarbeiten	–	–	–	–
038	Vorgehängte hinterlüftete Fassaden	–	–	–	–
039	Trockenbauarbeiten	–	–	–	–
	Ausbau	**210.827**	**186,80**	**32,60**	**46,2**
040	Wärmeversorgungsanlagen, inkl. 041	–	–	–	–
042	Gas- und Wasseranlagen, Leitungen inkl. 043	–	–	–	–
044	Abwasseranlagen - Leitungen	–	–	–	–
045	Gas, Wasser, Entwässerung - Ausstattung inkl. 046	–	–	–	–
047	Dämmarbeiten an technischen Anlagen	216	0,19	< 0,1	–
049	Feuerlöschanlagen, Feuerlöschgeräte	–	–	–	–
050	Blitzschutz- und Erdungsanlagen	–	–	–	–
052	Mittelspannungsanlagen	–	–	–	–
053	Niederspannungsanlagen inkl. 054	36.916	32,70	5,70	8,1
055	Ersatzstromversorgungsanlagen	–	–	–	–
057	Gebäudesystemtechnik	–	–	–	–
058	Leuchten und Lampen, inkl. 059	34.718	30,80	5,40	7,6
060	Elektroakustische Anlagen	2.391	2,10	0,37	0,5
061	Kommunikationsnetze, inkl. 063	15.556	13,80	2,40	3,4
069	Aufzüge	–	–	–	–
070	Gebäudeautomation	12.291	10,90	1,90	2,7
075	Raumlufttechnische Anlagen	–	–	–	–
	Gebäudetechnik	**102.089**	**90,40**	**15,80**	**22,4**
084	Abbruch- und Rückbauarbeiten	15.284	13,50	2,40	3,3
	Sonstige Leistungsbereiche inkl. 008, 033, 051	**35.799**	**31,70**	**5,50**	**7,8**

© BKI Baukosteninformationszentrum Kostenstand: 3.Quartal 2015, Bundesdurchschnitt, inkl. 19% MwSt.

9100-0121
Bücherei
Möblierung

Objektübersicht

 BRI 39 €/m³

 BGF 184 €/m²

 NF 199 €/m²

 NE keine Angabe

Objekt:
Kennwerte: 3.Ebene DIN 276
BRI: 4.710m³
BGF: 1.002m²
NF: 925m²
Bauzeit: 8 Wochen
Bauende: 2014
Standard: Durchschnitt
Kreis: Steinfurt,
Nordrhein-Westfalen

Architekt:
UKW Innenarchitekten
Baackesweg 77
47804 Krefeld

Bauherr:
Katholische Kirchengemeinde
St. Lamberti

© **BKI** Baukosteninformationszentrum

Kostenstand: 3.Quartal 2015, Bundesdurchschnitt, **inkl. 19% MwSt.**

Zeichnungen

9100-0121
Bücherei
Möblierung

Erdgeschoss

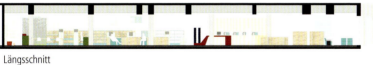

Längsschnitt

Ansicht Garderobe/Schließfächer

Ansicht Spielbereich

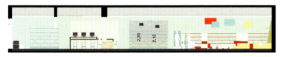

Querschnitt

Ansicht Spielpodest

Objektbeschreibung

Allgemeine Objektinformationen

Die Fläche eines ehemaligen Supermarktes wurde als öffentliche Bibliothek umgenutzt. Neben dem engen Budget waren die großen Raumtiefen, bei wenig Tageslicht und im Verhältnis zur Raumgröße niedrigen Decken, zu berücksichtigen. Der Entwurf basiert auf der Sichtbarmachung der Architektur des Gebäudes und auf der starken Nutzung von Farben. Kombiniert wurden seriell erstellte Regale und eigene Möbelentwürfe.

Nutzung

1 Erdgeschoss
Bibliothek, Café, Büros, Veranstaltungsraum, Lagerräume

Markt

Hauptvergabezeit: 4.Quartal 2013
Baubeginn: 1.Quartal 2014
Bauende: 1.Quartal 2014
Konjunkturelle Gesamtlage: Durchschnitt
Regionaler Baumarkt: unter Durchschnitt

Baubestand

Baujahr: 1980
Bauzustand: gut
Aufwand: hoch
Grundrissänderungen: wenige
Tragwerkseingriffe: wenige
Nutzungsänderung: ja
Nutzung während der Bauzeit: nein

Baukonstruktion

Bibliothekseinrichtungen, lose Möblierungen, Beschriftungen

Sonstiges

Auf einer Ebene mit ca. 925m^2 Nutzfläche befinden sich die Bibliothek mit Café, Büros, Lagerräume und ein Veranstaltungsraum.

9100-0121
Bücherei
Möblierung

Planungskennwerte für Flächen und Rauminhalte nach DIN 277

	Flächen des Grundstücks	Menge, Einheit		% an FBG
BF	Bebaute Fläche	– m²		–
UBF	Unbebaute Fläche	– m²		–
FBG	Fläche des Baugrundstücks	– m²		–

	Grundflächen des Bauwerks	Menge, Einheit	% an NF	% an BGF
NF	Nutzfläche	925,00 m²	100,0	92,3
TF	Technische Funktionsfläche	27,00 m²	2,9	2,7
VF	Verkehrsfläche	– m²	–	–
NGF	Netto-Grundfläche	952,00 m²	102,9	95,0
KGF	Konstruktions-Grundfläche	50,00 m²	5,4	5,0
BGF	Brutto-Grundfläche	1.002,00 m²	108,3	100,0

	Brutto-Rauminhalt des Bauwerks	Menge, Einheit	BRI/NF (m)	BRI/BGF (m)
BRI	Brutto-Rauminhalt	4.710,00 m³	5,09	4,70

	Lufttechnisch behandelte Flächen	Menge, Einheit	% an NF	% an BGF
	Entlüftete Fläche	– m²	–	–
	Be- und entlüftete Fläche	– m²	–	–
	Teilklimatisierte Fläche	– m²	–	–
	Klimatisierte Fläche	– m²	–	–

KG	Kostengruppen (2.Ebene)	Menge, Einheit		Menge/NF	Menge/BGF
310	Baugrube	– m³	BGI	–	–
320	Gründung	– m²	GRF	–	–
330	Außenwände	– m²	AWF	–	–
340	Innenwände	– m²	IWF	–	–
350	Decken	– m²	DEF	–	–
360	Dächer	– m²	DAF	–	–

Kostenkennwerte für die Kostengruppen der 1.Ebene DIN 276

KG	Kostengruppen (1.Ebene)	Einheit	Kosten €	€/Einheit	€/m² BGF	€/m³ BRI	% 300+400
100	Grundstück	m² FBG	–	–	–	–	–
200	Herrichten und Erschließen	m² FBG	–	–	–	–	–
300	Bauwerk - Baukonstruktionen	m² BGF	181.322	180,96	180,96	38,50	98,3
400	Bauwerk - Technische Anlagen	m² BGF	3.177	3,17	3,17	0,67	1,7
	Bauwerk 300+400	**m² BGF**	**184.500**	**184,13**	**184,13**	**39,17**	**100,0**
500	Außenanlagen	m² AUF	–	–	–	–	–
600	Ausstattung und Kunstwerke	m² BGF	109.300	109,08	109,08	23,21	59,2
700	Baunebenkosten	m² BGF	–	–	–	–	–

© BKI Baukosteninformationszentrum   Kostenstand: 3.Quartal 2015, Bundesdurchschnitt, inkl. 19% MwSt.

9100-0121
Bücherei
Möblierung

Kostenkennwerte für die Kostengruppen der 1.Ebene DIN 276

KG	Kostengruppe	Menge Einheit	Kosten €	€/Einheit	%
3+4	**Bauwerk**				100,0
300	**Bauwerk - Baukonstruktionen**	1.002,00 m² BGF	181.322	**180,96**	98,3

Möbel aus direktbeschichteten Spanplatten: Regalsystem mit Metallfachböden, Thekenelement, Korpusmöbel, Minitheken, Stehmöbel, Tisch, Internettisch, begehbares Großmöbel, Sideboard, Schrankelement mit Schließfächern, Garderobe, Polsterbänke
Möbel aus Sperrholzplatten, Hartwachsbeschichtung: Sitzbankmöbel, Lesetisch, Raumtrennmöbel aus Glasscheiben, Regalrückwand, Präsentationsregal, Podest mit Rückwand, Kautschuk- und Teppichbelag, Bildschirm, Aluhauben für Buchrückgabeautomat

KG	Kostengruppe	Menge Einheit	Kosten €	€/Einheit	%
400	**Bauwerk - Technische Anlagen**	1.002,00 m² BGF	3.177	**3,17**	1,7

Zusatzbeleuchtung

KG	Kostengruppe	Menge Einheit	Kosten €	€/Einheit	%
600	**Ausstattung und Kunstwerke**	1.002,00 m² BGF	109.300	**109,08**	59,2

Stühle, Sitzsäcke, Barhocker, Stehhilfen, Tische, Schreibtische, Container, Schränke, Polsterbänke, Zeitschriftenboxen, Multimediawannen, Bücherwagen, Regalelemente, Garderobenständer, Büchertröge, Hängebuchstützen, Regalbeschriftungen, Logos, Folienbeschriftungen, Schablonen, Wegweiser, Werbeanlage

Kostenkennwerte für die Kostengruppen der 2.Ebene DIN 276

9100-0121
Bücherei
Möblierung

KG	Kostengruppe	Menge Einheit	Kosten €	€/Einheit	%
300	**Bauwerk - Baukonstruktionen**				100,0
370	**Baukonstruktive Einbauten**	1.002,00 m² BGF	181.322	**180,96**	100,0

Regalsystem aus direktbeschichteten Spanplatten, Metallfachböden: Doppelregale (59m), Wandregale (60m)
Möbel aus direktbeschichteten Spanplatten: Thekenelement mit Rückschrank 620x45x280cm (1St), Korpusmöbel, polygonal, mit Präsentationsfächern (5St), Mini-theken, vier Türme (2St), zwei Türme (1St), Stehmöbel (1St), Tisch (1St), Internettisch (1St), begehbares Großmöbel aus Podest, umlaufender Brüstung, Traggestell, Effekt-gewebevorhang (1St), Sideboard (1St), Ablage (1St), Schrankelement mit Schließfächern, Garderobe, Leporellofächern, Magnetwand (1St), Polsterbänke (5St), Polsterbänke mit Rückwand (4St)
Möbel aus Sperrholzplatten, Hartwachsbeschichtung: Sitzbankmöbel, vier Polstersessel, zwei Hörstationen (1St), Lesetisch, vier Tischleuchten (1St), Raumtrennmöbel aus Glas-scheiben, Regalrückwand, Präsentationsregal, Comictrögen, Schränken (1St), Podest mit Rückwand, Kautschuk- und Teppichbelag (1St), Bildschirm (1St), Aluhauben für Buch-rückgabeautomat (2St)

KG	Kostengruppe	Menge Einheit	Kosten €	€/Einheit	%
400	**Bauwerk - Technische Anlagen**				100,0
440	**Starkstromanlagen**	1.002,00 m² BGF	3.177	**3,17**	100,0

Pendelleuchten (9St), LED-Wandfluter (2St)

KG	Kostengruppe	Menge Einheit	Kosten €	€/Einheit	%
600	**Ausstattung und Kunstwerke**				100,0
610	**Ausstattung**	1.002,00 m² BGF	109.300	**109,08**	100,0

Stühle (89St), Stuhlwagen (1St), Drehstühle (5St), Sitzsäcke (5St), Barhocker (3St), Stehhilfen (2St), Tische (19St), Beistelltische (6St), Kindertische (2St), Schreibtische (4St), Ansatztisch (1St), Rollcontainer (3St), Standcontainer (2St), Schränke (8St), Polsterbänke (10St), Teppich (1St) * Zeitschriftenboxen (16St), Multimediawannen (2St), Bücherwagen (7St), Regalelemente (10St), Garderobenständer (1St), Büchertröge (17St), Comictröge (2St), Hängebuchstützen (900St) * Fachbodenaufklemmschilder (900St), Beschriftungs-würfel (25St), Beschriftungstafeln (42St), Logos (12St), Fensterbeschriftungen (psch), Folienbeschriftungen (psch), Schablonen für Wandbeschriftungen (psch), Wegweiser (1St), Werbeanlage (1St)

9100-0121
Bücherei
Möblierung

Kostenkennwerte für die Kostengruppen der 3.Ebene DIN 276 (Übersicht)

KG	Kostengruppe	Menge Einheit	€/Einheit	Kosten €	% 300+400
300	**Bauwerk - Baukonstruktionen**	1.002,00 m² BGF	180,96	181.322,28	98,3
310	Baugrube	–	–	–	–
320	Gründung	–	–	–	–
330	Außenwände	–	–	–	–
340	Innenwände	–	–	–	–
350	Decken	–	–	–	–
360	Dächer	–	–	–	–
370	Baukonstruktive Einbauten	1.002,00 m² BGF	180,96	181.322,28	98,3
371	Allgemeine Einbauten	–	–	–	–
372	Besondere Einbauten	1.002,00 m² BGF	180,96	181.322,28	98,3
379	Baukonstruktive Einbauten, sonstiges	–	–	–	–
390	Sonst. Maßnahmen Baukonstruktionen	–	–	–	–
400	**Bauwerk - Technische Anlagen**	1.002,00 m² BGF	3,17	3.177,29	1,7
410	Abwasser-, Wasser-, Gasanlagen	–	–	–	–
420	Wärmeversorgungsanlagen	–	–	–	–
430	Lufttechnische Anlagen	–	–	–	–
440	Starkstromanlagen	1.002,00 m² BGF	3,17	3.177,29	1,7
441	Hoch- und Mittelspannungsanlagen	–	–	–	–
442	Eigenstromversorgungsanlagen	–	–	–	–
443	Niederspannungsschaltanlagen	–	–	–	–
444	Niederspannungsinstallationsanlagen	–	–	–	–
445	Beleuchtungsanlagen	1.002,00 m² BGF	3,17	3.177,29	1,7
446	Blitzschutz- und Erdungsanlagen	–	–	–	–
449	Starkstromanlagen, sonstiges	–	–	–	–
450	Fernm.- und informationstechn. Anlagen	–	–	–	–
460	Förderanlagen	–	–	–	–
470	Nutzungsspezifische Anlagen	–	–	–	–
480	Gebäudeautomation	–	–	–	–
490	Sonst. Maßnahmen für Techn. Anlagen	–	–	–	–

Kostenkennwerte für Leistungsbereiche nach StLB (Kosten des Bauwerks nach DIN 276)

9100-0121
Bücherei
Möblierung

LB	Leistungsbereiche	Kosten €	€/m² BGF	€/m³ BRI	% an 3+4
	Rohbau	–	–	–	–
023	Putz- und Stuckarbeiten, Wärmedämmsysteme	–	–	–	–
024	Fliesen- und Plattenarbeiten	–	–	–	–
025	Estricharbeiten	–	–	–	–
026	Fenster, Außentüren inkl. 029, 032	47	< 0,1	< 0,1	–
027	Tischlerarbeiten	143.950	143,70	30,60	78,0
028	Parkett-, Holzpflasterarbeiten	–	–	–	–
030	Rollladenarbeiten	–	–	–	–
031	Metallbauarbeiten inkl. 035	–	–	–	–
034	Maler- und Lackiererarbeiten inkl. 037	–	–	–	–
036	Bodenbelagsarbeiten	–	–	–	–
038	Vorgehängte hinterlüftete Fassaden	–	–	–	–
039	Trockenbauarbeiten	–	–	–	–
	Ausbau	**143.997**	**143,70**	**30,60**	**78,0**
040	Wärmeversorgungsanlagen, inkl. 041	–	–	–	–
042	Gas- und Wasseranlagen, Leitungen inkl. 043	–	–	–	–
044	Abwasseranlagen - Leitungen	–	–	–	–
045	Gas, Wasser, Entwässerung - Ausstattung inkl. 046	–	–	–	–
047	Dämmarbeiten an technischen Anlagen	–	–	–	–
049	Feuerlöschanlagen, Feuerlöschgeräte	–	–	–	–
050	Blitzschutz- und Erdungsanlagen	–	–	–	–
052	Mittelspannungsanlagen	–	–	–	–
053	Niederspannungsanlagen inkl. 054	–	–	–	–
055	Ersatzstromversorgungsanlagen	–	–	–	–
057	Gebäudesystemtechnik	–	–	–	–
058	Leuchten und Lampen, inkl. 059	3.177	3,20	0,67	1,7
060	Elektroakustische Anlagen	–	–	–	–
061	Kommunikationsnetze, inkl. 063	–	–	–	–
069	Aufzüge	–	–	–	–
070	Gebäudeautomation	–	–	–	–
075	Raumlufttechnische Anlagen	–	–	–	–
	Gebäudetechnik	**3.177**	**3,20**	**0,67**	**1,7**
	Sonstige Leistungsbereiche inkl. 008, 033, 051	**37.325**	**37,30**	**7,90**	**20,2**

9100-0122
Konzert- und
Probesaal

Objektübersicht

 BRI 229 €/m³   **BGF** 614 €/m²   **NF** 860 €/m²   **NE** keine Angabe

Umbau

Objekt:
Kennwerte: 1.Ebene DIN 276
BRI: 2.506m³
BGF: 935m²
NF: 667m²
Bauzeit: 17 Wochen
Bauende: 2014
Standard: über Durchschnitt
Kreis: Hamburg,
Hamburg

Architekt:
Professor Jörg Friedrich
PFP Planungs GmbH
Jarrestraße 80
22303 Hamburg

Bauherr:
Ensemble Resonanz gGmbH
Feldstraße 66
20359 Hamburg

Zeichnungen

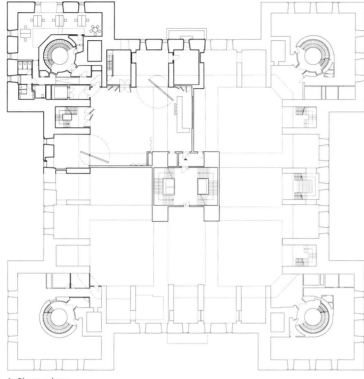

1. Obergeschoss

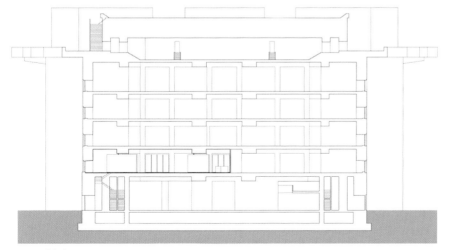

Schnitt

9100-0122 Konzert- und Probesaal

Umbau

Objektbeschreibung

Allgemeine Objektinformationen

Das durch die Musiker selbstverwaltete Orchester Ensemble Resonanz hat in der zu einem Konzert- und Probesaal umgebauten Bunkeretage eine neue Adresse und Spielstätte gefunden, den Resonanzraum. Der Umgang mit der denkmalgeschützten Substanz des Weltkrieg-Hochbunkers, die Erfordernis höchster akustischer Anforderungen, der sportliche Zeitplan für Planung und Ausführung wie auch das knappe Budget haben zu einer Reduktion der architektonischen Eingriffe und Einbauten auf das Wesentliche geführt und einen neuen kulturellen Ort für die Verbindung zeitgenössischer und klassischer Musikaufführungen geschaffen.

Nutzung

1 Obergeschoss
Veranstaltungsraum mit Bar, Bühne, Garderobe, Lounge, Lager, Stimmraum, WC-Anlagen, Büro

Nutzeinheiten

Arbeitsplätze: 8
Sitzplätze: 250

Markt

Hauptvergabezeit: 2.Quartal 2014
Baubeginn: 2.Quartal 2014
Bauende: 4.Quartal 2014
Konjunkturelle Gesamtlage: über Durchschnitt
Regionaler Baumarkt: über Durchschnitt

Baubestand

Baujahr: 1943
Bauzustand: mittel
Aufwand: hoch
Grundrissänderungen: hoch
Tragwerkseingriffe: Ja
Nutzungsänderung: Ja
Nutzung während der Bauzeit: Ja

Baukonstruktion

Die Tragkonstruktion war vorhanden. Sandstrahlen aller Sichtbetonflächen im zentralen Konzertsaal. Einbau von Stahl-Drehtoren als Raumtrenner und akustische Regulationsmaßnahme (eine Seite schallabsorbierend, die andere Seite schallreflektierend).

Technische Anlagen

Neu eingebaut wurden Lüftungskanäle, Sanitärinstallationen mit Ausstattung, Bühnen- und Saalbeleuchtung sowie Konzert- und Aufnahme-Tontechnik. Die Sprinkleranlage wurde ergänzt.

Sonstiges

Die Ausstattung mit modernster Tontechnik für Konzerte und Aufnahmen und Lichttechnik ermöglicht Aufführungen und Veranstaltungen, welche nicht nur dem klassischen Musikgenre entsprechen. Der Konzertsaal für 250 Zuschauer hat sich mittlerweile zu einer gefragten Adresse in der Hamburger Musikszene entwickelt und den Ort des „Musik & Medienbunkers" weiter gestärkt. Die Kennwerte, Flächen und Beschreibung dieser Dokumentation beziehen sich auf die Maßnahme im 1.OG und das Anlegen des Fluchtweges.

9100-0122 Konzert- und Probesaal

Umbau

Planungskennwerte für Flächen und Rauminhalte nach DIN 277

Flächen des Grundstücks

		Menge, Einheit	% an FBG
BF	Bebaute Fläche	– m²	–
UBF	Unbebaute Fläche	– m²	–
FBG	Fläche des Baugrundstücks	– m²	–

Grundflächen des Bauwerks

		Menge, Einheit	% an NF	% an BGF
NF	Nutzfläche	667,00 m²	100,0	71,3
TF	Technische Funktionsfläche	10,00 m²	1,5	1,1
VF	Verkehrsfläche	70,00 m²	10,5	7,5
NGF	Netto-Grundfläche	747,00 m²	112,0	79,9
KGF	Konstruktions-Grundfläche	188,00 m²	28,2	20,1
BGF	Brutto-Grundfläche	935,00 m²	140,2	100,0

Brutto-Rauminhalt des Bauwerks

		Menge, Einheit	BRI/NF (m)	BRI/BGF (m)
BRI	Brutto-Rauminhalt	2.506,00 m³	3,76	2,68

Lufttechnisch behandelte Flächen

	Menge, Einheit	% an NF	% an BGF
Entlüftete Fläche	– m²	–	–
Be- und entlüftete Fläche	– m²	–	–
Teilklimatisierte Fläche	– m²	–	–
Klimatisierte Fläche	– m²	–	–

Kostengruppen (2. Ebene)

KG	Kostengruppen (2.Ebene)	Menge, Einheit	Menge/NF	Menge/BGF
310	Baugrube	– m³ BGI	–	–
320	Gründung	– m² GRF	–	–
330	Außenwände	– m² AWF	–	–
340	Innenwände	– m² IWF	–	–
350	Decken	– m² DEF	–	–
360	Dächer	– m² DAF	–	–

Kostenkennwerte für die Kostengruppen der 1.Ebene DIN 276

KG	Kostengruppen (1.Ebene)	Einheit	Kosten €	€/Einheit	€/m² BGF	€/m³ BRI	% 300+400
100	Grundstück	m² FBG	–	–	–	–	–
200	Herrichten und Erschließen	m² FBG	–	–	–	–	–
300	Bauwerk - Baukonstruktionen	m² BGF	376.698	402,89	402,89	150,32	65,6
400	Bauwerk - Technische Anlagen	m² BGF	197.236	210,95	210,95	78,71	34,4
	Bauwerk 300+400	**m² BGF**	**573.934**	**613,83**	**613,83**	**229,02**	**100,0**
500	Außenanlagen	m² AUF	–	–	–	–	–
600	Ausstattung und Kunstwerke	m² BGF	–	–	–	–	–
700	Baunebenkosten	m² BGF	–	–	–	–	–

© BKI Baukosteninformationszentrum Kostenstand: 3.Quartal 2015, Bundesdurchschnitt, inkl. 19% MwSt.

9100-0122 Konzert- und Probesaal

Umbau

Kostenkennwerte für die Kostengruppen der 1.Ebene DIN 276

KG	Kostengruppe	Menge Einheit	Kosten €	€/Einheit	%
3+4	**Bauwerk**				100,0
300	**Bauwerk - Baukonstruktionen**	935,00 m² BGF	376.698	**402,89**	65,6

- Abbrechen
Abbruch von Stahlbeton für Öffnungen, Fenster, Leichtbauwänden; Doppelböden, Dielenboden, Eiche; Einbauten; Entsorgung, Deponiegebühren
Wiederherstellen
Sandstrahlen von Wänden, Unterzügen, Decken, Wände und Wandnischen glätten, säubern, spachteln, schleifen, streichen

- Herstellen
Balkontür, hochschallgedämmt; akustisch wirksame Stahl-Drehtore, 3,85x1,25m (10St), mit Schlupftür 7,50x4,00m (2St), Tür T30, GK-Wände, Seitennischen, zementgebundene Dämmplatten, GK-Vorsatzschalen, Anstrich, Goldfolie, WC-Trennwände; Holztreppe, Sichtbeton-Austrittsstufe, Eiche-Massivdielen, Teppichboden auf Bestandsdoppelboden, abgehängte Akustikdecken, Balkon-Geländer, Handläufe; Sideboard aus Holz mit eingelassenem Waschbecken, Baranlage, l=9,00m, Schwarzstahl- und Glaskonstruktion, hinterleuchteter Block aus Bewehrungsstählen, hinterleuchtete Wandvitrinen mit Neon-Schriftzug, dreiteiliger Spiegel auf Holz-UK mit Neon-Schriftzug, Bühnenpodeste 150x150x35cm, raumtrennende Bühnen-Saal-Vorhänge in B1 Qualität

400	**Bauwerk - Technische Anlagen**	935,00 m² BGF	197.236	**210,95**	34,4

- Abbrechen
Abbruch von Sanitärinstallation; teilweise Heizungsinstallation; Lüftungsanlage; Elektroinstallation; Entsorgung, Deponiegebühren

- Herstellen
Abwasserleitungen, Kalt- und Warmwasserleitungen, Sanitärobjekte; volumenstromgeregelte Lüftungsanlage; Elektroinstallation, Allgemein-, Sicherheits- und Bühnenbeleuchtung; Licht-, Ton- und Bühnentechnik, Steuerungsanlage für Video- und Aufnahmetechnik, Brandmelde- und Sprinkleranlage, Datennetze

Objekte

9700-0019 Aussegnungshalle

Objektübersicht

Erweiterung

BRI 193 €/m³   BGF 591 €/m²   NF 733 €/m²   NE keine Angabe

Objekt:
Kennwerte: 3.Ebene DIN 276
BRI: 1.004m³
BGF: 328m²
NF: 264m²
Bauzeit: 13 Wochen
Bauende: 2009
Standard: Durchschnitt
Kreis: Wartburgkreis, Thüringen

Architekt:
B19 ARCHITEKTEN BDA
Nürnberger Straße 27
36456 Barchfeld-Immelborn

Bauherr:
Gemeinde Barchfeld-Immelborn
Nürnberger Straße 63
36456 Barchfeld-Immelborn

Zeichnungen

9700-0019
Aussegnungshalle

Erweiterung

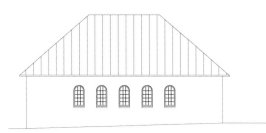
Ansicht Nord

Ansicht Ost

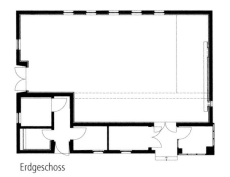
Erdgeschoss

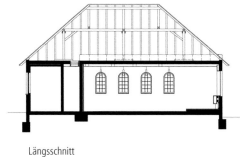
Längsschnitt

Querschnitt

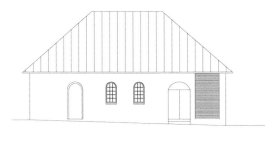
Ansicht Süd

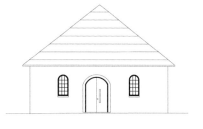
Ansicht West

9700-0019 Aussegnungshalle

Erweiterung

Objektbeschreibung

Allgemeine Objektinformationen

Neben einer Vergrößerung des Hauptraumes und der Schaffung von zusätzlichen Sitzplätzen, bekam der Andachtsraum ein würdevolles Erscheinungsbild. Der Altarbereich wurde in der Längsachse vergrößert, durch ein einheitliches Materialkonzept zusammengefasst, zum Außenraum hin geöffnet und aufgewertet. Durch den Mittelgang rückt der Altar ins Zentrum und der Raum bekommt einen angemessenen sakralen Charakter.

Nutzung

1 Erdgeschoss
Andachtsraum, Aussegnungshalle

1 Dachgeschoss
Dachraum

Nutzeinheiten

Sitzplätze: 103

Grundstück

Neigung: Ebenes Gelände
Bodenklasse: BK 1 bis BK 4

Markt

Hauptvergabezeit: 2.Quartal 2009
Baubeginn: 3.Quartal 2009
Bauende: 4.Quartal 2009
Konjunkturelle Gesamtlage: Durchschnitt
Regionaler Baumarkt: unter Durchschnitt

Baubestand

Baujahr: 1950
Bauzustand: mittel
Aufwand: mittel
Grundrissänderungen: einige
Tragwerkseingriffe: wenige
Nutzungsänderung: nein
Nutzung während der Bauzeit: nein

Baukonstruktion

Neben dem Abbruch von Stahlbetonstreifenfundamenten und Teilen der Stahlbetonbodenplatte mitsamt den Bodenbelägen wurden die bestehenden Holz-Rundbogenfenster, die Holztüren, die Holzfensterbänke wie auch der gesamte Bretterbelag der Holzbalkendecken und die Deckenverkleidungen abgebrochen und entsorgt. Durch das Beseitigen der Putzablösungen und Putzergänzungen wurde dieser wiederhergestellt. Das bestehende alte Treppenloch wurde geschlossen und ein neues hergestellt. Teilflächen des Daches wurden abgedeckt, neue Stahlträger montiert und das Dach wieder gedeckt. Im Gebäude wurde eine Stahlbetonbodenplatte hergestellt. Darauf wurden neue Porenbeton-Mauerwerkswände errichtet. Die Räume erhielten neue Holz-Rundbogenfenster.

Technische Anlagen

Es kamen vier Elektrospeicherheizgeräte sowie drei Heizstrahler zum Einbau. Ein Radial-Kanalventilator wurde eingebaut und versorgt das Gebäude mit Frischluft. Die gesamten Elektroinstallationen wurden erneuert. Die Aussegnungshalle wurde mit vier Lautsprechern ausgestattet.

9700-0019
Aussegnungshalle

Erweiterung

Planungskennwerte für Flächen und Rauminhalte nach DIN 277

Flächen des Grundstücks

		Menge, Einheit	% an FBG
BF	Bebaute Fläche	163,94 m²	14,5
UBF	Unbebaute Fläche	964,18 m²	85,5
FBG	Fläche des Baugrundstücks	1.128,12 m²	100,0

Grundflächen des Bauwerks

		Menge, Einheit	% an NF	% an BGF
NF	Nutzfläche	264,40 m²	100,0	80,6
TF	Technische Funktionsfläche	3,58 m²	1,4	1,1
VF	Verkehrsfläche	9,85 m²	3,7	3,0
NGF	Netto-Grundfläche	277,83 m²	105,1	84,7
KGF	Konstruktions-Grundfläche	50,05 m²	18,9	15,3
BGF	Brutto-Grundfläche	327,88 m²	124,0	100,0

Brutto-Rauminhalt des Bauwerks

		Menge, Einheit	BRI/NF (m)	BRI/BGF (m)
BRI	Brutto-Rauminhalt	1.003,81 m³	3,80	3,06

Lufttechnisch behandelte Flächen

	Menge, Einheit	% an NF	% an BGF
Entlüftete Fläche	– m²	–	–
Be- und entlüftete Fläche	– m²	–	–
Teilklimatisierte Fläche	– m²	–	–
Klimatisierte Fläche	– m²	–	–

KG Kostengruppen (2.Ebene)

KG		Menge, Einheit		Menge/NF	Menge/BGF
310	Baugrube	– m³	BGI		
320	Gründung	147,89 m²	GRF	0,56	0,45
330	Außenwände	301,59 m²	AWF	1,14	0,92
340	Innenwände	197,69 m²	IWF	0,75	0,60
350	Decken	151,50 m²	DEF	0,57	0,46
360	Dächer	261,90 m²	DAF	0,99	0,80

Kostenkennwerte für die Kostengruppen der 1.Ebene DIN 276

KG	Kostengruppen (1.Ebene)	Einheit	Kosten €	€/Einheit	€/m² BGF	€/m³ BRI	% 300+400
100	Grundstück	m² FBG	–	–	–	–	–
200	Herrichten und Erschließen	m² FBG	–	–	–	–	–
300	Bauwerk - Baukonstruktionen	m² BGF	141.896	432,77	432,77	141,36	73,3
400	Bauwerk - Technische Anlagen	m² BGF	51.778	157,92	157,92	51,58	26,7
	Bauwerk 300+400	**m² BGF**	**193.674**	**590,69**	**590,69**	**192,94**	**100,0**
500	Außenanlagen	m² AUF	23.614	24,49	72,02	23,52	12,2
600	Ausstattung und Kunstwerke	m² BGF	246	0,75	0,75	0,25	0,1
700	Baunebenkosten	m² BGF	–	–	–	–	–

© BKI Baukosteninformationszentrum Kostenstand: 3.Quartal 2015, Bundesdurchschnitt, inkl. 19% MwSt.

9700-0019
Aussegnungshalle

Erweiterung

Kostenkennwerte für die Kostengruppen der 1.Ebene DIN 276

KG	Kostengruppe	Menge Einheit	Kosten €	€/Einheit	%
3+4	**Bauwerk**				**100,0**
300	**Bauwerk - Baukonstruktionen**	327,88 m² BGF	141.896	**432,77**	73,3

- Abbrechen (Kosten: 5,5%) — 7.749
  Abbruch von Stb-Streifenfundamenten, Stb-Bodenplatte, Fliesen-, Kunststein-, Natursteinbelägen, Estrich; Holz-Rundbogenfenster mit Bleiverglasung, Holzfensterbänken, Holztüren, Mauerwerk; Bretterbelag auf Holzbalkendecke, Deckenbekleidung; Entsorgung, Deponiegebühren

- Wiederherstellen (Kosten: 2,0%) — 2.884
  Putzablösungen beseitigen, Putz ergänzen, Putz abstemmen, Unebenheiten ausgleichen, Kalkputz; Fugenanschlüsse mit Risssanierer ausspritzen; Schlitze zwischen Stichbalken und Deckenbalken ausfüttern, altes Treppenloch verschließen, neues herstellen, Pfette reparieren, Teilfläche Dachsteine abdecken, Stahlträger montieren, Dach wieder eindecken

- Herstellen (Kosten: 92,5%) — 131.264
  Stb-Bodenplatte im Gebäude, Abdichtung, Estrich, Steinzeugfliesen, Epoxidharzbeschichtung; Porenbeton-Mauerwerk, Holzfassade, Stb-Stützen, Holz-Rundbogenfenster, Holztüren, Fassadenanstrich, Vorsatzschalen, Malervlies, Anstrich, Wandfliesen; Metallständerwände, Holzinnentüren, Putz; Stahlüberzug, Stahlträger, OSB-Platten, Zwischendeckendämmung, Stahlringgurt, GK-Akustikdecken, Bodentreppe; Stahlträger, Sparrenauswechslung, Farbbeschichtung Dachsteine, Titanzinkbekleidung

KG	Kostengruppe	Menge Einheit	Kosten €	€/Einheit	%
400	**Bauwerk - Technische Anlagen**	327,88 m² BGF	51.778	**157,92**	26,7

- Abbrechen (Kosten: 0,9%) — 465
  Abbruch von Elektroinstallationen; Entsorgung, Deponiegebühren

- Herstellen (Kosten: 99,1%) — 51.313
  Gebäudeentwässerung, Abwassersammelgrube, Sanitärinstallation, Behinderten-Sanitärobjekte, Druckspeicher; Elektrospeicherheizgeräte, Heizstrahler; Lüftungsanlage; Elektroinstallation, Beleuchtung; WC-Behindertenruf, Lautsprecheranlage, Mikrofone

KG	Kostengruppe	Menge Einheit	Kosten €	€/Einheit	%
500	**Außenanlagen**	964,18 m² AUF	23.614	**24,49**	12,2

- Abbrechen (Kosten: 0,5%) — 126
  Roden einer Baumstubbe (1St)

- Wiederherstellen (Kosten: 0,1%) — 27
  Bordstein aus- und wieder einbauen (1St)

- Herstellen (Kosten: 99,4%) — 23.462
  Betonpflaster, Rundborde, wassergebundene Flächen * Oberboden andecken

KG	Kostengruppe	Menge Einheit	Kosten €	€/Einheit	%
600	**Ausstattung und Kunstwerke**	327,88 m² BGF	246	**0,75**	0,1

- Herstellen (Kosten: 100,0%) — 246
  Sanitärausstattung

Kostenkennwerte für die Kostengruppen der 2.Ebene DIN 276

9700-0019
Aussegnungshalle

Erweiterung

KG	Kostengruppe	Menge Einheit	Kosten €	€/Einheit	%
300	**Bauwerk - Baukonstruktionen**				100,0
320	**Gründung**	147,89 m² GRF	30.207	**204,25**	21,3

- Abbrechen (Kosten: 11,3%) 3.407
  Abbruch von Stb-Streifenfundamenten (5m³) * Stb-Bodenplatte, d=20-30cm (32m²) * Fliesen-, Kunststein-, Natursteinbelägen (87m²), Estrich mit Unterbau (34m²); Entsorgung, Deponiegebühren

- Herstellen (Kosten: 88,7%) 26.800
  Fundamentaushub innerhalb Gebäude (3m³), Stb-Fundamente C20/25 (3m³) * Stb-Bodenplatte C20/25, d=14cm (34m²) * Bitumenschweißbahn (40m²), Zementestrich C20, d=45-50mm, EPS WLG 040, d=30-50mm (35m²), Grundierung, Entkopplungsbahn, Steinzeugfliesen (110m²), Abdichtung, Steinzeugfliesen (5m²), Bodenausgleich, d=3-5mm (30m²), Epoxidharzbeschichtung (33m²) * Schotter, d=15cm, Trennlage (24m²), Aushub innerhalb des Gebäudes (4m³)

330	**Außenwände**	301,59 m² AWF	41.714	**138,32**	29,4

- Abbrechen (Kosten: 1,6%) 677
  Abbruch von Mauerwerk für Fensteröffnung, d=20-30cm (5m²) * Holz-Rundbogenfenster mit Bleiverglasung (10St), Holzfensterbänken (10St), Holztüren (16m²); Entsorgung, Deponiegebühren

- Wiederherstellen (Kosten: 1,4%) 571
  Putzablösungen beseitigen, Kalkzementputz ergänzen, außen (11m²) * Putz abstemmen, Untergrund vorbehandeln, Unebenheiten ausgleichen, Kalkputz, innen (12m²)

- Herstellen (Kosten: 97,0%) 40.467
  Porenbeton-Mauerwerk, d=24cm (4m²) * Holzfassade, Profilbretter (18m²) * Stb-Stütze (4m) * Holz-Rundbogenfenster, aufgesetzte Holzsprossen, Uw=1,4W/m²K (14m²), Festverglasung (1m²), Fensterbänke (8m), Holz-Außentüren, zweiflüglig (7m²), mit Rundbogen, Oberlicht (7m²) * Hochdruckreinigung, Silikonharzanstrich (251m²), Armierungsmörtel (42m²) * Wandbekleidung, Vorsatzschale, d=7,5cm, MDF-Platten kunststoffbeschichtet (12m²), Vorsatzschalen, d=7,5-23cm, GK-Beplankung (91m²), Malervlies, Anstrich (101m²), Wandfliesen (3m²)

9700-0019
Aussegnungshalle

Erweiterung

KG	Kostengruppe	Menge Einheit	Kosten €	€/Einheit	%
340	**Innenwände**	197,69 m² IWF	20.629	**104,35**	14,5

- Abbrechen (Kosten: 13,3%) 2.738
  Abbruch von Mauerwerk, d=20-30cm (103m²) * Holztüren (10m²); Entsorgung, Deponiegebühren

- Wiederherstellen (Kosten: 0,8%) 170
  Putz abstemmen, Untergrund vorbehandeln, Unebenheiten ausgleichen, Kalkputz (5m²), Fugenanschlüsse mit Risssanierer ausspritzen (47m)

- Herstellen (Kosten: 85,9%) 17.721
  Porenbeton-Mauerwerk, d=24cm (156m²), Stb-Abschlussbalken C20/25, 24x12cm (11m) * Metallständerwände, Mineralwolldämmung, d=120mm, GK-Beplankung, 2x12,5mm, d=17,5-20cm (21m²) * Stb-Stütze C20/25, 42x24cm (4m) * Holztürblätter, Röhrenspaneinlage, kunststoffbeschichtet (4m²), mit Oberlicht (3m²), Stahlzargen, Anstrich (3St) * Vorsatzschalen, d=7,5cm, GK-Beplankung (75m²), GK-Laibungen (7m), Kalkzementputz (60m²), Wandfliesen (13m²), Malervlies (87m²), Dispersionsanstrich (159m²)

350	**Decken**	151,50 m² DEF	34.726	**229,21**	24,5

- Abbrechen (Kosten: 2,7%) 927
  Abbruch von Bretterbelag auf Holzbalkendecke (154m²) * Deckenbekleidung (11m²); Entsorgung, Deponiegebühren

- Wiederherstellen (Kosten: 4,0%) 1.378
  Bestehende Schlitze zwischen Stichbalken und Deckenbalken mit Holzstreifen ausfüttern (31St), altes Treppenloch verschließen, neues Treppenloch herstellen (1m²) * schadhafte Deckenanschlüsse im Außenbereich ausbessern, b=20-30cm (22m)

- Herstellen (Kosten: 93,4%) 32.420
  Deckenüberzug 2xIPE 450, 13 Deckenbalken abhängen (11m), Verstärkung Deckenbalken U180 (11m), Deckenscheibe, OSB-Platten, d=25cm (152m²), Mineralwolldämmung WLG 040, d=200mm, zwischen Deckenbalken (150m²), Ringaussteifung, Stahlprofil L60x6mm (50m), Deckenbalkenverstärkung mit Holz (1St) * GK-Akustikdecke, Mineralwollauflage, Akustikputz (107m²), GK-Decken, abgehängt, Dispersionsanstrich (24m²) * Bodentreppe, Alu-Falttreppe (1St)

360	**Dächer**	261,90 m² DAF	7.153	**27,31**	5,0

- Wiederherstellen (Kosten: 10,7%) 765
  Pfette mit Lastverteilern reparieren, Bauholz (1m³) * Teilfläche Dachsteine abdecken, Stahlträger montieren, Dach wieder eindecken (1St) * Unterspannbahn abkleben, nach Dachöffnung (1St)

- Herstellen (Kosten: 89,3%) 6.388
  Stahlträger im Bereich der Stuhlsäulen einbauen (2St), Dachsparrenauswechslung (1St) * Dachflächenreinigung, Farbbeschichtung Dachsteine (258m²), Bekleidung des aus dem Dach auskragenden Stahlträgers, Doppelstehfalzdeckung Titanzink (1St)

370	**Baukonstruktive Einbauten**	327,88 m² BGF	4.448	**13,57**	3,1

- Herstellen (Kosten: 100,0%) 4.448
  Altartisch, MDF-Platten lackiert, d=30mm, an Wand montiert, 28cmx62cmx524cm (1St), Glasplatten, d=6mm (2m²), Stehpult, MDF-Platten lackiert, d=25mm (1St), Altarkreuz, Edelstahl (1St)

9700-0019
Aussegnungshalle
Erweiterung

KG	Kostengruppe	Menge Einheit	Kosten €	€/Einheit	%
390	**Sonstige Baukonstruktionen**	327,88 m² BGF	3.019	**9,21**	2,1

- Herstellen (Kosten: 100,0%)   3.019
  Baustelleneinrichtung * Gerüst, fahrbar (1St) * Bauteile mit Folie schützen (238m²), Reinigung von Holzflächen (24m²), Böden (127m²), Fenstern und Türen (30m²), Dachrinne reinigen (57m)

KG	Kostengruppe	Menge Einheit	Kosten €	€/Einheit	%
400	**Bauwerk - Technische Anlagen**				**100,0**
410	**Abwasser-, Wasser-, Gasanlagen**	327,88 m² BGF	15.959	**48,67**	30,8

- Herstellen (Kosten: 100,0%)   15.959
  Aushub (85m²), Sandbettung (14m³), Abwassersammelgrube (1St), Schachtabdeckung (1St), KG-Rohre DN100-150 (12m), HT-Rohre DN50-110 (16m), Abwasserentlüftung (1St), Schräg-Kernbohrung, D=130-140mm (3m) * PE-Rohre (125m), Edelstahrohre DN18-22 (4m), Rückspülfilter (1St), Behinderten-WC-Anlage (1St), Behinderten-Waschtischanlage (1St), Druckspeicher (1St), Stützklappgriffe (3St), Haltegriff (1St), Sicherheitsspiegel (1St), Händetrockner (1St)

420	**Wärmeversorgungsanlagen**	327,88 m² BGF	5.911	**18,03**	11,4

- Herstellen (Kosten: 100,0%)   5.911
  Elektrospeicherheizgeräte (4St), Heizstrahler (3St)

430	**Lufttechnische Anlagen**	327,88 m² BGF	11.196	**34,15**	21,6

- Herstellen (Kosten: 100,0%)   11.196
  Radial-Kanalventilator (1St), Schalldämpfer (2St), Jalousieklappe (1St), Drehzahlsteller (1St), Lüftungskanäle (53m²), Wickelfalzrohre DN150-450 (22m), Abluftventile DN150-200 (10St), Ausblasstutzen (1St), Wochenschaltuhr (1St), Stellantrieb Lüftungsklappen (1St), Steuerung der Anlage, MSR-Technik (1St)

440	**Starkstromanlagen**	327,88 m² BGF	15.534	**47,38**	30,0

- Abbrechen (Kosten: 3,0%)   465
  Abbruch von Elektroinstallationen (20h); Entsorgung, Deponiegebühren

- Herstellen (Kosten: 97,0%)   15.068
  Installationsverteiler (2St), FI-Schutzschalter (4St), Sicherungen (40St), Wechselstromschütze (4St), Fernschalter (1St), Taststeuergeräte (2St), Mantelleitungen (951m), Kabelrinnen (45m), Schalter (9St), Steckdosen (26St), Präsenzmelder (1St), Bewegungsmelder (1St), Raumregler (1St) * Pendelleuchten (11St), Lichtkanäle (3St), Leuchten (13St) * Potenzialausgleichsschiene (1St), Mantelleitungen (15m), Runderder, D=8mm (16St), Deckenbügel (4St)

450	**Fernmelde-, informationstechn. Anlagen**	327,88 m² BGF	3.178	**9,69**	6,1

- Herstellen (Kosten: 100,0%)   3.178
  WC-Behindertenruf (1S) * Mischverstärker (1St), Mikrofon (1St), Handmikrofon (1St), Lautsprecher (4St), Lautsprecherkabel (55m)

9700-0019
Aussegnungshalle

Erweiterung

KG	Kostengruppe	Menge Einheit	Kosten €	€/Einheit	%
500	**Außenanlagen**				**100,0**
520	**Befestigte Flächen**	959,85 m²	23.085	**24,05**	97,8

- Wiederherstellen (Kosten: 0,1%) — 27
Bordstein aus- und wieder einbauen (1St)

- Herstellen (Kosten: 99,9%) — 23.058
Aushub, Frostschutzschicht, d=38cm, Planum (166m²), Betonpflaster 25x25x8cm (144m²), Rundborde 12,5x25x100cm (44m), wassergebundene Flächen, Planum, Unterbau Recyclingmaterial, Brechsand (811m²)

570	**Pflanz- und Saatflächen**	4,33 m²	233	**53,80**	1,0

- Abbrechen (Kosten: 54,1%) — 126
Roden einer Baumstubbe (1St)

- Herstellen (Kosten: 45,9%) — 107
Oberboden liefern, andecken (1m³)

590	**Sonstige Außenanlagen**	964,18 m² AUF	297	**0,31**	1,3

- Herstellen (Kosten: 100,0%) — 297
Baustelleneinrichtung

600	**Ausstattung und Kunstwerke**				**100,0**
610	**Ausstattung**	327,88 m² BGF	246	**0,75**	100,0

- Herstellen (Kosten: 100,0%) — 246
Hygiene-Abfalleimer (1St), WC-Bürstengarnitur (1St)

Kostenkennwerte für die Kostengruppen der 3.Ebene DIN 276 (Übersicht)

9700-0019
Aussegnungshalle

Erweiterung

KG	Kostengruppe	Menge Einheit	€/Einheit	Kosten €	% 300+400
300	**Bauwerk - Baukonstruktionen**	**327,88 m² BGF**	**432,77**	**141.896,48**	**73,3**
310	Baugrube	–	–	–	–
320	**Gründung**	**147,89 m² GRF**	**204,25**	**30.206,86**	**15,6**
321	Baugrundverbesserung	–	–	–	–
322	Flachgründungen	33,50 m²	88,02	2.948,54	1,5
	Abbrechen	32,00 m²	30,22	967,12	0,5
	Herstellen	33,50 m²	59,15	1.981,43	1,0
323	Tiefgründungen	–	–	–	–
324	Unterböden und Bodenplatten	33,50 m²	63,13	2.114,89	1,1
	Abbrechen	32,00 m²	31,62	1.011,84	0,5
	Herstellen	33,50 m²	32,93	1.103,05	0,6
325	Bodenbeläge	147,89 m²	162,28	23.999,15	12,4
	Abbrechen	121,25 m²	11,78	1.428,35	0,7
	Herstellen	147,89 m²	152,62	22.570,80	11,7
326	Bauwerksabdichtungen	147,89 m²	7,74	1.144,28	0,6
327	Dränagen	–	–	–	–
329	Gründung, sonstiges	–	–	–	–
330	**Außenwände**	**301,59 m² AWF**	**138,32**	**41.714,47**	**21,5**
331	Tragende Außenwände	3,75 m²	62,21	233,28	0,1
	Abbrechen	5,08 m²	24,83	126,13	0,1
	Herstellen	3,75 m²	28,57	107,15	0,1
332	Nichttragende Außenwände	17,54 m²	151,55	2.658,18	1,4
333	Außenstützen	3,89 m	195,75	761,47	0,4
334	Außentüren und -fenster	27,73 m²	849,54	23.557,65	12,2
	Abbrechen	32,47 m²	16,95	550,52	0,3
	Herstellen	27,73 m²	829,68	23.007,13	11,9
335	Außenwandbekleidungen außen	261,77 m²	19,40	5.077,80	2,6
	Wiederherstellen	10,64 m²	41,55	442,08	0,2
	Herstellen	251,13 m²	18,46	4.635,74	2,4
336	Außenwandbekleidungen innen	127,09 m²	74,17	9.426,08	4,9
	Wiederherstellen	12,09 m²	10,68	129,17	0,1
	Herstellen	115,00 m²	80,84	9.296,91	4,8
337	Elementierte Außenwände	–	–	–	–
338	Sonnenschutz	–	–	–	–
339	Außenwände, sonstiges	–	–	–	–
340	**Innenwände**	**197,69 m² IWF**	**104,35**	**20.629,22**	**10,7**
341	Tragende Innenwände	157,05 m²	35,71	5.607,53	2,9
	Abbrechen	103,16 m²	24,83	2.561,35	1,3
	Herstellen	157,05 m²	19,40	3.046,17	1,6
342	Nichttragende Innenwände	21,55 m²	99,52	2.144,69	1,1
343	Innenstützen	3,89 m	195,75	761,47	0,4
344	Innentüren und -fenster	7,00 m²	721,75	5.052,24	2,6
	Abbrechen	10,15 m²	17,40	176,59	0,1
	Herstellen	7,00 m²	696,52	4.875,65	2,5
345	Innenwandbekleidungen	184,82 m²	38,22	7.063,29	3,6
	Wiederherstellen	12,09 m²	14,05	169,88	0,1
	Herstellen	172,73 m²	39,91	6.893,42	3,6
346	Elementierte Innenwände	–	–	–	–
349	Innenwände, sonstiges	–	–	–	–

© BKI Baukosteninformationszentrum   Kostenstand: 3.Quartal 2015, Bundesdurchschnitt, **inkl. 19% MwSt.**

9700-0019
Aussegnungshalle

Erweiterung

KG	Kostengruppe	Menge Einheit	€/Einheit	Kosten €	% 300+400
350	**Decken**	**151,50 m² DEF**	**229,21**	**34.725,57**	**17,9**
351	Deckenkonstruktionen	151,50 m²	138,94	21.050,10	10,9
	Abbrechen	153,92 m²	4,23	650,93	0,3
	Wiederherstellen	151,50 m²	6,15	932,39	0,5
	Herstellen	151,50 m²	128,49	19.466,78	10,1
352	Deckenbeläge	–	–	–	–
353	Deckenbekleidungen	136,29 m²	88,99	12.128,52	6,3
	Abbrechen	11,44 m²	24,15	276,30	0,1
	Wiederherstellen	5,40 m²	82,50	445,52	0,2
	Herstellen	130,89 m²	87,15	11.406,71	5,9
359	Decken, sonstiges	151,50 m²	10,21	1.546,94	0,8
360	**Dächer**	**261,90 m² DAF**	**27,31**	**7.153,06**	**3,7**
361	Dachkonstruktionen	257,90 m²	8,62	2.223,85	1,1
	Wiederherstellen	–	–	518,59	0,3
	Herstellen	257,90 m²	6,61	1.705,27	0,9
362	Dachfenster, Dachöffnungen	–	–	–	–
363	Dachbeläge	261,90 m²	18,44	4.829,20	2,5
	Wiederherstellen	4,00 m²	36,54	146,17	0,1
	Herstellen	257,90 m²	18,16	4.683,04	2,4
364	Dachbekleidungen	4,00 m²	25,00	100,01	0,1
	Wiederherstellen	4,00 m²	25,00	100,01	0,1
369	Dächer, sonstiges	–	–	–	–
370	**Baukonstruktive Einbauten**	**327,88 m² BGF**	**13,57**	**4.447,92**	**2,3**
371	Allgemeine Einbauten	–	–	–	–
372	Besondere Einbauten	327,88 m² BGF	13,57	4.447,92	2,3
379	Baukonstruktive Einbauten, sonstiges	–	–	–	–
390	**Sonst. Maßnahmen Baukonstruktionen**	**327,88 m² BGF**	**9,21**	**3.019,40**	**1,6**
391	Baustelleneinrichtung	327,88 m² BGF	4,43	1.452,15	0,7
392	Gerüste	327,88 m² BGF	1,81	593,55	0,3
393	Sicherungsmaßnahmen	–	–	–	–
394	Abbruchmaßnahmen	–	–	–	–
395	Instandsetzungen	–	–	–	–
396	Materialentsorgung	–	–	–	–
397	Zusätzliche Maßnahmen	327,88 m² BGF	2,97	973,69	0,5
398	Provisorische Baukonstruktionen	–	–	–	–
399	Sonst. Maßnahmen für Baukonstruktionen, sonst.	–	–	–	–
400	**Bauwerk - Technische Anlagen**	**327,88 m² BGF**	**157,92**	**51.777,87**	**26,7**
410	**Abwasser-, Wasser-, Gasanlagen**	**327,88 m² BGF**	**48,67**	**15.959,02**	**8,2**
411	Abwasseranlagen	327,88 m² BGF	23,47	7.694,07	4,0
412	Wasseranlagen	327,88 m² BGF	25,21	8.264,95	4,3
413	Gasanlagen	–	–	–	–
419	Abwasser-, Wasser-, Gasanlagen, sonstiges	–	–	–	–
420	**Wärmeversorgungsanlagen**	**327,88 m² BGF**	**18,03**	**5.911,33**	**3,1**
421	Wärmeerzeugungsanlagen	–	–	–	–
422	Wärmeverteilnetze	–	–	–	–
423	Raumheizflächen	327,88 m² BGF	18,03	5.911,33	3,1
429	Wärmeversorgungsanlagen, sonstiges	–	–	–	–

KG	Kostengruppe	Menge Einheit	€/Einheit	Kosten €	% 300+400
430	**Lufttechnische Anlagen**	327,88 m² BGF	34,15	11.195,71	5,8
431	Lüftungsanlagen	327,88 m² BGF	34,15	11.195,71	5,8
432	Teilklimaanlagen	–	–	–	–
433	Klimaanlagen	–	–	–	–
434	Kälteanlagen	–	–	–	–
439	Lufttechnische Anlagen, sonstiges	–	–	–	–
440	**Starkstromanlagen**	327,88 m² BGF	47,38	15.533,53	8,0
441	Hoch- und Mittelspannungsanlagen	–	–	–	–
442	Eigenstromversorgungsanlagen	–	–	–	–
443	Niederspannungsschaltanlagen	–	–	–	–
444	Niederspannungsinstallationsanlagen	327,88 m² BGF	25,30	8.294,52	4,3
	Abbrechen	327,88 m² BGF	1,42	465,34	0,2
	Herstellen	327,88 m² BGF	23,88	7.829,18	4,0
445	Beleuchtungsanlagen	327,88 m² BGF	21,49	7.045,61	3,6
446	Blitzschutz- und Erdungsanlagen	327,88 m² BGF	0,59	193,41	0,1
449	Starkstromanlagen, sonstiges	–	–	–	–
450	**Fernm.- und informationstechn. Anlagen**	327,88 m² BGF	9,69	3.178,29	1,6
451	Telekommunikationsanlagen	–	–	–	–
452	Such- und Signalanlagen	327,88 m² BGF	0,88	287,94	0,1
453	Zeitdienstanlagen	–	–	–	–
454	Elektroakustische Anlagen	327,88 m² BGF	8,82	2.890,36	1,5
455	Fernseh- und Antennenanlagen	–	–	–	–
456	Gefahrenmelde- und Alarmanlagen	–	–	–	–
457	Übertragungsnetze	–	–	–	–
459	Fernmelde- und informationstechn. Anl., sonst.	–	–	–	–
460	**Förderanlagen**	–	–	–	–
470	**Nutzungsspezifische Anlagen**	–	–	–	–
480	**Gebäudeautomation**	–	–	–	–
490	**Sonst. Maßnahmen für Techn. Anlagen**	–	–	–	–

9700-0019
Aussegnungshalle

Erweiterung

9700-0019
Aussegnungshalle

Erweiterung

Kostenkennwerte für Leistungsbereiche nach StLB (Kosten des Bauwerks nach DIN 276)

LB	Leistungsbereiche	Kosten €	€/m² BGF	€/m³ BRI	% an 3+4
000	Sicherheits-, Baustelleneinrichtungen inkl. 001	2.046	6,20	2,00	1,1
002	Erdarbeiten	4.034	12,30	4,00	2,1
006	Spezialtiefbauarbeiten inkl. 005	–	–	–	–
009	Entwässerungskanalarbeiten inkl. 011	–	–	–	–
010	Dränarbeiten	–	–	–	–
012	Mauerarbeiten	2.928	8,90	2,90	1,5
013	Betonarbeiten	4.530	13,80	4,50	2,3
014	Natur-, Betonwerksteinarbeiten	–	–	–	–
016	Zimmer- und Holzbauarbeiten	13.641	41,60	13,60	7,0
017	Stahlbauarbeiten	12.502	38,10	12,50	6,5
018	Abdichtungsarbeiten	1.301	4,00	1,30	0,7
020	Dachdeckungsarbeiten	146	0,45	0,15	0,1
021	Dachabdichtungsarbeiten	–	–	–	–
022	Klempnerarbeiten	111	0,34	0,11	0,1
	Rohbau	**41.240**	**125,80**	**41,10**	**21,3**
023	Putz- und Stuckarbeiten, Wärmedämmsysteme	10.785	32,90	10,70	5,6
024	Fliesen- und Plattenarbeiten	16.112	49,10	16,10	8,3
025	Estricharbeiten	4.192	12,80	4,20	2,2
026	Fenster, Außentüren inkl. 029, 032	23.359	71,20	23,30	12,1
027	Tischlerarbeiten	11.519	35,10	11,50	5,9
028	Parkett-, Holzpflasterarbeiten	–	–	–	–
030	Rollladenarbeiten	–	–	–	–
031	Metallbauarbeiten inkl. 035	–	–	–	–
034	Maler- und Lackiererarbeiten inkl. 037	10.938	33,40	10,90	5,6
036	Bodenbelagsarbeiten	–	–	–	–
038	Vorgehängte hinterlüftete Fassaden	–	–	–	–
039	Trockenbauarbeiten	18.756	57,20	18,70	9,7
	Ausbau	**95.662**	**291,80**	**95,30**	**49,4**
040	Wärmeversorgungsanlagen, inkl. 041	5.911	18,00	5,90	3,1
042	Gas- und Wasseranlagen, Leitungen inkl. 043	2.835	8,60	2,80	1,5
044	Abwasseranlagen - Leitungen	4.401	13,40	4,40	2,3
045	Gas, Wasser, Entwässerung - Ausstattung inkl. 046	5.307	16,20	5,30	2,7
047	Dämmarbeiten an technischen Anlagen	263	0,80	0,26	0,1
049	Feuerlöschanlagen, Feuerlöschgeräte	–	–	–	–
050	Blitzschutz- und Erdungsanlagen	193	0,59	0,19	0,1
052	Mittelspannungsanlagen	–	–	–	–
053	Niederspannungsanlagen inkl. 054	7.963	24,30	7,90	4,1
055	Ersatzstromversorgungsanlagen	–	–	–	–
057	Gebäudesystemtechnik	–	–	–	–
058	Leuchten und Lampen, inkl. 059	7.046	21,50	7,00	3,6
060	Elektroakustische Anlagen	3.178	9,70	3,20	1,6
061	Kommunikationsnetze, inkl. 063	–	–	–	–
069	Aufzüge	–	–	–	–
070	Gebäudeautomation	–	–	–	–
075	Raumlufttechnische Anlagen	11.062	33,70	11,00	5,7
	Gebäudetechnik	**48.159**	**146,90**	**48,00**	**24,9**
084	Abbruch- und Rückbauarbeiten	8.214	25,10	8,20	4,2
	Sonstige Leistungsbereiche inkl. 008, 033, 051	**398**	**1,20**	**0,40**	**0,2**

Kosten der 3.Ebene DIN 276

210 Herrichten

Kostenkennwerte für die Kostengruppen der 3.Ebene DIN 276

KG	Kostengruppe	Menge Einheit	Kosten €	€/Einheit	€/m² BGF
212	**Abbruchmaßnahmen**				
	9100-0092 Evangelische Kirche, Gemeindesaal, Pfarramt				
	• Abbrechen (Kosten: 100,0%) Abbruch von Betonfundamenten (4m²); Entsorgung, Deponiegebühren	1.542,59 m² FBG	5.314	**3,45**	6,05
213	**Altlastenbeseitigung**				
	9100-0092 Evangelische Kirche, Gemeindesaal, Pfarramt				
	• Abbrechen (Kosten: 100,0%) Abbruch von Erdtank (1St); Entsorgung, Deponiegebühren	1.542,59 m² FBG	1.457	**0,94**	1,66
214	**Herrichten der Geländeoberfläche**				
	9100-0092 Evangelische Kirche, Gemeindesaal, Pfarramt				
	• Herstellen (Kosten: 100,0%) Roden von Sträuchern, Grüngut entsorgen (8St)	1.542,59 m² FBG	189	**0,12**	0,22

Kostenkennwerte für die Kostengruppen der 3.Ebene DIN 276

KG	Kostengruppe	Menge Einheit	Kosten €	€/Einheit	€/m² BGF

231 Abwasserentsorgung

6100-0937 Einfamilienhaus, Umnutzung Scheune

- Herstellen (Kosten: 100,0%) — FBG 2.066 — 10,01
  Rohrgrabenaushub BK 1-3 (2m³), PE-Rohre DN100 (2m), verfüllen (2m³), Kopfsteinpflaster ausbauen, wieder einbauen

310
Baugrube

Kostenkennwerte für die Kostengruppen der 3.Ebene DIN 276

KG	Kostengruppe	Menge Einheit	Kosten €	€/Einheit	€/m² BGF
311	**Baugrubenherstellung**				

6100-0962 Einfamilienhaus, Einliegerwohnung

• Herstellen (Kosten: 100,0%)		8,20 m³ BGI	349	**42,62**	5,48
Bodenaushub in Handschachtung abtragen, seitlich lagern (2m³), Abtransport, Deponiegebühren (7m³)					

6100-0976 Einfamilienhaus

• Herstellen (Kosten: 100,0%)		41,25 m³ BGI	551	**13,36**	6,12
Oberboden, d=25cm, abtragen, seitlich lagern, wieder einbauen (41m³)					

6400-0062 Jugendzentrum

• Herstellen (Kosten: 100,0%)		11,50 m³ BGI	352	**30,60**	0,31
Erdaushub im Sockelbereich für Perimeterdämmung (64m)					

6600-0015 Naturfreundehaus

• Herstellen (Kosten: 100,0%)		372,05 m³ BGI	7.834	**21,06**	4,02
Baugrubenaushub BK 3-5 (340m³), Baugrubenaushub BK 3-5, seitlich lagern (32m³), Arbeitsräume verfüllen (97m³), Aushub abfahren (138m³)					

6600-0017 Hotel (76 Betten)

• Herstellen (Kosten: 100,0%)		280,00 m³ BGI	17.320	**61,86**	5,23
Bodenaushub BK 3-4, Abtransport (280m³), davon Handschachtung (32m³), Füllboden liefern, verdichten (180m³)					

7200-0079 Atelier

• Herstellen (Kosten: 100,0%)		12,00 m³ BGI	746	**62,15**	21,18
Baugrubenaushub, Handschachtung (12m³)					

9100-0092 Evangelische Kirche, Gemeindesaal, Pfarramt

• Herstellen (Kosten: 100,0%)		41,56 m³ BGI	4.604	**110,77**	5,24
Baugrubenaushub BK 3, t=1,00m, Abfuhr (41m³), Hinterfüllung mit Abraumsand (42m³)					

Kostenkennwerte für die Kostengruppen der 3.Ebene DIN 276

320 Gründung

KG	Kostengruppe	Menge Einheit	Kosten €	€/Einheit	€/m² BGF
322	**Flachgründungen**				

6100-0946 Einfamilienhaus, Einzeldenkmal

	• Herstellen (Kosten: 100,0%)	13,28 m²	2.911	**219,21**	10,19
	Fundamentaushub (7m³), Stb-Steifen-, Punktfundamente C20/25, Schalung, Bewehrung (5m³)				

6100-0962 Einfamilienhaus, Einliegerwohnung

	• Herstellen (Kosten: 100,0%)	5,70 m²	2.126	**372,98**	33,32
	Fundamentaushub, Stb-Streifenfundamente C25/30, Schalung, Bewehrung (5m³)				

6100-0976 Einfamilienhaus

	• Herstellen (Kosten: 100,0%)	85,00 m²	6.704	**78,88**	74,49
	Fundamentaushub, Stb-Einzel- und -Streifenfundamente, Schalung, Bewehrung (16m³)				

6600-0015 Naturfreundehaus

	• Abbrechen (Kosten: 38,7%)	17,18 m²	1.748	**101,76**	0,90
	Abbruch von Fundamenten (4m³), Betonsockeln (16m); Entsorgung, Deponiegebühren				
	• Herstellen (Kosten: 61,3%)	155,79 m²	2.765	**17,75**	1,42
	Fundamentaushub von Hand (7m³), Stb-Streifenfundamente C25/30, Schalung, Bewehrung (15m²), Köcher einbauen (12St)				

6600-0017 Hotel (76 Betten)

	• Herstellen (Kosten: 100,0%)	110,00 m²	29.384	**267,12**	8,88
	Stb-Streifenfundamente C20/25, Schalung, Bewehrung (69m³)				

9100-0092 Evangelische Kirche, Gemeindesaal, Pfarramt

	• Herstellen (Kosten: 100,0%)	275,90 m²	15.917	**57,69**	18,13
	Fundamentaushub (53m³), Stb-Streifenfundamente (13m²), Stb-Einzelfundamente (4m²), Schalung, Bewehrung				

9700-0019 Aussegnungshalle

	• Abbrechen (Kosten: 32,8%)	32,00 m²	967	**30,22**	2,95
	Abbruch von Stb-Streifenfundamenten (5m³); Entsorgung, Deponiegebühren				
	• Herstellen (Kosten: 67,2%)	33,50 m²	1.981	**59,15**	6,04
	Fundamentaushub innerhalb Gebäude (3m³), Stb-Fundamente C20/25, 120x120x50cm (2m³), Stb-Streifenfundament C20/25, 40x30cm (1m³), Schalung, Bewehrung				

© BKI Baukosteninformationszentrum   Kostenstand: 3.Quartal 2015, Bundesdurchschnitt, **inkl. 19% MwSt.**

320 Gründung

KG	Kostengruppe	Menge Einheit	Kosten €	€/Einheit	€/m² BGF
324	**Unterböden und Bodenplatten**				

6100-0932 Gutshaus, Wohnen im Alter (14 WE)

	• Abbrechen (Kosten: 24,4%)	7,37 m²	1.386	**188,12**	1,02
	Abbruch von Bodenbelag, Estrich, Ziegelboden, Bodenaushub Aufzugsunterfahrt (11m³), Werksteinstufen 20x28x130cm (2St); Entsorgung, Deponiegebühren				
	• Herstellen (Kosten: 75,6%)	43,89 m²	4.297	**97,91**	3,16
	Aufzugsunterfahrt, Stb-Bodenplatte C20/25, WU, d=30cm, 2,40x2,50m, mit Sauberkeitsschicht, Stb-Wände C25/30, WU, d=30cm, h=1,15m, Anschlüsse abdichten, PUR-Harz, Injektionsschläuche (1St), Stb-Bodenplatte, d=12cm, mit umlaufender Aufkantung 11,5x25cm (38m²)				

6100-0937 Einfamilienhaus, Umnutzung Scheune

	• Herstellen (Kosten: 100,0%)	11,00 m²	1.415	**128,59**	6,85
	Abbruch, Betonplatte, unbewehrt, d=20cm, Einbau, Stb-Bodenplatte, d=16cm, Schalung, Bewehrung (11m²)				

6100-0962 Einfamilienhaus, Einliegerwohnung

	• Herstellen (Kosten: 100,0%)	5,70 m²	206	**36,07**	3,22
	Stb-Bodenplatte, d=12cm, Schalung, Bewehrung (6m²)				

6100-0976 Einfamilienhaus

	• Herstellen (Kosten: 100,0%)	85,00 m²	5.287	**62,20**	58,74
	Stb-Bodenplatten C25/30, d=16cm, Schalung, Bewehrung (85m²)				

6100-1206 Einfamilienhaus, Badeinbau

	• Wiederherstellen (Kosten: 100,0%)	1,25 m²	674	**539,26**	101,84
	Betonbodenplatte ergänzen (1m²)				

6400-0062 Jugendzentrum

	• Herstellen (Kosten: 100,0%)	7,25 m²	328	**45,25**	0,29
	Stb-Bodenplatte C20/25, d=20cm, unter Aufzug (7m²)				

6600-0015 Naturfreundehaus

	• Abbrechen (Kosten: 31,0%)	140,49 m²	7.021	**49,98**	3,60
	Abbruch von Stb-Bodenplatten (140m²); Entsorgung, Deponiegebühren				
	• Herstellen (Kosten: 69,0%)	155,79 m²	15.628	**100,32**	8,01
	Stb-Bodenplatte C25/30, d=18-20cm, WU-Beton, Schalung, Bewehrung (150m²), Stb-Aufzugsunterfahrt C25/30, d=25cm, h=40cm, WU-Beton, mit Wänden (6m²), Stb-Überzug 24x50cm (22m)				

KG	Kostengruppe	Menge Einheit	Kosten €	€/Einheit	€/m² BGF
	6600-0017 Hotel (76 Betten)				
	• Herstellen (Kosten: 100,0%) Stb-Bodenplatte C20/25, d=20cm, Randschalung, Bewehrung (110m²)	110,00 m²	8.288	**75,35**	2,50
	7200-0079 Atelier	28,25 m²	2.509	**88,80**	71,25
	Stb-Bodenplatte C20/25, d=15cm, Schalung, Bewehrung (28m²)				
	9100-0092 Evangelische Kirche, Gemeindesaal, Pfarramt				
	• Abbrechen (Kosten: 13,1%) Abbruch von Betonbodenplatte, unbewehrt, d=12cm, Natursteinbelag (128m²); Entsorgung, Deponiegebühren	128,46 m²	2.811	**21,88**	3,20
	• Herstellen (Kosten: 86,9%) Stb-Bodenplatte C20/25, Schalung, Bewehrung (274m²), Differenzstufen (11m)	275,90 m²	18.618	**67,48**	21,21
	9700-0019 Aussegnungshalle				
	• Abbrechen (Kosten: 47,8%) Abbruch von Stb-Bodenplatte, d=20-30cm (32m²); Entsorgung, Deponiegebühren	32,00 m²	1.012	**31,62**	3,09
	• Herstellen (Kosten: 52,2%) Stb-Bodenplatte C20/25, d=14cm, Schalung, Bewehrung (34m²)	33,50 m²	1.103	**32,93**	3,36
325	**Bodenbeläge**				
	4400-0165 Kinderkrippe (2 Gruppen, 24 Kinder)				
	• Abbrechen (Kosten: 13,1%) Abbruch von Teppichböden, Bodenfliesen, Estrich, Entsorgung, Deponiegebühren (263m²)	262,71 m²	4.691	**17,86**	16,28
	• Herstellen (Kosten: 86,9%) Abdichtung, Bodenfliesen (33m²), Sockelfliesen (22m), Perlite-Schüttung, d=0-25mm, Wärmedämmung, d=23mm, Gussasphaltestrich, d=35mm, Industrieparkett, Erstpflege (230m²), Holzsockelleisten (141m), Sauberlaufzonen (9m²)	275,54 m²	30.983	**112,45**	107,54
	4500-0016 Seminargebäude				
	• Herstellen (Kosten: 100,0%) Betonboden spachteln, grundieren, streichen (102m²)	102,49 m²	1.655	**16,15**	3,18

320 Gründung

KG Kostengruppe	Menge Einheit	Kosten €	€/Einheit	€/m² BGF

6100-0849 Doppelhaushälfte

- Wiederherstellen (Kosten: 100,0%) — 5,86 m² — 2.139 — **364,96** — 22,03
Beschädigte Bodenfliesen ausstemmen, Untergrund reinigen, alte Heizungsschächte auffüllen, neue Bodenfliesen verlegen, verfugen (6m²), alte Fugen ausschneiden, säubern, neu verfugen (2m)

6100-0932 Gutshaus, Wohnen im Alter (14 WE)

- Herstellen (Kosten: 100,0%) — 27,28 m² — 3.360 — **123,15** — 2,47
Unterbau, Gussasphalt-Verbundestrich als Terrazzo-Schleifestrich, d=4cm (22m²), V4A Abdeckblech 15x105cm (1St), Abdichtung, Bodenfliesen (5m²)

6100-0937 Einfamilienhaus, Umnutzung Scheune

- Herstellen (Kosten: 100,0%) — 21,00 m² — 2.195 — **104,52** — 10,64
Dämmung, EPS, d=40mm, WLG 035, PE-Folie, Anhydritestrich (6m²), Teppichboden (21m²)

6100-0946 Einfamilienhaus, Einzeldenkmal

- Abbrechen (Kosten: 15,8%) — 31,44 m² — 1.240 — **39,43** — 4,34
Abbruch von Estrich, d=10-20cm (31m²), Eingangsstufen (2m); Entsorgung, Deponiegebühren

- Wiederherstellen (Kosten: 25,4%) — 47,96 m² — 1.987 — **41,42** — 6,95
Holzdielen aufnehmen, lagern, wiedereinsetzen, Aufbau aufnehmen, entsorgen (16m²), Dielen schleifen, ausbessern (32m²)

- Herstellen (Kosten: 58,8%) — 68,64 m² — 4.597 — **66,98** — 16,09
Heizestrich (50m²), Trittschalldämmung, OSB-Platten, d=22mm (14m²), Linoleum (2m²), Eichenschwelle (1St), Sockelleisten (29m), Schwelle Hof, Sandstein (1St), Eingangsstufen, Sandstein (2St), Betonpflaster 14x21cm (19m²)

6100-0962 Einfamilienhaus, Einliegerwohnung

- Herstellen (Kosten: 100,0%) — 51,45 m² — 8.930 — **173,56** — 139,96
Unterkonstruktion, Dämmschüttung aus Blähton, Hobeldielen, Sockelleisten (48m²), Estrich, Abdichtung, Bodenfliesen (3m²)

6100-0976 Einfamilienhaus

- Herstellen (Kosten: 100,0%) — 81,30 m² — 9.123 — **112,21** — 101,37
Dämmung, PE-Folie, Estrich, Fertigparkett, Sockelleisten (61m²), Terrassenplatten, Beton (20m²)

KG	Kostengruppe	Menge Einheit	Kosten €	€/Einheit	€/m² BGF

6100-1105 Reihenendhaus, Denkmalschutz

- Abbrechen (Kosten: 16,9%)   34,30 m²   1.136   **33,11**   3,66
  Abbruch von Bodenfliesen (32m²), Abfräsen von Estrich, h=30mm (2m²); Entsorgung, Deponiegebühren

- Herstellen (Kosten: 83,1%)   31,50 m²   5.598   **177,70**   18,06
  Korkgummigranulat, d=2mm, Zweischichtparkett, vorgeölt, verkleben, nachölen (17m²), Estrich spachteln, d=1-20mm, grundieren, Bodenfliesen 200x200x16mm, imprägnieren (12m²), Zementestrich, Trennschicht, Eingangsmatte, Kokos (2m²), Holzsockel (33m), Sockelfliesen (4m)

6100-1206 Einfamilienhaus, Badeinbau

- Herstellen (Kosten: 100,0%)   3,70 m²   4.195   **1.133,74**   633,76
  Bitumenschweißbahnen, Betonestrich, Nivelliermasse, Grundierung (4m²), Abdichtung, Fliesen 120x30cm (2m), 5x2,5cm (2m²), Sockelfliesen 90x9,5cm (8St)

6100-1210 Doppelhaushälfte, Gründerzeit

- Wiederherstellen (Kosten: 100,0%)   16,50 m²   80   **4,83**   0,18
  Bodenlöcher der Lattenfüße von demontierten Verschlägen im Kellerraum ausbetonieren (2h)

6400-0062 Jugendzentrum

- Abbrechen (Kosten: 7,1%)   59,59 m²   2.428   **40,74**   2,13
  Abbruch von Gussasphaltestrich (49m²), Eingangsmatten (11m²); Entsorgung, Deponiegebühren

- Herstellen (Kosten: 92,9%)   528,80 m²   31.867   **60,26**   27,93
  Reinigung, Voranstrich, Spachtelung, Linoleum (486m²), Spachtelung, Abdichtung, Bodenfliesen (32m²), Perlite, Dämmplatte, d=8mm, Trittschalldämmung, d=12mm, Gussasphaltestrich, d=30mm (44m²), Bitumenbahn (7m²), Eingangsmatte (4m²)

6600-0015 Naturfreundehaus

- Abbrechen (Kosten: 3,1%)   60,47 m²   1.160   **19,19**   0,59
  Abbruch von Noppenbelag (34m²), Ziegelboden (27m²); Entsorgung, Deponiegebühren

- Herstellen (Kosten: 96,9%)   255,77 m²   36.085   **141,08**   18,50
  Abdichtung, Wärmedämmung, d=20-50mm, WLG 025-35, Zementestrich CT-C20-F4-S60 (251m²), Haftbrücke, Fliesen (193m²), Grundierung, Epoxidharzbeschichtung, Versiegelung (54m²), Verbundestrich, d=60mm, grundieren, versiegeln (8m²), Sockelfliesen (153m), Abschluss- und Eckschienen (209m), Silikonfugen (137m)

320 Gründung

KG	Kostengruppe	Menge Einheit	Kosten €	€/Einheit	€/m² BGF
	6600-0017 Hotel (76 Betten)				
	• Herstellen (Kosten: 100,0%) Bitumenbahnen, Wärmedämmung, d=120-160mm, Estrich, Bodenfliesen (43m²), Anstrich (76m²), PVC-Beläge (92m²)	211,20 m²	35.958	**170,26**	10,86
	7200-0079 Atelier	24,03 m²	1.960	**81,58**	55,68
	Dämmung, OSB-Platten, versiegelt, Fußholzleisten (24m²)				
	9100-0092 Evangelische Kirche, Gemeindesaal, Pfarramt				
	• Abbrechen (Kosten: 3,4%) Abbruch von Holzdielen, Lagerhölzern (172m²)	171,53 m²	1.638	**9,55**	1,87
	• Herstellen (Kosten: 96,6%) Bitumenbahn (274m²), Leichtbeton, d=30cm (51m²), Wärmedämmung, d=20mm (110m²), d=50mm (118m²), d=70mm (164m²), Zementestrich C45-F6, d=65mm, Bewehrung (274m²), Ausgleichsspachtelung (90m²), Bodenfliesen 40x60-120cm (274m²), Bewegungsfugen (332m), Differenzstufen (11m)	274,11 m²	46.357	**169,12**	52,81
	9100-0119 Pfarrkirche				
	• Abbrechen (Kosten: 7,6%) Abbruch von Gitterrost, entsorgen (3m²), Ausbau von Natursteinblockstufen, reinigen, lagern (20m), Natursteinplatten, reinigen, lagern (20St)	15,12 m²	2.054	**135,86**	1,82
	• Wiederherstellen (Kosten: 23,9%) Natursteinbelag ausbauen, wieder einbauen (3m²), verfärbte Bodenplatten überschleifen (60m²), Natursteinbelag ausbessern (5m²), Überzähne abschleifen (5m²), Holzdielen 200x27mm, und Lagerhölzer kürzen, Abschlussleisten 120x25mm, anbringen, farblich an Bestand anpassen (69m²), Holzdielen abschleifen, streichen (169m²)	308,02 m²	6.449	**20,94**	5,71
	• Herstellen (Kosten: 68,5%) Stb-Unterbeton (3m³), Natursteinbelag 33-51x80-219x2-4cm (48m²), Natursteinblockstufen 20x20cm (23m), Natursteinsockel 8x1cm (23m), Gitterroste, Messing (2m²)	55,48 m²	18.510	**333,62**	16,40
	9700-0019 Aussegnungshalle				
	• Abbrechen (Kosten: 6,0%) Abbruch von Fliesen-, Kunststein-, Natursteinbelägen (87m²), Estrich mit Unterbau (34m²); Entsorgung, Deponiegebühren	121,25 m²	1.428	**11,78**	4,36
	• Herstellen (Kosten: 94,0%) Bitumenschweißbahn (40m²), Zementestrich C20, d=45-50mm, EPS WLG 040, d=30-50mm (35m²), Grundierung, Entkopplungsbahn, Steinzeugfliesen, d=12mm (110m²), Abdichtung, Steinzeugfliesen, d=8mm (5m²), Bodenausgleich, d=3-5mm (30m²), Epoxidharzbeschichtung (22m²), Epoxidharzbeschichtung, außen (11m²)	147,89 m²	22.571	**152,62**	68,84

KG	Kostengruppe	Menge Einheit	Kosten €	€/Einheit	€/m² BGF
326	**Bauwerksabdichtungen**				

6100-0932 Gutshaus, Wohnen im Alter (14 WE)

• Herstellen (Kosten: 100,0%)		43,89 m² GRF	1.873	**42,67**	1,38

Sauberkeitsschicht, d=5cm (38m²), Bitumenschweißbahnen mit seitlichen Aufkantungen, h=0,40-1,10m (61m²), PS-Hartschaumplatten WLG 040, d=60mm, PE-Folie (38m²)

6100-0946 Einfamilienhaus, Einzeldenkmal

• Herstellen (Kosten: 100,0%)		68,64 m² GRF	1.256	**18,30**	4,39

Sauberkeitsschicht C15/20, d=50mm (57m²), Kiesfilterschicht 16/32mm (6m²)

6100-0962 Einfamilienhaus, Einliegerwohnung

• Herstellen (Kosten: 100,0%)		51,45 m² GRF	35	**0,69**	0,56

Sauberkeitsschicht (6m²)

6100-0976 Einfamilienhaus

• Herstellen (Kosten: 100,0%)		85,00 m² GRF	1.146	**13,48**	12,73

Planum (140m²), Sauberkeitsschicht C12/15, d=5cm, PE-Folie (94m²)

6400-0062 Jugendzentrum

• Herstellen (Kosten: 100,0%)		528,80 m² GRF	49	**< 0,1**	< 0,1

Sauberkeitsschicht, d=5cm (7m²)

6600-0015 Naturfreundehaus

• Herstellen (Kosten: 100,0%)		255,77 m² GRF	1.632	**6,38**	0,84

Sauberkeitsschicht C8/10, d=5cm, Kiesfilterschicht 16/32mm, d=15cm, PE-Folie (111m²)

6600-0017 Hotel (76 Betten)

• Herstellen (Kosten: 100,0%)		211,20 m² GRF	6.289	**29,78**	1,90

Magerbetonauffüllung als Sauberkeitsschicht, d=25cm, PE-Folie (110m²)

7200-0079 Atelier

		28,25 m² GRF	995	**35,21**	28,25

Kiesfilterschicht, d=20cm, Perimeterdämmung, d=50mm (25m²)

320 Gründung

KG	Kostengruppe	Menge	Einheit	Kosten €	€/Einheit	€/m² BGF
	9100-0092 Evangelische Kirche, Gemeindesaal, Pfarramt					
	• Abbrechen (Kosten: 32,0%)	128,46	m² GRF	2.975	**23,16**	3,39
	Abbruch von Kiesauffüllung, lagern (47m³), abfahren, entsorgen (39m³)					
	• Herstellen (Kosten: 68,0%)	275,90	m² GRF	6.332	**22,95**	7,21
	Planum (277m²), Sauberkeitsschicht C10/16, d=5cm (165m²), Perimeterdämmung WLG 040, d=100mm (88m²), d=80mm (10m²)					
	9700-0019 Aussegnungshalle					
	• Herstellen (Kosten: 100,0%)	147,89	m² GRF	1.144	**7,74**	3,49
	Schotter, d=15cm, Trennlage (24m²), Aushub innerhalb des Gebäudes (4m³)					
	327 Dränagen					
	6600-0015 Naturfreundehaus					
	• Herstellen (Kosten: 100,0%)	255,77	m² GRF	1.469	**5,74**	0,75
	Magerbetonbett, Dränageleitungen DN100, Kiesfilterpackung 16/32mm, Filtervlies (70m)					
	6600-0016 Hotel (23 Betten)					
	• Wiederherstellen (Kosten: 100,0%)	143,96	m² GRF	185	**1,29**	0,38
	Dränageleitung überprüfen und durchspülen					
	6600-0017 Hotel (76 Betten)					
	• Herstellen (Kosten: 100,0%)	211,20	m² GRF	473	**2,24**	0,14
	Dränagepolster (2m³)					
	9100-0092 Evangelische Kirche, Gemeindesaal, Pfarramt					
	• Herstellen (Kosten: 100,0%)	275,90	m² GRF	25	**< 0,1**	< 0,1
	Dränleitungen DN100 (16m)					
	329 Gründung, sonstiges					
	6600-0017 Hotel (76 Betten)					
	• Abbrechen (Kosten: 5,1%)	–	GRF	778	**–**	0,24
	Abbruch von Stb-Rampe; Entsorgung, Deponiegebühren					
	• Herstellen (Kosten: 94,9%)	211,20	m² GRF	14.455	**68,44**	4,37
	Stb-Rampe, Seitenwände, Schalung, Bewehrung, Metalltreppe, Gitterroststufen, Geländer					

330 Außenwände

Kostenkennwerte für die Kostengruppen der 3.Ebene DIN 276

KG	Kostengruppe	Menge Einheit	Kosten €	€/Einheit	€/m² BGF
331	**Tragende Außenwände**				

1300-0142 Scheunenumbau, Büroflächen

	• Abbrechen (Kosten: 35,5%) Abbruch Ziegelmauerwerk, Entsorgung	11,24 m²	2.319	**206,30**	5,98
	• Herstellen (Kosten: 64,5%) Auflagetaschen herstellen (6m²), Ortgänge beimauern (8m²), Kernbohrung (1St)	14,00 m²	4.207	**300,50**	10,84

1300-0152 Wohn- und Geschäftshaus

	• Herstellen (Kosten: 100,0%) Deckenumlaufziegel (7m²), Giebel aufmauern, Bereich Aufdachisolierung, Hlz-Mauerwerk, d=11,5-17,5cm (6m²)	9,34 m²	2.446	**261,87**	6,26

4400-0165 Kinderkrippe (2 Gruppen, 24 Kinder)

	• Abbrechen (Kosten: 100,0%) Abbruch von Mauerwerk, d=24cm, Außentür, Entsorgung, Deponiegebühren (3m²)	2,85 m²	104	**36,32**	0,36

4400-0178 Kindertagesstätte (4 Gruppen, 65 Kinder)

	• Abbrechen (Kosten: 100,0%) Abbruch von Brüstungsmauerwerk mit Fensterbänken (14m²); Entsorgung, Deponiegebühren	14,12 m²	1.493	**105,76**	1,07

6100-0849 Doppelhaushälfte

	• Herstellen (Kosten: 100,0%) Holzrahmenkonstruktion, d=20cm, Mineralwolle WLG 040, OSB-Platten (48m²)	48,35 m²	14.439	**298,63**	148,70

6100-0932 Gutshaus, Wohnen im Alter (14 WE)

	• Abbrechen (Kosten: 6,0%) Abbruch von Mauerwerk, d=30cm, für Fensteröffnungen (11m²); Entsorgung, Deponiegebühren	11,25 m²	1.478	**131,40**	1,09
	• Wiederherstellen (Kosten: 79,7%) Horizontalsperren im Fußbodenbereich Ziegelmauerwerk, Mauersägeverfahren, d=25-72cm (153m)	–	19.606	–	14,41
	• Herstellen (Kosten: 14,3%) Hlz-Mauerwerk, d=24cm, Fensteröffnungen schließen (11m²), Ziegelflachstürze einschl. Abbruch Sturz, Auflagertaschen, Vermörtelung (14m)	12,35 m²	3.505	**283,87**	2,58

© BKI Baukosteninformationszentrum — Kostenstand: 3.Quartal 2015, Bundesdurchschnitt, **inkl. 19% MwSt.**

330 Außenwände

KG	Kostengruppe	Menge	Einheit	Kosten €	€/Einheit	€/m² BGF
	6100-0937 Einfamilienhaus, Umnutzung Scheune					
	• Herstellen (Kosten: 100,0%) Fenster vergrößern (2m²), Türöffnungen herstellen (4m²)	5,84	m²	3.704	**634,49**	17,95
	6100-0946 Einfamilienhaus, Einzeldenkmal					
	• Abbrechen (Kosten: 8,5%) Abbruch von Mauerwerk bis 30cm (17m²), Fachwerkkonstruktion (18m²); Entsorgung, Deponiegebühren	35,00	m²	1.843	**52,66**	6,45
	• Wiederherstellen (Kosten: 21,3%) Fachwerkkonstruktion reparieren, ergänzen mit Altholz, Blattverbindungen, ausspanen, ersetzen (37m²)	37,00	m²	4.630	**125,15**	16,20
	• Herstellen (Kosten: 70,2%) Hlz-Mauerwerk, d=24cm (20m²), Holzständerkonstruktion, imprägniert, Alu-Abdeckprofile (66m²)	86,18	m²	15.279	**177,29**	53,46
	6100-0976 Einfamilienhaus					
	• Abbrechen (Kosten: 1,8%) Abbruch von Holzständerwand, d=15cm (2m²); Entsorgung, Deponiegebühren	1,50	m²	111	**73,73**	1,23
	• Herstellen (Kosten: 98,2%) KS-Mauerwerk, d=24cm (57m²), Ringbalken C25/30, 24x24cm (17m), Stahlträger HEA 100 (5m)	57,00	m²	6.152	**107,93**	68,36
	6100-1105 Reihenendhaus, Denkmalschutz					
	• Abbrechen (Kosten: 30,3%) Abbruch von Mauerwerk für Tür- und Fensteröffnungen (2m²), Abspitzen von Mauerwerk an Fensteröffnung (3h); Entsorgung, Deponiegebühren	1,90	m²	655	**343,96**	2,11
	• Wiederherstellen (Kosten: 69,7%) Laibungen mit vorhandenen Sandsteinen instandsetzen, ausspitzen, neue Steine richten und versetzen (9m²), Wand- und Oberflächentrocknung wegen Wasserschaden an hangseitiger Kellerwand (10m²)	19,19	m²	1.509	**78,66**	4,87
	6100-1195 Mehrfamilienhaus, Dachgeschoss					
	• Herstellen (Kosten: 100,0%) KS-Mauerwerk, d=30cm, zum Schließen von Fensteröffnungen (1m²)	1,20	m²	329	**273,94**	2,03

… 330
Außenwände

KG	Kostengruppe	Menge Einheit	Kosten €	€/Einheit	€/m² BGF

6400-0062 Jugendzentrum

- Herstellen (Kosten: 100,0%)   115,23 m²   18.884   **163,88**   16,55
  Bohlen 16/6+18/4cm, Aufstockung der Außenwand, zur Aufnahme von WDVS und Dachkonstruktion, gegeneinander versetzt, übereinander montiert, h=34cm (712m), KS-Mauerwerk, d=24cm (67m²), Fensteröffnungen ausmauern (5m²), Hbl-Mauerwerk, d=24cm (9m²)

6600-0015 Naturfreundehaus

- Abbrechen (Kosten: 6,9%)   190,42 m²   8.785   **46,13**   4,50
  Abbruch von Mauerwerk, Fensteröffnungen vergrößern (89m²), Fassadenvorsprüngen, Gaubenwände (102m²); Entsorgung, Deponiegebühren

- Herstellen (Kosten: 93,1%)   887,55 m²   117.681   **132,59**   60,35
  Stb-Wände C25/30, d=24cm, WU-Beton, Schalung, Bewehrung (200m²), Ringanker C25/30, 25x24cm (22m), Holzrahmenelement-Wände, d=24cm, KVH, OSB-Beplankung innen, Einblasdämmung (372m²), Holzrahmenelement-Wände, als Vorsatzschale, d=16cm, Einblasdämmung (240m²), Hlz-Mauerwerk, d=24cm (76m²), Stahlträgerstürze (70m), Unterzüge (14m)

6600-0016 Hotel (23 Betten)

- Abbrechen (Kosten: 100,0%)   1,23 m²   743   **604,28**   1,54
  Abbruch von Mauerwerk, schneiden einer Fensterbrüstung (1m²), Kernbohrungen D=100-200 (2m); Entsorgung, Deponiegebühren

6600-0017 Hotel (76 Betten)

- Abbrechen (Kosten: 100,0%)   26,06 m²   6.475   **248,46**   1,96
  Abbruch von Stb-Wand (2m²), Stb-Auskragungen (8m²), Stb-Überzügen (16m²); Entsorgung, Deponiegebühren

9100-0092 Evangelische Kirche, Gemeindesaal, Pfarramt

- Abbrechen (Kosten: 31,2%)   31,27 m²   5.487   **175,47**   6,25
  Abbruch von Mauerwerk, d=55cm, für Fensteröffnungen (22m²), Türöffnungen (9m²); Entsorgung, Deponiegebühren

- Herstellen (Kosten: 68,8%)   54,27 m²   12.102   **223,02**   13,79
  Hlz-Mauerwerk (45m²), StB-Sockel, h=60cm, d=20cm, Schalung (10m²), Ringanker C20/25 (7m), Türstürze (4m)

330 Außenwände

KG	Kostengruppe	Menge Einheit	Kosten €	€/Einheit	€/m² BGF
	9700-0019 Aussegnungshalle				
	• Abbrechen (Kosten: 54,1%) Abbruch von Mauerwerk für Fensteröffnung, d=20-30cm (5m²); Entsorgung, Deponiegebühren	5,08 m²	126	**24,83**	0,38
	• Herstellen (Kosten: 45,9%) Porenbeton-Mauerwerk, d=24cm (4m²), Ziegelflachsturz (1St)	3,75 m²	107	**28,57**	0,33
332	**Nichttragende Außenwände**				
	4400-0165 Kinderkrippe (2 Gruppen, 24 Kinder)				
	• Abbrechen (Kosten: 18,1%) Abbruch von Brüstungsmauerwerk, d=24cm, Entsorgung, Deponiegebühren (14m²)	14,40 m²	337	**23,39**	1,17
	• Herstellen (Kosten: 81,9%) Brüstungsmauerwerk, d=30cm (1m²), d=17,5cm, Estrichbeton an der Oberseite, Schalung (4m²), Mauerdurchbruch zumauern	4,93 m²	1.528	**309,70**	5,30
	6100-0932 Gutshaus, Wohnen im Alter (14 WE)				
	• Abbrechen (Kosten: 13,0%) Abbruch von Mauerwerksbrüstung, verputzt, d=40cm (2m²); Entsorgung, Deponiegebühren	2,32 m²	119	**51,44**	< 0,1
	• Herstellen (Kosten: 87,0%) Hlz-Mauerwerksbrüstung, d=36,5cm (1m²), Laibungen, seitliche Maueranschläge, 11,5x6cm (53m)	4,14 m²	800	**193,27**	0,59
	6100-0946 Einfamilienhaus, Einzeldenkmal				
	• Abbrechen (Kosten: 25,7%) Abbruch von Ausfachungen, bis 20cm (37m²); Entsorgung, Deponiegebühren	36,75 m²	1.398	**38,05**	4,89
	• Herstellen (Kosten: 74,3%) Ausfachung, Sichtmauerwerk, Altziegel, d=11,5cm (15m²), Porenbetonsockel (2m²)	16,94 m²	4.033	**238,10**	14,11
	6100-0962 Einfamilienhaus, Einliegerwohnung				
	• Abbrechen (Kosten: 7,4%) Abbruch von Aufmauerung (1m²); Entsorgung, Deponiegebühren	1,13 m²	147	**130,05**	2,30
	• Wiederherstellen (Kosten: 6,7%) Bereich über Sturz neu aufmauern, vorhandenen Schmuckverband abbrechen, neu als Längsverband aufmauern, bxh=100x95cm (1St)	0,95 m²	133	**139,50**	2,08
	• Herstellen (Kosten: 86,0%) Holzrahmenwand (4m²), Verblendmauerwerk (2m²), Aufmauerung (2m²)	7,55 m²	1.712	**226,85**	26,84

330 Außenwände

KG	Kostengruppe	Menge Einheit	Kosten €	€/Einheit	€/m² BGF
	6100-0976 Einfamilienhaus				
	• Herstellen (Kosten: 100,0%) KS-Mauerwerk, d=11,5cm, h=48cm (10m²)	10,00 m²	529	**52,87**	5,87
	6100-1105 Reihenendhaus, Denkmalschutz				
	• Abbrechen (Kosten: 88,8%) Abbruch von Brüstungsmauerwerk und Gefachen von Dachgauben (35m²); Entsorgung, Deponiegebühren	34,68 m²	1.606	**46,31**	5,18
	• Herstellen (Kosten: 11,2%) Mineralwolldämmung WLG 032, d=120mm, zwischen Fachwerk von Dachgauben (11m²)	11,40 m²	204	**17,85**	0,66
	6100-1195 Mehrfamilienhaus, Dachgeschoss				
	• Abbrechen (Kosten: 100,0%) Abbruch von Mauerwerk der Gaubenbrüstungen, d=24cm (3m²); Entsorgung, Deponiegebühren	2,54 m²	166	**65,28**	1,02
	6100-1206 Einfamilienhaus, Badeinbau				
	• Herstellen (Kosten: 100,0%) Holzständerwand, KVH 12x12cm, Mineralwolldämmung WLG 035, innenseitig Dampfbremse, GK-Feuerschutzplatten, d=20mm, außenseitig Putzträgerplatten, d=12,5mm (8m²)	7,63 m²	2.429	**318,37**	367,04
	6400-0062 Jugendzentrum				
	• Abbrechen (Kosten: 32,3%) Abbruch von Stb-Brüstungen, d=20cm, Entsorgung, Deponiegebühren (7m²)	7,24 m²	1.047	**144,67**	0,92
	• Herstellen (Kosten: 67,7%) Brüstungen ausmauern, KS-Mauerwerk, d=24cm (16m²)	15,80 m²	2.197	**139,04**	1,93
	6600-0015 Naturfreundehaus				
	• Abbrechen (Kosten: 100,0%) Abbruch von Holzständerwänden (55m²); Entsorgung, Deponiegebühren	55,00 m²	342	**6,22**	0,18
	6600-0017 Hotel (76 Betten)				
	• Abbrechen (Kosten: 100,0%) Abbruch von Mauerwerk, d=30cm (6m²); Entsorgung, Deponiegebühren	6,00 m²	643	**107,22**	0,19
	9100-0092 Evangelische Kirche, Gemeindesaal, Pfarramt				
	• Herstellen (Kosten: 100,0%) Ausmauerungen von Sparrenfelder (9m²)	8,74 m²	1.163	**133,08**	1,32

330 Außenwände

KG	Kostengruppe	Menge	Einheit	Kosten €	€/Einheit	€/m² BGF

9700-0019 Aussegnungshalle

- Herstellen (Kosten: 100,0%) — 17,54 m² — 2.658 — **151,55** — 8,11
  Holzfassade, KVH-Unterkonstruktion, Profilbretter, d=2,6x5cm, Edelstahlschrauben, integriertes Türelement (18m²), Randleisten (40m)

333 Außenstützen

6100-0946 Einfamilienhaus, Einzeldenkmal

- Herstellen (Kosten: 100,0%) — 3,40 m — 118 — **34,72** — 0,41
  Mauerpfeiler Tordurchfahrt (3m)

6100-0976 Einfamilienhaus

- Abbrechen (Kosten: 4,3%) — 7,20 m — 110 — **15,27** — 1,22
  Abbruch von Holzstützen 10x10cm (7m); Entsorgung, Deponiegebühren

- Herstellen (Kosten: 95,7%) — 28,98 m — 2.452 — **84,59** — 27,24
  Stb-Stützen C25/30, Schalung, Bewehrung 24x24cm (5St), 24x37cm (1St), Quadratrohrstützen 50x50x4mm, verzinkt (2St), Stahlrundstütze, D=101,6mm, verzinkt (1St), Stahlstützen U 100, verzinkt (4St)

6600-0015 Naturfreundehaus

- Herstellen (Kosten: 100,0%) — 16,10 m — 1.434 — **89,09** — 0,74
  Stahlstützen, rund, D=10-16cm, 5 Stück (16m)

9700-0019 Aussegnungshalle

- Herstellen (Kosten: 100,0%) — 3,89 m — 761 — **195,75** — 2,32
  Stb-Stütze C20/25 in einzubrechenden Wandschlitz eingebaut, 42x20cm+4cm WD (4m)

334 Außentüren und -fenster

1300-0142 Scheunenumbau, Büroflächen

- Wiederherstellen (Kosten: 7,3%) — 8,00 m² — 2.659 — **332,44** — 6,85
  Metallfenster schleifen, Neuanstrich, Holzverkleidung Garagentor instandsetzen, Neuanstrich

- Herstellen (Kosten: 92,7%) — 35,00 m² — 33.576 — **959,31** — 86,54
  Fensterelemente Aluminium, hochwärmegedämmt, Öffnungsflügel, Motoren (25m²), Fensterbänke Naturstein (8m²), Ganzglas-Automatikschiebetür (2m²)

330
Außenwände

KG	Kostengruppe	Menge Einheit	Kosten €	€/Einheit	€/m² BGF

1300-0152 Wohn- und Geschäftshaus

- **Wiederherstellen (Kosten: 11,8%)** — 43,61 m² — 2.434 — **55,82** — 6,23
  Holzfenster reinigen, lose Farbschichten entfernen, Fehlstellen spachteln, Grund-, Zwischen-, Schlussanstrich (44m²)

- **Herstellen (Kosten: 88,2%)** — 29,65 m² — 18.183 — **613,26** — 46,56
  Holzfenster, Isolierverglasung, Fenstersims (30m²)

4400-0165 Kinderkrippe (2 Gruppen, 24 Kinder)

- **Abbrechen (Kosten: 2,0%)** — 9,57 m² — 561 — **58,64** — 1,95
  Abbruch von Alu-Glasoberlichtern, Entsorgung, Deponiegebühren (10m²)

- **Herstellen (Kosten: 98,0%)** — 99,95 m² — 27.559 — **275,72** — 95,65
  Holzfenster (100m²), Fingerklemmschutz (2St)

4400-0178 Kindertagesstätte (4 Gruppen, 65 Kinder)

- **Abbrechen (Kosten: 4,2%)** — 58,67 m² — 1.139 — **19,41** — 0,81
  Abbruch von Holzfenstern (59m²); Entsorgung, Deponiegebühren

- **Herstellen (Kosten: 95,8%)** — 79,22 m² — 25.933 — **327,36** — 18,55
  Kunststofffenster, Isolierglas U=1,1 W/m²K (77m²), Nebeneingangstüre (2m²), Fensterbänke, Aluminium, außen (41m), Fensterbänke, Kunststoff, innen (22m), Klemmschutz Türen (3St), Fensteroliven, abschließbar (10St)

4500-0016 Seminargebäude

- **Abbrechen (Kosten: 7,8%)** — 72,05 m² — 3.616 — **50,18** — 6,96
  Abbruch von Holzfenstern (72m²); Entsorgung, Deponiegebühren

- **Wiederherstellen (Kosten: 3,5%)** — 1,18 m² — 1.604 — **1.354,68** — 3,09
  Haustüranlage entglasen, Neuverglasung mit Wärmeschutzverglasung, einseitig VSG, Glashalte- und Glasanschlagleisten, Elektrokabel in Glasfalz einlassen (1m²)

- **Herstellen (Kosten: 88,8%)** — 72,05 m² — 41.263 — **572,68** — 79,40
  Holzfensterelemente, Ug=1,1Wm2/K (71m²), RWA (1m²), Rundfenster, D=59cm (0,30m²), Fensterbänke, Holz, innen (30m), Bodendichtung für Haustür (1St)

6100-0849 Doppelhaushälfte

- **Herstellen (Kosten: 100,0%)** — 33,56 m² — 21.329 — **635,59** — 219,66
  Holz-Alu-Fenster (34m²), Fensterbänke, Alu (8m)

330 Außenwände

KG	Kostengruppe	Menge Einheit	Kosten €	€/Einheit	€/m² BGF
	6100-0932 Gutshaus, Wohnen im Alter (14 WE)				
	• Abbrechen (Kosten: 5,2%) Abbruch von Holzfenstern und Holzfenstertüren (136m²), Holz-Haustüren (6m²); Entsorgung, Deponiegebühren	142,26 m²	5.621	**39,51**	4,13
	• Herstellen (Kosten: 94,8%) Holzfenster, Isolierverglasung, Uw=1,1W/m²K, vierflüglig (61m²), dreiseitige Holzfensterelemente an Gauben, RWA-Öffnung (63m²), Holzfenstertüren, Sprossenteilung (31m²), Holzsprossenfenster, Festverglasung (27m²), Holz-Kellerfenster (11m²), Hauseingangstür, Vollholz, Oberlicht (4m²), Hauseingangstür, Vollholzrahmen, Glasfüllung (2m²), Rundfenster, festverglast (1St), Zierleisten, außen (49St), Fensterbänke, Titanzink, außen (71m), Leimholz, Kiefer, innen (78m)	205,56 m²	101.807	**495,27**	74,84
	6100-0937 Einfamilienhaus, Umnutzung Scheune				
	• Abbrechen (Kosten: 2,0%) Abbruch von Stahlfenster, einfach verglast (1m²), Holzfenster (0,4m²); Entsorgung, Deponiegebühren	1,46 m²	242	**166,37**	1,17
	• Herstellen (Kosten: 98,0%) Holzfenster (7m²), Holzeingangstüre (2m²), Fensterbänke (4m), Schwellholz (1St)	9,56 m²	12.131	**1.268,93**	58,78
	6100-0946 Einfamilienhaus, Einzeldenkmal				
	• Abbrechen (Kosten: 1,7%) Abbruch von Fenstern (10m²), Stahltüren (7m²); Entsorgung, Deponiegebühren	16,14 m²	600	**37,15**	2,10
	• Wiederherstellen (Kosten: 8,1%) Aufarbeiten Holztor, zweiflüglig, Oberlicht (7m²)	7,04 m²	2.844	**404,01**	9,95
	• Herstellen (Kosten: 90,2%) Haustür, Holz (2m²), Nebentür, Holz (2m²), Holzfenster (17m²), Holz-Fenstertür, zweiflüglig (5m²), Festverglasungen (39m²), Fensterbänke, Alu (8m), Sandstein (3m)	64,40 m²	31.692	**492,12**	110,90
	6100-0962 Einfamilienhaus, Einliegerwohnung				
	• Abbrechen (Kosten: 11,5%) Abbruch von Fensterbekleidung, dreiseitig, Fensterbank, Holz (1m²); Entsorgung, Deponiegebühren	1,30 m²	296	**227,33**	4,63
	• Herstellen (Kosten: 88,5%) Eingangstür, Holz, Stockzarge (3m²), Fensterbänke, Holz, innen (4m)	6,34 m²	2.285	**360,20**	35,81
	6100-0976 Einfamilienhaus				
	• Abbrechen (Kosten: 0,6%) Abbruch von Holztüren (6m²); Entsorgung, Deponiegebühren	6,00 m²	122	**20,29**	1,35
	• Herstellen (Kosten: 99,4%) Alu-Schiebetüren (22m²), Alu-Fenster (5m²), festverglast (12m²), Fensterbänke, Kunststoff (7m)	39,46 m²	19.449	**492,90**	216,10

KG	Kostengruppe	Menge Einheit	Kosten €	€/Einheit	€/m² BGF

330
Außenwände

6100-1105 Reihenendhaus, Denkmalschutz

- Abbrechen (Kosten: 8,4%) — 9,19 m² — 1.219 — **132,68** — 3,93
  Abbruch von Holzfenstern (9m²); Entsorgung, Deponiegebühren

- Wiederherstellen (Kosten: 24,3%) — 23,28 m² — 3.532 — **151,74** — 11,40
  Fensterinnenseiten aufarbeiten, Altanstrich anschleifen, Deckleisten ausflicken, teilweise spachteln, vorlackieren, schlusslackieren (19m²), Fensteraußenseite aufarbeiten (3St), Anstrich von Fensterbänken erneuern, t=30-60cm (20m), Fensterbeschläge fetten und einstellen, Gangbarkeit prüfen (25St), Fenstergriffe erneuern, Edelstahl (12St), PZ-Schloss erneuern, Schließblech nachfeilen (1St), Balkontür kürzen, einhängen, Bänder einstellen (1St), Eingangstür, Holz, innen und außen aufarbeiten (2m²), Naturstein-Fensterbank ausspitzen, neu anfertigen und versetzen (1St)

- Herstellen (Kosten: 67,3%) — 9,19 m² — 9.768 — **1.063,52** — 31,51
  Passivhaus-Holzfenster, einflüglig, Drehkipp, Wärmeschutzverglasung, Wetterschenkel Eiche, Edelstahlgriffe (2m²), zwei- bis dreiflüglig, Wiener Sprosse (6m²), Fenstertür, Wiener Sprosse (2m²), Sicherheitsbeschläge (4St), Fensterbänke innen, Multiplex (8m), Fensterbänke außen, Alu (4St), Schließanlage anteilig

6100-1195 Mehrfamilienhaus, Dachgeschoss

- Abbrechen (Kosten: 3,7%) — 5,38 m² — 437 — **81,23** — 2,69
  Abbruch von Holzfenstern (5m²), Fensterbänken außen, Alu (6m), innen, Holz, mit Heizkörperverblendungen, h=1,00m (10m); Entsorgung, Deponiegebühren

- Herstellen (Kosten: 96,3%) — 19,07 m² — 11.361 — **595,90** — 70,03
  Holzfenster, Uw=0,95W/m²K, Dreifachverglasung, SSK 4, Drehkipp, Edelstahl-Fenstergriffe (10m²), Holz-Glaselement als Hebeschiebetür, vierteilig, zwei Festelemente, zwei Schiebeelemente, abschließbar (9m²)

6100-1197 Maisonettewohnung

- Wiederherstellen (Kosten: 100,0%) — 1,20 m² — 129 — **107,59** — 1,21
  Fensterrahmen reinigen, anschleifen, neu lackieren (1m²)

6100-1206 Einfamilienhaus, Badeinbau

- Herstellen (Kosten: 100,0%) — 1,78 m² — 1.077 — **605,13** — 162,73
  Fenster, Zweifachverglasung, satiniert (2m²)

330 Außenwände

KG Kostengruppe	Menge Einheit	Kosten €	€/Einheit	€/m² BGF
6100-1210 Doppelhaushälfte, Gründerzeit				
• Wiederherstellen (Kosten: 91,4%) Überholungsbeschichtung auf Holzfenstern innen und außen, auf Haustür innen, deckend, mit Kunstharz, Anstrich anschleifen soweit erforderlich (28m²), Holztäfer und Fenster innen anschleifen, rohe Stellen grundieren, vor- und fertiglackieren, Fensterventilationslack (17m²), Balkontür DG beidseitig aufarbeiten, alte Beschichtung aufrauen, blätternde Teile entfernen, neue Kunstharzbeschichtung aufbringen (2m²), Holzfensterbänke erneuern, auf unterseitig sichtbaren Stahlwinkeln (5m), Fenster warten und reparieren (37h), Dichtungen ersetzen (34m), Rechteckleiste 4x1,5cm, zwischen Fensterbank und -rahmen ergänzen, Anschluss an vorhandene seitliche Stäbe (4m), Fensterflügel austauschen, Holz (1m²), Kellerfenster 40x80cm, verzinkt, erneuern (1St), Abdichten von Holzfenster im unteren Teil mit Flüssigkunststoff, b=150mm (1St), Haustür neu einstellen (1St)	54,54 m²	5.299	**97,16**	12,09
• Herstellen (Kosten: 8,6%) Fenstersims im UG betonieren, l=50cm (1St)	–	499	–	1,14
6400-0062 Jugendzentrum				
• Abbrechen (Kosten: 5,3%) Abbruch von Eingangstüren (13m²), Holz-Alu-Fenstern (174m²); Entsorgung, Deponiegebühren	187,35 m²	4.517	**24,11**	3,96
• Wiederherstellen (Kosten: 0,3%) Türrahmen geleimt, gespachtelt, lackiert (3m²)	3,15 m²	249	**79,09**	0,22
• Herstellen (Kosten: 94,4%) Fensterbänder, Holzfenster gekoppelt, Isolierverglasung u-Wert=1,1W/m²K, Oberlichter feststehend, Terrassentüren, Fluchttüre, teilweise G30 Verglasung (230m²), Eingang, Wärmegedämmtes Aluminiumtürelement mit Seitenteilen, Drehtür-Automatik-Antrieb, elektrischer Türöffner (6m²), Alu-Fensterbänke (83m), Fenstergriffe abschließbar (41St), Schließanlage	235,64 m²	80.122	**340,02**	70,23
6600-0015 Naturfreundehaus				
• Abbrechen (Kosten: 3,3%) Abbruch von Holzfenstern (85m²), Holztüre (2m²), Terrassenverglasung (70m²), Natursteinfensterbänken (68St), Kellerfenstern (8St); Entsorgung, Deponiegebühren	160,44 m²	2.024	**12,61**	1,04
• Herstellen (Kosten: 96,7%) Holzfenster, einflüglig, Wärmeschutzverglasung, u-Wert 0,8W/m²K (38m²), dreiflüglig (9m²), Holz-Fenstertüren (68m²), Holz-Alu-Fenster (6m²), Alufenster (4m²), Alu-Fenstertür, VSG 2x6mm (2m²), Hebe-Schiebe-Tür (3m²), Holzeingangstür (2m²), Stahlrahmentür mit Holzlattung (2m²), Stahlfenster (1m²), Fensterbänke, Titanzink (94m), Alu (48m), Holz (77m), Schließanlage anteilig	136,47 m²	58.547	**429,01**	30,02

330
Außenwände

KG	Kostengruppe	Menge Einheit	Kosten €	€/Einheit	€/m² BGF
	6600-0016 Hotel (23 Betten)				
	• Abbrechen (Kosten: 3,0%)	20,37 m²	757	**37,15**	1,56
	Abbruch von Fenstern (20m²); Entsorgung, Deponiegebühren				
	• Herstellen (Kosten: 97,0%)	31,38 m²	24.682	**786,55**	51,05
	Holzfenster, Isolierverglasung, Ug=1,1W/m²K (18m²), mit Schallschutzverglasung (9m²), Holz-Fluchttüre, Isolierverglasung, Ug=1,1W/m²K (3m²), Eingangstüren (5m²), Fenster, Türen lackieren (32m²), Fensterbänke, Vorderkanten mit Hartholzleisten aufdoppeln, Oberfläche HPL, d=3mm, 120x40x4cm (6St)				
	6600-0017 Hotel (76 Betten)				
	• Abbrechen (Kosten: 23,9%)	57,85 m²	7.662	**132,44**	2,31
	Abbruch von Eingangsbereich (53m²), Türausschnitten in Stb-Wänden (6m²); Entsorgung, Deponiegebühren				
	• Herstellen (Kosten: 76,1%)	49,27 m²	24.379	**494,81**	7,37
	Alufenster (19m²), Fenstertüren (27m²), Eingangstür (3m²), Fenstergriffe (109St)				
	7200-0079 Atelier	19,36 m²	11.955	**617,49**	339,52
	Faltschiebeanlagen als Eingangstüren (16m²), Holzfenster (3m²)				
	7200-0087 Frisörsalon				
	• Wiederherstellen (Kosten: 100,0%)	24,55 m²	2.976	**121,20**	25,07
	Holzfenster innenseitig schleifen, lackieren (17m²), zweiflüglige Hauseingangstür instandsetzen, Schloss ausbauen, Sperrholzplatten außenseitig aufkleben, schleifen, lackieren, Sicherheitsgarnitur, Schlosskasten und Schließblech anpassen (4m²), Fensterscheiben erneuern, d=5mm, 42x38-125cm (3m²), Dichtung erneuern (15m)				
	9100-0086 Museum, Ausstellungen				
	• Wiederherstellen (Kosten: 100,0%)	42,60 m²	3.615	**84,86**	7,95
	Bauseitig eingelagertes Fenster einbauen, gang- und schließbar machen (5m²), entfernen loser Lackteile, spachteln, schleifen, Grund-, Zwischen- und Schlussbeschichtung, Alkydharzlackfarbe (37m²), Acrylfugen (160m)				

330 Außenwände

KG	Kostengruppe	Menge Einheit	Kosten €	€/Einheit	€/m² BGF

9100-0092 Evangelische Kirche, Gemeindesaal, Pfarramt

- **Abbrechen (Kosten: 6,8%)** — 92,85 m² — 5.303 — **57,11** — 6,04
  Abbruch von Fenstern, Türen (93m²); Entsorgung, Deponiegebühren

- **Wiederherstellen (Kosten: 21,3%)** — 22,66 m² — 16.599 — **732,45** — 18,91
  Kirchenfenster mit Segmentbögen reinigen, nachschweißen, losen Kitt und Farbschichten entfernen, entrosten, neu lackieren, Kitt ergänzen, in eingebautem Zustand (6m²), ausbauen, in Werkstatt transportieren, an anderer Stelle wieder einbauen (6m²), verkleinern (10m²), Lüftungsflügel einbauen (2St), Verglasung austauschen (1St), Reparaturverglasung, Echtantik weiß (4St), Floatglas (10St)

- **Herstellen (Kosten: 71,9%)** — 52,45 m² — 56.005 — **1.067,75** — 63,80
  Stahl-Glas-Türelemente, Ug=1,1W/m²K, einflüglig (6m²), zweiflüglig (10m²), OTS (5St), Edelstahl-Griffstangen, türhoch (10St), Stahl-Glas-Fensterelemente (13m²), Stahlfenster, Ug=1,2W/m²K, Segmentbogen (10m²), Stahlfenster (1m²), Kunststofffenster (2m²), Holz-Alu-Fenster (10m²), Fensterbänke, HDF, innen (9m), Farbaluminium (3m), Aluminium, außen (7m), Schließanlage anteilig

9100-0119 Pfarrkirche

- **Wiederherstellen (Kosten: 100,0%)** — 55,09 m² — 6.885 — **124,99** — 6,10
  Fenster ausbauen, reinigen, lackieren, neu verglasen, wieder einbauen (4St), Lüftungsflügel gangbar machen, Seilzüge erneuern (4St), Wetterschenkel einbauen (4St), Holzeingangstür schleifen, lasieren (14m), Holzfenster schleifen, lasieren (15m²), Wasserauffangrinnen schleifen, lackieren (21m), Fenstereisen entrosten, lackieren (416m)

9700-0019 Aussegnungshalle

- **Abbrechen (Kosten: 2,3%)** — 32,47 m² — 551 — **16,95** — 1,68
  Abbruch von Holz-Rundbogenfenster mit Bleiverglasung (10St), Holzfensterbänken (10St), Holztüren, zweiflüglig (12m²), Holztüren, einflüglig (4m²); Entsorgung, Deponiegebühren

- **Herstellen (Kosten: 97,7%)** — 27,73 m² — 23.007 — **829,68** — 70,17
  Holz-Rundbogenfenster, aufgesetzte Holzsprossen, Isolierverglasung, Uw=1,4W/m²K (14m²), Festverglasung Blindstockelement, Isolierverglasung, Uw=1,4W/m²K (1m²), Fensterbänke, MDF-Platte, d=10mm, lackiert (8m), Holz-Außentüren, wärmegedämmt, Blockrahmen, zweiflüglig mit Seitenteil (7m²), mit Rundbogen, Oberlicht (5m²), mit Rundbogen (2m²)

335 Außenwandbekleidungen außen

1300-0142 Scheunenumbau, Büroflächen

- **Wiederherstellen (Kosten: 57,9%)** — 166,11 m² — 8.831 — **53,16** — 22,76
  Außenputzflächen mit Dampfstrahlgerät reinigen, Putzfläche erneuern, Anstrich Mineralfarbe

- **Herstellen (Kosten: 42,1%)** — 166,11 m² — 6.418 — **38,64** — 16,54
  Außenputzflächen ausbessern, grundieren, beschichten (166m²)

KG	Kostengruppe	Menge Einheit	Kosten €	€/Einheit	€/m² BGF

330 Außenwände

1300-0152 Wohn- und Geschäftshaus

- Herstellen (Kosten: 100,0%) — 516,88 m² — 17.118 — **33,12** — 43,83
  Hochdruckreinigung der Außenwände, Streichfüller (517m²), mineralischer Außenputz, zweilagig, Anstrich (78m²), Fassadenanstrich (405m²)

3100-0018 Arztpraxis, Personalaufenthalt

- Wiederherstellen (Kosten: 100,0%) — 9,25 m² — 257 — **27,84** — 2,19
  Wandflächen von Balkon reinigen, Putz ausbessern, grundieren, mit Fassadenfarbe streichen (9m²)

4400-0165 Kinderkrippe (2 Gruppen, 24 Kinder)

- Abbrechen (Kosten: 1,1%) — 2,52 m² — 40 — **15,97** — 0,14
  Abbruch von Fliesen, Entsorgung, Deponiegebühren (3m²)

- Herstellen (Kosten: 98,9%) — 165,31 m² — 3.494 — **21,13** — 12,13
  Außenwandputz, mehrlagig, d=30mm (3m²), Laibungsputz (101m²), Silikatanstrich (62m²)

4400-0178 Kindertagesstätte (4 Gruppen, 65 Kinder)

- Wiederherstellen (Kosten: 12,7%) — 672,68 m² — 4.770 — **7,09** — 3,41
  Putzflächen reinigen (673m²), Flächen auf Tragfähigkeit und Ebenheit prüfen (294m²)

- Herstellen (Kosten: 87,3%) — 653,90 m² — 32.824 — **50,20** — 23,48
  Hartschaum-Dämmplatten, d=12cm, WLG 040, Flächenarmierung, Mineral-Leichtputz, Oberputz (282m²), Silikon-Farbanstrich (654m²), Laibungen (381m), Sockelanschluss (76m), Anschluss angrenzende Bauteile (220m)

4500-0016 Seminargebäude

- Abbrechen (Kosten: 0,2%) — 4,20 m² — 200 — **47,58** — 0,38
  Abbruch von Gaubenwandbekleidung (4m²); Entsorgung, Deponiegebühren

- Wiederherstellen (Kosten: 71,2%) — 295,57 m² — 57.905 — **195,91** — 111,42
  Klinkermauerwerk reinigen, Fugen auskratzen, neu verfugen (197m²), Zierbänder (14m), Ecklisenen (47m), Fensterlaibungen (78m), Klinkersteine ausstemmen, ersetzen (36St), Sockelmauerwerk aus Sandstein reinigen, schadhafte und lose Teile entfernen, ausbessern, Fugen auskratzen, neu verfugen (69m²), Abdeckgesims aus Sandstein erneuern (5m), Putzfaschen reinigen, lose Teile entfernen, neu verputzen (30m²)

- Herstellen (Kosten: 28,5%) — 231,36 m² — 23.208 — **100,31** — 44,66
  Tiefgrund, Armierung, Oberputz (226m²), Putzband streichen (60m), Gaubenwandbekleidung, Titanzink, Unterkonstruktion, Dämmung, d=60mm (5m²)

330 Außenwände

KG	Kostengruppe	Menge Einheit	Kosten €	€/Einheit	€/m² BGF

6100-0849 Doppelhaushälfte

- Wiederherstellen (Kosten: 31,8%) — 12,40 m² — 1.343 — **108,33** — 13,83
  Fundamente freilegen, Isolierplatten anbringen, Abdichtung (12m²)

- Herstellen (Kosten: 68,2%) — 52,57 m² — 2.876 — **54,71** — 29,62
  Oberputz (53m²)

6100-0932 Gutshaus, Wohnen im Alter (14 WE)

- Abbrechen (Kosten: 7,8%) — 498,45 m² — 6.336 — **12,71** — 4,66
  Abbruch von Fassadenputz (317m²), Farbe entfernen (181m²); Entsorgung, Deponiegebühren

- Wiederherstellen (Kosten: 21,4%) — 446,22 m² — 17.376 — **38,94** — 12,77
  Abbrechen und Erneuern von profiliertem Traufgesims, h=40cm (20m), horizontale Putzbänder erneuern, überarbeiten, b=15cm (133m), b=50cm (64m), Fensterumrahmungen öffnen, Risse behandeln, überfilzen, Kalkputz (22St), Stuck an Fensterbänken öffnen, Risse behandeln, überfilzen (54m), Mauerwerk in schadhaften Putzbereichen überarbeiten (362m²), Mauerwerksanker entrosten (20St)

- Herstellen (Kosten: 70,8%) — 876,51 m² — 57.508 — **65,61** — 42,28
  Untergrund reinigen (750m²), Filzputz (344m²), Kalkputz (210m²), Sockelputz, bossiert (152m²), Laibungen verputzen (336m), Silikat-Fassadenanstrich (716m²), Kalkanstrich (161m²), profilierte Fenster- und Türumrahmungen, Kalkputz (27St), Fensterbänke, Stuck (9m)

6100-0937 Einfamilienhaus, Umnutzung Scheune

- Herstellen (Kosten: 100,0%) — 15,00 m² — 1.702 — **113,47** — 8,25
  Sichtmauerwerk auf vorhandene Altziegel, d=12cm (15m²)

6100-0946 Einfamilienhaus, Einzeldenkmal

- Abbrechen (Kosten: 7,6%) — 74,78 m² — 1.233 — **16,49** — 4,32
  Abbruch von Außenputz (75m²); Entsorgung, Deponiegebühren

- Wiederherstellen (Kosten: 5,2%) — 3,85 m² — 850 — **220,82** — 2,97
  Traufbohle nach historischer Vorlage nacharbeiten, h=40cm, l=9,62m (4m²)

- Herstellen (Kosten: 87,2%) — 125,20 m² — 14.185 — **113,30** — 49,64
  Sockelabdichtung, EPS-Perimeterdämmung WLG 035, d=60-80mm, Sockelputz (3m²), Unterputz Trasskalkmörtel (16m²), Kalkputz (85m²), Schlemmputz Ausfachungen (31m²), Untergrundvorbehandlung, Silikatlasur (87m²), Fachwerkholz ölen (39m²), Zierverkleidung Balkenköpfe (9St)

6100-0962 Einfamilienhaus, Einliegerwohnung

- Herstellen (Kosten: 100,0%) — 10,20 m² — 334 — **32,71** — 5,23
  Dichtschlämme, Dämmung, d=20mm (9m²), Lasuranstrich, Silikatanstrich, pigmentiert (10m²)

330 Außenwände

KG	Kostengruppe	Menge Einheit	Kosten €	€/Einheit	€/m² BGF

6100-0976 Einfamilienhaus

- Herstellen (Kosten: 100,0%) — 105,00 m² — 14.034 — **133,66** — 155,93
  Abdichtung, Perimeterdämmung WLG 035, d=80mm, Noppenbahn (39m²), WDVS WLG 035, d=80-200mm, Armierung, Edelkratzputz (105m²)

6100-1105 Reihenendhaus, Denkmalschutz

- Abbrechen (Kosten: 10,0%) — 9,00 m² — 174 — **19,37** — 0,56
  Abbruch von Deckleistenschalung an Dachgauben (9m²); Entsorgung, Deponiegebühren

- Wiederherstellen (Kosten: 47,7%) — 17,00 m² — 830 — **48,84** — 2,68
  Gaubenschalung anschleifen, rohe Stellen mit Holzschutzgrund grundieren, zweifacher Anstrich mit Kunstharzlack (17m²), Laibungsbretter aufarbeiten (3St)

- Herstellen (Kosten: 42,3%) — 9,00 m² — 737 — **81,93** — 2,38
  Mineralwolldämmung WLG 032, d=140mm, Deckleistenschalung auf Unterkonstruktion an Dachgauben (9m²)

6100-1206 Einfamilienhaus, Badeinbau

- Herstellen (Kosten: 100,0%) — 7,63 m² — 1.060 — **138,97** — 160,21
  Hartschaumdämmung, d=40mm, Armierung, mineralischer Oberputz (8m²)

6100-1210 Doppelhaushälfte, Gründerzeit

- Herstellen (Kosten: 100,0%) — 3,28 m² — 571 — **174,21** — 1,30
  Durch Rolladenausbau entstandene Rollladennischen zumauern, mit Mineralplatten dämmen, d=60-80mm (3m²)

6400-0062 Jugendzentrum

- Herstellen (Kosten: 100,0%) — 537,76 m² — 97.530 — **181,36** — 85,49
  Reinigen, grundieren, Steinwolledämmung, d=120mm, WLG 035, gedübelt (90m²), d=160mm (162m²), d=200mm (148m²), Armierung, mineralischer Oberputz, Silikonharzanstrich (400m²), hinterlüftete Fassade, Unterkonstruktion, Dämmung, d=160mm, Fassadenpaneele, d=8mm (123m²), Perimeterdämmung, d=80mm, Sockelputz, Anstrich (15m²), Aufdoppelung der Außenwand, Mauerwerk, d=20cm, Drahtanker (10m²)

6600-0015 Naturfreundehaus

- Abbrechen (Kosten: 0,5%) — 85,41 m² — 755 — **8,83** — 0,39
  Abbruch von Außenputz (85m²); Entsorgung, Deponiegebühren

- Herstellen (Kosten: 99,5%) — 1.063,21 m² — 152.556 — **143,49** — 78,23
  Sockelputz (78m²), Abdichtung, Perimeterdämmung, d=80-140mm, WLG 035 (196m²), Holzweichfaserplatten-Schalung, d=35mm (592m²), Zellulosedämmplatten, d=40mm (90m²), Unterkonstruktion, Stülpschalung (462m²), Ausgleichsputz, EPS-Dämmung, d=140mm, WLG 035, Armierungsschicht, Silikatputz (244m²), Laibungen (156m), Unterkonstruktion, Leistenschalung, gehobelt (161m²)

330 Außenwände

KG	Kostengruppe	Menge Einheit	Kosten €	€/Einheit	€/m² BGF
	6600-0017 Hotel (76 Betten)				
	• Herstellen (Kosten: 100,0%) Vorgehängte Kupferfassade, Dämmung (405m²), Attikaabdeckungen (115m), Laibungen (116m), Perimeterdämmung (94m²), Betonfertigteile C20/25, als Sockelplatten, Sichtbeton, in Magerbeton (76m²), Anstrich (249m²)	956,46 m²	127.302	**133,10**	38,46
	7200-0079 Atelier	143,44 m²	1.780	**12,41**	50,54
	Verkleidung aus lackierten Dreischichtplatten (86m²), DHF-Platten (57m²)				
	7200-0087 Frisörsalon				
	• Herstellen (Kosten: 100,0%) Absperranstrich, mehrfarbig (35m²)	34,50 m²	629	**18,22**	5,30
	9100-0086 Museum, Ausstellungen				
	• Herstellen (Kosten: 100,0%) Zierleisten profilieren (39m), Gesimsprofile, Hohlkehle, mehrfach konvex-konkav an Bestand angleichen (120m), Schablonen herstellen für Zierleisten (2St), Silikatanstrich (117m²)	116,52 m²	8.872	**76,14**	19,50
	9100-0092 Evangelische Kirche, Gemeindesaal, Pfarramt				
	• Wiederherstellen (Kosten: 56,9%) Putz prüfen, reinigen (366m²), Fehlstellen schließen (74m²), Armierungsgewebe, Unter-, Oberputz (392m²), Gesimse ausbilden (78m), Silikatanstrich (446m²)	445,92 m²	33.361	**74,81**	38,00
	• Herstellen (Kosten: 43,1%) Bitumenschweißbahn, Perimeterdämmung WLG 040, d= 80mm (18m²), Noppenbahn (91m²), Sockeldämmplatte, d=140mm (14m²), EPS-Wärmedämmung WLG 032, d=140mm (163m²), Armierungsputz, mineralischer Edelputz, Silikatanstrich (177m²)	177,35 m²	25.219	**142,20**	28,73
	9700-0019 Aussegnungshalle				
	• Wiederherstellen (Kosten: 8,7%) Putzablösungen beseitigen, Kalkzementputz ergänzen (11m²)	10,64 m²	442	**41,55**	1,35
	• Herstellen (Kosten: 91,3%) Hochdruckreinigung (251m²), Silikonharzanstrich (220m²), Silikonharzanstrich eingefärbt, Sockel (31m²), Oberputz, d=3mm, Armierungsmörtel, Fassade (33m²), Sockel (9m²)	251,13 m²	4.636	**18,46**	14,14
	336 Außenwandbekleidungen innen				
	1300-0142 Scheunenumbau, Büroflächen				
	• Herstellen (Kosten: 100,0%) Wandfliesen (5m²)	4,56 m²	590	**129,40**	1,52

330 Außenwände

KG	Kostengruppe	Menge Einheit	Kosten €	€/Einheit	€/m² BGF
	1300-0152 Wohn- und Geschäftshaus				
	• Herstellen (Kosten: 100,0%) Raufasertapete, Anstrich (130m²), Giebelwände abgleichen, verputzen (48m²), Untergrundvorbereitung, Latexanstrich Treppenhaus Bestand (100m²)	277,63 m²	6.782	**24,43**	17,37
	3100-0011 Gemeinschaftspraxis				
	• Abbrechen (Kosten: 15,9%) Abbruch von Tapeten (72m²); Entsorgung, Deponiegebühren	71,76 m²	298	**4,15**	2,07
	• Wiederherstellen (Kosten: 5,1%) Untergründe ausbessern (83m²)	83,01 m²	96	**1,16**	0,67
	• Herstellen (Kosten: 79,0%) Untergrund spachteln, grundieren (83m²), Raufasertapete (44m²), Vliestapete (25m²), Glasgewebetapete (14m²), Dispersionsanstrich (70m²)	83,01 m²	1.480	**17,83**	10,29
	3100-0014 Arztpraxis				
	• Herstellen (Kosten: 100,0%) Glasgewebetapete, Dispersionsanstrich, Latexanstrich (150m²), Wandfliesen (6m²)	156,00 m²	2.932	**18,80**	16,75
	3100-0015 Arztpraxis				
	• Abbrechen (Kosten: 10,4%) Abbruch von Tapete (50m²); Entsorgung, Deponiegebühren	50,00 m²	122	**2,44**	0,85
	• Herstellen (Kosten: 89,6%) Glasgewebetapete, Dispersionsanstrich, Latexanstrich (50m²)	50,00 m²	1.056	**21,13**	7,39
	4400-0165 Kinderkrippe (2 Gruppen, 24 Kinder)				
	• Abbrechen (Kosten: 18,9%) Abbruch von Innenputz, Entsorgung, Deponiegebühren (42m²)	42,29 m²	403	**9,52**	1,40
	• Herstellen (Kosten: 81,1%) Kalkgipsputz, Eckschutzschienen (13m²), Laibungsputz (3m²), Grundierung, Dispersionsanstrich (283m²)	283,23 m²	1.725	**6,09**	5,99
	4400-0178 Kindertagesstätte (4 Gruppen, 65 Kinder)				
	• Abbrechen (Kosten: 1,2%) Abbruch von Farbanstrichen (16m²); Entsorgung, Deponiegebühren	16,37 m²	124	**7,58**	< 0,1
	• Wiederherstellen (Kosten: 3,1%) Fliesen ausstemmen, neue Fliesen einsetzen, verfugen, Jollyschiene setzen (2m²)	2,00 m²	322	**160,83**	0,23
	• Herstellen (Kosten: 95,7%) Grundierung, Gipsputz, Raufasertapete, Dispersionsanstrich (178m²), Wandfliesen (6m²), Laibungen (114m), GK-Verkofferungen (18m), Silikonfugen (174m)	184,22 m²	9.877	**53,62**	7,07

330
Außenwände

KG	Kostengruppe	Menge Einheit	Kosten €	€/Einheit	€/m² BGF
	4500-0016 Seminargebäude				
	• Abbrechen (Kosten: 4,0%)	429,41 m²	2.646	**6,16**	5,09
	Abbruch von Tapeten (403m²), Kalkzementputz (26m²); Entsorgung, Deponiegebühren				
	• Herstellen (Kosten: 96,0%)	432,62 m²	63.786	**147,44**	122,74
	Mineraldämmplatten WLG 042, d=80mm (348m²), Putz, Spachtelung, Malervlies, Silikatanstrich (381m²), Sanier-Zementputz (26m²), Abdichtung, Wandfliesen (18m²)				
	4500-0017 Bildungsinstitut, Seminarräume				
	• Herstellen (Kosten: 100,0%)	79,60 m²	3.402	**42,74**	9,87
	Spachtelung, Grundierung (80m²), Glasgewebetapete, Dispersionsanstrich, scheuerbeständig (60m²), Laibungen, Glasgewebetapete, Anstrich (54m), Glattvlies, Anstrich (20m²), Laibungen, Glattvlies, Anstrich (26m)				
	6100-0849 Doppelhaushälfte				
	• Herstellen (Kosten: 100,0%)	81,78 m²	3.341	**40,86**	34,41
	Spachtelung (28m²), Anstrich, Schutzanstrich auf Anstrich (61m²), Verblendung, Klinker-Riemchen (21m²)				
	6100-0932 Gutshaus, Wohnen im Alter (14 WE)				
	• Wiederherstellen (Kosten: 3,3%)	43,00 m²	1.627	**37,84**	1,20
	Lose Putzflächen abschlagen, mit Kalkzementputz ergänzen (43m²), lose Putzflächen an Laibungen abschlagen, Kalkzementputz ergänzen (115m)				
	• Herstellen (Kosten: 96,7%)	532,52 m²	48.364	**90,82**	35,55
	Innendämmung, Mineraldämmplatten CaSi WLG 045, d=50mm, Armierputz, Spachtelung, Anstrich (454m²), Laibungsdämmung, Mineraldämmplatten, d=20mm, Armierputz, Kantenschutz, Anstrich (235m), Laibungen, Kalkzementputz (53m), Fensterbänke einputzen (38m), GK-Vorsatzschalen, Metallständer, einseitig doppelt beplankt, Mineralwolldämmung WLG 035, d=100mm, Dampfsperre, Anstrich (52m²), KS-Vormauerung, d=11,5cm (27m²)				
	6100-0937 Einfamilienhaus, Umnutzung Scheune				
	• Herstellen (Kosten: 100,0%)	192,56 m²	18.550	**96,34**	89,89
	Holzständerwerk vor Außenwand, 60x80mm, OSB-Platten, d=12mm, GK-Platten (193m²), Zellulosedämmung, d=250mm (51m³), Abdichtung (1m²), Wandfliesen (2m²), Silikatanstrich (160m²)				

330 Außenwände

KG	Kostengruppe	Menge Einheit	Kosten €	€/Einheit	€/m² BGF
	6100-0946 Einfamilienhaus, Einzeldenkmal				
	• Abbrechen (Kosten: 2,3%)	23,00 m²	393	**17,09**	1,38
	Abbruch von Innenputz (18m²), WDVS (5m²); Entsorgung, Deponiegebühren				
	• Herstellen (Kosten: 97,7%)	100,14 m²	16.532	**165,09**	57,85
	Unterputz (24m²), Holzfaserdämmplatten, d=60mm, Gewebearmierung, Kalkputz, Silikatanstrich, quarzgefüllt (75m²), Wandfliesen (2m²), Schutzlasur Holzflächen (24m²)				
	6100-0962 Einfamilienhaus, Einliegerwohnung				
	• Herstellen (Kosten: 100,0%)	23,56 m²	1.828	**77,60**	28,66
	Unterkonstruktion, Dampfsperre, Dämmung, GK-Platten (3m²), Dichtschlämme, Grundierung, Anstrich (22m²), Glasspiegel, ESG, h=60cm (2m²)				
	6100-0976 Einfamilienhaus				
	• Herstellen (Kosten: 100,0%)	82,00 m²	1.924	**23,46**	21,38
	Trockenputz, GK-Beplankung 12,5mm (20m²), Raufasertapete, Dispersionsanstrich (82m²)				
	6100-1105 Reihenendhaus, Denkmalschutz				
	• Abbrechen (Kosten: 15,2%)	90,00 m²	1.237	**13,74**	3,99
	Abbruch von Tapete mit Kleber (65m²), Farbanstrichen (25m²), Innenputz (5h); Entsorgung, Deponiegebühren				
	• Wiederherstellen (Kosten: 15,9%)	29,28 m²	1.298	**44,33**	4,19
	Laibungen aufarbeiten, Untergrund prüfen, nicht tragfähige Teile entfernen, anschleifen, Fehlstellen schließen, glätten, Gesamtfläche schleifen, Grund-, Zwischen- und Schlussanstrich (30m), Ergänzung von abgeschlagenen Putzflächen wegen Wasserschadens (10m²)				
	• Herstellen (Kosten: 68,9%)	166,39 m²	5.626	**33,81**	18,15
	Untergründe spachteln (274m²), Dispersionsanstrich (166m²), GK-Trockenputz, zweilagig, schalldämmend, Unterkonstruktion, Spachtelung Q3 (14m²), Acrylfugen (50m)				
	6100-1195 Mehrfamilienhaus, Dachgeschoss				
	• Herstellen (Kosten: 100,0%)	42,64 m²	2.367	**55,52**	14,59
	GK-Trockenputz (24m²), GK-Vorsatzschalen (16m²), Spachtelung Q3, Grundierung, Malervlies, Silikatanstrich (40m²), Wandfliesen (3m²)				
	6100-1197 Maisonettewohnung				
	• Herstellen (Kosten: 100,0%)	68,57 m²	2.159	**31,48**	20,18
	Wände spachteln, schleifen, grundieren, Malervlies, Dispersionsanstrich (69m²), GK-Bekleidung für Installationsschacht (2m²), Revisionsklappe (1St)				

© BKI Baukosteninformationszentrum   Kostenstand: 3.Quartal 2015, Bundesdurchschnitt, inkl. 19% MwSt.

330 Außenwände

KG	Kostengruppe	Menge Einheit	Kosten €	€/Einheit	€/m² BGF
	6100-1206 Einfamilienhaus, Badeinbau				
	• Herstellen (Kosten: 100,0%) Spachtelung, Anstrich (6m²)	5,85 m²	1.302	**222,47**	196,66
	6100-1210 Doppelhaushälfte, Gründerzeit				
	• Abbrechen (Kosten: 20,9%) Abbruch von Tapetenschichten auf Altputz, Kleberrückständen, Ausbessern von Beschädigungen (176m²); Entsorgung, Deponiegebühren	176,12 m²	978	**5,56**	2,23
	• Wiederherstellen (Kosten: 32,9%) Beschädigten Wandputz erneuern, Kalk- oder Kalkgipsputz, Oberfläche an vorhandene Putzfläche ansatzfrei verreiben und glätten, auf alten Ziegelwänden (13m²), Einbau einer Holzleiste 5x5cm, in ehemaligen Rollladenschlitz einpassen, beschichten (4m), Abdeckplatten der ehemaligen Rollladenkästen ersetzen, 70x20cm, in Falz einpassen, mit Kompribändern abdichten (2St)	12,88 m²	1.543	**119,83**	3,52
	• Herstellen (Kosten: 46,2%) Silikatanstrich (176m²), Untergrund spachteln, Malervlies aufbringen (40m²), Heizkörpernische dämmen, Kalzium-Silikatplatte, d=60mm, Kalkputz (1m²), Wandnischen zumauern (4h), Elektroschlitze beiputzen, Breite bis 15cm (24m)	176,12 m²	2.168	**12,31**	4,95
	6400-0062 Jugendzentrum				
	• Abbrechen (Kosten: 5,7%) Abbruch von Holzverkleidungen, Dämmung (52m²), Entfernen von Anstrichen durch abkratzen, abwaschen (155m²); Entsorgung, Deponiegebühren	206,92 m²	621	**3,00**	0,54
	• Herstellen (Kosten: 94,3%) Spachtelung, Glasfaservlies, Dispersionsanstrich, Latex (155m²), GK-Vorsatzschalen (95m²), Wandfliesen (37m²), Wandbordüre (17m), Spiegel, fliesengleich (1m²)	191,95 m²	10.316	**53,74**	9,04
	6600-0015 Naturfreundehaus				
	• Wiederherstellen (Kosten: 0,4%) Untergrund reinigen, auf Festigkeit und Tragfähigkeit prüfen, Unebenheiten ausgleichen (640m²)	639,81 m²	193	**0,30**	0,10
	• Herstellen (Kosten: 99,6%) Holzrahmenkonstruktion KVH, Einblasdämmung, d=80mm, Gipsfaserplatten (355m²), GK-Laibungen (269m), Kalk-Oberputz (414m²), Kalk-Unterputz (203m²), Kalkzementputz (102m²), Laibungsputz (449m), Putzarmierung (178m²), Silikatanstrich (640m²), Silikat-Streichputz (429m²), Wandfliesen (102m²), Silikon- und Acrylfugen (227m)	1.169,66 m²	46.211	**39,51**	23,70
	6600-0016 Hotel (23 Betten)				
	• Herstellen (Kosten: 100,0%) Abdichtung, Wandfliesen (17m²), Haftputz, Gewebearmierung (46m²), GK-Vorsatzschale, einseitig beplankt (14m²), Saniervlies (252m²), Anstrich (354m²)	371,36 m²	11.891	**32,02**	24,59

330 Außenwände

KG	Kostengruppe	Menge Einheit	Kosten €	€/Einheit	€/m² BGF
	6600-0017 Hotel (76 Betten)				
	• Herstellen (Kosten: 100,0%) Putz, Anstrich (1.104m²), Wandfliesen (112m²), Vorwände (8m²)	1.215,12 m²	43.182	**35,54**	13,05
	7200-0079 Atelier	106,85 m²	6.126	**57,34**	174,00
	OSB-Platten, Wärmedämmung, d=100mm (55m²), GK-Bekleidungen, d=12,5mm, Silikatanstrich (52m²), GK-Fensterlaibungen (11m)				
	7200-0086 Hörgeräteakustik-Meisterbetrieb				
	• Herstellen (Kosten: 100,0%) Dünnputz, Anstrich (11m²)	11,21 m²	277	**24,76**	1,88
	7200-0087 Frisörsalon				
	• Wiederherstellen (Kosten: 100,0%) Wandflächen säubern, Grundierung, Spachtelung, Dispersionsanstrich (26m²)	26,15 m²	654	**25,00**	5,51
	9100-0080 Experimenteller Kinoraum				
	• Abbrechen (Kosten: 10,5%) Abbruch von Rabitz-Wandbekleidung, einseitig beplankt (52m²), Wandbelägen aus verlötetem Kupferblech, Dispersionsanstrich (195m²); Entsorgung, Deponiegebühren	246,92 m²	2.433	**9,85**	10,50
	• Herstellen (Kosten: 89,5%) Akustikpaneele 1.690x715x240mm, Korpus Holzwerkstoffplatte, d=22mm, Moltontuchbespannung, Dämmeinlage Mineralwolle, d=200mm (9St), Akustikpaneele 1.240x715x240mm (9St), Tiefgrund, Dispersionsanstrich (57m²), Tiefgrund, Vollton-Farbanstrich (58m²)	134,36 m²	20.754	**154,47**	89,52
	9100-0086 Museum, Ausstellungen				
	• Abbrechen (Kosten: 15,2%) Abschlagen von Putz,(187m²), Putz auf Hohlstellen prüfen, lose Stellen abschlagen bis zum tragfähigen Untergrund (371m²); Entsorgung, Deponiegebühren	558,54 m²	3.461	**6,20**	7,61
	• Wiederherstellen (Kosten: 6,4%) Abschlagen von Putz, Laibungen mit bauseitig vorhandenen Vollziegeln beimauern bis 50cm (5m²), neue Steine (7m)	5,16 m²	1.459	**282,73**	3,21
	• Herstellen (Kosten: 78,4%) Spachteln, Grund- und Schlussanstrich (571m²), Malervlies (113m²)	571,20 m²	17.825	**31,21**	39,17

330 Außenwände

KG	Kostengruppe	Menge Einheit	Kosten €	€/Einheit	€/m² BGF

9100-0092 Evangelische Kirche, Gemeindesaal, Pfarramt

- Abbrechen (Kosten: 2,5%) — 159,60 m² — 1.008 — **6,32** — 1,15
  Abbruch von Putz (160m²); Entsorgung, Deponiegebühren

- Wiederherstellen (Kosten: 35,5%) — 387,65 m² — 14.085 — **36,33** — 16,05
  Putz prüfen, Farbschicht entfernen (351m²), Tapeten entfernen (37m²), Aufbrennsperre (112m²), Armierungsgewebe, Renovierputz (274m²), Spachtelung (95m²), Tiefgrund, Silikatanstrich (388m²)

- Herstellen (Kosten: 62,0%) — 179,73 m² — 24.635 — **137,07** — 28,06
  Mineraldämmplatten WLG 045, d=120-140mm, Armierung, Oberputz (138m²), Gipskalkputz (28m²), Altarwand, gemauert, im Bogen, Gipskalkputz Q4, geglättet (18m²), Zementputz (4m²), Silikatanstrich (180m²)

9100-0119 Pfarrkirche

- Abbrechen (Kosten: 0,2%) — 17,28 m² — 75 — **4,31** — < 0,1
  Abbruch von nicht tragfähigen Kalkanstrichen (17m²); Entsorgung, Deponiegebühren

- Wiederherstellen (Kosten: 7,8%) — 66,85 m² — 2.459 — **36,78** — 2,18
  Putzrisse schließen (psch), Schimmelpilz entfernen, Putz sanieren (67m²), Fehlstellen im Putz ausbessern (27h)

- Herstellen (Kosten: 92,0%) — 988,78 m² — 29.027 — **29,36** — 25,71
  Kalkputz (16m²), Installationsschlitze schließen (24m²), Hochdruckreinigung, Spachtelung, Kalktünche (951m²), Kalktünche auf Laibungen, getönt (77m²), Mineralfarbanstrich (38m²)

9700-0019 Aussegnungshalle

- Wiederherstellen (Kosten: 1,4%) — 12,09 m² — 129 — **10,68** — 0,39
  Putz abstemmen, Untergrund vorbehandeln, Unebenheiten ausgleichen, Kalkputz (12m²)

- Herstellen (Kosten: 98,6%) — 115,00 m² — 9.297 — **80,84** — 28,35
  Wandbekleidung, Vorsatzschale, d=7,5cm, MDF-Platten kunststoffbeschichtet, d=25mm (12m²), Vorsatzschalen, d=7,5cm, GK-Beplankung (72m²), d=23cm (11m²), d=7,5cm, Mineralwolldämmung, d=60mm, GK-Beplankung (9m²), Malervlies, Grundierung, Anstrich (101m²), Abdichtung, Wandfliesen (3m²)

337 Elementierte Außenwände

4400-0165 Kinderkrippe (2 Gruppen, 24 Kinder)

- Abbrechen (Kosten: 100,0%) — 45,54 m² — 1.553 — **34,09** — 5,39
  Abbruch von Alu-Glasfassadenelementen, Entsorgung, Deponiegebühren (46m²), sichern der Öffnung

KG	Kostengruppe	Menge Einheit	Kosten €	€/Einheit	€/m² BGF

6100-0849 Doppelhaushälfte

- Abbrechen (Kosten: 100,0%)   69,50 m²   5.119   **73,66**   52,72
Abbruch von Wintergartenfassade, Holz-Glaskonstruktion, Holzstützen, Schiebetüren, Öffnungsflügeln (70m²); Entsorgung, Deponiegebühren

6100-0962 Einfamilienhaus, Einliegerwohnung

- Abbrechen (Kosten: 1,5%)   55,25 m²   1.151   **20,82**   18,03
Abbruch von Stahlkonstruktion, Verglasung (55m²); Entsorgung, Deponiegebühren

- Herstellen (Kosten: 98,5%)   65,14 m²   75.994   **1.166,68**   1.191,13
Pfosten-Riegel-Fassade (56m²), Verglasung mit Sonnenschutz, Fenstertüren (3St), Oberlichter, Kippflügel (3St), Sandwichelemente, Alublech (9m²)

6600-0015 Naturfreundehaus

- Herstellen (Kosten: 100,0%)   105,03 m²   76.467   **728,05**   39,21
Pfosten-Riegel-Konstruktion, Holz, lasiert, Alu-Klemmprofile, beschichtet, Wärmeschutzverglasung u-Wert=0,8W/m²K, Einsatzelemente (105m²), seitliche Anschlüsse (88m)

6600-0017 Hotel (76 Betten)

- Herstellen (Kosten: 100,0%)   172,95 m²   97.282   **562,49**   29,39
Alu-Pfosten-Riegel-Konstruktion (125m²), Türen (36m²), Automatikschiebetüren (17m²)

9100-0092 Evangelische Kirche, Gemeindesaal, Pfarramt

- Herstellen (Kosten: 100,0%)   58,35 m²   69.795   **1.196,08**   79,51
Pfosten-Riegel-Fassade, Stahl, Festverglasungen, Ug=1,2W/m²K (18m²), Türelemente, zweiflüglig, VSG außen, ESG innen, Ug=1,1W/m²K (28m²), OTS (10St), Edelstahl-Griffstangen, türhoch (20St), Pfosten-Riegel-Element, Stahl, Festverglasungen, Ug=1,1W/m²K (12m²)

338 Sonnenschutz

4500-0016 Seminargebäude

- Herstellen (Kosten: 100,0%)   18,92 m²   3.244   **171,49**   6,24
Plisseeanlagen als innenliegender Sonnenschutz (19m²)

6100-0849 Doppelhaushälfte

- Herstellen (Kosten: 100,0%)   16,05 m²   3.912   **243,74**   40,29
Senkrechtmarkise, dreiteilig, Motorantrieb, Führungsschienen (16m²)

330 Außenwände

KG	Kostengruppe	Menge Einheit	Kosten €	€/Einheit	€/m² BGF

6100-0976 Einfamilienhaus

- Herstellen (Kosten: 100,0%) — 34,87 m² — 5.311 — **152,31** — 59,01
  Raffstores (35m²), Motorantrieb (3St), Windsensor (1St)

6100-1105 Reihenendhaus, Denkmalschutz

- Wiederherstellen (Kosten: 100,0%) — 17,04 m² — 5.370 — **315,12** — 17,32
  Klappläden, Holz, in Werkstatt aufarbeiten, faulige Stellen ausflicken, brüchige Teile ersetzen, Anstriche prüfen, ablaugen, Oberflächen anschleifen, säubern, schadhafte Stellen imprägnieren, Grund-, Zwischen- und Schlussanstriche aufbringen, Stahlteile prüfen, entrosten, anschleifen, säubern, streichen (17m²), Klappladen erneuern (1St)

6100-1195 Mehrfamilienhaus, Dachgeschoss

- Herstellen (Kosten: 100,0%) — 18,11 m² — 6.167 — **340,48** — 38,01
  Rollladen-Vorbauelemente, runde Sichtblenden, Alu, pulverbeschichtet, Kunststoffpanzer, Motorantrieb (18m²), Motoreinzelsteuergeräte (10St)

6400-0062 Jugendzentrum

- Herstellen (Kosten: 100,0%) — 25,41 m² — 8.084 — **318,14** — 7,09
  Alu-Lamellenraffstore mit Führungsschienen, Mittelmotor (25m²), Steuerzentrale (1St)

6600-0015 Naturfreundehaus

- Abbrechen (Kosten: 1,1%) — 85,00 m² — 299 — **3,51** — 0,15
  Abbruch von Fensterläden (85m²); Entsorgung, Deponiegebühren
- Herstellen (Kosten: 98,9%) — 47,10 m² — 28.017 — **594,84** — 14,37
  Balkonüberdachung aus Rundrohrstützen, d=76mm, l=2,6m, Profilstahl als Träger, Auflager, Sparren, VSG-Überkopfverglasung 2x5mm, Einzelgrößen 60x240cm (47m²), Alu-Klemmprofil, b=60mm, eloxiert (153m)

6600-0016 Hotel (23 Betten)

- Wiederherstellen (Kosten: 100,0%) — 27,12 m² — 2.123 — **78,27** — 4,39
  Klappläden, schleifen, spachteln, streichen (27m²)

9100-0080 Experimenteller Kinoraum

- Herstellen (Kosten: 100,0%) — – — 678 — **–** — 2,93
  Verdunkelungsrollos (2St)

KG	Kostengruppe	Menge Einheit	Kosten €	€/Einheit	€/m² BGF

330 Außenwände

339 Außenwände, sonstiges

1300-0152 Wohn- und Geschäftshaus

- Abbrechen (Kosten: 22,2%) — 22,19 m² AWF — 2.057 — **92,70** — 5,27
  Abbruch von Stahlbalkongeländerelementen (13m²), Holzsichtschutzwänden (9m²), Entsorgung, Deponiegebühren

- Herstellen (Kosten: 77,8%) — 516,88 m² AWF — 7.214 — **13,96** — 18,47
  Stahlbalkongeländer, Flachstahlrahmen, vertikale Füllstäbe, Stahlrohrhandlauf (8St), Außentreppe, gerade, Stahlwangentreppe verzinkt, beidseitige Geländer (1St)

4400-0165 Kinderkrippe (2 Gruppen, 24 Kinder)

- Abbrechen (Kosten: 100,0%) — 72,54 m² AWF — 335 — **4,62** — 1,16
  Abbruch von Marmor-Sitzbänken, d=40mm, an der Fassade, Entsorgung, Deponiegebühren (6St)

4400-0178 Kindertagesstätte (4 Gruppen, 65 Kinder)

- Herstellen (Kosten: 100,0%) — 733,12 m² AWF — 7.197 — **9,82** — 5,15
  Holz-Tragkonstruktion für Terrasse, KVH, Riffelbohlen, Holz, d=27mm (40m²), Holzgeländer, Pfosten, Untergurt, senkrechte Sprossen, Handlauf, h=90cm (19m)

6100-0849 Doppelhaushälfte

- Herstellen (Kosten: 100,0%) — 81,91 m² AWF — 1.642 — **20,05** — 16,91
  Absturzsicherung, Vierkantrohr, senkrechte Streben, Fallstäbe, waagrecht (1St)

6100-0932 Gutshaus, Wohnen im Alter (14 WE)

- Herstellen (Kosten: 100,0%) — 1.082,07 m² AWF — 100.910 — **93,26** — 74,18
  Fluchttreppenanlagen, außen, je drei Stützen über drei Geschosse mit zweiläufigen Treppen und Podesten, Stahl-Montagebauweise, Gitterroste, Innenhandlauf, Geländer (123m²), Stahlkonsolen für Treppen (16St), Aushub, Stb-Fundamente C30/37 für Treppen (13m³), Brüstungsstäbe Fenster (40m)

6100-0962 Einfamilienhaus, Einliegerwohnung

- Wiederherstellen (Kosten: 60,4%) — 0,95 m² AWF — 337 — **355,11** — 5,29
  Handlauf von Außenkellertreppe demontieren, ändern, wieder montieren (1St)

- Herstellen (Kosten: 39,6%) — 79,03 m² AWF — 221 — **2,79** — 3,46
  Kiesstreifen 16/32mm, t=15cm (17m)

6100-0976 Einfamilienhaus

- Herstellen (Kosten: 100,0%) — 106,46 m² AWF — 2.622 — **24,62** — 29,13
  Mauerabdeckung, vierfach gekantet, Zink (50m), Eckstücke (10St)

330 Außenwände

KG	Kostengruppe	Menge Einheit	Kosten €	€/Einheit	€/m² BGF
6100-1105 Reihenendhaus, Denkmalschutz					
	• Wiederherstellen (Kosten: 100,0%) Metallvordach anschleifen, zweifacher Anstrich mit Beschichtung auf Bitumenbasis als Korrosionsschutz (8m²)	52,56 m² AWF	189	**3,60**	0,61
6400-0062 Jugendzentrum					
	• Herstellen (Kosten: 100,0%) Absturzsicherung	773,40 m² AWF	132	**0,17**	0,12
6600-0015 Naturfreundehaus					
	• Herstellen (Kosten: 100,0%) Stahlrampe, Podest, l=14,2m, Gitterrostbelag, Handlauf V2A (16m²), Stahlwangentreppe, sechs Steigungen 18,8/27cm, Laufbreite 140cm, Gitterroststufen, Podest (3m²), Flachstahl-Geländer, Spannseile, Handlauf (15m²), Insektenschutzrahmen, Gazebespannung (68m²), Insektenschutz-Faltplissees, Gaze (43m²), Lichtschächte (2St)	1.411,16 m² AWF	37.446	**26,54**	19,20
6600-0016 Hotel (23 Betten)					
	• Herstellen (Kosten: 100,0%) Stahlfluchttreppe, verzinkt, 12 Steigungen 19/26cm, b=1,60m, Geländer, Handlauf, senkrechte Füllstäbe, D=12mm, Anstrich (6m²)	402,74 m² AWF	14.027	**34,83**	29,01
6600-0017 Hotel (76 Betten)					
	• Abbrechen (Kosten: 92,3%) Abbruch von Lichtschächten (3St); Entsorgung, Deponiegebühren	– AWF	3.699	–	1,12
	• Herstellen (Kosten: 7,7%) Abdichtungen an bestehenden Lichtschächten (12m²)	1.251,12 m² AWF	309	**0,25**	< 0,1
9100-0092 Evangelische Kirche, Gemeindesaal, Pfarramt					
	• Abbrechen (Kosten: 19,8%) Abbruch von Stb-Eingangspodest, Natursteinbelag, Fundamenten (10m³); Entsorgung, Deponiegebühren	252,45 m² AWF	1.862	**7,37**	2,12
	• Herstellen (Kosten: 80,2%) Gitterroste (15m²)	290,53 m² AWF	7.549	**25,98**	8,60
9100-0119 Pfarrkirche					
	• Wiederherstellen (Kosten: 74,3%) Lüftungsgitter 35x35cm, reinigen, schleifen, ausbessern von Schadstellen, lackieren (2St), Abstandhalter für Taubenschutzgitter erneuern (2St)	121,94 m² AWF	819	**6,72**	0,73
	• Herstellen (Kosten: 25,7%) Türstopper, Bronze (2St)	988,78 m² AWF	283	**0,29**	0,25

340 Innenwände

Kostenkennwerte für die Kostengruppen der 3.Ebene DIN 276

KG	Kostengruppe	Menge Einheit	Kosten €	€/Einheit	€/m² BGF
341	**Tragende Innenwände**				

1300-0142 Scheunenumbau, Büroflächen

•	Abbrechen (Kosten: 71,3%) Abbruch KS-/Ziegelmauerwerk, d=24mm, Entsorgung	5,89 m²	3.872	**657,44**	9,98
•	Herstellen (Kosten: 28,7%) KS-Mauerwerk, d=24cm (7m²)	7,00 m²	1.562	**223,15**	4,03

1300-0152 Wohn- und Geschäftshaus

•	Abbrechen (Kosten: 100,0%) Abbruch von Mauerwerk, d=24cm, Entsorgung, Deponiegebühren (21m²)	20,55 m²	822	**40,00**	2,10

3100-0014 Arztpraxis

•	Abbrechen (Kosten: 100,0%) Abbruch von Vollziegelmauerwerk, d=43cm (18m²), d=30cm (2m²); Entsorgung, Deponiegebühren	20,48 m²	4.146	**202,40**	23,69

3100-0015 Arztpraxis

•	Abbrechen (Kosten: 100,0%) Abbruch von Mauerwerk (11m²); Entsorgung, Deponiegebühren	11,34 m²	335	**29,55**	2,34

4400-0178 Kindertagesstätte (4 Gruppen, 65 Kinder)

•	Abbrechen (Kosten: 25,2%) Abbruch von Hlz-Mauerwerk (7m²); Entsorgung, Deponiegebühren	6,54 m²	291	**44,50**	0,21
•	Herstellen (Kosten: 74,8%) Hlz-Mauerwerk, d=24cm (6m²), Stb-Stürze, d=11-24cm (4m), Kernbohrungen (2St)	5,63 m²	863	**153,34**	0,62

4500-0016 Seminargebäude

•	Abbrechen (Kosten: 10,8%) Abbruch von Mauerwerk, d=15cm (16m²), für Türöffnungen, d=18cm (4m²), für Sturzauflager (6St); Entsorgung, Deponiegebühren	20,43 m²	1.231	**60,28**	2,37
•	Wiederherstellen (Kosten: 1,3%) Sturz von Mauerwerksöffnung höher setzen (2m²)	2,16 m²	144	**66,79**	0,28
•	Herstellen (Kosten: 88,0%) Wanddurchbrüche, Öffnungen schließen (2m²)	2,47 m²	10.077	**4.081,33**	19,39

© BKI Baukosteninformationszentrum Kostenstand: 3.Quartal 2015, Bundesdurchschnitt, inkl. 19% MwSt.

340 Innenwände

KG	Kostengruppe	Menge Einheit	Kosten €	€/Einheit	€/m² BGF

6100-0932 Gutshaus, Wohnen im Alter (14 WE)

- Abbrechen (Kosten: 9,3%) — 55,24 m² — 3.223 — **58,34** — 2,37
  Abbruch von Mauerwerk, d=28-40cm, für Öffnungen (47m²), Mauerwerk, d=16-28cm (8m²); Entsorgung, Deponiegebühren

- Wiederherstellen (Kosten: 4,8%) — 62,03 m² — 1.666 — **26,85** — 1,22
  Überarbeiten von Mauerwerks in Bereichen mit schadhaftem Putz, Auswechseln von Steinen, reinigen der Flächen (62m²)

- Herstellen (Kosten: 85,9%) — 206,16 m² — 29.821 — **144,65** — 21,92
  KS-Mauerwerk, d=30cm (73m²), d=24cm (84m²), Stb-Balken, d=30cm (37m), Hlz-Mauerwerk, d=11,5-41cm, Öffnungen schließen (39m²), Betonschwellen C20/25, 24x50cm als Stützenauflager in bestehende MW-Wände einbauen (11St), Ziegelflächstürze (10St)

6100-0937 Einfamilienhaus, Umnutzung Scheune

- Herstellen (Kosten: 100,0%) — 22,00 m² — 2.560 — **116,35** — 12,40
  Fachwerkwände, KVH, NSi (1m³), aufstellen, abbinden (19m), Traglattung, OSB-Platten, d=12mm (22m²), Zellulosedämmung, d=80mm (4m³)

6100-0946 Einfamilienhaus, Einzeldenkmal

- Abbrechen (Kosten: 91,3%) — 84,57 m² — 4.748 — **56,14** — 16,61
  Abbruch von Fachwerkkonstruktion, Mauerwerk, bis 20cm (44m²), bis 30cm (40m²); Entsorgung, Deponiegebühren

- Herstellen (Kosten: 8,7%) — 3,94 m² — 450 — **114,44** — 1,58
  Hlz-Mauerwerk, d=17,5cm (3m²), KS-Mauerwerk, d=17,5cm (1m²)

6100-1195 Mehrfamilienhaus, Dachgeschoss

- Abbrechen (Kosten: 6,9%) — 2,00 m² — 287 — **143,68** — 1,77
  Abbruch von Mauerwerk für Türöffnung, d=24cm (2m²); Entsorgung, Deponiegebühren

- Herstellen (Kosten: 93,1%) — 18,50 m² — 3.904 — **211,05** — 24,07
  Holzständerwände, KVH 10x10cm, Holzfaserdämmung, d=100mm, GF-Bekleidung beidseitig, d=15mm (19m²), Abfangkonstruktion Mittelpfetten (psch)

6100-1210 Doppelhaushälfte, Gründerzeit

- Herstellen (Kosten: 100,0%) — 1,86 m² — 239 — **128,45** — 0,54
  Sturz einsetzen, Mauerwerk ausmörteln (1St)

340 Innenwände

KG Kostengruppe	Menge Einheit	Kosten €	€/Einheit	€/m² BGF
6400-0062 Jugendzentrum				
• Abbrechen (Kosten: 7,9%) Abbruch von Fachwerkwänden, Ausfachung mit Klinkersteinen, Entsorgung, Deponiegebühren (140m²)	139,83 m²	1.521	**10,88**	1,33
• Herstellen (Kosten: 92,1%) KS-Mauerwerk, d=24cm (81m²), Porenbetonmauerwerk (51m²), Stb-Ringbalken (6St), Stb-Stürze (2St), Stb-Balken (2m)	138,92 m²	17.634	**126,94**	15,46
6600-0015 Naturfreundehaus				
• Abbrechen (Kosten: 25,0%) Abbruch von Mauerwerk (156m²), Holzständerwänden (75m²), Entkernen von Holzständerwänden (550m²); Entsorgung, Deponiegebühren	780,37 m²	13.290	**17,03**	6,82
• Herstellen (Kosten: 75,0%) Stb-Fertigteilwände C25/30, d=20cm, WU-Beton, Schalung, Bewehrung (98m²), Stb-Wände C25/30, d=24cm, WU-Beton (56m²), KS-Mauerwerk, d=24cm (56m²), Hlz-Mauerwerk, d=24cm (38m²), Einblasdämmung in bestehende Holzrahmenwände (475m²), Wandschlitze schließen (73m), Durchbrüche schließen (47St), Stahlträgerstürze (29m)	722,77 m²	39.765	**55,02**	20,39
6600-0017 Hotel (76 Betten)				
• Herstellen (Kosten: 100,0%) Holzwände, d=22cm, Nadelholz, d=31,3mm, siebenlagig, kreuzweise verleimt (56m²), KS-Wände, d=24cm (60m²), Schließen von Wanddurchbrüchen (10St)	116,13 m²	27.265	**234,78**	8,24
7200-0087 Frisörsalon				
• Abbrechen (Kosten: 9,0%) Abbruch von Mauerwerk für Fensterbank, Brüstung ausstemmen, bxhxt=125x19x17cm (4St), für neue Stufe (psch); Entsorgung, Deponiegebühren	0,85 m²	465	**547,40**	3,92
• Herstellen (Kosten: 91,0%) KS-Mauerwerk, Türöffnungen schließen (9m²), Schornstein mit Beton verfüllen (psch), Türöffnungen vergrößern, Mauerwerk, d=29-56cm, Auflager herstellen, Stahlträger (18m²), Türöffnungen in Mauerwerkswand herstellen (5m²)	31,76 m²	4.680	**147,33**	39,41
9100-0080 Experimenteller Kinoraum				
• Abbrechen (Kosten: 98,9%) Abbruch von Stb-Wand für Durchbrüche, Kernbohrungen (4m²); Entsorgung, Deponiegebühren	3,74 m²	11.420	**3.053,40**	49,26
• Herstellen (Kosten: 1,1%) Türstürze, l=140cm (2St)	4,24 m²	128	**30,09**	0,55

340 Innenwände

KG	Kostengruppe	Menge Einheit	Kosten €	€/Einheit	€/m² BGF
	9100-0086 Museum, Ausstellungen				
	• Abbrechen (Kosten: 36,2%) Abbruch von Mauerwerkswänden, d=17,5-50cm, Entsorgung, Deponiegebühren (100m²)	99,86 m²	7.196	**72,06**	15,81
	• Wiederherstellen (Kosten: 22,8%) Vollziegel säubern, mit dem Bestand verzahnen (13m²), Putz abschlagen, Nischen ausmauern mit bauseitigen Vollziegeln (23m²)	36,21 m²	4.543	**125,46**	9,98
	• Herstellen (Kosten: 41,0%) Löcher in Wänden schließen, 15x15x40cm (79St), Türstürze, Profilstahl HEA 100, S235 (0,4t), mit Mauerziegel ausmauern (20m²)	21,77 m²	8.158	**374,74**	17,93
	9100-0092 Evangelische Kirche, Gemeindesaal, Pfarramt				
	• Abbrechen (Kosten: 52,3%) Abbruch von Mauerwerk, d=15-30cm (17m²), für Türöffnungen, d=55cm (28m²); Entsorgung, Deponiegebühren	44,44 m²	12.102	**272,30**	13,79
	• Herstellen (Kosten: 47,7%) Porenbeton-Mauerwerk, d=24cm, Lambda=0,18W/m²K (60m²), Hlz-Mauerwerk, d=17,5cm (17m²), Ringanker, d=24cm (11m), Türstürze, Profilstahl (11m)	76,77 m²	11.037	**143,77**	12,57
	9700-0019 Aussegnungshalle				
	• Abbrechen (Kosten: 45,7%) Abbruch von Mauerwerk, d=20-30cm (103m²); Entsorgung, Deponiegebühren	103,16 m²	2.561	**24,83**	7,81
	• Herstellen (Kosten: 54,3%) Porenbeton-Mauerwerk, d=24cm (156m²), Stb-Abschlussbalken C20/25, 24x12cm (11m), Ziegelflachsturz (1St)	157,05 m²	3.046	**19,40**	9,29
342	**Nichttragende Innenwände**				
	1300-0142 Scheunenumbau, Büroflächen				
	• Herstellen (Kosten: 100,0%) Holzständerwand, Beplankung OSB-Platten, Dämmung (114m²), Metallständerwand, beidseitig beplankt, GK- und Holzwerkstoffplatten (16m²), GK-Vorsatzschale (7m²), Trennwandverglasungen (39m²)	176,00 m²	40.775	**231,68**	105,09

340 Innenwände

KG	Kostengruppe	Menge Einheit	Kosten €	€/Einheit	€/m² BGF
	1300-0152 Wohn- und Geschäftshaus				
	• Abbrechen (Kosten: 3,6%) Abbruch von Holzwänden mit Nut- und Federverkleidung, Dämmung, Entsorgung, Deponiegebühren (72m²)	71,98 m²	1.169	**16,25**	2,99
	• Herstellen (Kosten: 96,4%) Metallständerwände, d=10-20,5cm, Dämmung, Mineralfilzplatten, GK-Bekleidungen 2x12,5mm (145m²), F 90 GK-Montagewand, d=20cm, Dämmung, Mineralwolle, Gipsbauplatten, schallgedämmt (40m²), GK-Installationswand, d=22cm (6m²), GK-Trempelwand, d=10cm (30m²), GK-Vorsatzschalen (15m²), GK-Installationsschacht (5m²), GK-Installationsstütze (2m²)	255,76 m²	31.657	**123,78**	81,06
	3100-0014 Arztpraxis				
	• Abbrechen (Kosten: 11,4%) Abbruch von GK-Wänden (13m²); Entsorgung, Deponiegebühren	12,50 m²	1.058	**84,65**	6,05
	• Herstellen (Kosten: 88,6%) GK-Wände (81m²), Strahlenschutz mit Bleiplatten (13m²)	93,75 m²	8.248	**87,98**	47,13
	3100-0015 Arztpraxis				
	• Abbrechen (Kosten: 31,1%) Abbruch von GK-Wänden (83m²); Entsorgung, Deponiegebühren	83,00 m²	1.976	**23,81**	13,82
	• Herstellen (Kosten: 68,9%) GK-Wände (51m²), Öffnung zumauern (2m²)	52,64 m²	4.378	**83,17**	30,62
	3100-0018 Arztpraxis, Personalaufenthalt				
	• Abbrechen (Kosten: 38,1%) Abbruch von Mauerwerkswänden, d=15cm (32m²), GK-Wand, d=12,5cm (9m²); Entsorgung, Deponiegebühren	41,41 m²	1.952	**47,15**	16,62
	• Herstellen (Kosten: 61,9%) GK-Metallständerwand, beidseitig doppelt beplankt, d=12,5cm (10m²), d=20cm (5m²), d=10cm, einfach beplankt (5m²), d=23,5cm, als Schiebetürtasche, mit Schiebetürsystem (6m²), GK-Installationswand, d=25cm, beidseitig doppelt beplankt (6m²), GK-Lüftungsschacht, freistehend, einseitig beplankt (5m²)	36,16 m²	3.172	**87,72**	27,00
	4400-0165 Kinderkrippe (2 Gruppen, 24 Kinder)				
	• Abbrechen (Kosten: 6,5%) Abbruch von Mauerwerk, d=10-15cm, GK-Vorsatzschalen, raumhoch, Entsorgung, Deponiegebühren (41m²)	41,24 m²	896	**21,73**	3,11
	• Herstellen (Kosten: 93,5%) Metallständerwände, GK-Bekleidungen F30, 2x12,5mm (264m²)	263,86 m²	12.949	**49,08**	44,95

340 Innenwände

KG	Kostengruppe	Menge Einheit	Kosten €	€/Einheit	€/m² BGF
	4400-0178 Kindertagesstätte (4 Gruppen, 65 Kinder)				
	• Abbrechen (Kosten: 31,5%) Abbruch von Hlz-Mauerwerk (223m²); Entsorgung, Deponiegebühren	222,90 m²	4.702	**21,10**	3,36
	• Herstellen (Kosten: 68,5%) Hlz-Mauerwerk, d=11,5cm (65m²), GK-Metallständerwände, d=100mm, einlagig beplankt, Mineralwolledämmung, d=60mm, WLG 040 (42m²), GK-Vorsatzschalen, d=100mm, doppelt beplankt (29m²), Ziegelstürze, d=11cm (14m), Kernbohrungen (2St)	135,00 m²	10.228	**75,76**	7,32
	4500-0016 Seminargebäude				
	• Abbrechen (Kosten: 18,6%) Abbruch von Mauerwerk, d=15cm (34m²), für Türöffnungen (4m²), GK-Wänden (20m²); Entsorgung, Deponiegebühren	55,98 m²	3.412	**60,96**	6,57
	• Herstellen (Kosten: 81,4%) Hlz-Mauerwerk, d=11,5cm (13m²), KS-Mauerwerk, d=11,5cm (5m²), Flachstürze (3m), Wanddurchbrüche schließen (1m²), GK-Metallständerwände, d=12,5cm, Rw=49dB (27m²), F90, Rw=57dB (22m²)	67,66 m²	14.914	**220,43**	28,70
	4500-0017 Bildungsinstitut, Seminarräume				
	• Herstellen (Kosten: 100,0%) Wandscheibe, freitragend, d=15cm, Unterkonstruktion, Holzwerkstoffplatten, Oberfläche HPL, Hochglanz schwarz, ABS-Anleimer, schwarz, Rückseite direktbeschichtet (10m²)	10,20 m²	5.427	**532,04**	15,75
	6100-0932 Gutshaus, Wohnen im Alter (14 WE)				
	• Abbrechen (Kosten: 0,8%) Abbruch von Mauerwerk, d=15-28cm (12m²); Entsorgung, Deponiegebühren	11,62 m²	221	**19,02**	0,16
	• Herstellen (Kosten: 99,2%) Metallständerwände, d=12,5cm, zweilagig beplankt, Dämmung, 47dB (277m²), einseitig zweilagig beplankt (44m²), F90-Doppelständerwand, d=20,5cm, 55dB (86m²), Doppelständerwand, d=30cm (18m²), Brandwand, F90-Metallständerwand, dreifach beplankt, Stahlblecheinlage, 47dB (6m²), KS-Mauerwerk, d=11,5cm (3m²)	433,26 m²	29.079	**67,12**	21,38
	6100-0937 Einfamilienhaus, Umnutzung Scheune				
	• Abbrechen (Kosten: 5,6%) Abbruch einer Holzständerwand, d=15cm, Holzbekleidungen, Mineralwollfüllungen, Entsorgung, Deponiegebühren (12m²)	12,00 m²	363	**30,26**	1,76
	• Herstellen (Kosten: 94,4%) Holzständerwände, KVH 60x80mm, Beplankung, beidseitig, OSB-Platten, d=12mm, GK-Platten, d=9,5mm (47m²), Vorsatzschalen (10m²)	57,36 m²	6.166	**107,49**	29,88

KG	Kostengruppe	Menge Einheit	Kosten €	€/Einheit	€/m² BGF

6100-0946 Einfamilienhaus, Einzeldenkmal

- Abbrechen (Kosten: 7,0%) — 19,64 m² — 579 — **29,48** — 2,03
  Abbruch von Ausfachungen, d bis 10cm (20m²); Entsorgung, Deponiegebühren

- Herstellen (Kosten: 93,0%) — 109,52 m² — 7.669 — **70,02** — 26,83
  Hlz-Mauerwerk, d=11,5cm, Brandwand (19m²), Ausfachungen (62m²), GF-Metallständerwand, d=100mm, einfach beplankt (29m²)

6100-0962 Einfamilienhaus, Einliegerwohnung

- Herstellen (Kosten: 100,0%) — 25,10 m² — 4.415 — **175,90** — 69,20
  GK-Wohnungstrennwand, doppelt beplankt (12m²), KS-Mauerwerk (13m²)

6100-0976 Einfamilienhaus

- Abbrechen (Kosten: 100,0%) — 15,00 m² — 1.283 — **85,57** — 14,26
  Abbruch von Holzständerwänden, d=11,5cm (15m²); Entsorgung, Deponiegebühren

6100-1105 Reihenendhaus, Denkmalschutz

- Abbrechen (Kosten: 28,0%) — 30,32 m² — 1.589 — **52,41** — 5,13
  Abbruch von Fachwerkwänden (30m²), Mauerwerk für Wandöffnung (0,5m²); Entsorgung, Deponiegebühren

- Wiederherstellen (Kosten: 16,9%) — 11,00 m² — 959 — **87,17** — 3,09
  Mauerdurchbrüche schließen, Grundputz ausbessern, fehlendes Mauerwerk ausbessern, Unebenheiten ausgleichen (9h), Wand- und Oberflächentrocknung wegen Wasserschaden an Kellerwand (11m²)

- Herstellen (Kosten: 55,0%) — 16,93 m² — 3.118 — **184,13** — 10,06
  GK-Metallständerwand, d=10cm, freistehend, beidseitig doppelt beplankt, Schattenfuge zu Boden und Decke, Spachtelung Q3, Einbaunische 180x30x25cm (5m²), Öffnung für Schiebetür mit BSH, Querschnitt bis 10x14cm, KVH 6-8x14cm (10m²), Öffnung für Durchreiche mit BSH, bis 10x24cm (2m²), Fachwerkbrüstung ausmauern, Porenbeton-Plansteine, d=10cm (psch)

6100-1195 Mehrfamilienhaus, Dachgeschoss

- Abbrechen (Kosten: 41,7%) — 145,00 m² — 3.162 — **21,80** — 19,49
  Abbruch von Mauerwerk, d=11,5cm (104m²), Leichtbauwänden, d=12,5cm (41m²); Entsorgung, Deponiegebühren

- Herstellen (Kosten: 58,3%) — 57,26 m² — 4.426 — **77,30** — 27,28
  GK-Metallständerwände F30, d=12,5cm, Holzfaserdämmung, d=60mm, GK-Bekleidung beidseitig, zweilagig, 2x12,5mm, Oberfläche Q2 (44m²), d=17,5cm (9m²), KS-Mauerwerk, d=17,5cm (4m²)

340 Innenwände

KG	Kostengruppe	Menge Einheit	Kosten €	€/Einheit	€/m² BGF

6100-1197 Maisonettewohnung

- Herstellen (Kosten: 100,0%)   30,00 m²   3.608   **120,27**   33,72
  GK-Metallständerwände, beidseitig doppelt beplankt, Mineralwolldämmung, d=12,5cm, Unterkonstruktion für rahmenlosen Einbau von Glasschiebetüren (23m²), d=10cm, eine Türöffnung (7m²)

6100-1206 Einfamilienhaus, Badeinbau

- Abbrechen (Kosten: 100,0%)   1,58 m²   662   **420,05**   99,95
  Abbruch von Mauerwerk für Öffnung (2m²); Entsorgung, Deponiegebühren

6100-1210 Doppelhaushälfte, Gründerzeit

- Wiederherstellen (Kosten: 22,3%)   –   341   –   0,78
  Wandausbrüche ausmauern (8h)

- Herstellen (Kosten: 77,7%)   15,34 m²   1.191   **77,61**   2,72
  GK-Metallständerwand, d=100mm, beidseitig doppelt beplankt, Spachtelung Q2, Mineralwolldämmung, d=60mm (14m²), Heizkörper- und Einzellüfternischen zumauern (2St), Wandschlitze ausmörteln

6400-0062 Jugendzentrum

- Abbrechen (Kosten: 12,7%)   235,95 m²   2.851   **12,08**   2,50
  Abbruch von Metallständerwänden, d=10cm, aus Spanplatten, d=19mm, kunststoffbeschichtet, GK-Bekleidungen, d=10mm, Entsorgung, Deponiegebühren (236m²)

- Herstellen (Kosten: 87,3%)   273,30 m²   19.550   **71,53**   17,14
  Metallständerwände F90, 62dB, d=14,5cm, beidseitig 12,5mm+10mm Gipsfaserplatten, Mineralwolledämmung, d=60mm (264m²), KS-Mauerwerk, d=11,5cm (10m²)

6600-0015 Naturfreundehaus

- Abbrechen (Kosten: 4,7%)   296,13 m²   5.001   **16,89**   2,56
  Abbruch von Mauerwerk (140m²), Holzständerwänden (157m²); Entsorgung, Deponiegebühren

- Herstellen (Kosten: 95,3%)   1.102,27 m²   101.618   **92,19**   52,11
  Holzrahmenelement-Wände, KVH 6/12, 6/14, Gipsfaser-Beplankung, Dämmung (460m²), Multiplex-Beplankung (9m²), Metallständerwände, GK-Beplankung, d=12,5cm (366m²), Hlz-Mauerwerk, d=11,5cm (34m²), d=17,5cm (34m²), Vormauerungen, Porenbeton, d=15cm (33m²), GK-Vorsatzschalen, einfach beplankt, d=18cm (92m²), d=10cm (54m²), Holzständerwand, OSB, Gipsfaser (20m²)

6600-0016 Hotel (23 Betten)

- Herstellen (Kosten: 100,0%)   80,86 m²   5.579   **68,99**   11,54
  KS-Mauerwerk, d=11,5cm (24m²), d=17,5cm (2m²), Metallständerwände, d=10cm, GK-Beplankung 2x12,5mm (55m²), Badewannen einmauern (3St), Duschen einmauern (3St)

340
Innenwände

KG	Kostengruppe	Menge Einheit	Kosten €	€/Einheit	€/m² BGF
	6600-0017 Hotel (76 Betten)				
	• Herstellen (Kosten: 100,0%)	1.669,48 m²	158.292	**94,82**	47,83
	Holzwände, d=12,5cm, Nadelholz, d=25mm, fünflagig, kreuzweise verleimt (221m²), KS-Wände, d=11,5cm (32m²), Metallständerwände, Dämmung, GK-Beplankungen (549m²), F90 (256m²), Vorsatzschalen (611m²)				
	7200-0086 Hörgeräteakustik-Meisterbetrieb				
	• Herstellen (Kosten: 100,0%)	31,00 m²	4.495	**144,99**	30,50
	Metallständerwände, beidseitig doppelt beplankt, d=15cm, Rw=67dB (31m²)				
	7200-0087 Frisörsalon				
	• Abbrechen (Kosten: 29,2%)	57,20 m²	1.431	**25,02**	12,06
	Abbruch von Mauerwerk, d=15cm (57m²); Entsorgung, Deponiegebühren				
	• Herstellen (Kosten: 70,8%)	33,99 m²	3.471	**102,13**	29,24
	GK-Metallständerwände, d=10cm, Mineralwolldämmung, d=40-60mm (20m²), als Installationswände, d=20-25cm (8m²), Türöffnungen (5St), Eckschutzschienen (52m), Türöffnungen schließen, GK-Metallständerwände (6m²)				
	9100-0080 Experimenteller Kinoraum				
	• Abbrechen (Kosten: 22,9%)	87,63 m²	5.155	**58,82**	22,23
	Abbruch von Mauerwerk mit Belägen (83m²), Stb-Wand für Durchbrüche (4m²), Kernbohrungen (18St); Entsorgung, Deponiegebühren				
	• Herstellen (Kosten: 77,1%)	223,97 m²	17.366	**77,54**	74,91
	GK-Vorsatzschale, h=3,7m, freistehend, d=125mm, doppelt beplankt, Entkopplung mit Trennwandfilz, d=5mm, Mineralwolledämmung, d=40mm (110m²), GK-Vorsatzschale, h=3,7m, freistehend, d=225mm, GK-Akustikplatten 12,5mm, auf GK-Plattenstreifen, b=10cm (64m²), Porenbeton-Mauerwerk F90, d=11,5cm (49m²), Kernbohrungen (15St)				
	9100-0086 Museum, Ausstellungen				
	• Abbrechen (Kosten: 50,8%)	154,23 m²	5.176	**33,56**	11,38
	Abbruch von Leichtbauwänden, d=17,5cm, Entsorgung, Deponiegebühren (154m²)				
	• Wiederherstellen (Kosten: 24,1%)	26,22 m²	2.456	**93,67**	5,40
	Vollziegel säubern, mit dem Bestand verzahnen (23m²), Putz abschlagen, Laibungen mit bauseitigen Vollziegeln beimauern (2m²), neue Steine (7m)				
	• Herstellen (Kosten: 25,1%)	29,89 m²	2.560	**85,64**	5,63
	Nischen-Mauerwerk (10m²), Metallständerwände, GK-Beplankung F90 (20m²), Löcher in Wänden schließen, 15x15x15cm (15St)				

340 Innenwände

KG Kostengruppe	Menge Einheit	Kosten €	€/Einheit	€/m² BGF
9100-0092 Evangelische Kirche, Gemeindesaal, Pfarramt				
• Herstellen (Kosten: 100,0%) Hlz-Mauerwerk, d=11,5cm (41m²), Leichtbetonstürze (2m)	41,20 m²	2.335	**56,67**	2,66
9100-0119 Pfarrkirche				
• Abbrechen (Kosten: 100,0%) Abbruch von Brüstungsmauerwerk, Ziegel, verputzt, d=32cm (17m²); Entsorgung, Deponiegebühren	17,21 m²	2.534	**147,21**	2,24
9700-0019 Aussegnungshalle				
• Herstellen (Kosten: 100,0%) Metallständerwände, Mineralwolldämmung, d=120mm, GK-Beplankung, 2x12,5mm, d=17,5cm (12m²), d=20cm (9m²), GK-Laibung in Rundung (1St)	21,55 m²	2.145	**99,52**	6,54

343 Innenstützen

KG Kostengruppe	Menge Einheit	Kosten €	€/Einheit	€/m² BGF
1300-0142 Scheunenumbau, Büroflächen				
• Herstellen (Kosten: 100,0%) Stahlstützen (3St), Kopf-und Fußplatten, Grundierung	9,00 m	6.326	**702,84**	16,30
3100-0014 Arztpraxis				
• Herstellen (Kosten: 100,0%) Rundstütze, D=139mm (3m), KSV-Pfeiler (3m)	6,32 m	1.789	**283,07**	10,22
6100-0962 Einfamilienhaus, Einliegerwohnung				
• Herstellen (Kosten: 100,0%) Pfeiler im Verbund (3m)	3,36 m	464	**138,09**	7,27
6100-1210 Doppelhaushälfte, Gründerzeit				
• Herstellen (Kosten: 100,0%) KS-Stütze 17,5x11,5cm, in Ziegelwand verankern (3m), Stahlstützen der Unterfangung im DG (6m), Holzstütze 12x12x320cm, OG (3m)	12,85 m	867	**67,45**	1,98
6600-0015 Naturfreundehaus				
• Herstellen (Kosten: 100,0%) Profilstahl-Stützen, HEA und HEB100 (27m), Stahlstützen, Quadratrohr 40x40mm, l=3m (18m), Stahlstützen 139,4x4mm, l=2,5-2,7m, Brandschutzanstrich F30 (8m)	53,32 m	3.091	**57,98**	1,59

KG	Kostengruppe	Menge Einheit	Kosten €	€/Einheit	€/m² BGF
	6600-0017 Hotel (76 Betten)				
	• Herstellen (Kosten: 100,0%) Stahlstützen, Rechteckrohr 100x60x10mm (38m)	37,88 m	7.075	**186,78**	2,14
	9100-0092 Evangelische Kirche, Gemeindesaal, Pfarramt				
	• Abbrechen (Kosten: 7,4%) Abbruch von Stb-Stütze, D=24cm (6m); Entsorgung, Deponiegebühren	5,50 m	107	**19,37**	0,12
	• Herstellen (Kosten: 92,6%) Stb-Stützen C25/30, D=20cm, Sichtbeton, eingefärbt (20m)	19,66 m	1.334	**67,83**	1,52
	9100-0119 Pfarrkirche				
	• Wiederherstellen (Kosten: 100,0%) Stahlstützen 140x140x6mm, mit Betonfüllung, 105cm kürzen (4St)	–	790	–	0,70
	9700-0019 Aussegnungshalle				
	• Herstellen (Kosten: 100,0%) Stb-Stütze C20/25, 42x24cm, Schalung, Bewehrung (4m)	3,89 m	761	**195,75**	2,32
344	**Innentüren und -fenster**				
	1300-0142 Scheunenumbau, Büroflächen				
	• Herstellen (Kosten: 100,0%) Brandschutztüren T30, Aluminium (5m²), Türelemente Aluminium (9m²)	13,79 m²	16.050	**1.163,92**	41,37
	1300-0152 Wohn- und Geschäftshaus				
	• Abbrechen (Kosten: 7,9%) Abbruch von Holztüren (6m²), Stahltüren (4m²); Entsorgung, Deponiegebühren	9,97 m²	336	**33,67**	0,86
	• Herstellen (Kosten: 92,1%) Holzinnentüren, Röhrenspan, beschichtet (12m²), Wohnungseingangstür, Vollspan, beschichtet (2m²), Tür T30 (2m²)	15,82 m²	3.918	**247,68**	10,03
	3100-0011 Gemeinschaftspraxis				
	• Wiederherstellen (Kosten: 100,0%) Bestehende Stahlzargen schleifen, säubern, lackieren, verfugen (16m²)	15,93 m²	701	**43,99**	4,87

340 Innenwände

KG	Kostengruppe	Menge Einheit	Kosten €	€/Einheit	€/m² BGF
	3100-0014 Arztpraxis				
	• Abbrechen (Kosten: 1,3%)
Abbruch von Innentüren (12m²); Entsorgung, Deponiegebühren	12,45 m²	145	**11,67**	0,83
	• Herstellen (Kosten: 98,7%)
Holztüren (11m²), Schallschutztüren (6m²), Schiebetür für barrierefreies WC (2m²), Strahlenschutztür, Anstrich (2m²), Oberlichter aus Acrylglas, zweifach, satiniert (18m²), Türstopper (3St)	38,38 m²	11.446	**298,22**	65,41
	3100-0015 Arztpraxis				
	• Abbrechen (Kosten: 4,5%)
Abbruch von Innentüren (17m²); Entsorgung, Deponiegebühren	17,29 m²	394	**22,82**	2,76
	• Wiederherstellen (Kosten: 3,2%)
Innentüren schleifen, reinigen, lackieren (2m²)	1,53 m²	281	**183,81**	1,96
	• Herstellen (Kosten: 92,4%)
Holztüren (6m²), Schallschutztüren (9m²), Oberlichter (2m²)	17,12 m²	8.181	**478,00**	57,21
	3100-0018 Arztpraxis, Personalaufenthalt				
	• Abbrechen (Kosten: 14,0%)
Abbruch von Türen mit Zargen (5St); Entsorgung, Deponiegebühren	8,85 m²	429	**48,43**	3,65
	• Wiederherstellen (Kosten: 14,2%)
Vorhandene Türen und Zargen neu lackieren (3St)	5,31 m²	437	**82,21**	3,71
	• Herstellen (Kosten: 71,8%)
Holztüren mit Stahlzarge, Oberfläche weiß lackiert, keine besonderen Anforderungen (6m²), Schiebetür lackieren (1St), Beschläge (5St)	5,94 m²	2.205	**371,50**	18,76
	4400-0165 Kinderkrippe (2 Gruppen, 24 Kinder)				
	• Herstellen (Kosten: 100,0%)
Holztüren, Holzzargen (31m²), Klemmschutz (12St)	30,86 m²	12.829	**415,70**	44,53
	4400-0178 Kindertagesstätte (4 Gruppen, 65 Kinder)				
	• Abbrechen (Kosten: 0,5%)
Abbruch von Innentüren (10m²), Innenfenstern (2m²); Entsorgung, Deponiegebühren	12,43 m²	152	**12,19**	0,11
	• Wiederherstellen (Kosten: 9,5%)
Türen aufarbeiten, schleifen, grundieren, lackieren (49m²)	49,42 m²	2.937	**59,43**	2,10
	• Herstellen (Kosten: 90,0%)
Holz-Objekttüren, d=40mm, Vollspaneinlage, Oberfläche HPL, Holzzargen (26m²), Rauchschutztüren (5m²), Stahl-Feuerschutztüren T30 (6m²), Lichtausschnitte, VSG, d=6mm (9St), Bullaugen, D=40cm (2St), Innenfenster (5m²), Festverglasungen F30, rund, D=24-34cm (1m²), Klemmschutz Türen (21St)	43,08 m²	27.778	**644,81**	19,87

KG	Kostengruppe	Menge Einheit	Kosten €	€/Einheit	€/m² BGF

4500-0016 Seminargebäude

- Abbrechen (Kosten: 0,6%) — 18,32 m² — 366 — **19,97** — 0,70
  Abbruch von Holztüren, Zargen (18m²); Entsorgung, Deponiegebühren

- Wiederherstellen (Kosten: 44,5%) — 50,67 m² — 27.012 — **533,07** — 51,98
  Holztürblätter ausbauen, verlängern, Schlosskästen ausbauen, Löcher mit Massivholz verleimen, Fehlstellen ausbessern, schleifen, wieder einbauen (34m²), Türblätter und Zargen lackieren (38m²), neue Türschlösser und Drückergarnituren einbauen (19St), Holz-Glas-Türelemente, entglasen, neu verglasen, lackieren (13m²); Entsorgung, Deponiegebühren

- Herstellen (Kosten: 54,9%) — 15,00 m² — 33.317 — **2.220,87** — 64,11
  Brandschutztüren T30, rauchdicht, Stahl (2m²), Holz (2m²), Brandschutzelement T30, rauchdicht, Holztürblatt, Festverglasungen, VSG (7m²), Holztür (2m²), Schiebetür, behindertengerecht, Motorantrieb, Notentriegelung (2m²), Schließanlage

4500-0017 Bildungsinstitut, Seminarräume

- Abbrechen (Kosten: 3,1%) — 39,41 m² — 1.315 — **33,36** — 3,82
  Abbruch von Türanlagen mit seitlichen Wandpaneele, zweiflügige Türen, Holzblockzargen, verglasten Oberlichtern (39m²); Entsorgung, Deponiegebühren

- Herstellen (Kosten: 96,9%) — 21,07 m² — 41.715 — **1.979,92** — 121,08
  Innentür T30RS, zweiflüglig, raumhoch, Oberfläche HPL, Panikfunktion (8m²), Innentüren T30RS, Panikfunktion, in Wandbekleidung integriert, feststehende Oberlichtblende, Oberfläche HPL (13m²), Bodentürstopper, Edelstahl (5St)

5600-0004 Yogastudio

- Wiederherstellen (Kosten: 100,0%) — 12,39 m² — 257 — **20,78** — 1,76
  Stahlzargen schleifen, grundieren, lackieren (7St)

6100-0849 Doppelhaushälfte

- Wiederherstellen (Kosten: 100,0%) — 1,80 m² — 95 — **52,92** — 0,98
  Kellertür schleifen, lackieren (2m²)

6100-0932 Gutshaus, Wohnen im Alter (14 WE)

- Wiederherstellen (Kosten: 11,6%) — 40,28 m² — 5.080 — **126,11** — 3,73
  Bestandstüren, teilweise mit Sprossen, nicht tragfähige Lackschichten entfernen, Risse und Löcher spachteln, anschleifen, lackieren (36m²), Türen kürzen, Kantenriegel versetzen, gang- und schließbar machen (4St), Klarglasscheiben erneuern, Kittfalz säubern (3m²), ovale Fenster mit Kreuzsprosse, Klarglas erneuern, Kittfalz säubern (2St)

- Herstellen (Kosten: 88,4%) — 87,56 m² — 38.623 — **441,10** — 28,39
  Holz-Wohnungseingangstüren, eingeprägte Füllungen, Obentürschließer (29m²), Holztüren, eingeprägte Füllungen, Weißlack, Holzzargen (47m²), Rauchschutztürelemente T30-RS, eingefräste Profilkassetten, Rauchmelder (7m²), Stahltüren T30-RS, Anstrich (5m²), Stahlzargen, Anstrich (16St)

340 Innenwände

KG	Kostengruppe	Menge Einheit	Kosten €	€/Einheit	€/m² BGF
	6100-0937 Einfamilienhaus, Umnutzung Scheune				
	• Herstellen (Kosten: 100,0%) Brandschutztür T30 (2m²), Kellertür, Stichbogen (2m²), Holztüren (9m²)	12,92 m²	4.714	**364,87**	22,84
	6100-0946 Einfamilienhaus, Einzeldenkmal				
	• Abbrechen (Kosten: 0,9%) Abbruch von Holztüren (2m²); Entsorgung, Deponiegebühren	1,60 m²	46	**28,55**	0,16
	• Wiederherstellen (Kosten: 29,0%) Holztürblätter ausbauen, lagern, aufarbeiten (3m²), Türfutter neu (1St)	3,06 m²	1.497	**488,74**	5,24
	• Herstellen (Kosten: 70,1%) Holztüren, Massivholz (8m²), Beschläge (7St)	7,54 m²	3.621	**480,03**	12,67
	6100-0962 Einfamilienhaus, Einliegerwohnung				
	• Herstellen (Kosten: 100,0%) Holztüren, Holzzargen (4m²), Oberlicht (1m²)	5,06 m²	2.414	**477,47**	37,83
	6100-1105 Reihenendhaus, Denkmalschutz				
	• Wiederherstellen (Kosten: 84,9%) Holzrahmentüren mit Holz- und Glasfüllungen und Türstöcken aufarbeiten, Untergrund prüfen, nicht tragfähige Teile entfernen, ablaugen, Restlacke auskratzen, spachteln, schleifen, Fehlstellen schließen, glätten, Gesamtfläche schleifen, Grund-, Zwischen- und Schlussanstrich (29m²), Verglasungen erneuern (1m²), Zimmertüren transportieren, ein-hängen und gangbar machen, austauschen von Einsteckschlössern, erneuern der Drück-ergarnituren, auftrennen Zierbekleidung vom Futterbrett (19St), Türen abhobeln, Kanten nachstreichen (2St), Stahltür mit Zarge anschleifen, Anstrich erneuern (2m²)	30,30 m²	15.132	**499,41**	48,81
	• Herstellen (Kosten: 15,1%) Schiebetür, Holz, Oberfläche lackiert, Edelstahl-Griffmuschel (3m²), Tapetentür, Ober-fläche lackiert, außenseitig putzbündig, Edelstahl-Möbelknopf (1m²), Tapetentür mit Seitenteil, feststehend (2m²)	6,03 m²	2.700	**447,72**	8,71
	6100-1195 Mehrfamilienhaus, Dachgeschoss				
	• Abbrechen (Kosten: 2,4%) Abbruch von Holztüren mit Stahlzargen (20m²); Entsorgung, Deponiegebühren	20,00 m²	195	**9,77**	1,20
	• Herstellen (Kosten: 97,6%) Holztüren, Röhrenspaneinlage, weiß lackiert, kein Schloss, nur Edelstahldrücker, Umfassungszargen (8m²), Ganzglastür, satiniert, Holz-Umfassungszarge, weiß lackiert (2m²), Holz-Schiebetür, einflüglig, vor der Wand laufend (2m²), Brandschutztüren T30, Holzzargen, weiß lackiert, Edelstahlbeschläge und -drücker, Obentürschließer (4m²)	16,11 m²	8.049	**499,61**	49,62

KG	Kostengruppe	Menge Einheit	Kosten €	€/Einheit	€/m² BGF

6100-1197 Maisonettewohnung

- Herstellen (Kosten: 100,0%) — 5,53 m² — 4.814 — **870,44** — 44,99
Glasschiebetüren mit Edelstahlgriffmuscheln (4m²), Holz-Innentür, weiß lackiert, Umfassungszarge, Bad-Drückergarnitur (2m²), Langschildgarnitur, Alu (1St)

6100-1206 Einfamilienhaus, Badeinbau

- Herstellen (Kosten: 100,0%) — 1,58 m² — 607 — **385,63** — 91,76
Holztürblatt, Röhrenspaneinlage, Holzzarge, Oberflächen Weißlack, Drückergarnitur (2m²)

6100-1210 Doppelhaushälfte, Gründerzeit

- Abbrechen (Kosten: 1,1%) — 16,00 m² — 139 — **8,69** — 0,32
Ausbau von Türgriffen (6St), Abschneiden von Bändern, flächenbündig (2St); Entsorgung, Deponiegebühren

- Wiederherstellen (Kosten: 38,9%) — 19,04 m² — 4.968 — **260,91** — 11,33
Beschichtung auf Holztüren und -zargen erneuern, alte Beschichtung aufrauen, blätternde Teile entfernen, neue Kunstharzbeschichtung aufbringen (38m²), Einbau von Dichtungsleisten aus Holzleisten mit Nut und Dichtungsprofil, für verzogene Türen, mit Kompriband einbauen (15m), Holzzarge ergänzen mit Passleisten, l=2,20m, Fehlstelle 5x1,5x2,5cm ausfüttern (psch), vorhandene Türen überprüfen, Bänder einstellen, Schließblech anpassen, ggf. die Unterseite der Tür abnehmen und auf neue Höhenlage Fußboden anpassen, lose Bänder neu befestigen, Schlösser ölen (5St), Türschloss austauschen (1St), Tür überarbeiten, Oberlicht ausbauen, mit Platten schließen, Zarge überprüfen (1St), verschlossene Tür öffnen, gangbar machen, Ausbau von später aufgesetzter Abdeckplatte (1St)

- Herstellen (Kosten: 60,0%) — 8,09 m² — 7.666 — **947,64** — 17,49
Brandschutztür T30-RS, Eckzarge, OTS, Schwellenschlitz und seitliche Wandanschlüsse aufmeißeln, Türe einbauen, Zarge mit Mörtel verfüllen, Sturz setzen, verputzen, Bodenschlitz betonieren (2m²), Holz-Sprossentür, lackiert, verglast, zweiflüglig, in vorhandene Holzzarge einbauen, alte Zargenbänder demontieren (4m²), Einbau vorhandene Zarge in neue Trockenbauwand, Futter, badseitige Bekleidung und Bänder ergänzen, Schließblech und Türschloss instandsetzen (2m²), neue Türgriffe einbauen (10St)

6400-0062 Jugendzentrum

- Abbrechen (Kosten: 1,0%) — 31,21 m² — 716 — **22,93** — 0,63
Abbruch von Metalltüren mit Oberlichter, Stahlzargen (20m²), Holztüren (11m²), Drückergarnituren (20St); Entsorgung, Deponiegebühren

- Wiederherstellen (Kosten: 3,7%) — 49,38 m² — 2.562 — **51,90** — 2,25
Stahlzargendichtungen erneuern (7St), Einbau von Lüftungsgitter (3St), Holztüren reinigen, lackieren (14m²), Stahlzargen schleifen, Acryllackanstrich (35m²), Bänder erneuern (4St)

- Herstellen (Kosten: 95,2%) — 74,18 m² — 65.456 — **882,39** — 57,38
Stahlrahmentüren, Fluchttüren mit Rauchmelder (18m²), Alu-Türelement, rauchdicht (6m²), Holztüre, zweiflüglig, rauchdicht, Stahlzarge (4m²), Holztürblätter, Deckplatte Holzfaserhartplatte, kunststoffbeschichtet, rauchdicht (36m²), Holztürblätter T30 (10m²), Stahlzargen, lackiert (14St), Obentürschließer (8St), Türpuffer (17St), Schließanlage

© BKI Baukosteninformationszentrum — Kostenstand: 3.Quartal 2015, Bundesdurchschnitt, **inkl. 19% MwSt.**

KG	Kostengruppe	Menge Einheit	Kosten €	€/Einheit	€/m² BGF

6600-0015 Naturfreundehaus

- Abbrechen (Kosten: 0,9%)   147,74 m²   942   **6,38**   0,48
  Abbruch von Innentüren (83St); Entsorgung, Deponiegebühren

- Wiederherstellen (Kosten: 1,3%)   12,46 m²   1.346   **108,01**   0,69
  Türen mit Zargen kürzen (3St), Türen versetzen, entstandene Öffnungen schließen (2St),
  Tür ausbauen, drehen, wieder einbauen (1St), bauseitige Tür einpassen (1St)

- Herstellen (Kosten: 97,7%)   187,35 m²   99.350   **530,29**   50,95
  Türblätter, furniert (63m²), HPL (33m²), lackiert (4m²), Schallschutz-Türblätter, Rw=37dB,
  furniert (28m²), Schiebetürblatt, furniert (2m²), Glas (4m²), Stahlzargen (69St), Brand-
  schutzelemente F30, Holz, Glas (22m²), FH-Holztüren (2St), Stahltüren (9m²), T30 (6m²),
  Holz-Pendeltür (3m²), Holztür, flächenbündig (2m²), Glastüren (7m²), Schließanlage
  anteilig

6600-0016 Hotel (23 Betten)

- Wiederherstellen (Kosten: 28,0%)   15,80 m²   5.595   **354,13**   11,57
  Tür ausbauen, in neuer Öffnungsrichtung einbauen (5h), Türen aufarbeiten, lackieren,
  Beschläge erneuern (5m²), Tür einseitig aufdoppeln, lackieren (2m²), Türelement,
  Anschlagrichtung ändern (1St), Kellertüren lackieren (8m²)

- Herstellen (Kosten: 72,0%)   22,16 m²   14.396   **649,64**   29,77
  Holz-Feuerschutztür T30, Lichtausschnitt, Feststellanlage (2m²), Stahltüren T30 (7m²),
  Holz-Schiebetüren, lackiert (3m²), Glasschiebetür ESG, d=8mm (2m²), Holztüren, lackiert
  (7m²), Holztür, Glasausschnitt, Seitenlicht (2m²), Türstopper (10St), Schließanlage

6600-0017 Hotel (76 Betten)

- Abbrechen (Kosten: 0,6%)   14,00 m²   945   **67,48**   0,29
  Abbruch von Holztüren (14m²); Entsorgung, Deponiegebühren

- Herstellen (Kosten: 99,4%)   258,82 m²   164.485   **635,52**   49,70
  Holztüren, Stahlzargen (133m²), T30 (16m²), T90 (5m²), Schallschutztüren (77m²),
  Brandschutztüren T30 (19m²), T90 (8m²), Transponder (2St), Lesegeräte (2St),
  Interface (1St), Transponderkarten (100St), Türausstattung für Lesegeräte (37St)

7200-0086 Hörgeräteakustik-Meisterbetrieb

- Herstellen (Kosten: 100,0%)   5,85 m²   3.405   **581,77**   23,11
  Fertigfenster 45x170cm, Alu-Monoblockelemente, Zweifachverglasung, Rw=46dB (2m²),
  vorhandene Türen einbauen, Schallschutzklasse 3 (4m²)

7200-0087 Frisörsalon

- Herstellen (Kosten: 100,0%)   13,85 m²   10.237   **739,27**   86,22
  Holztüren, Wabeneinlage (5m²), Drückergarnituren (3St), Alutür, Ug=1,1W/m²K, OTS,
  Dreifachverriegelung (3m²), Stoßgriff (1St), Elektroöffner (1St), Alufenster T30,
  Isolierverglasung (3m²), Stahlblechtüren T30 (3m²), Schließanlage

KG	Kostengruppe	Menge Einheit	Kosten €	€/Einheit	€/m² BGF
	9100-0080 Experimenteller Kinoraum				
	• Abbrechen (Kosten: 1,5%) Abbruch von Tür mit Zarge (3m²); Entsorgung, Deponiegebühren	2,66 m²	120	**45,16**	0,52
	• Herstellen (Kosten: 98,5%) Brandschutztür T30-RS, Klimaklasse II, Schallschutz 42dB, Türblattdicke 50mm, Holzfutterzarge, Grundierfolie, lackiert (2m²), Brandschutztür T90-RS, OTS (2m²), Stahltür (2m²)	6,04 m²	7.684	**1.272,11**	33,14
	9100-0086 Museum, Ausstellungen				
	• Abbrechen (Kosten: 100,0%) Abbruch von Holzumfassungszargen in den Mauerwerkswänden, d=17,5-50m, Entsorgung, Deponiegebühren (57m)	19,06 m²	1.440	**75,52**	3,16
	9100-0092 Evangelische Kirche, Gemeindesaal, Pfarramt				
	• Abbrechen (Kosten: 0,5%) Abbruch von Holztüren (11m²); Entsorgung, Deponiegebühren	11,10 m²	292	**26,30**	0,33
	• Herstellen (Kosten: 99,5%) Stahl-Glas-Türelemente, einflüglig, Festverglasungen (6m²), zweiflüglig, Festverglasungen (8m²), zweiflüglig, Ug=1,2W/m²K (14m²), Ganzglastüren, ESG (15m²), OTS (15St), Edelstahl-Griffstangen, türhoch (24St), Holztüren, Vollspan, Blockzargen, Oberfläche MDF (9m²), T30, rauchdicht (23m²), Türschließer (7St), Schließanlage anteilig	73,46 m²	64.521	**878,31**	73,50
	9100-0119 Pfarrkirche				
	• Wiederherstellen (Kosten: 94,6%) Reinigen, schleifen, lackieren von Holztüren (29m²), Stahltür (4m²), Lüftungsgitter, Holz (1m²), Stahlzargen (6m²)	40,21 m²	4.291	**106,73**	3,80
	• Herstellen (Kosten: 5,4%) Schließzylinder (2St), Türschloss (1St)	–	247	–	0,22
	9700-0019 Aussegnungshalle				
	• Abbrechen (Kosten: 3,5%) Abbruch von Holztüren, zweiflüglig (4m²), Holztüren, einflüglig (6m²); Entsorgung, Deponiegebühren	10,15 m²	177	**17,40**	0,54
	• Herstellen (Kosten: 96,5%) Holztürblätter, Röhrenspaneinlage, kunststoffbeschichtet (4m²), mit Oberlicht (3m²), Stahlzargen, Anstrich (3St), Türanschlag, BSH 16x16cm (1St)	7,00 m²	4.876	**696,52**	14,87

340 Innenwände

KG	Kostengruppe	Menge Einheit	Kosten €	€/Einheit	€/m² BGF
345	**Innenwandbekleidungen**				

1300-0142 Scheunenumbau, Büroflächen

• Herstellen (Kosten: 100,0%)		41,00 m²	4.484	**109,37**	11,56
Wandfliesen (5m²), Blechverkleidung (20m²), Spachtelung (10m²), Tapete (6m²)					

1300-0152 Wohn- und Geschäftshaus

• Abbrechen (Kosten: 5,1%)		76,42 m²	1.314	**17,20**	3,37
Abbruch von Holzverkleidungen (52m²), Heraklithplatten (25m²); Entsorgung, Deponiegebühren					
• Herstellen (Kosten: 94,9%)		1.038,27 m²	24.595	**23,69**	62,98
Raufasertapete, Anstrich (175m²), Abdichtung, Wandfliesen (33m²), Innenputz ergänzen (48m²), Anstrich (495m²), Latexanstrich, Treppenhaus Bestand (310m²)					

1300-0217 Innenausbau Vertriebsbüro

		110,50 m²	757	**6,85**	3,56
Dispersionsanstrich, hell getönt (71m²)					

3100-0011 Gemeinschaftspraxis

• Abbrechen (Kosten: 14,1%)		214,92 m²	893	**4,15**	6,21
Abbruch von Tapeten (215m²); Entsorgung, Deponiegebühren					
• Wiederherstellen (Kosten: 3,0%)		249,03 m²	192	**0,77**	1,34
Untergründe ausbessern (249m²)					
• Herstellen (Kosten: 82,8%)		249,03 m²	5.235	**21,02**	36,41
Untergrund spachteln, grundieren (249m²), Raufasertapete (131m²), Vliestapete (75m²), Glasgewebetapete (43m²), Dispersionsanstrich (190m²), Lasuranstrich (22m²), Fliesenfugen streichen (13m²)					

3100-0014 Arztpraxis

• Abbrechen (Kosten: 0,5%)		2,00 m²	61	**30,53**	0,35
Abbruch von Wandfliesen (2m²); Entsorgung, Deponiegebühren					
• Wiederherstellen (Kosten: 1,6%)		3,50 m²	201	**57,55**	1,15
Wandfliesen reinigen, mit Haftbrücke vorspachteln, Übergang Fliese/Wandputz mit Hartschaumplatte ausgleichen, Aussparung für WC mit Hartschaumplatte ausgleichen, Bekleidung von WC-Kasten richten (4m²)					
• Herstellen (Kosten: 97,9%)		549,65 m²	12.090	**22,00**	69,09
F90-Bekleidung (17m²), Spachtelung, Grundierung (81m²), Glasgewebetapete, Dispersionsanstrich, Latexanstrich (531m²), Wandfliesen (19m²)					

340 Innenwände

KG	Kostengruppe	Menge Einheit	Kosten €	€/Einheit	€/m² BGF

3100-0015 Arztpraxis

- Abbrechen (Kosten: 5,8%) — 238,61 m² — 583 — **2,44** — 4,08
  Abbruch von Tapete (239m²); Entsorgung, Deponiegebühren

- Herstellen (Kosten: 94,2%) — 409,84 m² — 9.424 — **22,99** — 65,90
  Putz (14m²), GK-Bekleidung (42m²), Glasgewebetapete (353m²), Dispersionsanstrich, Latexanstrich (410m²)

3100-0018 Arztpraxis, Personalaufenthalt

- Abbrechen (Kosten: 8,5%) — 86,79 m² — 1.182 — **13,62** — 10,06
  Abbruch von Raufasertapeten (53m²), Wandfliesen (34m²); Entsorgung, Deponiegebühren

- Herstellen (Kosten: 91,5%) — 206,02 m² — 12.691 — **61,60** — 108,01
  Innenputz (36m²), Spachtelung, Malervlies (184m²), Dispersionsanstrich (134m²), Latexanstrich (51m²), Wandfliesen (22m²), GK-Trockenputz (21m²), GK-Vorsatzschalen, d=20cm, einseitig doppelt beplankt (17m²)

3100-0019 Arztpraxis für Allgemeinmedizin (4 AP)

- Herstellen (Kosten: 100,0%) — 4,07 m² — 3.529 — **866,50** — 25,70
  Bekleidung für Vorwandinstallation, 92x112x15cm, MDF, Oberfläche dreifach lackiert, seidenmatt, nach RAL, Unterkonstruktion (2St), Wandpaneele für Flurbereich, h=40cm, eine Außenecke, auf Gehrung zusammengesetzt, MDF, Oberfläche dreifach lackiert, seidenmatt, nach RAL, Befestigung nicht sichtbar (5m)

4400-0165 Kinderkrippe (2 Gruppen, 24 Kinder)

- Abbrechen (Kosten: 11,6%) — 62,26 m² — 976 — **15,67** — 3,39
  Abbruch von Putz (2m²), Fliesen (18m²), Korkisolierungen, teergetränkt (52m²); Entsorgung, Deponiegebühren

- Herstellen (Kosten: 88,4%) — 416,18 m² — 7.451 — **17,90** — 25,86
  Wandfliesen (31m²), GK-Platten (71m²), Vorsatzschalen (89m²), Grundierung, Dispersionsanstrich (385m²)

4400-0178 Kindertagesstätte (4 Gruppen, 65 Kinder)

- Abbrechen (Kosten: 7,7%) — 135,08 m² — 1.237 — **9,16** — 0,88
  Abbruch von Farbanstrichen (67m²), Putz (55m²), Wandfliesen (13m²); Entsorgung, Deponiegebühren

- Herstellen (Kosten: 92,3%) — 915,97 m² — 14.859 — **16,22** — 10,63
  Grundierung, Dispersionsanstrich (886m²), Putzflächen spachteln (572m²), Raufasertapete (270m²), Gipsputz, einlagig, Kleinflächen (30m²), Wandfliesen (29m²), Fliesenbordüre (8m), VSG-Spiegel, fliesenbündig (1m²), Silikonfugen (36m), Acrylfugen (655m)

340 Innenwände

KG	Kostengruppe	Menge Einheit	Kosten €	€/Einheit	€/m² BGF
	4500-0016 Seminargebäude				
	• Abbrechen (Kosten: 22,4%) Abbruch von Tapeten (708m²), Anstrich (382m²), Lehmputz (112m²), GK-Bekleidung (34m²), Wandfliesen (25m²); Entsorgung, Deponiegebühren	655,32 m²	11.795	**18,00**	22,70
	• Herstellen (Kosten: 77,6%) Kalkzementputz (129m²), Zementputz (15m²), Spachtelung (527m²), Malervlies, Silikatanstrich (710m²), Abdichtung, Wandfliesen (18m²), GK-Vorsatzschalen (13m²)	725,80 m²	40.863	**56,30**	78,63
	4500-0017 Bildungsinstitut, Seminarräume				
	• Abbrechen (Kosten: 0,3%) Abbruch von Wandpaneelen, vertikale Holzrahmen mit horizontaler Ausfachung, hinterlegt mit Akustiklochblech und kaschierter Mineralwolle (4m²); Entsorgung, Deponiegebühren	4,20 m²	178	**42,33**	0,52
	• Wiederherstellen (Kosten: 3,1%) Latexanstrich auf bereits gestrichene Flächen (229m²)	229,14 m²	1.792	**7,82**	5,20
	• Herstellen (Kosten: 96,6%) Vorsatzschale, d=5cm, Holzwerkstoff, Oberfläche HPL weiß (50m²), d=15cm, Holzwerkstoff, Oberfläche HPL Hochglanz schwarz (10m²), Wandfries, d=5cm, Holzwerkstoff, HPL chrom (3m³), Wandbekleidung, senkrecht stehende Stahl-Rechteckprofile, pulverbeschichtet, zwei Revisionstüren (48m²), GK-Vorsatzschale, d=12,5cm, einseitig doppelt beplankt, F90 (23m²), Spachtelung (57m²), Glasgewebetapete, Dispersionsanstrich (18m²), Laibungen, Glasgewebetapete, Anstrich (54m), Glattvlies, Anstrich (59m²), Laibungen, Glattvlies, Anstrich (33m)	187,66 m²	56.498	**301,07**	163,99
	5600-0004 Yogastudio				
	• Wiederherstellen (Kosten: 73,2%) Wandflächen reinigen, Putzschäden ausbessern, Dispersionsfarbanstrich aufbringen (194m²), Grundierung mit Silikat-Streichfüller (33m²), Wände schleifen, spachteln, grundieren, Malervlies aufbringen, Dispersionsfarbanstrich (29m²)	256,20 m²	3.261	**12,73**	22,29
	• Herstellen (Kosten: 26,8%) Silikat-Farbanstrich (33m²), Effektpigmente auf Dekorwandflächen (29m²), Acrylfugen (129m), Verkofferung 600x550x500mm (1St)	61,99 m²	1.195	**19,28**	8,17
	6100-0849 Doppelhaushälfte				
	• Wiederherstellen (Kosten: 41,3%) Putz entfernen, säubern, beiputzen (22m²)	21,85 m²	839	**38,39**	8,64
	• Herstellen (Kosten: 58,7%) Anstrich, Schutzanstrich auf Anstrich (53m²)	53,47 m²	1.194	**22,32**	12,29

KG	Kostengruppe	Menge Einheit	Kosten €	€/Einheit	€/m² BGF

340 Innenwände

6100-0932 Gutshaus, Wohnen im Alter (14 WE)

- Herstellen (Kosten: 100,0%)   1.714,79 m²   46.608   **27,18**   34,26
  Gipsputz (240m²), Kalkzementputz (30m²), Putzergänzungen (156m²), Laibungsputz (47m), Silikatanstrich (843m²), Malervlies in Spachtelung (643m²), Spachtelung, Silikatanstrich (782m²), Abdichtung, Wandfliesen 60x30cm (90m²), GK-Vorsatzschalen, einseitig zweilagig beplankt, Dämmung (104m²), GK-Abkofferungen (31m²)

6100-0937 Einfamilienhaus, Umnutzung Scheune

- Wiederherstellen (Kosten: 21,4%)   62,00 m²   1.657   **26,73**   8,03
  Dünnschichtigen Wandputz abschlagen, Ziegelmauerwerk, reinigen, verfugen (20m²), Wandflächen mit Anstriche, reinigen, aufrauen, lose Farbteile abstoßen, Oberfläche verfestigenden, grundieren (42m²)

- Herstellen (Kosten: 78,6%)   66,21 m²   6.072   **91,71**   29,42
  Trockenputz, GK-Platten (21m²), GK-Verbundplatten (19m²), Dämmplatten, d=120mm (11m²), Abdichtung (10m²), Wandfliesen (15m²), Anstrich (51m²)

6100-0946 Einfamilienhaus, Einzeldenkmal

- Abbrechen (Kosten: 6,0%)   65,25 m²   994   **15,23**   3,48
  Abbruch von Innenputz (65m²); Entsorgung, Deponiegebühren

- Herstellen (Kosten: 94,0%)   237,76 m²   15.518   **65,27**   54,30
  Steinwolledämmung, d=20-40mm, Schallentkopplung (46m²), Lehmputz (84m²), Kalkputz (46m²), Silikatanstrich (205m²), Öl-Kasein-Lasur (10m²), GF-Vorsatzschalen (30m²), Wandfliesen (23m²), GK-Winkelelement (1St)

6100-0962 Einfamilienhaus, Einliegerwohnung

- Abbrechen (Kosten: 18,7%)   43,00 m²   1.163   **27,04**   18,23
  Abbruch von Wandfliesen, GK-Bekleidung (43m²); Entsorgung, Deponiegebühren

- Herstellen (Kosten: 81,3%)   102,32 m²   5.060   **49,45**   79,30
  GK-Bekleidung (16m²), Dichtschlämme, Grundierung, Anstrich (87m²), Abdichtung, Wandfliesen (15m²), Abdeckung, Holz (1m²)

6100-0976 Einfamilienhaus

- Herstellen (Kosten: 100,0%)   36,16 m²   3.165   **87,53**   35,17
  Vorsatzschalen, GK-Beplankung 12,5mm, Raufasertapete, Dispersionsanstrich (36m²)

340 Innenwände

KG	Kostengruppe	Menge Einheit	Kosten €	€/Einheit	€/m² BGF

6100-1105 Reihenendhaus, Denkmalschutz

- Abbrechen (Kosten: 9,2%) — 194,93 m² — 1.960 — **10,05** — 6,32
  Abbruch von Tapete mit Kleber (150m²), Farbanstrichen (35m²), Vormauerungen (7m²), Innenputz (3m²); Entsorgung, Deponiegebühren

- Wiederherstellen (Kosten: 9,1%) — 18,01 m² — 1.942 — **107,85** — 6,27
  Ergänzung von abgeschlagenen Putzflächen wegen Wasserschadens (11m²), Anstrich abnehmen, Gewebe einspachteln (7m²), Armierung von Einzelrissen, spachteln, glätten (10m), Abplatzungen grundieren, spachteln (10h), schadhafte Putzstellen ausbessern (1h)

- Herstellen (Kosten: 81,7%) — 421,29 m² — 17.471 — **41,47** — 56,36
  Untergründe spachteln (307m²), Innenputz, Oberfläche Q3 (22m²), GK-Trockenputz, Spachtelung Q3 (20m²), Dispersionsanstrich (410m²), Laibungen (86m), GK-Installationswände (18m²), Grundierung, Wandfliesen 30x60cm (12m²), Flüssigabdichtung (7m²), Silikonfugen (49m), Acrylfugen (85m), Glasvlies (59m²)

6100-1195 Mehrfamilienhaus, Dachgeschoss

- Abbrechen (Kosten: 10,2%) — 128,60 m² — 1.406 — **10,94** — 8,67
  Abbruch von Wandbekleidungen (67m²), Tapeten (36m²), Wandfliesen (12m²), Putz (14m²); Entsorgung, Deponiegebühren

- Herstellen (Kosten: 89,8%) — 212,04 m² — 12.356 — **58,27** — 76,17
  GK-Trockenputz (82m²), GK-Vorsatzschalen (6m²), Spachtelung Q3 (49m²), Grundierung, Malervlies, Silikatanstrich (185m²), Flächenabdichtung (20m²), Wandfliesen (27m²), Gipsputz (14m²)

6100-1197 Maisonettewohnung

- Herstellen (Kosten: 100,0%) — 169,00 m² — 8.429 — **49,88** — 78,77
  Untergrund spachteln, schleifen (96m²), Grundierung, Malervlies, Dispersionsanstrich (154m²), Flächenabdichtung (9m²), Kalkzementputz, Wandfliesen 40x40cm, matt (15m²), GK-Vorwandinstallationen (6m²), Bekleidung aus Feuerschutzplatten, Lüftungsgitter, für Kaminhaube (4m²)

6100-1206 Einfamilienhaus, Badeinbau

- Herstellen (Kosten: 100,0%) — 14,09 m² — 8.700 — **617,48** — 1.314,35
  OSB-Platten (9m²), GK-Bekleidung (11m²), GK-Vorsatzschalen (2m²), Spachtelung (14m²), GK-Verkofferung (2m), Abdichtung, Fliesen 120x30cm (7m²), 5x2,5cm (5m²), Anstrich (3m²)

340 Innenwände

KG	Kostengruppe	Menge Einheit	Kosten €	€/Einheit	€/m² BGF
	6100-1210 Doppelhaushälfte, Gründerzeit				
	• Abbrechen (Kosten: 7,8%)	195,23 m²	1.290	**6,61**	2,94
	Abbruch von Tapetenschichten auf Altputz, Kleberrückständen, Ausbessern von Beschädigungen (176m²), Innenputz in Kleinflächen (19m²); Entsorgung, Deponiegebühren				
	• Wiederherstellen (Kosten: 17,5%)	53,41 m²	2.916	**54,59**	6,65
	Beschädigten Wandputz erneuern, Kalk- oder Kalkgipsputz, Oberfläche an vorhandene Putzfläche ansatzfrei verreiben und glätten, auf alten Ziegelwänden (50m²), Hohlstellen im Putz ausbessern, Putz abschlagen, neu verputzen (3m²), Risse auf Innenputzflächen weiten, Haftemulsion aufbringen, beiputzen, an vorhandenen Putz angleichen (19m)				
	• Herstellen (Kosten: 74,7%)	538,47 m²	12.419	**23,06**	28,33
	Silikatanstrich (528m²), Flächenabdichtung, Wandfliesen (10m²), Spachtelung, Malervlies (20m²), Vorwandinstallationswände (18m²), GK-Trockenputz, d=25mm (5m²), GK-F30-Bekleidung für Stahl- und Holzstützen, d=15mm (21m), GK-Bekleidung für Stützen (6m), Dusch- und Badewanne einmauern, je eine Revisionsöffnung (2m²), Elektroschlitze beiputzen, Breite bis 15cm (50m)				
	6400-0062 Jugendzentrum				
	• Abbrechen (Kosten: 3,6%)	748,70 m²	2.661	**3,55**	2,33
	Abbruch von Fliesen (5m²) Holzvertäfelungen, Unterkonstruktionen (120m²), Entfernen von Anstrichen (624m²); Entsorgung, Deponiegebühren				
	• Wiederherstellen (Kosten: 1,7%)	361,30 m²	1.236	**3,42**	1,08
	Überholungsbeschichtung, Zwischenbeschichtung aus Dispersionsfarbe, Schlussbeschichtung aus Kunstharz-Latex-Farbe (361m²)				
	• Herstellen (Kosten: 94,7%)	1.708,56 m²	69.738	**40,82**	61,13
	GK-Vorsatzschalen (278m²), Putz (145m²), Anputzen in Kleinflächen (109m²), Haftputz (430m²), Spachtelungen, Glasfaservlies (1.257m²), Dispersionsanstrich, Latex (1.556m²), Wandfliesen (151m²), Wandbordüren (67m), Spiegel, fliesenbündig (4St)				
	6600-0015 Naturfreundehaus				
	• Abbrechen (Kosten: 2,6%)	688,17 m²	3.631	**5,28**	1,86
	Abbruch von Innenputz, teilweise mit Fliesen (660m²), Tapetenresten (28m²); Entsorgung, Deponiegebühren				
	• Wiederherstellen (Kosten: 0,6%)	2.769,52 m²	841	**0,30**	0,43
	Untergrund reinigen, auf Festigkeit und Tragfähigkeit prüfen, Unebenheiten ausgleichen (2.770m²)				
	• Herstellen (Kosten: 96,8%)	4.865,03 m²	136.115	**27,98**	69,80
	Kalk-Oberputz (886m²), Kalk-Unterputz (432m²), Kalkzementputz (1.352m²), Laibungsputz (382m), Gipsfaser-Trockenputz (1.244m²), Putzarmierung (714m²), Silikatanstrich (2.831m²), Silikat-Streichputz (1.538m²), Wandfliesen (389m²), Sichtbetonlasur (81m²), Wandpaneel, Holz (11m²), Epoxidharzbeschichtung (16m²), Silikon- und Acrylfugen (963m), Trennfugen-Dämmplatten, d=4-10cm (130m²)				

340 Innenwände

KG	Kostengruppe	Menge Einheit	Kosten €	€/Einheit	€/m² BGF
	6600-0016 Hotel (23 Betten)				
	• Herstellen (Kosten: 100,0%) Abdichtung, Wandfliesen (75m²), GK-Vorsatzschalen, einseitig beplankt, 2x12,5mm (28m²), GK-Wandbekleidung, d=12,5mm (24m²), Saniervlies (432m²), Anstrich (498m²)	573,86 m²	23.766	**41,41**	49,15
	6600-0017 Hotel (76 Betten)				
	• Herstellen (Kosten: 100,0%) Kalkzementputz, Abdichtungen, Wandfliesen (808m²), Trockenputz (426m²), Anstrich (1.898m²), GK-Vorsatzschalen (74m²)	2.780,62 m²	165.710	**59,59**	50,07
	7200-0086 Hörgeräteakustik-Meisterbetrieb				
	• Herstellen (Kosten: 100,0%) Dünnputz (194m²), Dispersionsanstrich (229m²), Akustikwandbekleidung, Aluprofile, Silikonschaum, Oberfläche Textil (17m²), Akustiktapete (6m²), Spanplatten-Bekleidung 110x248x26cm, HPL-Beschichtung, als Drehtürkonstruktion (3m²), F90-Verkofferung (1m²)	255,96 m²	14.349	**56,06**	97,37
	7200-0087 Frisörsalon				
	• Abbrechen (Kosten: 1,0%) Abbruch von GK-Vorsatzschalen (6m²), Putz abschlagen, Stahlträger freilegen (2m²); Entsorgung, Deponiegebühren	7,57 m²	98	**12,93**	0,82
	• Wiederherstellen (Kosten: 91,4%) Wandflächen reinigen (140m²), Putz prüfen, Fehlstellen abschlagen, neu verputzen (108m²), Fliesenbelag prüfen, lose Fliesen abschlagen, Fläche aufrauen (36m²), Höhendifferenzen mit GK-Platten ausgleichen (13m²), GK-Bekleidung abnehmen, OSB-Platten, GK-Platten, d=2x12,5mm, anbringen, spachteln (13m²), Eckschutzschienen anbringen (50m), Haftgrund, Spachtelung (179m²), Dispersionsanstrich (241m²)	241,50 m²	9.020	**37,35**	75,97
	• Herstellen (Kosten: 7,6%) F90-Bekleidung (6m²), GK-Verkofferungen (6m²)	12,57 m²	747	**59,44**	6,29
	9100-0080 Experimenteller Kinoraum				
	• Abbrechen (Kosten: 4,3%) Abbruch von Wandbelägen aus verlötetem Kupferblech, Dispersionsanstrich (58m²), Abkofferungen (10m); Entsorgung, Deponiegebühren	58,27 m²	740	**12,70**	3,19
	• Herstellen (Kosten: 95,7%) Akustikpaneele 1.690x715x240mm, Korpus Holzwerkstoffplatte, d=22mm, Moltontuchbespannung, Dämmeinlage Mineralwolle, d=200mm (5St), Akustikpaneele 1.240x715x240mm (7St), Tiefgrund, Dispersionsanstrich (144m²), Gipsputz (39m²)	156,21 m²	16.390	**104,93**	70,70

340
Innenwände

KG	Kostengruppe	Menge Einheit	Kosten €	€/Einheit	€/m² BGF

9100-0086 Museum, Ausstellungen

- Abbrechen (Kosten: 17,4%) — 312,02 m² — 4.263 — **13,66** — 9,37
  Abschlagen von Putz, Entsorgung, Deponiegebühren (312m²)

- Herstellen (Kosten: 82,6%) — 324,54 m² — 20.273 — **62,47** — 44,56
  Gipskalkputz (325m²), Wände spachteln, Grund- und Schlussanstrich (252m²), Malervlies (124m²)

9100-0092 Evangelische Kirche, Gemeindesaal, Pfarramt

- Abbrechen (Kosten: 3,5%) — 191,31 m² — 1.141 — **5,97** — 1,30
  Abbruch von Wandfliesen (29m²), Putz (28m²), Anstrich (134m²); Entsorgung, Deponiegebühren

- Wiederherstellen (Kosten: 59,5%) — 469,98 m² — 19.433 — **41,35** — 22,14
  Farbschicht entfernen (414m²), Tapeten entfernen (37m²), Aufbrennsperre (94m²), Armierungsgewebe, Renovierputz (401m²), Spachtelung (127m²), Tiefgrund, Silikatanstrich (470m²)

- Herstellen (Kosten: 37,0%) — 222,20 m² — 12.065 — **54,30** — 13,74
  Mineraldämmplatten WLG 045, d=120mm, Tiefgrund, Armierung, Oberputz (26m²), Kalkgipsputz (142m²), Fehlstellen (30m²), Silikatanstrich (199m²), Zementputz, Wandfliesen (23m²), GK-Vorsatzschalen (4m²)

9100-0119 Pfarrkirche

- Herstellen (Kosten: 100,0%) — 358,53 m² — 4.342 — **12,11** — 3,85
  Hochdruckreinigung, Spachtelung, Kalktünche (126m²), Silikatanstrich (221m²), Stützen 14x14cm, l=5,00m, lackieren (11m²)

9700-0019 Aussegnungshalle

- Wiederherstellen (Kosten: 2,4%) — 12,09 m² — 170 — **14,05** — 0,52
  Putz abstemmen, Untergrund vorbehandeln, Unebenheiten ausgleichen, Kalkputz (5m²), Fugenanschlüsse mit Risssanierer ausspritzen (47m)

- Herstellen (Kosten: 97,6%) — 172,73 m² — 6.893 — **39,91** — 21,02
  Vorsatzschalen, d=7,5cm, GK-Beplankung (68m²), d=7,5cm, Mineralwolldämmung, d=60mm, GK-Beplankung (7m²), GK-Laibungen (7m²), Kalkzementputz (60m²), Abdichtung, Wandfliesen (13m²), Malervlies (87m²), Grundierung, Dispersionsanstrich (159m²)

346 Elementierte Innenwände

1300-0152 Wohn- und Geschäftshaus

- Herstellen (Kosten: 100,0%) — 41,40 m² — 2.303 — **55,62** — 5,90
  Systemkellerwände, Stützen und Querprofile aus C-Profilen, senkrechte Lamellen, h=1,80m, mit 5 Türen (23m)

340 Innenwände

KG	Kostengruppe	Menge Einheit	Kosten €	€/Einheit	€/m² BGF
	3100-0014 Arztpraxis				
	• Herstellen (Kosten: 100,0%) Glaswand mit Schiebetür, Blockrahmen, Eiche, furniert, Verglasung ESG, satiniert (12m²)	11,90 m²	4.758	**399,81**	27,19
	3100-0019 Arztpraxis für Allgemeinmedizin (4 AP)				
	• Herstellen (Kosten: 100,0%) Glastrennwand, raumhoch, Rahmenkonstruktion umlaufend, seitliches breites Paneel, Oberfläche dreifach lackiert, seidenmatt, nach RAL, Glastürelement, Edelstahlbeschläge, feststehende Verglasung gestoßen (8m²)	8,28 m²	3.367	**406,54**	24,52
	4400-0165 Kinderkrippe (2 Gruppen, 24 Kinder)				
	• Herstellen (Kosten: 100,0%) Mobile Trennwand, Faltwand, Melaminharzbeschichtung, Alu-Laufschiene, Tür	19,37 m²	7.879	**406,78**	27,35
	4400-0178 Kindertagesstätte (4 Gruppen, 65 Kinder)				
	• Wiederherstellen (Kosten: 16,0%) Faltwand, Zarge, U-Schiene ausbauen, lagern, wieder einbauen (9m²)	8,82 m²	517	**58,62**	0,37
	• Herstellen (Kosten: 84,0%) WC-Trennwände, zwei Türen (8m²)	7,90 m²	2.721	**344,40**	1,95
	4500-0017 Bildungsinstitut, Seminarräume				
	• Wiederherstellen (Kosten: 21,7%) Bekleidung auf vorhandenen Trennwandanlagen erneuern, 32 Deckplatten und seitliche Anschlüsse demontieren, entsorgen, mit neuen Deckplatten belegen, mit Schallschutzmatten, Oberfläche HPL, vierzehn Vollwandelemente, zwei Teleskopelemente, neue seitliche Anschlüsse (69m²)	69,40 m²	29.352	**422,95**	85,20
	• Herstellen (Kosten: 78,3%) Schiebe-Projektionswände, beschreibbar, Holzwerkstoff, Oberfläche HPL weiß, Teilbereiche magnethaftend, Kurbelbedienung, beidseitig (118m²), Rahmen Schiebewände, HPL schwarz, b=13cm (210m), abgehängte Laufschienen (90m), Schiebeelemente, Holzwerkstoff, Oberfläche HPL weiß, d=25cm, Seitenfläche auf Gehrung, pro Element drei Laufschienen (26m²)	143,58 m²	105.988	**738,20**	307,63
	5600-0004 Yogastudio				
	• Herstellen (Kosten: 100,0%) Paneelelemente, Filz, d=10mm, 100x240cm, zwischen Decke und Boden verspannt, unten Holzleisten, oben Rundholz mit Stahlseilen, Schnellspanner (3St)	7,20 m²	2.014	**279,72**	13,77

340 Innenwände

KG	Kostengruppe	Menge Einheit	Kosten €	€/Einheit	€/m² BGF

6400-0062 Jugendzentrum

- Herstellen (Kosten: 100,0%) — 64,96 m² — 22.918 — **352,79** — 20,09
  Schienengeführte, verfahrbare, schalldämmende Trennwandanlage, d=100mm, 37dB (23m²), Sanitärtrennwände (40m²), Schamwände (1m²)

6600-0015 Naturfreundehaus

- Abbrechen (Kosten: 2,4%) — 39,21 m² — 488 — **12,45** — 0,25
  Abbruch von WC-Trennwänden (39m²); Entsorgung, Deponiegebühren

- Herstellen (Kosten: 97,6%) — 55,17 m² — 20.099 — **364,32** — 10,31
  WC-Trennwände, HPL-Vollkernplatten, d=13mm, h=2m (37m²), Holzrahmen-Glaselement, Glastür, zweiflüglig, ESG, zwei Seitenteile, festverglast, Obentürschließer (11m²), Holzrahmen-Glaselement, Glas-Falttür, ESG, Seitenteil, festverglast (7m²)

6600-0017 Hotel (76 Betten)

- Herstellen (Kosten: 100,0%) — 63,74 m² — 12.322 — **193,31** — 3,72
  WC-Trennwände (20m²), Festverglasungen als Trennelemente (21m²), Stegplatten (22m²)

349 Innenwände, sonstiges

1300-0152 Wohn- und Geschäftshaus

- Herstellen (Kosten: 100,0%) — 312,98 m² IWF — 683 — **2,18** — 1,75
  Holzhandlauf, Eiche, d=40mm (2m)

6100-1105 Reihenendhaus, Denkmalschutz

- Abbrechen (Kosten: 9,2%) — 97,47 m² IWF — 64 — **0,66** — 0,21
  Abflexen von Stahlkonsolen (1h); Entsorgung, Deponiegebühren

- Wiederherstellen (Kosten: 40,4%) — 39,30 m² IWF — 284 — **7,22** — 0,91
  Holzhandläufe aufarbeiten, Untergrund prüfen, nicht tragfähige Teile entfernen, anschleifen, Fehlstellen schließen, glätten, Gesamtfläche schleifen, Grund-, Zwischen- und Schlussanstriche (6m), Stahlgeländer aufarbeiten, Anstrich erneuern (4m), Geländerhalter weiß lackieren (13St)

- Herstellen (Kosten: 50,4%) — 216,68 m² IWF — 354 — **1,63** — 1,14
  Handlauf, Rundholz, D=40mm, lackiert (3m), Handlaufstützen, Edelstahl (4St)

6400-0062 Jugendzentrum

- Abbrechen (Kosten: 10,3%) — 406,99 m² IWF — 237 — **0,58** — 0,21
  Abbruch von Holz-Handläufe mit Konsolen, Entsorgung, Deponiegebühren (9m)

- Herstellen (Kosten: 89,7%) — 551,36 m² IWF — 2.070 — **3,75** — 1,81
  Edelstahl-Handlauf (19m), Stahlgestelle für Türoffenhaltung (4St)

340 Innenwände

KG	Kostengruppe	Menge	Einheit	Kosten €	€/Einheit	€/m² BGF
	6600-0015 Naturfreundehaus					
	• Herstellen (Kosten: 100,0%) Handläufe, Holz, D=42mm (32m), Edelstahl, D=42mm (21m)	2.675,04	m² IWF	4.761	**1,78**	2,44
	7200-0087 Frisörsalon					
	• Herstellen (Kosten: 100,0%) Stahlhandläufe, pulverbeschichtet, D=30mm, l=95cm (2St)	79,60	m² IWF	484	**6,08**	4,08
	9100-0080 Experimenteller Kinoraum					
	• Herstellen (Kosten: 100,0%) Handlauf vor Akustikpaneelen, Oberfläche lackiert (10m)	234,25	m² IWF	3.361	**14,35**	14,50

Kostenkennwerte für die Kostengruppen der 3.Ebene DIN 276

KG	Kostengruppe	Menge Einheit	Kosten €	€/Einheit	€/m² BGF

351 Deckenkonstruktionen

1300-0142 Scheunenumbau, Büroflächen

•	Abbrechen (Kosten: 7,3%)	57,85 m²	4.580	**79,17**	11,80
	Holzbalkendecke, Dämmung, Treppe einläufig, Entsorgung				
•	Herstellen (Kosten: 92,7%)	328,00 m²	57.846	**176,36**	149,09
	Stb-Decke, d=0 16cm, Schalung, Bewehrung (150m²), Deckenbalken KVH 100/240, NSi (132m²), Stahlträger, HEB 200, Treppenumbau, Laufsteg als Stahlkonstruktion (20m²), Treppen als Stahlkonstruktion (26m²)				

1300-0152 Wohn- und Geschäftshaus

•	Abbrechen (Kosten: 2,9%)	14,64 m²	829	**56,61**	2,12
	Abbruch von Stb-Decke (10m²), Holztreppe; Entsorgung, Deponiegebühren				
•	Herstellen (Kosten: 97,1%)	20,46 m²	27.389	**1.338,66**	70,13
	Stahl-Zweiholmtreppe mit Holzstufen, 17 Stufen (1St), Einviertel-Podest-Holztreppe, Zweiholmtreppe, aufgesattelte Stufen, 17+4 Stufen, Eiche endlackiert (1St), Unterzug, 20/24cm (12m), Holzbalkendecke, Bretter (12m²)				

3100-0011 Gemeinschaftspraxis

•	Wiederherstellen (Kosten: 100,0%)	1,63 m²	753	**461,80**	5,23
	Bestehende Stahlwendeltreppe mit Geländer abschleifen, säubern, lackieren (2m²)				

3100-0014 Arztpraxis

•	Herstellen (Kosten: 100,0%)	46,08 m²	8.738	**189,62**	49,93
	Deckenöffnungen schließen (4m²), Abfangträger HEB 140 (12St), IPE 360 (4St), HEA 100 (3St)				

3100-0015 Arztpraxis

•	Herstellen (Kosten: 100,0%)	14,70 m²	3.249	**221,01**	22,72
	Abfangträger (250kg)				

350 Decken

KG	Kostengruppe	Menge Einheit	Kosten €	€/Einheit	€/m² BGF
	6100-0932 Gutshaus, Wohnen im Alter (14 WE)				
	• Abbrechen (Kosten: 6,9%)	48,21 m²	5.000	**103,70**	3,68
	Abbruch von gestemmter Holzwangentreppe, dreifach gewendelt, 20 Stg (1St), Holzbalkendecken mit Bodenaufbau, Unterdecke, Einbau von Wechseln (30m²), Kappendecke mit Bodenaufbau (10m²); Entsorgung, Deponiegebühren				
	• Wiederherstellen (Kosten: 29,1%)	71,86 m²	21.018	**292,49**	15,45
	Dielenbelag abbrechen, Balken freilegen (61m²), Holzverstärkung der Deckenbalken einseitig, 6x16-10x26cm (24m), Stahlverstärkung, 2xU180 (5m), neuer Unterboden, Grobspanplatten, d=28mm (62m²), Treppe und Brüstung UG-EG, gesamte Treppenkonstruktion lösen, auf neues Niveau anheben, säubern, schleifen, beizen, wachsen, Treppe EG-OG abbrechen, Treppenstufen als Baustufen (10m²)				
	• Herstellen (Kosten: 64,0%)	232,07 m²	46.226	**199,19**	33,98
	Stahlwangentreppe, einläufig, zweifach viertelgewendelt, 19 Stg 18,7/26cm, Massivholzstufen Eiche, d=40mm, Tischlerplatten mit MDF-Decklage als Brüstung, Brandschutzbeschichtung F90 (7m²), einläufig, dreifach viertelgewendelt mit Zwischenpodest, 20Stg 17,5/28cm (8m²), Kehlbalken 10x20cm, l=7,10m (4St), l=3,5m (11St), Zwischendeckendämmung, Mineralwolle WLG 040, d=140mm (185m²), Stb-Decken C20/25, d=16-23cm (27m²), Holzbalkendecke (5m²), Deckendurchbrüche schließen (5m²)				
	6100-0937 Einfamilienhaus, Umnutzung Scheune				
	• Abbrechen (Kosten: 6,3%)	12,20 m²	1.007	**82,54**	4,88
	Abbruch von Decken aus Hohlkörpersteinen, Betonverguss, Fußbodenkonstruktion, d=20cm (9m²), Blindboden aus unbewehrtem Beton (2m²); Entsorgung, Deponiegebühren				
	• Herstellen (Kosten: 93,7%)	53,99 m²	14.992	**277,70**	72,64
	Holzbalkendecken, KVH, 8x14cm, OSB-Platten, d=19mm, GK-Platten, d=12,5mm (12m²), Zellulosedämmung, d=140mm (2m³), auffüttern, Deckenbalken, Ausgleichshöhe 0-5cm, Hobeldielen, Douglasie, d=22,5mm (30m²), Podesttreppe, Stahlwangen, Holzstufen, Flachstahlgeländer (9m²), Holztreppe (2m²)				
	6100-0946 Einfamilienhaus, Einzeldenkmal				
	• Abbrechen (Kosten: 7,2%)	78,00 m²	876	**11,23**	3,06
	Abbruch von Stahlträgern (11m), Holztreppen (5m²); Entsorgung, Deponiegebühren				
	• Wiederherstellen (Kosten: 14,2%)	73,00 m²	1.717	**23,52**	6,01
	Deckenbalken zurückschneiden, Ergänzungen mit Altholz, Blattverbindungen (36m)				
	• Herstellen (Kosten: 78,6%)	8,33 m²	9.507	**1.141,95**	33,27
	Stahltreppen, Flachstahlwangen und -stufen, d=15mm (7m²), Podest, Stahlblech, d=5mm (2m²)				
	6100-0962 Einfamilienhaus, Einliegerwohnung				
	• Abbrechen (Kosten: 100,0%)	2,35 m²	1.224	**520,83**	19,18
	Abbruch von Massivtreppe (2m²); Entsorgung, Deponiegebühren				

KG	Kostengruppe	Menge Einheit	Kosten €	€/Einheit	€/m² BGF

350 Decken

6100-1195 Mehrfamilienhaus, Dachgeschoss

- Abbrechen (Kosten: 2,2%) — 168 — 1,04
  Abbruch von Betonüberständen an Decke (4m); Entsorgung, Deponiegebühren

- Herstellen (Kosten: 97,8%) 10,29 m² 7.371 **716,35** 45,44
  Stahlkonstruktion für Balkon mit Haupt- und Längsträgern U200, Nebenträgern IPE100, Stützen QRo 150x5mm, zwei Befestigungskonsolen, Balkonbodenplatte 4,36x2,36m, als mineralisch gebundene Flachpressplatte, Oberfläche rutschhemmend, d=29mm, Abflussgarnitur DN80, Ablaufrinne (10m²)

6100-1210 Doppelhaushälfte, Gründerzeit

- Wiederherstellen (Kosten: 4,9%) — 122 — 0,28
  Holzbalken zur Begutachtung freilegen, zerstörten Balken austauschen (1St), Deckenbalken verlängern und in Wand untermauern

- Herstellen (Kosten: 95,1%) — 2.339 — 5,33
  Stahlkonstruktionen zur Unterfangung der Decken EG, OG und DG, U120-180-Profile, l=3480 bis 3750mm (22m), Wandauflager freispitzen, ausbetonieren (2St)

6400-0062 Jugendzentrum

- Abbrechen (Kosten: 22,7%) 10,50 m² 1.917 **182,54** 1,68
  Abbruch von Stb-Decke als Ausschnitt für Aufzugsschacht (6m²), Trapezbleche auf Stahlträgern (5m²); Entsorgung, Deponiegebühren

- Herstellen (Kosten: 77,3%) 34,87 m² 6.521 **186,99** 5,72
  Stb-Decke C20/25, d=20cm, Schalung, Bewehrung (35m²), Stahlträger (9m)

6600-0015 Naturfreundehaus

- Abbrechen (Kosten: 8,6%) 490,06 m² 10.387 **21,20** 5,33
  Abbruch von Stb-Decken (460m²), Hohlkörperdecken (5m²), Betontreppen (25m²), Balkenköpfen (86St); Entsorgung, Deponiegebühren

- Wiederherstellen (Kosten: 5,6%) 52,78 m² 6.704 **127,02** 3,44
  Schadhafte Holzbalken ersetzen, KVH 14/18cm, l=6,5m (58St)

- Herstellen (Kosten: 85,8%) 414,32 m² 103.447 **249,68** 53,05
  Stb-Decke C20/25, d=22cm (118m²), d=16cm (40m²), Filigran-Stb-Decke C25/30, d=16cm (69m²), Holzbalkendecke, KVH 10/18, 3-S-Platten (39m²), Galerieböden, 3-S-Platten, 32mm, Stahlauflager (57m²), Treppenöffnungen schließen (23m²), Beton-Fertigteil-Treppenläufe (19m²), Ortbetontreppe, Podeste (22m²), Holzwangentreppen (23m²), Stahlwangentreppe, Holzstufen (4m²), Stahlunterzüge (84m)

6600-0017 Hotel (76 Betten)

- Herstellen (Kosten: 100,0%) 266,60 m² 42.091 **157,88** 12,72
  Holzdecken, d=12,5cm, Nadelholz, d=25mm, fünflagig, kreuzweise verleimt (183m²), Schließen von Deckendurchbrüchen in Stb-Decken, d=20cm (56St)

350 Decken

KG Kostengruppe	Menge Einheit	Kosten €	€/Einheit	€/m² BGF
7200-0087 Frisörsalon				
• Abbrechen (Kosten: 17,3%)	2,89 m²	256	**88,55**	2,15
Abbruch von Treppenpodest, Betonhohldielen, d=45cm (3m²); Entsorgung, Deponiegebühren				
• Herstellen (Kosten: 82,7%)	3,26 m²	1.219	**374,03**	10,27
Stb-Treppenpodest, d=20cm (3m²), Stahlträger HEA 100, l= 1,90m (1St)				
9100-0080 Experimenteller Kinoraum				
• Abbrechen (Kosten: 3,0%)	4,95 m²	1.738	**351,03**	7,50
Abbruch von Stb-Treppe mit Belag (5m²), Deckenöffnung vergrößern; Entsorgung, Deponiegebühren				
• Herstellen (Kosten: 97,0%)	59,50 m²	56.729	**953,43**	244,70
Stahlträgerdecke, HE-A280, IPE270 (6t), Sperrholzplatten, d=38mm (60m²), Kernbohrungen, d=200-400mm (14St), Deckenöffnungen schließen, 20x20cm (8St)				
9100-0092 Evangelische Kirche, Gemeindesaal, Pfarramt				
• Abbrechen (Kosten: 34,8%)	76,44 m²	23.710	**310,18**	27,01
Abbruch von Stb-Treppenläufen mit Natursteinbelag (14m²), Stb-Deckenplatte, d=20-37cm (63m²), Überzügen; Entsorgung, Deponiegebühren				
• Herstellen (Kosten: 65,2%)	128,35 m²	44.422	**346,09**	50,61
Stb-Decken C25/30, d=18cm (23m²), d=22cm, eingefärbt, Sichtschalung, Verjüngung im Randbereich (98m²), Stb-Treppenläufe (8m²), Stb-Unterzüge (5m), Schalung, Bewehrung				
9100-0119 Pfarrkirche				
• Wiederherstellen (Kosten: 100,0%)	6,00 m²	1.633	**272,09**	1,45
Einbau von Wechseln (6m²)				
9700-0019 Aussegnungshalle				
• Abbrechen (Kosten: 3,1%)	153,92 m²	651	**4,23**	1,99
Abbruch von Bretterbelag auf Holzbalkendecke (154m²); Entsorgung, Deponiegebühren				
• Wiederherstellen (Kosten: 4,4%)	151,50 m²	932	**6,15**	2,84
Bestehende Schlitze zwischen Stichbalken und Deckenbalken mit Holzstreifen ausfüttern (31St), altes Treppenloch verschließen, neues Treppenloch herstellen (1m²)				
• Herstellen (Kosten: 92,5%)	151,50 m²	19.467	**128,49**	59,37
Deckenüberzug 2xIPE450, 13 Deckenbalken abhängen (11m), Verstärkung Deckenbalken U180 (11m), Deckenscheibe, OSB-Platten, d=25cm (152m²), Mineralwolldämmung WLG 040, d=200mm, zwischen Deckenbalken (150m²), Ringaussteifung, Stahlprofil L60x6mm, mit Anschlussplatten (50m), Deckenbalkenverstärkung mit Holz (1St)				

KG	Kostengruppe	Menge Einheit	Kosten €	€/Einheit	€/m² BGF

350 Decken

352 Deckenbeläge

1300-0142 Scheunenumbau, Büroflächen

- Herstellen (Kosten: 100,0%) — 383,00 m² — 68.378 — **178,53** — 176,23
  Zementestrich, Dämmung (146m²), Trockenestrich, Dämmung (75m²), Holzwerkstoff-Bodenverlegeplatten, d=25mm (145m²), Fliesenbelag (3m²), Textilbelag (380m²), Textilsockelleisten (205m)

1300-0152 Wohn- und Geschäftshaus

- Abbrechen (Kosten: 11,3%) — 427,00 m² — 6.524 — **15,28** — 16,71
  Abbruch von Bodenbelägen (263m²), Holzdielenboden (164m²), Sockelleisten (37m), Perlitschüttungen (22m²); Entsorgung, Deponiegebühren

- Herstellen (Kosten: 88,7%) — 328,52 m² — 51.265 — **156,05** — 131,27
  Unterkonstruktion Boden, BSH-Binder 14/20cm (118m), Kanthölzer 10/14cm (60m), OSB-Platten, d=22mm als Dielung (249m²), Fertigparkett schwimmend, Trittschalldämmung, d=20mm (190m²), Holz-Sockelleisten (138m), Bodenfliesen (21m²), Nadelvlies (22m²), Holz-Sockelleisten (25m), Laminat, 2.+3. OG (72m²)

3100-0011 Gemeinschaftspraxis

- Abbrechen (Kosten: 10,6%) — 122,73 m² — 1.557 — **12,69** — 10,83
  Abbruch von Teppichboden (123m²), Teppichboden auf Treppenstufen (15St); Entsorgung, Deponiegebühren

- Wiederherstellen (Kosten: 16,2%) — 122,73 m² — 2.383 — **19,42** — 16,57
  Estrichrisse auffräsen, armieren, mit Epoxidharz verschließen (15m), Untergrund säubern, ausbessern, spachteln, von Kleberesten befreien (123m²)

- Herstellen (Kosten: 73,2%) — 122,73 m² — 10.781 — **87,84** — 74,97
  Vinylbelag, d=2,5mm, Plankenformat 15,2x91,4cm (123m²), Vinylbelag auf Treppenstufen, gewendelt, Alu-Treppenkantenprofil (15St), Holzsockel, lackiert (95m), Dehnfugen (102m)

3100-0014 Arztpraxis

- Abbrechen (Kosten: 5,1%) — 95,32 m² — 660 — **6,92** — 3,77
  Abbruch von Textilbelägen, Sockelleisten (95m²); Entsorgung, Deponiegebühren

- Herstellen (Kosten: 94,9%) — 157,44 m² — 12.355 — **78,47** — 70,60
  Grundierung, Nivelliermasse, PVC-Bodenbelag, Sockelleisten (157m²), Podest als Stufenbekleidung, Eiche (1m²)

3100-0015 Arztpraxis

- Abbrechen (Kosten: 6,3%) — 121,85 m² — 625 — **5,13** — 4,37
  Abbruch von Textilbelägen, Sockelleisten (122m²); Entsorgung, Deponiegebühren

- Herstellen (Kosten: 93,7%) — 131,23 m² — 9.253 — **70,51** — 64,71
  Grundierung, Nivelliermasse, PVC-Bodenbelag, Sockelleisten (131m²)

KG	Kostengruppe	Menge	Einheit	Kosten €	€/Einheit	€/m² BGF
	3100-0018 Arztpraxis, Personalaufenthalt					
	• Abbrechen (Kosten: 7,0%)	99,84	m²	968	**9,70**	8,24
	Abbruch von PVC-Belag (74m²), Bodenfliesen (11m²), Teppichbelag (15m²), Sockelleisten (105m); Entsorgung, Deponiegebühren					
	• Herstellen (Kosten: 93,0%)	96,51	m²	12.921	**133,88**	109,97
	Estrich mit zementärer Füllmasse ausgleichen (24m²), Grundierung, Glätt- und Nivelliermasse (90m²), PVC-Belag, als Planke 18,5x122cm, Holzdekor (66m²), als Bahnenware, Granitdekor (18m²), Sauberlauf-Teppichbelag (6m²), Bodenfliesen (5m²), Mosaikfliesen (1m²), Sockelleisten, Holz (91m)					
	4400-0178 Kindertagesstätte (4 Gruppen, 65 Kinder)					
	• Abbrechen (Kosten: 14,3%)	260,56	m²	4.295	**16,48**	3,07
	Abbruch von Estrich, d=60mm, Dämmung, d=60mm (258m²), Bodenfliesen (3m²); Entsorgung, Deponiegebühren					
	• Wiederherstellen (Kosten: 1,9%)	137,57	m²	566	**4,12**	0,41
	Risse im bestehenden Estrich ausgießen (34m)					
	• Herstellen (Kosten: 83,8%)	410,17	m²	25.091	**61,17**	17,95
	Zement-Heizestrich, d=65mm (250m²), EPS-Dämmung, Zementestrich, bewehrt, d=50mm (23m²), Linoleum, Spachtelung (391m²), Bodenfliesen, Grundierung (19m²), PVC-Sockelleisten (299m), Übergangsschienen (10m), Silikonfugen (17m)					
	4500-0016 Seminargebäude					
	• Abbrechen (Kosten: 24,5%)	328,38	m²	12.330	**37,55**	23,72
	Abbruch von Spanplattenboden (118m²), Bodenbelägen (314m²), PVC-Belag und Gummikanten auf Tritt- und Setzstufen (14m²), Sockelleisten (126m); Entsorgung, Deponiegebühren					
	• Wiederherstellen (Kosten: 4,8%)	24,13	m²	2.437	**101,00**	4,69
	Holztreppenstufen und -podeste schleifen, grundieren, lackieren (24m²)					
	• Herstellen (Kosten: 70,7%)	279,37	m²	35.629	**127,54**	68,56
	Dielenboden schleifen, Füllgrundierung, Ausgleichsmasse, Linoleum, d=3,5mm, Rw=17dB (269m²), Abdichtung, Bodenfliesen (4m²), Sockelleisten, Holz, Anstrich (248m), Trockenestrich, Füllgrundierung, Kautschuk (6m²)					
	4500-0017 Bildungsinstitut, Seminarräume					
	• Abbrechen (Kosten: 13,7%)	291,90	m²	8.266	**28,32**	23,99
	Abbruch von Dämmung, Trennschicht, schwimmendem Estrich, Parkettboden, Holzsockel, Viertelstab (292m²); Entsorgung, Deponiegebühren					
	• Herstellen (Kosten: 86,3%)	291,86	m²	51.961	**178,03**	150,82
	Perlitschüttung, d=34mm, Holzfaserdämmung WLS 042, d=40mm, WLG 050, d=10mm, Gussasphaltestrich, d=30mm (290m²), Spachtelung, gewebter Vinyl-Teppichboden (287m²), Sockelleisten, Holzwerkstoff 150x15mm, lackiert (61m), Estrich, Granitfliesen 305x610x15mm, poliert (2m²)					

KG	Kostengruppe	Menge Einheit	Kosten €	€/Einheit	€/m² BGF
	5600-0004 Yogastudio				
	• Herstellen (Kosten: 100,0%) Sockelleisten, Holz, lackiert, h=100mm, Oberkante als Viertelkreis (50m), Silikonfugen (50m)	127,00 m²	1.872	**14,74**	12,80
	6100-0849 Doppelhaushälfte				
	• Wiederherstellen (Kosten: 85,0%) Podesttreppe schleifen, lackieren (4m²), Parkett, Sockelleisten, schleifen, beizen, grundieren, versiegeln (50m²)	53,77 m²	4.402	**81,86**	45,33
	• Herstellen (Kosten: 15,0%) Gitterroste, Einfassung, feuerverzinkt (4m²)	4,12 m²	774	**187,84**	7,97
	6100-0932 Gutshaus, Wohnen im Alter (14 WE)				
	• Wiederherstellen (Kosten: 5,2%) Bauseitigen Gussasphaltestrich schleifen, spachteln, für terrazzoähnliche Oberfläche (68m²)	68,40 m²	3.844	**56,19**	2,83
	• Herstellen (Kosten: 94,8%) EPS-Trittschall- und Wärmedämmung WLG 040, d=15-30mm, Trennlage, Zementestrich CT-C25-F4, d=45-65mm (534m²), Absperrschicht, Epoxidharz (150m²), Rieselschutz, Schüttdämmung, Trittschalldämmung, d=30mm, Gussasphaltestrich, Terrazzo-Schleif- estrich, d=30-35mm (146m²), Gussasphaltestrich (52m²), Linoleum (541m²), Sockel- leisten, Eiche (517m), Bodenfliesen (60m²), Mosaikfliesen, bodengleiche Duschen (20m²), Sauberlaufzone, Winkelrahmen (1m²)	767,16 m²	69.761	**90,93**	51,28
	6100-0937 Einfamilienhaus, Umnutzung Scheune				
	• Abbrechen (Kosten: 1,4%) Abbruch von Holzdielenbelägen, d=20mm, Entsorgung, Deponiegebühren (30m²)	30,40 m²	309	**10,17**	1,50
	• Herstellen (Kosten: 98,6%) 3-Schicht-Dielen, Roteiche, schleifen, versiegeln (75m²), Sockelleisten (92m), Dämmung, EPS, d=40mm, WLG 035, Anhydritestrich (29m²), Teppichboden (19m²)	93,33 m²	21.853	**234,15**	105,89
	6100-0946 Einfamilienhaus, Einzeldenkmal				
	• Abbrechen (Kosten: 5,3%) Abbruch von Dielenboden mit Unterkonstruktion (49m²), Bretterlage (29m²), Deckenaufbau (9m²); Entsorgung, Deponiegebühren	86,48 m²	1.188	**13,73**	4,16
	• Wiederherstellen (Kosten: 2,5%) Holzdielen aufnehmen, lagern, Aufbau aufnehmen, entsorgen (12m²)	11,57 m²	564	**48,73**	1,97
	• Herstellen (Kosten: 92,2%) Brettschalung, d=28mm (126m²), Holzestrich, d=60mm, magnesitgebunden (100m²), Spachtelung, Linoleum (101m²), Sockelleisten, Holz (58m), Eichenschwelle (3m), Boden- fliesen (5m²), Bekleidung Deckenstirnseite, Stahlblech, 150x15mm (9m), Stahltreppen, PU-Beschichtung (8m²), Stahlblechunterlage Ofen, 150x100cm (2m²)	114,10 m²	20.578	**180,35**	72,01

350 Decken

KG	Kostengruppe	Menge	Einheit	Kosten €	€/Einheit	€/m² BGF

6100-0976 Einfamilienhaus

- Abbrechen (Kosten: 7,7%) — 30,50 m² — 367 — **12,03** — 4,08
  Abbruch von Heizestrich (31m²); Entsorgung, Deponiegebühren

- Herstellen (Kosten: 92,3%) — 32,20 m² — 4.404 — **136,77** — 48,93
  Dämmung, PE-Folie, Estrich, Fertigparkett, Sockelleisten (32m²)

6100-1105 Reihenendhaus, Denkmalschutz

- Abbrechen (Kosten: 11,3%) — 203,00 m² — 3.765 — **18,55** — 12,15
  Abbruch von Teppichbelag, Sockelleisten (125m²), Bodenfliesen (78m²), Türschwellen, Holz (3St); Entsorgung, Deponiegebühren

- Wiederherstellen (Kosten: 28,5%) — 70,21 m² — 9.500 — **135,30** — 30,64
  Alten Holzboden mehrmals schleifen, Teppichkleberreste beseitigen, mit Hartwachsöl einlassen (60m²), Holztreppe ins OG aufarbeiten, Spachtelmasse entfernen, Deckschicht Eiche, d=5mm, einarbeiten, vollflächig verkleben, Tritte schleifen, kitten, zweifach mit Hartwachsöl einlassen (4m²), Treppenwangen aufarbeiten (17m), Setzstufen aufarbeiten (17St), Holztreppe ins DG schleifen, mit Hartwachsöl einlassen (4m²), Steintreppe ins EG aufarbeiten, grundreinigen, Teppichkleberreste beseitigen, Pflegemittel aufbringen, Treppe neu verfugen (3m²), Fußleisten aufarbeiten, einputzen, Scheuerleiste anbringen (41m), Lamperien reparieren (7h)

- Herstellen (Kosten: 60,3%) — 120,02 m² — 20.111 — **167,57** — 64,88
  Estrich spachteln, 1-10mm (59m²), Estrich fräsen, schleifen (89m²), Massivdielen, schleifen, ölen (41m²), Zweischichtparkett, ölen (48m²), Grundierung, Bodenfliesen 30x30cm, Imprägnierung (31m²), Holzsockel (123m), Sockelfliesen (4m), Silikonfugen (62m)

6100-1195 Mehrfamilienhaus, Dachgeschoss

- Abbrechen (Kosten: 1,1%) — 6,77 m² — 179 — **26,37** — 1,10
  Abbruch von Silikatestrich (7m²); Entsorgung, Deponiegebühren

- Wiederherstellen (Kosten: 4,9%) — 119,77 m² — 795 — **6,64** — 4,90
  Fugen im Estrich einschneiden oder verbreitern, Estrichklammern einbauen und verharzen (36m)

- Herstellen (Kosten: 94,0%) — 119,77 m² — 15.128 — **126,31** — 93,25
  Spachtelung (120m²), Holzdielenbelag, Eiche, d=10mm, Oberfläche geölt (95m²), Holzsockel (84m), Trittschalldämmung, d=30mm, Zementestrich CT-C25-F5, d=40mm, bewehrt, EPS-Entkopplungsplatte, Bodenfliesen (18m²), Abdichtung, Bodenfliesen (7m²), Sockelfliesen (23m), Balkon-Austrittsstufen, l=458cm, zwei Steigungen 266x162mm, Belag Eiche, d=20mm, Oberfläche geölt (1St)

KG	Kostengruppe	Menge Einheit	Kosten €	€/Einheit	€/m² BGF

6100-1197 Maisonettewohnung

- Wiederherstellen (Kosten: 1,8%) — 307 — 2,87
  Estrichschlitze im Bereich der abgebrochenen Wände schließen (6m), Kabelkanal und Risse im Estrich aufweiten, verharzen (1h), Treppenstufen und Podest tiefer setzen (3m²)

- Herstellen (Kosten: 98,2%)   94,92 m²   16.431   **173,10**   153,56
  Untergrund schleifen, reinigen, grundieren (84m²), Landhausdielen, Eiche, verklebt, Oberfläche gebürstet, geölt, Zweischicht-Fertigparkett 10x192x2000mm (65m²), Dreischicht-Fertigparkett 15x192x2000mm (27m²), Sockelleisten 16x50mm, weiß foliert (66m), Funkenschutzscheibe 130x30cm, ESG 10mm, Bronze (1St), Spachtelung, Bodenfliesen 40x40cm (11m²), Sockelfliesen (11m)

6100-1210 Doppelhaushälfte, Gründerzeit

- Wiederherstellen (Kosten: 63,4%)   128,27 m²   15.041   **117,26**   34,31
  Terrazzoboden schleifen, imprägnieren durch wachsen und ölen, Risse mit farblich angepasster Terrazzomasse füllen, alte Risse und Fehlstellen dürfen sichtbar bleiben (18m²), Parkett- und Dielenböden reinigen, schleifen, teilweise Dielen ersetzen oder auf anderem Untergrund neue Dielen verlegen, Oberfläche mit Wasserlack versiegeln (95m²), offene Holzbalkendecken während Erneuerung der Dielen mit Mineralwolle auffüllen (5m²), Teppichbelag auf Treppenstufen ausbauen, Eichestufen abschleifen, Fehlstellen ausbessern, versiegeln (15m²), Kunstharzbeschichtung auf Holzsockeln erneuern, alte Beschichtung aufrauen, blätternde Teile entfernen, Schadstellen beseitigen, neu beschichten (69m)

- Herstellen (Kosten: 36,6%)   63,68 m²   8.696   **136,56**   19,84
  Holzdielen, Eiche massiv, d=20mm, auf vorhandene Dielen verlegen, ölen, versiegeln (33m²), Mosaikparkett, geschliffen, geölt (22m²), Querbrett als Übergang neuer/alter Boden, b=14cm (3m), Holzsockel, geölt (134m), Grundierung, Spachtelung, d=5-10mm, Entkopplungsplatte, Flächenabdichtung, Bodenfliesen (9m²), Sockelfliesen (13m)

6400-0062 Jugendzentrum

- Herstellen (Kosten: 100,0%)   925,32 m²   42.058   **45,45**   36,87
  Voranstrich, Bitumenschweißbahn G200S4, Steinwolldämmung, d=200mm, WLG035, Altdachfläche unter Kaltdach (477m²), Voranstrich Estrich (387m²), Spachtelung, Linoleum, Linolsockel (358m), Nadelvlies, Teppichsockel (28m), Spachtelung, Abdichtung, Bodenfliesen (47m²), Perlite, Trittschalldämmung, d=12mm, Gussasphaltestrich, d=30mm (28m²), vorhandene Terrazzostufen und Treppenpodest, reinigen, grundieren, spachteln, mit Linoleum belegen (10m²)

350 Decken

KG	Kostengruppe	Menge Einheit	Kosten €	€/Einheit	€/m² BGF
6600-0015 Naturfreundehaus					
	• Abbrechen (Kosten: 9,7%)	1.147,12 m²	16.803	**14,65**	8,62
	Abbruch von Teppichboden (938m²), Noppenbelag (143m²), Parkettboden (66m²), Estrich (302m²), Dämmung (219m²), Bretterboden (320m²), Streifboden, Schüttung (234m²); Entsorgung, Deponiegebühren				
	• Wiederherstellen (Kosten: 2,2%)	629,22 m²	3.773	**6,00**	1,93
	Dielenfußboden für Trockenestrich vorbereiten, lose Dielen nachschrauben (510m²), Deckenbalken, Deckenblenden demontieren, teilweise neu zuschneiden, Profile nachschneiden, Unterkonstruktionen neu montieren (119m²)				
	• Herstellen (Kosten: 88,1%)	1.041,54 m²	153.036	**146,93**	78,48
	Rieselschutz, Schüttung 30mm, Trockenestrich (518m²), Trittschalldämmung, Wärmedämmung WLG 040, Anhydritestrich CA-C25-F5-S45 (414m²), Zementestrich CT-C35-F5-S60 (122m²), spachteln, schleifen, Linoleum (460m²), Sockel (516m), HK-Lamellenparkett (389m²), Holzsockel (137m), Abdichtung, Bodenfliesen (91m²), Sockelfliesen (72m), Epoxidharzbeschichtung (82m²), Treppenfliesen, Setzstufen (19m²), Sauberlaufzone (2m²)				
6600-0016 Hotel (23 Betten)					
	• Abbrechen (Kosten: 0,9%)	12,94 m²	218	**16,85**	0,45
	Abbruch von PVC-Belag, Rückstände abschleifen (13m²); Entsorgung, Deponiegebühren				
	• Wiederherstellen (Kosten: 0,9%)	10,89 m²	218	**20,03**	0,45
	Lose Fliesen entfernen, Bodenfläche grundieren, spachteln (11m²)				
	• Herstellen (Kosten: 98,2%)	159,20 m²	23.760	**149,25**	49,14
	TSD, Eichedielen, massiv, geölt, d=15mm (73m²), Abdichtung, Fliesen 30x30cm (25m²), TSD, Douglasie-Dreischichtplatten, d=19mm (12m²), Sockelleisten (69m), Fliesen überspachteln (16m²), Spanplatten überspachteln (13m²), Teppichboden (26m²), Teppichboden, Schmutzfang (7m²), Doppelboden, h=17cm (2m²), TSD, Estrich (12m²)				
6600-0017 Hotel (76 Betten)					
	• Herstellen (Kosten: 100,0%)	2.020,10 m²	214.003	**105,94**	64,66
	Estrich, Dämmung, Abdichtungen, Bodenfliesen (238m²), bodengleiche Duschtassen, Abdichtungen, rollstuhlgerecht (46m²), Fußbodenanstrich (76m²), Untergrundvorbereitungen, PVC-Beläge (1.659m²)				
7200-0086 Hörgeräteakustik-Meisterbetrieb					
	• Abbrechen (Kosten: 3,5%)	1,50 m²	153	**102,28**	1,04
	Abbruch von Parkettstreifen für Schallschutzwand (10m); Entsorgung, Deponiegebühren				
	• Wiederherstellen (Kosten: 20,5%)	3,77 m²	895	**237,34**	6,07
	Holztreppe, 14 Stufen, schleifen, lackieren (14St)				
	• Herstellen (Kosten: 76,0%)	70,58 m²	3.327	**47,14**	22,58
	Teppichboden (18m²), Sauberlaufmatte (1m²), Sockelleisten, Holz (71m)				

KG	Kostengruppe	Menge Einheit	Kosten €	€/Einheit	€/m² BGF
	7200-0087 Frisörsalon				
	• Abbrechen (Kosten: 8,8%) Abbruch von Teppichbelag (24m²), Bodenfliesen (7m²), Terrazzo-Sockelplatten (25m), Klebstoffschicht von Fliesenbelag abschleifen (86m²).	93,26 m²	563	**6,04**	4,74
	• Herstellen (Kosten: 91,2%) Ausgleichsmasse, d=3-10mm, Voranstrich auf vorhandenen Fliesenbelag, Spachtelung (86m²), Linoleum, PU-Versiegelung (92m²)	94,16 m²	5.857	**62,20**	49,33
	9100-0080 Experimenteller Kinoraum				
	• Abbrechen (Kosten: 8,9%) Abbruch von Teppichboden (96m²), Linoleum, Kleber, Dickbeschichtung (59m²); Entsorgung, Deponiegebühren	96,09 m²	2.536	**26,39**	10,94
	• Herstellen (Kosten: 91,1%) Akustik-Dämmplatten, PE-Folie, Holzweichfaserplatte, Zementestrich, d=70mm, Installations-Doppelboden, A2, h=140mm, Nadelfilz (58m²), Haftgrund, Ausgleichsmasse, Linoleum (60m²), Sockelleiste (28m), Zementestrich, d=50mm (25m²), Nadelfilz (37m²), Belagsmedaillons, d=75mm, für Bodenauslässe (60St)	155,60 m²	25.855	**166,17**	111,53
	9100-0086 Museum, Ausstellungen				
	• Abbrechen (Kosten: 6,8%) Abbruch von verschraubten MDF-Platten, d=10mm (236m²), Linoleum (25m²); Entsorgung, Deponiegebühren	236,00 m²	2.824	**11,96**	6,21
	• Herstellen (Kosten: 93,2%) Spanplatten als Unterboden, Fertigparkett, Eiche, geölt, Erstpflege (405m²), Fußleisten (146m)	404,84 m²	38.970	**96,26**	85,65
	9100-0092 Evangelische Kirche, Gemeindesaal, Pfarramt				
	• Abbrechen (Kosten: 10,1%) Abbruch von Holzbohlen, d=3cm (252m²), Holzdielen, Lagerhölzern (111m²), Linoleum (111m²) Laminat, PVC-Böden (76m²), Natursteinbelag, Mörtelbett (29m²), Bodenbelag, Mörtelbett, Estrich (27m²); Entsorgung, Deponiegebühren	607,27 m²	6.901	**11,36**	7,86
	• Herstellen (Kosten: 89,9%) Wärmedämmung, d=20mm (58m²), d=70mm (37m²), d=80mm (44m²), WLG 035, d=180mm (182m²), Schnellestrich (71m²), Zementestrich CT45-F6, Bewehrung, d=65mm (63m²), Bodenfliesen 40x60-120cm (127m²), Bewegungsfugen (153m), Bretterboden, gehobelt, d=28mm (331m²), Massivholzdielen auf Lagerhölzern, Esche, geölt (97m²), Linoleum (91m²), Sockelleisten (147m), Bau-Furniersperrholz, d=24mm (20m²)	645,98 m²	61.659	**95,45**	70,24

350 Decken

KG	Kostengruppe	Menge Einheit	Kosten €	€/Einheit	€/m² BGF
	9100-0119 Pfarrkirche				
	• Abbrechen (Kosten: 7,4%)	69,00 m²	946	**13,71**	0,84
	Abbruch von PVC-Belägen, Holzwolleleichtbauplatten, d=40mm (69m²); Entsorgung, Deponiegebühren				
	• Herstellen (Kosten: 92,6%)	69,00 m²	11.881	**172,19**	10,52
	Verlegeplatte als Unterboden, Parkett, Eiche, geölt (69m²), Sockelleisten (29m)				
353	**Deckenbekleidungen**				
	1300-0142 Scheunenumbau, Büroflächen				
	• Herstellen (Kosten: 100,0%)	455,00 m²	12.226	**26,87**	31,51
	Anstrich Silikatfarbe (445m²), Blechverkleidung Treppenuntersicht (10m²)				
	1300-0152 Wohn- und Geschäftshaus				
	• Abbrechen (Kosten: 18,5%)	44,39 m²	805	**18,14**	2,06
	Abbruch von Holzverkleidungen, Dämmmaterial (36m²), Heraklithplatten (8m²); Entsorgung, Deponiegebühren				
	• Herstellen (Kosten: 81,5%)	194,50 m²	3.536	**18,18**	9,06
	GK-Platten auf Unterkonstruktion, 1x12,5mm, Anstrich (15m²), Anstrich 2.+3.OG (46m²), Anstrich, Treppenhaus Bestand (84m²), Anstrich (50m²)				
	1300-0217 Innenausbau Vertriebsbüro	39,40 m²	420	**10,65**	1,97
	Dispersionsanstrich, hell getönt (39m²)				
	3100-0011 Gemeinschaftspraxis				
	• Abbrechen (Kosten: 20,2%)	39,80 m²	991	**24,90**	6,89
	Abbruch von Mineralfaserdecke (40m²); Entsorgung, Deponiegebühren				
	• Wiederherstellen (Kosten: 2,0%)	114,63 m²	96	**0,84**	0,67
	Untergründe ausbessern (115m²)				
	• Herstellen (Kosten: 77,9%)	114,63 m²	3.826	**33,38**	26,61
	Dispersionsanstrich (115m²), GK-Decke, Abhängehöhe 25cm, einlagig beplankt (40m²), GK-Decke, UK Holzlattung, einlagig beplankt (8m²), Deckenöffnungen, d=15cm (34St)				
	3100-0014 Arztpraxis				
	• Abbrechen (Kosten: 2,8%)	9,00 m²	122	**13,57**	0,70
	Abbruch von abgehängten Decken (9m²); Entsorgung, Deponiegebühren				
	• Herstellen (Kosten: 97,2%)	165,75 m²	4.235	**25,55**	24,20
	F90-Bekleidung (11m²), abgehängte GK-Decke (7m²), Tapete (127m²), 2x Dispersionsanstrich (166m²)				

KG	Kostengruppe	Menge Einheit	Kosten €	€/Einheit	€/m² BGF
	3100-0015 Arztpraxis				
	• Abbrechen (Kosten: 13,8%) Abbruch von Tapete (74m²), abgehängten GK-Decken (29m²); Entsorgung, Deponiegebühren	103,00 m²	899	**8,73**	6,29
	• Herstellen (Kosten: 86,2%) F90-Bekleidung (8m²), abgehängte GK-Decke (60m²), Tapete (127m²), 2x Dispersionsanstrich (134m²)	134,24 m²	5.614	**41,82**	39,26
	3100-0018 Arztpraxis, Personalaufenthalt				
	• Abbrechen (Kosten: 9,9%) Abbruch von GK-Decken (40m²), Metall-Paneeldecken (15m²); Entsorgung, Deponiegebühren	54,37 m²	600	**11,03**	5,10
	• Wiederherstellen (Kosten: 4,1%) Deckenflächen von Balkon reinigen, Putz ausbessern, grundieren, mit Fassadenfarbe streichen (9m²)	8,91 m²	248	**27,84**	2,11
	• Herstellen (Kosten: 86,0%) GK-Decken, abgehängt, einlagig beplankt (53m²), Spachtelung (55m²), Malervlies (97m²), Dispersionsanstrich (74m²), Latexanstrich (23m²)	96,59 m²	5.186	**53,69**	44,14
	4400-0165 Kinderkrippe (2 Gruppen, 24 Kinder)				
	• Abbrechen (Kosten: 8,6%) Abbruch von abgehängten GK-Decke, Holzunterkonstruktion, Entsorgung, Deponiegebühren (219m²)	219,40 m²	1.581	**7,21**	5,49
	• Herstellen (Kosten: 91,4%) Abgehängte GK-Decke (282m²), Dispersionsanstrich (63m²)	281,76 m²	16.804	**59,64**	58,32
	4500-0016 Seminargebäude				
	• Abbrechen (Kosten: 9,1%) Abbruch von Anstrich (322m²); Entsorgung, Deponiegebühren	322,48 m²	1.313	**4,07**	2,53
	• Herstellen (Kosten: 90,9%) Spachtelung, Silikatanstrich (235m²), Holzwolle-Mehrschichtplatten, Holzunterkonstruktion (86m²), GK-Bekleidung (3m²)	320,47 m²	13.159	**41,06**	25,32

350 Decken

KG	Kostengruppe	Menge Einheit	Kosten €	€/Einheit	€/m² BGF
	4500-0017 Bildungsinstitut, Seminarräume				
	• Abbrechen (Kosten: 4,0%) Abbruch von stufenweise abgehängten GK-Decken, Holzdecken, Deckenfriesen, eingebauter Beleuchtung und Luftauslässen (291m²); Entsorgung, Deponiegebühren	291,34 m²	7.519	**25,81**	21,83
	• Wiederherstellen (Kosten: 0,5%) Latexanstrich auf bereits gestrichene Flächen (80m²)	80,03 m²	972	**12,14**	2,82
	• Herstellen (Kosten: 95,5%) Metallkassettendecken, weiß und schwarz, Deckenplatten, b=600mm, l=400-1200mm, Akustikauflage, Deckensprung (179m²), Abschlussprofile (15m²), integrierte Einbaustrahler (83St), Linienbeleuchtungen (58St), Deckenfries, d=5cm, Holzwerkstoff, HPL weiß (32m), HPL chrom, integrierte Einbaustrahler (10m²), Deckenfries für Laufschienen (20m), GK-Decke F30, abgehängt, Mineralwollauflage, d=40mm, doppelt beplankt (49m²), Abschlussschürze, h=30cm (15m), Revisionsklappen (7St), Spachtelung, Grundierung, Glattvlies, Anstrich (60m²)	227,81 m²	179.582	**788,30**	521,24
	5600-0004 Yogastudio				
	• Wiederherstellen (Kosten: 100,0%) Deckenflächen reinigen, Putzschäden ausbessern, Dispersionsfarbanstrich aufbringen (127m²), Acrylfugen (73m)	127,00 m²	1.504	**11,85**	10,28
	6100-0849 Doppelhaushälfte				
	• Herstellen (Kosten: 100,0%) Anstrich (47m²)	47,25 m²	1.060	**22,43**	10,91
	6100-0932 Gutshaus, Wohnen im Alter (14 WE)				
	• Herstellen (Kosten: 100,0%) GK-Decken F60, Feuerschutzplatten, zweilagig (485m²), Silikatanstrich (572m²)	572,34 m²	23.151	**40,45**	17,02
	6100-0937 Einfamilienhaus, Umnutzung Scheune				
	• Herstellen (Kosten: 100,0%) Mineraldämmplatten, CaSi-Hydrate, d=120mm, WLG 045 (31m²), Anstrich (8m²)	39,10 m²	2.623	**67,09**	12,71
	6100-0946 Einfamilienhaus, Einzeldenkmal				
	• Abbrechen (Kosten: 6,2%) Abbruch von abgehängten Decken (22m²), Putz (31m²); Entsorgung, Deponiegebühren	52,55 m²	866	**16,48**	3,03
	• Herstellen (Kosten: 93,8%) Feuerschutzdecke (100m²), HWL-Platten, d=25mm (14m²), Rippenstreckmetall, Lehmputz (54m²), Silikatanstrich, Öl-Kasein-Lasur Balken (103m²), Deckenabhängung, Silikatanstrich (19m²)	122,09 m²	13.207	**108,17**	46,21

KG	Kostengruppe	Menge Einheit	Kosten €	€/Einheit	€/m² BGF

350 Decken

6100-1105 Reihenendhaus, Denkmalschutz

- **Abbrechen (Kosten: 16,2%)** — 42,00 m² — 1.305 — **31,06** — 4,21
  Abbruch von GK-Decken, doppelt beplankt (42m²); Entsorgung, Deponiegebühren

- **Wiederherstellen (Kosten: 18,5%)** — 52,20 m² — 1.488 — **28,52** — 4,80
  Deckenbekleidung, Holz, aufarbeiten, Untergrund prüfen, nicht tragfähige Teile entfernen, schleifen, Fehlstellen schließen, glätten, Gesamtfläche schleifen, Grund-, Zwischen- und Schlussanstriche (4m²), Deckenfries, umlaufend, einfach profiliert mit einer Rundung, spachteln, streichen (66m), Deckenfries ergänzen (2m), Deckenornament, sternförmig, aufarbeiten, Altanstrich entfernen, mit neuem Anstrich versehen (1St), Abplatzungen nachspachteln (6h)

- **Herstellen (Kosten: 65,3%)** — 136,68 m² — 5.250 — **38,41** — 16,94
  Strukturputz spachteln (73m²), GK-Decke, Abhanghöhe 5cm, Spachtelung Q3 (22m²), Abhanghöhe 10cm (2m²), Abhanghöhe 20-70cm (2m²), Dispersionsanstrich (137m²)

6100-1197 Maisonettewohnung

- **Herstellen (Kosten: 100,0%)** — 101,22 m² — 3.966 — **39,18** — 37,07
  Untergrund spachteln, schleifen, grundieren, Malervlies, Dispersionsanstrich (101m²), GK-Decke, abgehängt, einlagig beplankt (7m²)

6100-1206 Einfamilienhaus, Badeinbau

- **Herstellen (Kosten: 100,0%)** — 3,95 m² — 994 — **251,85** — 150,10
  OSB-Platten, GK-Verkofferung (3m), GK-Bekleidung, Spachtelung, Anstrich (4m²)

6100-1210 Doppelhaushälfte, Gründerzeit

- **Abbrechen (Kosten: 6,9%)** — 159,63 m² — 901 — **5,65** — 2,06
  Abbruch von Tapeten (158m²), Deckenputz in Kleinflächen (2m²); Entsorgung, Deponiegebühren

- **Wiederherstellen (Kosten: 9,6%)** — 8,53 m² — 1.257 — **147,33** — 2,87
  Beschädigten Deckenputz in Kleinflächen erneuern, Kalk- oder Kalkgipsputz, Oberfläche an vorhandene Putzfläche ansatzfrei verreiben und glätten, Putzträger ergänzen (9m²), Öffnungen in Trockendecke schließen und überspachteln (6St)

- **Herstellen (Kosten: 83,6%)** — 230,63 m² — 10.989 — **47,65** — 25,06
  Silikatanstrich (158m²), Spachtelung, Malervlies (24m²), GK-Deckenbekleidung F30 (12m²), 1.BA: Kellerdeckendämmung mit EPS-Wärmedämmung WLG 035, d=120mm (73m²), 2.BA: Brandschutzplatten, d=15mm, nachträglich an einzelne Bauteile der Kellerdecke anbringen, Entfernen EPS-Dämmung von Trägern, Kappendecken und Unterseite Treppe in 24cm breiten Streifen, Brandschutzplatten in Streifen von 22cm verkleben, dübeln, Müll laden, entsorgen (18m²), GK-Bekleidung für Stahlunterfangungen EG, OG und DG (13m)

350 Decken

KG	Kostengruppe	Menge Einheit	Kosten €	€/Einheit	€/m² BGF

6400-0062 Jugendzentrum

- Abbrechen (Kosten: 6,9%) — 737,30 m² — 3.949 — **5,36** — 3,46
  Abbruch von Mineralfaserplatten, Unterkonstruktion (612m²), Metalldecken (77m²), Holzdecken (46m²); Entsorgung, Deponiegebühren

- Wiederherstellen (Kosten: 0,3%) — 18,56 m² — 156 — **8,38** — 0,14
  Entfernen von Verunreinigungen, losen Altanstrichen, Dispersionsanstrich (19m²)

- Herstellen (Kosten: 92,8%) — 997,58 m² — 52.913 — **53,04** — 46,38
  Akustikdecke, kunstharzgebundenen Steinwolleplatten (359m²), abgehängte GK-Brandschutzunterdecke, d=12,5mm (300m²), abgehängte GK-Decke, d=12,5mm (211m²), GK-Brandschutzunterdecke, d=12,5mm, an vorhandener Unterkonstruktion (90m²), Deckenfries (93m), Spachtelung, Vlies (560m²), Dispersionsanstrich, Latex (639m²)

6600-0015 Naturfreundehaus

- Abbrechen (Kosten: 5,4%) — 358,32 m² — 3.890 — **10,86** — 1,99
  Abbruch von Nut- und Feder-Decke (264m²), Putz mit Putzträger (46m²), Styrodur (31m²), abgehängte Decke (18m²); Entsorgung, Deponiegebühren

- Herstellen (Kosten: 94,6%) — 1.036,72 m² — 68.158 — **65,74** — 34,95
  GK-Platten-Bekleidung, d=12,5mm (456m²), GK-Decke, Abhängehöhe 20cm (278m²), GK-Akustikdecke, Lattung 24/48mm (111m²), Brandschutzverkleidungen F30 (117m²), Grundierung, Silikatanstrich (895m²), Deckenkonstruktion anschleifen, Holzlasur (93m²), Grundierung, Oberputz (31m²), Holzrahmenkonstruktion KVH 6/12, HWF-Schalung 35mm, 3S-Platten 21mm (18m²)

6600-0016 Hotel (23 Betten)

- Herstellen (Kosten: 100,0%) — 306,30 m² — 10.783 — **35,20** — 22,30
  Kellerdeckendämmung, Mineralwolle WLG 035, d=120mm, im Gewölbe d=100mm (118m²), GK-Deckenbekleidung, d=12,5mm (10m²), Saniervlies (171m²), Anstrich (289m²)

6600-0017 Hotel (76 Betten)

- Herstellen (Kosten: 100,0%) — 1.463,40 m² — 56.123 — **38,35** — 16,96
  Abgehängte GK-Decken (897m²), Anstrich (566m²)

7200-0086 Hörgeräteakustik-Meisterbetrieb

- Abbrechen (Kosten: 10,7%) — 84,00 m² — 2.041 — **24,29** — 13,85
  Abbruch von abgehängten Decken (84m²); Entsorgung, Deponiegebühren

- Herstellen (Kosten: 89,3%) — 110,00 m² — 16.948 — **154,07** — 115,01
  Lattung aufdoppeln, Mineralwolldämmung, GKF-Decke, d=25mm, abgehängt (79m²), GK-Akustikdecke, abgehängt (19m²), F90-Verkofferungen, Gipsplatten, d=25mm, von Stahlträgern (17m), von Lüftungsrohr (5m), Dünnputz (65m²), Dispersionsanstrich (110m²)

KG	Kostengruppe	Menge Einheit	Kosten €	€/Einheit	€/m² BGF
	7200-0087 Frisörsalon				
	• Herstellen (Kosten: 100,0%)	111,06 m²	4.817	**43,38**	40,57
	GK-Decken, abgehängt, Metall-Unterkonstruktion (56m²), vorhandene GK-Leuchtenelemente einbauen (14St), Grundierung, Spachtelung (20m²), Dispersionsanstrich (111m²)				
	9100-0080 Experimenteller Kinoraum				
	• Abbrechen (Kosten: 11,5%)	119,17 m²	2.338	**19,62**	10,09
	Abbruch von Rabitz-Deckenverkleidung (93m²), Deckenbelag aus verlötetem Kupferblech, Dispersionsanstrich (59m²), System-Deckenelementen (26m²), GK-Abkofferung (2m); Entsorgung, Deponiegebühren				
	• Wiederherstellen (Kosten: 1,0%)	12,63 m²	194	**15,35**	0,84
	Deckenelemente ausbauen, zwischenlagern, Eisenteile in Decke entrosten, Rostschutzfarbe aufbringen (13m²)				
	• Herstellen (Kosten: 87,5%)	153,56 m²	17.785	**115,82**	76,72
	GK-Decke, Abhängehöhe 20cm, doppelt beplankt, Mineralwolledämmung, d=50mm, Dispersionsanstrich (75m²), GK-Akustikdecke, Abhängehöhe 20cm, Mineralwolledämmung, d=50mm, Vollton-Farbanstrich (53m²), Klemmkassetten, abklappbar (26m²), Gipsputz (37m²)				
	9100-0086 Museum, Ausstellungen				
	• Abbrechen (Kosten: 9,4%)	124,82 m²	1.705	**13,66**	3,75
	Abschlagen von Putz, Entsorgung, Deponiegebühren (125m²)				
	• Herstellen (Kosten: 90,6%)	407,44 m²	16.361	**40,15**	35,96
	Deckenputz (39m²), Stuckprofile (60m), mehrfach konvex-konkav, am Bestand angleichen, Zierleisten (58m), Decke spachteln, Grund- und Schlussanstrich (407m²), Malervlies (47m²), Deckengesims				
	9100-0092 Evangelische Kirche, Gemeindesaal, Pfarramt				
	• Abbrechen (Kosten: 0,5%)	28,94 m²	110	**3,80**	0,13
	Abbruch von Brettern, Balken, Heraklithplatten (9m²), Styroporplatten (20m²); Entsorgung, Deponiegebühren				
	• Wiederherstellen (Kosten: 34,8%)	278,37 m²	8.086	**29,05**	9,21
	Farbschicht entfernen (193m²), Tapeten entfernen (37m²), Armierungsgewebe, Renovierputz (54m²), Spachtelung, Tiefgrund, Silikatanstrich (58m²), Holzdecke anschleifen, Lasuranstrich, fünffach (221m²)				
	• Herstellen (Kosten: 64,7%)	166,16 m²	15.044	**90,54**	17,14
	Mineralwolldämmung WLG 035, d=120mm (45m²), Dampfsperre, Akustik-Paneeldecke, abgehängt (94m²), Spachtelung, Kalkgipsputz, Tiefgrund, Silikatanstrich (27m²)				

350 Decken

KG	Kostengruppe	Menge Einheit	Kosten €	€/Einheit	€/m² BGF

9100-0119 Pfarrkirche

- Wiederherstellen (Kosten: 65,2%) — 631,10 m² — 16.806 — **26,63** — 14,89
  Holzpaneele händisch reinigen (631m²), Wasserflecken retuschieren (19h), Randfries aus Einzeltafeln 30x10cm, sichern, verschrauben, Beschichtung mit Goldbronze (540St), Einzeltafeln ersetzen (101St)

- Herstellen (Kosten: 34,8%) — 196,78 m² — 8.963 — **45,55** — 7,94
  Hochdruckreinigung (218m²), Silikatanstrich (110m²), Spachtelung, Kalktünche (124m²), Treppenlauf streichen (5m³), GK-Einbaugehäuse für Einbauleuchten, begehbar, h=30cm, Revisionsdeckel, gelocht (78St)

9700-0019 Aussegnungshalle

- Abbrechen (Kosten: 2,3%) — 11,44 m² — 276 — **24,15** — 0,84
  Abbruch von Deckenbekleidung (11m²); Entsorgung, Deponiegebühren

- Wiederherstellen (Kosten: 3,7%) — 5,40 m² — 446 — **82,50** — 1,36
  Schadhafte Deckenanschlüsse im Außenbereich ausbessern, b=20-30cm (22m)

- Herstellen (Kosten: 94,0%) — 130,89 m² — 11.407 — **87,15** — 34,79
  GK-Akustikdecke, d=12,5mm, Mineralwollauflage, d=20mm, Akustikvlies, Akustikputz (107m²), GK-Decken, abgehängt, Dispersionsanstrich (24m²)

359 Decken, sonstiges

1300-0142 Scheunenumbau, Büroflächen

- Herstellen (Kosten: 100,0%) — 388,00 m² DEF — 40.787 — **105,12** — 105,12
  Geländer Flachstahl, Handlauf Edelstahl (55m²), Brüstungsgitter vor Notausstieg, verzinkt (3m²)

1300-0152 Wohn- und Geschäftshaus

- Abbrechen (Kosten: 0,4%) — 427,00 m² DEF — 19 — **< 0,1** — < 0,1
  Abbruch von Treppengeländer

- Wiederherstellen (Kosten: 3,3%) — 2,49 m² DEF — 160 — **64,28** — 0,41
  Holztreppengeländer, reinigen, Untergrundschäden, ausbessern, lackieren (2m²)

- Herstellen (Kosten: 96,3%) — 328,52 m² DEF — 4.646 — **14,14** — 11,90
  Galeriegeländer, Stahlgeländer mit Holzhandlauf (9m), Stahlsäule 25x25cm, h=1m, für Geländer (1St)

3100-0018 Arztpraxis, Personalaufenthalt

- Wiederherstellen (Kosten: 100,0%) — 8,91 m² DEF — 75 — **8,45** — 0,64
  Balkongeländer reinigen, entrosten, schleifen, lackieren (5m)

350 Decken

KG	Kostengruppe	Menge Einheit	Kosten €	€/Einheit	€/m² BGF
	4400-0165 Kinderkrippe (2 Gruppen, 24 Kinder)				
	• Herstellen (Kosten: 100,0%) Geländer kürzen, neu befestigen	281,76 m² DEF	120	**0,43**	0,42
	4500-0016 Seminargebäude				
	• Wiederherstellen (Kosten: 100,0%) Treppengeländer, Holz, schleifen, Fehlstellen ausbessern, lackieren (14m)	24,13 m² DEF	4.598	**190,52**	8,85
	6100-0932 Gutshaus, Wohnen im Alter (14 WE)				
	• Wiederherstellen (Kosten: 69,1%) Brandschutzbeschichtung auf vorhandenem Holzgeländer (40m²)	140,26 m² DEF	1.943	**13,85**	1,43
	• Herstellen (Kosten: 30,9%) Einschubtreppe F30, 70x120cm, h=2,50m, U=1,1W/m²K (1St)	767,16 m² DEF	869	**1,13**	0,64
	6100-0937 Einfamilienhaus, Umnutzung Scheune				
	• Herstellen (Kosten: 100,0%) Einschubtreppe, wärmegedämmt, 60x140cm (1St)	93,33 m² DEF	628	**6,73**	3,04
	6100-0946 Einfamilienhaus, Einzeldenkmal				
	• Herstellen (Kosten: 100,0%) Treppengeländer, Vierkantstahl, angeschliffen, PU-Beschichtung (32m)	122,09 m² DEF	4.762	**39,00**	16,66
	6100-1105 Reihenendhaus, Denkmalschutz				
	• Wiederherstellen (Kosten: 5,8%) Wandscheibe 1,70x0,90-1,80m, zwischen Treppenläufen, brüstungshoch, mit beidseitiger Bretterschalung und Simsabdeckung, aufarbeiten, Untergrund prüfen, nicht tragfähige Teile entfernen, schleifen, Fehlstellen schließen, glätten, Gesamtfläche schleifen, Grund-, Zwischen- und Schlussanstrich (4m²)	70,21 m² DEF	146	**2,07**	0,47
	• Herstellen (Kosten: 94,2%) Flachstahlgeländer mit Leiter, sauber verschweißt, geschliffen, pulverbeschichtet (2St)	136,68 m² DEF	2.369	**17,33**	7,64
	6100-1195 Mehrfamilienhaus, Dachgeschoss				
	• Herstellen (Kosten: 100,0%) Balkongeländer, Edelstahl-Rundrohrpfosten, Handlauf, h=900mm, Füllungen aus Rechteck-Rohrrahmen mit Aluwelle 15x40 und VSG 8mm (9m²)	130,06 m² DEF	4.304	**33,09**	26,53

350 Decken

KG Kostengruppe	Menge Einheit	Kosten €	€/Einheit	€/m² BGF
6100-1197 Maisonettewohnung				
• Wiederherstellen (Kosten: 100,0%) Kunststoffblende im Treppenauge demontieren, Sperrholzblende herstellen, weiß lackieren, montieren (1St)	4,00 m² DEF	139	**34,66**	1,30
6100-1210 Doppelhaushälfte, Gründerzeit				
• Herstellen (Kosten: 100,0%) Geländererhöhung aus Rundstahl, d=15mm, zwei Halterungen, grundiert (1St)	230,63 m² DEF	65	**0,28**	0,15
6400-0062 Jugendzentrum				
• Abbrechen (Kosten: 1,8%) Abbruch von Treppengeländer, Holzhandlauf, Entsorgung, Deponiegebühren	747,80 m² DEF	64	**< 0,1**	< 0,1
• Wiederherstellen (Kosten: 8,6%) Gitterroste reinigen, lackieren, Gesamtlänge der einzelnen Stäbe 26m	18,56 m² DEF	307	**16,55**	0,27
• Herstellen (Kosten: 89,6%) Stahltreppengeländer lackiert mit Edelstahlhandlauf, h=1,10m (9m)	925,32 m² DEF	3.188	**3,45**	2,79
6600-0015 Naturfreundehaus				
• Herstellen (Kosten: 100,0%) Stahlgeländer, Multiplex-Füllungen, d=18mm (11m²), Stahlgeländer, Holzleistenfüllung, 4x4x390cm (4m²), Stahlgeländer, Spannseile V2A, Füllstäbe (13m²), Handläufe V2A, D=42mm (17m), Austrittstufen, d=30mm, Holz, 10 Stück (4m²), Verkleidung Duschabläufe in Decke, Isolierung (14St)	1.041,54 m² DEF	16.474	**15,82**	8,45
6600-0017 Hotel (76 Betten)				
• Herstellen (Kosten: 100,0%) Metall-Brüstungsgeländer (38m), Geländer mit Wellengitter (15m), Gitterrostweg (16m²), Schachtabdeckung	2.020,10 m² DEF	17.718	**8,77**	5,35
9100-0080 Experimenteller Kinoraum				
• Herstellen (Kosten: 100,0%) Podestrampe 200x200x20cm (1St), Absturzsicherung, Stahlquadratrohr 40x40x2,5mm, gebogene Einzelsegmente, Befestigungsplatten (14m), Leiteranlage, Stahlquadratrohr, l=3,7m (1St), RWA-Klappen 64x64cm (3St)	155,60 m² DEF	13.253	**85,17**	57,17

KG	Kostengruppe	Menge Einheit	Kosten €	€/Einheit	€/m² BGF

9100-0092 Evangelische Kirche, Gemeindesaal, Pfarramt

- Abbrechen (Kosten: 3,6%)   607,27 m² DEF   770   **1,27**   0,88
  Abbruch von Brüstungsmauerwerk (12m²)

- Herstellen (Kosten: 96,4%)   645,98 m² DEF   20.386   **31,56**   23,22
  Stb-Brüstungen C20/25, d=15cm, eingefärbt, Sichtschalung (26m²), Emporengeländer, Stahlprofile 15x30mm, h=30cm (25m), Stabgeländer, h=99cm (17m), Brüstungsabdeckungen (6m), Absturzsicherungen, VSG-Glas, d=2x8mm (4m²), Handläufe, D=50mm (7m), Bodenscherentreppe (1St)

9100-0119 Pfarrkirche

- Wiederherstellen (Kosten: 62,7%)   631,10 m² DEF   19.999   **31,69**   17,72
  Holzgeländer überarbeiten, Geländerfelder demontieren, Holzwerkstoffplatten entsorgen, Schraublöcher schließen, Pfosten mit Stahllaschen verstärken, Geländerfelder mit neuen Stahlbauteilen wieder anbringen, Geländerbretter erneuern, Geländer streichen (27m²), Geländerverstärkung, L-Profile 205/180/15mm (29m)

- Herstellen (Kosten: 37,3%)   196,78 m² DEF   11.918   **60,56**   10,56
  Stahl-Treppengeländer, vier Pfosten 50x40mm, ein Pfosten 110x8mm, Handlauf, Füllungen, Flachstahl 50x12mm, Anstrich (6m), Absturzsicherung, Handlauf, Flachstahl 35x10mm, Füllungen, Stahlblech, d=8mm (6m)

9700-0019 Aussegnungshalle

- Herstellen (Kosten: 100,0%)   151,50 m² DEF   1.547   **10,21**   4,72
  Bodentreppe, Alu-Falttreppe, Handlauf einseitig, wärmegedämmter Sandwichdeckel 70x95cm (1St), Ausgleichsfutter (1St)

360 Dächer

Kostenkennwerte für die Kostengruppen der 3.Ebene DIN 276

KG	Kostengruppe	Menge Einheit	Kosten €	€/Einheit	€/m² BGF
361 Dachkonstruktionen					

1300-0142 Scheunenumbau, Büroflächen

• Abbrechen (Kosten: 53,8%) Sparrenlage abnehmen, Abbruch Traufe		298,41 m²	20.350	**68,20**	52,45
• Wiederherstellen (Kosten: 9,1%) Säubern des historischen Trag-Balkenwerks, Wachsbehandlung		298,41 m²	3.437	**11,52**	8,86
• Herstellen (Kosten: 37,1%) Sparren, KVH NSi, 80x180mm (346m²), Aufschieblinge (47St), Gratsparren (4m), Zugstäbe (10St)		346,00 m²	14.044	**40,59**	36,20

1300-0152 Wohn- und Geschäftshaus

• Wiederherstellen (Kosten: 17,1%) Sparren ausbessern, freigelegtes altes Holzwerk, abwaschen, Nägel entfernen, Mörtel- und Putzreste, abbürsten, Stahlverbindungsteile abwaschen, Anstrich (338m²)		377,80 m²	3.344	**8,85**	8,56
• Herstellen (Kosten: 82,9%) Bauholz für neue Gauben (224m), vorhandene Sparren auffüttern (286m), Treppenloch zubetonieren (2m²), bestehende Gaube verbreitern		384,30 m²	16.202	**42,16**	41,49

4500-0016 Seminargebäude

• Abbrechen (Kosten: 3,7%) Abbruch von Pfosten und Riegel (1St); Entsorgung, Deponiegebühren		43,35 m²	134	**3,09**	0,26
• Wiederherstellen (Kosten: 20,5%) Giebelkreuz ausbauen, erneuern (1St)		–	746	–	1,44
• Herstellen (Kosten: 75,8%) Holzpfosten (4St), Unterzüge, BSH 12x24cm (9m), KVH 10x12cm (11m), Kennwert bezogen auf die Grundfläche der ausgesteiften Dachkonstruktion		43,35 m²	2.761	**63,70**	5,31

6100-0849 Doppelhaushälfte

• Abbrechen (Kosten: 34,1%) Abbruch von Wintergartendach, Holz-Glaskonstruktion (32m²); Entsorgung, Deponiegebühren		32,00 m²	3.385	**105,80**	34,87
• Herstellen (Kosten: 65,9%) Pultdach, Brettschicht- und Konstruktionsvollholz, Zwischensparrendämmung, OSB-Schalung (32m²)		32,00 m²	6.548	**204,63**	67,44

KG	Kostengruppe	Menge Einheit	Kosten €	€/Einheit	€/m² BGF

6100-0932 Gutshaus, Wohnen im Alter (14 WE)

- Abbrechen (Kosten: 7,9%)   560,00 m²   1.866   **3,33**   1,37
  Abbruch von Streben, Zangen und Stielen (19St), Sparren für Gaubeneinbau (16St), komplette Gaube, Dach, Fenster, Verblechungen (2m²); Entsorgung, Deponiegebühren

- Wiederherstellen (Kosten: 39,4%)   560,00 m²   9.302   **16,61**   6,84
  Verstärkung Mittelpfetten, Stahlprofile U220 (26m), Holzverstärkung 4x14cm, an Sparren, einseitig (30m), Stützenaufdopplung 6x14cm (25m), Holzstütze verschieben, an Mittelpfette und tragender Wand befestigen (1St), beschädigte Flugsparren abbrechen, neue Flugsparren 14x14cm einbauen (8m), beschädigte Streichbretter an Ortgang demontieren, neue Bretter 240x28mm montieren (42m)

- Herstellen (Kosten: 52,7%)   560,00 m²   12.442   **22,22**   9,15
  Dreiseitiger Konstruktionsholzrahmen 10x3cm, an Gauben, OSB-Unterdachschale, Dämmung WLG 035, d=100mm, Dampfsperre innen (30m²), Teilsparren 10x14cm, im Gaubenbereich (57m), Stahlrohrstütze 70x70x3,2mm, l=2,35m (1St), je zwei Aussteifungswinkel U80, zwischen Deckenbalken und Fußpfette (12St)

6100-0937 Einfamilienhaus, Umnutzung Scheune

- Herstellen (Kosten: 100,0%)   189,51 m²   7.986   **42,14**   38,70
  Auffüttern, Sparren, Bohlenlaschen, 4x30cm (141m), Einblasdämmung, Zellulose, d=300mm, WLG 040 (38m³), Mineralfaserdämmung, d=120mm, WLG 035 (64m²)

6100-0946 Einfamilienhaus, Einzeldenkmal

- Abbrechen (Kosten: 5,1%)   13,71 m²   616   **44,96**   2,16
  Abbruch von Flachdach Anbau (14m²); Entsorgung, Deponiegebühren

- Wiederherstellen (Kosten: 14,6%)   83,16 m²   1.782   **21,43**   6,24
  Schadhafte Kehlbalken/Sparren zurückschneiden, Sichtkonstruktion mit Altholz ergänzen (83m)

- Herstellen (Kosten: 80,3%)   143,07 m²   9.799   **68,49**   34,29
  Holzdachkonstruktion, KVH, Güteklasse II, Satteldach, Abbund auf bestehende Dachkonstruktion, Zellulosedämmung (127m³), Flachdach, Mineralwolledämmung d=180mm (16m²)

6100-0962 Einfamilienhaus, Einliegerwohnung

- Abbrechen (Kosten: 14,2%)   33,00 m²   1.929   **58,45**   30,23
  Abbruch von Flachdachkonstruktion, Balkenlage (33m²), Stb-Unterzug (1St); Entsorgung, Deponiegebühren

- Herstellen (Kosten: 85,8%)   88,16 m²   11.611   **131,71**   182,00
  Flachdach, Holzkonstruktion, KSV S10 (2m³), Abbund (105m), Stichbalken mit abgeschrägtem Balkenkopf (6St), Auflager (1St), Träger (2St)

KG	Kostengruppe	Menge Einheit	Kosten €	€/Einheit	€/m² BGF
	6100-0976 Einfamilienhaus				
	• Abbrechen (Kosten: 2,6%) Abbruch von Dachvorsprung, Sparren um 90cm kürzen (7St), Fußpfette (6m); Entsorgung, Deponiegebühren	6,50 m²	325	**49,98**	3,61
	• Herstellen (Kosten: 97,4%) Flachdach aus Gitterträgerplatten C25/30, d=20cm, Zwischensparrendämmung WLG 035 (81m²), Abfangträger IPE 300 (1St), Stb-Unterzüge 24x80cm (3St), Schalung, Bewehrung	81,00 m²	12.096	**149,33**	134,40
	6100-1105 Reihenendhaus, Denkmalschutz				
	• Abbrechen (Kosten: 15,2%) Abbruch von PS-Dämmung (71m²), Holzbohlen auf Kehlgebälk (10m²), Schlackefüllung und Steine zwischen Kehlgebälk (10m²); Entsorgung, Deponiegebühren	80,80 m²	1.278	**15,82**	4,12
	• Herstellen (Kosten: 84,8%) KVH bis 4x14cm, für tragende Bauteile, Länge bis 9,00m, zur Sparrenverstärkung, zum Ausgleich von Unebenheiten (1m³), KVH für Dachfensteröffnung (1m³), Flachstahlprofil 150x15x3500mm, auf Kehlgebälk als horizontale Aussteifung, Überzugslack (2St), Zwischensparrendämmung, Mineralwolle WLG 032, d=140mm (120m²)	138,50 m²	7.143	**51,57**	23,04
	6100-1195 Mehrfamilienhaus, Dachgeschoss				
	• Abbrechen (Kosten: 4,8%) Abbruch von Holzwolle-Leichtbauplatten, d=50mm, zwischen Sparren (119m²); Entsorgung, Deponiegebühren	119,00 m²	960	**8,07**	5,92
	• Herstellen (Kosten: 95,2%) Umbau und Verstärkung der Dachkonstruktion für neue Gauben, Holzkonstruktion für Schleppgaube, KVH NSi 8/20cm bis 12/24cm (1St), Mansardgaube 8/20cm bis 18/24cm (1St), Dachausschnitte für Dachfenster (8m²), Sparrenaufdopplung 60x60mm (244m), Zwischensparrendämmung WLG 040, d=200mm (228m²), d=180mm (4m²), d=120mm (4m²)	235,50 m²	19.209	**81,57**	118,41
	6400-0062 Jugendzentrum				
	• Herstellen (Kosten: 100,0%) Holzdachkonstruktion, Sparren, Pfetten, Stützen (975m), Stb-Flachdach C20/25, d=20cm, Schalung, Bewehrung (39m²), Stb-Balken 24x30cm (3m)	568,72 m²	31.100	**54,68**	27,26
	6600-0015 Naturfreundehaus				
	• Abbrechen (Kosten: 9,8%) Abbruch von Dachstuhlkonstruktionen (557m²); Entsorgung, Deponiegebühren	557,00 m²	5.126	**9,20**	2,63
	• Herstellen (Kosten: 90,2%) Pultdachkonstruktion, KVH 8/24, Zellulose-Einblasdämmung WLG 040 (354m²), Flachdachkonstruktion, KVH 8/20, Einblasdämmung WLG 040 (169m²), Einblasdämmung, d=180mm, WLG 040, zwischen bestehende Holzbalken (57m²)	580,17 m²	47.335	**81,59**	24,27

KG	Kostengruppe	Menge Einheit	Kosten €	€/Einheit	€/m² BGF

6600-0016 Hotel (23 Betten)

- Abbrechen (Kosten: 12,6%) — 210,00 m² — 1.633 — **7,77** — 3,38
  Abbruch von Sparren, Firstpfette, Abbundholz (210m²); Entsorgung, Deponiegebühren

- Wiederherstellen (Kosten: 1,9%) — – — 251 — – — 0,52
  Schadhafte Pfette mit Borsalzlösung behandeln, Bohrverfahren (psch)

- Herstellen (Kosten: 85,4%) — 210,00 m² — 11.043 — **52,58** — 22,84
  Holz-Krüppelwalmdach, vom Bestand aufnehmen, abbinden, aufschlagen (370m), BS-Holz (1m³), Konstruktionsholz (6m³), Sparrenköpfe angeschnitten, grundiert (42St), profilierte Pfettenköpfe, l=2,00m (6St)

9100-0092 Evangelische Kirche, Gemeindesaal, Pfarramt

- Wiederherstellen (Kosten: 49,0%) — 401,98 m² — 46.862 — **116,58** — 53,39
  Schadhafte Sparren, Pfetten, Stuhlsäulen, Schwellen, Deckenbalken ausbauen, entsorgen, durch neue ersetzen (344m), chemische Bekämpfung von Befall durch holzzerstörende Insekten (550m²), Walzprofil-Aufhängekonstruktionen einbauen aus HEA 140 (71m), mit Zugstäben M24 (128m), Aufschieblinge (63St), Sparrenausgleich auf Oberseite (407m)

- Herstellen (Kosten: 51,0%) — 182,13 m² — 48.838 — **268,15** — 55,64
  Holzdachkonstruktion, Pultdach, Zwischensparrendämmung WLG 035, d=180mm (120m²), Pfosten-Riegel-Konstruktion, Stahl, Festverglasungen, Ug=1,2W/m²K, Sonnenschutzfolie (62m²)

9700-0019 Aussegnungshalle

- Wiederherstellen (Kosten: 23,3%) — – — 519 — – — 1,58
  Pfette mit Lastverteilern reparieren, Bauholz (1m³)

- Herstellen (Kosten: 76,7%) — 257,90 m² — 1.705 — **6,61** — 5,20
  Stahlträger im Bereich der Stuhlsäulen einbauen (2St), Dachsparrenauswechslung (1St)

362 Dachfenster, Dachöffnungen

1300-0142 Scheunenumbau, Büroflächen

- Herstellen (Kosten: 100,0%) — 27,00 m² — 30.994 — **1.147,92** — 79,88
  Dachflächenfenster (2m²), Dachflächenfensterelement, Aluminium, Sonnenschutzverglasung (25m²)

1300-0152 Wohn- und Geschäftshaus

- Herstellen (Kosten: 100,0%) — 10,66 m² — 24.376 — **2.286,71** — 62,42
  Rundbogen-Holzfenster, Isolierverglasung, mit aufgeklebten Sprossen (4m²), Holz-Fenstertür (1m²), Holz-Dachflächenfenster, Isolierverglasung, Rollladen motorbetrieben, Kupferabdeckung (2m²), Holz-Dachflächenfenster mit RWA-Anlage, motorbetrieben (1m²), Absturzsicherung, Gaubenfenster, Stahlrundstab, d=42mm (1m)

KG Kostengruppe	Menge Einheit	Kosten €	€/Einheit	€/m² BGF
4400-0178 Kindertagesstätte (4 Gruppen, 65 Kinder)				
• Herstellen (Kosten: 100,0%) Tageslichtspots 47x47cm, als natürliche Belichtungsquelle für innenliegende Räume, mit Dachscheibe, reflektierendem Rohr und Streuscheibe raumseitig (2St), Beleuchtungszusatz als Ergänzung zum Tageslichtspot, zur Beleuchtung bei Dunkelheit, LED-Technologie, Leuchtmittel, Anschluss (2St), Lüftungsadapter zum Tageslichtspot zur Ableitung verbrauchter Luft (2St), Dachanschlüsse (2St)	0,44 m²	4.173	**9.484,82**	2,99
4500-0016 Seminargebäude				
• Herstellen (Kosten: 100,0%) Dachflächenfenster, Isolierverglasung (0,90m²), RWA (1,50m²), Dachausstieg (0,49m²)	2,89 m²	4.813	**1.665,51**	9,26
6100-0849 Doppelhaushälfte				
• Abbrechen (Kosten: 10,4%) Abbruch von Dachflächenfenstern (3m²); Entsorgung, Deponiegebühren	3,20 m²	531	**165,85**	5,47
• Herstellen (Kosten: 89,6%) Lichtkuppeln, Isolierverglasung (3m²)	3,00 m²	4.551	**1.516,85**	46,86
6100-0937 Einfamilienhaus, Umnutzung Scheune				
• Herstellen (Kosten: 100,0%) Dachflächenfenster, Holz (10m²), Markise (1St), Elt-Rollladen (1St), Faltstore (1St)	10,17 m²	15.868	**1.560,28**	76,89
6100-0946 Einfamilienhaus, Einzeldenkmal				
• Herstellen (Kosten: 100,0%) Dachausstiegfenster 66x118cm, Eindeckrahmen (1m²)	0,78 m²	792	**1.016,57**	2,77
6100-0962 Einfamilienhaus, Einliegerwohnung				
• Abbrechen (Kosten: 100,0%) Abbruch von Lichtkuppeln (1m²); Entsorgung, Deponiegebühren	1,00 m²	74	**74,05**	1,16
6100-1105 Reihenendhaus, Denkmalschutz				
• Abbrechen (Kosten: 0,9%) Abbruch von Dachluke mit Eindeckrahmen, Stahl (1St); Entsorgung, Deponiegebühren	0,50 m²	28	**56,15**	< 0,1
• Herstellen (Kosten: 99,1%) Dachflächenfenster 114x140cm, Holz, Oberfläche lackiert, Uw=1,3W/m²K, Eindeckrahmen, Hitzeschutzmarkise, Schnurzug (1St), Metalldachfenster 71x123cm, Stahlrahmen, Isolierverglasung, Raum-Innenverglasung aus Rahmen und Acrylglasscheibe (2St)	3,34 m²	3.074	**920,46**	9,92

KG	Kostengruppe	Menge Einheit	Kosten €	€/Einheit	€/m² BGF

6100-1195 Mehrfamilienhaus, Dachgeschoss

- Abbrechen (Kosten: 0,3%)   0,44 m²   29   **65,32**   0,18
  Abbruch von Dachflächenfenster 55x80cm (0,5m²); Entsorgung, Deponiegebühren

- Herstellen (Kosten: 99,7%)   8,42 m²   10.650   **1.265,24**   65,64
  Dachflächenfenster, Kunststoff, Klapp-Schwing-Fenster mit feststehendem Zusatzelement, Eindeckrahmen, Elektrorollladen, 114x140+92cm (1St), 94x140+92cm, mit Jalousette (1St), 94x160cm, mit Elektrorollladen, ohne Zusatzelement (2St), Dachausstiegsfenster 53x110cm (1St)

6400-0062 Jugendzentrum

- Abbrechen (Kosten: 2,3%)   7,71 m²   145   **18,84**   0,13
  Abbruch von Lichtkuppeln, Öffnungen verschließen (6m²), Rauchabzug (2m²); Entsorgung, Deponiegebühren

- Herstellen (Kosten: 97,7%)   3,21 m²   6.266   **1.952,15**   5,49
  RWA-Lichtkuppel 1,50x1,50m, RWA-Zentrale, Dachentlüfter (1St), Schacht für RWA, innen GK-Bekleidung F90 (1St), Dachausstieg (1St)

6600-0015 Naturfreundehaus

- Abbrechen (Kosten: 23,7%)   41,10 m²   971   **23,62**   0,50
  Abbruch von Gaubenfenstern (29m²), Dachflächenfenstern (12m²); Entsorgung, Deponiegebühren

- Herstellen (Kosten: 76,3%)   3,00 m²   3.123   **1.040,85**   1,60
  Lichtkuppel 1x1m, Aufsetzkranz, h=30cm (3St), Elektromotoren (2St)

6600-0016 Hotel (23 Betten)

- Abbrechen (Kosten: 4,3%)   4,29 m²   487   **113,49**   1,01
  Abbruch von Dachflächenfenstern (2m²), Dachausstiegsfenster (2m²); Entsorgung, Deponiegebühren

- Herstellen (Kosten: 95,7%)   9,08 m²   10.811   **1.190,77**   22,36
  Dachflächenfenster 114x140cm, Kunststoff, Isolierverglasung, Eindeckrahmen (3St), 55x98cm (5St), RWA-Fenster 114x140cm, Schallschutzverglasung, mit RWA Zentrale (1St), Schürzen (9St), Plisseeanlagen, Bedienstäbe (3St)

6600-0017 Hotel (76 Betten)

- Herstellen (Kosten: 100,0%)   2,56 m²   7.109   **2.777,09**   2,15
  Lichtkuppeln, rechteckig, dreischalig, Motorantrieb (3m²)

7200-0079 Atelier

   0,72 m²   773   **1.073,06**   21,94

Dachfenster 40*60cm (3St)

© BKI Baukosteninformationszentrum   Kostenstand: 3.Quartal 2015, Bundesdurchschnitt, inkl. 19% MwSt.

KG	Kostengruppe	Menge Einheit	Kosten €	€/Einheit	€/m² BGF
	9100-0092 Evangelische Kirche, Gemeindesaal, Pfarramt				
	• Herstellen (Kosten: 100,0%) Dachausstiege (1m²)	0,77 m²	7.407	**9.619,30**	8,44

363 Dachbeläge

KG	Kostengruppe	Menge Einheit	Kosten €	€/Einheit	€/m² BGF
	1300-0142 Scheunenumbau, Büroflächen				
	• Abbrechen (Kosten: 21,7%) Lattung, Ziegeldeckung (287m²), Dachrinnen (38m), Dachschalung (144m²), Faserzementbekleidung Ortgang und Giebel (8m²), Entsorgung	439,00 m²	16.972	**38,66**	43,74
	• Herstellen (Kosten: 78,3%) Dachschalung, Dampfbremse, Dachbeplankung HWF, Konterlattung, Lattung, Zellulosedämmung WLG 040, Ziegeldeckung, Dachrinnen	287,25 m²	61.062	**212,57**	157,38
	1300-0152 Wohn- und Geschäftshaus				
	• Abbrechen (Kosten: 9,4%) Abbruch von Dachziegel, Lattungen, Blechverwahrungen, Dachrinnen, Entsorgung, Deponiegebühren (352m²)	352,40 m²	11.839	**33,60**	30,32
	• Herstellen (Kosten: 90,6%) OSB-Dachschalung, d=22mm, geschliffen innen sichtbar, Dampfbremse, Aufsparren- dämmung, WLG 035, d=140mm, Lattung, Biberschwanzdoppeldeckung (363m²), Gaubenwände, Stehfalzverkleidung, Kupferblech, d=0,7mm (78m²), Dachterrasse, Dämmung, d=120mm, Bitumendichtungsbahn, Platten in Riesel verlegt, Dachrinne (60m²), Kupfer-Regenrinnen (28m), Abdeckblech Arkadenwand (18m)	429,18 m²	113.715	**264,96**	291,19
	4400-0165 Kinderkrippe (2 Gruppen, 24 Kinder)				
	• Abbrechen (Kosten: 15,2%) Abbruch von Schutzestrich, Entsorgung, Deponiegebühren (10m²)	10,34 m²	565	**54,60**	1,96
	• Herstellen (Kosten: 84,8%) Bitumenanstrich, Bautenschutzmatte, Dämmung, d=40mm, Flachdachfolie, wurzelfest (18m²), Abschlussbleche (1m²)	18,33 m²	3.146	**171,63**	10,92
	4500-0016 Seminargebäude				
	• Abbrechen (Kosten: 9,9%) Abbruch von Lattung, Hohlziegeln (218m²), Dämmung (314m²), Dachrinnen (32m); Entsorgung, Deponiegebühren	218,25 m²	4.433	**20,31**	8,53
	• Herstellen (Kosten: 90,1%) Dampfbremse, Dämmung WLG 035, d=180mm (169m²), Sparrenaufdoppelung 10x6cm (205m²), Unterspannbahn, DWD, d=16mm, Konter- und Dachlattung, Hohlfalzziegel (218m²), Trauf- und Stirnbretter (82m), Titanzink-Bekleidung (88m), Dachrinnen, Titanzink (34m)	218,25 m²	40.287	**184,59**	77,52

KG	Kostengruppe	Menge Einheit	Kosten €	€/Einheit	€/m² BGF

4500-0017 Bildungsinstitut, Seminarräume

- Herstellen (Kosten: 100,0%) — 761 — 2,21
  Sanitärentlüfter, Alu-Dachaufsatz eindichten (1St)

6100-0849 Doppelhaushälfte

- Abbrechen (Kosten: 3,2%)   32,00 m²   521   **16,28**   5,36
  Abbruch von Dachrinne (8m), Anschlussblechen (14m); Entsorgung, Deponiegebühren
- Herstellen (Kosten: 96,8%)   32,00 m²   15.914   **497,31**   163,89
  Lattung, Abdichtung, Wurzelschutzfolie, Dachbegrünung (32m²), Dachaufkantungen (8m), Hängerinne (8m)

6100-0932 Gutshaus, Wohnen im Alter (14 WE)

- Abbrechen (Kosten: 10,7%)   560,00 m²   6.091   **10,88**   4,48
  Abbruch von Dachziegeln, Dachlattung (560m²), Dachrinnen (78m), Kehlblechen (24m); Entsorgung, Deponiegebühren
- Wiederherstellen (Kosten: 3,8%)   9,00 m²   2.173   **241,42**   1,60
  Erneuerung von beschädigten Schalbrettern auf Sparren im Bereich Dachüberstand, Sichtseiten gehobelt, b=180mm (50m)
- Herstellen (Kosten: 85,5%)   630,00 m²   48.844   **77,53**   35,91
  Unterspannbahn, Konterlattung, Lattung, Dachziegel (560m²), Zwischensparrendämmung, Mineralwolle WLG040, d=140mm (107m²), Randeinfassung Gauben, Titanzink (15St), Kunststofffolie (30m²), Gefälleestrich, Notabdichtung, Dämmung WLG 040, d=120mm, Bitumen-Flachdachabdichtung, Bautenschutzmatten Stelzlager, Betonterrassenplatten, 50/50cm (40m²), Dachrinnen, Titanzink (78m), Kehlbleche (22m), Ortgangverblechung (28m)

6100-0937 Einfamilienhaus, Umnutzung Scheune

- Abbrechen (Kosten: 12,8%)   289,18 m²   3.919   **13,55**   18,99
  Abbruch von Dacheindeckungen (289m²), Mörtelfirst (31m), Dachrinnen (51m); Entsorgung, Deponiegebühren
- Herstellen (Kosten: 87,2%)   289,18 m²   26.612   **92,03**   128,95
  Hohlfalzziegel (289m²), Konterlattung, 28x48mm (216m²), 40x60mm (73m²), Traglattung, 40x60mm (289m²), Unterdach, UD-Platten, d=22mm, WLG 050 (216m²), Dichtungsbahn (64m²), Regenrinnen, Titanzink (42m), Traufe (25m), Ortgang (4m), Kamineinfassungen (2St)

KG	Kostengruppe	Menge Einheit	Kosten €	€/Einheit	€/m² BGF

6100-0946 Einfamilienhaus, Einzeldenkmal

- **Abbrechen (Kosten: 7,8%)** — 117,30 m² — 1.393 — **11,88** — 4,88
  Abbruch von Dacheindeckung mit Unterkonstruktion (117m²); Entsorgung, Deponiegebühren

- **Herstellen (Kosten: 92,2%)** — 132,43 m² — 16.373 — **123,64** — 57,29
  Brettschalung, d=24mm, Unterspannbahn, Konter- und Dachlattung, Biberschwanz-Eindeckung, Altziegel (119m²), Hängerinne (15m), OSB-Schalung, Flachdachabdichtung, zweilagig, beschiefert (13m²), Kastenrinne (11m), An- und Abschlussbleche (75m)

6100-0962 Einfamilienhaus, Einliegerwohnung

- **Abbrechen (Kosten: 8,0%)** — 33,00 m² — 1.992 — **60,36** — 31,22
  Abbruch von Bitumenabdichtung, Gefälledämmung, Rauspundschalung (33m²); Entsorgung, Deponiegebühren

- **Herstellen (Kosten: 92,0%)** — 88,16 m² — 22.846 — **259,15** — 358,09
  Dampfsperre, Gefälledämmung WLG 035, d=200mm, Gefälle 2%, Bitumenbahn, Wurzelschutz-Abdichtungsbahn, Extensivbegrünung, Düngung (65m²), Dachstauden (2m²), Sicherheitsstreifen, Rundkies 16/32mm (31m²), Trennlage, Zinkdeckung (23m²), Regenrinnen, Titanzink (37m)

6100-0976 Einfamilienhaus

- **Abbrechen (Kosten: 1,0%)** — 6,50 m² — 153 — **23,54** — 1,70
  Abbruch von Dachdeckung (7m²), Regenrinne DN100, Zink (8m); Entsorgung, Deponiegebühren

- **Herstellen (Kosten: 99,0%)** — 89,20 m² — 15.857 — **177,77** — 176,19
  Dampfsperre, Gefälledämmung WLG 035, d=170mm, Gefälle 2%, Polymerbitumen-Schweißbahn (89m²), Hängerinne (1m), Kragen-Gully, zweiteilig (1St), Ablauf (1St), Speier (1St)

6100-1105 Reihenendhaus, Denkmalschutz

- **Abbrechen (Kosten: 24,1%)** — 138,50 m² — 6.428 — **46,41** — 20,73
  Abbruch von Dachlattungen, Biberschwanzziegeln, davon ca. 70m² intakte Ziegel seitlich lagern (139m²), Dachrinnen (23m), Trauf- und Brustblechen (23m), Trauf- und Ortgangbrettern (25m); Entsorgung, Deponiegebühren

- **Wiederherstellen (Kosten: 8,7%)** — 138,50 m² — 2.316 — **16,72** — 7,47
  Historische Einlauftöpfe demontieren, unteren bogenförmigen Anschluss nach Vorbild ersetzen, Töpfe anschleifen, außen mit Kunstharzlack lackieren, innen Korrosionsschutz mit Beschichtungsstoff auf Bitumenbasis, wieder einbauen, an Dachrinne anschließen (2St), Dachrinnen reinigen, anschleifen, außen mit Kunstharzlack lackieren, innen Korrosionsschutz mit Beschichtungsstoff auf Bitumenbasis (26m), Trennblech erneuern (1St)

- **Herstellen (Kosten: 67,2%)** — 138,50 m² — 17.948 — **129,58** — 57,90
  Unterspannbahn, Konterlattung, Traglattung, Biberschwanzdoppeldeckung, Sturmsicherung (139m²), Mörtelfirst (9m), Anschlussbleche, Titanzink (85m), Zahnleiste als Ortgangbrett (25m), Brandschutz auf Dachlatten, U-Stahl-Profile, Steinwolle (53m²), Dachrinnen (24m)

KG	Kostengruppe	Menge Einheit	Kosten €	€/Einheit	€/m² BGF

6100-1195 Mehrfamilienhaus, Dachgeschoss

- Abbrechen (Kosten: 8,4%) — 219,00 m² — 3.282 — **14,98** — 20,23
  Abbruch von Dacheindeckung aus Ziegeln, Trag- und Konterlattung (219m²), Dachrinnen (29m); Entsorgung, Deponiegebühren

- Herstellen (Kosten: 91,6%) — 263,80 m² — 35.680 — **135,26** — 219,94
  Unterspannbahn, Konter- und Traglattung, Dachziegel (228m²), Aufsparren-Holzfaserdämmung WLG 042, d=120mm (151m²), Kantholz 40x80mm, Holzschalung, d=20mm, Winkelstehfalzdeckung, Titanzink (36m²), Trauf- und Ortgangblenden (63m), Hängedachrinne (28m), Kehlbleche (17m), Kamineinfassungen, Verwahrungen (2St)

6100-1210 Doppelhaushälfte, Gründerzeit

- Wiederherstellen (Kosten: 10,1%) — – — 397 — – — 0,91
  Beschädigte Dachziegel austauschen, Dachkehle und -rinne säubern (4h), Erneuerung des vorhandenen Dachablaufs, wärmegedämmt, Anschluss an Abdichtung, flächiger Einbau in Holzbelag (1St)

- Herstellen (Kosten: 89,9%) — 11,85 m² — 3.550 — **299,47** — 8,10
  Dampfsperre, Gefälledämmung WLS 027-29, d=i.M. 130mm, Bitumenabdichtung, auch als behelfsmäßige Notabdichtung, Bitumenschweißbahn, wurzelfest, beschiefert, Schutzmatte, Betonplatten 40x40cm, in Kiesbett (11m²), Rand- und Wandanschlüsse (15m), Notüberlauf (1St), Attikaabdeckung (11m), offenes Dachfeld nach Abbruch Kaminkopf ergänzen, dämmen, nach Installation Abgasrohr schließen, Gratpfannen einmörteln (1m²), Sanitärentlüfter einbauen (1St)

6400-0062 Jugendzentrum

- Abbrechen (Kosten: 16,5%) — 643,25 m² — 13.783 — **21,43** — 12,08
  Abbruch von Dämmungen, d=60mm, Bitumenabdichtungen, Kiesschüttung (643m²), Dacheinläufe (4St), Dachhautentlüfter, D=60mm (23St), Dachrandabschlüsse (116m); Entsorgung, Deponiegebühren

- Herstellen (Kosten: 83,5%) — 738,13 m² — 69.555 — **94,23** — 60,97
  Aluminium-Profiltafeln, Stehfalzdeckung (530m²), Traufabschluss (53m), Trapezblech Bestand, Voranstrich, Bitumenschweißbahn (153m²), Dampfsperre auf Stb-Decke (43m²), PS-Gefälledämmplatten, zweilagige Flachdachabdichtung (196m²), Randbohle, Abdichtung, Aluminiumabdeckung (50m), Kastenrinne (47m)

KG	Kostengruppe	Menge Einheit	Kosten €	€/Einheit	€/m² BGF

6600-0015 Naturfreundehaus

- Abbrechen (Kosten: 4,9%) — 597,50 m² — 8.246 — **13,80** — 4,23
  Abbruch von Biberschwanzdachdeckung, Lattung, Unterspannbahn (331m²), Traufschalung (55m²), Kupferblechdeckung (60m²), Betonsteinpflaster, Bitumenbahnen, Dämmung (152m²), Bitumenabdichtung (99m²), Regenrinnen (100m); Entsorgung, Deponiegebühren

- Herstellen (Kosten: 95,1%) — 742,38 m² — 159.272 — **214,54** — 81,68
  HWF-Dachschalung, Unterspannbahn, Lüfterrahmen KVH, Brettschalung, Abdichtung, Speichermatte, Dränageschicht, Filtervlies, Vegetationssubstrat, Sedumsprossen (561m²), Schalung, Dämmung, Abdichtung, Holzbohlenbelag (72m²), Dämmung, Abdichtung, Betonplatten, Splittbett (109m²), Fassadenrinnen (27m), Rollkies 16/32mm (313m), Abdeckbleche, Titanzink (173m), Kastenrinne (39m)

6600-0016 Hotel (23 Betten)

- Abbrechen (Kosten: 8,4%) — 214,11 m² — 2.797 — **13,06** — 5,78
  Abbruch von Dachziegeln, Dachlattung (214m²), Traufbohlen (34m), Kamineinfassungen (2St); Entsorgung, Deponiegebühren

- Wiederherstellen (Kosten: 1,0%) — 4,00 m² — 342 — **85,57** — 0,71
  Dachziegel abnehmen, lagern, Lattung zurückschneiden, Teilfläche einlatten, Dachziegel wieder eindecken (4m²), Dachrinne richten (2m)

- Herstellen (Kosten: 90,6%) — 219,30 m² — 30.124 — **137,36** — 62,30
  Dampfsperre, Zwischensparrendämmung, Mineralwolle WLG 035, d=180+50mm (167m²), Aufsparrendämmung, Holzfaserdämmung, d=60mm (176m²), Unterspannbahn, Konterlattung, Lattung, Dachziegel (219m²), Ortgangziegel (24m), Firstziegel (11m), Trauf-/Ortgangschalung (50m²), Dachrinnen, Titanzink (34m)

6600-0017 Hotel (76 Betten)

- Herstellen (Kosten: 100,0%) — 233,95 m² — 53.980 — **230,73** — 16,31
  Bitumenvoranstrich, Bitumenbahnen, Dampfsperre, Gefälledämmung, d=120-330mm, Schweißbahnen, Kiesschüttung (225m²), Gehwegplatten (67m²), Abdeckungen, Zinkblech (9m²), Dachentwässerung

9100-0092 Evangelische Kirche, Gemeindesaal, Pfarramt

- Abbrechen (Kosten: 5,0%) — 401,98 m² — 2.558 — **6,36** — 2,91
  Abbruch von Biberschwanzziegeln (402m²), Blechteilen (108m); Entsorgung, Deponiegebühren

- Herstellen (Kosten: 95,0%) — 519,66 m² — 48.747 — **93,81** — 55,53
  Rauspundschalung, Bitumen-Unterdachbahn (531m²), Konterlattung (420m²), Dreischichtplatten (18m²), Promat-Platte A2 (5m²), Lattung, Biberschwanzziegel, Doppeldeckung (402m²), Kupfer-Stehfalzdeckung (118m²), Hängedachrinnen, Kupfer (62m)

KG	Kostengruppe	Menge Einheit	Kosten €	€/Einheit	€/m² BGF
	9700-0019 Aussegnungshalle				
	• Wiederherstellen (Kosten: 3,0%)	4,00 m²	146	**36,54**	0,45
	Teilfläche Dachsteine abdecken, Stahlträger montieren, Dach wieder eindecken (1St)				
	• Herstellen (Kosten: 97,0%)	257,90 m²	4.683	**18,16**	14,28
	Dachflächenreinigung, Farbbeschichtung Dachsteine (258m²), Bekleidung des aus dem Dach auskragenden Stahlträgers, Doppelstehfalzdeckung Titanzink (1St)				
364	**Dachbekleidungen**				
	1300-0142 Scheunenumbau, Büroflächen				
	• Herstellen (Kosten: 100,0%)	287,28 m²	7.792	**27,12**	20,08
	Untersichtverkleidung 3-Schichtplatte (25m²), Laibung Dachfenster GK (14m²), Dachbekleidung GK				
	1300-0152 Wohn- und Geschäftshaus				
	• Abbrechen (Kosten: 6,9%)	32,45 m²	566	**17,43**	1,45
	Abbruch von Holzverkleidungen, Dämmmaterial, Entsorgung, Deponiegebühren (32m²)				
	• Herstellen (Kosten: 93,1%)	363,20 m²	7.644	**21,04**	19,57
	Anstrich Isolierfarbe auf OSB-Schalung (274m²), abgehängte GK-Decke, 2x12,5mm, Anstrich (20m²), Anstrich 2.+3. OG (53m²), Anstrich, Treppenhaus Bestand (16m²)				
	4400-0178 Kindertagesstätte (4 Gruppen, 65 Kinder)				
	• Abbrechen (Kosten: 0,9%)	32,73 m²	330	**10,10**	0,24
	Abbruch von Farbanstrichen (33m²); Entsorgung, Deponiegebühren				
	• Wiederherstellen (Kosten: 2,8%)	457,50 m²	982	**2,15**	0,70
	Schlitze in bestehender Decke schließen (17m)				
	• Herstellen (Kosten: 96,2%)	454,36 m²	33.481	**73,69**	23,95
	Dispersionsanstrich (454m²), Akustikdecke, abgehängt, GK-Platten gelocht (192m²), GK-Decke, abgehängt (129m²), GK-Decke F60 (14m²), GK-Decke F90 (16m²), Akustik-Deckensegel (23m²), Wärmedämmung, d=100mm, WLG 040 (362m²), Acrylfugen (348m)				
	4500-0016 Seminargebäude				
	• Abbrechen (Kosten: 7,4%)	148,00 m²	643	**4,34**	1,24
	Abbruch von Tapeten (148m²); Entsorgung, Deponiegebühren				
	• Wiederherstellen (Kosten: 30,0%)	62,82 m²	2.594	**41,29**	4,99
	Traufschalung, Sparrenköpfe, schleifen, grundieren, lackieren (63m²)				
	• Herstellen (Kosten: 62,5%)	148,00 m²	5.402	**36,50**	10,40
	Grundierung, Malervlies, Silikatanstrich (148m²), Lattung, GF-Bekleidung (13m²), Dampfbremse, Dämmung WLG 035, d=180mm (7m²)				

360 Dächer

KG	Kostengruppe	Menge Einheit	Kosten €	€/Einheit	€/m² BGF
	6100-0849 Doppelhaushälfte				
	• Herstellen (Kosten: 100,0%) GKF-Platten, d=15mm, Anstrich (27m²)	26,77 m²	1.894	**70,74**	19,50
	6100-0932 Gutshaus, Wohnen im Alter (14 WE)				
	• Wiederherstellen (Kosten: 9,6%) Nicht tragfähige Lackschichten entfernen, Risse und Löcher spachteln, Flächen lackieren, an Dachuntersicht (109m²), an Sparrenköpfen (84St)	121,46 m²	2.812	**23,15**	2,07
	• Herstellen (Kosten: 90,4%) GK-Bekleidung F60, Wärmedämmung WLG 035, d=80mm, Dampfsperre, Feuerschutzbekleidung, zweilagig (387m²), Gauben, GK-Decke, (26m²), Gaubenbekleidung, Reflexionsplatten (30m²), Silikatanstrich (397m²)	412,50 m²	26.419	**64,05**	19,42
	6100-0937 Einfamilienhaus, Umnutzung Scheune				
	• Herstellen (Kosten: 100,0%) Dichtungsbahn, Traglattung, Holz, d=40mm, GK-Platten, d=12,5mm (113m²), Anstrich (113m²)	113,38 m²	5.350	**47,18**	25,92
	6100-0946 Einfamilienhaus, Einzeldenkmal				
	• Herstellen (Kosten: 100,0%) Rauspundschalung, Sichtdecke, d=22mm, Feuerschutzdecke, Dampfsperre (130m²), Deckenabhängung, Anstrich (15m²)	129,88 m²	10.881	**83,78**	38,07
	6100-0962 Einfamilienhaus, Einliegerwohnung				
	• Abbrechen (Kosten: 10,6%) Abbruch von GK-Bekleidung, Dämmung, Trennlagen (32m²); Entsorgung, Deponiegebühren	32,00 m²	1.130	**35,33**	17,72
	• Herstellen (Kosten: 89,4%) Unterkonstruktion, Dampfsperre, Dämmung, GK-Bekleidung (3m²), Sichtschalung, Faserdielen (71m²), Glattkantbretter, Lärche (36m), Lasuranstrich (86m²)	86,00 m²	9.495	**110,40**	148,82
	6100-0976 Einfamilienhaus				
	• Abbrechen (Kosten: 4,5%) Abbruch von Holzbretter-Bekleidung (18m²); Entsorgung, Deponiegebühren	18,00 m²	260	**14,45**	2,89
	• Herstellen (Kosten: 95,5%) Abgehängte Decke, Unterkonstruktion, GK-Bekleidung 12,5mm (57m²), Raufasertapete, Dispersionsanstrich (60m²), Armierung, Edelkratzputz, außen (35m²)	95,00 m²	5.576	**58,70**	61,96

KG	Kostengruppe	Menge Einheit	Kosten €	€/Einheit	€/m² BGF

6100-1105 Reihenendhaus, Denkmalschutz

- **Abbrechen (Kosten: 1,4%)** — 5,50 m² — 216 — **39,30** — 0,70
  Abbruch von Putz, Strohmatten, Lattung, an Kehlgebälk (6m²); Entsorgung, Deponiegebühren

- **Wiederherstellen (Kosten: 10,8%)** — – — 1.661 — – — 5,36
  Ortgänge und Traufen anschleifen, rohe Stellen mit Holzschutzgrund grundieren, zweifacher Anstrich mit Kunstharzlack, getönt (61m)

- **Herstellen (Kosten: 87,8%)** — 102,95 m² — 13.454 — **130,69** — 43,40
  Auflaschung Sparreninnenseite, Holzlatten, Dämmstreifen zwischen Auflaschungen (100m²), Dampfbremse, Mineralwolldämmung WLG 035, d=24mm, Lattung, GK-Bekleidung, einlagig, Spachtelung Q3, Dispersionsanstrich (82m²), Mineralwolldämmung WLG 032, d=140mm (21m²), Brandschutzbekleidung F90, Mineralwolle, d=100mm, Brandschutzplatten, d=18mm, an Gebäudetrennwand (15m), Alkydharzlasur auf Holzbauteilen (35m²)

6100-1195 Mehrfamilienhaus, Dachgeschoss

- **Abbrechen (Kosten: 7,4%)** — 109,63 m² — 2.122 — **19,35** — 13,08
  Abbruch von Bohlenbelag auf Spitzboden, Glaswolle zwischen Deckenbalken (58m²) Innenputz, Putzträger (52m²), Tapeten (30m²); Entsorgung, Deponiegebühren

- **Wiederherstellen (Kosten: 2,0%)** — 17,80 m² — 589 — **33,06** — 3,63
  Beschichtung auf Schalung von Dachüberständen reinigen, Haftung prüfen, nicht tragfähige Stellen entfernen, Altanstrich anschleifen, grundieren, beschichten (18m²), Beschichtung Sparren überarbeiten (16m)

- **Herstellen (Kosten: 90,6%)** — 258,73 m² — 26.152 — **101,08** — 161,20
  Dampfbremse, Lattung, Holzfaserdämmung WLG 042, d=100mm, (92m²), GF-Bekleidung, d=15mm (86m²), GK-Decke F30, abgehängt (76m²), GK-Trockenputz, Oberfläche Q3 (62m²), Grundierung, Malervlies, Silikatanstrich (166m²), GK-Bekleidung, Malervlies, Silikatanstrich, Dachfensterlaibungen (11m²), OSB-Schalung auf Spitzboden, Dämmung (58m²), Dachschalung, Untersicht (17m²)

6400-0062 Jugendzentrum

- **Abbrechen (Kosten: 1,4%)** — 16,62 m² — 106 — **6,37** — < 0,1
  Abbruch von Rasterdecke, Unterkonstruktion, Entsorgung, Deponiegebühren (17m²)

- **Herstellen (Kosten: 98,6%)** — 163,30 m² — 7.612 — **46,61** — 6,67
  Abgehängte Akustikdecke, kunstharzgebundenen Steinwolleplatten, d=20mm (135m²), abgehängte GK-Decke, d=12,5mm, Spachtelung, Vlies, Dispersionsanstrich (28m²)

KG	Kostengruppe	Menge Einheit	Kosten €	€/Einheit	€/m² BGF
	6600-0015 Naturfreundehaus				
	• Abbrechen (Kosten: 4,1%)	221,84 m²	2.490	**11,22**	1,28
	Abbruch von Putz mit Putzträger (222m²), Mineralwolledämmung (134m²); Entsorgung, Deponiegebühren				
	• Herstellen (Kosten: 95,9%)	767,58 m²	58.750	**76,54**	30,13
	Lattung 24/48mm, Dämmung, Gipsfaserplatten 12,5mm, Grundierung, Silikatfarbanstrich (361m²), 3S-Platten, d=27mm, Dachuntersichten, außen, Holzlasur (172m²), Brettsperrholz-Akustikdecke, Lattung 24/48mm, Dämmung (112m²), GK-Bekleidung, Dampfbremse (122m²)				
	6600-0016 Hotel (23 Betten)				
	• Abbrechen (Kosten: 17,0%)	95,00 m²	1.875	**19,74**	3,88
	Abbruch von GK-Platten und Profilbrettern unter schadhaften Sparren (95m²); Entsorgung, Deponiegebühren				
	• Herstellen (Kosten: 83,0%)	159,91 m²	9.152	**57,23**	18,93
	GK-Bekleidung, Anstrich (56m²), GK-Bekleidung, Dampfbremse, Unterkonstruktion an DFF, Anstrich (16m²), Dämmung auf oberster Geschossdecke, Dampfbremse, Mineralwolle WLG 035, d=200mm, OSB-Platten, d=22mm (16m²), Deckengewölbe spachteln, Saniervlies, Anstrich (18m²), Gesims lackieren (87m²)				
	6600-0017 Hotel (76 Betten)				
	• Herstellen (Kosten: 100,0%)	233,00 m²	14.715	**63,16**	4,45
	Abgehängte GK-Decken (233m²)				
	7200-0079 Atelier	54,64 m²	9.615	**175,98**	273,09
	Holzdecke, Bauschnittholz, Wärmedämmung, d=300mm (55m²) * OSB-Platten, GK-Platten (26m²), DHF Bauplatten (26m²), dauerelastische Acrylfugen (64m)				
	9100-0092 Evangelische Kirche, Gemeindesaal, Pfarramt				
	• Abbrechen (Kosten: 12,6%)	49,63 m²	902	**18,16**	1,03
	Abbruch von Brettschalung, Putz (50m²); Entsorgung, Deponiegebühren				
	• Herstellen (Kosten: 87,4%)	75,62 m²	6.260	**82,78**	7,13
	Unterkonstruktion, Klemmfilz, d=60mm, GK-Bekleidung F30, Grundierung, Silikatanstrich (76m²)				
	9700-0019 Aussegnungshalle				
	• Wiederherstellen (Kosten: 100,0%)	4,00 m²	100	**25,00**	0,31
	Unterspannbahn abkleben, nach Dachöffnung (1St)				

KG	Kostengruppe	Menge Einheit	Kosten €	€/Einheit	€/m² BGF

369 Dächer, sonstiges

1300-0142 Scheunenumbau, Büroflächen

	• Herstellen (Kosten: 100,0%) Laufanlage Aluguss (17m), Leiterhaken verzinkt (9St)	346,00 m² DAF	2.610	**7,54**	6,73

1300-0152 Wohn- und Geschäftshaus

	• Herstellen (Kosten: 100,0%) Stahlgeländer als Absturzsicherung (10m), Schneefanggitter (24m), Taubenabweiser (21m)	394,96 m² DAF	6.021	**15,24**	15,42

4500-0016 Seminargebäude

	• Herstellen (Kosten: 100,0%) Einschubtreppe 120x60cm, wärmegedämmt (1St), Taubenstop (20m)	221,14 m² DAF	907	**4,10**	1,75

6100-0932 Gutshaus, Wohnen im Alter (14 WE)

	• Herstellen (Kosten: 100,0%) Stahlgeländer Dachterrasse, Stahlrahmen, vertikale Flachstahlstäbe, Holzhandlauf (18m), Schneefanggitter (16m), Sicherheitstritt (1m)	630,00 m² DAF	6.753	**10,72**	4,96

6100-0946 Einfamilienhaus, Einzeldenkmal

	• Herstellen (Kosten: 100,0%) Sicherheitsdachhaken (7St), Schneefanggitter, Titanzink (9m)	143,85 m² DAF	404	**2,81**	1,41

6100-1105 Reihenendhaus, Denkmalschutz

	• Herstellen (Kosten: 100,0%) Gitterrost als Trittfläche, feuerverzinkt, 90x30cm (1St)	141,84 m² DAF	667	**4,70**	2,15

6100-1195 Mehrfamilienhaus, Dachgeschoss

	• Abbrechen (Kosten: 27,8%) Abbruch von Überdachung der Kelleraußentreppe, Stahlkonstruktion, verzinkt, mit Geländer (13m); Entsorgung, Deponiegebühren	219,44 m² DAF	915	**4,17**	5,64
	• Herstellen (Kosten: 72,2%) Schneefangstützen (22m), Laufroste, b=80cm (6St), Einschubtreppe 121x47cm, wärmegedämmt (1St)	272,22 m² DAF	2.381	**8,75**	14,68

360 Dächer

KG	Kostengruppe	Menge Einheit	Kosten €	€/Einheit	€/m² BGF
	6100-1210 Doppelhaushälfte, Gründerzeit				
	• Wiederherstellen (Kosten: 100,0%) Balkongeländer demontieren, in drei Abschnitte teilen, in Werkstatt nehmen, auseinanderbauen, Stellen der abgetrennten Halterungen schließen, verschleifen, Geländer auf Fehlstellen durchsehen, korrigieren, richten, feuerverzinken, lackieren und mit neuen Flachstahl-Halterungen und Anschraubplatten wieder montieren (10m²)	– DAF	3.850	–	8,78
	6400-0062 Jugendzentrum				
	• Herstellen (Kosten: 100,0%) Sekurant (1St), Dachleiter (1St)	571,93 m² DAF	623	**1,09**	0,55
	6600-0015 Naturfreundehaus				
	• Herstellen (Kosten: 100,0%) Stahlgeländer, Leistenschalung, gehobelt, Abdeckbrett (104m²), Handläufe V2A, D=42mm (85m), Balkonpodest, Rohrrahmen MSH, Pfosten T60, V2A-Handlauf, d=42mm (9m²), Absturzsicherungen (8St), Seil, l=13m, Behälter, Sicherheitsgeschirr (1St)	770,58 m² DAF	39.975	**51,88**	20,50
	6600-0016 Hotel (23 Betten)				
	• Herstellen (Kosten: 100,0%) Schneefanggitter (27m)	219,08 m² DAF	787	**3,59**	1,63
	9100-0092 Evangelische Kirche, Gemeindesaal, Pfarramt				
	• Wiederherstellen (Kosten: 56,6%) Kupferdeckung von Glockenreiter überarbeiten, Gesimsabdeckung ergänzen (psch)	401,98 m² DAF	6.750	**16,79**	7,69
	• Herstellen (Kosten: 43,4%) Schneefangrohre (66m), Leiterhaken (18St), Taubendraht (psch)	520,43 m² DAF	5.184	**9,96**	5,91

Kostenkennwerte für die Kostengruppen der 3.Ebene DIN 276

KG	Kostengruppe	Menge Einheit	Kosten €	€/Einheit	€/m² BGF
371	**Allgemeine Einbauten**				

1300-0142 Scheunenumbau, Büroflächen

- Herstellen (Kosten: 100,0%) — 388,00 m² BGF — 34.657 — **89,32** — 89,32
  Einbau-Sideboards (10St), Einbauregale (5St), Teeküche (1St)

1300-0217 Innenausbau Vertriebsbüro — 213,00 m² BGF — 23.227 — **109,05** — 109,05

Teeküche 200x60x92cm, Spanplatten, beschichtet, Sichtoberflächen in MDF, lackiert, Schichtstoff-Arbeitsplatte, Oberschränke, Geschirrspüler, Doppel-Cerankochfeld, Spüle, Durchlauferhitzer, Dunstabzug, Mülleimer (1St), Einbaumöbel aus MDF-Platten, schwarz durchgefärbt, geölt: Empfangstresen, zweiteilig, 305x80x105cm, 120x40x115cm, mit Beleuchtung (1St), Präsentationswand 617x38x120-155cm, fünf Drehschiebetüren mit dahinter liegenden Plexiglasscheiben, herausnehmbar, hinterleuchtet, fünf Regalfächer mit Vollauszügen, Ausschnitt für Flatscreen (1St), 304x38x120-155cm, drei Drehschiebetüren mit dahinter liegenden Plexiglasscheiben, herausnehmbar, hinterleuchtet, drei Regalfächer mit Vollauszügen, drei offene Regalfächer, ein Lichtkasten (1St), 466x38x120cm, mit Ausschnitt für Flatscreen (1St), Garderobenelement 335x50x265cm, dreiseitig gemauerte Nische, Schrank mit zwei Drehtüren, 27 Fächern, Unterschrank als offenes Fach, Garderobenstange, Schirmständer (1St), Einbauregal 140x40x265cm, drei Fachböden (1St), Präsentationsplatten für Tresen, 210x152x6mm, Acrylglas, gelasert, Digitaldruck rückseitig, hinterleuchtet (10St), Folienbeklebungen für Lichtkästen, Digitaldruck, 452x1.030mm (8St), 819x1.030mm (2St), Lagerregal 230+115x35cm, Wandschienen, Ausleger, drei Fachböden (1St)

3100-0011 Gemeinschaftspraxis

- Abbrechen (Kosten: 0,5%) — 143,80 m² BGF — 141 — **0,98** — 0,98
  Abbruch von Arbeitsplatte mit Waschbecken, Trennwand; Entsorgung, Deponiegebühren

- Wiederherstellen (Kosten: 3,1%) — 143,80 m² BGF — 904 — **6,28** — 6,28
  Topfbänder mit Kreuzplatten an Schranktüren austauschen (112St)

- Herstellen (Kosten: 96,5%) — 143,80 m² BGF — 28.485 — **198,09** — 198,09
  Empfangstheke, 550x100x110cm, Tischlerplatte, HPL-Schichtstoff, zweigeteilt durch Glas-Raumtrennelement, 95x250cm, Schreibfläche mit Leder-Inlay, Taschenablage Glas (1St), Highboard 376x40x150cm (1St), Einbauschrank 60x42x233cm (1St), Regalelement, Viertelkreis, h=250cm (1St), Sitzbank 164x49x110cm (1St), Ablagen (2St), Schrank- und Schubladenfronten erneuern (47St)

3100-0014 Arztpraxis

- Herstellen (Kosten: 100,0%) — 175,00 m² BGF — 7.278 — **41,59** — 41,59
  Thekenanlage, D=3,20m, h=1,10m (1St), Schrankanlage, mit Spülbecken (1St)

370 Baukonstruktive Einbauten

370 Baukonstruktive Einbauten

KG	Kostengruppe	Menge Einheit	Kosten €	€/Einheit	€/m² BGF
	3100-0015 Arztpraxis				
	• Herstellen (Kosten: 100,0%) Thekenanlage, zweifach abgerundet, Sockelpodest (1St)	143,00 m² BGF	8.640	**60,42**	60,42
	3100-0018 Arztpraxis, Personalaufenthalt				
	• Herstellen (Kosten: 100,0%) Garderoben-Einbauschrank, BxHxT 180x278x60cm, dreiteilig, zwei raumhohe Drehtüren, ein offenes Garderobenelement, Korpus Dekor weiß, Schranktüren HPL weiß, Garderobenelement auf Gehrung, grün beschichtet (1St), Küchenzeile, BxHxT 300x207x60cm, Fronten HPL weiß, drei Oberschränke, fünf Unterschränke, zwei neue Fronten an Bestandsschränken (psch), Fronten, Arbeitsplatte und Rückwand von Küchenzeile erneuern, Zeilenlänge 160cm, Oberfläche HPL grau (psch), Edelstahl-Bügelgriffe (28St), Infoboard 120x182x4cm, Oberfläche magnetisch, grün lackiert (1St), Wandboard 400x60cm, dreiteilig, mittlerer Teil aushängbar, Oberfläche grün lackiert, Beleuchtung oben und unten, drei Schriftzüge, eingefräst, aufgesetzt und aufgeklebt (1St), Heizkörperverkleidung, Holzrahmen HPL weiß, Blenden aus Rundlochblech, 253x81x30cm (1St), 342x53x17-32cm (1St), Schriftzug, MDF, HPL grün, h=80cm (1St), Spiegel 1950x930x4mm, rahmenlos, flächenbündig mit Fliesen (1St)	117,50 m² BGF	17.414	**148,20**	148,20
	4400-0165 Kinderkrippe (2 Gruppen, 24 Kinder)				
	• Herstellen (Kosten: 100,0%) Einbauschränke (4St), Kindergarderoben (2St), Schließfachschrank (1St), Sitzbänke (7St), Wandregal (1St), Garderobenhaken (32St), Tischplatte 1.000x2.000mm (1St)	288,11 m² BGF	27.014	**93,76**	93,76
	4500-0016 Seminargebäude				
	• Herstellen (Kosten: 100,0%) Teeküchen mit Einbauspülen, Kühlschränken (2St), Geschirrspüler (1St)	519,70 m² BGF	5.626	**10,83**	10,83
	4500-0017 Bildungsinstitut, Seminarräume				
	• Abbrechen (Kosten: 2,3%) Abbruch von Einbauschrankwand (1St); Entsorgung, Deponiegebühren	344,53 m² BGF	95	**0,28**	0,28
	• Herstellen (Kosten: 97,7%) Einbauschrank 1660x3450x960mm, zweitürig, abschließbar, seitliches Blindelement 832x3450x240mm, Holzwerkstoff, Oberfläche HPL, Mittelwand, zwei Garderobenstangen, acht Fachböden (1St)	344,53 m² BGF	4.008	**11,63**	11,63
	5600-0004 Yogastudio				
	• Herstellen (Kosten: 100,0%) Offene Garderobe mit Ablagefächern, 300x60x205cm, Spanplatte, d=30mm, HPL-Beschichtung (1St), Schuhregal 306x35x95cm (1St), Waschtisch-Unterschrank 100x60x70cm (1St), Wandpaneel 100x120cm (1St), Spiegel 100x133cm (1St), zwei Küchenzeilen, l=177cm, Edelstahlspüle, Armatur, Mülltrennsystem, Kühlschrank	146,30 m² BGF	10.046	**68,67**	68,67

KG	Kostengruppe	Menge Einheit	Kosten €	€/Einheit	€/m² BGF

6100-0937 Einfamilienhaus, Umnutzung Scheune

- Herstellen (Kosten: 100,0%)   206,38 m² BGF   1.558   **7,55**   7,55
Badewannenpodest h=0,5m, Unterkonstruktion, 3-Schicht-Dielen, Roteiche (1m²)

6100-1105 Reihenendhaus, Denkmalschutz

- Wiederherstellen (Kosten: 48,1%)   310,00 m² BGF   1.010   **3,26**   3,26
Heizkörperverkleidungen 190x55x3cm, Holz, aushängbar, 55 Sprossen, aufarbeiten, Untergrund prüfen, nicht tragfähige Teile entfernen, schleifen, Fehlstellen schließen, glätten, Gesamtfläche schleifen, Grund-, Zwischen- und Schlussanstrich (3St), Einbauschrank 305x46x55cm, oberer Abschluss mit Fensterbank 305x25-46cm, aufarbeiten, vier Schubladen, zwei Klapptüren, sechs Knöpfe, Holz (1St)

- Herstellen (Kosten: 51,9%)   310,00 m² BGF   1.092   **3,52**   3,52
Holzrahmen 79x84cm, lackiert, in Wandaussparung, t=15cm (1St), Anstrich auf vorhandene Weinregale (4St), Aluminiumprofil 55x60x130mm, l=2.200mm, pulverbeschichtet, für Blenden (2St), Abdeckblende für Leuchte, 83x26,5x2,5cm, Oberfläche Schichtstoff (1St)

6100-1195 Mehrfamilienhaus, Dachgeschoss

- Herstellen (Kosten: 100,0%)   162,23 m² BGF   22.806   **140,58**   140,58
Einbauküche, Korpus Dreischichtplatte, Fronten Stäbchenplatte, Eiche furniert, Arbeitsplatte HPL, Griffe Edelstahl, freistehender Block 210x63x91cm, Zeile unter Dachschräge 383x96/63x91cm, Zeile Giebelwand 190x60x91cm (1St), Kleiderschrank, fünf Drehtüren, 265x256x60cm (1St), 203x256x60cm, drei Drehtüren (1St)

6100-1197 Maisonettewohnung

- Herstellen (Kosten: 100,0%)   107,00 m² BGF   2.737   **25,58**   25,58
Kaminabdeckplatte, Sitzbankplatte, Granit, Oberfläche patiniert, Kanten geschliffen (2m²), Waschtischkonsole 2750x40x620mm, Spanplatte, d=38mm, Oberfläche HPL, zwei verchromte Handtuchkonsolen (2m²), Holzablagen, Oberfläche HPL, 810x130mm und 710x210mm (1m²)

6100-1210 Doppelhaushälfte, Gründerzeit

- Herstellen (Kosten: 100,0%)   438,41 m² BGF   291   **0,66**   0,66
Türöffnung 90x240cm mit Dreischichtplatte schließen, d=24mm, in alte Zarge einpassen, mit Kompriband abdichten (1St), Pfosten von Holzregal um 25cm kürzen, Regal mit Winkelblechen an Wand befestigen (1St)

6400-0062 Jugendzentrum

- Herstellen (Kosten: 100,0%)   1.140,79 m² BGF   852   **0,75**   0,75
Küchenarbeitsplatte

370 Baukonstruktive Einbauten

KG	Kostengruppe	Menge Einheit	Kosten €	€/Einheit	€/m² BGF

6600-0015 Naturfreundehaus

- **Herstellen (Kosten: 100,0%)** — 1.950,00 m² BGF — 72.785 — **37,33** — 37,33
  Holzrahmenelement, Theke, Multiplex furniert, Verglasung F30, Glasschiebeelemente (10m²), Wandpaneele (15m²), Regale (4St), Schränke, h=235cm (7St), Garderobenschrank 355x60x200cm (1St), Sitzbank, Rückwand, bogenförmig, l=300cm, Rollkästen (1St), Sitzbank 110x40x45cm, Rollkasten (1St), Galeriebrüstungen aus Regalen, Türe, Füllelement (8St), Küchenzeilen, l=150cm (2St), Tische, Massivholz, t=80cm (8m), Duschabtrennungen, ESG 8mm (10St)

6600-0016 Hotel (23 Betten)

- **Herstellen (Kosten: 100,0%)** — 483,52 m² BGF — 33.431 — **69,14** — 69,14
  Bett mit Hochbett Überkopfquerlieger, Eiche (1St), Schrank als Wandelement, Douglasie (1St), Einbauschrank, Fachböden linoleumbekleidet (1St), Komplettmöbel, Betten mit angebauten Nachttischen, Ablagebrettern (5St), Schrankmöbel mit darüber liegendem Hochbett (1St), Einbauschreibtische (5St), ESG-Duschkabine mit Drehtür, h=230cm (1St)

6600-0017 Hotel (76 Betten)

- **Herstellen (Kosten: 100,0%)** — 3.309,80 m² BGF — 201.084 — **60,75** — 60,75
  Tresore (34St), Waschtischunterbauten (31St), Sitzbänke im Flur (4St), Rezeptionstresen (1St), Ausgabetresen (1St), Computerterminal (1St), Lichtdecken (2St), Bartresen (1St), Sitzgruppen (2St), Frühstücksbuffet (1St), Tische (11St), Tischplatten (50St), Vitrine

7200-0086 Hörgeräteakustik-Meisterbetrieb

- **Herstellen (Kosten: 100,0%)** — 147,36 m² BGF — 16.032 — **108,80** — 108,80
  Theke 240x136x60cm, Spanplatten, HPL-Beschichtung, fünf Schübe, ein Tastaturauszug, ein offenes Fach, Griffmuscheln, Beleuchtung im Sockelbereich (1St), Sideboards 270x85x35cm, Spanplatten, HPL-Beschichtung, vier Auszüge, drei Türen (1St), 206x75x50cm, vier Auszüge, eine Schiebetür (1St), 150x71x50cm, ein Auszug, eine Schiebetür (1St), Regalböden 220x20cm, d=28mm, MDF-Platten, geschwungen, lackiert (4St), Schreibtische 140x70cm, Spanplatten, d=30mm, HPL-Beschichtung (2St)

7200-0087 Frisörsalon

- **Wiederherstellen (Kosten: 13,2%)** — 118,73 m² BGF — 879 — **7,40** — 7,40
  Tresen säubern, schleifen, lackieren, zwei Klappen ändern, Sockel ändern, Lautsprecheröffnung ändern (psch)

- **Herstellen (Kosten: 86,8%)** — 118,73 m² BGF — 5.806 — **48,90** — 48,90
  Wandregale, zwei bis vier Böden, 135x12-26cmx5-6cm (8St), sechs Böden, 70x21x6cm (1St), 134x35-120x15cm (3St), Spülenunterschrank 120x50x80cm, MDF (1St), Kleiderstange, D=30mm, l=118cm (1St), Hutablage 120x50x5cm, MDF (1St), Fensterbanksitzmöbel, Leimholzplatte 900x50cm, drei Regale 120x50x30cm (1St), Arbeitsplatte 200x60cm (1St), Küche aufbauen (4h)

KG	Kostengruppe	Menge Einheit	Kosten €	€/Einheit	€/m² BGF
	9100-0080 Experimenteller Kinoraum				
	• Abbrechen (Kosten: 100,0%)	231,83 m² BGF	202	**0,87**	0,87
	Abbruch von Schrank 400x285x40cm (1St); Entsorgung, Deponiegebühren				
	9100-0092 Evangelische Kirche, Gemeindesaal, Pfarramt				
	• Herstellen (Kosten: 100,0%)	877,81 m² BGF	52.989	**60,36**	60,36
	Kirchenbänke, Holz (80m), Haken (70St)				
	9100-0119 Pfarrkirche				
	• Abbrechen (Kosten: 6,9%)	1.128,90 m² BGF	1.444	**1,28**	1,28
	Abbruch von Kirchenbänken, Holz (37m), Kniebänken (12h); Entsorgung, Deponiegebühren				
	• Wiederherstellen (Kosten: 34,9%)	1.128,90 m² BGF	7.297	**6,46**	6,46
	Armauflagen schleifen, neu lackieren (212m), Kirchenbänke kürzen, wieder einbauen (2St)				
	• Herstellen (Kosten: 58,2%)	1.128,90 m² BGF	12.150	**10,76**	10,76
	Ablagefächer an Kirchenbänken anbringen, Holz (2St), Sitzbankauflagen, l=4,18-4,70m (42St), Schubladenauszug mit Drehteller (1St)				
372	**Besondere Einbauten**				
	3100-0019 Arztpraxis für Allgemeinmedizin (4 AP)				
	• Herstellen (Kosten: 100,0%)	137,32 m² BGF	24.348	**177,31**	177,31
	Nachfolgende raumbildende Einbauten und Schränke aus MDF-Plattenmaterial, Oberflächen dreifach lackiert, seidenmatt, nach RAL, Alu-Griffleisten an Schubläden und Schranktüren. Empfangstresen 297x94x112cm: Tresenkorpuselement mit Winkelablage, Schreibtisch mit Linoleum-Schreibfläche, flächenbündig eingelassen, Taschenablage aus ESG-Glas 10mm, satiniert, drei Revisionsklappen 400x250mm (1St), Wandscheibe 210x245x8cm mit Sideboard 210x55x75cm und Tisch 100x80cm: Wand mit Glimmereffekt, Tisch, d=40mm, auf Alu-Winkelleisten 30x30mm aufgelagert, Sideboard mit vier Drehtüren, Einlegeböden (1St), Teeküche 100x55x112cm (1St), Sideboard 280x42x112cm (1St), Schallschutzverglasung 280x133cm, umlaufende Befestigung durch Alu-Winkelprofile (1St), Garderobe 157x43,5x245cm: seitlicher Stollen, d=8cm, Sitzbank und Hutablage, je 157,5x43,5x4cm, zwei Aufhängebügel für Kleiderbügel (1St), Laborzeile mit drei Unterschränken 100+60+60cm, Arbeitsplatte 338,5x65cm und Waschbecken (1St), Personalschrank 156x55x245cm mit drei Drehtüren, in Einbaunische, Wandpaneel 40x245cm, rechts anschließend, flächenbündig mit Schranktüren, Garderobenhaken (1St), Schreibtisch mit Seitenwangen, Winkelform, Schenkellänge 220cm, Tiefe 80cm und 60cm, Plattenstärke 4cm (1St), Schreibtisch 120x80x75cm, mit Sideboard 170x30x75cm, rechtwinklig angeordnet (1St), Schrankwand 295x40x245cm, oben sechs Drehtüren, mittig vier Regalfächer, unten sechs Drehtüren, rechts anschließend Ablageschrank 100x40x112cm mit vier Schubladen oben und zwei Drehtüren unten (1St)				

370 Baukonstruktive Einbauten

KG	Kostengruppe	Menge	Einheit	Kosten €	€/Einheit	€/m² BGF
	4400-0165 Kinderkrippe (2 Gruppen, 24 Kinder)					
	• Herstellen (Kosten: 100,0%) Spielebene 1.880x3.300mm (1St), Wickel- und Waschtischkommode 1.890x900x870mm (1St)	288,11	m² BGF	12.169	**42,24**	42,24
	4400-0178 Kindertagesstätte (4 Gruppen, 65 Kinder)					
	• Herstellen (Kosten: 100,0%) Spielhaus, zwei Ebenen, als Kinder-Spielwohnung sowie Verkaufsstand, Massivholz, Holzwerkstoffplatten, Teppich 240x160x135cm (1St), Podestlandschaft 300x200x80cm (1St)	1.398,00	m² BGF	7.755	**5,55**	5,55
	4500-0017 Bildungsinstitut, Seminarräume					
	• Herstellen (Kosten: 100,0%) LCD-Projektor (1St), Multimediaprojektoren (5St), Projektorlift (1St), Anschlussdosen Cat6, Verkabelung, HDMI-Kabel, Cross-Konverter (psch), Fernseher, Kamera, Zubehör (psch), mobile modulare Podestanlage, HPL schwarz (10m²), Einzelstufen 1.000x320x150mm, HPL weiß (2St), Sichtschutzbekleidung, dreiseitig, aufhängbar, HPL, d=8mm, h=95cm (5m²), für bauseitige Tische, h=72cm (4m²), Rednerpult 850x850x1300mm, motorisch höhenverstellbar, absenkbare Rollen, Holzwerkstoff, Oberfläche HPL, Beleuchtung, Schutzhusse, Hubtransporter (1St)	344,53	m² BGF	49.024	**142,29**	142,29
	9100-0080 Experimenteller Kinoraum					
	• Abbrechen (Kosten: 2,2%) Abbruch von Leinwand, Holzkonstruktion (32m²); Entsorgung, Deponiegebühren	231,83	m² BGF	434	**1,87**	1,87
	• Herstellen (Kosten: 97,8%) Wandbespannung, frei hängend, Molton, Alu-Schienen (64m²), Bühnensamt als Schallschutzvorhang 570g/m², Unterkonstruktion (62m²), Alu-Konstruktion für Projektoren, Schallisolierung Leinwandhalterung	231,83	m² BGF	18.942	**81,71**	81,71
	9100-0086 Museum, Ausstellungen					
	• Abbrechen (Kosten: 100,0%) Abbruch von Gemäldeschienen (229m), Großvitrinen, zerkleinern, Transport mit Rollboxen, über Außenlift zum LKW; Entsorgung, Deponiegebühren	455,00	m² BGF	10.171	**22,35**	22,35
	9100-0092 Evangelische Kirche, Gemeindesaal, Pfarramt					
	• Wiederherstellen (Kosten: 0,8%) Liedertafeln reinigen, neu lackieren, Scharniere umbauen (2St)	877,81	m² BGF	373	**0,42**	0,42
	• Herstellen (Kosten: 99,2%) Osterleuchter (1St), Altar (1St), Ambo (1St), Wandkreuz (1St)	877,81	m² BGF	44.466	**50,66**	50,66

KG	Kostengruppe	Menge Einheit	Kosten €	€/Einheit	€/m² BGF
	9100-0109 Stadtbibliothek, Möblierung	1.325,00 m² BGF	100.315	**75,71**	75,71

Einbaumöbel aus direktbeschichteten Spanplatten mit orangefarbenen Rahmen, anthrazitfarbenen Sockeln und satinierten Plexiglasscheiben: Zeitschriftenmöbel 560x180x45cm, vierreihig, für 64 Zeitschriften mit Frontalpräsentation durch gekantetes Blech (1St), Thekenelemente mit Rückschränken (2St), PC-Tische, ein Platz (3St), zwei Plätze (1St), vier Plätze (1St), Kaffeebar (1St), Garderobe mit Hutablage (1St), Buchrückgabe (1St), Regalelemente (26St), Wandregale (11St), mobile Treppe (1St), Wartebank (1St), Wegweiser-Stelen (3St), Pinnwand 150x100cm (1St)

9100-0119 Pfarrkirche

- Abbrechen (Kosten: 6,9%)   1.128,90 m² BGF   5.832   **5,17**   5,17
  Abbruch von Stb-Podesten (5m³), Beichtstühlen 2,70x1,00x2,40m, Holz (3St); Entsorgung, Deponiegebühren

- Wiederherstellen (Kosten: 3,0%)   1.128,90 m² BGF   2.543   **2,25**   2,25
  Ausbauen, zwischenlagern und wieder einbauen von Sedilien, Kalkstein (3St), Ambo (1St), Lesungsambo (1St), Tabernakel (1St)

- Herstellen (Kosten: 90,1%)   1.128,90 m² BGF   75.809   **67,15**   67,15
  Betonpodest (1m²), Tabernakelunterbau, dreiteilig, Naturstein (1St), Stahlkonstruktion zur Lastabtragung Tabernakel (psch), Beichtzimmer 3,95x1,60x2,41m, Holzständer 60x80mm, Mineralwolldämmung, MDF-Schlitzplattenbekleidung, d=22mm, Dielenboden, Unterkonstruktion, d=10cm, Dickholzdecke, d=5cm, MDF-Schlitzplatten, abgehängt, Mittelwand mit Beichtgitter, d=10cm, Kniebank, Einbautisch, Lüftungsgerät, Fußleistenkonvektor, Lichtleisten, Steckdosen, Schalter (2St), Schriftenstände 170x58x38cm, Holz, Geldkassetten (2St), Sedilien, Mehrschichtplatten (6St), Priestersitz, Mehrschichtplatten (1St), Lesepult für Ambo, Baubronze (1St), Evangeliar, Baubronze (1St), Kredenz, Baubronze (1St)

370 Baukonstruktive Einbauten

KG	Kostengruppe	Menge Einheit	Kosten €	€/Einheit	€/m² BGF
9100-0121	Bücherei, Möblierung	1.002,00 m² BGF	181.322	**180,96**	180,96

Regalsystem, direktbeschichtete Spanplatten, Metallfachböden, Achsmaß 100cm, h=1.512-2.056mm: Doppelregale, t=540mm (55m), t=640mm (4m), Wandregale, t=287mm (44m), t=333mm (11m), t=287mm, Achsmaß 90cm (5m)
Möbel aus direktbeschichteten Spanplatten: Thekenelement 515x390x100cm, mit Rückschrank 620x45x280cm (1St), Korpusmöbel, polygonal, mit Präsentationsfächern, 283x133x141cm (1St), 467x213x141cm (1St), 343x182x85cm (1St), 288x112x85cm (1St), 401x64x78 (1St), Minitheken, h=1,80m, vier Türme (2St), zwei Türme (1St), Stehmöbel 324x120x100cm (1St), Tisch 120x105,5x85cm (1St), Internettisch 460x70x118cm, mit Monitoraufsatz (1St), begehbares Großmöbel 405x259x280cm aus Podest, h=12,5cm, umlaufender Brüstung, h=100cm, d=10cm, Alurundstäben, d=16mm, l=237cm, Tragrahmen, Effektgewebevorhang (1St), Sideboard 150x38x42cm (1St), Ablage 70x29x44cm (1St), Schrankelement 268x22+477x50x280cm, mit zwölf Schließfächern, Garderobe, Leporellofächern, Magnetwand (1St), Polsterbänke 59-240x83x75cm (5St), Polsterbänke 94-195x63x80cm, mit Rückwand, d=4cm, h=151cm (4St)
Möbel aus Sperrholzplatten, Hartwachsbeschichtung: Sitzbankmöbel 662x120x85cm, vier Polstersessel 70-125x63cm, zwei Hörstationen (1St), Lesetisch 320x120x74cm, vier Tischleuchten, drei Steckdosen (1St), Raumtrennmöbel 620x45x280cm aus sechs Glasscheiben 179-227x280cm, ESG 10mm, Regalrückwand, h=150cm, d=20cm, Präsentationsregal, b=400cm, vier Comictrögen, Schränken, b=81+30cm (1St), Podest 340x407x56cm, mit Rückwand 240x45x150cm, Holzwerkstoff, Kautschuk- und Teppichbelag (1St), Bildschirm (1St), Aluhauben 75-43x80cm, mit Digitaldruck für Buchrückgabeautomat (2St)

9700-0019 Aussegnungshalle

• Herstellen (Kosten: 100,0%)		327,88 m² BGF	4.448	**13,57**	13,57

Altartisch, MDF-Platten lackiert, d=30mm, an Wand montiert, 28cmx62cmx524cm (1St), Glasplatten, d=6mm (2m²), Stehpult, MDF-Platten lackiert, d=25mm (1St), Altarkreuz, Edelstahl, 0,765x1,265m (1St)

379 Baukonstruktive Einbauten, sonstiges

9100-0092 Evangelische Kirche, Gemeindesaal, Pfarramt

• Herstellen (Kosten: 100,0%)		877,81 m² BGF	3.782	**4,31**	4,31

Schaukastenanlage, freistehend, Tragkonstruktion, Schaukästen 1,00x1,00m (2St), Beleuchtung, Briefkasten (1St), Beschriftungsplatte 65x37cm (1St)

Kostenkennwerte für die Kostengruppen der 3.Ebene DIN 276

KG	Kostengruppe	Menge Einheit	Kosten €	€/Einheit	€/m² BGF
391	Baustelleneinrichtung				

1300-0142 Scheunenumbau, Büroflächen

•	Herstellen (Kosten: 100,0%) Baustellentoilette (1St)	388,00 m² BGF	221	**0,57**	0,57

1300-0152 Wohn- und Geschäftshaus

•	Herstellen (Kosten: 100,0%) Baugüteraufzug (1St), Baustelleneinrichtung, Chemie-Toilette, Bauzaun, Beleuchtung, Straßenbeschilderung, Baustromzählerkasten (1St), Bauschuttabfuhr	390,52 m² BGF	8.494	**21,75**	21,75

3100-0014 Arztpraxis

•	Herstellen (Kosten: 100,0%) Baustelleneinrichtung	175,00 m² BGF	458	**2,62**	2,62

4400-0165 Kinderkrippe (2 Gruppen, 24 Kinder)

•	Herstellen (Kosten: 100,0%) Baustelleinrichtung	288,11 m² BGF	1.811	**6,29**	6,29

4400-0178 Kindertagesstätte (4 Gruppen, 65 Kinder)

•	Herstellen (Kosten: 100,0%) Baustelleneinrichtung, Baustrom	1.398,00 m² BGF	1.307	**0,94**	0,94

4500-0016 Seminargebäude

•	Herstellen (Kosten: 100,0%) Baustellen-WC mit Waschgelegenheit, Bauschild 2,20x3,00m, Bauwasser- und Baustromanschluss (1St), Autokran (8h), Wannenleuchten (6St)	519,70 m² BGF	5.397	**10,38**	10,38

4500-0017 Bildungsinstitut, Seminarräume

•	Herstellen (Kosten: 100,0%) Baustelleneinrichtung (psch), Sanitärcontainer, zwei WC-Anlagen (1St), Bauzaun, h=2,00m (35m), Kranstellung (1Tag), Lastenlift (5Tage)	344,53 m² BGF	8.391	**24,36**	24,36

6100-0849 Doppelhaushälfte

•	Herstellen (Kosten: 100,0%) Baustelleneinrichtung	97,10 m² BGF	93	**0,96**	0,96

390 Sonstige Maßnahmen für Baukonstruktionen

KG	Kostengruppe	Menge Einheit	Kosten €	€/Einheit	€/m² BGF
	6100-0932 Gutshaus, Wohnen im Alter (14 WE)				
	• Herstellen (Kosten: 100,0%) Baustelleneinrichtung, Bauschild	1.360,30 m² BGF	2.660	**1,96**	1,96
	6100-0937 Einfamilienhaus, Umnutzung Scheune				
	• Herstellen (Kosten: 100,0%) Baustelleneinrichtung	206,38 m² BGF	227	**1,10**	1,10
	6100-0946 Einfamilienhaus, Einzeldenkmal				
	• Herstellen (Kosten: 100,0%) Bauzaun, h=2m (14m²), Bautreppen (1St), Baustellen-WC (1St), Absturzsicherung (3m)	285,78 m² BGF	2.709	**9,48**	9,48
	6100-0962 Einfamilienhaus, Einliegerwohnung				
	• Herstellen (Kosten: 100,0%) Baustelleneinrichtung, Baustellentür	63,80 m² BGF	274	**4,30**	4,30
	6100-0976 Einfamilienhaus				
	• Herstellen (Kosten: 100,0%) Baustelleneinrichtung (psch), WC-Container (1St), Baustromanschluss (psch)	90,00 m² BGF	4.730	**52,56**	52,56
	6100-1105 Reihenendhaus, Denkmalschutz				
	• Herstellen (Kosten: 100,0%) Baustelleneinrichtung (1St)	310,00 m² BGF	921	**2,97**	2,97
	6100-1195 Mehrfamilienhaus, Dachgeschoss				
	• Herstellen (Kosten: 100,0%) Baustelleneinrichtung (1St), Baustellen-WC (1St), Container stellen, abholen (1St), Baustrom	162,23 m² BGF	4.528	**27,91**	27,91
	6100-1197 Maisonettewohnung				
	• Herstellen (Kosten: 100,0%) Baustelleneinrichtung (psch), Baustellen-WC (7Wo), Baustrom	107,00 m² BGF	1.144	**10,69**	10,69
	6100-1206 Einfamilienhaus, Badeinbau				
	• Herstellen (Kosten: 100,0%) Baustelleneinrichtung (psch)	6,62 m² BGF	278	**42,00**	42,00

KG	Kostengruppe	Menge Einheit	Kosten €	€/Einheit	€/m² BGF
	6100-1210 Doppelhaushälfte, Gründerzeit				
	• Herstellen (Kosten: 100,0%) Baustelleneinrichtung (1St), Baustellen-WC (1St), Baustellenbeleuchtungen (2St), Bauzylinder für Eingangstür (1St), Schlüssel (10St)	438,41 m² BGF	1.321	**3,01**	3,01
	6400-0062 Jugendzentrum				
	• Herstellen (Kosten: 100,0%) Baustelleneinrichtung, Bauzaun (96m), Baustellen-WC (1St), Baustromverteiler (1St), Baustellenbeleuchtung (10St), Container (3St), Müllentsorgung (5t)	1.140,79 m² BGF	8.670	**7,60**	7,60
	6600-0015 Naturfreundehaus				
	• Herstellen (Kosten: 100,0%) Baustelleneinrichtungen (3St), Baustellen-WC (1St), Bautreppen (2St), Bauzaun (66m)	1.950,00 m² BGF	9.345	**4,79**	4,79
	6600-0016 Hotel (23 Betten)				
	• Herstellen (Kosten: 100,0%) Baustelleneinrichtung	483,52 m² BGF	330	**0,68**	0,68
	6600-0017 Hotel (76 Betten)				
	• Herstellen (Kosten: 100,0%) Baustelleneinrichtung, Bauschild, Baukran, Schuttentsorgung (809m³)	3.309,80 m² BGF	63.976	**19,33**	19,33
	7200-0079 Atelier	35,21 m² BGF	254	**7,20**	7,20
	Baustelleneinrichtung				
	7200-0086 Hörgeräteakustik-Meisterbetrieb				
	• Herstellen (Kosten: 100,0%) Baustelleneinrichtung (psch)	147,36 m² BGF	505	**3,43**	3,43
	7200-0087 Frisörsalon				
	• Herstellen (Kosten: 100,0%) Baustelleneinrichtungen (5St), Baustrom- und -wasseranschluss (psch), Anschluss Baustellen-WC an Bestandsleitung (psch)	118,73 m² BGF	1.428	**12,03**	12,03
	9100-0080 Experimenteller Kinoraum				
	• Herstellen (Kosten: 100,0%) Baustelleneinrichtungen (5St)	231,83 m² BGF	3.773	**16,27**	16,27

390
Sonstige Maßnahmen
für Baukonstruktionen

390 Sonstige Maßnahmen für Baukonstruktionen

KG	Kostengruppe	Menge Einheit	Kosten €	€/Einheit	€/m² BGF
	9100-0086 Museum, Ausstellungen				
	• Herstellen (Kosten: 100,0%) Baustelleneinrichtung, Beleuchtung, WC-Container, Bautür	455,00 m² BGF	3.599	**7,91**	7,91
	9100-0092 Evangelische Kirche, Gemeindesaal, Pfarramt				
	• Herstellen (Kosten: 100,0%) Baustelleneinrichtungen (8St), Baustrom, -wasser (psch), Baustellen-WC (1St), Bauschild (1St), Bauzaun (59m), Bautüren (2St), Leuchten (6St), Mantelleitungen (100m), Schutt entsorgen (psch)	877,81 m² BGF	18.226	**20,76**	20,76
	9100-0119 Pfarrkirche				
	• Herstellen (Kosten: 100,0%) Baustellen-WC (1St), Bauzaun, h=2,00m (53m), Tür, b=1,00m (1St), Baustrom (psch)	1.128,90 m² BGF	3.184	**2,82**	2,82
	9700-0019 Aussegnungshalle				
	• Herstellen (Kosten: 100,0%) Baustelleneinrichtung	327,88 m² BGF	1.452	**4,43**	4,43

392 Gerüste

KG	Kostengruppe	Menge Einheit	Kosten €	€/Einheit	€/m² BGF
	1300-0142 Scheunenumbau, Büroflächen				
	• Herstellen (Kosten: 100,0%) Fassadengerüst	388,00 m² BGF	1.654	**4,26**	4,26
	1300-0152 Wohn- und Geschäftshaus				
	• Herstellen (Kosten: 100,0%) Fassadengerüst (410m²), Gerüstbekleidung (310m²), Dachfanggerüst (23m), Arbeits-, und Schutzgerüst, Innenhof	390,52 m² BGF	21.455	**54,94**	54,94
	4400-0178 Kindertagesstätte (4 Gruppen, 65 Kinder)				
	• Herstellen (Kosten: 100,0%) Fassadengerüst, Gruppe 2, vorhalten (892m²)	1.398,00 m² BGF	5.372	**3,84**	3,84
	4500-0016 Seminargebäude				
	• Herstellen (Kosten: 100,0%) Fassadengerüst, Lastklasse 3 (852m²), Dachdeckerfanggerüst (32m), Konsolausleger (59m)	519,70 m² BGF	10.475	**20,16**	20,16

KG	Kostengruppe	Menge Einheit	Kosten €	€/Einheit	€/m² BGF
	4500-0017 Bildungsinstitut, Seminarräume				
	• Herstellen (Kosten: 100,0%)	344,53 m² BGF	4.078	**11,84**	11,84
	Treppenturm, freistehend (4m), Übergang zu Gebäude (1St), fahrbare Arbeitsbühnen, Lastklasse 3 (3St), Rollgerüst (40Tage)				
	6100-0849 Doppelhaushälfte				
	• Herstellen (Kosten: 100,0%)	97,10 m² BGF	953	**9,81**	9,81
	Gerüst				
	6100-0932 Gutshaus, Wohnen im Alter (14 WE)				
	• Herstellen (Kosten: 100,0%)	1.360,30 m² BGF	9.398	**6,91**	6,91
	Fassadengerüst (1St), Rollgerüst (1St)				
	6100-0937 Einfamilienhaus, Umnutzung Scheune				
	• Herstellen (Kosten: 100,0%)	206,38 m² BGF	2.088	**10,12**	10,12
	Standgerüst (230m²)				
	6100-0946 Einfamilienhaus, Einzeldenkmal				
	• Herstellen (Kosten: 100,0%)	285,78 m² BGF	2.239	**7,84**	7,84
	Fassadengerüst (150m²), Konsolenverbreiterung, Dachdeckerfang (16m), Gerüstplane (60m²), Fußgängertunnel (9m)				
	6100-0976 Einfamilienhaus				
	• Herstellen (Kosten: 100,0%)	90,00 m² BGF	1.343	**14,92**	14,92
	Fassadengerüst, Lastklasse 3 (130m²), Unterfangung (psch)				
	6100-1105 Reihenendhaus, Denkmalschutz				
	• Herstellen (Kosten: 100,0%)	310,00 m² BGF	3.143	**10,14**	10,14
	Fassadengerüst, Lastklasse 3 (230m²), Konsolverbreiterung (65m), Dachfanggerüst (20m), Gerüstüberbrückung, Spannweite 5,50m (8m)				
	6100-1195 Mehrfamilienhaus, Dachgeschoss				
	• Herstellen (Kosten: 100,0%)	162,23 m² BGF	5.651	**34,83**	34,83
	Fassadengerüst (326m²)				
	6100-1210 Doppelhaushälfte, Gründerzeit				
	• Herstellen (Kosten: 100,0%)	438,41 m² BGF	3.754	**8,56**	8,56
	Fassadengerüst für Balkonsanierung, dreiseitig (100m²), für Abbruch Kaminköpfe (34m²), Arbeits- und Schutzgerüste (4St)				

390
Sonstige Maßnahmen
für Baukonstruktionen

390
Sonstige Maßnahmen
für Baukonstruktionen

KG	Kostengruppe	Menge	Einheit	Kosten €	€/Einheit	€/m² BGF

6400-0062 Jugendzentrum

- Herstellen (Kosten: 100,0%)   1.140,79 m² BGF   14.548   **12,75**   12,75
Standgerüst, Gruppe 3 (868m²), Stahlgerüst (136m²), Stahlgerüst im Treppenhaus

6600-0015 Naturfreundehaus

- Herstellen (Kosten: 100,0%)   1.950,00 m² BGF   13.453   **6,90**   6,90
Fassadengerüst, Gruppe 3 (1.248m²), Dachfanggerüst (116m²), Gerüstverbreiterung 30cm (155m), 60cm (39m), Arbeitsgerüste (54m²), Gerüste vorhalten

6600-0016 Hotel (23 Betten)

- Herstellen (Kosten: 100,0%)   483,52 m² BGF   3.013   **6,23**   6,23
Fassadengerüst, Lastklasse 2 (400m²), Dachfanggerüst (30m), Arbeitsgerüst (6m²)

6600-0017 Hotel (76 Betten)

- Herstellen (Kosten: 100,0%)   3.309,80 m² BGF   3.463   **1,05**   1,05
Rollgerüst (30Tage)

9100-0080 Experimenteller Kinoraum

- Herstellen (Kosten: 100,0%)   231,83 m² BGF   11.491   **49,57**   49,57
Raumgerüste (558m³)

9100-0086 Museum, Ausstellungen

- Herstellen (Kosten: 100,0%)   455,00 m² BGF   4.854   **10,67**   10,67
Innengerüst (117m²), fahrbare Gerüste, Arbeitshöhe 4m (4St)

9100-0092 Evangelische Kirche, Gemeindesaal, Pfarramt

- Herstellen (Kosten: 100,0%)   877,81 m² BGF   21.325   **24,29**   24,29
Fassadengerüst, Lastklasse 3 (705m²), Konsolen, b=30cm (31m), b=70cm (47m), Dachfanggerüst (58m), Überbrückungen, l=5,00m (10St), Treppen (8m), Staubnetze (164m²), Arbeitsgerüst, innen, b=1,00m (261m²), Stahlrohrstützen (38St)

9100-0119 Pfarrkirche

- Herstellen (Kosten: 100,0%)   1.128,90 m² BGF   51.207   **45,36**   45,36
Gerüststatik (psch), Arbeitsgerüst, Lastklasse 3, h=7,00m (1.211m²), Eckausbildungen (4St), freistehend, h=5,00m (128m²), Konsolverbreiterungen, b=30-70cm (23m), Seitenschutz, innenliegend (42m), Flächengerüst, Lastklasse 4, Gitterrost, Mehrschicht-plattenbelag (627m²), Traggerüst, Lastklasse 4, h=7,00m (89m²), Gitterträger (13m), Gerüsttreppen (2St)

KG	Kostengruppe	Menge Einheit	Kosten €	€/Einheit	€/m² BGF
	9700-0019 Aussegnungshalle				
	• Herstellen (Kosten: 100,0%) Gerüst, fahrbar (1St)	327,88 m² BGF	594	**1,81**	1,81
393	**Sicherungsmaßnahmen**				
	6100-0932 Gutshaus, Wohnen im Alter (14 WE)				
	• Herstellen (Kosten: 100,0%) Unterfangen von Fundamenten im Fahrstuhlbereich, Aushub, Unterfangung C25/30 (4m³), Abfangung am Dach (1St), Abfangung Decke und Stahlkonstruktion (2m²)	1.360,30 m² BGF	2.415	**1,78**	1,78
	6100-0946 Einfamilienhaus, Einzeldenkmal				
	• Herstellen (Kosten: 100,0%) Abstützungen (91m)	285,78 m² BGF	526	**1,84**	1,84
	6600-0015 Naturfreundehaus				
	• Herstellen (Kosten: 100,0%) Stb-Unterfangungen C25/30 für Fundamente, in Abschnitten von 1,25m, Schalung, Bewehrung, Erdarbeiten (2m³)	1.950,00 m² BGF	600	**0,31**	0,31
394	**Abbruchmaßnahmen**				
	1300-0152 Wohn- und Geschäftshaus				
	• Abbrechen (Kosten: 100,0%) Abbruch von Holzschränken, Entrümpeln von Holzschränken, Asbestplatten (3St), Asbestblumenkästen (3St), Holzkisten, Wandschrank mit Schreibtisch; Entsorgung, Deponiegebühren	390,52 m² BGF	1.858	**4,76**	4,76
	4400-0165 Kinderkrippe (2 Gruppen, 24 Kinder)				
	• Abbrechen (Kosten: 100,0%) Abbruch von Bodenfliesen (9m²), Wandfliesen (13m²), WC-Becken (1St), Waschbecken (1St), GK-Vorsatzschale (3m²); Entsorgung, Deponiegebühren	288,11 m² BGF	431	**1,50**	1,50
	4500-0017 Bildungsinstitut, Seminarräume				
	• Herstellen (Kosten: 100,0%) Staubschutzwand, Holzbaustoffe mit Folienbespannung (34m²)	344,53 m² BGF	722	**2,10**	2,10

390 Sonstige Maßnahmen für Baukonstruktionen

390 Sonstige Maßnahmen für Baukonstruktionen

KG	Kostengruppe	Menge Einheit	Kosten €	€/Einheit	€/m² BGF
	6100-1195 Mehrfamilienhaus, Dachgeschoss				
	• Abbrechen (Kosten: 100,0%)	162,23 m² BGF	3.665	**22,59**	22,59
	Abbruch von Dachgauben mit tragenden Holzkonstruktionen, Bekleidungen, Dachanschlüssen, sonstigen Bauteilen, bxh 5,20x2,24m und 4,87x2,22m (2St); Entsorgung, Deponiegebühren				
	6100-1197 Maisonettewohnung				
	• Abbrechen (Kosten: 100,0%)	107,00 m² BGF	6.287	**58,76**	58,76
	Abbruch von Mauerwerk, nichttragenden Trennwänden, Innentüren, Wand- und Bodenfliesen, Parkett mit TSD, Sockelleisten, Tapeten an Wänden und Decken, Sanitärobjekten, Gardinenschienen; Entsorgung, Deponiegebühren				
	6100-1206 Einfamilienhaus, Badeinbau				
	• Abbrechen (Kosten: 100,0%)	6,62 m² BGF	1.345	**203,26**	203,26
	Abbruch von Anbau (psch); Entsorgung, Deponiegebühren				
	6100-1210 Doppelhaushälfte, Gründerzeit				
	• Abbrechen (Kosten: 100,0%)	438,41 m² BGF	12.961	**29,56**	29,56
	Abbruch von Innenwänden, Vorwänden, Gefachausmauerungen, Teppichboden, PVC, Terrazzobelag, Wand- und Bodenfliesen, Wand- und Deckenbekleidungen, Schlackenfüllung, Innenputz, Küche, Rollläden, Öltank mit Ummauerung, Kaminköpfen, Sanitärobjekten, Wasser-, Abwasser- und Heizleitungen, Beleuchtung, Waschbetonplatten mit Unterbau Dachterrasse, Attika- und Wandanschlussbleche, Lattenverschlägen UG (291h); Entsorgung, Deponiegebühren				
	6400-0062 Jugendzentrum				
	• Herstellen (Kosten: 100,0%)	1.140,79 m² BGF	55.506	**48,66**	48,66
	Asbestsanierung, Vier-Kammer-Personenschleuse, Zwei-Kammer-Materialschleuse, Abluftgerät 3.000 m³/h (psch), Ausbauen und verpacken von Spachtelmasse Böden (828m²), Asbestplatten (286m²), Mineralwollisolierung (785m²), Mineralfaser-Deckenplatten (762m²), Mineralwolle in Wänden (362m²), Rohrisolierungen (83m), Reinigen der Arbeitsräume (785m²), Luftmessung (4St)				
	7200-0079 Atelier	35,21 m² BGF	127	**3,60**	3,60
	Abbruch einer Toranlage, Entsorgung, Deponiegebühren (5m²)				
	9100-0080 Experimenteller Kinoraum				
	• Abbrechen (Kosten: 100,0%)	231,83 m² BGF	9.108	**39,29**	39,29
	Abbrucharbeiten, Entsorgung, Deponiegebühren				

KG	Kostengruppe	Menge Einheit	Kosten €	€/Einheit	€/m² BGF
396	**Materialentsorgung**				

3100-0018 Arztpraxis, Personalaufenthalt

•	Herstellen (Kosten: 100,0%) Entsorgen von Baumischabfällen (78kg)	117,50 m² BGF	43	**0,37**	0,37

4500-0016 Seminargebäude

•	Herstellen (Kosten: 100,0%) Schuttentsorgung (4m³)	519,70 m² BGF	639	**1,23**	1,23

4500-0017 Bildungsinstitut, Seminarräume

•	Herstellen (Kosten: 100,0%) Entsorgung alte Tapeten (1St)	344,53 m² BGF	83	**0,24**	0,24

6100-0932 Gutshaus, Wohnen im Alter (14 WE)

•	Herstellen (Kosten: 100,0%) Containerstellung (1St), Entsorgung Gussasphalt- und Schleifstaub (1t)	1.360,30 m² BGF	300	**0,22**	0,22

6100-0946 Einfamilienhaus, Einzeldenkmal

•	Herstellen (Kosten: 100,0%) Baustellenabfälle, mineralisch (8m³)	285,78 m² BGF	957	**3,35**	3,35

6100-1210 Doppelhaushälfte, Gründerzeit

•	Abbrechen (Kosten: 100,0%) Bereitstellen von Mulden für Bauschutt; Entsorgung, Deponiegebühren	438,41 m² BGF	1.782	**4,06**	4,06

6400-0062 Jugendzentrum

•	Herstellen (Kosten: 100,0%) Schuttentsorgung (1m³)	1.140,79 m² BGF	45	**< 0,1**	< 0,1

6600-0015 Naturfreundehaus

•	Abbrechen (Kosten: 36,6%) Baugelände freiräumen von Steinen, Mauerresten, Zäunen, Toren und Müll; Entsorgung, Deponiegebühren	1.950,00 m² BGF	2.863	**1,47**	1,47
•	Herstellen (Kosten: 63,4%) Bauschutt, mineralisch (95t), Bauschutt, gemischt (14t), laden, entsorgen	1.950,00 m² BGF	4.953	**2,54**	2,54

390
Sonstige Maßnahmen
für Baukonstruktionen

390 Sonstige Maßnahmen für Baukonstruktionen

KG	Kostengruppe	Menge Einheit	Kosten €	€/Einheit	€/m² BGF
6600-0016	Hotel (23 Betten)				
	• Herstellen (Kosten: 100,0%)	483,52 m² BGF	3.392	**7,02**	7,02
	Entsorgung Mischmüll (8t), Bauschutt (5m³), Abbruchabfälle (8m³), Absetzmulden (3St), Container (1St)				
7200-0086	Hörgeräteakustik-Meisterbetrieb				
	• Abbrechen (Kosten: 100,0%)	147,36 m² BGF	326	**2,21**	2,21
	Schuttcontainer (1St)				
7200-0087	Frisörsalon				
	• Abbrechen (Kosten: 100,0%)	118,73 m² BGF	1.977	**16,65**	16,65
	Schuttcontainer (15m³); Abfuhr, Deponiegebühren				
9100-0092	Evangelische Kirche, Gemeindesaal, Pfarramt				
	• Herstellen (Kosten: 100,0%)	877,81 m² BGF	670	**0,76**	0,76
	Bauschutt, Entsorgung, Deponiegebühren (14m³)				
9100-0119	Pfarrkirche				
	• Herstellen (Kosten: 100,0%)	1.128,90 m² BGF	994	**0,88**	0,88
	Bauschutt (21m³), Baumischabfall (5t); Entsorgung, Deponiegebühren				

397 Zusätzliche Maßnahmen

KG	Kostengruppe	Menge Einheit	Kosten €	€/Einheit	€/m² BGF
1300-0142	Scheunenumbau, Büroflächen				
	• Abbrechen (Kosten: 100,0%)	388,00 m² BGF	2.537	**6,54**	6,54
	Provisorische Planenabdeckung				
1300-0152	Wohn- und Geschäftshaus				
	• Herstellen (Kosten: 100,0%)	390,52 m² BGF	4.821	**12,34**	12,34
	Witterungsschutz Dach, Plane (318m²), Reinigen Wohneinheit DG, Baustufen, Schutzverpackung Treppe				
3100-0011	Gemeinschaftspraxis				
	• Herstellen (Kosten: 100,0%)	143,80 m² BGF	156	**1,08**	1,08
	Schutzfolie (120m²)				
3100-0014	Arztpraxis				
	• Herstellen (Kosten: 100,0%)	175,00 m² BGF	516	**2,95**	2,95
	Grundreinigung (101m²)				

KG	Kostengruppe	Menge Einheit	Kosten €	€/Einheit	€/m² BGF

3100-0015 Arztpraxis

- Herstellen (Kosten: 100,0%)
  PE-Folie, staubdicht

| | | 143,00 m² BGF | 73 | **0,51** | 0,51 |

4400-0178 Kindertagesstätte (4 Gruppen, 65 Kinder)

- Herstellen (Kosten: 100,0%)
  Schutzfolien für Türen, Sockel, Fenster, Boden

| | | 1.398,00 m² BGF | 1.189 | **0,85** | 0,85 |

4500-0016 Seminargebäude

- Herstellen (Kosten: 100,0%)
  Schutzabdeckungen offene Dachfläche (218m²), Treppe (psch), Heizgebläse (1St), Bauendreinigung von Fassaden (242m²), Fenstern (128m²), Türen (31St), Innenwänden (1.180m²), Treppenstufen (54St), Bodenbelägen (410m²)

| | | 519,70 m² BGF | 8.910 | **17,14** | 17,14 |

4500-0017 Bildungsinstitut, Seminarräume

- Herstellen (Kosten: 100,0%)
  Bodenabdeckung, HDF-Platten, d=4mm, PE-Folie, Malervlies (290m²), Wandschutzbekleidung, OSB-Platten, h=60cm (40m), Abdeckvlies für Metallflächen (50m²)

| | | 344,53 m² BGF | 8.526 | **24,75** | 24,75 |

5600-0004 Yogastudio

- Herstellen (Kosten: 100,0%)
  Schutzfolie für Fußböden (136m²)

| | | 146,30 m² BGF | 401 | **2,74** | 2,74 |

6100-0937 Einfamilienhaus, Umnutzung Scheune

- Herstellen (Kosten: 100,0%)
  Abdeckenfolien

| | | 206,38 m² BGF | 280 | **1,36** | 1,36 |

6100-0946 Einfamilienhaus, Einzeldenkmal

- Herstellen (Kosten: 100,0%)
  Schutzabdeckungen, Folie (45m²), Plane (117m²), Abdeckpapier (217m²)

| | | 285,78 m² BGF | 992 | **3,47** | 3,47 |

6100-0962 Einfamilienhaus, Einliegerwohnung

- Herstellen (Kosten: 100,0%)
  Abplanung von Dachfläche (35m²)

| | | 63,80 m² BGF | 238 | **3,72** | 3,72 |

6100-0976 Einfamilienhaus

- Herstellen (Kosten: 100,0%)
  Schutzabdeckung aus PE-Folie (10m²)

| | | 90,00 m² BGF | 209 | **2,32** | 2,32 |

390 Sonstige Maßnahmen für Baukonstruktionen

© BKI Baukosteninformationszentrum
Kostenstand: 3.Quartal 2015, Bundesdurchschnitt, **inkl. 19% MwSt.**

390 Sonstige Maßnahmen für Baukonstruktionen

KG	Kostengruppe	Menge Einheit	Kosten €	€/Einheit	€/m² BGF
	6100-1105 Reihenendhaus, Denkmalschutz				
	• Herstellen (Kosten: 100,0%)	310,00 m² BGF	2.641	**8,52**	8,52
	Boden-Abdeckvlies (38m²), Maler-Abdeckvlies, Folien, randverklebt (psch), Öffnungen provisorisch schließen, OSB-Platte, Dämmung, Folie (2m²), Zwischenreinigung, Endreinigung				
	6100-1195 Mehrfamilienhaus, Dachgeschoss				
	• Herstellen (Kosten: 100,0%)	162,23 m² BGF	269	**1,66**	1,66
	Ersatzfliesen (2m²), Schutzfolien mit Rahmen für Fensteröffnungen (1m²)				
	6100-1197 Maisonettewohnung				
	• Herstellen (Kosten: 100,0%)	107,00 m² BGF	79	**0,74**	0,74
	Schutzfolien für Fenster und Türen (24m²)				
	6100-1210 Doppelhaushälfte, Gründerzeit				
	• Herstellen (Kosten: 100,0%)	438,41 m² BGF	1.586	**3,62**	3,62
	Abdeckvlies als Bodenschutz (160m²), Schutzfolien für Öffnungen wie Fenster, Türen oder Dachöffnungen (46St), Reservefliesen (2m²), Endreinigung				
	6400-0062 Jugendzentrum				
	• Herstellen (Kosten: 100,0%)	1.140,79 m² BGF	4.374	**3,83**	3,83
	Bauschlussreinigung, Abdeckungen, Schutz von Fenstern, Türen, Verglasungen, Metallverkleidungen (186m²), Schutz von Verblendungen, Gesimsen, Sohlbänken (89m)				
	6600-0015 Naturfreundehaus				
	• Herstellen (Kosten: 100,0%)	1.950,00 m² BGF	10.855	**5,57**	5,57
	Wetterschutz mit Plane (630m²), Notdach, Folie (135m²), Schutzfolie, innen (1.575m²), Gasöfen vorhalten (208h), Gasflaschen (132kg), Endreinigung				
	6600-0016 Hotel (23 Betten)				
	• Herstellen (Kosten: 100,0%)	483,52 m² BGF	5.377	**11,12**	11,12
	Witterungsschutz, Plane zum Abdecken offener Flächen, Dachdeckungsarbeiten (214m²), Baureinigung, Aufräumarbeiten, Hausmeisterarbeiten (404h)				
	6600-0017 Hotel (76 Betten)				
	• Herstellen (Kosten: 100,0%)	3.309,80 m² BGF	5.586	**1,69**	1,69
	Bauheizung, Rauchschutzwände, Türen (5St), provisorische Regenentwässerung				

KG	Kostengruppe	Menge Einheit	Kosten €	€/Einheit	€/m² BGF

390 Sonstige Maßnahmen für Baukonstruktionen

7200-0087 Frisörsalon

- Herstellen (Kosten: 100,0%)   118,73 m² BGF   504   **4,25**   4,25
  Schutzabdeckungen Boden, Folie (91m²), Spanplatten (20m²), Türöffnung provisorisch schließen, OSB-Platte (psch)

9100-0080 Experimenteller Kinoraum

- Herstellen (Kosten: 100,0%)   231,83 m² BGF   6.760   **29,16**   29,16
  Schutzfolien (370m²), Malervlies, Hartfaserplatten (459m²), Staubwände (47m²)

9100-0092 Evangelische Kirche, Gemeindesaal, Pfarramt

- Herstellen (Kosten: 100,0%)   877,81 m² BGF   17.768   **20,24**   20,24
  Folienabdeckungen als Witterungsschutz, Dach (848m²), Öffnungen mit Folien und Latten schließen (83m²), Folienabdeckungen (330m²), Verbundkarton-Abdeckungen (401m²), Bauschlussreinigung (91m²)

9100-0119 Pfarrkirche

- Herstellen (Kosten: 100,0%)   1.128,90 m² BGF   20.275   **17,96**   17,96
  Staubschutzwand (14m²), Schutzabdeckungen mit Bautenschutzmatten, Schaltafeln für Bodenbeläge (434m²), Stufen (89m), Treppe (psch), mit Filzpappe (psch), Einhausungen mit Bausperrholzplatten von Altar 160x140x100cm (1St), Taufbecken 160x140x100cm (1St), Statuen 60x35x220cm (2St), Orgel 800x220x600cm (1St), Folienabdeckungen, Kirchenbänke 700x470x100cm (6St), Türschutz (2St), Gerüstflächen reinigen (psch), End- reinigung von Bodenbelägen (540m²), Fenstern (12St), Kirchenbänken auf Holzpodesten (177m²), Beichtzimmer (2St), Schriftständen (2St), Apostelleuchtern (12St), Glas-Stahl-Fassaden (20m²), Treppe (psch), Geländern (30m)

9700-0019 Aussegnungshalle

- Herstellen (Kosten: 100,0%)   327,88 m² BGF   974   **2,97**   2,97
  Bauteile mit Folie schützen (238m²), Reinigung von Holzflächen (24m²), Böden (127m²), Fenstern und Türen (30m²), Dachrinne reinigen (57m)

398 Provisorische Baukonstruktionen

6100-0962 Einfamilienhaus, Einliegerwohnung

- Herstellen (Kosten: 100,0%)   63,80 m² BGF   378   **5,92**   5,92
  Provisorisches Schließen von Bestandstüren im bewohnten Teil mit OSB-Platten, Dämmung, Fugen mit Klebeband winddicht abkleben, nach Bauarbeiten ausbauen, entsorgen

390
Sonstige Maßnahmen für Baukonstruktionen

KG	Kostengruppe	Menge Einheit	Kosten €	€/Einheit	€/m² BGF
6400-0062	**Jugendzentrum**				
	• Herstellen (Kosten: 100,0%)	1.140,79 m² BGF	1.753	**1,54**	1,54
	Montagewände, Abschottung von Bauabschnitten, OSB-Beplankung (32m²), Nottreppe				
6600-0015	**Naturfreundehaus**				
	• Herstellen (Kosten: 100,0%)	1.950,00 m² BGF	1.015	**0,52**	0,52
	Provisorische Regenfallrohre DN100 (16m), Folienschlauch, fest (40m), provisorische WC-Türen (2St), provisorische Trittstufen (24St)				
9100-0080	**Experimenteller Kinoraum**				
	• Herstellen (Kosten: 100,0%)	231,83 m² BGF	555	**2,39**	2,39
	Provisorische Treppe, drei Stufen, 100x143x53cm, B1-Plattenmaterial (1St)				

Kostenkennwerte für die Kostengruppen der 3.Ebene DIN 276

KG	Kostengruppe	Menge Einheit	Kosten €	€/Einheit	€/m² BGF
411	**Abwasseranlagen**				

1300-0142 Scheunenumbau, Büroflächen

- Herstellen (Kosten: 100,0%) 388,00 m² BGF 2.571 **6,63** 6,63
  Abwasserleitungen HT, DN50-100, Regenfallrohre (13m)

1300-0152 Wohn- und Geschäftshaus

- Herstellen (Kosten: 100,0%) 390,52 m² BGF 3.143 **8,05** 8,05
  Abwasserleitungen

3100-0014 Arztpraxis

- Herstellen (Kosten: 100,0%) 175,00 m² BGF 454 **2,60** 2,60
  Abwasserleitungen, Formstücke (10m)

3100-0015 Arztpraxis

- Herstellen (Kosten: 100,0%) 143,00 m² BGF 262 **1,83** 1,83
  Abwasserleitungen, Formstücke (9m)

3100-0018 Arztpraxis, Personalaufenthalt

- Herstellen (Kosten: 100,0%) 117,50 m² BGF 3.014 **25,65** 25,65
  Duschrinne mit Designrost für bodengleiche Dusche, l=900mm (1St), Sifons (2St), Abwasserleitungen (psch)

4400-0165 Kinderkrippe (2 Gruppen, 24 Kinder)

- Herstellen (Kosten: 100,0%) 288,11 m² BGF 846 **2,93** 2,93
  HT-Abwasserleitungen, Formstücke (37m)

4400-0178 Kindertagesstätte (4 Gruppen, 65 Kinder)

- Herstellen (Kosten: 100,0%) 1.398,00 m² BGF 948 **0,68** 0,68
  HT-Rohre DN50, Dämmung (13m), Aluminiumrohr DN100, flexibel (5m), Sifons (3St), Anpassen der bestehenden Entwässerungsleitungen

4500-0016 Seminargebäude

- Abbrechen (Kosten: 25,0%) 519,70 m² BGF 934 **1,80** 1,80
  Demontage von Abwasserleitungen DN50-125 (35m), Fallrohren (27m); Entsorgung, Deponiegebühren

- Herstellen (Kosten: 75,0%) 519,70 m² BGF 2.804 **5,40** 5,40
  Abwasserleitungen, Formstücke, Rohrdämmung (23m), Brandschotts (7St), Regenfallrohre (28m), Standrohre (3St)

© **BKI** Baukosteninformationszentrum Kostenstand: 3.Quartal 2015, Bundesdurchschnitt, **inkl. 19% MwSt.**

410 Abwasser-, Wasser-, Gasanlagen

KG	Kostengruppe	Menge Einheit	Kosten €	€/Einheit	€/m² BGF

6100-0849 Doppelhaushälfte

- Abbrechen (Kosten: 17,5%) — 97,10 m² BGF — 556 — **5,72** — 5,72
  Demontage von Fallrohr (6m); Entsorgung, Deponiegebühren

- Herstellen (Kosten: 82,5%) — 97,10 m² BGF — 2.612 — **26,90** — 26,90
  Regenfallrohr (6m), Entwässerungsrinne

6100-0932 Gutshaus, Wohnen im Alter (14 WE)

- Herstellen (Kosten: 100,0%) — 1.360,30 m² BGF — 20.242 — **14,88** — 14,88
  Abwasserinstallation bis Sammelleitung Keller für Bäder und Küchen in 14 Wohnungen (psch), Schmutzwasserleitungen an vorhandene Grundleitungen anschließen (psch), Ablauf für bodengleiche Duschen (13St), Schmutzwasserhebeanlage (1St), Regenfallrohre DN125, Titanzink (44m)

6100-0937 Einfamilienhaus, Umnutzung Scheune

- Herstellen (Kosten: 100,0%) — 206,38 m² BGF — 1.802 — **8,73** — 8,73
  Abwasserleitungen, PE-Schallschutzrohre, Regenfallrohre DN120 (9m)

6100-0946 Einfamilienhaus, Einzeldenkmal

- Herstellen (Kosten: 100,0%) — 285,78 m² BGF — 3.081 — **10,78** — 10,78
  KG-Rohre DN100 (9m), HT-Abwasserrohre DN40-100, Formstücke (35m), Duschrinne (1St), Fallrohre, Formstücke (15m)

6100-0962 Einfamilienhaus, Einliegerwohnung

- Herstellen (Kosten: 100,0%) — 63,80 m² BGF — 4.000 — **62,70** — 62,70
  Rohrgrabenaushub, Grund- und Abwasserleitungen, Formstücke, Rohrdämmung (34m), Regenfallrohre (12m), Guss-Standrohre (6St)

6100-0976 Einfamilienhaus

- Herstellen (Kosten: 100,0%) — 90,00 m² BGF — 2.312 — **25,69** — 25,69
  Rohrgrabenaushub, Filterkies 16/32mm, RW-Leitung, Formstücke (4m), Anschlüsse zu KG-Grundleitung (2St), Regenfallrohre DN100 (7m)

410
Abwasser-, Wasser-, Gasanlagen

KG	Kostengruppe	Menge Einheit	Kosten €	€/Einheit	€/m² BGF

6100-1105 Reihenendhaus, Denkmalschutz

- Abbrechen (Kosten: 1,2%) — 310,00 m² BGF — 76 — **0,24** — 0,24
  Abbruch von Fallrohren (17m); Entsorgung, Deponiegebühren

- Wiederherstellen (Kosten: 13,8%) — 310,00 m² BGF — 854 — **2,76** — 2,76
  Fallrohre reinigen, anschleifen, zweimal mit Kunstharzlack lackieren (37m), Grundleitung freilegen, defekte Leitung mit PVC-Rohr DN100 und Formstücken erneuern, Übergang auf Steinzeug herstellen, Bodenöffnung ausbetonieren (psch)

- Herstellen (Kosten: 85,0%) — 310,00 m² BGF — 5.250 — **16,94** — 16,94
  Fallrohre DN100, Titanzink, Formstücke (15m), DN60 (4m), Abflussrohre DN50, Formstücke (5m), Reinigungsöffnung in vorhandenen Ablauf einbauen (1St), Sifons einbauen, mit vorhandenen Abläufen verbinden (3St), Design-Sifons DN32 (4St), Anschlüsse an bestehende Leitungen

6100-1195 Mehrfamilienhaus, Dachgeschoss

- Abbrechen (Kosten: 0,7%) — 162,23 m² BGF — 32 — **0,19** — 0,19
  Abbruch von Fallrohren (13m); Entsorgung, Deponiegebühren

- Herstellen (Kosten: 99,3%) — 162,23 m² BGF — 4.676 — **28,82** — 28,82
  HT-Rohre DN50-100, Formstücke (50m), Kunststoff-Schallschutzrohre DN56-90, Formstücke (5m), Fallrohre DN100 (19m)

6100-1197 Maisonettewohnung

- Herstellen (Kosten: 100,0%) — 107,00 m² BGF — 1.239 — **11,58** — 11,58
  HT-Rohre DN50-100, Formstücke (psch)

6100-1206 Einfamilienhaus, Badeinbau

- Herstellen (Kosten: 100,0%) — 6,62 m² BGF — 1.327 — **200,42** — 200,42
  Abwasserleitungen, Anschlüsse (psch), Bodenablauf DN50 (1St), Design-Sifon (1St)

6100-1210 Doppelhaushälfte, Gründerzeit

- Wiederherstellen (Kosten: 16,4%) — 438,41 m² BGF — 442 — **1,01** — 1,01
  Grundleitung reinigen, mit Hochdruck spülen, mit TV-Kamera überprüfen, DVD und Protokoll erstellen

- Herstellen (Kosten: 83,6%) — 438,41 m² BGF — 2.261 — **5,16** — 5,16
  Abwasserrohre DN100, Formstücke (19m), Geruchsverschlüsse DN32 (5St)

6400-0062 Jugendzentrum

- Herstellen (Kosten: 100,0%) — 1.140,79 m² BGF — 1.986 — **1,74** — 1,74
  Regenfallrohre, Quadratrohr, Titanzink (26m), Standrohre (3St), Dachgully, Edelstahl (3St), Bodenabläufe mit Beton schließen (4St)

© BKI Baukosteninformationszentrum — Kostenstand: 3.Quartal 2015, Bundesdurchschnitt, inkl. 19% MwSt.

410 Abwasser-, Wasser-, Gasanlagen

KG	Kostengruppe	Menge Einheit	Kosten €	€/Einheit	€/m² BGF
	6600-0015 Naturfreundehaus				
	• Abbrechen (Kosten: 0,7%) Abbruch von Stb-Revisionsschacht (1St), Fettabscheider (1St); Entsorgung, Deponiegebühren	1.950,00 m² BGF	498	**0,26**	0,26
	• Herstellen (Kosten: 99,3%) Rohrgrabenaushub, KG-Grundleitungen DN100-150, Formstücke (295m), Kontrollschächte DN125-150 (3St), Betonschächte DN100-120 (5St), Regenfallrohre DN80-100 (82m), SML-Rohre DN50-100, Formstücke (126m), PE-Rohre DN50-100, Formstücke (130m), Rohrdämmung (259m), Bodenabläufe DN50-100 (26St), Sifons (26St), Tauchpumpe (1St), Rohrbelüfterstationen (12St)	1.950,00 m² BGF	68.799	**35,28**	35,28
	6600-0016 Hotel (23 Betten)				
	• Abbrechen (Kosten: 6,5%) Abbruch von Dachrinnen und Fallrohren (35m); Entsorgung, Deponiegebühren	483,52 m² BGF	207	**0,43**	0,43
	• Herstellen (Kosten: 93,5%) Abwasserinstallation ab Grundleitungen, Entlüftung über Dach, Rohrbelüfter, Fallleitungen als schalldämmende Kunststoffrohre, Anschlussleitungen HT-Rohre (psch), Fallrohre DN100, Titanzink (18m), Standrohre, Stahl verzinkt (2St)	483,52 m² BGF	2.977	**6,16**	6,16
	6600-0017 Hotel (76 Betten)				
	• Abbrechen (Kosten: 9,5%) Abbruch von Abwasserleitungen; Entsorgung, Deponiegebühren	3.309,80 m² BGF	10.009	**3,02**	3,02
	• Herstellen (Kosten: 90,5%) Rohrgrabenaushub, Grundleitungen, Abwasserleitungen, Fettabscheider, Regenfallrohre	3.309,80 m² BGF	95.053	**28,72**	28,72
	7200-0087 Frisörsalon				
	• Abbrechen (Kosten: 8,1%) Abbruch von Abwasserleitungen (psch); Entsorgung, Deponiegebühren	118,73 m² BGF	93	**0,79**	0,79
	• Herstellen (Kosten: 91,9%) HT-Rohre DN50-100, Formstücke (15m), Brandschutzmatten (2St)	118,73 m² BGF	1.060	**8,93**	8,93
	9100-0092 Evangelische Kirche, Gemeindesaal, Pfarramt				
	• Abbrechen (Kosten: 3,2%) Abbruch von Gussrohren (44m), Hebeanlage (1St); Entsorgung, Deponiegebühren	877,81 m² BGF	517	**0,59**	0,59
	• Herstellen (Kosten: 96,8%) Rohrgrabenaushub (136m³), PVC-Rohre DN110-160, Formstücke (134m), SML-Rohre DN50-100, Formstücke (20m), HT-Rohre DN 50-100, Formstücke (8m), Rohrdämmung (psch), Kernbohrungen (15St), Regenfallrohre DN100, Kupfer (23m), Regenrohrsandfänge (3St), Tauchpumpe (1St), Bodenablauf (1St), Schacht, D=1,00m, Entwässerungsrinne, Klasse C (16m)	877,81 m² BGF	15.590	**17,76**	17,76

KG	Kostengruppe	Menge Einheit	Kosten €	€/Einheit	€/m² BGF

410
Abwasser-, Wasser-, Gasanlagen

9700-0019 Aussegnungshalle

- Herstellen (Kosten: 100,0%)   327,88 m² BGF   7.694   **23,47**   23,47
  Rohrgrabenaushub (71m), Aushub Sammelschacht (14m³), Sandbettung (14m³), Abwassersammelgrube (1St), Schachtausgleichsringe (2St), Schachtabdeckung, befahrbar (1St), KG-Rohre DN100-150, Formstücke (12m), HT-Rohre DN50-110, Formstücke, Rohrdämmung (16m), Abwasserentlüftung (1St), Schräg-Kernbohrung, D=130-140mm, für Kanalanschlüsse (3m)

412 Wasseranlagen

1300-0142 Scheunenumbau, Büroflächen

- Herstellen (Kosten: 100,0%)   388,00 m² BGF   14.959   **38,55**   38,55
  Kalt-und Warmwasserleitungen, Kupferrohr (350m), Rohrdämmung, Sanitärobjekte, Waschtisch (1St), WC (1St), Urinal (1St), Duscharmatur (1St), Küchenarmatur (1St), Papierspender (1St), Spiegel (1St)

1300-0152 Wohn- und Geschäftshaus

- Abbrechen (Kosten: 0,7%)   390,52 m² BGF   193   **0,49**   0,49
  Ausbauen von Duschzelle (1St), Entsorgung, Deponiegebühren

- Herstellen (Kosten: 99,3%)   390,52 m² BGF   28.564   **73,14**   73,14
  Druckerhöhungsanlage, Kalt- und Warmwasserleitungen, Durchlauferhitzer (1St), Wasserzähler (1St), Waschbecken (4St), Badewanne (1St), Duschwanne, Stahl (1St), Duschwanne, Acryl (1St), Bidet (1St), WC, wandhängend (3St), Spiegel (3St), Papierhalter (3St), Seifenhalter (4St), Handtuchhalter (2St)

3100-0014 Arztpraxis

- Abbrechen (Kosten: 2,7%)   175,00 m² BGF   110   **0,63**   0,63
  Abbruch von Waschtischen (5St), WC-Becken (1St), Urinal (1St), Durchlauferhitzer (1St), Elektroboiler (1St); Entsorgung, Deponiegebühren

- Herstellen (Kosten: 97,3%)   175,00 m² BGF   3.884   **22,20**   22,20
  Kalt- und Warmwasserleitungen, Formstücke (6m), Waschtische (2St), behindertengerecht (1St), WC-Becken (2St), Urinal (1St), Stützklappgriffe (2St), Warmwasserspeicher (5St)

3100-0015 Arztpraxis

- Abbrechen (Kosten: 3,9%)   143,00 m² BGF   54   **0,38**   0,38
  Abbruch von Waschtischen (5St), WC-Becken (1St), Urinal (1St), Durchlauferhitzer (1St); Entsorgung, Deponiegebühren

- Herstellen (Kosten: 96,1%)   143,00 m² BGF   1.339   **9,36**   9,36
  Kalt- und Warmwasserleitungen, Formstücke (12m), Waschtische (3St), Warmwasserspeicher (4St)

410 Abwasser-, Wasser-, Gasanlagen

KG	Kostengruppe	Menge Einheit	Kosten €	€/Einheit	€/m² BGF

3100-0018 Arztpraxis, Personalaufenthalt

- **Herstellen (Kosten: 100,0%)** — 117,50 m² BGF — 4.849 — **41,27** — 41,27
  Handwaschbecken, opto-elektronische Armatur (1St), Wand-Tiefspül-WC (1St), Hartschaum-Duschsystem mit Gefälle, für bodengleiche Dusche (1St), Duscharmatur, auf Putz (1St), Spülenanschluss (1St), Kalt- und Warmwasserleitungen (psch)

4400-0165 Kinderkrippe (2 Gruppen, 24 Kinder)

- **Abbrechen (Kosten: 1,4%)** — 288,11 m² BGF — 105 — **0,37** — 0,37
  Abbruch von Kalt- und Warmwasserleitungen, Entsorgung, Deponiegebühren

- **Herstellen (Kosten: 98,6%)** — 288,11 m² BGF — 7.438 — **25,82** — 25,82
  Kalt- und Warmwasserleitungen, Formstücke, Dämmung (48m), WC-Becken (4St), Waschbecken (5St), Duschwanne (1St), Behinderten-WC (1St)

4400-0178 Kindertagesstätte (4 Gruppen, 65 Kinder)

- **Abbrechen (Kosten: 7,0%)** — 1.398,00 m² BGF — 1.209 — **0,86** — 0,86
  Abbruch von Armaturen (2St), Wasserleitungen, Rohrdämmungen, Befestigungen; Entsorgung, Deponiegebühren

- **Wiederherstellen (Kosten: 0,6%)** — 1.398,00 m² BGF — 104 — **< 0,1** — < 0,1
  Füllventile in Spülkästen erneuern (2St)

- **Herstellen (Kosten: 92,4%)** — 1.398,00 m² BGF — 16.055 — **11,48** — 11,48
  Verbundrohre DN16-32, Form- und Verbindungsstücke, Dämmung (138m), Druckausdehnungsgefäß 12l (1St), Tiefspül-WCs (5St), Fäkalienbecken (1St), Waschtische (2St), Spiel- und Waschlandschaft, vier Waschplätze (1St), Waschrinne, l=120cm (1St), Duschwanne (1St), Ausgussbecken (1St), Armaturen, Anpassen der bestehenden Warm- und Kaltwasserleitungen

4500-0016 Seminargebäude

- **Abbrechen (Kosten: 9,4%)** — 519,70 m² BGF — 876 — **1,69** — 1,69
  Demontage von Kalt- und Warmwasserleitungen bis DN40 (85m), WC-Anlagen (3St), Waschtischen (4St), Warmwasserbereiter 30l (1St); Entsorgung, Deponiegebühren

- **Herstellen (Kosten: 90,6%)** — 519,70 m² BGF — 8.422 — **16,20** — 16,20
  Kalt- und Warmwasserleitungen, Formstücke, Rohrdämmung (25m), Hausanschluss (1St), Feinfilter (1St), Tiefspül-WCs (3St), Waschtische (3St), Behinderten-WC (1St), Stützklappgriffe (2St), Warmwasserspeicher 5l (3St)

5600-0004 Yogastudio

- **Herstellen (Kosten: 100,0%)** — 146,30 m² BGF — 1.249 — **8,54** — 8,54
  Aufsatzwaschtisch, Ablauf, Armatur (1St)

KG	Kostengruppe	Menge Einheit	Kosten €	€/Einheit	€/m² BGF

410 Abwasser-, Wasser-, Gasanlagen

6100-0932 Gutshaus, Wohnen im Alter (14 WE)

• Wiederherstellen (Kosten: 4,5%)		1.360,30 m² BGF	1.764	**1,30**	1,30

Verlegen des vorhandenen Wasser-Hausanschlusses, Demontage Bestandseinrichtung, Rohrverlegung unter neuer Bodenplatte, Montage Hausanschlusseinrichtung an neuer Position (psch)

• Herstellen (Kosten: 95,5%)		1.360,30 m² BGF	37.840	**27,82**	27,82

Trinkwasserinstallationen für Bad und Küchen in 14 Wohnungen (psch), Hauswasserstation (1St), Wasserzähler (14St), Waschtische (13St), Waschbecken (1St), WC-Becken (14St), Dusche 80x80cm (1St), Ausgussbecken (1St), Warmwasserzähler (14St), Kaltwasserzähler (14St)

6100-0937 Einfamilienhaus, Umnutzung Scheune

• Herstellen (Kosten: 100,0%)		206,38 m² BGF	14.278	**69,18**	69,18

Kalt- und Warmwasserleitungen, Kupfer, Rohrdämmung, WC-Becken (2St), UP-Spülkästen (2St), Waschbecken (2St), Duschwannen, Duschabtrennungen (2St), Badewanne (1St)

6100-0946 Einfamilienhaus, Einzeldenkmal

• Herstellen (Kosten: 100,0%)		285,78 m² BGF	13.560	**47,45**	47,45

Kalt- und Warmwasserleitungen, Formstücke, Rohrdämmung (93m), Waschtische (3St), WC-Becken (3St), Duschwanne (1St), Badewanne (1St), Geräteanschlüsse (3St), Elektro-Durchlauferhitzer (1St)

6100-0962 Einfamilienhaus, Einliegerwohnung

• Herstellen (Kosten: 100,0%)		63,80 m² BGF	5.355	**83,93**	83,93

Kalt- und Warmwasserleitungen, Formstücke, Rohrdämmung (psch), Waschtisch (1St), WC-Becken (1St), Dusche, bodengleich (1St), Küchen- und Waschmaschinenanschlüsse (2St)

6100-1105 Reihenendhaus, Denkmalschutz

• Abbrechen (Kosten: 2,9%)		310,00 m² BGF	293	**0,95**	0,95

Abbruch von Sanitärobjekten (6St); Entsorgung, Deponiegebühren

• Wiederherstellen (Kosten: 0,8%)		310,00 m² BGF	87	**0,28**	0,28

Bestehende Duscharmatur versetzen (1St)

• Herstellen (Kosten: 96,3%)		310,00 m² BGF	9.883	**31,88**	31,88

PE-Xc-Rohre DN16, Formstücke (21m), Kupferrohre DN15, Formstücke (4m), Waschtisch 91x42cm (1St), Handwaschbecken 48x28cm (2St), Wand-Tiefspül-WCs (3St), Bidet (1St), Duschwanne, bodengleich, Regenbrause, Handbrause (1St), Armaturen, Anschlüsse an bestehende Leitungen

410 Abwasser-, Wasser-, Gasanlagen

KG	Kostengruppe	Menge Einheit	Kosten €	€/Einheit	€/m² BGF

6100-1195 Mehrfamilienhaus, Dachgeschoss

- **Abbrechen (Kosten: 0,4%)** — 162,23 m² BGF — 74 — **0,45** — 0,45
  Abbruch von Sanitärelementen mit Leitungen (8St); Entsorgung, Deponiegebühren

- **Herstellen (Kosten: 99,6%)** — 162,23 m² BGF — 19.816 — **122,15** — 122,15
  Metallverbundrohre DN16-26, Formstücke, Rohrdämmung (141m), Freistrom-Schrägsitzventile (4St), Zirkulations-Regulierventile (2St), Waschtische (2St), Tiefspül-WCs (2St), Duschwannen (2St), Badewanne (1St), Küchenanschluss (1St), Waschmaschinenanschluss (1St), Armaturen

6100-1197 Maisonettewohnung

- **Abbrechen (Kosten: 9,3%)** — 107,00 m² BGF — 1.078 — **10,08** — 10,08
  Abbruch von Sanitärobjekten mit Zubehör (23h); Entsorgung, Deponiegebühren

- **Herstellen (Kosten: 90,7%)** — 107,00 m² BGF — 10.455 — **97,71** — 97,71
  Möbelwaschtisch 50x47cm, Schrankunterbau, Auszug (1St), Stahlduschwanne 120x75cm, Showerpipe, Handbrause (1St), Stahl-Fünfeck Duschwanne 80x80cm, Raindance mit Brausestange, Handbrause (1St), Badewanne 170x75cm, Wannenblende, Oberfläche HPL, Handbrause (1St), Wand-Tiefspül-WCs, Montageelemente (2St), Waschtisch 80x50cm (1St)

6100-1206 Einfamilienhaus, Badeinbau

- **Herstellen (Kosten: 100,0%)** — 6,62 m² BGF — 6.388 — **965,17** — 965,17
  Kalt- und Warmwasserleitungen (psch), WC-Becken (1St), Waschtisch (1St), Trägerelement für bodengleiche Dusche (1St), Armaturen

6100-1210 Doppelhaushälfte, Gründerzeit

- **Abbrechen (Kosten: 5,8%)** — 438,41 m² BGF — 649 — **1,48** — 1,48
  Abbruch von Waschtisch (1St), WC (1St), Wasserleitungen; Entsorgung, Deponiegebühren

- **Wiederherstellen (Kosten: 3,3%)** — 438,41 m² BGF — 372 — **0,85** — 0,85
  Hauptwasserleitung abstellen, bis zum Zähler zurückbauen, neuen Verteiler montieren, Zuleitung Kaltwasser neu verlegen

- **Herstellen (Kosten: 90,8%)** — 438,41 m² BGF — 10.127 — **23,10** — 23,10
  Kalt- und Warmwasser-Verbundrohre DN32, Formstücke, Rohrdämmung (47m), PP-Anschlussleitungen DN15 (20m), Zirkulationsleitung DN20 (31m), Kompaktverteiler, drei Abgänge (1St), Hauswasserstation (1St), Brauchwasserpumpe (1St), Waschtische (3St), Wand-Tiefspül-WCs (2St), Bidet (1St), Duschwanne 90x90cm (1St), Badewanne 170x75cm (1St), Armaturen

KG	Kostengruppe	Menge Einheit	Kosten €	€/Einheit	€/m² BGF

410 Abwasser-, Wasser-, Gasanlagen

6600-0015 Naturfreundehaus

- Abbrechen (Kosten: 1,1%) — 1.950,00 m² BGF — 1.608 — **0,82** — 0,82
  Abbruch von Wasserleitungen (582m), Sanitärgegenständen (100St); Entsorgung, Deponiegebühren

- Herstellen (Kosten: 98,9%) — 1.950,00 m² BGF — 142.697 — **73,18** — 73,18
  Kalt- und Warmwasserleitungen, Edelstahl, Form- und Verbindungsstücke (666m), Hart-PVC-Rohre DN15-20 (400m), Verbundrohre DN16-20 (451m), Polyrohre DN32-63 (122m), Rohrdämmung (1.124m), Enthärtungsanlage 15m³/h (1St), Waschtische (26St), Wand-WCs (26St), Urinale (3St), Duschwannen (15St), Badewannen (2St), Ausgussbecken (5St), Armaturen (49St), Durchlauferhitzer (1St)

6600-0016 Hotel (23 Betten)

- Herstellen (Kosten: 100,0%) — 483,52 m² BGF — 28.109 — **58,13** — 58,13
  Wasserleitungen ab Hausanschluss, Zählerplatz, Druckminderer-Filterkombination, Verteiler, Anschluss Warmwasserspeicher, Gartenleitung, Rohrdämmungen (psch), Druckerhöhungsanlage, Systemtrenner (psch), Durchlauferhitzer (1St), Waschtische (6St), Handwaschbecken (3St), Wand-WCs mit Tragsystem, Montageelement, Papierhalter (9St), Badewannen, Brauseset (3St), Duschwannen 90x90cm (3St), bodengleich (3St)

6600-0017 Hotel (76 Betten)

- Abbrechen (Kosten: 9,6%) — 3.309,80 m² BGF — 30.714 — **9,28** — 9,28
  Abbruch von Wasserleitungen, Sanitärobjekten; Entsorgung, Deponiegebühren

- Herstellen (Kosten: 90,4%) — 3.309,80 m² BGF — 288.148 — **87,06** — 87,06
  Kalt- und Warmwasserleitungen, Rohrdämmung, Sanitärobjekte

7200-0087 Frisörsalon

- Abbrechen (Kosten: 4,7%) — 118,73 m² BGF — 191 — **1,61** — 1,61
  Abbruch von Wasserleitungen (psch), WC-Becken (2St), Urinalen (2St), Handwaschbecken (2St); Entsorgung, Deponiegebühren

- Herstellen (Kosten: 95,3%) — 118,73 m² BGF — 3.873 — **32,62** — 32,62
  Kupferrohre DN15-22, Formstücke (57m), Brandschutzmatten (6St), Anschließen von bauseitigen Sanitärobjekten: Wachtischanlagen (2St), WC-Anlagen (2St), Spülbecken (2St), Haarwaschbecken (2St), Spülmaschine (1St), Armaturen

9100-0086 Museum, Ausstellungen

- Abbrechen (Kosten: 30,2%) — 455,00 m² BGF — 198 — **0,43** — 0,43
  Abbruch von Wasserleitungen, Entsorgung, Deponiegebühren

- Herstellen (Kosten: 69,8%) — 455,00 m² BGF — 458 — **1,01** — 1,01
  Rückbau von Wasserleitungen

410 Abwasser-, Wasser-, Gasanlagen

KG	Kostengruppe	Menge Einheit	Kosten €	€/Einheit	€/m² BGF

9100-0092 Evangelische Kirche, Gemeindesaal, Pfarramt

- Abbrechen (Kosten: 3,9%) — 877,81 m² BGF — 319 — **0,36** — 0,36
  Abbruch von Stahlrohren (66m), Waschtischen (2St), Stand-WCs (2St), Armaturen (psch); Entsorgung, Deponiegebühren

- Herstellen (Kosten: 96,1%) — 877,81 m² BGF — 7.855 — **8,95** — 8,95
  Edelstahlrohre DN15-35, Formstücke, Rohrdämmung (90m), Feinfilter (1St), Druckminderer (1St), Kaltwasserverteiler (1St), Sicherheitsgruppe (1St), Warmwasserspeicher 50l (1St), Waschtische (4St), Tiefspül-WCs (2St)

9700-0019 Aussegnungshalle

- Herstellen (Kosten: 100,0%) — 327,88 m² BGF — 8.265 — **25,21** — 25,21
  PE-Rohre, Formstücke (125m), Edelstahrohre DN18-22, Formstücke (4m), Rückspülfilter (1St), Ventil (1St), Rohrdurchführung (1St), Tiefspül-Behinderten-WC-Anlage (1St), Behinderten-Waschtischanlage (1St), Druckspeicher (1St), Stützklappgriffe (3St), Haltegriff (1St), Sicherheitsspiegel (1St), Händetrockner (1St), Seifenschaumspender (1St), Papierrollenhalter (1St)

413 Gasanlagen

6100-0937 Einfamilienhaus, Umnutzung Scheune

- Herstellen (Kosten: 100,0%) — 206,38 m² BGF — 1.878 — **9,10** — 9,10
  Gasleitung, Herdanschluss

6100-1105 Reihenendhaus, Denkmalschutz

- Herstellen (Kosten: 100,0%) — 310,00 m² BGF — 361 — **1,16** — 1,16
  Kupferrohre DN15, Formstücke (50m), Edelstahlrohr DN15, Formstücke (1m), Gassteckdose mit Absperreinrichtung (1St)

6100-1210 Doppelhaushälfte, Gründerzeit

- Herstellen (Kosten: 100,0%) — 438,41 m² BGF — 658 — **1,50** — 1,50
  Gaszähler, Absperrarmaturen, Gasleitung und Gassteckdose für Küche, Gasherd anschließen (1St)

419 Abwasser-, Wasser-, Gasanlagen, sonstiges

1300-0142 Scheunenumbau, Büroflächen

- Herstellen (Kosten: 100,0%) — 388,00 m² BGF — 347 — **0,90** — 0,90
  Installationsblöcke für Sanitäreinrichtungsgegenstände (2St)

KG	Kostengruppe	Menge Einheit	Kosten €	€/Einheit	€/m² BGF
	3100-0014 Arztpraxis				
	• Herstellen (Kosten: 100,0%) Installationselemente für Waschtische (3St), WC-Becken (2St), Urinal (1St)	175,00 m² BGF	1.182	**6,76**	6,76
	3100-0018 Arztpraxis, Personalaufenthalt				
	• Herstellen (Kosten: 100,0%) Montageelement für Waschbecken (1St), für WC (1St)	117,50 m² BGF	468	**3,98**	3,98
	4400-0165 Kinderkrippe (2 Gruppen, 24 Kinder)				
	• Herstellen (Kosten: 100,0%) Montageelemente (10St)	288,11 m² BGF	2.221	**7,71**	7,71
	4400-0178 Kindertagesstätte (4 Gruppen, 65 Kinder)				
	• Herstellen (Kosten: 100,0%) Montageelemente WCs (5St)	1.398,00 m² BGF	759	**0,54**	0,54
	4500-0016 Seminargebäude				
	• Herstellen (Kosten: 100,0%) Montageelemente für Tiefspül-WCs (4St), Waschtisch (1St), Klappstützgriffe (2St)	519,70 m² BGF	1.467	**2,82**	2,82
	6100-0932 Gutshaus, Wohnen im Alter (14 WE)				
	• Herstellen (Kosten: 100,0%) Montageelemente WC (14St)	1.360,30 m² BGF	3.144	**2,31**	2,31
	6100-0962 Einfamilienhaus, Einliegerwohnung				
	• Herstellen (Kosten: 100,0%) Installationselement für WC-Becken (1St)	63,80 m² BGF	380	**5,96**	5,96
	6100-1105 Reihenendhaus, Denkmalschutz				
	• Herstellen (Kosten: 100,0%) Montageelemente WC (3St), Bidet (1St), Waschtisch (1St), Elemente für höhenverstellbare Sanitärobjekte (2St)	310,00 m² BGF	1.713	**5,53**	5,53
	6100-1195 Mehrfamilienhaus, Dachgeschoss				
	• Herstellen (Kosten: 100,0%) Montageelemente für Waschtische (3St), für WCs (2St)	162,23 m² BGF	1.757	**10,83**	10,83

410
Abwasser-, Wasser-, Gasanlagen

410 Abwasser-, Wasser-, Gasanlagen

KG	Kostengruppe	Menge Einheit	Kosten €	€/Einheit	€/m² BGF
	6100-1206 Einfamilienhaus, Badeinbau				
	• Herstellen (Kosten: 100,0%) Montageelement für WC-Becken (1St)	6,62 m² BGF	931	**140,69**	140,69
	6100-1210 Doppelhaushälfte, Gründerzeit				
	• Herstellen (Kosten: 100,0%) Montageelemente für WCs (3St), Bidet (1St)	438,41 m² BGF	948	**2,16**	2,16
	6600-0015 Naturfreundehaus				
	• Herstellen (Kosten: 100,0%) Montageelemente, Wand-WC (26St), Montageelemente, Waschbecken (22St)	1.950,00 m² BGF	7.828	**4,01**	4,01
	6600-0016 Hotel (23 Betten)				
	• Herstellen (Kosten: 100,0%) Montageelemente mit Tragsystem und Systembeplankung (32m²)	483,52 m² BGF	7.867	**16,27**	16,27
	7200-0087 Frisörsalon				
	• Herstellen (Kosten: 100,0%) Montageelemente für WC-Becken (2St)	118,73 m² BGF	546	**4,60**	4,60
	9100-0092 Evangelische Kirche, Gemeindesaal, Pfarramt				
	• Herstellen (Kosten: 100,0%) Montageelemente für WC-Becken (2St)	877,81 m² BGF	524	**0,60**	0,60

Kostenkennwerte für die Kostengruppen der 3.Ebene DIN 276

KG	Kostengruppe	Menge Einheit	Kosten €	€/Einheit	€/m² BGF
421	**Wärmeerzeugungsanlagen**				

1300-0142 Scheunenumbau, Büroflächen

- Herstellen (Kosten: 100,0%) — 388,00 m² BGF — 9.724 — **25,06** — 25,06
  Gasanschluss herstellen, Niedertemperatur-Gas-Heizkessel

3100-0018 Arztpraxis, Personalaufenthalt

- Herstellen (Kosten: 100,0%) — 117,50 m² BGF — 389 — **3,31** — 3,31
  Änderungen an Zentralheizungsanlage (psch)

4400-0178 Kindertagesstätte (4 Gruppen, 65 Kinder)

- Abbrechen (Kosten: 5,1%) — 1.398,00 m² BGF — 116 — **< 0,1** — < 0,1
  Abbruch von Warmwasserspeicher 350l (1St); Entsorgung, Deponiegebühren
- Wiederherstellen (Kosten: 11,0%) — 1.398,00 m² BGF — 252 — **0,18** — 0,18
  Sicherheitsgruppe mit Druckminderer erneuern (1St)
- Herstellen (Kosten: 83,9%) — 1.398,00 m² BGF — 1.917 — **1,37** — 1,37
  Warmwasserspeicher 160l (1St), Rückspülfilter (1St), Ventile (21St)

4500-0016 Seminargebäude

- Abbrechen (Kosten: 9,4%) — 519,70 m² BGF — 422 — **0,81** — 0,81
  Demontage von Gasleitungen DN50 (72m); Entsorgung, Deponiegebühren
- Herstellen (Kosten: 90,6%) — 519,70 m² BGF — 4.060 — **7,81** — 7,81
  Gas-Brennwertkessel 19kW (1St), Membrandruckausdehnungsgefäß 35l (1St), Gasströmungswächter (1St), Gasanschluss an Bestand (1St), Nachspeisesystem (1St)

6100-0932 Gutshaus, Wohnen im Alter (14 WE)

- Herstellen (Kosten: 100,0%) — 1.360,30 m² BGF — 26.922 — **19,79** — 19,79
  Holzstückgutkessel, Schornstein, Pufferspeicher (psch), Heizzentrale ab vorhandener Fernwärmestation, komplette Einrichtung, Speicher-Wassererwärmer 500l mit Speicheranschluss, Weichenmodul, Ausdehnungsgefäß, Pumpe, Montageteile (psch)

6100-0937 Einfamilienhaus, Umnutzung Scheune

- Herstellen (Kosten: 100,0%) — 206,38 m² BGF — 17.258 — **83,62** — 83,62
  Solarkollektoren, Regelung, Solarkreispumpe (5m²), Gas-Brennwert-Kessel, Zubehör

420 Wärmeversorgungsanlagen

420 Wärmeversorgungsanlagen

KG	Kostengruppe	Menge Einheit	Kosten €	€/Einheit	€/m² BGF
	6100-0946 Einfamilienhaus, Einzeldenkmal				
	• Herstellen (Kosten: 100,0%) Gas-Brennwertkessel 24kW, Gasanschluss, Brauchwassererwärmung, Druckausdehnungsgefäß, Außentemperatursteuerung (1St), Gasleitungen (21m), Mehrwegemischverteiler (1St), Erweiterungsmodul (1St)	285,78 m² BGF	10.309	**36,07**	36,07
	6100-0976 Einfamilienhaus				
	• Herstellen (Kosten: 100,0%) Fußbodenheizungsverteiler, acht Gruppen, Regelung, Zubehör (1St)	90,00 m² BGF	1.664	**18,49**	18,49
	6100-1105 Reihenendhaus, Denkmalschutz				
	• Abbrechen (Kosten: 10,4%) Abbruch von Heizkessel (1St); Entsorgung, Deponiegebühren	310,00 m² BGF	815	**2,63**	2,63
	• Herstellen (Kosten: 89,6%) Gas-Brennwerttherme 22kW, Zubehör, Installationsmaterial (1St), Gaszählerkugelhähne (2St), hydraulischer Abgleich (1St)	310,00 m² BGF	7.042	**22,72**	22,72
	6100-1210 Doppelhaushälfte, Gründerzeit				
	• Abbrechen (Kosten: 2,8%) Abbruch von Öl-Heizanlage (1St); Entsorgung, Deponiegebühren	438,41 m² BGF	219	**0,50**	0,50
	• Herstellen (Kosten: 97,2%) Gas-Brennwerttherme 21,8kW, Ausdehnungsgefäß, Manometer, Sicherheitsventil, Pumpe und Umsteuerventil, Regelung, Wärmetauscher, Hocheffizienzpumpe, Schichtladefunktion (1St), Solarleitung DN22, Kupfer, für späteren Einbau einer Solaranlage (24m)	438,41 m² BGF	7.574	**17,28**	17,28
	6600-0015 Naturfreundehaus				
	• Abbrechen (Kosten: 1,2%) Abbruch von Wärme- und Zirkulationspumpen (4St), Kachelöfen (2St); Entsorgung, Deponiegebühren	1.950,00 m² BGF	641	**0,33**	0,33
	• Wiederherstellen (Kosten: 2,6%) Druckkessel versetzen, wieder anschließen (1St), Wärmepumpen ausbauen, neue Pumpe einbauen, Kundendienst (1St)	1.950,00 m² BGF	1.404	**0,72**	0,72
	• Herstellen (Kosten: 96,2%) Erweiterung der bestehenden Gas-Brennwert-Heizanlage, Heizkreisverteilungen Fußbodenheizung, Lüftung (2St), Druckausdehnungsgefäß 500l (1St), Solaranlage, Röhrenkollektoren (36m²), Systemregelung (1St), Pufferspeicher 992l, Heizwasser (2St), Schichtenspeicher 477l, Trinkwasser (1St), Umwälzpumpen (4St)	1.950,00 m² BGF	51.273	**26,29**	26,29

KG	Kostengruppe	Menge Einheit	Kosten €	€/Einheit	€/m² BGF

420 Wärmeversorgungsanlagen

6600-0016 Hotel (23 Betten)

- Abbrechen (Kosten: 5,3%) — 483,52 m² BGF — 1.260 — **2,61** — 2,61
  Abbruch von Öltank 6.400l, leeren, reinigen, heraustrennen (psch); Entsorgung, Deponiegebühren

- Herstellen (Kosten: 94,7%) — 483,52 m² BGF — 22.403 — **46,33** — 46,33
  Holzpelletkessel 5-25kW (1St), Heizkreisstation (1St), Pelletsacksilos, Stahlgestell mit Gewebe, Inhalt 4,5-5,0t (2St), Befüllset, Entnahmeschnecke (1St), Warmwasserspeicher 750l (1St)

6600-0017 Hotel (76 Betten)

- Herstellen (Kosten: 100,0%) — 3.309,80 m² BGF — 18.105 — **5,47** — 5,47
  Erweiterung der Heizungsanlage

9100-0086 Museum, Ausstellungen

- Wiederherstellen (Kosten: 100,0%) — 455,00 m² BGF — 843 — **1,85** — 1,85
  Rohrbruch in der Heizungsanlage reparieren

9100-0092 Evangelische Kirche, Gemeindesaal, Pfarramt

- Abbrechen (Kosten: 15,4%) — 877,81 m² BGF — 672 — **0,77** — 0,77
  Abbruch von Heizkessel mit Zubehör (psch); Entsorgung, Deponiegebühren

- Herstellen (Kosten: 84,6%) — 877,81 m² BGF — 3.682 — **4,19** — 4,19
  Nassläuferpumpen (4St), Wärmezähler (3St), Bi-Metall-Zeigerthermometer (6St)

422 Wärmeverteilnetze

1300-0142 Scheunenumbau, Büroflächen

- Herstellen (Kosten: 100,0%) — 388,00 m² BGF — 1.800 — **4,64** — 4,64
  Heizleitungen, Umwälzpumpen, Dämmung

1300-0152 Wohn- und Geschäftshaus

- Abbrechen (Kosten: 5,0%) — 390,52 m² BGF — 257 — **0,66** — 0,66
  Abbruch von Heizungsrohren, Entsorgung, Deponiegebühren (18m)

- Herstellen (Kosten: 95,0%) — 390,52 m² BGF — 4.871 — **12,47** — 12,47
  Heizungsrohre, Wärmemengenzähler

3100-0014 Arztpraxis

- Herstellen (Kosten: 100,0%) — 175,00 m² BGF — 3.673 — **20,99** — 20,99
  Rohrdämmung (7m), Ventilgehäuse (1St), Stopfen (6St), Rücklaufverschraubung (1St)

© BKI Baukosteninformationszentrum   Kostenstand: 3.Quartal 2015, Bundesdurchschnitt, **inkl. 19% MwSt.**

420 Wärmeversorgungsanlagen

KG Kostengruppe	Menge Einheit	Kosten €	€/Einheit	€/m² BGF

3100-0015 Arztpraxis

- Herstellen (Kosten: 100,0%)
  Rohrdämmung (8m), Ventilgehäuse (1St), Rücklaufverschraubung (1St)

| | 143,00 m² BGF | 2.607 | 18,23 | 18,23 |

4400-0165 Kinderkrippe (2 Gruppen, 24 Kinder)

- Herstellen (Kosten: 100,0%)
  Heizungsrohre, Formstücke, Dämmung (164m)

| | 288,11 m² BGF | 3.511 | 12,19 | 12,19 |

4400-0178 Kindertagesstätte (4 Gruppen, 65 Kinder)

- Abbrechen (Kosten: 3,8%)
  Abbruch von Entlüftungsleitungen (49m); Entsorgung, Deponiegebühren

| | 1.398,00 m² BGF | 143 | 0,10 | 0,10 |

- Herstellen (Kosten: 96,2%)
  Heizungsleitungen, Form- und Verbindungsstücke, Dämmung (92m), Anschluss Heizungsleitungen an Warmwasserspeicher (2St)

| | 1.398,00 m² BGF | 3.652 | 2,61 | 2,61 |

4500-0016 Seminargebäude

- Herstellen (Kosten: 100,0%)
  Stahl-Heizungsrohre, Formstücke, Rohrdämmung (213m)

| | 519,70 m² BGF | 7.878 | 15,16 | 15,16 |

4500-0017 Bildungsinstitut, Seminarräume

- Herstellen (Kosten: 100,0%)
  Kupfer-Heizungsrohre, Formstücke, Rohrdämmung (15m)

| | 344,53 m² BGF | 2.760 | 8,01 | 8,01 |

6100-0932 Gutshaus, Wohnen im Alter (14 WE)

- Wiederherstellen (Kosten: 4,5%)
  Defekte Heizungsumwälzpumpe erneuern

| | 1.360,30 m² BGF | 908 | 0,67 | 0,67 |

- Herstellen (Kosten: 95,5%)
  Heizungsleitungen (psch), Wärmemengenzähler (14St)

| | 1.360,30 m² BGF | 19.054 | 14,01 | 14,01 |

6100-0937 Einfamilienhaus, Umnutzung Scheune

- Herstellen (Kosten: 100,0%)
  Wärmemengenzähler (3St), Heizkreisverteiler (1St), Verteilerschrank (1St)

| | 206,38 m² BGF | 2.365 | 11,46 | 11,46 |

6100-0946 Einfamilienhaus, Einzeldenkmal

- Herstellen (Kosten: 100,0%)
  Heizkreisverteiler (2St), Heizungsrohre, Rohrdämmung (87m)

| | 285,78 m² BGF | 1.862 | 6,52 | 6,52 |

KG	Kostengruppe	Menge Einheit	Kosten €	€/Einheit	€/m² BGF
	6100-1105 Reihenendhaus, Denkmalschutz				
	• Herstellen (Kosten: 100,0%) Heizleitungen erweitern oder umlegen, Formstücke, Rohrdämmung (36m), Deckendurchbrüche schließen (2St)	310,00 m² BGF	3.798	**12,25**	12,25
	6100-1195 Mehrfamilienhaus, Dachgeschoss				
	• Abbrechen (Kosten: 6,2%) Abbruch von Heizungsrohren (36m); Entsorgung, Deponiegebühren	162,23 m² BGF	166	**1,02**	1,02
	• Herstellen (Kosten: 93,8%) C-Stahl-Rohre DN15-28, außen verzinkt, Formstücke, Rohrdämmung (51m)	162,23 m² BGF	2.517	**15,52**	15,52
	6100-1210 Doppelhaushälfte, Gründerzeit				
	• Abbrechen (Kosten: 2,6%) Abbruch von Heizleitungen; Entsorgung, Deponiegebühren	438,41 m² BGF	87	**0,20**	0,20
	• Wiederherstellen (Kosten: 1,8%) Beschichtung erneuern auf Stahl-Heizungsrohren DN10-30, inkl. Schellen, Untergrund reinigen, entrosten, Kunstharzbeschichtung aufbringen (26m)	438,41 m² BGF	61	**0,14**	0,14
	• Herstellen (Kosten: 95,5%) Kupferrohre DN15-22, Formstücke, Rohrdämmung (57m), Druckausdehnungsgefäß 35l (1St)	438,41 m² BGF	3.163	**7,21**	7,21
	6600-0015 Naturfreundehaus				
	• Herstellen (Kosten: 100,0%) Mehrschicht-Verbundrohre 16x2, Form- und Verbindungsstücke (740m), Gewinderohre DN20-50 (283m), C-Stahlrohre 15x1 bis 28x1,5 (518m), Rohrdämmung (757m), Heizkreisverteiler, acht Heizkreise, Verteilerschrank (4St), Heizkörper-Anbinde Sets (98St)	1.950,00 m² BGF	34.196	**17,54**	17,54
	6600-0016 Hotel (23 Betten)				
	• Herstellen (Kosten: 100,0%) Heizungsleitungen (psch), Rohrdämmungen (37m), Heizungsrohre lackieren (psch)	483,52 m² BGF	2.649	**5,48**	5,48
	6600-0017 Hotel (76 Betten)				
	• Herstellen (Kosten: 100,0%) Heizungsrohre, Rohrdämmung	3.309,80 m² BGF	44.355	**13,40**	13,40
	7200-0079 Atelier	35,21 m² BGF	798	**22,67**	22,67
	Heizungsleitungen, Kupferrohre, Formstücke, Dämmung (11m)				

420
Wärmeversorgungsanlagen

420 Wärmeversorgungsanlagen

KG	Kostengruppe	Menge Einheit	Kosten €	€/Einheit	€/m² BGF
	7200-0087 Frisörsalon				
	• Wiederherstellen (Kosten: 100,0%) Heizleitungen anschleifen, neu lackieren (80m)	118,73 m² BGF	428	**3,61**	3,61
	9100-0086 Museum, Ausstellungen				
	• Wiederherstellen (Kosten: 100,0%) Heizungsleitungen entleeren, nach Fertigstellung der Arbeiten, füllen, auf Dichtheit prüfen	455,00 m² BGF	110	**0,24**	0,24
	9100-0092 Evangelische Kirche, Gemeindesaal, Pfarramt				
	• Abbrechen (Kosten: 4,6%) Abbruch von Heizleitungen, Rohrdämmung (109m); Entsorgung, Deponiegebühren	877,81 m² BGF	1.123	**1,28**	1,28
	• Herstellen (Kosten: 95,4%) Kupferrohre DN15-42, Formstücke, Rohrdämmung (517m), Gewinderohre DN15-50, Formstücke, Rohrdämmung (36m), Entlüftungsstationen (5St)	877,81 m² BGF	23.067	**26,28**	26,28
	423 Raumheizflächen				
	1300-0142 Scheunenumbau, Büroflächen				
	• Herstellen (Kosten: 100,0%) Kompaktheizkörper (17St)	388,00 m² BGF	4.991	**12,86**	12,86
	1300-0152 Wohn- und Geschäftshaus				
	• Abbrechen (Kosten: 11,2%) Abbruch von Heizkörper, Entsorgung, Deponiegebühren	390,52 m² BGF	835	**2,14**	2,14
	• Herstellen (Kosten: 88,8%) Heizkörper (14St), Handtuchtrockner mit Elektropatrone (1St)	390,52 m² BGF	6.615	**16,94**	16,94
	3100-0014 Arztpraxis				
	• Herstellen (Kosten: 100,0%) Ventilheizkörper (1St)	175,00 m² BGF	1.783	**10,19**	10,19
	3100-0015 Arztpraxis				
	• Herstellen (Kosten: 100,0%) Thermostatkopf (1St)	143,00 m² BGF	70	**0,49**	0,49

420 Wärmeversorgungsanlagen

KG	Kostengruppe	Menge Einheit	Kosten €	€/Einheit	€/m² BGF
	3100-0018 Arztpraxis, Personalaufenthalt				
	• Herstellen (Kosten: 100,0%) Heizwand 140x63cm (1St), Flachheizkörper 60x60cm (1St), Profil-Kompaktheizkörper 60x160cm (1St)	117,50 m² BGF	1.414	**12,04**	12,04
	4400-0165 Kinderkrippe (2 Gruppen, 24 Kinder)				
	• Abbrechen (Kosten: 3,1%) Abbruch von Heizkörpern, Entsorgung, Deponiegebühren	288,11 m² BGF	497	**1,73**	1,73
	• Herstellen (Kosten: 96,9%) Flachheizkörper (15St)	288,11 m² BGF	15.515	**53,85**	53,85
	4400-0178 Kindertagesstätte (4 Gruppen, 65 Kinder)				
	• Abbrechen (Kosten: 5,5%) Abbruch von Heizkörpern (18St); Entsorgung, Deponiegebühren	1.398,00 m² BGF	1.297	**0,93**	0,93
	• Herstellen (Kosten: 94,5%) Fußbodenheizung, Verteiler, Schränke (349m²), Plattenheizkörper, Anschlüsse in Wand verlegen (8St)	1.398,00 m² BGF	22.248	**15,91**	15,91
	4500-0016 Seminargebäude				
	• Abbrechen (Kosten: 9,9%) Demontage von Gaseinzelöfen (18St); Entsorgung, Deponiegebühren	519,70 m² BGF	1.136	**2,19**	2,19
	• Herstellen (Kosten: 90,1%) Konvektoren (22St), Röhrenradiatoren (3St), Thermostatventile (25St)	519,70 m² BGF	10.336	**19,89**	19,89
	4500-0017 Bildungsinstitut, Seminarräume				
	• Herstellen (Kosten: 100,0%) Bodenkanalheizung 340x2250mm, Alu-Rollroste, Heizungsventile (6St), thermoelektrische Stellantriebe (6St)	344,53 m² BGF	7.309	**21,22**	21,22
	6100-0849 Doppelhaushälfte				
	• Abbrechen (Kosten: 12,3%) Demontage von Heizkörpern; Entsorgung, Deponiegebühren	97,10 m² BGF	274	**2,82**	2,82
	• Herstellen (Kosten: 87,7%) Heizkörper, Thermostate, Ventile, Verschraubungen	97,10 m² BGF	1.948	**20,06**	20,06
	6100-0932 Gutshaus, Wohnen im Alter (14 WE)				
	• Herstellen (Kosten: 100,0%) Heizkörper (45St), Handtuchheizkörper (13St)	1.360,30 m² BGF	16.815	**12,36**	12,36

© **BKI** Baukosteninformationszentrum   Kostenstand: 3.Quartal 2015, Bundesdurchschnitt, **inkl. 19% MwSt.**

420 Wärmeversorgungsanlagen

KG	Kostengruppe	Menge Einheit	Kosten €	€/Einheit	€/m² BGF

6100-0937 Einfamilienhaus, Umnutzung Scheune

- Herstellen (Kosten: 100,0%) — 206,38 m² BGF — 10.843 — **52,54** — 52,54
  Planheizkörper (5St), Handtuchwärmekörper (2St), Fußbodenheizung (52m²), Raumthermostate (7St)

6100-0946 Einfamilienhaus, Einzeldenkmal

- Herstellen (Kosten: 100,0%) — 285,78 m² BGF — 12.092 — **42,31** — 42,31
  Fußbodenheizung, Dämmplatten (53m²), Fußbodenheizung (67m²), Wandheizung (14m²), Raumtemperaturregler (12St), Raumthermostate (9St), Badheizkörper (2St), Röhrenradiator (1St)

6100-0976 Einfamilienhaus

- Abbrechen (Kosten: 8,4%) — 90,00 m² BGF — 318 — **3,54** — 3,54
  Demontage von Fußbodenheizung (31m²); Entsorgung, Deponiegebühren

- Herstellen (Kosten: 91,6%) — 90,00 m² BGF — 3.472 — **38,58** — 38,58
  Fußbodenheizung (90m²)

6100-1105 Reihenendhaus, Denkmalschutz

- Abbrechen (Kosten: 3,5%) — 310,00 m² BGF — 220 — **0,71** — 0,71
  Abbruch von Heizkörpern (5St); Entsorgung, Deponiegebühren

- Wiederherstellen (Kosten: 27,5%) — 310,00 m² BGF — 1.741 — **5,62** — 5,62
  Erneuern von Heizkörperventilen (14St), vorhandene Heizkörper wieder montieren, Anschlusszubehör (7St)

- Herstellen (Kosten: 69,1%) — 310,00 m² BGF — 4.377 — **14,12** — 14,12
  Ventilheizkörper (2St), Röhrenradiatoren, zweisäulig (2St), Badheizkörper, Thermostatventil (1St), Dünnbett-Heizmatte, Raumthermostat (1St)

6100-1195 Mehrfamilienhaus, Dachgeschoss

- Abbrechen (Kosten: 1,2%) — 162,23 m² BGF — 114 — **0,70** — 0,70
  Abbruch von Stahlrippenheizkörpern (11St); Entsorgung, Deponiegebühren

- Herstellen (Kosten: 98,8%) — 162,23 m² BGF — 9.369 — **57,75** — 57,75
  Plan-Ventilheizkörper (6St), Flachheizkörper (2St), Badheizkörper (1St), Thermostatventile (9St)

6100-1197 Maisonettewohnung

- Wiederherstellen (Kosten: 77,6%) — 107,00 m² BGF — 1.868 — **17,46** — 17,46
  Heizkörper entleeren, demontieren, lagern, wieder montieren, füllen (12h), Konvektoren reinigen, anschleifen, neu lackieren (6St), defekten Heizkörperthermostat austauschen (1St)

- Herstellen (Kosten: 22,4%) — 107,00 m² BGF — 540 — **5,04** — 5,04
  Handtuchheizkörper 130x40cm (1St)

KG	Kostengruppe	Menge Einheit	Kosten €	€/Einheit	€/m² BGF
	6100-1206 Einfamilienhaus, Badeinbau				
	• Herstellen (Kosten: 100,0%) Badheizkörper (1St)	6,62 m² BGF	820	**123,89**	123,89
	6100-1210 Doppelhaushälfte, Gründerzeit				
	• Abbrechen (Kosten: 7,3%) Abbruch von Heizkörpern; Entsorgung, Deponiegebühren	438,41 m² BGF	219	**0,50**	0,50
	• Herstellen (Kosten: 92,7%) Röhrenheizkörper (3St), Plattenheizkörper (1St), Badheizkörper (1St), Thermostatventile (10St)	438,41 m² BGF	2.767	**6,31**	6,31
	6600-0015 Naturfreundehaus				
	• Herstellen (Kosten: 100,0%) PE-Xa-Heizrohre 16x2mm, Fußbodenheizung (960m), EPS-Noppenelement (120m²), Heizkreisverteiler, zehn Heizkreise (1St), Röhrenradiatoren (59St), Handtuchheizkörper, 180x50cm (14St), Konvektor, l=300cm (1St), Bodenkanalheizungen, l=175-375cm, Alurost-Abdeckung (5St), Stellantriebe (29St), Etagenregler (4St), Raumfühler (18St), Thermostatventile	1.950,00 m² BGF	36.470	**18,70**	18,70
	6600-0016 Hotel (23 Betten)				
	• Herstellen (Kosten: 100,0%) Ventilheizkörper (18St), Konvektor (1St), Flachheizkörper (1St), Wandheizung (4m²)	483,52 m² BGF	7.231	**14,95**	14,95
	6600-0017 Hotel (76 Betten)				
	• Herstellen (Kosten: 100,0%) Neue Heizkörper, Austausch aller Thermostate	3.309,80 m² BGF	35.769	**10,81**	10,81
	7200-0079 Atelier	35,21 m² BGF	1.167	**33,14**	33,14
	Elektro-Heizkörper				
	9100-0086 Museum, Ausstellungen				
	• Wiederherstellen (Kosten: 8,0%) Gussheizkörper demontieren, bauseits lagern, nach Fertigstellung der Arbeiten Heizkörper wieder montieren (12St)	455,00 m² BGF	899	**1,98**	1,98
	• Herstellen (Kosten: 92,0%) Heizkörper, Wandschlitze für Vor- und Rücklaufleitungen, Leitungen anpassen (13St)	455,00 m² BGF	10.317	**22,67**	22,67

420
Wärmeversorgungsanlagen

420 Wärmeversorgungsanlagen

KG	Kostengruppe	Menge Einheit	Kosten €	€/Einheit	€/m² BGF

9100-0092 Evangelische Kirche, Gemeindesaal, Pfarramt

- Abbrechen (Kosten: 1,6%) — 877,81 m² BGF — 308 — **0,35** — 0,35
  Abbruch von Heizkörpern (12St); Entsorgung, Deponiegebühren

- Wiederherstellen (Kosten: 3,3%) — 877,81 m² BGF — 641 — **0,73** — 0,73
  Lufterhitzer reparieren, anschließen (2St)

- Herstellen (Kosten: 95,1%) — 877,81 m² BGF — 18.252 — **20,79** — 20,79
  Fußbodenheizung, Kupferrohre DN14, Trägerplatte WLG 040, d=30mm (332m²), Anbindeleitungen (48m), Wandheizung (20m²), Heizgruppenverteiler (4St), Verteilerschrank (1St), Fernfühler (2St), PE-Folie (365m²), Schweißbahn (15m²), Röhrenradiatoren, Thermostatköpfe (13St), Raumregelung (psch)

9100-0119 Pfarrkirche

- Herstellen (Kosten: 100,0%) — 1.128,90 m² BGF — 1.279 — **1,13** — 1,13
  Rippenheizrohre, l=50cm, Steuerungen (2St)

9700-0019 Aussegnungshalle

- Herstellen (Kosten: 100,0%) — 327,88 m² BGF — 5.911 — **18,03** — 18,03
  Elektrospeicherheizgeräte (4St), Heizstrahler (3St)

429 Wärmeversorgungsanlagen, sonstiges

1300-0142 Scheunenumbau, Büroflächen

- Herstellen (Kosten: 100,0%) — 388,00 m² BGF — 324 — **0,83** — 0,83
  Alu-Abgasrohr, DN 150

1300-0152 Wohn- und Geschäftshaus

- Abbrechen (Kosten: 89,4%) — 390,52 m² BGF — 858 — **2,20** — 2,20
  Abbruch von gemauertem Kamin, Entsorgung, Deponiegebühren (4m³)

- Herstellen (Kosten: 10,6%) — 390,52 m² BGF — 102 — **0,26** — 0,26
  Bestehender Kamin, Anstrich (10m²)

4500-0016 Seminargebäude

- Herstellen (Kosten: 100,0%) — 519,70 m² BGF — 1.191 — **2,29** — 2,29
  PPS-Abgasrohr, d=60mm, Formstücke (15m), Schornstein-Einfassung, Blei (1St)

6100-0932 Gutshaus, Wohnen im Alter (14 WE)

- Herstellen (Kosten: 100,0%) — 1.360,30 m² BGF — 4.479 — **3,29** — 3,29
  Schornstein, Fundament, Schornsteinkopf aus Klinker (1St)

KG	Kostengruppe	Menge Einheit	Kosten €	€/Einheit	€/m² BGF
	6100-0937 Einfamilienhaus, Umnutzung Scheune				
	• Abbrechen (Kosten: 100,0%) Abbruch von Schornstein, d=35cm, Entsorgung, Deponiegebühren (5m)	206,38 m² BGF	666	**3,23**	3,23
	6100-0946 Einfamilienhaus, Einzeldenkmal				
	• Abbrechen (Kosten: 20,7%) Demontage von Schornstein (6m); Entsorgung, Deponiegebühren	285,78 m² BGF	1.102	**3,85**	3,85
	• Herstellen (Kosten: 79,3%) Leichtbauschornstein, Bekleidung, Haube, Edelstahl (1St)	285,78 m² BGF	4.227	**14,79**	14,79
	6100-1105 Reihenendhaus, Denkmalschutz				
	• Wiederherstellen (Kosten: 4,8%) Kamintür reinigen, anschleifen, lackieren (1St)	310,00 m² BGF	51	**0,16**	0,16
	• Herstellen (Kosten: 95,2%) Abgasleitung DN80/125, Formstücke (11m)	310,00 m² BGF	1.002	**3,23**	3,23
	6100-1195 Mehrfamilienhaus, Dachgeschoss				
	• Abbrechen (Kosten: 5,2%) Abbruch von Teil-Schornstein (psch); Entsorgung, Deponiegebühren	162,23 m² BGF	172	**1,06**	1,06
	• Herstellen (Kosten: 94,8%) Schornstein DN125 für Kaminofen, zweizügig, dreischalig, h=5,30m (1St)	162,23 m² BGF	3.175	**19,57**	19,57
	6100-1210 Doppelhaushälfte, Gründerzeit				
	• Wiederherstellen (Kosten: 18,5%) Rohrhülsen von Rauchrohreinmündung und Türen aus Kamin ausbrechen, Öffnungen zumauern (3St)	438,41 m² BGF	331	**0,75**	0,75
	• Herstellen (Kosten: 81,5%) Abgasanlage (1St), Kamin DG Spitzboden hochmauern	438,41 m² BGF	1.460	**3,33**	3,33
	6600-0015 Naturfreundehaus				
	• Abbrechen (Kosten: 100,0%) Abbruch von Schornsteinen (2St); Entsorgung, Deponiegebühren	1.950,00 m² BGF	1.120	**0,57**	0,57
	6600-0016 Hotel (23 Betten)				
	• Herstellen (Kosten: 100,0%) Schornstein überprüfen	483,52 m² BGF	67	**0,14**	0,14

420 Wärmeversorgungsanlagen

430 Lufttechnische Anlagen

Kostenkennwerte für die Kostengruppen der 3.Ebene DIN 276

KG	Kostengruppe	Menge Einheit	Kosten €	€/Einheit	€/m² BGF
431	**Lüftungsanlagen**				

1300-0142 Scheunenumbau, Büroflächen

• Herstellen (Kosten: 100,0%) Abluftventilator, flexibles Aluminiumrohr, DN 100		388,00 m² BGF	1.466	**3,78**	3,78

1300-0152 Wohn- und Geschäftshaus

• Herstellen (Kosten: 100,0%) Entlüfter (3St), Lüftungsrohre 80-100mm (30m), Brandschutzdeckenschotts (2St)		390,52 m² BGF	2.143	**5,49**	5,49

3100-0018 Arztpraxis, Personalaufenthalt

• Abbrechen (Kosten: 3,0%) Abbruch von Abluftventilator auf dem Flachdach (1St); Entsorgung, Deponiegebühren		117,50 m² BGF	76	**0,65**	0,65
• Herstellen (Kosten: 97,0%) Radial-Rohrventilatoren, Drehzahlsteller (2St), Telefonieschalldämpfer (2St), Volumenstromregler (1St), Tellerventile (6St), Elektro-Heizregister, Temperatur-Regelsystem (1St), Wickelfalzrohre, Formstücke (psch)		117,50 m² BGF	2.492	**21,21**	21,21

4400-0165 Kinderkrippe (2 Gruppen, 24 Kinder)

• Herstellen (Kosten: 100,0%) Einzelraumlüfter (2St), Wickelfalzrohre (41m)		288,11 m² BGF	1.879	**6,52**	6,52

4400-0178 Kindertagesstätte (4 Gruppen, 65 Kinder)

• Herstellen (Kosten: 100,0%) Kleinraumlüfter mit Nachlauf, Aufputz (2St)		1.398,00 m² BGF	309	**0,22**	0,22

4500-0016 Seminargebäude

• Herstellen (Kosten: 100,0%) Unterputz-Lüftungsgerät (1St), Wickelfalzrohre DN100, Formstücke (16m)		519,70 m² BGF	629	**1,21**	1,21

4500-0017 Bildungsinstitut, Seminarräume

• Abbrechen (Kosten: 0,5%) Abbruch von Lüftungstechnik (psch); Entsorgung, Deponiegebühren		344,53 m² BGF	624	**1,81**	1,81
• Herstellen (Kosten: 99,5%) Kulissenschalldämpfer (24St), Telefonieschalldämpfer (6St), Decken-Impulsauslässe (6St), Brandschutzkästen (6St), Brandschutzklappen (18St), Luftauslässe, quadratisch, in Metallkassettendecken (30St), Volumenstromregler (6St), Luftkanäle, Dämmung (350m²), Formstücke (90m²), Alu-Flexrohre DN160-250 (10St), Wickelfalzrohre DN160-250, Formstücke (54m)		344,53 m² BGF	117.353	**340,62**	340,62

430 Lufttechnische Anlagen

KG	Kostengruppe	Menge Einheit	Kosten €	€/Einheit	€/m² BGF

6100-0932 Gutshaus, Wohnen im Alter (14 WE)

•	Herstellen (Kosten: 100,0%) Einzelraumlüfter, Rohre, Formstücke (1St)	1.360,30 m² BGF	1.302	**0,96**	0,96

6100-0937 Einfamilienhaus, Umnutzung Scheune

•	Herstellen (Kosten: 100,0%) Lüftungsanlage mit Wärmerückgewinnung, Luftförderung bis 200m³/h, Wickelfalzrohre, Warmwasser-Nachheizregister	206,38 m² BGF	10.564	**51,19**	51,19

6100-1195 Mehrfamilienhaus, Dachgeschoss

•	Herstellen (Kosten: 100,0%) Dezentrale Abluftgeräte, Wandeinbau, Zuluftelemente (3St), Wickelfalzrohre (11m), Alu-Flexrohr (1m)	162,23 m² BGF	6.029	**37,16**	37,16

6100-1197 Maisonettewohnung

•	Wiederherstellen (Kosten: 100,0%) Lüfterdeckel für bauseitigen Raumentlüfter erneuern, glattflächig (1St), Ersatzfilter (1St)	107,00 m² BGF	46	**0,43**	0,43

6100-1210 Doppelhaushälfte, Gründerzeit

•	Herstellen (Kosten: 100,0%) Einzelraum-Abluftgeräte (3St)	438,41 m² BGF	916	**2,09**	2,09

6600-0015 Naturfreundehaus

•	Abbrechen (Kosten: 0,2%) Abbruch von Wickelfalzrohren (6m), Lüftungsgittern (8St); Entsorgung, Deponiegebühren	1.950,00 m² BGF	124	**< 0,1**	< 0,1
•	Herstellen (Kosten: 99,8%) Zuluftgerät 4000m³/h (1St), Abluftgerät 4500m³/h (1St), Regelgerät (1St), Abgasrohre DN500, Edelstahl (8m), Rechteckkanal, Formstücke (156m²), Rohrdämmung (13m²), Jalousieklappe 550x300mm, luftdicht (1St), Luftgitter (16St), Einraumlüfter 100m³/h, Deckeneinbaugehäuse F90 (23St), Wickelfalzrohre DN100, Formstücke, Rohrdämmung (114m), Aluflexrohre DN80 (31m), Abluftventilatoren (3St)	1.950,00 m² BGF	52.678	**27,01**	27,01

6600-0016 Hotel (23 Betten)

•	Herstellen (Kosten: 100,0%) Radial-Rohrventilator 1.000m³/h (1St), Brandschutzventile (3St), Telefonieschalldämpfer (4St), Wickelfalzrohre DN100-125, Formstücke (12m), Alu-Flexrohre (4m), Raumentlüftung, WC/Dusche, Unterputzventilator, Tellerventil, Wickelfalzrohre (psch)	483,52 m² BGF	4.343	**8,98**	8,98

430 Lufttechnische Anlagen

KG	Kostengruppe	Menge Einheit	Kosten €	€/Einheit	€/m² BGF

6600-0017 Hotel (76 Betten)

- Herstellen (Kosten: 100,0%) — 3.309,80 m² BGF — 174.156 — **52,62** — 52,62
  Be- und Entlüftungsgeräte, Kanäle, Wickelfalzrohre

7200-0086 Hörgeräteakustik-Meisterbetrieb

- Herstellen (Kosten: 100,0%) — 147,36 m² BGF — 1.130 — **7,67** — 7,67
  Kleinraumventilator, Rohrdurchführung (1St)

7200-0087 Frisörsalon

- Herstellen (Kosten: 100,0%) — 118,73 m² BGF — 598 — **5,03** — 5,03
  WC-Lüfter anschließen (2St)

9100-0080 Experimenteller Kinoraum

- Abbrechen (Kosten: 100,0%) — 231,83 m² BGF — 4.410 — **19,02** — 19,02
  Abbruch von Lüftungsanlagen (2St), Blechkanälen, Bögen, Formstücken (37m), Kunststoffkanälen (22m); Entsorgung, Deponiegebühren

9100-0092 Evangelische Kirche, Gemeindesaal, Pfarramt

- Herstellen (Kosten: 100,0%) — 877,81 m² BGF — 832 — **0,95** — 0,95
  Einzelraumlüfter, Nachlaufrelais (2St), Spiralfalzrohre DN100 (6m), Alu-Flexrohre DN80-100, Formstücke, Körperschalldämmmanschetten (2m)

9700-0019 Aussegnungshalle

- Herstellen (Kosten: 100,0%) — 327,88 m² BGF — 11.196 — **34,15** — 34,15
  Radial-Kanalventilator (1St), Schalldämpfer (2St), Jalousieklappe (1St), Drehzahlsteller (1St), Lüftungskanäle (53m²), Wickelfalzrohre DN150-450, Formstücke (22m), Abluftventile DN150-200 (10St), Ausblasstutzen (1St), Wochenschaltuhr (1St), Stellantrieb Lüftungsklappen (1St), Steuerung der Anlage, MSR-Technik (1St)

432 Teilklimaanlagen

3100-0018 Arztpraxis, Personalaufenthalt

- Herstellen (Kosten: 100,0%) — 117,50 m² BGF — 8.043 — **68,45** — 68,45
  Außeneinheit für Klimagerät (1St), Inneneinheiten, Wandgeräte (2St), Kabel-Fernbedienungen (2St), Dachdurchführung (psch)

KG	Kostengruppe	Menge Einheit	Kosten €	€/Einheit	€/m² BGF
433	**Klimaanlagen**				

1300-0142 Scheunenumbau, Büroflächen

- Herstellen (Kosten: 100,0%)   388,00 m² BGF   45.304   **116,76**   116,76
Klimaanlage, 1 Außeneinheit, 5 Inneneinheiten, 1 Split-Truhengerät

3100-0015 Arztpraxis

- Herstellen (Kosten: 100,0%)   143,00 m² BGF   11.823   **82,68**   82,68
Klimaanlage, Außengerät 14kW (1St), Innengeräte 3,6kW (4St), Mantelleitungen (28m), Kältemittelleitungen (18m), Kondensatleitungen (16m)

6600-0017 Hotel (76 Betten)

- Herstellen (Kosten: 100,0%)   3.309,80 m² BGF   6.457   **1,95**   1,95
Klimagerät für EDV-Raum

9100-0092 Evangelische Kirche, Gemeindesaal, Pfarramt

- Herstellen (Kosten: 100,0%)   877,81 m² BGF   522   **0,59**   0,59
Luftentfeuchtungsgeräte (2St)

434 Kälteanlagen

4500-0017 Bildungsinstitut, Seminarräume

- Herstellen (Kosten: 100,0%)   344,53 m² BGF   35.071   **101,79**   101,79
Außengerät 22,4kW, zum Kühlen und Heizen (1St), Kanaleinbaugeräte, Kühlleistung 7,1kW (3St), Zentralfernbedienung (1St), Kühlschrankrohre DN10-28, Formstücke, Rohrdämmung (190m), Kondensatleitungen, PVC-Rohre DN16, Formstücke (40m)

430 Lufttechnische Anlagen

440 Starkstromanlagen

Kostenkennwerte für die Kostengruppen der 3.Ebene DIN 276

KG	Kostengruppe	Menge Einheit	Kosten €	€/Einheit	€/m² BGF
442	**Eigenstromversorgungsanlagen**				

6600-0015 Naturfreundehaus

- Herstellen (Kosten: 100,0%) — 1.950,00 m² BGF — 37.304 — **19,13** — 19,13
  Fotovoltaikanlage, 60 Module, Wechselrichter, Großanzeige, Zähler, S0-Anschluss, Inbetriebnahme (1St)

443 Niederspannungsschaltanlagen

4400-0178 Kindertagesstätte (4 Gruppen, 65 Kinder)

- Abbrechen (Kosten: 15,8%) — 1.398,00 m² BGF — 385 — **0,28** — 0,28
  Abbruch von Unterverteilungen (2St); Entsorgung, Deponiegebühren

- Wiederherstellen (Kosten: 7,9%) — 1.398,00 m² BGF — 193 — **0,14** — 0,14
  Zählerschrank überprüfen, Hauptverteiler instandsetzen

- Herstellen (Kosten: 76,2%) — 1.398,00 m² BGF — 1.850 — **1,32** — 1,32
  Unterverteilung, Zwischenzähler, Sicherungsautomaten, FI-Schutzschalter, Anschlussmaterial, Anschluss an Hauptverteiler

6600-0015 Naturfreundehaus

- Wiederherstellen (Kosten: 22,5%) — 1.950,00 m² BGF — 1.490 — **0,76** — 0,76
  Demontage alte Verteilungen, Montage neue Verteilungen und Zähler, Beschriftungen, Einbau EVU Wandler

- Herstellen (Kosten: 77,5%) — 1.950,00 m² BGF — 5.120 — **2,63** — 2,63
  Hauptverteilung, Zählereinrichtung, Reihenabgangsklemmen, Sicherungen (1St)

444 Niederspannungsinstallationsanlagen

1300-0142 Scheunenumbau, Büroflächen

- Herstellen (Kosten: 100,0%) — 388,00 m² BGF — 15.102 — **38,92** — 38,92
  Mantelleitungen NYM, Schalter und Steckdosen, Unterverteilung, Sicherungen

1300-0152 Wohn- und Geschäftshaus

- Abbrechen (Kosten: 2,1%) — 390,52 m² BGF — 534 — **1,37** — 1,37
  Abbruch von Mantelleitungen, Schalter, Steckdosen, Zählerkasten, Entsorgung, Deponiegebühren

- Herstellen (Kosten: 97,9%) — 390,52 m² BGF — 25.504 — **65,31** — 65,31
  Zählerschrank, Unterverteilung, Sicherungen (2St), FI-Schutzschalter (4St), Mantelleitungen (536m), Panzerrohre (140m), Alu-Steckrohre NW 20 (55m), Steckdosen (76St), Schalter (31St), Bewegungsmelder (1St), Treppenlichtzeitschalter (1St), Elektroinstallation in Kellerräumen (psch)

KG	Kostengruppe	Menge Einheit	Kosten €	€/Einheit	€/m² BGF

440 Starkstromanlagen

3100-0011 Gemeinschaftspraxis

- Abbrechen (Kosten: 6,4%) — 143,80 m² BGF — 368 — **2,56** — 2,56
  Abbruch von Steckdosen, Blinddosen; Entsorgung, Deponiegebühren

- Wiederherstellen (Kosten: 34,7%) — 143,80 m² BGF — 1.983 — **13,79** — 13,79
  Schalter- und Steckdosen demontieren, an anderer Stelle wieder setzen

- Herstellen (Kosten: 58,9%) — 143,80 m² BGF — 3.368 — **23,42** — 23,42
  Mantelleitungen NYM (104m), Geräteeinbaukanal (6m), Geräteeinbaudosen (17St), Steckdosen (16St), Schalter, Taster (14St)

3100-0014 Arztpraxis

- Abbrechen (Kosten: 2,3%) — 175,00 m² BGF — 92 — **0,52** — 0,52
  Abbruch von Kabelkanälen, Schaltern; Entsorgung, Deponiegebühren

- Herstellen (Kosten: 97,7%) — 175,00 m² BGF — 3.809 — **21,76** — 21,76
  Kabelkanal (8m), Mantelleitungen NYM (177m), Hohlwanddosen (61St), Abzweigkästen (3St), Schütz (1St), Stromstoßschalter (1St), Steckdosen (25St), Taster/Schalter (19St)

3100-0015 Arztpraxis

- Wiederherstellen (Kosten: 18,9%) — 143,00 m² BGF — 1.200 — **8,39** — 8,39
  Kabel verlegen/verlängern, Schalterdosen einbauen, Stromkreise überprüfen, nicht mehr benötigte Leitungen abbauen, Steckdosen reparieren, auf Funktion überprüfen (19h), Leitungen aussuchen, beschriften, Steckdosen überprüfen/ausbauen, Kabelkanal, nicht mehr benötigte Hohlwanddosen demontieren (9h), Schalter, Steckdosen ausbauen, Leitungen überprüfen, abklemmen, Stromkreise überprüfen (2,5h)

- Herstellen (Kosten: 81,1%) — 143,00 m² BGF — 5.147 — **35,99** — 35,99
  Leerrohre (56m), Mantelleitungen NYM (485m), Hohlwanddosen (23St), Anschlusskästen (2St), Abzweigschalterdosen (20St), Funk-Wandsender (1St), Steckdosen (76St), Taster/Schalter (39St)

3100-0018 Arztpraxis, Personalaufenthalt

- Herstellen (Kosten: 100,0%) — 117,50 m² BGF — 6.399 — **54,46** — 54,46
  Feldverteiler (1St), Leitungsschutzschalter (19St), FI-Schutzschalter (3St), Ausschalter (1St), Mantelleitungen NYM-J (376m), Fernmeldeleitung (10m), Leerrohre (18m), Schalter (10St), Steckdosen (33St), Herdanschlussdose (1St), Jalousieschalter (1St)

3100-0019 Arztpraxis für Allgemeinmedizin (4 AP)

- Herstellen (Kosten: 100,0%) — 137,32 m² BGF — 1.710 — **12,46** — 12,46
  Mantelleitungen NYM (49m), Kabelkanal (1m), Schalter, Taster (5St), Steckdosen (14St), Auslassdosen (3St), Hohlwandschalterdosen (31St), bestehende Kabel verlegen oder verlängern, vorhandene Schalter und Steckdosen wieder verwenden

440 Starkstromanlagen

KG	Kostengruppe	Menge Einheit	Kosten €	€/Einheit	€/m² BGF
	4400-0165 Kinderkrippe (2 Gruppen, 24 Kinder)				
	• Abbrechen (Kosten: 1,4%) Abbruch von Unterverteilung, Leitungen, Schaltern, Steckdosen; Entsorgung, Deponiegebühren	288,11 m² BGF	96	**0,33**	0,33
	• Herstellen (Kosten: 98,6%) Unterverteilung, Sicherungen (29St), FI-Schutzschalter (3St), Mantelleitungen (1.254m), Schalter (30St), Steckdosen (68St)	288,11 m² BGF	6.649	**23,08**	23,08
	4400-0178 Kindertagesstätte (4 Gruppen, 65 Kinder)				
	• Abbrechen (Kosten: 2,6%) Abbruch von Elektroleitungen, Kabelkanälen, Steckdosen, Schalter; Entsorgung, Deponiegebühren	1.398,00 m² BGF	330	**0,24**	0,24
	• Wiederherstellen (Kosten: 0,7%) Schlüsselschalter ausbauen, flächenbündig wieder einbauen (1St)	1.398,00 m² BGF	86	**< 0,1**	< 0,1
	• Herstellen (Kosten: 96,8%) Elektrokabel, Hauptzuleitungen, Kabeltrassen, Zuleitungen unter Putz, Schalter, Steckdosen, Bewegungsmelder, Inbetriebnahme	1.398,00 m² BGF	12.422	**8,89**	8,89
	4500-0016 Seminargebäude				
	• Herstellen (Kosten: 100,0%) Leerrohre (102m), Mantelleitungen NYM (1.714m), Zählerschrank (1St), Feldverteiler (3St), Verteiler, Schutzschalter (4St), Drehstromzähler (1St), Installationskanäle (95m), Schalter (43St), Dimmer (1St), Steckdosen (154St), Bewegungsmelder (4St)	519,70 m² BGF	34.845	**67,05**	67,05
	4500-0017 Bildungsinstitut, Seminarräume				
	• Herstellen (Kosten: 100,0%) Einzelstandverteiler (1St), FI-Schutzschalter (1St), Schaltschütze (3St), Leitungsschutzschalter (61St), Sicherungen (30St), Versorgungseinheiten (6St), Bodentanks (6St), Kunststoffisolierrohre (200m), Steckdosen (40St), Mantelleitungen (1.720m)	344,53 m² BGF	28.491	**82,70**	82,70
	5600-0004 Yogastudio				
	• Herstellen (Kosten: 100,0%) Mantelleitungen NYM (101m), Leerrohre (30m), Steckdosen (3St), Schalter, Taster (12St)	146,30 m² BGF	2.461	**16,82**	16,82
	6100-0849 Doppelhaushälfte				
	• Abbrechen (Kosten: 23,6%) Demontage von Elektroleitungen; Entsorgung, Deponiegebühren	97,10 m² BGF	180	**1,86**	1,86
	• Herstellen (Kosten: 76,4%) Mantelleitungen NYM (72m), Schalter, Steckdosen	97,10 m² BGF	585	**6,03**	6,03

KG	Kostengruppe	Menge Einheit	Kosten €	€/Einheit	€/m² BGF
	6100-0932 Gutshaus, Wohnen im Alter (14 WE)				
	• Herstellen (Kosten: 100,0%) Elektroinstallation, Verteiler, Sicherungen, Elektroleitungen, Steckdosen, Schalter (psch)	1.360,30 m² BGF	56.942	**41,86**	41,86
	6100-0937 Einfamilienhaus, Umnutzung Scheune				
	• Herstellen (Kosten: 100,0%) Zählerschrank, Unterverteilung, Sicherungen, FI-Schutzschalter, Mantelleitungen, Schalter, Steckdosen	206,38 m² BGF	5.282	**25,59**	25,59
	6100-0946 Einfamilienhaus, Einzeldenkmal				
	• Herstellen (Kosten: 100,0%) Zählerschrank (1St), Schalter (44St), Steckdosen (69St), Bewegungsmelder (2St), Geräteanschlüsse (2St), Anschluss Beschattung (1St), Mantelleitungen NYM, Leerrohre (psch)	285,78 m² BGF	4.584	**16,04**	16,04
	6100-0962 Einfamilienhaus, Einliegerwohnung				
	• Wiederherstellen (Kosten: 1,0%) Elektroschaltung ändern, Kleinmaterial (1St)	63,80 m² BGF	64	**1,00**	1,00
	• Herstellen (Kosten: 99,0%) Zählerschrank (1St), Stromkreisverteiler (1St), Hauptschalter (1St), FI-Schutzschalter (2St), Sicherungen (13St), Mantelleitungen, Steckdosen (37St), Taster/Schalter (12St), Zeitschalter (1St), Bewegungsmelder (1St)	63,80 m² BGF	6.100	**95,62**	95,62
	6100-1105 Reihenendhaus, Denkmalschutz				
	• Wiederherstellen (Kosten: 1,4%) Verteilerkasten lackieren (1St), Kurzschluss reparieren (1St)	310,00 m² BGF	180	**0,58**	0,58
	• Herstellen (Kosten: 98,6%) Unterverteilung erweitern mit FI-Schutzschalter (1St), LS-Schalter (2St), Steckdosen (84St), Schalter, Taster, Wippen (98St), Tastdimmer (3St), Drehdimmer (1St), Bewegungsmelder (1St), Herdanschluss (1St), Mantelleitungen	310,00 m² BGF	12.994	**41,92**	41,92
	6100-1195 Mehrfamilienhaus, Dachgeschoss				
	• Herstellen (Kosten: 100,0%) Unterverteilung, vierreihig, komplett bestückt (1St), Steckdosen (77St), Geräteanschlussdose (1St), Ausschaltungen, 1 Brennstelle (8St), Wechselschaltungen, 1 BS (1St), 2 BS (4St), 3 BS (1St), Kreuzschaltungen, 1 BS (1St), 2 BS (2St), Serienschaltungen, 3 BS (1St), Mantelleitungen NYM, Leerrohre	162,23 m² BGF	6.504	**40,09**	40,09

440 Starkstromanlagen

KG	Kostengruppe	Menge Einheit	Kosten €	€/Einheit	€/m² BGF

6100-1197 Maisonettewohnung

- **Abbrechen (Kosten: 4,7%)** — 107,00 m² BGF — 236 — **2,20** — 2,20
  Abbruch von Elektroleitungen (psch); Entsorgung, Deponiegebühren

- **Wiederherstellen (Kosten: 39,5%)** — 107,00 m² BGF — 1.976 — **18,47** — 18,47
  Unterverteilung erneuern (1St), Schalter und Abdeckungen erneuern (psch)

- **Herstellen (Kosten: 55,8%)** — 107,00 m² BGF — 2.790 — **26,07** — 26,07
  Bestandsleitungsnetz prüfen, Änderungen und Ergänzungen vornehmen, Inbetriebnahme (psch), Elektroinstallation für Bäder (psch), Schalter, Steckdosen (psch)

6100-1206 Einfamilienhaus, Badeinbau

- **Herstellen (Kosten: 100,0%)** — 6,62 m² BGF — 699 — **105,62** — 105,62
  Mantelleitungen (20m), Steckdosen (3St), Schalter (2St)

6100-1210 Doppelhaushälfte, Gründerzeit

- **Abbrechen (Kosten: 6,7%)** — 438,41 m² BGF — 447 — **1,02** — 1,02
  Abbruch von Elektroinstallationen; Entsorgung, Deponiegebühren

- **Wiederherstellen (Kosten: 5,7%)** — 438,41 m² BGF — 383 — **0,87** — 0,87
  Installationen überprüfen, alte Elektroleitungen abklemmen, neue Leitungen verlegen

- **Herstellen (Kosten: 87,6%)** — 438,41 m² BGF — 5.850 — **13,34** — 13,34
  UP-Kleinverteiler, einreihig, zwölf Plätze (1St), zweireihig, 24 Plätze (1St), Sicherungen (6St), FI-Schutzschalter (2St), Stromstoßschalter (3St), Mantelleitungen NYM (153m), Stegleitung NYIF (7m), Schalterdosen (20St), Schalter, Steckdosen

6400-0062 Jugendzentrum

- **Herstellen (Kosten: 100,0%)** — 1.140,79 m² BGF — 81.957 — **71,84** — 71,84
  Zählerschrank, Unterverteilungen, Sicherungen, FI-Schutzschalter, Mantelleitungen (2.500m), Schalter, Steckdosen, Abzweigdosen (160St), Kabelkanäle, Leerrohre, Brüstungskanäle, Installationsmaterial

6600-0015 Naturfreundehaus

- **Wiederherstellen (Kosten: 6,6%)** — 1.950,00 m² BGF — 6.126 — **3,14** — 3,14
  Sicherungsverteiler wieder montieren, neue Zähler einbauen, sieben Plätze (7St), Muffen für Erdkabel erneuern (2St), Umbau vorhandener Verteiler, Bestandsleitungen prüfen (1St)

- **Herstellen (Kosten: 93,4%)** — 1.950,00 m² BGF — 86.566 — **44,39** — 44,39
  AP-Verteiler, fertig verdrahtet, bestückt (5St), Erdkabel NYY (734m), Erdkabel NYCWY (56m), Mantelleitungen NYM, halogenfrei (7.685m), Leerrohre (990m), Installationskanal (111m), Schuko-Steckdosen (387St), CEE-Steckdosen (6St), Gerätedosen (24St), Schalter, Taster (174St), Bewegungsmelder (39St), Geräteanschlüsse (485St)

440
Starkstromanlagen

KG	Kostengruppe	Menge Einheit	Kosten €	€/Einheit	€/m² BGF
	6600-0016 Hotel (23 Betten)				
	• Herstellen (Kosten: 100,0%) Hauptverteilung umbauen (1St), Unterverteilungen (3St), Sicherungen (32St), FI-Schutzschalter (19St), Steckdosen (54St), Schalter (34St), Bewegungsmelder (7St), Zeitschaltung für Außenbeleuchtung (1St), Erdkabel (27m), Mantelleitungen	483,52 m² BGF	10.103	**20,89**	20,89
	6600-0017 Hotel (76 Betten)				
	• Abbrechen (Kosten: 15,2%) Abbruch von Unterverteilungen, Leitungen, Schaltern, Steckdosen; Entsorgung, Deponiegebühren	3.309,80 m² BGF	26.429	**7,99**	7,99
	• Herstellen (Kosten: 84,8%) Zählerschrank, Unterverteilungen, Sicherungen, FI-Schutzschalter, Mantelleitungen NYM, Schalter, Steckdosen	3.309,80 m² BGF	147.027	**44,42**	44,42
	7200-0079 Atelier	35,21 m² BGF	2.917	**82,85**	82,85
	Unterverteilung, Sicherungen, FI-Schutzschalter, Schalter, Steckdosen				
	7200-0086 Hörgeräteakustik-Meisterbetrieb				
	• Herstellen (Kosten: 100,0%) Mantelleitungen, Schalter, Steckdosen (psch)	147,36 m² BGF	2.301	**15,62**	15,62
	7200-0087 Frisörsalon				
	• Herstellen (Kosten: 100,0%) Unterverteiler, bestückt (1St), Mantelleitungen NYM-J (88m), Kabelkanäle (10m), Steckdosen (56St), Schalter (8St), Steckdosenleiste, sechsfach (1St)	118,73 m² BGF	8.444	**71,12**	71,12
	9100-0080 Experimenteller Kinoraum				
	• Abbrechen (Kosten: 32,5%) Abbruch von Elektrokabeln (25m), Blechkanälen (76m), Verteilerschrank (1St); Entsorgung, Deponiegebühren	231,83 m² BGF	1.621	**6,99**	6,99
	• Herstellen (Kosten: 67,5%) Brandabschottungen für Rohre und Kabel	231,83 m² BGF	3.371	**14,54**	14,54
	9100-0086 Museum, Ausstellungen				
	• Herstellen (Kosten: 100,0%) Mantelleitungen NYM (703m), Steckdosen (66St), Fußbodensteckdosen mit Klappdeckel (4St)	455,00 m² BGF	4.372	**9,61**	9,61

440 Starkstromanlagen

KG	Kostengruppe	Menge Einheit	Kosten €	€/Einheit	€/m² BGF

9100-0092 Evangelische Kirche, Gemeindesaal, Pfarramt

- Abbrechen (Kosten: 3,0%)   877,81 m² BGF   964   **1,10**   1,10
  Abbruch von Elektroleitungen (423m), Leerrohren (15m), Schaltern, Steckdosen (46St), Verteilern (2St); Entsorgung, Deponiegebühren

- Herstellen (Kosten: 97,0%)   877,81 m² BGF   30.661   **34,93**   34,93
  Zählerschrank, Zählerfeld (1St), Verteiler (4St), HS-Automaten (2St), LS-Schalter (54St), FI-Schalter (9St), Trennschalter (5St), Neozed-Sicherung (1St), Verbrauchszähler (1St), Mantelleitungen (2.719m), Erdkabel (188m), Telefonkabel (128m), Steuerleitungen (193m), Leerrohre (450m), Kabelkanäle (610m), Schutzrohr DN125 (18m), Schalter (22St), Steckdosen (75St), CEE-Dosen (2St), Bewegungswächter (3St), Dämmerungsschalter (1St)

9100-0119 Pfarrkirche

- Abbrechen (Kosten: 4,5%)   1.128,90 m² BGF   1.440   **1,28**   1,28
  Abbruch von Verteilern (20St), Sicherungen (15St), Elektroleitungen (1.010m), Leerrohren (70m), Installationsgeräten (25St); Entsorgung, Deponiegebühren

- Wiederherstellen (Kosten: 2,6%)   1.128,90 m² BGF   816   **0,72**   0,72
  Verteiler umbauen, erweitern (1St), Lageplantableau ändern für Touch-PC (1St)

- Herstellen (Kosten: 92,9%)   1.128,90 m² BGF   29.513   **26,14**   26,14
  Anschlüsse Beichtzimmer (2St), Anwesenheitsschalter (2St), Mantelleitungen NYM (2.439m), Leerrohre (775m), Kabelkanäle (112m), Schalter (16St), Steckdosen (24St), Fußbodensteckdosen (20St), Bewegungsmelder (1St), Brandschotts (6St), Geräteanschlüsse (30St), Anschlussdosen (2St)

9700-0019 Aussegnungshalle

- Abbrechen (Kosten: 5,6%)   327,88 m² BGF   465   **1,42**   1,42
  Abbruch von Elektroinstallationen (20h); Entsorgung, Deponiegebühren

- Herstellen (Kosten: 94,4%)   327,88 m² BGF   7.829   **23,88**   23,88
  Installationsverteiler (2St), FI-Schutzschalter (4St), Sicherungen (40St), Wechselstromschütze (4St), Fernschalter (1St), Taststeuergeräte (2St), Mantelleitungen (1.123m), Kabelrinnen (45m), Schalter (9St), Steckdosen (24St), CEE-Steckdosen (2St), Präsenzmelder (1St), Bewegungsmelder (1St), Raumregler (1St)

445 Beleuchtungsanlagen

1300-0142 Scheunenumbau, Büroflächen

- Herstellen (Kosten: 100,0%)   388,00 m² BGF   33.465   **86,25**   86,25
  Rasterleuchten (17St), Lichtbandprofil in Setzstufen (6St), Leuchten mit Opalabdeckung (2St), Stegbeleuchtung, Einbaustrahler (10St), Bodeneinbaustrahler (4St), Sicherheitsbeleuchtung

440 Starkstromanlagen

KG	Kostengruppe	Menge Einheit	Kosten €	€/Einheit	€/m² BGF

1300-0152 Wohn- und Geschäftshaus

- Herstellen (Kosten: 100,0%) — 390,52 m² BGF — 2.151 — **5,51** — 5,51
  Bodeneinbaustrahler (1St), Aufbau-Downlight (10St), Deckenleuchten (7St), Wandleuchten (4St), Sensorleuchten (3St), Ovalleuchten (3St), Nurglasleuchte (1St)

1300-0217 Innenausbau Vertriebsbüro

213,00 m² BGF — 440 — **2,06** — 2,06

  Stehleuchte (1St)

3100-0011 Gemeinschaftspraxis

- Abbrechen (Kosten: 3,5%) — 143,80 m² BGF — 368 — **2,56** — 2,56
  Abbruch von Deckenlampen; Entsorgung, Deponiegebühren
- Herstellen (Kosten: 96,5%) — 143,80 m² BGF — 10.132 — **70,46** — 70,46
  Deckenleuchten 50W (32St), Pendelleuchten, Glaszylinder, 20W (3St), Langfeld-Pendelleuchten, l=176cm (2St), l=611cm (1St), Langfeld-Aufbauleuchten, l=176-365cm (9St)

3100-0014 Arztpraxis

- Herstellen (Kosten: 100,0%) — 175,00 m² BGF — 6.910 — **39,49** — 39,49
  Rastereinzelhängeleuchten (3St), Lichtleisten (13St), Leuchten (34St), Leuchtstofflampen (28St), Halogenlampen (6St), Möbelleuchten (6St), Lichtbandkupplung (1St)

3100-0015 Arztpraxis

- Herstellen (Kosten: 100,0%) — 143,00 m² BGF — 7.418 — **51,87** — 51,87
  Rastereinzelhängeleuchten (4St), Downlights (13St), Leuchten (7St), Leuchtstofflampen (30St), Pendelleuchten (3St), Lichtbandkupplung (1St)

3100-0018 Arztpraxis, Personalaufenthalt

- Herstellen (Kosten: 100,0%) — 117,50 m² BGF — 4.142 — **35,25** — 35,25
  Raster-Einbauleuchten 3x14W (14St), Opalglas-Anbauleuchte 2x18W (1St), Leuchtstofflampen (44St), LED-Display-Notleuchten (4St)

3100-0019 Arztpraxis für Allgemeinmedizin (4 AP)

- Herstellen (Kosten: 100,0%) — 137,32 m² BGF — 6.137 — **44,69** — 44,69
  Deckenaufbau-Langleuchten, Gesamtlänge 18,04m (10St), Deckeneinbaustrahler, quadratisch, 1x35W (4St), 2x35W (1St), Decken-/ Wandleuchte, rund, Opalglas (1St)

4400-0165 Kinderkrippe (2 Gruppen, 24 Kinder)

- Herstellen (Kosten: 100,0%) — 288,11 m² BGF — 5.784 — **20,07** — 20,07
  Beleuchtungskörper (55St)

440 Starkstromanlagen

KG	Kostengruppe	Menge Einheit	Kosten €	€/Einheit	€/m² BGF
	4400-0178 Kindertagesstätte (4 Gruppen, 65 Kinder)				
	• Abbrechen (Kosten: 1,3%) Abbruch von Deckenleuchten (50St), Wandleuchten (10St); Entsorgung, Deponiegebühren	1.398,00 m² BGF	239	**0,17**	0,17
	• Wiederherstellen (Kosten: 0,3%) Wandleuchten ausbauen, lagern, wieder einbauen (2St)	1.398,00 m² BGF	65	**< 0,1**	< 0,1
	• Herstellen (Kosten: 98,4%) Downlights (46St), Wandleuchten (12St), Anbauleuchten (14St), Rettungszeichenleuchten (7St), Leuchtmittel	1.398,00 m² BGF	18.256	**13,06**	13,06
	4500-0016 Seminargebäude				
	• Abbrechen (Kosten: 0,2%) Demontage von Leuchtstoffröhren (42St); Entsorgung, Deponiegebühren	519,70 m² BGF	56	**0,11**	0,11
	• Herstellen (Kosten: 99,8%) Rasterleuchten (32St), Feuchtraum-Wannenleuchten (9St), Akku-Notleuchten (7St), Anbauleuchten (21St), Ovalleuchten (2St)	519,70 m² BGF	22.582	**43,45**	43,45
	4500-0017 Bildungsinstitut, Seminarräume				
	• Herstellen (Kosten: 100,0%) Fluchtwegbeleuchtung (psch)	344,53 m² BGF	1.995	**5,79**	5,79
	5600-0004 Yogastudio				
	• Herstellen (Kosten: 100,0%) LED-Lichtbänder, Flexstrip, Funksteuerung, Sender, Netzteile (15m), Strahler, Leuchtmittel 35W (1St)	146,30 m² BGF	1.950	**13,33**	13,33
	6100-0849 Doppelhaushälfte				
	• Herstellen (Kosten: 100,0%) Einbauleuchten (10St)	97,10 m² BGF	3.691	**38,01**	38,01
	6100-0946 Einfamilienhaus, Einzeldenkmal				
	• Herstellen (Kosten: 100,0%) Anbaustrahler (2St)	285,78 m² BGF	447	**1,57**	1,57
	6100-0962 Einfamilienhaus, Einliegerwohnung				
	• Herstellen (Kosten: 100,0%) Decken-, Wand- und Bodenleuchten	63,80 m² BGF	1.504	**23,57**	23,57

440
Starkstromanlagen

KG	Kostengruppe	Menge Einheit	Kosten €	€/Einheit	€/m² BGF
	6100-1105 Reihenendhaus, Denkmalschutz				
	• Wiederherstellen (Kosten: 4,0%) Leuchte schwarz lackieren (1St)	310,00 m² BGF	101	**0,33**	0,33
	• Herstellen (Kosten: 96,0%) Einbau-Steckkontaktleuchten als Halogenstrahler (7St), Einbauleuchten 50W, Niedervolt (2St), Feuchtraum-Leuchtstofflampe mit ESG (1St), Minilichtleiste, l=60cm (1St), Leuchtmittel	310,00 m² BGF	2.422	**7,81**	7,81
	6100-1197 Maisonettewohnung				
	• Herstellen (Kosten: 100,0%) Einbau-Downlights (8St), Decken-Aufbauleuchten, Opalglas (2St), Wandleuchte, Glas/Chrom (1St)	107,00 m² BGF	848	**7,92**	7,92
	6100-1206 Einfamilienhaus, Badeinbau				
	• Herstellen (Kosten: 100,0%) Deckeneinbauleuchte (1St), Wandeinbauleuchte (1St), Spiegelleuchte (1St)	6,62 m² BGF	1.152	**174,07**	174,07
	6100-1210 Doppelhaushälfte, Gründerzeit				
	• Wiederherstellen (Kosten: 100,0%) Deckenlampen im UG demontieren, Leitungen teilweise verlängern, mit Profi-Fassungen wieder anschließen, defekte Außenleuchte reparieren (1St)	438,41 m² BGF	149	**0,34**	0,34
	6400-0062 Jugendzentrum				
	• Herstellen (Kosten: 100,0%) Anbauleuchten (78St), Deckenanbauleuchten, rund (31St), Deckeneinbauleuchten (369St), Außenwandleuchten (5St), Rettungs- und Sicherheitsleuchten, Einzelbatterieleuchten (8St)	1.140,79 m² BGF	37.318	**32,71**	32,71
	6600-0015 Naturfreundehaus				
	• Herstellen (Kosten: 100,0%) Wandleuchten (118St), Hängeleuchten (34St), Feuchtraumleuchten (33St), Aufbau-Downlights (25St), Deckenleuchten (13St), Spiegelleuchten (17St), Einzelbatterieleuchten (6St), Leuchtmittel	1.950,00 m² BGF	29.259	**15,00**	15,00
	6600-0016 Hotel (23 Betten)				
	• Herstellen (Kosten: 100,0%) Einzelbatterieleuchten LED (4St), Pendelleuchten (13St), Wandleuchten LED (30St), Deckenleuchten LED (14St), Wandleuchten LED, außen (7St), Leuchten (6St), Spots (3St), Leuchtstofflampe (1St)	483,52 m² BGF	6.957	**14,39**	14,39

440 Starkstromanlagen

KG	Kostengruppe	Menge Einheit	Kosten €	€/Einheit	€/m² BGF
	6600-0017 Hotel (76 Betten)				
	• Herstellen (Kosten: 100,0%) Beleuchtungskörper, Sicherheitsbeleuchtungsanlage	3.309,80 m² BGF	166.357	**50,26**	50,26
	7200-0086 Hörgeräteakustik-Meisterbetrieb				
	• Herstellen (Kosten: 100,0%) LED-Downlights (22St), Wandanbauleuchten, zwei Linsen (4St), Rasterleuchten (3St), Wandeinbau-Stufenleuchte (1St)	147,36 m² BGF	5.756	**39,06**	39,06
	7200-0087 Frisörsalon				
	• Herstellen (Kosten: 100,0%) Lichtleisten, l=122-152cm (43St), vorhandene Leuchten einbauen (6St), Einbaudownlights (2St), Kompaktleuchtstofflampen (22St)	118,73 m² BGF	2.373	**19,98**	19,98
	9100-0080 Experimenteller Kinoraum				
	• Herstellen (Kosten: 100,0%) Flachstahl-Befestigungen für Wandleuchten (24St)	231,83 m² BGF	2.127	**9,17**	9,17
	9100-0086 Museum, Ausstellungen				
	• Abbrechen (Kosten: 4,5%) Abbruch von Beleuchtungsschienen, Leuchten, Mantelleitungen, Schalter; Entsorgung, Deponiegebühren	455,00 m² BGF	1.686	**3,71**	3,71
	• Herstellen (Kosten: 95,5%) Lichtschienensysteme (614m), Sicherheitsleuchten (6St), Kapitalleuchten (12St), Wandleuchten	455,00 m² BGF	36.149	**79,45**	79,45
	9100-0092 Evangelische Kirche, Gemeindesaal, Pfarramt				
	• Abbrechen (Kosten: 0,1%) Abbruch von Glühlampen (7St); Entsorgung, Deponiegebühren	877,81 m² BGF	14	**< 0,1**	< 0,1
	• Herstellen (Kosten: 99,9%) Wannenleuchten (11St), Rasterleuchten (20St), Lampenabdeckungen, VSG (16St), Aufbauleuchten (32St), Design-Leuchten, LED (2St), Pendelleuchten (9St), Wand-Effekt- leuchten (13St), Einbaustrahler (3St)	877,81 m² BGF	25.882	**29,48**	29,48
	9100-0119 Pfarrkirche				
	• Abbrechen (Kosten: 2,7%) Ausbau von Pendelleuchten, reinigen, lagern (8St), Anbauleuchten, reinigen, lagern (10St)	1.128,90 m² BGF	959	**0,85**	0,85
	• Herstellen (Kosten: 97,3%) LED-Einbauleuchten (48St), Einbau-Richtstrahler, Dimmer (21St), LED-Anbauleuchten (13St), LED-Wandfluter-Einbauleuchten (3St), Lichtleisten (2St), Anbauleuchten (4St)	1.128,90 m² BGF	34.718	**30,75**	30,75

KG	Kostengruppe	Menge Einheit	Kosten €	€/Einheit	€/m² BGF
	9100-0121 Bücherei, Möblierung	1.002,00 m² BGF	3.177	**3,17**	3,17
	Pendelleuchten (9St), LED-Wandfluter (2St)				
	9700-0019 Aussegnungshalle				
	• Herstellen (Kosten: 100,0%) Pendelleuchten (11St), Lichtkanäle (3St), Anbauwannenleuchten (6St), Ovalleuchten (6St), Leuchte (1St)	327,88 m² BGF	7.046	**21,49**	21,49
446	**Blitzschutz- und Erdungsanlagen**				
	1300-0142 Scheunenumbau, Büroflächen				
	• Herstellen (Kosten: 100,0%) Ableitungen (39m)	388,00 m² BGF	92	**0,24**	0,24
	1300-0152 Wohn- und Geschäftshaus				
	• Herstellen (Kosten: 100,0%) Erdung Wasserhahn	390,52 m² BGF	99	**0,25**	0,25
	4400-0165 Kinderkrippe (2 Gruppen, 24 Kinder)				
	• Herstellen (Kosten: 100,0%) Blitzschutzanlage, Fangstangen, Ableitungen, Erdeinführungen	288,11 m² BGF	6.328	**21,96**	21,96
	4400-0178 Kindertagesstätte (4 Gruppen, 65 Kinder)				
	• Wiederherstellen (Kosten: 100,0%) Ableitungen ausbauen, wieder einbauen, unter Dämmung (5St)	1.398,00 m² BGF	722	**0,52**	0,52
	4500-0016 Seminargebäude				
	• Herstellen (Kosten: 100,0%) Leitungsgrabenaushub (14m), Fangleitungen, Alu (138m), Mantelleitungen NYM (45m), Erdleitungen (29m), Potenzialausgleichsschienen (2St), Erdfahnen (3St)	519,70 m² BGF	3.886	**7,48**	7,48
	6100-0946 Einfamilienhaus, Einzeldenkmal				
	• Herstellen (Kosten: 100,0%) Potenzialausgleichsanlage (1St), Potenzialausgleich, örtlich (3St)	285,78 m² BGF	141	**0,49**	0,49
	6100-0976 Einfamilienhaus				
	• Herstellen (Kosten: 100,0%) Erdung mit Anschlussfahnen (39m)	90,00 m² BGF	321	**3,57**	3,57

440 Starkstromanlagen

KG	Kostengruppe	Menge Einheit	Kosten €	€/Einheit	€/m² BGF

6100-1105 Reihenendhaus, Denkmalschutz

• Herstellen (Kosten: 100,0%) Potenzialausgleichsschiene (1St)		310,00 m² BGF	19	**< 0,1**	< 0,1

6100-1195 Mehrfamilienhaus, Dachgeschoss

• Herstellen (Kosten: 100,0%) Erweiterung des bestehenden Potenzialausgleichs		162,23 m² BGF	19	**0,12**	0,12

6400-0062 Jugendzentrum

• Abbrechen (Kosten: 7,8%) Abbruch von Blitzschutzleitungen, Entsorgung, Deponiegebühren (180m)		1.140,79 m² BGF	126	**0,11**	0,11
• Herstellen (Kosten: 92,2%) Fundamenterder (105m), Potenzialausgleichsschienen (6St), Mantelleitungen (180m), Erdungsbandschellen (12St)		1.140,79 m² BGF	1.485	**1,30**	1,30

6600-0015 Naturfreundehaus

• Herstellen (Kosten: 100,0%) Erdungsband (41m), Potenzialausgleichsschienen (2St), Mantelleitung NYM, Leerrohr (30m), Runddraht 10mm (172m), Ableitungen (12St), Erdeinführungen (8St)		1.950,00 m² BGF	9.926	**5,09**	5,09

6600-0016 Hotel (23 Betten)

• Abbrechen (Kosten: 9,0%) Abbruch von Blitzschutzanlage (psch); Entsorgung, Deponiegebühren		483,52 m² BGF	192	**0,40**	0,40
• Herstellen (Kosten: 91,0%) Blitzschutzanlage (psch)		483,52 m² BGF	1.937	**4,01**	4,01

6600-0017 Hotel (76 Betten)

• Herstellen (Kosten: 100,0%) Blitzschutzanlage, Fundamenterder, Erdungen, Erdbandschellen, Leitungen		3.309,80 m² BGF	17.782	**5,37**	5,37

9100-0092 Evangelische Kirche, Gemeindesaal, Pfarramt

• Herstellen (Kosten: 100,0%) Erdungsband 5x50mm (53m), Kombiableiter (2St), Überspannungs-Ableiter (1St), Anschlussfahne (1St), Potenzialausgleichsschienen (2St), Blitzschutzanlage, Gesamtrechnung für Dokumentation 9100-0091 bis 9100-0093, anteilig 1/3		877,81 m² BGF	6.369	**7,26**	7,26

9700-0019 Aussegnungshalle

• Herstellen (Kosten: 100,0%) Potenzialausgleichsschiene (1St), Mantelleitungen (15m), Runderder, D=8mm (16St), Deckenbügel (4St)		327,88 m² BGF	193	**0,59**	0,59

Kostenkennwerte für die Kostengruppen der 3.Ebene DIN 276

450 Fernmelde- und informationstechnische Anlagen

KG	Kostengruppe	Menge Einheit	Kosten €	€/Einheit	€/m² BGF
451	**Telekommunikationsanlagen**				

1300-0142 Scheunenumbau, Büroflächen

	• Herstellen (Kosten: 100,0%) Fernmeldeleitungsnetz, Anschlussdosen (26St)	388,00 m² BGF	1.406	**3,62**	3,62

1300-0152 Wohn- und Geschäftshaus

	• Herstellen (Kosten: 100,0%) Fernmeldeleitungen I-Y(St)Y4x2x0,6 (103m), TAE-Steckdosen (4St)	390,52 m² BGF	486	**1,24**	1,24

3100-0014 Arztpraxis

	• Herstellen (Kosten: 100,0%) Telefonleitungen (75m)	175,00 m² BGF	1.135	**6,48**	6,48

3100-0018 Arztpraxis, Personalaufenthalt

	• Herstellen (Kosten: 100,0%) Fernmeldeleitung JY(ST)Y (8m), Anschlussdose (1St)	117,50 m² BGF	165	**1,40**	1,40

4400-0165 Kinderkrippe (2 Gruppen, 24 Kinder)

	• Herstellen (Kosten: 100,0%) Telefonleitungen (80m), TAE-Steckdosen (2St)	288,11 m² BGF	31	**0,11**	0,11

4500-0016 Seminargebäude

	• Herstellen (Kosten: 100,0%) Fernmeldeleitungen J-Y(ST)Y (260m), Patchpanel 19" (1St)	519,70 m² BGF	1.176	**2,26**	2,26

5600-0004 Yogastudio

	• Herstellen (Kosten: 100,0%) Fernmeldekabel J-Y(ST)Y (35m)	146,30 m² BGF	33	**0,22**	0,22

6100-0937 Einfamilienhaus, Umnutzung Scheune

	• Herstellen (Kosten: 100,0%) Telefonleitungen, Steckdose	206,38 m² BGF	166	**0,81**	0,81

6100-0946 Einfamilienhaus, Einzeldenkmal

	• Herstellen (Kosten: 100,0%) Telefon-Verteilerkasten (1St)	285,78 m² BGF	55	**0,19**	0,19

© BKI Baukosteninformationszentrum — Kostenstand: 3.Quartal 2015, Bundesdurchschnitt, **inkl. 19% MwSt.**

450 Fernmelde- und informationstechnische Anlagen

KG	Kostengruppe	Menge Einheit	Kosten €	€/Einheit	€/m² BGF
	6100-1105 Reihenendhaus, Denkmalschutz				
	• Herstellen (Kosten: 100,0%) TAE-Anschlussdose (1St)	310,00 m² BGF	13	**< 0,1**	< 0,1
	6100-1195 Mehrfamilienhaus, Dachgeschoss				
	• Herstellen (Kosten: 100,0%) TAE-Anschlussdose (1St), Telefonleitung, Leerrohr	162,23 m² BGF	68	**0,42**	0,42
	6100-1210 Doppelhaushälfte, Gründerzeit				
	• Wiederherstellen (Kosten: 100,0%) Alte Telefonleitungen entfernen, neue verlegen, Dosen setzen (5m)	438,41 m² BGF	428	**0,98**	0,98
	6600-0015 Naturfreundehaus				
	• Herstellen (Kosten: 100,0%) Fernmeldeleitungen J-Y(ST)Y (3.457m), Telefon-Erdkabel (50m), TAE-Steckdosen, dreifach (6St), Telefonanlage, Anrufbeantworter (1St), Telefone (7St)	1.950,00 m² BGF	9.838	**5,04**	5,04
	6600-0017 Hotel (76 Betten)				
	• Herstellen (Kosten: 100,0%) Leerrohre, Telefonleitungen, TAE-Steckdosen	3.309,80 m² BGF	30.915	**9,34**	9,34
	7200-0086 Hörgeräteakustik-Meisterbetrieb				
	• Herstellen (Kosten: 100,0%) Telefonleitungen (psch)	147,36 m² BGF	511	**3,47**	3,47
	7200-0087 Frisörsalon				
	• Herstellen (Kosten: 100,0%) TAE-Anschlussdosen (2St), Fernmeldeleitungen J-Y(ST)Y (55m)	118,73 m² BGF	70	**0,59**	0,59
	9100-0092 Evangelische Kirche, Gemeindesaal, Pfarramt				
	• Herstellen (Kosten: 100,0%) Fernmeldeleitungen (69m), Patchkabel (9m)	877,81 m² BGF	179	**0,20**	0,20
	9100-0119 Pfarrkirche				
	• Herstellen (Kosten: 100,0%) Fernmeldeleitungen J-Y(ST)Y (220m)	1.128,90 m² BGF	460	**0,41**	0,41

450 Fernmelde- und informationstechnische Anlagen

KG	Kostengruppe	Menge Einheit	Kosten €	€/Einheit	€/m² BGF
452	**Such- und Signalanlagen**				

1300-0152 Wohn- und Geschäftshaus

• Herstellen (Kosten: 100,0%)		390,52 m² BGF	2.027	**5,19**	5,19
Erweiterung bestehende Haussprechanlage um eine Klingel- und Türsprechanlage (1St)					

4400-0178 Kindertagesstätte (4 Gruppen, 65 Kinder)

• Herstellen (Kosten: 100,0%)		1.398,00 m² BGF	2.201	**1,57**	1,57
Türsprechanlage, zwei Gegensprechstellen, sechs Taster (1St)					

4500-0016 Seminargebäude

• Herstellen (Kosten: 100,0%)		519,70 m² BGF	1.336	**2,57**	2,57
Behindertenrufanlage (1St), Türsprechanlage, Haustelefon (1St)					

6100-0937 Einfamilienhaus, Umnutzung Scheune

• Herstellen (Kosten: 100,0%)		206,38 m² BGF	96	**0,46**	0,46
Klingelanlage					

6100-0946 Einfamilienhaus, Einzeldenkmal

• Herstellen (Kosten: 100,0%)		285,78 m² BGF	94	**0,33**	0,33
Klingelanlage, zwei Klingeln (1St)					

6100-1105 Reihenendhaus, Denkmalschutz

• Wiederherstellen (Kosten: 27,9%)		310,00 m² BGF	204	**0,66**	0,66
Klingeltaster reparieren					
• Herstellen (Kosten: 72,1%)		310,00 m² BGF	526	**1,70**	1,70
Funkgong, zwei Funktaster (1St), Klingeltaster (2St)					

6100-1210 Doppelhaushälfte, Gründerzeit

• Wiederherstellen (Kosten: 100,0%)		438,41 m² BGF	220	**0,50**	0,50
Funktion der Klingelanlage überprüfen, Fehler lokalisieren, neue Klingelleitung verlegen (8m)					

6400-0062 Jugendzentrum

• Herstellen (Kosten: 100,0%)		1.140,79 m² BGF	289	**0,25**	0,25
Rufanlage, Behinderten-WC (1St)					

450 Fernmelde- und informationstechnische Anlagen

KG	Kostengruppe	Menge Einheit	Kosten €	€/Einheit	€/m² BGF
	6600-0015 Naturfreundehaus				
	• Herstellen (Kosten: 100,0%) Türsprechanlagen (5St), Türstationen (3St), Aufzugsteuerung, Steuergeräte (2St)	1.950,00 m² BGF	1.936	**0,99**	0,99
	6600-0017 Hotel (76 Betten)				
	• Herstellen (Kosten: 100,0%) Leerrohre, Klingelleitungen, Sprechanlage	3.309,80 m² BGF	5.682	**1,72**	1,72
	9100-0092 Evangelische Kirche, Gemeindesaal, Pfarramt				
	• Herstellen (Kosten: 100,0%) Läutewerk (1St), Klingeltaster (1St), Klingeltrafo (1St), Gong (2St)	877,81 m² BGF	185	**0,21**	0,21
	9700-0019 Aussegnungshalle				
	• Herstellen (Kosten: 100,0%) WC-Behindertenruf (1S)	327,88 m² BGF	288	**0,88**	0,88
454	**Elektroakustische Anlagen**				
	4500-0017 Bildungsinstitut, Seminarräume				
	• Herstellen (Kosten: 100,0%) Einbaulautsprecher, Backboxen (18St), Audioprozessor (1St), Schwanenhalsmikrofone (2St), Funkmikrofonsets (6St), Rundstrahlantenne (2St), Antennensplitter (2St), Leitungen (832m), Ethernetkabel (6St), Aufholverstärker (10St), Bodentankeinsätze erweitern (6St)	344,53 m² BGF	53.740	**155,98**	155,98
	5600-0004 Yogastudio				
	• Herstellen (Kosten: 100,0%) Lautsprecherleitung (65m)	146,30 m² BGF	139	**0,95**	0,95
	6100-1195 Mehrfamilienhaus, Dachgeschoss				
	• Herstellen (Kosten: 100,0%) Heimkino-System mit Leinwand 220cm, Spiegelprojektionssystem für abgehängte Decken, sieben Einbaulautsprechern 50-150 Watt, Subwoofer, Receiver, HDMI-Kabel (10m), Lautsprecherkabel (106m)	162,23 m² BGF	8.998	**55,46**	55,46
	6600-0017 Hotel (76 Betten)				
	• Herstellen (Kosten: 100,0%) Leerrohre, Leitungen, Mikrofone, Lautsprecher, Lautsprechersteckdosen	3.309,80 m² BGF	39.776	**12,02**	12,02

KG	Kostengruppe	Menge Einheit	Kosten €	€/Einheit	€/m² BGF
	7200-0087 Frisörsalon				
	• Herstellen (Kosten: 100,0%) Deckeneinbaulautsprecher (2St)	118,73 m² BGF	337	**2,83**	2,83
	9100-0092 Evangelische Kirche, Gemeindesaal, Pfarramt				
	• Herstellen (Kosten: 100,0%) Digitale Steuereinheit 19" (1St), Bedienteil 19" (1St), Doppel-Endstufe 19" (1St), MP3-Player/Recorder 19"(1St), Stand-Universal-Studiorack (1St), 8-Kanal-Automatik-Mischer (1St), Lautsprecher (2St), Mikrofone (3St), Funkmikrofonsets (2St), Ladegerät (1St), Mikrofonstativ (1St), Pultbefestigung (1St), Mikrofondosen (9St), Schwerhörigenanlage (1St), Mikrofonkabel LiCY (208m), LAN-Innenkabel (147m), PVC-Aderleitungen (65m)	877,81 m² BGF	19.257	**21,94**	21,94
	9100-0119 Pfarrkirche				
	• Herstellen (Kosten: 100,0%) Mikrofonkabel (780m), Lautsprecherdoppeldosen (10St)	1.128,90 m² BGF	2.391	**2,12**	2,12
	9700-0019 Aussegnungshalle				
	• Herstellen (Kosten: 100,0%) Mischverstärker (1St), Mikrofon (1St), Handmikrofon (1St), Lautsprecher (4St), Lautsprecherkabel (55m)	327,88 m² BGF	2.890	**8,82**	8,82
455	**Fernseh- und Antennenanlagen**				
	1300-0152 Wohn- und Geschäftshaus				
	• Herstellen (Kosten: 100,0%) Koaxialkabel (124m), Antennensteckdosen (5St), Antennenkabel Dachterrasse	390,52 m² BGF	1.198	**3,07**	3,07
	3100-0015 Arztpraxis				
	• Herstellen (Kosten: 100,0%) Antennensteckdose (1St)	143,00 m² BGF	169	**1,18**	1,18
	3100-0018 Arztpraxis, Personalaufenthalt				
	• Herstellen (Kosten: 100,0%) Antennensteckdose (1St)	117,50 m² BGF	13	**0,11**	0,11
	4400-0165 Kinderkrippe (2 Gruppen, 24 Kinder)				
	• Herstellen (Kosten: 100,0%) Leerrohre, Antennenleitungen (124m), Steckdosen (2St)	288,11 m² BGF	166	**0,57**	0,57

450 Fernmelde- und informationstechnische Anlagen

450 Fernmelde- und informationstechnische Anlagen

KG	Kostengruppe	Menge Einheit	Kosten €	€/Einheit	€/m² BGF
	6100-0937 Einfamilienhaus, Umnutzung Scheune				
	• Herstellen (Kosten: 100,0%) Antennenleitungen, Steckdose	206,38 m² BGF	169	**0,82**	0,82
	6100-0946 Einfamilienhaus, Einzeldenkmal				
	• Abbrechen (Kosten: 2,0%) Demontage von Dachantenne (1St); Entsorgung, Deponiegebühren	285,78 m² BGF	15	**< 0,1**	< 0,1
	• Herstellen (Kosten: 98,0%) Sat-Antenne (1St), Koaxialkabel (150m)	285,78 m² BGF	738	**2,58**	2,58
	6100-1105 Reihenendhaus, Denkmalschutz				
	• Abbrechen (Kosten: 0,7%) Abbruch von Dachantenne (1St); Entsorgung, Deponiegebühren	310,00 m² BGF	17	**< 0,1**	< 0,1
	• Herstellen (Kosten: 99,3%) Sat-Anlage, D=90cm (1St), Multischalter, fünf Eingänge (1St), Speisesystem LNB digital (1St), Anschlussdosen (5St), Koaxialkabel (156m), Mantelleitung NYM (30m)	310,00 m² BGF	2.395	**7,72**	7,72
	6100-1197 Maisonettewohnung				
	• Wiederherstellen (Kosten: 100,0%) Verlegung TV-Anschluss in anderes Zimmer (1St)	107,00 m² BGF	90	**0,84**	0,84
	6600-0015 Naturfreundehaus				
	• Herstellen (Kosten: 100,0%) Koaxialkabel (375m), Antennensteckdosen (10St), Sat-Antennenanlage, Wandhalter (1St)	1.950,00 m² BGF	2.348	**1,20**	1,20
	6600-0016 Hotel (23 Betten)				
	• Herstellen (Kosten: 100,0%) Sat-Dosen (9St), Sat-Antenne (1St), zwölffach-Multischalter (1St), Koaxialkabel, Zubehör	483,52 m² BGF	1.375	**2,84**	2,84
	456 Gefahrenmelde- und Alarmanlagen				
	1300-0142 Scheunenumbau, Büroflächen				
	• Herstellen (Kosten: 100,0%) Brandmeldeanlage	388,00 m² BGF	7.761	**20,00**	20,00
	1300-0152 Wohn- und Geschäftshaus				
	• Herstellen (Kosten: 100,0%) RWA-Anlage für Dachfenster anschließen (1St), Leitungen (93m)	390,52 m² BGF	3.450	**8,84**	8,84

KG	Kostengruppe	Menge Einheit	Kosten €	€/Einheit	€/m² BGF
	4400-0178 Kindertagesstätte (4 Gruppen, 65 Kinder)				
	• Herstellen (Kosten: 100,0%) Brandmeldeanlage, Installationsarbeiten, Planung	1.398,00 m² BGF	6.750	**4,83**	4,83
	4500-0016 Seminargebäude				
	• Herstellen (Kosten: 100,0%) Rauchmeldezentrale (1St), Rauchmelder (27St), Signalgeber (4St), RWA-Steuerungen (2St), Fernmeldeleitungen J-Y(ST)Y (380m), Brandmeldekabel (51m), Sicherheitskabel (28m)	519,70 m² BGF	9.707	**18,68**	18,68
	6100-0946 Einfamilienhaus, Einzeldenkmal				
	• Herstellen (Kosten: 100,0%) Rauchmelder, Funknetzteile (4St), Brandmeldekabel	285,78 m² BGF	383	**1,34**	1,34
	6100-1195 Mehrfamilienhaus, Dachgeschoss				
	• Herstellen (Kosten: 100,0%) Rauchmelder (5St)	162,23 m² BGF	319	**1,97**	1,97
	6100-1197 Maisonettewohnung				
	• Herstellen (Kosten: 100,0%) Rauchmelder (3St)	107,00 m² BGF	168	**1,57**	1,57
	6400-0062 Jugendzentrum				
	• Herstellen (Kosten: 100,0%) Einbruchmeldezentrale (1St), Bewegungsmelder (13St), Magnetkontakte (10St), Riegelkontakte (80St), Hausalarm-Brandmeldezentrale (1St), Ringbus, Handfeuermelder (1St), Rauchmelder (4St), Bleiakku (2St), Präsenzmelder (15St)	1.140,79 m² BGF	13.805	**12,10**	12,10
	6600-0015 Naturfreundehaus				
	• Herstellen (Kosten: 100,0%) Brandmeldekabel (275m), optische Rauchmelder (35St), Handfeuermelder (5St), Öffnungs- und Verschlussüberwachung, Magnetkontakt (31St)	1.950,00 m² BGF	8.950	**4,59**	4,59
	6600-0016 Hotel (23 Betten)				
	• Herstellen (Kosten: 100,0%) Brandmeldezentrale (1St), Wählgerät für BMA (1St), Mehrsensormelder (14St), akustischer Alarmgeber (1St), optisch/akustischer Alarmgeber (1St), Brandmeldekabel	483,52 m² BGF	5.640	**11,66**	11,66

450
Fernmelde- und informationstechnische Anlagen

450 Fernmelde- und informationstechnische Anlagen

KG	Kostengruppe	Menge Einheit	Kosten €	€/Einheit	€/m² BGF
	6600-0017 Hotel (76 Betten)				
	• Herstellen (Kosten: 100,0%) Brandmeldeanlage, Rauchmelder, Druckknopfmelder	3.309,80 m² BGF	71.029	**21,46**	21,46
	9100-0086 Museum, Ausstellungen				
	• Wiederherstellen (Kosten: 45,1%) Umbau und Reparatur von Brandmeldern	455,00 m² BGF	1.668	**3,66**	3,66
	• Herstellen (Kosten: 54,9%) Einbau von Lautsprechern für die Gefahrenmeldeanlage	455,00 m² BGF	2.032	**4,47**	4,47
	9100-0092 Evangelische Kirche, Gemeindesaal, Pfarramt				
	• Herstellen (Kosten: 100,0%) Rauchmelder (12St)	877,81 m² BGF	587	**0,67**	0,67
	9100-0119 Pfarrkirche				
	• Herstellen (Kosten: 100,0%) Erweiterung Brandmeldezentrale (psch), Rauchansaugsystem, Koppler, Netzgerät (1St), Rauchansaugrohre, Formstücke, Ansaugstellen (75m), Multisensormelder (3St), Meldersockelheizungen (7St), Netzgerät (1St)	1.128,90 m² BGF	15.097	**13,37**	13,37
457	**Übertragungsnetze**				
	1300-0142 Scheunenumbau, Büroflächen				
	• Herstellen (Kosten: 100,0%) EDV-Verkabelung Cat6, Anschlussdosen RJ45 (27St)	388,00 m² BGF	6.810	**17,55**	17,55
	3100-0014 Arztpraxis				
	• Herstellen (Kosten: 100,0%) Leerrohre, Datenkabel Cat7 (660m), Datendosen (14St)	175,00 m² BGF	4.921	**28,12**	28,12
	3100-0015 Arztpraxis				
	• Wiederherstellen (Kosten: 3,7%) Datenleitungen Cat7 abklemmen, verlegen, auf Patchfeld auflegen, Funktion überprüfen (3h)	143,00 m² BGF	117	**0,82**	0,82
	• Herstellen (Kosten: 96,3%) Datenkabel Cat7 (750m), Datendosen (24St)	143,00 m² BGF	3.022	**21,13**	21,13

KG	Kostengruppe	Menge Einheit	Kosten €	€/Einheit	€/m² BGF
	4500-0016 Seminargebäude				
	• Herstellen (Kosten: 100,0%) Datenkabel (827m), Steckdosen, HDMI (2St), Datendosen, zweifach (32St), einfach (1St), Patchpanel 19" (2St)	519,70 m² BGF	7.757	**14,92**	14,92
	4500-0017 Bildungsinstitut, Seminarräume				
	• Herstellen (Kosten: 100,0%) Datendosen (10St), Datenkabel Cat7 (1.000m)	344,53 m² BGF	1.833	**5,32**	5,32
	6100-0937 Einfamilienhaus, Umnutzung Scheune				
	• Herstellen (Kosten: 100,0%) Datenleitungen, Steckdose	206,38 m² BGF	268	**1,30**	1,30
	6100-0946 Einfamilienhaus, Einzeldenkmal				
	• Herstellen (Kosten: 100,0%) Datendosen zweifach (5St), Patchfeld mit Gehäuse (1St), Datenleitungen Cat7	285,78 m² BGF	424	**1,48**	1,48
	6100-1195 Mehrfamilienhaus, Dachgeschoss				
	• Herstellen (Kosten: 100,0%) Netzwerkdose Cat6, zweifach (1St), Datendosen (10St), Datenleitungen, Leerrohre	162,23 m² BGF	1.336	**8,23**	8,23
	6400-0062 Jugendzentrum				
	• Herstellen (Kosten: 100,0%) EDV-Verkabelung Cat7, Steckdosen, Patchfelder, 19" Schrank	1.140,79 m² BGF	13.075	**11,46**	11,46
	6600-0015 Naturfreundehaus				
	• Herstellen (Kosten: 100,0%) Datenleitungen Cat7 (1.659m), Datensteckdosen (8St), Patchfelder (2St)	1.950,00 m² BGF	4.843	**2,48**	2,48
	6600-0016 Hotel (23 Betten)				
	• Herstellen (Kosten: 100,0%) Steckdosen 2xRJ45 (9St), Wandschrank 19" (1St), Patchfeld 24-fach (1St), Datenleitungen Cat7	483,52 m² BGF	1.582	**3,27**	3,27
	6600-0017 Hotel (76 Betten)				
	• Herstellen (Kosten: 100,0%) EDV-Verkabelung, Steckdosen RJ45, Datenschrank	3.309,80 m² BGF	13.123	**3,96**	3,96

450 Fernmelde- und informationstechnische Anlagen

450 Fernmelde- und informationstechnische Anlagen

KG	Kostengruppe	Menge Einheit	Kosten €	€/Einheit	€/m² BGF

9100-0086 Museum, Ausstellungen

- Herstellen (Kosten: 100,0%)   455,00 m² BGF   143   **0,31**   0,31
Erweiterung der EDV-Anlage, LWL-Leitungen, Steckdose

9100-0092 Evangelische Kirche, Gemeindesaal, Pfarramt

- Herstellen (Kosten: 100,0%)   877,81 m² BGF   4.631   **5,28**   5,28
Netzwerkschrank (1St), Verteiler 19" (2St), Datenkabel (1.122m), Steckdosen RJ45 (18St)

Kostenkennwerte für die Kostengruppen der 3.Ebene DIN 276

KG	Kostengruppe	Menge Einheit	Kosten €	€/Einheit	€/m² BGF
461	**Aufzugsanlagen**				

1300-0152 Wohn- und Geschäftshaus

	• Herstellen (Kosten: 100,0%) Maschinenraumloser Personenaufzug, h=16m, 4 Haltestellen (1St)	390,52 m² BGF	53.606	**137,27**	137,27

4500-0016 Seminargebäude

	• Herstellen (Kosten: 100,0%) Plattformlift 86x65cm, Tragkraft 325kg, Förderhöhe 1,20m (1St)	519,70 m² BGF	13.479	**25,94**	25,94

6100-0932 Gutshaus, Wohnen im Alter (14 WE)

	• Herstellen (Kosten: 100,0%) Personenaufzug, behindertengerecht, Tragkraft 630kg, vier Haltestellen (1St), Terrazzo-Schleifestrichplatte, in Fahrstuhlwanne verlegt (2m²)	1.360,30 m² BGF	42.556	**31,28**	31,28

6400-0062 Jugendzentrum

	• Herstellen (Kosten: 100,0%) Personenaufzug, Tragkraft 630kg, h=4m, 2 Haltestellen, Seilaufzug ohne Maschinenraum (1St)	1.140,79 m² BGF	45.300	**39,71**	39,71

6600-0015 Naturfreundehaus

	• Herstellen (Kosten: 100,0%) Personenaufzug, Tragkraft 675kg, vier Haltestellen, behindertengerecht (1St)	1.950,00 m² BGF	44.041	**22,59**	22,59

6600-0017 Hotel (76 Betten)

	• Herstellen (Kosten: 100,0%) Nachrüstung einer Brandfallsteuerung für Aufzug	3.309,80 m² BGF	7.429	**2,24**	2,24

470 Nutzungsspezifische Anlagen

Kostenkennwerte für die Kostengruppen der 3.Ebene DIN 276

KG	Kostengruppe	Menge Einheit	Kosten €	€/Einheit	€/m² BGF
471	**Küchentechnische Anlagen**				

3100-0018 Arztpraxis, Personalaufenthalt

•	Herstellen (Kosten: 100,0%)	117,50 m² BGF	3.303	**28,11**	28,11

Küchenspüle, Edelstahl (1St), Geschirrspüler (1St), Einbaukühlschrank (1St), Induktionsherd mit Backofen (1St), Mikrowelle (1St), Dunstabzug, Umluft (1St)

6100-1195 Mehrfamilienhaus, Dachgeschoss

•	Herstellen (Kosten: 100,0%)	162,23 m² BGF	3.879	**23,91**	23,91

Einbaubackofen (1St), Kochfeld (1St)

6600-0015 Naturfreundehaus

•	Wiederherstellen (Kosten: 0,1%)	1.950,00 m² BGF	324	**0,17**	0,17

Wiedereinbau von eingelagerter Profispülmaschine, Anschlüsse (1St)

•	Herstellen (Kosten: 99,9%)	1.950,00 m² BGF	302.399	**155,08**	155,08

Kühlzellen, Luftkühlgeräte, Abtauheizung (4St), Tiefkühlzelle, Kippbratpfanne, Gasherd, Griddleplatte, Friteusen, Bain Marie, Warm-/Kalttheke, Saladette, Eiswürfelmaschine, Wärmetischaufsatzborde, Wärmeschrank, Kühltisch, Gläserspülmaschine, Theke, Schankanlage, Fasskühler, Granit-Arbeitsplatte, Handwaschbecken (5St), Arbeits-/Spültische (10St), Küchenschränke (18St), Abzugshauben (2St), Tablett-Abräumwagen (2St), Abfall-Rollis (2St), Kühlschränke (2St)

6600-0017 Hotel (76 Betten)

•	Herstellen (Kosten: 100,0%)	3.309,80 m² BGF	188.470	**56,94**	56,94

Kücheneinrichtungen, Kühlschränke, Ausgabetheke, Kühlvitrine, loses Küchenzubehör, Gefrierschrank, Multifunktionskochgeräte, Herde, Kombidämpfer, Spülmaschinen, Eisbereiter, Kaffeemaschine, Unterschränke, Arbeitsplatten, Schränke

479 Nutzungsspezifische Anlagen, sonstiges

1300-0217 Innenausbau Vertriebsbüro

213,00 m² BGF	18.254	**85,70**	85,70

70"-LCD-Touch-Monitore (2St), Interface-Boards (2St), Lautsprecherpaare (2St), Deckeneinbaulautsprecher (10St), Multizonen-Mischer (1St), Endverstärker (1St), PCs (2St), Fernbedienungen (2St), HDMI-Umschalter (2St), Multimedia-Anschlüsse (8St), USB-Kabel (2St)

KG	Kostengruppe	Menge Einheit	Kosten €	€/Einheit	€/m² BGF
	4500-0017 Bildungsinstitut, Seminarräume				
	• Herstellen (Kosten: 100,0%)	344,53 m² BGF	23.021	**66,82**	66,82
	Eventbeleuchtung, Moving Heads, 50 LED-Spots (3St), Lichtkontroller DMX-Steuerpult (1St), Steuerung für Beleuchtungsprojekte, Umrüstung von DALI-Schnittstelle auf DMX (psch), DMX-Kabel (3St), Leuchten mit Verkabelung, Einbaustrahler, RGB, LED, RGBW, in Flur und Saal, Bereich Fenster und Türseite (psch)				
	9100-0092 Evangelische Kirche, Gemeindesaal, Pfarramt				
	• Wiederherstellen (Kosten: 100,0%)	877,81 m² BGF	22.433	**25,56**	25,56
	Kirchenorgel abbauen, sanieren, wieder aufbauen				
	9100-0119 Pfarrkirche				
	• Wiederherstellen (Kosten: 78,8%)	1.128,90 m² BGF	20.589	**18,24**	18,24
	Kirchenorgel reinigen, überarbeiten, stimmen, Schimmelbefall beseitigen (psch)				
	• Herstellen (Kosten: 21,2%)	1.128,90 m² BGF	5.526	**4,89**	4,89
	LED-Liedtafeln 365x365x22mm, Ziffernhöhe 119mm (2St), 245x245x22mm, Ziffernhöhe 71mm (2St), Bediengerät, Funkempfänger, Funksender (1St)				

480 Gebäudeautomation

Kostenkennwerte für die Kostengruppen der 3.Ebene DIN 276

KG	Kostengruppe	Menge Einheit	Kosten €	€/Einheit	€/m² BGF

481 Automationssysteme

9100-0086 Museum, Ausstellungen

- Herstellen (Kosten: 100,0%)   455,00 m² BGF   4.523   **9,94**   9,94
  EIB-Dimmaktoren 2-fach (8St), Tastsensoren 2-fach, Busankoppler (7St),
  EIB-Busleitungen 2x2x0,8mm² (180m)

9100-0092 Evangelische Kirche, Gemeindesaal, Pfarramt

- Herstellen (Kosten: 100,0%)   877,81 m² BGF   8.920   **10,16**   10,16
  Melde- und Bedientableaus, LCD (2St), USB-Schnittstelle (1St), BUS-Ankoppler (2St),
  Schaltaktoren (3St), Dimmaktoren (5St), Tastsensoren (2St)

9100-0119 Pfarrkirche

- Herstellen (Kosten: 100,0%)   1.128,90 m² BGF   12.291   **10,89**   10,89
  Lichtsteueranlage: Relaismodul (1St), Universaldimmer (2St), Repeater (8St), Touchpanel
  (1St), Netzgeräte (2St), Bedienelemente (3St), Tastensteuergerät (1St), Bildschirmseiten
  (4St), Datenpunkte (60St)

484 Raumautomationssysteme

4500-0017 Bildungsinstitut, Seminarräume

- Herstellen (Kosten: 100,0%)   344,53 m² BGF   69.604   **202,02**   202,02
  Betriebsmanagement-Software (1St), Programmierung EIB (psch), Spannungsversorgung
  (1St), Facilityserver (1St), Binäreingang, sechsfach (1St), EIB/KNX Gateway (4St), EIB/KNX
  Wetterstation (1St), EIB/KNX Kombisensor (1St), Schaltaktoren (3St), Dimmaktoren (4St),
  Sensoren (4St), Präsenzmelder (6St), Stellantriebe (6St), KNX-Schnittstelle (1St),
  HDMI-Splitter (1St), iPads (4St), motorisierte Dockingstationen für iPad, Glasblende,
  Wandeinbau (3St), EIB-Leitungen (700m), Mediensteuerung (1St)

6600-0015 Naturfreundehaus

- Herstellen (Kosten: 100,0%)   1.950,00 m² BGF   3.525   **1,81**   1,81
  BUS-Leitung (26m), Anschlussdosen (9St), Bedientableau zur Lichtsteuerung,
  400x300mm, 30 Taster, beleuchtet (1St), 300x200mm, 12 Taster (2St)

485 Übertragungsnetze

9100-0092 Evangelische Kirche, Gemeindesaal, Pfarramt

- Herstellen (Kosten: 100,0%)   877,81 m² BGF   513   **0,58**   0,58
  Busleitungen (127m)

Kostenkennwerte für die Kostengruppen der 3.Ebene DIN 276

KG	Kostengruppe	Menge Einheit	Kosten €	€/Einheit	€/m² BGF
491	**Baustelleneinrichtung**				

5600-0004 Yogastudio

• Herstellen (Kosten: 100,0%) Baufassungen, Leuchtmittel (3St)		146,30 m² BGF	18	**0,12**	0,12

6600-0015 Naturfreundehaus

• Herstellen (Kosten: 100,0%) Baustelleneinrichtungen (3St), Baustellenhauptverteiler (1St), Stockwerksverteiler (4St), Baubeleuchtung		1.950,00 m² BGF	2.479	**1,27**	1,27

7200-0087 Frisörsalon

• Herstellen (Kosten: 100,0%) Baustelleneinrichtungen (2St)		118,73 m² BGF	94	**0,79**	0,79

492	**Gerüste**				

6600-0015 Naturfreundehaus

• Herstellen (Kosten: 100,0%) Fahrbares Gerüst, 2x1m, h=4m (1St)		1.950,00 m² BGF	187	**0,10**	0,10

9100-0092 Evangelische Kirche, Gemeindesaal, Pfarramt

• Herstellen (Kosten: 100,0%) Gerüst, fahrbar, h=6,00m (psch)		877,81 m² BGF	82	**< 0,1**	< 0,1

494	**Abbruchmaßnahmen**				

6600-0016 Hotel (23 Betten)

• Abbrechen (Kosten: 100,0%) Abbruch- und Stemmarbeiten (23h); Entsorgung, Deponiegebühren		483,52 m² BGF	995	**2,06**	2,06

495	**Instandsetzungen**				

6600-0015 Naturfreundehaus

• Herstellen (Kosten: 100,0%) Defekte Leitung von Wärmepumpe reparieren		1.950,00 m² BGF	691	**0,35**	0,35

490 Sonstige Maßnahmen für Technische Anlagen

490
Sonstige Maßnahmen
für Technische
Anlagen

KG	Kostengruppe	Menge	Einheit	Kosten €	€/Einheit	€/m² BGF
498	**Provisorische Technische Anlagen**					

6600-0015 Naturfreundehaus

	• Herstellen (Kosten: 100,0%) Provisorische Inbetriebnahme WCs, Thekenanlage, provisorische Stromversorgung	1.950,00	m² BGF	413	**0,21**	0,21

Kostenkennwerte für die Kostengruppen der 3.Ebene DIN 276

510
Geländeflächen

KG	Kostengruppe	Menge Einheit	Kosten €	€/Einheit	€/m² BGF
511	**Oberbodenarbeiten**				

6100-0962 Einfamilienhaus, Einliegerwohnung

	• Herstellen (Kosten: 100,0%) Oberboden aufnehmen, t=30cm, laden, entsorgen (43m²)	42,74 m²	1.246	**29,14**	19,52

6600-0015 Naturfreundehaus

	• Herstellen (Kosten: 100,0%) Wurzelstöcke entfernen, Stammdurchmesser 10-30cm (51St), Stammdurchmesser 50cm (6St), Stammdurchmesser 100cm (1St)	333,45 m²	1.687	**5,06**	0,86

512	**Bodenarbeiten**				

4500-0016 Seminargebäude

	• Herstellen (Kosten: 100,0%) Boden ausheben, laden, abfahren, entsorgen, Deponiegebühren (24m³)	46,56 m²	1.466	**31,48**	2,82

6600-0015 Naturfreundehaus

	• Herstellen (Kosten: 100,0%) Bodenaushub, t=30cm, abfahren (51m³), Bodenaushub, t=30cm, als Hangsicherung wieder einbauen, verdichten (48m³), lagernden Boden aufnehmen, transportieren, einbauen, verdichten, t=30cm, Förderweg 50m (175m²), Vorsieb als Auffüllmaterial einbringen (86m³)	333,45 m²	5.790	**17,36**	2,97

© BKI Baukosteninformationszentrum   Kostenstand: 3.Quartal 2015, Bundesdurchschnitt, **inkl. 19% MwSt.**

520 Befestigte Flächen

Kostenkennwerte für die Kostengruppen der 3.Ebene DIN 276

KG	Kostengruppe	Menge Einheit	Kosten €	€/Einheit	€/m² BGF
521	**Wege**				

4500-0016 Seminargebäude

•	Abbrechen (Kosten: 12,3%) Abbruch von Gehwegplatten (35m²), Betonrasenkante (27m); Entsorgung, Deponiegebühren	35,04 m²	539	**15,40**	1,04
•	Herstellen (Kosten: 87,7%) Planum (46m²), Basaltschotter 0/32mm, Betonsteinpflaster 20x10cm (45m²), 50x50cm (2m²), Betonrasenbord (29m)	46,56 m²	3.836	**82,38**	7,38

6400-0062 Jugendzentrum

•	Abbrechen (Kosten: 0,4%) Abbruch von Gehwegplatten, Entsorgung, Deponiegebühren (3m²)	3,20 m²	23	**7,20**	< 0,1
•	Herstellen (Kosten: 99,6%) Stb-Rampe, Zugang, d=25cm, Schalung, Bewehrung (21m²), Platten aufnehmen, zum Wiedereinbau lagern (178m), Vorhandene Gehwegplatten verlegen (48m), Waschbetonaufkantung (1St)	36,16 m²	5.789	**160,10**	5,07

522	**Straßen**				

6600-0015 Naturfreundehaus

•	Abbrechen (Kosten: 25,1%) Abbruch von Asphaltbelag (440m²), Betonsteinpflaster (77m²), Betonrandsteinen (81m); Entsorgung, Deponiegebühren	517,84 m²	6.892	**13,31**	3,53
•	Herstellen (Kosten: 74,9%) Bodenaushub BK 3-5, Abfuhr, Planum, Kalkschotterpackung 5/30mm, d=40cm, verdichten, Filtervlies (125m²), Frostschutzschicht, Brechsand-Splitt-Schotter 32/56mm, d=30cm (551m²), Oberbelag, Kalkstein-Sandgemisch 4/8cm, d=2,5cm (467m²), Pflasterbelag, d=8cm, Splittbett (34m²), Beton-Kantensteine (196m)	500,53 m²	20.537	**41,03**	10,53

523	**Plätze, Höfe**				

6100-0962 Einfamilienhaus, Einliegerwohnung

•	Herstellen (Kosten: 100,0%) Tragschicht, RC-Schotter 0/45mm (423m²), Betonplatten (38m²), Granitstreifen (47m), Bordsteine (10m)	37,55 m²	5.562	**148,12**	87,18

6400-0062 Jugendzentrum

•	Abbrechen (Kosten: 100,0%) Abbruch von Hochbordsteinen, Entsorgung, Deponiegebühren (16m²)	15,88 m²	136	**8,57**	0,12

520 Befestigte Flächen

KG	Kostengruppe	Menge Einheit	Kosten €	€/Einheit	€/m² BGF
	6600-0015 Naturfreundehaus				
	• Wiederherstellen (Kosten: 2,0%) vorhandene Betonplatten ausbauen, Kiesel aus Rinne entfernen, Dränbeton einbauen, Platten auf Dränbeton wieder verlegen (27m), Sandsteinplatten säubern, wieder in Beton setzen, mit Zementmörtel ausschlämmen (7m²)	17,90 m²	719	**40,19**	0,37
	• Herstellen (Kosten: 98,0%) Terrassenkonstruktion aus Stahlrahmen, feuerverzinkt, U240-Profile (65m), Querträger, L-Profile 100x50x8mm (146m), Rundstützen, d=101,6mm, l=5m (16St), Holzbohlenbelag, 90/60mm, gehobelt (136m²), Deckleisten (32m), Rundstahl 10mm als Windverband, Kleineisen- und Verbindungsteile	135,63 m²	35.475	**261,56**	18,19
	9100-0092 Evangelische Kirche, Gemeindesaal, Pfarramt				
	• Abbrechen (Kosten: 5,3%) Abbruch von Gehwegplatten, seitlich lagern (128m²)	128,31 m²	1.130	**8,80**	1,29
	• Herstellen (Kosten: 94,7%) Frostschutzschicht, Schotter, d=30cm (208m²), wassergebundene Decke, Körnung 0/32mm, d=10cm (91m²), Betonplatten 60x40cm, d=8cm (117m²), Betonkantensteine (96m)	207,82 m²	20.314	**97,75**	23,14
	9700-0019 Aussegnungshalle				
	• Wiederherstellen (Kosten: 0,1%) Bordstein aus- und wieder einbauen (1St)	–	27	–	< 0,1
	• Herstellen (Kosten: 99,9%) Aushub, Frostschutzschicht, d=38cm, Planum (166m²), Betonpflaster 25x25x8cm (144m²), Rundborde 12,5x25x100cm (44m), wassergebundene Flächen, Planum, Unterbau Recyclingmaterial, Brechsand (811m²)	959,85 m²	23.058	**24,02**	70,32
526	**Spielplatzflächen**				
	6600-0015 Naturfreundehaus				
	• Wiederherstellen (Kosten: 100,0%) Rindenmulch ausbauen, auf Gelände transportieren und wieder verteilen, alte Einfassung entfernen, Kiesunterbau nachverdichten, neuen Holzhäcksel-Fallschutz einbauen (15m²)	15,10 m²	384	**25,41**	0,20
529	**Befestigte Flächen, sonstiges**				
	4500-0016 Seminargebäude				
	• Herstellen (Kosten: 100,0%) Traufstreifen, Kies 13/32mm, d=15cm, b=40cm (32m), Beton-Läuferstein 20x10cm (30m), Noppenbahn (30m), Fußabstreiferrost (1St)	46,56 m²	1.679	**36,06**	3,23

520
Befestigte Flächen

KG	Kostengruppe	Menge Einheit	Kosten €	€/Einheit	€/m² BGF
	6600-0015 Naturfreundehaus				
	• Herstellen (Kosten: 100,0%) Traufstreifen, Kies 15/30mm, b=40cm (42m²), b=230cm (24m²), Haigerlocher Blocksteine, Quaderform, als Flächenbegrenzungen (21t)	636,16 m²	5.936	**9,33**	3,04
	9100-0092 Evangelische Kirche, Gemeindesaal, Pfarramt				
	• Herstellen (Kosten: 100,0%) Traufstreifen, Granitschotter (54m)	207,82 m²	220	**1,06**	0,25

Kostenkennwerte für die Kostengruppen der 3.Ebene DIN 276

530 Baukonstruktionen in Außenanlagen

KG	Kostengruppe	Menge Einheit	Kosten €	€/Einheit	€/m² BGF
531	**Einfriedungen**				

6100-0962 Einfamilienhaus, Einliegerwohnung

	• Herstellen (Kosten: 100,0%) Stahlzaun mit Tor, zweiflüglig, h=1m (7m²)	7,00 m²	4.941	**705,87**	77,45

6600-0015 Naturfreundehaus

	• Herstellen (Kosten: 100,0%) Maschendrahtzaun, h=150cm, Zaunpfosten, Rundholz d=80mm (63m)	94,50 m²	2.505	**26,51**	1,28

9100-0092 Evangelische Kirche, Gemeindesaal, Pfarramt

	• Abbrechen (Kosten: 46,3%) Abbruch von Betonmauer (24m²); Entsorgung, Deponiegebühren	24,49 m²	2.060	**84,13**	2,35
	• Herstellen (Kosten: 53,7%) Einfahrtstor, zweiflüglig, transparentes Metallgitter, b=2,40m (3m²)	2,88 m²	2.385	**828,22**	2,72

532 Schutzkonstruktionen

6600-0015 Naturfreundehaus

	• Herstellen (Kosten: 100,0%) Terrassengeländer, T50-Pfosten, Glasfüllungen VSG 12mm, Einfassung L-Winkel, Lack-Beschichtung (42m²), Handlauf, Edelstahl, D=42mm (47m)	41,98 m²	21.332	**508,15**	10,94

533 Mauern, Wände

6100-0932 Gutshaus, Wohnen im Alter (14 WE)

	• Herstellen (Kosten: 100,0%) Mauerabdeckung, Titanzink (8m)	2,28 m²	478	**209,79**	0,35

6600-0015 Naturfreundehaus

	• Abbrechen (Kosten: 65,9%) Abbruch von Stb-Stützwänden (7m²); Entsorgung, Deponiegebühren	7,15 m²	1.588	**222,07**	0,81
	• Wiederherstellen (Kosten: 34,1%) Bauseits vorhandene Rundpalisaden, h=120cm, in Beton versetzen, Aushub, Spitzarbeiten (19St)	3,42 m²	823	**240,68**	0,42

530 Baukonstruktionen in Außenanlagen

KG	Kostengruppe	Menge Einheit	Kosten €	€/Einheit	€/m² BGF

534 Rampen, Treppen, Tribünen

6100-0932 Gutshaus, Wohnen im Alter (14 WE)

- Abbrechen (Kosten: 1,9%) — 13,85 m² — 361 — **26,05** — 0,27
  Abbruch von Betonpodest, d=16cm (11m²), gemauerten Treppenwangen mit Abdeckplatten (3m³); Entsorgung, Deponiegebühren

- Wiederherstellen (Kosten: 40,4%) — 14,40 m² — 7.588 — **526,96** — 5,58
  Historische Eisengeländer demontieren, Altanstrich entfernen, reinigen, Schadstellen ausbessern, verzinken, streichen, wieder montieren (2St), Granitblockstufen 14x30cm, aufnehmen, lagern, wieder verlegen (48m)

- Herstellen (Kosten: 57,7%) — 56,20 m² — 10.829 — **192,68** — 7,96
  Treppenwangen, KS-Mauerwerk, d=36,5cm, Abdichtung (20m²), Betonpodeste, Treppe und Rampen (36m²), Beton-Mauerwerksabdeckung 10x50cm (13m), Titanzinkabdeckungen (psch), Handläufe an Rampen, beidseitig (37m)

6100-0962 Einfamilienhaus, Einliegerwohnung

- Herstellen (Kosten: 100,0%) — 4,41 m² — 5.681 — **1.288,17** — 89,04
  Stahltreppe, Handläufe, Edelstahlrohr, D=42mm (3m²), Sichtbetonstufen (1m²)

6600-0015 Naturfreundehaus

- Abbrechen (Kosten: 29,2%) — 8,40 m² — 523 — **62,24** — 0,27
  Abbruch von Betontreppe (4m²), Natursteintreppe (4m²); Entsorgung, Deponiegebühren

- Wiederherstellen (Kosten: 10,1%) — 2,89 m² — 181 — **62,59** — < 0,1
  Vorhandene Winkelstufe neu setzen (1St), Stufenplatten abbauen, lagern, wieder einbauen (3m²)

- Herstellen (Kosten: 60,7%) — 2,21 m² — 1.086 — **491,43** — 0,56
  Antrittstufen einbauen, 85x32x5cm (4St), Betonwinkelstufe, d=5cm, b=150cm, sandgestrahlt, auf vorhandener Betontreppe versetzen (1St), Stufenplatte einbauen, 90x73x5cm (1St)

9100-0092 Evangelische Kirche, Gemeindesaal, Pfarramt

- Herstellen (Kosten: 100,0%) — 16,80 m² — 14.285 — **850,30** — 16,27
  Fundamentaushub, Betonfundamente (11m³), Beton-Blockstufen (48m)

535 Überdachungen

6600-0015 Naturfreundehaus

- Herstellen (Kosten: 100,0%) — 135,63 m² — 24.362 — **179,62** — 12,49
  Terrassenüberdachung als Stahlkonstruktion, Flachstahl-Konsolen, IPB-Auflager, Rundrohrsparren mit Flachstahl (136m²), Teildeckung aus Holzbohlen 60x40mm, vierseitig gehobelt (86m²)

Kostenkennwerte für die Kostengruppen der 3.Ebene DIN 276

540 Technische Anlagen in Außenanlagen

KG	Kostengruppe	Menge Einheit	Kosten €	€/Einheit	€/m² BGF

541 Abwasseranlagen

6400-0062 Jugendzentrum

- Herstellen (Kosten: 100,0%) – AUF 6.453 – 5,66
  Rohrgrabenaushub (77m), KG-Rohre DN150 (52m), DN 200 (40m), Betonschacht (1St)

6600-0015 Naturfreundehaus

- Wiederherstellen (Kosten: 8,0%) 19.295,00 m² AUF 568 **< 0,1** 0,29
  Kontrollschächte erhöhen (2m), Schachtabdeckungen schräg setzen (3St), PVC-Schächte erhöhen (4St)

- Herstellen (Kosten: 92,0%) 19.295,00 m² AUF 6.526 **0,34** 3,35
  Rohrgrabenaushub BK 3-5 (24m³), KG-Rohre DN100, Formstücke (26m), PVC-Teilsickerrohre DN100 (27m), Dränagerohre DN100 (27m), Kiespackung (22m) Entwässerungsrinne DN200 (7m), Straßenabläufe (5St)

546 Starkstromanlagen

6100-1105 Reihenendhaus, Denkmalschutz

- Herstellen (Kosten: 100,0%) 498,00 m² AUF 3.983 **8,00** 12,85
  Erdkabel NYY (10m), LED-Strahler, Erdspieße (5St), Pollerleuchten (2St), Minilichtleisten, l=150cm (2St), Bewegungsmelder (1St), Funkhandsender (1St), Leuchtmittel

9100-0092 Evangelische Kirche, Gemeindesaal, Pfarramt

- Herstellen (Kosten: 100,0%) 980,08 m² AUF 1.835 **1,87** 2,09
  Boden-Einbauscheinwerfer (4St)

550 Einbauten in Außenanlagen

Kostenkennwerte für die Kostengruppen der 3.Ebene DIN 276

KG	Kostengruppe	Menge Einheit	Kosten €	€/Einheit	€/m² BGF
551	**Allgemeine Einbauten**				
	4500-0016 Seminargebäude				
	• Herstellen (Kosten: 100,0%) Briefkastenanlage, Betonfundament (1St)	214,46 m² AUF	2.239	**10,44**	4,31
	9100-0092 Evangelische Kirche, Gemeindesaal, Pfarramt				
	• Herstellen (Kosten: 100,0%) Fahnenmast, h=10,00m (1St)	980,08 m² AUF	1.758	**1,79**	2,00

Kostenkennwerte für die Kostengruppen der 3.Ebene DIN 276

KG	Kostengruppe	Menge Einheit	Kosten €	€/Einheit	€/m² BGF
571	**Oberbodenarbeiten**				

6100-0962 Einfamilienhaus, Einliegerwohnung

• Herstellen (Kosten: 100,0%) Oberboden, d=15cm, liefern, andecken (13m²)		13,30 m²	204	**15,30**	3,19

6600-0015 Naturfreundehaus

• Herstellen (Kosten: 100,0%) Oberboden seitlich lagern, auftragen, d=30cm (976m²), Oberboden liefern, andecken, d=30cm (108m²), Grobplanum herstellen (1.073m²)		1.073,18 m²	8.840	**8,24**	4,53

9700-0019 Aussegnungshalle

• Herstellen (Kosten: 100,0%) Oberboden liefern, andecken (1m³)		4,33 m²	107	**24,67**	0,33

572 Vegetationstechnische Bodenbearbeitung

4500-0016 Seminargebäude

• Herstellen (Kosten: 100,0%) Oberboden andecken		167,90 m²	427	**2,54**	0,82

6600-0015 Naturfreundehaus

• Herstellen (Kosten: 100,0%) Feinplanum fräsen, düngen (101m²)		100,80 m²	205	**2,03**	0,11

574 Pflanzen

4500-0016 Seminargebäude

• Herstellen (Kosten: 100,0%) Buchenhecke (3m)		1,30 m²	48	**36,77**	< 0,1

9100-0092 Evangelische Kirche, Gemeindesaal, Pfarramt

• Herstellen (Kosten: 100,0%) Baumgrubenaushub (5m³), Schirmplatanen, Stammhöhe 2,50m (4St), Verdunstungsschutz, Pfahl-Dreiböcke (4St)		5,76 m²	7.521	**1.305,70**	8,57

570 Pflanz- und Saatflächen

570 Pflanz- und Saatflächen

KG	Kostengruppe	Menge Einheit	Kosten €	€/Einheit	€/m² BGF
	9700-0019 Aussegnungshalle				
	• Abbrechen (Kosten: 100,0%) Roden einer Baumstubbe (1St)	–	126	–	0,38
575	**Rasen und Ansaaten**				
	4500-0016 Seminargebäude				
	• Herstellen (Kosten: 100,0%) Planum, Rasenansaat (168m²)	167,90 m²	652	**3,88**	1,25
	6100-0962 Einfamilienhaus, Einliegerwohnung				
	• Herstellen (Kosten: 100,0%) Feinplanum, Rasenansaat (13m²)	13,30 m²	378	**28,45**	5,93
	6600-0015 Naturfreundehaus				
	• Herstellen (Kosten: 100,0%) Feinplanum fräsen, düngen, Spielrasen-Ansaat, einwalzen (972m²)	972,38 m²	3.211	**3,30**	1,65
579	**Pflanz- und Saatflächen, sonstiges**				
	4500-0016 Seminargebäude				
	• Herstellen (Kosten: 100,0%) Granitfindling (1St)	167,90 m²	208	**1,24**	0,40

Kostenkennwerte für die Kostengruppen der 3.Ebene DIN 276

KG	Kostengruppe	Menge Einheit	Kosten €	€/Einheit	€/m² BGF
591	**Baustelleneinrichtung**				

4500-0016 Seminargebäude

	• Herstellen (Kosten: 100,0%) Baustelleneinrichtung (1St)	214,46 m² AUF	208	**0,97**	0,40

9700-0019 Aussegnungshalle

	• Herstellen (Kosten: 100,0%) Baustelleneinrichtung	964,18 m² AUF	297	**0,31**	0,91

594	**Abbruchmaßnahmen**				

6100-0962 Einfamilienhaus, Einliegerwohnung

	• Abbrechen (Kosten: 100,0%) Abbruch von Beton (1m³), Holz (0,25m³); Entsorgung, Deponiegebühren	779,00 m² AUF	370	**0,47**	5,80

590
Sonstige
Außenanlagen

610 Ausstattung

Kostenkennwerte für die Kostengruppen der 3.Ebene DIN 276

KG	Kostengruppe	Menge Einheit	Kosten €	€/Einheit	€/m² BGF
611	**Allgemeine Ausstattung**				

1300-0142 Scheunenumbau, Büroflächen

• Herstellen (Kosten: 100,0%) Schreibtische (8St)		388,00 m² BGF	20.171	**51,99**	51,99

1300-0217 Innenausbau Vertriebsbüro

		213,00 m² BGF	13.320	**62,53**	62,53

Präsentationsmöbel 420x80x75-100cm, flexibel (1St), Hocker 45x45x45cm, MDF-Platten, Polster (4St), Stehtische, D=80cm, Oberfläche Starkschichtstoff (2St), Armstühle (24St), Podest 279x160x9cm, OSB-Platten, d=21mm, lackiert (4m²), Leuchtkasten 288xx188x12cm, Alu, Digitaldruck auf Folie, LED-Leuchteinheit (1St), Digitaldrucke 108x190cm, Canvas auf Keilrahmen (1St), 108x48cm, Canvas auf Metallplatte (1St), Wandbildrahmen (1St)

3100-0014 Arztpraxis

• Abbrechen (Kosten: 0,1%) Abbruch von Paneel (1St); Entsorgung, Deponiegebühren		175,00 m² BGF	15	**< 0,1**	< 0,1
• Herstellen (Kosten: 99,9%) Garderobenschrank (1St), Sideboards (5St), Schreibtische (3St), Container (3St), Modulschränke (2St), Wandgarderobe mit Schiebetür (1St)		175,00 m² BGF	12.251	**70,00**	70,00

3100-0015 Arztpraxis

• Herstellen (Kosten: 100,0%) Stahlrohrgarderobe (1St), Vitrine (1St), EDV-Schrank (1St), EDV-Aufsatzschrank (1St), EDV-Stehpult (St), Kleiderschrank (1St), Modulschränke (3St), Sideboards (2St), Schreibtische (3St), Container (5St)		143,00 m² BGF	8.841	**61,83**	61,83

3100-0018 Arztpraxis, Personalaufenthalt

• Herstellen (Kosten: 100,0%) Duschwand 150x200cm, ESG klar, d=8mm, Pendeltür mit zwei festen Seitenteilen, flächenbündige Beschläge mit Hebe-Senk-Mechanismus (1St), WC-Papierhalter (1St), WC-Bürstengarnitur (1St)		117,50 m² BGF	2.834	**24,12**	24,12

4400-0165 Kinderkrippe (2 Gruppen, 24 Kinder)

• Herstellen (Kosten: 100,0%) Kindertische 1.200x500x600mm (6St), Spiegel (3St), Vorhangstangen, Stahlrohre 26,9x2mm (52m)		288,11 m² BGF	3.724	**12,93**	12,93

KG	Kostengruppe	Menge Einheit	Kosten €	€/Einheit	€/m² BGF

4400-0178 Kindertagesstätte (4 Gruppen, 65 Kinder)

- Herstellen (Kosten: 100,0%)   1.398,00 m² BGF   8.766   **6,27**   6,27
  Liegepolster-Bettzeug-Schränke (2St), Wickelplatz 170x75x105cm, 15 Schubladen (1St), Schrank 82x60x40cm (1St), Garderobenbänke (6St), Raumteilelement 82x133cm, Spiegel, Pinnwand (1St), Seifenspender (5St), WC-Bürstengarnituren (2St), WC-Papierrollenhalter (2St), Hakenleiste, 15 Haken (1St)

4500-0016 Seminargebäude

- Abbrechen (Kosten: 20,7%)   519,70 m² BGF   516   **0,99**   0,99
  Demontage von Gardinen mit Zubehör (27m²); Entsorgung, Deponiegebühren

- Herstellen (Kosten: 79,3%)   519,70 m² BGF   1.983   **3,82**   3,82
  WC-Bürstengarnituren, Handtuchspender, Abfallkörbe, Spiegel (4St), WC-Papierhalter, Seifenspender (3St)

4500-0017 Bildungsinstitut, Seminarräume

- Abbrechen (Kosten: 0,4%)   344,53 m² BGF   216   **0,63**   0,63
  Abbruch von Vorhanganlagen mit Aufhängungen und Leisten (6St); Entsorgung, Deponiegebühren

- Wiederherstellen (Kosten: 15,6%)   344,53 m² BGF   8.647   **25,10**   25,10
  Filzgleiter entfernen, Kunststoffgleiter anbringen (200St)

- Herstellen (Kosten: 84,0%)   344,53 m² BGF   46.669   **135,46**   135,46
  Klapptische 150x75cm, HPL, Kunststoffumleiner, Gestell verchromt (56St), Vorhanganlagen, Schleuderzugsystem, Deckenschienen, transparenter Vorhangstoff, Schallabsorption aw=0,60, schwerentflammbar (181m²), Whiteboards (3St), Haftmagnete (100St)

5600-0004 Yogastudio

- Herstellen (Kosten: 100,0%)   146,30 m² BGF   733   **5,01**   5,01
  Ablage- und Sitzregal, 200x45x45cm, Spanplatte, d=30mm, HPL-Beschichtung (1St), Schutzmatten für Schuhfächer und Küchenschränke (3m²)

6100-0932 Gutshaus, Wohnen im Alter (14 WE)

- Herstellen (Kosten: 100,0%)   1.360,30 m² BGF   18.714   **13,76**   13,76
  Haltegriffe (13St), Stützklappgriffe (13St), Wandstützgriffe (13St), Vorhangstangen Duschen (14St)

6100-0946 Einfamilienhaus, Einzeldenkmal

- Herstellen (Kosten: 100,0%)   285,78 m² BGF   3.397   **11,89**   11,89
  Duschabtrennungen, Eckeinstieg (2St), Ablagen, Naturstein, 180x16x2cm (1St), 76x28x3cm (1St)

610 Ausstattung

KG	Kostengruppe	Menge Einheit	Kosten €	€/Einheit	€/m² BGF

6100-0962 Einfamilienhaus, Einliegerwohnung

- Herstellen (Kosten: 100,0%)   63,80 m² BGF   2.441   **38,26**   38,26
  Pendeltür, ESG klar (1St), Waschtischunterschrank (1St)

6100-1105 Reihenendhaus, Denkmalschutz

- Herstellen (Kosten: 100,0%)   310,00 m² BGF   2.805   **9,05**   9,05
  Ganzglas-Duschabtrennung, Tür- und Festteil 110cm, Seitenteil 90cm, Senk- und Hebemechanismus (1St), Handtuchhaken (2St), Handtuchhalter (1St), Papierhalter (1St)

6100-1195 Mehrfamilienhaus, Dachgeschoss

- Herstellen (Kosten: 100,0%)   162,23 m² BGF   7.222   **44,51**   44,51
  Duschtür, ESG klar, rahmenlos (1St), mit Rahmen (1St), Glasabzieher (2St), Badetuchhalter (2St), Handtuchhalter, zweiarmig (2St), Handtuchhaken (4St), Wandspiegel 80x60cm (1St), keramische Ablage 130x38cm (1St), WC-Bürstengarnituren (2St), WC-Papierrollenhalter (2St)

6100-1197 Maisonettewohnung

- Herstellen (Kosten: 100,0%)   107,00 m² BGF   6.000   **56,08**   56,08
  Glas-Duschtrennwand, Tür und Seitenteil, h=2,00m, Oberfläche easy-to-clean (3m²), Glas-Duschtrennwand, Tür und zwei Seitenteile, h=2,00m (3m²), Spiegel 79x121,5cm, Floatglas d=6mm (1St), 80x115cm (1St), WC-Papierhalter (2St), WC-Bürstengarnituren (2St)

6100-1206 Einfamilienhaus, Badeinbau

- Herstellen (Kosten: 100,0%)   6,62 m² BGF   2.573   **388,67**   388,67
  Ganzglas-Duschtür, zweiflüglig (1St), Glas-Regalböden (2St), Glasabdeckungen (2St), Spiegel (1St)

6100-1210 Doppelhaushälfte, Gründerzeit

- Herstellen (Kosten: 100,0%)   438,41 m² BGF   1.393   **3,18**   3,18
  Duschabtrennung ESG klar, Seitenwand 900x1950mm, Schwenktür 900x1950mm (1St), Wandspiegel 60x60cm (1St), 40x50cm (1St)

6400-0062 Jugendzentrum

- Abbrechen (Kosten: 100,0%)   1.140,79 m² BGF   28   **< 0,1**   < 0,1
  Abbruch von einer Heizkörperverkleidung, Unterkonstruktion, Entsorgung, Deponiegebühren (4m)

KG	Kostengruppe	Menge Einheit	Kosten €	€/Einheit	€/m² BGF

6600-0015 Naturfreundehaus

- Herstellen (Kosten: 100,0%)   1.950,00 m² BGF   142.958   **73,31**   73,31
Holztische, stapelbar (25St), Tische, rund (14St), Stühle (110St), Einzelbetten (26St), Stockbetten (8St), Stapelbetten (12St), Kleiderschränke (49St), Spiegel (24St), WC-Papierhalter (28St), WC-Bürstengarnituren (25St), Seifenspender (7St), Seifenkörbe (16St), Handtuchspender (7St), Papierkörbe (28St), Ablageplatten (9St), Hygienebeutelspender (21St), Handtuchhaken (130St)

6600-0016 Hotel (23 Betten)

- Herstellen (Kosten: 100,0%)   483,52 m² BGF   27.353   **56,57**   56,57
Himmelbett, Douglasie (1St), Bettgestelle, Eiche (2St), Bank (1St), Nachttische, Beton (2St), Regal (1St), Schreibtisch (1St), Stühle (8St), Hocker (2St), Tische, d=70cm (2St), Stores, Vorhänge schwerentflammbar, Wendeschienen (17St), Spiegel, d=6mm (9m²), Duschvorhänge (7St), Handtuchhalter (18St), WC-Bürstengarnituren, Hygieneeimer (9St), Haken (35St), Stehleuchten (12St), Tischleuchten LED (6St), LED-Leisten (12St), Dekorationsartikel

6600-0017 Hotel (76 Betten)

- Herstellen (Kosten: 100,0%)   3.309,80 m² BGF   116.609   **35,23**   35,23
Doppelbetten (25St), Einzelbetten (26St), Schreibtische (38St), Sitzbänke im Flur (4St), Sidebord (1St), Aktenschränke (2St), Sitzgruppen (2St), Sessel (41St), Holzstühle (98St), Vitrine, Spiegel (12St)

7200-0086 Hörgeräteakustik-Meisterbetrieb

- Herstellen (Kosten: 100,0%)   147,36 m² BGF   213   **1,45**   1,45
Vorhangschiene (5m)

7200-0087 Frisörsalon

- Herstellen (Kosten: 100,0%)   118,73 m² BGF   54   **0,46**   0,46
Handtuchhaken (2St)

9100-0092 Evangelische Kirche, Gemeindesaal, Pfarramt

- Abbrechen (Kosten: 0,3%)   877,81 m² BGF   14   **< 0,1**   < 0,1
Abbruch von Spiegeln (2St), Papierrollenhaltern (2St); Entsorgung, Deponiegebühren

- Herstellen (Kosten: 99,7%)   877,81 m² BGF   5.313   **6,05**   6,05
Schrankwände (12m²), Kommode (1St), Spiegel (3St), WC-Papierhalter (2St), WC-Ersatzrollenhalter (2St), Seifenspender (3St), Papiertuchspender (3St), Papierkörbe (2St), Hygienebehälter (1St), Hygienebeutelspender (1St)

610 Ausstattung

KG	Kostengruppe	Menge Einheit	Kosten €	€/Einheit	€/m² BGF
	9100-0121 Bücherei, Möblierung	1.002,00 m² BGF	42.103	**42,02**	42,02

Stühle (89St), Stuhlwagen (1St), Drehstühle (5St), Sitzsäcke (5St), Barhocker (3St), Stehhilfen (2St), Klapptische 160x80cm (12St), Tische, D=60cm (6St), Beistelltische 40x40x30cm (6St), Kindertische 80x80cm (2St), Schreibtische 160-200x80cm, h=65-85cm (4St), Ansatztisch 120x60x65-85cm (1St), Tisch 100x100cm (1St), Rollcontainer 42x57x50cm (3St), Standcontainer 42x78x678-708cm (2St), Schränke 120x45x235cm (4St), 100x32x235 (4St), Polsterbänke 71-120x83x75cm, Armlehnen (10St), Teppich 405x264mm mit Digitaldruck (1St)

9700-0019 Aussegnungshalle

	• Herstellen (Kosten: 100,0%) Hygiene-Abfalleimer (1St), WC-Bürstengarnitur (1St)	327,88 m² BGF	246	**0,75**	0,75

612 Besondere Ausstattung

	9100-0109 Stadtbibliothek, Möblierung	1.325,00 m² BGF	39.383	**29,72**	29,72

Möbel aus direktbeschichteten Spanplatten mit orangefarbenen Rahmen, anthrazitfarbenen Sockeln und satinierten Plexiglasscheiben: Präsentationstürme 52x50x170cm, rollbar (12St), Minithekständer, rollbar, zweiteilig, oberer Teil mit Drehscheibe (2St), OPACs, öffentlich zugängliche Online-Kataloge (2St), Regalelemente, rollbar (19St), Vitrinen mit Glasregalböden, rollbar (2St), Bilderbuch- und Comictröge (7St), Bücherwagen (1St), Kindertische (2St)

	9100-0121 Bücherei, Möblierung	1.002,00 m² BGF	55.871	**55,76**	55,76

Zeitschriftenboxen 32x26x32cm, Metall (16St), Multimediawannen 100x25x10cm, Metall (2St), Bücherwagen 745x624x1.345mm (7St), Regalelemente 203x92x135-155cm, rollbar (10St), Garderobenständer 100x60x175cm, rollbar (1St), Büchertröge 70x70x50cm (11St), 35x70x50cm (6St), Comictröge 97x33x20cm (2St), Hängebuchstützen (900St)

619 Ausstattung, sonstiges

	1300-0217 Innenausbau Vertriebsbüro	213,00 m² BGF	3.002	**14,09**	14,09

Lichtwerbeanlage 2.426x533mm, Einzelbuchstaben als Rückleuchter, Verklebung auf Kabelschienen (1St), Echtglasfolien mit Logo, auf Türen, 111x145cm (1St), 130x140cm (1St), auf Fenstern, 44x207cm (1St), 41x145cm (1St), Logos, Acrylglas 8mm, b=68cm (2St), Klingelschild (1St)

	3100-0011 Gemeinschaftspraxis				
	• Herstellen (Kosten: 100,0%) Effektfolie für Fenster, sandgestrahlt, Schriftzug 35mm, 8 Stück (7m²)	143,80 m² BGF	760	**5,29**	5,29

KG	Kostengruppe	Menge Einheit	Kosten €	€/Einheit	€/m² BGF

610 Ausstattung

3100-0019 Arztpraxis für Allgemeinmedizin (4 AP)

	• Herstellen (Kosten: 100,0%) Sandstrahleffektfolie, h=60cm, auf Fenstern, mit Streifendekor (8St), mit Streifendekor, Beschriftung und Logo (4St), Sandstrahleffektfolie, h=6cm, als Streifen auf Innenverglasungen (6m)	137,32 m² BGF	503	**3,66**	3,66

4500-0016 Seminargebäude

	• Herstellen (Kosten: 100,0%) Raumbezeichnungsschilder (21St)	519,70 m² BGF	913	**1,76**	1,76

4500-0017 Bildungsinstitut, Seminarräume

	• Herstellen (Kosten: 100,0%) Magnetfolien 850x300mm, im Digitaldruck beschriftet (5St), Schriftzüge auf Türen, 400x3000x40mm (4St), 2800x1150mm (1St), Piktogramme (8St), IHK-Logo (1St)	344,53 m² BGF	7.996	**23,21**	23,21

6400-0062 Jugendzentrum

	• Herstellen (Kosten: 100,0%) Taktiler Übersichtsplan, 600x1000mm, gegossen, Blindenschrift, Antigraffitibeschichtung, Edelstahl-Untergestell (1St), Aufmerksamkeitsfeld, taktiler Spezialkunststoff, 2000x800mm, selbstklebend (1St), Türschilder (32St)	1.140,79 m² BGF	23.018	**20,18**	20,18

6600-0015 Naturfreundehaus

	• Herstellen (Kosten: 100,0%) Multiplex-Schilder, Oberfläche Linoleum, Nummern einfräsen (14St), Hinweisschilder Sanitärbereich (5St)	1.950,00 m² BGF	651	**0,33**	0,33

6600-0016 Hotel (23 Betten)

	• Herstellen (Kosten: 100,0%) Eckschilder, Stahlblech lackiert, d=4mm, außen (7St), Digitaldrucke auf Alu, d=3mm, 2000x1200mm (2St), 210x150mm (8St), Folienschnitt 1000x500mm (1St)	483,52 m² BGF	3.069	**6,35**	6,35

6600-0017 Hotel (76 Betten)

	• Herstellen (Kosten: 100,0%) Werbeanlage, Beschilderung	3.309,80 m² BGF	15.315	**4,63**	4,63

KG	Kostengruppe	Menge Einheit	Kosten €	€/Einheit	€/m² BGF
9100-0109	Stadtbibliothek, Möblierung	1.325,00 m² BGF	7.389	**5,58**	5,58

Textblöcke, matte Folie, Buchstabenhöhe 20mm, einzeilig (104St), zweizeilig (38St), drei- bis sechszeilig (30St), Buchstabenhöhe 68mm, einzeilig (80St), Buchstabenhöhe 1400mm (7St), Buchstaben, matte Folie, h=150mm (22St), Logo 970x890mm, Acryl 8mm, unterfüttert mit PVC (1St), Fassaden-Schriftzug, Acryl 8mm, h=200mm (1St), Hausnummer, h=150mm (1St)

KG	Kostengruppe	Menge Einheit	Kosten €	€/Einheit	€/m² BGF
9100-0119	Pfarrkirche				

- Herstellen (Kosten: 100,0%) | 1.128,90 m² BGF | 177 | **0,16** | 0,16
Türschilder (2St)

KG	Kostengruppe	Menge Einheit	Kosten €	€/Einheit	€/m² BGF
9100-0121	Bücherei, Möblierung	1.002,00 m² BGF	11.326	**11,30**	11,30

Fachbodenaufklemmschilder (900St), Beschriftungswürfel 20x20x20cm, MDF (25St), Beschriftungstafeln DIN A3, Metall mit Plexiglasabdeckung (42St), Türlogos, drei Einzelelemente 310x197mm, Digitaldruck (6St) Logos 360x228mm, Folienplot auf Sandstrahleffektfolie (6St), Fensterbeschriftungen, Hochleistungsfolie (1St), Digitaldruck auf Sandstrahleffektfolie (psch), Folienbeschriftungen (psch), Schablonen für Wandbeschriftungen (psch), Wegweiser (1St), Werbeanlage, Alu (1St)

620 Kunstwerke

Kostenkennwerte für die Kostengruppen der 3.Ebene DIN 276

KG	Kostengruppe	Menge Einheit	Kosten €	€/Einheit	€/m² BGF
621	**Kunstobjekte**				

9100-0119 Pfarrkirche

- **Abbrechen (Kosten: 2,2%)**   1.128,90 m² BGF   771   **0,68**   0,68
  Ölgemälde 150x300cm, abnehmen, einhausen, einlagern (2St), ornamentalen Schriftzug aus 52 Einzelbuchstaben, h=20cm, und drei Kreuzen 50x50cm, abnehmen (psch)

- **Wiederherstellen (Kosten: 10,0%)**   1.128,90 m² BGF   3.593   **3,18**   3,18
  Kreuzigungsgruppe 3,01x2,66m, abnehmen, einhausen, einlagern (psch), Kreuzigungsgruppe restaurieren (19h), Kreuzwegtafeln 40x40cm, Ton, abnehmen, restaurieren, wieder anbringen (14St), Apostelleuchter abnehmen, einlagern, restaurieren, Vergoldung erneuern, anbringen (12St), Glockenhalterung abnehmen, einlagern, restaurieren, anbringen (1St)

- **Herstellen (Kosten: 87,8%)**   1.128,90 m² BGF   31.482   **27,89**   27,89
  Wandscheibe 7,05x4,30m, d=19,5cm, Holzständer, BSH, d=12cm, GK-Bekleidung, beidseitig, Vorderseite: Armierung, Spachtelung, Lackierung, Blattgoldauflage 22 1/2 Karat, Rückseite: Silikatanstrich (30m²), Abschlusszarge, Flachstahl 200x10mm (18m), Befestigung Kreuzigungsgruppe (psch)

622 Künstlerisch gestaltete Bauteile des Bauwerks

9100-0092 Evangelische Kirche, Gemeindesaal, Pfarramt

- **Herstellen (Kosten: 100,0%)**   877,81 m² BGF   6.847   **7,80**   7,80
  Glastüren durch Einstrahlen von Text veredeln, ESG-H, 1,00x2,25m (6St), Floatglasscheibe mit Spritztechniken bearbeiten, mit sandgestrahlter ESG-Scheibe zu Isolierglasverbund zusammenfügen, Format 1,20x2,00m (1St)

Positionen für Neubau

C

LB 001
Gerüstarbeiten

Kosten:
Stand 3.Quartal 2015
Bundesdurchschnitt

Nr.	Kurztext / Stichworte					[Einheit]	Ausf.-Dauer	Kostengruppe Positionsnummer
▶	▷	ø netto €	◁	◀				
▶	▷	ø brutto €	◁	◀				

1 Standgerüst, innen — KG 392
Standgerüst, LK 3; Höhenklasse H1; aufbauen, gebrauchsüberlassen, abbauen; Innenbereich

4€	5€	**6€**	7€	11€	[m²]	⏱ 0,12 h/m²	001.000.005
5€	6€	**7€**	9€	13€			

2 Raumgerüst, Lastklasse 3 — KG 392
Raumgerüst, LK3; Höhenklasse H1; aufbauen, gebrauchsüberlassen, abbauen; Innen-/Außenbereich; inkl. Seitenschutz

3€	4€	**5€**	7€	11€	[m³]	⏱ 0,13 h/m³	001.000.022
3€	5€	**6€**	8€	13€			

3 Raumgerüst, Gebrauchsüberlassung — KG 392
Gebrauchsüberlassung, Raumgerüst; je Woche

0,1€	0,1€	**0,1€**	0,2€	0,3€	[m³Wo]	–	001.000.048
0,1€	0,1€	**0,2€**	0,2€	0,3€			

4 Fahrgerüst, Lastklasse 2-3 — KG 392
Fahrgerüst LK 2-3; Breite 0,60m, Höhe 5,00m; aufbauen, gebrauchsüberlassen, abbauen

43€	156€	**201€**	291€	544€	[St]	⏱ 2,20 h/St	001.000.006
51€	186€	**239€**	347€	648€			

▶ min
▷ von
ø Mittel
◁ bis
◀ max

Positionen Neubau

LB 012 Mauerarbeiten

Kosten: Stand 3.Quartal 2015, Bundesdurchschnitt

Legend:
- ▶ min
- ▷ von
- ø Mittel
- ◁ bis
- ◀ max

Nr.	Kurztext / Stichworte ▶ ▷ ø netto € ◁ ◀ ▶ ▷ ø brutto € ◁ ◀	[Einheit]	Ausf.-Dauer	Kostengruppe Positionsnummer
1	**Innenwand, Mauerziegel, 11,5cm**			KG **342**
	Innenwand; Mz, SFK 20, RDK 1,6; NF, 240x115x71mm; MG III			
	31 € 44 € **46 €** 53 € 65 € 37 € 52 € **55 €** 64 € 77 €	[m²]	⏱ 0,60 h/m²	012.000.071
2	**Innenwand, Mauerziegel, 24cm**			KG **342**
	Innenwand; Mz, SFK 20, RDK 1,7; 2DF 240x115x113mm; MG III			
	55 € 69 € **74 €** 87 € 113 € 65 € 82 € **88 €** 103 € 134 €	[m²]	⏱ 0,65 h/m²	012.000.139
3	**Innenwand, Hlz-Planstein 11,5cm**			KG **342**
	Innenwand; Hlz, SFK 8, RDK 0,8; 8DF 498x115x249mm; Dünnbettmörtel			
	32 € 41 € **45 €** 55 € 75 € 38 € 49 € **53 €** 66 € 89 €	[m²]	⏱ 0,40 h/m²	012.000.004
4	**Innenwand, Hlz-Planstein 17,5cm**			KG **342**
	Innenwand, nichttragend; Hlz, SFK 12, RDK 0,9; 12DF 498x175x249mm; MG III			
	42 € 53 € **56 €** 67 € 89 € 50 € 63 € **67 €** 80 € 106 €	[m²]	⏱ 0,45 h/m²	012.000.140
5	**Innenwand, Hlz-Planstein 24cm**			KG **332**
	Innenwand; Hlz, SFK 10-14, RDK 0,8-1,4; 12DF, 373x240x249mm; Dünnbettmörtel			
	40 € 59 € **67 €** 79 € 97 € 48 € 71 € **80 €** 94 € 115 €	[m²]	⏱ 0,65 h/m²	012.000.141
6	**Innenwand, KS L 11,5cm, bis 3DF**			KG **342**
	Innenwand, tragend/nichttragend; KS L/KS, SFK 12/20, RDK 1,4-2,0; 3DF 240x115x113mm; MG II			
	29 € 42 € **45 €** 51 € 69 € 35 € 49 € **54 €** 61 € 82 €	[m²]	⏱ 0,40 h/m²	012.000.005
7	**Innenwand, KS L 17,5cm, 3DF**			KG **341**
	Innenwand, tragend/nichttragend; KS L, SFK12/20, RDK 1,4-2,0; 3DF 240x175x113mm; MG II			
	45 € 55 € **59 €** 90 € 134 € 53 € 65 € **70 €** 107 € 160 €	[m²]	⏱ 0,30 h/m²	012.000.096
8	**Innenwand, KS-Sichtmauerwerk 11,5cm**			KG **342**
	Sichtmauerwerk; KS Vb/Vm, SFK 12, RDK 1,8; DF/NF/2DF Dicke 11,5cm; MG II			
	48 € 61 € **65 €** 72 € 88 € 57 € 72 € **77 €** 85 € 105 €	[m²]	⏱ 0,62 h/m²	012.000.006

© BKI Baukosteninformationszentrum

Nr.	Kurztext / Stichworte				[Einheit]	Ausf.-Dauer	Kostengruppe Positionsnummer
▶	▷	ø netto €	◁	◀			
▶	▷	ø brutto €	◁	◀			

9   Innenwand, KS Planstein 11,5cm, über 3DF   KG 342
Innenwand; KS L-R, SFK 12/20, RDK 1,8-2,0; 3DF 248x115x248mm; Dünnbettmörtel, NF-System

| 33€ | 39€ | **41€** | 45€ | 53€ | [m²] | ⏱ 0,30 h/m² | 012.000.078 |
| 40€ | 46€ | **49€** | 53€ | 63€ | | | |

10   Innenwand, KS Planstein, 15cm   KG 342
Innenwand; KS L-R/KS-R, SFK 12/20, RDK 1,8/2,0; 5DF 248x150x248mm; Dünnbettmörtel, NF-System

| 33€ | 41€ | **44€** | 48€ | 63€ | [m²] | ⏱ 0,30 h/m² | 012.000.142 |
| 40€ | 49€ | **53€** | 57€ | 75€ | | | |

11   Innenwand, KS Planstein 17,5cm, 6DF   KG 341
Innenwand, tragend/nichttragend; KS R, SFK 12/20, RDK 1,4-2,0; 6DF 248x175x248mm; Dünnbettmörtel, NF-System

| 34€ | 43€ | **47€** | 51€ | 73€ | [m²] | ⏱ 0,35 h/m² | 012.000.097 |
| 40€ | 51€ | **56€** | 61€ | 87€ | | | |

12   Innenwand, KS Planstein 24cm, 8DF   KG 341
Innenwand, tragend/nichttragend; KS-R, SFK 12/20, RDK 1,4-2,0; 8DF 248x240x248mm; Dünnbettmörtel, NF-System

| 41€ | 52€ | **56€** | 62€ | 74€ | [m²] | ⏱ 0,37 h/m² | 012.000.098 |
| 49€ | 62€ | **67€** | 73€ | 88€ | | | |

13   Innenwand, KS Rasterelement 11,5cm   KG 341
Innenwand, tragend/nichttragend; KS XL, SFK 12/20, RDK 1,4-2,0; 16DF 498x115x498mm; Dünnbettmörtel, NF-System

| 33€ | 41€ | **46€** | 55€ | 68€ | [m²] | ⏱ 0,37 h/m² | 012.000.143 |
| 39€ | 49€ | **55€** | 65€ | 81€ | | | |

14   Innenwand, KS Rasterelement 17,5cm   KG 341
Innenwand, tragend/nichttragend; KS XL, SFK 12/20, RDK 1,4-2,0; 498x175x498mm; Dünnbettmörtel, NF-System

| 40€ | 49€ | **52€** | 52€ | 61€ | [m²] | ⏱ 0,37 h/m² | 012.000.144 |
| 47€ | 59€ | **61€** | 62€ | 73€ | | | |

15   Innenwand, KS Rasterelement 24cm   KG 341
Innenwand, tragend/nichttragend; KS XL, SFK 12/20, RDK 1,4-2,0; 498x240x498mm; Dünnbettmörtel, NF-System

| 47€ | 56€ | **62€** | 71€ | 92€ | [m²] | ⏱ 0,37 h/m² | 012.000.146 |
| 56€ | 67€ | **73€** | 85€ | 109€ | | | |

LB 012
Mauerarbeiten

Nr.	Kurztext / Stichworte				[Einheit]	Ausf.-Dauer	Kostengruppe Positionsnummer
▶ ▶	▷ ▷	ø netto € ø brutto €	◁ ◁	◀ ◀			

Kosten:
Stand 3.Quartal 2015
Bundesdurchschnitt

▶ min
▷ von
ø Mittel
◁ bis
◀ max

16	Innenwand, KS Planelement 11,5cm						KG **342**
Innenwand; KS XL, SFK 12-20, RDK 1,8-2,0; 998x115x498mm; Dünnbettmörtel, NF-System							
33€	38€	**41€**	43€	48€	[m²]	⏱ 0,36 h/m²	012.000.148
39€	46€	**49€**	51€	57€			

17	Innenwand, KS Planelement 17,5cm						KG **342**
Innenwand; KS XL, SFK 12-20, RDK 1,8-2,0; 998x175x498mm; Dünnbettmörtel, NF-System							
45€	50€	**53€**	57€	65€	[m²]	⏱ 0,36 h/m²	012.000.150
54€	59€	**63€**	68€	78€			

18	Innenwand, KS Planelement 24cm						KG **342**
Innenwand; KS XL, SFK 12-20, RDK 1,8-2,0; 998x240x498mm; Dünnbettmörtel, NF-System							
49€	59€	**63€**	67€	75€	[m²]	⏱ 0,36 h/m²	012.000.152
58€	70€	**75€**	79€	90€			

19	Innenwand, Glasbausteine, nichttragend						KG **342**
Innenwand, nichttragend; Glasbausteine; 190x80x190mm; Sichtmauerwerk; inkl. Betonstahlbewehrung							
85€	203€	**274€**	327€	446€	[m²]	⏱ 1,60 h/m²	012.000.007
101€	242€	**326€**	389€	531€			

20	Innenwand, Porenbeton Planbauplatte 10cm						KG **342**
Innenwand, nichttragend; Porenbeton-Planplatte 100mm; 625x100x250mm; Dünnbettmörtel							
36€	42€	**45€**	49€	56€	[m²]	⏱ 0,30 h/m²	012.000.155
43€	50€	**54€**	58€	67€			

21	Innenwand, Porenbeton 11,5cm, nichttragend						KG **342**
Innenwand, nichttragend; Porenbeton-Planstein; 249x115x249mm; Dünnbettmörtel							
33€	38€	**41€**	42€	46€	[m²]	⏱ 0,30 h/m²	012.000.034
39€	46€	**49€**	50€	55€			

22	Innenwand, Porenbeton 17,5cm, nichttragend						KG **342**
Innenwand, nichttragend; Porenbeton-Planstein; 249x175x249mm; Dünnbettmörtel							
34€	44€	**48€**	51€	59€	[m²]	⏱ 0,35 h/m²	012.000.079
40€	52€	**57€**	61€	70€			

23	Innenwand, Poren-Planelement 24cm, nichttragend						KG **342**
Innenwand, nichttragend; Porenbeton-Planelement; 999x240x624mm; Dünnbettmörtel							
41€	52€	**57€**	61€	68€	[m²]	⏱ 0,35 h/m²	012.000.035
48€	62€	**68€**	73€	81€			

Nr.	Kurztext / Stichworte				[Einheit]	Ausf.-Dauer	Kostengruppe Positionsnummer
▶	▷	ø netto €	◁	◀			
▶	▷	ø brutto €	◁	◀			

24	Innenwand, Poren-Planelement 30cm, nichttragend						KG **342**
Innenwand, nichttragend; Porenbeton-Planelement; 999x300x624mm; Dünnbettmörtel							
60€	69€	**73€**	79€	88€	[m²]	⏱ 0,40 h/m²	012.000.080
71€	82€	**87€**	94€	105€			

25	Innenwand, Wandbauplatte, Leichtbeton, bis 10cm						KG **342**
Innenwand, nichttragend; Wandbauplatte, Leichtbeton, RDK 0,80-1,4, F30 A; Dicke 5-10cm; Vermauerung mit Dickfuge; Sanitär-Vormauerungen							
36€	55€	**58€**	60€	73€	[m²]	⏱ 0,28 h/m²	012.000.133
42€	65€	**69€**	72€	87€			

26	Innenwand, Gipswandbauplatte, 6-7cm						KG **342**
Innenwand, nichttragend; Gipswandbauplatten, A1, F90 A; Dicke 60/70mm; Stoßfugen eben abgezogen							
28€	32€	**35€**	38€	43€	[m²]	⏱ 0,25 h/m²	012.000.061
33€	38€	**41€**	45€	52€			

27	Innenwand, Gipswandbauplatte, 8-10cm						KG **342**
Innenwand, nichttragend; Gipswandbauplatten, A1, F90 A; Dicke 8/10cm							
35€	40€	**42€**	47€	57€	[m²]	⏱ 0,25 h/m²	012.000.087
42€	47€	**50€**	56€	68€			

28	Öffnungen, Mauerwerk 11,5cm, bis 1,26/2,13						KG **342**
Öffnungen anlegen; Mauerwerk; Dicke 11,5cm, Breite 0,76-1,26m, Höhe 2,13m; Türöffnung/sonstige Öffnung							
7€	13€	**17€**	20€	28€	[m²]	⏱ 0,23 h/m²	012.000.008
9€	16€	**20€**	24€	33€			

29	Öffnungen, Mauerwerk bis 17,5cm, 1,01/2,13						KG **341**
Öffnungen anlegen; Mauerwerk; Dicke 17,5cm, Breite 1,01m, Höhe 2,13m; als Tür-/Fensteröffnung							
9€	22€	**29€**	37€	61€	[St]	⏱ 0,27 h/St	012.000.100
11€	26€	**34€**	45€	73€			

30	Öffnungen, Mauerwerk bis 24cm, 1,01/2,13						KG **341**
Öffnungen anlegen; Mauerwerk; Dicke 24cm, Breite 1,01m, Höhe 2,13m; als Tür-/Fensteröffnung							
14€	27€	**29€**	45€	79€	[St]	⏱ 0,30 h/St	012.000.101
16€	33€	**34€**	54€	93€			

31	Öffnungen, schließen, Mauerwerk						KG **340**
Öffnungen schließen; Hlz, SFK 12, RDK 1,8; 2DF 240x115x113mm; MG II							
45€	77€	**91€**	115€	169€	[m²]	⏱ 1,10 h/m²	012.000.115
54€	92€	**108€**	137€	201€			

LB 012 Mauerarbeiten

Kosten: Stand 3.Quartal 2015, Bundesdurchschnitt

Legende:
- ▶ min
- ▷ von
- ø Mittel
- ◁ bis
- ◀ max

Nr.	Kurztext / Stichworte	▶ ø netto € ◁ ◀	▶ ø brutto € ◁ ◀	[Einheit]	Ausf.-Dauer	Kostengruppe Positionsnummer
32	**Türöffnung schließen, Mauerwerk** — Öffnungen schließen; Hlz, SFK 12, RDK 1,8; 2DF 240x115x113mm; MG II; Türöffnung	26€ 56€ **70€** 81€ 105€	31€ 66€ **83€** 97€ 125€	[m²]	1,00 h/m²	KG **340** 012.000.010
33	**Aussparung schließen, bis 0,04m²** — Aussparung schließen; Hlz, SFK 12, RDK 1,8; 2DF 240x115x113mm; waagrecht/senkrecht, MG II	7€ 10€ **12€** 15€ 18€	8€ 11€ **14€** 18€ 21€	[St]	0,20 h/St	KG **341** 012.000.102
34	**Aussparung schließen, bis 0,25m²** — Aussparung schließen; Hlz, SFK 12, RDK 1,8; 2DF 240x115x113mm; waagrecht/senkrecht, MG II	11€ 25€ **32€** 37€ 58€	13€ 30€ **38€** 44€ 69€	[St]	0,30 h/St	KG **340** 012.000.103
35	**Aussparung schließen, bis 0,80m²** — Aussparung, schließen; Hlz, SFK 12, RDK 1,8; 2DF 240x115x113mm; waagrecht/senkrecht, MG II	37€ 50€ **53€** 60€ 75€	45€ 60€ **63€** 71€ 89€	[St]	0,60 h/St	KG **340** 012.000.066
36	**Öffnung überdecken, Ziegelsturz** — Sturz; Ziegelflachsturz; Dicke 115mm, Höhe 113mm; Ziegelmauerwerk	6€ 16€ **19€** 27€ 42€	7€ 19€ **23€** 32€ 50€	[m]	0,25 h/m	KG **342** 012.000.069
37	**Öffnung überdecken; KS-Sturz, 17,5cm** — Sturz; Kalksandstein; Dicke 17,5cm	7€ 19€ **26€** 35€ 55€	9€ 22€ **31€** 42€ 65€	[m]	0,30 h/m	KG **341** 012.000.075
38	**Öffnung überdecken, Betonsturz, 24cm** — Fertigteilsturz; Stahlbeton; Dicke 240/300mm, Höhe 238mm; rau/glatt, Betonoberfläche sichtbar	13€ 39€ **44€** 54€ 73€	15€ 46€ **52€** 64€ 87€	[m]	0,35 h/m	KG **341** 012.000.070
39	**Laibung beimauern** — Laibungen beimauern; VMz; NF, 240x115x71mm	6€ 36€ **44€** 57€ 97€	7€ 43€ **53€** 68€ 115€	[m]	0,80 h/m	KG **330** 012.000.051

Nr.	Kurztext / Stichworte					Kostengruppe	
▶	▷	ø netto €	◁	◀	[Einheit]	Ausf.-Dauer	Positionsnummer
▶	▷	ø brutto €	◁	◀			

40 Vormauerung, Porenbeton, Sanitärbereich   KG **342**

Vormauerung; Porenbeton-Planbauplatte, SFK 4, RDK 0,55; Dicke 11,5/15,0cm; Dünnbettmörtel; Sanitärbereich

| 39 € | 59 € | **64** € | 71 € | 88 € | [m²] | ⏱ 0,90 h/m² | 012.000.015 |
| 46 € | 70 € | **77** € | 85 € | 105 € | | | |

41 Badewanne einmauern, Leichtbeton   KG **342**

Badewanne einmauern; Leichtbeton-Bauplatte, NM II; 1,70x0,55m, Plattendicke 7cm; Rohdecke/schwimmender Estrich

| 72 € | 108 € | **127** € | 164 € | 231 € | [St] | ⏱ 1,70 h/St | 012.000.042 |
| 86 € | 129 € | **151** € | 195 € | 275 € | | | |

LB 014 Natur-, Betonwerksteinarbeiten

014

Kosten:
Stand 3.Quartal 2015
Bundesdurchschnitt

▶ min
▷ von
ø Mittel
◁ bis
◀ max

Nr.	Kurztext / Stichworte					[Einheit]	Ausf.-Dauer	Kostengruppe Positionsnummer
▶	▷	ø netto €	◁	◀				
▶	▷	ø brutto €	◁	◀				

1 Unterboden reinigen — KG **325**
Untergrund reinigen; Staub, grobe Verschmutzungen; aufnehmen, entsorgen

0,2€	1,1€	**1,6€**	2,9€	6,0€	[m²]	⏱ 0,03 h/m²	014.000.001
0,3€	1,3€	**1,9€**	3,4€	7,1€			

2 Oberflächen reinigen, Rotationswirbel — KG **335**
Oberfläche reinigen; Wasser, Feinstgranulate; Luftdruck 0,5-1,5bar, Wasser 30-60l/h; Niederdruck-Rotationswirbel

11€	16€	**18€**	21€	28€	[m²]	⏱ 0,20 h/m²	014.000.044
13€	20€	**21€**	25€	33€			

3 Natursteinflächen strahlen/scharieren/stocken — KG **335**
Natursteinoberfläche überarbeiten; Strahlen/Scharieren/Stocken

68€	95€	**95€**	112€	135€	[m²]	⏱ 2,00 h/m²	014.000.002
81€	113€	**113€**	133€	161€			

4 Natursteinsockel imprägnieren/versiegeln — KG **335**
Natursteinsockel; Hydrophobierung/Imprägnierung/Anti-Graffiti-Anstrich

3€	11€	**15€**	22€	35€	[m²]	⏱ 0,20 h/m²	014.000.003
3€	13€	**18€**	27€	41€			

5 Natursteinbeläge verfugen — KG **335**
Natursteinfläche neu verfugen; Natursteinmauerwerk; Tiefe 1,5cm, Höhe bis 4,00m; auskratzen, verfugen, entsorgen

26€	36€	**36€**	46€	64€	[m²]	⏱ 0,60 h/m²	014.000.004
31€	42€	**43€**	55€	76€			

6 Wandbekleidungen außen, Granit/Basalt — KG **335**
Verblendmauerwerk, Naturstein; Granit/Basalt, sichtbare Kanten gesägt; 240x115x190mm, Einbauhöhe bis 4,00m; Tragschale KS; Außenwand; inkl. Halterprofile und Drahtanker

79€	175€	**221€**	312€	444€	[m²]	⏱ 0,80 h/m²	014.000.005
94€	208€	**263€**	371€	529€			

7 Innenbelag, Naturstein, Granit — KG **352**
Plattenbelag, Naturstein; bruchrau/gesägt/geschliffen/poliert, scharfkantig/gefast; 400x150mm, Dicke 15-20mm; Dünnbettmörtel/Mörtelbett; Innenbereich

43€	87€	**109€**	125€	161€	[m²]	⏱ 1,10 h/m²	014.000.025
51€	104€	**129€**	148€	192€			

8 Innenbelag, Naturstein, Marmor — KG **352**
Plattenbelag, Naturstein; bruchrau/gesägt/geschliffen/poliert, scharfkantig/gefast; 400x150mm, Dicke 15-20mm; Dünnbettmörtel/Mörtelbett; Innenbereich

83€	138€	**157€**	159€	322€	[m²]	⏱ 1,10 h/m²	014.000.025
98€	165€	**187€**	190€	384€			

© **BKI** Baukosteninformationszentrum   Kostenstand: 3.Quartal 2015, Bundesdurchschnitt

Nr.	Kurztext / Stichworte					[Einheit]	Kostengruppe Ausf.-Dauer	Positionsnummer
▶	▷	ø netto €	◁	◀				
▶	▷	ø brutto €	◁	◀				

9 Innenbelag, Betonwerkstein — KG 352
Plattenbelag, Betonwerkstein; geschliffen, poliert/glatter Sichtbeton/Schalungsmuster, schafkantig/gefast; 300x300mm/400x400mm, Dicke 30mm/40mm; im Mörtelbett; Innenbereich

55€	81€	**88€**	120€	196€	[m²]	⏱ 1,10 h/m²	014.000.026
65€	96€	**105€**	142€	233€			

10 Innenbelag, Naturstein, Dünnbett — KG 352
Plattenbelag, Naturstein; geschliffen/poliert/bruchrau, scharfkantig, gefast; Dicke 10-20mm; Dünnbettverfahren; Innenbereich

43€	84€	**98€**	124€	190€	[m²]	⏱ 1,00 h/m²	014.000.027
51€	100€	**117€**	147€	226€			

11 Innenbelag, Terrazzo — KG 352
Bodenbelag-Terrazzo; einschichtig 30mm/zweischichtig 75mm; Innenbereich

65€	94€	**102€**	118€	154€	[m²]	⏱ 1,50 h/m²	014.000.045
77€	112€	**121€**	140€	183€			

12 Bohrung, Plattenbelag — KG 352
Bohrungen, Natursteinplatten; Durchmesser 25mm; Boden-/Wandbelag

5€	13€	**16€**	23€	35€	[St]	⏱ 0,20 h/St	014.000.028
6€	15€	**19€**	27€	41€			

13 Ausklinkung, Plattenbelag — KG 352
Ausklinkung Plattenbelag; Naturstein/Betonwerkstein; Boden-/Wandbelag

1€	8€	**11€**	13€	18€	[St]	⏱ 0,18 h/St	014.000.029
1€	9€	**13€**	15€	22€			

14 Kanten bearbeiten, Plattenbelag — KG 352
Kantenprofilierung Plattenbelag; Naturstein/Betonwerkstein; gefast/poliert/scharfkantig; Boden-/Wandbelag

5€	8€	**9€**	12€	18€	[m]	⏱ 0,18 h/m	014.000.030
6€	9€	**11€**	14€	21€			

15 Schrägschnitte, Plattenbelag — KG 352
Schrägschnitt, Natursteinplatten; Boden-/Wandbelag

0,6€	12€	**19€**	30€	51€	[m]	⏱ 0,40 h/m	014.000.031
0,8€	14€	**22€**	36€	61€			

16 Rundschnittbogen, Plattenbelag — KG 352
Rundschnitt, Natursteinplatten; Boden-/Wandbelag

24€	29€	**34€**	39€	52€	[m]	⏱ 0,50 h/m	014.000.049
28€	35€	**41€**	46€	61€			

LB 014 Natur-, Betonwerksteinarbeiten

Kosten:
Stand 3.Quartal 2015
Bundesdurchschnitt

- ▶ min
- ▷ von
- ø Mittel
- ◁ bis
- ◀ max

Nr.	Kurztext / Stichworte	▶	▷	ø netto €	◁	◀	[Einheit]	Ausf.-Dauer	Kostengruppe Positionsnummer
		▶	▷	ø brutto €	◁	◀			
17	**Randplatte, Plattenbelag, innen**								KG **352**
	Randplatte, Naturstein; rutschhemmend geschliffen/poliert/bruchrau, scharfkantig/gefast; Breite bis 280mm; im Mörtelbett; Treppenauge, innen								
		32€	49€	**55€**	61€	76€	[m]	0,40 h/m	014.000.032
		38€	58€	**66€**	73€	91€			
18	**Randplatten, Treppenauge, innen**								KG **352**
	Randplatte, Naturstein; rutschhemmend geschliffen/poliert/bruchrau, scharfkantig/gefast; Breite bis 280mm; Dicke 30mm; im Mörtelbett; Treppenauge, innen								
		29€	62€	**76€**	98€	147€	[m]	0,60 h/m	014.000.033
		35€	74€	**91€**	117€	175€			
19	**Fries, Plattenbelag**								KG **352**
	Friesplatte, Naturstein; rutschhemmend geschliffen/poliert/bruchrau, scharfkantig/gefast; Breite 280mm, Länge 500mm, Dicke 20mm; Dünnbettmörtel; im Dünnbettverfahren, inkl. Verfugung								
		14€	44€	**57€**	66€	88€	[m]	0,40 h/m	014.000.034
		17€	52€	**68€**	78€	105€			
20	**Bodenprofil, Bewegungsfugen, Plattenbelag**								KG **352**
	Bewegungsfugenprofil; Aluminium eloxiert; 40x4x4mm; Fuge mit Kautschukprofil füllen; unter Bodenbelag								
		5€	12€	**15€**	29€	50€	[m]	0,14 h/m	014.000.035
		6€	14€	**18€**	34€	60€			
21	**Trenn-/Anschlagschiene, Messing**								KG **352**
	Trennschiene; Messing; 40x40x4mm; unter Bodenbelag, innen; inkl. Toleranzausgleich								
		7€	26€	**30€**	43€	65€	[m]	0,12 h/m	014.000.036
		8€	31€	**35€**	51€	78€			
22	**Trenn-/Anschlagschiene, Aluminium**								KG **352**
	Trennschiene; Aluminium; 40x4x4mm; unter Bodenbelag, innen; inkl. Toleranzausgleich								
		9€	17€	**20€**	29€	50€	[m]	0,12 h/m	014.000.037
		10€	20€	**24€**	35€	59€			
23	**Trenn-/Anschlagschiene, Edelstahl**								KG **352**
	Trennschiene; Edelstahl; 40x40x4mm; Innenbereich; inkl. Toleranzausgleich								
		11€	21€	**25€**	40€	69€	[m]	0,12 h/m	014.000.038
		13€	25€	**29€**	47€	82€			
24	**Fugenabdichtung, elastisch, Silikon**								KG **352**
	Fugenabdichtung, elastisch; Silikon; inkl. notwendiger Flankenvorbehandlung								
		3€	5€	**6€**	8€	13€	[m]	0,05 h/m	014.000.039
		4€	6€	**7€**	10€	15€			

Nr.	Kurztext / Stichworte				[Einheit]	Ausf.-Dauer	Kostengruppe Positionsnummer
▶	▷	ø **netto** €	◁	◀			
▶	▷	ø **brutto** €	◁	◀			

25 Natursteinbeläge imprägnieren — KG **352**
Naturstein, Oberflächenbehandlung, nachträglich; Hydrophobierung/Imprägnierung/Anti-Graffiti Anstrich

3€	7€	**9€**	10€	15€	[m²]	⏱ 0,10 h/m²	014.000.040
3€	8€	**10€**	12€	17€			

26 Betonbeläge fluatieren — KG **352**
Betonwerkstein, Oberflächenbehandlung; fluatieren; inkl. Vorreinigung

2€	3€	**3€**	4€	4€	[m²]	⏱ 0,10 h/m²	014.000.041
3€	4€	**4€**	4€	5€			

27 Trittschalldämmung, Randstreifen, MW — KG **352**
Trittschalldämmung; Mineralwolle, A1; Randstreifen 12x150mm; einlagig; inkl. Randdämmstreifen, Trennlage PE-Folie 0,4mm

2€	7€	**8€**	10€	16€	[m²]	⏱ 0,60 h/m²	014.000.042
3€	8€	**10€**	12€	19€			

28 Erstreinigung, Bodenbelag — KG **352**
Erstreinigung und -pflege, Bodenbelag; Naturstein, R9/R11

2€	6€	**8€**	10€	19€	[m²]	⏱ 0,25 h/m²	014.000.050
3€	8€	**10€**	12€	23€			

29 Waschtischplatte, Naturstein — KG **371**
Waschtischplatte, Naturstein; feingeschliffen, poliert; oval/rechteckig; inkl. Herstellung der Auflager

392€	640€	**694€**	1.145€	1.862€	[St]	⏱ 1,10 h/St	014.000.043
466€	762€	**826€**	1.363€	2.215€			

30 Fußabstreifer, Rahmen/Reinstreifen — KG **325**
Fußabstreifer; Aluminium/Messing/Edelstahl; 25x25x3mm für 22mm Reinstreifen/30x30x3mm für 27mm Reinstreifen; innen/außen überdacht/außen

236€	1.045€	**1.488€**	1.920€	2.689€	[St]	⏱ 1,00 h/St	014.000.046
281€	1.244€	**1.771€**	2.285€	3.200€			

31 Stundensatz Facharbeiter, Natursteinarbeiten
Stundenlohnarbeiten, Vorarbeiter, Facharbeiter; Naturstein-, Betonwerksteinarbeiten

37€	43€	**46€**	49€	55€	[h]	⏱ 1,00 h/h	014.000.053
44€	51€	**55€**	58€	65€			

32 Stundensatz Helfer, Natursteinarbeiten
Stundenlohnarbeiten, Werker, Helfer; Natur-, Betonwerksteinarbeiten

28€	35€	**38€**	41€	49€	[h]	⏱ 1,00 h/h	014.000.054
34€	42€	**46€**	49€	58€			

LB 016 Zimmer- und Holzbauarbeiten

Kosten: Stand 3.Quartal 2015, Bundesdurchschnitt

▶ min
▷ von
ø Mittel
◁ bis
◀ max

Nr.	Kurztext / Stichworte	▶	▷	ø netto €	◁	◀	[Einheit]	Ausf.-Dauer	Kostengruppe Positionsnummer
		▶	▷	ø brutto €	◁	◀			

1 Schalung, Sperrholz, Innenbereich — KG 364
Schalung, Wand; Sperrholzplatte, Klasse 1; für tragende Zwecke, sichtbar/nicht sichtbar, Holzuntergrund; innen; befestigen mit Schrauben

19€	30€	**35€**	38€	50€	[m²]	⏱ 0,26 h/m²	016.000.010
23€	36€	**41€**	46€	59€			

2 Schalung Dachboden/Unterboden — KG 363
Schalung, Dachboden/Unterboden; Spanplatte P7, kunstharzgebunden; Dicke bis 25mm; tragend, NF-System

13€	19€	**21€**	35€	51€	[m²]	⏱ 0,20 h/m²	016.001.099
16€	23€	**25€**	41€	60€			

3 Bekleidung, Furnierschichtholzplatte — KG 364
Bekleidung, Wand; Furnierschichtholzplatte; Dicke 20/26mm; Sicht-/Nichtschichtqualität, Holzuntergrund; verschraubt/genagelt

26€	39€	**44€**	58€	85€	[m²]	⏱ 0,33 h/m²	016.000.063
31€	46€	**52€**	69€	101€			

4 Bekleidung, Massivholzplatte — KG 335
Bekleidung; Massivholzplatte; Dicke 20/26; Sicht-/Nichtsichtqualität; Wand, innen; genagelt/verschraubt

26€	47€	**54€**	57€	70€	[m²]	⏱ 0,38 h/m²	016.000.096
31€	55€	**64€**	68€	83€			

5 Blindboden, Nadelholz, einseitig gehobelt — KG 352
Schalung, Blindboden; Nadelholz, S10TS, einseitig gehobelt; Dicke 19mm, Breite 100mm; unten sichtbar; zwischen Deckenbalken

16€	21€	**24€**	26€	36€	[m²]	⏱ 0,40 h/m²	016.000.054
19€	25€	**28€**	31€	43€			

6 Bretterschalung, Nadelholz, zwischen Balken — KG 351
Bretterschalung; Nadelholz, S10, GKL 2; Dicke 24/48mm; zwischen bauseitigem Gebälk

18€	28€	**32€**	36€	45€	[m²]	⏱ 0,35 h/m²	016.000.030
22€	33€	**38€**	42€	53€			

7 Trockenestrich, TSD, Trennlage, Randstreifen — KG 352
Trockenestrich; Gipsplatte, WLG 035; Dicke 25/37,5mm; zweilagig F60/dreilagig F90; Holzbalkendecke; inkl. Trennlage, Ausgleichsschicht, Trittschalldämmung

17€	37€	**39€**	52€	72€	[m²]	⏱ 0,35 h/m²	016.000.012
20€	44€	**46€**	62€	86€			

8 Kanthölzer, S10TS, Nadelholz, scharfkantig, gehobelt — KG 335
Kantholz; Nadelholz, S10TS, scharfkantig; 60x120mm; egalisiert/gehobelt

3€	8€	**8€**	13€	22€	[m]	⏱ 0,10 h/m	016.000.013
4€	9€	**10€**	15€	26€			

© BKI Baukosteninformationszentrum

Nr.	Kurztext / Stichworte				[Einheit]	AusfDauer	Kostengruppe Positionsnummer
▶	▷	ø netto €	◁	◀			
▶	▷	ø brutto €	◁	◀			

9 — Bohle, S13TS K, Nadelholz — KG 335
Bohle; Nadelholz, S13K, scharfkantig; 40x120mm; egalisiert/gehobelt

1€	4€	**5€**	8€	11€	[m]	⏱ 0,10 h/m	016.000.151
1€	5€	7€	9€	13€			

10 — Dichtungsband, vorkomprimiert — KG 361
Abdichtungsanschluss; Dichtungsband; Breite 50mm; egalisiert/gehobelt

1€	2€	**3€**	4€	5€	[m]	⏱ 0,04 h/m	016.000.034
2€	3€	**3€**	4€	6€			

11 — Dampfsperrbahn, sd-Wert mind. 1500m — KG 363
Dampfsperrbahn; Metallfolie; sd-Wert 1500m; raumseitig

2€	4€	**5€**	6€	8€	[m²]	⏱ 0,08 h/m²	016.000.014
3€	5€	**6€**	7€	9€			

12 — Dampfbremsbahn, sd-Wert bis 2,0m — KG 364
Dampfbremsbahn; Klasse E; sd-Wert bis 2,0m; raumseitig

2€	6€	**7€**	10€	18€	[m²]	⏱ 0,08 h/m²	016.000.090
3€	7€	**8€**	11€	21€			

13 — Dampfsperre, feuchteadaptiv, sd-variabel — KG 364
Dampfbremsbahn; feuchteadaptiv, Klasse E, variabler SD-Wert; überlappend; aufgehende, begrenzende Bauteile

3€	6€	**7€**	11€	16€	[m²]	⏱ 0,08 h/m²	016.000.065
3€	7€	**9€**	13€	19€			

14 — Abdichtungsanschluss verkleben, Dampfsperrbahn — KG 363
Abdichtungsanschluss verkleben; Dampfsperrbahn an Dachfenster/Kehlen/Grate verkleben

1€	4€	**4€**	7€	15€	[m]	⏱ 0,10 h/m	016.000.038
1€	4€	**5€**	9€	18€			

15 — Abdichtungsanschluss verkleben, Dampfbremsbahn — KG 363
Abdichtungsanschluss verkleben; Dampfbremsbahn an Dachfenster/Kehlen/Grate verkleben

2€	4€	**6€**	7€	10€	[m]	⏱ 0,10 h/m	016.000.113
2€	5€	**7€**	8€	12€			

16 — Abdichtungsanschluss, Butyl-Band, Dicht-/Dampfsperrbahn — KG 363
Abdichtungsanschluss, verkleben; Butylband, Klasse E; Klebekraft 20-25N/mm; Dampfsperrbahn auf saugenden Untergrund an Dachfenster/Kehlen/Grate verkleben

5€	9€	**9€**	10€	14€	[m]	⏱ 0,04 h/m	016.000.039
6€	11€	**11€**	12€	16€			

LB 016 Zimmer- und Holzbauarbeiten

Kosten: Stand 3.Quartal 2015 Bundesdurchschnitt

- ▶ min
- ▷ von
- ø Mittel
- ◁ bis
- ◀ max

Nr.	Kurztext / Stichworte	▶ min	▷ von	ø Mittel	◁ bis	◀ max	[Einheit]	Ausf.-Dauer	Kostengruppe Positionsnummer
	ø netto € / ø brutto €								
17	**Zwischensparrendämmung MW 035, 120mm**								KG **363**
	Zwischensparrendämmung; Mineralwolle, WLG 035, A1; Dicke 120mm								
	netto	11€	13€	**14€**	15€	16€	[m²]	0,20 h/m²	016.000.131
	brutto	13€	15€	**16€**	18€	19€			
18	**Zwischensparrendämmung MW 035, 160mm**								KG **363**
	Zwischensparrendämmung; Mineralwolle, WLG 035, A1; Dicke 160mm								
	netto	12€	14€	**15€**	17€	17€	[m²]	0,20 h/m²	016.000.133
	brutto	14€	16€	**18€**	20€	21€			
19	**Zwischensparrendämmung MW 035, 240mm**								KG **363**
	Zwischensparrendämmung; Mineralwolle, WLG 035, A1; Dicke 240mm								
	netto	16€	19€	**20€**	22€	25€	[m²]	0,25 h/m²	016.000.142
	brutto	19€	23€	**24€**	27€	30€			
20	**Zwischensparrendämmung WF 040, 180mm**								KG **363**
	Zwischensparrendämmung; Holzfaser, WLG 040, E; Dicke 180mm; einlagig								
	netto	26€	30€	**32€**	33€	35€	[m²]	0,24 h/m²	016.000.128
	brutto	31€	35€	**37€**	40€	42€			
21	**Einblasdämmung, Zellulose 040, 100mm**								KG **363**
	Einblasdämmung, DZ; Zellulosefasern, WLG 040, E; Dicke 100mm; inkl. verdichten								
	netto	5€	8€	**9€**	11€	13€	[m²]	0,10 h/m²	016.001.104
	brutto	6€	10€	**11€**	13€	15€			
22	**Einblasdämmung, Zellulose 040, 160mm**								KG **363**
	Einblasdämmung, DZ; Zellulosefasern, WLG 040, E; Dicke 160 mm; inkl. verdichten								
	netto	9€	13€	**15€**	17€	20€	[m²]	0,10 h/m²	016.001.106
	brutto	10€	16€	**18€**	20€	24€			
23	**Einblasdämmung, Zellulose 040, 240mm**								KG **363**
	Einblasdämmung, DZ; Zellulosefasern, WLG 040, E; Dicke 240mm; inkl. verdichten								
	netto	12€	19€	**21€**	25€	29€	[m²]	0,16 h/m²	016.000.124
	brutto	15€	23€	**26€**	29€	35€			
24	**Akustikvlies, Glasfaser**								KG **363**
	Akustikvlies; Glasfaser, schwarz, A2; Flächengewicht: 75-80g/m²								
	netto	2€	3€	**4€**	5€	6€	[m²]	0,10 h/m²	016.000.057
	brutto	2€	4€	**4€**	5€	7€			

Nr.	Kurztext / Stichworte							Kostengruppe
▶	▷	ø netto €	◁	◀	[Einheit]	Ausf.-Dauer	Positionsnummer
▶	▷	ø brutto €	◁	◀			

25 Wohndachfenster, bis 1,00m², Uw=1,4 KG **362**
Wohndachfenster; Nadelholz, Uw=1,4W/(m²K), Rw, R=35dB; 780x1180mm; Klapp-Schwing-Fenster; inkl. Eindeck- und Dämmrahmen

478€	686€	**793**€	924€	1.170€	[St]	⏱ 1,90 h/St	016.000.045
569€	816€	**944**€	1.100€	1.392€			

26 Wohndachfenster, bis 1,85m², Uw=1,4 KG **362**
Wohndachfenster; Kiefer, Uw=1,4W/m²K, Rw, R=35dB; 1,14x1,60/1,34x1,40m; Klapp-Schwing-Fenster; inkl. Eindeck- und Dämmrahmen

699€	825€	**863**€	1.041€	1.365€	[St]	⏱ 2,20 h/St	016.000.125
831€	982€	**1.027**€	1.238€	1.625€			

27 Innenwand, Holzständer, 11,5cm, Sperrholz, WF KG **342**
Innenwand, Holzrahmenkonstruktion, nichttragend; Nadelholz, S10TS, Holzfaserdämmschicht, WLG 040, Sperrholzplatte; Nadelholz Dicke 115mm, Sperrholz Dicke 15mm; einseitig beplankt

33€	60€	**71**€	86€	121€	[m²]	⏱ 0,65 h/m²	016.000.023
39€	71€	**84**€	103€	144€			

28 Türöffnung, Holz-Innenwand KG **340**
Öffnung herstellen, Holzständerinnenwand; bxh=1.000x2.000/1.000x2.125mm, Dicke 100-150mm; einflügliges Türelement

31€	42€	**47**€	54€	73€	[St]	⏱ 1,10 h/St	016.000.104
36€	50€	**56**€	65€	87€			

29 Lattenverschlag, Nadelholz, 30/50mm KG **346**
Lattenverschlag; Nadelholz, gehobelt GKL 2; Kantholz 60x60mm, Latten 30x50mm; oben, unten verschraubt

17€	33€	**39**€	47€	66€	[m²]	⏱ 0,70 h/m²	016.000.029
21€	39€	**46**€	55€	78€			

30 Holztreppe, Wangentreppe KG **351**
Wangentreppe, Holz; Eiche; Stufen 15 St, Stg.175x280mm, Breite 800mm; einläufig, mit/ohne Setzstufe; zwischen Gebälk/Betondecke

1.651€	3.484€	**4.435**€	4.607€	6.422€	[St]	⏱ 20,00 h/St	016.000.048
1.965€	4.146€	**5.277**€	5.483€	7.643€			

31 Einschubtreppe, gedämmt KG **359**
Einschubtreppe, Holz; Hartholzstufen; Öffnung Breite 600/700mm; zwei-/dreiteilig, gedämmt, mit/ohne einseitigem Handlauf, mit/ohne Schutzgeländer; Gebälk/Holzplattenschalung

471€	873€	**964**€	1.726€	3.044€	[St]	⏱ 3,80 h/St	016.001.096
560€	1.039€	**1.148**€	2.053€	3.623€			

LB 016
Zimmer- und Holzbauarbeiten

Nr.	Kurztext / Stichworte				[Einheit]	Ausf.-Dauer	Kostengruppe Positionsnummer
▶	▷	ø netto €	◁	◀			
▶	▷	ø brutto €	◁	◀			

Kosten:
Stand 3.Quartal 2015
Bundesdurchschnitt

32 Holztreppe, Einschubtreppe KG **351**
Einschubtreppe, Holz; Hartholzstufen; Treppenöffnung 700x1.400mm; zweiteilig, einseitiger Handlauf

| 407€ | 581€ | **654€** | 965€ | 1.522€ | [St] | ⏱ 5,00 h/St | 016.000.049 |
| 484€ | 692€ | **778€** | 1.149€ | 1.811€ | | | |

33 Scherentreppe, Aluminium KG **359**
Scherentreppe, Aluminium; Hartholzstufen; Öffnungsbreite 600/700mm; zwei-/dreiteilig, mit/ohne einseitigem Handlauf, mit/ohne Schutzgeländer; Gebälk/Holzplattenschalung

| 604€ | 1.177€ | **1.264€** | 1.385€ | 1.745€ | [St] | ⏱ 2,50 h/St | 016.001.095 |
| 718€ | 1.400€ | **1.504€** | 1.648€ | 2.076€ | | | |

34 Schüttung, Sand, in Decken KG **351**
Schüttung; Sand, A1; Dicke 60-80mm; einlagig, trocken; zwischen Deckensparren

| 7€ | 10€ | **10€** | 11€ | 17€ | [m²] | ⏱ 0,16 h/m² | 016.000.106 |
| 8€ | 12€ | **12€** | 13€ | 20€ | | | |

35 Schüttung, Splitt, in Decken KG **351**
Schüttung; Splitt, A1; einlagig, trocken; zwischen Deckensparren

| 10€ | 12€ | **17€** | 18€ | 24€ | [m²] | ⏱ 0,16 h/m² | 016.000.107 |
| 12€ | 15€ | **20€** | 22€ | 28€ | | | |

36 Bodenbelag, Holz, Innenraum KG **352**
Bodenbelag, Dielen; Massivholz, gehobelt/geschliffen; Dicke bis 45mm, Breite bis 280mm; geschraubt/verklebt, NF

| 19€ | 47€ | **64€** | 71€ | 93€ | [m²] | ⏱ 0,40 h/m² | 016.000.146 |
| 22€ | 56€ | **76€** | 84€ | 111€ | | | |

37 Stundensatz Facharbeiter, Holzbau
Stundenlohnarbeiten, Vorarbeiter, Facharbeiter; Holzbau

| 39€ | 45€ | **47€** | 50€ | 57€ | [h] | ⏱ 1,00 h/h | 016.000.147 |
| 46€ | 53€ | **56€** | 59€ | 68€ | | | |

▶ min
▷ von
ø Mittel
◁ bis
◀ max

38 Stundensatz Helfer, Holzbau
Stundenlohnarbeiten, Werker, Helfer; Holzbau

| 20€ | 30€ | **36€** | 38€ | 41€ | [h] | ⏱ 1,00 h/h | 016.000.148 |
| 24€ | 36€ | **43€** | 45€ | 49€ | | | |

Positionen Altbau | **Positionen Neubau** | 3. Ebene | Objekte

LB 017
Stahlbauarbeiten

017

Kosten:
Stand 3.Quartal 2015
Bundesdurchschnitt

▶ min
▷ von
ø Mittel
◁ bis
◀ max

Nr.	Kurztext / Stichworte					Kostengruppe		
▶	▷	ø netto €	◁	◀	[Einheit]	Ausf.-Dauer	Positionsnummer	
▶	▷	ø brutto €	◁	◀				

1 Handlauf, Rohrprofil, beschichtet — KG 359
Handlauf; Stahlrohr, S235JR, verzinkt/beschichtet; Durchmesser 25-60mm, Wandhalterung 12-16mm; Wandabstand 50cm

| 48€ | 62€ | **68€** | 71€ | 85€ | [m] | ⏱ 0,30 h/m | 017.000.009 |
| 57€ | 74€ | **81€** | 85€ | 101€ | | | |

2 Profilstahl-Konstruktion, Profile UNP/UPE — KG 351
Stahlträger, Walzprofil U; S235JR, grundiert/beschichtet; Decke; inkl. Kopfplatten, Steifen Bohrungen, Verschraubungsmittel

| 1€ | 3€ | **3€** | 4€ | 5€ | [kg] | ⏱ 0,02 h/kg | 017.000.001 |
| 2€ | 4€ | **4€** | 4€ | 6€ | | | |

3 Profilstahl-Konstruktion, Profile IPE — KG 351
Stahlträger, HEB/IPE/HEA/HEM; S235JR, grundiert/beschichtet; Deckenkonstruktion

| 2€ | 3€ | **3€** | 4€ | 6€ | [kg] | ⏱ 0,02 h/kg | 017.000.016 |
| 2€ | 3€ | **4€** | 5€ | 7€ | | | |

4 Profilstahl-Konstruktion, Profile HEA — KG 351
Stahlträger, HEA; S235JR, grundiert/beschichtet; Deckenkonstruktion; inkl. Kopfplatten, Steifen, Bohrungen, Verbindungsmittel

| 1€ | 2€ | **3€** | 3€ | 6€ | [kg] | ⏱ 0,02 h/kg | 017.000.017 |
| 2€ | 3€ | **3€** | 4€ | 7€ | | | |

5 Rundstahl, Zugstange, bis 36mm — KG 361
Zugstange, Rundstahl; S355J0, grundiert/beschichtet; Dicke bis 36mm; mit Gewindeschloss als Diagonal-aussteifung; Außenwand-/Decke; inkl. Anschlussbleche, Steifungen, Verbindungsmittel und Bohrungen

| 3€ | 4€ | **4€** | 5€ | 9€ | [kg] | ⏱ 0,04 h/kg | 017.000.002 |
| 4€ | 4€ | **5€** | 6€ | 11€ | | | |

6 Stahlstütze, Rundrohrprofil — KG 333
Stahlstütze; Rundstahl, S235 J2, grundiert/beschichtet; Deckenkonstruktion; inkl. Kopfplatten, Steifungen, Verbindungsmittel, Bohrungen

| 2€ | 4€ | **4€** | 6€ | 10€ | [kg] | ⏱ 20,00 h/kg | 017.000.003 |
| 3€ | 4€ | **5€** | 7€ | 12€ | | | |

7 Stahlkonstruktion, nicht rostend — KG 339
Stahlkonstruktion; nicht rostend, gebürstet/geschliffen; Steifungen, Verbindungsmittel, Bohrungen

| 4€ | 9€ | **10€** | 11€ | 13€ | [kg] | ⏱ 22,00 h/kg | 017.000.020 |
| 5€ | 11€ | **11€** | 13€ | 15€ | | | |

© **BKI** Baukosteninformationszentrum

Kostenstand: 3.Quartal 2015, Bundesdurchschnitt

Nr.	Kurztext / Stichworte						Kostengruppe	
▶	▷	ø netto €	◁	◀	[Einheit]	Ausf.-Dauer	Positionsnummer	
▶	▷	ø brutto €	◁	◀				

8 Verzinken, Stahlprofile — KG 333
Feuerverzinkung; Stahlkonstruktion, Korrosivitätskategorie C4; inkl. Entrostung

▶	▷	ø netto	◁	◀	[Einheit]	Ausf.-Dauer	Positionsnummer
0,3€	0,4€	**0,5€**	0,6€	1,1€	[kg]	0,01 h/kg	017.000.004
0,3€	0,5€	**0,6€**	0,7€	1,3€			

9 Kleineisenteile, Einbauteile/Hilfskonstruktionen — KG 351
Kleineisenteile, Hilfskonstruktionen, Stahl; S235JR, feuerverzinkt; 2-5kg/St; inkl. Steifungen, Verbindungsmittel, Bohrungen

2€	4€	**5€**	7€	11€	[kg]	0,02 h/kg	017.000.005
3€	5€	**6€**	8€	13€			

10 Bohrungen, Stahl bis 16 mm — KG 359
Bohrung; Durchmesser bis 35mm, Materialstärke bis 16mm; Stahlblech, Stege, Flansche

2€	8€	**9€**	15€	23€	[St]	0,20 h/St	017.000.010
3€	9€	**10€**	18€	28€			

11 Treppe, einläufig, eingeschossig — KG 351
Treppe, als Stahlwangentreppe; S235JR; 16x17,2x28cm; innen/außen; einläufig, inkl. Bohrungen, Verankerungsmittel

1.530€	3.086€	**3.791€**	4.130€	5.046€	[St]	20,00 h/St	017.000.011
1.820€	3.672€	**4.511€**	4.914€	6.005€			

12 Steigleiter, Notausstieg — KG 339
Steigleiter, Not-/Feuerleiter; Stahlrohr, S235JR; Sprossen 25x25x1,5mm, Breite 500mm

161€	214€	**234€**	288€	364€	[m]	0,20 h/m	017.000.012
192€	255€	**279€**	343€	433€			

13 Gitterroste, verzinkt, rutschhemmend, verankert — KG 339
Gitterrost; feuerverzinkt; Maschenteilung 33,3x11,1mm; rutschhemmend, verankern

61€	85€	**91€**	102€	135€	[m²]	0,45 h/m²	017.000.015
72€	102€	**108€**	121€	161€			

14 Brandschutzbeschichtung, F 30, Stahlbauteile — KG 333
Brandschutzbeschichtung F30; Stahlkonstruktion; reinigen, entrosten; Stahlträger/Fachwerkbinder/Stützen/....

34€	48€	**52€**	68€	105€	[m²]	0,30 h/m²	017.000.013
41€	57€	**62€**	81€	125€			

15 Brandschutzbeschichtung, Stahlbauteile, Decklack — KG 333
Brandschutzbeschichtung F30/F60/F90; Überzugslack; Stahlträger/Fachwerkbinder/Stützen/....

8€	18€	**19€**	27€	36€	[m²]	0,20 h/m²	017.000.014
10€	21€	**22€**	32€	42€			

LB 017
Stahlbauarbeiten

Nr.	Kurztext / Stichworte					[Einheit]	Ausf.-Dauer	Kostengruppe Positionsnummer
▶	▷	ø netto €	◁	◀				
▶	▷	ø brutto €	◁	◀				

16 Stundensatz Facharbeiter, Stahlbau
Stundenlohnarbeiten, Vorarbeiter, Facharbeiter; Stahlbau

38€	45€	**49€**	53€	61€	[h]	⏱ 1,00 h/h	017.000.022
45€	54€	**58€**	63€	72€			

17 Stundensatz Helfer, Stahlbau
Stundenlohnarbeiten, Werker, Helfer; Stahlbau

27€	35€	**38€**	42€	49€	[h]	⏱ 1,00 h/h	017.000.023
32€	41€	**46€**	50€	59€			

Kosten:
Stand 3.Quartal 2015
Bundesdurchschnitt

▶ min
▷ von
ø Mittel
◁ bis
◀ max

Positionen Neubau

LB 023
Putz- und Stuckarbeiten, Wärmedämmsysteme

023

Kosten:
Stand 3.Quartal 2015
Bundesdurchschnitt

▶ min
▷ von
ø Mittel
◁ bis
◀ max

Nr.	Kurztext / Stichworte					[Einheit]	Ausf.-Dauer	Kostengruppe Positionsnummer
	▶	▷	ø netto €	◁	◀			
	▶	▷	ø brutto €	◁	◀			

1 Untergrund prüfen — KG 335
Untergrund prüfen; Klopfprobe/Hohlstellensonde; verputzte Wandflächen

| 0,1€ | 0,6€ | **0,8€** | 1,3€ | 2,5€ | [m²] | ⏱ 0,01 h/m² | 023.000.048 |
| 0,1€ | 0,7€ | **1,0€** | 1,5€ | 3,0€ | | | |

2 Haftbrücke, Betonfläche, für Gipsputze — KG 336
Haftbrücke; organisch gebundenen, quarzgefüllt, wasserverdünnbar; für Gipsputze; Betonflächen

| 0,7€ | 3,4€ | **4,2€** | 6,4€ | 12€ | [m²] | ⏱ 0,05 h/m² | 023.000.003 |
| 0,9€ | 4,0€ | **5,0€** | 7,7€ | 14€ | | | |

3 Haftbrücke, Betonfläche, für Kalk-/Kalkzementputz — KG 336
Haftbrücke; mineralisch, kunststoffvergütet; für Kalk- und Kalkzementputze; Betonflächen

| 1€ | 5€ | **7€** | 11€ | 19€ | [m²] | ⏱ 0,05 h/m² | 023.000.078 |
| 2€ | 6€ | **9€** | 12€ | 22€ | | | |

4 Spritzbewurf, Putzgrund — KG 335
Spritzbewurf, Putzgrundvorbereitung; MG P III/CS IV; netzförmig aufbringen; Ziegelmauerwerk

| 0,6€ | 4,1€ | **5,2€** | 6,2€ | 9,1€ | [m²] | ⏱ 0,08 h/m² | 023.000.008 |
| 0,7€ | 4,9€ | **6,2€** | 7,4€ | 11€ | | | |

5 Aufbrennsperre, Putzuntergrund — KG 335
Aufbrennsperre; Regulierung der Saugfähigkeit; auf Putzgrund

| 0,4€ | 1,2€ | **1,7€** | 2,0€ | 2,7€ | [m²] | ⏱ 0,05 h/m² | 023.000.079 |
| 0,4€ | 1,4€ | **2,0€** | 2,4€ | 3,2€ | | | |

6 Tiefengrund, sandende Untergründe — KG 335
Tiefengrund; verfestigen sandende Untergründe

| 0,9€ | 1,5€ | **1,7€** | 2,1€ | 2,6€ | [m²] | ⏱ 0,05 h/m² | 023.000.080 |
| 1€ | 2€ | **2€** | 3€ | 3€ | | | |

7 Untergrund abkehren — KG 335
Untergrund reinigen; Staub, Schmutz und losen Bestandteile; abkehren, entsorgen; Wand, Deckenflächen

| 0,1€ | 0,4€ | **0,5€** | 0,7€ | 1,2€ | [m²] | ⏱ 0,04 h/m² | 023.000.007 |
| 0,2€ | 0,5€ | **0,6€** | 0,8€ | 1,4€ | | | |

8 Fluatieren, Wände — KG 335
Untergrundvorbereitung, Fluatieren; Schalölresten entfernen; Wand; inkl. Nachwäsche mit Wasser

| 0,5€ | 1,1€ | **1,5€** | 1,8€ | 3,2€ | [m²] | ⏱ 0,10 h/m² | 023.000.062 |
| 0,6€ | 1,3€ | **1,7€** | 2,2€ | 3,8€ | | | |

Nr.	Kurztext / Stichworte						Kostengruppe	
▶	▷	ø netto €	◁	◀	[Einheit]	Ausf.-Dauer	Positionsnummer	
▶	▷	ø brutto €	◁	◀				

9	Installationsschlitz schließen, spachteln						KG **345**

Installationsschlitz schließen; Mineralwolle, verzinkter Putzträger, Grundputz; ausstopfen, überspannen, spachteln; Wand

3€	8€	**10€**	15€	26€	[m]	⏱ 0,20 h/m	023.000.051
3€	10€	**12€**	17€	31€			

10	Installationsschlitz schließen, bis 150mm						KG **345**

Installationsschlitz schließen; Mineralwolle, verzinkter Putzträger, Grundputz; Breite bis 150mm; ausstopfen, überspannen, spachteln; Wand

4€	8€	**10€**	15€	23€	[m]	⏱ 0,20 h/m	023.000.126
4€	9€	**12€**	17€	27€			

11	Installationsschlitz schließen, bis 400mm						KG **345**

Installationsschlitz schließen; Mineralwolle, verzinkter Putzträger, Grundputz; Breite über 250-400mm; ausstopfen, überspannen, spachteln; Wand

6€	11€	**13€**	19€	26€	[m]	⏱ 0,25 h/m	023.000.128
8€	13€	**16€**	23€	31€			

12	Putzarmierung, Glasfasergewebe, bis 150mm						KG **345**

Putzträger, innen/außen; Glasfasergewebe; Breite bis 150mm; Beton- und Mauerwerkswänden

2€	2€	**2€**	3€	3€	[m]	⏱ 0,08 h/m	023.000.169
2€	3€	**3€**	3€	3€			

13	Putzarmierung, Glasfasergewebe, bis 500mm						KG **345**

Putzträger, innen/außen; Glasfasergewebe; Breite bis 500m; Beton- und Mauerwerkswänden

1€	3€	**3€**	4€	6€	[m]	⏱ 0,12 h/m	023.000.130
2€	3€	**4€**	5€	7€			

14	Putzarmierung, Glasfaser, innen, Teilbereich						KG **345**

Putzarmierung, Innenwand; Glasfasergewebe; Breite bis 200mm; in Teilbereichen einbetten

1,0€	2,0€	**2,4€**	4,5€	6,9€	[m]	⏱ 0,10 h/m	023.000.082
1€	2€	**3€**	5€	8€			

15	Putzarmierung, Glasfaser, innen						KG **345**

Putzarmierung, Innenwand; Glasfasergewebe; vollflächig, einbetten; Innenwand

2€	5€	**6€**	9€	17€	[m²]	⏱ 0,20 h/m²	023.000.057
3€	6€	**7€**	11€	20€			

16	Putzträger, Metallgittergewebe						KG **345**

Putzträger; Metallgittergewebe; überdecken nachträglich verschlossener Schlitze; Beton- und Mauerwerk

4€	8€	**10€**	14€	21€	[m²]	⏱ 0,14 h/m²	023.000.010
5€	10€	**12€**	16€	26€			

LB 023 Putz- und Stuckarbeiten, Wärmedämmsysteme

Kosten: Stand 3.Quartal 2015 Bundesdurchschnitt

Legende:
- ▶ min
- ▷ von
- ø Mittel
- ◁ bis
- ◀ max

Nr.	Kurztext / Stichworte	▶	▷	ø netto € / ø brutto €	◁	◀	[Einheit]	Ausf.-Dauer	Kostengruppe / Positionsnummer
17	**Putzträger, Metallgittergewebe, bis 150mm**								KG **345**
	Putzträger; Metallgittergewebe; Breite bis 150mm; überdecken nachträglich verschlossener Schlitze; Beton- und Mauerwerk								
		5€	8€	**10€**	14€	19€	[m]	0,10 h/m	023.000.171
		6€	9€	**12€**	17€	23€			
18	**Putzträger verzinkt, Fachwerk**								KG **345**
	Putzträger; verzinkt; Fachwerk-Holzbalken								
		2€	6€	**7€**	8€	11€	[m]	0,15 h/m	023.000.059
		3€	7€	**9€**	9€	13€			
19	**Ausgleichsputz, bis 10mm**								KG **345**
	Ausgleichsputz; MG P II; Dicke 5-10mm, Höhe bis 3,00m								
		3€	6€	**7€**	10€	15€	[m²]	0,20 h/m²	023.000.047
		3€	7€	**9€**	12€	18€			
20	**Ausgleichsputz, bis 20mm**								KG **345**
	Ausgleichsputz; MG P II; Dicke 10-20mm								
		3€	8€	**11€**	14€	22€	[m²]	0,22 h/m²	023.000.009
		3€	10€	**13€**	17€	26€			
21	**Glattstrich, Fensteranschlussfolie, Laibung**								KG **335**
	Glattstrich Fensterlaibungen; für überputzbare Anschlussfolie								
		3€	7€	**9€**	13€	20€	[m]	0,15 h/m	023.000.145
		4€	9€	**11€**	15€	24€			
22	**Unterputzprofil, verzinkt, Unterputz, innen**								KG **345**
	Unterputzprofil; Stahl, verzinkt; Putzdicke bis 15mm; anbringen mit Ansetzmörtel; Innenraum								
		2€	4€	**5€**	6€	8€	[m]	0,08 h/m	023.000.011
		2€	5€	**6€**	7€	10€			
23	**Unterputzprofil, Edelstahl, Unterputz, innen**								KG **345**
	Unterputzprofil; Edelstahl; Putzdicke bis 15mm; anbringen mit Ansetzmörtel; Innenraum								
		5€	6€	**7€**	8€	9€	[m]	0,08 h/m	023.000.083
		6€	7€	**8€**	9€	11€			
24	**Unterputzprofil, einstellbar, unebene Untergründe**								KG **345**
	Unterputzprofil, justierbar; verzinkt; Putzdicke: 10-15mm; für sehr unebene Flächen								
		5€	5€	**6€**	6€	7€	[m]	0,10 h/m	023.000.172
		6€	6€	**7€**	7€	8€			

Nr.	Kurztext / Stichworte				[Einheit]	Ausf.-Dauer	Kostengruppe Positionsnummer
▶	▷	ø netto €	◁	◀			
▶	▷	ø brutto €	◁	◀			

25 Eckprofil, verzinkt KG 345
Eckprofil; Stahl, verzinkt; anbringen mit Ansetzmörtel

| 1€ | 3€ | **3€** | 4€ | 6€ | [m] | ⏱ 0,06 h/m | 023.000.085 |
| 2€ | 3€ | **4€** | 5€ | 7€ | | | |

26 Eckprofil, Aluminium KG 345
Eckprofil; Aluminium; anbringen mit Ansetzmörtel

| 2€ | 4€ | **5€** | 5€ | 8€ | [m] | ⏱ 0,06 h/m | 023.000.173 |
| 3€ | 5€ | **6€** | 6€ | 9€ | | | |

27 Eckprofil, Edelstahl KG 345
Eckprofil; Edelstahl; anbringen mit Ansetzmörtel

| 3€ | 7€ | **8€** | 9€ | 10€ | [m] | ⏱ 0,06 h/m | 023.000.086 |
| 3€ | 8€ | **9€** | 10€ | 12€ | | | |

28 Eckprofil, Kunststoff KG 345
Eckprofil; Kunststoff; anbringen mit Ansetzmörtel

| 1,0€ | 2,9€ | **4,1€** | 5,0€ | 7,6€ | [m] | ⏱ 0,10 h/m | 023.000.087 |
| 1€ | 3€ | **5€** | 6€ | 9€ | | | |

29 Abschlussprofil, innen, verzinkt KG 345
Abschlussprofil; Stahl, verzinkt; Dicke bis 15mm; Innenwand

| 2€ | 5€ | **6€** | 9€ | 15€ | [m] | ⏱ 0,09 h/m | 023.000.014 |
| 3€ | 6€ | **7€** | 10€ | 17€ | | | |

30 Abschlussprofil, innen, Edelstahl KG 345
Abschlussprofil; Edelstahl; Dicke bis 15mm; Innenwand

| 5€ | 11€ | **12€** | 14€ | 29€ | [m] | ⏱ 0,09 h/m | 023.000.088 |
| 7€ | 13€ | **15€** | 17€ | 34€ | | | |

31 Innenputz, einlagig, Q3, geglättet KG 345
Innenputz, einlagig; Dicke 10mm; Q3, geglättet; Innenwand

| 8€ | 12€ | **14€** | 16€ | 20€ | [m²] | ⏱ 0,20 h/m² | 023.000.133 |
| 10€ | 15€ | **17€** | 20€ | 24€ | | | |

32 Innenputz, einlagig, Q3, gefilzt KG 345
Innenputz, einlagig; Dicke 10mm; Q3, gefilzt; Innenwand

| 11€ | 14€ | **16€** | 18€ | 21€ | [m²] | ⏱ 0,20 h/m² | 023.000.134 |
| 13€ | 17€ | **19€** | 21€ | 26€ | | | |

LB 023
Putz- und Stuckarbeiten, Wärmedämmsysteme

Kosten:
Stand 3.Quartal 2015
Bundesdurchschnitt

▶ min
▷ von
ø Mittel
◁ bis
◀ max

Nr.	Kurztext / Stichworte	▶ ▷ ø netto € ◁ ◀ ▶ ▷ ø brutto € ◁ ◀	[Einheit]	Ausf.-Dauer	Kostengruppe Positionsnummer
33	**Mehrdicke, 5mm, Putz**				KG **345**
	Mehrdicke, Innenputz, einlagig; Dicke bis 5mm; Innenwand	2€ 3€ **4**€ 5€ 6€ 2€ 4€ **5**€ 6€ 8€	[m²]	0,07 h/m²	023.000.135
34	**Laibung, innen, bis 150mm**				KG **336**
	Laibungen verputzen; Innenputz; Tiefe bis 150mm	3€ 4€ **5**€ 6€ 9€ 3€ 5€ **6**€ 8€ 11€	[m]	0,13 h/m	023.000.138
35	**Laibung, innen, 250-400mm**				KG **345**
	Laibungen verputzen; Innenputz; Tiefe über 250-400mm	5€ 9€ **12**€ 13€ 18€ 6€ 11€ **14**€ 15€ 21€	[m]	0,20 h/m	023.000.139
36	**Laibung, innen, 400-650mm**				KG **345**
	Laibung verputzen; Innenputz; Tiefe über 400-650mm	12€ 15€ **17**€ 18€ 19€ 15€ 18€ **20**€ 21€ 23€	[m]	0,25 h/m	023.000.174
37	**Kalk-Gipsputz, Innenwand, einlagig, Q2**				KG **345**
	Innenputz, einlagig; Kalk-Gipsputz; Dicke 15mm; Q2; Innenwand	9€ 12€ **13**€ 14€ 19€ 10€ 14€ **15**€ 17€ 22€	[m²]	0,22 h/m²	023.000.015
38	**Kalk-Gipsputz, Innenwand, einlagig, Q2, gefilzt**				KG **345**
	Innenputz, einlagig; Kalk-Gipsputz; Dicke 15mm; Q2, gefilzt; Innenwand	9€ 11€ **12**€ 13€ 15€ 11€ 13€ **14**€ 15€ 18€	[m²]	0,22 h/m²	023.000.089
39	**Kalk-Gipsputz, Innenwand, einlagig, Q2, geglättet**				KG **345**
	Innenputz, einlagig; Kalk-Gipsputz; Dicke 15mm; Q2, geglättet; Innenwand	9€ 12€ **12**€ 13€ 14€ 11€ 14€ **14**€ 15€ 17€	[m²]	0,20 h/m²	023.000.090
40	**Ebenheit, Mehrpreis**				KG **345**
	Mehrpreis, Innenputz; erhöhte Anforderung an Ebenheit	2€ 3€ **3**€ 3€ 4€ 3€ 3€ **3**€ 4€ 4€	[m²]	0,05 h/m²	023.000.091

Nr.	Kurztext / Stichworte					[Einheit]	Ausf.-Dauer	Kostengruppe Positionsnummer
▶	▷	ø netto €	◁	◀				
▶	▷	ø brutto €	◁	◀				

41	Kalk-Gipsputz, Innenwand, einlagig, Q3, gefilzt							KG **345**
Innenputz, einlagig; Kalk-Gipsputz; Dicke 15mm; Q3, gefilzt; Innenwand								
13€	14€	**15€**	17€	19€		[m²]	0,28 h/m²	023.000.093
15€	17€	**18€**	20€	22€				

42	Kalk-Gipsputz, Innenwand, einlagig, Q3, geglättet							KG **345**
Innenputz, einlagig; Kalk-Gipsputz; Dicke 15mm; Q3, geglättet; Innenwand								
9€	13€	**13€**	16€	19€		[m²]	0,28 h/m²	023.000.094
11€	15€	**16€**	19€	23€				

43	Kalk-Zementputz, Innenwand, einlagig, Q3, abgezogen							KG **345**
Innenputz, einlagig; Kalk-Zementputz, CS II; Dicke 15mm; Q3, abgezogen; Innenwand								
10€	14€	**15€**	16€	20€		[m²]	0,22 h/m²	023.000.019
11€	16€	**17€**	19€	24€				

44	Kalk-Zementputz, innen, einlagig, Q2, gefilzt							KG **345**
Innenputz, einlagig; Kalk-Zementputz, CS II; Dicke 15mm; Q2, gefilzt; Innenwand								
4€	9€	**12€**	14€	17€		[m²]	0,22 h/m²	023.000.165
5€	11€	**14€**	16€	21€				

45	Kalk-Zementputz, Innenwand, zweilagig, Q2, gefilzt							KG **345**
Innenputz, zweilagig; Kalk-Zementputz, CS II; Dicke 15mm; Q3, gefilzt; Innenwand								
11€	14€	**15€**	17€	24€		[m²]	0,36 h/m²	023.000.096
13€	16€	**18€**	21€	29€				

46	Kalk-Zementputz, innen, linear, einlagig, Q2, abgezogen							KG **345**
Innenputz, einlagig; Kalk-Zementputz, CS II; Dicke 15mm; Q2, abgezogen; Unterzüge/Pfeiler/Stützen/Laibungen								
4€	7€	**8€**	11€	15€		[m]	0,18 h/m	023.000.099
5€	8€	**10€**	13€	18€				

47	Gipsputz, Innenwand, einlagig, Q2, gefilzt							KG **345**
Innenputz, einlagig; Gipsputz, MG P IV; Dicke 15mm, Höhe bis 3,00m; Q2, gefilzt; Innenwand								
8€	12€	**14€**	16€	22€		[m²]	0,20 h/m²	023.000.039
10€	14€	**16€**	19€	26€				

48	Gipsputz, Innenwand, einlagig, Q2, geglättet							KG **345**
Innenputz, einlagig; Gipsputz, MG P IV; Dicke bis 15mm; Q2, geglättet; Innenwand								
2€	10€	**12€**	14€	20€		[m²]	0,20 h/m²	023.000.056
2€	12€	**15€**	17€	24€				

LB 023
Putz- und Stuckarbeiten, Wärmedämmsysteme

Kosten:
Stand 3.Quartal 2015
Bundesdurchschnitt

▶ min
▷ von
ø Mittel
◁ bis
◀ max

Nr.	Kurztext / Stichworte					[Einheit]	Ausf.-Dauer	Kostengruppe Positionsnummer
▶	▷	ø netto €	◁	◀				
▶	▷	ø brutto €	◁	◀				

49 Gipsputz, Innenwand, einlagig, Q3 KG **345**
Innenputz, einlagig; Gipsputz, MG P IV; Dicke bis 15mm; Q3, geglättet/gefilzt/abgezogen; Innenwand

| 11€ | 12€ | **13€** | 16€ | 19€ | [m²] | ⏱ 0,23 h/m² | 023.000.175 |
| 13€ | 15€ | **15€** | 19€ | 23€ | | | |

50 Gipsputz, Innenwand, Dünnlage, Q3, geglättet KG **345**
Innenputz, einlagig; Dünnlagenputz, C6/20/2; Dicke 3-5mm; Q3, geglättet; Unterzüge/Pfeiler/Stützen/Laibungen

| 6€ | 11€ | **12€** | 14€ | 17€ | [m²] | ⏱ 0,20 h/m² | 023.000.072 |
| 8€ | 13€ | **14€** | 16€ | 20€ | | | |

51 Gipsputz, innen, linear, Q2, abgezogen KG **345**
Innenputz, einlagig; Gipsputz, MG P IV; Dicke bis 15mm; Q2, abgezogen; Unterzüge/Pfeiler/Stützen/Laibungen

| 3€ | 6€ | **8€** | 11€ | 19€ | [m] | ⏱ 0,18 h/m | 023.000.071 |
| 3€ | 7€ | **9€** | 13€ | 23€ | | | |

52 Gipsputz, Laibungen, innen KG **336**
Laibungen verputzen, innen; Gipsputz; Q2/Q3/Q4

| 1€ | 6€ | **7€** | 10€ | 18€ | [m] | ⏱ 0,12 h/m | 023.000.024 |
| 1€ | 7€ | **9€** | 12€ | 22€ | | | |

53 Lehmputz, innen, Maschinenputz, einlagig KG **345**
Innenputz; Lehmputz bis 1,2mm; Dicke 10mm; Maschinenputz; Innenwand/Decke

| 15€ | 20€ | **23€** | 29€ | 39€ | [m²] | ⏱ 0,25 h/m² | 023.000.040 |
| 18€ | 24€ | **27€** | 35€ | 47€ | | | |

54 Beiputzen, Tür-/Türzarge KG **345**
Stahlzarge beiputzen, nachträglich; Gipsputz/Gips-Kalkputz/.....

| 4€ | 8€ | **10€** | 14€ | 24€ | [m] | ⏱ 0,10 h/m | 023.000.058 |
| 5€ | 9€ | **12€** | 16€ | 29€ | | | |

55 Kleinflächen verputzen KG **345**
Kleinflächen angleichen, nachträglich; Putzarmierung

| 5€ | 20€ | **25€** | 33€ | 49€ | [m²] | ⏱ 0,40 h/m² | 023.000.060 |
| 6€ | 24€ | **30€** | 39€ | 58€ | | | |

56 Stuckprofil, innen KG **345**
Stuckprofil innen; poliert, mehrfach profiliert; Breite bis 150mm; als Gesims; an Übergang Wand/Decke

| 25€ | 41€ | **49€** | 70€ | 98€ | [m] | ⏱ 0,50 h/m | 023.000.041 |
| 30€ | 49€ | **59€** | 83€ | 117€ | | | |

Nr.	Kurztext / Stichworte						Kostengruppe
▶	▷	ø netto €	◁	◀	[Einheit]	Ausf.-Dauer	Positionsnummer
▶	▷	ø brutto €	◁	◀			

57 Putzbänder, Faschen, Putzdekor — KG 335
Putzfaschen herstellen; Breite 100mm; Fensteröffnungen, außen

5€	12€	**15€**	27€	51€	[m]	⏱ 0,20 h/m	023.000.042
6€	14€	**18€**	32€	61€			

58 Akustikputz, Decke, innen, einlagig — KG 353
Akustikputz, einlagig; MG P III; Dicke 10mm; Decke

12€	56€	**67€**	86€	133€	[m²]	⏱ 0,50 h/m²	023.000.055
15€	67€	**79€**	102€	159€			

59 Kalk-Gipsputz, Decken, einlagig, Q2, gefilzt — KG 353
Innenputz, einlagig; Kalk-Gipsputz; Dicke 15mm; Q2, gefilzt; Decke

9€	14€	**16€**	19€	26€	[m²]	⏱ 0,25 h/m²	023.000.025
11€	17€	**19€**	22€	31€			

60 Kalk-Gipsputz, Decken, einlagig, Q3, geglättet — KG 353
Innenputz, einlagig; Kalk-Gipsputz; Dicke 15mm; Q3, geglättet; Decke

7€	14€	**17€**	21€	26€	[m²]	⏱ 0,25 h/m²	023.000.102
8€	17€	**20€**	25€	31€			

61 Gipsputz, Decken, einlagig, Q2, geglättet — KG 353
Innenputz, einlagig; Gipsputz; Dicke 10mm; Q2, geglättet; Decke

10€	12€	**12€**	13€	16€	[m²]	⏱ 0,25 h/m²	023.000.176
12€	14€	**15€**	16€	19€			

62 Gipsputz, Decken, einlagig, Q3, geglättet — KG 353
Innenputz, einlagig; Gipsputz; Dicke: 10mm; Q3, geglättet; Decke

9€	12€	**14€**	16€	19€	[m²]	⏱ 0,28 h/m²	023.000.177
11€	15€	**16€**	19€	22€			

63 Dämmung, Kellerdecke, EPS 040 — KG 353
Wärmedämmung, Kellerdecke; Polystyrol-Hartschaumplatten, WLG 040; dicht gestoßen, geklebt

17€	33€	**42€**	54€	73€	[m²]	⏱ 0,35 h/m²	023.000.064
21€	40€	**50€**	64€	87€			

64 Dämmung, Kellerdecke, EPS 040, bis 140mm — KG 353
Wärmedämmung, Kellerdecke; Polystyrol-Hartschaumplatte, WLG 040; Dicke 120/140mm; dicht gestoßen, geklebt

28€	30€	**39€**	42€	50€	[m²]	⏱ 0,32 h/m²	023.000.148
34€	36€	**46€**	50€	60€			

**LB 023
Putz- und Stuckarbeiten, Wärmedämmsysteme**

Kosten:
Stand 3.Quartal 2015
Bundesdurchschnitt

▶ min
▷ von
ø Mittel
◁ bis
◀ max

Nr.	Kurztext / Stichworte	▶	▷	ø netto €	◁	◀	[Einheit]	Ausf.-Dauer	Kostengruppe Positionsnummer
				ø brutto €					
65	**Dämmung, Kellerdecke, MW 032, bis 140mm**								KG **353**
	Wärmedämmung, Kellerdecke; Mineralwolle-Platte, WLS 032; Dicke 120/140mm; dicht gestoßen, geklebt								
		36€	38€	**49€**	53€	66€	[m²]	⏱ 0,32 h/m²	023.000.149
		43€	45€	**58€**	63€	79€			
66	**Mehrschichtplatten, bis 100 mm**								KG **336**
	Wärmedämmung; Holzwolle-Mehrschichtplatte mit PS-Dämmkern, WLG 040, E; dicht gestoßen, geklebt; Stb-Bauteile								
		19€	30€	**36€**	44€	61€	[m²]	⏱ 0,30 h/m²	023.000.043
		22€	35€	**43€**	52€	72€			
67	**Mehrschichtplatte, bis 35mm**								KG **335**
	Wärmedämmung; Holzwolle-Mehrschichtplatte mit PS-Dämmkern, WLG 040, E; Dicke 25-35mm; dicht gestoßen, geklebt; Stb-Bauteile								
		11€	13€	**14€**	16€	19€	[m²]	⏱ 0,26 h/m²	023.000.150
		13€	16€	**16€**	19€	22€			
68	**Mehrschichtplatte, 75mm**								KG **335**
	Wärmedämmung; Holzwolle-Mehrschichtplatte mit PS-Dämmkern, WLG 040, E; Dicke 75mm; dicht gestoßen, geklebt; Stb-Bauteile								
		21€	30€	**33€**	38€	46€	[m²]	⏱ 0,33 h/m²	023.000.151
		25€	36€	**39€**	45€	55€			
69	**Stundensatz Facharbeiter, Putzarbeiten**								
	Stundenlohnarbeiten, Vorarbeiter, Facharbeiter; Putzarbeiten								
		35€	40€	**43€**	47€	57€	[h]	⏱ 1,00 h/h	023.000.153
		41€	48€	**51€**	56€	68€			
70	**Stundensatz Helfer, Putzarbeiten**								
	Stundenlohnarbeiten, Werker, Helfer; Putzarbeiten								
		25€	33€	**38€**	39€	43€	[h]	⏱ 1,00 h/h	023.000.154
		29€	39€	**45€**	46€	51€			

LB 024 Fliesen- und Plattenarbeiten

Kosten: Stand 3.Quartal 2015, Bundesdurchschnitt

Legende:
- ▶ min
- ▷ von
- ø Mittel
- ◁ bis
- ◀ max

Nr.	Kurztext / Stichworte	▶	▷	ø netto €	◁	◀	[Einheit]	Ausf.-Dauer	Kostengruppe / Positionsnummer
1	**Feuchtemessung**								KG 352
	Feuchtemessung, Fliesenuntergrund; Messung mit CM-Prüfinstrument								
	netto	21 €	24 €	**28 €**	28 €	32 €	[St]	–	024.000.061
	brutto	24 €	29 €	**33 €**	34 €	38 €			
2	**Untergrund prüfen, Haftzugfestigkeit**								KG 352
	Fliesenuntergrund prüfen; Haftzugfestigkeit; Prüfung inkl. Protokollierung und Übergabe an Auftraggeber								
	netto	10 €	12 €	**16 €**	18 €	21 €	[St]	0,50 h/St	024.000.066
	brutto	12 €	15 €	**20 €**	21 €	24 €			
3	**Haftbrücke, Fliesenbelag**								KG 352
	Haftbrücke, Fliesenbelag; Wand-/Bodenfläche; für Fliesenbelag								
	netto	1,0 €	2,1 €	**2,6 €**	3,6 €	6,0 €	[m²]	0,05 h/m²	024.000.005
	brutto	1 €	2 €	**3 €**	4 €	7 €			
4	**Grundierung, Fliesenbelag**								KG 352
	Grundierung, Fliesenbelag; Tiefengrund; Wand-/Bodenfläche; für Fliesenbelag								
	netto	0,4 €	1,3 €	**1,7 €**	2,9 €	7,6 €	[m²]	0,05 h/m²	024.000.004
	brutto	0,5 €	1,6 €	**2,0 €**	3,4 €	9,1 €			
5	**Spachtelung, Wand, Teilflächen**								KG 345
	Untergrundvorbereitung; Spachtelmasse; Höhe bis 2,50m; Teilspachteln, Schleifen, Untergrund Putz, Gipskartonfläche; Wandfläche								
	netto	1 €	4 €	**5 €**	8 €	14 €	[m²]	0,08 h/m²	024.000.002
	brutto	2 €	5 €	**6 €**	10 €	16 €			
6	**Spachtelung, Wand**								KG 345
	Untergrundvorbereitung; Spachtelmasse; Dicke bis 5mm; Spachteln, Schleifen Untergrund Kalkzementputz; Wandfläche								
	netto	1 €	4 €	**5 €**	8 €	13 €	[m²]	0,20 h/m²	024.000.045
	brutto	1 €	5 €	**6 €**	9 €	15 €			
7	**Spachtelung, Boden, Fliesenbelag**								KG 352
	Untergrundvorbereitung; Spachtelmasse; Spachteln, Schleifen, Untergrund Zementestrich; Bodenfläche								
	netto	0,6 €	6,0 €	**7,0 €**	9,6 €	17 €	[m²]	0,25 h/m²	024.000.003
	brutto	0,7 €	7,1 €	**8,3 €**	11 €	20 €			
8	**Verbundabdichtung, streichbar, Wand**								KG 345
	Verbundabdichtung, Wand; Kunstharz, Polymerdispersion; zweilagig streichen; inkl. Untergrundvorbereitung								
	netto	5 €	11 €	**13 €**	19 €	44 €	[m²]	0,20 h/m²	024.000.007
	brutto	6 €	13 €	**16 €**	23 €	53 €			

© BKI Baukosteninformationszentrum
Kostenstand: 3.Quartal 2015, Bundesdurchschnitt

Nr.	Kurztext / Stichworte						Kostengruppe	
▶	▷	ø netto €	◁	◀	[Einheit]	Ausf.-Dauer	Positionsnummer	
▶	▷	ø brutto €	◁	◀				

9 Verbundabdichtung, streichbar, Boden — KG 352
Verbundabdichtung, Boden; Kunstharz, Polymerdispersion; zweilagig streichen; inkl. Untergrundvorbereitung

| 4€ | 10€ | **13€** | 19€ | 44€ | [m²] | ⏱ 0,20 h/m² | 024.000.008 |
| 4€ | 12€ | **15€** | 23€ | 52€ | | | |

10 Abdichtung, Nassräume, KH/Quarz — KG 352
Abdichtung, Nassräume; Kunstharz inkl. Quarzsand; Wand-/Bodenfläche

| 30€ | 42€ | **46€** | 68€ | 98€ | [m²] | ⏱ 0,25 h/m² | 024.000.011 |
| 35€ | 50€ | **55€** | 81€ | 116€ | | | |

11 Dichtband, Ecken, Wand/Boden — KG 352
Abdichtung, Übergang Wand/Boden; Dichtband mit Randgewebe; Breite 12cm

| 1€ | 5€ | **6€** | 8€ | 15€ | [m] | ⏱ 0,10 h/m | 024.000.009 |
| 2€ | 6€ | **8€** | 10€ | 18€ | | | |

12 Dichtmanschette, Rohre, bis 42mm — KG 352
Abdichtung, Rohrdurchdringung; Dichtmanschette; Durchmesser bis 42mm; Wand-/Bodenbereich; inkl. Nebenarbeiten

| 0,6€ | 4,1€ | **5,3€** | 9,4€ | 27€ | [St] | ⏱ 0,16 h/St | 024.000.010 |
| 0,8€ | 4,9€ | **6,3€** | 11€ | 32€ | | | |

13 Dichtmanschette, Bodeneinlauf, bis 100mm — KG 325
Abdichtung, Bodenablauf; Dichtmanschetten; Durchmesser bis 100mm; inkl. Nebenarbeiten

| 6€ | 17€ | **22€** | 26€ | 38€ | [St] | ⏱ 0,18 h/St | 024.000.012 |
| 8€ | 20€ | **26€** | 31€ | 45€ | | | |

14 Revisionstür, 20x20 — KG 345
Revisionstür; Aluminiumrahmen; 20x20cm; Aussparung herstellen, Beplanung und Verspachtelung; Wandbekleidung/Vorsatzschale

| 5€ | 22€ | **29€** | 39€ | 60€ | [St] | ⏱ 0,20 h/St | 024.000.013 |
| 6€ | 26€ | **34€** | 46€ | 72€ | | | |

15 Revisionstür, 30x30 — KG 345
Revisionsöffnung; Aluminiumrahmen; 30x30cm; Aussparung herstellen, Beplanung und Verspachtelung; Wandbekleidung/Vorsatzschale

| 11€ | 22€ | **26€** | 39€ | 63€ | [St] | ⏱ 0,20 h/St | 024.000.062 |
| 13€ | 27€ | **31€** | 47€ | 75€ | | | |

16 Dusche, bodengleich, fliesbar — KG 352
Duschwannen-Element; Polystyrol-Hartschaum extrudiert mit Spezialbeschichtung; Tiefe 40mm; bodengleich einbauen

| 185€ | 270€ | **311€** | 335€ | 438€ | [St] | ⏱ 2,50 h/St | 024.000.048 |
| 220€ | 321€ | **371€** | 398€ | 521€ | | | |

LB 024
Fliesen- und Plattenarbeiten

Kosten:
Stand 3.Quartal 2015
Bundesdurchschnitt

▶ min
▷ von
ø Mittel
◁ bis
◀ max

Nr.	Kurztext / Stichworte	▶	▷	ø netto €	◁	◀	[Einheit]	Ausf.-Dauer	Kostengruppe Positionsnummer
		▶	▷	ø brutto €	◁	◀			
17	**Trennschiene, Messing**								KG **352**
	Trennschiene; Messing; Höhe 6mm; in Fliesenbelag; Abschluss/Übergang								
		7€	10€	**12€**	13€	16€	[m]	⏱ 0,10 h/m	024.000.017
		9€	12€	**15€**	16€	19€			
18	**Trennschiene, Aluminium**								KG **352**
	Trennschiene; Aluminium; Höhe 6mm; in Fliesenbelag; Abschluss/Übergang								
		4€	9€	**11€**	16€	28€	[m]	⏱ 0,10 h/m	024.000.018
		4€	11€	**13€**	19€	34€			
19	**Trennschiene, Edelstahl**								KG **352**
	Trennschiene; Edelstahl; Höhe 6mm; in Fliesenbelag; Abschluss/Übergang								
		8€	13€	**14€**	23€	43€	[m]	⏱ 0,10 h/m	024.000.019
		9€	15€	**17€**	28€	51€			
20	**Eckschutzschiene, Aluminium**								KG **345**
	Eckschutzschiene; Aluminium; in Wandfliesenbelag; Außenecken								
		3€	7€	**10€**	11€	13€	[m]	⏱ 0,12 h/m	024.000.050
		4€	9€	**12€**	13€	15€			
21	**Eckschutzschiene, Edelstahl**								KG **345**
	Eckschutzschiene; Edelstahl; in Wandfliesenbelag; Außenecken								
		6€	11€	**13€**	18€	34€	[m]	⏱ 0,12 h/m	024.000.020
		7€	13€	**15€**	22€	41€			
22	**Eckschutzschiene, Kunststoff**								KG **345**
	Fliesenschiene; Kunststoff; in Wandfliesenbelag; Außenecken								
		2€	6€	**7€**	8€	13€	[m]	⏱ 0,12 h/m	024.000.021
		2€	7€	**8€**	10€	16€			
23	**Wandfliesen, 10x10cm**								KG **345**
	Wandbelag, Fliesen; Steingut/Steinzeug/Feinsteinzeug; 10x10cm; Dünnbettverfahren, inkl. Verfugung								
		34€	46€	**49€**	55€	70€	[m²]	⏱ 0,90 h/m²	024.000.022
		40€	54€	**59€**	65€	83€			
24	**Wandfliesen, 15x15cm**								KG **345**
	Wandbelag, Fliesen; Steingut/Steinzeug/Feinsteinzeug; 15x15cm; Dünnbettverfahren, inkl. Verfugung								
		34€	39€	**53€**	58€	66€	[m²]	⏱ 0,85 h/m²	024.000.070
		41€	46€	**63€**	70€	79€			

Nr.	Kurztext / Stichworte						Kostengruppe	
▶	▷	ø netto €	◁	◀	[Einheit]	Ausf.-Dauer	Positionsnummer	
▶	▷	ø brutto €	◁	◀				

25	Wandfliesen, 10x20cm							KG **345**
Wandbelag, Fliesen; Steingut/Steinzeug/Feinsteinzeug; 10x20cm; Dünnbettverfahren, inkl. Verfugung								
36€	41€	**55€**	60€	69€	[m²]	⏱ 0,90 h/m²	024.000.069	
43€	49€	**65€**	72€	82€				

26	Wandfliesen, 15x20cm							KG **345**
Wandbelag, Fliesen; Steingut/Steinzeug/Feinsteinzeug; 15x20cm; Dünnbettverfahren, inkl. Verfugung								
34€	40€	**52€**	57€	65€	[m²]	⏱ 0,85 h/m²	024.000.071	
41€	48€	**62€**	68€	78€				

27	Wandfliesen, 25x20cm							KG **345**
Wandbelag, Fliesen; Steingut/Steinzeug/Feinsteinzeug; 25x20cm; Dünnbettverfahren, inkl. Verfugung								
34€	40€	**44€**	51€	59€	[m²]	⏱ 0,80 h/m²	024.000.113	
41€	48€	**52€**	60€	70€				

28	Wandfliesen, 25x33cm							KG **345**
Wandbelag, Fliesen; Steingut/Steinzeug/Feinsteinzeug; 25x33cm; Dünnbettverfahren, inkl. Verfugung								
37€	42€	**46€**	53€	59€	[m²]	⏱ 0,80 h/m²	024.000.073	
44€	49€	**55€**	63€	71€				

29	Wandfliesen, 30x30cm							KG **345**
Wandbelag, Fliesen; Steingut/Steinzeug/Feinsteinzeug; 30x30cm; Dünnbettverfahren, inkl. Verfugung								
36€	47€	**51€**	57€	71€	[m²]	⏱ 0,90 h/m²	024.000.024	
42€	56€	**61€**	67€	85€				

30	Wandfliesen, 10x10cm, Dekor							KG **345**
Wandbelag, Fliesen, Dekor; Steingut/Steinzeug/Feinsteinzeug; 10x10cm; Dünnbettverfahren, inkl. Verfugung								
42€	50€	**65€**	72€	81€	[m²]	⏱ 1,00 h/m²	024.000.074	
50€	59€	**77€**	86€	96€				

31	Wandfliesen, 15x15cm, Dekor							KG **345**
Wandbelag, Fliesen, Dekor; Steingut/Steinzeug/Feinsteinzeug; 15x15cm; Dünnbettverfahren, inkl. Verfugung								
42€	49€	**64€**	69€	77€	[m²]	⏱ 1,00 h/m²	024.000.075	
50€	58€	**76€**	82€	92€				

32	Wandfliesen, 10x20cm, Dekor							KG **345**
Wandbelag, Fliesen, Dekor; Steingut/Steinzeug/Feinsteinzeug; 10x20cm; Dünnbettverfahren, inkl. Verfugung								
40€	46€	**62€**	68€	75€	[m²]	⏱ 1,00 h/m²	024.000.076	
48€	55€	**74€**	81€	89€				

LB 024 Fliesen- und Plattenarbeiten

Nr.	Kurztext / Stichworte	ø netto €	ø brutto €	[Einheit]	Ausf.-Dauer	Kostengruppe Positionsnummer

Kosten:
Stand 3.Quartal 2015
Bundesdurchschnitt

▶ min
▷ von
ø Mittel
◁ bis
◀ max

33 Wandfliesen, 20x20cm, Dekor — KG 345
Wandbelag, Fliesen, Dekor; Steingut/Steinzeug/Feinsteinzeug; 20x20cm; Dünnbettverfahren, inkl. Verfugung

▶	▷	ø	◁	◀	[Einheit]	Ausf.-Dauer	Pos.-Nr.
38€	43€	**59€**	65€	72€	[m²]	0,90 h/m²	024.000.077
46€	52€	**71€**	78€	85€			

34 Wandfliesen, 25x20cm, Dekor — KG 345
Wandbelag, Fliesen, Dekor; Steingut/Steinzeug/Feinsteinzeug; 25x20cm; Dünnbettverfahren, inkl. Verfugung

▶	▷	ø	◁	◀	[Einheit]	Ausf.-Dauer	Pos.-Nr.
36€	42€	**58€**	62€	70€	[m²]	0,90 h/m²	024.000.078
43€	50€	**69€**	74€	83€			

35 Wandfliesen, 30x30cm, Dekor — KG 345
Wandbelag, Fliesen, Dekor; Steingut/Steinzeug/Feinsteinzeug; 30x30cm; Dünnbettverfahren, inkl. Verfugung

▶	▷	ø	◁	◀	[Einheit]	Ausf.-Dauer	Pos.-Nr.
34€	40€	**54€**	58€	67€	[m²]	0,85 h/m²	024.000.079
41€	48€	**64€**	70€	79€			

36 Wandbelag, Glasmosaik, Dünnbett — KG 345
Wandbelag; Glasmosaik; Dicke 3,0mm; Dünnbettmörtel

▶	▷	ø	◁	◀	[Einheit]	Ausf.-Dauer	Pos.-Nr.
82€	132€	**141€**	152€	182€	[m²]	1,30 h/m²	024.000.042
97€	157€	**168€**	181€	217€			

37 Wandbelag, Mittelmosaik, Dünnbett — KG 345
Wandbelag; Glas-Mittelmosaik; 5x5cm, Dicke 3,0mm; Dünnbettmörtel

▶	▷	ø	◁	◀	[Einheit]	Ausf.-Dauer	Pos.-Nr.
76€	88€	**115€**	127€	141€	[m²]	1,10 h/m²	024.000.080
91€	104€	**137€**	152€	168€			

38 Fliesenspiegel, bis 1x2m — KG 345
Fliesenspiegel; Keramikfliese, glasbeschichtet; 15x15cm, Spiegelgröße 1,0x2,0m; Dünnbettverfahren, inkl. Verfugung

▶	▷	ø	◁	◀	[Einheit]	Ausf.-Dauer	Pos.-Nr.
49€	55€	**75€**	84€	92€	[m²]	1,30 h/m²	024.000.081
59€	66€	**89€**	100€	110€			

39 Fliesenspiegel, bis 2x2m — KG 345
Fliesenspiegel; Keramikfliese, glasbeschichtet; 15x15cm, Spiegelgröße 2,0x2,0m; Dünnbettverfahren, inkl. Verfugung

▶	▷	ø	◁	◀	[Einheit]	Ausf.-Dauer	Pos.-Nr.
45€	52€	**71€**	78€	88€	[m²]	1,20 h/m²	024.000.082
54€	61€	**84€**	93€	104€			

40 Spiegelfläche — KG 345
Wandbelag, Spiegelfliesen; Keramikfliese, glasbeschichtet, frostbeständig; 15x15cm; Dünnbettverfahren

▶	▷	ø	◁	◀	[Einheit]	Ausf.-Dauer	Pos.-Nr.
50€	127€	**142€**	183€	262€	[m²]	1,00 h/m²	024.000.025
59€	151€	**169€**	218€	312€			

Nr.	Kurztext / Stichworte					Kostengruppe		
▶	▷	ø netto €	◁	◀	[Einheit]	Ausf.-Dauer	Positionsnummer	
▶	▷	ø brutto €	◁	◀				

41 Sockelfliesen, entspr. Fliesenbelag — KG 352
Sockelfliesenbelag; Steingut/Steinzeug/Feinsteinzeug; Dünnbettverfahren, inkl. Verfugung

5€	11€	**13€**	16€	27€	[m]	⏱ 0,14 h/m	024.000.026
5€	13€	**15€**	19€	32€			

42 Hohlkehlsockel, entspr. Fliesenbelag — KG 352
Hohlkehlsockel, Fliesenbelag; Steingut/Steinzeug/Feinsteinzeug; Dünnbettverfahren, inkl. Verfugung

11€	21€	**25€**	31€	51€	[m]	⏱ 0,18 h/m	024.000.027
13€	25€	**29€**	37€	60€			

43 Bordürestreifen, Fliesen — KG 345
Wandbelag, Bordüre; Steingut/Steinzeug/Feinsteinzeug; Dünnbettverfahren, inkl. Verfugung

3€	10€	**12€**	19€	40€	[m]	⏱ 0,10 h/m	024.000.028
4€	12€	**14€**	22€	48€			

44 Bodenfliesen, Glasmosaik, weiß — KG 352
Bodenfliesenbelag; Glasmosaik, weiß; Dicke 3,0mm; Dünnbettverfahren, inkl. Verfugung

82€	99€	**137€**	154€	169€	[m²]	⏱ 1,40 h/m²	024.000.083
97€	118€	**163€**	183€	201€			

45 Bodenfliesen, Glasmosaik, farbig/Dekor — KG 352
Bodenfliesenbelag; Glasmosaik, farbig/Dekor; Dünnbettverfahren, inkl. Verfugung

117€	142€	**196€**	220€	241€	[m²]	⏱ 1,40 h/m²	024.000.084
140€	169€	**234€**	262€	287€			

46 Bodenfliesen, 10x10cm — KG 352
Bodenbelag, Fliesen; Steingut/Steinzeug/Feinsteinzeug; 10x10cm; Papier-/Kunststoffnetz, Dünnbettverfahren; inkl. farblich abgestimmter Verfugung

41€	59€	**70€**	82€	118€	[m²]	⏱ 1,00 h/m²	024.000.029
48€	71€	**83€**	98€	141€			

47 Bodenfliesen, 15x15cm — KG 352
Bodenbelag, Fliesen; Steingut/Steinzeug/Feinsteinzeug; 15x15cm; Papier-/Kunststoffnetz, Dünnbettverfahren, inkl. Verfugung

34€	48€	**54€**	62€	86€	[m²]	⏱ 0,90 h/m²	024.000.030
40€	57€	**64€**	74€	102€			

48 Bodenfliesen, 10x20cm — KG 352
Bodenbelag, Fliesen; Steingut/Steinzeug/Feinsteinzeug; 10x20cm; Papier-/Kunststoffnetz, Dünnbettverfahren, inkl. Verfugung

33€	41€	**55€**	64€	69€	[m²]	⏱ 0,90 h/m²	024.000.085
39€	49€	**66€**	76€	82€			

LB 024 Fliesen- und Plattenarbeiten

Nr.	Kurztext / Stichworte				[Einheit]	Ausf.-Dauer	Kostengruppe Positionsnummer
	▶ ▷ ø netto € ◁ ◀						
	▶ ▷ ø brutto € ◁ ◀						

49 Bodenfliesen, 30x30cm — KG **352**
Bodenbelag, Fliesen; Steingut/Steinzeug/Feinsteinzeug; 30x30cm; Dünnbettverfahren, inkl. Verfugung

| 28€ | 44€ | **47€** | 55€ | 70€ | [m²] | ⏱ 0,70 h/m² | 024.000.032 |
| 33€ | 52€ | **56€** | 65€ | 84€ | | | |

50 Bodenfliesen, 33x33cm — KG **352**
Bodenbelag, Fliesen; Steingut/Steinzeug/Feinsteinzeug; 33x33cm; Papier-/Kunststoffnetz, Dünnbettverfahren, inkl. Verfugung

| 29€ | 37€ | **48€** | 55€ | 62€ | [m²] | ⏱ 0,70 h/m² | 024.000.086 |
| 34€ | 44€ | **57€** | 66€ | 73€ | | | |

51 Bodenfliesen, 40x40cm — KG **352**
Bodenbelag, Fliesen; Steingut/Steinzeug/Feinsteinzeug; 40x40cm; Papier-/Kunststoffnetz, Dünnbettverfahren, inkl. Verfugung

| 27€ | 35€ | **46€** | 52€ | 58€ | [m²] | ⏱ 0,70 h/m² | 024.000.087 |
| 32€ | 42€ | **54€** | 62€ | 69€ | | | |

52 Bodenfliesen, 30x60cm — KG **352**
Bodenbelag, Fliesen; Steingut/Steinzeug/Feinsteinzeug; 30x60cm; Papier-/Kunststoffnetz, Dünnbettverfahren, inkl. Verfugung

| 27€ | 32€ | **43€** | 50€ | 53€ | [m²] | ⏱ 0,65 h/m² | 024.000.088 |
| 33€ | 38€ | **52€** | 59€ | 63€ | | | |

53 Bodenfliesen, 20x20cm, strukturiert — KG **352**
Bodenbelag, Fliesen; Steingut/Steinzeug/Feinsteinzeug, strukturiert, frostbeständig; 20x20cm; Papier-/Kunststoffnetz, Dünnbettverfahren, inkl. Verfugung

| 35€ | 41€ | **56€** | 64€ | 68€ | [m²] | ⏱ 0,80 h/m² | 024.000.089 |
| 42€ | 49€ | **66€** | 76€ | 81€ | | | |

54 Bodenfliesen, 30x30cm, strukturiert — KG **352**
Bodenbelag, Fliesen; Steingut/Steinzeug/Feinsteinzeug, strukturiert, frostbeständig; 30x30cm; Papier-/Kunststoffnetz, Dünnbettverfahren, inkl. Verfugung

| 34€ | 38€ | **53€** | 59€ | 66€ | [m²] | ⏱ 0,80 h/m² | 024.000.090 |
| 41€ | 45€ | **63€** | 70€ | 78€ | | | |

55 Bodenfliesen, Großküche, 20/20cm, R12 — KG **352**
Bodenbelag, Fliesen, Großküche; Feinsteinzeug/Keramik, Ia, unglasiert, profiliert, R12, frostbeständig; 20x20cm; Dünnbettverfahren, inkl. öl- und säurebeständige Verfugung

| 29€ | 35€ | **49€** | 54€ | 60€ | [m²] | ⏱ 0,80 h/m² | 024.000.091 |
| 35€ | 42€ | **58€** | 65€ | 71€ | | | |

Kosten: Stand 3.Quartal 2015, Bundesdurchschnitt

▶ min
▷ von
ø Mittel
◁ bis
◀ max

Nr.	Kurztext / Stichworte							Kostengruppe
▶	▷	ø netto €	◁	◀	[Einheit]		Ausf.-Dauer	Positionsnummer
▶	▷	ø brutto €	◁	◀				

56   Bodenfliesen, Großküche, 30/30cm, R11   KG 352
Bodenbelag, Fliesen, Großküche; Feinsteinzeug/Keramik, Ia, unglasiert, profiliert, R11, frostbeständig; 30x30cm; Dünnbettverfahren, inkl. öl- und säurebeständige Verfugung

38€	56€	**63€**	69€	82€	[m²]	⏱ 0,75 h/m²	024.000.033
45€	67€	**75€**	82€	98€			

57   Bodenfliesen, Großküche, 30/30cm, R12   KG 352
Bodenbelag, Fliesen, Großküche; Feinsteinzeug/Keramik, Ia, unglasiert, profiliert, R12, frostbeständig; 30x30cm; Dünnbettverfahren, inkl. öl- und säurebeständige Verfugung

41€	51€	**66€**	72€	85€	[m²]	⏱ 0,75 h/m²	024.000.092
48€	61€	**79€**	86€	102€			

58   Bodenfliesen, Großküche, 10/10cm, Rüttelverlegung   KG 352
Bodenbelag, Fliesen, Großküche; Feinsteinzeug/Keramik, Ia, unglasiert, profiliert, R12, frostbeständig; 10x10cm; Rüttelverlegung, inkl. öl- und säurebeständige Verfugung

45€	54€	**75€**	84€	92€	[m²]	⏱ 0,90 h/m²	024.000.093
53€	64€	**89€**	100€	110€			

59   Bodenfliesen, Gewerbe, 20/20cm, Rüttelverlegung   KG 352
Bodenbelag, Fliesen, Gewerbe; Feinsteinzeug/Keramik, Ia, unglasiert, profiliert, R11, frostbeständig; 20x20cm; Rüttelverlegung, inkl. öl- und säurebeständige Verfugung

47€	52€	**72€**	78€	87€	[m²]	⏱ 0,80 h/m²	024.000.094
56€	62€	**86€**	92€	103€			

60   Bodenfliesen, Gewerbe, 30/30cm, Rüttelverlegung   KG 352
Bodenbelag, Fliesen, Gewerbe; Feinsteinzeug/Keramik, Ia, unglasiert, profiliert, R11, frostbeständig; 30x30cm; Rüttelverlegung, inkl. öl- und säurebeständige Verfugung

44€	49€	**68€**	73€	82€	[m²]	⏱ 0,75 h/m²	024.000.095
53€	58€	**81€**	87€	98€			

61   Bodenfliesen, Gewerbe, 60/30cm, Rüttelverlegung   KG 352
Bodenbelag, Fliesen, Gewerbe; Feinsteinzeug/Keramik, Ia, unglasiert, profiliert, R11, frostbeständig; 60x30cm; Rüttelverlegung, inkl. öl- und säurebeständige Verfugung

38€	45€	**62€**	67€	77€	[m²]	⏱ 0,70 h/m²	024.000.096
45€	53€	**73€**	80€	92€			

62   Bodenfliesenbeläge, Treppen   KG 352
Stufenbelag, Fliesen; Feinsteinzeug/Keramik, BIa, R11, frostbeständig; Dickbett-/Dünnbettmörtel, inkl. Verfugung; inkl. farblich abgestimmter Verfugung

66€	81€	**86€**	93€	111€	[m]	⏱ 1,30 h/m	024.000.034
78€	96€	**102€**	111€	132€			

**LB 024
Fliesen- und
Plattenarbeiten**

Nr.	Kurztext / Stichworte				[Einheit]	Ausf.-Dauer	Kostengruppe Positionsnummer
▶ ▶	▷ ▷	ø netto € ø brutto €	◁ ◁	◀ ◀			

Kosten:
Stand 3.Quartal 2015
Bundesdurchschnitt

63	Sockelfliesenbeläge, Treppen						KG **352**
Sockelfliesen, Treppe; Feinsteinzeug/Keramik, BIas, frostbeständig; Dickbett-/Dünnbettmörtel, inkl. Verfugung							
7€	14€	**17€**	20€	26€	[m]	⏱ 0,20 h/m	024.000.035
9€	17€	**20€**	24€	31€			

64	Fliesen, BIa-Feinsteinzeug, 15-20cm						KG **345**
Wand-/Bodenbelag, Fliesen; Feinsteinzeug, BIas, frostbeständig; 15x15cm/20x20cm; Dünnbettmörtel, inkl. Verfugung; Innen-/Außenbereich							
37€	45€	**47€**	56€	73€	[m²]	⏱ 0,70 h/m²	024.000.053
44€	53€	**55€**	67€	87€			

65	Fliesen, BIIa/BIIb-Steinzeug, glasiert, 15-20cm						KG **345**
Wand-/Bodenbelag, Fliesen; Steinzeug, frostbeständig; 15x15cm/20x20cm; Dünnbettmörtel, inkl. Verfugung; Innen-/Außenbereich							
22€	39€	**44€**	55€	75€	[m²]	⏱ 0,70 h/m²	024.000.054
26€	46€	**53€**	66€	89€			

66	Fliesen, BIII-Steingut, glasiert, 15-20cm						KG **345**
Wandbelag, Fliesen; Steingut, BIII; 15x15cm/20x20cm; Dünnbettmörtel, inkl.Verfugung							
29€	43€	**48€**	54€	66€	[m²]	⏱ 0,75 h/m²	024.000.055
34€	52€	**57€**	64€	79€			

67	Fliesen, AI/AII-Spaltplatte, frostsicher, 15-20cm						KG **352**
Boden-/Wandbelag, Spaltplatte; AI/AII, frostbeständig; 15x15cm-20x20cm; inkl. Verfugung; Außenbereich							
42€	59€	**62€**	69€	87€	[m²]	⏱ 0,90 h/m²	024.000.056
50€	71€	**74€**	83€	103€			

68	Fliesen, AI/AII-Klinker, frostsicher, 15-20cm						KG **352**
Bodenbelag, Klinkerplatte; AI/AII, frostbeständig; 15x15cm/20x20cm; inkl. Verfugung; Außenbereich							
34€	44€	**49€**	54€	63€	[m²]	⏱ 0,70 h/m²	024.000.057
40€	53€	**59€**	64€	75€			

▶ min
▷ von
ø Mittel
◁ bis
◀ max

69	Fliesen, Schwimmbad, 20x20cm						KG **345**
Schwimmbadbelag, Fliesen; strangepresst, AIa, frostbeständig; 20x20cm; mit Spezialkleber verlegt, inkl. Verfugung							
67€	79€	**109€**	119€	136€	[m²]	⏱ 1,40 h/m²	024.000.058
80€	94€	**129€**	141€	162€			

70	Fliesen, Schwimmbad, 15x15cm						KG **345**
Schwimmbadbelag, Fliesen; strangepresst, AIa, frostbeständig; 15x15cm; mit Spezialkleber verlegt, inkl. Verfugung							
63€	76€	**105€**	117€	129€	[m²]	⏱ 1,30 h/m²	024.000.097
74€	90€	**125€**	140€	153€			

Nr.	Kurztext / Stichworte				[Einheit]	Ausf.-Dauer	Kostengruppe Positionsnummer
▶ ▶	▷ ▷	ø netto € ø brutto €	◁ ◁	◀ ◀			

71 Duschtassenträger einfliesen — KG 345
Duschtassenträger einfliesen; Wandfliesen; inkl. Zuschnitt, Verfugung

8€	25€	**31€**	40€	59€	[St]	⏱ 0,25 h/St	024.000.098
10€	30€	**37€**	48€	71€			

72 Badewannenträger einfliesen — KG 345
Badewannenträger einfliesen; Wandfliesen; inkl. Zuschnitt, Verfugung

39€	52€	**57€**	80€	106€	[St]	⏱ 0,40 h/St	024.000.064
47€	62€	**68€**	95€	126€			

73 Badewannenträger einfliesen, geschwungen — KG 345
Badewannenträger geschwungen, einfliesen; Wandfliesen; inkl. Zuschnitt, Verfugung

–	57€	**62€**	87€	–	[St]	⏱ 0,55 h/St	024.000.100
–	68€	**74€**	103€	–			

74 Revisionsöffnung, nur belegen, 30x30 — KG 345
Revisionsöffnung belegen; Fliesen; 30x30cm; inkl. Zuschnitt, Verfugung

7€	15€	**19€**	23€	30€	[St]	⏱ 0,20 h/St	024.000.065
8€	18€	**22€**	27€	35€			

75 Gehrungsschnitt, Fliesen — KG 352
Gehrungsschnitt; Fliesen; alle Winkel

0,2€	4,9€	**7,4€**	10€	18€	[m]	⏱ 0,20 h/m	024.000.047
0,2€	5,8€	**8,8€**	12€	21€			

76 Fußabstreifer, Rahmen, Edelstahl, 1.500x1.200mm — KG 352
Fußabstreifer, Einbaurahmen; Edelstahl; Stegbreite 5mm, 1.500x1.200mm; höhen-/fluchtgenau eingepasst

183€	176€	**298€**	355€	423€	[St]	⏱ 0,45 h/St	024.000.101
218€	209€	**355€**	422€	503€			

77 Fußabstreifer, Rahmen, Edelstahl, 2.000x2.000m — KG 352
Fußabstreifer, Einbaurahmen; Edelstahl; Stegbreite 5mm, 2.000x2.000mm; höhen-/fluchtgenau eingepasst

237€	385€	**414€**	597€	807€	[St]	⏱ 0,50 h/St	024.000.037
283€	458€	**493€**	711€	961€			

78 Fußabstreifer, Rahmen, bis 2,00m² — KG 352
Fußabstreiferanlage; Rahmen Aluminium/Messing, Reinstreifen Gummiprofil; Anlagengröße bis 2,00m²; Innen-/Außenbereich

118€	333€	**434€**	561€	835€	[St]	⏱ 0,60 h/St	024.000.038
140€	396€	**517€**	668€	994€			

LB 024 Fliesen- und Plattenarbeiten

Kosten: Stand 3.Quartal 2015 Bundesdurchschnitt

▶ min
▷ von
ø Mittel
◁ bis
◀ max

Nr.	Kurztext / Stichworte	▶	▷	ø netto €	◁	◀	[Einheit]	Ausf.-Dauer	Kostengruppe Positionsnummer
		▶	▷	ø brutto €	◁	◀			
79	**Fußabstreifer, Rahmen, über 2,00m²**								KG **352**
	Fußabstreiferanlage; Rahmen Aluminium/Messing, Reinstreifen Gummiprofil; Anlagengröße über 2,00m²; Innen-/Außenbereich								
		699€	1.137€	**1.313€**	1.445€	1.794€	[St]	1,40 h/St	024.000.039
		832€	1.353€	**1.562€**	1.720€	2.135€			
80	**Elastoplastische Verfugung, Fliesen, Acryl**								KG **345**
	Fuge, elastoplastisch, Fliesenbelag; Acryl-Dichtstoff; hinterlegen der Hohlräume, glatt gestrichen								
		3€	4€	**5€**	6€	7€	[m]	0,06 h/m	024.000.102
		3€	5€	**6€**	8€	9€			
81	**Elastische Verfugung, Fliesen, chemisch beständig**								KG **345**
	Fuge, elastisch, Fliesenbelag; chemisch beständig; hinterlegen der Hohlräume, glatt gestrichen								
		3€	4€	**6€**	7€	8€	[m]	0,06 h/m	024.000.103
		4€	5€	**7€**	9€	9€			
82	**Verfugung, Fliesen, Kunstharz**								KG **345**
	Verfugung, Fliesenbelag; Kunstharz; hinterlegen der Hohlräume, glatt gestrichen								
		4€	5€	**6€**	7€	8€	[m]	0,06 h/m	024.000.104
		5€	6€	**8€**	9€	10€			
83	**Bewegungsfugen, Fliesenbelag, Profil**								KG **345**
	Bewegungsfuge, Fliesenbelag; PVC								
		10€	13€	**17€**	20€	21€	[m]	0,14 h/m	024.000.105
		12€	15€	**21€**	23€	25€			
84	**Rundschnitte, Fliesen**								KG **352**
	Rundschnitte, Fliesen; herstellen, Restmaterial entsorgen								
		6€	7€	**9€**	10€	12€	[m]	0,22 h/m	024.000.106
		7€	8€	**11€**	12€	14€			
85	**Fliesen anarbeiten, Einbauten**								KG **352**
	Fliesen an Einbauten anarbeiten; Bauschutt entsorgen								
		11€	13€	**18€**	19€	22€	[m]	0,35 h/m	024.000.107
		13€	16€	**21€**	23€	26€			
86	**Fliesen anarbeiten, Stützen**								KG **352**
	Fliesen an Stützen anarbeiten; Bauschutt entsorgen								
		10€	12€	**16€**	18€	21€	[m]	0,33 h/m	024.000.108
		12€	15€	**20€**	21€	24€			

Nr.	Kurztext / Stichworte				[Einheit]	Kostengruppe Ausf.-Dauer	Positionsnummer
▶	▷	ø netto €	◁	◀			
▶	▷	ø brutto €	◁	◀			

87 Bodenablauf einfliesen   KG 352
Bodenablauf einfliesen; inkl. Schneidearbeiten, Abfall entsorgen

| 10€ | 14€ | **18€** | 19€ | 22€ | [m] | ⏱ 0,40 h/m | 024.000.109 |
| 12€ | 16€ | **21€** | 23€ | 26€ | | | |

88 Fliesenoberfläche behandeln   KG 352
Fliesenoberfläche behandeln; Wachsen/Absäuern/Imprägnieren

| 2€ | 2€ | **3€** | 3€ | 3€ | [m] | ⏱ 0,04 h/m | 024.000.110 |
| 2€ | 2€ | **3€** | 3€ | 4€ | | | |

89 Stundensatz Facharbeiter, Fliesenarbeiten
Stundenlohnarbeiter, Vorarbeiter, Facharbeiter; Fliesenarbeiten

| 29€ | 39€ | **43€** | 45€ | 51€ | [h] | ⏱ 1,00 h/h | 024.000.059 |
| 35€ | 46€ | **51€** | 54€ | 60€ | | | |

90 Stundensatz Helfer, Fliesenarbeiten
Stundenlohnarbeiten, Werker, Helfer; Fliesenarbeiten

| 32€ | 36€ | **38€** | 39€ | 43€ | [h] | ⏱ 1,00 h/h | 024.000.060 |
| 38€ | 43€ | **45€** | 46€ | 51€ | | | |

LB 025 Estricharbeiten

Kosten: Stand 3.Quartal 2015, Bundesdurchschnitt

Legende:
- ▶ min
- ▷ von
- ø Mittel
- ◁ bis
- ◀ max

Nr.	Kurztext / Stichworte	min	von	ø netto € / ø brutto €	bis	max	[Einheit]	Ausf.-Dauer	Kostengruppe Positionsnummer

1 Untergrundreinigung, Estricharbeiten — KG 352
Untergrund reinigen; Staub, grobe Verschmutzungen, losen Teile; abkehren, aufnehmen, entsorgen

	min	von	ø	bis	max	Einheit	Dauer	Pos.-Nr.
netto	<0,1€	0,4€	**0,5€**	1,0€	2,4€	[m²]	0,02 h/m²	025.000.001
brutto	<0,1€	0,5€	**0,6€**	1,2€	2,9€			

2 Untergrundvorbereitung, Kugelstrahlen — KG 352
Untergrundvorbereitung Verbundestrich; Kugelstrahlen, inkl. Absaugen

	min	von	ø	bis	max	Einheit	Dauer	Pos.-Nr.
netto	2€	2€	**3€**	4€	6€	[m²]	0,03 h/m²	025.000.064
brutto	2€	3€	**3€**	5€	7€			

3 Betonoberfläche fräsen, Verbundestrich — KG 352
Betonoberfläche fräsen; entfernte Schichten aufnehmen, Fläche absaugen; Bauschutt entsorgen

	min	von	ø	bis	max	Einheit	Dauer	Pos.-Nr.
netto	3€	7€	**9€**	23€	41€	[m²]	0,04 h/m²	025.000.065
brutto	4€	9€	**11€**	27€	49€			

4 Estrich abstellen, bis 70mm — KG 352
Estrich abstellen; Dicke 45-70mm

	min	von	ø	bis	max	Einheit	Dauer	Pos.-Nr.
netto	2€	4€	**5€**	6€	9€	[m]	0,10 h/m	025.000.035
brutto	3€	5€	**6€**	8€	11€			

5 Voranstrich, Abdichtung — KG 352
Voranstrich, Abdichtung; Bitumen-Voranstrich/Bitumen-Emulsion; 300g/m²; vollflächig auftragen

	min	von	ø	bis	max	Einheit	Dauer	Pos.-Nr.
netto	0,7€	1,1€	**1,3€**	2,1€	3,5€	[m²]	0,04 h/m²	025.000.002
brutto	0,8€	1,3€	**1,5€**	2,5€	4,2€			

6 Bodenabdichtung, Bodenfeuchte, G 200 S4 Al — KG 325
Bodenabdichtung, gegen Bodenfeuchte; Bitumenschweißbahn G 200 S4+Al; vollflächig verkleben; Betonbodenplatten

	min	von	ø	bis	max	Einheit	Dauer	Pos.-Nr.
netto	4€	10€	**13€**	30€	61€	[m²]	0,12 h/m²	025.000.003
brutto	5€	12€	**15€**	36€	72€			

7 Trockenschüttung, 10mm — KG 352
Ausgleichsschüttung; gebundene Form; Dicke 10mm; Rohdecke

	min	von	ø	bis	max	Einheit	Dauer	Pos.-Nr.
netto	2€	2€	**2€**	3€	4€	[m²]	0,03 h/m²	024.000.051
brutto	2€	3€	**3€**	3€	4€			

8 Trockenschüttung, bis 30mm — KG 352
Ausgleichsschüttung; gebundene Form; bis 30mm; Rohdecke

	min	von	ø	bis	max	Einheit	Dauer	Pos.-Nr.
netto	4€	8€	**9€**	14€	22€	[m²]	0,06 h/m²	025.000.004
brutto	4€	9€	**10€**	16€	26€			

© BKI Baukosteninformationszentrum

Nr.	Kurztext / Stichworte					[Einheit]	Ausf.-Dauer	Kostengruppe Positionsnummer
▶	▷	ø netto €	◁	◀				
▶	▷	ø brutto €	◁	◀				

9 Trittschalldämmung MW 15-5mm 035 DES sh — KG 352
Trittschalldämmung, DES; Mineralwolle, WLG 035, A1; Dicke 15-5mm; Rohdecke

3€	3€	**4€**	4€	6€	[m²]	⏱ 0,04 h/m²	025.000.047
3€	4€	**4€**	5€	7€			

10 Trittschalldämmung MW 30-5mm 035 DES sh — KG 352
Trittschalldämmung, DES; Mineralwolle, WLG 035, A1; Dicke 30-5mm; zweilagig; Rohdecke; inkl. Randdämmstreifen

4€	6€	**7€**	9€	15€	[m²]	⏱ 0,05 h/m²	025.000.048
4€	7€	**8€**	10€	18€			

11 Trittschalldämmung EPS 30-3mm 045 DES sm — KG 352
Trittschalldämmung, DES; Polystyrol-Hartschaum, WLG 045, E; Dicke 30-3mm; einlagig; Rohdecke

2€	3€	**3€**	4€	6€	[m²]	⏱ 0,04 h/m²	025.000.051
2€	3€	**4€**	5€	8€			

12 Fußbodenheizung, PE-Träger/PS-Dämmung — KG 352
Wärmedämmung DEO, Fußbodenheizung; Systemplatte, Polystyrol-Hartschaum, WLG 045, E, PE-Rasterfolie 0,2mm; Rohdecke

6€	7€	**8€**	9€	10€	[m²]	⏱ 0,10 h/m²	025.000.040
7€	8€	**9€**	11€	12€			

13 Systemplatte FB-Heizung, ohne Dämmmaterial — KG 352
Rohrträgerplatte, Fußbodenheizung; Kunststoff; Dicke bis 1,0mm; unter schwimmenden Estrich; ohne Dämmung

8€	9€	**10€**	10€	11€	[m²]	⏱ 0,08 h/m²	025.000.066
9€	11€	**11€**	12€	13€			

14 Wärmedämmung, Estrich EPS 40mm 040 DEO dm — KG 352
Wärmedämmung, DEO; EPS-Hartschaumplatte, WLG 040, E; Dicke 40mm; Rohdecke

4€	5€	**6€**	6€	9€	[m²]	⏱ 0,05 h/m²	025.000.042
4€	6€	**7€**	8€	10€			

15 Wärmedämmung, Estrich PUR 20mm 025 DEO dh — KG 352
Wärmedämmung, DEO; PUR-Hartschaumplatte, Aluminiumkaschiert, WLS 025; Dicke 20mm; Rohdecke

3€	6€	**8€**	9€	11€	[m²]	⏱ 0,05 h/m²	025.000.053
4€	7€	**10€**	11€	13€			

16 Wärmedämmung, Estrich PUR 80mm 025 DEO dh — KG 352
Wärmedämmung, DEO; PUR-Hartschaum, WLS 025-029, E; Dicke 80mm; beidseitig Aluminiumkaschierung; unter schwimmenden Estrich

11€	13€	**16€**	18€	23€	[m²]	⏱ 0,08 h/m²	025.000.056
13€	16€	**19€**	22€	28€			

LB 025 Estricharbeiten

Kosten: Stand 3.Quartal 2015 Bundesdurchschnitt

Legende:
- ▶ min
- ▷ von
- ø Mittel
- ◁ bis
- ◀ max

Nr.	Kurztext / Stichworte	▶	▷	ø netto €	◁	◀	[Einheit]	Ausf.-Dauer	Kostengruppe Positionsnummer
		▶	▷	ø brutto €	◁	◀			
17	**Wärmedämmung, Estrich CG bis 120mm 045 DEO ds**								KG **352**
	Wärmedämmung, DEO; Schaumglas-Dämmplatte, WLG 045, A1; 4,0kg/m²; einlagig, dicht gestoßen, in Heißbitumen								
		15€	39€	**50€**	51€	82€	[m²]	0,14 h/m²	025.000.010
		18€	46€	**60€**	60€	97€			
18	**Abdeckung, Dämmung, Estrich**								KG **352**
	Trennlage; PE-Folie; Dicke 0,1mm; einlagig verlegen; zwischen Dämmung und Zement-/Calciumsulfatestrich								
		0,1€	0,6€	**0,8€**	1,2€	2,3€	[m²]	0,03 h/m²	025.000.011
		0,1€	0,7€	**0,9€**	1,5€	2,7€			
19	**Abdeckung, Dämmung, Gussasphalt**								KG **352**
	Trennlage; einlagig; zwischen Dämmung und Gussasphaltestrich								
		0,4€	0,8€	**1,1€**	1,3€	1,9€	[m²]	0,03 h/m²	025.000.012
		0,5€	1,0€	**1,2€**	1,6€	2,3€			
20	**Randdämmstreifen, Polystyrol**								KG **352**
	Randdämmstreifen; Polystyrol; Höhe 40mm, Tiefe 12mm; an Wänden, aufgehende Bauteile								
		0,1€	0,6€	**0,9€**	1,4€	2,6€	[m]	0,02 h/m	025.000.023
		0,1€	0,7€	**1,1€**	1,6€	3,1€			
21	**Randdämmstreifen, PE-Schaum**								KG **352**
	Randdämmstreifen; PE-Schaum; Höhe 40mm, Tiefe 10mm; an Wänden, aufgehende Bauteile								
		0,1€	0,5€	**0,7€**	1,2€	2,2€	[m]	0,02 h/m	025.000.036
		0,1€	0,6€	**0,8€**	1,4€	2,6€			
22	**Estrich, schwimmend, CT C25 F4 S45**								KG **352**
	Estrich; Zementestrich C25 F4 S45; Dicke 45mm; schwimmend; auf Dämmschicht								
		10€	13€	**14€**	16€	23€	[m²]	0,20 h/m²	025.000.013
		12€	15€	**17€**	19€	27€			
23	**Estrich, schwimmend, CT C25 F4 S45**								KG **352**
	Estrich; Zementestrich C25 F4 S45; Dicke 45mm; schwimmend; auf Dämmschicht								
		15€	20€	**21€**	27€	42€	[m²]	0,25 h/m²	025.000.041
		18€	24€	**26€**	33€	50€			
24	**Estrich, schwimmend, CT C25 F4 S65 H45**								KG **352**
	Heizestrich; Zementestrich C25 F4-S65 H45; Dicke 45mm; schwimmend; auf Dämmschicht								
		12€	17€	**19€**	35€	68€	[m²]	0,25 h/m²	025.000.034
		14€	20€	**22€**	41€	81€			

Nr.	Kurztext / Stichworte					Kostengruppe	
▶	▷	ø netto €	◁	◀	[Einheit]	Ausf.-Dauer	Positionsnummer
▶	▷	ø brutto €	◁	◀			

25	Schnellestrich, schwimmend, CT C40 F7 S45						KG 352
Schnellestrich; Zementestrich C40 F7 S45; Dicke 45mm; schwimmend; auf Dämmschicht							
16€	22€	**25€**	29€	37€	[m²]	⏱ 0,30 h/m²	025.000.019
19€	26€	**30€**	34€	44€			

26	Estrich, schwimmend, CA C25 F4 S45						KG 352
Estrich; Calciumsulfatestrich C25 F4 S45; Dicke 45mm; schwimmend; auf Dämmschicht							
11€	14€	**15€**	17€	22€	[m²]	⏱ 0,20 h/m²	025.000.014
14€	17€	**18€**	21€	26€			

27	Estrich, schwimmend, CA C25 F4 S65 H45						KG 352
Heizestrich; Calciumsulfatestrich C25 F4 S65 H45; Dicke 65mm; schwimmend; auf Dämmschicht							
13€	16€	**17€**	20€	24€	[m²]	⏱ 0,22 h/m²	025.000.016
15€	19€	**20€**	23€	29€			

28	Estrich, schwimmend, CAF C25 F4 S50						KG 352
Estrich; Calciumsulfat-Fließestrich C25 F4 S50; Dicke 50mm; schwimmend; auf Dämmschicht							
11€	14€	**15€**	16€	22€	[m²]	⏱ 0,20 h/m²	025.000.030
13€	16€	**18€**	19€	26€			

29	Estrich, schwimmend, CAF C25 F4 S65 H45						KG 352
Heizestrich; Calciumsulfat-Fließestrich C25 F4 S65 H45; Dicke 65mm; schwimmend; auf Dämmschicht; inkl. Auf- und Abheizen							
13€	16€	**18€**	23€	31€	[m²]	⏱ 0,25 h/m²	025.000.029
15€	19€	**21€**	27€	37€			

30	Estrich, schwimmend, AS IC10 S25						KG 352
Estrich; Gussasphalt IC10 S25; Dicke 25mm; schwimmend; auf Dämmschicht							
16€	23€	**26€**	35€	53€	[m²]	⏱ 0,35 h/m²	025.000.015
18€	28€	**31€**	42€	63€			

31	Nutzestrich, schwimmend, CT C25 F4 S45						KG 352
Nutzestrich; Zementestrich C25-F4-A15; Dicke 45mm; schwimmend; auf Dämmschicht							
10€	13€	**14€**	18€	27€	[m²]	⏱ 0,20 h/m²	025.000.031
11€	16€	**16€**	22€	32€			

32	Verbundestrich, CT C25 F4 V45						KG 352
Verbundestrich; Zementestrich C25 F4 V45; Dicke 45mm							
9€	14€	**17€**	22€	37€	[m²]	⏱ 0,20 h/m²	025.000.022
11€	17€	**20€**	26€	45€			

© BKI Baukosteninformationszentrum — Kostenstand: 3.Quartal 2015, Bundesdurchschnitt

LB 025 Estricharbeiten

Kosten: Stand 3.Quartal 2015 Bundesdurchschnitt

- ▶ min
- ▷ von
- ø Mittel
- ◁ bis
- ◀ max

Nr.	Kurztext / Stichworte					[Einheit]	Ausf.-Dauer	Kostengruppe Positionsnummer
	▶ ▷ ø netto € ◁ ◀							
	▶ ▷ ø brutto € ◁ ◀							

33 Verbundestrich, MA C30 RWA20 V30 — KG 352
Verbundestrich; Magnesiaestrich C30-RWA20 V30; Dicke 30mm

–	15€	**18€**	22€	–	[m²]	0,25 h/m²	025.000.025
–	18€	**21€**	27€	–			

34 Estrich glätten, maschinell — KG 325
Estrichoberfläche, glätten; Abscheiben, Flügelglätten; maschinell

0,1€	1,2€	**1,7€**	1,9€	3,2€	[m²]	0,02 h/m²	025.000.021
0,2€	1,4€	**2,1€**	2,2€	3,8€			

35 Trockenestrich, GF-Platte einlagig, auf Trennlage — KG 352
Trockenestrich; Gipsfaserplatte, A1; Estrichnenndicke 18-23mm; einlagig, Dämmschicht/Trennlage/Ausgleichschicht

28€	35€	**37€**	41€	45€	[m²]	0,23 h/m²	025.000.026
33€	42€	**44€**	49€	54€			

36 Trockenestrich, Verbundplatte — KG 352
Trockenestrich; Verbundplatte aus Gipsfaserplatte mit Trittschalldämmung Holzweichfaser, E; Plattendicke 18/23mm, Dämmdicke 10mm; auf Dämmung/Trennlage/Trennschicht

31€	39€	**43€**	46€	51€	[m²]	0,25 h/m²	025.000.027
37€	47€	**51€**	55€	60€			

37 Bewegungsfuge, elastische Dichtmasse — KG 352
Bewegungsfug, Estrich; Dichtstoff, plastoelastisch, öl-,säurebeständig

0,6€	5,7€	**7,1€**	11€	20€	[m]	0,12 h/m	025.000.020
0,8€	6,7€	**8,5€**	13€	24€			

38 Bewegungsfuge, Metallprofil — KG 352
Bewegungsfugenprofil, Fliesenbelag; Aluminium, elastische Kunststoffeinlage

22€	51€	**56€**	85€	156€	[m]	0,20 h/m	025.000.038
26€	60€	**66€**	101€	185€			

39 Estrich spachteln, bis 5mm — KG 352
Estrich spachteln; Zementestrich; Dicke bis 5mm; inkl. Schleifen

3€	4€	**4€**	5€	7€	[m²]	0,08 h/m²	025.000.018
4€	5€	**5€**	6€	8€			

40 Beschichtung, Polyurethanharz, Estrich — KG 352
Estrichoberfläche, Beschichten; Mehrkomponenten-Polyurethanharz; inkl. Grundierung

14€	18€	**21€**	28€	34€	[m²]	0,14 h/m²	025.000.024
17€	22€	**25€**	33€	41€			

Nr.	Kurztext / Stichworte						Kostengruppe	
▶	▷	ø netto €	◁	◀	[Einheit]	Ausf.-Dauer	Positionsnummer	
▶	▷	ø brutto €	◁	◀				

41 Beschichtung, Epoxidharz, Estrich — KG 352
Estrichoberfläche, Beschichten; Mehrkomponenten-Epoxidharz; inkl. Grundierung

10€	17€	**20€**	24€	30€	[m²]	⏱ 0,12 h/m²	025.000.024
12€	21€	**24€**	28€	36€			

42 Markierung, Messstellen — KG 352
Estrich-Messstelle; für Restfeuchtigkeitsprüfung/Höhenkontrolle des Estrichs

2€	4€	**4€**	6€	9€	[St]	⏱ 0,10 h/St	025.000.059
2€	5€	**5€**	7€	11€			

43 Messung, Feuchte — KG 352
Restfeuchtemessung, Estrich; Calciumcarbid-Messgerät

11€	33€	**40€**	55€	81€	[St]	⏱ 0,50 h/St	025.000.060
13€	39€	**47€**	65€	96€			

44 Stundensatz Facharbeiter, Estricharbeiten
Stundenlohnarbeiten, Vorarbeiter, Facharbeiter; Estricharbeiten

28€	36€	**40€**	43€	51€	[h]	⏱ 1,00 h/h	025.000.061
33€	43€	**47€**	51€	61€			

45 Stundensatz Helfer, Estricharbeiten
Stundenlohnarbeiten, Werker, Helfer; Estricharbeiten

36€	39€	**40€**	43€	47€	[h]	⏱ 1,00 h/h	025.000.062
43€	46€	**48€**	51€	56€			

LB 027
Tischlerarbeiten

027

Kosten:
Stand 3.Quartal 2015
Bundesdurchschnitt

▶ min
▷ von
ø Mittel
◁ bis
◀ max

Nr.	Kurztext / Stichworte					[Einheit]	Ausf.-Dauer	Kostengruppe Positionsnummer
▶	▷	ø netto €	◁	◀				
▶	▷	ø brutto €	◁	◀				

1 Unterkonstruktion, Innenwandbekleidung — KG **345**
Unterkonstruktion Innenwandbekleidung; Nadelholz, S10; 50x30mm; Mauerwerk

| 19€ | 23€ | **28€** | 32€ | 45€ | [m²] | ⏱ 0,35 h/m² | 027.000.025 |
| 22€ | 27€ | **33€** | 39€ | 53€ | | | |

2 Holz-Türelement, T-RS, einflüglig, 750x2.000/2.125 — KG **344**
Rauchschutztürelement; Holztüre, Stahlumfassungszarge; 750x2.000/2.125mm; einflüglig; Klimaklasse II

| – | 373€ | **415€** | 465€ | – | [St] | ⏱ 2,80 h/St | 027.000.084 |
| – | 443€ | **494€** | 553€ | – | | | |

3 Holz-Türelement, T-RS, einflüglig, 875x2.000/2.125 — KG **344**
Rauchschutztürelement; Holztüre, Stahlumfassungszarge; 875x2.000/2.125mm; einflüglig; Klimaklasse II

| 275€ | 400€ | **445€** | 601€ | 813€ | [St] | ⏱ 2,80 h/St | 027.000.049 |
| 327€ | 476€ | **530€** | 715€ | 968€ | | | |

4 Holz-Türelement, T-RS, einflüglig, 1.000x2.000/2.125 — KG **344**
Rauchschutztürelement; Holztüre, Stahlumfassungszarge; 1.000x2.000/2.125mm; einflüglig; Klimaklasse II

| 451€ | 604€ | **694€** | 777€ | 1.369€ | [St] | ⏱ 2,80 h/St | 027.000.050 |
| 536€ | 718€ | **826€** | 925€ | 1.630€ | | | |

5 Holz-Türelement, T-RS, zweiflüglig — KG **344**
Rauchschutztürelement; Holztüre, Stahlumfassungszarge; zweiflüglig; Klimaklasse II

| 1.944€ | 3.591€ | **4.377€** | 4.885€ | 7.487€ | [St] | ⏱ 8,00 h/St | 027.000.002 |
| 2.313€ | 4.274€ | **5.209€** | 5.813€ | 8.910€ | | | |

6 Holz-Türelement, T30/EI30, einflüglig, 750x2.000/2.125 — KG **344**
Brandschutztürelement, T30; Holztüre, Stahlumfassungszarge; 750x2.000/2.125mm; einflüglig; Klimaklasse II

| 591€ | 871€ | **953€** | 1.070€ | 1.885€ | [St] | ⏱ 3,00 h/St | 027.000.051 |
| 703€ | 1.037€ | **1.134€** | 1.273€ | 2.243€ | | | |

7 Holz-Türelement, T30/EI 30, einflüglig, 1.000x2.000/2.125 — KG **344**
Brandschutztürelement, T30; Holztüre, Stahlumfassungszarge; 1.000x2.000/2.125mm; einflüglig; Klimaklasse II

| 845€ | 1.255€ | **1.346€** | 1.570€ | 2.564€ | [St] | ⏱ 3,00 h/St | 027.000.053 |
| 1.005€ | 1.493€ | **1.602€** | 1.869€ | 3.052€ | | | |

8 Innen-Türelement, einflüglig, 625x2.000/2.125 — KG **344**
Innentürelement; Röhrenspan; 625x2.000/2.125mm, Dicke 40mm; einflüglig; Klimaklasse I

| 171€ | 269€ | **298€** | 334€ | 391€ | [St] | ⏱ 1,50 h/St | 027.000.085 |
| 203€ | 320€ | **355€** | 397€ | 466€ | | | |

Nr.	Kurztext / Stichworte				[Einheit]	Ausf.-Dauer	Kostengruppe Positionsnummer
▶	▷	ø netto €	◁	◀			
▶	▷	ø brutto €	◁	◀			

9 Innen-Türelement, einflüglig, 750x2.000/2.125 — KG **344**
Innentürelement; Röhrenspan; 750x2.000/2.125mm; einflüglig; Klimaklasse I

198€	301€	**346€**	422€	589€	[St]	⏱ 1,50 h/St	027.000.054
235€	358€	**412€**	502€	701€			

10 Innen-Türelement, einflüglig, 1.000x2.000/2.125 — KG **344**
Innentürelement; Röhrenspan; 1.000x2.000/2.125mm; einflüglig; Klimaklasse I

255€	541€	**635€**	695€	884€	[St]	⏱ 1,50 h/St	027.000.056
304€	644€	**756€**	827€	1.052€			

11 Innen-Türelement, Röhrenspan, zweiflüglig — KG **344**
Innentürelement; Röhrenspan; Türblattdicke 40mm; zweiflüglig; Klimaklasse I

943€	1.321€	**1.467€**	1.763€	2.271€	[St]	⏱ 4,00 h/St	027.000.006
1.122€	1.572€	**1.746€**	2.098€	2.702€			

12 Ganzglas-Türblatt, innen — KG **344**
Ganzglastürblatt; ESG; Türblattdicke 8-10mm; Einbau in bauseitige Zarge

117€	441€	**504€**	693€	1.068€	[St]	⏱ 0,20 h/St	027.000.016
139€	525€	**599€**	825€	1.271€			

13 Schiebetürelement, innen — KG **344**
Schiebetürelement; Holztür-/Glastürblatt; Wanddicke 100-150mm, Ständertiefe 75-100mm; einflüglig

402€	718€	**821€**	1.083€	1.688€	[St]	⏱ 2,40 h/St	027.000.021
478€	854€	**977€**	1.289€	2.009€			

14 Schiebetürelement, innen, zweiflüglig — KG **344**
Schiebetürelement; Holztür-/Glastürblatt; Wanddicke 100-150mm; zweiflüglig

–	920€	**1.088€**	1.256€	–	[St]	⏱ 2,90 h/St	027.000.104
–	1.095€	**1.295€**	1.495€	–			

15 Seitenteil, Holz, verglast, Haustür — KG **344**
Seitenteil, Haustür; Holz, Isolierverglasung; bis 500x2.000mm; Klimaklasse III, mech. Beanspruchung M

505€	617€	**702€**	786€	863€	[St]	⏱ 1,40 h/St	027.000.111
601€	735€	**835€**	935€	1.027€			

16 Seitenteil, Kunststoff, verglast, Haustür — KG **344**
Seitenteil, Haustür; Kunststoffprofile, wärmegedämmt, Isolierverglasung; bis 500x2.000mm; Klimaklasse III, mech. Beanspruchung M

418€	508€	**565€**	616€	689€	[St]	⏱ 1,40 h/St	027.000.112
497€	605€	**672€**	732€	820€			

LB 027
Tischlerarbeiten

Nr.	Kurztext / Stichworte				[Einheit]	Ausf.-Dauer	Kostengruppe Positionsnummer
▶	▷	ø netto €	◁	◀			
▶	▷	ø brutto €	◁	◀			

17 Oberlichte, Blende, für Tür KG **344**
Oberlicht, Blende; Fichte; Innentür

| 67€ | 81€ | **94€** | 105€ | 115€ | [St] | ⏱ 0,85 h/St | 027.000.113 |
| 80€ | 97€ | **111€** | 125€ | 137€ | | | |

18 Anschlussdichtung, Tür KG **344**
Anschlussdichtung, Tür; komprimiertem Dichtband; Breite bis 10mm

| 3€ | 4€ | **5€** | 5€ | 6€ | [St] | ⏱ 0,10 h/St | 027.000.107 |
| 4€ | 5€ | **6€** | 6€ | 7€ | | | |

19 Anschlagschiene, Aluminium, Tür KG **344**
Anschlagschiene, Tür; Aluminium; bis 40x40x3mm; inkl. Abstandhalter, Klemmanker und Dichtungsprofil

| 15€ | 17€ | **20€** | 21€ | 24€ | [St] | ⏱ 0,30 h/St | 027.000.108 |
| 18€ | 21€ | **23€** | 25€ | 29€ | | | |

20 Anschlagschiene, Messing, Tür KG **344**
Anschlagschiene, Tür; Aluminium; bis 40x40x3mm; inkl. Abstandhalter, Klemmanker und Dichtungsprofil

| 69€ | 25€ | **27€** | 30€ | 34€ | [St] | ⏱ 0,30 h/St | 027.000.109 |
| 82€ | 29€ | **33€** | 36€ | 41€ | | | |

21 Obentürschließer Innentüre KG **344**
Obentürschließer, Innentür; Geschwindigkeit einstellbar, Gleitschiene

| 214€ | 267€ | **297€** | 333€ | 371€ | [St] | ⏱ 0,50 h/St | 027.000.114 |
| 254€ | 318€ | **353€** | 396€ | 442€ | | | |

22 Elektrische Bedienung, Tür KG **344**
Türantrieb elektrisch; für einflüglige Tür

| 1.500€ | 1.792€ | **2.084€** | 2.271€ | 2.605€ | [St] | ⏱ 5,30 h/St | 027.000.116 |
| 1.785€ | 2.132€ | **2.480€** | 2.703€ | 3.100€ | | | |

23 Fensterbank, innen, Holz; bis 875mm KG **344**
Fensterbank, innen; Holz; Länge bis 875mm

| 40€ | 59€ | **63€** | 75€ | 95€ | [St] | ⏱ 0,25 h/St | 027.000.072 |
| 48€ | 70€ | **75€** | 90€ | 113€ | | | |

24 Fensterbank, innen, Holz; über 1.500 bis 2.500 mm KG **344**
Fensterbank, innen; Holz; Länge über 1.500 bis 2.500mm

| 81€ | 123€ | **143€** | 162€ | 203€ | [St] | ⏱ 0,35 h/St | 027.000.074 |
| 97€ | 146€ | **171€** | 193€ | 242€ | | | |

Kosten:
Stand 3.Quartal 2015
Bundesdurchschnitt

▶ min
▷ von
ø Mittel
◁ bis
◀ max

Nr.	Kurztext / Stichworte					[Einheit]	Ausf.-Dauer	Kostengruppe Positionsnummer
▶	▷	ø netto €	◁	◀				
▶	▷	ø brutto €	◁	◀				

25 Holz-/Abdeckleisten, Fichte — KG 334
Deckleisten; Fichte, Klasse J2; 20x50mm, Länge 2,80m; unsichtbar befestigen; gehobelt, feingeschliffen, Kanten gefast

6€	14€	**17€**	22€	32€	[m]	⏱ 0,10 h/m	027.000.023
7€	17€	**20€**	26€	39€			

26 Bohrungen, Hohlraumdosen, Holz — KG 342
Bohrung; Hohlraumdosen; Durchmesser 68mm; Holzbauteile

2€	13€	**17€**	29€	54€	[St]	⏱ 0,10 h/St	027.000.024
2€	16€	**20€**	35€	64€			

27 Verfugung, elastisch — KG 334
Verfugung, elastisch; Silikon-/Acryldichtmasse; glatt gestrichen

3€	4€	**5€**	8€	11€	[m]	⏱ 0,05 h/m	027.000.017
3€	5€	**6€**	9€	13€			

28 Sockel-/Fußleisten, Holz — KG 352
Sockelleiste; Eiche/Buche; Viertelstab-/Rechteckprofil; Ecken mit Gehrungsschnitt, genagelt

4€	14€	**18€**	35€	62€	[m]	⏱ 0,10 h/m	027.000.018
5€	17€	**21€**	42€	74€			

29 Bodentreppe; gedämmt — KG 359
Bodentreppe Holz, gedämmt; einschiebbar

380€	497€	**550€**	743€	993€	[St]	⏱ 2,40 h/St	027.000.076
453€	591€	**654€**	884€	1.182€			

30 Bodentreppe; F30/EI30 — KG 359
Bodentreppe, F30/EI30; Holz; Decke

829€	1.060€	**1.296€**	1.681€	2.491€	[St]	⏱ 2,40 h/St	027.000.077
987€	1.261€	**1.542€**	2.000€	2.964€			

31 Innenwandbekleidung, Sperrholz — KG 345
Innenwandbekleidung; Sperrholzplatte, Sichtseite A-Qualität; Dicke 15mm; sichtbar verschrauben; auf Holzunterkonstruktion

10€	83€	**118€**	139€	230€	[m²]	⏱ 0,35 h/m²	027.000.026
12€	99€	**140€**	165€	274€			

32 Innenwandbekleidung, Sperrholzplatten, mit UK — KG 345
Innenwandbekleidung; Sperrholzplatten, Stahlblechstütze, verzinkt; sichtbar verschrauben; inkl. Holzunterkonstruktion

54€	125€	**165€**	221€	297€	[m²]	⏱ 0,55 h/m²	027.000.028
64€	149€	**196€**	263€	353€			

LB 027 Tischlerarbeiten

Kosten:
Stand 3.Quartal 2015
Bundesdurchschnitt

	Nr.	Kurztext / Stichworte				[Einheit]	Ausf.-Dauer	Kostengruppe Positionsnummer
▶	▷	ø netto €	◁	◀				
▶	▷	ø brutto €	◁	◀				

33 Innenwandbekleidung, Spanplatten, mit UK — KG 345
Innenwandbekleidung; Holzspanplatten V 100, E1, Stahlblechstütze, verzinkt; sichtbar verschrauben; inkl. Holzunterkonstruktion

| 88€ | 108€ | **124€** | 135€ | 155€ | [m²] | ⏱ 0,55 h/m² | 027.000.119 |
| 105€ | 128€ | **147€** | 161€ | 184€ | | | |

34 Schalung, Spanplatten — KG 346
Schalung; Spanplatten, P7; Dicke 22mm; NF-Profil

| 19€ | 40€ | **52€** | 67€ | 95€ | [m²] | ⏱ 0,30 h/m² | 027.000.027 |
| 22€ | 48€ | **61€** | 80€ | 113€ | | | |

35 Unterkonstruktion, Büroraumwände — KG 346
Unterkonstruktion Trennwand; Stahlblechstützen, verzinkt; Höhe bis 3,00m, Dicke 100mm; für einlagige/zweilagige Beplankung

| – | 49€ | **59€** | 72€ | – | [m²] | ⏱ 0,40 h/m² | 027.000.048 |
| – | 59€ | **70€** | 86€ | – | | | |

36 Büro-Trennwand, Tragprofile/Paneele — KG 346
Trennwand mit Glasfüllung, F30, G30; Dekorspanplatte/beschichtete Stahlblechpaneele; Breite 900/1200, Höhe bis 3,00m, Spanplatte-/Paneele 13mm

| 88€ | 113€ | **142€** | 192€ | 318€ | [m²] | ⏱ 1,40 h/m² | 027.000.029 |
| 104€ | 135€ | **169€** | 228€ | 378€ | | | |

37 Mobile Trennwandanlage, 20-25m² — KG 346
Trennwandelement, beweglich; Stahlkonstruktion; A=20-25m²; beidseitig beplankt

| – | 9.921€ | **13.755€** | 15.342€ | – | [St] | ⏱ 25,00 h/St | 027.000.078 |
| – | 11.806€ | **16.369€** | 18.257€ | – | | | |

38 WC-Trennwand, Metallrahmen/Vollkernverbundplatten — KG 346
Sanitärtrennwand; Metallrohr, Verbundplatten; Raumhöhe 2,15m, Dicke 30mm; wasserfest, fäulnissicher

| 75€ | 107€ | **107€** | 194€ | 299€ | [m²] | ⏱ 1,70 h/m² | 027.000.031 |
| 89€ | 127€ | **128€** | 231€ | 356€ | | | |

39 WC-Trennwand, Metallrahmen/Holzspanplatten — KG 346
Sanitärtrennwand; Metallrohr, Holzspanplatten, wasserfest, fäulnissicher; raumhoch/Ok = 2,15m/ ....., Dicke 30mm

| 94€ | 127€ | **143€** | 159€ | 197€ | [m²] | ⏱ 1,70 h/m² | 027.000.123 |
| 112€ | 151€ | **171€** | 189€ | 234€ | | | |

40 WC-Schamwand Urinale — KG 346
WC-Schamwand; Ausführung und Oberflächen hergestellt im System der WC-Trennwandanlagen

| 70€ | 119€ | **137€** | 191€ | 259€ | [St] | ⏱ 1,40 h/St | 027.000.081 |
| 83€ | 141€ | **163€** | 227€ | 308€ | | | |

▶ min
▷ von
ø Mittel
◁ bis
◀ max

Nr.	Kurztext / Stichworte					[Einheit]	Ausf.-Dauer	Kostengruppe Positionsnummer
▶	▷	ø netto €	◁	◀				
▶	▷	ø brutto €	◁	◀				

41 Prallwand-Unterkonstruktion, Holzziegel — KG 345
Unterkonstruktion, Prallwand; Massivholzriegel, GKL I/II; 40x60mm; an Metallwinkelaufständerung montieren

22€	31€	**35€**	39€	50€	[m²]	⏱ 0,20 h/m²	027.000.032
26€	37€	**41€**	46€	60€			

42 Prallwandbekleidung, ballwurfsicher — KG 345
Prallwandbekleidung, ballwurfsicher; Funierschichtholzplatte,; Dicke 20/26/...mm; sichtbar verschrauben; inkl. Gerüststellung

33€	56€	**73€**	87€	112€	[m²]	⏱ 0,40 h/m²	027.000.033
39€	67€	**87€**	103€	133€			

43 Prallwandkonstruktion, komplett — KG 345
Prallwandkonstruktion; Sperrholzplatte; Dicke 20/26/.....mm; kraftabbauende, ballwurfsichere Wandbekleidung

–	164€	**202€**	223€	–	[m²]	⏱ 0,60 h/m²	027.000.034
–	195€	**240€**	266€	–			

44 Akustikvlies-Abdeckung, schwarz — KG 345
Akustikvlies-Abdeckung; Glasfaser, A2; Gewicht 75-80g/m², Luftdurchlässigkeit 2.300l/m²s

2€	5€	**6€**	7€	10€	[m²]	⏱ 0,10 h/m²	027.000.035
3€	5€	**7€**	8€	12€			

45 Geräteraum-Schwingtor, Metall/Holz — KG 344
Schwingtor; Stahlrechteckrohr, Fichte; Breite 4,50m, Höhe 2,85m, Dicke 56mm; Holzrahmenkonstruktion

1.545€	2.503€	**2.840€**	3.295€	4.577€	[St]	⏱ 4,50 h/St	027.000.036
1.838€	2.978€	**3.380€**	3.921€	5.446€			

46 Sporthallentüren, zweiflüglig, Zarge — KG 344
Sporthallentürelement; MDF-Platte, Sperrholzplatte; Breite 2,50m, Höhe 2,35m; zweiflüglig

3.651€	4.464€	**4.601€**	6.034€	8.058€	[St]	⏱ 8,00 h/St	027.000.039
4.345€	5.312€	**5.475€**	7.180€	9.589€			

47 Garderobenleiste — KG 371
Garderobenleiste; Holz/Stahl, Einzel-/Doppelhaken; Durchmesser 42mm; unsichtbar verschrauben

20€	62€	**84€**	113€	161€	[m]	⏱ 0,40 h/m	027.000.038
24€	74€	**100€**	134€	191€			

48 Garderobenschrank — KG 371
Garderobenschrank-Wertschrank; Korpus-/Türen aus HPL-Vollkernplatten, Türbänder aus Edelstahl; Tiefe 525mm, Breite 300mm; Sicherheits-Zylinder-Hebel-Schloss/Münzpfandschloss als Hauptschließanlage; Schraubfüßen höhe 100-150mm

218€	305€	**358€**	427€	525€	[St]	⏱ 0,55 h/St	027.000.082
260€	363€	**426€**	508€	624€			

LB 027 Tischlerarbeiten

Kosten: Stand 3.Quartal 2015, Bundesdurchschnitt

Legende:
- ▶ min
- ▷ von
- ø Mittel
- ◁ bis
- ◀ max

Nr.	Kurztext / Stichworte	▶	▷	ø netto €	◁	◀	[Einheit]	Ausf.-Dauer	Kostengruppe Positionsnummer
		▶	▷	ø brutto €	◁	◀			
49	**Gardinen-/Vorhangschiene** Vorhangschiene; Kunststoff-U-Profile, Tischlerplatte mit Deckfurnier; 1/2/3 Gardinenläufe	25€ 30€	32€ 38€	**39€** **46€**	47€ 56€	54€ 64€	[m]	0,20 h/m	KG **371** 027.000.040
50	**Einbauküche, melaminharzbeschichtet** Einbaumöblierung, Küche; Spanplatte, beschichtet; Höhe 860mm, Tiefe 630mm, Arbeitsplatte 3.000x630mm; Unterschränke, Oberschränke	795€ 947€	2.280€ 2.713€	**2.905€** **3.457€**	3.497€ 4.162€	4.714€ 5.609€	[St]	5,00 h/St	KG **371** 027.000.042
51	**Teeküche, melaminharzbeschichtet** Einbaumöblierung, Teeküche; Spanplatte, beschichtet; Höhe 860mm, Tiefe 630mm, Arbeitsplatte 2.400x630mm; Unterschränke, Oberschränke	702€ 835€	2.458€ 2.926€	**3.121€** **3.714€**	4.276€ 5.089€	6.724€ 8.001€	[St]	6,00 h/St	KG **371** 027.000.041
52	**Unterschrank, Küche, bis 600mm** Einbaumöblierung, Unterschrank; Spanplatte, beschichtet; 600x600mm, Höhe 860mm; Kochfeld	145€ 173€	297€ 354€	**365€** **434€**	447€ 532€	620€ 737€	[St]	0,60 h/St	KG **371** 027.000.043
53	**Oberschrank, Küche, bis 600mm** Einbaumöblierung, Oberschrank; Spanplatte, beschichtet; 600x450mm, Höhe 700mm	116€ 139€	178€ 212€	**190€** **226€**	225€ 267€	293€ 348€	[St]	1,00 h/St	KG **371** 027.000.044
54	**Treppenstufe, Holz** Treppenstufe/Tritt- und Setzstufe; Eiche massiv, gehobelt, geschliffen; 42mm; schallentkoppelt	48€ 57€	105€ 125€	**131€** **156€**	200€ 238€	350€ 417€	[St]	0,14 h/St	KG **352** 027.000.045
55	**Handlauf-Profil, Holz** Handlauf; Holz, geschliffen, poliert, natur/transparent lackiert; DN30/40mm	16€ 20€	40€ 48€	**47€** **56€**	63€ 75€	97€ 116€	[m]	0,25 h/m	KG **359** 027.000.046
56	**Geländer, gerade, Rundstabholz** Geländer; Hartholz, Rundstab, geschliffen, poliert, lackiert; Durchmesser 42,4mm, Höhe 1,00m; verschrauben	161€ 192€	249€ 296€	**273€** **325€**	323€ 384€	449€ 534€	[m]	0,70 h/m	KG **359** 027.000.047

Nr.	Kurztext / Stichworte						Kostengruppe
▶	▷	ø netto €	◁	◀	[Einheit]	Ausf.-Dauer	Positionsnummer
▶	▷	ø brutto €	◁	◀			

57 Stundensatz Tischler-Facharbeiter
Stundenlohnarbeiter Vorarbeiter, Facharbeiter; Tischlerarbeiten

34€	41€	**45**€	47€	55€	[h]	⏱ 1,00 h/h	027.000.079
41€	49€	**53**€	56€	66€			

58 Stundensatz Tischler-Helfer
Stundenlohnarbeiten Werker, Helfer; Tischlerarbeiten

17€	28€	**33**€	36€	43€	[h]	⏱ 1,00 h/h	027.000.080
20€	33€	**39**€	43€	51€			

LB 028 Parkett-, Holzpflasterarbeiten

Kosten:
Stand 3.Quartal 2015
Bundesdurchschnitt

- ▶ min
- ▷ von
- ø Mittel
- ◁ bis
- ◀ max

Nr.	Kurztext / Stichworte					[Einheit]	Ausf.-Dauer	Kostengruppe Positionsnummer
▶	▷	ø netto €	◁	◀				
▶	▷	ø brutto €	◁	◀				

1 Untergrund reinigen — KG 352
Untergrund, reinigen; Staub, Verschmutzungen, lose Teile; abkehren, entsorgen; inkl. Deponiegebühr

▶	▷	ø	◁	◀	Einheit	Dauer	Pos.-Nr.
0,1 €	0,6 €	**0,7 €**	1,5 €	3,5 €	[m²]	0,02 h/m²	028.000.001
0,1 €	0,7 €	**0,8 €**	1,8 €	4,2 €			

2 Fugen im Estrich verharzen — KG 352
Estrichfuge verschließen; 2-Komponenten-Polyurethan-Masse, Stahleinlage; Stahleinlage einlegen, ausfüllen, mit Sand abstreuen; Zementestrich

7 €	10 €	**12 €**	15 €	21 €	[m]	0,20 h/m	028.000.002
8 €	12 €	**14 €**	18 €	25 €			

3 Untergrund vorstreichen, Haftgrund — KG 352
Untergrund vorstreichen; Voranstrich/Haftgrund; vollflächig; inkl. Reinigung

0,4 €	1,4 €	**1,8 €**	2,3 €	3,5 €	[m²]	0,03 h/m²	028.000.004
0,5 €	1,7 €	**2,2 €**	2,7 €	4,2 €			

4 Untergrund spachteln, als Höhenausgleich — KG 352
Untergrund spachteln; Spachtelmasse; vollflächig Überspachteln; inkl. Estrich säubern

2 €	5 €	**6 €**	10 €	18 €	[m²]	0,07 h/m²	028.000.003
2 €	6 €	**7 €**	12 €	21 €			

5 Untergrundvorbereitung komplett — KG 352
Untergrundvorbereitung; besenrein abkehren, Haftgrund aufbringen, vollflächig spachteln; inkl. erf. Material und Deponiegebühr

2 €	3 €	**3 €**	4 €	7 €	[m²]	0,04 h/m²	028.000.005
2 €	3 €	**4 €**	5 €	8 €			

6 Trennlage, Baumwollfilz — KG 352
Trittschallunterlage; Baumwollfilz; 5mm; einlagig verlegen; zwischen Bodenbelag und Zement-/Calciumsulfatestrich

0,8 €	1,7 €	**2,0 €**	2,5 €	3,5 €	[m²]	0,03 h/m²	028.000.006
1,0 €	2,0 €	**2,4 €**	2,9 €	4,2 €			

7 Trennlage, PE-Folie — KG 352
Trittschallunterlage; PE-Folie 0,2mm; einlagig verlegen; zwischen Bodenbelag und Zement-/Calciumsulfatestrich

–	1 €	**2 €**	2 €	–	[m²]	0,03 h/m²	028.000.048
–	1 €	**2 €**	3 €	–			

© BKI Baukosteninformationszentrum

Nr.	Kurztext / Stichworte				[Einheit]	Ausf.-Dauer	Kostengruppe Positionsnummer
▶	▷	ø netto €	◁	◀			
▶	▷	ø brutto €	◁	◀			

8	Trennlage, Wellpappe						KG 352

Trittschallunterlage; Wellpappe, 5mm; einlagig verlegen; zwischen Bodenbelag und Zement-/Calciumsulfatestrich

–	2€	**4€**	5€	–	[m²]	⏱ 0,04 h/m²	028.000.049
–	3€	**4€**	6€	–			

9	Unter-/Trennlage Boden, Korkschrotpappe						KG 352

Trenn-/Unterlage; Korkschrotpappe, 3mm; einlagig verlegen; zwischen Bodenbelag und Zement-/Calciumsulfatestrich

–	4€	**7€**	8€	–	[m²]	⏱ 0,05 h/m²	028.000.050
–	5€	**8€**	9€	–			

10	Schüttung, Perlite						KG 352

Schüttung; Perlite; gerade abziehen

–	3€	**5€**	6€	–	[m²]	⏱ 0,06 h/m²	028.000.051
–	4€	**5€**	7€	–			

11	Trittschalldämmung, Mineralwolle, 10-2 mm						KG 352

Trittschalldämmung; Mineralwolle, A2; Dicke: 10-2mm; einlagig; unter Belag/Unterboden

–	4€	**6€**	7€	–	[m²]	⏱ 0,05 h/m²	028.000.052
–	5€	**7€**	9€	–			

12	Unterboden, Holzspanplatte, 21mm						KG 352

Unterboden; Holzspanplatte, P4; Dicke 21mm; mit versetzten Stößen einbauen, NF-Profil; befestigen mit Schrauben

5€	12€	**16€**	21€	30€	[m²]	⏱ 0,24 h/m²	028.000.026
6€	14€	**19€**	25€	36€			

13	Unterboden, Holzspanplatte, 32mm						KG 352

Unterboden; Holzspanplatte, P4; Dicke 32mm; mit versetzten Stößen einbauen, NF-Profil, befestigen mit Schrauben

–	17€	**21€**	28€	–	[m²]	⏱ 0,26 h/m²	028.000.053
–	20€	**25€**	33€	–			

14	Blindboden, Nadelholz						KG 352

Blindboden; Nadelholz, S10, einseitig gehobelt; Dicke 24mm, Breite 150mm; gespundener Schalung; inkl. chemischem Holzschutz, Prüfprädikat Iv, P, W

32€	39€	**42€**	47€	55€	[m²]	⏱ 0,45 h/m²	028.000.025
38€	46€	**50€**	55€	65€			

LB 028 Parkett-, Holzpflasterarbeiten

Nr.	Kurztext / Stichworte	ø netto €			[Einheit]	Ausf.-Dauer	Kostengruppe Positionsnummer
▶	▷	ø netto €	◁	◀			
▶	▷	ø brutto €	◁	◀			

15 Dielenbodenbelag, Eiche KG **352**
Dielenboden, Vollholz; Eiche; Dicke 25mm, lxb=1250x250mm; Parallelverband, verklebt/versenkt geschraubt; auf Calciumsulfatestrich

| 76 € | 105 € | **116 €** | 133 € | 179 € | [m²] | ⏱ 0,95 h/m² | 028.000.007 |
| 90 € | 125 € | **138 €** | 158 € | 214 € | | | |

16 Stabparkett, Buche, bis 22mm, roh KG **352**
Vollholz, Stabparkett; Buche; Dicke 14-22mm, bxl=40x250mm; Schiffsbodenverband/Fischgrät, verkleben; auf Calciumsulfatestrich

| 72 € | 77 € | **80 €** | 83 € | 87 € | [m²] | ⏱ 0,60 h/m² | 028.000.009 |
| 86 € | 92 € | **96 €** | 98 € | 103 € | | | |

17 Stabparkett, Eiche, bis 22mm, roh KG **352**
Stabparkett, Vollholz; Eiche; Dicke 14-22mm, bxl=40x250mm; Schiffsbodenverband/Fischgrät, verkleben; auf Calciumsulfatestrich

| – | 68 € | **76 €** | 79 € | – | [m²] | ⏱ 0,60 h/m² | 028.000.054 |
| – | 81 € | **90 €** | 94 € | – | | | |

18 Stabparkett, Esche, bis 22mm, roh KG **352**
Stabparkett, Vollholz; Esche; Dicke 14-22mm, bxl=40x250mm; Schiffsbodenverband/Fischgrät, verkleben; auf Calciumsulfatestrich

| – | 75 € | **82 €** | 87 € | – | [m²] | ⏱ 0,60 h/m² | 028.000.055 |
| – | 89 € | **97 €** | 104 € | – | | | |

19 Stabparkett, Ahorn, bis 22mm, roh KG **352**
Stabparkett, Vollholz; Ahorn; Dicke 14-22mm, bxl=40x250mm; Schiffsbodenverband/Fischgrät, verkleben; auf Calciumsulfatestrich

| – | 77 € | **83 €** | 90 € | – | [m²] | ⏱ 0,60 h/m² | 028.000.056 |
| – | 92 € | **99 €** | 107 € | – | | | |

20 Lamellenparkett, Eiche, bis 25mm, roh KG **352**
Vollholz, Lamellenparkett; Eiche; Dicke 15-25mm, bxl=18x120-160mm; Parallelverband, verkleben; auf Calciumsulfatestrich

| 28 € | 35 € | **39 €** | 42 € | 54 € | [m²] | ⏱ 0,45 h/m² | 028.000.008 |
| 33 € | 42 € | **46 €** | 50 € | 65 € | | | |

21 Lamellenparkett, Esche, bis 25mm, roh KG **352**
Lamellenparkett, Vollholz,; Esche; Dicke 15-25mm, bxl=18x120-160mm; Parallelverband, verkleben; auf Calciumsulfatestrich

| – | 39 € | **44 €** | 48 € | – | [m²] | ⏱ 0,45 h/m² | 028.000.057 |
| – | 47 € | **53 €** | 57 € | – | | | |

Kosten:
Stand 3.Quartal 2015
Bundesdurchschnitt

▶ min
▷ von
ø Mittel
◁ bis
◀ max

© **BKI** Baukosteninformationszentrum

Nr.	Kurztext / Stichworte					[Einheit]	Ausf.-Dauer	Kostengruppe Positionsnummer
▶	▷	ø netto €	◁	◀				
▶	▷	ø brutto €	◁	◀				

22 Vollholzparkett schleifen — KG 352
Oberflächenbearbeitung, schleifen; Vollholz-Parkett; Schleifkörnung bis 180; inkl. Entstauben mit Besen und Sauger

▶	▷	ø netto €	◁	◀	[Einheit]	Ausf.-Dauer	Positionsnummer
5€	8€	**8€**	11€	14€	[m²]	0,15 h/m²	028.000.010
6€	9€	**10€**	13€	17€			

23 Vollholzparkett beschichten, versiegeln — KG 352
Oberflächenbearbeitung, versiegeln; Öl-Kunstharzsiegel/Wasserlack/PU-Wassersiegel; imprägnieren, antirutschend wachsen, inkl. Zwischenschliff; Stabparkett/Lamellenparkett

7€	11€	**13€**	17€	28€	[m²]	0,20 h/m²	028.000.011
8€	14€	**15€**	21€	33€			

24 Vollholzparkett schleifen und versiegeln — KG 352
Oberflächenbearbeitung; Spezialwachs/Öl-Kunstharz-Siegel/ Wasserlack/PU-Wassersiegel; schleifen, entstauben, rutschhemmend versiegeln

4€	13€	**18€**	20€	29€	[m²]	0,30 h/m²	028.000.012
4€	16€	**21€**	23€	35€			

25 Stabparkett, Buche, bis 22mm, versiegelt — KG 352
Vollholz, Stabparkett; Buche; Dicke 14-22mm, lxb=250x40mm; NF-Profil; auf Calciumsulfatestrich

57€	77€	**81€**	91€	107€	[m²]	0,70 h/m²	028.000.035
68€	92€	**97€**	109€	128€			

26 Stabparkett, Eiche, bis 22mm, versiegelt — KG 352
Vollholz, Stabparkett; Eiche; Dicke 14-22mm, lxb=250x40mm; NF-Profil; auf Calciumsulfatestrich

56€	70€	**78€**	94€	120€	[m²]	0,70 h/m²	028.000.034
67€	83€	**93€**	112€	142€			

27 Fertigparkett, Ahorn, bis 15mm, beschichtet — KG 352
Fertigparkett; Ahorn; Nutzschicht mind. 4mm, bxl=240x2000mm; Schiffsbodenverband/Fischgrät, NF-Profil; auf Calciumsulfatestrich

48€	60€	**65€**	74€	93€	[m²]	0,40 h/m²	028.000.013
57€	71€	**78€**	88€	111€			

28 Fertigparkett, Eiche, bis 15mm, beschichtet — KG 352
Fertigparkett; Eiche; bxl=240x2000mm; Schiffsbodenverband/Fischgrät, NF-Profil; auf Calciumsulfatestrich

–	56€	**61€**	70€	–	[m²]	0,40 h/m²	028.000.058
–	67€	**73€**	84€	–			

29 Fertigparkett, Esche, bis 15mm, beschichtet — KG 352
Fertigparkett; Esche; bxl=240x2000mm; Schiffsbodenverband/Fischgrät, NF-Profil; auf Calciumsulfatestrich

–	58€	**64€**	75€	–	[m²]	0,40 h/m²	028.000.059
–	69€	**77€**	89€	–			

© BKI Baukosteninformationszentrum — Kostenstand: 3.Quartal 2015, Bundesdurchschnitt

LB 028 Parkett-, Holzpflasterarbeiten

Kosten:
Stand 3.Quartal 2015
Bundesdurchschnitt

▶ min
▷ von
ø Mittel
◁ bis
◀ max

Nr.	Kurztext / Stichworte					[Einheit]	Ausf.-Dauer	Kostengruppe Positionsnummer
▶	▷	ø netto €	◁	◀				
▶	▷	ø brutto €	◁	◀				

30	**Fertigparkett, Buche, bis 15mm, beschichtet**							KG **352**
	Fertigparkett; Buche; bxl=240x2000mm; Schiffsbodenverband/Fischgrät, NF-Profil; auf Calciumsulfatestrich							
–	57 €	**64 €**	75 €	–		[m²]	⏱ 0,40 h/m²	028.000.060
–	67 €	**76 €**	89 €	–				

31	**Lamellenparkett, Vollholz, 22mm, versiegelt**							KG **352**
	Vollholz, Lamellenparkett; Eiche/.....; Dicke 22mm, Breite 18mm; inkl. schleifen, versiegeln; auf Calciumsulfatestrich							
37 €	50 €	**58 €**	66 €	80 €		[m²]	⏱ 0,65 h/m²	028.000.031
44 €	60 €	**69 €**	78 €	95 €				

32	**Lamellenparkett, Vollholz, bis 12mm, versiegelt**							KG **352**
	Vollholz, Lamellenparkett; Eiche/.....; Dicke 10-12mm, Breite 18mm; inkl. schleifen, versiegeln; auf Calciumsulfatestrich							
40 €	45 €	**48 €**	52 €	58 €		[m²]	⏱ 0,60 h/m²	028.000.032
47 €	53 €	**57 €**	62 €	69 €				

33	**Lamparkett, Eiche, 10mm, versiegelt**							KG **352**
	Vollholz, Lamparkett; Eiche; Dicke 10mm; NF-Profil; Calciumsulfatestrich							
37 €	56 €	**77 €**	90 €	113 €		[m²]	⏱ 0,65 h/m²	028.000.036
44 €	66 €	**92 €**	107 €	135 €				

34	**Lamparkett, Ahorn, 10mm, versiegelt**							KG **352**
	Lamparkett; Ahorn; Dicke 10mm; NF-Profil; auf Calciumsulfatestrich							
–	58 €	**80 €**	94 €	–		[m³]	⏱ 0,65 h/m³	028.000.061
–	69 €	**95 €**	111 €	–				

35	**Lamparkett, Esche, 10mm, versiegelt**							KG **352**
	Lamparkett; Esche; Dicke 10mm; NF-Profil; Calciumsulfatestrich							
–	56 €	**81 €**	91 €	–		[m²]	⏱ 0,65 h/m²	028.000.062
–	67 €	**96 €**	108 €	–				

36	**Mosaikparkett, Eiche, 8mm, beschichtet**							KG **352**
	Mosaikparkett; Eiche; Dicke 8mm, lxb=115-165mm; NF-Profil; Calciumsulfatestrich							
28 €	43 €	**51 €**	58 €	74 €		[m²]	⏱ 0,50 h/m²	028.000.037
34 €	51 €	**61 €**	69 €	88 €				

37	**Mosaikparkett, Esche, 8mm, beschichtet**							KG **352**
	Mosaikparkett; Esche; Dicke 8mm, lxb=115-165mm; NF-Profil; auf Calciumsulfatestrich							
–	48 €	**55 €**	62 €	–		[m²]	⏱ 0,50 h/m²	028.000.063
–	57 €	**66 €**	74 €	–				

Nr.	Kurztext / Stichworte	ø netto €			[Einheit]	Ausf.-Dauer	Kostengruppe Positionsnummer
▶	▷	ø netto €	◁	◀			
▶	▷	ø brutto €	◁	◀			

38 Mosaikparkett, Buche, 8mm, beschichtet — KG 352
Mosaikparkett; Buche; Dicke 8mm, lxb=115-165mm; NF-Profil; auf Calciumsulfatestrich

| – | 47 € | **53 €** | 61 € | – | [m²] | ⏱ 0,50 h/m² | 028.000.064 |
| – | 56 € | **63 €** | 73 € | – | | | |

39 Mehrschichtparkett, beschichtet — KG 352
Mehrschichtparkettelement; NF-Profil, fertig beschichtet; Calciumsulfatestrich

| 45 € | 59 € | **63 €** | 72 € | 92 € | [m²] | ⏱ 0,55 h/m² | 028.000.038 |
| 54 € | 70 € | **75 €** | 86 € | 110 € | | | |

40 Holzpflaster, versiegelt — KG 352
Holzpflasterbelag; Kiefer/Fichte/Eiche/Lärche/.....; parallel zu den Längswänden/.....; auf Zementestrich; Fußbodenheizung ja/nein

| 57 € | 62 € | **63 €** | 63 € | 70 € | [m²] | ⏱ 0,85 h/m² | 028.000.044 |
| 68 € | 74 € | **75 €** | 76 € | 84 € | | | |

41 Stufenbelag, Parkett, Buche — KG 352
Fertigparkett; Buche; Dicke 11-15mm; NF-Profil, auf Stufe geklebt; auf Calciumsulfatestrich

| – | 28 € | **35 €** | 42 € | – | [m²] | ⏱ 0,50 h/m² | 028.000.065 |
| – | 33 € | **42 €** | 50 € | – | | | |

42 Stufenbelag, Parkett, Eiche — KG 352
Fertigparkett; Eiche; Dicke 11-15mm; NF-Profil, auf Stufe geklebt; auf Calciumsulfatestrich

| – | 25 € | **33 €** | 40 € | – | [m²] | ⏱ 0,50 h/m² | 028.000.066 |
| – | 30 € | **40 €** | 48 € | – | | | |

43 Randstreifen abschneiden — KG 352
Randstreifen abschneiden; Rippenpappe/Mineralwolle/Polystyrol; aufnehmen, laden, entsorgen; inkl. Deponiegebühr

| 0,1 € | 0,3 € | **0,3 €** | 0,5 € | 0,7 € | [m] | ⏱ 0,01 h/m | 028.000.023 |
| 0,1 € | 0,3 € | **0,4 €** | 0,6 € | 0,9 € | | | |

44 Sockelleiste, Buche — KG 352
Sockelleiste; Hartholz/Buche, lackiert, Viertelstab-Profil; 16x16mm; Ecken mit Gehrungsschnitt, befestigen mit Nägel

| 4 € | 7 € | **8 €** | 11 € | 16 € | [m] | ⏱ 0,08 h/m | 028.000.014 |
| 5 € | 8 € | **10 €** | 13 € | 19 € | | | |

45 Sockelleiste, Eiche — KG 352
Sockelleiste; Eiche, Rechteckprofil, lackiert; Ecken mit Gehrungsschnitt, befestigen mit Senkkopf-Schrauben

| 4 € | 8 € | **10 €** | 13 € | 24 € | [m] | ⏱ 0,08 h/m | 028.000.015 |
| 4 € | 10 € | **12 €** | 15 € | 29 € | | | |

LB 028 Parkett-, Holzpflasterarbeiten

Nr.	Kurztext / Stichworte					[Einheit]	Ausf.-Dauer	Kostengruppe Positionsnummer
▶	▷	ø netto €	◁	◀				
▶	▷	ø brutto €	◁	◀				

46 Sockelleiste, Esche/Ahorn — KG 352
Sockelleiste; Ahorn, Esche, Schmetterlingsprofil, lackiert; 25x25mm; Ecken mit Gehrungsschnitt, befestigen mit Senkkopf-Schrauben

| 4€ | 7€ | **9€** | 11€ | 14€ | [m] | ⏱ 0,08 h/m | 028.000.016 |
| 5€ | 9€ | **11€** | 13€ | 16€ | | | |

47 Sockelleiste, Eckausbildung — KG 352
Sockelleiste; ablängen, Stoß mit Gehrungsschnitt

| <0,1€ | 0,6€ | **0,9€** | 1,4€ | 2,6€ | [St] | ⏱ 0,02 h/St | 028.000.045 |
| <0,1€ | 0,7€ | **1,0€** | 1,6€ | 3,1€ | | | |

48 Randabschluss, Korkstreifen, Dehnfuge — KG 352
Korkstreifen; Breite 10mm; Höhe oberflächengleich; Abschluss/Übergang Materialwechsel/Wandanschluss

| 1€ | 5€ | **6€** | 10€ | 19€ | [m] | ⏱ 0,10 h/m | 028.000.020 |
| 2€ | 6€ | **7€** | 12€ | 23€ | | | |

49 Parkettbelag anarbeiten, gerade — KG 352
Anschluss; Stabparkett/Fertigparkett; Randfries/raumhohe Fenster

| 0,3€ | 7,3€ | **11€** | 26€ | 49€ | [m] | ⏱ 0,25 h/m | 028.000.017 |
| 0,3€ | 8,7€ | **13€** | 30€ | 58€ | | | |

50 Parkett anarbeiten, schräg — KG 352
Parkett anarbeiten

| 4€ | 8€ | **9€** | 11€ | 14€ | [m] | ⏱ 0,25 h/m | 028.000.046 |
| 5€ | 10€ | **11€** | 13€ | 17€ | | | |

51 Aussparung, Parkett — KG 352
Öffnung/Aussparung; Parkett; rechteckig

| 2€ | 11€ | **15€** | 19€ | 30€ | [St] | ⏱ 0,30 h/St | 028.000.027 |
| 2€ | 14€ | **17€** | 23€ | 35€ | | | |

52 Trennschiene, Metall — KG 352
Trennschiene; Aluminium/Kupfer/Messing/Edelstahl; Belagdicke 12/18/24mm; mit/ohne Anker; Abschluss/Übergang

| 8€ | 14€ | **17€** | 21€ | 30€ | [m] | ⏱ 0,12 h/m | 028.000.021 |
| 9€ | 17€ | **20€** | 25€ | 36€ | | | |

53 Übergangsprofil/Abdeckschiene; Edelstahl — KG 352
Übergangsprofil; Edelstahl; Belagwechsel

| 4€ | 9€ | **12€** | 17€ | 23€ | [m] | ⏱ 0,12 h/m | 028.000.039 |
| 5€ | 11€ | **14€** | 20€ | 28€ | | | |

Kosten:
Stand 3.Quartal 2015
Bundesdurchschnitt

▶ min
▷ von
ø Mittel
◁ bis
◀ max

Nr.	Kurztext / Stichworte						Kostengruppe	
▶	▷	ø netto €	◁	◀	[Einheit]	Ausf.-Dauer	Positionsnummer	
▶	▷	ø brutto €	◁	◀				

54 Übergangsprofil/Abdeckschiene; Aluminium — KG 352
Übergangsprofil; Aluminium; Belagwechsel

9€	13€	**15€**	16€	20€	[m]	⏱ 0,12 h/m	028.000.040
11€	16€	**18€**	19€	24€			

55 Übergangsprofil/Abdeckschiene; Messing — KG 352
Übergangsprofil; Messing; Belagwechsel

7€	14€	**16€**	17€	32€	[m]	⏱ 0,12 h/m	028.000.041
8€	17€	**19€**	20€	38€			

56 Verfugung, elastisch, Silikon — KG 352
Fuge, elastisch; Silikondichtstoff; glatt gestrichen; inkl. Anschlussarbeiten, Hinterstopfmaterial

1€	4€	**5€**	6€	9€	[m]	⏱ 0,05 h/m	028.000.022
1€	5€	**7€**	8€	10€			

57 Erstpflege, Parkettbelag — KG 352
Erstpflege, Parkett; Pflegemittel Oberflächeneigenschaft R9/R11

0,1€	2,0€	**2,4€**	3,3€	5,5€	[m²]	⏱ 0,03 h/m²	028.000.024
0,2€	2,4€	**2,8€**	3,9€	6,6€			

58 Schutzabdeckung, Platten/Folie — KG 352
Schutzabdeckung; Hartfaserplatten/Folie; vollflächig abdecken; Bodenfläche; inkl. entfernen und entsorgen

1€	3€	**3€**	4€	5€	[m²]	⏱ 0,05 h/m²	028.000.030
2€	3€	**4€**	4€	5€			

59 Stundensatz Parkettleger-Facharbeiter — KG 352
Stundenlohnarbeiten, Vorarbeiter, Facharbeiter; Parkettleger

36€	42€	**45€**	49€	59€	[h]	⏱ 1,00 h/h	028.000.042
42€	50€	**53€**	58€	70€			

60 Stundensatz Parkettleger-Helfer — KG 352
Stundenlohnarbeiten, Werker, Helfer; Parkettleger

26€	32€	**35€**	39€	46€	[h]	⏱ 1,00 h/h	028.000.043
31€	38€	**41€**	46€	55€			

LB 029
Beschlagarbeiten

Kosten:
Stand 3.Quartal 2015
Bundesdurchschnitt

▶ min
▷ von
ø Mittel
◁ bis
◀ max

Nr.	Kurztext / Stichworte					[Einheit]	Ausf.-Dauer	Kostengruppe Positionsnummer
▶	▷	ø netto €	◁	◀				
▶	▷	ø brutto €	◁	◀				

1	**Fenstergriff, Aluminium**							KG **334**
	Fensterolive; Aluminium; Vier-Punkt-Kugelrastung, unsichtbar befestigt; Verschraubung M5							
12€	28€	**33**€	48€	78€		[St]	0,28 h/St	029.000.013
14€	33€	**39**€	57€	93€				

2	**Drückergarnitur, Metall**							KG **344**
	Drückergarnitur; Edelstahl/Aluminium; Normalgarnitur/Wechselgarnitur; für Feuer- und Rauchschutztür							
29€	126€	**159**€	206€	303€		[St]	0,30 h/St	029.000.004
34€	150€	**189**€	246€	360€				

3	**Drückergarnitur, Stahl-Nylon**							KG **344**
	Drückergarnitur; Kern aus Stahl, Oberfläche Nylon; für Türe d=42mm; Metallrosette mit/ohne Hochhaltefeder; für Profiltüren/Türe aus Holz/Stahl/Feuer-/Rauchschutztür							
16€	49€	**62**€	98€	261€		[St]	0,30 h/St	029.000.014
19€	59€	**74**€	116€	310€				

4	**Drückergarnitur, Aluminium**							KG **344**
	Drückergarnitur; Aluminium; Metallrosette mit/ohne Hochhaltefeder; Feuer-/Rauchschutztür							
16€	46€	**58**€	77€	131€		[St]	0,30 h/St	029.000.007
18€	55€	**69**€	91€	156€				

5	**Drückergarnitur, Edelstahl**							KG **344**
	Drückergarnitur; Edelstahl, matt, gebürstet/spiegelpoliert; Metallrosette mit/ohne Hochhaltefeder; für Feuer-/Rauchschutztür							
50€	132€	**159**€	199€	305€		[St]	0,30 h/St	029.000.008
59€	157€	**189**€	237€	363€				

6	**Türdrückergarnitur, provisorisch**							KG **349**
	Türdrückergarnitur, provisorisch; einbauen, vorhalten, demontieren							
–	8€	**16**€	24€	–		[St]	0,20 h/St	029.000.034
–	10€	**19**€	28€	–				

7	**Bad-/WC-Garnitur, Aluminium**							KG **344**
	Bad-WC-Garnitur; Aluminium, eloxiert/anodisiert; Türdicke 42mm; Metallrosette mit/ohne Hochhaltefeder; inkl. beidseitiger Drücker							
22€	52€	**63**€	82€	115€		[St]	0,35 h/St	029.000.015
27€	61€	**75**€	97€	137€				

8	**Bad-/WC-Garnitur, Edelstahl**							KG **344**
	Bad-WC-Garnitur; Edelstahl matt gebürstet/spiegelpoliert; Türdicke 42mm; Metallrosette mit/ohne Hochhaltefeder; inkl. beidseitiger Drücker							
36€	81€	**112**€	145€	200€		[St]	0,50 h/St	029.000.016
43€	97€	**133**€	172€	237€				

© **BKI** Baukosteninformationszentrum

Nr.	Kurztext / Stichworte				[Einheit]	Ausf.-Dauer	Kostengruppe Positionsnummer
▶	▷	ø netto €	◁	◀			
▶	▷	ø brutto €	◁	◀			

9 Stoßgriff, Tür, Aluminium — KG 344
Türstange; Aluminium; Durchmesser 200mm; verdeckt verschraubt

| 59€ | 165€ | **185€** | 279€ | 521€ | [St] | ⏱ 0,60 h/St | 029.000.017 |
| 70€ | 196€ | **221€** | 332€ | 620€ | | | |

10 Obentürschließer, einflüglige Tür — KG 344
Obentürschließer; einflüglige Tür; Schließgröße EN 2-4, Türflügel bis max. 1.100mm, Öffnungswinkel=180°, Feststellbereich=70-150°; Basisschließer, Normalgestänge; für Rauch-/Feuerschutztür

| 52€ | 169€ | **214€** | 351€ | 702€ | [St] | ⏱ 1,50 h/St | 029.000.009 |
| 61€ | 202€ | **254€** | 418€ | 836€ | | | |

11 Obentürschließer, zweiflüglige Tür — KG 344
Obentürschließer; zweiflüglige Türanlage; Größe 2-6; für zweiflügliges Türblatt, Normalmontage/Bandseite; Schließgeschwindigkeit und Endschlag regulierbar, inkl. Montageplatte

| 287€ | 428€ | **439€** | 498€ | 702€ | [St] | ⏱ 2,00 h/St | 029.000.018 |
| 342€ | 509€ | **523€** | 593€ | 836€ | | | |

12 Bodentürschließer, einflüglige Tür — KG 344
Bodentürschließer; Edelstahl/Aluminium, eloxiert/Messing, matt; Größe 3, Bauhöhe 42mm; einflüglige Pendel- und Anschlagtür, ohne/mit Feststellung, Schließgeschwindigkeit einstellbar; innen

| 303€ | 331€ | **377€** | 413€ | 452€ | [St] | ⏱ 2,00 h/St | 029.000.019 |
| 360€ | 394€ | **449€** | 491€ | 538€ | | | |

13 Türantrieb, kraftbetätigte Tür, einflüglig — KG 344
Türantrieb, automatisch; für einflüglige Tür, behindertengerecht, geräuscharm; Innen- und Außentüren

| 2.257€ | 3.044€ | **3.360€** | 3.925€ | 4.853€ | [St] | ⏱ 2,50 h/St | 029.000.035 |
| 2.686€ | 3.623€ | **3.998€** | 4.671€ | 5.775€ | | | |

14 Türantrieb, kraftbetätigte Tür, zweiflüglig — KG 344
Türantrieb, automatisch; für zweiflüglige Tür, behindertengerecht, geräuscharm; Innen- und Außentüren

| 2.060€ | 2.995€ | **3.622€** | 3.930€ | 5.074€ | [St] | ⏱ 3,00 h/St | 029.000.036 |
| 2.451€ | 3.563€ | **4.311€** | 4.677€ | 6.038€ | | | |

15 Fingerschutz Türkante — KG 344
Fingerschutz Türkante; Aluminium, eloxiert/farbbeschichtet RAL-....., feuerhemmend; Länge bis 2500mm; für handbetätigte/kraftbetätigte Türflügel; Bandseite/Gegenbandseite

| 64€ | 96€ | **128€** | 139€ | 162€ | [St] | ⏱ 0,30 h/St | 029.000.037 |
| 76€ | 115€ | **153€** | 166€ | 193€ | | | |

16 Türstopper, Wandmontage — KG 344
Türstopper, Wandmontage; Metall, poliert/gebürstet mit Gummipuffer; rund/eckig, geschraubt; Außen-/Innenbereich; Untergrund Fliesen/Putz/Tapete

| 4€ | 15€ | **21€** | 26€ | 39€ | [St] | ⏱ 0,10 h/St | 029.000.010 |
| 5€ | 18€ | **25€** | 31€ | 46€ | | | |

LB 029 Beschlagarbeiten

Kosten:
Stand 3.Quartal 2015
Bundesdurchschnitt

▶ min
▷ von
ø Mittel
◁ bis
◀ max

Nr.	Kurztext / Stichworte	▶	▷	ø netto €	◁	◀	[Einheit]	Ausf.-Dauer	Kostengruppe Positionsnummer
		▶	▷	ø brutto €	◁	◀			
17	**Türstopper, Bodenmontage**								KG **344**
	Türstopper, Bodenmontage; Metall, poliert/gebürstet mit Gummipuffer; rund/eckig, geschraubt; Außen-/Innenbereich; Untergrund Parkett/Fließen								
		5€	18€	**23€**	35€	67€	[St]	⏱ 0,15 h/St	029.000.011
		6€	21€	**27€**	42€	79€			
18	**Türspion, Aluminium**								KG **344**
	Türspion; Aluminium; Durchmesser 15mm; inkl. Deckklappe								
		8€	14€	**17€**	20€	25€	[St]	⏱ 0,15 h/St	029.000.020
		9€	16€	**20€**	23€	30€			
19	**Lüftungsprofil, Fenster**								KG **334**
	Lüftungsprofil; Aluminium, Kunststoff, G2; schallgedämmt; Voll-/Hohlprofil-Fensterrahmen								
		40€	112€	**147€**	160€	236€	[St]	⏱ 0,35 h/St	029.000.022
		48€	134€	**175€**	190€	281€			
20	**Lüftungsgitter, Türblatt**								KG **344**
	Lüftungsgitter; Aluminium/Kunststoff; stufenlos regulierbar, verschließbar; Holztürblatt; inkl. beidseitiger Verfugung								
		14€	28€	**33€**	52€	86€	[St]	⏱ 0,15 h/St	029.000.026
		16€	33€	**39€**	62€	102€			
21	**Doppel-Schließzylinder**								KG **344**
	Profil-Doppelzylinder; Messing, matt vernickelt; Länge A 30,5mm, Länge B 30,5mm; verschieden-/gleichschließend, inkl. Stulpschraube M5 vernickelt,								
		16€	45€	**55€**	92€	177€	[St]	⏱ 0,15 h/St	029.000.001
		19€	53€	**66€**	110€	211€			
22	**Halb-Schließzylinder**								KG **344**
	Profil-Halbzylinder; Messing, matt vernickelt; Länge A 10mm, Länge B 30,5mm; verschieden-/gleichschließend, inkl. Stulpschraube M5 vernickelt								
		15€	38€	**47€**	78€	187€	[St]	⏱ 0,13 h/St	029.000.002
		18€	45€	**56€**	93€	223€			
23	**Profilzylinderverlängerung, je 5mm**								KG **344**
	Profilzylinder verlängern; je Seite und angefangene 5mm								
		0,7€	2,8€	**3,5€**	4,6€	6,8€	[St]	–	029.000.038
		0,8€	3,3€	**4,2€**	5,4€	8,1€			
24	**Profilzylinderverlängerung, je 10mm**								KG **344**
	Profil-Zylinder, Verlängerung; je angefangene 10mm								
		2€	3€	**4€**	5€	8€	[St]	–	029.000.012
		2€	4€	**4€**	6€	9€			

Nr.	Kurztext / Stichworte							Kostengruppe
▶	▷	ø netto €	◁	◀	[Einheit]	Ausf.-Dauer	Positionsnummer
▶	▷	ø brutto €	◁	◀			

25 Profilblindzylinder — KG 344
Profil-Blindzylinder; Messing, matt vernickelt; Länge 30,5mm/30,5mm; inkl. Stulpschraube M5 vernickelt

3€	9€	**11€**	18€	34€	[St]	—	029.000.003
3€	11€	**13€**	21€	41€			

26 Generalhaupt-, Generalschlüssel — KG 344
Generalhauptschlüssel; Profilzylinder; Schließanlage

2€	7€	**9€**	12€	22€	[St]	—	029.000.027
2€	8€	**10€**	15€	26€			

27 Schlüssel, Buntbart — KG 344
Schlüssel, Buntbart; Messing, verchromt, poliert; gleichschließend; Zimmertür

2€	6€	**7€**	11€	19€	[St]	—	029.000.006
2€	7€	**8€**	13€	22€			

28 Gruppen-, Hauptschlüssel — KG 344
Gruppen-, Hauptschlüssel; Profilzylinder

2€	6€	**7€**	10€	18€	[St]	—	029.000.028
2€	7€	**8€**	12€	22€			

29 Schlüsselschrank, wandhängend — KG 344
Schlüsselschrank, wandhängend; Aluminium/Kunststoff; Türöffnung über 90°; inkl. zwei Schlüssel, farbig sortierte Musterbeutel

68€	172€	**236€**	337€	493€	[St]	0,80 h/St	029.000.024
81€	205€	**281€**	401€	587€			

30 Riegelschloss, Profil-Halbzylinder — KG 344
Riegelschloss; vorgerichtet für Profil-Halbzylinder; inkl. Bohr- und Fräsarbeiten

35€	84€	**89€**	96€	153€	[St]	0,15 h/St	029.000.030
42€	99€	**106€**	114€	183€			

31 Absenkdichtung, Tür — KG 344
Bodendichtung; Druckplatte, PVC-Dichtprofil, Befestigungswinkel; Zimmertür/Schallschutztür

12€	54€	**73€**	84€	120€	[St]	0,20 h/St	029.000.031
14€	64€	**86€**	100€	143€			

LB 031 Metallbauarbeiten

Nr.	Kurztext / Stichworte					[Einheit]	Ausf.-Dauer	Kostengruppe Positionsnummer
▶	▷	ø netto €	◁	◀				
▶	▷	ø brutto €	◁	◀				

Kosten: Stand 3. Quartal 2015, Bundesdurchschnitt

▶ min
▷ von
ø Mittel
◁ bis
◀ max

---

1 Handlauf, Stahl, außen, verzinkt, Rundrohr: 33,7mm KG 359
Handlauf; Stahl S 235 JR+AR; Durchmesser 33,7mm; Wandmontage; Außenbereich

| 23 € | 32 € | **36 €** | 39 € | 48 € | [m] | ⏱ 0,35 h/m | 031.000.045 |
| 27 € | 38 € | **42 €** | 46 € | 57 € | | | |

2 Handlauf, Stahl, außen, verzinkt, Rundrohr: 42,4 mm KG 359
Handlauf; Stahl S 235 JR+AR; Durchmesser 42,4mm; Wandmontage; Außenbereich

| 34 € | 44 € | **49 €** | 56 € | 70 € | [m] | ⏱ 0,35 h/m | 031.000.046 |
| 41 € | 52 € | **58 €** | 67 € | 83 € | | | |

3 Handlauf, nichtrostend, Rundrohr: 33,7 mm KG 359
Handlauf; Edelstahl; Durchmesser 33,7mm; Wandmontage; Innen-/Außenbereich

| 23 € | 50 € | **70 €** | 78 € | 108 € | [m] | ⏱ 0,35 h/m | 031.000.047 |
| 28 € | 59 € | **84 €** | 93 € | 129 € | | | |

4 Handlauf, nichtrostend, Rundrohr: 48,3 mm KG 359
Handlauf; Edelstahl; Durchmesser 48,3mm; Wandmontage; Innen-/Außenbereich

| 49 € | 70 € | **90 €** | 117 € | 148 € | [m] | ⏱ 0,35 h/m | 031.000.049 |
| 58 € | 84 € | **107 €** | 139 € | 176 € | | | |

5 Handlauf, Stahl, gebogen KG 359
Handlauf gebogen, komplett; Stahl S235JR+AR, verzinkt; Durchmesser 25/33,7/42,4/60mm; Außen-/Innenbereich

| 77 € | 96 € | **110 €** | 121 € | 138 € | [m] | ⏱ 0,40 h/m | 031.000.004 |
| 92 € | 114 € | **131 €** | 144 € | 164 € | | | |

6 Handlauf, Holz KG 359
Handlauf; Eiche, geschliffen, poliert; Durchmesser 25-60mm; Außen-/Innenbereich

| 18 € | 52 € | **65 €** | 78 € | 122 € | [m] | ⏱ 0,32 h/m | 031.000.002 |
| 21 € | 61 € | **78 €** | 93 € | 145 € | | | |

7 Handlauf, Stahl, Wandhalterung KG 359
Handlaufhalter; Stahl S235JR/Flachstahl, beschichtet/feuerverzinkt; Durchmesser 12/16mm/Flachstahl 10mm; je Wandhalter 2 Klebedübel, Inbus M10; Wandmontage

| 10 € | 38 € | **51 €** | 89 € | 148 € | [St] | ⏱ 0,30 h/St | 031.000.006 |
| 12 € | 45 € | **61 €** | 105 € | 177 € | | | |

8 Handlauf, Enden in diverse Ausführungen KG 359
Handlauf-Endstück; Stahl/Edelstahl; Durchmesser 25/33,7/42,4/60mm; flache Kappe/gewölbte Kappe/gekröpfte 90°

| 7 € | 24 € | **32 €** | 38 € | 56 € | [St] | ⏱ 0,20 h/St | 031.000.007 |
| 8 € | 29 € | **38 €** | 46 € | 67 € | | | |

© BKI Baukosteninformationszentrum

Nr.	Kurztext / Stichworte					[Einheit]	Ausf.-Dauer	Kostengruppe Positionsnummer
▶	▷	ø netto €	◁	◀				
▶	▷	ø brutto €	◁	◀				

9	Handlauf, Bogenstück							KG **359**
Handlaufbogen, Eck-/Übergangswinkel; Stahl/Edelstahl/Holz; 30°/45°/90°								
13€	31€	**42€**	54€	80€		[St]	⏱ 0,25 h/St	031.000.008
15€	37€	**51€**	64€	95€				

10	Handlauf, Ecken/Gehrungen							KG **359**
Handlauf-Eckstück; Stahl/Edelstahl/Holz; 30°/45°/90°								
8€	22€	**28€**	37€	62€		[St]	⏱ 0,20 h/St	031.000.009
10€	26€	**33€**	44€	74€				

11	Stahl-Umfassungszarge, 750x2.000/2.125							KG **344**
Stahlumfassungszarge; brandverzinkt/grundiert; 750x2.000/2.125mm, MW 145mm, Tiefe 115mm; KS-Mauerwerk								
91€	143€	**176€**	206€	266€		[St]	⏱ 1,10 h/St	031.000.051
109€	170€	**209€**	245€	317€				

12	Stahl-Umfassungszarge, 1.000x2.000/2125							KG **344**
Stahlumfassungszarge; brandverzinkt/grundiert; 1.000x2.000/2.125mm, MW 145mm, Tiefe 115mm; KS-Mauerwerk								
146€	227€	**256€**	295€	379€		[St]	⏱ 1,10 h/St	031.000.053
174€	270€	**305€**	351€	452€				

13	Stahltür, einflüglig, 1000x2130							KG **344**
Metalltürelement; Stahl; 1010x2130mm, Dicke 50mm; einflüglig, gefalzt/flächenbündig; Normalraum/Nassraum								
255€	698€	**868€**	1.232€	2.124€		[St]	⏱ 2,40 h/St	031.000.015
303€	831€	**1.032€**	1.466€	2.527€				

14	Stahltür, zweiflüglig							KG **344**
Metalltürelement; Stahl; Dicke 50mm; zweiflüglig, gefalzt/flächenbündig; Normalraum/Nassraum								
1.048€	1.614€	**2.002€**	2.593€	3.678€		[St]	⏱ 3,40 h/St	031.000.016
1.247€	1.920€	**2.382€**	3.086€	4.377€				

15	Stahltür, Rauchschutz, 1.000x2.000/2.125							KG **344**
Rauchschutztürelement,; Stahl; 1.000x2.000/2.125mm, MW 230mm, Türblattdicke 50mm; zweiteilig, einflüglig								
769€	1.029€	**1.314€**	1.498€	1.640€		[St]	⏱ 2,80 h/St	031.000.056
915€	1.224€	**1.564€**	1.782€	1.952€				

LB 031
Metallbauarbeiten

Nr.	Kurztext / Stichworte					[Einheit]	Ausf.-Dauer	Kostengruppe Positionsnummer
▶	▷	ø netto €	◁	◀				
▶	▷	ø brutto €	◁	◀				

16 Stahltür, Rauchschutz, 1.250x2.000/2.125 — KG **344**
Rauchschutztürelement; Stahl; 1.250x2.000/2.125mm, MW 230mm, Türblattdicke 50mm; zweiteilig, einflüglig

| 928€ | 1.480€ | **1.674€** | 2.180€ | 2.732€ | [St] | ⏱ 2,90 h/St | 031.000.057 |
| 1.105€ | 1.761€ | **1.992€** | 2.594€ | 3.251€ | | | |

17 Stahltür, Rauchschutz, zweiflüglig — KG **344**
Rauchschutztürelement; Stahl; 2.100x2.130mm, Türblattdicke 50mm, MW 230mm; zweiflüglig, gefalzt/flächenbündig

| 2.157€ | 4.226€ | **4.820€** | 5.478€ | 7.460€ | [St] | ⏱ 3,90 h/St | 031.000.040 |
| 2.567€ | 5.029€ | **5.735€** | 6.519€ | 8.878€ | | | |

18 Stahltür, Brandschutz, EI 30, 1.000x2.000/2.125 — KG **344**
Brandschutztürelement, EI 30; Stahl; 1.000x2.000/2.125mm, MW 230mm, Türdicke 50mm; zweiteilig, einflüglig

| 557€ | 746€ | **816€** | 1.009€ | 1.317€ | [St] | ⏱ 3,40 h/St | 031.000.059 |
| 663€ | 887€ | **971€** | 1.200€ | 1.567€ | | | |

19 Stahltür, Brandschutz, EI 30, 1.260x2.000/2.125 — KG **344**
Brandschutztürelement, EI 30; Stahl; 1.260x2.000/2.125mm, MW 230mm, Türdicke 50mm; zweiteilig, einflüglig

| 650€ | 1.011€ | **1.158€** | 1.408€ | 2.109€ | [St] | ⏱ 3,60 h/St | 031.000.061 |
| 774€ | 1.203€ | **1.378€** | 1.676€ | 2.510€ | | | |

20 Stahltür, Brandschutz, EI30, zweiflüglig — KG **344**
Brandschutztürelement T30-2; Stahl; 2.100x2.130mm, Türblattdicke 50mm, MW 230mm; zweiflüglig

| 1.231€ | 2.051€ | **2.365€** | 3.567€ | 6.127€ | [St] | ⏱ 5,40 h/St | 031.000.041 |
| 1.465€ | 2.441€ | **2.814€** | 4.245€ | 7.291€ | | | |

21 Stahlrahmentür, Glasfüllung, EI 30, innen — KG **344**
Brandschutztürelement T30-1 mit Glasfüllung; Stahl, Verglasung EIW 30; 1.135x2.130mm; einflüglig; Innenraum

| 2.140€ | 2.962€ | **3.337€** | 3.843€ | 4.971€ | [St] | ⏱ 4,00 h/St | 031.000.019 |
| 2.546€ | 3.525€ | **3.971€** | 4.573€ | 5.915€ | | | |

22 Stahlrahmentür, Glasfüllung, EI-30, zweiflüglig, innen — KG **344**
Brandschutztür EI 30, mit Glasfüllung; Stahl, Verglasung F-30; 2.100x2.130mm; zweiflüglig; Innenraum

| 4.195€ | 6.169€ | **6.937€** | 8.047€ | 10.271€ | [St] | ⏱ 5,20 h/St | 031.000.042 |
| 4.993€ | 7.341€ | **8.255€** | 9.576€ | 12.223€ | | | |

Kosten:
Stand 3.Quartal 2015
Bundesdurchschnitt

▶ min
▷ von
ø Mittel
◁ bis
◀ max

Nr.	Kurztext / Stichworte							Kostengruppe
▶	▷	ø netto €	◁	◀	[Einheit]	Ausf.-Dauer	Positionsnummer
▶	▷	ø brutto €	◁	◀			

23 Stahltür, Brandschutz, EI 90, 875x2.000/2.125 — KG 344
Brandschutztürelement, EI 90; Stahl; 875x2.000x2.125mm, MW 230mm, Türdicke 50mm; zweiteilig, einflüglig

–	998€	**1.156€**	1.375€	–	[St]	⏱ 3,20 h/St	031.000.062
–	1.188€	**1.376€**	1.637€	–			

24 Stahltür, Brandschutz, EI 90, 1.000x2.000/2.125 — KG 344
Brandschutztürelement, EI 90; Stahl; 1.000x2.000/2.125mm, MW 230mm, Türdicke 50mm; zweiteilig, einflüglig

1.039€	1.436€	**1.813€**	2.036€	2.231€	[St]	⏱ 3,40 h/St	031.000.063
1.237€	1.709€	**2.158€**	2.423€	2.655€			

25 Stahltreppe, gerade, einläufig, Trittbleche — KG 351
Metalltreppe, einläufig; Stahl, S235JR, verzinkt; 17,2x28cm, 16 Stufen; freitragend

949€	2.907€	**3.761€**	5.271€	8.311€	[St]	⏱ 7,50 h/St	031.000.029
1.130€	3.459€	**4.475€**	6.273€	9.890€			

26 Stahltreppe, gerade, mehrläufig, Trittbleche — KG 351
Metalltreppe, mehrläufig; Stahl S235JR+AR; 16Stg, 17,2x28cm; freitragend; 1 Geschoss

2.706€	5.385€	**5.836€**	6.185€	8.651€	[St]	⏱ 8,50 h/St	031.000.044
3.220€	6.409€	**6.945€**	7.360€	10.294€			

27 Spindeltreppe, Stahl, verzinkt, Trittroste, 2 Geschosse — KG 351
Spindeltreppe; Stahlrohr, feuerverzinkt; 2 Geschosse

3.682€	5.518€	**6.366€**	8.639€	13.569€	[St]	⏱ 10,00 h/St	031.000.030
4.381€	6.567€	**7.575€**	10.281€	16.147€			

28 Stundensatz Schlosser-Facharbeiter
Stundenlohnarbeiten, Vorarbeiter, Facharbeiter; Schlosserarbeiten

43€	48€	**50€**	55€	67€	[h]	⏱ 1,00 h/h	031.000.064
51€	57€	**59€**	66€	80€			

29 Stundensatz Schlosser-Helfer
Stundenlohnarbeiten Werker, Helfer; Schlosserarbeiten

29€	38€	**40€**	43€	50€	[h]	⏱ 1,00 h/h	031.000.065
35€	45€	**48€**	52€	59€			

LB 032 Verglasungsarbeiten

032

Kosten:
Stand 3.Quartal 2015
Bundesdurchschnitt

▶ min
▷ von
ø Mittel
◁ bis
◀ max

Nr.	Kurztext / Stichworte						[Einheit]	Ausf.-Dauer	Kostengruppe Positionsnummer
	▶	▷	ø netto €	◁	◀				
	▶	▷	ø brutto €	◁	◀				

1 Glas-Duschwand — KG **412**
Duschwand; ESG-Glas; bis 12 mm; Seitenteil und Drehtür; in Aluprofil

| 874€ | 1.068€ | **1.160€** | 1.291€ | 1.570€ | [St] | ⏱ 3,00 h/St | 032.000.018 |
| 1.040€ | 1.271€ | **1.381€** | 1.537€ | 1.868€ | | | |

2 Innenwand, Glasbausteine — KG **342**
Innenwandmauerwerk; Glasbausteine, klar/matt, ohne/mit Struktur, weiß/farbig, ohne/mit Brandschutzanforderung; lxbxh=190x80x190mm; Sichtmauerwerk, dreiseitig gehalten; inkl. Bewehrungsstahl, erf. Sondersteine

| 85€ | 229€ | **287€** | 445€ | 630€ | [m²] | ⏱ 1,80 h/m² | 032.000.001 |
| 101€ | 272€ | **342€** | 529€ | 750€ | | | |

3 Isolierverglasung, Pfosten-Riegel-Fassade — KG **337**
Isolierverglasung; Floatglas, Ug=0,5/0,6/0,7/1,1; Dicke 4/6mm; zweifach/dreifach Verglasung; Pfosten-Riegelverglasung; SKL 2 30-34dB

| 49€ | 164€ | **208€** | 252€ | 313€ | [m²] | ⏱ 1,40 h/m² | 032.000.002 |
| 58€ | 195€ | **248€** | 300€ | 373€ | | | |

4 Isolierverglasung, Fensterelemente — KG **334**
Isolierverglasung; Floatglas, Ug=1,0 /1,1W/m²K; Dicke 4/6mm; zweifach Verglasung; Einzelfenster; SKL I, II, inkl. Einbau der Glashalteleisten und Verfugung

| 44€ | 50€ | **57€** | 72€ | 92€ | [m²] | ⏱ 0,20 h/m² | 032.000.003 |
| 52€ | 59€ | **68€** | 86€ | 109€ | | | |

5 Isolierverglasung, Türen — KG **337**
Isolierverglasung, Türelement; ESG/VSG, Ug 1,0/1,1W/m²K; Dicke 4/8mm; Zwei-Scheibenverglasung; Türelemente; SKl II 30-34dB

| 52€ | 69€ | **107€** | 167€ | 271€ | [m²] | ⏱ 0,35 h/m² | 032.000.004 |
| 62€ | 82€ | **127€** | 199€ | 322€ | | | |

6 Ganzglastür — KG **344**
Ganzglastür; ESG, Klarglas/satiniert; Dicke 10/12mm; in bauseitige Spezialzarge/ohne Zarge

| 378€ | 513€ | **613€** | 665€ | 765€ | [St] | ⏱ 0,20 h/St | 032.000.019 |
| 449€ | 611€ | **730€** | 791€ | 911€ | | | |

7 Isolierverglasung, mit Sonnenschutz — KG **337**
Isolierverglasung; Ug=0,5-1,2W/m²K; Dicke 4/6mm; zweifach/dreifach Verglasung; Fensterelement; inkl. Glashalteleisten, Glasabdichtung

| 98€ | 114€ | **122€** | 135€ | 155€ | [m²] | ⏱ 0,45 h/m² | 032.000.005 |
| 117€ | 135€ | **145€** | 161€ | 184€ | | | |

© BKI Baukosteninformationszentrum

Nr.	Kurztext / Stichworte				[Einheit]	Ausf.-Dauer	Kostengruppe Positionsnummer
▶	▷	ø netto €	◁	◀			
▶	▷	ø brutto €	◁	◀			

8 Brandschutzverglasung, Innenwände KG **346**
Brandschutzverglasung, F30/F60/F90; Einscheiben-Festverglasung

| 122€ | 265€ | **290€** | 316€ | 396€ | [m²] | ⏱ 0,80 h/m² | 032.000.006 |
| 145€ | 315€ | **346€** | 376€ | 472€ | | | |

9 Innenverglasung, Drahtglas KG **346**
Drahtglas; Drahtspiegelglas; Dicke 7mm; System: Va3/Vf3; Innenbereich; inkl. Glasabdichtung, Glashalteleisten

| 18€ | 48€ | **62€** | 70€ | 139€ | [m²] | ⏱ 0,60 h/m² | 032.000.012 |
| 22€ | 58€ | **74€** | 83€ | 165€ | | | |

10 Sichtschutz-/Sonnenschutzfolie, geklebt KG **334**
Sichtschutzfolie; matt, UV- und kratzbeständig; Dicke 50nm; einseitig innen aufkleben

| 54€ | 77€ | **84€** | 91€ | 129€ | [m²] | ⏱ 0,15 h/m² | 032.000.014 |
| 64€ | 92€ | **99€** | 109€ | 154€ | | | |

11 Stundensatz Glaser-Facharbeiter
Stundenlohnarbeiten Vorarbeiter, Facharbeiter; Verglasungsarbeiten

| 40€ | 46€ | **49€** | 51€ | 56€ | [h] | ⏱ 1,00 h/h | 032.000.016 |
| 48€ | 54€ | **58€** | 61€ | 67€ | | | |

LB 034
Maler- und Lackierarbeiten - Beschichtungen

034

Kosten:
Stand 3.Quartal 2015
Bundesdurchschnitt

▶ min
▷ von
ø Mittel
◁ bis
◀ max

Nr.	Kurztext / Stichworte					[Einheit]	Ausf.-Dauer	Kostengruppe Positionsnummer
▶	▷	ø netto €	◁	◀				
▶	▷	ø brutto €	◁	◀				

1 Bauteile abkleben — KG **397**
Bauteile abkleben; Fenster / Sockel / Holzprofil; für Beschichtungsarbeiten

0,3€	1,1€	**1,3€**	2,2€	3,6€	[St]	⏱ 0,03 h/St	034.000.080
0,3€	1,3€	**1,6€**	2,6€	4,3€			

2 Boden abdecken, Folie — KG **397**
Abdeckarbeiten; Folie; vollflächig abdecken und abkleben; Boden; inkl. Entfernen, Entsorgen

0,2€	1,0€	**1,3€**	2,0€	4,0€	[m²]	⏱ 0,03 h/m²	034.000.049
0,3€	1,2€	**1,6€**	2,4€	4,8€			

3 Boden abdecken, Platten — KG **397**
Abdeckarbeiten; Hartfaserplatte; vollflächig abdecken; Boden; inkl. Entfernen, Entsorgen

0,6€	1,4€	**1,7€**	2,9€	4,9€	[m²]	⏱ 0,08 h/m²	034.000.050
0,7€	1,7€	**2,0€**	3,4€	5,8€			

4 Untergrund reinigen — KG **345**
Untergrund reinigen; Staub, Schmutz, lose Teile; Abkehren, Entsorgen; Wand-, Deckenfläche

0,1€	0,8€	**1,1€**	1,6€	2,5€	[m²]	⏱ 0,03 h/m²	034.000.004
0,1€	0,9€	**1,3€**	1,9€	3,0€			

5 Dampf-/Hochdruckstrahlen — KG **339**
Untergrund reinigen; Staub, Schmutz, lose Teile; 150bar; Hochdruckreiniger

0,7€	1,5€	**2,0€**	2,6€	4,3€	[m²]	⏱ 0,12 h/m²	034.000.005
0,8€	1,8€	**2,4€**	3,1€	5,2€			

6 Bodenflächen reinigen, Sand-/Kugelstrahlen — KG **359**
Sandstrahlen/Kugelstrahlen; Rohbetonboden; inkl. absaugen

2€	3€	**3€**	4€	5€	[m²]	⏱ 0,18 h/m²	034.000.006
2€	3€	**4€**	4€	6€			

7 Risse schließen/Übergänge spachteln — KG **345**
Risse/Fugen schließen; Spachtelmasse; Übergänge beispachteln

2€	4€	**5€**	7€	11€	[m]	⏱ 0,07 h/m	034.000.008
2€	5€	**6€**	9€	13€			

8 Stoßfuge schließen, Fertigteil-Decke — KG **353**
Stoßfuge schließen; Zementmörtel kunststoffmodifiziert; auffüllen, schließen, beispachteln; Betonfertigteil-Decken

2€	4€	**4€**	7€	13€	[m]	⏱ 0,08 h/m	034.000.066
3€	4€	**5€**	8€	15€			

Nr.	Kurztext / Stichworte					[Einheit]	Ausf.-Dauer	Kostengruppe Positionsnummer
▶	▷	ø netto €	◁	◀				
▶	▷	ø brutto €	◁	◀				

9 Spachtelung, Gipskarton-/Gipsfaserflächen — KG 345
Spachtelung; Fugen füllen, spachteln, schleifen; Gipsfaser-/Gipskartonflächen; Q2/Q3/Q4

1€	3€	**4€**	5€	7€	[m²]	⏱ 0,10 h/m²	034.000.012
1€	4€	**5€**	6€	8€			

10 Spachtelung, Q2, Teilflächen bis 30% — KG 345
Spachtelung; bis 30%; Teilflächen; Wand-/Deckenflächen; Q2

0,3€	1,8€	**2,4€**	4,7€	9,4€	[m²]	⏱ 0,06 h/m²	034.000.009
0,3€	2,1€	**2,8€**	5,5€	11€			

11 Spachtelung, Q3, ganzflächig — KG 345
Spachtelung; vollflächig; Decken-/Wandflächen; Q3

1€	5€	**6€**	8€	13€	[m²]	⏱ 0,14 h/m²	034.000.010
2€	6€	**7€**	10€	16€			

12 Spachtelung, Q4, Innenputz — KG 345
Spachtelung; zwei Arbeitsgänge; vollflächig; Innenputz; Q3/Q4

3€	5€	**7€**	9€	17€	[m²]	⏱ 0,16 h/m²	034.000.060
3€	6€	**8€**	11€	20€			

13 Holzflächen vorbehandeln, innen — KG 335
Beschichtungen entfernen; Fehlstellen schleifen und grundieren; Holzfläche, innen

2€	3€	**4€**	5€	9€	[m²]	⏱ 0,12 h/m²	034.000.011
2€	4€	**5€**	6€	11€			

14 Grundierung, Gipskarton-/Gipsfaserflächen — KG 345
Grundierung; Gipsfaser-/Gipskarton-/Wand-/Deckenflächen

0,3€	1,0€	**1,3€**	2,1€	3,6€	[m²]	⏱ 0,03 h/m²	034.000.013
0,4€	1,2€	**1,5€**	2,5€	4,3€			

15 Grundierung, Betonflächen, innen — KG 336
Grundierung; Grundbeschichtungsstoff, wasserverdünnbar; Betonflächen innen

0,3€	1,1€	**1,5€**	2,1€	3,4€	[m²]	⏱ 0,03 h/m²	034.000.014
0,4€	1,4€	**1,8€**	2,5€	4,0€			

16 Beschichtung, innen, Beton, Dispersion sb — KG 345
Beschichtung; Dispersionsfarbe, lösemittel-/weichmacherfrei; auf Beton/Putz/Tapete; Decken-/Wandflächen, innen; weiß

–	2€	**4€**	5€	–	[m²]	⏱ 0,10 h/m²	034.000.082
–	3€	**5€**	6€	–			

LB 034 Maler- und Lackierarbeiten - Beschichtungen

Nr.	Kurztext / Stichworte					[Einheit]	Ausf.-Dauer	Kostengruppe Positionsnummer
▶	▷	ø netto €	◁	◀				
▶	▷	ø brutto €	◁	◀				

17 Beschichtung, innen, Putz glatt, Dispersion sb KG **345**
Beschichtung; Dispersionsfarbe, lösemittel-/weichmacherfrei; auf Beton/Putz/Tapete; Decken-/Wandflächen, innen; weiß

–	3 €	**4 €**	5 €	–	[m²]	⏱ 0,11 h/m²	034.000.083
–	3 €	**5 €**	6 €	–			

18 Beschichtung, innen, Putz rau, Dispersion sb KG **345**
Beschichtung; Dispersionsfarbe, lösemittel-/weichmacherfrei; auf Beton/Putz/Tapete; Decken-/Wandflächen, innen; weiß

–	3 €	**5 €**	6 €	–	[m²]	⏱ 0,13 h/m²	034.000.084
–	4 €	**6 €**	7 €	–			

19 Beschichtung, innen, Beton, Dispersion wb KG **345**
Beschichtung; Dispersionsfarbe, lösemittel-/weichmacherfrei; auf Beton/Putz/Tapete; Decken-/Wandflächen, innen; Nassabriebklasse 3, weiß

–	2 €	**4 €**	5 €	–	[m²]	⏱ 0,10 h/m²	034.000.085
–	3 €	**4 €**	5 €	–			

20 Beschichtung, innen, Putz glatt, Dispersion wb KG **345**
Beschichtung; Dispersionsfarbe, lösemittel-/weichmacherfrei; auf Beton/Putz/Tapete; Decken-/Wandflächen, innen; weiß

–	3 €	**4 €**	5 €	–	[m²]	⏱ 0,11 h/m²	034.000.086
–	3 €	**5 €**	6 €	–			

21 Beschichtung, innen, Putz rau, Dispersion wb KG **345**
Beschichtung; Dispersionsfarbe, lösemittel-/weichmacherfrei; auf Beton/Putz/Tapete; Decken-/Wandflächen, innen; weiß

–	3 €	**5 €**	6 €	–	[m²]	⏱ 0,13 h/m²	034.000.087
–	4 €	**6 €**	7 €	–			

22 Beschichtung, Raufasertapete, Dispersion sb KG **345**
Beschichtung, Raufasertapete; Dispersionsfarbe, lösemittel-/und weichmacherfrei, Abriebbeständigkeit Klasse 2/3; weiß; streichen, rollen; Wand-/Deckenfläche

–	2 €	**3 €**	4 €	–	[m²]	⏱ 0,10 h/m²	034.000.088
–	3 €	**4 €**	5 €	–			

23 Beschichtung, Raufasertapete, Dispersion wb KG **345**
Beschichtung, Raufasertapete; Dispersionsfarbe, lösemittel-/und weichmacherfrei, Abriebbeständigkeit Klasse 2/3; weiß; streichen, rollen; Wand-/Deckenfläche

–	2 €	**3 €**	4 €	–	[m²]	⏱ 0,10 h/m²	034.000.089
–	3 €	**4 €**	5 €	–			

Kosten:
Stand 3.Quartal 2015
Bundesdurchschnitt

▶ min
▷ von
ø Mittel
◁ bis
◀ max

Nr.	Kurztext / Stichworte					Kostengruppe	
▶	▷	ø netto €	◁	◀	[Einheit]	Ausf.-Dauer	Positionsnummer
▶	▷	ø brutto €	◁	◀			

24   Beschichtung, Glasfasertapete fein, Dispersion sb   KG 345
Beschichtung, Glasfasergewebe; Dispersionsfarbe, lösemittel-/und weichmacherfrei, Nassabriebbeständigkeit Klasse 2/3; Wand-/Deckenfläche

–	4€	**4€**	5€	–	[m²]	⏱ 0,14 h/m²	034.000.090
–	4€	**5€**	6€	–			

25   Beschichtung, Glasfasertapete fein, Dispersion wb   KG 345
Beschichtung, Glasfasergewebe; Dispersionsfarbe, lösemittel-/und weichmacherfrei, Nassabriebbeständigkeit Klasse 2/3; Wand-/Deckenfläche

–	3€	**4€**	4€	–	[m²]	⏱ 0,14 h/m²	034.000.091
–	4€	**5€**	5€	–			

26   Beschichtung, Glasfasertapete grob, Dispersion sb   KG 345
Beschichtung, Glasfasergewebe; Dispersionsfarbe, lösemittel-/und weichmacherfrei, Nassabriebbeständigkeit Klasse 2/3; Wand-/Deckenfläche

–	4€	**5€**	6€	–	[m²]	⏱ 0,16 h/m²	034.000.092
–	5€	**6€**	7€	–			

27   Beschichtung, Glasfasertapete grob, Dispersion wb   KG 345
Beschichtung, Glasfasergewebe; Dispersionsfarbe, lösemittel-/und weichmacherfrei, Nassabriebbeständigkeit Klasse 2/3; Wand-/Deckenfläche

–	4€	**4€**	5€	–	[m²]	⏱ 0,16 h/m²	034.000.093
–	5€	**5€**	6€	–			

28   Beschichtung, Dispersions-Silikatfarbe, innen, weiß   KG 345
Beschichtung; Dispersions-Silikatfarbe, lösemittel-/weichmacherfrei; Grund-, Zwischen- und Schlussbeschichtung; Wandfläche; weiß

1€	4€	**4€**	5€	9€	[m²]	⏱ 0,14 h/m²	034.000.018
2€	4€	**5€**	6€	10€			

29   Beschichtung, Silikatfarbe, Putzflächen, innen   KG 345
Beschichtung; Silikatfarbe, pigmentiert, mineralisch; Zwischen- und Schlussbeschichtung; Wand-/Deckenfläche; Nassabriebbeständigkeit 3

3€	5€	**5€**	7€	9€	[m²]	⏱ 0,18 h/m²	034.000.070
4€	6€	**6€**	8€	11€			

30   Beschichtung, Silikatfarbe, innen, linear   KG 345
Beschichtung; Silikatfarbe, pigmentiert, mineralisch; Grund-, und Schlussbeschichtung; Pfeiler, Stützen, Lisenen; weiß/farbig

0,6€	1,6€	**1,9€**	2,7€	3,8€	[m]	⏱ 0,08 h/m	034.000.071
0,7€	1,8€	**2,3€**	3,2€	4,5€			

LB 034 Maler- und Lackierarbeiten - Beschichtungen

Kosten: Stand 3.Quartal 2015 Bundesdurchschnitt

▶ min
▷ von
ø Mittel
◁ bis
◀ max

Nr.	Kurztext / Stichworte	▶	▷	ø netto €	◁	◀	[Einheit]	Ausf.-Dauer	Kostengruppe Positionsnummer
		▶	▷	ø brutto €	◁	◀			

31 Beschichtung, Dispersions-Silikatfarbe, Sichtbeton innen — KG 345
Beschichtung; Betonlasur, pigmentiert, mineralisch; Zwischen-, Schlussbeschichtung; Wand-, Deckenfläche aus Beton

3€	5€	**6€**	9€	16€	[m²]	⏱ 0,16 h/m²	034.000.019
3€	6€	**7€**	10€	19€			

32 Beschichtung, Dispersions-Silikatfarbe, Sichtbeton innen, linear — KG 345
Beschichtung; Dispersion Silikatfarbe, lösemittel-/weichmacherfrei; Breite bis 15/30/60cm; auf Holzbauteile; Laibungen, Pfeiler, Stützen

1€	3€	**4€**	4€	7€	[m]	⏱ 0,07 h/m	034.000.069
1€	4€	**4€**	5€	8€			

33 Beschichtung, Dispersion, KS-Sichtmauerwerk, innen — KG 345
Beschichtung; Tiefengrund, Dispersionsfarbe, lösemittel-/weichmacherfrei; weiß/farbig; Grund-, Zwischen- und Schlussbeschichtung; KS-/Ziegel-Sichtmauerwerk

2€	4€	**5€**	7€	11€	[m²]	⏱ 0,18 h/m²	034.000.021
3€	5€	**6€**	8€	13€			

34 Beschichtung, Kalkfarbe, innen — KG 345
Beschichtung; Kalkfarbe; Zwischen- und Schlussbeschichtung; Wand-/Deckenflächen

3€	6€	**8€**	8€	10€	[m²]	⏱ 0,20 h/m²	034.000.072
4€	7€	**9€**	9€	12€			

35 Feinputzspachtelung, Glättetechnik — KG 345
Spachtelung; Feinputzspachtel; feinspachteln; Kalk-Zementputz- oder Betonwandfläche

42€	66€	**83€**	101€	127€	[m²]	⏱ 1,40 h/m²	034.000.022
50€	79€	**99€**	120€	151€			

36 Streichputz, innen — KG 345
Streichputz, innen; einkörnig/grobkörnig/...... Matt; als Zwischen-,und Schlussbeschichtung

4€	7€	**8€**	9€	11€	[m²]	⏱ 0,22 h/m²	034.000.081
4€	8€	**10€**	11€	13€			

37 Bodenbeschichtung, Beton, Acryl — KG 352
Bodenbeschichtung; Acryl-Bodenbeschichtungsstoff; 1-komponentig; inkl. Untergrundvorbereitung

5€	8€	**10€**	11€	16€	[m²]	⏱ 0,18 h/m²	034.000.026
6€	10€	**12€**	13€	19€			

38 Bodenbeschichtung, Beton, Epoxid — KG 325
Bodenbeschichtung; Epoxidharz-Bodensiegel, wasserverdünnbar; 2-komponentig; Grundierung, Zwischenbeschichtung, Versiegelung; Betonböden; rutschhemmend

7€	11€	**13€**	15€	21€	[m²]	⏱ 0,18 h/m²	034.000.027
9€	13€	**16€**	17€	25€			

Nr.	Kurztext / Stichworte					[Einheit]	Ausf.-Dauer	Kostengruppe Positionsnummer
▶	▷	ø netto €	◁	◀				
▶	▷	ø brutto €	◁	◀				

39 Bodenbeschichtung, Beton, ölbeständig — KG 352
Bodenbeschichtung; 2-Komponenten Beschichtungsstoff, heizölbeständig; Untergrund bauseits gereinigt; Betonfläche

6€	12€	**15€**	19€	32€	[m²]	⏱ 0,18 h/m²	034.000.028
7€	14€	**17€**	23€	38€			

40 Abschlussstrich, Sockelstreifen — KG 345
Schlussbeschichtung; Volltonfarbe; Sockelbegrenzung; Putz/Tapete

1€	2€	**3€**	4€	5€	[m]	⏱ 0,08 h/m	034.000.051
1€	3€	**3€**	4€	6€			

41 Holzprofile beschichten — KG 364
Beschichtung; Acrylharzlackfarbe; Grund-, Schlussbeschichtung; Holzprofile

2€	5€	**6€**	8€	14€	[m]	⏱ 0,10 h/m	034.000.029
2€	6€	**7€**	10€	16€			

42 Erstbeschichtung, Holzfenster, deckend — KG 334
Beschichtung; Acrylharzlackfarbe; Zwischen-, Schlussbeschichtung, allseitig; Holzfenster-/-türen; inkl. Untergrundvorbereitung

16€	24€	**27€**	28€	43€	[m²]	⏱ 0,60 h/m²	034.000.030
19€	29€	**32€**	33€	51€			

43 Schlussbeschichtung, Holzfenster — KG 334
Schlussbeschichtung; Acrylharzlackfarbe; Schlussbeschichtung innen und außen; Holzfenster-/-türen

6€	9€	**10€**	12€	14€	[m²]	⏱ 0,20 h/m²	034.000.031
8€	11€	**12€**	14€	16€			

44 Überholungsbeschichtung, Holzfenster — KG 334
Überholungsbeschichtung; Imprägniergrund, Acrylharzlackfarbe; Grund-, Zwischen- und Schlussbeschichtung; Holzfenster; inkl. Altbeschichtung entfernen

16€	22€	**24€**	27€	40€	[m²]	⏱ 0,55 h/m²	034.000.032
19€	26€	**28€**	32€	48€			

45 Imprägnierung, Holzbauteile, bläueschützend — KG 335
Imprägnierung; Holzimprägniermittel, bläueschützend; allseitig aufbringen; Holzbauteile im Außenbereich

1€	2€	**3€**	4€	5€	[m²]	⏱ 0,08 h/m²	034.000.034
1€	3€	**3€**	4€	6€			

46 Holzfußboden beschichten — KG 352
Beschichtung; Öl-Kunstharzsiegel/Wasserlack/PUR-Wasserlack; inkl. Zwischenschliff; Stabparkett / Lamellenparkett

8€	13€	**17€**	20€	30€	[m²]	⏱ 0,30 h/m²	034.000.065
10€	16€	**21€**	24€	35€			

LB 034 Maler- und Lackierarbeiten - Beschichtungen

Kosten:
Stand 3.Quartal 2015
Bundesdurchschnitt

▶ min
▷ von
ø Mittel
◁ bis
◀ max

Nr.	Kurztext / Stichworte	▶	▷	ø netto €	◁	◀	[Einheit]	Ausf.-Dauer	Kostengruppe Positionsnummer
		▶	▷	ø brutto €	◁	◀			

47 Handläufe/Pfosten beschichten, Kunstharz — KG 359
Beschichtung; Grundbeschichtungsstoff, Alkydharzlackbeschichtung; Grund-, und Schlussbeschichtung; Geländerprofile im Innenbereich

| 4€ | 6€ | **7€** | 9€ | 13€ | [m] | ⏱ 0,20 h/m | 034.000.040 |
| 4€ | 7€ | **8€** | 10€ | 15€ | | | |

48 Erstbeschichtung, Metallgeländer — KG 359
Beschichtung; Haftgrund, Alkydharzlack; Grund-, Zwischen- und Schlussbeschichtung; Stahlflächen, außen

| 9€ | 20€ | **24€** | 32€ | 50€ | [m] | ⏱ 0,40 h/m | 034.000.059 |
| 11€ | 24€ | **28€** | 38€ | 60€ | | | |

49 Überholungsbeschichtung, Röhrenheizkörper — KG 423
Überholungsbeschichtung; Heizkörperlack; Grund- und Schlussbeschichtung; Metall-Röhrenheizkörper

| 8€ | 12€ | **13€** | 17€ | 23€ | [m²] | ⏱ 0,22 h/m² | 034.000.058 |
| 10€ | 15€ | **15€** | 20€ | 27€ | | | |

50 Schlussbeschichtung, grundierte Heizkörper — KG 423
Schlussbeschichtung; Heizkörperlack; Heizkörper; inkl. Halterungen, Anschlussleitungen

| 6€ | 9€ | **11€** | 14€ | 21€ | [m²] | ⏱ 0,20 h/m² | 034.000.038 |
| 7€ | 11€ | **13€** | 17€ | 25€ | | | |

51 Beschichtung, Metallrohre/Heizungsrohre — KG 422
Beschichtung; Grundbeschichtungsstoff, Heizkörperlack; DN15/30/.....mm; deckend beschichten; Metallrohr

| 1€ | 3€ | **3€** | 5€ | 10€ | [m] | ⏱ 0,06 h/m | 034.000.037 |
| 2€ | 3€ | **4€** | 6€ | 11€ | | | |

52 Beschichtung, Profilstahl — KG 461
Beschichtung, Profilstahl; Vorlack, Alkydharzlack deckend; Abwicklung bis 50/150/500mm; Grund-, Zwischen- und Schlussbeschichtung; Innenbereich

| 4€ | 7€ | **8€** | 11€ | 18€ | [m] | ⏱ 0,10 h/m | 034.000.041 |
| 5€ | 8€ | **9€** | 13€ | 22€ | | | |

53 Beschichtung, Stahlbleche — KG 345
Beschichtung, Stahlflächen; Vorlack, Alkydharzlack deckend; Grund-, Zwischen- und Schlussbeschichtung

| 6€ | 15€ | **18€** | 24€ | 34€ | [m²] | ⏱ 0,30 h/m² | 034.000.042 |
| 7€ | 18€ | **21€** | 29€ | 41€ | | | |

54 Beschichtung, Lüftungsrohre, Stahl — KG 431
Beschichtung, Lüftungsrohr; Vorlack, Alkydharzlack deckend; Grund-, Zwischen- und Schlussbeschichtung

| 10€ | 13€ | **16€** | 19€ | 27€ | [m²] | ⏱ 0,28 h/m² | 034.000.043 |
| 12€ | 15€ | **19€** | 23€ | 32€ | | | |

Nr.	Kurztext / Stichworte					Kostengruppe		
▶	▷	ø netto €	◁	◀	[Einheit]	Ausf.-Dauer	Positionsnummer
▶	▷	ø brutto €	◁	◀			

55 Beschichtung, Stahlzargen KG 344
Beschichtung, Stahlzargen; Vorlack, Alkydharzlack, deckend; Grund-, Zwischen- und Schlussbeschichtung; Innenbereich

| 3€ | 9€ | **10€** | 14€ | 20€ | [m] | ⏱ 0,25 h/m | 034.000.044 |
| 4€ | 10€ | **12€** | 16€ | 23€ | | | |

56 Fugenabdichtung elastoplastisch, Acryl, überstreichbar KG 345
Fugenabdichtung; Acryldichtstoff; Fugenbreite bis 8/12/.....mm; hinterfüllen, glattstreichen

| 0,4€ | 1,8€ | **2,2€** | 3,2€ | 6,3€ | [m] | ⏱ 0,04 h/m | 034.000.047 |
| 0,5€ | 2,1€ | **2,6€** | 3,8€ | 7,5€ | | | |

57 Fugenabdichtung elastisch, Silikon KG 345
Fugenabdichtung; Silikon; Fugenbreite bis 8/12/.....mm; hinterfüllen, glattstreichen

| 1€ | 3€ | **3€** | 4€ | 5€ | [m] | ⏱ 0,05 h/m | 034.000.048 |
| 1€ | 3€ | **4€** | 4€ | 6€ | | | |

58 Stundensatz Geselle/Facharbeiter, Maler-/Lackierarbeiten
Stundenlohnarbeiten Vorarbeiter, Facharbeiter; Maler- und Lackierarbeiten

| 28€ | 38€ | **42€** | 44€ | 48€ | [h] | ⏱ 1,00 h/h | 034.000.078 |
| 34€ | 45€ | **50€** | 52€ | 57€ | | | |

59 Stundensatz Helfer, Maler-/Lackierarbeiten
Stundenlohnarbeiten, Maler und Lackierarbeiten; Maler- und Lackierarbeiten

| 20€ | 28€ | **33€** | 38€ | 49€ | [h] | ⏱ 1,00 h/h | 034.000.079 |
| 23€ | 33€ | **39€** | 45€ | 58€ | | | |

LB 036 Bodenbelagarbeiten

Kosten:
Stand 3.Quartal 2015
Bundesdurchschnitt

Legende:
- ▶ min
- ▷ von
- ø Mittel
- ◁ bis
- ◀ max

Nr.	Kurztext / Stichworte	▶	▷	ø netto €	◁	◀	[Einheit]	Ausf.-Dauer	Kostengruppe Positionsnummer
		▶	▷	ø brutto €	◁	◀			
1	**Randstreifen abschneiden**								KG 352
	Randstreifen abschneiden; Rippenpappe/Mineralwolle/Polystyrol; aufnehmen, laden, entsorgen								
		0,1€	0,4€	**0,5€**	1,0€	2,3€	[m]	0,01 h/m	036.000.001
		0,1€	0,5€	**0,5€**	1,2€	2,7€			
2	**Sinterschicht abschleifen, Calciumsulfatestrich**								KG 352
	Sinterschicht abschleifen; Calciumsulfatestrich; schleifen, absaugen, entsorgen								
		0,3€	1,0€	**1,3€**	1,7€	2,9€	[m²]	0,05 h/m²	036.000.044
		0,3€	1,2€	**1,6€**	2,1€	3,4€			
3	**Untergrund reinigen**								KG 352
	Untergrund reinigen; Staub, Verschmutzungen, lose Teile; reinigen, Schutt aufnehmen, entsorgen								
		0,1€	0,7€	**0,9€**	2,0€	5,1€	[m²]	0,04 h/m²	036.000.002
		0,2€	0,8€	**1,1€**	2,4€	6,1€			
4	**Boden kugelstrahlen**								KG 352
	Boden kugelstrahlen; Abtrag d=5mm; Zementestrich; inkl. absaugen								
		2€	3€	**4€**	5€	6€	[m²]	0,10 h/m²	036.000.007
		2€	3€	**4€**	6€	7€			
5	**Haftgrund, Bodenbelag**								KG 352
	Voranstrich; Haftgrund; als Voranstrich								
		0,6€	1,3€	**1,5€**	2,4€	4,5€	[m²]	0,05 h/m²	036.000.005
		0,7€	1,5€	**1,8€**	2,9€	5,3€			
6	**Ausgleichsspachtelung, bis 5mm**								KG 352
	Ausgleichsspachtelung; Spachtelmasse; Dicke 5mm; Zementestrich/.....; inkl. Reinigen der Estrichfläche								
		–	2€	**3€**	5€	–	[m²]	0,08 h/m²	036.000.052
		–	2€	**4€**	6€	–			
7	**Ausgleichsspachtelung, bis 10mm**								KG 352
	Ausgleichsspachtelung; Spachtelmasse; Dicke 5/10mm; Treppenstufen, Beton; inkl. Reinigen der Betonfläche								
		–	2€	**4€**	6€	–	[m²]	0,12 h/m²	036.000.053
		–	3€	**5€**	7€	–			
8	**Untergrundvorbereitung, Belagsarbeiten**								KG 352
	Untergrundvorbereitung, Belagsarbeiten; Haftgrund; als Voranstrich; inkl. grobe Verschmutzungen lösen, aufnehmen, entsorgen								
		2€	4€	**4€**	5€	8€	[m²]	0,14 h/m²	036.000.003
		3€	4€	**5€**	6€	10€			

© BKI Baukosteninformationszentrum

Nr.	Kurztext / Stichworte				[Einheit]	Ausf.-Dauer	Kostengruppe Positionsnummer
▶	▷	ø netto €	◁	◀			
▶	▷	ø brutto €	◁	◀			

9	Estrichfugen/-risse verharzen						KG 352
	Fugen/Risse schließen; 2-Komponenten-Polyurethan-Masse; Tiefe 20mm; Verharzen; inkl. Stahleinlage
4€	7€	**7€**	11€	19€	[m]	⏱ 0,12 h/m	036.000.004
5€	8€	**9€**	13€	23€			

10	Metallband, leitfähiger Bodenbelag						KG 325
	Metallband; Kupfer; in leitfähigen Kleber einbetten; unter Estrich; Potenzialausgleichsanschluss bauseits
1,0€	1,1€	**1,4€**	1,6€	1,9€	[m]	⏱ 0,04 h/m	036.000.008
1€	1€	**2€**	2€	2€			

11	Hohlkehle, Bodenbelag						KG 352
	Hohlkehle; Schenkellänge 30x30mm; Estrich; inkl. Untergrund vorbereiten, Material liefern
8€	10€	**11€**	13€	17€	[m]	⏱ 0,18 h/m	036.000.009
10€	12€	**13€**	16€	20€			

12	Unterlage, Bodenbelag, Wollfilz/Jutefilz						KG 352
	Unterlage; Filz; Dicke 7mm; lose
–	7€	**8€**	10€	–	[m²]	⏱ 0,12 h/m²	036.000.054
–	8€	**10€**	12€	–			

13	Unterlage, Bodenbelag, Schaumstoff						KG 352
	Unterlage Bodenbelag; Schaumstoff; Dicke 6mm; verklebt
–	5€	**6€**	9€	–	[m²]	⏱ 0,12 h/m²	036.000.055
–	6€	**7€**	10€	–			

14	Sportboden, elastische Zwischenschicht						KG 325
	Sportboden, Zwischenschicht; Gesamtaufbau 38mm; flächenelastisch, Fußbodenheizung geeignet
22€	34€	**40€**	51€	66€	[m²]	⏱ 0,20 h/m²	036.000.010
26€	41€	**48€**	60€	78€			

15	Sportboden, Nutzschicht, Linoleum						KG 325
	Sportboden, Nutzschicht; Linoleum, geklebt; Linoleum 3mm, Nutzschicht 2,4mm; Sporthalle
21€	24€	**26€**	27€	29€	[m²]	⏱ 0,16 h/m²	036.000.011
25€	29€	**31€**	32€	35€			

16	Sportboden, Nutzschicht, PVC						KG 325
	Sportboden Nutzschicht; PVC; Dicke 3mm; geklebt; inkl. Verfugen der Bahnenstöße mit Schmelzdraht
21€	23€	**24€**	25€	27€	[m²]	⏱ 0,16 h/m²	036.000.056
24€	28€	**29€**	30€	32€			

LB 036 Bodenbelagarbeiten

Nr.	Kurztext / Stichworte					[Einheit]	Ausf.-Dauer	Kostengruppe Positionsnummer
▶	▷	ø netto €	◁	◀				
▶	▷	ø brutto €	◁	◀				

17 Sportboden, rutschhemmende Beschichtung, PUR — KG **325**
Sportboden, Beschichtung; PUR, rutschhemmend; als Schutz- und Verschleißschicht

0,3€	2,8€	**4,2€**	5,2€	7,5€	[m²]	⏱ 0,12 h/m²	036.000.012
0,4€	3,4€	**5,0€**	6,2€	8,9€			

18 Sportboden, Versiegelung, Kunstharz — KG **325**
Versiegelung Sportboden; Kunstharz; als Schutz- und Verschleißschicht

–	17€	**18€**	20€	–	[m²]	⏱ 0,12 h/m²	036.000.057
–	20€	**22€**	24€	–			

19 Gerätehülsenabdeckung, mit Rahmen/Deckel — KG **325**
Gerätehülsenabdeckung; Alu-/Rotguss-Rahmen, Sicherheitsdeckel; mit Deckelbelag, bündig in Boden

16€	36€	**49€**	66€	96€	[St]	⏱ 0,90 h/St	036.000.014
19€	42€	**59€**	78€	114€			

20 Spielfeldmarkierung, PUR-Spielfeldfarbe — KG **325**
Spielfeldmarkierung; PUR-Spielfeldfarbe; Breite 20-50mm; inkl. Oberbelag vorbehandeln

3€	3€	**3€**	4€	4€	[m]	⏱ 0,05 h/m	036.000.013
3€	4€	**4€**	4€	5€			

21 Textiler Belag, Kunstfaser/Nadelvlies — KG **352**
Textilbelag; Nadelvlies, feinfasrig meliert, B1; Dicke 6mm; geklebt; Calciumsulfatestrich

14€	22€	**25€**	34€	53€	[m²]	⏱ 0,18 h/m²	036.000.015
17€	26€	**29€**	41€	64€			

22 Textiler Belag, Kunstfaser/Velour/Boucle — KG **352**
Textilbelag; Velour, vollsynthetisch, B1; Dicke 4mm; geklebt; Calciumsulfatestrich

14€	30€	**35€**	46€	69€	[m²]	⏱ 0,18 h/m²	036.000.017
16€	36€	**41€**	55€	82€			

23 Textiler Belag, Kunstfaser/Tuftingteppich — KG **352**
Textilbelag; Tuftingteppich, vollsynthetisch, feinfasrig meliert, B1; Dicke 8mm; geklebt; Calciumsulfatestrich

18€	24€	**27€**	31€	39€	[m²]	⏱ 0,18 h/m²	036.000.016
22€	28€	**32€**	37€	46€			

24 Textiler Belag, Naturfaser/Wolle/Sisal — KG **352**
Textilbelag; Wolle, E; geklebt; Calciumsulfatestrich

26€	32€	**35€**	36€	51€	[m²]	⏱ 0,18 h/m²	036.000.018
30€	38€	**42€**	43€	60€			

Kosten:
Stand 3.Quartal 2015
Bundesdurchschnitt

▶ min
▷ von
ø Mittel
◁ bis
◀ max

Nr.	Kurztext / Stichworte					[Einheit]	Ausf.-Dauer	Kostengruppe Positionsnummer
▶	▷	ø netto €	◁	◀				
▶	▷	ø brutto €	◁	◀				

25 Korkunterlage, Linoleum — KG 352
Dämmunterlage; Kork; Dicke 2mm; verkleben; auf Zementestrich

10€	14€	**16€**	17€	20€	[m²]	⏱ 0,12 h/m²	036.000.019
12€	17€	**19€**	20€	24€			

26 Linoleumbelag, 2,0mm — KG 352
Bodenbelag; Linoleum, Cfl-s1; Dicke 2,0mm; verlegen, verkleben; auf Calciumsulfatestrich

–	21€	**23€**	27€	–	[m²]	⏱ 0,17 h/m²	036.000.058
–	25€	**28€**	33€	–			

27 Linoleumbelag, 2,5mm — KG 352
Bodenbelag; Linoleum, Cfl-s1; Dicke 2,5mm; verlegen, verkleben; auf Calciumsulfatestrich

16€	21€	**24€**	28€	38€	[m²]	⏱ 0,17 h/m²	036.000.020
19€	26€	**28€**	33€	46€			

28 Linoleumbelag, über 2,5mm — KG 352
Bodenbelag; Linoleum, Cfl-s1; Dicke 3,2/4,0mm; verlegen, verkleben; geringer/mittlerer/starker

17€	25€	**27€**	31€	40€	[m²]	⏱ 0,17 h/m²	036.000.021
20€	30€	**33€**	37€	48€			

29 Linoleumbelag, Fliese, 50x50cm — KG 352
Bodenbelag; Linoleumfliesen, Cfl-s1; 50x50cm, Dicke 2,5mm.; verlegen, verkleben; auf Calciumsulfatestrich

–	37€	**45€**	53€	–	[m²]	⏱ 0,28 h/m²	036.000.059
–	44€	**54€**	63€	–			

30 Linoleumbahnen verschweißen — KG 352
Linoleumbelag verschweißen; Schweißschnur; Dicke 4mm; fräsen, thermisch verschweißen

0,1€	1,2€	**1,5€**	2,2€	3,5€	[m²]	⏱ 0,02 h/m²	036.000.022
0,1€	1,4€	**1,8€**	2,6€	4,2€			

31 Bodenbelag, PVC, 2,0mm — KG 352
Bodenbelag; PVC-Bahnen, gewerblich geeignet, Bfl-s1; Dicke 2,0mm; mit Dispersionskleber verlegen; auf Zementestrich

13€	15€	**15€**	16€	17€	[m²]	⏱ 0,17 h/m²	036.000.060
15€	17€	**18€**	19€	21€			

32 Bodenbelag, PVC, 3,0mm — KG 352
Bodenbelag; PVC-Bahnen, gewerblich geeignet, Bfl-s1; Dicke 3mm; mit Dispersionskleber verlegen; auf Zementestrich

16€	24€	**27€**	33€	45€	[m²]	⏱ 0,17 h/m²	036.000.023
19€	28€	**32€**	39€	53€			

© BKI Baukosteninformationszentrum

LB 036 Bodenbelagarbeiten

Kosten: Stand 3.Quartal 2015 Bundesdurchschnitt

- ▶ min
- ▷ von
- ø Mittel
- ◁ bis
- ◀ max

Nr.	Kurztext / Stichworte	▶	▷	ø netto €	◁	◀	[Einheit]	Ausf.-Dauer	Kostengruppe Positionsnummer
		▶	▷	ø brutto €	◁	◀			
33	**PVC-Bahnen verschweißen**								KG **352**
	PVC-Belag verschweißen; Schweißschnur; Dicke 4,0mm; fräsen, thermisch verschweißen								
		0,7€	1,3€	**1,5€**	1,7€	2,1€	[m²]	⏱ 0,03 h/m²	036.000.024
		0,8€	1,6€	**1,8€**	2,0€	2,4€			
34	**Bodenbelag, Kautschuk, 2,0mm**								KG **352**
	Bodenbelag; Kautschuk, gewerblich geeignet, Bfl-s1; Dicke 2,0mm; mit Dispersionskleber verlegen								
		21€	30€	**33€**	44€	64€	[m²]	⏱ 0,18 h/m²	036.000.061
		25€	35€	**40€**	53€	77€			
35	**Bodenbelag, Kautschuk, 3,0mm**								KG **352**
	Bodenbelag; Kautschuk, gewerblich geeignet, Bfl-s1; Dicke 3,0mm; mit Dispersionskleber verlegen; Zementestrich								
		–	36€	**43€**	53€	–	[m²]	⏱ 0,18 h/m²	036.000.062
		–	43€	**52€**	63€	–			
36	**Bodenbelag, Kautschukplatten**								KG **352**
	Bodenbelag; Kautschukplatten, gewerblich geeignet, Bfl-s1; Dicke 4-10mm; mit Dispersionskleber verlegen; Zementestrich								
		27€	38€	**42€**	51€	76€	[m²]	⏱ 0,20 h/m²	036.000.025
		32€	45€	**50€**	61€	90€			
37	**Bodenbelag, Naturkork, 4-10mm**								KG **352**
	Bodenbelag; Naturkork, Wohnraum geeignet, E; Dicke über 4-10 mm; mit Dispersionskleber verlegen; auf Zementestrich								
		25€	37€	**45€**	50€	58€	[m²]	⏱ 0,24 h/m²	036.000.026
		30€	44€	**54€**	60€	69€			
38	**Bodenbelag, Laminat**								KG **352**
	Bodenbelag; Laminat, HDF, Cfl-s1/E; kleben; auf Zementestrich								
		21€	32€	**33€**	37€	48€	[m²]	⏱ 0,30 h/m²	036.000.047
		25€	38€	**40€**	44€	57€			
39	**Bodenbelag, Laminat, schwimmend, 7,2mm**								KG **352**
	Bodenbelag; Laminat; Dicke 7,2mm; schwimmend, kleben, Stuhlrollengeeignet, Zigarettenglutbeständig; auf Zementestrich/.....								
		20€	25€	**26€**	27€	33€	[m²]	⏱ 0,30 h/m²	036.000.063
		23€	30€	**31€**	33€	40€			

Nr.	Kurztext / Stichworte						Kostengruppe
▶	▷	ø netto €	◁	◀	[Einheit]	Ausf.-Dauer	Positionsnummer
▶	▷	ø brutto €	◁	◀			

40 Bodenbelag, Laminat, schwimmend 8,2mm — KG 352
Bodenbelag; Laminat; Dicke 8,2mm; schwimmend, kleben, Stuhlrollengeeignet, Zigarettenglutbeständig; auf Zementestrich/.....

▶	▷	ø netto €	◁	◀	[Einheit]	Ausf.-Dauer	Positionsnummer
23€	27€	**28€**	30€	36€	[m²]	⏱ 0,30 h/m²	036.000.064
27€	32€	**33€**	36€	43€			

41 Bodenbelag, Laminat, liefern — KG 352
Bodenbelag, liefern; Laminat, Cfl-s1/E

12€	18€	**22€**	24€	32€	[m²]	—	036.000.045
15€	21€	**26€**	29€	38€			

42 Bodenbeläge verlegen — KG 352
Bodenbelag verlegen; auf Zementestrich; bauseitig gestellt

5€	8€	**10€**	13€	19€	[m²]	⏱ 0,18 h/m²	036.000.046
6€	9€	**11€**	16€	22€			

43 Treppenstufe, Elastischer Bodenbelag — KG 352
Stufenbelag, elastisch; Stg. 17,5x28,0cm; verkleben, inkl. Kantenschutzprofil

11€	24€	**29€**	29€	61€	[St]	⏱ 0,35 h/St	036.000.027
13€	28€	**34€**	35€	73€			

44 Treppenstufe, Textiler Belag — KG 352
Stufenbelag; Textil; Stg. 17,5x28,0cm; verkleben, inkl. Kantenschutzprofil

16€	26€	**31€**	35€	47€	[St]	⏱ 0,35 h/St	036.000.028
19€	31€	**37€**	41€	57€			

45 Treppenstufe, Laminat — KG 352
Stufenbelag; Laminat; Stufe 17,5cm; verkleben, inkl. Kantenschutzprofil

–	19€	**21€**	25€	–	[St]	⏱ 0,25 h/St	036.000.065
–	22€	**25€**	30€	–			

46 Treppenkante, Kunststoffprofil — KG 352
Treppenkantenprofil; Kunststoff; Schenkellänge bis 45mm; verkleben

6€	12€	**14€**	17€	23€	[m]	⏱ 0,15 h/m	036.000.029
8€	14€	**17€**	20€	27€			

47 Treppenkante, Aluminiumprofil — KG 352
Treppenkantenprofil; Aluminium; Schenkellänge bis 45mm; verkleben

–	13€	**16€**	19€	–	[m]	⏱ 0,19 h/m	036.000.066
–	16€	**19€**	23€	–			

LB 036 Bodenbelagarbeiten

Kosten:
Stand 3.Quartal 2015
Bundesdurchschnitt

▶ min
▷ von
ø Mittel
◁ bis
◀ max

Nr.	Kurztext / Stichworte	▶	▷	ø netto €	◁	◀	[Einheit]	Ausf.-Dauer	Kostengruppe Positionsnummer
		▶	▷	ø brutto €	◁	◀			
48	**Fußabstreifer, Reinstreifen**								KG **325**
	Fußabstreiferanlage; Reinstreifen Gummiprofil, Aluminiumrahmen; 25x25x3mm für 22mm Streifen/ 30x30x3mm für 27mm Streifen; dämmend, unterspülbar; auf Zementestrich; aufrollbar								
		337€	608€	**691€**	892€	1.339€	[St]	0,15 h/St	036.000.030
		401€	723€	**822€**	1.062€	1.594€			
49	**Fußabstreifer, Kokosfasermatte**								KG **325**
	Fußabstreifer; Kokosmatte, PVC-kaschiert; in bauseitige Aussparung								
		64€	127€	**140€**	150€	189€	[m²]	0,10 h/m²	036.000.043
		76€	151€	**167€**	179€	225€			
50	**Rohrdurchführung anarbeiten, Bodenbelag**								KG **352**
	Rohrdurchführung, anarbeiten; DN42								
		2€	3€	**4€**	5€	7€	[St]	0,05 h/St	036.000.031
		2€	4€	**4€**	5€	8€			
51	**Bodenbelag anarbeiten, Stützen**								KG **352**
	Bodenbelag anarbeiten, Stützen								
		–	4€	**6€**	9€	–	[St]	0,08 h/St	036.000.067
		–	5€	**8€**	11€	–			
52	**Abdeckschiene, Metall**								KG **352**
	Abdeckschiene; L-Metallprofil; Profilhöhe 3mm; bündig anarbeiten								
		6€	10€	**11€**	13€	19€	[m]	0,15 h/m	036.000.032
		7€	11€	**13€**	16€	23€			
53	**Übergangsprofil, Metall**								KG **352**
	Übergangsprofil; Metall; Belagwechsel unter Türe								
		4€	9€	**11€**	13€	20€	[m]	0,15 h/m	036.000.048
		5€	10€	**13€**	15€	24€			
54	**Dehnfuge, Aluminiumprofil**								KG **352**
	Bewegungsfugenprofil; Aluminium; bündig anarbeiten								
		13€	22€	**27€**	34€	45€	[m]	0,20 h/m	036.000.033
		15€	27€	**32€**	40€	54€			
55	**Verfugung, elastisch, Silikon**								KG **352**
	Fuge, elastisch; Silikon-Dichtstoff; hinterlegen der Hohlräume, glatt gestrichen								
		1€	3€	**4€**	5€	8€	[m]	0,04 h/m	036.000.034
		2€	4€	**4€**	6€	10€			

Nr.	Kurztext / Stichworte						Kostengruppe	
▶	▷	**ø netto €**	◁	◀		[Einheit]	Ausf.-Dauer	Positionsnummer
▶	▷	**ø brutto €**	◁	◀				

56 Sockelausbildung, Holzleiste — KG 352
Sockelleiste; Holzprofil, stoßfest farblos lackiert; 60x16mm; Ecken mit Gehrungsschnitt, Befestigung Senkkopfschraube

| 2€ | 7€ | **9€** | 14€ | 34€ | [m] | ⏱ 0,08 h/m | 036.000.035 |
| 3€ | 9€ | **11€** | 17€ | 41€ | | | |

57 Sockelausbildung, textiler Belag — KG 352
Sockelleiste, textiler Belag; PVC-Profil, Nadelvlies/Velour/Bouclé; Höhe 60mm; Befestigung Senkkopfschraube

| 2€ | 4€ | **4€** | 6€ | 10€ | [m] | ⏱ 0,04 h/m | 036.000.036 |
| 2€ | 4€ | **5€** | 7€ | 11€ | | | |

58 Sockelausbildung, Sporthalle — KG 352
Sockelleiste, Sportbodenbelag; Eiche, transparent beschichtet; 70x30mm; Befestigung Senkkopfschraube

| 6€ | 11€ | **12€** | 14€ | 20€ | [m] | ⏱ 0,10 h/m | 036.000.037 |
| 7€ | 13€ | **14€** | 17€ | 23€ | | | |

59 Sockelausbildung, PVC — KG 352
Sockelleiste; PVC, weich; Höhe 60mm; Befestigung Senkkopfschraube, Ecke mit Gehrungsschnitt

| 2€ | 4€ | **5€** | 7€ | 12€ | [m] | ⏱ 0,04 h/m | 036.000.038 |
| 2€ | 5€ | **5€** | 8€ | 14€ | | | |

60 Sockelausbildung, Lino-/Kautschuk — KG 352
Sockelleiste; Linoleum; Höhe 60mm; Befestigung Senkkopfschraube, Ecke mit Gehrungsschnitt

| 3€ | 6€ | **8€** | 12€ | 19€ | [m] | ⏱ 0,08 h/m | 036.000.039 |
| 4€ | 8€ | **10€** | 14€ | 23€ | | | |

61 Erstpflege, Bodenbelag — KG 325
Erstpflege Bodenbelag; Pflegemittel

| 0,2€ | 1,3€ | **1,8€** | 3,5€ | 7,3€ | [m²] | ⏱ 0,02 h/m² | 036.000.040 |
| 0,2€ | 1,5€ | **2,1€** | 4,1€ | 8,7€ | | | |

62 Schutzabdeckung, Bodenbelag, Hartfaserplatte — KG 352
Schutzabdeckung Bodenbelag; Hartfaserplatte; vollflächig abdecken, abkleben; inkl. entfernen, entsorgen

| 2€ | 3€ | **4€** | 5€ | 6€ | [m²] | ⏱ 0,10 h/m² | 036.000.041 |
| 2€ | 4€ | **5€** | 6€ | 7€ | | | |

63 Schutzabdeckung, Kunststofffolie — KG 352
Schutzabdeckung Bodenbelag; PE-Folie, 0,5mm; vollflächig abdecken; inkl. Entfernen, Entsorgen

| 1€ | 2€ | **2€** | 2€ | 3€ | [m²] | ⏱ 0,03 h/m² | 036.000.049 |
| 1€ | 2€ | **2€** | 3€ | 3€ | | | |

LB 036 Bodenbelagarbeiten

Nr.	Kurztext / Stichworte				[Einheit]	Ausf.-Dauer	Kostengruppe Positionsnummer
▶	▷	ø netto €	◁	◀			
▶	▷	ø brutto €	◁	◀			

64 Stundensatz Bodenleger-Facharbeiter
Stundenlohnarbeiten Vorarbeiter, Facharbeiter; Bodenlegerarbeiten

| 31€ | 39€ | **43**€ | 46€ | 55€ | [h] | ⏱ 1,00 h/h | 036.000.050 |
| 36€ | 47€ | **51**€ | 55€ | 66€ | | | |

65 Stundensatz Bodenleger-Helfer
Stundenlohnarbeiten Werker, Helfer; Bodenlegerarbeiten

| 19€ | 28€ | **34**€ | 39€ | 46€ | [h] | ⏱ 1,00 h/h | 036.000.051 |
| 23€ | 33€ | **40**€ | 46€ | 54€ | | | |

Kosten:
Stand 3.Quartal 2015
Bundesdurchschnitt

▶ min
▷ von
ø Mittel
◁ bis
◀ max

Positionen Neubau

LB 037 Tapezierarbeiten

Kosten: Stand 3.Quartal 2015 Bundesdurchschnitt

- ▶ min
- ▷ von
- ø Mittel
- ◁ bis
- ◀ max

Nr.	Kurztext / Stichworte	▶ ▷ ø netto € ◁ ◀ ▶ ▷ ø brutto € ◁ ◀	[Einheit]	Ausf.-Dauer	Kostengruppe Positionsnummer
1	**Schutzabdeckung, Inneneinrichtung** Abdeckarbeiten; Textil/Folie; überlappt, staubdicht abkleben; Inneneinrichtung 0,5€ 1,0€ **1,2€** 1,3€ 1,8€ 0,6€ 1,2€ **1,5€** 1,6€ 2,1€		[m²]	⏱ 0,05 h/m²	KG **397** 037.000.013
2	**Schutzabdeckung, Boden, Folie/Schutzvlies** Bodenflächen abdecken; Folie, reißfest /Schutzvlies; überlappt, staubdicht abkleben 0,8€ 1,5€ **1,5€** 2,1€ 3,0€ 1,0€ 1,7€ **1,8€** 2,5€ 3,5€		[m²]	⏱ 0,04 h/m²	KG **397** 037.000.030
3	**Schutzabdeckung, Boden, Pappe** Bodenflächen abdecken; Pappe/Karton; überlappt, staubdicht abkleben 0,8€ 1,3€ **1,7€** 2,1€ 2,6€ 0,9€ 1,6€ **2,1€** 2,4€ 3,0€		[m²]	⏱ 0,04 h/m²	KG **397** 037.000.031
4	**Putzuntergrund vorbehandeln, spachteln/grundieren** Spachtelung, Grundierung; für Tapezierarbeiten; Wand/Decke, Untergrund: Putz/Gipskarton 0,5€ 1,5€ **1,9€** 4,9€ 9,3€ 0,6€ 1,8€ **2,3€** 5,8€ 11€		[m²]	⏱ 0,06 h/m²	KG **345** 037.000.001
5	**Gipskartonflächen vorbehandeln, spachteln/grundieren** Wand-/Deckenfläche vorbehandeln; GK-Platten; spachteln, schleifen; für Tapezierung 0,5€ 0,8€ **0,8€** 1,0€ 1,4€ 0,6€ 0,9€ **1,0€** 1,1€ 1,6€		[m²]	⏱ 0,02 h/m²	KG **345** 037.000.033
6	**Untergrund vorbehandeln, Vlies** Spachtelung, Grundierung; Q3/Q4; für Wandbespannung; Wand, Untergrund: Gipskarton/Putz 3€ 6€ **7€** 8€ 11€ 4€ 7€ **8€** 10€ 13€		[m²]	⏱ 0,15 h/m²	KG **345** 037.000.015
7	**Untergrund vorbehandeln, teilspachteln/schleifen** Spachtelung; Teilflächen spachteln, schleifen; Wand/Decke, Untergrund: Putz, Gipskarton 1€ 2€ **2€** 2€ 4€ 1€ 2€ **2€** 3€ 4€		[m²]	⏱ 0,06 h/m²	KG **345** 037.000.019
8	**Raufasertapete, fein/weiß, Wand** Tapezieren; Raufasertapete, Körnung fein, weiß; auf Stoß kleben; Wände – 3€ **4€** 6€ – – 3€ **5€** 7€ –		[m²]	⏱ 0,12 h/m²	KG **345** 037.000.035

© **BKI** Baukosteninformationszentrum

Nr.	Kurztext / Stichworte					[Einheit]	Ausf.-Dauer	Kostengruppe Positionsnummer
▶	▷	ø netto €	◁	◀				
▶	▷	ø brutto €	◁	◀				

9	Raufasertapete, grob/weiß, Wand							KG **345**
Tapezieren; Raufasertapete, Körnung grob, weiß; auf Stoß kleben; Wände								
–	3€	**5€**	6€	–		[m²]	⏱ 0,12 h/m²	037.000.036
–	3€	**5€**	8€	–				

10	Raufasertapete, fein/weiß, Decke							KG **345**
Tapezieren; Raufasertapete, Körnung fein, weiß; auf Stoß kleben; Decke								
–	3€	**5€**	7€	–		[m²]	⏱ 0,12 h/m²	037.000.037
–	3€	**5€**	9€	–				

11	Raufasertapete, grob/weiß, Decke							KG **345**
Tapezieren; Raufasertapete, Körnung grob, weiß; auf Stoß kleben; Decke								
–	3€	**5€**	8€	–		[m²]	⏱ 0,12 h/m²	037.000.038
–	4€	**6€**	9€	–				

12	Raufasertapete, lineare Bauteile							KG **345**
Tapezieren, lineare Bauteile; Raufasertapete; Breite bis 15/30/60cm; auf Stoß kleben; Laibungen/Pfeiler/Stützen/Lisenen								
0,7€	1,5€	**1,7€**	5,2€	8,9€		[m]	⏱ 0,06 h/m	037.000.029
0,8€	1,8€	**2,0€**	6,2€	11€				

13	Raufaser, Dispersionsbeschichtung							KG **345**
Tapezieren, Beschichtung; Raufasertapete, Dispersionsfarbe; Körnung fein/mittel/grob; inkl. Grundierung; Wand/Decke bis 2,75m								
4€	6€	**6€**	7€	10€		[m²]	⏱ 0,24 h/m²	037.000.006
5€	7€	**8€**	9€	12€				

14	Glasfasergewebe, fein, Wand							KG **345**
Tapezieren; Glasfasertapete; Struktur fein; auf Stoß kleben; Wand								
–	6€	**7€**	8€	–		[m²]	⏱ 0,14 h/m²	037.000.039
–	7€	**9€**	10€	–				

15	Glasfasergewebe, grob, Wand							KG **345**
Tapezieren; Glasfasertapete; Struktur grob; auf Stoß kleben; Wand								
–	6€	**7€**	9€	–		[m²]	⏱ 0,14 h/m²	037.000.040
–	7€	**9€**	11€	–				

16	Glasfasergewebe, fein, Decke							KG **345**
Tapezieren; Glasfasertapete; Struktur fein; auf Stoß kleben; Decke								
–	6€	**8€**	9€	–		[m²]	⏱ 0,14 h/m²	037.000.041
–	7€	**9€**	10€	–				

LB 037
Tapezierarbeiten

Nr.	Kurztext / Stichworte				[Einheit]	Ausf.-Dauer	Kostengruppe Positionsnummer
▶	▷	ø netto €	◁	◀			
▶	▷	ø brutto €	◁	◀			

Kosten:
Stand 3.Quartal 2015
Bundesdurchschnitt

17 Glasfasergewebe, grob, Decke — KG 345
Tapezieren; Glasfasertapete; Struktur grob; auf Stoß kleben; Decke

| – | 6€ | **8€** | 9€ | – | [m²] | ⏱ 0,14 h/m² | 037.000.042 |
| – | 8€ | **10€** | 11€ | – | | | |

18 Glasfasergewebe, lineare Bauteile — KG 345
Tapezieren, Kleinflächen; Glasfasertapete; Breite bis 15/30/60cm; auf Stoß kleben; Laibungen/Pfeiler/Stützen/Lisenen

| 0,3€ | 1,9€ | **2,6€** | 3,3€ | 4,2€ | [m] | ⏱ 0,07 h/m | 037.000.027 |
| 0,4€ | 2,2€ | **3,1€** | 3,9€ | 5,0€ | | | |

19 Glasfasergewebe, Dispersionsbeschichtung — KG 345
Tapezieren, Beschichtung; Glasfasertapete, Dispersionsfarbe; Struktur fein/grob; auf Stoß kleben, inkl. Grundierung; Wand/Decke

| 7€ | 10€ | **11€** | 14€ | 19€ | [m²] | ⏱ 0,20 h/m² | 037.000.009 |
| 9€ | 12€ | **13€** | 16€ | 23€ | | | |

20 Sondertapete, Wand — KG 345
Tapezieren; Prägetapete; kleben; Innenwandfläche

| 7€ | 10€ | **13€** | 16€ | 24€ | [m²] | ⏱ 0,15 h/m² | 037.000.017 |
| 9€ | 12€ | **15€** | 19€ | 29€ | | | |

21 Tapezieren, Kleinflächen — KG 345
Tapezieren von Kleinflächen; bis 2,50m²; Nischenrückflächen, Pfeiler, Stützen, Lisenen

| 0,3€ | 1,0€ | **1,2€** | 1,5€ | 2,0€ | [m²] | ⏱ 0,05 h/m² | 037.000.010 |
| 0,4€ | 1,1€ | **1,4€** | 1,7€ | 2,4€ | | | |

22 Stundensatz Geselle/Facharbeiter, Tapezierarbeiten
Stundenlohnarbeiten Vorarbeiter, Facharbeiter; Tapezierarbeiten

| – | 30€ | **34€** | 38€ | – | [h] | ⏱ 1,00 h/h | 037.000.034 |
| – | 36€ | **41€** | 46€ | – | | | |

▶ min
▷ von
ø Mittel
◁ bis
◀ max

Positionen Neubau

LB 039 Trockenbauarbeiten

Kosten: Stand 3.Quartal 2015, Bundesdurchschnitt

Legende:
- ▶ min
- ▷ von
- ø Mittel
- ◁ bis
- ◀ max

Nr.	Kurztext / Stichworte				[Einheit]	Ausf.-Dauer	Kostengruppe Positionsnummer
▶	▷	ø netto €	◁	◀			
▶	▷	ø brutto €	◁	◀			

1 Unterdecke, abgehängt, Mineralfaserplatten, 15mm — KG 353
Rasterdecke, abgehängt; Mineralfaserplatten, glatt/gelocht; Dicke 15mm, 62,5x62,5cm; verschrauben

| 16€ | 24€ | **27€** | 38€ | 64€ | [m²] | ⏱ 0,50 h/m² | 039.000.001 |
| 20€ | 28€ | **32€** | 45€ | 76€ | | | |

2 Unterdecke, abgehängt, Mineralfaserplatten, 19mm — KG 353
Rasterdecke, abgehängt; Mineralfaserplatten, glatt/gelocht; Dicke 19mm, 62,5x62,5cm; verschrauben

| – | 28€ | **33€** | 44€ | – | [m²] | ⏱ 0,05 h/m² | 039.000.090 |
| – | 33€ | **39€** | 52€ | – | | | |

3 Randanschluss, Rasterdecke — KG 353
Randanschluss, Rasterdecke; Wandwinkel, L-förmig, beschichtet; 25x20mm; sichtbar; Stahlbeton/Mauerwerk

| 2€ | 3€ | **3€** | 4€ | 5€ | [m] | ⏱ 0,10 h/m | 039.000.002 |
| 3€ | 4€ | **4€** | 5€ | 6€ | | | |

4 Randanschluss, Mineralwolledecke — KG 353
Randanschluss, Mineralwolledecke; Wandwinkel, L-förmig, beschichtet; 25x20mm; sichtbar; Stahlbeton/Mauerwerk

| – | 4€ | **6€** | 7€ | – | [m] | ⏱ 0,08 h/m | 039.000.091 |
| – | 5€ | **7€** | 8€ | – | | | |

5 Randausbildung, Anschnittplatte, Mineralwolledecke — KG 353
Randausbildung, Zuschnitt, Mineralwolledecke; Mineralwolleplatte; gerade/schräge

| 3€ | 7€ | **8€** | 10€ | 15€ | [m] | ⏱ 0,20 h/m | 039.000.003 |
| 3€ | 8€ | **9€** | 11€ | 18€ | | | |

6 Metall-Kassettendecke, abgehängt — KG 353
Metallkassettendecke, abgehängt; Metall, einbrennlackiert, Mineralwolle; 312,5x312,5mm/600x600mm/625x625mm, Blech 0,6mm, MW 40mm; abklappbar/abnehmbar; Abhanghöhe bis 1,00m

| 35€ | 47€ | **51€** | 65€ | 84€ | [m²] | ⏱ 0,65 h/m² | 039.000.004 |
| 42€ | 56€ | **61€** | 77€ | 100€ | | | |

7 Metall-Kassettendecke, gelocht, Bandraster — KG 353
Metallkassettendecke, abgehängt; Metall, mit Bandraster, Mineralwolledämmung; 312,5x312,5mm/600x600mm/625x625mm, Blech 0,6mm, MW 40mm; abklappbar/abnehmbar; Abhanghöhe bis 1,00m

| – | 57€ | **62€** | 73€ | – | [m²] | ⏱ 0,90 h/m² | 039.000.092 |
| – | 67€ | **74€** | 87€ | – | | | |

8 Metall-Paneeldecke, abgehängt, 100/150mm — KG 353
Metallpaneeldecke, abgehängt; Metall, einbrennlackiert, Mineralwolle, A1; Modulbreite 100/150mm, Blech 0,6mm, MW 40mm; abklappbar/abnehmbar; Abhanghöhe bis 1,00m

| – | 44€ | **48€** | 59€ | – | [m²] | ⏱ 0,65 h/m² | 039.000.093 |
| – | 52€ | **58€** | 71€ | – | | | |

© BKI Baukosteninformationszentrum

Nr.	Kurztext / Stichworte					Kostengruppe		
▶	▷	ø netto €	◁	◀	[Einheit]	Ausf.-Dauer	Positionsnummer	
▶	▷	ø brutto €	◁	◀				

9 Metall-Paneeldecke, abgehängt, 200mm — KG 353

Metallpaneeldecke, abgehängt; Metall, einbrennlackiert, Mineralwolle, A1; Modulbreite 200mm, Blech 0,6mm, MW 40mm; abklappbar/abnehmbar; Abhanghöhe bis 1,00m

▶	▷	ø netto €	◁	◀	[Einheit]	Ausf.-Dauer	Positionsnummer
–	42€	**48€**	58€	–	[m²]	⏱ 0,70 h/m²	039.000.094
–	50€	**57€**	69€	–			

10 Decke, abgehängt, Gipsplatte, einlagig, Federschiene — KG 353

Decke abgehängt; GK-Platten Typ A, UK Federschiene, Stahlprofile, ohne Dämmung/akustische Mineralwolle; Platte 12,5mm, Hutprofil 98x15; einlagig, verspachtelt, schleifen; Stahlbetondecke; Abhanghöhe bis 0,50m

▶	▷	ø netto €	◁	◀	[Einheit]	Ausf.-Dauer	Positionsnummer
32€	33€	**34€**	36€	39€	[m²]	⏱ 0,52 h/m²	039.000.063
38€	39€	**40€**	43€	47€			

11 Decke, abgehängt, Gipsplatte, einlagig — KG 353

Decke abgehängt; GK-Platte Typ A, Metallunterkonstruktion, ohne Dämmung/Mineralwolle; Platte 12,5mm; einlagig, verspachteln, geschliffen; Stahlbetondecke; Abhanghöhe bis 0,50m

▶	▷	ø netto €	◁	◀	[Einheit]	Ausf.-Dauer	Positionsnummer
17€	33€	**38€**	46€	71€	[m²]	⏱ 0,52 h/m²	039.000.005
20€	39€	**45€**	55€	85€			

12 Akustikdecke, abgehängt, GK-Lochplatten — KG 353

Akustikdecke, abgehängt; GK-Platte Typ A. gelocht, Metallunterkonstruktion; Platten 12,5mm; einlagig, verspachteln, geschliffen; Stahlbetondecke; Abhanghöhe bis 0,50m

▶	▷	ø netto €	◁	◀	[Einheit]	Ausf.-Dauer	Positionsnummer
–	45€	**51€**	62€	–	[m²]	⏱ 0,80 h/m²	039.000.095
–	54€	**61€**	73€	–			

13 Akustikdecke, abgehängt, GK-Kassetten — KG 353

Decke, abgehängt; Gipskassettenplatten, gelocht, Metallunterkonstruktion; Platten 12,5mm; ohne Dämmung, einlagig, verspachteln, geschliffen; Stahlbetondecke; Abhanghöhe bis 0,50m

▶	▷	ø netto €	◁	◀	[Einheit]	Ausf.-Dauer	Positionsnummer
–	43€	**48€**	57€	–	[m²]	⏱ 0,75 h/m²	039.000.096
–	51€	**57€**	68€	–			

14 Decke, abgehängt, GK/GF, doppellagig — KG 353

Decke, abgehängt; GF/GK-Platten, Trägerrost, Mineralwolle; Dicke 12,5mm Mineralwolle Dicke 40mm; zweilagig, spachteln, schleifen; Stahlbetondecke; Abhanghöhe bis 0,50m

▶	▷	ø netto €	◁	◀	[Einheit]	Ausf.-Dauer	Positionsnummer
29€	39€	**44€**	55€	80€	[m²]	⏱ 0,60 h/m²	039.000.006
35€	46€	**52€**	65€	95€			

15 Decke, abgehängt, GK/GF, doppellagig, F90-A/EI-90 — KG 353

Decke, abgehängt; GK Platten F90A, Abhänger; Platte Dicke 18-25mm; doppelt beplankt, verspachteln, schleifen; Holzbalkendecke

▶	▷	ø netto €	◁	◀	[Einheit]	Ausf.-Dauer	Positionsnummer
46€	84€	**93€**	108€	123€	[m²]	⏱ 0,70 h/m²	039.000.007
55€	99€	**110€**	129€	147€			

© BKI Baukosteninformationszentrum — Kostenstand: 3.Quartal 2015, Bundesdurchschnitt

LB 039 Trockenbauarbeiten

Nr.	Kurztext / Stichworte					[Einheit]	Ausf.-Dauer	Kostengruppe Positionsnummer
▶	▷	ø netto €	◁	◀				
▶	▷	ø brutto €	◁	◀				

Kosten:
Stand 3.Quartal 2015
Bundesdurchschnitt

16 Decke, abgehängt Trapezblech, Gipsplatten 2x20 mm, F90-A — KG 353
Decke, abgehängt unter Trapezblech; Gips-Feuerschutzplatten, F90A; Abhänger 2x20mm; verspachteln, schleifen, Q2 / Q3 / Q4

–	68€	**74€**	85€	–	[m²]	0,90 h/m²	039.000.097
–	81€	**88€**	101€	–			

17 Decke, abgehängt, Zementplatten, Feuchtraum — KG 353
Decke, abgehängt; Zementplatten, Abhänger; Platte 12,5mm; verspachteln, schleifen, Q2; Feuchtraum

–	69€	**64€**	74€	–	[m²]	0,70 h/m²	039.000.098
–	82€	**76€**	89€	–			

18 Decke, abgehängt, selbsttragend, EI-90 — KG 353
Unterdecke EI 90; Brandschutz-Bauplatten; selbsttragende abgehängte Decke, gespachtelt, geschliffen, Q2; innen

61€	85€	**96€**	116€	161€	[m²]	0,75 h/m²	039.000.075
72€	101€	**114€**	138€	192€			

19 Verstärkung, Unterkonstruktion, abgehängte Decke — KG 353
Verstärkung, Unterkonstruktion; OSB-Holzplattenstreifen

1€	5€	**6€**	8€	12€	[m²]	0,04 h/m²	039.000.050
2€	6€	**7€**	10€	15€			

20 Decke, abgehängt, Unterkonstruktion, Federschiene — KG 353
Unterkonstruktion, Federschiene; Stahlblechprofil, verzinkt, Hutprofil 98x15mm

6€	9€	**12€**	14€	19€	[m²]	0,06 h/m²	039.000.064
7€	10€	**14€**	17€	23€			

21 Decke, Weitspannträger — KG 353
Decke, Weitspannträger; Unterkonstruktion, freitragende Decke

6€	10€	**14€**	15€	19€	[m²]	0,08 h/m²	039.000.076
7€	12€	**16€**	18€	22€			

▶ min
▷ von
ø Mittel
◁ bis
◀ max

22 Randanschluss, Schattennutprofil — KG 353
Randanschluss; Schattennut-Profil, F0/F30A/F90A; Breite 15mm, Tiefe 12,5mm; anspachteln, feinschleifen; abgehängte Decke

2€	7€	**9€**	12€	20€	[m]	0,16 h/m	039.000.009
2€	8€	**10€**	14€	24€			

23 Verblendung, Deckensprung — KG 353
Deckensprung-Verblendung; GK-Platten; Fläche 50-80mm, Dicke 12,5mm; spachteln, schleifen

8€	23€	**30€**	46€	88€	[m]	0,14 h/m	039.000.010
9€	28€	**36€**	55€	105€			

Nr.	Kurztext / Stichworte							Kostengruppe
▶	▷	ø netto €	◁	◀	[Einheit]	Ausf.-Dauer	Positionsnummer
▶	▷	ø brutto €	◁	◀			

24	Öffnungen/Ausschnitte, bis DN200							KG **353**

Aussparung, Einbauleuchten; GP-/GF-/Mineralfaser-Decke; DN150; abgehängte Decke

2 €	9 €	**12 €**	23 €	48 €	[St]	⏱ 0,20 h/St	039.000.011
3 €	11 €	**14 €**	28 €	57 €			

25	Öffnungen/Ausschnitte, bis 50x50mm							KG **353**

Aussparung, Einbauleuchten; GP-/GF-/Mineralfaser-Decke; 50x50mm; Abgehängte Decke

–	12 €	**14 €**	24 €	–	[St]	⏱ 0,30 h/St	039.000.099
–	14 €	**17 €**	29 €	–			

26	Aussparung, Langfeldleuchte							KG **353**

Aussparung, Langfeldleuchte; GP-/GF-/Mineralfaser-Decke; Breite 150, Länge 2000mm; abgehängte Decke

5 €	11 €	**13 €**	17 €	26 €	[m]	⏱ 0,25 h/m	039.000.012
6 €	13 €	**16 €**	20 €	31 €			

27	Ausschnitt, Schalterdosen							KG **353**

Ausschnitt Schalterdosen; Trockenbauwand

0,8 €	2,5 €	**3,1 €**	4,5 €	7,5 €	[St]	⏱ 0,10 h/St	039.000.077
0,9 €	3,0 €	**3,6 €**	5,3 €	8,9 €			

28	Ausschnitt, Stromschiene							KG **353**

Aussparung, Stromschiene; GP-/GF-/Mineralfaser-Decke; Breite 150mm; inkl. Verstärkung der Unterkonstruktion

8 €	21 €	**27 €**	31 €	50 €	[m]	⏱ 0,35 h/m	039.000.013
10 €	25 €	**32 €**	37 €	59 €			

29	Bekleidung Dachgeschoss, GK, einlagig							KG **353**

Bekleidung, Dachgeschoss; Gipsplatten; Platte 12,5mm; einfach beplankt, verspachteln; inkl. Abseiten

–	21 €	**29 €**	34 €	–	[m²]	⏱ 0,06 h/m²	039.000.100
–	25 €	**34 €**	41 €	–			

30	Bekleidung Dachgeschoss, GK, doppellagig							KG **353**

Bekleidung, Dachgeschoss; Gipsplatten; 2x12,5mm; doppelt beplankt, verspachteln; inkl. Abseiten

–	27 €	**38 €**	45 €	–	[m²]	⏱ 0,75 h/m²	039.000.101
–	32 €	**45 €**	54 €	–			

31	Bekleidung Dachgeschoss, GK, Dämmung							KG **353**

Bekleidung, Dachgeschoss; Gipsplatten, Mineralwolle; Platte 12,5mm, MW bis 180mm; einfach beplankt, verspachteln; inkl. Abseiten

–	33 €	**45 €**	54 €	–	[m²]	⏱ 0,75 h/m²	039.000.102
–	39 €	**54 €**	64 €	–			

© BKI Baukosteninformationszentrum Kostenstand: 3.Quartal 2015, Bundesdurchschnitt

LB 039 Trockenbauarbeiten

Kosten: Stand 3.Quartal 2015 Bundesdurchschnitt

- ▶ min
- ▷ von
- ø Mittel
- ◁ bis
- ◀ max

Nr.	Kurztext / Stichworte	▶	▷	ø netto €	◁	◀	[Einheit]	Ausf.-Dauer	Kostengruppe Positionsnummer
		▶	▷	ø brutto €	◁	◀			
32	**Bekleidung Dachgeschoss, Gipsfaserplatte**								KG **353**
	Bekleidung Dachgeschoss; Gipsfaserplatte; Platte 12,5mm; einfach beplankt, verspachteln; inkl. Abseiten								
		–	26€	**35€**	43€	–	[m²]	⏱ 0,60 h/m²	039.000.103
		–	30€	**42€**	51€	–			
33	**Bekleidung Dachgeschoss, Zementplatte, Feuchtraum**								KG **353**
	Bekleidung Dachgeschoss; Zementplatte; Platte 12,5mm; einfach beplankt, verspachteln; Feuchtraum; inkl. Abseiten								
		–	45€	**63€**	75€	–	[m²]	⏱ 0,80 h/m²	039.000.104
		–	54€	**75€**	89€	–			
34	**Montagewand, Holz, 100mm, GK einlagig, MW 40mm, EI 30**								KG **342**
	Montagewand; Holz, GK-Platten, Mineralwolle; Dicke 100mm, Plattendicke 12,5mm, MW 40mm; beidseitig beplankt, verspachteln, geschliffen								
		47€	55€	**59€**	68€	79€	[m²]	⏱ 0,40 h/m²	039.000.078
		56€	66€	**71€**	81€	94€			
35	**Montagewand, Holz, 85mm, Gipsfaserplatten einlagig**								KG **342**
	Montagewand; Holz, GF-Platten, Mineralwolle; Wand 85mm, Platte 12,5mm, MW 85mm; beidseitig beplankt, verspachteln, geschliffen								
		–	40€	**47€**	53€	–	[m²]	⏱ 0,65 h/m²	039.000.105
		–	48€	**55€**	63€	–			
36	**Montagewand, Holz, 100mm, Gipsfaserplatten doppellagig**								KG **342**
	Montagewand; Holz, GF-Platten, Mineralwolle; Wanddicke 100mm, Platte 12,5mm, MW 50mm; beidseitig beplankt, verspachteln, geschliffen								
		–	50€	**56€**	64€	–	[m²]	⏱ 0,85 h/m²	039.000.106
		–	59€	**66€**	77€	–			
37	**Montagewand, Metall, 100mm, GK einlagig, MW 40mm, EI 0**								KG **342**
	Montagewand, EI 0; Stahl, GK-Platten, Mineralwolle, WLG 040; Dicke 100mm, Plattendicke 12,5mm, MW 40mm; beidseitig, einlagig beplankt, verspachteln, schleifen								
		34€	45€	**48€**	57€	74€	[m²]	⏱ 0,40 h/m²	039.000.014
		41€	53€	**58€**	68€	88€			
38	**Montagewand, Metall, 75mm, Gipsfaserplatten, einlagig**								KG **342**
	Montagewand; Stahl, GF-Platten, Mineralwolle, WLG 040; Wanddicke 75mm, Platte 12,5mm, MW 40mm; beidseitig, einlagig beplankt, verspachteln, schleifen								
		–	39€	**46€**	54€	–	[m²]	⏱ 0,70 h/m²	039.000.107
		–	47€	**54€**	64€	–			

Nr.	Kurztext / Stichworte				[Einheit]	Ausf.-Dauer	Kostengruppe Positionsnummer
▶ ▶	▷ ▷	ø netto € ø brutto €	◁ ◁	◀ ◀			

39 — Montagewand, Metall, 100mm, Gipsfaserplatten, doppellagig — KG 342

Montagewand; Stahl, GF-Platten, Mineralwolle, WLG 040; Wanddicke 100mm, Platte 12,5mm, MW 40mm; beidseitig, einlagig beplankt, verspachteln, schleifen

–	47 €	**53 €**	64 €	–	[m²]	⏱ 0,90 h/m²	039.000.108
–	56 €	**63 €**	76 €	–			

40 — Montagewand, Metall, 125mm, GK doppellagig, MW 60mm, bis EI 30 — KG 342

Montagewand, EI 30; Stahl GK-Platten, Mineralwolle; Dicke 125mm, Plattendicke 12,5mm, MW 60mm; beidseitig, doppelt beplankt, verspachteln, schleifen; verschrauben, verfugen

37 €	49 €	**54 €**	65 €	103 €	[m²]	⏱ 0,65 h/m²	039.000.016
43 €	59 €	**65 €**	78 €	122 €			

41 — Montagewand, Metall, 150mm, GK doppellagig, MW 40mm, bis EI 30 — KG 342

Montagewand, EI 30; Stahl, GK-Platten, Mineralwolle; Dicke 150mm, Plattendicke 12,5mm, MW 40mm; beidseitig, doppelt beplankt, verspachteln, schleifen

36 €	49 €	**53 €**	62 €	84 €	[m²]	⏱ 0,65 h/m²	039.000.017
43 €	58 €	**63 €**	74 €	100 €			

42 — Montagewand, Metall, 100mm, GKF doppellagig, MW 50mm, EI 90 — KG 342

Montagewand, EI 90; Stahl, GKF-Platten, Mineralwolle, WLG 040, MW 50mm; Dicke 100mm, Plattendicke 12,5mm; beidseitig, doppelt beplankt, verspachteln, schleifen

35 €	52 €	**59 €**	71 €	102 €	[m²]	⏱ 0,65 h/m²	039.000.018
41 €	62 €	**70 €**	84 €	122 €			

43 — Montagewand, Metall, 100mm, Zementplatten, einlagig, Feuchtraum — KG 342

Montagewand; Metall, Zementplatten, Mineralwolle; Wanddicke 100mm, Platte 12,5mm, MW 50mm; beidseitig, verspachteln, schleifen; Feuchtraum

–	58 €	**64 €**	78 €	–	[m²]	⏱ 0,70 h/m²	039.000.109
–	69 €	**77 €**	92 €	–			

44 — Montagewand, Metall, 125mm, Zementplatten, doppellagig, Feuchtraum — KG 342

Montagewand; Metall, Zementplatten, Mineralwolle; Wanddicke 125, Platte 12,5mm, MW 50mm; doppellagig, beidseitig, verspachteln, schleifen; Feuchtraum

–	79 €	**86 €**	98 €	–	[m²]	⏱ 0,90 h/m²	039.000.110
–	93 €	**102 €**	116 €	–			

45 — Montagewand, Gipsplatten, Brandwand, nichttragend — KG 342

Montagewand, Brandwand, nichttragend; Gips-Feuerschutzplatten, Stahlblech, Mineralwolle; Wanddicke 111mm, Platte 15,0mm, MW 80mm; beidseitig, verspachteln, schleifen

–	88 €	**97 €**	113 €	–	[m²]	⏱ 1,60 h/m²	039.000.113
–	105 €	**115 €**	134 €	–			

**LB 039
Trockenbau-
arbeiten**

	Nr.	Kurztext / Stichworte				[Einheit]	Kostengruppe	
	▶	▷	ø netto €	◁	◀		Ausf.-Dauer	Positionsnummer
	▶	▷	ø brutto €	◁	◀			

46   Montagewand, Gipsplatten, Brandwand, tragend KG **342**
Montagewand, Brandwand, tragend; GKF-Platten, Stahlblech, Mineralwolle; Wanddicke 166mm, Platte 20+12,5mm, MW 80mm; beidseitig, doppelt beplankt, verspachteln, schleifen

| – | 103€ | **114€** | 135€ | – | [m²] | ⏱ 1,70 h/m² | 039.000.114 |
| – | 122€ | **135€** | 161€ | – | | | |

47   Montagewand, Gipsplatten, Sicherheitswand WK3 KG **342**
Montagewand, Sicherheitswand WK3; GKF-Platten, Stahlblech, Mineralwolle; Wanddicke 152mm, Platte 12,5mm; beidseitig, doppelt beplankt, verspachteln, schleifen

| – | 97€ | **110€** | 124€ | – | [m²] | ⏱ 1,75 h/m² | 039.000.115 |
| – | 116€ | **131€** | 147€ | – | | | |

48   Montagewand, außen, Zementplatten, nichttragend KG **342**
Montagewand, außen; Zementplatten, GK-Platten, Mineralwolle; Wanddicke 138mm, Platte 12,5mm, MW 50mm; beidseitig, doppelt beplankt, verspachteln, schleifen, Dampfsperre

| – | 70€ | **77€** | 89€ | – | [m²] | ⏱ 0,95 h/m² | 039.000.116 |
| – | 84€ | **91€** | 106€ | – | | | |

49   Montagewand, Metall, 200mm, GK doppellagig, doppeltes Ständerwerk KG **342**
Montagewand, EI 90; Stahl, GK-Platten, Mineralwolle; Dicke 200mm, Plattendicke 12,50, MW 40; doppeltes Ständerwerk, beidseitig, doppelt beplankt, verspachteln, schleifen; verschrauben, verfugen

| 36€ | 53€ | **62€** | 71€ | 91€ | [m²] | ⏱ 0,80 h/m² | 039.000.019 |
| 43€ | 64€ | **74€** | 85€ | 108€ | | | |

50   Montagewand, Metall, 125mm, GKF einlagig, doppeltes Ständerwerk, MW80mm KG **342**
Montagewand; Stahl, GKF-Platten, Mineralwolle; Dicke 125mm, Plattendicke 12,5mm, MW 80mm; beidseitig, einlagig beplankt, verspachteln, schleifen

| 54€ | 68€ | **73€** | 81€ | 107€ | [m²] | ⏱ 0,75 h/m² | 039.000.015 |
| 65€ | 81€ | **87€** | 97€ | 127€ | | | |

51   Montagewand, Metall, 100mm, GK einlagig, Schallschutz KG **342**
Montagewand; Metallprofile, GKF-Platten, Mineralwolle; Wanddicke 100mm, Platte 12,5mm, MW 60mm; einlagig, verspachteln, schleifen, Schallschutz

| – | 45€ | **48€** | 57€ | – | [m²] | ⏱ 0,70 h/m² | 039.000.117 |
| – | 53€ | **57€** | 68€ | – | | | |

52   Montagewand, Metall, 150mm, GK doppellagig, Schallschutz KG **342**
Montagewand; Metallprofile, GKF-Platten, Mineralwolle; Wanddicke 150mm, Platte 12,5mm, MW 80mm; verspachteln, schleifen, Schallschutz

| – | 62€ | **69€** | 79€ | – | [m²] | ⏱ 0,95 h/m² | 039.000.118 |
| – | 74€ | **82€** | 93€ | – | | | |

Kosten:
Stand 3.Quartal 2015
Bundesdurchschnitt

▶ min
▷ von
ø Mittel
◁ bis
◀ max

Nr.	Kurztext / Stichworte							Kostengruppe
▶	▷	ø netto €	◁	◀		[Einheit]	Ausf.-Dauer	Positionsnummer
▶	▷	ø brutto €	◁	◀				

53	Montagewand, 100mm, Gips-Hartplatten, Schall-/Brandschutz							KG **342**

Montagewand; Metallprofile, Hartgips-Platten, Mineralwolle; Wanddicke 100mm, Platten 12,5mm, MW 60mm; verspachteln, schleifen, Schall-/Brandschutz

–	46€	**52€**	61€	–	[m²]	⏱ 0,70 h/m²	039.000.119
–	55€	**62€**	73€	–			

54	Montagewand, 125mm, Gips-Hartplatten, doppelt, Schall-/Brandschutz							KG **342**

Montagewand; Metallprofile, Hartgips-Platten, Mineralwolle; Wanddicke 125mm, Platte 12,5mm, MW 60mm; verspachteln, schleifen, Schall-/Brandschutz

–	62€	**69€**	80€	–	[m²]	⏱ 0,95 h/m²	039.000.120
–	73€	**82€**	95€	–			

55	Innenwand, Gipswandbauplatte, Mauerwerk							KG **342**

Innenwandmauerwerk, nichttragend; GK-Platten; Dicke 80-100mm; Q2, für Putzauftrag

36€	43€	**46€**	51€	58€	[m²]	⏱ 0,60 h/m²	039.000.079
43€	51€	**54€**	60€	69€			

56	Anschluss, Montagewand, Dach-/Wandschräge							KG **342**

Randanschluss, Montagewand; GK-Platten; GK-Platte 12,5mm; beidseitig einfach/doppelt beplankt

1€	5€	**7€**	8€	12€	[m]	⏱ 0,20 h/m	039.000.070
1€	6€	**8€**	10€	14€			

57	Anschluss, gleitend, Montagewand							KG **342**

Wandanschluss; bis 20mm; inkl. aller notwendiger Profilschienen

0,3€	9,8€	**14€**	34€	91€	[m]	⏱ 0,30 h/m	039.000.026
0,4€	12€	**17€**	41€	109€			

58	Ecken, Kantenprofil, Montagewand							KG **342**

Eckausbildung; Eck-/Kantenprofil; rechtwinklig; Montagewand

1€	5€	**6€**	9€	19€	[m]	⏱ 0,18 h/m	039.000.053
2€	6€	**7€**	10€	22€			

59	Wandabschluss, frei, Montagewand							KG **342**

Freie Wandenden; verspachtelt und geschliffen; Leichtbauwand; inkl. der Eck-/ Kantenprofile

1€	11€	**14€**	22€	40€	[m]	⏱ 0,30 h/m	039.000.062
2€	13€	**17€**	26€	48€			

60	Montagewand, T-Anschluss							KG **342**

T-Anschluss; mit starrer Verbindung und Beplankung unterbrochen / mit Inneneckprofilen

0,7€	5,9€	**7,0€**	11€	19€	[m]	⏱ 0,16 h/m	039.000.028
0,8€	7,0€	**8,3€**	13€	22€			

LB 039 Trockenbauarbeiten

Kosten:
Stand 3.Quartal 2015
Bundesdurchschnitt

▶ min
▷ von
ø Mittel
◁ bis
◀ max

Nr.	Kurztext / Stichworte						[Einheit]	Ausf.-Dauer	Kostengruppe Positionsnummer
▶	▷	ø netto €	◁	◀					
▶	▷	ø brutto €	◁	◀					

61 Türöffnung, Montagewand — KG 342
Öffnungen herstellen; Ständerwand, GK-Platten; bxh=750x200mm/1.000x2.125mm, Dicke 75-150mm; Montagewand; als Türöffnung

| 15€ | 41€ | **50€** | 68€ | 130€ | [St] | ⏱ 0,50 h/St | 039.000.020 |
| 18€ | 49€ | **60€** | 81€ | 154€ | | | |

62 Fensteröffnung, Montagewand — KG 342
Öffnung herstellen; GK-Platten; bxh=750x2.000mm/1.000x2.125mm, Dicke 75-150mm; Montagewand; als Fensteröffnung

| 9€ | 39€ | **51€** | 69€ | 105€ | [St] | ⏱ 0,50 h/St | 039.000.072 |
| 10€ | 46€ | **61€** | 82€ | 125€ | | | |

63 Türzargen, Aluminium beschichtet — KG 344
Umfassungszarge; Aluminium, E6/C00/PUR-beschichtet; Breite 625-1.000mm, Höhe 2.130mm; ein-/dreiteilig, nachträglich einbauen

| 76€ | 118€ | **134€** | 169€ | 281€ | [St] | ⏱ 1,10 h/St | 039.000.021 |
| 90€ | 141€ | **159€** | 201€ | 335€ | | | |

64 Türzargen, Umfassungszarge, einbauen — KG 344
Umfassungszarge; Stahl-/Aluminium; Breite 625-1.000mm, Höhe 2.130mm; ein-/dreiteilig, nachträglich einbauen

| 24€ | 40€ | **47€** | 56€ | 70€ | [St] | ⏱ 0,75 h/St | 039.000.022 |
| 28€ | 47€ | **56€** | 67€ | 84€ | | | |

65 Türelement, Röhren-/Vollspan, einflüglig, Umfassungszarge — KG 344
Türelement; Stahl-/Aluminium, Röhrenspan/Vollspan; Breite 760-1.010mm, Höhe 2.050-2.130mm, Türblattdicke 40mm; ein-/dreiteilig, nachträglich einbauen

| 204€ | 417€ | **467€** | 602€ | 965€ | [St] | ⏱ 2,50 h/St | 039.000.023 |
| 243€ | 496€ | **556€** | 716€ | 1.148€ | | | |

66 Fensterelement, feststehend, Zarge, ESG-Verglasung — KG 344
Fensterelement; ESG-Verglasung; Breite 625-1.000mm, Höhe 2.130mm; nachträglicher Einbauen; Innenwand

| 168€ | 320€ | **412€** | 455€ | 535€ | [St] | ⏱ 1,20 h/St | 039.000.071 |
| 200€ | 380€ | **491€** | 541€ | 637€ | | | |

67 Schiebetür-Einbauelement, Montagewand — KG 344
Schiebetür-Einbauelement; Stahlblechprofile, verzinkt; Wand 100/125/150mm; Laufwagen für Holztürblatt / Glastürblatt, ein-/zweiflüglig; Metallständerwand

| 466€ | 626€ | **683€** | 891€ | 1.297€ | [St] | ⏱ 2,80 h/St | 039.000.059 |
| 555€ | 744€ | **813€** | 1.061€ | 1.543€ | | | |

Nr.	Kurztext / Stichworte					Kostengruppe		
▶	▷	ø netto €	◁	◀	[Einheit]	Ausf.-Dauer	Positionsnummer	
▶	▷	ø brutto €	◁	◀				

68 Revisionsklappe 15x15 — KG **345**

Revisionsöffnung; Einbau- und Klapprahmen aus Aluminium, F0; 15x15cm; einfach/doppelt beplankt, GK/GF; inkl. Herstellen der Aussparung und flächenbündiger Beplankung und Verspachtelung

| 17€ | 37€ | **41€** | 48€ | 77€ | [St] | ⏱ 0,25 h/St | 039.000.088 |
| 20€ | 43€ | **49€** | 57€ | 92€ | | | |

69 Revisionsklappe 40x60 — KG **345**

Revisionsöffnung; Einbau- und Klapprahmen aus Aluminium, F0; 40x60cm; einfach/doppelt beplankt, GK/GF; inkl. Herstellen der Aussparung und flächenbündiger Beplankung und Verspachtelung

| 37€ | 48€ | **53€** | 60€ | 75€ | [St] | ⏱ 0,28 h/St | 039.000.089 |
| 44€ | 57€ | **63€** | 71€ | 89€ | | | |

70 Revisionsöffnung/-klappe, eckig, Brandschutz — KG **342**

Revisionsklappe; Aluminium, GK-/GF-Platten; hxb=200/300/400x200/ 300/400mm, Platte 12,5/25mm; Aussparung herstellen, Beplankung und Verspachtelung; Wand; EI 30/EI 90

| 69€ | 215€ | **269€** | 357€ | 569€ | [St] | ⏱ 0,55 h/St | 039.000.025 |
| 82€ | 256€ | **320€** | 425€ | 677€ | | | |

71 Montagewand, Verstärkung UK, OSB-Platten — KG **342**

Unterkonstruktion, Verstärkung; OSB-Holzplattenstreifen; Breite 250mm; Oberschrankhöhe

| 6€ | 12€ | **14€** | 18€ | 26€ | [m] | ⏱ 0,12 h/m | 039.000.048 |
| 7€ | 15€ | **16€** | 21€ | 30€ | | | |

72 Montagewand, Verstärkung UK, CW-Profile — KG **342**

Unterkonstruktion, Verstärkung; CW-Profilen; Dicke 0,6mm; Ständerwand

| 2€ | 9€ | **11€** | 17€ | 32€ | [m] | ⏱ 0,10 h/m | 039.000.047 |
| 2€ | 10€ | **13€** | 20€ | 37€ | | | |

73 Tragständer/Traverse, wandhängende Lasten — KG **342**

Tragständer/Traverse; Stahl, verzinkt; Lasten bis 1,5kN/m; Befestigen mit Gewindestangen, U-Scheiben, Stahlmuttern, Schrauben; Wandhohlraum

| 4€ | 20€ | **23€** | 30€ | 45€ | [St] | ⏱ 0,20 h/St | 039.000.073 |
| 5€ | 24€ | **28€** | 35€ | 54€ | | | |

74 Vorsatzschale, GK/GF, Feuchträume — KG **345**

Vorsatzschale; Stahlblechprofile, Mineralfaser, WLG 040, GK-/GF-Platten; Höhe 2.750mm, d=62,5/75/87,5/ 112,5mm, Platte d=12,5mm, Dämmung 20-60mm; freistehend, einseitig, ein-/zweilagig beplankt, verspachteln, schleifen; Nassbereich; mit Schrauben befestigen

| 25€ | 42€ | **47€** | 62€ | 102€ | [m^2] | ⏱ 0,40 h/m^2 | 039.000.029 |
| 30€ | 50€ | **56€** | 73€ | 121€ | | | |

LB 039 Trockenbauarbeiten

Nr.	Kurztext / Stichworte					[Einheit]	Ausf.-Dauer	Kostengruppe Positionsnummer
▶	▷	ø netto €	◁	◀				
▶	▷	ø brutto €	◁	◀				

Kosten:
Stand 3.Quartal 2015
Bundesdurchschnitt

▶ min
▷ von
ø Mittel
◁ bis
◀ max

75 Vorsatzschale, Zementplatten, Feuchträume — KG 345
Vorsatzschale; Stahlblechprofile, Mineralwolleplatten, Zement-Platten; Wanddicke bis 112,5mm, Platte 12,5mm, MW bis 60mm; freistehend, einseitig, verspachteln, schleifen; Feuchtbereich; inkl. Dampfsperre

–	52€	**59€**	69€	–	[m²]	0,60 h/m²	039.000.121
–	61€	**70€**	82€	–			

76 Vorsatzschale, GK/GF, Schallschutz, R>50dB — KG 345
Vorsatzschale; GK-/GF-Platten, Schall-und Dämmplatten, WLG 040; Platten d=12,5mm; ein-/zweilagig beplankt, spachteln, schleifen; frei gespannt zwischen Stb-Deck und Boden

25€	37€	**42€**	60€	93€	[m²]	0,45 h/m²	039.000.030
30€	44€	**49€**	72€	111€			

77 Vorsatzschale, GK/GF — KG 345
Vorsatzschale; GK-/GF-Platten; Platten d=12,5mm; ein-/zweilagig beplankt, spachteln, schleifen

21€	37€	**42€**	48€	68€	[m²]	0,40 h/m²	039.000.031
25€	44€	**50€**	57€	81€			

78 Installationswand, Gipsplatte, MW — KG 345
Bekleidung, Installationswand; Holz, GK.-Platten, Mineralwolle; Dicke 82,25mm, GK-Platte 12,5mm MW 40/60mm; zweilagig beplankt, malerfertig gespachtelt

25€	36€	**40€**	55€	75€	[m²]	0,50 h/m²	039.000.066
30€	43€	**48€**	65€	89€			

79 Schachtwand, GK, EI 90 — KG 342
Schachtwand; Stahlprofilen, GK-Brandschutzplatten; frei gespannt zwischen Stahlbeton-Boden und Stb-Decke/direkt befestigt auf bauseitigem Untergrund; verschraubt, verspachteln, schleifen

37€	43€	**48€**	55€	67€	[m²]	0,55 h/m²	039.000.056
44€	52€	**57€**	66€	79€			

80 Verkofferung/Bekleidung, Rohrleitungen — KG 345
Rohrbekleidung; Metall-/Holzunterkonstruktion, GK/GF Platten, Mineralfaser; Platte d=12,5mm; verschrauben, verspachteln, schleifen

25€	45€	**53€**	88€	184€	[m]	0,40 h/m	039.000.032
30€	53€	**63€**	105€	219€			

81 Verkofferung/Bekleidung, Rohrleitungen, 2x12,5 — KG 345
Rohrbekleidung; Metall-/Holzunterkonstruktion, GK-/GF-Platten, Mineralwolle; Platte 12,5mm; verschrauben, verspachteln, schleifen

–	41€	**47€**	68€	–	[m²]	0,80 h/m²	039.000.122
–	48€	**55€**	81€	–			

Nr.	Kurztext / Stichworte						
▶ ▶	▷ ▷	ø netto € ø brutto €	◁ ◁	◀ ◀	[Einheit]	Ausf.-Dauer	Kostengruppe Positionsnummer

82 Trockenputz, GK-Verbundplatte, Dämmung — KG 345
Innenwandbekleidung; GK-Verbundplatte mit Wärmedämmung, Mineralwolle/Polystyrol; GP-Platte 12,5mm, Dämmung 40/60/80mm; Spachteln

22€	30€	**33€**	43€	58€	[m²]	⏱ 0,35 h/m²	039.000.033
27€	36€	**40€**	51€	69€			

83 Trockenputz, Gipsbauplatte 12,5 mm — KG 345
Trockenputz; GK-Platte; GK-Platte d=12,5mm, Einbauhöhe bis 3,50m; ein-/zweilagig beplankt, verfugen, verspachteln, schleifen; Mauerwerk/Stahlbeton

15€	23€	**26€**	32€	50€	[m²]	⏱ 0,35 h/m²	039.000.034
18€	28€	**31€**	38€	59€			

84 Untergrundausgleich, Grund- und Traglattung — KG 364
Untergrundausgleich; Lattung; fluchtgenau, Unebenheiten ausgleichen; Betonwände/Holzbalken/Mauerwerk

2€	6€	**8€**	10€	16€	[m²]	⏱ 0,12 h/m²	039.000.041
3€	8€	**9€**	12€	19€			

85 GK-/GF-Bekleidung, einlagig, auf Unterkonstruktion — KG 364
Bekleidung; GF-Platten/GK-Platten; Dicke 12,5mm; einlagig beplankt, verfugen, verspachteln, schleifen; Wand, Decke; sichtbar befestigen

11€	19€	**23€**	29€	45€	[m²]	⏱ 0,32 h/m²	039.000.035
13€	23€	**28€**	35€	54€			

86 GK-/GF-Bekleidung, doppelt, auf Unterkonstruktion — KG 364
Bekleidung; GF-Platten/GK-Platten/imprägnierten GK-Platten; Dicke 12,5mm, Einbauhöhe bis 3,00m; zweilagig beplankt, verfugen, verspachteln, schleifen, Q2/Q3/Q4; Wand, Decke; sichtbare Befestigungsmittel

12€	27€	**35€**	45€	63€	[m²]	⏱ 0,44 h/m²	039.000.036
14€	32€	**42€**	54€	75€			

87 GK-/GF-Bekleidung, doppelt, EI 90, auf Unterkonstruktion — KG 364
Bekleidung; GF-Platten/GK-Platten; Dicke 12,5mm; zweilagig beplankt, verfugen, verspachteln, schleifen; Wand, Decke; sichtbar befestigen, F90-B

52€	69€	**75€**	95€	138€	[m²]	⏱ 0,50 h/m²	039.000.037
62€	83€	**89€**	113€	164€			

88 Gipsplatten-Bekleidung, Holzstütze, F30 — KG 364
Bekleidung, Holzstützen; Gipsplatten, F30; Dicke 15mm; einlagig. verfugen, verspachteln

–	47€	**52€**	60€	–	[m²]	⏱ 0,90 h/m²	039.000.123
–	56€	**62€**	72€	–			

LB 039 Trockenbauarbeiten

	Nr.	Kurztext / Stichworte						Kostengruppe
	▶	▷	ø netto €	◁	◀	[Einheit]	Ausf.-Dauer	Positionsnummer
	▶	▷	ø brutto €	◁	◀			

Kosten:
Stand 3.Quartal 2015
Bundesdurchschnitt

89	Gipsplatten-Bekleidung, Stütze, 2x20mm, F90A						KG **364**
Bekleidung, Metallstützen; Gipsplatten, F90A; Platte 20mm; zweilagig, verfugen, verspachteln							
–	78€	**85€**	97€	–	[m²]	⏱ 1,30 h/m²	039.000.124
–	92€	**102€**	115€	–			

90	Gipsplatten-Bekleidung, Holzbalken, F90B						KG **364**
Bekleidung Holzbalken; Gipsplatte, F90B; Platte 1x25mm; verfugen, verspachteln							
–	56€	**63€**	79€	–	[m²]	⏱ 0,60 h/m²	039.000.125
–	67€	**75€**	94€	–			

91	Gipsplatten-Bekleidung, Stahlträger, F30						KG **364**
Bekleidung, Stahlträger; Gipsplatten, F30A; Dicke 1x20mm							
–	42€	**49€**	57€	–	[m²]	⏱ 0,60 h/m²	039.000.126
–	50€	**58€**	68€	–			

92	GK-/GF-Bekleidung, Lüftungskanal						KG **353**
Bekleidung; GK-/GF-Platten; Einbauhöhe 3,50m, Abhanghöhe 0,25m; Verkleidung ein-/zwei-/drei-/ vierseitig, verspachteln, schleifen; Lüftungskanal							
29€	49€	**57€**	62€	78€	[m²]	⏱ 0,40 h/m²	039.000.038
34€	58€	**68€**	74€	93€			

93	GF-Laibung, Fenster, Gipsfaser						KG **336**
Laibungen Fenster; GF-Platten; Dicke 12,5mm; einpassen, gespachtelt, geschliffen, Q2							
12€	13€	**13€**	13€	14€	[m]	⏱ 0,18 h/m	039.000.080
14€	15€	**15€**	16€	17€			

94	GK-Laibung, Fenster, Gipsplatte Typ A						KG **336**
Laibungen Fenster; GK-Platten, Typ A; Dicke 12,5mm; einpassen, gespachtelt, geschliffen, Q2							
4€	11€	**14€**	21€	35€	[m]	⏱ 0,20 h/m	039.000.081
5€	13€	**17€**	25€	42€			

95	GK-Laibung, Dachfenster						KG **364**
Laibungsbekleidung; Verbundplatte, Gips/Polystyrol-Hartschaum; Dicke 20cm; verspachteln, schleifen; Dachfenster							
19€	28€	**34€**	47€	62€	[m]	⏱ 0,35 h/m	039.000.082
22€	34€	**40€**	56€	74€			

96	Imprägnierung, GK-Platten						KG **342**
Gipsbauplatte imprägniert; Typ H2; 12,5mm; imprägniert; Nassräume							
0,6€	2,3€	**2,8€**	3,7€	6,3€	[m²]	⏱ 0,04 h/m²	039.000.042
0,7€	2,8€	**3,3€**	4,4€	7,5€			

▶ min
▷ von
ø Mittel
◁ bis
◀ max

Nr.	Kurztext / Stichworte						Kostengruppe	
▶	▷	ø netto €	◁	◀	[Einheit]	Ausf.-Dauer	Positionsnummer	
▶	▷	ø brutto €	◁	◀				

97 Dampfsperre/Dampfbremse, GF-/GK-Bekleidung   KG **364**

Dampfbremse; Dampfbremsbahn; sd bis 2,30m; verlegen, wind-/und luftdicht mit Klebeband abdichten

1€	4€	**5€**	8€	18€	[m²]	⏱ 0,03 h/m²	039.000.040
2€	5€	**6€**	10€	21€			

98 Mineralfaserdämmung, zwischen Sparren   KG **364**

Wärmedämmung; Mineralfaser, WLG 035, A1; einlagig, stumpf gestoßen; zwischen Sparren

10€	14€	**16€**	19€	27€	[m²]	⏱ 0,20 h/m²	039.000.039
12€	17€	**20€**	22€	32€			

99 Mineralfaserdämmung, zwischen Lattung, bis 80 mm   KG **342**

Wärmedämmung; Mineralwolle/Zellulosedämmplatte, WLG 035; Dicke 40/60/80mm; einlagig, dicht gestoßen; zwischen Holzkonstruktion

3€	6€	**7€**	9€	12€	[m²]	⏱ 0,10 h/m²	039.000.067
4€	7€	**8€**	10€	14€			

100 Doppelboden, Plattenbelag/Unterkonstruktion   KG **352**

Doppelboden; Mineralfaserplatten/Stahlwanne, Füllung aus Leichtbeton/Stahlprofilen; lxb=600x600mm; inkl. aller erf. Komponenten

69€	100€	**114€**	144€	243€	[m²]	⏱ 0,70 h/m²	039.000.055
82€	119€	**136€**	171€	289€			

101 Rasterträger, Doppelboden   KG **352**

Rasterträger, Doppelboden; Aussteifung zusätzlicher Doppelbodenkonstruktion

–	4€	**5€**	6€	–	[m²]	⏱ 0,08 h/m²	039.000.131
–	5€	**6€**	7€	–			

102 Aussparung, Doppelboden   KG **352**

Aussparung, Doppelboden; bis 200x200mm; durch Plattenschnitt

–	8€	**11€**	13€	–	[m²]	⏱ 0,30 h/m²	039.000.132
–	9€	**13€**	15€	–			

103 Abschottung, Doppelboden   KG **352**

Abschottung, Doppelboden, Brandschutz; Blechwinkel, Mineralwolle, GP-Platten F30; Höhe Abschottung bis 400mm

–	57€	**80€**	96€	–	[m²]	⏱ 1,10 h/m²	039.000.133
–	68€	**95€**	114€	–			

104 Wandanschluss, Doppelboden   KG **352**

Wandanschluss Doppelboden; Schnittkanten versiegeln

–	14€	**19€**	22€	–	[m²]	⏱ 0,25 h/m²	039.000.134
–	16€	**22€**	26€	–			

LB 039 Trockenbauarbeiten

Kosten:
Stand 3.Quartal 2015
Bundesdurchschnitt

▶ min
▷ von
ø Mittel
◁ bis
◀ max

Nr.	Kurztext / Stichworte	▶	▷	ø netto €	◁	◀	[Einheit]	Ausf.-Dauer	Kostengruppe Positionsnummer
		▶	▷	ø brutto €	◁	◀			

105 Fuge, Doppelboden — KG 352
Fuge, Doppelboden; Metallprofil

▶	▷	ø	◁	◀	[Einheit]	Ausf.-Dauer	Pos.-Nr.
–	9€	**13€**	15€	–	[m²]	⏱ 0,20 h/m²	039.000.135
–	11€	**15€**	18€	–			

106 Installationstraße, Doppelboden — KG 352
Installationstraße, Doppelboden; Metallrahmenkonstruktion; höhenverstellbar

–	88€	**118€**	141€	–	[m²]	⏱ 1,80 h/m²	039.000.136
–	105€	**140€**	168€	–			

107 Trockenestrich, GF-Platten — KG 352
Trockenestrich; GF-Platten, Klasse A1; Dicke 18/23mm; einlagig einbauen; Beton/Holzbalkendecke/Fußbodenheizung; inkl. Ausgleichsschüttung

17€	29€	**34€**	41€	64€	[m²]	⏱ 0,30 h/m²	039.000.043
20€	34€	**40€**	49€	76€			

108 Ausgleichschicht, Mineralstoff, Trockenestrich — KG 352
Ausgleichsschüttung; Mineralstoff 0/2, gebrochen; Dicke bis 30cm; einbauen, verdichten; unter Trockenestrich

4€	12€	**14€**	18€	30€	[m²]	⏱ 0,15 h/m²	039.000.049
5€	14€	**16€**	22€	35€			

109 WC-Wandanlage, Alu-Profile/HPL-Platten, wasserfest — KG 346
WC-Trennwand; HPL-Kompaktplatten, wasserfest, Aluminium-Profile; Platte 13mm, Höhe 2,00m inkl. 15cm Fußluft; integrierten Türanschlagstegen, geräuschdämpfendem Gummikeder; inkl. Ausstattung

90€	149€	**175€**	206€	296€	[m²]	⏱ 0,45 h/m²	039.000.044
108€	177€	**209€**	245€	352€			

110 Urinaltrennwand, Schichtstoff-Verbundelemente — KG 342
Urinaltrennwand, wandhängend; HPL-Vollkernplatten/ESG-Sicherheitsglas mit Siebdruck-Oberfläche; 900x450mm, Dicke 3-30-3mm; beidseitig beplankt; Urinaltrennwand

108€	177€	**200€**	239€	349€	[St]	⏱ 0,75 h/St	039.000.083
129€	210€	**239€**	285€	415€			

111 Trägerelement, Waschtisch, Montagewand — KG 342
Trägerelement, Waschtisch; Stahlprofile, verzinkt; belastbar bis 200kg; einseitig anschließen, höhen-/seitenverstellbar; inkl. Halterungen, Wandbatterie

43€	105€	**122€**	171€	253€	[St]	⏱ 0,60 h/St	039.000.046
51€	125€	**145€**	203€	301€			

Nr.	Kurztext / Stichworte						Kostengruppe	
▶	▷	ø netto €	◁	◀	[Einheit]	Ausf.-Dauer	Positionsnummer	
▶	▷	ø brutto €	◁	◀				

112 Verfugung, Acryl-Dichtstoff überstreichbar — KG 342
Fugenabdichtung, überstreichbar; Acryldispersionsdichtstoff; Breite 8/12/.....mm; inkl. Flankenvorbehandlung, Hinterlegen der Fugenhohlräume, Fugen glätten; Gipsplatten/Gipsfaserplatten

0,7€	2,5€	**3,2€**	4,9€	11€	[m]	⏱ 0,05 h/m	039.000.045
0,9€	3,0€	**3,8€**	5,8€	13€			

113 Spachtelung, GK-Platten, erhöhte Qualität — KG 345
Spachtelung Q3; GK-Platten; Q3; Wand

1€	5€	**6€**	8€	11€	[m²]	⏱ 0,10 h/m²	039.000.061
2€	5€	**7€**	9€	13€			

114 GK-Bekleidung anarbeiten, Installationsdurchführung — KG 342
Anarbeiten, Bekleidung; GK-Platten; bis 0,10/0,50m²; rechteckig/rund

1€	11€	**15€**	39€	80€	[St]	⏱ 0,12 h/St	039.000.074
2€	13€	**18€**	46€	96€			

115 Stundensatz Facharbeiter, Trockenbau
Stundenlohnarbeiten Vorarbeiter, Facharbeiter; Trockenbau

29€	38€	**43€**	47€	53€	[h]	⏱ 1,00 h/h	039.000.084
34€	45€	**51€**	55€	63€			

116 Stundensatz Helfer, Trockenbau
Stundenlohnarbeiten Werker, Helfer; Trockenbau

18€	31€	**37€**	39€	45€	[h]	⏱ 1,00 h/h	039.000.085
21€	37€	**44€**	47€	54€			

LB 045
Gas-, Wasser- und Entwässerungsanlagen - Ausstattung, Elemente, Fertigbäder

045

Kosten:
Stand 3.Quartal 2015
Bundesdurchschnitt

- ▶ min
- ▷ von
- ø Mittel
- ◁ bis
- ◀ max

Nr.	Kurztext / Stichworte	▶	▷	ø netto €	◁	◀	[Einheit]	Ausf.-Dauer	Kostengruppe Positionsnummer
				ø brutto €					
1	**Handwaschbecken, Keramik**								KG **412**
	Handwaschbecken; Sanitärporzellan; inkl. Befestigung, Schallschutzset								
		43€	61€	**71€**	105€	146€	[St]	⏱ 0,90 h/St	045.000.001
		51€	72€	**85€**	125€	173€			
2	**Waschtische, Keramik 500x400**								KG **412**
	Waschtisch 500x400; Sanitärporzellan; inkl. Befestigung, Schallschutzset								
		62€	134€	**170€**	285€	471€	[St]	⏱ 0,90 h/St	045.000.016
		74€	160€	**202€**	339€	560€			
3	**Waschtische, Keramik 600x500**								KG **412**
	Waschtische; Sanitärporzellan; 600x500cm								
		94€	136€	**154€**	185€	295€	[St]	⏱ 1,20 h/St	045.000.027
		112€	162€	**183€**	220€	351€			
4	**Einhebel-Mischbatterie**								KG **412**
	Einhand-Waschtischbatterie; inkl. Schnellmontagesystem								
		94€	139€	**164€**	223€	320€	[St]	⏱ 0,80 h/St	045.000.002
		112€	165€	**195€**	265€	381€			
5	**Handtuchspender, Stahlblech**								KG **611**
	Papierhandtuchspender; Stahlblech; 250/500St; Wandmontage; inkl. Befestigungsmaterial								
		42€	63€	**72€**	130€	196€	[St]	⏱ 0,45 h/St	045.000.018
		49€	75€	**85€**	155€	233€			
6	**Spiegel, Kristallglas**								KG **611**
	Spiegel; Kristallglas; 600x400mm; inkl. Befestigungsmaterial								
		14€	45€	**55€**	136€	230€	[St]	⏱ 0,45 h/St	045.000.019
		16€	53€	**66€**	162€	274€			
7	**Badewanne, Stahl 170**								KG **412**
	Badewanne; Stahl; 170x80cm								
		135€	260€	**311€**	451€	652€	[St]	⏱ 1,80 h/St	045.000.003
		161€	310€	**371€**	536€	776€			
8	**Badewanne, Stahl 180**								KG **412**
	Badewanne; Stahl; 180x80cm								
		245€	382€	**413€**	560€	714€	[St]	⏱ 2,00 h/St	045.000.028
		291€	455€	**491€**	667€	850€			

© **BKI** Baukosteninformationszentrum

Nr.	Kurztext / Stichworte				[Einheit]	Ausf.-Dauer	Kostengruppe Positionsnummer
▶	▷ ø netto € ◁ ◀						
▶	▷ ø brutto € ◁ ◀						

9 Badewanne, Stahl 200 — KG **412**
Badewanne; Stahl; 200x80cm

726€	840€	**888€**	981€	1.123€	[St]	⏱ 2,40 h/St	045.000.029
864€	1.000€	**1.057€**	1.167€	1.336€			

10 Einhebelbatterie, Badewanne — KG **412**
Einhandmischbatterie, Badewanne; Metall verchromt; Wandmontage

45€	143€	**200€**	304€	416€	[St]	⏱ 0,80 h/St	045.000.004
54€	170€	**238€**	362€	495€			

11 WC-wandhängend — KG **412**
Tiefspül-WC; Sanitärporzellan; Wandmontage

114€	155€	**175€**	193€	284€	[St]	⏱ 1,80 h/St	045.000.005
136€	185€	**208€**	229€	338€			

12 WC-Spülkasten, mit Betätigungsplatte — KG **412**
WC-Spülkasten; Kunststoff; 3/6l; Unterputz, Wandmontage; inkl. Betätigungsplatte

132€	148€	**168€**	197€	240€	[St]	⏱ 0,85 h/St	045.000.006
158€	176€	**200€**	234€	286€			

13 WC-Sitz — KG **412**
WC-Sitz; inkl. Deckel

36€	67€	**75€**	92€	131€	[St]	⏱ 0,20 h/St	045.000.007
42€	80€	**90€**	109€	156€			

14 WC-Bürste — KG **611**
WC-Bürstengarnitur; inkl. Befestigungsmaterial

4€	25€	**44€**	47€	58€	[St]	⏱ 0,20 h/St	045.000.008
5€	30€	**53€**	55€	69€			

15 WC-Toilettenpapierhalter — KG **611**
Toilettenpapierhalter; Nylon; Wandmontage

19€	34€	**42€**	50€	71€	[St]	⏱ 0,20 h/St	045.000.017
22€	41€	**50€**	60€	84€			

16 Duschwannen, Stahl 80x80 — KG **412**
Duschwanne; Stahl; 80x80x6cm

79€	136€	**167€**	198€	277€	[St]	⏱ 1,40 h/St	045.000.009
93€	162€	**199€**	235€	329€			

LB 045
Gas-, Wasser- und Entwässerungs-anlagen
- Ausstattung, Elemente, Fertigbäder

Kosten:
Stand 3.Quartal 2015
Bundesdurchschnitt

▶ min
▷ von
ø Mittel
◁ bis
◀ max

Nr.	Kurztext / Stichworte	ø netto €	ø brutto €			[Einheit]	Ausf.-Dauer	Kostengruppe Positionsnummer

17 Duschwannen, Stahl 90x90 — KG **412**
Duschwanne; Stahl; 90x90x6cm

| 123€ | 253€ | **295€** | 396€ | 544€ | [St] | ⏱ 1,40 h/St | 045.000.030 |
| 146€ | 301€ | **351€** | 471€ | 647€ | | | |

18 Duschwannen, Stahl 100x100 — KG **412**
Duschwanne; Stahl; 100x100x6

| 163€ | 328€ | **373€** | 478€ | 676€ | [St] | ⏱ 1,40 h/St | 045.000.031 |
| 194€ | 390€ | **444€** | 568€ | 804€ | | | |

19 Duschwannen, Stahl 90x80 — KG **412**
Duschwanne; Stahl; 90x80x6cm

| 147€ | 256€ | **292€** | 443€ | 643€ | [St] | ⏱ 1,40 h/St | 045.000.032 |
| 175€ | 304€ | **347€** | 527€ | 765€ | | | |

20 Duschwannen, Stahl 100x80 — KG **412**
Duschwanne; Stahl; 100x80x6cm

| 277€ | 353€ | **402€** | 402€ | 478€ | [St] | ⏱ 1,40 h/St | 045.000.033 |
| 330€ | 420€ | **478€** | 478€ | 569€ | | | |

21 Einhebelarmatur, Dusche — KG **412**
Einhandmischarmatur, Dusche; Metall, verchromt; DN15; Wandmontage

| 119€ | 307€ | **320€** | 395€ | 550€ | [St] | ⏱ 0,80 h/St | 045.000.010 |
| 142€ | 365€ | **380€** | 471€ | 654€ | | | |

22 Duschabtrennung, Kunststoff — KG **611**
Duschabtrennung; Kunststoff; 80x80x200cm; Drehtür/Schiebetür; inkl. Wandanschlussprofil

| 507€ | 627€ | **687€** | 872€ | 1.106€ | [St] | ⏱ 2,00 h/St | 045.000.020 |
| 604€ | 746€ | **817€** | 1.038€ | 1.317€ | | | |

23 Urinale, Keramik — KG **412**
Urinal; Sanitärporzellan; unsichtbar befestigen

| 135€ | 173€ | **196€** | 218€ | 250€ | [St] | ⏱ 1,50 h/St | 045.000.011 |
| 161€ | 205€ | **233€** | 260€ | 298€ | | | |

24 Montageelement, Urinal — KG **419**
Urinal Montageelement; selbsttragender Montagerahmen; inkl. Anschlussgarnitur, Befestigungsmaterial

| 151€ | 173€ | **185€** | 211€ | 245€ | [St] | ⏱ 1,30 h/St | 045.000.012 |
| 179€ | 206€ | **220€** | 251€ | 291€ | | | |

Nr.	Kurztext / Stichworte						Kostengruppe	
▶	▷	**ø netto €**	◁	◀	[Einheit]	Ausf.-Dauer	Positionsnummer	
▶	▷	**ø brutto €**	◁	◀				

25 Bidet, Keramik   KG **412**
Bidet; Sanitärporzellan; Wandmontage

| 142€ | 290€ | **374€** | 453€ | 959€ | [St] | ⏱ 2,40 h/St | 045.000.014 |
| 169€ | 346€ | **445€** | 539€ | 1.141€ | | | |

26 Einhebelarmatur, Bidet   KG **412**
Einhandmischarmatur, Bidet

| 124€ | 160€ | **187€** | 225€ | 310€ | [St] | ⏱ 0,80 h/St | 045.000.015 |
| 148€ | 190€ | **223€** | 268€ | 369€ | | | |

LB 054
Niederspannungsanlagen - Verteilersysteme und Einbaugeräte

Kosten:
Stand 3.Quartal 2015
Bundesdurchschnitt

▶ min
▷ von
ø Mittel
◁ bis
◀ max

Nr.	Kurztext / Stichworte					[Einheit]	Ausf.-Dauer	Kostengruppe Positionsnummer
▶ ▶	▷ ▷	ø netto € ø brutto €	◁ ◁	◀ ◀				

1 Ausschalter, UP, 250V/10A KG **444**
Ausschalter; 250V, 10A; Unterputzmontage; inkl. Steck- und Verbindungsklemmen

| 8€ | 10€ | **12€** | 15€ | 18€ | [St] | ⏱ 0,18 h/St | 054.000.001 |
| 10€ | 11€ | **15€** | 18€ | 22€ | | | |

2 Wechselschalter, UP, 250V/10A KG **444**
Wechselschalter; 250V, 10A; Unterputz; inkl. Steck- und Verbindungsklemmen

| 13€ | 19€ | **28€** | 40€ | 55€ | [St] | ⏱ 0,18 h/St | 054.000.002 |
| 15€ | 23€ | **33€** | 47€ | 65€ | | | |

3 Kreuzschalter, UP, 250V/10A KG **444**
Kreuzschalter; 250V, 10A; Unterputz; inkl. Steck- und Verbindungsklemmen

| 15€ | 17€ | **18€** | 18€ | 21€ | [St] | ⏱ 0,18 h/St | 054.000.003 |
| 17€ | 20€ | **22€** | 22€ | 25€ | | | |

4 Ausschalter, AP, 250V/10A KG **444**
Ausschalter; bxhxl=60x30x60mm; Aufputz; inkl. Schraubklemmen

| 12€ | 17€ | **18€** | 19€ | 24€ | [St] | ⏱ 0,18 h/St | 054.000.004 |
| 14€ | 20€ | **21€** | 23€ | 28€ | | | |

5 Wechselschalter mit Kontrolllicht, AP, 250V/10A KG **444**
Wechselschalter; 250V, 10A; inkl. Kontrolllicht; inkl. Schraubklemmen

| – | 10€ | **12€** | 15€ | – | [St] | ⏱ 0,18 h/St | 054.000.005 |
| – | 12€ | **15€** | 18€ | – | | | |

6 Taster, UP, 250V/10A KG **444**
Taster; 250V AC, 10A; Unterputz

| 12€ | 16€ | **17€** | 18€ | 22€ | [St] | ⏱ 0,15 h/St | 054.000.009 |
| 14€ | 19€ | **20€** | 21€ | 26€ | | | |

7 Steckdose mit Klappdeckel, Kinderschutz, UP, 250V/16A KG **444**
Schukosteckdose; 16A, 250V; mit Klappdeckel, Kinderschutz, UP; inkl. Schraubklemmen

| 5€ | 8€ | **10€** | 11€ | 15€ | [St] | ⏱ 0,12 h/St | 054.000.006 |
| 6€ | 10€ | **11€** | 13€ | 18€ | | | |

8 Steckdosen, AP, 250V/16A KG **444**
Schukosteckdose; 16A, 250V; Wandmontage

| 7€ | 8€ | **9€** | 10€ | 11€ | [St] | ⏱ 0,12 h/St | 054.000.007 |
| 8€ | 10€ | **11€** | 12€ | 13€ | | | |

© **BKI** Baukosteninformationszentrum

Nr.	Kurztext / Stichworte					Kostengruppe	
▶	▷	ø netto €	◁	◀	[Einheit]	Ausf.-Dauer	Positionsnummer
▶	▷	ø brutto €	◁	◀			

9 Heizungsschalter, NOT-Aus, 250V/10A — KG **444**
Not-Ausschalter, Heizung; 10A, 250V; Wandmontage; inkl. Kontrollleuchte

| 13€ | 18€ | **20€** | 25€ | 33€ | [St] | ⏱ 0,12 h/St | 054.000.008 |
| 16€ | 22€ | **24€** | 29€ | 39€ | | | |

10 FI-Schutzschalter, 230V/25A — KG **444**
FI-Schutzschalter; 25A, 230V

| 45€ | 77€ | **91€** | 119€ | 171€ | [St] | ⏱ 0,45 h/St | 054.000.010 |
| 53€ | 92€ | **109€** | 142€ | 203€ | | | |

11 Leistungsschalter, Schutzart IP41 — KG **444**
Leistungsschalter; Gehäuse aus Isolierstoff, Schutzart IP41; dreipolig; Kipphebelantrieb

| 17€ | 104€ | **142€** | 225€ | 384€ | [St] | ⏱ 0,65 h/St | 054.000.011 |
| 21€ | 124€ | **169€** | 268€ | 457€ | | | |

LB 058 Leuchten und Lampen

058

Kosten:
Stand 3.Quartal 2015
Bundesdurchschnitt

▶ min
▷ von
ø Mittel
◁ bis
◀ max

Nr.	Kurztext / Stichworte					[Einheit]	Ausf.-Dauer	Kostengruppe Positionsnummer
▶	▷	ø netto €	◁	◀				
▶	▷	ø brutto €	◁	◀				

1	Schiffsarmatur, Ovalleuchte							KG **445**
Ovalleuchte; Aludruckguss/Kunststoff; 1x60W								
10€	15€	**18€**	31€	45€	[St]	⏱ 0,30 h/St	058.000.001
12€	18€	**21€**	37€	54€			

2	Wannenleuchte 1x36W							KG **445**
Wannenleuchte; Stahlblech, Plexiglas; 1x36W; eckig/rund; inkl. Leuchtmittel								
30€	35€	**42€**	55€	100€	[St]	⏱ 0,35 h/St	058.000.002
35€	41€	**50€**	65€	119€			

3	Wannenleuchte 1x36W Feuchtraum							KG **445**
Wannenleuchte; Polyester, Plexiglas; 1x36W; Schutzklasse 2; Feuchtraum; inkl. Leuchtmittel								
29€	38€	**46€**	60€	84€	[St]	⏱ 0,35 h/St	058.000.003
34€	45€	**55€**	72€	99€			

4	Wannenleuchte 2x36W							KG **445**
Wannenleuchte; Stahlblech, opales Plexiglas; 2x36W; eckig/rund; inkl. Leuchtmittel								
85€	128€	**141€**	158€	202€	[St]	⏱ 0,40 h/St	058.000.004
102€	153€	**167€**	188€	240€			

5	Wannenleuchte 2x36W Feuchtraum							KG **445**
Wannenleuchte; Polyester, opales Plexiglas; 2x36W; Schutzklasse 2; Feuchtraum; inkl. Leuchtmittel								
75€	118€	**131€**	160€	171€	[St]	⏱ 0,40 h/St	058.000.005
89€	141€	**155€**	190€	204€			

6	Wannenleuchte 1x58W							KG **445**
Wannenleuchte; Stahlblech, opales Plexiglas; 1x58W; eckig/rund; inkl. Leuchtmittel								
65€	89€	**104€**	133€	178€	[St]	⏱ 0,35 h/St	058.000.006
77€	106€	**124€**	159€	212€			

7	Wannenleuchte 1x58W Feuchtraum							KG **445**
Wannenleuchte; Polyester, opales Plexiglas; 1x58W; Schutzklasse 2; Feuchtraum; inkl. Leuchtmittel								
37€	57€	**65€**	87€	119€	[St]	⏱ 0,35 h/St	058.000.007
44€	67€	**78€**	104€	142€			

8	Wannenleuchte 2x58W							KG **445**
Wannenleuchte; Stahlblech, opales Plexiglas; 2x58W; eckig/rund; inkl. Leuchtmittel								
73€	97€	**105€**	130€	161€	[St]	⏱ 0,40 h/St	058.000.008
86€	115€	**125€**	154€	192€			

© **BKI** Baukosteninformationszentrum

Kostenstand: 3.Quartal 2015, Bundesdurchschnitt

Nr.	Kurztext / Stichworte				[Einheit]	Ausf.-Dauer	Kostengruppe Positionsnummer
▶	▷ ø netto € ◁ ◀						
▶	▷ ø brutto € ◁ ◀						

9 Wannenleuchte 2x58W Feuchtraum — KG 445
Wannenleuchte; Polyestergehäuse, opales Plexiglas; 2x58W; Schutzklasse 2; Feuchtraum; inkl. Leuchtmittel

63€	79€	**91€**	100€	114€	[St]	⏱ 0,40 h/St	058.000.009
75€	94€	**108€**	119€	136€			

10 Wannenleuchte 3x58W — KG 445
Wannenleuchte; Stahlblech, opales Plexiglas; 3x58W; eckig/rund; inkl. Leuchtmittel

–	232€	**252€**	274€	–	[St]	⏱ 0,45 h/St	058.000.010
–	276€	**299€**	326€	–			

11 Pendelleuchte 2x2x28W — KG 445
Pendelleuchte; Stahlblech, Stahlseile; 2x28W; Spiegelrasterleuchte, Schutzklasse 1; inkl. Leuchtmittel

156€	214€	**252€**	302€	360€	[St]	⏱ 0,50 h/St	058.000.011
186€	255€	**300€**	360€	429€			

12 Pendelleuchte 2x2x54W — KG 445
Pendelleuchte; Stahlblech, Stahlseile; 2x54W; Spiegelrasterleuchte, Schutzklasse 1; inkl. Leuchtmittel

214€	280€	**366€**	413€	537€	[St]	⏱ 0,50 h/St	058.000.012
255€	333€	**436€**	491€	639€			

13 Pendelleuchten rund 2x36W — KG 445
Pendelleuchte; Acrylglas; 2x36W, 230V; dimmbar, Schutzklasse1

204€	270€	**271€**	292€	357€	[St]	⏱ 0,50 h/St	058.000.013
243€	322€	**323€**	347€	425€			

14 Aufbaudownlight 18W — KG 445
Aufbaudownlight; Metall, Acrylglas; 1x18W, 230C, 19A; quadratisch; Wand/Decke

–	86€	**106€**	155€	–	[St]	⏱ 0,25 h/St	058.000.014
–	103€	**126€**	185€	–			

15 Aufbaudownlight 26W — KG 445
Aufbaudownlight; Metall, Acrylglas; 1x26W, 230C, 19A; quadratisch; Wand/Decke

–	164€	**196€**	222€	–	[St]	⏱ 0,25 h/St	058.000.015
–	195€	**233€**	264€	–			

16 Aufbaudownlight 50W — KG 445
Aufbaudownlight; Metall, Acrylglas; 1x50W, 230C, 19A; quadratisch; Wand/Decke

211€	224€	**251€**	267€	281€	[St]	⏱ 0,25 h/St	058.000.016
251€	267€	**299€**	318€	335€			

LB 058
Leuchten und Lampen

Nr.	Kurztext / Stichworte					[Einheit]	Ausf.-Dauer	Kostengruppe Positionsnummer
▶	▷	ø netto €	◁	◀				
▶	▷	ø brutto €	◁	◀				

17 Einbaudownlight 18W — KG 445
Einbaudownlight; Aluring, Metallreflektor; 1xTC-D18W mit EVG; inkl. Leuchtmittel

109€	134€	**141€**	165€	200€	[St]	⏱ 0,30 h/St	058.000.017
130€	159€	**168€**	196€	238€			

18 Einbaudownlight 2x26W — KG 445
Einbaudownlight; Aluring, Metallreflektor; 2xTC-T26W; inkl. Leuchtmittel

92€	182€	**198€**	217€	307€	[St]	⏱ 0,40 h/St	058.000.018
110€	217€	**235€**	258€	365€			

19 Anbauleuchte — KG 445
Anbauleuchte; Metall; 2x36W; Schutzklasse 1

57€	111€	**141€**	177€	257€	[St]	⏱ 0,40 h/St	058.000.019
67€	132€	**168€**	210€	305€			

20 Einbauleuchte — KG 445
Einbauleuchte; 1x18W; rechteckig, Schutzklasse 1

66€	134€	**164€**	258€	388€	[St]	⏱ 0,60 h/St	058.000.020
78€	160€	**195€**	306€	462€			

21 Wannenleuchte, T5 Multiwatt — KG 445
Wannenleuchte; Polycarbonat V2; T5; für Industrie, Werkstätten und Laboratorien

–	70€	**89€**	112€	–	[St]	⏱ 0,40 h/St	058.000.021
–	84€	**105€**	133€	–			

Kosten:
Stand 3.Quartal 2015
Bundesdurchschnitt

▶ min
▷ von
ø Mittel
◁ bis
◀ max

Positionen für Altbau

D

LB 312 Mauerarbeiten

Kosten: Stand 3.Quartal 2015, Bundesdurchschnitt

► min
▷ von
ø Mittel
◁ bis
◄ max

Nr.	Kurztext / Stichworte	►	▷	ø netto €	◁	◄	[Einheit]	Ausf.-Dauer	Kostengruppe Positionsnummer
		►	▷	ø brutto €	◁	◄			
1	**Ziegelpflaster abbrechen, Außenbereich**								KG **394**
	Ziegelpflaster abbrechen; außen; Bauschutt entsorgen								
		–	10 €	**15 €**	17 €	–	[m²]	0,30 h/m²	312.000.138
		–	12 €	**17 €**	21 €	–			
2	**Innenwand abbrechen, Gipswandbauplatte, 10cm**								KG **394**
	Innenwand abbrechen; Gipswandbauplatte; Dicke 10cm; Bauschutt entsorgen								
		–	19 €	**28 €**	33 €	–	[m²]	0,25 h/m²	312.000.139
		–	22 €	**33 €**	39 €	–			
3	**Innenmauerwerk abbrechen, Porenbeton, 17,5cm**								KG **394**
	Innenwand abbrechen; Porenbeton; Dicke bis 17,5cm; Bauschutt entsorgen								
		12 €	21 €	**31 €**	37 €	45 €	[m²]	0,50 h/m²	312.000.140
		14 €	25 €	**36 €**	44 €	54 €			
4	**Innenmauerwerk abbrechen, 11,5cm**								KG **394**
	Innenwand abbrechen; Mauerwerk, beidseitig verputzt; Dicke 11,5cm; Bauschutt entsorgen								
		13 €	16 €	**24 €**	29 €	37 €	[m²]	0,50 h/m²	312.000.141
		16 €	20 €	**29 €**	34 €	44 €			
5	**Innenmauerwerk abbrechen, 24cm**								KG **394**
	Innenwand abbrechen; Mauerwerk, beidseitig verputzt; Dicke bis 24cm; inkl. Sicherungsmaßnahmen; Bauschutt entsorgen								
		14 €	22 €	**33 €**	39 €	45 €	[m²]	0,50 h/m²	312.000.142
		17 €	26 €	**39 €**	47 €	54 €			
6	**Fachwerksausfachung abbrechen, Mauerwerk**								KG **394**
	Fachwerksausfachung abbrechen; Mauerwerk; Balken reinigen; Bauschutt entsorgen								
		14 €	22 €	**30 €**	36 €	43 €	[m²]	0,55 h/m²	312.000.144
		17 €	26 €	**36 €**	43 €	52 €			
7	**Deckengewölbe abbrechen, Steine**								KG **394**
	Deckengewölbe abbrechen; Steine; Dicke bis 25cm; inkl. Sicherungsmaßnahmen; verwendungsfähige Steine reinigen, lagern, Bauschutt entsorgen								
		–	54 €	**79 €**	95 €	–	[m²]	1,70 h/m²	312.000.145
		–	64 €	**94 €**	112 €	–			
8	**Sandfüllung ausbauen, Gewölbedecke**								KG **394**
	Sandfüllung ausbauen; Dicke i. M. 8cm; Bauschutt entsorgen								
		5 €	8 €	**11 €**	13 €	16 €	[m²]	0,20 h/m²	312.000.146
		6 €	9 €	**13 €**	16 €	19 €			

© **BKI** Baukosteninformationszentrum

Nr.	Kurztext / Stichworte				[Einheit]	Kostengruppe Ausf.-Dauer	Positionsnummer
▶	▷	ø netto €	◁	◀			
▶	▷	ø brutto €	◁	◀			

9 — Schlitz herstellen, Mauerwerk, bxt=5x3cm — KG 394
Schlitz nachträglich herstellen; Mauerwerk, verputzt; bis MZ 12N/mm², Breite bis 5cm, Tiefe bis 3cm; Bauschutt entsorgen

3€	4€	**6€**	8€	8€	[m]	⏱ 0,15 h/m	312.000.173
4€	5€	**7€**	9€	10€			

10 — Schlitz herstellen, Mauerwerk, bxt=10x5cm — KG 394
Schlitz nachträglich herstellen; Mauerwerk, verputzt; bis MZ 12N/mm², Breite bis 10cm, Tiefe bis 5cm; Bauschutt entsorgen

4€	6€	**8€**	10€	11€	[m]	⏱ 0,15 h/m	312.000.174
5€	7€	**10€**	12€	13€			

11 — Schlitz herstellen, Mauerwerk, bxt=30x15cm — KG 394
Schlitz nachträglich herstellen; Mauerwerk, verputzt; bis MZ 12N/mm², Breite bis 30cm, Tiefe bis 15cm; Bauschutt entsorgen

9€	20€	**28€**	34€	37€	[m]	⏱ 0,20 h/m	312.000.176
10€	24€	**33€**	40€	44€			

12 — Schlitz schließen, verputzen, bxt=5x3cm — KG 395
Schlitz, schließen; Mauerwerk verputzt; Breite bis 5cm, Tiefe bis 3cm; Anschluss verputzen; Bauschutt entsorgen

3€	3€	**5€**	6€	8€	[m]	⏱ 0,08 h/m	312.000.177
3€	4€	**6€**	7€	10€			

13 — Schlitz schließen, verputzen, bxt=30x10cm — KG 395
Schlitz, schließen; Mauerwerk verputzt; Breite bis 30cm, Tiefe bis 10cm; Anschluss verputzen; Bauschutt entsorgen

8€	10€	**14€**	17€	24€	[m]	⏱ 0,08 h/m	312.000.179
10€	12€	**17€**	20€	28€			

14 — Schlitz schließen, WD, verputzen, bxt=10x5cm — KG 395
Schlitz, schließen; Mauerwerk verputzt mit Dämmung; Breite bis 10cm, Tiefe bis 5cm; Anschluss verputzen; Bauschutt entsorgen

5€	7€	**11€**	13€	16€	[m]	⏱ 0,08 h/m	312.000.180
6€	9€	**13€**	15€	20€			

15 — Schlitz schließen, WD, verputzen, bxt=30x15cm — KG 395
Schlitz, schließen; Mauerwerk verputzt mit Dämmung; Breite bis 30cm, Tiefe bis 15cm; Anschluss verputzen; Bauschutt entsorgen

16€	18€	**25€**	29€	37€	[m]	⏱ 0,08 h/m	312.000.181
19€	21€	**29€**	35€	44€			

LB 312
Mauerarbeiten

Nr.	Kurztext / Stichworte				[Einheit]	Kostengruppe Ausf.-Dauer Positionsnummer
▶	▷	ø netto €	◁	◀		
▶	▷	ø brutto €	◁	◀		

Kosten:
Stand 3.Quartal 2015
Bundesdurchschnitt

16 Putzträger, Schlitz, Metall verzinkt — KG 395
Putzträger; Rippenstreckmetall, verzinkt; über Schlitz

| 18€ | 18€ | **25€** | 30€ | 38€ | [m²] | ⏱ 0,15 h/m² | 312.000.182 |
| 21€ | 21€ | **29€** | 35€ | 45€ | | | |

17 Sturzauflager stemmen, bis 15cm — KG 395
Sturzauflager stemmen; Auflagerfläche abgleichen; Länge bis 240mm, Höhe bis 220mm, Dicke bis 15cm; inkl. Abstütz- und Sicherungsmaßnahmen; Bauschutt entsorgen

| – | 23€ | **31€** | 39€ | – | [St] | ⏱ 0,45 h/St | 312.000.183 |
| – | 27€ | **37€** | 46€ | – | | | |

18 Sturzauflager stemmen, bis 30cm — KG 395
Sturzauflager stemmen; Auflagerfläche abgleichen; Länge bis 240mm, Höhe bis 220mm, Dicke bis 30cm; inkl. Abstütz- und Sicherungsmaßnahmen; Bauschutt entsorgen

| – | 34€ | **47€** | 58€ | – | [St] | ⏱ 0,55 h/St | 312.000.184 |
| – | 40€ | **56€** | 69€ | – | | | |

19 Fensteröffnung ausbrechen, bis 40cm — KG 394
Fensteröffnung ausbrechen; Ziegelmauerwerk; bis 1,00m², Dicke bis 40cm; inkl. Abstütz- und Sicherungsmaßnahmen; Bauschutt entsorgen

| – | 63€ | **80€** | 96€ | – | [m²] | ⏱ 2,00 h/m² | 312.000.186 |
| – | 74€ | **96€** | 115€ | – | | | |

20 Türöffnung ausbrechen, Mauerwerk bis 15cm — KG 394
Türöffnung ausbrechen; Ziegelmauerwerk, beidseitig verputzt; bis 2,50m², Dicke bis 15cm; inkl. Abstütz- und Sicherungsmaßnahmen; Bauschutt entsorgen

| 27€ | 37€ | **51€** | 61€ | 90€ | [m²] | ⏱ 0,85 h/m² | 312.000.188 |
| 32€ | 44€ | **61€** | 73€ | 107€ | | | |

21 Türöffnung ausbrechen, Mauerwerk bis 30cm — KG 394
Türöffnung ausbrechen; Ziegelmauerwerk, verputzt; bis 2,50m², Dicke bis 30cm; inkl. Abstütz- und Sicherungsmaßnahmen; Bauschutt entsorgen

| 39€ | 58€ | **86€** | 103€ | 125€ | [m²] | ⏱ 0,85 h/m² | 312.000.189 |
| 47€ | 69€ | **102€** | 122€ | 148€ | | | |

▶ min
▷ von
ø Mittel
◁ bis
◀ max

22 Fensteröffnung schließen, AW bis 30cm — KG 395
Fensteröffnung schließen; Mauerziegeln; bis 1,00m², Dicke bis 30cm; inkl. verzahnen mit Mauerwerk

| 51€ | 61€ | **89€** | 107€ | 127€ | [m²] | ⏱ 2,30 h/m² | 312.000.191 |
| 60€ | 72€ | **106€** | 127€ | 151€ | | | |

Nr.	Kurztext / Stichworte				[Einheit]	Kostengruppe Ausf.-Dauer Positionsnummer
▶ ▶	▷ ▷	ø netto € ø brutto €	◁ ◁	◀ ◀		

23 Türöffnung schließen, IW bis 15cm — KG 395
Türöffnung schließen; Hochlochziegel; bis 1,00x2,10m, Dicke bis 15cm; innen; inkl. verzahnen mit Mauerwerk

| 40€ | 39€ | **58€** | 69€ | 76€ | [m²] | ⏱ 1,00 h/m² | 312.000.193 |
| 48€ | 47€ | **69€** | 83€ | 91€ | | | |

24 Türöffnung schließen, IW bis 30cm — KG 395
Türöffnung schließen; Hochlochziegel; bis 1,00x2,10m, Dicke bis 30cm; innen; inkl. verzahnen mit Mauerwerk

| 54€ | 57€ | **84€** | 101€ | 118€ | [m²] | ⏱ 1,00 h/m² | 312.000.194 |
| 64€ | 68€ | **101€** | 121€ | 140€ | | | |

25 Wanddurchbruch, bis 500cm², 20cm — KG 394
Wanddurchbruch nachträglich herstellen; Mz bis 12 N/mm²; 100-500cm², Dicke bis 20cm; vorhandenen Putz schneiden; Bauschutt entsorgen

| 12€ | 15€ | **22€** | 26€ | 27€ | [St] | ⏱ 0,50 h/St | 312.000.196 |
| 15€ | 17€ | **26€** | 31€ | 33€ | | | |

26 Wanddurchbruch, bis 2.500cm², 20cm — KG 394
Wanddurchbruch nachträglich herstellen; Mz bis 12N/mm²; 1.000-2.500cm², Dicke bis 20cm; vorhandenen Putz schneiden; Bauschutt entsorgen

| 19€ | 27€ | **39€** | 47€ | 61€ | [St] | ⏱ 0,90 h/St | 312.000.198 |
| 23€ | 32€ | **47€** | 56€ | 72€ | | | |

27 Wanddurchbruch, bis 500cm², 40cm — KG 394
Wanddurchbruch nachträglich herstellen; Mz bis 12N/mm²; 100-500cm², Dicke bis 40cm; vorhandenen Putz schneiden; Bauschutt entsorgen

| 20€ | 21€ | **31€** | 37€ | 65€ | [St] | ⏱ 0,75 h/St | 312.000.200 |
| 24€ | 25€ | **36€** | 44€ | 77€ | | | |

28 Wanddurchbruch, bis 2.500cm², 40cm — KG 394
Wanddurchbruch nachträglich herstellen; Mz bis 12N/mm²; 1.000-2.500cm², Dicke bis 40cm; vorhandenen Putz schneiden; Bauschutt entsorgen

| 40€ | 41€ | **61€** | 73€ | 92€ | [St] | ⏱ 1,40 h/St | 312.000.202 |
| 48€ | 49€ | **72€** | 87€ | 109€ | | | |

29 Wanddurchbruch schließen, bis 500cm², 20cm — KG 395
Wanddurchbruch schließen; Mörtel, Steinmaterial; 100-500cm², Dicke bis 20cm; bündig abgleichen; Bauschutt entsorgen

| 15€ | 16€ | **24€** | 28€ | 34€ | [St] | ⏱ 0,50 h/St | 312.000.204 |
| 17€ | 19€ | **28€** | 34€ | 41€ | | | |

LB 312 Mauerarbeiten

Kosten: Stand 3.Quartal 2015 Bundesdurchschnitt

- ▶ min
- ▷ von
- ø Mittel
- ◁ bis
- ◀ max

Nr.	Kurztext / Stichworte					[Einheit]	Ausf.-Dauer	Kostengruppe / Positionsnummer
▶	▷	ø netto €	◁	◀				
▶	▷	ø brutto €	◁	◀				

30 — Wanddurchbruch schließen, bis 2.500cm², 20cm — KG 395
Wanddurchbruch schließen; Mörtel, Steinmaterial; 1.000-2.500cm², Dicke bis 20cm; bündig abgleichen; Bauschutt entsorgen

▶	▷	ø	◁	◀	[St]	Dauer	Pos.-Nr.
29€	33€	**48€**	58€	68€	[St]	1,00 h/St	312.000.206
35€	39€	**57€**	69€	81€			

31 — Wanddurchbruch schließen, bis 500cm², 40cm — KG 395
Wanddurchbruch schließen; Mörtel, Steinmaterial; 100-500cm², Dicke bis 40cm; bündig abgleichen; Bauschutt entsorgen

▶	▷	ø	◁	◀	[St]	Dauer	Pos.-Nr.
22€	27€	**39€**	47€	56€	[St]	0,70 h/St	312.000.208
26€	32€	**47€**	56€	66€			

32 — Wanddurchbruch schließen, bis 2.500cm², 40cm — KG 395
Wanddurchbruch schließen; Mörtel, Steinmaterial; 1.000-2.500cm², Dicke bis 40cm; bündig abgleichen; Bauschutt entsorgen

▶	▷	ø	◁	◀	[St]	Dauer	Pos.-Nr.
37€	41€	**60€**	72€	86€	[St]	1,20 h/St	312.000.210
44€	48€	**71€**	85€	102€			

33 — Deckendurchbruch, bis 500cm², 20cm — KG 394
Deckendurchbruch nachträglich herstellen; Ziegelhohlkörper; 100-500cm², Dicke bis 20cm; inkl. Deckenabstützung; nichttragender Bereich; Bauschutt entsorgen

▶	▷	ø	◁	◀	[St]	Dauer	Pos.-Nr.
19€	20€	**30€**	36€	46€	[St]	0,60 h/St	312.000.212
22€	24€	**35€**	43€	55€			

34 — Deckendurchbruch, bis 500cm², 30cm — KG 394
Deckendurchbruch nachträglich herstellen; Ziegelhohlkörper; 100-500cm², Dicke bis 30cm; inkl. Deckenabstützung; nichttragender Bereich; Bauschutt entsorgen

▶	▷	ø	◁	◀	[St]	Dauer	Pos.-Nr.
23€	25€	**37€**	44€	49€	[St]	0,75 h/St	312.000.214
27€	30€	**44€**	53€	59€			

35 — Deckendurchbruch schließen, bis 500cm², 20cm — KG 395
Deckendurchbruch schließen; Ziegeldecke; 100-500cm², Dicke bis 20cm; mit Mörtel und Schalung

▶	▷	ø	◁	◀	[St]	Dauer	Pos.-Nr.
–	23€	**34€**	40€	–	[St]	0,60 h/St	312.000.216
–	27€	**40€**	48€	–			

36 — Deckendurchbruch schließen, bis 500cm², 30cm — KG 395
Deckendurchbruch schließen; Ziegeldecke; 100-500cm², Dicke bis 30cm; mit Mörtel und Schalung

▶	▷	ø	◁	◀	[St]	Dauer	Pos.-Nr.
29€	33€	**48€**	58€	68€	[St]	0,80 h/St	312.000.218
34€	39€	**57€**	69€	81€			

Nr.	Kurztext / Stichworte					[Einheit]	Ausf.-Dauer	Positionsnummer / Kostengruppe
▶	▷	ø netto €	◁	◀				
▶	▷	ø brutto €	◁	◀				

37 Baustelleneinrichtung, Bohren/Sägen — KG 399
Baustelleneinrichtung; Bohrer, Sägen; einrichten, vorhalten, abbauen

–	69€	**101€**	121€	–	[psch]	⏱ 1,50 h/psch	312.000.219
–	82€	**120€**	144€	–			

38 Bohreinrichtung umsetzen — KG 399
Bohreinrichtung umsetzen; geschossweise

–	31€	**45€**	54€	–	[psch]	⏱ 1,25 h/psch	312.000.220
–	37€	**54€**	64€	–			

39 Mauerwerk schneiden, Wand, Mz bis 36cm — KG 394
Mauerwerksschnitt herstellen; Ziegelwand; Tiefe bis 36cm; einseitig; Bauschutt entsorgen

19€	25€	**37€**	45€	58€	[m]	⏱ 1,30 h/m	312.000.221
23€	30€	**44€**	53€	69€			

40 Mauerwerk schneiden, Wand, KS bis 17,5cm — KG 394
Mauerwerksschnitt herstellen; Kalksandstein; Tiefe bis 17,5cm; zweiseitig; Bauschutt entsorgen

–	17€	**26€**	31€	–	[m]	⏱ 0,85 h/m	312.000.222
–	21€	**31€**	37€	–			

41 Mauerwerk schneiden, Wand, KS bis 24cm — KG 394
Mauerwerksschnitt herstellen; Kalksandstein; Tiefe bis 24cm; zweiseitig; Bauschutt entsorgen

–	32€	**46€**	56€	–	[m]	⏱ 1,00 h/m	312.000.223
–	37€	**55€**	66€	–			

42 Kernbohrung, Mauerwerk, 10-50mm — KG 394
Kernbohrung; Ziegelwand; Durchmesser 10-50mm; Diamantbohrkronen; Bauschutt entsorgen

58€	62€	**92€**	110€	130€	[m]	⏱ 0,90 h/m	312.000.224
69€	74€	**109€**	131€	155€			

43 Kernbohrung, Mauerwerk, 55-80mm — KG 394
Kernbohrung; Ziegelwand; Durchmesser 55-80mm; Diamantbohrkronen; Bauschutt entsorgen

61€	81€	**118€**	142€	161€	[m]	⏱ 1,40 h/m	312.000.225
72€	96€	**141€**	169€	191€			

44 Kernbohrung, Mauerwerk, 85-110mm — KG 394
Kernbohrung; Ziegelwand; Durchmesser 85-110mm; Diamantbohrkronen; Bauschutt entsorgen

85€	87€	**128€**	154€	175€	[m]	⏱ 2,00 h/m	312.000.226
101€	104€	**152€**	183€	209€			

LB 312
Mauerarbeiten

Nr.	Kurztext / Stichworte					[Einheit]	Ausf.-Dauer	Kostengruppe Positionsnummer
▶	▷	ø netto €	◁	◀				
▶	▷	ø brutto €	◁	◀				

45 **Kernbohrung, Mauerwerk, 115-130mm** KG **394**
Kernbohrung; Ziegelwand; Durchmesser 115-130mm; Diamantbohrkronen; Bauschutt entsorgen

| 97€ | 108€ | **152€** | 175€ | 198€ | [m] | ⏱ 2,40 h/m | 312.000.227 |
| 115€ | 128€ | **181€** | 209€ | 236€ | | | |

46 **Kernbohrung, Mauerwerk, 130-150mm** KG **394**
Kernbohrung; Ziegelwand; Durchmesser 130-150mm; Diamantbohrkronen; Bauschutt entsorgen

| 105€ | 113€ | **160€** | 192€ | 207€ | [m] | ⏱ 2,80 h/m | 312.000.228 |
| 125€ | 134€ | **191€** | 229€ | 247€ | | | |

47 **Kernbohrung, Mauerwerk, 150-200mm** KG **394**
Kernbohrung; Ziegelwand; Durchmesser 150-200mm; Diamantbohrkronen; Bauschutt entsorgen

| – | 140€ | **196€** | 235€ | – | [m] | ⏱ 3,30 h/m | 312.000.229 |
| – | 166€ | **233€** | 279€ | – | | | |

Kosten:
Stand 3.Quartal 2015
Bundesdurchschnitt

▶ min
▷ von
ø Mittel
◁ bis
◀ max

Positionen Altbau | Positionen Neubau | 3. Ebene | Objekte

LB 313
Betonarbeiten

313

Kosten:
Stand 3.Quartal 2015
Bundesdurchschnitt

▶ min
▷ von
ø Mittel
◁ bis
◀ max

Nr.	Kurztext / Stichworte					[Einheit]	Ausf.-Dauer	Kostengruppe Positionsnummer
▶	▷	ø netto €	◁	◀				
▶	▷	ø brutto €	◁	◀				

1 Innenwände abbrechen, Stb. bis 15cm KG **394**
Innenwand abbrechen; Stahlbeton; Dicke bis 15cm; nichttragend, inkl. Abstütz- und Sicherungsmaßnahmen; Bauschutt entsorgen

| 111€ | 135€ | **182€** | 204€ | 224€ | [m³] | ⏱ 4,80 h/m³ | 313.000.171 |
| 133€ | 160€ | **217€** | 243€ | 266€ | | | |

2 Innenwände abbrechen, Stb. bis 25cm KG **394**
Innenwand abbrechen; Stahlbeton; Dicke bis 25cm; tragend, inkl. Abstütz- und Sicherungsmaßnahmen; Bauschutt entsorgen

| 124€ | 149€ | **202€** | 226€ | 248€ | [m³] | ⏱ 4,60 h/m³ | 313.000.172 |
| 147€ | 178€ | **240€** | 269€ | 296€ | | | |

3 Türöffnung ausbrechen, Stb, 1,00x2,10m KG **394**
Türöffnung ausbrechen; Stahlbeton; Größe 1,00x2,10m, Dicke bis 40cm; inkl. Abstütz- und Sicherungsmaßnahmen; Bauschutt entsorgen

| 99€ | 119€ | **161€** | 180€ | 198€ | [St] | ⏱ 2,50 h/St | 313.000.173 |
| 117€ | 142€ | **192€** | 215€ | 236€ | | | |

4 Stahlbetonstützen abbrechen KG **394**
Stahlbetonstützen abbrechen; inkl. Abstütz- und Sicherungsmaßnahmen; Bauschutt entsorgen

| 163€ | 197€ | **267€** | 299€ | 328€ | [m³] | ⏱ 5,80 h/m³ | 313.000.174 |
| 194€ | 235€ | **318€** | 356€ | 391€ | | | |

5 Geschossdecke abbrechen, Stahlbeton 25cm KG **394**
Geschossdecke abbrechen; Stahlbeton; Dicke bis 25cm; inkl. Abstütz- und Sicherungsmaßnahmen; Bauschutt entsorgen

| 121€ | 150€ | **203€** | 233€ | 264€ | [m³] | ⏱ 3,80 h/m³ | 313.000.175 |
| 144€ | 179€ | **241€** | 278€ | 314€ | | | |

6 Geschossdecke abbrechen, Hohldielen 25cm KG **394**
Geschossdecke abbrechen; Stahlbeton-Hohldielen; Dicke bis 25cm; inkl. Abstütz- und Sicherungsmaßnahmen; Bauschutt entsorgen

| 23€ | 28€ | **38€** | 43€ | 52€ | [m²] | ⏱ 3,80 h/m² | 313.000.176 |
| 27€ | 34€ | **46€** | 51€ | 62€ | | | |

7 Stürze/Unterzüge abbrechen, Stahlbeton KG **394**
Stürze, Unterzüge abbrechen; Stahlbeton; inkl. Abstütz- und Sicherungsmaßnahmen; Bauschutt entsorgen

| 167€ | 202€ | **273€** | 306€ | 336€ | [St] | ⏱ 5,20 h/St | 313.000.177 |
| 199€ | 240€ | **325€** | 364€ | 400€ | | | |

© BKI Baukosteninformationszentrum

Nr.	Kurztext / Stichworte						Kostengruppe	
▶	▷	ø netto €	◁	◀	[Einheit]	Ausf.-Dauer	Positionsnummer	
▶	▷	ø brutto €	◁	◀				

8 — Stahlbetontreppe abbrechen — KG 394
Stahlbetontreppe abbrechen, eingeschossig; Stufen 14St, Stg. 27/18cm, Breite bis 1,50m; inkl. Abstütz- und Sicherungsmaßnahmen; Bauschutt entsorgen

| 331€ | 399€ | **540€** | 605€ | 653€ | [St] | 12,00 h/St | 313.000.178 |
| 393€ | 475€ | **643€** | 720€ | 778€ | | | |

9 — Wandschlitze, Beton, 10x5cm — KG 395
Wandschlitz herstellen; Beton, unbewehrt; Größe bis 10x5cm; nach Leitungsverlegung wieder schließen; Bauschutt entsorgen

| 17€ | 21€ | **28€** | 31€ | 35€ | [m] | 0,40 h/m | 313.000.179 |
| 20€ | 25€ | **33€** | 37€ | 41€ | | | |

10 — Wanddurchbrüche, Stahlbeton 20x20cm, 24cm — KG 395
Wanddurchbruch herstellen; Stahlbeton; Größe 20x20cm, Dicke bis 24cm; nach Leitungsverlegung wieder schließen; Bauschutt entsorgen

| 40€ | 49€ | **66€** | 74€ | 81€ | [St] | 1,20 h/St | 313.000.180 |
| 48€ | 58€ | **78€** | 88€ | 96€ | | | |

11 — Deckendurchbruch, Stb, herstellen 30x10, 20cm — KG 395
Deckendurchbruch nachträglich herstellen; Stahlbeton; Größe 30x10cm, Dicke bis 20cm; inkl. Abstütz- und Sicherungsmaßnahmen; Bauschutt entsorgen

| 25€ | 31€ | **42€** | 46€ | 52€ | [St] | 0,90 h/St | 313.000.181 |
| 30€ | 37€ | **49€** | 55€ | 62€ | | | |

12 — Deckendurchbruch, Stb, herstellen 50x20, 20cm — KG 395
Deckendurchbruch nachträglich herstellen; Stahlbeton; Größe 50x20cm, Dicke bis 20cm; inkl. Abstütz- und Sicherungsmaßnahmen; Bauschutt entsorgen

| 40€ | 48€ | **65€** | 73€ | 81€ | [St] | 1,50 h/St | 313.000.183 |
| 47€ | 57€ | **77€** | 87€ | 97€ | | | |

13 — Deckendurchbruch, Stb, schließen 30x10, 20cm — KG 395
Deckendurchbruch schließen; Stahlbeton; Größe 30x10cm, Dicke bis 20cm; mit Beton schließen, Ränder angleichen; inkl. Schalung

| 10€ | 12€ | **17€** | 19€ | 22€ | [St] | 0,25 h/St | 313.000.184 |
| 12€ | 15€ | **20€** | 23€ | 26€ | | | |

14 — Deckendurchbruch, Stb, schließen 50x20, 20cm — KG 395
Deckendurchbruch schließen; Stahlbeton; Größe 50x20cm, Dicke bis 20cm; mit Beton schließen, Ränder angleichen; inkl. Schalung

| 20€ | 25€ | **33€** | 37€ | 43€ | [St] | 0,50 h/St | 313.000.186 |
| 24€ | 29€ | **40€** | 45€ | 52€ | | | |

LB 313
Betonarbeiten

Nr.	Kurztext / Stichworte				[Einheit]	Ausf.-Dauer	Kostengruppe Positionsnummer
▶ ▶	▷ ▷	ø netto € ø brutto €	◁ ◁	◀ ◀			

Kosten:
Stand 3.Quartal 2015
Bundesdurchschnitt

15 Deckendurchbruch, Stb, schließen 50/50, 24cm — KG **395**
Deckendurchbruch schließen; Stahlbeton; Größe 50x50cm, Dicke bis 24cm; mit Beton schließen, Ränder angleichen; inkl. Schalung

| 33€ | 40€ | **54€** | 60€ | 68€ | [St] | ⏱ 0,70 h/St | 313.000.187 |
| 39€ | 47€ | **64€** | 72€ | 81€ | | | |

16 Kernbohrung, Stb, Durchmesser 10-50mm — KG **399**
Kernbohrung; Stahlbetonbauteile; Durchmesser 10-50mm; Bauschutt entsorgen

| 64€ | 77€ | **104€** | 116€ | 128€ | [m] | ⏱ 1,70 h/m | 313.000.188 |
| 76€ | 92€ | **124€** | 139€ | 152€ | | | |

17 Kernbohrung, Stb, Durchmesser 55-80mm — KG **399**
Kernbohrung; Stahlbetonbauteile; Durchmesser 55-80mm; Bauschutt entsorgen

| 81€ | 98€ | **132€** | 148€ | 162€ | [m] | ⏱ 2,10 h/m | 313.000.189 |
| 96€ | 116€ | **157€** | 176€ | 193€ | | | |

18 Kernbohrung, Stb, Durchmesser 115-130mm — KG **399**
Kernbohrung; Stahlbetonbauteile; Durchmesser 115-130mm; Bauschutt entsorgen

| 90€ | 109€ | **147€** | 165€ | 181€ | [m] | ⏱ 2,50 h/m | 313.000.190 |
| 107€ | 130€ | **175€** | 196€ | 216€ | | | |

19 Kernbohrung, Stb, Durchmesser 140-160mm — KG **399**
Kernbohrung; Stahlbetonbauteile; Durchmesser 140-160mm; Bauschutt entsorgen

| 107€ | 129€ | **175€** | 196€ | 215€ | [m] | ⏱ 2,90 h/m | 313.000.191 |
| 127€ | 154€ | **208€** | 233€ | 256€ | | | |

20 Kernbohrung, Stb, Durchmesser 170-180mm — KG **399**
Kernbohrung; Stahlbetonbauteile; Durchmesser 170-180mm; Bauschutt entsorgen

| 117€ | 141€ | **191€** | 214€ | 235€ | [m] | ⏱ 3,30 h/m | 313.000.192 |
| 139€ | 168€ | **227€** | 254€ | 279€ | | | |

21 Kernbohrung, Stb, Durchmesser 200-220mm — KG **399**
Kernbohrung; Stahlbetonbauteile; Durchmesser 200-220mm; Bauschutt entsorgen

| 134€ | 162€ | **219€** | 245€ | 269€ | [m] | ⏱ 3,70 h/m | 313.000.193 |
| 159€ | 192€ | **260€** | 291€ | 320€ | | | |

22 Kernbohrung, Stb, Durchmesser 230-250mm — KG **399**
Kernbohrung; Stahlbetonbauteile; Durchmesser 230-250mm; Bauschutt entsorgen

| 149€ | 181€ | **244€** | 273€ | 300€ | [m] | ⏱ 4,20 h/m | 313.000.194 |
| 178€ | 215€ | **291€** | 325€ | 357€ | | | |

▶ min
▷ von
ø Mittel
◁ bis
◀ max

Nr.	Kurztext / Stichworte						Kostengruppe	
▶	▷	ø netto €	◁	◀	[Einheit]	Ausf.-Dauer	Positionsnummer	
▶	▷	ø brutto €	◁	◀				

23	Kernbohrung, Stb, Durchmesser 280-300mm						KG 399
Kernbohrung; Stahlbetonbauteile; Durchmesser 280-300mm; Bauschutt entsorgen							
170€	205€	**277€**	311€	341€	[m]	⏱ 4,70 h/m	313.000.195
202€	244€	**330€**	370€	406€			

24	Kernbohrung, schräg, Mehrpreis						KG 399
Kernbohrung Mehrpreis; schräg/senkrecht							
9€	11€	**16€**	17€	19€	[St]	⏱ 0,20 h/St	313.000.196
11€	14€	**18€**	21€	23€			

25	Kernbohrung, Stahlschnitte, 16-28mm						KG 399
Kernbohrung, Stahlschnitt; Durchmesser 16-28mm; Mehrpreis							
2€	2€	**3€**	3€	4€	[St]	⏱ 0,05 h/St	313.000.197
2€	3€	**4€**	4€	5€			

26	Kernbohrung, Stahlschnitte						KG 399
Kernbohrung, Stahlschnitt; Mehrpreis							
2€	3€	**4€**	4€	5€	[cm²]	⏱ 0,07 h/cm²	313.000.198
3€	3€	**5€**	5€	6€			

27	Betonschneidearbeiten, bis 43cm						KG 399
Betonschneidearbeiten; Stahlbeton; Tiefe bis 43cm; einseitig							
69€	83€	**112€**	125€	138€	[m]	⏱ 1,70 h/m	313.000.199
82€	99€	**133€**	149€	164€			

28	Betonschneidearbeiten, bis 90cm						KG 399
Betonschneidearbeiten; Stahlbeton; Tiefe bis 90cm; einseitig							
144€	174€	**235€**	263€	289€	[m]	⏱ 4,20 h/m	313.000.200
171€	207€	**280€**	313€	344€			

29	Baustelleneinrichtung Bohr-/Sägearbeiten						KG 399
Baustelleneinrichtung; Bohrer, Sägen; einrichten, vorhalten, abbauen							
132€	159€	**215€**	241€	290€	[psch]	⏱ 1,50 h/psch	313.000.201
157€	189€	**256€**	287€	345€			

30	Bohreinrichtung geschossweise umsetzen						KG 399
Bohreinrichtung umsetzen; geschossweise							
34€	41€	**55€**	61€	74€	[psch]	⏱ 1,25 h/psch	313.000.202
40€	48€	**65€**	73€	88€			

LB 313 Betonarbeiten

Kosten:
Stand 3.Quartal 2015
Bundesdurchschnitt

	Nr.	**Kurztext** / Stichworte							Kostengruppe
▶	▷	ø netto €	◁	◀		[Einheit]	Ausf.-Dauer	Positionsnummer
▶	▷	ø brutto €	◁	◀				

	31	**Bohreinrichtung gebäudeweise umsetzen**						KG **399**
	Bohreinrichtung umsetzen; anderes Gebäude							
	46 €	56 €	**76 €**	85 €	106 €	[psch]	⏱ 1,35 h/psch	313.000.203
	55 €	67 €	**90 €**	101 €	126 €			

	32	**Deckendämmung, Mehrschichtplatte, MW 50**						KG **353**
	Deckendämmung nachträglich; Holzwolle-Leichtbauplatten, dreischichtig, WLG 085; Dicke 50mm; auf Unterseite anbringen, befestigen; Stahlbetondecke							
	28 €	31 €	**42 €**	48 €	52 €	[m²]	⏱ 0,40 h/m²	313.000.208
	33 €	37 €	**51 €**	57 €	62 €			

	33	**Deckendämmung, Mehrschichtplatte, MW 100**						KG **353**
	Deckendämmung nachträglich; Holzwolle-Leichtbauplatten, dreischichtig, WLG 085; Dicke 100mm; auf Unterseite anbringen, befestigen; Stahlbetondecke							
	34 €	38 €	**52 €**	58 €	64 €	[m²]	⏱ 0,45 h/m²	313.000.209
	40 €	46 €	**62 €**	69 €	76 €			

	34	**Deckendämmung, PS 60, geklebt**						KG **353**
	Deckendämmung nachträglich; Polystyrol-Hartschaumplatten, extrudiert, WLG 035; Dicke 60mm; auf Unterseite kleben; Stahlbetondecke							
	14 €	16 €	**22 €**	25 €	29 €	[m²]	⏱ 0,35 h/m²	313.000.210
	17 €	19 €	**26 €**	29 €	34 €			

	35	**Deckendämmung, PS 100, geklebt**						KG **353**
	Deckendämmung nachträglich; Polystyrol-Hartschaumplatten, extrudiert, WLG 035; Dicke 100mm; auf Unterseite kleben; Stahlbetondecke							
	16 €	18 €	**25 €**	28 €	32 €	[m²]	⏱ 0,35 h/m²	313.000.211
	19 €	22 €	**30 €**	33 €	38 €			

	36	**Deckendämmung, PS 180, geklebt**						KG **353**
	Deckendämmung nachträglich; Polystyrol-Hartschaumplatten, extrudiert, WLG 035; Dicke 180mm; auf Unterseite kleben; Stahlbetondecke							
	20 €	23 €	**30 €**	34 €	40 €	[m²]	⏱ 0,35 h/m²	313.000.213
	24 €	27 €	**36 €**	41 €	47 €			

	37	**Deckendämmung, GF+PIR 50**						KG **353**
	Deckendämmung nachträglich; Mehrschichtplatten Polyurethan, WLS 024, GF-Platten; Dicke 50mm; auf Unterseite kleben, GK-Platten punktuell befestigen; Stahlbetondecke							
	33 €	38 €	**51 €**	57 €	63 €	[m²]	⏱ 0,45 h/m²	313.000.215
	40 €	45 €	**61 €**	68 €	75 €			

▶ min
▷ von
ø Mittel
◁ bis
◀ max

Nr.	Kurztext / Stichworte						Kostengruppe	
▶	▷	ø netto €	◁	◀		[Einheit]	Ausf.-Dauer	Positionsnummer
▶	▷	ø brutto €	◁	◀				

38 Deckendämmung, GF+PIR 70 KG 353
Deckendämmung nachträglich; Mehrschichtplatten Polyurethan, WLS 024, GF-Platten; Dicke 70mm; auf Unterseite kleben, GK-Platten punktuell befestigen; Stahlbetondecke

▶	▷	ø netto €	◁	◀	[Einheit]	Ausf.-Dauer	Positionsnummer
38 €	43 €	**58 €**	65 €	71 €	[m²]	⏱ 0,45 h/m²	313.000.216
45 €	51 €	**69 €**	77 €	85 €			

39 Deckendämmung, GF+PIR 90 KG 353
Deckendämmung nachträglich; Mehrschichtplatten Polyurethan, WLS 024, GF-Platten; Dicke 90mm; auf Unterseite kleben, GK-Platten punktuell befestigen; Stahlbetondecke

44 €	49 €	**67 €**	75 €	82 €	[m²]	⏱ 0,45 h/m²	313.000.217
52 €	59 €	**79 €**	89 €	98 €			

40 Deckendämmung, PIR 60, Vlies KG 353
Deckendämmung nachträglich; Polyurethanplatten, Vliesoberfläche, WLS 027, GF-Platten; Dicke 60mm; auf Unterseite kleben, GK-Platten punktuell befestigen; Stahlbetondecke

22 €	25 €	**33 €**	37 €	43 €	[m²]	⏱ 0,45 h/m²	313.000.218
26 €	29 €	**39 €**	44 €	51 €			

41 Deckendämmung, PIR 100, Vlies KG 353
Deckendämmung nachträglich; Polyurethanplatten, Vliesoberfläche, WLS 027, GF-Platten; Dicke 100mm; auf Unterseite kleben, GK-Platten punktuell befestigen; Stahlbetondecke

27 €	30 €	**41 €**	46 €	53 €	[m²]	⏱ 0,45 h/m²	313.000.219
32 €	36 €	**49 €**	55 €	64 €			

42 Wanddämmung, Mineralplatten 30mm KG 336
Wanddämmung; Mineralplatten, WLG 045; Dicke 30mm, Dichte 115kg/m³; mit Leichtmörtel kleben; Betonwand, innen

21 €	24 €	**33 €**	37 €	42 €	[m²]	⏱ 0,25 h/m²	313.000.221
25 €	29 €	**39 €**	43 €	50 €			

43 Wanddämmung, Mineralplatten 80mm KG 336
Wanddämmung; Mineralplatten, WLG 045; Dicke 80mm, Dichte 115kg/m³; mit Leichtmörtel kleben; Betonwand, innen

26 €	30 €	**40 €**	45 €	52 €	[m²]	⏱ 0,30 h/m²	313.000.223
31 €	35 €	**48 €**	54 €	62 €			

44 Laibungen, Mineralplatten KG 336
Laibungen dämmen; Mineralfaserplatten; Dicke 20mm, Tiefe bis 250mm; Fenster, Türen

11 €	13 €	**18 €**	20 €	24 €	[m]	⏱ 0,20 h/m	313.000.225
13 €	15 €	**21 €**	23 €	29 €			

© BKI Baukosteninformationszentrum   Kostenstand: 3.Quartal 2015, Bundesdurchschnitt

LB 313
Betonarbeiten

Nr.	Kurztext / Stichworte						Kostengruppe
▶ ▶	▷ ▷	ø netto € ø brutto €	◁ ◁	◀ ◀	[Einheit]	Ausf.-Dauer	Positionsnummer

Kosten:
Stand 3.Quartal 2015
Bundesdurchschnitt

▶ min
▷ von
ø Mittel
◁ bis
◀ max

---

45 Wanddämmung, GK-Bekleidung, MW 80 — KG **336**
Wanddämmung; GK-Bekleidung, Mineralwolle, WLS 032, Dampfsperre; GK 12,5mm, MW Dicke 80mm; Metallprofile

| 22€ | 25€ | **34**€ | 38€ | 44€ | [m²] | ⏱ 0,40 h/m² | 313.000.226 |
| 26€ | 30€ | **40**€ | 45€ | 53€ | | | |

46 Wanddämmung, GK-Bekleidung, MW 100 — KG **336**
Wanddämmung; GK-Bekleidung, Mineralwolle, WLS 032, Dampfsperre; GK 12,5mm, MW Dicke 100mm; Metallprofile

| 24€ | 27€ | **37**€ | 41€ | 48€ | [m²] | ⏱ 0,40 h/m² | 313.000.227 |
| 28€ | 32€ | **44**€ | 49€ | 57€ | | | |

47 Wanddämmung, WD-Putzsystem, 50mm — KG **336**
Wärmedämmputzsystem; Spritzputz, Dämmputz WLG 070, Kratzputz; Gesamtdicke 50mm; Spritzputz voll deckend, abgezogen; Innenflächen Außenwand, Beton

| 29€ | 33€ | **45**€ | 50€ | 57€ | [m²] | ⏱ 0,60 h/m² | 313.000.228 |
| 35€ | 39€ | **53**€ | 60€ | 68€ | | | |

48 Wanddämmung, WD-Putzsystem, 75mm — KG **336**
Wärmedämmputzsystem; Spritzputz, Dämmputz WLG 070, Kratzputz; Gesamtdicke 75mm; Spritzputz voll deckend, abgezogen; Innenflächen Außenwand, Beton

| 34€ | 38€ | **52**€ | 58€ | 66€ | [m²] | ⏱ 0,65 h/m² | 313.000.229 |
| 40€ | 46€ | **62**€ | 69€ | 79€ | | | |

49 Laibungen, WD-Putz 50mm — KG **336**
Wärmedämmputzsystem; Unterputz, Kratzputz; Gesamtdicke 50mm, Tiefe bis 250mm; Laibungen, innen

| 11€ | 13€ | **17**€ | 20€ | 23€ | [m] | ⏱ 0,35 h/m | 313.000.230 |
| 14€ | 15€ | **21**€ | 23€ | 27€ | | | |

50 Laibungen, WD-Putz 75mm — KG **336**
Wärmedämmputzsystem; Unterputz, Kratzputz; Gesamtdicke 75mm, Tiefe bis 250mm; Laibungen, innen

| 15€ | 17€ | **23**€ | 26€ | 30€ | [m] | ⏱ 0,40 h/m | 313.000.231 |
| 18€ | 20€ | **28**€ | 31€ | 36€ | | | |

51 Dachbodendämmung, MW 035, 100mm — KG **363**
Dachbodendämmung nachträglich; Mineralwolle-Dämmplatten, WLG 035, A1; Dicke 100mm; Betondecke

| 9€ | 10€ | **13**€ | 15€ | 18€ | [m²] | ⏱ 0,15 h/m² | 313.000.232 |
| 10€ | 12€ | **16**€ | 18€ | 21€ | | | |

Nr.	Kurztext / Stichworte							Kostengruppe
▶	▷	ø netto €	◁	◀	[Einheit]	Ausf.-Dauer	Positionsnummer
▶	▷	ø brutto €	◁	◀			

52 Dachbodendämmung, MW 035, 200mm — KG 363
Dachbodendämmung nachträglich; Mineralwolle-Dämmplatten, WLG 035, A1; Dicke 200mm; zweilagig, versetzt verlegen; Betondecke

| 16€ | 18€ | **24€** | 27€ | 31€ | [m²] | ⌚ 0,15 h/m² | 313.000.233 |
| 19€ | 21€ | **29€** | 32€ | 37€ | | | |

53 Dachbodendämmung, MW 035, 100mm, kaschiert — KG 363
Dachbodendämmung nachträglich; Mineralwolle, kaschierte Oberfläche aus fadenverstärktem Glasvlies, WLG 035, A1; Dicke 100mm; als Unterlage begehbarer Platten; Betondecke

| 17€ | 20€ | **26€** | 30€ | 34€ | [m²] | ⌚ 0,15 h/m² | 313.000.234 |
| 21€ | 23€ | **31€** | 35€ | 41€ | | | |

54 Dachbodendämmung, MW 035, 200mm, kaschiert — KG 363
Dachbodendämmung nachträglich; Mineralwolle, kaschierte Oberfläche aus fadenverstärktem Glasvlies, WLG 035, A1; Dicke 200mm; als Unterlage begehbarer Platten; Betondecke

| 34€ | 38€ | **51€** | 58€ | 63€ | [m²] | ⌚ 0,15 h/m² | 313.000.235 |
| 40€ | 45€ | **61€** | 69€ | 75€ | | | |

55 Dachbodendämmung, WF 045, 80mm — KG 363
Dachbodendämmung nachträglich; Holzweichfaserelement, WLG 045, B2; Dicke 80mm; Betondecke

| 17€ | 20€ | **26€** | 30€ | 34€ | [m²] | ⌚ 0,15 h/m² | 313.000.236 |
| 21€ | 23€ | **31€** | 35€ | 41€ | | | |

56 Dachbodendämmung, EPS 040, 180mm — KG 363
Dachbodendämmung nachträglich; Polystyrol-Hartschaum, expandiert, WLG 040, B1; Dicke 180mm; Betondecke

| 14€ | 15€ | **21€** | 23€ | 27€ | [m²] | ⌚ 0,12 h/m² | 313.000.237 |
| 16€ | 18€ | **25€** | 28€ | 32€ | | | |

57 Dachbodendämmung, PUR 024, 80mm, kaschiert — KG 363
Dachbodendämmung nachträglich; Polyurethan-Hartschaum, Aluminiumkaschiert, WLS 024, B2; Dicke 80mm; einlagig, NF-System; Betondecke

| 26€ | 30€ | **40€** | 45€ | 52€ | [m²] | ⌚ 0,15 h/m² | 313.000.238 |
| 31€ | 35€ | **48€** | 53€ | 62€ | | | |

58 Dachbodendämmung, MW 040, 180mm, Spanplatte — KG 363
Dachbodendämmung nachträglich; begehbare Verbundelemente aus Mineralwolle mit Spanplattenoberfläche, WLG 040, A2; Dämmdicke 180mm, Elementdicke 200mm; einlagig, Stöße verleimen; Beton-/Ziegelelementdecke

| 36€ | 40€ | **55€** | 61€ | 71€ | [m²] | ⌚ 0,20 h/m² | 313.000.239 |
| 43€ | 48€ | **65€** | 73€ | 85€ | | | |

LB 313
Betonarbeiten

Nr.	Kurztext / Stichworte						Kostengruppe
▶	▷	ø netto €	◁	◀	[Einheit]	Ausf.-Dauer	Positionsnummer
▶	▷	ø brutto €	◁	◀			

Kosten:
Stand 3.Quartal 2015
Bundesdurchschnitt

59 Dachbodendämmung, EPS 040, 80mm, Spanplatte — KG **363**
Dachbodendämmung nachträglich; Verbundelemente Polystyrol-Hartschaum, expandiert, mit Spanplatte, WLG 040; Elementdicke 100mm; NF-System; Beton-/Ziegelelementdecke

| 26€ | 29€ | **40€** | 45€ | 52€ | [m²] | ⏱ 0,15 h/m² | 313.000.240 |
| 31€ | 35€ | **47€** | 53€ | 62€ | | | |

60 Dachbodendämmung, EPS 035, 100mm, Spanplatte — KG **363**
Dachbodendämmung nachträglich; Verbundelemente Polystyrol-Hartschaum, expandiert, mit Spanplatte, WLG 035, B1; Elementdicke 119mm; einlagig, NF-System; Betondecke

| 27€ | 31€ | **42€** | 47€ | 54€ | [m²] | ⏱ 0,15 h/m² | 313.000.241 |
| 33€ | 37€ | **50€** | 56€ | 65€ | | | |

61 Dachbodendämmung, EPS 032, 240mm, Spanplatte — KG **363**
Dachbodendämmung nachträglich; Verbundelemente Polystyrol-Hartschaum, expandiert, mit Spanplatte, WLS 032, B1; Elementdicke 261mm; NF-System; Betondecke

| 37€ | 42€ | **57€** | 64€ | 70€ | [m²] | ⏱ 0,22 h/m² | 313.000.243 |
| 44€ | 50€ | **68€** | 76€ | 83€ | | | |

62 Dachbodendämmung, PUR 024, 80mm, Spanplatte — KG **363**
Dachbodendämmung nachträglich; Verbundelemente Polyurethan-Hartschaum, mit Spanplatte und integrierter Dampfsperre, WLS 024, B1; Elementdicke 136mm; einlagig, NF-System; Betondecke

| 38€ | 43€ | **58€** | 65€ | 71€ | [m²] | ⏱ 0,17 h/m² | 313.000.245 |
| 45€ | 51€ | **69€** | 77€ | 85€ | | | |

63 Dachbodendämmung, EPS 032,160mm, OSB-Platte — KG **363**
Dachbodendämmung nachträglich; Verbundelemente Polyurethan-Hartschaum, mit OSB-Platte, WLS 032, B1; Elementdecke 175mm; NF-System; Betondecke

| 30€ | 34€ | **46€** | 51€ | 58€ | [m²] | ⏱ 0,20 h/m² | 313.000.246 |
| 35€ | 40€ | **54€** | 61€ | 69€ | | | |

64 Dachbodendämmung, WF 045, 100mm, OSB-Platte — KG **363**
Dachbodendämmung nachträglich; Verbundelemente Holzweichfaser mit OSB-Platte, WLG 040, B2; Elementdicke 115mm; Betondecke

| 28€ | 32€ | **43€** | 48€ | 55€ | [m²] | ⏱ 0,17 h/m² | 313.000.247 |
| 33€ | 38€ | **51€** | 57€ | 65€ | | | |

▶ min
▷ von
ø Mittel
◁ bis
◀ max

Positionen Altbau | Positionen Neubau | 3. Ebene | Objekte

LB 314 Natur-, Betonwerksteinarbeiten

314

Kosten:
Stand 3.Quartal 2015
Bundesdurchschnitt

▶ min
▷ von
ø Mittel
◁ bis
◀ max

Nr.	Kurztext / Stichworte					[Einheit]	Ausf.-Dauer	Kostengruppe Positionsnummer
▶	▷	ø netto €	◁	◀				
▶	▷	ø brutto €	◁	◀				

1 Natursteinbelag abbrechen, Mörtelbett — KG 394
Plattenbelag, abbrechen; Naturwerkstein; Dicke 6cm; im Mörtelbett; Bauschutt entsorgen

▶	▷	ø	◁	◀	[Einheit]	Ausf.-Dauer	Pos.-Nr.
8€	9€	**14€**	16€	27€	[m²]	0,20 h/m²	314.000.055
9€	11€	**16€**	19€	32€			

2 Natursteinbelag abbrechen, Unterbeton — KG 394
Plattenbelag, abbrechen; Naturwerkstein; Dicke 15cm; im Mörtelbett; Bauschutt entsorgen

–	24€	**27€**	32€	–	[m²]	1,00 h/m²	314.000.056
–	29€	**32€**	38€	–			

3 Natursteinbelag aufnehmen/lagern — KG 395
Plattenbelag aufnehmen; Naturwerkstein; reinigen, zur Wiederverwendung; lagern

–	16€	**23€**	28€	–	[m²]	0,60 h/m²	314.000.057
–	19€	**28€**	33€	–			

4 Naturstein-Treppenbelag abbrechen — KG 394
Plattenbelag, abbrechen; Naturwerkstein; Dicke 6cm, Breite bis 1,30m; im Mörtelbett; Treppe; Bauschutt entsorgen

–	16€	**23€**	28€	–	[m]	0,75 h/m	314.000.058
–	19€	**27€**	33€	–			

5 Trittstufe abbrechen, Naturstein — KG 394
Trittstufe abbrechen; Naturwerkstein; Tiefe bis 30cm, Breite bis 1,30m; Auflagerfläche reinigen; Bauschutt entsorgen

–	40€	**57€**	68€	–	[St]	1,20 h/St	314.000.059
–	48€	**67€**	81€	–			

6 Sockelleiste ausbauen/lagern, Naturstein — KG 394
Sockelleisten ausbauen; Naturwerkstein; Mörtelreste entfernen, reinigen, zur Wiederverwendung; lagern

–	4€	**6€**	7€	–	[m]	0,15 h/m	314.000.060
–	5€	**7€**	8€	–			

7 Sockelleiste abbrechen, Naturstein — KG 394
Sockelleisten entfernen; Naturwerkstein; Bauschutt entsorgen

–	4€	**6€**	7€	–	[m]	0,12 h/m	314.000.061
–	4€	**7€**	8€	–			

8 Natursteinbekleidung abbrechen — KG 394
Fassadenbekleidung abbrechen; Natursteinplatten; Dicke bis 50mm; Bauschutt entsorgen

–	23€	**34€**	40€	–	[m²]	0,70 h/m²	314.000.062
–	27€	**40€**	48€	–			

© **BKI** Baukosteninformationszentrum

Nr.	Kurztext / Stichworte					[Einheit]	Ausf.-Dauer	Kostengruppe Positionsnummer
▶	▷	ø netto €	◁	◀				
▶	▷	ø brutto €	◁	◀				

9 Fensterbank abbrechen, Naturstein außen — KG 394
Fensterbank abbrechen, außen; Naturwerkstein; Dicke 3cm, Breite bis 30cm; Auflagerfläche neu vorbereiten; Bauschutt entsorgen

–	8€	**11€**	12€	–		[m]	⏱ 0,25 h/m	314.000.063
–	9€	**13€**	15€	–				

10 Fensterbank abbrechen, Naturstein, innen — KG 394
Fensterbank abbrechen, innen; Naturwerkstein; Auflagerfläche neu vorbereiten; Bauschutt entsorgen

9€	10€	**15€**	18€	24€		[St]	⏱ 0,30 h/St	314.000.064
10€	12€	**18€**	21€	29€				

11 Natursteinblockstufen, ausbauen/lagern — KG 394
Blockstufe ausbauen; Naturstein; Mörtelreste entfernen, reinigen, zur Wiederverwendung; Treppe; lagern

–	29€	**43€**	51€	–		[St]	⏱ 1,05 h/St	314.000.065
–	35€	**51€**	61€	–				

12 Betonwerksteinplatten abbrechen — KG 394
Plattenbelag ausbauen; Betonwerkstein; bis 50x50x5cm; in Sand-/Splittbett; Bauschutt entsorgen

–	8€	**11€**	14€	–		[m²]	⏱ 0,20 h/m²	314.000.066
–	9€	**14€**	16€	–				

13 Betonwerksteinplatten aufnehmen, lagern — KG 394
Plattenbelag aufnehmen; Betonwerkstein; 40x40x5cm; in Sandbett, zur Wiederverwendung reinigen; lagern

–	10€	**14€**	17€	–		[m²]	⏱ 0,25 h/m²	314.000.067
–	12€	**17€**	20€	–				

14 Treppenbelag abbrechen, Betonwerkstein — KG 394
Treppenbelag im Mörtelbett abbrechen; Betonwerkstein; Dicke bis 8cm, Stg. 17,5x28cm; Untergrund reinigen; Bauschutt entsorgen

–	19€	**28€**	34€	–		[m]	⏱ 0,60 h/m	314.000.068
–	23€	**33€**	40€	–				

15 Podestbelag abbrechen, Betonwerkstein — KG 394
Podestplatte im Mörtelbett abbrechen; Betonwerkstein; Dicke 5cm; Untergrund reinigen; Bauschutt entsorgen

–	13€	**18€**	22€	–		[m²]	⏱ 0,30 h/m²	314.000.069
–	15€	**22€**	26€	–				

16 Betonwerksteinbelag abbrechen — KG 394
Bodenplatten mit Mörtelbett abbrechen; Betonwerkstein; Dicke bis 12cm; inkl. Estrich, Untergrund reinigen; Bauschutt entsorgen

–	13€	**18€**	22€	–		[m²]	⏱ 0,30 h/m²	314.000.070
–	15€	**22€**	26€	–				

LB 314 Natur-, Betonwerksteinarbeiten

Nr.	Kurztext / Stichworte					[Einheit]	Ausf.-Dauer	Kostengruppe Positionsnummer
▶	▷	ø netto €	◁	◀				
▶	▷	ø brutto €	◁	◀				

17 Sockelbekleidung abbrechen, Betonwerkstein — KG 394
Sockelbekleidung im Mörtelbett abbrechen; Betonwerkstein; Dicke bis 6cm; Untergrund reinigen; Bauschutt entsorgen

–	4€	**5€**	6€	–	[m²]	⏱ 0,12 h/m²	314.000.071
–	4€	**6€**	8€	–			

18 Natursteinbelag reinigen — KG 395
Plattenbelag reinigen; Naturstein; Wachs- und Schmutzschichten entfernen

–	8€	**9€**	11€	–	[m²]	⏱ 0,20 h/m²	314.000.075
–	10€	**11€**	13€	–			

19 Natursteinflächen ausbessern — KG 395
Natursteinfläche ausbessern; Sandstein; mit Restaurationsgrund unterlegen

–	14€	**20€**	24€	–	[m²]	⏱ 0,32 h/m²	314.000.076
–	16€	**24€**	29€	–			

20 Natursteinoberflächen schleifen — KG 395
Natursteinfläche nacharbeiten; ausgebesserte Stelle schleifen und angleichen

–	32€	**46€**	56€	–	[m²]	⏱ 0,84 h/m²	314.000.077
–	38€	**55€**	66€	–			

21 Natursteinflächen festigen — KG 395
Natursteinflächen festigen; Kieselsäureester

–	7€	**10€**	12€	–	[m²]	⏱ 0,19 h/m²	314.000.078
–	8€	**12€**	14€	–			

22 Sandsteinoberfläche scharrieren — KG 395
Natursteinoberfläche bearbeiten; Sandstein; scharrieren, an Bestandsfläche anpassen

–	44€	**80€**	96€	–	[m²]	⏱ 2,00 h/m²	314.000.079
–	52€	**96€**	115€	–			

Kosten:
Stand 3.Quartal 2015
Bundesdurchschnitt

▶ min
▷ von
ø Mittel
◁ bis
◀ max

Positionen Altbau | Positionen Neubau | 3. Ebene | Objekte

LB 316
Zimmer- und Holzbauarbeiten

316

Kosten:
Stand 3.Quartal 2015
Bundesdurchschnitt

▶ min
▷ von
ø Mittel
◁ bis
◀ max

Nr.	Kurztext / Stichworte					[Einheit]	Ausf.-Dauer	Kostengruppe Positionsnummer
▶	▷	ø netto €	◁	◀				
▶	▷	ø brutto €	◁	◀				

1 Wanddämmung entfernen, MW — KG **394**
Wanddämmung entfernen; Mineralwolle; außen; Bauschutt entsorgen

3€	5€	**7€**	8€	10€	[m²]	⏱ 0,10 h/m²	316.001.098
4€	5€	**8€**	10€	12€			

2 Zwischensparrendämmung entfernen, MW — KG **394**
Zwischensparrendämmung entfernen; Mineralwolle; Dicke bis 100mm; Bauschutt entsorgen

3€	5€	**7€**	8€	12€	[m²]	⏱ 0,15 h/m²	316.001.099
4€	6€	**8€**	10€	14€			

3 Lattentrennwand demontieren — KG **394**
Lattentrennwand demontieren; Holz; Keller/Speicher; Bauschutt entsorgen

5€	7€	**11€**	13€	19€	[m²]	⏱ 0,20 h/m²	316.001.101
6€	9€	**13€**	15€	23€			

4 Dachflächenfenster entfernen — KG **394**
Dachflächenfenster entfernen; Größe bis 2,00m²; Bauschutt entsorgen

25€	40€	**59€**	71€	84€	[St]	⏱ 1,40 h/St	316.001.100
30€	48€	**70€**	84€	99€			

5 Holzständerwand abbauen — KG **394**
Holzständerwand abbauen; ohne Beplankung; Bauschutt entsorgen

–	11€	**16€**	19€	–	[m²]	⏱ 0,38 h/m²	316.001.102
–	13€	**19€**	23€	–			

6 Holztreppe abbauen — KG **394**
Holztreppe abbauen; Höhe bis 3,00m, Breite bis 1,20m; inkl. Geländer und Handlauf; Bauschutt entsorgen

86€	96€	**141€**	169€	276€	[St]	⏱ 3,30 h/St	316.001.103
102€	114€	**167€**	201€	329€			

7 Bodeneinschubtreppe ausbauen — KG **394**
Bodeneinschubtreppe ausbauen; inkl. Deckenklappe und Zarge; Bauschutt entsorgen

–	31€	**46€**	57€	–	[St]	⏱ 1,20 h/St	316.001.104
–	37€	**54€**	68€	–			

8 Holztrittstufe entfernen — KG **394**
Holztrittstufe entfernen; Bauschutt entsorgen

–	11€	**15€**	19€	–	[m²]	⏱ 0,25 h/m²	316.001.105
–	13€	**18€**	23€	–			

© **BKI** Baukosteninformationszentrum

Nr.	Kurztext / Stichworte				[Einheit]	AusfDauer	Kostengruppe Positionsnummer
▶	▷	ø netto €	◁	◀			
▶	▷	ø brutto €	◁	◀			

9 Holzleiter abbauen — KG 394
Holzleiter abbauen; Dachraum; Bauschutt entsorgen

–	6 €	**9 €**	10 €	–	[St]	⏱ 0,15 h/St	316.001.106
–	7 €	**10 €**	12 €	–			

10 Holzhandlauf entfernen — KG 394
Holzhandlauf entfernen; inkl. Halterung und Befestigung; Bauschutt entsorgen

–	5 €	**7 €**	9 €	–	[m]	⏱ 0,18 h/m	316.001.107
–	6 €	**9 €**	11 €	–			

11 Holzfußboden entfernen, Bodenbretter — KG 394
Fußbodenbretter entfernen; Holz; inkl. Sockelleiste; Bauschutt entsorgen

5 €	5 €	**8 €**	10 €	17 €	[m²]	⏱ 0,18 h/m²	316.001.108
6 €	6 €	**10 €**	11 €	20 €			

12 Holzfußboden entfernen, Bretter/Lagerhölzer — KG 394
Fußbodenbretter auf Lagerhölzern entfernen; Holz; inkl. Sockelleiste; Bauschutt entsorgen

6 €	6 €	**10 €**	11 €	19 €	[m²]	⏱ 0,22 h/m²	316.001.109
7 €	8 €	**11 €**	14 €	23 €			

13 Fußbodenbretter aufnehmen/lagern — KG 394
Fußbodenbretter aufnehmen, lagern; inkl. entnageln und reinigen

7 €	8 €	**11 €**	13 €	19 €	[m²]	⏱ 0,30 h/m²	316.001.110
8 €	9 €	**13 €**	16 €	23 €			

14 Spanplattenboden ausbauen — KG 394
Spanplattenboden ausbauen; Dicke bis 25mm; inkl. Untergrund reinigen; Bauschutt entsorgen

8 €	10 €	**15 €**	18 €	25 €	[m²]	⏱ 0,30 h/m²	316.001.111
9 €	12 €	**18 €**	21 €	30 €			

15 Schüttung entfernen, Lagerhölzer — KG 394
Schüttung entfernen; Höhe bis 7cm; zwischen Lagerhölzern; Bauschutt entsorgen

–	6 €	**9 €**	10 €	–	[m²]	⏱ 0,10 h/m²	316.001.112
–	7 €	**10 €**	12 €	–			

16 Schüttung entfernen, Holzbalkendecke — KG 394
Schüttung entfernen; Höhe bis 15cm; aus Holzbalkendecke; Bauschutt entsorgen

6 €	10 €	**15 €**	18 €	23 €	[m²]	⏱ 0,35 h/m²	316.001.113
8 €	12 €	**18 €**	22 €	27 €			

LB 316
Zimmer- und Holzbauarbeiten

Nr.	Kurztext / Stichworte				[Einheit]	Ausf.-Dauer	Kostengruppe Positionsnummer
▶	▷ ø netto € ◁ ◀						
▶	▷ ø brutto € ◁ ◀						

Kosten:
Stand 3.Quartal 2015
Bundesdurchschnitt

17 Fehlboden entfernen — KG 394
Fehlboden entfernen; Bauschutt entsorgen

| – | 7€ | **10€** | 12€ | 18€ | [m²] | 0,22 h/m² | 316.001.114 |
| – | 8€ | **12€** | 14€ | 21€ | | | |

18 Deckenbalken ausbauen — KG 394
Deckenbalken ausbauen; Eiche/Nadelholz/.....; inkl. Abstützmaßnahmen; Bauschutt entsorgen

| 5€ | 6€ | **9€** | 10€ | 15€ | [m] | 0,15 h/m | 316.001.115 |
| 6€ | 7€ | **10€** | 12€ | 18€ | | | |

19 Unterzug ausbauen, Holz — KG 394
Unterzug ausbauen; Eiche/Nadelholz/.....; inkl. Abstützmaßnahmen; Bauschutt entsorgen

| – | 7€ | **10€** | 12€ | – | [m] | 0,17 h/m | 316.001.116 |
| – | 8€ | **11€** | 14€ | – | | | |

20 Holzbalkendecke ausbauen — KG 394
Holzbalkendecke ausbauen; Eiche/Nadelholz/.....; komplett; inkl. Sicherungsmaßnahmen; Bauschutt entsorgen

| 25€ | 38€ | **56€** | 68€ | 74€ | [m²] | 0,90 h/m² | 316.001.117 |
| 29€ | 46€ | **67€** | 81€ | 88€ | | | |

21 Dachstuhlhölzer ausbauen — KG 394
Dachstuhlhölzer ausbauen; Eiche/Nadelholz/.....; inkl. Sicherungsmaßnahmen; Bauschutt entsorgen

| 6€ | 8€ | **12€** | 14€ | 19€ | [m] | 0,50 h/m | 316.001.118 |
| 7€ | 10€ | **14€** | 17€ | 23€ | | | |

22 Zwischensparrendämmung, MW 035, 100mm — KG 363
Zwischensparrendämmung DZ; Mineralwolle WLG 035, A1; Dicke 100mm; einlagig, nachträglich von außen einbauen; zwischen Sparren und Konstruktion

| 9€ | 10€ | **15€** | 18€ | 20€ | [m²] | 0,20 h/m² | 316.001.123 |
| 11€ | 12€ | **18€** | 22€ | 24€ | | | |

23 Zwischensparrendämmung, MW 035, 140mm — KG 363
Zwischensparrendämmung DZ; Mineralwolle WLG 035, A1; Dicke 140mm; einlagig, nachträglich von außen einbauen; zwischen Sparren und Konstruktion

| 11€ | 13€ | **19€** | 23€ | 26€ | [m²] | 0,22 h/m² | 316.001.125 |
| 14€ | 16€ | **23€** | 28€ | 31€ | | | |

24 Zwischensparrendämmung, MW 032, 100mm — KG 363
Zwischensparrendämmung DZ; Mineralwolle WLS 032, A1; Dicke 100mm; einlagig, nachträglich von außen einbauen; zwischen Sparren und Konstruktion

| 10€ | 12€ | **17€** | 21€ | 23€ | [m²] | 0,20 h/m² | 316.001.126 |
| 12€ | 14€ | **21€** | 25€ | 28€ | | | |

▶ min
▷ von
ø Mittel
◁ bis
◀ max

Nr.	Kurztext / Stichworte						Kostengruppe	
▶	▷	ø netto €	◁	◀		[Einheit]	Ausf.-Dauer	Positionsnummer
▶	▷	ø brutto €	◁	◀				

25	Zwischensparrendämmung, MW 032, 140mm							KG 363
Zwischensparrendämmung DZ; Mineralwolle WLS 032, A1; Dicke 140mm; einlagig, nachträglich von außen einbauen; zwischen Sparren und Konstruktion								
13 €	15 €	**23 €**	27 €	30 €		[m²]	⏱ 0,22 h/m²	316.001.128
16 €	18 €	**27 €**	32 €	36 €				

26	Einblasdämmung, Zellulose, bis 140mm							KG 363
Einblasdämmung; Zellulosefasern, WLG 040, E; Dicke bis 140mm; zwischen Sparren und Konstruktion								
9 €	10 €	**11 €**	12 €	13 €		[m²]	⏱ 0,10 h/m²	316.000.076
10 €	12 €	**13 €**	14 €	16 €				

27	Einblasdämmung, Zellulose, bis 200mm							KG 363
Einblasdämmung; Zellulosefasern, WLG 040, E; Dicke bis 200mm; zwischen Sparren und Konstruktion								
12 €	14 €	**15 €**	16 €	18 €		[m²]	⏱ 0,14 h/m²	316.000.123
14 €	17 €	**18 €**	19 €	21 €				

28	Einblasdämmung, Zellulose, bis 240mm							KG 363
Einblasdämmung; Zellulosefasern, WLG 040, E; Dicke bis 240mm; zwischen Sparren und Konstruktion								
18 €	20 €	**21 €**	22 €	25 €		[m²]	⏱ 0,16 h/m²	316.000.124
21 €	24 €	**25 €**	26 €	30 €				

29	MW-Dämmung, Spitzboden, 160mm							KG 363
Wärmedämmung einbauen; Mineralwolle WLG 035, A1; Dicke 160mm; nicht begehbar; Spitzboden								
–	9 €	**13 €**	15 €	–		[m²]	⏱ 0,10 h/m²	316.001.129
–	11 €	**15 €**	18 €	–				

30	MW-Dämmung, Holzbalkendecke, 120mm							KG 363
Wärmedämmung einbauen; Mineralwolle WLG 035; Dicke 120mm; einbauen; zwischen Holzbalkendecke								
–	11 €	**16 €**	19 €	–		[m²]	⏱ 0,10 h/m²	316.001.130
–	13 €	**19 €**	22 €	–				

31	MW/Spanplatte, Holzdecke, 240mm							KG 363
Wärmedämmung/Spanplatte, DAD-dk, einbauen; Mineralwolle WLG 035, A1, Spanplatte verleimt; Dicke MW 240mm, Spanplatte 21mm; Holzbalkendecke								
–	53 €	**73 €**	87 €	–		[m²]	⏱ 0,22 h/m²	316.001.131
–	63 €	**87 €**	104 €	–				

© BKI Baukosteninformationszentrum   Kostenstand: 3.Quartal 2015, Bundesdurchschnitt

LB 323
Putz- und Stuckarbeiten, Wärmedämmsysteme

Kosten:
Stand 3.Quartal 2015
Bundesdurchschnitt

▶ min
▷ von
ø Mittel
◁ bis
◀ max

Nr.	Kurztext / Stichworte					[Einheit]	Ausf.-Dauer	Kostengruppe Positionsnummer
▶	▷	ø netto €	◁	◀				
▶	▷	ø brutto €	◁	◀				

1 Fugenschnitt, Wandputz — KG 395
Fugenschnitt; Putzdicke 15mm; für nachträglichen Putzanschluss

4€	4€	**6€**	7€	8€	[m]	⏱ 0,12 h/m	323.000.205
5€	5€	**7€**	8€	9€			

2 Putzschäden ausbessern, Teilflächen — KG 395
Putzschäden ausbessern, Teilflächen; Mörtel; bis 1,00m², Tiefe bis 2,00cm; beschädigten Putz entfernen, Fehlflächen schließen; Innenwand; Bauschutt entsorgen

14€	16€	**21€**	24€	28€	[m²]	⏱ 0,30 h/m²	323.000.206
17€	18€	**25€**	29€	33€			

3 Fehlstellen verputzen, bis 0,1m² — KG 395
Fehlstellen verputzen; Mörtel; 0,01-0,10m², Tiefe bis 2cm; Innenwand

1€	2€	**2€**	3€	3€	[St]	⏱ 0,06 h/St	323.000.207
2€	2€	**3€**	3€	4€			

4 Fehlstellen verputzen, bis 0,2m² — KG 395
Fehlstellen verputzen; Mörtel; 0,10-0,20m², Tiefe bis 2cm; Innenwand

2€	3€	**4€**	5€	6€	[St]	⏱ 0,10 h/St	323.000.208
3€	4€	**5€**	6€	7€			

5 Fehlstellen verputzen, bis 0,3m² — KG 395
Fehlstellen verputzen; Mörtel; 0,20-0,30m², Tiefe bis 2cm; Innenwand

3€	4€	**5€**	6€	7€	[St]	⏱ 0,12 h/St	323.000.209
4€	5€	**6€**	7€	9€			

6 Putzflächen spachteln, Fehlstellen innen — KG 395
Löcher schließen; Putz; spachteln; innen

5€	6€	**8€**	9€	11€	[m²]	⏱ 0,20 h/m²	323.000.210
6€	7€	**9€**	11€	13€			

7 Ausgleichsputz, Innenwand — KG 395
Ausgleichsputz; Mörtel; Dicke bis 2,0cm; Innenwand

8€	11€	**14€**	16€	18€	[m³]	⏱ 0,22 h/m³	323.000.211
10€	13€	**17€**	19€	22€			

8 Öffnungen beiputzen, innen — KG 395
Öffnungen beiputzen; Mörtel; Breite bis 40cm; innen; nachträglich eingebaute Fenster, Türen

7€	8€	**10€**	12€	14€	[m]	⏱ 0,16 h/m	323.000.212
8€	9€	**12€**	14€	17€			

Nr.	Kurztext / Stichworte							Kostengruppe
▶	▷	ø netto €	◁	◀	[Einheit]	Ausf.-Dauer	Positionsnummer
▶	▷	ø brutto €	◁	◀			

9 — Fensterbrett beiputzen, innen — KG 395
Fensterbrett beiputzen; Länge bis 1,35m, Breite bis 25cm; innen; nachträglich eingebaut

9€	11€	**15€**	17€	21€	[St]	⏱ 0,30 h/St	323.000.213
11€	13€	**18€**	21€	25€			

10 — Kellenschnitt, Innenputz — KG 395
Kellenschnitt, Putzanschluss; Innenwand

2€	2€	**3€**	4€	5€	[m]	⏱ 0,10 h/m	323.000.214
2€	3€	**4€**	5€	5€			

11 — Putzträger, Rippenstreckmetall, innen — KG 395
Putzträger; Rippenstreckmetall, verzinkt; Innenwand

6€	8€	**10€**	12€	14€	[m²]	⏱ 0,15 h/m²	323.000.215
7€	9€	**12€**	14€	17€			

12 — Putzträger, Rabitzgewebe, innen — KG 395
Putzträger; Rabitzgewebe; Überspannung rissegefährdeter Putzuntergrund; innen

6€	7€	**10€**	11€	14€	[m²]	⏱ 0,15 h/m²	323.000.216
7€	9€	**12€**	13€	16€			

13 — Eckschutzwinkel, verzinkt, innen — KG 395
Eckschutzwinkel; Stahl, verzinkt; Putzdicke bis 15mm; verschiedene Längen; innen

3€	3€	**5€**	5€	6€	[m]	⏱ 0,08 h/m	323.000.217
3€	4€	**5€**	6€	8€			

14 — Putzanschlussleiste, verzinkt, Türen, innen — KG 395
Putzanschlussleiste; Stahl, verzinkt; zwischen Türzarge, Putzfläche, innen

3€	3€	**4€**	5€	6€	[m]	⏱ 0,08 h/m	323.000.218
3€	4€	**5€**	6€	7€			

15 — WD-Putz, Innendämmung, 50mm — KG 335
Wärmedämm-Putzsystem; Spritzbewurf, Dämmputz, Kratzputz 0/3, WLG 070; Gesamtdicke 50mm; Innendämmung; der Außenwand; Putzgrund Ziegel

32€	36€	**48€**	55€	67€	[m²]	⏱ 0,60 h/m²	323.000.219
38€	42€	**57€**	66€	80€			

16 — WD-Putz, Innendämmung, 75mm — KG 335
Wärmedämm-Putzsystem; Spritzputz, Dämmputz, Kratzputz, WLG 070; Gesamtdicke 75mm; Innendämmung; der Außenwand; Putzgrund Ziegel

40€	46€	**61€**	71€	85€	[m²]	⏱ 0,65 h/m²	323.000.220
48€	54€	**73€**	84€	102€			

LB 323 Putz- und Stuckarbeiten, Wärmedämmsysteme

Nr.	Kurztext / Stichworte					[Einheit]	Ausf.-Dauer	Kostengruppe Positionsnummer
▶	▷	ø netto €	◁	◀				
▶	▷	ø brutto €	◁	◀				

17 WD-Putz, Unter- und Oberputz, 50mm, Laibungen — KG **335**
Wärmedämm-Putzsystem; Gesamtdicke 50mm, Tiefe bis 250mm; Innendämmung; Laibungen

| 13€ | 14€ | **19€** | 22€ | 26€ | [m] | ⏱ 0,35 h/m | 323.000.221 |
| 15€ | 17€ | **22€** | 26€ | 31€ | | | |

18 WD-Putz, Unter- und Oberputz, 75mm, Laibungen — KG **335**
Wärmedämm-Putzsystem; Gesamtdicke 75mm, Tiefe bis 250mm; Innendämmung; Laibungen

| 16€ | 18€ | **25€** | 29€ | 34€ | [m] | ⏱ 0,40 h/m | 323.000.222 |
| 19€ | 22€ | **29€** | 34€ | 41€ | | | |

Kosten:
Stand 3.Quartal 2015
Bundesdurchschnitt

▶ min
▷ von
ø Mittel
◁ bis
◀ max

LB 324
Fliesen- und Plattenarbeiten

324

Kosten:
Stand 3.Quartal 2015
Bundesdurchschnitt

▶ min
▷ von
ø Mittel
◁ bis
◀ max

Nr.	Kurztext / Stichworte					[Einheit]	Ausf.-Dauer	Kostengruppe Positionsnummer
▶	▷	ø netto €	◁	◀				
▶	▷	ø brutto €	◁	◀				

1 Bodenfliesen entfernen, geklebt — KG **394**
Bodenbelag, Fliesen entfernen, verklebt; Dicke bis 2cm; Bauschutt entsorgen

8€	8€	**12€**	15€	19€	[m²]	⏱ 0,22 h/m²	324.000.061
9€	10€	**15€**	18€	23€			

2 Bodenfliesen entfernen, Mörtelbett — KG **394**
Bodenbelag, Fliesen entfernen, Mörtelbett; Dicke bis 5cm; Bauschutt entsorgen

7€	9€	**16€**	19€	24€	[m²]	⏱ 0,20 h/m²	324.000.062
9€	11€	**19€**	23€	29€			

3 Bodenfliesen/Estrich entfernen — KG **394**
Bodenfliesen entfernen; Dicke bis 7cm; inkl. Estrich, Trennschicht, Dämmschicht; Bauschutt entsorgen

–	20€	**29€**	35€	–	[m²]	⏱ 0,75 h/m²	324.000.075
–	24€	**35€**	42€	–			

4 Sockelfliesen entfernen — KG **394**
Sockelbelag Fliesen, entfernen; keramisch; Bauschutt entsorgen

2€	3€	**4€**	5€	7€	[m]	⏱ 0,10 h/m	324.000.063
2€	3€	**5€**	6€	8€			

5 Treppenbelag, Fliesen entfernen — KG **394**
Treppenbelag, Fliesen entfernen; Dicke bis 5cm; als Tritt- und Setzstufen; Bauschutt entsorgen

–	12€	**18€**	22€	–	[m²]	⏱ 0,40 h/m²	324.000.064
–	15€	**22€**	26€	–			

6 Wandfliesen entfernen. Dickbett — KG **394**
Wandbelag, Fliesen entfernen, Dickbett; Dicke bis 4cm; Bauschutt entsorgen

6€	9€	**15€**	18€	22€	[m²]	⏱ 0,22 h/m²	324.000.066
7€	10€	**17€**	21€	26€			

7 Untergrund reinigen, Boden — KG **352**
Untergrund reinigen; Staub, Schmutz abkehren; Abfall entsorgen

0,3€	1,7€	**2,1€**	3,7€	7,0€	[m²]	⏱ 0,04 h/m²	324.000.001
0,3€	2,0€	**2,5€**	4,5€	8,3€			

8 Ausgleichsspachtelung, bis 10mm — KG **352**
Spachtelung; Spachtelmasse; Dicke 5/10mm; Boden

1€	3€	**4€**	5€	8€	[m²]	⏱ 0,10 h/m²	324.000.074
1€	3€	**4€**	6€	10€			

© **BKI** Baukosteninformationszentrum

Nr.	Kurztext / Stichworte					[Einheit]	Ausf.-Dauer	Kostengruppe Positionsnummer
▶	▷	ø netto €	◁	◀				
▶	▷	ø brutto €	◁	◀				

9	Verbundabdichtung, zweilagig, Boden							KG **352**
Verbundabdichtung, innen; Kunstharz, inkl. Bewehrungseinlage; zweilagig; Bodenfläche								
5€	10€	**12€**	16€	25€		[m²]	⏱ 0,20 h/m²	324.000.008
6€	12€	**15€**	19€	30€				

10	Dichtband, Ecken, Wand/Boden							KG **352**
Abdichtung, Dichtungsband; Breite 12cm; Wand-/Bodenfläche								
4€	7€	**8€**	10€	15€		[m]	⏱ 0,10 h/m	324.000.009
5€	8€	**10€**	12€	18€				

11	Bodenfliesen, 20x20cm							KG **352**
Bodenbelag, Fliesen; Steingut/Steinzeug/Feinsteinzeug; 20x20cm; im Dünnbettmörtel inkl. Verfugen verlegen								
37€	47€	**50€**	61€	81€		[m²]	⏱ 0,70 h/m²	324.000.031
45€	56€	**60€**	73€	97€				

12	Bodenfliesen, 30x30cm							KG **352**
Bodenbelag, Fliesen; Steingut/Steinzeug/Feinsteinzeug; 30x30cm; im Dünnbettmörtel inkl. Verfugen verlegen								
27€	44€	**49€**	57€	81€		[m²]	⏱ 0,75 h/m²	324.000.032
32€	52€	**58€**	68€	96€				

13	Wandfliesen, 15x15cm							KG **345**
Wandbelag, Fliesen; Steingut/Steinzeug/Feinsteinzeug; 15x15cm; im Dünnbettmörtel inkl. Verfugen verlegen								
31€	46€	**55€**	59€	66€		[m²]	⏱ 0,80 h/m²	324.000.023
37€	55€	**65€**	70€	79€				

14	Wandfliesen, 30x30cm							KG **345**
Wandbelag, Fliesen; Steingut/Steinzeug/Feinsteinzeug; 30x30cm; im Dünnbettmörtel inkl. Verfugen verlegen								
40€	50€	**54€**	62€	81€		[m²]	⏱ 0,90 h/m²	324.000.024
47€	59€	**64€**	74€	96€				

15	Fliesenbelag, Feinsteinzeug BIa							KG **345**
Wand-/Bodenbelag, Fliesen; Feinsteinzeug, BIa; im Dünnbettmörtel inkl. Verfugen verlegen								
37€	41€	**43€**	45€	51€		[m²]	⏱ 0,70 h/m²	324.000.053
44€	49€	**51€**	54€	61€				

16	Fliesenbelag, Steinzeug BIIa/BIIb							KG **345**
Wand-/Bodenbelag, Fliesen; Steinzeug, BIIa/BIIb; im Dünnbettmörtel inkl. Verfugen verlegen								
39€	44€	**46€**	53€	66€		[m²]	⏱ 0,70 h/m²	324.000.054
46€	52€	**55€**	64€	79€				

LB 324 Fliesen- und Plattenarbeiten

Kosten: Stand 3.Quartal 2015 Bundesdurchschnitt

- ▶ min
- ▷ von
- ø Mittel
- ◁ bis
- ◀ max

Nr.	Kurztext / Stichworte	▶	▷	ø netto €	◁	◀	[Einheit]	Ausf.-Dauer	Kostengruppe Positionsnummer
		▶	▷	ø brutto €	◁	◀			
17	**Wandfliesen, Steingut BIII**								KG **345**
	Wandbelag, Fliesen; Steingut, BIII; im Dünnbettmörtel inkl. Verfugen verlegen								
		35€	45€	**48€**	54€	66€	[m²]	0,75 h/m²	324.000.055
		42€	54€	**57€**	64€	79€			
18	**Fliesen, Spaltplatte AI/AII, frostsicher**								KG **352**
	Boden-/Wandbelag, Platten; Steingut, A /AII; inkl. Verfugen verlegen; Außenbereich								
		47€	61€	**61€**	62€	69€	[m²]	0,90 h/m²	324.000.056
		56€	72€	**73€**	74€	82€			
19	**Fliesen, Klinker AI/AII, frostsicher**								KG **352**
	Bodenbelag, Platten; Steingut, AI/AII; inkl. Verfugen verlegen; Außenbereich								
		34€	43€	**48€**	53€	63€	[m²]	0,70 h/m²	324.000.057
		40€	51€	**57€**	63€	75€			
20	**Verfugung, Fliesen, Silikon**								KG **345**
	Fuge, elastisch; Silikon; inkl. Flankenvorbehandlung und Hinterstopfmaterial								
		1€	5€	**6€**	7€	12€	[m]	0,06 h/m	324.000.040
		1€	6€	**7€**	9€	15€			
21	**Sockelfliesen, Dünnbett**								KG **352**
	Sockelfliesen; im Dünnbettmörtel inkl. Verfugen verlegen								
		8€	13€	**14€**	17€	26€	[m]	0,14 h/m	324.000.026
		9€	15€	**17€**	21€	31€			
22	**Hohlkehlsockel, Dünnbett**								KG **352**
	Kehlsockel; Steingut/Steinzeug/Feinsteinzeug; liegend, stehend								
		11€	21€	**24€**	29€	39€	[m]	0,18 h/m	324.000.027
		13€	25€	**29€**	35€	46€			
23	**Trennschiene, Messing**								KG **352**
	Trennschiene; Messing; Schienenhöhe 6mm; einbauen; am Abschluss/Übergang								
		7€	11€	**12€**	13€	16€	[m]	0,10 h/m	324.000.017
		9€	13€	**14€**	16€	19€			
24	**Trennschiene, Aluminium**								KG **352**
	Trennschiene; Aluminium; Schienenhöhe 6mm; einbauen; am Abschluss/Übergang								
		5€	11€	**13€**	18€	28€	[m]	0,10 h/m	324.000.018
		6€	13€	**16€**	21€	34€			

Nr.	Kurztext / Stichworte					[Einheit]	Ausf.-Dauer	Kostengruppe Positionsnummer
▶	▷	ø netto €	◁	◀				
▶	▷	ø brutto €	◁	◀				

25 Trennschiene, Edelstahl   KG 352
Trennschiene; Edelstahl; Schienenhöhe 6mm; einbauen; am Abschluss/Übergang

10€	17€	**21€**	22€	43€	[m]	⏱ 0,10 h/m	324.000.019
12€	21€	**26€**	26€	51€			

26 Eckschutzschiene, Aluminium   KG 345
Eckschutzschiene; Aluminium; unterfüttern, einbauen in Fliesen-Wandbelag; außen

10€	11€	**11€**	12€	13€	[m]	⏱ 0,12 h/m	324.000.050
12€	13€	**13€**	14€	15€			

27 Eckschutzschiene, Edelstahl   KG 345
Eckschutzschiene; Edelstahl; unterfüttern, einbauen in Fliesen-Wandbelag; außen

14€	17€	**18€**	20€	27€	[m]	⏱ 0,12 h/m	324.000.020
17€	20€	**21€**	24€	32€			

28 Eckschutzschiene, Kunststoff   KG 345
Eckschutzschiene; Kunststoff; unterfüttern, einbauen in Fliesen-Wandbelag; außen

2€	6€	**7€**	9€	13€	[m]	⏱ 0,12 h/m	324.000.021
2€	7€	**8€**	10€	15€			

LB 325
Estricharbeiten

Kosten:
Stand 3.Quartal 2015
Bundesdurchschnitt

▶ min
▷ von
ø Mittel
◁ bis
◀ max

Nr.	Kurztext / Stichworte					[Einheit]	Ausf.-Dauer	Kostengruppe Positionsnummer
▶	▷ ø netto € ◁ ◀							
▶	▷ ø brutto € ◁ ◀							

1	**Verbundestrich abbrechen, bis 25mm**							KG **394**
Verbundestrich abbrechen; Zementestrich bis C30; Dicke bis 25mm; Bauschutt entsorgen								
–	6€	**9€**	11€	–		[m²]	⏱ 0,20 h/m²	325.000.064
–	7€	**11€**	13€	–				

2	**Verbundestrich abbrechen, bis 50mm**							KG **394**
Verbundestrich abbrechen; Zementestrich; Dicke bis 50mm; Bauschutt entsorgen								
8€	9€	**14€**	17€	22€		[m²]	⏱ 0,25 h/m²	325.000.065
10€	11€	**17€**	21€	26€				

3	**Verbundestrich abbrechen, bis 70mm**							KG **394**
Verbundestrich abbrechen; Zementestrich; Dicke bis 70mm; Bauschutt entsorgen								
11€	13€	**19€**	24€	30€		[m²]	⏱ 0,40 h/m²	325.000.066
14€	16€	**23€**	29€	35€				

4	**Kunstharzestrich abbrechen, bis 20mm**							KG **394**
Verbundestrich abbrechen; Kunstharzestrich; Dicke bis 20mm; Bauschutt entsorgen								
–	5€	**7€**	9€	–		[m²]	⏱ 0,15 h/m²	325.000.067
–	6€	**8€**	10€	–				

5	**Estrich, schwimmend, abbrechen**							KG **394**
Estrich schwimmend abbrechen; Dicke 40mm, Dämmung 30mm, Bauschutt entsorgen								
9€	12€	**18€**	21€	26€		[m²]	⏱ 0,35 h/m²	325.000.068
11€	14€	**21€**	25€	31€				

6	**Estrich bewehrt, schwimmend, abbrechen**							KG **394**
Estrich bewehrt, schwimmend, abbrechen; Dicke 50mm, Dämmung bis 100mm; Bauschutt entsorgen								
10€	18€	**26€**	32€	37€		[m²]	⏱ 0,52 h/m²	325.000.069
12€	21€	**31€**	38€	44€				

7	**Heizestrich abbrechen**							KG **394**
Heizestrich abbrechen; Estrich mit Trägerplatte; Dicke bis 70mm, Dämmung bis 40mm; Bauschutt entsorgen								
–	20€	**29€**	35€	–		[m²]	⏱ 0,50 h/m²	325.000.070
–	24€	**35€**	42€	–				

8	**Heizestrich, bewehrt, abbrechen**							KG **394**
Heizestrich abbrechen, bewehrt; Estrich mit Trägerplatte; Dicke bis 70mm, Dämmung bis 40mm; Bauschutt entsorgen								
–	21€	**31€**	38€	–		[m²]	⏱ 0,60 h/m²	325.000.071
–	25€	**37€**	45€	–				

Nr.	Kurztext / Stichworte				[Einheit]	Ausf.-Dauer	Kostengruppe Positionsnummer
▶	▷	ø netto €	◁	◀			
▶	▷	ø brutto €	◁	◀			

9 Schutzestrich abbrechen — KG 394
Schutzestrich abbrechen; Dicke bis 80mm; auf Abdichtung; Bauschutt entsorgen

11€	15€	**22€**	27€	34€	[m²]	⏱ 0,40 h/m²	325.000.072
13€	18€	**27€**	32€	40€			

10 Fehlstellen schließen, Estrich — KG 395
Estrich, Fehlstellen schließen; Kunstharzmörtel; locker Material lösen; Bauschutt entsorgen

10€	11€	**18€**	24€	31€	[m²]	⏱ 0,20 h/m²	325.000.077
12€	13€	**22€**	28€	37€			

11 Netzrisse schließen, Epoxidharz — KG 395
Estrich, Netzrisse schließen; Epoxidharz; Risse säubern, bis zur Sättigung füllen

–	6€	**8€**	11€	–	[m]	⏱ 0,12 h/m	325.000.078
–	7€	**10€**	13€	–			

12 Holzboden prüfen — KG 395
Holzboden prüfen; auf Stabilität zur Aufnahme eines Estrichbelags

–	5€	**7€**	8€	–	[m²]	⏱ 0,16 h/m²	325.000.079
–	6€	**8€**	9€	–			

13 Holzboden, reinigen/grundieren — KG 395
Holzboden reinigen; von Beschichtungen, Klebstoffresten

3€	5€	**7€**	8€	12€	[m²]	⏱ 0,10 h/m²	325.000.080
4€	6€	**8€**	9€	14€			

14 Holzboden, Gewebearmierung — KG 395
Holzboden armieren; Glasgewebe

3€	3€	**5€**	6€	9€	[m²]	⏱ 0,08 h/m²	325.000.081
3€	4€	**6€**	7€	11€			

15 Holzbodenausgleich, Kunstharz — KG 395
Holzboden ausgleichen; Kunstharz; Schichtdicke 3-5mm

–	13€	**19€**	23€	–	[m²]	⏱ 0,35 h/m²	325.000.082
–	15€	**22€**	27€	–			

16 Haftbrücke, Estrich — KG 395
Estrichuntergrund vorbereiten; Haftbrücke aufbringen; Untergrund Beton

1€	2€	**3€**	3€	5€	[m²]	⏱ 0,04 h/m²	325.000.083
1€	2€	**3€**	3€	5€			

LB 325 Estricharbeiten

Nr.	Kurztext / Stichworte					[Einheit]	Ausf.-Dauer	Kostengruppe Positionsnummer
▶	▷	ø netto €	◁	◀				
▶	▷	ø brutto €	◁	◀				

Kosten:
Stand 3.Quartal 2015
Bundesdurchschnitt

17 Kratzspachtelung, Betonboden — KG 395
Kratzspachtelung; Spachtelmasse; schließen von Poren und Lunkern; Betonboden

9€	7€	**10€**	12€	19€	[m²]	⏱ 0,23 h/m²	325.000.084
10€	8€	**12€**	14€	23€			

18 Nivellierestrich, 10 mm, Betonboden — KG 352
Nivellier-Verbundestrich; selbstlaufend; Dicke 5-10mm

–	10€	**15€**	17€	–	[m²]	⏱ 0,15 h/m²	325.000.085
–	12€	**17€**	21€	–			

19 Nivellierestrich, 20 mm, Betonboden — KG 352
Nivellier-Verbundestrich; selbstlaufend; Dicke 10-20mm

–	14€	**21€**	24€	–	[m²]	⏱ 0,20 h/m²	325.000.086
–	17€	**25€**	29€	–			

20 Trockenschüttung, bis 10mm — KG 352
Ausgleichsschüttung; gebunden, druckstabil, selbstklebend; Dicke bis 10mm; Rohdecke

2€	2€	**2€**	3€	4€	[m²]	⏱ 0,03 h/m²	324.000.051
2€	2€	**3€**	3€	4€			

21 Trockenschüttung, bis 15mm — KG 352
Ausgleichsschüttung; gebunden, druckstabil, selbstklebend; Dicke bis 15mm; Rohdecke

2€	3€	**3€**	3€	4€	[m²]	⏱ 0,04 h/m²	324.000.052
2€	3€	**3€**	4€	5€			

22 Trockenschüttung, bis 30mm — KG 352
Ausgleichsschüttung; gebunden, druckstabil, selbstklebend; bis 30mm; zwischen Versorgungsleitungen

5€	–	**11€**	–	22€	[m²]	⏱ 0,06 h/m²	325.000.004
6€	–	**13€**	–	26€			

23 Trittschalldämmung MW 20-5mm 035 DES sh — KG 352
Trittschalldämmung; Mineralwolle, WLG 035, A1; Dicke 20-5mm; unter Estrich

3€	5€	**6€**	8€	12€	[m²]	⏱ 0,04 h/m²	325.000.049
3€	6€	**7€**	10€	15€			

24 Trittschalldämmung MW 30-5mm 035 DES sh — KG 352
Trittschalldämmung; Mineralwolle, WLG 035, A1; Dicke 30-5mm; unter Estrich

4€	6€	**7€**	9€	15€	[m²]	⏱ 0,05 h/m²	325.000.048
4€	7€	**8€**	10€	18€			

▶ min
▷ von
ø Mittel
◁ bis
◀ max

Nr.	Kurztext / Stichworte						Kostengruppe	
▶	▷	ø netto €	◁	◀	[Einheit]	Ausf.-Dauer	Positionsnummer	
▶	▷	ø brutto €	◁	◀				

25	Trittschalldämmung EPS 20-2mm 045 DES sm						KG 352	
	Trittschalldämmung; EPS-Hartschaum, WLG 045, E; Dicke 20-2mm; unter Estrich							
2€	2€	**3€**	4€	5€	[m²]	⏱ 0,04 h/m²	325.000.050	
2€	3€	3€	4€	6€				

26	Trittschalldämmung EPS 30-3mm 045 DES sm						KG 352	
	Trittschalldämmung; Polystyrol-Hartschaum, WLG 040/045, E; Dicke 30-3mm; unter Estrich							
2€	3€	**3€**	4€	6€	[m²]	⏱ 0,04 h/m²	325.000.051	
2€	3€	**4€**	4€	8€				

27	Wärmedämmung, Estrich EPS 40mm 040 DEO dm						KG 352	
	Wärmedämmung; EPS-Hartschaumplatten, WLG 040, E; Dicke 40mm; versetzte Fugen; unter Estrich							
4€	5€	**6€**	8€	9€	[m²]	⏱ 0,05 h/m²	325.000.042	
5€	6€	**7€**	9€	10€				

28	Wärmedämmung, Estrich EPS 80mm 040 DEO dm						KG 352	
	Wärmedämmung; EPS-Hartschaum, WLG 040, E; Dicke 80mm; unter Estrich							
5€	8€	**9€**	10€	11€	[m²]	⏱ 0,07 h/m²	325.000.044	
6€	9€	**10€**	12€	13€				

29	Wärmedämmung, Estrich EPS 120mm 040 DEO dm						KG 352	
	Wärmedämmung; EPS-Hartschaum, WLG 040, E; Dicke 120mm; unter Estrich							
7€	9€	**11€**	12€	14€	[m²]	⏱ 0,07 h/m²	325.000.046	
8€	10€	**13€**	14€	16€				

30	Wärmedämmung, Estrich PUR 40mm 025 DEO dh						KG 352	
	Wärmedämmung; PUR-Hartschaum, WLG 025, E; Dicke 40mm; beidseitig Aluminium-/Mineralvliesbeschichtung; unter Estrich							
8€	11€	**12€**	13€	15€	[m²]	⏱ 0,07 h/m²	325.000.054	
10€	13€	**15€**	15€	18€				

31	Trennlage, Estrich, PE-Folie, einlagig						KG 352	
	Trennlage; PE-Folie; Dicke 0,2mm; einlagig stoßüberlappend; zwischen Dämmung und Estrich							
0,1€	0,6€	**0,8€**	1,3€	2,3€	[m²]	⏱ 0,03 h/m²	325.000.011	
0,1€	0,7€	**0,9€**	1,5€	2,7€				

32	Trennlage, Gussasphalt						KG 352	
	Trennlage; einlagig, stoßüberlappend; zwischen Dämmung und Gussasphaltestrich							
0,4€	0,9€	**1,1€**	1,4€	1,9€	[m²]	⏱ 0,03 h/m²	325.000.012	
0,5€	1,0€	**1,3€**	1,6€	2,3€				

LB 325
Estricharbeiten

Nr.	Kurztext / Stichworte				[Einheit]	Ausf.-Dauer	Kostengruppe Positionsnummer
▶ ▶	▷ ▷	ø netto € ø brutto €	◁ ◁	◀ ◀			

33 Estrich, schwimmend, CT C25 F4 S45 — KG 352
Estrich; Zementestrich C25-F4; Dicke 40-50mm; schwimmend; auf Dämmschicht

| 10€ | 13€ | **14€** | 16€ | 20€ | [m²] | ⏱ 0,20 h/m² | 325.000.013 |
| 12€ | 15€ | **16€** | 18€ | 24€ | | | |

34 Estrich, schwimmend, CT C25 F4 S65 H45 — KG 352
Heizestrich; Zementestrich C20-F4; DN15-80mm, Rohrüberdeckung 45mm; schwimmend; auf Dämmschicht

| 15€ | 19€ | **20€** | 31€ | 53€ | [m²] | ⏱ 0,25 h/m² | 325.000.034 |
| 17€ | 22€ | **24€** | 37€ | 63€ | | | |

35 Schnellestrich, schwimmend, CT C40 F7 S45 — KG 352
Estrich; Zementestrich C40-F7; Dicke 45mm; einbauen; auf Trennlage/auf Dämmschicht

| 21€ | 28€ | **32€** | 42€ | 60€ | [m²] | ⏱ 0,30 h/m² | 325.000.019 |
| 25€ | 34€ | **38€** | 50€ | 71€ | | | |

36 Estrich, schwimmend, AS IC10 25 — KG 352
Estrich; Gussasphalt IC10; Dicke 25mm; schwimmend; auf Dämmschicht

| 16€ | 21€ | **24€** | 26€ | 31€ | [m²] | ⏱ 0,35 h/m² | 325.000.015 |
| 18€ | 25€ | **28€** | 31€ | 37€ | | | |

37 Nutzestrich, schwimmend, CT C25 F4 S45 — KG 352
Nutzestrich; Zementestrich C25 F4 ʌ15; Dicke 45mm; schwimmend; auf Dämmschicht

| 10€ | 13€ | **13€** | 18€ | 27€ | [m²] | ⏱ 0,20 h/m² | 325.000.031 |
| 11€ | 15€ | **16€** | 22€ | 32€ | | | |

38 Verbundestrich, CT-C25-F4-V50 — KG 352
Verbundestrich; Zementestrich C25-F4-V50; Dicke 50mm

| 10€ | 15€ | **17€** | 20€ | 27€ | [m²] | ⏱ 0,20 h/m² | 325.000.022 |
| 12€ | 18€ | **20€** | 24€ | 33€ | | | |

39 Beschichtung, Epoxidharz, Estrich — KG 352
Estrichoberfläche, Versiegelung; 2-Komponenten-Epoxidharz; Dicke 2mm; zweimaliger Auftrag

| 9€ | 27€ | **32€** | 50€ | 81€ | [m²] | ⏱ 0,12 h/m² | 325.000.024 |
| 11€ | 32€ | **38€** | 60€ | 97€ | | | |

Kosten:
Stand 3.Quartal 2015
Bundesdurchschnitt

▶ min
▷ von
ø Mittel
◁ bis
◀ max

Positionen Altbau

LB 326
Fenster, Außentüren

Kosten:
Stand 3.Quartal 2015
Bundesdurchschnitt

▶ min
▷ von
ø Mittel
◁ bis
◀ max

Nr.	Kurztext / Stichworte						[Einheit]	Ausf.-Dauer	Kostengruppe Positionsnummer
▶	▷	ø netto €	◁	◀					
▶	▷	ø brutto €	◁	◀					

1 Fenster ausbauen, Holz, bis 1,5m² KG 394
Fenster ausbauen; Holz; Größe bis 1,5m²; inkl. Flügel und Fensterrahmen; Bauschutt entsorgen

| 18€ | 27€ | **40€** | 48€ | 75€ | [St] | ⏱ 0,70 h/St | 326.000.049 |
| 21€ | 33€ | **48€** | 57€ | 90€ | | | |

2 Fenster ausbauen, Holz, bis 2,5m² KG 394
Fenster ausbauen; Holz; Größe bis 2,5m²; inkl. Flügel und Rahmen; Bauschutt entsorgen

| 20€ | 35€ | **51€** | 61€ | 101€ | [St] | ⏱ 0,80 h/St | 326.000.050 |
| 23€ | 41€ | **60€** | 73€ | 120€ | | | |

3 Fenstertür ausbauen, Holz, bis 3,5m² KG 394
Fenster ausbauen; Holz; Größe bis 3,5m²; inkl. Flügel und Rahmen; Bauschutt entsorgen

| 24€ | 44€ | **64€** | 77€ | 122€ | [St] | ⏱ 1,00 h/St | 326.000.051 |
| 28€ | 52€ | **77€** | 92€ | 145€ | | | |

4 Fenster ausbauen, Kunststoff, bis 1,5m² KG 394
Fenster ausbauen; Kunststoff; Größe bis 1,5m²; inkl. Flügel, Rahmen, Innen- und Außenfensterbank; Bauschutt entsorgen

| 16€ | 22€ | **32€** | 38€ | 49€ | [St] | ⏱ 0,80 h/St | 326.000.052 |
| 19€ | 26€ | **38€** | 45€ | 59€ | | | |

5 Fenster ausbauen, Kunststoff, bis 2,5m² KG 394
Fenster ausbauen; Kunststoff; Größe bis 2,5m²; inkl. Flügel, Rahmen, Innen- und Außenfensterbank; Bauschutt entsorgen

| 20€ | 30€ | **44€** | 53€ | 62€ | [St] | ⏱ 0,95 h/St | 326.000.053 |
| 23€ | 35€ | **52€** | 63€ | 74€ | | | |

6 Fenstertür ausbauen, Kunststoff, bis 3,5m² KG 394
Fenstertür ausbauen; Kunststoff; Größe bis 3,5m²; inkl. Flügel und Rahmen; Bauschutt entsorgen

| 35€ | 49€ | **72€** | 86€ | 122€ | [St] | ⏱ 1,05 h/St | 326.000.054 |
| 42€ | 58€ | **85€** | 102€ | 145€ | | | |

7 Hauseingangstür ausbauen, bis 4m² KG 394
Hauseingangstür ausbauen; Größe bis 4m²; inkl. Türblatt und Rahmen; Bauschutt entsorgen

| 43€ | 67€ | **99€** | 119€ | 130€ | [St] | ⏱ 1,30 h/St | 326.000.055 |
| 52€ | 80€ | **118€** | 141€ | 155€ | | | |

8 Kelleraußentür ausbauen, bis 2,5m² KG 394
Kelleraußentür ausbauen; Größe bis 2,5m²; inkl. Türblatt und Rahmen; Bauschutt entsorgen

| – | 27€ | **40€** | 48€ | – | [St] | ⏱ 0,45 h/St | 326.000.056 |
| – | 33€ | **48€** | 58€ | – | | | |

© **BKI** Baukosteninformationszentrum   Kostenstand: 3.Quartal 2015, Bundesdurchschnitt

Nr.	Kurztext / Stichworte						
							Kostengruppe
▶	▷	ø netto €	◁	◀	[Einheit]	Ausf.-Dauer	Positionsnummer
▶	▷	ø brutto €	◁	◀			

9 Holzfenster, 1-flüglig, 1000x1000mm, Ug-Wert 1,1W/(m²K) — KG 334
Holzfenster, zweifachverglast; Ug-Wert 1,1W/(m²K); Größe 1000x1000mm; einflüglig, DK

227€	241€	**334€**	384€	434€	[St]	⏱ 2,02 h/St	326.000.057
270€	287€	**397€**	457€	517€			

10 Holzfenster, 1-flüglig, 1.000x1.000mm, Ug-Wert 0,7W/(m²K) — KG 334
Holzfenster, dreifachverglast; Ug-Wert 0,7W/(m²K); Größe 1.000x1.000mm; einflüglig, DK

248€	264€	**365€**	420€	474€	[St]	⏱ 2,02 h/St	326.000.058
295€	314€	**434€**	499€	565€			

11 Holzfenster, 2-flüglig, 1.250x1.000mm, Ug-Wert 1,1W/(m²K) — KG 334
Holzfenster, zweifachverglast; Ug-Wert 1,1W/(m²K); Größe 1.250x1.000mm; zweiflüglig, DK

305€	324€	**448€**	516€	583€	[St]	⏱ 2,30 h/St	326.000.059
363€	386€	**534€**	614€	694€			

12 Holzfenster, 2-flüglig, 1.250x1.000mm, Ug-Wert 0,7W/(m²K) — KG 334
Holzfenster, zweifachverglast; Ug-Wert 0,7W/(m²K); Größe 1.250x1.000mm; zweiflüglig, DK

333€	354€	**490€**	563€	637€	[St]	⏱ 2,30 h/St	326.000.067
396€	421€	**583€**	670€	758€			

13 Holzfenster, 2-flüglig, Setzholz, 1.625x1.250mm, Ug-Wert 1,1W/(m²K) — KG 334
Holzfenster, zweifachverglast; Ug-Wert:1,1W/(m²K); Größe 1.625x1.250mm; zweiflüglig, mit Setzholz, DK

369€	392€	**530€**	609€	689€	[St]	⏱ 3,45 h/St	326.000.060
439€	466€	**631€**	725€	820€			

14 Holz-Fenstertür, 1-flüglig, 1.000x2.125mm, Ug-Wert 1,1W/(m²K) — KG 334
Holz-Fenstertür, zweifachverglast; Ug-Wert 1,1W/(m²K); Größe 1.000x2.125mm; einflüglig, DK

417€	454€	**613€**	705€	797€	[St]	⏱ 2,70 h/St	326.000.061
496€	540€	**730€**	839€	949€			

15 Holz-Alufenster, 1-flüglig, 1.000x1.000mm, Ug-Wert 1,1W/(m²K) — KG 334
Holz-Alufenster, zweifachverglast; Ug-Wert 1,1W/(m²K); Größe 1.000x1.000mm; einflüglig, DK

353€	375€	**520€**	598€	675€	[St]	⏱ 2,02 h/St	326.000.068
420€	447€	**618€**	711€	804€			

16 Holz-Alufenster, 1-flüglig, 1.000x1.000mm, Ug-Wert 0,7W/(m²K) — KG 334
Holz-Alufenster, dreifachverglast; Ug-Wert: 0,7W/(m²K); Größe 1.000x1.000mm; einflüglig, DK

381€	405€	**561€**	645€	729€	[St]	⏱ 2,02 h/St	326.000.069
454€	482€	**667€**	767€	868€			

LB 326
Fenster, Außentüren

Kosten:
Stand 3.Quartal 2015
Bundesdurchschnitt

▶ min
▷ von
ø Mittel
◁ bis
◀ max

Nr.	Kurztext / Stichworte				[Einheit]	Ausf.-Dauer	Kostengruppe Positionsnummer
▶ ▶	▷ ▷	ø netto € ø brutto €	◁ ◁	◀ ◀			

17 Holz-Alufenster, 2-flüglig, 1.250x1.000mm, Ug-Wert 1,1W/(m²K) — KG 334
Holz-Alufenster, zweifachverglast; Ug-Wert 1,1W/(m²K); Größe 1.250x1.000mm; zweiflüglig, DK

| 480€ | 510€ | **706€** | 812€ | 918€ | [St] | ⊙ 2,30 h/St | 326.000.070 |
| 571€ | 607€ | **840€** | 966€ | 1.092€ | | | |

18 Holz-Alufenster, 2-flüglig, 1.250x1.000mm, Ug-Wert 0,7W/(m²K) — KG 334
Holz-Alufenster, zweifachverglast; Ug-Wert 0,7W/(m²K); Größe 1.250x1.000mm; zweiflüglig, DK

| 514€ | 546€ | **756€** | 869€ | 982€ | [St] | ⊙ 2,30 h/St | 326.000.071 |
| 611€ | 650€ | **899€** | 1.034€ | 1.169€ | | | |

19 Holz-Alufenster, 2-flüglig, Setzholz, 1.625x1.250mm, Ug-Wert 1,1W/(m²K) — KG 334
Holz-Alufenster, zweifachverglast; Ug-Wert 1,1W/(m²K); Größe 1.625x1.250mm; zweiflüglig, mit Setzholz, DK

| 542€ | 575€ | **777€** | 894€ | 1.010€ | [St] | ⊙ 3,45 h/St | 326.000.072 |
| 645€ | 684€ | **925€** | 1.064€ | 1.202€ | | | |

20 Holz-Alufenstertür, 1-flüglig, 1.000x2.125mm, Ug-Wert 1,1W/(m²K) — KG 334
Holz-Alufenstertür, zweifachverglast; Ug-Wert: 1,1W/(m²K); Größe 1.000x2.125mm; einflüglig, DK

| 550€ | 598€ | **809€** | 931€ | 1.052€ | [St] | ⊙ 2,70 h/St | 326.000.073 |
| 655€ | 712€ | **963€** | 1.107€ | 1.252€ | | | |

21 Kunststofffenster, 1-flüglig, 1.000x1.000mm, Ug-Wert 1,1W/(m²K) — KG 334
Kunststofffenster, zweifachverglast; Ug-Wert 1,1W/(m²K); Größe 1.000x1.000mm; einflüglig, DK

| 168€ | 179€ | **247€** | 285€ | 322€ | [St] | ⊙ 2,00 h/St | 326.000.062 |
| 200€ | 213€ | **294€** | 339€ | 383€ | | | |

22 Kunststofffenster, 1-flüglig, 1.000x1.000mm, Ug-Wert 0,7W/(m²K) — KG 334
Kunststofffenster, dreifachverglast; Ug-Wert 0,7W/(m²K); Größe 1.000x1.000mm; einflüglig, DK

| 189€ | 201€ | **278€** | 320€ | 362€ | [St] | ⊙ 2,00 h/St | 326.000.063 |
| 225€ | 239€ | **331€** | 381€ | 431€ | | | |

23 Kunststofffenster, 2-flüglig, 1.250x1.000mm, Ug-Wert 1,1W/(m²K) — KG 334
Kunststofffenster, zweifachverglast; Ug-Wert 1,1W/(m²K); Größe 1.250x1.000mm; zweiflüglig, DK

| 267€ | 284€ | **393€** | 452€ | 511€ | [St] | ⊙ 3,00 h/St | 326.000.064 |
| 318€ | 338€ | **467€** | 537€ | 608€ | | | |

24 Kunststofffenster, 2-flüglig, Setzholz, 1.625x1.250mm, Ug-Wert 1,1W/(m²K) — KG 334
Kunststofffenster, zweifachverglast; Ug-Wert 1,1W/(m²K); Größe 1.625x1.250mm; zweiflüglig, DK

| 294€ | 331€ | **433€** | 498€ | 563€ | [St] | ⊙ 3,00 h/St | 326.000.065 |
| 350€ | 394€ | **515€** | 593€ | 670€ | | | |

Nr.	Kurztext / Stichworte					Kostengruppe		
▶	▷	ø netto €	◁	◀	[Einheit]	Ausf.-Dauer	Positionsnummer	
▶	▷	ø brutto €	◁	◀				

25 Kunststoff-Fenstertür, 1-flüglig, 1.000x2.125mm, Ug-Wert 1,1W/(m²K)　　KG 334
Kunststoff-Fenstertür, zweifachverglast; Ug-Wert: 1,1W/(m²K); Größe 1.000x2.125mm; einflüglig, DK

| 361€ | 406€ | **531€** | 611€ | 690€ | [St] | ⏱ 2,00 h/St | 326.000.066 |
| 430€ | 483€ | **632€** | 727€ | 821€ | | | |

26 Haustür, Kunststoff, einfach, 1.010x2.013mm　　KG 334
Kunststoffaußentürelement; PVC-U; 1.010x2.013mm; einflüglig, wärmegedämmt

| 1.437€ | 1.728€ | **1.814€** | 2.297€ | 2.890€ | [St] | ⏱ 8,00 h/St | 326.000.002 |
| 1.709€ | 2.057€ | **2.158€** | 2.733€ | 3.439€ | | | |

27 Haustür, Aluminium/Glasfüllung, einfach, 1.010x2.013　　KG 334
Metallaußentürelement mit Glasfüllung; Aluminium, Isolierverglasung, ESG; 1.010x2.013mm; einflüglig, wärmegedämmt

| 1.340€ | 2.195€ | **2.560€** | 3.317€ | 4.792€ | [St] | ⏱ 5,50 h/St | 326.000.003 |
| 1.595€ | 2.612€ | **3.046€** | 3.947€ | 5.702€ | | | |

LB 327
Tischlerarbeiten

Nr.	Kurztext / Stichworte	▶	▷	ø netto €	◁	◀	[Einheit]	Ausf.-Dauer	Kostengruppe Positionsnummer
		▶	▷	ø brutto €	◁	◀			

1 Innentür, 1-flüglig, entfernen KG **394**
Innentür, einflüglig, ausbauen; Holz; Größe bis 2,00m²; inkl. Türfutter; Bauschutt entsorgen

| 19€ | 23€ | **34€** | 41€ | 48€ | [St] | ⊙ 0,60 h/St | 327.000.081 |
| 22€ | 28€ | **41€** | 49€ | 58€ | | | |

2 Wandbekleidung entfernen KG **394**
Wandbekleidung entfernen; Holzwerkstoff; Bauschutt entsorgen

| 5€ | 10€ | **15€** | 18€ | 25€ | [m²] | ⊙ 0,55 h/m² | 327.000.082 |
| 6€ | 12€ | **18€** | 21€ | 29€ | | | |

3 Deckenbekleidung entfernen KG **394**
Deckenbekleidung entfernen; Holzbretter; inkl. Sparschalung; Bauschutt entsorgen

| – | 13€ | **18€** | 22€ | – | [m²] | ⊙ 0,45 h/m² | 327.000.083 |
| – | 15€ | **22€** | 26€ | – | | | |

4 Fensterbank ausbauen, Holz, bis 1,5m KG **394**
Fensterbank ausbauen; Holz; Länge bis 1,5m, Breite bis 25cm, Dicke bis 4cm; Bauschutt entsorgen

| 6€ | 9€ | **13€** | 16€ | 23€ | [St] | ⊙ 0,30 h/St | 327.000.084 |
| 7€ | 11€ | **16€** | 19€ | 27€ | | | |

5 Fensterbank ausbauen, Holz, bis 2,5m KG **394**
Fensterbank ausbauen; Holz; Länge bis 2,5m, Breite bis 25cm, Dicke bis 4cm; Bauschutt entsorgen

| 12€ | 14€ | **21€** | 25€ | 34€ | [St] | ⊙ 0,35 h/St | 327.000.085 |
| 14€ | 17€ | **25€** | 30€ | 40€ | | | |

6 Laibungsbekleidung entfernen KG **394**
Laibungsbekleidung, innen, ausbauen; Holz; inkl. Befestigungshölzer; Bauschutt entsorgen

| – | 7€ | **11€** | 13€ | – | [m] | ⊙ 0,12 h/m | 327.000.086 |
| – | 9€ | **13€** | 15€ | – | | | |

7 Holz-Türelement, T-RS, einflüglig, 875x2.125 KG **344**
Rauchschutztürelement, Stahlumfassungszarge; Holz; 0,875x2.125mm; einflüglig; Klimaklasse II, ET1/ET3

| 218€ | 448€ | **499€** | 636€ | 819€ | [St] | ⊙ 2,80 h/St | 327.000.049 |
| 260€ | 533€ | **594€** | 756€ | 975€ | | | |

8 Holz-Türelement, T-30, einflüglig, 875x2.125 KG **344**
Brandschutztürelement, T30; Holz; 875x2.125mm; einflüglig; Klimaklasse II, ET1/ET3

| 840€ | 1.220€ | **1.364€** | 1.484€ | 2.262€ | [St] | ⊙ 3,00 h/St | 327.000.052 |
| 1.000€ | 1.451€ | **1.624€** | 1.766€ | 2.692€ | | | |

Kosten:
Stand 3.Quartal 2015
Bundesdurchschnitt

▶ min
▷ von
ø Mittel
◁ bis
◀ max

Nr.	Kurztext / Stichworte				[Einheit]	Ausf.-Dauer	Kostengruppe Positionsnummer
▶	▷	ø netto €	◁	◀			
▶	▷	ø brutto €	◁	◀			

9 — Holz-Türelement, T-30, einflüglig, 1.000x2.125 — KG 344
Brandschutztürelement, T30; Holz; 1.000x2.000mm; einflüglig; Klimaklasse II, ET1/ET3

845€	1.319€	**1.418€**	1.645€	2.564€	[St]	⏱ 3,00 h/St	327.000.053
1.005€	1.569€	**1.687€**	1.958€	3.052€			

10 — Holz-Türelement, T-RS, zweiflüglig — KG 344
Rauchschutztürelement; Stahl verzinkt, grundiert; zweiflüglig; Klimaklasse II

1.944€	3.593€	**4.207€**	5.470€	7.487€	[St]	⏱ 8,00 h/St	327.000.002
2.313€	4.276€	**5.006€**	6.510€	8.910€			

11 — Innen-Türelement, einflüglig, 875x2.125 — KG 344
Innentürelement; Röhrenspan; 875x2.125mm, Dicke 40mm; einflüglig; innen; Klasse I

366€	445€	**492€**	590€	736€	[St]	⏱ 1,50 h/St	327.000.055
435€	530€	**586€**	702€	876€			

12 — Innen-Türelement, einflüglig, 1.000x2.125 — KG 344
Innentürelement; Röhrenspan; 1.000x2.125mm, Dicke 40mm; einflüglig; innen; Klasse I

255€	470€	**541€**	575€	772€	[St]	⏱ 1,50 h/St	327.000.056
304€	559€	**644€**	685€	919€			

13 — Innen-Türelement, einflüglig, 1.125x2.125 — KG 344
Holztürelement; Röhrenspan; 1.125x2.125mm, Dicke 40mm; einflüglig; innen; Klasse I

352€	569€	**642€**	659€	939€	[St]	⏱ 1,50 h/St	327.000.057
419€	677€	**764€**	784€	1.118€			

14 — Innen-Türelement, Röhrenspan, zweiflüglig — KG 344
Holztürelement; Röhrenspan; Türblattdicke 40mm; zweiflüglig; Klasse I

943€	1.306€	**1.466€**	1.767€	2.271€	[St]	⏱ 4,00 h/St	327.000.006
1.122€	1.554€	**1.744€**	2.103€	2.702€			

15 — Türblatt, einflüglig, kunststoffbeschichtet, 750x2.000 — KG 344
Türblatt; Röhrenspan, Schichtpressstoffplatten; 750x2.000mm, Türblattdicke 42mm; für einflüglige Tür; Klimaklasse II

93€	165€	**198€**	236€	321€	[St]	⏱ 0,10 h/St	327.000.059
111€	196€	**235€**	280€	382€			

16 — Türblatt, einflüglig, kunststoffbeschichtet, 875x2.000 — KG 344
Türblatt; Röhrenspan, Schichtpressstoffplatten; 875x2.000mm, Türblattdicke 42mm; für einflüglige Tür; Klimaklasse II

103€	156€	**189€**	243€	327€	[St]	⏱ 0,10 h/St	327.000.060
122€	186€	**225€**	290€	389€			

LB 327 Tischlerarbeiten

Kosten: Stand 3.Quartal 2015, Bundesdurchschnitt

Legend:
- ▶ min
- ▷ von
- ø Mittel
- ◁ bis
- ◀ max

Nr.	Kurztext / Stichworte	▶ ø netto € ◁ ◀ / ▶ ø brutto € ◁ ◀	[Einheit]	Ausf.-Dauer	Kostengruppe / Positionsnummer
17	**Wohnungstür, Holz, Blockzarge** Holztürelement, Blockzarge; U=1,1W/m²K; 0,80x0,80cm, Türblattdicke 78mm; RW 42dB, Klimaklasse III	506€ 1.021€ **1.274€** 1.682€ 2.348€ / 602€ 1.215€ **1.516€** 2.002€ 2.795€	[St]	4,50 h/St	KG 344 / 327.000.004
18	**Massivholzzarge, innen** Holzblockzarge; für Türblatt Dicke 50mm; verschraubt/mit Anker; Mauerwerkswand, innen	254€ 395€ **417€** 474€ 629€ / 303€ 470€ **496€** 564€ 748€	[St]	1,20 h/St	KG 344 / 327.000.007
19	**Holz-Umfassungszarge, innen, 760x2.000** Holzumfassungszarge; 760x2.000mm; Trockenbauwand	115€ 136€ **148€** 187€ 245€ / 137€ 162€ **176€** 222€ 291€	[St]	1,10 h/St	KG 344 / 327.000.065
20	**Holz-Umfassungszarge, innen, 875x2.000** Holzumfassungszarge; 875x2.000mm; Trockenbauwand	118€ 157€ **170€** 210€ 284€ / 141€ 187€ **203€** 250€ 338€	[St]	1,10 h/St	KG 344 / 327.000.066
21	**Schiebetürelement, innen** Schiebetürelement; Holztür-/Glastürblatt; Wanddicke 100-150mm, Ständertiefe 75-100mm; einflügig	468€ 799€ **892€** 1.130€ 1.688€ / 557€ 951€ **1.061€** 1.345€ 2.009€	[St]	2,40 h/St	KG 344 / 327.000.021
22	**Fensterbank, Holz, innen** Fensterbank, innen; Buche-Multiplex; Länge bis 3,00m; inkl. Ausgleich aus Sperrholz/Hartfaserplatten	27€ 43€ **46€** 54€ 73€ / 33€ 51€ **55€** 65€ 87€	[m]	0,50 h/m	KG 334 / 327.000.022
23	**Holz-/Abdeckleisten** Deckleisten; 20x50mm, Länge 2,80m; gehobelt, feingeschliffen, Kanten gefast	5€ 12€ **15€** 20€ 29€ / 6€ 15€ **18€** 24€ 35€	[m]	0,10 h/m	KG 334 / 327.000.023
24	**Verfugung, elastisch** Verfugung, elastisch; Silikon-/Acryldichtmasse; glatt gestrichen	4€ 5€ **5€** 6€ 7€ / 5€ 6€ **6€** 7€ 8€	[m]	0,05 h/m	KG 334 / 327.000.017

Nr.	Kurztext / Stichworte						Kostengruppe
▶	▷	ø netto €	◁	◀	[Einheit]	Ausf.-Dauer	Positionsnummer
▶	▷	ø brutto €	◁	◀			

25 Sockel-/Fußleiste, Holz — KG 352
Sockelleiste; Eiche/Buche; Viertelstab-/Rechteckprofil; Ecken mit Gehrungsschnitt, genagelt

▶	▷	ø netto €	◁	◀	[Einheit]	Ausf.-Dauer	Positionsnummer
8€	14€	**17€**	20€	28€	[m]	⏱ 0,10 h/m	327.000.018
10€	16€	**20€**	24€	33€			

26 Bodentreppe, ungedämmt — KG 359
Bodentreppe; Holz; einschiebbar

497€	624€	**693€**	713€	801€	[St]	⏱ 2,40 h/St	327.000.075
591€	743€	**824€**	848€	953€			

27 Treppenstufe, Holz — KG 352
Treppenstufe/Tritt- und Setzstufe; Eiche massiv, gehobelt, geschliffen; 42mm; schallentkoppelt

54€	113€	**140€**	210€	350€	[St]	⏱ 0,14 h/St	327.000.045
65€	134€	**166€**	250€	417€			

28 Handlauf, Holz — KG 359
Handlauf; Holz, geschliffen, poliert, natur/transparent lackiert; Dicke 30/40mm

31€	54€	**61€**	75€	97€	[m]	⏱ 0,25 h/m	327.000.046
37€	64€	**73€**	89€	116€			

29 Geländer, gerade, Rundstabholz — KG 359
Geländer; Eiche/Buche, Rundstab, geschliffen, poliert, lackiert; Durchmesser 42,4mm, Höhe 1,00m; verschrauben

195€	254€	**301€**	314€	343€	[m]	⏱ 0,70 h/m	327.000.047
232€	302€	**358€**	374€	408€			

LB 328
Parkett-, Holzpflasterarbeiten

328

Kosten:
Stand 3.Quartal 2015
Bundesdurchschnitt

▶ min
▷ von
ø Mittel
◁ bis
◀ max

Nr.	Kurztext / Stichworte					[Einheit]	Ausf.-Dauer	Kostengruppe Positionsnummer
▶	▷	ø netto €	◁	◀				
▶	▷	ø brutto €	◁	◀				

1	Parkettboden entfernen, Lagerholz							KG **394**
Parkettboden ausbauen; inkl. Schüttung; auf Lagerholz; Bauschutt entsorgen									
6€	10€	**14€**	17€	20€		[m²]	0,35 h/m²	328.000.044
7€	12€	**17€**	21€	24€				

2	Holzsockelleiste ausbauen							KG **394**
Sockelleiste ausbauen; Holz; Bauschutt entsorgen									
0,4€	0,9€	**1,3€**	1,5€	2,0€		[m]	0,03 h/m	328.000.045
0,5€	1,0€	**1,5€**	1,8€	2,4€				

3	Parkett abdecken							KG **395**
Parkett abdecken; schützen									
–	2€	**3€**	4€	–		[m²]	0,05 h/m²	328.000.046
–	3€	**4€**	5€	–				

4	Parkettboden abdecken, Wellpappe							KG **395**
Holzbodenbelag abdecken; Wellpappe									
–	1€	**2€**	3€	–		[m²]	0,03 h/m²	328.000.047
–	2€	**2€**	3€	–				

5	Parkettboden abdecken, Filz und Folie							KG **395**
Parkettboden abdecken; Filz und Folie									
–	2€	**3€**	3€	–		[m²]	0,03 h/m²	328.000.048
–	2€	**3€**	4€	–				

6	Parkettboden abdecken, Holzwerkstoffplatten							KG **395**
Parkettboden abdecken; Holzwerkstoffplatten									
–	4€	**6€**	7€	–		[m²]	0,06 h/m²	328.000.049
–	5€	**7€**	8€	–				

7	Estrich spachteln, ausgleichen							KG **395**
Estrich spachteln; Spachtelmasse, kunstharzvergütet; Dicke: 1-5mm; Höhe ausgleichen									
3€	4€	**6€**	7€	10€		[m²]	0,07 h/m²	328.000.050
4€	5€	**7€**	8€	12€				

8	Trennlage, Parkett							KG **352**
Trennlage; Baumwollfilz; 5mm; einlagig verlegen; Parkettbelag									
0,8€	1,7€	**2,1€**	2,9€	4,4€		[m²]	0,03 h/m²	328.000.006
1,0€	2,0€	**2,5€**	3,4€	5,3€				

© **BKI** Baukosteninformationszentrum

Nr.	Kurztext / Stichworte							Kostengruppe
▶	▷	ø netto €	◁	◀	[Einheit]	Ausf.-Dauer	Positionsnummer
▶	▷	ø brutto €	◁	◀			

9 Unterboden, Holzspanplatte — KG 352
Unterboden; Holzspanplatte, P4; Dicke 21mm; NF-Profil, versetzte Stöße; mit Schrauben befestigen

16€	22€	**25€**	29€	38€	[m²]	⏱ 0,24 h/m²	328.000.026
19€	26€	**29€**	34€	46€			

10 Blindboden, Nadelholz — KG 352
Blindboden; Nadelholz, S10, einseitig gehobelt; Dicke 24mm, Breite 150mm; gespundete Schalung; inkl. chemischem Holzschutz, Prüfprädikat Iv, P, W

31€	44€	**45€**	52€	62€	[m²]	⏱ 0,45 h/m²	328.000.025
37€	53€	**53€**	62€	74€			

11 Dielenbodenbelag, Laubholzdielen — KG 352
Vollholz, Dielenboden; Buche; Dicke 25mm, lxb=1.250x250mm; Parallelverband, verklebt/versenkt geschraubt; auf Lagerholz

40€	58€	**67€**	76€	90€	[m²]	⏱ 0,95 h/m²	328.000.007
48€	70€	**80€**	90€	107€			

12 Fertigparkettbelag, beschichtet — KG 352
Fertigparkett, beschichtet; Holzdeckschicht mind. 4mm; 240x2.000mm; schwimmend verlegt, Parallelverband mit regelmäßigem Stoß; Estrich; mit Nut- und Feder

45€	59€	**64€**	67€	83€	[m²]	⏱ 0,50 h/m²	328.000.013
54€	70€	**76€**	80€	99€			

13 Hochkantlamellenparkett, versiegelt — KG 352
Vollholz, Lamellenparkett; Eiche/Buche/.....; Dicke 22mm, Breite 18mm; inkl. schleifen, versiegeln

58€	66€	**68€**	75€	94€	[m²]	⏱ 0,65 h/m²	328.000.031
69€	79€	**81€**	89€	112€			

14 Stabparkett, versiegelt — KG 352
Vollholz, Stabparkett; Eiche; Dicke 14-22mm, lxb=250x40mm; NF-Profil; Estrich

60€	77€	**84€**	96€	120€	[m²]	⏱ 0,70 h/m²	328.000.034
72€	91€	**100€**	115€	142€			

15 Sockelleiste, Hartholz — KG 352
Sockelleiste; Buche, lackiert, Viertelstab-Profil; 16x16mm; Ecken mit Gehrungsschnitt, mit Nägel befestigen

4€	7€	**9€**	10€	13€	[m]	⏱ 0,08 h/m	328.000.014
5€	9€	**11€**	11€	15€			

16 Sockelleiste, Eiche — KG 352
Sockelleiste; Eiche, Rechteckprofil, lackiert; Ecken mit Gehrungsschnitt, mit Senkkopf-Schrauben befestigen

5€	9€	**10€**	13€	24€	[m]	⏱ 0,08 h/m	328.000.015
6€	10€	**12€**	16€	29€			

LB 328 Parkett-, Holzpflasterarbeiten

Nr.	Kurztext / Stichworte					[Einheit]	Ausf.-Dauer	Kostengruppe Positionsnummer
▶	▷	ø netto €	◁	◀				
▶	▷	ø brutto €	◁	◀				

17 Sockelleiste, Esche/Ahorn — KG 352
Sockelleiste; Ahorn, Esche, Schmetterlingsprofil, lackiert; 25x25mm; Ecken mit Gehrungsschnitt, befestigen mit Senkkopf-Schrauben

4€	7€	**9€**	11€	14€	[m]	⏱ 0,08 h/m	328.000.016
5€	9€	**11€**	13€	16€			

18 Parkettboden schleifen — KG 395
Parkettboden schleifen; bis Körnung 180; reinigen; Schleifgut entsorgen

7€	9€	**12€**	15€	20€	[m²]	⏱ 0,15 h/m²	328.000.052
8€	11€	**15€**	18€	24€			

19 Parkettboden wachsen — KG 395
Parkettboden wachsen; Hartwachs; polieren

5€	6€	**8€**	10€	15€	[m²]	⏱ 0,20 h/m²	328.000.053
6€	7€	**10€**	12€	18€			

20 Parkettboden ölen — KG 395
Parkettboden ölen

–	10€	**14€**	17€	–	[m²]	⏱ 0,20 h/m²	328.000.054
–	11€	**17€**	20€	–			

21 Übergangsprofil/Abdeckschiene; Edelstahl — KG 352
Übergangsprofil; Edelstahl; Belagwechsel

9€	12€	**13€**	18€	23€	[m]	⏱ 0,12 h/m	328.000.039
11€	14€	**16€**	21€	28€			

22 Übergangsprofil/Abdeckschiene; Aluminium — KG 352
Übergangsprofil; Aluminium; Belagwechsel

9€	13€	**15€**	16€	20€	[m]	⏱ 0,12 h/m	328.000.040
11€	16€	**17€**	19€	23€			

23 Übergangsprofil/Abdeckschiene; Messing — KG 352
Übergangsprofil; Messing; Belagwechsel

7€	16€	**18€**	19€	32€	[m]	⏱ 0,12 h/m	328.000.041
8€	19€	**22€**	23€	38€			

24 Stundensatz Parkettleger-Facharbeiter
Stundenlohnarbeiten, Vorarbeiter, Facharbeiter; Parkettleger

36€	42€	**45€**	49€	59€	[h]	⏱ 1,00 h/h	328.000.042
42€	50€	**53€**	58€	70€			

Kosten: Stand 3.Quartal 2015 Bundesdurchschnitt

▶ min
▷ von
ø Mittel
◁ bis
◀ max

Positionen Altbau

LB 329 Beschlagarbeiten

Kosten: Stand 3.Quartal 2015, Bundesdurchschnitt

- ▶ min
- ▷ von
- ø Mittel
- ◁ bis
- ◀ max

Nr.	Kurztext / Stichworte					[Einheit]	Ausf.-Dauer	Kostengruppe Positionsnummer
▶	▷	ø netto €	◁	◀				
▶	▷	ø brutto €	◁	◀				

1 Fenstergriff, Aluminium — KG 334
Fensterolive; Aluminium; Vier-Punkt-Kugelrastung, unsichtbar befestigt; Verschraubung M5

▶	▷	ø	◁	◀	Einheit	Dauer	Pos.-Nr.
12€	27€	**32€**	48€	78€	[St]	0,15 h/St	329.000.013
14€	32€	**38€**	57€	93€			

2 Drückergarnitur, Stahl — KG 344
Drückergarnitur; Stahlkern, Metallrosette; Türdicke 42mm; Metallrosette mit/ohne Hochhaltefeder

16€	34€	**42€**	51€	74€	[St]	0,30 h/St	329.000.014
19€	41€	**50€**	61€	88€			

3 Drückergarnitur, Aluminium — KG 344
Drückergarnitur; Aluminium, Metallrosette; Metallrosette mit/ohne Hochhaltefeder; für Rauch-/Feuerschutztür

22€	53€	**67€**	82€	131€	[St]	0,30 h/St	329.000.007
26€	63€	**80€**	98€	156€			

4 Drückergarnitur, Edelstahl — KG 344
Drückergarnitur; Edelstahl, Metallrosette; Metallrosette mit/ohne Hochhaltefeder; für Rauch-/Feuerschutztür

94€	148€	**168€**	202€	303€	[St]	0,30 h/St	329.000.008
112€	176€	**200€**	240€	360€			

5 Bad-/WC-Garnitur, Aluminium — KG 344
Bad-WC-Garnitur; Aluminium, Metallrosette; Türdicke 42mm; Metallrosette mit/ohne Hochhaltefeder

22€	50€	**61€**	81€	115€	[St]	0,35 h/St	329.000.015
27€	59€	**73€**	97€	137€			

6 Stoßgriff, Tür, Aluminium — KG 344
Türstange; Aluminium; Durchmesser 200mm; verdeckt verschraubt

90€	161€	**177€**	222€	337€	[St]	0,60 h/St	329.000.017
107€	192€	**211€**	265€	401€			

7 Obentürschließer, zweiflüglige Tür — KG 344
Obentürschließer; zweiflüglige Tür; Schließgröße EN 2-4, Türflügel bis max. 1.100mm, Öffnungswinkel 180°, Feststellbereich 70-150°; Basisschließer, Normalgestänge; für Rauch-/Feuerschutztür

80€	161€	**201€**	250€	364€	[St]	1,50 h/St	329.000.009
95€	192€	**239€**	298€	433€			

8 Türstopper, Wandmontage — KG 344
Türstopper, Wandmontage; Metall, poliert/gebürstet mit Gummipuffer; rund/eckig, geschraubt

13€	20€	**23€**	30€	39€	[St]	0,10 h/St	329.000.010
16€	24€	**27€**	35€	46€			

© BKI Baukosteninformationszentrum

Nr.	Kurztext / Stichworte					[Einheit]	Kostengruppe Ausf.-Dauer	Positionsnummer
▶	▷	ø netto €	◁	◀				
▶	▷	ø brutto €	◁	◀				

9 — Türstopper, Bodenmontage — KG 344
Türstopper, Bodenmontage; Metall, poliert/gebürstet mit Gummipuffer; rund/eckig, geschraubt

9€	20€	**24€**	36€	67€	[St]	⏱ 0,15 h/St	329.000.011
11€	24€	**28€**	43€	79€			

10 — Lüftungsgitter, Türblatt — KG 344
Lüftungsgitter; Aluminium/Kunststoff; stufenlos regulierbar, verschließbar; Holztürblatt

14€	25€	**29€**	39€	59€	[St]	⏱ 0,15 h/St	329.000.026
16€	30€	**34€**	46€	70€			

11 — Doppel-Schließzylinder — KG 344
Profil-Doppelzylinder; Messing, matt vernickelt; Länge 30,5mm/30,5mm; verschieden-/gleichschließend, inkl. Stulpschraube M5 vernickelt,

33€	62€	**76€**	105€	177€	[St]	⏱ 0,15 h/St	329.000.001
39€	73€	**91€**	124€	211€			

12 — Halb-Schließzylinder — KG 344
Profil-Halbzylinder; Messing, matt vernickelt; Länge 30,5mm/10mm; verschieden-/gleichschließend, inkl. Stulpschraube M5 vernickelt

15€	38€	**47€**	58€	84€	[St]	⏱ 0,13 h/St	329.000.002
18€	46€	**56€**	69€	100€			

13 — Profil-Zylinderverlängerung, je 10mm — KG 344
Profil-Zylinderverlängerung; je angefangene 10mm

2€	3€	**4€**	5€	8€	[St]	–	329.000.012
2€	4€	**5€**	6€	9€			

14 — Profil-Blindzylinder — KG 344
Profil-Blindzylinder; Messing, matt vernickelt; Länge 30,5mm/30,5mm; inkl. Stulpschraube M5 vernickelt

6€	10€	**11€**	16€	25€	[St]	⏱ 0,10 h/St	329.000.003
7€	11€	**14€**	19€	30€			

15 — Generalhaupt-, Generalschlüssel — KG 344
Generalhauptschlüssel; Profilzylinder; Schließanlage

4€	7€	**8€**	10€	16€	[St]	–	329.000.027
5€	8€	**10€**	12€	19€			

16 — Schlüssel, Buntbart — KG 344
Schlüssel, Buntbart; Messing, verchromt, poliert; gleichschließend; Zimmertür; Türschlösser Klasse 1

2€	4€	**4€**	5€	8€	[St]	⏱ h/St	329.000.006
2€	4€	**5€**	6€	9€			

© BKI Baukosteninformationszentrum — Kostenstand: 3.Quartal 2015, Bundesdurchschnitt

LB 329 Beschlagarbeiten

Kosten: Stand 3.Quartal 2015, Bundesdurchschnitt

Nr.	Kurztext / Stichworte	▶	▷	ø netto €	◁	◀	[Einheit]	Ausf.-Dauer	Kostengruppe Positionsnummer
		▶	▷	ø brutto €	◁	◀			
17	**Gruppen-, Hauptschlüssel**								KG **344**
	Gruppen-, Hauptschlüssel; Profilzylinder								
		3 €	6 €	**7 €**	9 €	13 €	[St]	–	329.000.028
		4 €	7 €	**8 €**	11 €	16 €			
18	**Schlüsselschrank, wandhängend**								KG **344**
	Schlüsselschrank, wandhängend; Aluminium/Kunststoff; Türöffnung über 90°; inkl. zwei Schlüssel, farbig sortierte Musterbeutel								
		68 €	170 €	**234 €**	303 €	493 €	[St]	0,80 h/St	329.000.024
		81 €	203 €	**279 €**	361 €	587 €			
19	**WC-Symbol**								KG **344**
	Beschilderung; Edelstahl/Kunststoff; eingefrästes Symbol und Beschriftung, unsichtbare Befestigung								
		9 €	21 €	**26 €**	37 €	51 €	[St]	0,15 h/St	329.000.029
		11 €	25 €	**30 €**	44 €	60 €			
20	**Riegelschloss, Profil-Halbzylinder**								KG **344**
	Riegelschloss; vorgerichtet für Profil-Halbzylinder; inkl. Bohr- und Fräsarbeiten								
		39 €	72 €	**85 €**	92 €	153 €	[St]	0,15 h/St	329.000.030
		47 €	86 €	**101 €**	110 €	183 €			
21	**Absenkdichtung, Tür**								KG **344**
	Bodendichtung; Druckplatte, PVC-Dichtprofil, Befestigungswinkel; Zimmertür/Schallschutztür								
		45 €	72 €	**80 €**	91 €	120 €	[St]	0,20 h/St	329.000.031
		54 €	86 €	**95 €**	109 €	143 €			

▶ min
▷ von
ø Mittel
◁ bis
◀ max

Positionen Altbau

LB 330 Rollladenarbeiten

Kosten: Stand 3.Quartal 2015 Bundesdurchschnitt

Legende:
- ▶ min
- ▷ von
- ø Mittel
- ◁ bis
- ◀ max

Nr.	Kurztext / Stichworte	min	von	ø netto €	bis	max	min	von	ø brutto €	bis	max	[Einheit]	Ausf.-Dauer	Positionsnummer	Kostengruppe
1	**Rollladen entfernen** — Rollladen ausbauen; Breite bis 1,50m, Höhe bis 2,50m; inkl. Deckel, Welle, Gurtband und Wickler; Bauschutt entsorgen	16€	19€	**28€**	33€	39€	20€	22€	**33€**	40€	47€	[m²]	0,30 h/m²	330.000.017	KG 394
2	**Markise entfernen** — Markise ausbauen; Breite bis 4,00m, Ausstelltiefe bis 3,00m; inkl. Gelenkarm, Welle und Bedienelement; Bauschutt entsorgen	–	46€	**68€**	81€	–	–	55€	**80€**	97€	–	[m²]	1,10 h/m²	330.000.018	KG 394
3	**Außenjalousie entfernen** — Außenjalousie ausbauen; Aluminiumlamellen; Breite bis 4,00m, Höhe bis 3,00m; inkl. Kurbel und Welle; Bauschutt entsorgen	–	13€	**19€**	23€	–	–	15€	**23€**	27€	–	[m²]	0,35 h/m²	330.000.019	KG 394
4	**Sonnenschutz, Stoff, innen, entfernen** — Sonnenschutz ausbauen; Stoff, innen; Breite bis 4,00m, Höhe bis 3,00m; Bauschutt entsorgen	–	10€	**15€**	18€	–	–	12€	**17€**	21€	–	[m²]	0,30 h/m²	330.000.020	KG 394
5	**Rollladen-Gurtwickler ausbauen** — Rollladen-Gurtwickler ausbauen; Abmessungen 19x11,5x23,8cm; aus Ziegelmauerwerk; Bauschutt entsorgen	–	6€	**9€**	10€	–	–	7€	**10€**	12€	–	[St]	0,05 h/St	330.000.021	KG 394
6	**Baufuge abdichten, Rollladenkasten** — Baufuge abdichten; Dichtband, Baufuge; Klebebereich 60mm; wind- und dampfdicht; Rollladenkasten/Zargenrahmen	–	9€	**12€**	13€	–	–	11€	**14€**	16€	–	[m]	0,25 h/m	330.000.022	KG 395
7	**Rollladenkasten dämmen** — Rollladenkasten dämmen; Dämmmatten; Dicke bis 40mm; flexible Dämmmatten	25€	32€	**47€**	56€	80€	30€	38€	**56€**	67€	96€	[m²]	0,60 h/m²	330.000.023	KG 395
8	**Klappendeckel abdichten, Rollladenkasten** — Klappendeckel abdichten; Größe 2.000x250mm; Rollladenkasten	–	17€	**24€**	29€	–	–	20€	**29€**	35€	–	[St]	0,60 h/St	330.000.024	KG 395

© BKI Baukosteninformationszentrum

Nr.	Kurztext / Stichworte				[Einheit]	Ausf.-Dauer	Kostengruppe Positionsnummer
▶	▷	ø netto €	◁	◀			
▶	▷	ø brutto €	◁	◀			

9   Rollladenkastendeckel auswechseln — KG 395
Rollladenkastendeckel austauschen; Deckel gedämmt; Länge bis 1,20mm, Höhe bis 0,30m; Bauschutt entsorgen

–	14€	**21€**	24€	–	[m]	⏱ 0,25 h/m	330.000.025
–	17€	**25€**	29€	–			

10   Rollladengurte auswechseln — KG 395
Rollladengurte auswechseln; Länge bis 4,00m; Bauschutt entsorgen

–	23€	**33€**	40€	–	[St]	⏱ 0,40 h/St	330.000.026
–	27€	**40€**	47€	–			

11   Rollladenführungsschiene erneuern — KG 395
Rollladenführungsschiene ersetzen; durch geräuscharme, eloxierte Führungsschiene; Länge bis 1000mm; Bauschutt entsorgen

–	22€	**32€**	36€	–	[St]	⏱ 0,25 h/St	330.000.027
–	27€	**38€**	43€	–			

12   Rollladenwelle erneuern, bis 1.500mm — KG 395
Rollladenwelle ausbauen; neue Welle einbauen; Länge bis 1.500mm; Bauschutt entsorgen

–	45€	**66€**	80€	–	[St]	⏱ 1,00 h/St	330.000.028
–	54€	**79€**	95€	–			

13   Rollladenwelle erneuern, bis 2.500mm — KG 395
Rollladenwelle ausbauen; neue Welle einbauen; Länge bis 2.500mm; Bauschutt entsorgen

–	63€	**92€**	111€	–	[St]	⏱ 1,20 h/St	330.000.029
–	75€	**110€**	132€	–			

LB 331 Metallbauarbeiten

Kosten:
Stand 3. Quartal 2015
Bundesdurchschnitt

▶ min
▷ von
ø Mittel
◁ bis
◀ max

Nr.	Kurztext / Stichworte					[Einheit]	Ausf.-Dauer	Kostengruppe Positionsnummer
▶	▷	ø netto €	◁	◀				
▶	▷	ø brutto €	◁	◀				

1   Profilstahl-Konstruktion, Profile IPE KG 351
Stahlträger, HEB/IPE/HEA/HEM; S235JR, grundiert/beschichtet; Deckenkonstruktion

| 3€ | 4€ | **4€** | 5€ | 6€ | [kg] | ⏱ 0,02 h/kg | 317.000.016 |
| 3€ | 4€ | **5€** | 5€ | 7€ | | | |

2   Handlauf, Stahl KG 359
Handlauf; Stahl S235JR+AR, verzinkt; Durchmesser 25/33,7/42,4/60mm; Außen-/Innenbereich

| 29€ | 47€ | **60€** | 71€ | 89€ | [m] | – | 331.000.003 |
| 35€ | 56€ | **71€** | 84€ | 106€ | | | |

3   Handlauf, Stahl, Wandhalterung KG 359
Handlaufhalter; Stahl S235JR/Flachstahl, beschichtet/feuerverzinkt; Durchmesser 12/16mm/Flachstahl 10mm; je Wandhalter 2 Klebedübel, Inbus M10; Wandmontage

| 17€ | 37€ | **44€** | 56€ | 81€ | [St] | ⏱ 0,30 h/St | 331.000.006 |
| 20€ | 44€ | **52€** | 67€ | 96€ | | | |

4   Handlauf, Enden in diverse Ausführungen KG 359
Handlauf-Endstück; Stahl/Edelstahl; Durchmesser 25/33,7/42,4/60mm; flache Kappe/gewölbte Kappe/gekröpfte 90°

| 10€ | 27€ | **33€** | 40€ | 55€ | [St] | ⏱ 0,20 h/St | 331.000.007 |
| 12€ | 32€ | **40€** | 48€ | 65€ | | | |

5   Handlauf, Ecken/Gehrungen KG 359
Handlauf-Eckstück; Stahl/Edelstahl/Holz; 30°/45°/90°

| 14€ | 30€ | **40€** | 49€ | 61€ | [St] | ⏱ 0,20 h/St | 331.000.009 |
| 17€ | 36€ | **47€** | 59€ | 73€ | | | |

6   Treppengeländer, Flachstahlfüllung KG 359
Treppengeländer; Stahlkonstruktion, Handlauf Rundrohr, Flachstabstahl; Höhe 1,10m, Handlauf 42,4mm; Innenbereich

| 132€ | 212€ | **243€** | 273€ | 342€ | [m] | ⏱ 2,50 h/m | 331.000.010 |
| 157€ | 252€ | **289€** | 325€ | 406€ | | | |

7   Stahl-Umfassungszarge, 875x2.000/2.125 KG 344
Stahlumfassungszarge; brandverzinkt/grundiert; 875x2.000/2.125mm, MW 145mm, Tiefe 115mm; KS-Mauerwerk

| 95€ | 163€ | **193€** | 236€ | 303€ | [St] | ⏱ 1,10 h/St | 331.000.052 |
| 113€ | 194€ | **230€** | 281€ | 360€ | | | |

8   Stahl-Umfassungszarge, 1.000x2.000/2.125 KG 344
Stahlumfassungszarge; brandverzinkt/grundiert; 1.000x2.000/2.125mm, MW 145mm, Tiefe 115mm; KS-Mauerwerk

| 146€ | 220€ | **252€** | 286€ | 379€ | [St] | ⏱ 1,10 h/St | 331.000.053 |
| 174€ | 262€ | **300€** | 341€ | 452€ | | | |

© **BKI** Baukosteninformationszentrum

Nr.	Kurztext / Stichworte							Kostengruppe
▶	▷	ø netto €	◁	◀	[Einheit]	Ausf.-Dauer	Positionsnummer	
▶	▷	ø brutto €	◁	◀				

9 — Stahltür, einflüglig, 1.010x2.130 — KG 344
Metalltürelement; Stahl; 1.010x2.130mm, Dicke 50mm; einflüglig, gefalzt/flächenbündig; Normalraum/Nassraum

450€	677€	**762€**	875€	1.147€	[St]	⏱ 2,40 h/St	331.000.015
536€	805€	**907€**	1.041€	1.365€			

10 — Stahltür, zweiflüglig — KG 344
Metalltürelement; Stahl; Dicke 50mm; zweiflüglig, gefalzt/flächenbündig; Normalraum/Nassraum

1.048€	1.437€	**1.619€**	1.776€	2.253€	[St]	⏱ 3,40 h/St	331.000.016
1.247€	1.711€	**1.927€**	2.114€	2.681€			

11 — Stahltür, Brandschutz, EI 30-C, 875x2.000/2.125 — KG 344
Brandschutztürelement, EI 30-C; Stahl; 875x2.000/2.125mm; einflüglig

472€	737€	**829€**	1.030€	1.369€	[St]	⏱ 3,20 h/St	331.000.058
562€	877€	**986€**	1.225€	1.629€			

12 — Stahltür, Brandschutz, EI 30-C, 1.000x2.000/2.125 — KG 344
Brandschutztürelement, EI 30-C; Stahl; 1.000x2.000/2.125mm; einflüglig

557€	796€	**891€**	1.244€	1.854€	[St]	⏱ 3,40 h/St	331.000.059
663€	948€	**1.061€**	1.481€	2.206€			

13 — Stahltür, Brandschutz, EI30-C, zweiflüglig — KG 344
Brandschutztürelement EI30-C; Stahl; zweiflügelig

1.231€	2.114€	**2.444€**	2.816€	3.510€	[St]	⏱ 5,40 h/St	331.000.041
1.465€	2.516€	**2.909€**	3.351€	4.177€			

14 — Stahltür, Brandschutz, EI 90-C, 875x2.000/2.125 — KG 344
Brandschutztürelement EI 90-C; Stahl; 875x2.000/2.125; einflüglig

1.123€	1.446€	**1.550€**	1.712€	2.131€	[St]	⏱ 3,40 h/St	331.000.020
1.337€	1.720€	**1.845€**	2.037€	2.535€			

15 — Stahltür, EI 90-C, zweiflüglig — KG 344
Brandschutztürelement T90-2; Stahl, verzinkt; zweiflügelig

2.815€	3.485€	**3.761€**	4.181€	5.032€	[St]	⏱ 4,60 h/St	331.000.043
3.350€	4.148€	**4.476€**	4.976€	5.988€			

16 — Stahltreppe, gerade, einläufig, Trittbleche — KG 351
Metalltreppe, einläufig; Stahl, S235JR, verzinkt; 16Stg, 17,2x28cm; freitragend

949€	3.590€	**4.472€**	5.854€	9.244€	[St]	⏱ 7,50 h/St	331.000.029
1.130€	4.272€	**5.321€**	6.967€	11.000€			

LB 334 Maler- und Lackierarbeiten - Beschichtungen

Kosten:
Stand 3.Quartal 2015
Bundesdurchschnitt

▶ min
▷ von
ø Mittel
◁ bis
◀ max

Nr.	Kurztext / Stichworte					[Einheit]	Ausf.-Dauer	Kostengruppe Positionsnummer
▶	▷	ø netto €	◁	◀				
▶	▷	ø brutto €	◁	◀				

1 Öffnungen abdecken, Strahlarbeiten — KG 395
Öffnungen abdecken, Druckwasserreinigung; Plattenware, Folie; Anschlüsse abkleben; Fassade

5€	9€	**13€**	15€	16€	[m²]	⏱ 0,22 h/m²	334.000.080
6€	10€	**15€**	17€	19€			

2 Bodenflächen abdecken, Malervlies — KG 395
Bodenfläche abdecken; Malerabdeckvlies, rutschsicher; lose, abkleben

0,7€	1,2€	**1,6€**	2,0€	2,3€	[m²]	⏱ 0,03 h/m²	334.000.100
0,8€	1,4€	**1,9€**	2,4€	2,7€			

3 Bodenflächen abdecken, Krepppapier — KG 395
Bodenfläche abdecken; Malerkrepppapier; lose, abkleben

1€	1€	**2€**	2€	2€	[m²]	⏱ 0,03 h/m²	334.000.101
2€	2€	**2€**	3€	3€			

4 Bodenflächen abdecken, Folie — KG 395
Bodenfläche abdecken; Malerfolie; lose, abkleben

0,7€	1,1€	**1,5€**	1,7€	1,9€	[m²]	⏱ 0,03 h/m²	334.000.102
0,9€	1,3€	**1,8€**	2,1€	2,3€			

5 Gegenstände abdecken, Plane — KG 395
Gegenstände abdecken; Malerabdeckplane; lose, abkleben

1,0€	1,1€	**1,5€**	1,7€	2,2€	[m²]	⏱ 0,03 h/m²	334.000.103
1€	1€	**2€**	2€	3€			

6 Geländer abdecken, PE-Folie — KG 395
Geländer abdecken; Polyethylen-Folie; lose, abkleben

2€	2€	**3€**	4€	4€	[m²]	⏱ 0,06 h/m²	334.000.104
2€	3€	**4€**	4€	5€			

7 Beschichtungsflächen reinigen — KG 395
Beschichtungsfläche reinigen; zur Aufnahme Überholungsbeschichtung

0,7€	0,8€	**1,1€**	1,4€	2,2€	[m²]	⏱ 0,03 h/m²	334.000.105
0,9€	1,0€	**1,3€**	1,6€	2,6€			

8 Altbeschichtung reinigen, innen — KG 395
Beschichtung reinigen; zur Aufnahmen Überholungsbeschichtung; Innenbereich

0,8€	0,4€	**1,2€**	1,3€	1,5€	[m²]	⏱ 0,03 h/m²	334.000.106
0,9€	0,4€	**1,4€**	1,6€	1,8€			

© BKI Baukosteninformationszentrum

Nr.	Kurztext / Stichworte						Kostengruppe
▶	▷	ø netto €	◁	◀	[Einheit]	Ausf.-Dauer	Positionsnummer
▶	▷	ø brutto €	◁	◀			

9 Altbeschichtung entfernen, innen — KG 394
Beschichtung entfernen; abkratzen, nachwaschen; Innenbereich

| 0,7€ | 0,8€ | **1,1€** | 1,2€ | 2,4€ | [m²] | ⏱ 0,03 h/m² | 334.000.107 |
| 0,8€ | 0,9€ | **1,3€** | 1,4€ | 2,8€ | | | |

10 Altbeschichtung ausbessern, innen — KG 395
Beschichtung ausbessern; lose Beschichtung abkratzen, ausbessern, nachwaschen, zur Aufnahme Überholungsbeschichtung; Innenbereich

| 3€ | 3€ | **4€** | 5€ | 6€ | [m²] | ⏱ 0,10 h/m² | 334.000.108 |
| 3€ | 4€ | **5€** | 6€ | 7€ | | | |

11 Ölfarbe entfernen, Innenputz — KG 395
Ölfarbenbeschichtung entfernen; abbeizen, nachwaschen; auf Innenputz

| 6€ | 7€ | **7€** | 8€ | 14€ | [m²] | ⏱ 0,15 h/m² | 334.000.109 |
| 7€ | 9€ | **8€** | 9€ | 17€ | | | |

12 Ölfarbbeschichtung anschleifen — KG 395
Ölfarbenbeschichtung anschleifen; reinigen; auf Innenputz

| 0,5€ | 0,9€ | **1,2€** | 1,4€ | 2,2€ | [m²] | ⏱ 0,03 h/m² | 334.000.110 |
| 0,5€ | 1,1€ | **1,5€** | 1,7€ | 2,6€ | | | |

13 Dübel entfernen, schließen — KG 395
Dübel entfernen; Löcher schließen

| 0,6€ | 0,9€ | **1,2€** | 1,4€ | 2,0€ | [St] | ⏱ 0,03 h/St | 334.000.111 |
| 0,7€ | 1,1€ | **1,5€** | 1,7€ | 2,4€ | | | |

14 Fehlstellen schließen, innen — KG 395
Fehlstellen schließen, punktuell; Mörtel/Gips; Wand- und Deckenflächen

| 1€ | 1€ | **2€** | 2€ | 3€ | [St] | ⏱ 0,03 h/St | 334.000.112 |
| 1€ | 1€ | **2€** | 2€ | 4€ | | | |

15 Schadstellen abklopfen, innen — KG 395
Schadstellen entfernen; lose, Teile abklopfen; Betonflächen, innen; Bauschutt entsorgen

| 2€ | 2€ | **3€** | 3€ | 4€ | [m²] | ⏱ 0,30 h/m² | 334.000.113 |
| 2€ | 3€ | **4€** | 4€ | 5€ | | | |

16 Betonflächen ausbessern, innen — KG 395
Betonflächen ausbessern; Innenwände und Decken

| 8€ | 9€ | **12€** | 13€ | 15€ | [m²] | ⏱ 0,27 h/m² | 334.000.114 |
| 9€ | 10€ | **14€** | 16€ | 17€ | | | |

LB 334
Maler- und Lackierarbeiten
- Beschichtungen

Nr.	Kurztext / Stichworte				[Einheit]	Ausf.-Dauer	Kostengruppe Positionsnummer
▶	▷	ø netto €	◁	◀			
▶	▷	ø brutto €	◁	◀			

Kosten:
Stand 3.Quartal 2015
Bundesdurchschnitt

▶ min
▷ von
ø Mittel
◁ bis
◀ max

17 Spachtelung, Dispersion, innen — KG 395
Spachtelung; Kunststoff-Dispersionsspachtelmasse; innen

| 4€ | 5€ | **5€** | 6€ | 9€ | [m²] | ⏱ 0,15 h/m² | 334.000.115 |
| 5€ | 6€ | **6€** | 7€ | 10€ | | | |

18 Spachtelung, Dispersion, 2x innen — KG 395
Spachtelung; Kunststoff-Dispersionsspachtelmasse; zwei Arbeitsgänge; innen

| 6€ | 6€ | **8€** | 10€ | 12€ | [m²] | ⏱ 0,20 h/m² | 334.000.116 |
| 7€ | 7€ | **10€** | 12€ | 15€ | | | |

19 Spachtelung quarzhaltig, innen — KG 395
Spachtelung; Spachtelmasse, quarzhaltig; innen

| 5€ | 5€ | **7€** | 8€ | 10€ | [m²] | ⏱ 0,15 h/m² | 334.000.117 |
| 5€ | 6€ | **8€** | 9€ | 12€ | | | |

20 Spachtelung faserhaltig, innen — KG 395
Spachtelung; Spachtelmasse, faserhaltig; innen

| 5€ | 5€ | **7€** | 8€ | 10€ | [m²] | ⏱ 0,15 h/m² | 334.000.118 |
| 6€ | 6€ | **8€** | 10€ | 12€ | | | |

21 Putzfläche reinigen, innen — KG 395
Putzfläche reinigen; Wasser, Salmiak; Innenwand, Decke

| 0,8€ | 1,5€ | **2,0€** | 2,2€ | 3,9€ | [m²] | ⏱ 0,05 h/m² | 334.000.119 |
| 1,0€ | 1,7€ | **2,3€** | 2,7€ | 4,7€ | | | |

22 Putzschaden ausbessern, innen — KG 395
Putzschaden ausbessern; lose, schadhafte Teile entfernen; außen; Bauschutt entsorgen

| 6€ | 10€ | **13€** | 15€ | 19€ | [m²] | ⏱ 0,30 h/m² | 334.000.120 |
| 7€ | 12€ | **16€** | 18€ | 23€ | | | |

23 Innentür abschleifen — KG 395
Innentür abschleifen; Holz; Oberflächenbehandlung

| 5€ | 7€ | **9€** | 11€ | 16€ | [m²] | ⏱ 0,27 h/m² | 334.000.121 |
| 6€ | 8€ | **11€** | 13€ | 19€ | | | |

24 Innentür abbeizen — KG 395
Innentür abbeizen, nachwaschen; 1,00x2,00m; inkl. Zarge

| 53€ | 59€ | **80€** | 91€ | 112€ | [m²] | ⏱ 1,20 h/m² | 334.000.122 |
| 63€ | 70€ | **95€** | 108€ | 133€ | | | |

25 Metallflächen anschleifen, innen — KG 395
Metallfläche vorbereiten; anschleifen; innen

| 2€ | 2€ | **3€** | 3€ | 5€ | [m²] | ⏱ 0,08 h/m² | 334.000.123 |
| 2€ | 3€ | **3€** | 4€ | 6€ | | | |

© **BKI** Baukosteninformationszentrum — Kostenstand: 3.Quartal 2015, Bundesdurchschnitt

Nr.	Kurztext / Stichworte						Kostengruppe	
▶	▷	ø netto €	◁	◀		[Einheit]	Ausf.-Dauer	Positionsnummer
▶	▷	ø brutto €	◁	◀				

26 Metallflächen schleifen/grundieren — KG 395
Metallfläche vorbereiten, Beschichtung; schleifen, grundieren; innen

4€	5€	**7€**	8€	10€	[m²]	⏱ 0,18 h/m²	334.000.124
5€	6€	**8€**	9€	12€			

27 Heizkörper, abbeizen — KG 395
Heizkörper abbeizen, nachwaschen; Guss; trocknen

6€	7€	**10€**	11€	15€	[m²]	⏱ 0,20 h/m²	334.000.125
7€	9€	**12€**	13€	18€			

28 Imprägnierung, hydrophob, Außenputz — KG 335
Imprägnierung; hydrophobierend, transparent; Außenputzfläche

3€	3€	**4€**	5€	6€	[m²]	⏱ 0,05 h/m²	334.000.126
3€	4€	**5€**	6€	7€			

29 Beschichtung, Dispersion gefüllt, Putz innen — KG 335
Überholungsbeschichtung deckend, Putzfläche; Dispersion, füllend, Deckvermögen Kl.1, weiß, matt; innen; inkl. Grundierung

5€	6€	**8€**	9€	11€	[m²]	⏱ 0,20 h/m²	334.000.149
6€	7€	**10€**	11€	13€			

30 Beschichtung, Dispersion, Papiertapete — KG 335
Überholungsbeschichtung deckend, Papiertapete; Dispersion, Deckvermögen Kl.1, weiß, matt; innen; inkl. Grundierung

5€	6€	**8€**	9€	11€	[m²]	⏱ 0,20 h/m²	334.000.150
6€	7€	**10€**	11€	13€			

31 Beschichtung, Dispersion, Glasfasertapete — KG 335
Überholungsbeschichtung deckend, Glasfasertapete; Dispersion, Deckvermögen Kl.1, weiß, matt; innen; inkl. Grundierung

5€	6€	**8€**	9€	11€	[m²]	⏱ 0,18 h/m²	334.000.151
6€	7€	**10€**	11€	13€			

32 Beschichtung, Silikatfarbe gefüllt, Putz innen — KG 335
Beschichtung Putzfläche; Silikatfarbe, Deckvermögen Kl.1, weiß, matt; innen; inkl. Grundierung und Zwischenbeschichtung

5€	6€	**8€**	10€	11€	[m²]	⏱ 0,18 h/m²	334.000.152
6€	7€	**10€**	11€	13€			

33 Beschichtung, Dispersion gefüllt, Beton innen — KG 335
Überholungsbeschichtung deckend, Betonfläche; Dispersionsbeschichtung, füllend, Deckvermögen Kl.1, weiß, matt; innen; inkl. Grundierung

5€	6€	**8€**	9€	10€	[m²]	⏱ 0,18 h/m²	334.000.153
6€	7€	**9€**	11€	12€			

LB 334 Maler- und Lackierarbeiten - Beschichtungen

Kosten: Stand 3. Quartal 2015 Bundesdurchschnitt

Nr.	Kurztext / Stichworte	min	von	ø netto € / ø brutto €	bis	max	[Einheit]	Ausf.-Dauer	Positionsnummer / Kostengruppe

34 Beschichtung, Kunstharz, Betonboden innen — KG 335
Beschichtung Beton/Estrich; Kunstharz, zweikomponentig, steingrau; Grund-, Zwischen- und Schlussbeschichtung

min	von	ø	bis	max	Einheit	Ausf.-Dauer	Pos.-Nr.
8€	9€	**13€**	14€	17€	[m²]	0,18 h/m²	334.000.154
9€	11€	**15€**	17€	20€			

35 Lasur, Dispersion, Holz innen — KG 335
Überholungsbeschichtung Lasur, Holzfläche; Kunststoffdispersion; innen; inkl. Grundierung

5€	6€	**8€**	9€	11€	[m²]	0,18 h/m²	334.000.155
6€	7€	**10€**	11€	13€			

36 Beschichtung, Dispersion, Holz innen — KG 335
Überholungsbeschichtung deckend, Holzfläche; Kunststoffdispersion; mit Zwischenbeschichtung; innen; inkl. Grundierung

7€	9€	**12€**	14€	16€	[m²]	0,26 h/m²	334.000.156
9€	10€	**14€**	16€	19€			

37 Dickschichtlasur, Holz innen — KG 335
Überholungsbeschichtung Dickschichtlasur, Holzfläche; Kunstharz; innen; inkl. Grundierung

7€	8€	**11€**	12€	14€	[m²]	0,22 h/m²	334.000.157
8€	9€	**13€**	14€	17€			

38 Beschichtung, Kunstharz, Holz innen — KG 335
Überholungsbeschichtung deckend, Holzfläche; Kunstharz, Deckvermögen Kl.1; innen; inkl. Grundierung

8€	10€	**13€**	15€	18€	[m²]	0,25 h/m²	334.000.158
10€	12€	**16€**	18€	21€			

39 Beschichtung, Kunstharz, Holzfenster innen — KG 335
Überholungsbeschichtung deckend, Holzfenster; Kunstharz, Deckvermögen Kl.1; innen; inkl. Grundierung

7€	8€	**11€**	13€	15€	[m²]	0,25 h/m²	334.000.159
8€	10€	**13€**	15€	18€			

40 Dickschichtlasur, Holzfenster innen — KG 335
Überholungsbeschichtung Dickschichtlasur, Holzfenster; Kunstharz; innen; inkl. Grundierung

7€	8€	**11€**	13€	15€	[m²]	0,25 h/m²	334.000.160
8€	10€	**13€**	15€	18€			

41 Dickschichtlasur, Holzbekleidung innen — KG 335
Überholungsbeschichtung Dickschichtlasur, Holzbekleidung; innen; inkl. Grundierung

8€	9€	**12€**	14€	16€	[m²]	0,25 h/m²	334.000.161
9€	11€	**15€**	17€	19€			

Legend: ▶ min ▷ von ø Mittel ◁ bis ◀ max

Nr.	Kurztext / Stichworte				[Einheit]	Ausf.-Dauer	Kostengruppe Positionsnummer
▶	▷	ø netto €	◁	◀			
▶	▷	ø brutto €	◁	◀			

42 Beschichtung, Kunstharz, Holzbekleidung innen — KG 335
Überholungsbeschichtung deckend, Holzbekleidung; Kunstharz; innen; inkl. Grundierung

10€	12€	**16€**	18€	20€	[m²]	⏱ 0,25 h/m²	334.000.162
12€	14€	**19€**	21€	24€			

43 Dickschichtlasur, Holzdecke innen — KG 335
Überholungsbeschichtung Dickschichtlasur, Holz-Deckenbekleidung; innen; inkl. Grundierung

9€	10€	**14€**	16€	18€	[m²]	⏱ 0,30 h/m²	334.000.163
10€	12€	**17€**	19€	22€			

44 Beschichtung, Kunstharz, Holzdecke innen — KG 335
Überholungsbeschichtung Dickschichtlasur, Holz-Deckenbekleidung; Kunstharz; innen; inkl. Grundierung

8€	10€	**14€**	16€	18€	[m²]	⏱ 0,30 h/m²	334.000.164
10€	12€	**16€**	18€	21€			

45 Beschichtung, Kunstharz, Holz innen — KG 335
Überholungsbeschichtung deckend, Holzbauteile; Kunstharz; Grund-, Zwischen- und Schlussbeschichtung; innen; inkl. anschleifen, reinigen

10€	12€	**16€**	18€	21€	[m²]	⏱ 0,35 h/m²	334.000.165
12€	14€	**19€**	22€	24€			

46 Beschichtung, Kunstharz, Holztür/Zarge innen — KG 335
Beschichtung Holztür, Zarge; Kunstharz, seidenglänzend, weiß; Grund-, Zwischen- und Schlussbeschichtung; innen; inkl. aufrauen, blätternde Teile entfernen

10€	11€	**15€**	17€	19€	[m²]	⏱ 0,35 h/m²	334.000.166
12€	13€	**17€**	20€	22€			

47 Beschichtung, Kunstharz, Holztür innen — KG 335
Beschichtung, Holztür; Kunstharz, seidenglänzend, weiß; Grund-, Zwischen- und Schlussbeschichtung; innen; inkl. aufrauen, blätternde Teile entfernen

9€	10€	**14€**	16€	18€	[m²]	⏱ 0,35 h/m²	334.000.167
10€	12€	**17€**	19€	21€			

48 Beschichtung, Kunstharz, Holzfußboden innen — KG 335
Beschichtung Holzdielenboden; Kunstharz; Grund-, Zwischen- und Schlussbeschichtung; innen; inkl. aufrauen, blätternde Teile entfernen

10€	11€	**15€**	17€	19€	[m²]	⏱ 0,35 h/m²	334.000.168
12€	13€	**18€**	20€	23€			

49 Beschichtung, Kunstharz, Holztreppen innen — KG 335
Beschichtung Holztreppenstufen; Kunstharz; Grund-, Zwischen- und Schlussbeschichtung; innen; inkl. aufrauen, blätternde Teile entfernen

13€	15€	**20€**	23€	26€	[m²]	⏱ 0,40 h/m²	334.000.169
16€	17€	**24€**	27€	31€			

LB 334 Maler- und Lackierarbeiten - Beschichtungen

Kosten: Stand 3.Quartal 2015 Bundesdurchschnitt

▶ min
▷ von
ø Mittel
◁ bis
◀ max

Nr.	Kurztext / Stichworte					[Einheit]	Ausf.-Dauer	Kostengruppe Positionsnummer
▶	▷	ø netto €	◁	◀				
▶	▷	ø brutto €	◁	◀				

50 Beschichtung, Kunstharz, Holzfußleisten innen — KG 335
Beschichtung Holzfußleisten; Kunstharz; Grund-, Zwischen- und Schlussbeschichtung; innen; inkl. Löcher schließen, abschleifen, reinigen

| 3€ | 3€ | **4€** | 5€ | 5€ | [m] | ⏱ 0,10 h/m | 334.000.170 |
| 3€ | 4€ | **5€** | 6€ | 6€ | | | |

51 Beschichtung, Kunstharz, Geländer, Holz, innen — KG 335
Beschichtung Holztreppengeländer; Kunstharz; Stababstand 15cm, Durchmesser 30mm; Grund-, Zwischen- und Schlussbeschichtung; innen; inkl. loser Teile entfernen, spachteln, schleifen, reinigen

| 16€ | 18€ | **25€** | 28€ | 32€ | [m²] | ⏱ 0,45 h/m² | 334.000.171 |
| 19€ | 22€ | **29€** | 33€ | 38€ | | | |

52 Beschichtung, Kunstharz, Handlauf, Holz, innen — KG 335
Beschichtung Holzhandlauf; Kunstharz; Grund- und Schlussbeschichtung; innen; inkl. loser Teile entfernen, spachteln, schleifen, reinigen

| 5€ | 7€ | **9€** | 10€ | 12€ | [m] | ⏱ 0,20 h/m | 334.000.172 |
| 6€ | 8€ | **10€** | 12€ | 14€ | | | |

53 Beschichtung, Kunstharz, Stahl, innen — KG 335
Überholungsbeschichtung deckend, Stahlkonstruktion; Kunstharz; Grund-, Zwischen- und Schlussbeschichtung; innen; inkl. anschleifen, reinigen

| 10€ | 12€ | **16€** | 18€ | 20€ | [m²] | ⏱ 0,34 h/m² | 334.000.173 |
| 12€ | 14€ | **19€** | 21€ | 24€ | | | |

54 Beschichtung, Kunstharz, Geländer innen — KG 335
Überholungsbeschichtung Stahlgeländer; Kunstharz; Grund-, Zwischen- und Schlussbeschichtung; innen; inkl. anschleifen, reinigen

| 23€ | 26€ | **35€** | 39€ | 44€ | [m²] | ⏱ 0,70 h/m² | 334.000.174 |
| 27€ | 30€ | **41€** | 47€ | 52€ | | | |

55 Beschichtung, Kunstharz, Stahlzarge innen — KG 335
Überholungsbeschichtung Stahlzarge; Kunstharz; Grund-, Zwischen- und Schlussbeschichtung; innen; inkl. anschleifen, reinigen

| 9€ | 11€ | **14€** | 16€ | 19€ | [m] | ⏱ 0,32 h/m | 334.000.175 |
| 10€ | 12€ | **17€** | 19€ | 22€ | | | |

56 Beschichtung, Kunstharz, Stahltürelement — KG 335
Überholungsbeschichtung Stahltürblatt, Zarge; Kunstharz; Fläche bis 5,00m²; Grund-, Zwischen- und Schlussbeschichtung; innen; inkl. anschleifen, reinigen

| 41€ | 46€ | **62€** | 71€ | 79€ | [St] | ⏱ 0,95 h/St | 334.000.176 |
| 49€ | 55€ | **74€** | 84€ | 94€ | | | |

Nr.	**Kurztext** / Stichworte							Kostengruppe
▶	▷	**ø netto €**	◁	◀		[Einheit]	Ausf.-Dauer	Positionsnummer
▶	▷	**ø brutto €**	◁	◀				

57 — Beschichtung, Kunstharz, Metall beschichtet, innen — KG 335

Überholungsbeschichtung, Metallkonstruktion, pulverbeschichtet; Kunstharz, glänzend, weiß; innen; inkl. anschleifen, reinigen

11€	12€	**16€**	18€	20€	[m²]	⌛ 0,34 h/m²	334.000.177
13€	14€	**19€**	22€	24€			

58 — Beschichtung, rissüberbrückend — KG 395

Beschichtung, rissüberbrückend; organisch; Rissbreite +/-0,1mm; Grund-, Zwischen- und Schlussbeschichtung; Außenwandputz

11€	12€	**17€**	19€	21€	[m²]	⌛ 0,32 h/m²	334.000.178
13€	15€	**20€**	23€	25€			

59 — Grundierung, Riss — KG 395

Riss grundieren; Grundieranstrich, wasserabweisend; Außenwandputz

3€	3€	**5€**	5€	6€	[m]	⌛ 0,12 h/m	334.000.179
3€	4€	**5€**	6€	7€			

60 — Rissfüllung, Verschlämmen — KG 395

Riss vorbereiten; Streichfüller; Außenwandputz

4€	5€	**7€**	8€	9€	[m]	⌛ 0,12 h/m	334.000.180
5€	6€	**8€**	10€	11€			

61 — Beschichtung, rissüberbrückend, Gewebe — KG 395

Beschichtung, rissüberbrückend; organisch, Gewebe; Grund-, Schluss- und Zwischenbeschichtung; Außenwandputz

11€	13€	**18€**	20€	24€	[m²]	⌛ 0,45 h/m²	334.000.181
13€	16€	**21€**	24€	28€			

62 — Beschichtung, rissfüllend, Putz — KG 395

Beschichtung, rissfüllend; Grund-, Schluss- und Zwischenbeschichtung; Außenwandputz

9€	10€	**14€**	16€	18€	[m²]	⌛ 0,35 h/m²	334.000.182
10€	12€	**16€**	19€	22€			

63 — Oberputz, mineralisch, modifiziert — KG 395

Oberputz; kunststoffmodifiziert; Außenwandputz; inkl. Grundierung

12€	14€	**19€**	22€	26€	[m²]	⌛ 0,35 h/m²	334.000.183
14€	17€	**23€**	26€	31€			

64 — Oberputz, mineralisch, modifiziert, Gewebe — KG 395

Oberputz; kunststoffmodifiziert; inkl. gewebearmierte Spachtelung, Grundierung

16€	19€	**25€**	29€	33€	[m²]	⌛ 0,40 h/m²	334.000.184
18€	22€	**30€**	34€	39€			

LB 336 Bodenbelagarbeiten

Kosten: Stand 3.Quartal 2015 Bundesdurchschnitt

Nr.	Kurztext / Stichworte	min	von	ø netto €	bis	max	[Einheit]	Ausf.-Dauer	Positionsnummer
				ø brutto €					Kostengruppe

1 Sockelleiste entfernen — KG 394
Sockelleiste entfernen; Bauschutt entsorgen

0,6€	1,1€	**1,6€**	1,9€	2,5€	[m]	⏱ 0,04 h/m	336.000.052
0,7€	1,3€	**1,9€**	2,3€	2,9€			

2 Bodenbelag entfernen, verklebt — KG 394
Bodenbelag, verklebt, entfernen; PVC/Linoleum/Teppichboden/ ....., inkl. Sockelleiste; inkl. reinigen von Kleberesten; Bauschutt entsorgen

3€	4€	**6€**	7€	9€	[m²]	⏱ 0,13 h/m²	336.000.053
3€	5€	**7€**	9€	11€			

3 PVC-Fliesen entfernen, verklebt — KG 394
Fliesenbelag, verklebt, entfernen; PVC, inkl. Sockelleiste; inkl. reinigen von Kleberesten; Bauschutt entsorgen

–	11€	**17€**	20€	–	[m²]	⏱ 0,17 h/m²	336.000.054
–	14€	**20€**	24€	–			

4 Laminatboden entfernen — KG 394
Bodenbelag entfernen; Laminat, inkl. Sockelleiste; Bauschutt entsorgen

–	6€	**8€**	10€	–	[m²]	⏱ 0,15 h/m²	336.000.055
–	7€	**10€**	12€	–			

5 Treppenbelag entfernen, verklebt — KG 394
Treppenbelag, verklebt, entfernen; PVC/Linoleum/Teppichboden/ ....., inkl. Sockelleiste; inkl. reinigen von Kleberesten; Bauschutt entsorgen

–	4€	**7€**	8€	–	[St]	⏱ 0,11 h/St	336.000.056
–	5€	**8€**	9€	–			

6 Bodenbelag entfernen — KG 394
Bodenbelag, lose verlegt, entfernen; Teppichboden; Bauschutt entsorgen

2€	3€	**5€**	6€	9€	[m²]	⏱ 0,08 h/m²	336.000.057
3€	4€	**6€**	7€	10€			

7 Untergrund reinigen — KG 395
Untergrund reinigen; Reste von Gips/Mörtel/Farbe/Öl

0,6€	1,0€	**1,5€**	1,8€	2,5€	[m²]	⏱ 0,04 h/m²	336.000.058
0,7€	1,2€	**1,8€**	2,2€	2,9€			

8 Klebereste entfernen — KG 395
Klebereste entfernen; Boden, mineralisch

–	1€	**1€**	1€	–	[m²]	⏱ 0,04 h/m²	336.000.059
–	1€	**1€**	2€	–			

Legende: ▶ min, ▷ von, ø Mittel, ◁ bis, ◀ max

© BKI Baukosteninformationszentrum — Kostenstand: 3.Quartal 2015, Bundesdurchschnitt

Nr.	Kurztext / Stichworte				[Einheit]	Ausf.-Dauer	Kostengruppe Positionsnummer
▶	▷	ø netto €	◁	◀			
▶	▷	ø brutto €	◁	◀			

9 Untergrund schleifen — KG 395
Untergrund anschleifen; absaugen; Abfall entsorgen

0,8 €	1,7 €	**2,5 €**	3,0 €	4,2 €	[m²]	⏱ 0,06 h/m²	336.000.060
0,9 €	2,0 €	**3,0 €**	3,6 €	5,0 €			

10 Untergrund grundieren — KG 395
Untergrund grundieren; vorbereiten; Bodenbelag

1,0 €	1,6 €	**2,3 €**	2,8 €	4,0 €	[m²]	⏱ 0,03 h/m²	336.000.061
1 €	2 €	**3 €**	3 €	5 €			

11 Untergrund spachteln — KG 395
Untergrund spachteln; Dicke bis 2mm; vorbereiten; Bodenbelag

–	3 €	**4 €**	5 €	–	[m²]	⏱ 0,04 h/m²	336.000.063
–	3 €	**5 €**	6 €	–			

12 Spachtelung, Gewebe — KG 395
Spachtelung; Gewebe, armiert; zur Vorbereitung von Bodenbelagsarbeiten

–	4 €	**6 €**	7 €	–	[m²]	⏱ 0,04 h/m²	336.000.064
–	5 €	**7 €**	9 €	–			

13 Ausgleichsspachtelung, bis 10mm — KG 395
Spachtelung; Dicke 5-10mm; nivellieren; Estrich; inkl. Estrich reinigen

1 €	3 €	**4 €**	5 €	8 €	[m²]	⏱ 0,10 h/m²	336.000.065
1 €	3 €	**4 €**	6 €	10 €			

14 Haftgrund, Bodenbelag — KG 352
Voranstrich / Haftgrund; vorbereiten; Bodenbelag; inkl. Bodenflächen reinigen

0,6 €	1,2 €	**1,4 €**	2,0 €	3,5 €	[m²]	⏱ 0,03 h/m²	336.000.066
0,7 €	1,4 €	**1,7 €**	2,4 €	4,1 €			

15 Boden kugelstrahlen — KG 352
Boden kugelstrahlen; verschmutzter Untergrund; Abtragsdicke 5mm; vorbereiten; Zementestrich; inkl. absaugen

3 €	4 €	**4 €**	4 €	6 €	[m²]	⏱ 0,03 h/m²	336.000.067
3 €	4 €	**5 €**	5 €	7 €			

16 Randstreifen abschneiden — KG 352
Randstreifen abschneiden; Rippenpappe/Mineralwolle/Polystyrol; abschneiden; Abfall entsorgen

0,1 €	0,4 €	**0,5 €**	1,1 €	2,3 €	[m]	⏱ 0,01 h/m	336.000.068
0,1 €	0,5 €	**0,6 €**	1,3 €	2,7 €			

© BKI Baukosteninformationszentrum   Kostenstand: 3.Quartal 2015, Bundesdurchschnitt

LB 336 Bodenbelagarbeiten

Nr.	Kurztext / Stichworte	▶ ø netto € ◁ ◀	[Einheit]	Ausf.-Dauer	Kostengruppe Positionsnummer
		▶ ▷ ø brutto € ◁ ◀			

Kosten:
Stand 3.Quartal 2015
Bundesdurchschnitt

17 Textiler Oberbelag, Kunstfaser/Nadelvlies — KG 352
Textilbelag; Nadelvlies, feinfasrig meliert, B1; Dicke 6mm; geklebt

| 17€ | 24€ | **26€** | 36€ | 53€ | [m²] | ⏱ 0,18 h/m² | 336.000.015 |
| 21€ | 28€ | **31€** | 42€ | 64€ | | | |

18 Textiler Oberbelag, Kunstfaser/Velour/Boucle — KG 352
Textilbelag; Velours, vollsynthetisch, B1; Dicke 4mm; geklebt

| 20€ | 36€ | **38€** | 47€ | 64€ | [m²] | ⏱ 0,18 h/m² | 336.000.017 |
| 24€ | 42€ | **46€** | 56€ | 76€ | | | |

19 Korkunterlage, Linoleum — KG 352
Dämmunterlage für Linoleumbelag; Kork; Dicke 2mm; verklebt

| 10€ | 14€ | **16€** | 17€ | 20€ | [m²] | ⏱ 0,12 h/m² | 336.000.019 |
| 12€ | 17€ | **19€** | 20€ | 24€ | | | |

20 Linoleumbelag, bis 2,5mm — KG 352
Bodenbelag; Linoleumbahn; Dicke 2,5mm; verlegen, verkleben

| 18€ | 25€ | **27€** | 29€ | 35€ | [m²] | ⏱ 0,17 h/m² | 336.000.020 |
| 22€ | 29€ | **33€** | 35€ | 42€ | | | |

21 Linoleumbelag, über 2,5mm — KG 352
Bodenbelag; Linoleumbahn; Dicke 3,2/4,0mm; verlegen, verkleben

| 19€ | 26€ | **28€** | 31€ | 40€ | [m²] | ⏱ 0,17 h/m² | 336.000.021 |
| 23€ | 31€ | **33€** | 37€ | 47€ | | | |

22 Linoleumbelag verschweißen — KG 352
Linoleumbahn verschweißen; Schweißschnur; Dicke 4mm; inkl. fräsen

| 0,1€ | 1,3€ | **1,8€** | 2,3€ | 3,2€ | [m²] | ⏱ 0,02 h/m² | 336.000.022 |
| 0,1€ | 1,5€ | **2,1€** | 2,7€ | 3,7€ | | | |

23 Bodenbelag, PVC — KG 352
Bodenbelag; PVC, gewerblich geeignet; Dicke 3mm; verlegen, verkleben

| 14€ | 25€ | **30€** | 34€ | 48€ | [m²] | ⏱ 0,17 h/m² | 336.000.023 |
| 17€ | 30€ | **36€** | 41€ | 57€ | | | |

24 PVC-Bahnen verschweißen — KG 352
PVC-Belag verschweißen; Schweißschnur; Dicke 4mm; fräsen, thermisch verschweißen

| 1€ | 1€ | **2€** | 2€ | 2€ | [m²] | ⏱ 0,03 h/m² | 336.000.024 |
| 1€ | 2€ | **2€** | 2€ | 2€ | | | |

▶ min
▷ von
ø Mittel
◁ bis
◀ max

Nr.	Kurztext / Stichworte					[Einheit]	Ausf.-Dauer	Kostengruppe Positionsnummer
▶	▷	ø netto €	◁	◀				
▶	▷	ø brutto €	◁	◀				

25 Bodenbelag, Kautschukplatten KG 352
Bodenbelag; Kautschuk, mit/ohne Noppen; Dicke 4-10mm; verlegen, verkleben

27 €	38 €	**42 €**	49 €	76 €	[m²]	⏱ 0,20 h/m²	336.000.025
32 €	45 €	**50 €**	58 €	90 €			

26 Bodenbelag, Laminat KG 352
Bodenbelag; Laminat, beansprucht; schwimmend verlegt; Stuhlrollengeeignet, Zigarettenglutbeständig

21 €	32 €	**33 €**	37 €	48 €	[m²]	⏱ 0,30 h/m²	336.000.047
25 €	38 €	**40 €**	44 €	57 €			

27 Treppenstufe, Elastischer Bodenbelag KG 352
Stufenbelag; elastisch; Stg: 17,5x28,0cm; verlegen, verkleben; inkl. Kantenschutzprofil

16 €	28 €	**32 €**	32 €	61 €	[St]	⏱ 0,35 h/St	336.000.027
20 €	34 €	**38 €**	38 €	73 €			

28 Treppenstufe, Textiler Belag KG 352
Stufenbelag; textil; Stg: 17,5x28,0cm; verlegen, verkleben; inkl. Kantenschutzprofil

16 €	26 €	**31 €**	35 €	47 €	[St]	⏱ 0,35 h/St	336.000.028
19 €	31 €	**37 €**	41 €	57 €			

29 Treppenkantenprofil, Kunststoff KG 352
Treppenkantenprofil; Kunststoff; Schenkellänge bis 45mm; verlegen, verkleben; Stufenkante

6 €	11 €	**14 €**	16 €	23 €	[m]	⏱ 0,15 h/m	336.000.029
8 €	13 €	**16 €**	19 €	27 €			

30 Trennprofil, Metall KG 352
Trennprofil; Edelstahl/Aluminium; Höhe 3mm; Profilschiene

6 €	9 €	**11 €**	13 €	19 €	[m]	⏱ 0,15 h/m	336.000.032
7 €	11 €	**13 €**	15 €	23 €			

31 Übergangsprofil, Metall KG 352
Übergangsprofil; Edelstahl/Aluminium, gebürstet; leicht gerundet; Belagwechsel

4 €	7 €	**9 €**	10 €	13 €	[m]	⏱ 0,15 h/m	336.000.048
5 €	9 €	**11 €**	12 €	15 €			

32 Verfugung, elastisch, Silikon KG 352
Verfugung, elastisch; Silikon-Dichtstoff; inkl. erf. Flankenvorbehandlung

1 €	3 €	**4 €**	4 €	7 €	[m]	⏱ 0,04 h/m	336.000.034
2 €	3 €	**4 €**	5 €	8 €			

LB 336 Bodenbelagarbeiten

	Nr.	Kurztext / Stichworte					Kostengruppe
▶	▷	ø netto €	◁	◀	[Einheit]	Ausf.-Dauer	Positionsnummer
▶	▷	ø brutto €	◁	◀			

33 Sockelausbildung, Holzleisten — KG 352
Sockelleiste; Eiche, stoßfest, farblos lackiert; 60x16mm; Profilleisten; inkl. Senkkopfschrauben

7€	10€	**11€**	18€	34€	[m]	⏱ 0,08 h/m	336.000.035
8€	12€	**13€**	21€	41€			

34 Sockelausbildung, PVC-Leisten, Belag — KG 352
Sockelleiste für textilen Belag; PVC-Profil, Nadelvlies/Velours/Boucle; Profilleisten; inkl. Senkkopfschrauben

2€	3€	**4€**	5€	7€	[m]	⏱ 0,04 h/m	336.000.036
2€	4€	**5€**	6€	9€			

35 Sockelausbildung, PVC-Leisten, weich — KG 352
Sockelleiste; PVC; Höhe 60mm; verschweißt, geschraubt

2€	4€	**4€**	6€	10€	[m]	⏱ 0,04 h/m	336.000.038
2€	4€	**5€**	7€	12€			

36 Sockelausbildung, Linoleum — KG 352
Sockelleiste; Linoleum; Höhe 60mm; verschweißt, geschraubt

4€	7€	**8€**	12€	19€	[m]	⏱ 0,08 h/m	336.000.039
4€	8€	**10€**	14€	23€			

37 Erstpflege PVC/Lino/Kautschuk — KG 325
Erstpflege PVC/Lino/Kautschuk; Pflegemittel

0,5€	1,0€	**1,2€**	1,7€	2,6€	[m²]	⏱ 0,02 h/m²	336.000.040
0,6€	1,2€	**1,5€**	2,0€	3,1€			

38 Stundensatz Bodenleger-Facharbeiter
Stundenlohnarbeiten Vorarbeiter, Facharbeiter; Bodenlegerarbeiten

31€	39€	**43€**	46€	55€	[h]	⏱ 1,00 h/h	336.000.050
36€	47€	**51€**	55€	66€			

39 Stundensatz Bodenleger-Helfer
Stundenlohnarbeiten Werker, Helfer; Bodenlegerarbeiten

21€	30€	**36€**	40€	46€	[h]	⏱ 1,00 h/h	336.000.051
25€	36€	**43€**	48€	54€			

Kosten: Stand 3.Quartal 2015 Bundesdurchschnitt

▶ min
▷ von
ø Mittel
◁ bis
◀ max

Positionen Altbau | Positionen Neubau | 3. Ebene | Objekte

LB 337
Tapezierarbeiten

337

Kosten:
Stand 3.Quartal 2015
Bundesdurchschnitt

▶ min
▷ von
ø Mittel
◁ bis
◀ max

Nr.	Kurztext / Stichworte				[Einheit]	Ausf.-Dauer	Kostengruppe Positionsnummer
▶ ▶	▷ ▷	ø netto € ø brutto €	◁ ◁	◀ ◀			

1	**Tapete, 1-lagig, entfernen**						KG **394**
Tapete; 1-lagig; Wand/Decke; entfernen/entsorgen							
1€	1€	**2€**	2€	3€	[m²]	⏱ 0,06 h/m²	337.000.035
1€	2€	**2€**	3€	4€			

2	**Tapete beschichtet, 1-lagig, entfernen**						KG **394**
Tapete; beschichtet; 1-lagig; Wand/Decke; entfernen/entsorgen							
1€	2€	**2€**	2€	4€	[m²]	⏱ 0,07 h/m²	337.000.036
1€	2€	**2€**	3€	4€			

3	**Tapete, mehrlagig, entfernen**						KG **394**
Tapete; mehrlagig; Wand/Decke; entfernen/entsorgen							
1€	2€	**2€**	3€	4€	[m²]	⏱ 0,10 h/m²	337.000.037
2€	2€	**3€**	4€	5€			

4	**Schutzabdeckung, Inneneinrichtung**						KG **397**
Abdeckarbeiten; Textil/Folie; staubdicht abkleben; Inneneinrichtung							
0,5€	1,1€	**1,3€**	1,4€	1,8€	[m²]	⏱ 0,05 h/m²	337.000.013
0,6€	1,3€	**1,5€**	1,6€	2,1€			

5	**Schutzabdeckung, Boden, Folie / Schutzvlies**						KG **397**
Bodenflächen abdecken; Folie, reißfest / Schutzvlies; staubdicht abkleben							
0,8€	1,4€	**1,5€**	2,1€	3,0€	[m²]	⏱ 0,04 h/m²	337.000.030
1,0€	1,6€	**1,7€**	2,5€	3,5€			

6	**Schutzabdeckung, Boden, Pappe**						KG **397**
Bodenflächen abdecken; Pappe / Karton; staubdicht abkleben							
2€	2€	**2€**	2€	3€	[m²]	⏱ 0,04 h/m²	337.000.031
2€	2€	**2€**	3€	3€			

7	**Spachtelung/Armiervlies, Putz**						KG **345**
Untergrundvorbereitung; Armiervlies, Spachtelung; Putzflächen; Innenwand/Decke							
3€	4€	**5€**	6€	7€	[m²]	⏱ 0,12 h/m²	337.000.020
4€	5€	**6€**	7€	8€			

8	**Putzuntergrund vorbehandeln, spachteln/grundieren**						KG **345**
Spachtelung, Grundierung; für Tapezierarbeiten; Wand/Decke, Untergrund: Putz/Gipskarton							
0,5€	1,1€	**1,5€**	2,2€	3,6€	[m²]	⏱ 0,06 h/m²	337.000.001
0,6€	1,3€	**1,8€**	2,6€	4,3€			

© **BKI** Baukosteninformationszentrum

Nr.	Kurztext / Stichworte				[Einheit]	Ausf.-Dauer	Kostengruppe Positionsnummer
▶	▷	ø netto €	◁	◀			
▶	▷	ø brutto €	◁	◀			

9 Gipskartonflächen vorbehandeln, spachteln/grundieren — KG 345
Wand-/Deckenfläche vorbehandeln; Gipsplattenflächen; spachteln, schleifen; für Tapezierung

0,6€	0,9€	**0,9€**	1,1€	1,4€	[m²]	⏱ 0,02 h/m²	337.000.033
0,7€	1,0€	**1,1€**	1,2€	1,6€			

10 Untergrund vorbehandeln, teilspachteln/schleifen — KG 345
Spachtelung; Teilflächen spachteln, schleifen; Wand/Decke, Untergrund: Putz, Gipskarton

1€	2€	**2€**	3€	4€	[m²]	⏱ 0,06 h/m²	337.000.019
1€	2€	**3€**	3€	4€			

11 Raufasertapete, Wand — KG 345
Tapezieren; Raufasertapete, Körnung; auf Stoß; Wände

3€	4€	**5€**	6€	10€	[m²]	⏱ 0,12 h/m²	337.000.003
3€	5€	**5€**	7€	11€			

12 Raufasertapete, Decke — KG 353
Tapezieren; Raufasertapete, Körnung; auf Stoß; Decke

3€	5€	**5€**	7€	11€	[m²]	⏱ 0,15 h/m²	337.000.004
3€	5€	**6€**	9€	14€			

13 Raufaser, Dispersionsbeschichtung — KG 345
Tapezieren, Beschichtung; Raufasertapete, Dispersionsfarbe; auf Stoß, inkl. Grundierung; Wand/Decke

5€	6€	**7€**	8€	13€	[m²]	⏱ 0,24 h/m²	337.000.006
5€	7€	**8€**	10€	15€			

14 Glasfasergewebe, Wand/Decke — KG 345
Tapezieren; Glasfasertapete; auf Stoß; Wand, Decke

5€	7€	**7€**	8€	9€	[m²]	⏱ 0,14 h/m²	337.000.007
5€	8€	**9€**	10€	11€			

15 Glasfasergewebe, Dispersionsbeschichtung — KG 345
Tapezieren, Beschichtung; Glasfasertapete, Dispersionsfarbe; Struktur fein/grob; auf Stoß, inkl. Grundierung; Wand/Decke

8€	11€	**11€**	15€	19€	[m²]	⏱ 0,20 h/m²	337.000.009
9€	13€	**14€**	18€	23€			

16 Tapezieren, Kleinflächen — KG 345
Tapezieren von Kleinflächen; bis 2,50m²; Nischenrückflächen, Pfeiler, Stützen, Lisenen

0,3€	1,0€	**1,2€**	1,5€	2,0€	[m]	⏱ 0,05 h/m	337.000.010
0,4€	1,1€	**1,4€**	1,7€	2,4€			

LB 339 Trockenbauarbeiten

Kosten:
Stand 3.Quartal 2015
Bundesdurchschnitt

Legende:
- ▶ min
- ▷ von
- ø Mittel
- ◁ bis
- ◀ max

Nr. ▶ ▶	Kurztext / Stichworte ▷ ▷	ø netto € ø brutto €	◁ ◁	◀ ◀	[Einheit]	Ausf.-Dauer	Kostengruppe Positionsnummer
1	**Montagewand abbrechen, GK**						KG **394**
	Montagewand abbrechen; Metallständer, beidseitig mit GK-Platten beplankt; Bauschutt entsorgen						
	9€ / 10€	10€ / 12€	**16€** / **19€**	19€ / 23€	25€ / 30€	[m²]	0,25 h/m²	339.000.088
2	**Deckenkleidung abbrechen, GK**						KG **394**
	Deckenbekleidung abbrechen; Gipskartonplatten, einlagig; Bekleidungsdicke 12,5mm; inkl. Unterkonstruktion; Bauschutt entsorgen						
	7€ / 9€	10€ / 12€	**15€** / **18€**	18€ / 22€	21€ / 25€	[m²]	0,28 h/m²	339.000.089
3	**Unterdecke abbrechen, GK**						KG **394**
	Unterdecke, abgehängt, abbrechen; Gipskartonplatten auf Metallprofilen; Bauschutt entsorgen						
	6€ / 8€	8€ / 10€	**12€** / **15€**	15€ / 17€	19€ / 22€	[m²]	0,28 h/m²	339.000.090
4	**Verkofferung abbrechen, GK**						KG **394**
	Verkofferung von Rohrleitungen abbrechen; Gipskartonplatte; inkl. Unterkonstruktion; Bauschutt entsorgen						
	9€ / 11€	11€ / 13€	**17€** / **20€**	20€ / 24€	24€ / 28€	[m²]	0,30 h/m²	339.000.091
5	**Zwischensparrendämmung, MW 035, 100mm**						KG **363**
	Zwischensparrendämmung DZ; Mineralwolle WLG 035, A1; Dicke 100mm; einlagig, nachträglich von innen						
	9€ / 11€	10€ / 12€	**15€** / **18€**	18€ / 22€	20€ / 24€	[m²]	0,20 h/m²	339.000.092
6	**Zwischensparrendämmung, MW 035, 140mm**						KG **363**
	Zwischensparrendämmung DZ; Mineralwolle WLG 035, A1; Dicke 140mm; einlagig, nachträglich von innen						
	11€ / 14€	13€ / 16€	**19€** / **23€**	23€ / 28€	26€ / 31€	[m²]	0,22 h/m²	339.000.094
7	**Zwischensparrendämmung, MW 032, 100mm**						KG **363**
	Zwischensparrendämmung DZ; Mineralwolle WLS 032, A1; Dicke 100mm; einlagig, nachträglich von innen						
	10€ / 12€	12€ / 14€	**17€** / **21€**	21€ / 25€	23€ / 28€	[m²]	0,20 h/m²	339.000.095
8	**Zwischensparrendämmung, MW 032, 140mm**						KG **363**
	Zwischensparrendämmung DZ; Mineralwolle WLS 032, A1; Dicke 140mm; einlagig, nachträglich von innen						
	13€ / 16€	15€ / 18€	**23€** / **27€**	27€ / 32€	30€ / 36€	[m²]	0,22 h/m²	339.000.097

© BKI Baukosteninformationszentrum

Nr.	Kurztext / Stichworte							Kostengruppe
▶	▷	ø netto €	◁	◀		[Einheit]	Ausf.-Dauer	Positionsnummer
▶	▷	ø brutto €	◁	◀				

9 Decke, abgehängt, GK, einlagig — KG 353
Decke abgehängt; GK-Platten, inkl. Metallunterkonstruktion; Plattendicke 12,5mm; einlagig, verspachteln, schleifen; Stahlbetondecke

26€	34€	**37€**	42€	55€	[m²]	⏱ 0,52 h/m²	339.000.005
31€	40€	**45€**	50€	65€			

10 Decke, abgehängt, GK, doppellagig — KG 353
Decke, abgehängt; GK-Platten, doppellagig, inkl. Unterkonstruktion; Dicke 2x12,5mm; zweilagig, spachteln, schleifen; Stahlbetondecke

29€	37€	**41€**	46€	57€	[m²]	⏱ 0,60 h/m²	339.000.006
35€	44€	**49€**	55€	68€			

11 Montagewand, Holz, 100mm, GK einlagig, MW — KG 342
Montagewand; Holz, GK-Platte, Mineralwolle; Dicke 100mm, GF-Platten 12,5mm, MW 40mm; beidseitig beplankt; inkl. verspachteln, schleifen

47€	53€	**57€**	57€	60€	[m²]	⏱ 0,50 h/m²	339.000.078
56€	64€	**68€**	68€	72€			

12 Montagewand, Metall, 100mm, GK einlagig, MW — KG 342
Montagewand; Stahlblech-Profil, GK-Platte, Mineralwolle WLG 040; Dicke 100mm, GK-Platte 12,5mm, MW 40mm; beidseitig beplankt; inkl. verspachteln, schleifen

38€	47€	**50€**	56€	68€	[m²]	⏱ 0,50 h/m²	339.000.014
45€	55€	**60€**	66€	81€			

13 Montagewand, Metall, 125mm, GK zweilagig, MW, EI 30 — KG 342
Montagewand, EI 30; Stahlblech-Profil, GK-Platte, Mineralwolle WLG 040; Dicke 125mm, GK-Platte 12,5mm, MW 60mm; beidseitig doppelt beplankt; inkl. verspachteln, schleifen

37€	49€	**54€**	65€	103€	[m²]	⏱ 0,65 h/m²	339.000.016
43€	59€	**64€**	78€	122€			

14 Montagewand, Metall, 150mm, GK zweilagig, MW, EI 30 — KG 342
Montagewand, EI 30; Stahlblech-Profil, GK-Platten, Mineralwolle WLG 040; Dicke 150mm, GK-Platte 12,5mm, MW 40mm; beidseitig doppelt beplankt; inkl. verspachteln, schleifen

40€	49€	**53€**	63€	84€	[m²]	⏱ 0,65 h/m²	339.000.017
47€	59€	**63€**	75€	100€			

15 Montagewand, Metall, 100mm, GKF zweilagig, MW, EI 90 — KG 342
Montagewand, EI 90; Stahlblech-Profil, GKF-Platten, Mineralwolle WLG 040; Dicke 100mm, GKF-Platte 12,5mm, MW 50mm; beidseitig doppelt beplankt; inkl. verspachteln, schleifen

35€	52€	**58€**	69€	102€	[m²]	⏱ 0,65 h/m²	339.000.018
42€	62€	**69€**	82€	122€			

© BKI Baukosteninformationszentrum — Kostenstand: 3.Quartal 2015, Bundesdurchschnitt

LB 339 Trockenbauarbeiten

Kosten: Stand 3.Quartal 2015 Bundesdurchschnitt

Legend:
- ▶ min
- ▷ von
- ø Mittel
- ◁ bis
- ◀ max

Nr.	Kurztext / Stichworte	▶ ø netto € ▷	ø brutto €	◁	◀	[Einheit]	Ausf.-Dauer	Kostengruppe Positionsnummer

16 Montagewand, Metall, 200mm, GKF zweilagig, Ständerwerk doppelt, EI 90 KG 342
Montagewand, EI 90; Stahlblech-Profil, GKF-Platte, Mineralwolle WLG 040; Dicke 200mm, GKF-Platte 12,5mm, MW 40mm; doppeltes Ständerwerk, beidseitig doppelt beplankt; inkl. verspachteln, schleifen

| 31€ | 53€ | **64€** | 70€ | 84€ | [m²] | ⏱ 1,00 h/m² | 339.000.019 |
| 37€ | 63€ | **76€** | 83€ | 100€ | | | |

17 Montagewand, Metall, 125mm, GKF einlagig, Ständerwerk doppelt, MW, EI 30 KG 342
Montagewand; Stahlblech-Profil, GKF-Platte, Mineralwolle WLG 040; Dicke 125mm, GKF-Platten 12,5mm, MW 80mm; beidseitig, einlagig beplankt; inkl. verspachteln, schleifen

| 54€ | 74€ | **80€** | 87€ | 107€ | [m²] | ⏱ 0,90 h/m² | 339.000.015 |
| 65€ | 88€ | **95€** | 104€ | 127€ | | | |

18 Innenwand, Gipsbauplatte KG 342
Innenwand, nichttragend; GK-Platten; Dicke 80-100mm; Q2, für Putzauftrag

| 37€ | 47€ | **50€** | 52€ | 58€ | [m²] | ⏱ 0,60 h/m² | 339.000.079 |
| 44€ | 56€ | **60€** | 62€ | 69€ | | | |

19 Anschluss, Montagewand, Dach-/Wandschräge KG 342
Randanschluss, Montagewand; GK-Platten; Plattendicke 12,5mm; beidseitig einfach/doppelt beplankt

| 2€ | 6€ | **7€** | 9€ | 12€ | [m] | ⏱ 0,20 h/m | 339.000.070 |
| 2€ | 7€ | **8€** | 10€ | 14€ | | | |

20 Anschluss, Montagewand, gleitend KG 342
Wandanschluss, gleitend; bis 20mm; Montagewand; inkl. aller notwendiger Profilschienen

| 5€ | 11€ | **14€** | 22€ | 40€ | [m] | ⏱ 0,30 h/m | 339.000.026 |
| 6€ | 13€ | **17€** | 26€ | 47€ | | | |

21 Ecken, Kantenprofil, Montagewand KG 342
Eckausbildung; Eck-/Kantenprofil; rechtwinklig; Montagewand

| 3€ | 6€ | **8€** | 10€ | 19€ | [m] | ⏱ 0,18 h/m | 339.000.053 |
| 4€ | 8€ | **9€** | 12€ | 22€ | | | |

22 Türöffnung, Montagewand KG 342
Türöffnung herstellen; Ständerwand, GK-Platten; bxh=750x200mm/1000x2125mm,; Montagewand; inkl. Türpfostenwinkelprofile

| 24€ | 42€ | **48€** | 60€ | 97€ | [St] | ⏱ 0,50 h/St | 339.000.020 |
| 28€ | 50€ | **57€** | 72€ | 116€ | | | |

23 Fensteröffnung, Montagewand KG 342
Fensteröffnung herstellen; GK-Platten; bxh=750x2000mm/1000x2125mm, Dicke 75-150mm; Montagewand; inkl. Spezialprofile

| 21€ | 42€ | **50€** | 57€ | 69€ | [St] | ⏱ 0,50 h/St | 339.000.072 |
| 25€ | 50€ | **60€** | 67€ | 82€ | | | |

© BKI Baukosteninformationszentrum

Nr.	Kurztext / Stichworte				[Einheit]	Ausf.-Dauer	Kostengruppe Positionsnummer
▶	▷	ø netto €	◁	◀			
▶	▷	ø brutto €	◁	◀			

24	Vorsatzschale, GK/GF, Feuchträume						KG **345**

Vorsatzschale; Stahlblech-Profile, GK-/GF-Platten; Höhe 2,75m, Dicke 62,5/75/87,5/112,5mm, Plattendicke 12,5mm, Dämmung 20-60mm; freistehend, einseitig ein-/zweilagig beplankt; Nassbereich; inkl. verspachteln, schleifen

25€	39€	**45€**	55€	79€	[m²]	⏱ 0,40 h/m²	339.000.029
30€	47€	**53€**	66€	94€			

25	Vorsatzschale, GK/GF						KG **345**

Vorsatzschale; GK-/GF-Platten, Schall-und Dämmplatten, WLG 040; Plattendicke 12,5mm; einseitig ein-/zweilagig beplankt; frei gespannt zwischen Stb-Decke und Boden; inkl. verspachteln, schleifen

25€	37€	**43€**	58€	93€	[m²]	⏱ 0,45 h/m²	339.000.030
30€	45€	**52€**	69€	111€			

26	Vorsatzschale, GK/GF						KG **345**

Vorsatzschale; GK-/GF-Platten; Plattendicke 12,5mm; einseitig ein-/zweilagig beplankt; inkl. spachteln, schleifen

15€	36€	**43€**	52€	77€	[m²]	⏱ 0,40 h/m²	339.000.031
18€	43€	**51€**	62€	91€			

27	Verkofferung/Bekleidung, Rohrleitungen						KG **345**

Rohrbekleidung; Metall-/Holzunterkonstruktion, GK-7GF-Platten, Mineralwolle; Plattendicke 12,5mm; verschrauben; inkl. verspachteln, schleifen

33€	44€	**49€**	61€	77€	[m]	⏱ 0,40 h/m	339.000.032
39€	52€	**59€**	72€	92€			

28	Installationskanal, GKF-Platte, EI 30						KG **353**

Kabelkanal EI 30; Stahlblech-Profil, GKF-Platten; doppelt beplankt, 15mm; verspachtelt und geschliffen; Deckenraum

44€	55€	**60€**	67€	78€	[m]	⏱ 0,50 h/m	339.000.054
52€	65€	**71€**	80€	93€			

29	Trockenputz, GK-Verbundplatte, Dämmung						KG **345**

Innenwandbekleidung; GK-Verbundplatte mit Wärmedämmung, Mineralwolle/Polystyrol; GK-Platte 12,5mm, Dämmung 40/60/80mm; inkl. verspachteln, schleifen

22€	29€	**31€**	42€	58€	[m²]	⏱ 0,40 h/m²	339.000.033
27€	34€	**37€**	50€	69€			

30	Trockenputz, GK-Platte 12,5mm						KG **345**

Trockenputz; GK-Platte; Dicke 12,5mm,; ein-/zweilagig beplankt; Mauerwerk/Stahlbeton; inkl. verspachteln, schleifen

15€	24€	**28€**	35€	50€	[m²]	⏱ 0,35 h/m²	339.000.034
18€	28€	**34€**	41€	59€			

LB 339 Trockenbauarbeiten

Kosten: Stand 3.Quartal 2015 Bundesdurchschnitt

Legende:
- ▶ min
- ▷ von
- ø Mittel
- ◁ bis
- ◀ max

Nr.	Kurztext / Stichworte	▶ ø netto € ◁ ◀ ▶ ø brutto € ◁ ◀	[Einheit]	Ausf.-Dauer	Kostengruppe Positionsnummer

Nr.	Kurztext / Stichworte	min (netto/brutto)	von	ø Mittel	bis	max	[Einheit]	Ausf.-Dauer	KG / Positionsnummer
31	**GK-/GF-Bekleidung, einlagig, auf Unterkonstruktion** Bekleidung; GK-/GF-Platten; Dicke 12,5mm; einlagig; Wand, Decke; inkl. verspachteln, schleifen	13€ 16€	21€ 25€	**24€** **28€**	30€ 35€	41€ 49€	[m²]	0,32 h/m²	KG **364** 339.000.035
32	**GKF-Bekleidung, doppelt, EI 90, vorh. Unterkonstruktion** Bekleidung EI90; GKF-Platten; Dicke 12,5mm; zweilagig beplankt; Wand, Decke; inkl. verspachteln, schleifen	52€ 62€	68€ 81€	**74€** **88€**	95€ 113€	138€ 164€	[m²]	0,50 h/m²	KG **364** 339.000.037
33	**Fensterlaibung, GK** Fensterlaibung; GK-Platte; Dicke 12,5mm; Q2	6€ 7€	12€ 15€	**15€** **18€**	22€ 26€	35€ 42€	[m]	0,20 h/m	KG **336** 339.000.081
34	**GK-Platte imprägniert** GK-Platte; imprägniert; Dicke 12,5mm; Nassräume	0,6€ 0,7€	2,1€ 2,5€	**2,6€** **3,0€**	3,3€ 4,0€	5,0€ 6,0€	[m²]	—	KG **342** 339.000.042
35	**Trockenestrich, GF-Platten** Trockenestrich; GF Platte, Klasse A1; Dicke 18/23mm; einlagig einbauen; Beton/Holzbalkendecke/Fußbodenheizung; inkl. Ausgleichsschüttung	21€ 25€	29€ 35€	**33€** **39€**	39€ 46€	48€ 57€	[m²]	0,30 h/m²	KG **352** 339.000.043
36	**Spachtelung, GK-Platten, Qualitätserhöhung** Spachtelung zur Qualitätserhöhung; GK-Platten Q2; Q3/Q4; Wand	1€ 2€	3€ 4€	**5€** **5€**	6€ 7€	8€ 10€	[m²]	0,10 h/m²	KG **345** 339.000.061
37	**Stundensatz Facharbeiter, Trockenbau** Stundenlohnarbeiten Vorarbeiter, Facharbeiter; Trockenbau	29€ 34€	37€ 44€	**43€** **51€**	46€ 54€	52€ 62€	[h]	1,00 h/h	339.000.084
38	**Stundensatz Helfer, Trockenbau** Stundenlohnarbeiten Werker, Helfer; Trockenbau	30€ 36€	36€ 43€	**38€** **46€**	41€ 48€	45€ 54€	[h]	1,00 h/h	339.000.085

Anhang

Verzeichnis der Architektur- und Planungsbüros

Architektur- und Planungsbüros	Objektnummer
B19 ARCHITEKTEN BDA; Barchfeld-Immelborn	9700-0019
Banniza, Hermann, Öchsner und Partner, °pha design; Potsdam	6100-0932
Beuchle, Georg, Freier Architekt; Keltern	6600-0015
Dittmann, Michael, Architekturbüro; Amberg	9100-0092
ECKHARDT, FRANK, Architekt; Lübeck	6100-0962
Firmhofer + Günther Architekten; München	4400-0165
FRANKE, Architektur I Innenarchitektur; Düren 1300-0142, 3100-0011, 3100-0019, 5600-0004,	9100-0110
Friedrich, Prof. Jörg, PFP Planung GmbH	9100-0122
Gerth, Jutta, n3 architektur; Dortmund	6100-0849
Göbel Architekturbüro; Mühlhausen	4400-0178
KEGGENHOFF I PARTNER; Arnsberg-Neheim	4500-0017
Manderscheid Partnerschaft, Freie Architekten; Stuttgart	6100-1210
Maske Gehrmann Architekten; Berlin	9100-0080
Mehring, Anne, Innenarchitekturbüro; Darmstadt	6100-1197
MEYER, DAVID, architektur und design; Berlin	7200-0087
Nadler.Sperk.Reif, Architektenpartnerschaft BDA; Landshut & Bischöf. Ordinariat; Regensburg	9100-0119
naumann.architektur; Stuttgart	6600-0016
null2elf interior design; Düsseldorf	3100-0018, 9100-0109
Paprota Architektur; Würzburg	3100-0014, 3100-0015
Pauker, Bernd, Architekturbüro; Dannenberg	6400-0062
Preywisch, Anke, Raumkleid, Interior Design; Köln	6100-1206
pundt, torben, architekt; Hamburg	9100-0086
qbatur Planungsbüro GmbH; Quedlinburg	6100-0946
Richter, Udo, Freier Architekt; Heilbronn	1300-0152
Riker, Martin, archikult; Mainz	6100-1195
.rott .schirmer .partner; Großburgwedel	6100-0937
Schaugg, Diana, Schaugg Architekten; Stuttgart	6100-1105
Schleffler, Stephanie, Architekturbüro; Düsseldorf	7200-0086
Schwieger, Hansjochen, Schwieger Architekten; Göttingen	4500-0016
Steiner Weißenberger Architekten; Berlin	6600-0017
STELLWERKSTATT architekturbüro; Detmold	6100-0976
studio lot, Architektur / Innenarchitektur; München	1300-0217
+studio moeve architekten; Frankfurt am Main	7200-0079
UKW Innenarchitekten; Krefeld	9100-0121

Der Herausgeber dankt den genannten Büros für die zur Verfügung gestellten Objektdaten.

Nutzen Sie die Vorteile Ihrer Projekt-Veröffentlichung in den BKI-Produkten:
- Dokumentierte Kosten Ihres Projektes nach DIN 276
- Ausbau und Erweiterung Ihrer bürointernen Baukostendaten für Folgeprojekte
- Dokumentationsunterlagen als Referenz für Ihre Projekt-Akquise
- Aufwandsentschädigung von bis zu 700,- €
- Aufnahme Ihrer Bürodaten in die Liste der BKI Architekten und Planer
- Kostenloses Fachbuch

Weitere Informationen unter www.bki.de/bki-verguetung.html

Anhang

Regionalfaktoren

Regionalfaktoren

Diese Faktoren geben Aufschluss darüber, inwieweit die Baukosten in einer bestimmten Region Deutschlands teurer oder günstiger liegen als im Bundesdurchschnitt. Sie können dazu verwendet werden, die BKI Baukosten an das besondere Baupreisniveau einer Region anzupassen.

Hinweis: Der Land-/Stadtkreis und das Bundesland ist für jedes Objekt in der Objektübersicht in der Zeile „Kreis:" angegeben. Die Angaben wurden durch Untersuchungen des BKI weitgehend verifiziert. Dennoch können Abweichungen zu den angegebenen Werten entstehen. In Grenznähe zu einem Land-/Stadtkreis mit anderen Baupreisfaktoren sollte dessen Baupreisniveau mit berücksichtigt werden, da die Übergänge zwischen den Land-/Stadtkreisen fließend sind. Die Besonderheiten des Einzelfalls können ebenfalls zu Abweichungen führen.

Landkreis / Stadtkreis	Bundeskorrekturfaktor
Aachen, Städteregion	0.960
Ahrweiler	1.016
Aichach-Friedberg	1.102
Alb-Donau-Kreis	1.031
Altenburger Land	0.934
Altenkirchen	0.980
Altmarkkreis Salzwedel	0.796
Altötting	0.971
Alzey-Worms	1.003
Amberg, Stadt	0.978
Amberg-Sulzbach	0.979
Ammerland	0.860
Anhalt-Bitterfeld	0.680
Ansbach	1.038
Ansbach, Stadt	1.094
Aschaffenburg	1.121
Aschaffenburg, Stadt	1.107
Augsburg	1.089
Augsburg, Stadt	1.027
Aurich	0.809
Bad Dürkheim	1.042
Bad Kissingen	1.087
Bad Kreuznach	1.036
Bad Tölz-Wolfratshausen	1.128
Baden-Baden, Stadt	1.048
Bamberg	1.060
Bamberg, Stadt	1.154
Barnim	0.890
Bautzen	0.897
Bayreuth	1.080
Bayreuth, Stadt	1.049
Berchtesgadener Land	1.100
Bergstraße	1.046
Berlin, Stadt	1.023
Bernkastel-Wittlich	1.102
Biberach	1.023
Bielefeld, Stadt	0.942
Birkenfeld	0.973
Bochum, Stadt	0.841
Bodenseekreis	1.030
Bonn, Stadt	0.970
Borken	0.930
Bottrop, Stadt	0.864
Brandenburg an der Havel, Stadt	0.844
Braunschweig, Stadt	0.843
Breisgau-Hochschwarzwald	1.037
Bremen, Stadt	1.033
Bremerhaven, Stadt	0.958
Burgenlandkreis	0.836
Böblingen	1.052
Börde	0.840
Calw	1.068
Celle	0.862
Cham	0.928
Chemnitz, Stadt	0.895
Cloppenburg	0.805
Coburg	1.055
Coburg, Stadt	1.108
Cochem-Zell	1.012
Coesfeld	0.946
Cottbus, Stadt	0.773
Cuxhaven	0.844
Dachau	1.102
Dahme-Spreewald	0.854
Darmstadt, Stadt	1.015
Darmstadt-Dieburg	1.039
Deggendorf	1.017
Delmenhorst, Stadt	0.850
Dessau-Roßlau, Stadt	0.914
Diepholz	0.832
Dillingen a.d.Donau	1.105
Dingolfing-Landau	0.973
Dithmarschen	0.962
Donau-Ries	1.003
Donnersbergkreis	1.007
Dortmund, Stadt	0.879

Dresden, Stadt	0.864
Duisburg, Stadt	0.937
Düren	0.962
Düsseldorf, Stadt	0.944
Ebersberg	1.124
Eichsfeld	0.882
Eichstätt	1.068
Eifelkreis Bitburg-Prüm	1.030
Eisenach, Stadt	0.917
Elbe-Elster	0.859
Emden, Stadt	0.723
Emmendingen	1.047
Emsland	0.831
Ennepe-Ruhr-Kreis	0.953
Enzkreis	1.087
Erding	1.041
Erfurt, Stadt	0.892
Erlangen, Stadt	1.000
Erlangen-Höchstadt	1.008
Erzgebirgskreis	0.938
Essen, Stadt	0.928
Esslingen	1.062
Euskirchen	0.980
Flensburg, Stadt	0.924
Forchheim	1.089
Frankenthal (Pfalz), Stadt	0.936
Frankfurt (Oder), Stadt	0.839
Frankfurt am Main, Stadt	1.082
Freiburg im Breisgau, Stadt	1.105
Freising	1.040
Freudenstadt	1.033
Freyung-Grafenau	0.892
Friesland	0.891
Fulda	1.013
Fürstenfeldbruck	1.168
Fürth	1.054
Fürth, Stadt	0.946
Garmisch-Partenkirchen	1.210
Gelsenkirchen, Stadt	0.931
Gera, Stadt	0.851
Germersheim	1.081
Gießen	1.007
Gifhorn	0.914
Goslar	0.899
Gotha	0.949
Grafschaft Bentheim	0.849
Greiz	0.862
Groß-Gerau	1.035
Göppingen	1.013
Görlitz	0.874

Göttingen	0.905
Günzburg	1.043
Gütersloh	0.924
Hagen, Stadt	0.937
Halle (Saale), Stadt	0.898
Hamburg, Stadt	1.093
Hameln-Pyrmont	0.889
Hamm, Stadt	0.945
Hannover, Region	0.905
Harburg	1.053
Harz	0.823
Havelland	0.892
Haßberge	1.116
Heidekreis	0.897
Heidelberg, Stadt	1.088
Heidenheim	1.040
Heilbronn	1.037
Heilbronn, Stadt	1.007
Heinsberg	0.947
Helmstedt	0.914
Herford	0.941
Herne, Stadt	0.958
Hersfeld-Rotenburg	0.976
Herzogtum Lauenburg	0.916
Hildburghausen	1.008
Hildesheim	0.870
Hochsauerlandkreis	0.945
Hochtaunuskreis	1.078
Hof	1.097
Hof, Stadt	1.118
Hohenlohekreis	1.017
Holzminden	0.994
Höxter	0.918
Ilm-Kreis	0.869
Ingolstadt, Stadt	1.040
Jena, Stadt	0.902
Jerichower Land	0.814
Kaiserslautern	0.985
Kaiserslautern, Stadt	1.010
Karlsruhe	1.034
Karlsruhe, Stadt	1.019
Kassel	0.999
Kassel, Stadt	1.035
Kaufbeuren, Stadt	1.082
Kelheim	0.946
Kempten (Allgäu), Stadt	1.002
Kiel, Stadt	0.921
Kitzingen	1.070
Kleve	0.997

Koblenz, Stadt	1.081
Konstanz	1.084
Krefeld, Stadt	0.968
Kronach	1.055
Kulmbach	1.058
Kusel	1.037
Kyffhäuserkreis	0.865
Köln, Stadt	0.917
Lahn-Dill-Kreis	0.970
Landau in der Pfalz, Stadt	1.031
Landsberg am Lech	1.128
Landshut	0.941
Landshut, Stadt	1.138
Leer	0.778
Leipzig	0.990
Leipzig, Stadt	0.850
Leverkusen, Stadt	0.930
Lichtenfels	1.041
Limburg-Weilburg	1.009
Lindau (Bodensee)	1.111
Lippe	0.958
Ludwigsburg	1.041
Ludwigshafen am Rhein, Stadt	0.977
Ludwigslust-Parchim	0.889
Lörrach	1.061
Lübeck, Stadt	0.956
Lüchow-Dannenberg	0.916
Lüneburg	0.908
Magdeburg, Stadt	0.874
Main-Kinzig-Kreis	1.035
Main-Spessart	1.114
Main-Tauber-Kreis	1.051
Main-Taunus-Kreis	1.038
Mainz, Stadt	1.022
Mainz-Bingen	1.055
Mannheim, Stadt	0.983
Mansfeld-Südharz	0.854
Marburg-Biedenkopf	1.023
Mayen-Koblenz	0.999
Mecklenburgische Seenplatte	0.858
Meißen	0.930
Memmingen, Stadt	1.100
Merzig-Wadern	1.077
Mettmann	0.942
Miesbach	1.173
Miltenberg	1.130
Minden-Lübbecke	0.921
Mittelsachsen	0.941
Märkisch-Oderland	0.874
Märkischer Kreis	0.979
Mönchengladbach, Stadt	0.946
Mühldorf a.Inn	1.043
Mülheim an der Ruhr, Stadt	0.969
München	1.196
München, Stadt	1.426
Münster, Stadt	0.922
Neckar-Odenwald-Kreis	1.044
Neu-Ulm	1.095
Neuburg-Schrobenhausen	1.023
Neumarkt i.d.OPf.	1.009
Neumünster, Stadt	0.881
Neunkirchen	1.011
Neustadt a.d.Aisch-Bad Windsheim	1.091
Neustadt a.d.Waldnaab	0.979
Neustadt an der Weinstraße, Stadt	1.044
Neuwied	1.014
Nienburg (Weser)	0.650
Nordfriesland	1.198
Nordhausen	0.906
Nordsachsen	0.962
Nordwestmecklenburg	0.986
Northeim	0.892
Nürnberg, Stadt	0.986
Nürnberger Land	0.975
Oberallgäu	1.101
Oberbergischer Kreis	0.959
Oberhausen, Stadt	0.928
Oberhavel	0.888
Oberspreewald-Lausitz	0.920
Odenwaldkreis	1.016
Oder-Spree	0.928
Offenbach	1.036
Offenbach am Main, Stadt	1.005
Oldenburg	0.866
Oldenburg, Stadt	0.918
Olpe	1.027
Ortenaukreis	1.033
Osnabrück	0.827
Osnabrück, Stadt	0.875
Ostalbkreis	1.103
Ostallgäu	1.070
Osterholz	0.935
Osterode am Harz	0.877
Ostholstein	0.910
Ostprignitz-Ruppin	0.820
Paderborn	0.949
Passau	0.931
Passau, Stadt	1.030
Peine	0.912
Pfaffenhofen a.d.Ilm	1.057
Pforzheim, Stadt	1.013

Pinneberg	1.027
Pirmasens, Stadt	1.020
Plön	0.973
Potsdam, Stadt	0.911
Potsdam-Mittelmark	0.928
Prignitz	0.756
Rastatt	1.020
Ravensburg	1.015
Recklinghausen	0.908
Regen	0.956
Regensburg	1.010
Regensburg, Stadt	1.066
Regionalverband Saarbrücken	1.009
Rems-Murr-Kreis	1.038
Remscheid, Stadt	0.973
Rendsburg-Eckernförde	0.883
Reutlingen	1.065
Rhein-Erft-Kreis	0.979
Rhein-Hunsrück-Kreis	0.999
Rhein-Kreis Neuss	0.941
Rhein-Lahn-Kreis	1.050
Rhein-Neckar-Kreis	1.032
Rhein-Pfalz-Kreis	0.992
Rhein-Sieg-Kreis	0.992
Rheingau-Taunus-Kreis	1.015
Rheinisch-Bergischer Kreis	0.960
Rhön-Grabfeld	1.073
Rosenheim	1.150
Rosenheim, Stadt	1.136
Rostock	0.885
Rostock, Stadt	0.987
Rotenburg (Wümme)	0.786
Roth	1.050
Rottal-Inn	0.945
Rottweil	1.048
Saale-Holzland-Kreis	0.926
Saale-Orla-Kreis	0.913
Saalekreis	0.881
Saalfeld-Rudolstadt	0.927
Saarlouis	1.032
Saarpfalz-Kreis	1.025
Salzgitter, Stadt	0.874
Salzlandkreis	0.822
Schaumburg	0.869
Schleswig-Flensburg	0.837
Schmalkalden-Meiningen	0.954
Schwabach, Stadt	1.035
Schwalm-Eder-Kreis	1.004
Schwandorf	0.984
Schwarzwald-Baar-Kreis	1.024
Schweinfurt	1.114
Schweinfurt, Stadt	1.024
Schwerin, Stadt	0.896
Schwäbisch Hall	1.019
Segeberg	0.902
Siegen-Wittgenstein	1.032
Sigmaringen	1.031
Soest	0.943
Solingen, Stadt	0.933
Sonneberg	0.906
Speyer, Stadt	0.902
Spree-Neiße	0.771
St. Wendel	0.980
Stade	0.865
Starnberg	1.261
Steinburg	0.904
Steinfurt	0.909
Stendal	0.734
Stormarn	0.960
Straubing, Stadt	1.108
Straubing-Bogen	1.005
Stuttgart, Stadt	1.132
Suhl, Stadt	1.037
Sächsische Schweiz-Osterzgebirge	0.975
Sömmerda	0.889
Südliche Weinstraße	1.076
Südwestpfalz	0.996
Teltow-Fläming	0.934
Tirschenreuth	0.971
Traunstein	1.078
Trier, Stadt	1.109
Trier-Saarburg	1.087
Tuttlingen	1.015
Tübingen	1.093
Uckermark	0.795
Uelzen	0.899
Ulm, Stadt	1.039
Unna	0.966
Unstrut-Hainich-Kreis	0.881
Unterallgäu	1.055
Vechta	0.888
Verden	0.864
Viersen	1.012
Vogelsbergkreis	0.982
Vogtlandkreis	0.930
Vorpommern-Greifswald	0.925
Vorpommern-Rügen	0.923
Vulkaneifel	1.020

Waldeck-Frankenberg	1.055
Waldshut	1.064
Warendorf	0.948
Wartburgkreis	0.910
Weiden i.d.OPf., Stadt	0.979
Weilheim-Schongau	1.119
Weimar, Stadt	0.930
Weimarer Land	0.910
Weißenburg-Gunzenhausen	1.059
Werra-Meißner-Kreis	1.075
Wesel	0.962
Wesermarsch	0.805
Westerwaldkreis	0.990
Wetteraukreis	1.015
Wiesbaden, Stadt	1.044
Wilhelmshaven, Stadt	0.899
Wittenberg	0.761
Wittmund	0.868
Wolfenbüttel	0.854
Wolfsburg, Stadt	0.962
Worms, Stadt	0.966
Wunsiedel i.Fichtelgebirge	1.081
Wuppertal, Stadt	0.936
Würzburg	1.109
Würzburg, Stadt	1.198
Zollernalbkreis	1.033
Zweibrücken, Stadt	0.990
Zwickau	0.948